Regesten der in den Handschriftenbänden
Acta Unitatis Fratrum V–VI überlieferten Texte

Acta Unitatis Fratrum

Dokumente zur Geschichte der Böhmischen Brüder
im 15. und 16. Jahrhundert

Herausgegeben im Auftrag
des Historischen Instituts der Akademie der Wissenschaften
der Tschechischen Republik
und der Direktion der Europäisch-Festländischen Provinz
der Brüder-Unität
von
Joachim Bahlcke, Jindřich Halama, Martin Holý,
Jiří Just, Martin Rothkegel und Ludger Udolph

2023

Harrassowitz Verlag · Wiesbaden

Acta Unitatis Fratrum

Dokumente zur Geschichte der Böhmischen Brüder
im 15. und 16. Jahrhundert

Band 2

Regesten
der in den Handschriftenbänden
Acta Unitatis Fratrum V–VI
überlieferten Texte

Bearbeitet von
Jiří Just und Martin Rothkegel

2023
Harrassowitz Verlag · Wiesbaden

Gedruckt mit Unterstützung der folgenden Institutionen: Evangelisch-Lutherische Kirche in Bayern, Hamburgische Stiftung für Wissenschaften, Entwicklung und Kultur Helmut und Hannelore Greve, Historische Kommission für die böhmischen Länder, Jablonski-Forschungsstelle an der Universität Stuttgart, Unitas Fratrum – Verein für Geschichte und Gegenwartsfragen der Brüdergemeine, Gerhard-Claas-Stiftung.

Umschlagabbildung: „Ein Schreiben des Bruders Lukáš, eines Ältesten in der Unität, dem Bruder Beneš Bavoryňský von Bavoryně getan, in dem er von einigen Fragen handelt, die ihm über den Leib des Herrn Christus gestellt wurden. Im Jahr des Herrn 1510." Národní archiv v Praze, Ochranov (Depositum Herrnhut), Acta Unitatis Fratrum V, Blatt 169r, Nr. 105.

Bibliografische Information der Deutschen Nationalbibliothek
Die Deutsche Nationalbibliothek verzeichnet diese Publikation in der Deutschen
Nationalbibliografie; detaillierte bibliografische Daten sind im Internet
über https://dnb.de abrufbar.

Bibliographic information published by the Deutsche Nationalbibliothek
The Deutsche Nationalbibliothek lists this publication in the Deutsche
Nationalbibliografie; detailed bibliographic data are available in the internet
at https://dnb.de.

Informationen zum Verlagsprogramm finden Sie unter
https://www.harrassowitz-verlag.de

© Otto Harrassowitz GmbH & Co. KG, Wiesbaden 2023
Das Werk einschließlich aller seiner Teile ist urheberrechtlich geschützt.
Jede Verwertung außerhalb der engen Grenzen des Urheberrechtsgesetzes ist ohne
Zustimmung des Verlages unzulässig und strafbar. Das gilt insbesondere
für Vervielfältigungen jeder Art, Übersetzungen, Mikroverfilmungen und
für die Einspeicherung in elektronische Systeme.
Gedruckt auf alterungsbeständigem Papier.
Druck und Verarbeitung: Memminger MedienCentrum AG
Printed in Germany
ISBN 978-3-447-12079-1

„Pán Krystus nepožjwal mocy swěta,
ani apostolé y gjch následownjcy.
[...] Žadného nedržal, ani yakau mocy na žiwotu,
na žiwnosti, na bytu nesaužil.
Dobrowolná wěc byla a bude, kdež prawda geho gest."

Christus der Herr hat sich nicht weltlicher Macht bedient,
ebensowenig die Apostel und ihre Nachfolger.
[...] Niemanden hat er mit Gewalt an sich gebunden
oder mit Tod, Enteignung und Vertreibung verfolgt.
Es war eine freiwillige Sache und wird es bleiben,
wo seine Wahrheit ist.

Aus einem Schreiben der Brüder an die Obrigkeit von 1509 (AUF VI 42r–v)

Zum Geleit

Mit der wissenschaftlichen Aufarbeitung der *Acta Unitatis Fratrum*, des bedeutendsten Quellencorpus zur Geschichte und Theologie der Böhmischen Brüder im 15. und 16. Jahrhundert, begannen tschechische und deutsche Kirchenhistoriker, Theologen und Archivare vor rund 150 Jahren nahezu zeitgleich. Es ist insofern nur konsequent, dass auch das Grundlagenwerk, das die vierzehn Handschriftenbände durch Regesten und Einleitungen erstmals umfassend erschließt, in enger Zusammenarbeit zwischen Forschern dieser beiden Länder verwirklicht wird.

Den Anstoß hierzu gab die Direktion der Europäisch-Festländischen Provinz der Brüder-Unität, die 2011 eine „Deutsch-tschechische Kommission zur Herausgabe der *Acta Unitatis Fratrum*" ins Leben rief. Die Bemühungen, die für den Gesamtzusammenhang der europäischen Reformation wichtigen Dokumente einer breiteren Fachöffentlichkeit bekannt zu machen, wurden in den folgenden Jahren durch weitere Vereinbarungen abgesichert: 2014 durch einen Kooperationsvertrag zwischen der Kommission, der Universität Stuttgart und dem Historischen Institut der Tschechischen Akademie der Wissenschaften, ein Jahre später durch einen Depositalvertrag zwischen der Evangelischen Brüder-Unität Herrnhut und dem Nationalarchiv in Prag.

Die einzelnen Bände der Kollektivmonographie *Acta Unitatis Fratrum. Dokumente zur Geschichte der Böhmischen Brüder im 15. und 16. Jahrhundert* werden von den Mitgliedern der deutsch-tschechischen Kommission, die ihre je eigene historische, theologische und philologische Expertise einbringen, gemeinsam erarbeitet und verantwortet. Diejenigen Personen, die für einen Band die Hauptverantwortung und Koordination übernehmen, werden jeweils als Bearbeiter zusätzlich gesondert genannt. Die Ergebnisse werden in zwei inhaltlich gleichen Reihenwerken – einmal in deutscher, einmal in tschechischer Sprache – im Harrassowitz Verlag in Wiesbaden beziehungsweise im Verlag des Historischen Instituts der Tschechischen Akademie der Wissenschaften in Prag vorgelegt.

Die Erarbeitung des vorliegenden zweiten Bandes wäre ohne die ideelle wie materielle Unterstützung zahlreicher Institutionen nicht zu realisieren gewesen. Neben den bereits genannten Einrichtungen sind wir der Theologischen Hochschule Elstal und der Technischen Universität Dresden zu Dank verpflichtet. Für die Unterstützung bei redaktionellen Arbeiten danken wir den Wissenschaftlichen Mitarbeitern und Studentischen Hilfskräften des Lehrstuhls für Geschichte der Frühen Neuzeit der Universität Stuttgart und des Lehrstuhls für Slavistik / Literaturwissenschaften der Technischen Universität Dresden, namentlich Felix Suckow M.A. und Sören Kristel B.A. Für Hinweise und Auskünfte danken wir Mgr. Dušan Coufal, Ph.D., Zentrum für mediävistische Studien der Tschechischen Akademie der Wissenschaften, und doc. Ota Halama, Th.D., Evangelische Theologische Fakultät der Karls-Universität Prag. Von Seiten der Evangelischen Brüder-Unität in Herrnhut erfuhren wir breite Unterstützung durch Benigna Carstens, Direktion der Europäisch-Festländischen Brüder-Unität, durch Dr. Peter Vogt, Präses der Synode der Evangelischen Brüder-Unität, durch Wieland Menzel, Referent für Liegenschaften und Kulturerbe der Herrnhuter Brüdergemeine, sowie durch Dr. Christoph Theodor Beck, den Vorsitzenden des Vereins „Unitas Fratrum".

Wir danken der Evangelisch-Lutherischen Kirche in Bayern, der Hamburgischen Stiftung für Wissenschaften, Entwicklung und Kultur Helmut und Hannelore Greve, der Historischen Kommission für die böhmischen Länder, der Jablonski-Forschungsstelle an der Universität Stuttgart, dem Verein „Unitas Fratrum – Verein für Geschichte und Gegenwartsfragen der Brüdergemeine" und der Gerhard-Claas-Stiftung (Elstal) für die Gewährung von Druckkostenzuschüssen. Unser Dank für alle Fragen der Satzeinrichtung und Bildbearbeitung gilt Oliver Rösch M.A. (Würzburg). Abschließend danken wir dem Harrassowitz Verlag (Wiesbaden) für die keineswegs selbstverständliche Bereitschaft zur Herausgabe spätmittelalterlich-frühneuzeitlicher Grundlagentexte und die Übernahme des vorliegenden Regestenwerks.

Berlin, Dresden, Prag und Stuttgart, im November 2023

Joachim Bahlcke, Jindřich Halama, Martin Holý,
Jiří Just, Martin Rothkegel, Ludger Udolph

Inhaltsverzeichnis

A. Die böhmische Reformation, die Brüderunität und die
   Acta Unitatis Fratrum: Zu Gegenstand und Zielsetzung des
   vorliegenden Regestenwerkes 29
   1. Die böhmische Reformation 29
   2. Die Brüderunität 32
   3. Die *Acta Unitatis Fratrum* 38

B. Überlieferung und Inhalt der Handschriftenbände Acta Unitatis
   Fratrum V–VI: Einleitung zu Band 2 des Regestenwerkes 42
   1. Die handschriftliche Überlieferung der Brüderunität und die
      Acta Unitatis Fratrum 42
   2. Beschreibung der Handschriften Acta Unitatis Fratrum V–VI .. 56
      2.1 Acta Unitatis Fratrum V 56
      2.2 Acta Unitatis Fratrum VI 59
   3. Themenschwerpunkte und Dokumentationszeitraum der in
      Acta Unitatis Fratrum V–VI enthaltenen Texte 64
      3.1 Auswahl- und Ordnungskriterien in Acta Unitatis Fratrum V–VI ... 64
      3.2 Liste der in Acta Unitatis Fratrum V–VI enthaltenen Texte in
          zeitlicher Reihenfolge 66
   4. Anlage der Regesten 77
      4.1 Abgrenzung der Texteinheiten 77
      4.2 Anordnung, Zählung und Überschriften der Regesten 77
      4.3 Normalisierung von Eigennamen 78
      4.4 Gestaltung der Kopftexte 79
      4.5 Transkription von Überschrift, Incipit und Explicit 79
      4.6 Formulierung der Inhaltsangaben 80

C. Regesten Nr. 98–328 82
      V 1r–7v s. Nr. 10
   Nr. 98 V 8v–27r
           Traktat eines Bruders über die Gewissheit, dass die Brüderunität
           aus Gott ist, [nach 22. März 1471 und vor 23. Januar 1500] 82
   Nr. 99 V 31r–41v
           Magister Jakub, der Arzt: Brieftraktat zur Verteidigung der Brüder-
           unität, [1468–1471] 93

Nr. 100	V 48r–54v	
	[Bruder Lukáš aus Prag:] Brieftraktat über die Inkarnation des Sohnes Gottes, [1505]	99
Nr. 101	V 55r–73v	
	Bruder Jan Táborský: Traktat über die Tugenden (Auslegung von 2 Petr 1,2–10), [vor 1495]	104
Nr. 102	V 74r–77r	
	Auslegung von Joh 14,23 und Mt 5,3–10	109
	V 79r–109v s. Nr. 19	
	V 111r–124r s. Nr. 20	
Nr. 103	V 125r–129r	
	[Bruder Lukáš aus Prag:] Auslegung von 1 Joh 2,16, [vor 11. Dezember 1528]	111
Nr. 104	V 133r–141v, 143r–164v	
	Bruder Lukáš aus Prag: Traktat an Nikolaus Kavka von Říčany auf Štěkeň über den geistlichen und sakramentlichen Genuss des Leibes und Blutes Christi, [1501]	114
Nr. 105	V 169r–178v	
	Bruder Lukáš aus Prag: Brieftraktat über das Abendmahl an Bruder Beneš Bavoryňský von Bavoryně, 7. August 1510	123
Nr. 106	V 185r–191v	
	[Bruder Vavřinec Krasonický:] Traktat über das Bekenntnis des Jung-Bunzlauer utraquistischen Pfarrers vom Altarsakrament, [nach 15. Juni] 1511	130
Nr. 107	V 193r–203r	
	[Bruder Lukáš aus Prag:] Brieftraktat über die Frage, warum es heißt, dass Brot und Wein des Abendmahls Leib und Blut Christi, aber nicht Christus selbst sind, [1509]	136
Nr. 108	V 209r–222r	
	[Bruder Vavřinec Krasonický:] Traktat über vermeintlichen und wahren Gottesdienst, [1492]	141
Nr. 109	V 227r–234r	
	Bruder Prokop aus Neuhaus: Traktat über den Götzendienst, [1492]	146
Nr. 110	V 236r–239v	
	[Bruder Lukáš aus Prag:] Brieftraktat über die Frage, wie man mit Neubekehrten reden soll, ohne Datum	151

Inhaltsverzeichnis 9

Nr. 111 V 260r–261v
         Beschluss einer Brüdersynode bei Reichenau an der Kněžna,
         1464 156

Nr. 112 V 262v–263v
         Beschluss einer Brüdersynode, ohne Ortsangabe, [1467/68] 162

Nr. 113 V 264r–v
         Brief leitender Brüder an eine Gruppe von Glaubensgenossen,
         Böhmen, ohne Datum 164

Nr. 114 V 264v–265r
         Brief leitender Brüder an eine Unitätsgemeinde, ohne Ortsangabe,
         ohne Datum 165

Nr. 115 V 265v–266r
         Brief [der Brüder] an [den Priester Štěpán aus Kremsier] zur Vertei-
         digung einer Gruppe von Gläubigen in Großmeseritsch, ohne
         Ortsangabe, [um 1460] 166

Nr. 116 V 266r–v
         Brief eines Bruders an T. in Prag, ohne Ortsangabe, [um 1470] 168

Nr. 117 V 266v
         Brief eines leitenden Bruders an einen untergeordneten brüderischen
         Seelsorger, ohne Ortsangabe, [um 1470] 169

Nr. 118 V 267r
         Brief leitender Brüder an Bruder O. P., ohne Ortsangabe,
         [vor 22. Februar 1471] 170

Nr. 119 V 267r
         Brief eines leitenden Bruders an einen untergeordneten Brüder-
         geistlichen, Begleitbrief zu einem Schreiben eines Bruders T.,
         ohne Ortsangabe, ohne Datum 171

Nr. 120 V 267v
         Brief leitender Brüder an Bruder J. K. und an eine Schwester, die
         um des Glaubens willen verfolgt werden, ohne Ortsangabe,
         ohne Datum 172

Nr. 121 V 268r
         Brief der Brüder an einen Glaubensgenossen, ohne Ortsangabe,
         ohne Datum 172

Nr. 122 V 268r
         Brief leitender Brüder an einen brüderischen Seelsorger, ohne Orts-
         angabe, ohne Datum 173

Nr. 123 V 268v
   Brief leitender Brüder an Gemeindemitglieder in Mähren, Böhmen,
   ohne Datum 174

Nr. 124 V 269r
   Brief eines brüderischen Seelsorgers an einen Neubekehrten, ohne
   Ortsangabe, ohne Datum 175

Nr. 125 V 269v
   Brief brüderischer Seelsorger an einen Bruder in Anfechtung, ohne
   Ortsangabe, ohne Datum 176

Nr. 126 V 269v
   Brief leitender Brüder an untergeordnete brüderische Seelsorger,
   ohne Ortsangabe, ohne Datum 176

Nr. 127 V 270r
   Brief eines leitenden Bruders an eine Unitätsgemeinde, ohne Ortsangabe, ohne Datum 177

Nr. 128 V 270r–272v
   [Bruder Řehoř Krajčí:] Brief an Jan [und die Brüder von Chelčice]
   in Vitanovice, ohne Ortsangabe, [1468/69] 178

Nr. 129 V 272v–273r
   Brief brüderischer Seelsorger an einen Neubekehrten, ohne Ortsangabe, ohne Datum 182

Nr. 130 V 273r–274v
   Brief leitender Brüder an die Brüderpriester M. und Jíra in Mähren,
   ohne Ortsangabe, ohne Datum 183

Nr. 131 V 274v
   Brief der Brüder an Petr und weitere Gläubige in Lenešice, ohne
   Ortsangabe, ohne Datum 186

Nr. 132 V 275r
   Brief der Brüder an Nikolaus Bystřice von Vojnice auf Kremsier,
   ohne Ortsangabe, 1474 187

Nr. 133 V 275r–v
   Bruder Matouš: Brief an seine Schwester [in Senftenberg], Leitomischl, zwischen 19. und 24. April 1473 188

Nr. 134 V 275v–276r
   Brief der Brüder an den Rat der Stadt Chotzen, ohne Ortsangabe,
   18. April 1474 189

Inhaltsverzeichnis

Nr. 135 V 276v
 Brief eines Brüdergeistlichen an einen Bruder Viktorín in Horní
 Bobrová, ohne Ortsangabe, [vor 28. Dezember 1475] 190

Nr. 136 V 276v–277v
 Brief der Brüderältesten an Königin Johanna von Rosental, Witwe
 König Georgs von Podiebrad, und die Stände des Königreichs
 Böhmen, ohne Ortsangabe, [1473] 192

Nr. 137 V 278r–v
 Bruder Matěj aus Kunvald und Bruder Řehoř Krajčí: Rundschreiben an die Unitätsgemeinden, ohne Ortsangabe, [1473/74] 194

Nr. 138 V 279r
 Brief eines Bruders an einen Angehörigen oder Sympathisanten
 der Unität und dessen Gemahlin, ohne Ortsangabe, ohne Datum ... 196

Nr. 139 V 279r–v
 Brief leitender Brüder an brüderische Seelsorger im westlichen
 Böhmen, ohne Ortsangabe, ohne Datum 197

Nr. 140 V 279v
 Brief eines Bruders an brüderische Seelsorger im westlichen Böhmen, ohne Ortsangabe, ohne Datum 198

Nr. 141 V 279v–280r
 Brief leitender Brüder an verfolgte Glaubensgenossen in Chrudim,
 ohne Ortsangabe, [um 1468] 199

Nr. 142 V 280v–281r
 Brief leitender Brüder an verfolgte Glaubensgenossen in Chrudim,
 ohne Ortsangabe, [um 1468] 201

Nr. 143 V 281r–v
 Brief der Brüder an einen mit der Unität sympathisierenden Adeligen, ohne Ortsangabe, ohne Datum 202

Nr. 144 V 281v
 Brief eines brüderischen Seelsorgers an eine Glaubensgenossin,
 ohne Ortsangabe, ohne Datum 203

Nr. 145 V 281v
 Brief der Brüder an eine Glaubensgenossin, ohne Ortsangabe,
 ohne Datum 204

Nr. 146 V 282r
 Brief der Brüder an eine Glaubensgenossin, ohne Ortsangabe,
 ohne Datum 205

Nr. 147	V 282r	
	Brief einer Frau an einen Vertrauten, ohne Ortsangabe, ohne Datum	205
Nr. 148	V 282v	
	Brief der Brüder an eine Glaubensgenossin, ohne Ortsangabe, ohne Datum	206
Nr. 149	V 282v–283r	
	Brief leitender Brüder an eine Unitätsgemeinde in Mähren, ohne Ortsangabe, ohne Datum	207
Nr. 150	V 283r–v	
	Brief der Brüder an die adelige Schwester Alžběta, ohne Ortsangabe, ohne Datum	208
Nr. 151	V 284r	
	Brief der Brüder an einen Sympathisanten der Unität und dessen Gemahlin in Mähren, ohne Ortsangabe, [um 1470]	209
Nr. 152	V 284v	
	Brief leitender Brüder an eine Unitätsgemeinde, ohne Ortsangabe, ohne Datum	210
Nr. 153	V 284v–285r	
	Brief eines leitenden Bruders an einen Bruder, der eigenmächtig geheiratet hat, ohne Ortsangabe, [vor 1484]	210
Nr. 154	V 285v	
	Brief eines vorgesetzten Brüdergeistlichen an einen brüderischen Seelsorger, ohne Ortsangabe, ohne Datum	211
Nr. 155	V 286r	
	Brief der Brüder an einen mit der Unität sympathisierenden Bürger in Tabor, ohne Ortsangabe, ohne Datum	213
Nr. 156	V 286r	
	Brief leitender Brüder an einen brüderischen Seelsorger, ohne Ortsangabe, ohne Datum	214
Nr. 157	V 286v	
	Brief leitender Brüder an die Vorsteher der Unitätsgemeinde in Jung-Bunzlau, ohne Ortsangabe, ohne Datum	215
Nr. 158	V 286v–287r	
	Brief leitender Brüder an einen Glaubensgenossen, ohne Ortsangabe, ohne Datum	216

Inhaltsverzeichnis 13

Nr. 159 V 287r
  Brief leitender Brüder an einen brüderischen Hausvater, ohne Ortsangabe, ohne Datum 216

Nr. 160 V 287v–288r
  Brief eines leitenden Bruders an brüderische Vorsteher, ohne Ortsangabe, ohne Datum 217

Nr. 161 V 288r
  Brief eines Brüderpriesters an seine Vorgesetzten, ohne Ortsangabe, ohne Datum 219

Nr. 162 V 288v
  Brief eines Bruders an einen Sympathisanten der Unität, ohne Ortsangabe, ohne Datum 219

Nr. 163 V 288v–289r
  Brief leitender Brüder an die Brüderpriester Václav und Synek, ohne Ortsangabe, ohne Datum 220

Nr. 164 V 289r–v
  Brief der Brüder an eine adelige Sympathisantin der Unität, ohne Ortsangabe, ohne Datum 221

Nr. 165 V 289v–290r
  Brief leitender Brüder an den Brüdergeistlichen Mat. in Mähren und dessen Gefährten, ohne Ortsangabe, ohne Datum 222

Nr. 166 V 290r
  Brief der Brüder an einen Glaubensgenossen in Leitmeritz oder Leitomischl, ohne Ortsangabe, ohne Datum 223

Nr. 167 V 290v
  Brief der Brüder an verfolgte Glaubensgenossen, ohne Ortsangabe, ohne Datum 225

Nr. 168 V 290v
  Brief leitender Brüder an untergeordnete Brüdergeistliche, ohne Ortsangabe, ohne Datum 225

Nr. 169 V 291r
  Brief der Brüder an Glaubensgenossen, ohne Ortsangabe, ohne Datum 226

Nr. 170 V 291r–v
  Brief eines leitenden Bruders an Bruder Pavel und andere wohlhabende Gemeindemitglieder in Leitomischl, ohne Ortsangabe, [1508/09] 227

Nr. 171 V 292r
Brief der Brüder an Glaubensgenossen in Jung-Bunzlau oder im
Bunzlauer Kreis, ohne Ortsangabe, ohne Datum 228

Nr. 172 V 292r–v
Brief leitender Brüder an untergeordnete brüderische Seelsorger im
Prachiner Kreis, ohne Ortsangabe, ohne Datum 229

Nr. 173 V 293r
Brief leitender Brüder an untergeordnete brüderische Seelsorger,
ohne Ortsangabe, ohne Datum 230

Nr. 174 V 293r
Brief leitender Brüder an einen untergeordneten brüderischen
Seelsorger, ohne Ortsangabe, ohne Datum 231

Nr. 175 V 293r–v
Brief eines leitenden Bruders an den Müller Jakub, ohne Ortsangabe, ohne Datum 231

Nr. 176 V 293v–294r
Brief der Brüder an die Brüder und Schwestern im Gefängnis in
Laun, ohne Ortsangabe, [1468] 233

Nr. 177 V 294v–295r
Brief leitender Brüder an Gemeinden in Mähren, Böhmen, ohne
Datum 234

Nr. 178 V 295v–296r
Brief leitender Brüder an Glaubensgenossen im Saazer Kreis, Böhmen, ohne Datum 235

Nr. 179 V 296v–297v
Rundschreiben leitender Brüder an die Gemeinden im Prachiner
und Saazer Kreis und in Mähren, ohne Ortsangabe, ohne Datum . . . 236

Nr. 180 V 298r–v
Brief leitender Brüder an Glaubensgenossen in Ch., ohne Ortsangabe, ohne Datum 237

Nr. 181 V 299r
Brief leitender Brüder an die Brüderpriester T. und G. in Mähren,
ohne Ortsangabe, ohne Datum 238

Nr. 182 V 299r
Brief der Brüder an einen Sympathisanten der Unität in Brandeis,
ohne Ortsangabe, ohne Datum 239

Nr. 183 V 299v
Brief eines Bruders an einen Glaubensgenossen, den Schneider
Tomáš, ohne Ortsangabe, ohne Datum 240

Nr. 184 V 299v–300r
Brief eines Bruders an einen Glaubensgenossen, ohne Ortsangabe,
ohne Datum 241

Nr. 185 V 300r
Brief eines Bruders an den Schmied Jan in Schlan und weitere
Sympathisanten der Unität, ohne Ortsangabe, ohne Datum 241

Nr. 186 V 300v
Brief der Brüder an Glaubensgenossen oder Sympathisanten der
Unität in Mähren, ohne Ortsangabe, 1470 243

Nr. 187 V 301r
Brief der Brüder an wohlhabende Gemeindemitglieder, ohne Ortsangabe, ohne Datum 243

Nr. 188 V 301r
Brief leitender Brüder an die Brüder G. und T. in Mähren, ohne
Ortsangabe, ohne Datum 244

Nr. 189 V 301v
Brief eines Bruders an Glaubensgenossen oder Sympathisanten
der Unität, ohne Ortsangabe, ohne Datum 245

Nr. 190 V 301v
Brief eines Bruders an einen Sympathisanten der Unität, ohne
Ortsangabe, ohne Datum 245

Nr. 191 V 302r
Brief eines Bruders an eine Gruppe von Glaubensgenossen, ohne
Ortsangabe, ohne Datum 246

Nr. 192 V 302r–v
Brief der Brüder an einen Katechumenen Topolský, ohne Ortsangabe, ohne Datum 247

Nr. 193 V 302v
Brief leitender Brüder an brüderische Seelsorger, ohne Ortsangabe,
ohne Datum 248

Nr. 194 V 303r
Brief eines Bruders an eine Katechumenin oder Sympathisantin
der Unität, ohne Ortsangabe, ohne Datum 248

Nr. 195	V 303v–304r Brief leitender Brüder an Brüder und Schwestern in Senftenberg, ohne Ortsangabe, [vor 17. April 1468]	249
Nr. 196	V 304v Brief aus dem Gefängnis entlassener Brüder an Brüder und Schwestern in Ostböhmen, ohne Ortsangabe, ohne Datum	250
Nr. 197	V 305r–306v Brief leitender Brüder an die gefangenen Brüder und Schwestern in Skutsch, ohne Ortsangabe, [Herbst 1468]	252
Nr. 198	V 307r Brief eines brüderischen Seelsorgers an eine Schwester, ohne Ortsangabe, ohne Datum	254
Nr. 199	V 307r Brief der Brüder an einen Sympathisanten der Unität, ohne Ortsangabe, ohne Datum	255
Nr. 200	V 307v Brief der Brüder an einen Sympathisanten der Unität, ohne Ortsangabe, ohne Datum	256
Nr. 201	V 307v Brief eines Bruders an eine Glaubensgenossin oder Sympathisantin der Unität, ohne Ortsangabe, ohne Datum	256
Nr. 202	V 308r Brief der Brüder an einen Glaubensgenossen, ohne Ortsangabe, ohne Datum	257
Nr. 203	V 308v Brief der Brüder an Bruder Daniel, ohne Ortsangabe, ohne Datum	258
Nr. 204	V 309r–v Brief der Brüder an den Senftenberger Priester [Jan], ohne Ortsangabe, [1467/68]	259
Nr. 205	V 310r Brief der Brüder an den Senftenberger Priester Jan, ohne Ortsangabe, [nach 29. Juli 1468]	261
Nr. 206	V 310v Brief eines Bruders an den Glaubensgenossen Jetřich und dessen Ehefrau, ohne Ortsangabe, ohne Datum	262

Inhaltsverzeichnis   17

Nr. 207 V 310v
         Brief der Brüder an Glaubensgenossen, ohne Ortsangabe, ohne
         Datum 264

Nr. 208 V 311r
         Brief brüderischer Seelsorger an angefochtene Glaubensgenossen,
         ohne Ortsangabe, ohne Datum 265

Nr. 209 V 311v
         Brief eines leitenden Bruders an einen Glaubensgenossen und des-
         sen Ehefrau, ohne Ortsangabe, ohne Datum 266

Nr. 210 V 312r
         Brief eines leitenden Bruders an die brüderischen Seelsorger Che.
         und Mach in Jung-Bunzlau, ohne Ortsangabe, ohne Datum 266

Nr. 211 V 312r
         Brief leitender Brüder an die brüderischen Seelsorger Tomáš und
         Janek, ohne Ortsangabe, ohne Datum 267

Nr. 212 V 312v–313r
         Brief eines Bruders an den Priester Jan in Běleč, ohne Ortsangabe,
         [um 1470] 268

Nr. 213 V 313v
         Brief der Brüder an den Schulmeister aus Běleč, einen Glaubens-
         genossen, ohne Ortsangabe, [um 1470] 270

Nr. 214 V 314r–v
         Brief der Brüder an eine angefochtene Gemeinde, ohne Ortsan-
         gabe, [um 1470] 270

Nr. 215 V 315r
         Brief eines Bruders an Bruder Čen[ěk], einen angefochtenen An-
         fänger im Glauben, ohne Ortsangabe, ohne Datum 272

Nr. 216 V 315v
         Bruder Matěj aus Kunvald und der Enge Rat der Brüderunität:
         Rundschreiben an die Unitätsgemeinden, Reichenau an der
         Kněžna, [vor 5. Mai] 1494 273

Nr. 217 V 316r–317r
         Rundschreiben des Engen Rates an die Unitätsgemeinden, ohne
         Ortsangabe, [nach 6. November] 1503 274

Nr. 218 V 317r–v
         Rundschreiben des Engen Rates an die Unitätsgemeinden, ohne
         Ortsangabe, [vor 20. Dezember 1503] 275

Nr. 219 V 318r
       Rundschreiben des Engen Rates an die Unitätsgemeinden, ohne
       Ortsangabe, [vor 28. November 1503] 277

Nr. 220 V 318v
       Rundschreiben der Bischöfe und des Engen Rates an die Unitäts-
       gemeinden, ohne Ortsangabe, [vor 10. Mai 1500] 278

Nr. 221 V 319r–v
       Rundschreiben der Brüderältesten an die Unitätsgemeinden, ohne
       Ortsangabe, [vor 16. Mai 1512] 279

Nr. 222 V 320r
       Bruder Lukáš aus Prag: Rundschreiben an die Brüderpriester, Jung-
       Bunzlau, 17. April 1511 280

Nr. 223 V 320r–v / 321r–322r
       [Bruder Lukáš aus Prag:] Rundschreiben der Brüderältesten an
       die Unitätsgemeinden, ohne Ortsangabe, 19. Januar 1513 281

Nr. 224 V 321r
       Rundschreiben des Engen Rates an die Unitätsgemeinden, Prerau,
       [22. April] 1515 283

Nr. 225 V 322v–323r
       Rundschreiben des Engen Rates an die Unitätsgemeinden, ohne
       Ortsangabe, ohne Datum 283

Nr. 226 V 323r–v
       Rundschreiben der Brüderältesten an die Unitätsgemeinden, ohne
       Ortsangabe, ohne Datum 285

Nr. 227 V 324r–v
       Brief eines Brüderpriesters an eine Unitätsgemeinde, ohne Ortsan-
       gabe, ohne Datum 285

Nr. 228 V 325r–v
       Brief eines Brüderpriesters an eine Unitätsgemeinde, ohne Ortsan-
       gabe, ohne Datum 287

Nr. 229 V 326r–327r
       Bruder [Jan] Volf: Ansprache in einer Unitätsgemeinde zur Ankün-
       digung von Fasten und Gebetsversammlungen, [Prerau, nach 1526,
       vor 1548] 289

Nr. 230 V 327v
       Rundschreiben der Brüderältesten an die Unitätsgemeinden, ohne
       Ortsangabe, vor 8. September [1473] 290

Inhaltsverzeichnis 19

Nr. 231 V 328r–v
Rundschreiben der Brüderältesten aus Böhmen an die Unitätsgemeinden, ohne Ortsangabe, ohne Datum 291

Nr. 232 V 329r
Bruder Lukáš aus Prag: Brief an Bruder Mikuláš und die übrigen Ältesten der Unitätsgemeinde in Nachod, ohne Ortsangabe, 6. Mai [1517 oder 1523] 292

Nr. 233 V 329v
Bruder Lukáš aus Prag: Brief an die Unitätsgemeinde in Turnau, ohne Ortsangabe, 1501 294

Nr. 234 V 330r–v
Bruder Lukáš aus Prag: Warnung vor Hoffart und Kleiderluxus, [vor 11. Dezember 1528] 295

Nr. 235 V 331r–333r
Antwort des Engen Rates auf die Frage, inwiefern Angehörige der Brüderunität an der Ausübung obrigkeitlicher Ämter mitwirken dürfen, ohne Ortsangabe, 1490 297

Nr. 236 V 333v–335v
Brief der Brüderältesten an einen Adeligen mit einem Bericht über Verhandlungen mit den Täufern, Jung-Bunzlau, 11. November 1528 300

Nr. 237 V 336r–v
Rundschreiben der Brüderältesten an die Unitätsgemeinden, ohne Ortsangabe, ohne Datum 303

Nr. 238 V 337r–338r
Rundschreiben der Brüderältesten an die Unitätsgemeinden, ohne Ortsangabe, 1508 304

Nr. 239 V 338v
Rundschreiben der Brüderältesten an die Unitätsgemeinden, ohne Ortsangabe, [vor 16. Februar] 1513 306

Nr. 240 V 339r
Rundschreiben der Brüderbischöfe an die Unitätsgemeinden, ohne Ortsangabe, ohne Datum 306

Nr. 241 V 339v–340v
Rundschreiben des Engen Rates an die Unitätsgemeinden, ohne Ortsangabe, [vor 16. Juni] 1540 307

Nr. 242 V 341r–v
Rundschreiben der Brüderältesten an die Unitätsgemeinden, ohne
Ortsangabe, vor 10. Oktober 1543 309

Nr. 243 V 342r–v
Rundschreiben der Brüderältesten an die Unitätsgemeinden, ohne
Ortsangabe, ohne Datum 310

Nr. 244 V 344r
Rundschreiben der Brüderältesten an die Brüderpriester und die
Unitätsgemeinden, ohne Ortsangabe, ohne Datum 311

Nr. 245 V 344r–v
Schlussabschnitt eines Begleitschreibens der Brüderbischöfe und
des Engen Rates an die Brüderpriester zu einem Rundbrief an
die Unitätsgemeinden, ohne Ortsangabe, [zwischen 14. April und
19. Mai] 1510 312

Nr. 246 V 344v–345r
Brief leitender Brüder an den Brüderpriester Matěj in Křižanov,
Leitomischl, [vor 1507] 313

Nr. 247 V 345r–v
[Bruder Lukáš aus Prag:] Brief an Bruder Mikuláš in Nachod,
Jung-Bunzlau, 27. März 1521 314

Nr. 248 V 346r–348r
Rundschreiben leitender Brüder an die Unitätsgemeinden, ohne
Ortsangabe, ohne Datum 316

Nr. 249 V 348v–349r
Bruder Lukáš aus Prag: Rundschreiben an die Vorsteher der Unitätsgemeinden, ohne Ortsangabe, [vor 4. März 1517]; Bruder
Vavřinec Krasonický: Brief an Bruder Martin Škoda in Mähren
(Auszüge), Leitomischl, ohne Datum 318

Nr. 250 V 349v–350v
Bruder Lukáš aus Prag: Brief an die Brüderältesten in Mähren zur
Warnung vor Michael Weiße und Johann Zeising, ohne Ortsangabe, [1525/26] 320

Nr. 251 V 351r–v
Bruder Lukáš aus Prag: Brief an Bruder Sautor in Brandeis, ohne
Ortsangabe, [nach 1526 und vor 11. Dezember 1528] 323

Nr. 252 V 352r–353v
Bruder Prokop aus Neuhaus: Brief an Bruder Lukáš aus Prag,
Brandeis an der Adler, [1494/98] 326

Inhaltsverzeichnis 21

Nr. 253 V 353v–354r
Bruder Eliáš aus Křenovice: Brief an den Magister Havel, Reichenau an der Kněžna, 31. Januar 1501 329

Nr. 254 V 354r–v / IX 101r–102r
Bruder Lukáš aus Prag: Brief an den Magister Havel, ohne Ortsangabe, 17. Dezember 1502 331

Nr. 255 V 355r–358v
Brief des Engen Rates an verfolgte Gläubige, Leitomischl,
23. März 1536 332

Nr. 256 V 360r
Brief eines Brüderältesten an [Václav] Záruba [von Hustířany],
ohne Ortsangabe, ohne Datum 334

Nr. 257 V 360v–361v
Brief eines Brüderältesten an eine Unitätsgemeinde, die er demnächst besuchen wird, ohne Ortsangabe, ohne Datum 335

Nr. 258 V 361v
Bruder Lukáš aus Prag: Brief an einen kranken Brüderpriester
zum neuen Jahr, ohne Ortsangabe, ohne Datum 336

Nr. 259 V 362r–v
Brief eines Katechumenen an eine unverheiratete Katechumenin
der Brüderunität während einer Epidemie, ohne Ortsangabe,
ohne Datum 337

Nr. 260 V 363r–v
Brief eines brüderischen Seelsorgers an eine Gruppe von Glaubensgenossen, ohne Ortsangabe, ohne Datum 338

Nr. 261 V 363v–364r
Brief brüderischer Seelsorger an einen Adeligen, ohne Ortsangabe, ohne Datum 339

Nr. 262 V 365r–366r
Brief der Brüderältesten an die Brüder im Fürstentum Moldau,
Böhmen, vor 15. Mai 1494 340

Nr. 263 VI *3v–*4v
Instruktion der utraquistischen Kirchenleitung für eine Delegation nach Ofen: Bedingungen für Verhandlungen mit der römischen Kurie, Prag, [Juni 1503] 343

Nr. 264　VI 1r–v
　　　　König Wladislaw II. von Böhmen und Ungarn: Befehl an die
　　　　Prager Städte und die übrigen königlichen Städte in Böhmen,
　　　　Ofen, [5.] Juli 1503 347

Nr. 265　VI 1v–2r, 3r / XI 100r–101r
　　　　Pavel aus Saaz: Rundschreiben an die utraquistische Geistlich-
　　　　keit, Prag, 24. Juli 1503; König Wladislaw II. von Böhmen und
　　　　Ungarn: Befehl an den utraquistischen Administrator Pavel aus
　　　　Saaz, Ofen, 5. Juli 1503; Pavel aus Saaz: Begleitschreiben an einen
　　　　utraquistischen Dekan, [Prag, 24. Juli 1503] 349

Nr. 266　VI 3v
　　　　Pavel aus Saaz: Rundschreiben an die [utraquistischen] Angehö-
　　　　rigen des Herren- und des Ritterstandes in Mähren, Prag, 28. Sep-
　　　　tember 1503 351

Nr. 267　VI 4r / XI 101r–102r
　　　　König Wladislaw II. von Böhmen und Ungarn: Befehl an den
　　　　utraquistischen Administrator Pavel aus Saaz, Ofen, 20. Dezem-
　　　　ber 1503 352

Nr. 268　VI 4v–5r
　　　　König Wladislaw II. von Böhmen und Ungarn: Befehl an die
　　　　Prager Städte und die übrigen königlichen Städte in Böhmen,
　　　　Ofen, 18. Dezember 1503 354

Nr. 269　VI 6r–v
　　　　Brief der Brüderältesten an die Gemeinden, ohne Ortsangabe,
　　　　vor 22. Juli [1488] 355

Nr. 270　VI 8r–18v
　　　　[Bruder Jakub aus Turnau:] Bericht über die geplante „Stellung"
　　　　von Angehörigen der Brüderunität in Prag am 1. Januar 1504 357

Nr. 271　VI 19r
　　　　[Bruder Lukáš aus Prag:] Brief an den utraquistischen Administra-
　　　　tor [Pavel aus Saaz] und die utraquistische Kirchenleitung in Prag,
　　　　Jung-Bunzlau, 4. Januar 1504 364

Nr. 272　VI 19v–20r
　　　　[Bruder Lukáš aus Prag:] Brief an die Prager Bürgermeister und
　　　　Räte, Jung-Bunzlau, 4. Januar 1504 364

Nr. 273　VI 20r–v
　　　　Pavel aus Saaz: Brief an die Brüder in Jung-Bunzlau, Prag,
　　　　9. Januar 1504 365

Inhaltsverzeichnis

Nr. 274 VI 21r–22v
[Bruder Lukáš aus Prag:] Brief an den utraquistischen Administrator [Pavel aus Saaz] und die utraquistische Kirchenleitung in Prag, Jung-Bunzlau, [nach 9. Januar 1504] 367

Nr. 275 VI 23r
Pavel aus Saaz: Brief an die Ältesten und Brüder in Jung-Bunzlau, Prag, 5. März 1504 369

Nr. 276 VI 23v–24r
[Bruder Lukáš aus Prag:] Brief der Brüderältesten in Jung-Bunzlau an den utraquistischen Administrator [Pavel aus Saaz] und die utraquistische Kirchenleitung in Prag, Jung-Bunzlau, [nach 5. März und vor 7. April] 1504 370

Nr. 277 VI 24v–26r
[Johann II. Kostka von Postupitz:] Brief an [Bohuš II. Kostka von Postupitz in Leitomischl], Prag, 3. Januar 1504 371

Nr. 278 VI 26v–28r
Bericht über die von Zikmund Chmelický vorgetragene Rede des Nikolaus II. Trčka von Leipa auf Lichtenburg in Prag am 3. Januar 1504; Beschluss der utraquistischen Stände des Königreichs Böhmen über Maßnahmen gegen die Brüderunität, [Prag, 30. September 1503] 374

Nr. 279 VI 29r–30r
Traktat der Brüder über Gottes machtvolles Wirken in der Geschichte Böhmens, 1506 376

Nr. 280 VI 30v–31r
Martha von Boskowitz: Brief an König Wladislaw II. von Böhmen und Ungarn in Ofen, [Leitomischl, November 1507] 378

Nr. 281 VI 31r–v
König Wladislaw II. von Böhmen und Ungarn: Brief an Martha von Boskowitz [in Leitomischl], Ofen, 15. Dezember 1507 381

Nr. 282 VI 32r–34r
Bruder Lukáš aus Prag: Abschiedsbrief an die Gemeinde in Jung-Bunzlau, [Prag, 1. Januar 1504] 382

Nr. 283 VI 34r–35r
Johann II. Kostka von Postupitz: Brief an den Seifensieder Filip aus Leitomischl, Leitomischl, 26. Dezember 1503 385

Nr. 284 VI 35r–36v
Bruder Lukáš aus Prag: Brief an die Brüder, die am 29. Dezember 1509 in Prag „gestellt" werden sollten, ohne Ortsangabe, 17. Dezember 1509 387

Nr. 285 VI 36v–37v
Bruder Lukáš aus Prag: Rundschreiben an die Unitätsgemeinden in Böhmen, ohne Ortsangabe, [nach 19. November und vor 27. Dezember] 1509 390

Nr. 286 VI 38r–v
Bruder Lukáš aus Prag: Anweisungen an die in Prag „gestellten" Brüder, ohne Ortsangabe, 24. Dezember 1509 391

Nr. 287 VI 39r–40r
Brief der Brüderältesten in Böhmen an den utraquistischen Administrator Pavel aus Saaz und die utraquistische Kirchenleitung in Prag, ohne Ortsangabe, 22. Dezember 1509 392

Nr. 288 VI 40v–43v
[Bruder Matouš aus Klattau und Bruder Tenderyáš aus Janowitz an der Angel:] Brief an den Unterkämmerer des Königreichs Böhmen, Burian Trčka von Leipa auf Lipnitz, Prag, [zwischen 26. und 31. Dezember] 1509 395

Nr. 289 VI 44r–46r
Brief der Unitätsleitung in Mähren an ein Mitglied des Engen Rates in Böhmen, ohne Ortsangabe, nach 21. Dezember [1508] 398

Nr. 290 VI 46v–47r
Bruder Eliáš aus Křenovice: Brief an einen Brüdergeistlichen, ohne Ortsangabe, [nach 2. März und vor 8. April 1502] 401

Nr. 291 VI 48r–69r
Artikel der utraquistischen Kirchenleitung für die geplante Belehrung der Brüder in Prag am 1. Januar 1504 und deren Widerlegung durch die Brüder 403

Nr. 292 VI 69v–70v
Entwurf für eine Rede der Brüder bei der geplanten Verhandlung vor Vertretern der katholischen und der utraquistischen Kirchenleitung [in Prag am 27. Dezember 1509] 413

Nr. 293 VI 71r–72v
Argumente zur Verteidigung der Brüder bei der geplanten Verhandlung vor Vertretern der katholischen und der utraquistischen Kirchenleitung [in Prag am 27. Dezember 1509] 415

Inhaltsverzeichnis 25

Nr. 294 VI 73r–75r
Bericht über die „Stellung" der Brüder am 27. Dezember 1509 in
Prag, ohne Ortsangabe, 1. Januar 1510 416

Nr. 295 VI 75v–76r, 76v
Anweisungen der Brüderältesten an die in Prag „gestellten" Brüder
für die geplante Verhandlung [am 27. Dezember 1509] 419

Nr. 296 VI 76r–v
Rundschreiben der Brüderältesten an die Gemeinden, ohne Orts-
angabe, [nach 5. März und vor 7. April 1504] 420

Nr. 297 VI 78r–80v
Brief der Brüderältesten an König Wladislaw II. von Böhmen und
Ungarn, ohne Ortsangabe, 15. Dezember 1509 421

Nr. 298 VI 81r–85r
Bruder Jiřík aus Wolin: Bericht über seine Verhaftung durch Jo-
hann III. von Rosenberg, Großprior des Johanniterordens in
Strakonitz, [nach 21. Juli] 1513 424

VI 89r–96v s. Nr. 27

Nr. 299 VI 97r–98v
Konrad Krajíř von Krajek: Brief an Wolfhart Planknar von Kynsperk, Unterkämmerer des Königreichs Böhmen, Jung-Bunzlau,
12. März 1535 428

Nr. 300 VI 98v
Konrad Krajíř von Krajek: Brief an Wolfhart Planknar von Kynsperk, Unterkämmerer des Königreichs Böhmen, Brandeis an der
Elbe, 20. März 1535 432

Nr. 301 VI 98v–99r
Wolfhart Planknar von Kynšperk, Unterkämmerer des Königreichs
Böhmen: Brief an Konrad Krajíř von Krajek, Prag, 21. März 1535 . . . 433

Nr. 302 VI 99r–v
Konrad Krajíř von Krajek: Brief an Wolfhart Planknar von Kynsperk, Unterkämmerer des Königreichs Böhmen, Jung-Bunzlau,
22. März 1535 434

Nr. 303 VI 99v–101r
Konrad Krajíř von Krajek: Brief an den Rat der königlichen Stadt
Klattau, Jung-Bunzlau, 7. April 1535 435

Nr. 304 VI 101r–v
Konrad Krajíř von Krajek: Brief an den Rat der königlichen Stadt
Taus, Jung-Bunzlau, 7. April 1535 437

Nr. 305　VI 102r–103r
Konrad Krajíř von Krajek: Brief an [Zdislav Berka von Dubá], Oberstlandhofmeister des Königreichs Böhmen, [Heinrich Berka von Dubá] Oberstlandrichter des Königreichs Böhmen, und die übrigen Richter des Kammergerichts des Königreichs Böhmen, Jung-Bunzlau, 11. April 1535 438

Nr. 306　VI 103r–v
Konrad Krajíř von Krajek: Brief an [Johann von Wartenberg], Oberstburggraf der Prager Burg, [Jung-Bunzlau, 24. April 1535] . . . 440

Nr. 307　VI 103v
Zdislav Berka von Dubá, Oberstlandhofmeister des Königreichs Böhmen: Vorladung von [Ulrich und Smil] Janovský von Janowitz vor das böhmische Kammergericht, Prag, 14. April 1535 442

Nr. 308　VI 103v–104r
Bescheid des Kammergerichts des Königreichs Böhmen, [Prag], 10. Mai 1535 443

Nr. 309　VI 104r–105v
Konrad Krajíř von Krajek: Brief an [Zdislav Berka von Dubá], Oberstlandhofmeister des Königreichs Böhmen, Neu Bistritz, 4. Juli 1535 444

Nr. 310　105v–106r
Zdislav Berka von Dubá, Oberstlandhofmeister des Königreichs Böhmen: Brief an Konrad Krajíř von Krajek, Wien, 9. Juli 1535 . . . 446

Nr. 311　VI 106r
Ferdinand I., König von Böhmen: Befehl an Konrad Krajíř von Krajek, Wien, 10. Juli 1535 447

Nr. 312　VI 107r–108r
Martin Lupáč: Brief an den Priester Mikuláš Zacheus (Auszug), ohne Ortsangabe, [1462/64] 448

Nr. 313　VI 108r–110v
Memorandum an die utraquistischen Teilnehmer des böhmischen Landtags, [Prag, Ende Februar/Anfang März] 1502 452

Nr. 314　VI 111r–112r
Schreiben der utraquistischen Stände an König Wladislaw II. von Böhmen und Ungarn, Prag, 2. März 1502 455

Nr. 315　VI 113r–115v
Bruder Jan Poustevník: Brief aus dem Gefängnis an Georg von Gersdorf, Hauptmann der Prager Burg, Prag, 20. Mai 1537 458

Inhaltsverzeichnis

Nr. 316 VI 115v–117r
Bericht über den Ausschluss der brüderischen Adeligen aus der utraquistischen Ständepartei, ohne Ortsangabe, nach 29. Mai 1537 461

Nr. 317 VI 118r–119v
Protokoll der Verhandlung des Bruders Jan Poustevník vor dem Kammergericht des Königreichs Böhmen, Prag, 25. August 1535 ... 464

Nr. 318 VI 120r–v
Bruder Jan Poustevník: Bericht über die Taufe des dritten Sohnes König Ferdinands I. von Böhmen, [Prag], nach 10. April 1538 466

Nr. 319 VI 121r–144r
Antwort der Brüder auf den Traktat des Priesters Vít aus Krupá über den Widerruf des Jan aus Tepl, genannt Ležka, 1504 468

Nr. 320 VI 145r–149v
Augustinus Moravus Olomucensis: Brief an Bruder Jan Černý, Olmütz, 2. Juni 1501 479

Nr. 321 VI 149v–152r
Bruder Jan Černý: Brief an Augustinus Moravus Olomucensis, Proßnitz, 7. Juli 1501 483

Nr. 322 VI 152r–181v
Bruder Jan Černý: Widerlegung des *Tractatus de secta Valdensium* des Augustinus Moravus Olomucensis, Proßnitz, 5. April 1501 485

Nr. 323 VI 182r–185v
Brief der Brüderältesten in Böhmen an den utraquistischen Administrator Pavel aus Saaz und die utraquistische Kirchenleitung in Prag, ohne Ortsangabe, 20. Dezember 1509 495

Nr. 324 VI 187r–213v
Bruder Lukáš aus Prag: Widerlegung des Traktats des Franziskaners Jan aus Wodňan gegen die Brüder, 8. Mai 1505 499

Nr. 325 VI 217r–264r
[Bruder Lukáš aus Prag:] Antwort auf den Traktat „Vom bösen Priester" des utraquistischen Priesters Vavřinec [Krasonický], [vor 25. November] 1508 511

Nr. 326 VI 265r–311v
Brüderische Widerlegung eines Brieftraktats des Olmützer Domherrn Bernhard Zoubek von Zdětín, 19. März 1517 524

Nr. 327 VI 314r–326v
Brieftraktat eines evangelischen Geistlichen an die Adelige Lidmila, [um 1542] 542

Nr. 328   VI 327r–330r
        König Sigismund von Ungarn: Befehl an die königlichen Beamten
        des Königreichs Böhmen, Preßburg, 9. August 1403; Hilarius aus
        Leitmeritz, Administrator des Erzbistums Prag: Brief an Bürger-
        meister und Rat der Stadt Brüx, Pilsen, 4. Mai 1467 548

Quellen- und Literaturverzeichnis 551

Verzeichnis und Nachweis der Abbildungen 613

Personenregister 615

Ortsregister 627

Register der Bibelstellen 631

A. Die böhmische Reformation, die Brüderunität und die *Acta Unitatis Fratrum*: Zu Gegenstand und Zielsetzung des vorliegenden Regestenwerkes

1. Die böhmische Reformation

Im frühen 15. Jahrhundert zerbrach innerhalb von weniger als zwei Jahrzehnten in Böhmen und Mähren die Einheit der kirchlichen Lehre und des kanonischen Rechts. Die Erschütterung der alten Ordnung ging hier sehr viel weiter als bei vergleichbaren Bewegungen in der lateinischen Christenheit, die vor der Reformation allgemein als Häresie bezeichnet wurden. In der Folge entstand ein breites Spektrum neuer religiöser Strömungen – und damit die fortwährende Herausforderung zu einem Ausgleich zwischen den einzelnen Gruppen und zu öffentlicher Toleranz. Diese religiöse und zwangsläufig auch politisch-gesellschaftliche Auseinandersetzung, die bereits ein Jahrhundert vor dem Auftreten Luthers einsetzte, prägte die zweihundertjährige Epoche der sogenannten böhmischen Reformation (*česká reformace*). Diese Phase markiert zugleich die engere Wirkungsgeschichte der Böhmischen Brüder in ihrem Herkunftsland.

Am 6. Juli 1415 starb der Prager Universitätstheologe und populäre Prediger Jan Hus nach einem Häresieprozess vor dem Konstanzer Konzil auf dem Scheiterhaufen. Der Prozess und die anschließende Hinrichtung lösten in Böhmen schwere Unruhen aus. Die vom Konstanzer Konzil ausdrücklich verbotene Kelchkommunion der Laien breitete sich in Prag und anderen königlichen Städten, aber auch im ländlichen Raum rasch aus. In zahlreichen Pfarrkirchen wurde nun das Abendmahl *sub utraque specie*, unter beiderlei Gestalt, gereicht. Im Kelch fanden die einzelnen Parteiungen, die von ihren Gegnern bald als „Hussiten" bezeichnet wurden, denn auch ihr Identifikationssymbol und Kampfzeichen. Kernforderungen jener Jahre waren neben dem Laienkelch Predigtfreiheit, Armut des Klerus und Bestrafung der Todsünder. Einzelne Gruppen wie die Taboriten und Orebiten verfolgten allerdings schon früh radikal-militante Ziele. Als mächtiger Förderer der Bewegung trat der böhmisch-mährische Adel auf, der sich als Repräsentant des Landes empfand, der aber bei seiner Unterstützung der vielerorts erhobenen Forderung nach einer Einziehung des Kirchenguts auch Eigeninteressen verfolgte.

Die Bulle, mit der Papst Martin V. 1420 die gesamte Christenheit zum Krieg gegen die „Ketzer" aufforderte, besaß alle Merkmale eines klassischen Aufrufs zum Kreuzzug. Sie war der Auftakt zu langjährigen militärischen Auseinandersetzungen, die in den böhmischen Ländern fundamentale Veränderungen – im weltlichen wie im geistlichen Bereich – zur Folge hatten. In den Jahrzehnten, in denen die bisherige Rechtsordnung völlig zusammengebrochen war und es quasi keine monarchische Zentralmacht gab, konnte der Hochadel seine Macht in Verfassung und Verwaltung deutlich ausbauen; er profitierte darüber hinaus erheblich von der Säkularisierung des Kirchenbesitzes. Politische Ansprüche machten aber auch die Bürger der königlichen Städte geltend, die als eigener Stand auf dem Landtag neben Herren und Rittern ebenfalls an der Gesetzgebung, Exekutive und am Finanzwesen beteiligt waren. Die Stände beharrten fortan auf der freien Königswahl. Neben einem breiten Instrumentarium ständischer Institutionen und Ämter war es die langjährige Erfahrung und Praxis im politischen Widerstand gegen die Königsmacht, die Adel und Städte eine aktive Rolle bei der Mitgestaltung des öffentlichen Lebens beanspruchen ließen.

Religiös war das Königreich Böhmen seit 1419 gespalten. Auf der einen Seite standen die Katholiken, auf der anderen die Utraquisten, die den Jurisdiktionsprimat des Papstes nicht anerkannten und in der Liturgie die Volkssprache verwendeten. Da Rom die Wahl eines gemeinsamen utraquistischen Erzbischofs für beide Kirchen nicht anerkannte, wurden diese jeweils von einem Konsistorium geführt. Das seit 1421 vakante Prager Erzbistum blieb nahezu anderthalb Jahrhunderte unbesetzt. Institutionell hatte sich die katholische Kirche damit zwar behauptet, materiell aber war sie durch Zerstörungen, Besetzungen und Verpfändungen von rund vier Fünfteln der Kirchengüter in eine prekäre Situation geraten. Die Koexistenz von Utraquisten und Katholiken in Böhmen und Mähren wurde durch die 1433 mit dem Basler Konzil ausgehandelten und 1436 in Iglau von den böhmischen Ständen angenommenen Kompaktaten und durch den Kuttenberger Religionsfrieden von 1485 rechtlich geregelt.

Außerhalb der beiden gesetzlich anerkannten Glaubensparteien bildete sich in der zweiten Hälfte des 15. Jahrhunderts mit der Unität der Böhmischen Brüder (*jednota bratrská, Unitas Fratrum*) eine dritte, im Landrecht allerdings nicht verankerte Konfession heraus. Dieses Nebeneinander verschiedener Religionsgemeinschaften sollte sich um 1500 durch eine Aufspaltung innerhalb der utraquistischen Mehrheitskonfession, wenig später dann auch noch durch das Luthertum zu einem zunehmend konfliktreichen Pluralismus weiterentwickeln. Ähnlich vielgestaltig stellte sich die Lage in Mähren dar, das zu einem wichtigen Migrationsziel für Glaubensflüchtlinge wurde, namentlich für die verfolgten Täufer aus den deutschsprachigen Ländern und Norditalien. In der Markgrafschaft bestand praktisch eine unbegrenzte, sogar die Untertanen einschließende Religionsfreiheit, obwohl diese rechtlich kaum abgesichert war.

Während des 15. Jahrhunderts war es den Landesherren nur in Ansätzen gelungen, den inneren Frieden in ihrem Herrschaftsbereich zu bewahren und die Streitigkeiten zwischen den einzelnen Religionsgemeinschaften beizulegen – angesichts bürgerkriegsähnlicher Zustände hatte zeitweise sogar ein völliges Auseinanderbrechen des Länderverbands gedroht. Eine größere Stabilität zeichnete sich erst ab, als 1526

Die böhmische Reformation

mit dem Habsburger Ferdinand I. eine neue Dynastie in den böhmischen Ländern Fuß fasste. Schon bald jedoch gerieten die neuen katholischen Herrscher und die mehrheitlich evangelischen, ihre religiösen wie ständischen Freiheiten verteidigenden Eliten in Böhmen aneinander. Zu einem gewaltsamen Zusammenstoß kam es erstmals in den Jahren 1546/47, als die Habsburger darangingen, den Schmalkaldischen Bund der Lutheraner im römisch-deutschen Reich zu bekämpfen und ihnen daraufhin die böhmischen Stände den Gehorsam versagten. Die Berufung der Jesuiten, die Wiederbesetzung des Prager Erzbistums 1561 und andere Maßnahmen, die in ihrer Gesamtheit auf eine Erneuerung der katholischen Kirche in Böhmen abzielten, verstärkten das Konfliktpotential weiter.

Die schleppende Formierung einer einheitlichen Ständeopposition hing unmittelbar mit der religiösen Situation zusammen, die sich in den einzelnen Ländern der Krone unterschiedlich darstellte. Auf einem Landtag in Prag 1575 wurde mit einer eigenständigen Bekenntnisschrift, der *Confessio Bohemica*, zumindest im Hauptland eine grundsätzliche inhaltliche Übereinstimmung der einzelnen reformatorischen Gruppen erzielt. Mit dieser Bekenntnisschrift gelang den böhmischen Ständen „unter beiderlei Gestalt", die sich fortan evangelisch nannten, kirchenorganisatorisch wie politisch ein wichtiger Durchbruch. Eine wirkliche konfessionelle Einheit konnte zwar nicht erreicht werden, zumal die theologischen und kirchenrechtlichen Meinungsverschiedenheiten mit der Brüderunität, die strikt an einer selbständigen Kirchenorganisation festhielt, auch weiterhin ungelöst blieben. Bei Lichte besehen entstand jedoch eine von Rom nahezu unabhängige evangelische Kirchenstruktur, zu der sich seit dem letzten Drittel des 16. Jahrhunderts die überwiegende Mehrheit der Einwohner Böhmens bekannte. Die Umwälzung der kirchlichen Verhältnisse durch den Übergang der meisten Utraquisten und eines Teils der böhmischen Katholiken zum Protestantismus führte zu einem in der böhmischen Landesverfassung (die neben dem Katholizismus nur dem Utraquismus ein Existenzrecht garantierte) nicht vorgesehenen Zustand. Die jahrzehntelange Rechtsunsicherheit wurde erst 1609 beendet, als der Landesherr Rudolf II., dem Druck der evangelischen Stände nachgebend, den Evangelischen durch den Majestätsbrief die freie Religionsausübung in Böhmen zugestand.

Die Hoffnung auf eine friedliche Koexistenz der Religionsparteien währte allerdings nur kurz. Dass sich in den böhmischen Ländern während der ersten beiden Jahrzehnte des 17. Jahrhunderts die Ereignisse überschlugen und die Spannungen schließlich 1618 erneut in einem Aufstand der evangelischen Stände entluden, hatte viele Ursachen, innere wie äußere. Von zentraler Bedeutung war gleichwohl die Politisierung und Internationalisierung der böhmischen Religionsfrage. Sie war letztlich auch die Ursache dafür, dass die Stände den habsburgischen König 1619 aufgrund fortgesetzter Rechtsbrüche des Throns enthoben und einen neuen Monarchen wählten. Dass man sich bei der Wahl des neuen Königs auf einen mächtigen Calvinisten,

Kurfürst Friedrich V. von der Pfalz, verständigte, lag in der Konsequenz der bisherigen Mobilisierung der Kräfte.

Der militärische Zusammenstoß am 8. November 1620 am Weißen Berg in der Nähe von Prag, den das katholische Lager für sich entschied, führte binnen weniger Tage zum vollständigen Zusammenbruch des pfälzischen Königtums in Böhmen. Dem politischen Umbruch folgten Hinrichtungen, Zwangsbekehrungen und Vertreibungsaktionen, einschneidende Eingriffe in die bisherige Besitzstruktur und die rechtliche Verankerung eines absolutistischen Herrschaftssystems. Die Schlacht am Weißen Berg gilt daher als Symbol eines Epochenwechsels in der böhmischen Geschichte, als Wendepunkt vom altständischen Staats- und Gesellschaftsmodell, in dem die Macht und Entscheidungsbefugnisse des Landesherrn vielfältig begrenzt waren, hin zum absolutistischen Monarchismus der Habsburger. Sie steht ferner für den Übergang von religiöser Pluralität und Glaubensfreiheit hin zum geschlossenen Konfessionsstaat, in dem das katholische Bekenntnis zum Staatsgrundsatz erhoben wurde. Die verfassungsrechtliche Systemveränderung wurde 1627 für Böhmen und ein Jahr später für Mähren in neuen Landesordnungen festgeschrieben. Der katholische Glaube war seither die einzige im Land anerkannte Konfession. Der Kirchenbesitz wurde durch eine Rückübertragung vieler der seit der Hussitenzeit entfremdeten Güter vergrößert; unter den Orden profitierten vor allem die Jesuiten von der Besitzumschichtung.

2. Die Brüderunität

Die Unität der Böhmischen Brüder, eine in Böhmen und Mähren aus verschiedenen Reformgruppen des Hussitismus entstandene Religionsgemeinschaft mit eigenen Bischöfen, Priestern und Diakonen, besaß schon lange vor der lutherischen Reformation einen beachtlichen Organisationsgrad und eine ausgeprägte Lehrtradition. Neben den beiden gesetzlich anerkannten Glaubensparteien im Land, dem Utraquismus und dem Katholizismus, bildete sich die Brüderunität in Böhmen während der zweiten Hälfte des 15. Jahrhunderts als eine dritte, im Landrecht allerdings nicht verankerte Konfession heraus. Auch wenn ihre Mitgliederzahl stets nur einen kleinen Teil der Gesamtbevölkerung ausmachte, übten die Brüder bis ins dritte Jahrzehnt des 17. Jahrhunderts, als ihre Gemeinden im Zuge des verfassungsrechtlichen Systemwechsels in den böhmischen Ländern aufgelöst wurden, einen bemerkenswerten Einfluss auf das religiöse und kulturelle Leben Böhmens und Mährens aus.

Im Jahr 1457 siedelte eine Gruppe von teils verheirateten, teils zölibatär lebenden Männern und Frauen aus Prag in das Dorf Kunvald im Osten Böhmens über, um in bewusster Distanz zur Gesellschaft als Brüder und Schwestern streng nach dem Evangelium zu leben. Ihr charismatischer Leiter war Bruder Řehoř (um 1420–

1474), genannt Krajčí ("Schneider"), der eine Zeitlang im utraquistischen Prager Slawenkloster gelebt hatte, nun aber für seinen Lebensunterhalt ein Handwerk ausübte. Die Brüder, wie sie sich nannten, zweifelten an der Heilswirksamkeit von Sakramenten, die von Priestern gespendet wurden, deren Lebenswandel nicht den hohen Maßstäben der Bergpredigt und anderer Forderungen des „göttlichen Gesetzes" entsprach. Nur vereinzelt fanden sie fromme utraquistische Priester, denen sie vertrauten und bei denen sie die Sakramente empfingen.

Die rasche Ausbreitung der Brüder, denen sich Gruppen und Einzelpersonen an verschiedenen Orten Böhmens anschlossen, veranlasste kirchliche und weltliche Obrigkeiten, gegen die fast ausschließlich aus Laien bestehende Bewegung vorzugehen. Die Verfolgungen standen im Zusammenhang mit den – vergeblichen – Bemühungen des Königs und der utraquistischen Kirchenleitung um eine Annäherung an die katholische Kirche und die Überwindung der politischen Isolation des Königreichs Böhmen. Sowohl die Verhandlungen der Utraquisten mit Rom als auch ihr Scheitern 1465 bestärkten die Brüder in ihrer Entfremdung von den Utraquisten. Unter Rückgriff auf ältere waldensische und radikal-hussitische Überlieferungen vom „Fall der Kirche" unter Konstantin dem Großen sahen die Brüder in der Papstkirche den Herrschaftsbereich des Antichrist. Dass die Utraquisten an der Priesterweihe in römischer Sukzession festhielten, obwohl sie von Rom als Häretiker betrachtet wurden, erschien den Brüdern widersinnig. Den endgültigen Bruch mit der utraquistischen und der katholischen Kirche, mit den „Priestern und Laien unter beiderlei und unter einer Gestalt", vollzogen die Brüder, indem sie 1467 im Weiler Lhotka bei Reichenau an der Kněžna eigene Priester wählten und einen eigenen Bischof einsetzten. Mit der Priesterwahl und der erneuten Taufe aller Mitglieder – die in der utraquistischen oder katholischen Kirche empfangene Taufe wurde als ungültig betrachtet – konstituierten sich die Brüder als eigenständige Kirche, die sie als Erneuerung der apostolischen Urkirche verstanden.

Die brüderische Kirchenverfassung wurde 1494 durch einen Synodalbeschluss revidiert und erfuhr in der Folgezeit nur noch geringfügige Veränderungen. Höchstes Leitungsgremium war seither der „Enge Rat", dem in der Regel vier Bischöfe und acht bis zwölf Mitälteste aus dem brüderischen Priesterstand angehörten, die auf Lebenszeit gewählt wurden. Der Vorsitz des „Engen Rats" oblag dem „Richter", das heißt dem jeweils dienstältesten der amtierenden Bischöfe. In den Ortsgemeinden gab es neben den Priestern und deren geistlichen Gehilfen, den Diakonen, weitere Amtsträger, die auf Kirchenzucht und Einhaltung der Ordnungen achteten und die Almosen verwalteten. Von den Diakonen, Priestern und Bischöfen der Unität wurde bis ins späte 16. Jahrhundert eine zölibatäre Lebensweise erwartet. Alle Träger von Gemeindeämtern bildeten die Synode, der der „Enge Rat" verantwortlich war. Von Anfang an verstanden die Brüder ihre eigenständige Kirchenorganisation nicht als exklusive, allein seligmachende Heilsanstalt, sondern als „Einheit" (*jednota*) oder

„Glied" der einen universalen, unsichtbaren Kirche, der alle von Gott zum Heil Erwählten angehören. Für die Brüder stand es außer Zweifel, dass es viele zum Heil erwählte, wahre Christen auch innerhalb der vom Antichrist verdorbenen Kirchen der Katholiken und Utraquisten und sogar unter den nichtchristlichen Völkern gebe. Darüber hinaus rechneten sie mit der Möglichkeit, dass es neben der Brüderunität noch weitere legitime Teilkirchen der einen Kirche geben könne, in denen aller Götzendienst abgestellt ist und in denen die Gläubigen zu den für das Heil wesentlichen Dingen, Glaube, Liebe und Hoffnung (1 Kor 13,13), geführt werden.

Die ersten Gemeinden der Unität wurden bewusst in ländlicher Abgeschiedenheit gegründet, wo man ein Leben in urchristlicher Schlichtheit und Gleichheit außerhalb der traditionellen Ständeordnung zu führen suchte. Neben Männern und Frauen aus einfachen Verhältnissen schlossen sich aber auch Gebildete und gelegentlich Adelige den Brüdern an. Bereits in der zweiten Generation ihres Bestehens verfügte die Gemeinschaft über Beziehungen zu einflussreichen Vertretern des Ritter- und des Herrenstandes. Unter dem Schutz sympathisierender Adeliger entstanden zunehmend Gemeinden in Kleinstädten und Städten, oft mit eigenen Versammlungshäusern (*sbory*). Die Brüder erhielten steten Zuzug aus utraquistischen Gemeinden im Land, aber auch von auswärtigen Gläubigen, etwa Waldensern aus der Mark Brandenburg. Auch Lukáš aus Prag (um 1460–1528), der bedeutendste brüderische Theologe im ersten Viertel des 16. Jahrhunderts, war ein Konvertit der ersten Generation und hatte vor seinem Beitritt zur Brüderunität an der Prager Universität, dem intellektuellen Zentrum des Utraquismus, studiert. Es wird geschätzt, dass die Gesamtzahl der Brüder und Schwestern, die um 1480 noch bei 1.000–2.000 Personen lag, bis zur Wende zum 16. Jahrhundert auf rund 10.000 anstieg.

Von ihren Gegnern auf Seiten der Katholiken und Utraquisten wurden die Brüder als Ketzer betrachtet und polemisch mit den älteren, bereits längst als Häresien verurteilten Bewegungen der Waldenser und Pikarden gleichgesetzt. Die Verfolgungen der Unität, die 1461 einsetzten, als König Georg von Podiebrad die Ketzerdekrete Karls IV. erneuerte, um sein angespanntes Verhältnis zum Papsttum zu entlasten, trugen maßgeblich zur Gruppen- und Identitätsbildung der jungen Gemeinschaft bei. Zu einer dauerhaften Belastung für die Brüder wurde das sogenannte St.-Jakobs-Mandat König Wladislaws gegen die „Pikarden", dem die katholischen wie die utraquistischen Stände auf dem böhmischen Landtag 1508 zugestimmt hatten. Das bis 1602 mehrfach erneuerte – von den adeligen Schutzherren der Brüder so weit wie möglich missachtete – Mandat untersagte den Brüdern jede öffentliche Religionsausübung und verfügte empfindliche Einschränkungen ihres Gemeindelebens.

Für die Unterweisung und die Frömmigkeitspraxis der Gläubigen gewannen daher Traktate, Erbauungsschriften und Gesangbücher, die die Kirchenleitung der Brüderunität seit den ersten Jahren des 16. Jahrhunderts drucken ließen, zunehmend an Bedeutung. Brüderische Katechismen und Liedersammlungen fanden seit dem Beginn der Reformation auch außerhalb Böhmens und Mährens Verbreitung und beeinflussten die entstehende evangelische Laienfrömmigkeit im deutschen Sprachraum. Die in den 1520er Jahren einsetzenden intensiven Kontakte der Brüder mit Martin Luther, Martin Bucer und anderen Protagonisten der Wittenberger und der schweizerisch-oberdeutschen Reformation, die überproportionale publizistische Aktivität der Minderheitskirche und ihre zunehmende Sichtbarkeit im Kontext der böhmischen Gesellschaft erhöhten allerdings auch das Risiko, in die konfessionspolitischen Auseinandersetzungen, die sich in den 1540er Jahren bedrohlich zuspitzten, hineingezogen zu werden.

Wie sehr die Spannungen zwischen Utraquisten, Brüdern und Lutheranern sowie regionale Differenzen zwischen den böhmischen Ländern die Ständeopposition gegen den Landesherrn schwächten, der adelige und städtische Mitsprache- und Kontrollrechte zurückzudrängen suchte, wurde beim Scheitern der Ständeerhebung von 1546/47 deutlich. Die Konfiskation der Güter des am Aufstand beteiligten Brüderadels hatte zur Folge, dass die Unitätsgemeinden an vielen Orten unter die direkte Herrschaft des Königs kamen und damit verstärkter Verfolgung ausgesetzt waren. Im städtischen Raum wurde das Gemeindeleben nahezu vollständig unterdrückt. Zahlreiche brüderische Priester und Gläubige wurden verhaftet, gefoltert und eingekerkert. Der Brüderbischof Jan Augusta (1500–1572) wurde sechzehn Jahre lang in Kerkerhaft gehalten. Ein Teil der Brüder in Böhmen entschied sich in dieser Situation zur Emigration nach Mähren, aber auch nach Polen und Preußen.

Die Formierung einer auf politischer Ebene gemeinsam agierenden evangelischen Religionspartei – und in diesem Zusammenhang das Bemühen um eine Legalisierung der Brüder und Lutheraner – war bestimmend für die böhmische Innen- und Konfessionspolitik der zweiten Hälfte des 16. Jahrhunderts. Mit der *Confessio Bohemica* von 1575 legten die verschiedenen evangelischen Gruppen Böhmens einschließlich der Brüder sogar eine gemeinsame Bekenntnisschrift vor. Die theologischen und kirchenrechtlichen Meinungsverschiedenheiten, namentlich das Festhalten der Brüderunität an ihrer selbständigen Kirchenorganisation und an einer strengen ethischen Disziplin, blieben jedoch auch weiterhin ein Stein des Anstoßes. Seinen Höhepunkt fand der durch die einsetzende Rekatholisierung beflügelte Solidarisierungs- und Formierungsprozess 1609 mit dem böhmischen Majestätsbrief Kaiser Rudolfs II. für freie Religionsausübung und dem ebenfalls in die Landtafel eingetragenen „Vergleich" zwischen den Ständen *sub una et sub utraque*. Durch den Majestätsbrief, der die *Confessio Bohemica* als Bekenntnisgrundlage einer evangelischen Kirchenorganisation in Böhmen billigte, wurde die Unität der Böhmischen Brüder – gemeinsam mit den übrigen Evangelischen, die das Böhmische Bekenntnis angenommen hatten – erstmals gesetzlich und kirchenamtlich anerkannt.

Innerhalb des böhmischen Länderverbands hatte die Unität den Schwerpunkt ihres Wirkens nach 1548 in die Markgrafschaft Mähren verlagert, deren Stände sich nicht am Aufstand beteiligt hatten. Von den Strafmaßnahmen, die im benachbarten Böhmen die Anhänger der Reformation, die Brüder und andere konfessionelle Minderheiten trafen, blieben die mährischen Evangelischen weitgehend verschont. Die religiöse Vielfalt Mährens, die Vorstellungen von konfessioneller Koexistenz und Toleranz begünstigte, war zugleich Schulbildung, Buchdruck und Kultur förderlich. Das eigene Schulwesen der Brüder, das sich an modernen protestantisch-humanistischen Lateinschulen orientierte, stand auch Schülern offen, die keinen Priesterberuf anstrebten. In Eibenschütz und Kralitz produzierten die Brüder in ihrer kircheneigenen Druckerei ein umfangreiches volkssprachliches Schrifttum, mit dem sie Leser unterschiedlicher gesellschaftlicher Schichten erreichten. Die produktive Verbindung von Traditionen der Brüderunität mit dem europäischen Späthumanismus verkörperte in hervorragender Weise der Brüderbischof Jan Blahoslav (1523–1571), der zahlreiche Schriften zur Geschichte, Literatur- und Musiktheorie verfasste und mit seiner Grammatik der tschechischen Sprache einen Grundstein der tschechischen Sprachwissenschaft legte. Blahoslavs Übersetzung des Neuen Testaments (1564) wurde in den folgenden Jahrzehnten im Auftrag der Unitätsleitung von einer Übersetzergruppe überarbeitet und zu einer vollständigen kommentierten Übersetzung der Heiligen Schrift erweitert, die zwischen 1579 und 1594 in sechs Bänden in Kralitz erschien. Die Kralitzer Bibel wurde zur klassischen Bibelübersetzung des tschechischen und slowakischen Protestantismus, ihre Sprache blieb bis zum frühen 19. Jahrhundert die Richtschnur der tschechischen Literatursprache.

Ein eigener Zweig der Unität außerhalb des Mutterlandes entwickelte sich nach der Emigration zahlreicher Brüder Mitte des 16. Jahrhunderts in Polen-Litauen. Zum Zentrum der Kirchenleitung wurde das großpolnische Lissa, wo allein rund 800 Brüder eine neue Heimat fanden. 1570 ging die Unität eine brüderliche Vereinigung (*fraterna coniunctio*) mit anderen Bekenntnisgemeinschaften ein. Auf einer gesamtevangelischen Synode in Sandomir einigten sich Böhmische Brüder, Reformierte und Lutheraner auf den *Consensus Sendomiriensis* als gemeinsame Lehrgrundlage und bestätigten sich gegenseitig ihre Rechtgläubigkeit, ohne jedoch ihre Eigenständigkeit als gesonderte Kirchen preiszugeben. Dass sich der polnische Zweig der Unität, der in der Adelsrepublik – anders als im böhmischen Mutterland – die Zeit des Dreißigjährigen Krieges überlebte, schrittweise der reformierten Kirche öffnete, zeichnete sich gleichwohl schon frühzeitig ab. Die um 1700 noch existierenden fünfzehn Gemeinden der polnischen Brüderunität waren längst in der reformierten Kirche der Adelsrepublik aufgegangen und behielten einzig aus Gründen der Tradition ihren älteren Namen bei.

Unter dem Schutz des rudolfinischen Majestätsbriefs und als Teil der von den böhmischen Ständen getragenen evangelischen Kirchenstruktur konnte die Unität nach 1609 in Prag, in den königlichen Städten und auf dem Land ungehindert öffentliche Gottesdienste abhalten. Auch im neugestalteten Konsistorium an der

Prager Teynkirche waren die Brüder angemessen vertreten. Der obersten evangelischen Kirchenbehörde oblag die Aufsicht über die Geistlichkeit, die Ordination neuer Geistlicher und die Bestätigung der jeweiligen Besetzung von Pfarr- und Predigerstellen. Auch mit Blick auf die literarische und verlegerische Arbeit der Unität stellt das zweite Jahrzehnt des 17. Jahrhunderts, in dem die letzte Revision der Kralitzer Bibelübersetzung erschien (1613), eine Blütezeit dar.

Zwar waren die Brüder nicht die „Calviniani ante Calvinum", als die sie lutherischen Theologen zuweilen erschienen. Aber auch in Böhmen und Mähren kam es um die Wende vom 16. zum 17. Jahrhundert unbestreitbar zu einer Annäherung der Unität an den reformierten Protestantismus, die auch die Entwicklung des großpolnischen Zweigs der Unität bestimmte. Diese Tendenz beeinflusste die brüderische Theologie und Frömmigkeitspraxis und ist an der Wahl der Studienorte brüderischer Studenten ebenso ablesbar wie an Buchdruck und Liedgut. Die Reformierten betrachteten die Brüder ohnehin schon längst als Konfessionsverwandte und nahmen sogar das Glaubensbekenntnis der Brüder ohne deren Wissen in Sammelausgaben der reformierten Bekenntnisschriften auf. Gegen die zunehmende Ausrichtung an der reformierten Theologie gab es freilich starke Widerstände von denjenigen, die eine Rückbesinnung auf die schlichte, apolitische Frömmigkeit der frühen Brüderunität anmahnten und eine Zuspitzung der innenpolitischen Krise befürchteten. Die reformierten Netzwerke unterstützten aktiv den 1618 ausbrechenden Ständeaufstand in den böhmischen Ländern gegen den habsburgischen Thronerben, Ferdinand II., und die Wahl Friedrichs V. von der Pfalz, des mächtigsten reformierten Territorialherrn in ganz Mitteleuropa, zum böhmischen König im Folgejahr. An dessen Krönung am 4. November 1619 im Prager Veitsdom war neben dem utraquistischen Administrator Jiří Dikastus der Brüderbischof Jan Cyrill beteiligt. Damit hatte die Entwicklung der Brüderunität von einer weltabgewandten Gemeinschaft von Brüdern und Schwestern zu einer angesehenen, in mancher Hinsicht elitären Minderheitenkirche einen augenfälligen Abschluss gefunden.

Nur ein Jahr später brach die Herrschaft des „Winterkönigs" in den böhmischen Ländern nach der militärischen Niederlage am Weißen Berg bei Prag gegen den 1619 zum römisch-deutschen Kaiser gekrönten Ferdinand II. und dessen Verbündete vollständig zusammen. Auf den Sieg des Habsburgers folgten ein Strafgericht an den Aufständischen, ein auf die Entmachtung der Stände abzielender Umbau der Landesverfassung und eine konsequente Rekatholisierungspolitik in Böhmen und Mähren. Vor die Wahl gestellt, zum Katholizismus zu konvertieren oder auszuwandern, wählten zahlreiche Utraquisten, Lutheraner, Calvinisten und Mitglieder der Brüderunität, tschechische wie deutsche Landesbewohner aus allen Schichten, das Exil. Der gewaltige Exodus der Evangelischen betraf allein in Böhmen weit mehr als 100.000 Personen, darunter 5.000–6.000 Angehörige der Brüderunität einschließlich des Großteils der brüderischen Priester. Fluchtziele der Brüder waren abermals

Großpolen, wo man sich den bereits bestehenden Unitätsgemeinden anschloss, aber auch Sachsen, die Oberlausitz und Oberungarn. Die brüderischen Kirchen und Versammlungshäuser wurden geschlossen, ihre Schriften konfisziert und zum großen Teil vernichtet. Verfassungsrechtlich wie existenziell fand die Unität in ihrem Mutterland in den späten 1620er Jahren ihr Ende.

Johann Amos Comenius (1592–1670), Bischof der Brüderunität im Exil, verfasste 1650 das „Testament der sterbenden Mutter, der Brüderunität" (*Kšaft umírající matky jednoty bratrské*), eine ergreifende Trostschrift, in der der berühmteste Brüderbischof des 17. Jahrhunderts das Erbe der Unität den noch bestehenden Exilgemeinden der Böhmischen Brüder, den evangelischen Schwesterkirchen der Lutheraner und Reformierten, ferner allen Christen insgesamt und schließlich dem tschechischen Volk anbefahl. In der ersten Hälfte des 19. Jahrhunderts setzte die Wiederentdeckung des kulturellen Erbes der Brüderunität durch die tschechische Nationalbewegung ein. Eine weltweite Nachwirkung erfuhr die brüderische Tradition durch die Missionsarbeit der Erneuerten Brüder-Unität, die Nikolaus Ludwig Graf von Zinzendorf (1700–1760) in Herrnhut begründete. Das in viele Sprachen übersetzte Liedgut der Böhmischen Brüder ist bis zur Gegenwart in fast allen protestantischen Konfessionen und im Katholizismus lebendig.

3. Die *Acta Unitatis Fratrum*

Die *Acta Unitatis Fratrum* sind das bedeutendste Quellencorpus zur Geschichte und Theologie der Böhmischen Brüder und ein herausragendes Monument konfessioneller Erinnerungskultur im spätmittelalterlich-frühneuzeitlichen Mitteleuropa. Das Sammelwerk entstand zwischen 1548 und 1589 und besteht aus vierzehn Handschriftenbänden in Quartformat mit einem Umfang von insgesamt 5.450 Blatt oder rund 10.000 beschriebenen Seiten Text, überwiegend in tschechischer, zu einem geringen Teil auch in lateinischer Sprache. Die ungewöhnlich dichte Überlieferung umfasst Abschriften von Traktaten und Briefen der Brüder von deren ersten Anfängen in der Mitte des 15. Jahrhunderts bis zum Jahr 1589. Dazu kommen gegnerische Schriften, Akten und Berichte über Kontroversen, Verfolgungen und kirchenpolitische Ereignisse in Böhmen und Mähren von der Hussitischen Revolution des 15. Jahrhunderts bis zur konfessionellen Konsolidierung der europäischen Reformation des 16. Jahrhunderts. Planvoll angelegt zur Bestandsaufnahme und Sicherung des in den Gemeinden der Böhmischen Brüder vorhandenen ungedruckten Schrifttums, bezeugt das Corpus allein schon durch seinen Umfang die besondere Bedeutung, die die handschriftliche Überlieferung auch im Zeitalter des Buchdrucks für die nonkonformistischen religiösen Gruppen des frühneuzeitlichen Europa behielt.

Die *Acta Unitatis Fratrum* dokumentieren eine Vielzahl von Ereignissen und Entwicklungen: die endgültige Zerschlagung der revolutionären taboritischen Bewegung in den 1440er Jahren, die radikal kirchenkritischen Diskurse im nachrevolutionären Böhmen der Mitte des 15. Jahrhunderts, die Rezeption waldensischer Traditionen durch die entstehende Brüderunität, deren Abgrenzung vom etablierten Utraquismus und die nach 1520 einsetzende intensive Auseinandersetzung der Brüder mit der deutschen und der schweizerischen Reformation. In den *Acta Unitatis Fratrum* spiegeln sich die nach innen und nach außen geführten Diskussionen um die konfessionelle Identität einer relativ kleinen religiösen Minderheit wider, die den Aufbruch zu einer Gestalt von Kirche gewagt hatte, für die es keine zeitgenössischen Vorbilder gab. Die Selbstvergewisserung der brüderischen Identität in Kontakt, Transfer und Abgrenzung verlief auf mehreren Ebenen und umfasste neben theologischen auch nationale, kulturelle und soziale Aspekte. Besonders ab den 1540er Jahren sind die Texte gekennzeichnet durch das Ringen um eine Standortbestimmung der Unität in der Spannung zwischen hussitischer Tradition und protestantischen Lehrsystemen, zwischen tschechischer volkssprachlicher Laienkultur und transnationaler Gelehrtenkultur des protestantischen Späthumanismus, zwischen dem Ursprung der Brüder als einer von der weltlichen Obrigkeit unabhängigen Freiwilligkeitskirche und der auch nach Böhmen und Mähren ausstrahlenden Tendenz zum protestantischen Territorialkirchentum.

Die Urheber der *Acta Unitatis Fratrum* gehörten der Kirchenleitung der Böhmischen Brüder an. Acht der vierzehn Bände wurden von dem Brüderbischof Jan Blahoslav abgeschrieben oder in Auftrag gegeben. Blahoslavs Nachfolger im brüderischen Bischofsamt in Eibenschütz, dem damals bedeutendsten Zentrum der Brüderunität in Mähren, setzten das Werk fort. Ausdrücklicher Zweck des aufwendigen Unternehmens war es, eine zuverlässige Quellengrundlage für eine geschichtliche Darstellung der Brüderunität zu schaffen. In Auseinandersetzung mit der dezidiert lutherischen Geschichtskonstruktion des Matthias Flacius Illyricus fassten die Brüder den Plan, ein eigenes umfassendes Werk über den Ursprung und die Geschichte ihrer Kirche in lateinischer Sprache im Druck zu veröffentlichen. Diesem Vorhaben war kein Erfolg beschieden. Weder fanden die Brüder in ihren Reihen einen Historiker, der der Aufgabe gewachsen war, noch erfüllten die einschlägigen Versuche befreundeter Gelehrter, des deutschen Lutheraners Joachim Camerarius des Älteren (1500–1574) und des polnischen Reformierten Jan Łasicki (Lasitius, 1534–1605), die Erwartungen der Unitätsleitung.

Angesichts der nach der Schlacht am Weißen Berg forcierten Rekatholisierung der böhmischen Länder mussten die Brüder 1623 ihre Niederlassung in Eibenschütz aufgeben. Nach dem endgültigen Verbot der Brüderunität in Böhmen und Mähren wurden die *Acta Unitatis Fratrum* ins großpolnische Lissa, das wichtigste Zentrum der Brüder im Exil, verbracht. Dort gerieten sie allmählich in Vergessenheit. Erst im Zuge der Erforschung der älteren tschechischen Literatur im Zeitalter der „nationalen Wiedergeburt" des 19. Jahrhunderts zogen die (trotz ihres Quartformats so genannten) „Lissaer Folianten" neues Interesse auf sich. Den Wortführern der nationalen Identitätsdiskurse von Josef Jungmann (1773–1847) über František Palacký (1798–1876) bis zu Tomáš G. Masaryk (1850–1937) galten die literarischen und kulturellen, aber auch die religiösen und ethischen Traditionen der alten Brüderunität als zentrale historische Bezugsgrößen. Zugleich wuchs in der nur noch indirekt mit ihrer böhmisch-mährischen Vorgeschichte verbundenen Herrnhuter Brüder-Unität das Interesse an einer dem Stand der Geschichtsforschung entsprechenden Aufarbeitung ihrer konfessionellen Geschichte. 1838 gelangte einer der vierzehn Bände der *Acta Unitatis Fratrum* in den Besitz des Vaterländischen Museums (Vlastenské museum v Čechách), der Vorläuferinstitution des Prager Nationalmuseums (Národní muzeum). Zwei Jahre später konnte das Herrnhuter Archiv der Brüder-Unität die übrigen Bände erwerben.

Einen ersten Einblick in Bedeutung und Fülle des in den *Acta Unitatis Fratrum* überlieferten Quellenmaterials vermittelte die zweibändige *Geschichte der Böhmischen Brüder* (1857/58) des tschechischen Historikers Antonín Gindely (1829–1892), der die Herrnhuter Bände zeitweilig nach Prag auslieh. In den folgenden Jahrzehnten leisteten tschechische Wissenschaftler umfangreiche Vorarbeiten für eine geplante Edition der *Acta Unitatis Fratrum*. Wissenschaftliche Editionen der in den ersten beiden der vierzehn Bände enthaltenen Texte veröffentlichte 1915 und 1923 der Historiker Jaroslav Bidlo (1868–1937). Angesichts des immensen Textumfangs und der philologischen Komplexität der Überlieferungsverhältnisse wurde das Editionsvorhaben nach dem Erscheinen des zweiten Bandes jedoch nicht weitergeführt. Ungedruckt blieb auch eine zwischen 1886 und 1905 angefertigte deutsche Übersetzung der *Acta Unitatis Fratrum* des Herrnhuter Archivars Joseph Theodor Müller (1854–1946). Bis heute unersetzt ist Müllers dreibändige, zwischen 1922 und 1931 veröffentlichte *Geschichte der Böhmischen Brüder*, deren Materialfülle und Präzision sich nicht zuletzt der jahrzehntelangen Beschäftigung des Verfassers mit den *Acta Unitatis Fratrum* verdankte.

Im Sommer 1945 wurden die dreizehn Handschriftenbände des Herrnhuter Archivs nach Prag verbracht. Sie befinden sich seither im Prager Nationalarchiv. Trotz des hohen Interesses tschechischer Forscher an den *Acta Unitatis Fratrum* wurde die von Bidlo zu Beginn des 20. Jahrhunderts begonnene Volltextedition nicht wieder aufgenommen. 1957, fünfhundert Jahre nach den ersten Anfängen der Brüderunität in Kunvald, stellte man Mikrofilme der *Acta Unitatis Fratrum* her, die sowohl in Prag als auch in den Moravian Archives in Bethlehem, Pennsylvania, interessierten Forschern zugänglich gemacht wurden.

Nach der „Samtenen Revolution" von 1989 stellte sich die Frage nach der wissenschaftlichen Erschließung des einzigartigen Quellencorpus unter den veränderten politischen Bedingungen aufs Neue. Im Juli 2011 berief die Direktion der Europäisch-Festländischen Provinz der Brüder-Unität eine „Deutsch-tschechische Kommission zur Herausgabe der *Acta Unitatis Fratrum*". Im Auftrag der Evangelischen Brüder-Unität und der Tschechischen Akademie der Wissenschaften erarbeitet diese Kommission ein auf fünf Bände angelegtes Regestenwerk. Das Regestenwerk erscheint in einer deutschen und in einer inhaltlich übereinstimmenden tschechischen Ausgabe. Zugleich werden die Volltexte der vierzehn Handschriftenbände vom Nationalarchiv in Prag und von der Nationalbibliothek der Tschechischen Republik in Prag als digitale Faksimilia im Internet zur Verfügung gestellt. Ziel des Editionskonzepts ist es, die *Acta Unitatis Fratrum* für historisch, theologisch, philologisch oder kulturgeschichtlich arbeitende Wissenschaftler effektiv und benutzerfreundlich zu erschließen und damit ein altes Desiderat der tschechischen wie der deutschen Forschung zu erfüllen.

B. Überlieferung und Inhalt der Handschriftenbände Acta Unitatis Fratrum V–VI: Einleitung zu Band 2 des Regestenwerkes

1. Die handschriftliche Überlieferung der Brüderunität und die *Acta Unitatis Fratrum*

Die Böhmischen Brüder bewahrten von ihren ersten Anfängen an wichtige Schriftstücke auf, die ihre Gemeinschaft betrafen. Die dichte Überlieferung der Synodalbeschlüsse, Hirtenbriefe, Korrespondenzen, Apologien, Traktate und anderer Dokumente zur Geschichte der Brüderunität reicht bis in die Mitte des 15. Jahrhunderts zurück. Allerdings kam es schon früh zu umfangreichen Quellenverlusten. Die *Historia Fratrum*, eine um 1600 in Jung-Bunzlau entstandene annalistische Chronik der Brüderunität, enthält zum Jahr 1468 den folgenden Eintrag: „Von jener Zeit kann man nicht in Erfahrung bringen noch schriftliche Aufzeichnungen darüber finden, wann, zu welcher Zeit, in welchem Jahr, an welchen Orten die Ordinationen der Diener des Herrn [der Brüderpriester] stattfanden. Der Grund ist entweder, dass es zu jenen Zeiten große und überaus schwere Verfolgungen gab und sie keinen sicheren Zufluchtsort hatten, sodass sie um der Geheimhaltung willen nichts von jenen Dingen aufzeichnen durften. Oder falls sie etwas aufgezeichnet haben sollten, dann ist es meines Erachtens verlorengegangen in Senftenberg bei N., der einer aus der Zahl jener war, die von [dem ersten Brüderbischof] Bruder Matěj in den Rat berufen worden waren [...]. Bei ihm hatten sie in jener Zeit einen Bücherschrank und wichtige Schriftstücke. Später wurde er abtrünnig, und es blieb alles dort. Nachdem er darin [im Besitz der Schriftstücke] gestorben war, wurde es in alle Richtungen verschleudert, oder seine Witwe verschenkte und verkaufte es hierhin und dorthin, denn später tauchten davon an verschiedenen Orten einzelne Stücke als Makulatur auf, insbesondere in den Dörfern und Kleinstädten des umliegenden Hügellandes. Einiges hat meines Erachtens auch der Brand von Leitomischl [1546] verschlungen, denn damals wollte Bruder [Jan] Augusta nur an jenem Ort eine brüderische Bibliothek haben."[1]

---

1 „Od toho cziasu nemuzie se nicz wiedieti ani wyhledati ziadnych pamieti poznamenanych, kdy sau kderych cziasuw anebo leth yaka rzizenij sluziebnikuw Panie bywala a na kderych mistech, buď proto zie tiech cziasuw welika a přetiesska pokusseni miwaly a ziadneho mijsta wolneho k bytu, aniž smiely czo zaznamenawati tiech wieczy pro zachowani wsseho w tagnostj. Pakli czo bylo zaznamenano, držim, zie gest zhinulo | w Ziamberku v N., kderyž byl geden z pocztu tiech, kderžiž byly wzati do raddy od b[ratra] Ma[těje] [...]. V niehož miely w ten czas bibliotheku a czo pilniegssych wieczy, a ten se potom wywratil, a to wsse tam zustalo. Potom w tom zdechl, tak se potom leczkams rozneslo, neb ziena po niem pozustala niecžzo rozdala a rosprodala sem y tam,

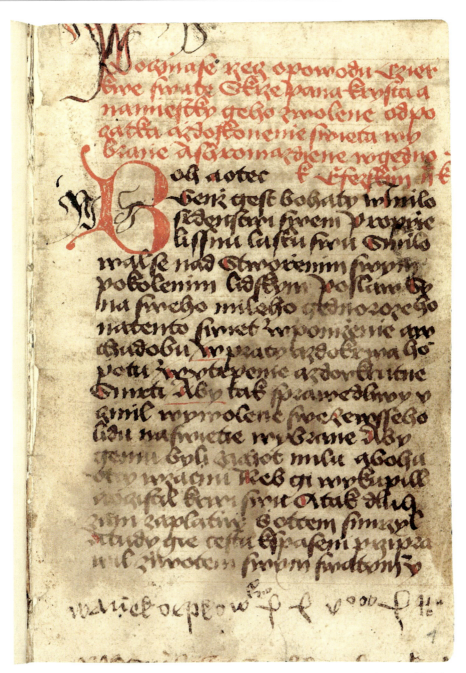

Zu den wenigen erhaltenen Handschriften aus der Frühzeit der Brüderunität gehört ein kleinformatiges Büchlein von 60 Blatt Umfang (144 x 98 mm), das einen zweiteiligen Traktat des Bruders Řehoř Krajčí über die Kirche enthält (Acta Unitatis Fratrum, Bd. 1 [2018], Nr. 17). Aus Vorlagen dieser Art ließ Jan Blahoslav viele der Texte abschreiben, die in den retrospektiven Bänden der *Acta Unitatis Fratrum* gesammelt sind.

Zu dem Verlust des ursprünglich in Senftenberg aufbewahrten ältesten archivalischen Bestandes der Gemeinschaft kam es vermutlich bereits zwischen 1496 und 1504. 1496 spaltete sich die „Kleine Partei" von der Brüderunität ab; zu den „Abtrünnigen" gehörte offenbar auch jenes ehemalige Mitglied des Engen Rates, dessen Namen der Chronist verschweigt. 1504 berichtete ein utraquistischer Pfarrer, dass ein Büchlein mit Aufzeichnungen über Verhandlungen und Beschlüsse der Brüderunität in die Hände der utraquistischen Kirchenleitung in Prag gelangt war, bei dem es sich vielleicht um ein Stück aus der verlorenen Senftenberger Schriftensammlung handelte.[2]

Der zweite große Verlust trat 1546 ein, als die Sammlung brüderischer Schriften verbrannte, die der Brüderbischof Jan Augusta (1500–1572) an seinem Sitz in Leitomischl zusammengetragen hatte. Der Brand von Leitomischl ist auch in einem Schreiben erwähnt, das der Brüderbischof Jan Černý, genannt Nigranus (1500–1565), in Jung-Bunzlau an den lutherischen Theologen und Geschichtsschreiber Matthias Flacius Illyricus (1520–1575) im Jahr 1556 sandte: „Ferner bittest du darum, dir für die Ausarbeitung deines ausführlichen Geschichtswerks Abschriften von alten Dokumenten, die wir zur Hand haben, zu senden. Da das ein berechtigtes Anliegen ist, würden wir dem auch bereitwillig nachkommen, wenn wir denn etwas hätten, was zu diesem Vorhaben von Nutzen sein könnte. Aber du kannst dir sicher selbst vorstellen, in welchem Zustand unsere Bibliotheken angesichts der großen Unsicherheit und Verfolgungen sein müssen. Überdies ist die Bibliothek des Bischofs Jan Augusta, der im Gefängnis sitzt, ein Raub der Flammen geworden. Dabei sind viele Aufzeichnungen der Frühzeit verlorengegangen."[3]

1571 äußerte sich der Brüderbischof Jan Blahoslav (1523–1571) in Eibenschütz in einem Brief an Jan Łasicki, der an einer Darstellung der Geschichte der Brüderunität arbeitete,[4] ausführlicher über die Überlieferung des frühen brüderischen

---

    yakž se potom toho zde y onde sskarty a kauskowe nachazely, a zwlasst przy tiech horach we wsech a w miesteczkach etc. A niczo, držim, lythomysslsky oheń pohltil, neb ten cziaz toliko w tom mistie bratrskau bibliothecu bratr Augusta mitj chtiel etc." Praha, Národní knihovna České republiky, Sign. XVII F 51a, 44f.; der zitierte Abschnitt ist in modernisierter Orthographie abgedruckt bei Lukavský (Hg.): Historie [1906], 58f.

2 Acta Unitatis Fratrum, Bd. 1 [2018], Nr. 91 und 92.

3 „Deinde petis, ut tibi historiam accuratiorem comportanti, si quae vetusta monumenta nobis sint, communicemus. Quod quidem nos, ut iustum est, promptissimo animo faceremus, si quid tale haberemus, quod huic negotio utile esset. At quales nostrae bibliothecae in tantis tumultibus ac persecutionibus esse possint, tute iudicare potes! Ad haec bibliotheca observandi patris in Christo, Ioannis Augustae, qui in vinculis tenetur, flammis | est exusta, ubi multa praeclara veterum monumenta perierunt etc." Jan Černý an Matthias Flacius Illyricus, Jung-Bunzlau, 10. Mai 1556. Handschrift: Praha, Národní archiv, Ochranov, AUF VIII, 155r–v; gedruckt bei Gindely (Hg.): Quellen [1859], 278.

4 Havelka, T.: Die *Historia* [2022].

Schrifttums: „Obwohl sich nämlich in unserer kleinen Gemeinschaft zu verschiedenen Zeiten – wenn man mit geöffneten Augen hinschaut – vielerlei Wunder Gottes ereignet haben, ist doch das meiste, was es darüber an Aufzeichnungen gab, durch unglückliche Umstände verlorengegangen. Was noch vorhanden ist, sind nur einige Überreste, die ich allerdings für sehr kostbar halte. Diese waren an verschiedenen Orten zerstreut, sodass man sie von hier und dort aus den Verstecken hervorholen und sammeln muss. Besonders bedauerlich ist, dass viele, die nicht genug Sachkenntnis haben, ihren Wert unterschätzten. Immerhin gibt es einige Aufzeichnungen der Ältesten unserer Unität, zu ihrer Zeit hochberühmter Männer, die Gott durch ihre Vorgänger in ihre Ämter einsetzen und mit der Kirchenleitung beauftragen ließ. Dazu gehörten Lukáš aus Prag, Vavřinec Krasonický, den die Papisten Lorek zu nennen pflegten, ein gelehrter Mann und Baccalaureus, ferner Jan Táborský [...]. Es gibt sogar von Matěj, dem ersten Bischof in unserer [...] Kirche, einige wenige, aber für uns äußerst wertvolle Handschriften. Diese genannten Männer und Bischöfe unserer Kirche notierten und schrieben auf, was sie für nützlich für die Nachwelt hielten. Daraus fertigten sich manche Leute Abschriften für den privaten Gebrauch an. Die Originale wurden zusammen mit anderen nützlichen Büchern viele Jahre lang in unserer Bibliothek in Leitomischl aufbewahrt, die wir nicht durch eine vergleichbare Sammlung ersetzen können, nachdem sie im Jahr Christi 1546 durch eine schreckliche Feuersbrunst vernichtet wurde, bei der die ganze große und prachtvolle Stadt niederbrannte. Nur ganz wenige Bücher konnten damals gerettet und den Flammen entrissen werden. Alle Bruchstücke und Überreste jener einst hochberühmten, an Dokumenten aus unserer Anfangszeit reichen Bibliothek, die man irgendwo noch wiederfinden konnte, wurden später von den Unsrigen sorgfältig gesammelt, insbesondere von Jan Augusta und Mach Sionský. Immerhin wurde eine größere Anzahl von Bänden mit Aufzeichnungen dieser Art zusammengebracht, und der Bestand wächst immer noch von Zeit zu Zeit durch Neuzugänge aus dem Bücherbesitz verstorbener Pastoren unserer Gemeinschaft."[5]

---

5 „Quamvis enim varia et admiranda (si quis aperiat oculos eaque contempletur) Dei opera in hoc exiguo coetu nostro diversis temporibus evenerunt, pleraque tamen, quae de his mandata literis fuerant, iniuria temporum interciderunt. Quae adhuc habentur, tantum paralipomena quaedam (licet mihi dulcissima) sunt. Eaque ipsa varie dispersa erant, ut hinc atque inde velut e latebris protracta colligi necesse sit, et quod dolendum est, in parvo apud multos non satis intelligentes precio saepe ha-|bebantur. Sunt tamen quaedam, quae seniores unitatis nostrae, viri aetate sua clarissimi, in publicis muneribus [Ms.: in publici muneris] in ecclesiastica administratione a Deo per maiores suos collocati, consignarunt. Quales fuerunt Lucas Pragensis, Laurentius Krasoniczky, quem papistae Lorek vocabant, vir doctus et baccalaureus, item Iohannes Taborita [...]. Extant et ipsius Mathiae, primi in ecclesia nostra [...] episcopi, quaedam, pauca illa quidem, sed quae plurimi apud nos fiunt [Ms.: fiant], chirographa. Isti iam nominati viri et antistites ecclesiae nostrae annotaverant et conscripserant ea, quae posteritati profutura iudicarunt, unde quaedam ad privatum usum descripserant aliqui. Autographa cum aliis utilibus libellis diligenter per annos plurimos asservaban-

Der 1532 gewählte Brüderbischof Jan Augusta scheint demnach der erste gewesen zu sein, der eine zentrale Sammlung der Schriften der Brüderunität anlegte. Nur zwei Jahre nach dem verheerenden Brand von Leitomischl wurde das wiederaufgebaute Gemeindehaus (*sbor*) der Brüder im Zuge der Vergeltungsmaßnahmen König Ferdinands I. gegen die Evangelischen in Böhmen, die auf die Niederlage der Protestanten im Schmalkaldischen Krieg und den Aufstand der böhmischen Stände folgten, geschlossen und ebenso wie der übrige Besitz der Brüderunität in der Stadt Leitomischl konfisziert. Augusta selbst wurde im April 1548 verhaftet und verbrachte die folgenden sechzehn Jahre in Gefangenschaft. Auf der Suche nach Belastungsmaterial, das hochverräterische Beziehungen der Brüderunität zu den deutschen Protestanten belegen sollte, wurde der Brüderbischof im Mai 1548 unter der Folter befragt, ob die Brüder ein Archiv hätten. Darüber berichtete er selbst: „Danach wurde nach dem Archiv der Brüder und nach meinem eigenen gefragt. Ich antwortete, dass sie [die Brüder] keines hatten und dass das bei mir [befindliche Archiv] verbrannt ist. Ich hatte nicht die Gewohnheit, sämtliche Briefe aufzubewahren. Über die Briefe aus Wittenberg oder von den Lutheranern sagte ich, dass die lateinischen [Originale] sich bei mir befanden, aber alle verbrannt sind, ins Tschechische übersetzt müssten sie jedoch noch irgendwo unter den Brüdern vorhanden sein."[6]

Tatsächlich ist, wie von Augusta angegeben, eine Sammlung von tschechischen Übersetzungen der zwischen der Brüderunität und den Reformatoren gewechselten Briefe vorhanden. Sie wurde 1541 von dem hochbetagten Brüderpriester Mikuláš Slánský († 1542) in Leitomischl zusammengestellt, der bereits um 1470 der Brüderunität beigetreten sein soll.[7] Zwar machte Augusta – verständlicherweise – keine

---

tur Lytomysliae in bibliotheca nostra, cui parem iam instruere non possumus. Quae tandem anno Christi 1546 terribili incendio, quo tota urbs ampla et splendida horribiliter conflagravit, absumta est, paucissimis libris utrunque servatis atque e media fere flamma ereptis. Quaecunque | igitur postea illius praeclarae, tunc ab antiquissimis monumentis nostris instructae, bibliothecae fragmenta et reliquiae conquiri usquam poterant, ea diligenter deinceps a nostris colligebantur, praesertim a Iohanne Augusta et Mathia Sionio. Et sane complures eiusmodi notationum libelli comportati sunt et adhuc ex bibliothecis demortuorum in coetu nostro pastorum novis subinde accessiunculis augentur." Jan Blahoslav an Jan Łasicki, Eibenschütz, 14. Juli 1571. Handschrift: Praha, Národní archiv, Ochranov, AUF XII, 128r–129r; gedruckt bei Gindely (Hg.): Quellen [1859], 325f.

6 „Potom ptáno na bratrskou kancelář a mou. Pověděl jsem, že jí neměli a u mne že shořela. Všech listů chovati obyčeje jsem neměl. O witemberských neb luteránů listech jsem pravil, ‹že latinské u mne byly,› ale že všickni shořeli, než na česko vyloženy že by se měli najíti někde mezi bratřími." Unter Berücksichtigung einer Lesart aus dem textkritischen Apparat zitiert nach der orthographisch modernisierten Edition von Bílek: Jan Augusta [1942], 70f.; vgl. auch die deutsche Übersetzung von Joseph Theodor Müller bei Bílek: Gefangenschaft [1895], 29.

7 „Listové a jednání bratří s luteriány a zase luteriánův s bratřími a jaké srovnání nebo snešení mezi nimi těch časů se stalo." Handschriften: Praha, Národní knihovna České republiky, Sign. XVII C 3, 97v–190v; Herrnhut, Unitätsarchiv, Sign. AB II R I 8, Teil IV, 1r–74; vgl. Souček: Rukopis [1921], 50, 75–77, 79; Krofta: O bratrském dějepisectví [1946], 32–41.

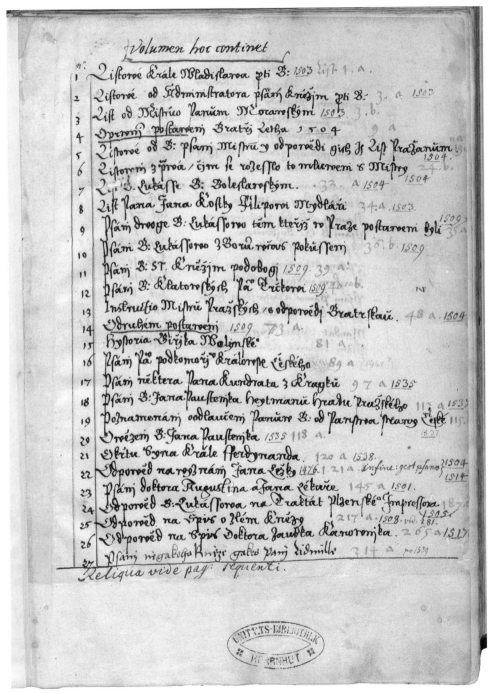

Das Inhaltsverzeichnis von AUF VI stammt von einem der Schreiber, die in Eibenschütz mit der Abschrift der von Jan Blahoslav zusammengetragenen Materialsammlung beauftragt worden waren (Schreiber „E").

Aussage darüber, was nach dem Brand noch in Leitomischl vorhanden war, aber in Blahoslavs oben zitiertem Brief an Łasicki ist angedeutet, dass einige Handschriften, die Jan Augusta gemeinsam mit Mach Sionský 1546 gerettet oder nach dem Brand neu gesammelt hatte, den Grundstock eines Bestandes bildeten, der 1571 noch vorhanden war und durch Neuzugänge aus Nachlässen laufend ergänzt wurde. Dieser Grundstock muss vor der Konfiskation des Leitomischler Brüderhauses 1548 an einen anderen Ort verbracht worden sein.

Nach dem Brand von Leitomischl 1546 und angesichts der ab 1548 herrschenden Verfolgung der Brüder in Böhmen setzten gezielte Bemühungen zur Sicherung und Sammlung der schriftlichen Überlieferung der Unität ein. 1549 beschloss eine in Proßnitz versammelte Synode eine Ablieferungspflicht für brüderische Handschriften aus den Nachlässen verstorbener Brüderpriester und regelte einen Leihverkehr zwischen den brüderischen Ältesten oder Bischöfen: „Alle brüderischen Schriften, insbesondere die handschriftlichen, die sich im Nachlass verstorbener [Brüderpriester] befinden, sollen von den Ältesten sorgfältig aufbewahrt werden, damit sie nicht verlorengehen. Und wenn einer von den Ältesten eine [Schrift] benötigt, soll sie ihm ausgeliehen werden, aber gegen Revers, damit er sie auf Verlangen wieder zurückgibt."[8]

Durch die Sammlung der in privaten Abschriften noch vorhandenen Dokumente konnten die Brüder einen Teil der durch den Verlust des ältesten Archivs der Gemeinschaft um 1500 und den Brand von Leitomischl 1546 eingetretenen Verluste ersetzen. In der zweiten Hälfte des 16. Jahrhunderts entstanden anscheinend in mehreren Zentren der Unität größere Bestände brüderischer Schriften, vor allem in Jung-Bunzlau[9] in Böhmen und in Prerau[10] und Eibenschütz[11] in Mähren, wo in der Regel auch die für Böhmen und Mähren zuständigen Bischöfe der Unität ihren Sitz hatten. Ein weiterer Bischof oder Senior war für den polnischen Zweig der Unität zuständig, der durch die Auswanderung von Mitgliedern der Leitomischler Gemeinde und anderer böhmischer Gemeinden der Brüderunität während der Verfolgung von 1548 entstanden war. Das Archiv des polnischen Zweigs der Brüderunität hatte im 17. Jahrhundert seinen Sitz in Lissa. Dorthin wurden auch einige Archivalien der

---

8 „Spisové bratrští všickni, zvlášť psaní, kdežby kteří po těch, jenž zemřeli neb zemřou, zůstávající byli, pilně od starších mají opatrováni býti, aby nehynuli. A jestližeby komu z starších kterého potřebí bylo, má jemu půjčeno býti, však s zapisováním, aby zase, když by mu rozkázáno bylo, navrátil." Textwiedergabe nach der orthographisch modernisierten Edition von Gindely (Hg.): Dekrety [1865], 170.

9 Zur Niederlassung der Brüderunität in Jung-Bunzlau vgl. Hrejsa: Sborové [1935], 20–25; Molnár: Boleslavští bratří [1952]; Just: Neue Quellen [2009]; Just (Hg.): Kněžská korespondence [2011]; Růčková (Hg.): Studium a korespondence [2014].

10 Zur Niederlassung der Brüderunität in Prerau vgl. Calábek: Náboženské poměry [1923]; Hrejsa: Sborové [1935], 128–133; Lapáček: O bratrském sboru [2013].

11 Zur Niederlassung der Brüderunität in Eibenschütz vgl. Hrejsa: Sborové [1935], 92–103; Čejka (Hg.): Ivančice [2002]; Holý: Ivančické gymnázium [2011].

böhmischen und mährischen Unität gerettet, als nach der Schlacht am Weißen Berg bei Prag (1620) die kirchlichen Strukturen der Böhmischen Brüder in ihren Ursprungsländern zerschlagen wurden. Die Bestände des Archivs und der Bibliothek der polnischen Unität befinden sich heute – nachdem im 19. Jahrhundert einige der ältesten Stücke nach Prag und Herrnhut verkauft wurden – im Staatsarchiv Posen (Archiwum Państwowe w Poznaniu) und der Raczyński-Bibliothek (Biblioteka Raczyńskich) in Posen sowie in der Bibliothek Kurnik (Biblioteka Kórnicka).[12]

Trotz der zunehmenden Annäherung an theologische Ideen der deutschen und schweizerischen Reformatoren und der damit einhergehenden Abkehr von früheren Phasen brüderischer Lehrbildung behielten das Schrifttum und die Geschichte der „alten Brüder" in der zweiten Hälfte des 16. Jahrhunderts eine hohe Relevanz für die konfessionelle Identität der Unität und wurden zum Gegenstand intensiver gelehrter Bemühungen. Dabei stand im Hintergrund die grundsätzliche Frage, ob nach dem Übergang der Mehrheit der böhmischen und mährischen Utraquisten und vieler ehemaliger Katholiken zum Protestantismus die konfessionelle Eigenständigkeit der Brüderunität noch gerechtfertigt sei.

Unter den zahlreichen Abschriften brüderischer Texte, die in der zweiten Hälfte des 16. und im frühen 17. Jahrhundert entstanden, sind mehrere für die Geschichte der Brüderunität grundlegende Werke hervorzuheben, bei denen es sich teilweise um Privatarbeiten brüderischer Geistlicher, teilweise um Arbeiten kirchenamtlichen Charakters handelte.[13] Unter Benutzung von Vorarbeiten der Brüderbischöfe Jan Blahoslav in Eibenschütz und Matěj Červenka (1521–1569) in Prerau kompilierte der Brüderpriester Vavřinec Orlík (1520–1589) zwischen 1560 und 1584 das Totenbuch der Unität, das kurze Einträge, zuweilen auch ausführliche Biogramme zu den seit der Entstehung der Unität 1467 verstorbenen Brüderpriestern und Ältesten enthält. Nach 1584 wurde Orlíks Werk fortgesetzt und mehrfach abgeschrieben.[14] In Jung-Bunzlau entstand um 1600 die literarisch anspruchslose, aber durch die Fülle des verarbeiteten Quellenmaterials und zahlreiche biographische und bibliographische Angaben wertvolle *Historia Fratrum Bohemicorum*, eine Chronik der Brüder-

---

12 Zur Brüderunität in Polen vgl. Gmiterek: Bracia czescy [1987]; Dworzaczkowa: Bracia czescy [1997]; Dworzaczkowa: Z dziejów braci czeskich [2003]. Der Bestand „Akta Braci Czeskich" des Archiwum Państwowe w Poznaniu ist digital im Internet zugänglich; zur in Posen vorhandenen Überlieferung vgl. Bielecka: Zespół archiwalny [1974]; Bielecka: Akta Braci Czeskich [1981]; Szymańska: Akta Braci Czeskich [2016].
13 Krofta: O bratrském dějepisectví [1946], 81–176; Just: Bewahrung des Ursprungs [2022], 102–137.
14 Handschrift: Praha, Národní knihovna České republiky, Sign. XVII E 69; Edition in modernisierter Orthographie von Fiedler (Hg.): Todtenbuch [1863]; deutsche Übersetzung: Fiedler (Hg.): Todtenbuch [1872]. Zu Entstehung und Überlieferung des Nekrologiums vgl. Just: Zlomek [2004].

unität und der für sie bedeutsamen Ereignisse der Jahre 1457–1542.[15] Ebenfalls in Jung-Bunzlau stellte 1617 der Brüderbischof Matouš Konečný (1569–1622) die umfangreichste erhaltene Sammlung von Beschlüssen der Synoden und des Engen Rates der Unität (*Dekrety Jednoty bratrské*) zusammen.[16]

Das mit Abstand umfangreichste und aufwendigste Zeugnis brüderischer Erinnerungskultur ist das vierzehnbändige Corpus der *Acta Unitatis Fratrum*.[17] Die Entstehung der Sammlung geht auf Jan Blahoslav zurück, der zwischen 1558 und seinem Tod 1571 in Eibenschütz wirkte. Der im mährischen Prerau geborene Blahoslav, der bedeutendste Gelehrte unter den Brüderpriestern des 16. Jahrhunderts, hatte in Goldberg, Wittenberg, Königsberg und Basel studiert und bewies bereits in seinem 1547 verfassten apologetischen Erstlingswerk *Über den Ursprung der Brüderunität* ein besonderes Interesse an der Geschichte dieser Gemeinschaft.[18] Während der Verfolgung der Brüderunität nach dem Schmalkaldischen Krieg war Blahoslav Gehilfe des Brüderbischofs Jan Černý, genannt Nigranus, in Jung-Bunzlau. Dort begann er 1548, eine von Černý zusammengestellte apologetische Aktensammlung ins Reine zu schreiben, die anhand von Dokumenten aus den Jahren 1547/48 die Unschuld der Brüderunität gegenüber den von König Ferdinand I. erhobenen Vorwürfen erweisen sollte. Černýs Werk mit dem Titel *Acta Unitatis Fratrum*, an dessen

---

15 Handschriften: Praha, Národní knihovna České republiky, Sign. XVII F 51a-b; Nelahozeves, Lobkowiczká knihovna, Sign. VI Ed 7; vgl. Müller: Geschichte, Bd. 1 [1922], 604–620; Just: Bewahrung des Ursprungs [2022], 127–129.

16 Handschrift: Praha, Knihovna Národního muzea, Sign. II F 10 (1851 aus Lissa angekauft); Edition in modernisierter Orthographie von Gindely (Hg.): Dekrety [1865]; vgl. Just (Hg.): Kněžská korespondence [2011], 254–256.

17 Dreizehn der vierzehn Quarthandschriften sind Eigentum der Evangelischen Brüder-Unität und befinden sich als Depositum im Nationalarchiv in Prag (AUF I–XIII = Praha, Národní archiv, Ochranov, AUF, I–XIII), der vierzehnte Band gehört der Bibliothek des Nationalmuseums in Prag (AUF XIV = Praha, Knihovna Národního muzea, Sign. II D 8). Zu Entstehung und Inhalt der Bände vgl. Cvrček: Archiv [1897]; Müller: Geschichte und Inhalt [1913]; Müller: Geschichte und Inhalt [1915]; Müller: Geschichte, Bd. 1 [1922], 578–584; Bidlo (Hg.): Akty, Bd. 1 [1915], *5–*29; Bidlo (Hg.): Akty, Bd. 2 [1923], *5–*11; Bidlo: Bratr Jan Blahoslav [1923]; Štěříková: Blahoslavova Akta [1960]; Štěříková: Blahoslavova Akta [1964]; Hobza: Akta Jednoty bratrské [1967]; Vávra: Knižní vazby [1970]; Mai: Auf den Spuren [2012]; Mai: „Lissaer Folianten" [2022]; Just: Bewahrung des Ursprungs [2022], 111–117.

18 Zu Blahoslavs Leben und Werk vgl. Novotný/Urbánek (Hg.): Sborník Blahoslavův [1923]; Odložilík: Two Reformation Leaders [1940]; Janáček: Jan Blahoslav [1966]; Bimka/Floss (Hg.): Jan Blahoslav [1974]; Kolár: Jan Blahoslav [1985]; Heller: Blahoslavův překlad [2004]; Just: Biblický humanismus [2019]; Just: Bewahrung des Ursprungs [2022], 103–106. Moderne Editionen von Schriften Blahoslavs: Blahoslav: O původu [1928]; Blahoslav: Spis o zraku [1928]; Odložilík: Spis O původu [1928]; Blahoslav: Nový zákon [1931]; Blahoslav: Naučení [1947]; Blahoslav: Pochodně zažžená [1949]; Blahoslav: Gramatika česká [1991]; Halama, O.: Jan Blahoslav [2003]; Blahoslav: Čtyři menší spisy [2013]; Blahoslav: Musica [2016].

Drucklegung während der Verfolgung nicht zu denken war, war eine apologetische Replik auf die 1547 in hoher Stückzahl gedruckte amtliche Dokumentation *Acta aller handlungen*, mit der Ferdinand I. sein hartes Strafgericht gegen die böhmischen Aufständischen begründete.[19]

Blahoslav schloss seine Reinschrift von Černýs Kompilation, nach der modernen Bandzählung AUF VII, nach längeren Unterbrechungen 1553 ab. Er beschränkte sich dabei nicht auf die Rolle eines bloßen Kopisten, sondern versah Černýs Dokumentensammlung mit Vorreden und Kommentaren. Vor allem aber begann er mit einer Fortsetzung mit dem Titel *Tomus secundus actionum Unitatis Fratrum continens quaedam hystorica*, nach der modernen Zählung der Band AUF VIII, in dem Briefe und Akten der Brüderunität aus den Jahren 1549–1557 gesammelt sind. Für die Berichtsjahre 1549–1552 konnte Blahoslav noch auf Vorarbeiten Černýs zurückgreifen. Während der Arbeit an AUF VIII wurde Blahoslav 1557 in das Kollegium der Bischöfe der Unität gewählt und nahm 1558 seinen Sitz in Eibenschütz. Dort setzte er die Arbeit an AUF VIII fort und legte einen weiteren Band, nach der modernen Zählung Band IX, mit Dokumenten aus den Jahren 1558–1566 an.

Ab Blahoslavs Fortsetzungsband AUF VIII trat an die Stelle des konkreten apologetischen Zwecks, den Jan Černý mit seiner Dokumentation verfolgt hatte, ausdrücklich die Absicht, eine fortlaufende Materialsammlung für die künftige Abfassung einer Darstellung der Geschichte der Brüderunität zu schaffen. Es handelt sich bei den *Acta Unitatis Fratrum* von ihrer ganzen Anlage her, bei der Texte unterschiedlicher Provenienz und Gattung zu einer Dokumentensammlung zusammengestellt sind, nicht um offizielle Amtsbücher der brüderischen Kirchenleitung, sondern um eine gelehrte Arbeit. Mit dem 1553 geschaffenen Amt des „Schreibers der Unität" (*písař jednoty*), das Jan Blahoslav seit 1558 zunächst als Kollege des ersten Unitätsschreibers Matěj Červenka, des Brüderbischofs in Prerau, und nach dessen Tod 1569 allein innehatte, war die Arbeit an den *Acta Unitatis Fratrum* zunächst nicht verbunden. Aufgabe des Amtsinhabers war laut einem Synodalbeschluss von 1562 die Abfassung von theologischen und apologetischen Schriften im Auftrag des Engen Rates und die Führung der Synodalakten.[20]

---

19 Akta tiech wssech wiecij které sau se mezy Nayjasniegssijm Knijžetem a Pánem Pánem Ferdynandem Řzijmským Vherským Českým ec. Králem ec. A niekterými Osobami z Stawuow Panského Rytijřského a Miestského Králowstwij Čzeského. Létha tohoto ec. XLVII zbiehly. Praha: Bartoloměj Netolický, 1547; deutsche Ausgabe: Acta aller handlungen, so sich zwischen dem Allerdurchleuchtigsten, Groszmechtigsten, Fürsten vnd Herrn, Herrn Ferdinanden, Römischen, Hungerischen, vnd Behamischen etc Künig etc. vnnd etlichen personen aus dem Herrn, Ritter, vnnd Burger Standt, der Cron Behaim, des vergangen 1547 jars verloffen. Prag: Bartoloměj Netolický, 1548.

20 Gindely (Hg.): Dekrety [1865], 210f.; zum Amt des Unitätsschreibers vgl. Müller: Geschichte, Bd. 1 [1922], 581; Just: Bewahrung des Ursprungs [2022], 110.

Kurz vor Blahoslavs Tod (24. November 1571) wurde Ondřej Štefan (1528–1577) am 10. Oktober 1571 zum Unitätsschreiber und zu Blahoslavs Nachfolger als Brüderbischof in Eibenschütz bestimmt.[21] Ihm folgte 1577 Jan Eneáš (1537–1594) sowohl im Amt des Unitätsschreibers als auch im Eibenschützer Bischofsamt nach.[22] Ondřej Štefan und Jan Eneáš setzten Blahoslavs Sammlung mit den Bänden AUF X und AUF XII–XIV bis zum Berichtsjahr 1589 fort, sahen darin also vielleicht inzwischen eine Aufgabe des Unitätsschreibers. Mit dem Berichtsjahr 1589 bricht die fortlaufende Serie der *Acta Unitatis Fratrum*, die aus Blahoslavs Bänden AUF VII–IX und den Fortsetzungsbänden AUF X und AUF XII–XIV besteht, ab. Möglicherweise existierten noch weitere, heute verschollene Bände der Eibenschützer Serie der *Acta Unitatis Fratrum*. Auch ist mit der Möglichkeit zu rechnen, dass in anderen Zentren der Brüderunität ähnliche Dokumentationen angelegt wurden wie in Eibenschütz, was besonders durch einige Einzelbände ähnlichen Charakters, die einst zum Buchbestand des brüderischen Bischofsamtes in Jung-Bunzlau[23] und dem der Kirchenleitung des polnischen Zweigs der Unität[24] gehörten, nahegelegt wird.

Als Ergänzung der fortlaufenden Hauptserie der *Acta Unitatis Fratrum* legte Jan Blahoslav während seines Wirkens in Eibenschütz, etwa in den Jahren 1560–1569, eine retrospektive Reihe an, die aus den modern als AUF II–VI gezählten Bänden besteht. Sie haben ungefähr das gleiche Format wie die Bände der Hauptserie und sind wie diese in einheitliche Halblederbände der Buchbinderei des Eibenschützer Brüderhauses eingebunden. Wie die von Blahoslav angelegten Bände der Hauptserie, AUF VII–IX, tragen die retrospektiven Bände AUF II–VI das Supralibros *IBP* (Iohannes Blahoslaus Preroviensis). Die fünf Bände der retrospektiven Serie entstanden anscheinend alle gleichzeitig, indem Blahoslav insgesamt sieben Schreiber einzelne Texteinheiten oder zusammengehörige Textgruppen in lose Papierbögen abschreiben ließ. Nach Abschluss der Schreibarbeiten wurden aus diesen Heften fünf Buchblöcke zusammengestellt, in denen die einzelnen Texte – im Unterschied zu den Bänden der Hauptserie – nicht chronologisch, sondern nach inhaltlichen Aspekten geordnet sind. Zumindest von AUF II lässt sich mit Sicherheit sagen, dass die Einbindung spätestens 1569 erfolgte, denn der fertige Band wurde von Matěj Červenka, der am 13. Dezember 1569 starb, durchgearbeitet und mit Anmerkungen versehen.

Die Verteilung der Arbeit auf die sieben Schreiber, bei denen es sich anscheinend um Gehilfen aus den Reihen der im Eibenschützer Brüderhaus lebenden künftigen

---

21 Gindely (Hg.): Dekrety [1865], 236; zu Ondřej Štefan vgl. Jireček, J.: Rukověť, Bd. 2 [1876], 260f.
22 Zu Jan Eneáš vgl. Jireček, J.: Rukověť, Bd. 1 [1875], 182–184.
23 Praha, Národní knihovna České republiky, Sign. XVII C 3; vgl. Souček: Rukopis [1921].
24 Śliziński (Hg.): Rękopisy [1958].

Brüderpriester handelte, wurde von Edita Štěříková aufgrund einer eingehenden paläographischen Analyse tabellarisch dargestellt. Dabei bezeichnete sie die bislang nicht namentlich identifizierten sieben Schreiber mit den Siglen A–G:[25]

Schreiber Band	„A"	„B"	„C"	„D"	„E"	„F"	„G"
AUF II	Bl. 1–38, 56–67, 73–187, 193–211	Bl. 41–53	Bl. 215–222	Bl. 224–234			
AUF III	Bl. 31–53, 171–179, 187–195	Bl. 301–304	Bl. 227–280	Bl. 1–27, 141–169	Bl. 55–138	Bl. 203–224, 283–298	
AUF IV	Bl. 2–19, 106–122	Bl. 26–33, 41–42, 191–193	Bl. 154–160, 232–240		Bl. 161–186		Bl. 50–103, 130–151, 199–228
AUF V	Bl. 1–7, 9–27, 48–54, 236–239	Bl. 126–129, 228–234, 260–366	Bl. 170–178, 186–203	Bl. 32–42, 56–77	Bl. 134–164	Bl. 80–124, 210–222	
AUF VI	Bl. 90–96, 118–120	Bl. 1–5, 9–23, 32–43, 73–75, 82–83, 114–117	Bl. 23–28, 49–69		Bl. 146–181, 188–326	Bl. 98–106	

Der Band AUF I hat einen abweichenden Ursprung: Vermutlich zu einem Zeitpunkt, als die Arbeit an den Bänden AUF II–VI bereits fortgeschritten war, gelangte eine 1557 von Joachim Prostibořský von Prostiboř in Jung-Bunzlau begonnene Handschrift nach Mähren, die dort von einem zweiten Kopisten auf das Doppelte ihres ursprünglichen Umfangs erweitert und von Blahoslav in dessen Eibenschützer Sammlung eingefügt wurde. Hatte Prostibořský seine Abschriften aus eigener Initiative oder im Auftrag der Brüderunität angefertigt, hatte er die Texte selbst zusammengestellt oder schrieb er etwa eine von einem Geistlichen der Unität kompilierte Sammlung ab? In beiden Fällen ist wohl die zweite Möglichkeit die wahrscheinlichere. Denkbar wäre etwa ein Zusammenhang mit den von Jan Blahoslav 1571 erwähnten Bemühungen des Jan Augusta und des Mach Sionský, nach dem Brand von Leitomischl (1546) eine neue Sammlung von Schriften der alten Brüder anzulegen, denn Prostibořský war sowohl mit Jan Augusta als auch mit Mach Sionský

---

25 Nach Štěříková: Blahoslavova Akta [1960], 49; Štěříková: Blahoslavova Akta [1964], 86.

persönlich bekannt.[26] In Eibenschütz erhielt der in Mähren erweiterte Buchblock von AUF I einen Halbledereinband der gleichen Art wie AUF II–IX, jedoch ohne das Supralibros *IBP*. Die Einbindung erfolgte spätestens 1569, denn AUF I wurde ebenso wie AUF II von Matěj Červenka durchgesehen und mit Anmerkungen versehen. Der Band enthält 36 Texteinheiten, von denen 24 auch in den Bänden AUF II–VI überliefert sind. Die teils geringen, teils erheblichen Textabweichungen zwischen AUF I und der Parallelüberlieferung gehen auf die Benutzung unterschiedlicher Vorlagen bei der Erstellung der Abschriften zurück.

Der Band AUF XI enthält Abschriften von Texten aus den Jahren 1468 bis 1560, überschneidet sich chronologisch also sowohl mit dem Berichtszeitraum der fortlaufenden Hauptserie als auch mit dem der retrospektiven Serie. Es handelt sich um einen von Blahoslavs ehemaligem Mitarbeiter in Eibenschütz, dem Brüderpriester Vavřinec Orlík,[27] angelegten Sammelband privaten Charakters. Orlík unterstützte seit etwa 1560 Blahoslav bei der Arbeit an den *Acta Unitatis Fratrum* in Eibenschütz. Nach Blahoslavs Tod setzte Orlík seine Arbeit an dem Werk bis mindestens 1573 fort. Später wirkte er vermutlich als Brüderpriester in Böhmen. Orlík ließ seinen Sammelband, dessen einzelne Faszikel von unterschiedlichen Kopisten stammten und von ihm offenbar über einen längeren Zeitraum zusammengetragen worden waren, nach Ausweis des Supralibros und der verwendeten Blinddruckwerkzeuge 1582 in Jung-Bunzlau binden. Orlík starb 1589 in der Ortschaft Klášter Hradiště nad Jizerou bei Münchengrätz. Aus Böhmen gelangte der Band wohl noch im 16. Jahrhundert nach Eibenschütz und wurde dort der Sammlung der *Acta Unitatis Fratrum* zugeordnet.

Vielleicht noch vor 1600 erhielten die vierzehn Quarthandschriften eine Bandzählung, die mit Tinte auf die Einbandrücken geschrieben wurde. Dabei wurden die retrospektiven Bände AUF I–VI und der Band AUF XI auf drei Nummern mit drei beziehungsweise jeweils zwei Teilbänden verteilt und die Bände der fortlaufenden Serie in eine chronologische Reihenfolge gebracht. In Eibenschütz waren die *Acta Unitatis Fratrum* vermutlich nicht frei zugänglich, denn die Bände weisen außer Anmerkungen und Notizen von der Hand des Jan Blahoslav und seines Mitbischofs Matěj Červenka sowie von Blahoslavs Mitarbeitern und Fortsetzern keine Benutzereinträge aus dem 16. Jahrhundert auf.

1623 sahen sich die Brüder gezwungen, ihr Zentrum in Eibenschütz aufzugeben. Die *Acta Unitatis Fratrum* wurden zusammen mit weiteren Archivalien des Eibenschützer Bischofsamtes an den Hauptsitz des polnischen Zweiges der Brüderunität nach Lissa in Großpolen verbracht. Dort befanden sie sich seit spätestens

---

26 Štěříková: Blahoslavova Akta [1964], 99; vgl. Müller: Geschichte und Inhalt [1913], 67–69, 74; Bidlo (Hg.): Akty, Bd. 1 [1915], 9f., 18.
27 Zu Orlík vgl. Just/Šárovcová: Bohemian book painting [2016].

1630.[28] Sicher bezeugt ist, dass Johann Amos Comenius sich in Lissa eingehend mit den *Acta Unitatis Fratrum* beschäftigte, denn er hinterließ in den Bänden zahlreiche eigenhändige Notizen. Auch Comenius' Enkel, Daniel Ernst Jablonski (1660–1741), hatte als Senior (Bischof) des polnischen Zweigs der Unität Zugang zu der kostbaren Quellensammlung und bewahrte sie zeitweise in Berlin auf, wo er das Amt eines reformierten Hofpredigers innehatte.[29]

Im 19. Jahrhundert wurden tschechische und deutsche Forscher auf die Reste des alten Brüderarchivs im Besitz der Lissaer reformierten (ursprünglich brüderischen) Johanniskirche aufmerksam. 1838 erwarb der aus Nordböhmen gebürtige tschechische Gelehrte Jan Evangelista Purkyně (1787–1869), der zu jener Zeit als Anatomieprofessor in Breslau tätig war, einen der Bände und schenkte ihn dem 1818 gegründeten Vaterländischen Museum in Böhmen (Vlastenské museum v Čechách), der Vorläuferinstitution des Prager Nationalmuseums (Národní muzeum).[30] 1840 gelang es dem Herrnhuter Archiv der Evangelischen Brüder-Unität, die übrigen dreizehn Bände zu erwerben.[31] In Herrnhut führte der Archivar Johannes Renatus Plitt (1778–1841)[32] die seither übliche, auch in diesem Werk verwendete Zählung AUF I–XIII ein (die Zählung des von Purkyně für das Prager Museum erworbenen Bandes als AUF XIV hat sich erst in neuerer Zeit durchgesetzt).

Alte Zählung	Moderne Zählung	Enthält Dokumente aus den Jahren
I	AUF I	ca. 1450–1478
	AUF II	1443–1524
	AUF IV	1468–1545
II	AUF III	1468–1509
	AUF XI	1468–1560
III	AUF V	1460–1543
	AUF VI	1403–1542
IV	AUF VII	1547–1548
V	AUF VIII	1549–1557
VI	AUF IX	1558–1566
VII	AUF X	1557–1569
VIII	AUF XIV	1575–1584
IX	AUF XII	1570–1579
X	AUF XIII	1580–1589

---

28 Just: Bewahrung des Ursprungs [2022], 118f.
29 Bahlcke: Geschichtsschreibung [2022], 560f., 564f.
30 Vodnařík: Purkyně [1967].
31 Volf: Příspěvek [1914]; Mai: Auf den Spuren [2012], 4–7; Mai: „Lissaer Folianten" [2022].
32 Zur Geschichte des Unitätsarchivs in Herrnhut und zu den einzelnen Archivaren vgl. Kröger/Mai/Nippe: Das Unitätsarchiv [2014].

Am 26. Juli 1945 wurden die Codices AUF I–XIII aus Herrnhut in die Tschechoslowakei verbracht. Dort wurden sie in Prag im Böhmischen Landesarchiv (Archiv země České), dem späteren Staatlichen Zentralarchiv (Státní ústřední archiv) und heutigen Nationalarchiv (Národní archiv), deponiert.[33] Ein Depositalvertrag zwischen dem Nationalarchiv und der Evangelischen Brüder-Unität wurde am 12. November 2015 abgeschlossen.

2. Beschreibung der Handschriften Acta Unitatis Fratrum V–VI

2.1 Acta Unitatis Fratrum V

Signatur: Praha, Národní archiv, Ochranov, AUF, sv. č. 5; alte Signatur: Herrnhut, Unitätsarchiv der Evangelischen Brüder-Unität, AB.II.R.1.1/5. – Umfang: 384 Blatt. – Format des Buchblocks: 295 x 200 mm. – Entstehungszeit und Entstehungsort: Eibenschütz, nach 1558 und vor November 1571, mit Nachträgen bis 1573 (Jahreszahl 1573 in Zusätzen von der Hand des Vavřinec Orlík, Blatt 8v und 55r).[34]

Zusammensetzung des Buchblocks und Wechsel der Schreiberhände: [3] unfoliierte moderne Vorsatzblätter + [11] unfoliierte Blätter *1–*11 + [371] alt foliierte Blätter 1–369 (nach Blatt 28 ein unfoliiertes Blatt *28a, nach Blatt 239 ein unfoliiertes Blatt *239a) + [2] unfoliierte Blätter *370–*371 + [2] unfoliierte moderne Vorsatzblätter. Leere Seiten: *1v–*11v, 8r, 27v–30v, 31v, 42r–47v, 55v, 77v–78v, 79v, 110r–v, 111v, 124v, 125v, 129v–132v, 133v, 142r–v, 165r–168v, 169v, 179r–184v, 185v, 192r–v, 193v, 203v, 208v, 222v–226v, 227v, 234v–235v, *239r–259v (258r Notiz von der Hand Jan Blahoslavs, vgl. die Einleitung zu Nr. 111), 262r, 343r–v, 359r–v, 364v, 366v–*371v. Auszeichnungsschriften für Überschriften. Rote Tinte ist nur für die Foliierung sowie für einige Marginalien und Notizen Jan Blahoslavs verwendet.

Der Buchblock ist aus einzelnen Faszikeln zusammengesetzt, die jeweils aus einer oder mehreren Lagen bestehen und eine Texteinheit oder eine zusammengehörende Gruppe von Texten enthalten. Die Lagen wurden für den Buchbinder nummeriert (1–50). Die auf die untere linke Ecke der ersten Seite jeder Lage geschriebenen Nummern wurden in den meisten Fällen bei der Beschneidung des fertigen Buchblocks abgeschnitten. In der Regel sind die Faszikel folgendermaßen gestaltet: Die Kopisten ließen das erste Blatt der ersten Lage zunächst frei und begannen ihre Abschrift jeweils auf der Recto-Seite des zweiten Blatts. Nach der Fertigstellung

---

33 Mai: Auf den Spuren [2012], 10–13.
34 Zu der Handschrift vgl. Štěříková: Blahoslavova Akta [1960], 24f., 36f., 58–70; Vávra: Knižní vazby [1970], 94.

der Abschrift oder im Zuge der Redaktion des Handschriftenbandes wurde auf der Recto-Seite des ersten Blatts des Faszikels von einem anderen Schreiber als dem des eigentlichen Textes ein Titel in Auszeichnungsschrift nachgetragen. Die Rückseite der Titelseite blieb in der Regel leer. In AUF VI unterblieb jedoch in mindestens vier Fällen (Blatt 47r, 55r, 235r, 258r) die nachträgliche Hinzufügung der Titelseite. Oft blieben am Ende der Faszikel oder am Ende von Texteinheiten einzelne oder mehrere Seiten leer. Auf leergebliebenen Seiten trug Vavřinec Orlík mehrere Texte nach.

Lagenfolge und Zäsuren der Faszikel	Schreiber	Inhalt
II*4 + III*10		*1r Schreiber „E" und Vavřinec Orlík	Inhaltsverzeichnis von AUF V
IV7		1r–7r Schreiber „A"	Text Nr. 10
3.IV30		9r–27r Schreiber „A"	Text Nr. 98
2.IV46		32r–41v Schreiber „D"	Text Nr. 99
IV54		48r–54v Schreiber „A"	Text Nr. 100
3.IV78		55r Vavřinec Orlík	Vorbemerkung zu Text Nr. 101
	56r–77r Schreiber „D"	Texte Nr. 101–102
4.IV110		80r–109v Schreiber „F"	Text Nr. 19
IV118 + III124		111r–124r Schreiber „F"	Text Nr. 20
IV132		126r–129r Schreiber „B"	Text Nr. 103
6.III168		134r–164v Schreiber „E"	Text Nr. 104
2.IV184		170r–178v Schreiber „C"	Text Nr. 105
IV192		186r–191v Schreiber „C"	Text Nr. 107
2.IV208		194r–203r Schreiber „C"	Text Nr. 107
3.III226		210r–222r Schreiber „F"	Text Nr. 108
IV234		228r–234r Schreiber „B"	Text Nr. 109
III*239a		236r–239v Schreiber „A"	Text Nr. 110
3.III257		leer	
14.IV367		260r–341v Schreiber „B"	Texte Nr. 111–242
	342r–v Vavřinec Orlík	Text Nr. 243
	344r–345v Schreiber „B"	Texte Nr. 244–247
	346r–351v Vavřinec Orlík	Texte Nr. 248–251
	352r–354v Schreiber „B"	Texte Nr. 252–254
	355r–358v Vavřinec Orlík	Text Nr. 255
	360r–364r Schreiber „B"	Texte Nr. 256–261
	365r–366r Vavřinec Orlík	Text Nr. 262
(IV–4)*371		leer	

Einband: Blindgepresster Halbledereinband (helles Schweinsleder) der brüderischen Buchbinderei in Eibenschütz auf Holzdeckeln (310 x 210 mm). Supralibros des Jan Blahoslav: *I.B.P.* (Iohannes Blahoslaus Preroviensis). Einer der für die Blindpressung verwendeten Rollenstempel zeigt die stilisierten Köpfe von Jan Hus, Martin Luther, Philipp Melanchthon und Erasmus von Rotterdam mit der Beschriftung

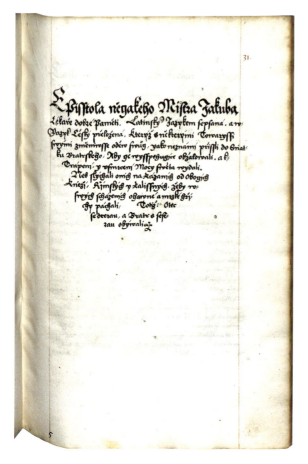

Die Kopisten der einzelnen Faszikel, aus denen die Handschriftenbände zusammengebunden wurden, ließen jeweils das erste Blatt einer Texteinheit oder einer Textgruppe leer. Darauf wurde nachträglich von einem kalligraphisch geschulten Schreiber die Titelseite eingetragen. Die Abbildung zeigt die Titelseite von Dokument Nr. 99. Am unteren Rand der Seite ist links die Zahl 5 zu erkennen. Dabei handelt es sich um eine Anweisung an den Buchbinder, die so bezeichnete Lage als fünfte Lage des Buchblocks von AUF V einzubinden.

IHVS – MLVTH – PMEL – EROTE (dieselbe Rolle ist bei den Einbänden von AUF VI und IX verwendet). Zwei Schließen. Aufschrift auf dem Vorderdeckel (Tinte): <R>ozličnj spisowe, psanj a wykladowe <na> někte<ré> řečj. Fünf Bünde. Auf dem Buchrücken die Aufschrift (Tinte): *III | Mistr Jakub | De caena D[omini] | Listowe běžnj <s>tarych <bra>třj*. Die römische *III* bezeichnet den Band als Teilband des dritten Teils der retrospektiven Reihe der *Acta Unitatis Fratrum*, der aus den seit dem 19. Jahrhundert als AUF V und VI gezählten Handschriftenbänden bestand.

Entstehung und Geschichte der Handschrift: Die auf mehrere Gehilfen im Eibenschützer Brüderhaus verteilten Abschreibearbeiten für die Bände AUF II–VI gab Jan Blahoslav etwa 1560, jedenfalls einige Zeit nach seiner 1558 erfolgten Übersiedlung nach Eibenschütz, in Auftrag. Abschriften und Einband wurden zu Blahoslavs Lebzeiten fertiggestellt. Anhaltspunkt für eine genauere Datierung der Abschriften und des Einbands sind nicht erkennbar. An der Redaktion des Bandes war Vavřinec Orlík beteiligt. Von seiner Hand stammen zahlreiche Anmerkungen und Nachträge sowie die alte Foliierung. Orlík arbeitete noch nach Blahoslavs Tod (24. November 1571) bis 1573 an dem Band weiter. Die Handschriftenbände AUF V und VI bildeten nach einer alten Zählung zusammen den dritten Teil der retrospektiven Reihe der *Acta Unitatis Fratrum*.

Wie die übrigen Bände der *Acta Unitatis Fratrum* befand sich die Handschrift vermutlich bis 1623 in Eibenschütz und gelangte nach der Aufgabe des dortigen Brüderhauses spätestens 1630 nach Lissa. Nach dem Ankauf durch das Herrnhuter Unitätsarchiv entstand ein Eintrag auf der Innenseite des Vorderdeckels: *Der Bibliothek der Br. Unität zu Herrnhut gehörend. Herrnhut, 4. July 1843, Ludwig von Schweinitz, Archivar*. Ein gleichlautender Eintrag befindet sich auf der Innenseite des Hinterdeckels. *1r und 1r sind gestempelt: UNITÆTS-BIBLIOTHEK HERRNHUT. Auf der Innenseite des Vorderdeckels eingeklebt eine maschinenschriftliche Notiz vom 19. Mai 1966 über die Restaurierung der Handschrift im Staatlichen Zentralarchiv Prag (Státní ústřední archiv v Praze) durch den Restaurator František Ramaisl. Bei der Restaurierung wurden aus dem Rücken Fragmente einer lateinischen Pergamenthandschrift des 14. Jahrhunderts gelöst, die dem Band beiliegen.

2.2 Acta Unitatis Fratrum VI

Signatur: Praha, Národní archiv, Ochranov, AUF, sv. č. 6; alte Signatur: Herrnhut, Unitätsarchiv der Evangelischen Brüder-Unität, AB.II.R.1.1/6. – Umfang: 333 Blatt. – Format des Buchblocks: 293 x 205 mm. – Entstehungszeit und Entstehungsort: Eibenschütz, nach 1558 und vor November 1571.[35]

Zusammensetzung des Buchblocks und Wechsel der Schreiberhände: [1] modernes unfoliiertes Vorsatzblatt + [4] Blätter *1–*4 (*3 und *4 sind als 1a und 1b foliiert) + [329] alt foliierte Blätter 1–330 (Blattzahl 77 nicht vergeben) + [1] modernes unfoliiertes Vorsatzblatt. Leere Seiten: *2r–*3r, 2v, 5v, 7r–v, 28v, 47v, 48v, 81v, 85v, 89v, 97v, 146v, 112v, 113v, 117v, 121v, 144v, 145v, 186r–v, 187v, 214r–216v, 217v, 264v, 265v, 312r–313v, 330v. Auszeichnungsschriften für Überschriften. Rote Tinte ist nur für die Foliierung sowie für Marginalien und Notizen Jan Blahoslavs verwendet.

Der Buchblock ist wie bei AUF V aus einzelnen Faszikeln zusammengesetzt, die jeweils aus einer oder mehreren Lagen bestehen und eine Texteinheit oder eine zusammengehörende Gruppe von Texten enthalten. Auf Blatt 8r, 72r und 313r sind Titelseiten nicht ausgeführt. Der Band entstand anscheinend gleichzeitig mit AUF V und enthält wie dieser Nachträge von der Hand des Vavřinec Orlík auf leergeblie-

---

35 Zu der Handschrift vgl. Štěříková: Blahoslavova Akta [1960], 25–27, 58–70; Vávra: Knižní vazby [1970], 94.

Die *Acta Unitatis Fratrum* bilden ein planvoll angelegtes Ganzes. Die Bände wurden in der Buchbinderei des Brüderhauses von Eibenschütz einheitlich gebunden. Der Halbledereinband von AUF V weist in der Lederpressung des Vorderdeckels das Supralibros *IBP* (Iohannes Blahoslaus Preroviensis) auf. Auf den vorderen Holzdeckel ist mit Tinte ein Kurztitel geschrieben.

benen Seiten. Die Texte Nr. 263 und 293 sind Nachträge Orlíks, die am Ende eines Faszikels beginnen und bis zum ursprünglich leeren ersten Blatt des nächsten Faszikels reichen. Offensichtlich entstanden diese Eintragungen erst, nachdem die ursprünglich losen Faszikel zu einem Buchblock zusammengebunden worden waren.

Lagenfolge und Zäsuren der Faszikel	Schreiber	Inhalt
(II–1)*3 |	*1r Schreiber „E"	Inhaltsverzeichnis von AUF VI
	*1r–v Vavřinec Orlík	
4.IV31 |	*3v–*4v Vavřinec Orlík	Text Nr. 263
	1r–5r Schreiber „B"	Texte Nr. 264–68
	6r–v Vavřinec Orlík	Text Nr. 269
	9r–23r Schreiber „B"	Texte Nr. 270–275
	23v–28r Schreiber „C"	Texte Nr. 276–278
	29r–31v Vavřinec Orlík	Texte Nr. 279–281
2.IV47 |	32r–43v Schreiber „B"	Texte Nr. 282–288
	44r–47r Vavřinec Orlík	Texte Nr. 289–290
3.IV71 |	49r–69r Schreiber „C"	Text Nr. 291
	69v–72v Vavřinec Orlík	Texte Nr. 292–293

IV⁸⁰	73r–75r Schreiber „B"	Text Nr. 294
	75v–80v Vavřinec Orlík	Text Nr. 295–297
IV⁸⁸	82r–85r Schreiber „B"	Text Nr. 298
IV⁹⁶	90r–96v Schreiber „A"	Text Nr. 27
2.IV¹¹²	98r–106r Schreiber „F"	Texte Nr. 299–311
	107r–112r Vavřinec Orlík	Texte Nr. 312–314
IV¹²⁰	114r–117r Schreiber „B"	Texte Nr. 315–316
	118r–120v Schreiber „A"	Texte Nr. 317–318
3.IV¹⁴⁴	121r–144r Schreiber „H"	Text Nr. 319
7.III¹⁸⁶	146r–181v Schreiber „E"	Texte Nr. 320–322
	182r–185v Vavřinec Orlík	Text Nr. 323
5.III²¹⁶	188r–213v Schreiber „E"	Text Nr. 324
8.III²⁶⁴	218r–264r Schreiber „E"	Text Nr. 325
8.III³¹²	266r–311v Schreiber „E"	Text Nr. 326
3.III³³⁰	314r–326v Schreiber „E"	Text Nr. 327
	327r–330r Vavřinec Orlík	Text Nr. 328

Einband: Blindgepresster Halbledereinband (helles Schweinsleder) der brüderischen Buchbinderei in Eibenschütz auf Holzdeckeln (310 x 215 mm). Der vordere Holzdeckel wurde bei einer Restaurierung erneuert. Supralibros des Jan Blahoslav: *I.B.P.* (Iohannes Blahoslaus Preroviensis). Einer der für die Blindpressung verwendeten Rollenstempel zeigt die stilisierten Köpfe von Jan Hus, Martin Luther, Philipp Melanchthon und Erasmus von Rotterdam mit der Beschriftung *IHVS – MLVTH – PMEL – EROTE* (dieselbe Rolle ist bei den Einbänden von AUF V und IX verwendet). Zwei Schließen, die untere unvollständig. Edita Štěříková las 1960 eine jetzt nicht mehr vorhandene Aufschrift auf dem Vorderdeckel: *Od leta 1503 až 1517*.[36] Vier Bünde. Auf dem Rücken Reste einer Aufschrift (Tinte). Lesbar ist im obersten der fünf durch die Bünde abgeteilten Felder des Rückens: *Ps<aní> proti <...>*, im untersten die römische Ziffer *III*. Die römische III bezeichnet den Band als Teilband des dritten Teils der retrospektiven Reihe der *Acta Unitatis Fratrum*, der aus den seit dem 19. Jahrhundert als AUF V und VI gezählten Handschriftenbänden bestand. Sowohl auf der Innenseite des Vorderdeckels als auch auf der Innenseite des Hinterdeckels ist der ursprüngliche Spiegel mit modernem Papier überklebt.

Entstehung und Geschichte der Handschrift: Wie bei der Handschrift AUF V entstanden die Faszikel, aus denen der Buchblock zusammengebunden ist, nach 1558 und vor 1571 im Auftrag Jan Blahoslavs in Eibenschütz. Abschriften und Einband wurden zu Blahoslavs Lebzeiten fertiggestellt. Anhaltspunkt für eine genauere Da-

---

36 Štěříková: Blahoslavova Akta [1960], 26.

Die letzte Seite des Dokuments Nr. 327 (links) und die erste Seite von Nr. 328 (rechts), AUF VI 326v–327r. Der Wechsel der Schreiberhand ist gut zu erkennen. Der Text Nr. 328 ist ein Nachtrag von der Hand des Brüderpriesters Vavřinec Orlík, der freigebliebene Seiten der Handschrift nach der Einbindung mit Abschriften von Dokumenten, die von Blahoslav bei der Kompilation der *Acta Unitatis Fratrum* nicht aufgenommen worden waren, auffüllte.

tierung der Abschriften und des Einbands sind nicht erkennbar. Von Blahoslav, der am 24. November 1571 starb, stammt eine Notiz auf Blatt 144v: *O zlem knězy* („Vom bösen Priester"). Demnach sollte der Text Nr. 325 ursprünglich nach Nr. 319 eingebunden werden (vgl. die Einleitung zu Nr. 325). Weitere Anmerkungen Blahoslavs finden sich beispielsweise zu den Texten Nr. 264, 267 und 270. An der Redaktion der Handschrift war Vavřinec Orlík beteiligt, der in den Band zahlreiche Anmerkungen und Nachträge sowie die Foliierung eintrug. Orlík arbeitete noch nach der Einbindung an dem Band weiter. Von derselben Hand wie das Inhaltsverzeichnis *1r, von Schreiber „E", stammt ein zweites, gleichlautendes Inhaltsverzeichnis zum vorliegenden Band, das jedoch in der Handschrift AUF I eingebunden wurde. Die Handschriftenbände AUF V und VI bildeten nach einer alten Zählung zusammen den dritten Teil der retrospektiven Reihe der *Acta Unitatis Fratrum*.

Ein Leser hinterließ, wohl noch im 16. Jahrhundert, eine Notiz in der rechten unteren Ecke der Innenseite des hinteren Buchdeckels, die bei der modernen Überklebung des Spiegels freigelassen wurde. Der Wortlaut bezieht sich auf die Texte Nr. 270 und 326 (*List 17b wssak darmo gest, aniž gest se zde smrti dotřjti. Bratřj ne peněžy ani mo[cí] swěta wjry swé hágj, než prawdau, pokorau a trpěliwosti, list 269*). Ein einliegender Zettel enthält von einer ungelenken Hand des späten 16. Jahrhunderts Notizen über den Tod der Brüderpriester Izajáš Cibulka und Jan Korytanský im Jahr 1582 (Fiedler [Hg.]: Todtenbuch [1863], 274f.). Ein weiterer einliegender Zettel aus dem späten 16. oder frühen 17. Jahrhundert enthält Notizen über einen Text im Handschriftenband AUF II, Blatt 107v (Nr. 43).

Wie die übrigen Bände der *Acta Unitatis Fratrum* befand sich AUF VI bis 1623 in Eibenschütz und gelangte spätestens 1630 nach Lissa. Einige Notizen im Inhaltsverzeichnis Blatt *1r–v stammen von einer Hand des späten 17. oder frühen 18. Jahrhunderts. *1r und *4r sind gestempelt: *UNITÆTS-BIBLIOTHEK HERRN-HUT*. Auf dem Rücken des Bandes ist ein Papieretikett mit der Herrnhuter Signatur *AB <...> R N° 6* aufgeklebt. Ein weiteres kleines Papieretikett trägt die Nummer 6.

3. Themenschwerpunkte und Dokumentationszeitraum der in Acta Unitatis Fratrum V–VI enthaltenen Texte

3.1 Auswahl- und Ordnungskriterien in Acta Unitatis Fratrum V–VI

Die Handschriftenbände AUF V und VI enthalten 236 Texteinheiten, wobei vier Texte auch in AUF I überliefert sind und ein Text in AUF V zweimal aufgenommen wurde. Der älteste datierte Text stammt von 1403, der jüngste von 1543, wobei das Dokument von 1403 als Zitat in einem frühestens 1467 entstandenen Schreiben (Nr. 328) überliefert ist. Der eigentliche Dokumentationszeitraum beginnt erst mit den 1460er Jahren, also mit der Vorgeschichte der Brüderunität, und endet kurz vor dem Jahr 1547, mit dem die fortlaufende Reihe der *Acta Unitatis Fratrum*, AUF VII–X und XII–XIII, einsetzt. Auffällig ist, dass in AUF V und VI, ebenso wie schon in AUF I–IV, keine Dokumente zu den 1522 einsetzenden Kontakten der Brüder mit Martin Luther und anderen Reformatoren aufgenommen sind.

Die Erklärung dafür ist wahrscheinlich der Umstand, dass bereits die Dokumentensammlung des 1542 gestorbenen Brüderpriesters Mikuláš Slánský zu den Beziehungen der Unität mit den Reformatoren vorlag (überliefert in der Handschrift Praha, Národní knihovna České republiky, Sign. XVII C 3),[37] als Jan Blahoslav mit der Sammlung der Materialien für die retrospektive Reihe der *Acta Unitatis Fratrum* begann. Ferner fehlen in Blahoslavs retrospektiver Reihe Abschriften von Drucken (sofern diese nicht bereits in handschriftlichen brüderischen Gegenschriften wie dem Konvolut Nr. 320–322 enthalten waren) sowie Dokumente aus Südmähren, also aus dem Amtsbezirk, den Blahoslav als Brüderbischof von Eibenschütz aus betreute.

Offenbar hatte Blahoslavs aufwendige Materialsammlung das konkrete Ziel, diejenigen handschriftlichen Dokumente zur Brüdergeschichte zusammenzutragen, die im Buch- und Handschriftenbestand des Eibenschützer Brüderhauses nicht vorhanden waren. Allem Anschein nach beschaffte er sich die Vorlagen, die er ab etwa 1560 in Eibenschütz kopieren ließ, mithilfe des 1549 von einer Brüdersynode geregelten Leihverkehrs[38] aus anderen Buchbeständen der Unität, vor allem aus Jung-Bunzlau und aus weiteren böhmischen Niederlassungen der Unität.

Innerhalb der beiden Handschriftenbände AUF V und VI sind die Texte, ähnlich wie in AUF I–IV, aber anders als in der fortlaufenden Reihe von AUF VII an, nicht chronologisch geordnet, sondern bilden thematisch zusammengehörende Gruppen. Der Band AUF V beginnt mit vier Traktaten (Nr. 10 und 98–100), deren verbindendes Thema die Nachfolge Christi auf dem „schmalen Weg" (Mt 7,14) ist. Es folgt mit Nr. 101–102, 19–20 und 103 eine Gruppe von Auslegungen biblischer Textabschnitte. Das gemeinsame Thema von Nr. 104–107 ist die Abendmahlslehre der Brüder. Nr. 113–261 sind eine Briefsammlung, die hauptsächlich aus ausgehenden Schreiben des Engen Rates und der Leitung der Unität in Böhmen besteht. Sie wurde von Vavřinec Orlík um einige inhaltlich zugehörige Stück ergänzt (Nr. 243, 248–251, 255, 262). Auch die frühen Synodalbeschlüsse Nr. 111 und 112 gehören zu dieser Sammlung und bilden mit ihr einen zusammenhängenden Faszikel.

In der Handschrift AUF VI sind vier größere Textgruppen erkennbar: Nr. 264–268, 270–278 und 282–283 bilden eine zusammenhängende Gruppe von Dokumenten zur ersten Vorladung oder „Stellung" des Brüderklerus im Zuge der Verfolgung der Jahre 1503/04. Bei den thematisch dazu passenden Stücken Nr. 263, 269 und

---

37 Souček: Rukopis [1921].
38 Gindely (Hg.): Dekrety [1865], 170.

279–281 handelt es sich um Nachträge Orlíks. Daran schließt sich eine Dokumentation der zweiten „Stellung" im Jahr 1509 an, die die Dokumente Nr. 284–287, 291 und 294 umfasst. Die Textgruppe wurde von Orlík nachträglich um Nr. 288–290, 292–293 und 295–297 ergänzt. Nr. 299–311 und 315–318 sind eine Auswahl aus einer von Jan Černý kompilierten Sammlung von Dokumenten zur Verfolgung der Brüder im Jahr 1535 und zu dem sich daran anschließenden Prozess des Brüderpriesters Jan Poustevník, unterbrochen von sekundären Einschüben Orlíks. Es folgen mit Nr. 319–322 und 324–326 brüderische Widerlegungen gegnerischer Schriften.

3.2 Liste der in Acta Unitatis Fratrum V–VI enthaltenen Texte in zeitlicher Reihenfolge

Die Texte sind in der Reihenfolge ihres überlieferten oder erschlossenen Entstehungsdatums angeordnet, wobei Monats- und Tagesangaben weggelassen sind. Genauere Datumsangaben sowie Begründungen für die erschlossenen Datierungen findet man in den Kopftexten der jeweiligen Texteinheiten. Die Texte Nr. 319, 322 und 328 sind aus Textbestandteilen, die zu verschiedenen Zeiten entstanden sind, zusammengesetzt und werden daher jeweils unter zwei Daten aufgeführt.

1403
Nr. 328 König Sigismund von Ungarn: Befehl an die königlichen Beamten des Königreichs Böhmen

Um 1460
Nr. 115 Brief [der Brüder] an [den Priester Štěpán aus Kremsier] zur Verteidigung einer Gruppe von Gläubigen in Großmeseritsch

1461
Nr. 27 [Bruder Řehoř Krajčí:] Brief an den böhmischen Unterkammerer Vaněk Valečovský von Kněžmost

1462/64
Nr. 312 Martin Lupáč: Brief an den Priester Mikuláš Zacheus (Auszug)

1464
Nr. 111 Beschluss einer Brüdersynode bei Reichenau an der Kněžna

1467
Nr. 328 Hilarius aus Leitmeritz, Administrator des Erzbistums Prag: Brief an Bürgermeister und Rat der Stadt Brüx

1467/68
Nr. 112 Beschluss einer Brüdersynode

Themenschwerpunkte und Dokumentationszeitraum

Nr. 128 [Bruder Řehoř Krajčí:] Brief an Jan [und die Brüder von Chelčice] in Vitanovice
Nr. 204 Brief der Brüder an den Senftenberger Priester [Jan]

1468
Nr. 176 Brief der Brüder an die Brüder und Schwestern im Gefängnis in Laun
Nr. 195 Brief leitender Brüder an Brüder und Schwestern in Senftenberg
Nr. 197 Brief leitender Brüder an die gefangenen Brüder und Schwestern in Skutsch
Nr. 205 Brief der Brüder an den Senftenberger Priester Jan

Um 1468
Nr. 141 Brief leitender Brüder an verfolgte Glaubensgenossen in Chrudim
Nr. 142 Brief leitender Brüder an verfolgte Glaubensgenossen in Chrudim

1468/71
Nr. 99 Magister Jakub, der Arzt: Brieftraktat zur Verteidigung der Brüderunität

1469/70
Nr. 19 Traktat der Brüder über den Unterschied zwischen wahren und falschen Brüdern

1470
Nr. 10 Traktat der Brüder über den schmalen Weg Christi
Nr. 186 Brief der Brüder an Glaubensgenossen oder Sympathisanten der Unität in Mähren

Um 1470
Nr. 116 Brief eines Bruders an T. in Prag
Nr. 117 Brief eines leitenden Bruders an einen untergeordneten brüderischen Seelsorger
Nr. 118 Brief leitender Brüder an Bruder O. P.
Nr. 151 Brief der Brüder an einen Sympathisanten der Unität und dessen Gemahlin in Mähren
Nr. 212 Brief eines Bruders an den Priester Jan in Běleč
Nr. 213 Brief der Brüder an den Schulmeister in Běleč, einen Glaubensgenossen
Nr. 214 Brief der Brüder an eine angefochtene Gemeinde

Nach 1471 und vor 1500
Nr. 98 Traktat eines Bruders über die Gewissheit, dass die Brüderunität aus Gott ist

1473
Nr. 133 Bruder Matouš: Brief an seine Schwester [in Senftenberg]
Nr. 136 Brief der Brüderältesten an Königin Johanna von Rosental, Witwe König Georgs von Podiebrad, und die Stände des Königreichs Böhmen

Nr. 230 Rundschreiben der Brüderältesten an die Unitätsgemeinden

1473/74

Nr. 137 Bruder Matěj aus Kunvald und Bruder Řehoř Krajčí: Rundschreiben an die Unitätsgemeinden

1474

Nr. 20 Traktat der Brüder über die Sündenvergebung (Auslegung von 1 Joh 1,8–10)
Nr. 132 Brief der Brüder an Nikolaus Bystřice von Vojnice auf Kremsier
Nr. 134 Brief der Brüder an den Rat der Stadt Chotzen

1475

Nr. 135 Brief eines Brüdergeistlichen an einen Bruder Viktorín in Horní Bobrová

1476

Nr. 319 Vít aus Krupá: Traktat über den Widerruf des Jan aus Tepl, genannt Ležka

1480/84

Nr. 325 Vavřinec [Krasonický]: Traktat „Vom bösen Priester"

Vor 1484

Nr. 153 Brief eines leitenden Bruders an einen Bruder, der eigenmächtig geheiratet hat

1488

Nr. 269 Brief der Brüderältesten an die Gemeinden

1490

Nr. 235 Antwort des Engen Rates auf die Frage, inwiefern Angehörige der Brüderunität an der Ausübung obrigkeitlicher Ämter mitwirken dürfen

1492

Nr. 108 [Bruder Vavřinec Krasonický:] Traktat über vermeintlichen und wahren Gottesdienst
Nr. 109 Bruder Prokop aus Neuhaus: Traktat über den Götzendienst

1494

Nr. 216 Bruder Matěj aus Kunvald und der Enge Rat der Brüderunität: Rundschreiben an die Unitätsgemeinden
Nr. 262 Brief der Brüderältesten an die Brüder im Fürstentum Moldau

1494/98

Nr. 252 Bruder Prokop aus Neuhaus: Brief an Bruder Lukáš aus Prag

Vor 1495

Nr. 101 Bruder Jan Táborský: Traktat über die Tugenden

1500

Nr. 220 Rundschreiben der Bischöfe und des Engen Rates an die Unitätsgemeinden
Nr. 322 Augustinus Moravus Olomucensis: *Tractatus de secta Valdensium*

Nach 1500

Nr. 110 [Bruder Lukáš aus Prag:] Brieftraktat über die Frage, wie man mit Neubekehrten reden soll

1501

Nr. 104 Bruder Lukáš aus Prag: Traktat an Nikolaus Kavka von Říčany auf Štěkeň über den geistlichen und sakramentlichen Genuss des Leibes und Blutes Christi
Nr. 233 Bruder Lukáš aus Prag: Brief an die Unitätsgemeinde in Turnau
Nr. 253 Bruder Eliáš aus Křenovice: Brief an den Magister Havel
Nr. 320 Augustinus Moravus Olomucensis: Brief an Bruder Jan Černý
Nr. 321 Bruder Jan Černý: Brief an Augustinus Moravus Olomucensis
Nr. 322 Bruder Jan Černý: Widerlegung des *Tractatus de secta Valdensium* des Augustinus Moravus Olomucensis

1502

Nr. 254 Bruder Lukáš aus Prag: Brief an den Magister Havel
Nr. 290 Bruder Eliáš aus Křenovice: Brief an einen Brüdergeistlichen
Nr. 313 Memorandum an die utraquistischen Teilnehmer des böhmischen Landtags
Nr. 314 Schreiben der utraquistischen Stände an König Wladislaw II. von Böhmen und Ungarn

1503

Nr. 217 Rundschreiben des Engen Rates an die Unitätsgemeinden
Nr. 218 Rundschreiben des Engen Rates an die Unitätsgemeinden
Nr. 219 Rundschreiben des Engen Rates an die Unitätsgemeinden
Nr. 263 Instruktion der utraquistischen Kirchenleitung für eine Delegation nach Ofen: Bedingungen für Verhandlungen mit der römischen Kurie
Nr. 264 König Wladislaw II. von Böhmen und Ungarn: Befehl an die Prager Städte und die übrigen königlichen Städte in Böhmen
Nr. 265 König Wladislaw II. von Böhmen und Ungarn: Befehl an den utraquistischen Administrator Pavel aus Saaz; Pavel aus Saaz: Rundschreiben an die utraquistische Geistlichkeit; Begleitschreiben an einen utraquistischen Dekan
Nr. 266 Pavel aus Saaz: Rundschreiben an die [utraquistischen] Angehörigen des Herren- und des Ritterstandes in Mähren
Nr. 267 König Wladislaw II. von Böhmen und Ungarn: Befehl an den utraquistischen Administrator Pavel aus Saaz

Nr. 268 König Wladislaw II. von Böhmen und Ungarn: Befehl an die Prager Städte und die übrigen königlichen Städte in Böhmen

Nr. 278 Beschluss der utraquistischen Stände des Königreichs Böhmen über Maßnahmen gegen die Brüderunität

Nr. 283 Johann II. Kostka von Postupitz: Brief an den Seifensieder Filip aus Leitomischl

Nr. 291 Artikel der utraquistischen Kirchenleitung für die geplante Belehrung der Brüder in Prag am 1. Januar 1504 und deren Widerlegung durch die Brüder

1504

Nr. 270 [Bruder Jakub aus Turnau:] Bericht über die geplante „Stellung" von Angehörigen der Brüderunität in Prag am 1. Januar 1504

Nr. 271 [Bruder Lukáš aus Prag:] Brief an den utraquistischen Administrator [Pavel aus Saaz] und die utraquistische Kirchenleitung in Prag

Nr. 272 [Bruder Lukáš aus Prag:] Brief an die Prager Bürgermeister und Räte

Nr. 273 Pavel aus Saaz: Brief an die Brüder in Jung-Bunzlau

Nr. 274 [Bruder Lukáš aus Prag:] Brief an den utraquistischen Administrator [Pavel aus Saaz] und die utraquistische Kirchenleitung in Prag

Nr. 275 Pavel aus Saaz: Brief an die Ältesten und Brüder in Jung-Bunzlau

Nr. 276 [Bruder Lukáš aus Prag:] Brief der Brüderältesten in Jung-Bunzlau an den utraquistischen Administrator [Pavel aus Saaz] und die utraquistische Kirchenleitung in Prag

Nr. 277 [Johann II. Kostka von Postupitz:] Brief an [Bohuš II. Kostka von Postupitz in Leitomischl]

Nr. 278 Bericht über die von Zikmund Chmelický vorgetragene Rede des Nikolaus II. Trčka von Leipa auf Lichtenburg in Prag am 3. Januar 1504

Nr. 282 Bruder Lukáš aus Prag: Abschiedsbrief an die Gemeinde in Jung-Bunzlau

Nr. 296 Rundschreiben der Brüderältesten an die Gemeinden

Nr. 319 Antwort der Brüder auf den Traktat des Priesters Vít aus Krupá über den Widerruf des Jan aus Tepl, genannt Ležka

1505

Nr. 100 [Bruder Lukáš aus Prag:] Brieftraktat über die Inkarnation des Sohnes Gottes

Nr. 324 Bruder Lukáš aus Prag: Widerlegung des Traktats des Franziskaners Jan aus Wodňan gegen die Brüder

1506

Nr. 279 Traktat der Brüder über Gottes machtvolles Wirken in der Geschichte Böhmens

Vor 1507

Nr. 246 Brief leitender Brüder an den Brüderpriester Matěj in Křižanov

Themenschwerpunkte und Dokumentationszeitraum

1507

Nr. 280 Martha von Boskowitz: Brief an König Wladislaw II. von Böhmen und Ungarn in Ofen

Nr. 281 König Wladislaw II. von Böhmen und Ungarn: Brief an Martha von Boskowitz [in Leitomischl]

1508

Nr. 238 Rundschreiben der Brüderältesten an die Unitätsgemeinden

Nr. 289 Brief der Unitätsleitung in Mähren an ein Mitglied des Engen Rates in Böhmen

Nr. 325 [Bruder Lukáš aus Prag:] Antwort auf den Traktat „Vom bösen Priester" des utraquistischen Priesters Vavřinec [Krasonický]

1508/09

Nr. 170 Brief eines leitenden Bruders an Bruder Pavel und andere wohlhabende Gemeindemitglieder in Leitomischl

1509

Nr. 107 [Bruder Lukáš aus Prag:] Brieftraktat über die Frage, warum es heißt, dass Brot und Wein des Abendmahls Leib und Blut Christi, aber nicht Christus selbst sind

Nr. 284 Bruder Lukáš aus Prag: Brief an die Brüder, die am 29. Dezember 1509 in Prag „gestellt" werden sollten

Nr. 285 Bruder Lukáš aus Prag: Rundschreiben an die Unitätsgemeinden in Böhmen

Nr. 286 Bruder Lukáš aus Prag: Anweisungen an die in Prag „gestellten" Brüder

Nr. 287 Brief der Brüderältesten in Böhmen an den utraquistischen Administrator Pavel aus Saaz und die utraquistische Kirchenleitung in Prag

Nr. 288 [Bruder Matouš aus Klattau und Bruder Tenderyáš aus Janowitz an der Angel:] Brief an den Unterkämmerer des Königreichs Böhmen, Burian Trčka von Leipa auf Lipnitz

Nr. 292 Entwurf für eine Rede der Brüder bei der geplanten Verhandlung vor Vertretern der katholischen und der utraquistischen Kirchenleitung

Nr. 293 Argumente zur Verteidigung der Brüder bei der geplanten Verhandlung vor Vertretern der katholischen und der utraquistischen Kirchenleitung

Nr. 295 Anweisungen der Brüderältesten an die in Prag „gestellten" Brüder

Nr. 297 Brief der Brüderältesten an König Wladislaw II. von Böhmen und Ungarn

Nr. 323 Brief der Brüderältesten in Böhmen an den utraquistischen Administrator Pavel aus Saaz und die utraquistische Kirchenleitung in Prag

1510

Nr. 105 Bruder Lukáš aus Prag: Brieftraktat über das Abendmahl an Bruder Beneš Bavoryňský von Bavoryně

Nr. 245 Schlussabschnitt eines Begleitschreibens der Brüderbischöfe und des Engen Rates an die Brüderpriester zu einem Rundbrief an die Unitätsgemeinden
Nr. 294 Bericht über die „Stellung" der Brüder am 27. Dezember 1509 in Prag

1511
Nr. 106 [Bruder Vavřinec Krasonický:] Traktat über das Bekenntnis des Jung-Bunzlauer utraquistischen Pfarrers vom Altarsakrament
Nr. 222 Bruder Lukáš aus Prag: Rundschreiben an die Brüderpriester

1512
Nr. 221 Rundschreiben der Brüderältesten an die Unitätsgemeinden

1513
Nr. 223 [Bruder Lukáš aus Prag:] Rundschreiben der Brüderältesten an die Unitätsgemeinden
Nr. 239 Rundschreiben der Brüderältesten an die Unitätsgemeinden
Nr. 298 Bruder Jiřík aus Wolin: Bericht über seine Verhaftung durch Johann III. von Rosenberg, Großprior des Johanniterordens in Strakonitz

1515
Nr. 224 Rundschreiben des Engen Rates an die Unitätsgemeinden

1517
Nr. 249 Bruder Lukáš aus Prag: Rundschreiben an die Vorsteher der Unitätsgemeinden
Nr. 326 Brüderische Widerlegung eines Brieftraktats des Olmützer Domherrn Bernhard Zoubek von Zdětín

1517/23
Nr. 232 Bruder Lukáš aus Prag: Brief an Bruder Mikuláš und die übrigen Ältesten der Unitätsgemeinde in Nachod

1521
Nr. 247 [Bruder Lukáš aus Prag:] Brief an Bruder Mikuláš in Nachod

Um 1525
Nr. 249 Bruder Vavřinec Krasonický: Brief an Bruder Martin Škoda in Mähren (Auszüge)

1526/26
Nr. 250 Bruder Lukáš aus Prag: Brief an die Brüderältesten in Mähren zur Warnung vor Michael Weiße und Johann Zeising

1526/28
Nr. 251 Bruder Lukáš aus Prag: Brief an Bruder Sautor in Brandeis

1526/48

Nr. 229 Bruder [Jan] Volf: Ansprache in einer Unitätsgemeinde zur Ankündigung von Fasten und Gebetsversammlungen

Vor 1528

Nr. 103 [Bruder Lukáš aus Prag:] Auslegung von 1 Joh 2,16

1528

Nr. 234 Bruder Lukáš aus Prag: Warnung vor Hoffart und Kleiderluxus

Nr. 236 Brief der Brüderältesten an einen Adeligen mit einem Bericht über Verhandlungen mit den Täufern

1535

Nr. 299 Konrad Krajíř von Krajek: Brief an Wolfhart Planknar von Kynšperk, Unterkämmerer des Königreichs Böhmen

Nr. 300 Konrad Krajíř von Krajek: Brief an Wolfhart Planknar von Kynšperk, Unterkämmerer des Königreichs Böhmen

Nr. 301 Wolfhart Planknar von Kynšperk, Unterkämmerer des Königreichs Böhmen: Brief an Konrad Krajíř von Krajek

Nr. 302 Konrad Krajíř von Krajek: Brief an Wolfhart Planknar von Kynšperk, Unterkämmerer des Königreichs Böhmen

Nr. 303 Konrad Krajíř von Krajek: Brief an den Rat der königlichen Stadt Klattau

Nr. 304 Konrad Krajíř von Krajek: Brief an den Rat der königlichen Stadt Taus

Nr. 305 Konrad Krajíř von Krajek: Brief an [Zdislav Berka von Dubá], Oberstlandhofmeister des Königreichs Böhmen, [Heinrich Berka von Dubá] Oberstlandrichter des Königreichs Böhmen, und die übrigen Richter des Kammergerichts des Königreichs Böhmen

Nr. 306 Konrad Krajíř von Krajek: Brief an [Johann von Wartenberg], Oberstburggraf der Prager Burg

Nr. 307 Zdislav Berka von Dubá, Oberstlandhofmeister des Königreichs Böhmen: Vorladung von [Ulrich und Smil] Janovský von Janowitz vor das böhmische Kammergericht

Nr. 308 Bescheid des Kammergerichts des Königreichs Böhmen

Nr. 309 Konrad Krajíř von Krajek: Brief an [Zdislav Berka von Dubá], Oberstlandhofmeister des Königreichs Böhmen

Nr. 310 Zdislav Berka von Dubá, Oberstlandhofmeister des Königreichs Böhmen: Brief an Konrad Krajíř von Krajek

Nr. 311 Ferdinand I., König von Böhmen: Befehl an Konrad Krajíř von Krajek

Nr. 317 Protokoll der Verhandlung des Bruders Jan Poustevník vor dem Kammergericht des Königreichs Böhmen

1536

Nr. 255 Brief des Engen Rates an verfolgte Gläubige

1537

Nr. 315 Bruder Jan Poustevník: Brief aus dem Gefängnis an Georg von Gersdorf, Hauptmann der Prager Burg

Nr. 316 Bericht über den Ausschluss der brüderischen Adeligen aus der utraquistischen Ständepartei

1538

Nr. 318 Bruder Jan Poustevník: Bericht über die Taufe des dritten Sohnes König Ferdinands I. von Böhmen

1540

Nr. 241 Rundschreiben des Engen Rates an die Unitätsgemeinden

Um 1542

Nr. 327 Brieftraktat eines evangelischen Geistlichen an die Adelige Lidmila

1543

Nr. 242 Rundschreiben der Brüderältesten an die Unitätsgemeinden

Undatierte Texte aus den 1460er bis 1540er Jahren

Nr. 102 Auslegung von Joh 14,23 und Mt 5,3–10

Nr. 113 Brief leitender Brüder an eine Gruppe von Glaubensgenossen

Nr. 114 Brief leitender Brüder an eine Unitätsgemeinde

Nr. 119 Brief eines leitenden Bruders an einen untergeordneten Brüdergeistlichen, Begleitbrief zu einem Schreiben eines Bruders T.

Nr. 120 Brief leitender Brüder an Bruder J. K. und an eine Schwester, die um des Glaubens willen verfolgt werden

Nr. 121 Brief der Brüder an einen Glaubensgenossen

Nr. 122 Brief leitender Brüder an einen brüderischen Seelsorger

Nr. 123 Brief leitender Brüder an Gemeindemitglieder in Mähren

Nr. 124 Brief eines brüderischen Seelsorgers an einen Neubekehrten

Nr. 125 Brief brüderischer Seelsorger an einen Bruder in Anfechtung

Nr. 126 Brief leitender Brüder an untergeordnete brüderische Seelsorger

Nr. 127 Brief eines leitenden Bruders an eine Unitätsgemeinde

Nr. 129 Brief brüderischer Seelsorger an einen Neubekehrten

Nr. 130 Brief leitender Brüder an die Brüderpriester M. und Jíra in Mähren

Nr. 131 Brief der Brüder an Petr und weitere Gläubige in Lenešice

Nr. 138 Brief eines Bruders an einen Angehörigen oder Sympathisanten der Unität und dessen Gemahlin

Themenschwerpunkte und Dokumentationszeitraum   75

Nr. 139 Brief leitender Brüder an brüderische Seelsorger im westlichen Böhmen
Nr. 140 Brief eines Bruders an brüderische Seelsorger im westlichen Böhmen
Nr. 143 Brief der Brüder an einen mit der Unität sympathisierenden Adeligen
Nr. 144 Brief eines brüderischen Seelsorgers an eine Glaubensgenossin
Nr. 145 Brief der Brüder an eine Glaubensgenossin
Nr. 146 Brief der Brüder an eine Glaubensgenossin
Nr. 147 Brief einer Frau an einen Vertrauten
Nr. 148 Brief der Brüder an eine Glaubensgenossin
Nr. 149 Brief leitender Brüder an eine Unitätsgemeinde in Mähren
Nr. 150 Brief der Brüder an die adelige Schwester Alžběta
Nr. 152 Brief leitender Brüder an eine Unitätsgemeinde
Nr. 154 Brief eines vorgesetzten Brüdergeistlichen an einen brüderischen Seelsorger
Nr. 155 Brief der Brüder an einen mit der Unität sympathisierenden Bürger in Tabor
Nr. 156 Brief leitender Brüder an einen brüderischen Seelsorger
Nr. 157 Brief leitender Brüder an die Vorsteher der Unitätsgemeinde in Jung-Bunzlau
Nr. 158 Brief leitender Brüder an einen Glaubensgenossen
Nr. 159 Brief leitender Brüder an einen brüderischen Hausvater
Nr. 160 Brief eines leitenden Bruders an brüderische Vorsteher
Nr. 161 Brief eines Brüderpriesters an seine Vorgesetzten
Nr. 162 Brief eines Bruders an einen Sympathisanten der Unität
Nr. 163 Brief leitender Brüder an die Brüderpriester Václav und Synek
Nr. 164 Brief der Brüder an eine adelige Sympathisantin der Unität
Nr. 165 Brief leitender Brüder an den Brüdergeistlichen Mat. in Mähren und dessen Gefährten
Nr. 166 Brief der Brüder an einen Glaubensgenossen in Leitmeritz oder Leitomischl
Nr. 167 Brief der Brüder an verfolgte Glaubensgenossen
Nr. 168 Brief leitender Brüder an untergeordnete Brüdergeistliche
Nr. 169 Brief der Brüder an Glaubensgenossen
Nr. 171 Brief der Brüder an Glaubensgenossen in Jung-Bunzlau oder im Bunzlauer Kreis
Nr. 172 Brief leitender Brüder an untergeordnete brüderische Seelsorger im Prachiner Kreis
Nr. 173 Brief leitender Brüder an untergeordnete brüderische Seelsorger
Nr. 174 Brief leitender Brüder an einen untergeordneten brüderischen Seelsorger
Nr. 175 Brief eines leitenden Bruders an den Müller Jakub
Nr. 177 Brief leitender Brüder an Gemeinden in Mähren
Nr. 178 Brief leitender Brüder an Glaubensgenossen im Saazer Kreis
Nr. 179 Rundschreiben leitender Brüder an die Gemeinden im Prachiner und Saazer Kreis und in Mähren
Nr. 180 Brief leitender Brüder an Glaubensgenossen in Ch.

Nr. 181 Brief leitender Brüder an die Brüderpriester T. und G. in Mähren
Nr. 182 Brief der Brüder an einen Sympathisanten der Unität in Brandeis
Nr. 183 Brief eines Bruders an einen Glaubensgenossen, den Schneider Tomáš
Nr. 184 Brief eines Bruders an einen Glaubensgenossen
Nr. 185 Brief eines Bruders an den Schmied Jan in Schlan und weitere Sympathisanten der Unität
Nr. 187 Brief der Brüder an wohlhabende Gemeindemitglieder
Nr. 188 Brief leitender Brüder an die Brüder G. und T. in Mähren
Nr. 189 Brief eines Bruders an Glaubensgenossen oder Sympathisanten der Unität
Nr. 190 Brief eines Bruders an einen Sympathisanten der Unität
Nr. 191 Brief eines Bruders an eine Gruppe von Glaubensgenossen
Nr. 192 Brief der Brüder an einen Katechumenen Topolský
Nr. 193 Brief leitender Brüder an brüderische Seelsorger
Nr. 194 Brief eines Bruders an eine Katechumenin oder Sympathisantin der Unität
Nr. 196 Brief aus dem Gefängnis entlassener Brüder an Brüder und Schwestern in Ostböhmen
Nr. 198 Brief eines brüderischen Seelsorgers an eine Schwester
Nr. 199 Brief der Brüder an einen Sympathisanten der Unität
Nr. 200 Brief der Brüder an einen Sympathisanten der Unität
Nr. 201 Brief eines Bruders an eine Glaubensgenossin oder Sympathisantin der Unität
Nr. 202 Brief der Brüder an einen Glaubensgenossen
Nr. 203 Brief der Brüder an Bruder Daniel
Nr. 206 Brief eines Bruders an den Glaubensgenossen Jetřich und dessen Ehefrau
Nr. 207 Brief der Brüder an Glaubensgenossen
Nr. 208 Brief brüderischer Seelsorger an angefochtene Glaubensgenossen
Nr. 209 Brief eines leitenden Bruders an einen Glaubensgenossen und dessen Ehefrau
Nr. 210 Brief eines leitenden Bruders an die brüderischen Seelsorger Che. und Mach in Jung-Bunzlau
Nr. 211 Brief leitender Brüder an die brüderischen Seelsorger Tomáš und Janek
Nr. 215 Brief eines Bruders an Bruder Čen[ěk], einen angefochtenen Anfänger im Glauben
Nr. 225 Rundschreiben des Engen Rates an die Unitätsgemeinden
Nr. 226 Rundschreiben der Brüderältesten an die Unitätsgemeinden
Nr. 227 Brief eines Brüderpriesters an eine Unitätsgemeinde
Nr. 228 Brief eines Brüderpriesters an eine Unitätsgemeinde
Nr. 231 Rundschreiben der Brüderältesten aus Böhmen an die Unitätsgemeinden
Nr. 237 Rundschreiben der Brüderältesten an die Unitätsgemeinden
Nr. 240 Rundschreiben der Brüderbischöfe an die Unitätsgemeinden

Nr. 243 Rundschreiben der Brüderältesten an die Unitätsgemeinden
Nr. 244 Rundschreiben der Brüderältesten an die Brüderpriester und die Unitätsgemeinden
Nr. 248 Rundschreiben leitender Brüder an die Unitätsgemeinden
Nr. 256 Brief eines Brüderältesten an [Václav] Záruba [von Hustířany]
Nr. 257 Brief eines Brüderältesten an eine Unitätsgemeinde, die er demnächst besuchen wird
Nr. 258 Bruder Lukáš aus Prag: Brief an einen kranken Brüderpriester zum neuen Jahr
Nr. 259 Brief eines Katechumenen an eine unverheiratete Katechumenin der Brüderunität während einer Epidemie
Nr. 260 Brief eines brüderischen Seelsorgers an eine Gruppe von Glaubensgenossen
Nr. 261 Brief brüderischer Seelsorger an einen Adeligen

4. Anlage der Regesten

4.1 Abgrenzung der Texteinheiten

Jede der in den Handschriftenbänden AUF V–VI überlieferten Texteinheiten wird durch ein Regest dokumentiert. Die Texteinheiten sind in den Handschriften in der Regel deutlich voneinander abgesetzt, vor allem durch Leerzeilen oder leere Seiten, Überschriften und die Verwendung von Auszeichnungsschriften für Textanfänge. In einigen Fällen ist die Abgrenzung der den Regesten zugrunde gelegten Texteinheiten begründungsbedürftig und wird in den Kopftexten erläutert.

4.2 Anordnung, Zählung und Überschriften der Regesten

Die Regesten sind nach der Reihenfolge der Handschriftenbände AUF V–VI und innerhalb der Handschriftenbände nach der Folienzahl angeordnet. Die Regesten sind fortlaufend nummeriert. Texteinheiten, die innerhalb des vierzehnbändigen Corpus der *Acta Unitatis Fratrum* doppelt oder mehrfach überliefert sind, erhalten nur ein Regest und eine Nummer, und zwar stets an der Stelle des ersten Vorkommens in der Reihenfolge der Band- und Folienzahl der Handschriften. Auf die Regestennummer folgt in der Regestenüberschrift die Angabe des Fundorts beziehungsweise der Fundorte innerhalb der *Acta Unitatis Fratrum*, wobei lediglich die Bandzahl (römisch) und die Folienzahl (arabisch) angegeben werden.

Die zweite Zeile der Regestenüberschrift beginnt bei Stücken, deren Verfasser bezeugt ist oder mit hinreichender Wahrscheinlichkeit erschlossen werden kann, mit dem Namen des Verfassers. Erschlossene Angaben stehen in eckigen Klammern. Verfasser, die zur Zeit der Abfassung der Brüderunität angehörten, sind durch die vorangestellte Angabe „Bruder" gekennzeichnet. Bei adeligen Verfassern und Adressaten, die der Brüderunität angehörten oder mit dieser sympathisierten, unterblieb die Bezeichnung als „Bruder" beziehungsweise „Schwester", zumal es sich nicht in allen Fällen ermitteln ließ, ob die betreffenden Personen zum Zeitpunkt der Entstehung der Texte tatsächlich reguläre Mitglieder der Unität waren. Anonym überlieferte Texte aus dem Bereich der Brüderunität, bei denen keine Zuschreibung an einen bestimmten Verfasser möglich ist, werden im Titel der Texteinheit als Texte „der Brüder" oder „brüderisch" gekennzeichnet.

Die Kurztitel bezeichnen die Textgattung (zum Beispiel Brief, Traktat, Brieftraktat, Gegenschrift, Protokoll, Bericht), das Thema des Textes und gegebenenfalls den oder die Adressaten. Bei Briefen sind Ort und Datum, bei Texten anderer Gattungen ist nur das Datum angegeben. Erschlossene Ortsangaben und Datierungen stehen in eckigen Klammern.

4.3 Normalisierung von Eigennamen

Personennamen und geographische Namen werden in den Regestenüberschriften, Kopftexten und Inhaltsangaben in normalisierter Form wiedergegeben.

Bei adeligen Personen werden für Vor- und Familiennamen und Namenszusätze deutsche Namensformen verwendet, soweit solche gebräuchlich sind. Für die Vor- und Zunamen nichtadeliger Personen werden die modernen tschechischen Schreibweisen verwendet.

Nebenformen und Diminutive von Vornamen und historische Schreibweisen von Zunamen sind beibehalten, wenn sie in Quellen und Literatur bei bestimmten Personen gebräuchlich sind. Beispiele: „Říha" von Řehoř/Gregor, „Tůma" von Tomáš/Thomas, „Jíra" von Jiří/Georg, „Jakoubek" von Jakub/Jakob; Zuname „Krajčí" („Schneider") statt der modernen Schreibweise „Krejčí".

Bei Herkunftsnamen nichtadeliger Personen wird in der Regel der Ortsname in normalisierter Schreibweise wiedergegeben und mit der Präposition „aus" an den Vornamen angehängt. Beispiele: „Lukáš aus Prag", nicht „von Prag" oder „Pražský"; „Tůma aus Přelauč", nicht „von Přelauč" oder „Přeloučský". Ausnahmen werden bei einigen Herkunftsnamen gemacht, die wie Familiennamen gebraucht werden. Beispiel: „Vavřinec Krasonický", nicht „aus Krasonice", „Petr Chelčický", nicht „aus Chelčice", „Mikuláš Slánský", nicht „aus Schlan", „Jan Rokycana", nicht „aus Rokycany".

Städte und größere Ortschaften in den böhmischen Ländern, für die im 15. und 16. Jahrhundert deutsche Namensformen gebräuchlich waren, werden mit den historischen deutschen Namensformen in der im ersten Drittel des 20. Jahrhunderts gültigen Schreibweise bezeichnet.[39] Bei Dörfern und kleineren Ortschaften, für die zur Entstehungszeit der Texte keine deutsche Namensform gebräuchlich war, wird in der Regel die tschechische Namensform in ihrer heutigen Schreibweise verwendet. Für Flüsse und Landschaften in den böhmischen Ländern werden deutsche Namensformen verwendet, soweit sie gebräuchlich sind.

Biblische Eigennamen werden in Anlehnung an die in der Lutherbibel 2017 verwendeten Namensformen normalisiert.

4.4 Gestaltung der Kopftexte

Die Kopftexte enthalten einleitende Informationen zum historischen Kontext und zum Anlass der Abfassung, Biogramme der Verfasser, der Adressaten und weiterer in der Texteinheit erwähnter Personen, Hinweise auf Quellen und Vorlagen sowie Angaben zur Überlieferungs- und Wirkungsgeschichte der Texteinheit.

Auf die Kopftexte folgen in drei Rubriken Angaben zur Überlieferung der betreffenden Texteinheit außerhalb der *Acta Unitatis Fratrum*, zu Editionen und zur Forschungsliteratur. In der Rubrik „Edition" werden neben vollständigen Editionen auch Teileditionen und Übersetzungen berücksichtigt. Ebenfalls in der Rubrik „Edition" wird auf die ungedruckte deutsche Übersetzung *Acta Unitatis Fratrum* von Joseph Theodor Müller (Herrnhut, Unitätsarchiv der Evangelischen Brüder-Unität, Sign. AB.II.R.1.1a) unter Angabe der Band- und Seitenzahl verwiesen.[40] Die Angaben zur Literatur erfassen in erster Linie diejenigen Publikationen, die sich direkt auf die Texteinheit beziehen. Ergänzend wird Literatur zum historischen Kontext und zu einzelnen in der Texteinheit erwähnten Sachverhalten angegeben.

4.5 Transkription von Überschrift, Incipit und Explicit

Die in der Handschrift überlieferte Überschrift, das Incipit und das Explicit der Texteinheit (einschließlich direkt an das Explicit anschließender Nachschriften der Kopisten und Redaktoren) werden in buchstabengetreuer Transkription wiedergegeben. Dem Gebrauch der Handschriften entsprechend, wird anlautendes kurzes oder langes u beziehungsweise ú als v geschrieben. Die Groß- und Kleinschreibung und

---

39 Die Schreibweise richtet sich nach Bahlcke/Eberhard/Polívka (Hg.): Böhmen und Mähren [1998]; Sturm: Ortslexikon [²1995].
40 Zu Müllers in den Jahren 1886 bis 1894 und 1899 bis 1905 entstandener Übersetzung vgl. Schmidt: Die deutsche Übersetzung [1913]; Mai: Auf den Spuren [2012], 9f.

die Interpunktion werden in Anlehnung an den modernen tschechischen Gebrauch normalisiert. Konventionelle Ligaturen werden ohne Kennzeichnung in Anlehnung an die Orthographie des Kontextes aufgelöst. Abkürzungen werden in eckigen Klammern aufgelöst. Die in der Handschrift überlieferten Überschriften werden in Klammern ins Deutsche übersetzt. Bei Doppel- oder Mehrfachüberlieferung innerhalb der *Acta Unitatis Fratrum* wird stets der Wortlaut des ersten in der Regestenüberschrift angegebenen Textzeugen transkribiert. Wenn der erste Textzeuge keine Überschrift aufweist, wird gegebenenfalls mit einem entsprechenden Hinweis die Überschrift des zweiten Textzeugen wiedergegeben.

4.6 Formulierung der Inhaltsangaben

Die Inhaltsangaben fassen die wesentlichen Sachaussagen und die Argumentation der Originaltexte zusammen. Dazu werden die Texte in Sinnabschnitte eingeteilt, die in den Inhaltsangaben durch Absätze markiert sind. Längere Texte werden durch Zwischenüberschriften gegliedert. In der Handschrift vorhandene Zwischenüberschriften, Aufzählungen und andere Gliederungsmerkmale werden so weit als möglich berücksichtigt. Ergänzte Zwischenüberschriften und Nummerierungen sind durch eckige Klammern gekennzeichnet. Erläuternde Zusätze der Bearbeiter werden in eckigen Klammern in den Text der Inhaltsangabe gestellt. Das quantitative Verhältnis zwischen dem Umfang des Originals und dem des Regests variiert je nachdem, wie dicht oder redundant der Originaltext gehalten ist. In den Inhaltsangaben ist sowohl von den Verfassern als auch von den Adressaten der Texte in der dritten Person die Rede. Aussagen, die im Original in der ersten oder zweiten Person stehen, werden entsprechend umgestellt. Indikativische Aussagen werden indikativisch wiedergegeben, die Zeitstufen Gegenwart, Vergangenheit, Vorvergangenheit und Zukunft werden beibehalten.

Bei Doppel- und Mehrfachüberlieferung innerhalb der *Acta Unitatis Fratrum* wird den Inhaltsangaben jeweils der erste in der Regestenüberschrift angegebene Textzeuge zugrunde gelegt, unabhängig davon, ob es sich dabei in textkritischer Hinsicht um den besten Textzeugen handelt. Auf umfangreichere oder inhaltlich bedeutsame Abweichungen der Parallelüberlieferung innerhalb der *Acta Unitatis Fratrum* wird im Kopftext summarisch hingewiesen.

Wo in den Inhaltsangaben aus Gründen der Kürze oder der sachlichen Präzision moderne Begriffe verwendet werden, wird gegebenenfalls der entsprechende Wortlaut des Originals in Klammern beigegeben, um auf den Abstand zwischen der Sprache der Inhaltsangabe und der des Originals hinzuweisen. Entsprechend wurde verfahren, wo die in der Inhaltsangabe gewählte, interpretierende deutsche Wiedergabe unsicher ist, da die Ausdrucksweise des Originals uneindeutig ist. Auch besonders charakteristische oder auffällige Wendungen des Originals werden in Klammern wiedergegeben.

In den Originaltexten sind viele Aussagen durch umfangreiche Zusammenstellungen von biblischen oder patristischen Zitaten belegt. Solche Beweisstellenapparate werden in den Inhaltsangaben nur summarisch angezeigt oder ganz weggelassen. Lediglich die für die Argumentation wesentlichen Verweise auf Bibelstellen und andere Autoritäten sind in den Inhaltsangaben berücksichtigt. Bei den Stellenangaben werden die biblischen Bücher nach den Loccumer Richtlinien abgekürzt (wobei für das Buch Hesekiel/Ezechiel das Kürzel Hes und nicht Ez verwendet wird).[41] Die in den Originaltexten fehlenden Kapitel- und Versangaben sind ohne weitere Kennzeichnung ergänzt.

Zitate aus der patristischen und mittelalterlichen Überlieferung werden anhand der Band- und Kolumnenzahl der *Patrologia Graeca* (PG)[42] und der *Patrologia Latina* (PL)[43] angegeben. Zitate aus der antiken Literatur, aus dem *Corpus iuris civilis*, dem *Corpus iuris canonici*, und der scholastischen Literatur sind anhand der jeweils üblichen Zitierweisen nachgewiesen. Bei sonstigen in den Texten erwähnten oder zitierten, eindeutig identifizierbaren Schriften werden in eckigen Klammern diejenigen Angaben ergänzt, die notwendig sind, um den betreffenden Text aufzufinden.

---

41 Lange, J. (Bearb.): Ökumenisches Verzeichnis [1983], 9–11.
42 Migne, Jacques Paul (Hg.): Patrologiae Graecae cursus completus, Bd. 1–161. Paris 1857–1866.
43 Migne, Jacques Paul (Hg.): Patrologiae Latinae cursus completus, Bd. 1–217. Paris 1844–1855.

C. Regesten Nr. 98–328

V 1r–7v s. Nr. 10

Nr. 98 V 8v–27r

Traktat eines Bruders über die Gewissheit, dass die Brüderunität aus Gott ist, [nach 22. März 1471 und vor 23. Januar 1500]

Der an Leser innerhalb der Unität gerichtete Traktat Nr. 98 folgt in AUF V unmittelbar auf den auch in AUF I überlieferten „Traktat der Brüder über den schmalen Weg Christi" (Nr. 10), als dessen Verfasser Řehoř Krajčí gilt, und bezieht sich wie dieser auf Vorgänge aus der Frühzeit der Unität. Als Verfasser von Nr. 98 wird in einer dem Text vorangestellten Notiz des Vavřinec Orlík unter Berufung auf den Brüderbischof Matěj Červenka der Brüderpriester Michal aus Senftenberg genannt. Michal wurde nach seiner Ordination zum brüderischen Priesteramt zeitweilig wegen nicht näher bezeichneter Vergehen vom priesterlichen Dienst suspendiert, nach erfolgter Buße aber wieder zugelassen. Er diente der Unität bis zu seinem Tod am 12. April 1501 in Reichenau an der Kněžna.

Es ist unklar, worauf Červenkas Zuschreibung an Michal beruht. Aus dem Text selbst geht hervor, dass zur Zeit der Abfassung der erste Brüderbischof, Matěj aus Kunvald, noch lebte und amtierte. *Terminus ante quem* ist demnach der Tod des Matěj am 23. Januar 1500. Der *terminus post quem* ist der Tod König Georgs von Podiebrad am 22. März 1471, da der Text auf die Regierungszeit Georgs zurückblickt. Der Verfasser bezeichnet sich selbst zu Beginn des Textes als Zeugen vieler Ereignisse in der Frühzeit der Unität. Der Text enthält keine Aussagen, die Michal als Verfasser eindeutig ausschließen. Dagegen spricht jedoch, dass der Verfasser aus der Perspektive eines brüderischen Laien und nicht aus der Sicht eines Priesters schreibt. Bemerkenswert ist, dass der Verfasser einräumt, es sei in der Frühzeit der Unität durchaus zu „Dummheiten und Unzulänglichkeiten" gekommen.

Inhaltlich weist der Text eine Nähe zu dem „Traktat über die Ursachen, aus denen sich die Brüder von der römischen Kirche abgesondert haben" von 1496 (Nr. 64) auf, der Lukáš aus Prag zugeschrieben wird. Terminologisch und theologisch sind ferner Berührungen mit Schriften des Brüderpriesters Prokop aus Neuhaus zu beobachten, etwa im Hinblick auf die Vorstellung vom durch Gottes Gnade zum Guten erneuerten Willen des wiedergeborenen Gläubigen (vgl. Nr. 51, 63, 68, 78). Goll datierte den Traktat ans Ende des 15. Jahrhunderts und erwog eine Zuschreibung an

Lukáš aus Prag. Müller wies Golls Datierung und Zuschreibung zurück und nahm eine Entstehung noch vor Ende des böhmisch-ungarischen Kriegs 1479 an.

Über die Einsetzung der ersten Brüderpriester im Jahr 1467 liegen mehrere, teils kurz nach den Ereignissen, teils in größerem zeitlichem Abstand entstandene Berichte vor (vgl. zu Nr. 4, ferner Nr. 18, 35, 42, 68, 87). Diesen Texten ist gemeinsam, dass in ihnen gewisse Punkte der Darstellung ausgesprochen dunkel und doppeldeutig formuliert sind. Dies hat seine Ursache zum einen darin, dass die Brüder sich bei der Priesterwahl von göttlichen Offenbarungen geleitet wussten, über die sie Geheimhaltung vereinbart hatten, zum anderen in der sich im reflektierenden Rückblick wandelnden Deutung der Ereignisse.

Gut bezeugt ist jedenfalls, dass der Priester Michal aus Senftenberg eine wichtige Rolle bei der ersten Priesterwahl spielte. Michal war ursprünglich utraquistischer Pfarrer in Kunvald. Seine Priesterweihe hatte er von einem katholischen Bischof erhalten. In brüderischen Quellen wird er daher als Priester „römischer" Weihe oder Sukzession bezeichnet. Michal genoss das Vertrauen der ersten Brüder um Řehoř Krajčí, die sich 1457/58 in Kunvald niederließen und von ihm die Sakramente empfingen. Auch nachdem er eine Pfarrstelle in Senftenberg übernommen hatte, blieb er der Seelsorger der Brüder. Als die Brüder 1467 zu der Gewissheit gelangten, dass es Gottes Wille sei, eigene Priester einzusetzen, bestimmten sie eine Anzahl geeigneter Kandidaten durch Wahl und aus diesen wiederum drei Personen durch das Los. Diese drei – Matěj aus Kunvald, Eliáš aus Křenovice und Tůma aus Přelauč – seien von Gott selbst zum Priesteramt erwählt und mit geistlicher Vollmacht begabt beziehungsweise geweiht. Michal legte den dreien zur „Bestätigung" (*potvrzení*) ihres Priestertums die Hände auf. Von den drei Ordinierten erhielt Matěj den „ersten Rang" und fungierte in den folgenden Jahren als Träger der Ordinationsgewalt in der Brüderunität. Aus der Rückschau wurde der „erste Rang" mit dem Bischofsamt gleichgesetzt (der Begriff „Bischof" fehlte in den frühesten Quellen noch). Michal aus Senftenberg wurde, nachdem er Matěj, Eliáš und Tůma die „Bestätigung" erteilt hatte, seinerseits von Matěj als Priester der Brüderunität „bestätigt" beziehungsweise ordiniert.

Die Rolle als „Konsekrator" der ersten drei Brüderpriester war Michal anscheinend deshalb zugefallen, da er als „Priester römischer Weihe" als Träger einer, wenn auch befleckten, apostolischen Sukzessionslinie galt. Um den Widerspruch zu heilen, der darin bestand, dass die Brüder einerseits die römische Kirche als „antichristlich" verurteilten, andererseits aber der römischen Sukzession eine Bedeutung für die Bestätigung ihrer Priester zumaßen, wurde Michal zu einem „alten Waldenserpriester" gesandt, um von ihm auch die (angebliche) waldensische Sukzessionslinie zu erhalten. Die ersten Brüder nahmen an, dass sich bei den Waldensern eine apostolische Sukzessionslinie erhalten habe, die von der seit Kaiser Konstantin dem Großen und Papst Silvester I. verdorbenen römischen Sukzession unabhängig sei (vgl. zu Nr. 4). Sie sahen aber auch die Waldenser als eine von Missständen befleckte Gemeinschaft an. Michal übertrug nach seiner Rückkehr von dem „alten Waldenser" auch die waldensische Sukzession auf die ersten Brüderpriester. Vielleicht nahmen die Brüder an, dass die beiden defektiven Sukzessionslinien, die römische und die waldensische, einander ergänzten.

In einer der frühesten Darstellungen der „Bestätigung" oder Ordination der ersten Brüderpriester, dem 1471 verfassten Traktat des Bruders Řehoř Krajčí über die Sukzession der römischen Kirche und der wahren Kirche (Nr. 18), heißt es, dass die verdorbene, nur noch „gleich einem dünnen Faden" mit dem apostolischen Ursprung verbundene römische und die waldensische Sukzession „durch die Übertragung des Priestertums jener [der römischen Kirche und der Waldenser] auf diese [die ersten Brüderpriester]" („skrze gich kniežtwa odewzdawanie těmto") übertragen wurde. Dies erläuterte Řehoř in dem Sinne, dass mit diesem Akt der römischen Kirche das Priestertum genommen und auf die Brüder übertragen worden sei, gemäß dem Wort Jesu Mt 21,43: „Das Reich Gottes wird von euch genommen und einem Volke gegeben werden, das seine Früchte bringt" (Bidlo [Hg.]: Akty, Bd. 1 [1915], 332f.).

Diese Theorie wurde in der Brüderunität nachträglich als problematisch empfunden. Das Problem war dabei nicht so sehr der Umstand, dass es sich bei dem „Konsekrator" Michal nicht um einen Bischof, sondern lediglich um einen Priester gehandelt hatte; die Brüder beriefen sich hierfür auf das Beispiel der Urkirche. Vielmehr setzte sich in der Unität die Auffassung durch, dass in der römischen Kirche überhaupt keine gültige Sukzession und kein legitimes Priestertum mehr vorhanden seien. Der hier vorliegende Traktat stellt ausdrücklich fest, dass die römische Kirche überhaupt nicht mehr (also auch nicht mit einem „dünnen Faden") mit dem apostolischen Ursprung verbunden sei. Damit wird die Vorstellung, Michal habe kraft seiner römischen Priesterweihe das Priestertum der ersten Brüderpriester bestätigen können, hinfällig. Aber auch die Ableitung des brüderischen Priestertums aus einer (angeblichen) waldensischen Sukzessionslinie wurde aus der Rückschau in dem Maße problematisch, in dem die brüderische Apologetik einen direkten Zusammenhang zwischen den Waldensern und den Brüdern in Abrede stellte. Der Grund für die Distanzierung von den Waldensern war, dass es sich bei diesen um eine verurteilte Häresie handelte. Dagegen legten die Brüder großen Wert darauf, dass sie nie in ordentlicher Weise als Ketzer verurteilt worden seien.

Der vorliegende Traktat bietet eine Interpretation der Ereignisse, die eine Kontinuität zwischen der römischen Sukzession und dem brüderischen Priestertum ausschließt. Der Verfasser behauptet, Michal habe die Ordinationsvollmacht deshalb besessen, weil ihn ein alter Waldenserpriester zum Bischofsamt ordiniert habe („potwrzenj k auřadu biskupskému"). Dagegen habe er seine Priesterweihe römischer Sukzession abgelegt („wzdal"). Dies sei die wahre Bedeutung des von Řehoř Krajčí im Traktat „Über die Sukzession der römischen Kirche und der wahren Kirche" (Nr. 18) gebrauchten Ausdrucks *odevzdání*, der einerseits „Weitergabe" oder „Übertragung", andererseits aber auch „Niederlegung" des Priestertums bedeuten kann.

Die Frage, inwiefern es bei der Einsetzung der ersten Brüderpriester zu einer „Übertragung" oder aber zu einer „Niederlegung" des Priestertums des Michal aus Senftenberg gekommen sei, beschäftigte die Unität auch in den folgenden Jahren. Dies verdeutlichen die widersprüchlichen Erklärungen der Formulierung *odevzdání kněžství*, die Lukáš aus Prag 1510 in seiner Schrift „Von der Erneuerung der Kirche" (Praha, Národní knihovna České republiky, Sign. XVII E 31; Goll [Hg.]: Quellen, Bd. 1 [1878/1977], 108–111) und 1527 in seiner Abhandlung „Über den Ursprung der Brüderunität" (Nr. 87, vgl. Goll [Hg.]: Quellen, Bd. 1 [1878/1977], 111–114) vorlegte.

Überlieferung außerhalb der AUF: –

Edition: Handschriftliche deutsche Übersetzung von Joseph Theodor Müller: Herrnhut, Unitätsarchiv der Evangelischen Brüder-Unität, Sign. AB.II.R.1.1a/3, Erster Teil, 1–27.

Literatur: Goll (Hg.): Quellen, Bd. 1 [1878/1977], 28f.; Пальмов (Hg.): Чешскіе братья, Bd. 1/1 [1904], 169–172; Müller: Geschichte und Inhalt [1913], 104, Nr. 2; Goll: Chelčický a jednota [1916], 54, Nr. 42; Bartoš: Z počátků Jednoty [1921], 213–218 (zur Bedeutung der Waldenser für die Entstehung der Unität); Müller: Geschichte, Bd. 1 [1922], 137, 205f.; Müller/Bartoš: Dějiny, Bd. 1 [1923], 128, 132f.; Urbánek: České dějiny, Bd. 3/4 [1962], 411–413 (zur Bezeichnung der Brüder als Waldenser); Halama, O.: The Unity [2020], 375f. (zur Bedeutung der Waldenser für die Entstehung der Unität).

Psánj bratra Michala staréko swaté paměti o dowěrnosti, že gednota z Boha gest, a zchybánj o tom, čjm slussj lečiti. To bratra Matěge Čerwenky swědectwj. WO 1573 [„Ein Schreiben des alten Bruders Michal heiligen Angedenkens über die Zuversicht, dass die Unität aus Gott ist, und womit es sich geziemt, den Zweifel daran zu heilen. Das ist das Zeugnis des Bruders Matěj Červenka. V[avřinec] O[rlík] 1573"]. Inc.: *Že pochybowánj tyto časy přicházela [...]*. Expl.: *[...] že geho pozdwihne*.

Zu diesen Zeiten zweifeln einige Mitglieder der Unität daran, dass die Gründung der Unität (*co sme před se wzali*) dem Willen Gottes entspreche (*že by nebylo z Boha*). Auch der Verfasser war von solcherlei Zweifeln angefochten. Diese Zweifel wurden zum einen durch die scharfsinnigen Argumente der Gegner der Unität hervorgerufen, zum anderen durch eigenes Nachdenken über die Ereignisse seit der Entstehung der Unität (*od počátku shromážděnj tohoto*). Da er daran teilweise selbst beteiligt war, ist ihm bewusst, wie unverständig und mangelhaft dabei verfahren wurde (*s yakým nevměnjm y nedostatky ty wěcy se dály*). Mit den folgenden Ausführungen möchte der Verfasser sowohl Zweiflern innerhalb der Unität helfen als auch die Kritik von Seiten derer beantworten, von denen sich die Brüder nach der äußerlichen Ordnung abgesondert haben (*sme se oddělili podlé zewnitřnjho řádu*) [Katholiken und Utraquisten] und die nach dem Ursprung der Unität und ihres Priestertums fragen (*odkud bychom půwod gednoty swé měli a zřjzenj kněžstwa y giných wěcý, kteréž mezy námi sau*).

[Was die eine, heilige und allgemeine Kirche sei]

Den Brüdern wird vorgeworfen, sie seien von der heiligen allgemeinen [katholischen] Kirche abgefallen (*odstaupili od cýrkwe swaté obecné*). Das ist nicht der Fall. Die heilige allgemeine Kirche ist die Schar aller zum Heil Erwählten (*zbor wssech wywolených k spasenj*) vom gerechten Abel bis zum letzten, der selig werden soll. Haupt der Kirche und Ursache des Heils aller Erwählten ist Christus [auf dessen Kommen die Erwählten vor der Inkarnation Christi hofften und an den die Erwählten seit der Inkarnation glauben]. Die Schar der Erwählten umfasst sowohl Unmündige als auch solche, die das Verstandesalter erreicht haben (*rozumu dosslé*). Erstere erlangen das Heil allein aufgrund der Erwählung. Bei letzteren wird die Gewissheit der Erwählung (*gistota wywolenj Božjho*) daran erkannt, dass sie das Wort Gottes hören und annehmen, gläubig werden und Gottes Gebote erfüllen.

Zu allen Zeiten seit Beginn der Welt gab es in der Welt Menschen, die Glieder dieser Kirche waren, manchmal wenige, manchmal viele. Aber nie hat es eine einheitliche Gemeinschaft (*shromážděnj*) aller gleichzeitig lebenden Gläubigen gegeben, die mit der allgemeinen heiligen Kirche deckungsgleich war, und nie wird es eine solche geben. Die [sichtbaren] Gemeinschaften von Gliedern der [unsichtbaren] allgemeinen Kirche (*shromážděnj audů obecné cýrkwe*) sind jeweils nur Teile (*částka*) der allgemeinen Kirche. Auch wenn sie unterschiedliche äußerliche Gebräuche, Ordnungen und Glaubensbekenntnisse haben (*ač pak rozdjlnj sau gedni od druhých podlé některých swrchnjch obyčegůw, řádů neb y wjry wyznánj*), bilden sie eine geistliche Einheit durch die gemeinsame Teilhabe an den für das Heil grundlegenden Dingen (*podlé základných wěcý k spasenj*).

Von Abel bis Abraham, seit Abraham und unter dem durch Mose gegebenen Gesetz sowie seit der Inkarnation Christi waren und sind es die grundlegenden Dinge, Glaube, Liebe und Hoffnung (1 Kor 13,13), die den Menschen Gott angenehm machen (*w nichž sau se lidé od počátku ljbili Bohu*). Christus hat also keinen neuen Glauben eingeführt und keine andere Kirche errichtet, er war vielmehr ein Vermehrer des Glaubens und der Kirche, indem er auch die unter den Heiden zerstreuten Gläubigen sammelte. Sie alle werden wie Abraham durch den Glauben gerecht (Gen 15,6; Röm 4,3). Der Glaube bewirkt die Bereitwilligkeit (*powolnost*), Gottes Willen zu erfüllen. Den Gläubigen verheißt Christus das ewige Leben, so wie es auch schon Abraham verheißen war. Obwohl es also ein und derselbe Glaube ist, durch den Menschen vor dem Kommen Christi selig wurden und durch den sie jetzt selig werden, war es vor dem Kommen Christi ein verhüllter Glaube (*wjru yako w zástěře zawřenau*). Nun dagegen bekennen die Gläubigen unverhüllt den Vater, den Sohn und den Heiligen Geist. Ferner ist seit dem Kommen Christi das mosaische Zeremonialgesetz aufgehoben, dessen Opferdienst nur ein Schatten der künftigen Dinge (Kol 2,17; Hebr 10,1), des Kreuzestodes Christi, war.

[Warum die Brüder sich von der römischen Kirche losgesagt haben]

Von der so beschriebenen heiligen allgemeinen Kirche sind die Brüder nicht abgefallen, sie sind vielmehr von Gott zu ihr geführt worden. Aber sie mussten sich von der römischen Kirche und deren Klerus in allen Dingen, die das Seelenheil betreffen, trennen; lediglich die weltlichen Herrschaftsrechte kirchlicher Institutionen respektieren sie ebenso wie die jeder anderen weltlichen Obrigkeit. Die Priester der römischen Kirche sind keine Boten Christi, sondern falsche Propheten (Mt 24,24) und der Antichrist (2 Thess 2,3–4). Sie behaupten von sich, sie könnten bei der Messe Gott herbeizaubern, und erheben sich über Gott.

Die Priester der römischen Kirche behaupten ferner, die Taufe sei heilsnotwendig, durch sie würde der Glaube in die Seele eingegossen (*že se [...] w dussj wjra wléwa*), die Wiedergeburt (*rod z Boha*) bewirkt und der Heilige Geist gegeben. Der Verfasser leugnet zwar nicht, dass Gott auch durch den Dienst von Menschen wirkt, aber den Glauben bewirkt Gott nicht durch die Taufe, sondern durch die Predigt und das Hören des Wortes Gottes (Röm 10,17). Ohne den Glauben nutzt kein Sakrament den zum Vernunftalter gelangten Menschen (*lidem rozumu dosslym*) irgendetwas. Ferner ist es unsinnig, dass die Priester den ohne Taufe gestorbenen Kindern das Heil absprechen. Wird dagegen ein ungetauftes Kind von seiner Mutter getötet, weil sie einen Ehebruch oder Hurerei verheimlichen will, ist es laut den Priestern gerettet. Die Mordtat der bösesten Mutter habe dieselbe Wirkung wie die Taufe durch den besten Priester [vgl. Bonaventura, *Commentaria in quattuor libros sententiarum* 4, distinctio 4, pars 2, dub. 4, wonach ein Säugling, der mit der Intention getötet wird, ihn der Kindstaufe zu entziehen, Märtyrer und durch den *baptismus sanguinis* getauft ist]. An solchen Absurditäten erkennt man, wie lästerlich die Priester von Christus reden. Sie machen den Leuten weis, ohne sie könne Christus niemandem etwas nutzen, sie predigen sich selbst.

Dazu kommt, dass die Priester der römischen Kirche allerlei Aberglauben treiben. Es ist auch allgemein bekannt, zu wie großem Blutvergießen es auf Geheiß des Papstes (*moc slowa negwyšssjho auřadu řjmského biskupa*) gekommen ist, so im Krieg gegen König Georg von Podiebrad und öfter. Der Klerus der römischen Kirche ist verweltlicht, fleischlich gesinnt und von Gott abtrünnig geworden. Die Priester der römischen Kirche schreiben ihren Sakramenten, die sie für Geld verkaufen, mehr zu als den wesentlichen [heilsnotwendigen] Dingen [Glaube, Liebe und Hoffnung (1 Kor 13,13)]. Selbst ihre Ämter haben sie meist gegen Geld erkauft. Ihre eigenen

Vorgänger, solange sie noch im Licht der Erkenntnis Gottes wandelten (*gestě w swětle známosti Božj chodjce*), verurteilten den Ämterkauf (*swatokupectwj*) als Simonie (*symonya*), als die größte und erste Häresie, wie das *Decretum Gratiani* [p. 2, c. 1] belegt.

Die Priester der römischen Kirche sind sämtlichen Lastern verfallen, verachten alles, was heilig ist und trachten denen, die ihnen widersprechen, nach dem Leben. So geschah es mit Jan Hus heiligen Angedenkens (*mistru Yanowi Husowi swaté paměti*), mit Jeroným aus Prag und später [während der Kreuzzüge gegen die Hussiten] mit ganz Böhmen. Die Priester töten Menschen, die ihren Lehren widersprechen, glauben aber selbst nicht daran. Aus all dem geht hervor, dass nicht die Brüder, sondern die Priester der römischen Kirche sich von der heiligen allgemeinen Kirche getrennt haben und nicht Glieder des Leibes Christi sind.

Dass man sich von solchen Vorstehern lossagen muss, beweist die Bibel. Bereits in der Geschichte des Volkes Israel mussten sich die Gläubigen von den falschen Propheten und den abtrünnigen Priestern abwenden, so wie Elia und die 7.000 Männer, die ihre Knie nicht vor dem Baal beugten (1 Kön 19,18; Röm 11,4). Die römische Kirche ist nicht mehr mit dem Ursprung und der Quelle [der geistlichen Sukzessionslinie] verbunden (*nezůstal půwod cýrkwe swaté, aniž sau zůstali w tom prameni*), die mit dem ersten Gerechten [Abel] begann, sich an Christus hält (*přjdržjcýho se Krysta*) und mit dem letzten Gerechten [am Ende der Zeiten, wenn die Zahl der zum Heil Erwählten erfüllt ist] enden wird.

Was an der römischen Kirche christlich scheint, sind nur äußerliche Gebräuche und ein toter Glaube. Ihre Priester reden ohne Wahrheit (*řeč gest bez prawdy*), sie rühmen sich einer Sache, die sie nicht haben. Solche Priester können keine dem Heil dienlichen Sakramente spenden (*neb čehož člowěk nemá, také toho poswěcowati ani Bohu obětowati nemůž*).

Der Verfasser ist daher überzeugt, dass die Warnungen Christi und der Apostel vor den Verführern der Endzeit der Gegenwart gelten, dass sich die Brüder zu Recht von der römischen Kirche getrennt haben und dass nicht die römische Kirche, sondern die Brüderunität ein Teil der heiligen Kirche ist.

[Dass die Brüderpriester wahre Diener Christi sind]

Der Verfasser ist überzeugt, sich durch seinen Beitritt zur Brüderunität nicht von der heiligen Kirche getrennt zu haben, sondern vielmehr der heiligen allgemeinen Kirche beigetreten zu sein (*k nim přistaupiw naděgi mám, že sem přistaupil k cyrkwi swaté obecné*), da er die Brüderunität für einen Teil der heiligen allgemeinen Kirche hält (*mám ge za částku cýrkwe swaté obecné*). Dazu bewog ihn besonders, dass er diejenigen, die in ihr den Ursprung innehatten (*kteřj sau byli půwod držjce*) [die Träger des brüderischen Bischofs- und Priesteramtes] als solche erkannte, die im Glauben, in der Hoffnung und in der Liebe (1 Kor 13,13) stehen.

Die Brüderpriester leiten die Mitglieder im Tun des göttlichen Willens an und dienen mit den Sakramenten, wobei sie der von Christus und den Aposteln gebrauchten ursprünglichen Form folgen. Sie verachten aber auch nicht die später entstandenen liturgischen Traditionen, solange diese nicht vom eigentlichen Zweck der Sakramente, auf die wesentlichen Dinge [Glaube, Liebe und Hoffnung (1 Kor 13,13)] zu verweisen, wegführen. Unter den Brüderpriestern geht es nach einer einfachen Ordnung zu, indem die jüngeren den älteren gehorsam sind [im Unterschied zur Rangordnung der katholischen Hierarchie].

Die Brüderpriester sammeln die verstreuten Gläubigen jetzt in der Endzeit zu einer Gemeinde und überwinden so die Spaltungen, die unter den Christen eingetreten sind. Auf diese endzeitliche Sammlung zum Leib Christi bezieht sich das Wort Mt 24,28, „wo der Leib ist, sammeln sich die Adler" [Vulgata: „ubicumque fuerit corpus, illuc congregabuntur aquilae"]. Der Gläubige bedarf der Gemeinschaft mit anderen Gliedern des Leibes Christi, um geistlich zu wachsen. Dem Verfasser ist allerdings bekannt, dass der Vers Mt 24,28 auch noch anders ausgelegt werden kann. Gott wird es ihm nicht verargen, wenn er in guter Absicht einen Bibelvers nicht in seinem eigentlichen Sinn gebraucht. Man würde schließlich auch einen Einbrecher oder Räuber notfalls mit einer Trinkkanne aus Zinn (*konew cynowau pjcý*) in die Flucht schlagen, wenn man nichts anderes zur Hand hat, obwohl die Kanne eigentlich nicht zu diesem Zweck gemacht ist.

Der Verfasser ist zuversichtlich, dass die Unität aus Gott ist, weil die Brüderpriester (*zpráwce gednoty této*) mit großer Beständigkeit und Sorgfalt den Gläubigen dienen, seit sie sich, durch die Schriften gottesfürchtiger Männer der Vergangenheit und der Gegenwart bewegt (*že gjm to Bůh znáti dal skrze předesslé Boha bogjcý lidi, kteřjž o tom drahně psali, y některé přjtomné*), von der römischen Kirche abgesondert haben. Das hat der Verfasser so bei keiner anderen Gemeinschaft gefunden. Die Brüderpriester beweisen überdies Liebe gegenüber denjenigen, von denen sie sich getrennt haben, indem sie sie stets aufs Neue warnen. Auf diese Weise reißen sie immer wieder einige gewissermaßen aus dem Feuer heraus [und bewegen sie zum Übertritt zur Unität]. Wenn ein Brüderpriester zuweilen einen Fehltritt tun sollte, tut er Buße.

[Über die Konvertitentaufe]

Die Gegner der Unität behaupten, die Brüder hätten eine falsche Auffassung von den Sakramenten. Der Verfasser weiß, dass man sich in fast allen christlichen Gemeinschaften (*téměř we wssech gednotách křesťanských*) über die Lehre von den Sakramenten und die Form der Sakramentsverwaltung streitet. Diese Dinge fallen in die Zuständigkeit der Brüderpriester (*ty wěcy gsau w mocy zpráwcy wěrných*). Da der Verfasser den Brüderpriestern vertraut, vertraut er auch darauf, dass die Lehraussagen und die Formen, auf die sie sich einigen, richtig sind (*yakž se koli a kterého času swolj o smysl y o fformu posluhowánj, za dobré a za vžitečné přigjmám*).

Besonderen Anstoß nehmen die Gegner an der Wiederholung der Taufe bei der Aufnahme von Konvertiten. Der Verfasser räumt ein, dass die Taufe nicht wiederholbar ist. Das gilt aber nur, solange der Getaufte in derjenigen Gemeinschaft bleibt, in der er die Taufe empfangen hat. Durch die Taufe in der römischen Kirche ist man zum Gehorsam gegenüber ihren Priestern verpflichtet. Wer die römische Kirche verlässt und sich den Brüdern anschließt, muss daher neu getauft werden. Daher werden die in der Unität getauften Kinder der Mitglieder nicht erneut getauft, wenn sie sich nach Erreichen des Vernunftalters der Unität anschließen, ein Gehorsamsgelübde leisten und durch Handauflegung die Bestätigung (*potwrzenj*) erhalten.

Auch die Katholiken taufen die Griechen [Angehörige der Kirchen der byzantinischen Tradition] erneut, wenn diese sich ihnen anschließen, und umgekehrt. Am Anfang des Krieges unter König Georg von Podiebrad [1468] wurden auch die Utraquisten, die zum Katholizismus übertraten, [per Konditionaltaufe] erneut getauft, ohne dass dies Anstoß erregte.

Die Taufwiederholung ist in der Bibel weder geboten noch verboten. In solchen Fällen liegt es in der Entscheidungsgewalt der Vorsteher [Priester], eine Regelung zu treffen, was zu tun und zu lassen ist (*ty wěcy, při nichž přjkázanj ani zápowědi Božj nenj, gsau w mocy zprawcý, včiniti nětco takowých wěcý tak, neb ginak, neb nechati*). Die Konvertitentaufe ist aber beinahe ein Gebot Christi, denn er hat befohlen, diejenigen zu taufen, die nach Erreichung des Vernunftalters (*w rozumných létech*) das Wort annehmen und gläubig werden (Mk 16,15–16). Man kann den Brüdern deswegen keinen Vorwurf machen, denn auch die Katholiken und die Griechen [die Ostkirchen des byzantinischen Ritus] taufen Personen, die von einem Ritus zum anderen übertreten, erneut.

Es verhält sich mit der Konvertitentaufe wie mit der Taufe unmündiger Kinder, über die es weder ein göttliches Gebot noch ein Verbot gibt. Vielmehr ist sie eine althergebrachte Vereinbarung in allen Gemeinschaften, die den Brüdern bekannt sind (*swolenj zwlásstě že gest starodawnj a we wssech gednotách, kteréž nám známy sau, zachowáwá se*). Daher sollte man sie nicht unbesonnen verwerfen, sie aber auch nicht als wesentlich zur Seligkeit erachten. Entsprechendes gilt von der Konvertitentaufe.

Die Behauptung der Gegner der Unität, die Brüder würden durch die Konvertitentaufe den Namen der Dreieinigkeit entehren [da die Taufe im Namen des Vaters, des Sohnes und des Heiligen Geistes gespendet wird], weist der Verfasser zurück: Niemand tritt zu den Brüdern über, um Eigennutz und materielle Vorteile zu suchen. Anders verhält es sich bei denjenigen, die zu den Katholiken übertreten [etwa den Adeligen in Mähren, die unter der Herrschaft des Matthias Corvinus vom Utraquismus zum Katholizismus übertraten]. Solche lästern die Dreieinigkeit.

[Über die Einsetzung der ersten Brüderpriester]

Die Gegner der Unität tadeln die Brüder wegen der Einsetzung eines eigenen Priestertums (*zřjzenj kněžstwa w gednotě nassj*). Sie behaupten, die Brüderpriester ermangelten der sakramentalen Vollmacht (*že nemagj mocy k posluhowánj lidem swátostmi*). Sie bezeichnen sie als Diebe und Räuber [die falschen Hirten, vor denen Jesus warnte], die nicht durch die Tür eingegangen seien (Joh 10,8–9), denn die Tür zur heiligen Kirche sei der Papst. Der Papst bewahre die Quelle und den Ursprung (*zůstáwá w tom prameni a půwodu*) [die apostolische Sukzession], die auf Christus zurückgehe. Der Verfasser hat bereits oben dargelegt, dass nicht die Brüderpriester, sondern vielmehr die Priester der römischen Kirche der geistlichen Vollmacht entbehren; sie sind die falschen Vorsteher, vor denen Christus warnt.

Zu den Brüderpriestern hat der Verfasser Vertrauen. Er weiß sehr gut, mit was für Personen die Priestersukzession der Brüderunität begonnen hat (*kteřjž sau půwod tohoto shromážděnj byli*) und wie man dabei vorging (*kterým způsobem tyto wěcy dály se, kteréž sau mezy sebau řjdili*). Als die ersten Brüder erkannten, dass sie in ihrer Gemeinschaft eine Ordnung mit Vorstehern einführen müssen, setzten sie nach mehrjährigen Überlegungen und Beratungen eigene Priester ein. Dazu beriefen sie eine Versammlung ein, aus der sie neun geeignete Kandidaten auswählten. Von diesen erkannten sie drei durch das Los (*losy dawše modlili se, swěřiwsse w tom Bohu*) als diejenigen, die von Gott für das Amt bestimmt waren.

Zur Bestätigung (*potwrzenj*) [Weihe, Ordination] konnten sich die Brüder [der Verfasser spricht von hier an bis zum Schluss seines Traktats durchgehend in der ersten Person Plural] weder an [einen Träger der Bischofsweihe der] römischen Kirche noch an die Utraquisten wenden, zumal da letztere zu dieser Zeit selber keinen [Bischof] hatten (*ani sami toho w své gednotě neměli času toho*) [der Verfasser schreibt also möglicherweise zu einer Zeit, in der die Utraquisten einen Konsekrator für ihren Priesternachwuchs hatten].

Daher gingen sie folgendermaßen vor: Ein Priester römischer Weihe, der ihnen damals diente [Michal aus Senftenberg] erhielt zunächst die Bestätigung [Weihe, Ordination] zum Bischofsamt von einem alten Waldenserpriester (*prwé wzal potwrzenj k auřadu biskupskému od kněze waldenského starého*). Dieser aber, der die Neuerwählten bestätigte im Priestertum des Amtes, das er von den Römischen empfangen hatte, legte es nieder, damit er es fortan nicht mehr gebrauche (*ten pak, kterýž potwrdil těchto znowu zwolených w kněžstwj auřadu, kterýž byl wzal od řjmských, ten wzdal, aby geho giž nepožjwal*). Und das ist gemeint mit der „Niederlegung des Priestertums" (*odewzdánj kněžstwj*), von der in einem Brief die Rede (*w gednom listu položeno*) ist [Řehoř Krajčí, „Traktat über die Kirche" (1471), Nr. 18]: [Michal] gab das Amt auf (*pausstj auřadu*), das er einst von der römischen Kirche empfangen hatte.

Danach wurde [Michal] durch das Los zum Priestertum in der Unität bestimmt und von einem der [soeben eingesetzten drei Brüderpriester], der unter diesen den ersten Rang (*prwnj mjsto*) innehatte und bis heute innehat [Matěj aus Kunvald], bestätigt. Und es war richtig, die römische Priesterweihe niederzulegen und danach erneut das Priesteramt von denjenigen zu empfangen, mit denen gemeinsam er sich von den Katholiken und Utraquisten (*od řjmských y giných*) getrennt hatte.

[Über die Unzulänglichkeiten in der Unität]

Über die Abendmahlslehre und -praxis der Brüder gehen allerlei verleumderische Gerüchte um. Die Brüder halten [untereinander im Hinblick auf das Verständnis des Abendmahls] Frieden gemäß einem Beschluss (*pokog sobě činj swolenjm*), der am Anfang der Gemeinde von denen, die eine Priesterweihe hatten (*skrze ty, kteřjž sau půwod drželi*), gefasst wurde [1460, also noch vor der Einsetzung der ersten Brüderpriester; an dem Beschluss war maßgeblich Michal aus Senftenberg beteiligt, der damals kraft seiner römischen Priesterweihe den Brüdern als Priester diente; vgl. Nr. 13] und der nach wie vor gilt. Er besagt, dass sich die Brüder angesichts des Gezänks um die Abendmahlslehre mit dem einfachen Wortlaut der Einsetzungsworte (1 Kor 11,24–25) begnügen wollen (*což gest přitom rozkázal činiti, aby tak činili, a což wyswědčil k wjře, aby tak wěřili*).

Dieser Beschluss ist aber kein ewiges und unbewegliches Gesetz, sondern fällt wie alle Beschlüsse über dienliche und zufällige Dinge (*při wssech služebných wěcech a přjpadných*) in die Machtvollkommenheit der Priester (*sau w mocy auřednjkůw*). Daher können solche Vereinbarungen nach gewissenhafter Beratung auch geändert werden. Einem solchen Beschluss sollen sich Laien wie Priester beugen, auch wenn er in Teilen vom eigenen Verständnis abweicht. So hat auch Christus das Gesetz, das er selbst dem Mose als Präexistenter gegeben hatte, im Hinblick auf die dienlichen und zufälligen Dinge verändert. Die Apostel haben ihren Beschluss, wonach der Verzehr von Blut verboten ist (Apg 15,29), später ebenfalls geändert (1 Kor 10,25).

Die Brüder haben in der Anfangszeit der Unität aus Einfältigkeit und Unwissenheit in einigen Dingen geirrt. Der Verfasser ist sich gleichwohl gewiss, dass sie bei ihrem Tun von Gott geleitet wurden. Sie sind bereit, Fehler zu verbessern. Wenn sogar der Apostel Paulus bekannte, er habe nur unvollkommene Erkenntnis, dann ist es nicht verwunderlich, dass auch die Brüder in manchem geirrt haben, zumal in dieser gefährlichen Endzeit, in der die Gläubigen größeren Anfechtungen ausgesetzt sind denn je. Mit der Gründung der Brüderunität haben die Brüder etwas verwirklicht, für das sie außer der Bibel und den Schriften einiger frommer Leute keinerlei Vorbild hatten und was sie vielleicht auch nicht völlig verstanden haben (*gessto sme snad y tomu wssemu nedobře srozuměli*).

Wenn den Verfasser angesichts der Unzulänglichkeiten, zu denen es seit der Gründung der Unität aus Dummheit und Unwissenheit gekommen ist, Zweifel befallen, helfen ihm die Geschichten des Alten und des Neuen Testaments, in denen Gott denen, die aus Einfalt und Unverstand irrten, immer wieder verzieh. Die Brüder trachteten bei allem, was sie unternahmen, aufrichtig nach Gottes Ehre und nach dem Seelenheil der Menschen. Der Verfasser vertraut darauf, dass Gott seine Gläubigen auch weiterhin trotz ihrer Fehler und Unzulänglichkeiten leiten wird.

Nr. 99   V 31r–41v

Magister Jakub, der Arzt: Brieftraktat zur Verteidigung der Brüderunität, [1468–1471]

Der ursprünglich in lateinischer Sprache abgefasste apologetische Brieftraktat eines ansonsten unbekannten Arztes, des Magisters Jakub, ist an Leser außerhalb der Unität gerichtet. Dabei hat der Verfasser zum einen utraquistische Priester im Blick, zum anderen Adelige, von denen er hoffte, dass sie sich beim König für eine Duldung der Brüder einsetzen würden. Jakub hatte gemeinsam mit mehreren Gefährten Erkundigungen über die Brüder angestellt. Da er feststellte, dass es sich bei ihnen keineswegs um eine verbrecherische Sekte, sondern um vorbildlich fromme Leute handle, entschloss er sich, selbst der Unität beizutreten. Noch vor der Aufnahme in die Gemeinschaft verfasste er das vorliegende Schreiben.

In der *Historia Fratrum* (Praha, Národní knihovna České republiky, Sign. XVII F 51a, 80f.) wird der Brieftraktat des Arztes Jakub zum Jahr 1477 erwähnt. Diese Datierung dürfte jedoch um einige Jahre zu spät angesetzt sein. In dem Schreiben ist davon die Rede, dass die Versammlungen der Brüderunität im Verborgenen stattfinden. Dies entspricht den Verhältnissen während der Verfolgungszeit in den letzten Regierungsjahren König Georgs von Podiebrad, der am 22. März 1471 starb. Auf eine Entstehung zwischen 1468 und Anfang 1471 deutet überdies die Klage, dass den Brüdern keine freie Anhörung gewährt werde (vgl. Nr. 9, 13, 17, 18). Der Verfasser war offensichtlich mit brüderischen Schriften aus dieser Zeit vertraut, insbesondere mit Texten von Řehoř Krajčí, in denen ähnlich wie in diesem Brieftraktat vom schmalen Weg (Mt 7,14), der kleinen Herde (Lk 12,32) und der apostolischen Kirche, der alle Gläubigen in der ganzen Welt angehören, die Rede ist (vgl. zum Beispiel Nr. 10).

Jakub berichtet, dass sich sogar Gläubige „fremder Zungen" aus fernen Ländern den Brüdern angeschlossen hätten. Die größte Gruppe von Nichttschechen, die der

Unität beitrat, waren die deutschsprachigen Waldenser aus der Mark Brandenburg, deren Beitritt allerdings erst in das Jahr 1480, also vermutlich rund ein Jahrzehnt nach der Abfassung des vorliegenden Textes, fiel.

Überlieferung außerhalb der AUF: –

Edition: Handschriftliche deutsche Übersetzung von Joseph Theodor Müller: Herrnhut, Unitätsarchiv der Evangelischen Brüder-Unität, Sign. AB.II.R.1.1a/3, Erster Teil, 27–40.

Literatur: Пальмов (Hg.): Чешские братья, Bd. 1/1 [1904], 172f.; Müller: Geschichte und Inhalt [1913], 104f., Nr. 3; Müller: Geschichte, Bd. 1 [1922], 161; Müller/Bartoš: Dějiny, Bd. 1 [1923], 100.

Episstola někagého mistra Jakuba lékaře dobré paměti latinským jazykem sepsaná a w yazyk český přeložená, kterýž s některými towaryssi swými změniwsse oděw swůg yako neznámj přissli do sňatku bratrského, aby ge wysspehugíce obžalowali a k trápenj y vsmrcenj mocy swěta wydali, neb slýchali o nich na kázanjch od obogjch kněžj, řjmských y kalissných, že by w swých scházenjch ohawné a mrzké hřjchy páchali, totiž otec se dcerau a bratr s sestrau obýwali [„Brief eines gewissen Magisters Jakub, eines Arztes, seligen Angedenkens, in lateinischer Sprache geschrieben und in die tschechische Sprache übersetzt, der mit einigen Gefährten verkleidet als Unbekannter in eine Versammlung der Brüder kam, um sie auszuspähen und anzuklagen und zu Marter und Tod der weltlichen Obrigkeit auszuliefern, denn sie hatten über diese in Predigten von beiderlei Priestern, römischen und kalixtinischen, gehört, dass sie in ihren Versammlungen greuliche und schändliche Sünden begehen, nämlich dass Vater mit Tochter und Bruder mit Schwester verkehren"]. Inc.: *Často od kněžj na kázanj slýchagjc [...]*. Expl.: *[...] aby to ráčil w skutku dokonati skrze Krysta Gežisse Pána nasseho. Amen.*

[Jakub und seine Gefährten] hatten von den Priestern in den Predigten und von weltlichen [Obrigkeiten] viele böse Dinge über die Pikarden gehört. Einige dieser Vorwürfe werden im Folgenden aufgezählt. Den einzelnen Punkten wird entgegengesetzt, was [Jakub und seine Gefährten] selber über die Pikarden herausgefunden haben.

1. Die Priester behaupten, [die Brüder] geben sich bei nächtlichen Versammlungen unaussprechlichen geschlechtlichen Verfehlungen hin. – Diese Behauptung ist absurd (*diwná wěc*), denn es sind sittsame Leute. Es ist auch bekannt, dass Personen, die ihnen beitreten und zuvor unordentlich lebten, ihren Lebenswandel ändern. Dass die Vorwürfe der Priester unhaltbar sind, bezeugen nicht nur Personen, die [die Brüder] in vielen Gegenden in Böhmen und Mähren heimlich ausgespäht haben, sondern sogar Gegner [der Unität]. Einige von denen, die [die Brüder] auspähen und anzeigen wollten, haben sich sogar [den Brüdern] angeschlossen [so laut Überschrift auch der Verfasser].

2. Ferner behaupten die Priester: Einige notorische Sünder haben sich [den Brüdern] angeschlossen und werden von diesen nun für große Heilige gehalten. – Leute aus jedem Stand und von beiderlei Geschlecht, von denen viele mit großen Sünden belastet sind, haben sich den Brüdern angeschlossen, nachdem sie Buße getan und ihr Leben erkennbar geändert haben. Sie sind wiedergeboren aus dem unvergänglichen Samen, dem Wort des lebendigen Gottes (1 Petr 1,23). Diese Lebensänderung wird vor der Aufnahme geprüft (*gsauce hledáni po mnohém vptánj a zkusseny býwagj mezy ně přigjmáni w aučastenstwj wssech dobrých wěcý*). Wenn solche Menschen im Guten verharren, warum sollte Gott aus ihnen nicht große Heilige machen können? Dennoch sind es demütige Leute. Durch ihr Vorbild gelangen viele andere Sünder zur Buße.

3. Manche Priester sagen: Wenn [die Brüder] die Wahrheit hätten, dann sollten sie sich öffentlich bekennen und sich nicht verstecken. – [Die Brüder] haben seit Jahren immer wieder weltliche und geistliche Obrigkeiten um eine freie Anhörung gebeten (*aby gjm přáli swobodného wyslyssený*). Sie haben Adelige gebeten, für sie Botschaften zu übermitteln, sie sind persönlich erschienen, sie haben offene Briefe an alle Stände (*zgewné listy wssem wwobec*) geschrieben [vgl. Nr. 15, 16, 25], ferner Schreiben an die Stadträte in Böhmen und Mähren (*druhé listy psali k měsťanom w Čechách y w Morawě*) [vgl. Nr. 11–14], in denen sie anboten, zu einer Anhörung zu erscheinen. Ihnen wird jedoch kein öffentliches Gehör gewährt. Sobald sich jemand öffentlich [zur Brüderunität] bekennt, ist er in Lebensgefahr.

Man kann [den Brüdern] daher keinen Vorwurf daraus machen, dass sie sich verbergen. Sie folgen damit dem Vorbild der Urgemeinde, die sich ebenfalls verbarg, wenn ihr keine Freiheit gegönnt (*kděž gjm swobody přjti nechtěli*) und sie von der weltlichen Obrigkeit verfolgt wurde. Überhaupt gleichen Ethik und Glaubenslehre [der Brüder] (*kterak oni wedau a držj*) der Urgemeinde. Zwar trifft es zu, dass [die Brüder] sich von der katholischen (*obecné*) Kirche getrennt haben, aber dasselbe taten auch die Utraquisten [zu denen sich der Verfasser zählt] (*w nassj stránce pod kalichem*). Der Unterschied ist, dass die Utraquisten sich durch Krieg und Gewalt die Freiheit erkämpft haben und sich nicht verbergen müssen. In ihrem Lebenswandel sind sie aber keineswegs besser als die Katholiken. In anderen Ländern, in Polen etwa, müssen sich im Übrigen auch die Utraquisten verbergen. [Die Brüder] dagegen leiden geduldig Verfolgung und haben sich vor allem vom sündigen Lebenswandel der sogenannten heiligen, ja allerheiligsten Kirche (*nazwané swaté, abrž swatoswaté*) getrennt.

Indem sie sich von der römischen Kirche trennten, haben sich [die Brüder] auf den schmalen Weg (Mt 7,14) begeben und der kleinen Herde (Lk 12,32) der apostolischen Kirche angeschlossen, der alle Gläubigen in der ganzen Welt angehören [vgl. Nr. 10]. Diejenigen, die sich auf den schmalen Weg begeben und sich [den Brüdern] anschließen, nehmen Verfolgung auf sich und lassen sich als Pikarden schmähen. Es wäre für sie viel einfacher, auf dem breiten Weg mit der Mehrzahl der Menschen dem Verderben entgegenzugehen. Allein durch Gottes gnädige Hilfe, nicht aus eigenen Kräften, ist der Mensch fähig, den schmalen Weg bis ans Ende zu gehen.

4. Unter den weltlichen [Obrigkeiten] und unter den Geistlichen gibt es einige, die den frommen Lebenswandel [der Brüder] durchaus anerkennen, ihren Glauben [oder aber: ihre Lehre] jedoch als Irrlehre ansehen (*wjry prawé nemagj*). – In der Tat sind sowohl Glaube als auch Werke zum Heil notwendig. [Die Brüder] haben beides, denn zu glauben ist einfach und strengt nicht an, gute Werke zu tun dagegen ist schwer. Wieso sollten die Brüder das Mühevolle auf sich nehmen und auf das Leichte verzichten? [Die Brüder] bekennen den Glauben mit dem Mund und beweisen ihn mit der Tat. Wie sollten sie da keinen Glauben haben? Dagegen haben die Utraquisten nur wenig Glauben.

5. Immer wieder heißt es, dass [die Brüder] nichts vom Abendmahl glauben oder falsch davon lehren. – Das sagen viele Utraquisten (*mnozý z nás*), weil sie [das brüderische Abendmahl] nie mit eigenen Augen gesehen haben. [Die Brüder] glauben und halten beim Abendmahl mit christlicher Einfalt (*w křesťanské sprostnosti*) alles, was Christus angeordnet hat und lassen nur die später erdachten menschlichen Erfindungen (Jes 29,13; Mt 15,9) weg [vgl. Nr. 5 und 10]. Wenn sie beim Abendmahl nicht mit Ernst und Ehrfurcht umgehen würden, würden sie nicht so strenge Bedingungen für die Zulassung zur Kommunion stellen. Dagegen ist die Ehrfurcht, die die Gegner [der Brüder] dem Sakrament erweisen, nur äußerlich.

6. Viele behaupten: Die Brüder glauben in Wirklichkeit anders, als sie in ihren Schriften behaupten. – Wer wissen will, wie [die Brüder] glauben und leben, der soll sie dort, wo sie von der Obrigkeit geduldet werden, beobachten und sie befragen, sie werden gern Rechenschaft geben (1 Petr 3,15).

[Jakub] hofft, dass sein Schreiben von vielen Menschen gehört und gelesen wird, vor allem unter den slawisch sprechenden Böhmen und Mährern, die Gott vor allen Nachbarvölkern mit besonderer Erkenntnis der Heiligen Schrift begabt hat (*zwlássté lidem yazyku nasseho slowanského, Čechům spolu y Morawcům, kteréž gest Bůh wssemohúcý zwlásstnjmi dary nad giné okolnj národy známosti pjsem swatých obdarowal*) und denen er die Erkenntnis der großen Verführung der ganzen Welt durch den Antichrist offenbart hat. Deshalb könnten sie diese Dinge besser begreifen als andere Völker, wenn ihre Sünden sie nicht daran hindern würden. Da sich die Böhmen und Mährer jedoch der besonderen Gnade Gottes nicht würdig erwiesen haben, droht ihnen ein umso strengeres Strafgericht.

Die Christenheit ist von Gott abtrünnig geworden wie einst das Volk Israel. Anfangs waren die Christen ihrem Herrn gehorsam und folgten ihm auf dem schmalen Weg nach. Aber seit Kaiser Konstantin dem Großen und Papst Silvester I. begab sich die Christenheit auf den breiten Weg [vgl. Nr. 5]. Als der Kaiser dem Papst das Reich überschrieb, ihm eine dreifache Krone aufs Haupt setzte und ihn in einem

Purpurmantel zu Pferd durch Rom führte, wurde eine Stimme vom Himmel gehört, dass Gift in die Kirche gegossen sei [vgl. Nr. 18]. Dieses Gift hat seither die ganze römische Kirche durchdrungen. Die Christen wurden ärger als die Heiden und bewahrten nur noch einen leeren Klang des Glaubens, einen Schein der Tugenden und die äußerliche Gestalt der Sakramente.

Aber so wie Gott zur Zeit des Elia 7.000 Männer in Israel bewahrte, die ihre Knie nicht vor dem Baal beugten (1 Kön 19,18; Röm 11,4), fanden sich auch in der römischen Kirche stets einige, die im Verborgenen auf dem schmalen Weg blieben. Bei solchen Menschen ist die heilige Kirche bewahrt geblieben und wird es bis zum Ende der Welt bleiben. Diese wahre Kirche ist unfehlbar (*nikdá gest poblauditi nemohla, aniž muž*) und von Irrlehre unbefleckt, da sie von Christus und seinen treuen Nachfolgern geleitet wird. Diese sind einfache Leute aus dem Handwerkerstand, die Apostel und ihre Nachfolger, durch die Christus auch in der Gegenwart noch spricht. Sie haben göttliche Weisheit, nicht mit der Feder in schönen Büchern geschrieben, sondern direkt ins Herz gegossen. Ihnen schuldet der Gläubige Gehorsam. Die römische Kirche dagegen ist vom Satan verführt und in vielerlei große Ketzereien gefallen.

Einst [in der Hussitischen Revolution des frühen 15. Jahrhunderts] schien es, als würden die Böhmen sich von der römischen Kirche trennen und sich der wahren Kirche anschließen. [Die Utraquisten] weichen jedoch nur in einigen Punkten von der römischen Kirche ab und gehen wie diese auf dem breiten Weg. So wie [seit Kaiser Konstantin dem Großen und Papst Silvester I.] die römische Kirche verworfen ist, sind es nun auch die Böhmen. Aber auch unter ihnen haben sich stets einige Leute befunden, die dem Herrn auf dem schmalen Weg nachfolgten. Einige von diesen waren aber Heuchler und gebrauchten Gewalt, waren also vom selben bösen Geist erfüllt wie die römische Kirche.

Daher war noch eine weitere Trennung notwendig, durch die sich [die Brüder] endgültig von ihren falschen Mitbrüdern und der römischen Kirche lossagten. Eine Zeit lang besaßen sie noch Priester, die in der römischen Sukzession die Priesterweihe empfangen hatten (*při kněžjch z auřadu papeže posslých stáli sau*). Schließlich erkannten sie aber nach reiflicher Überlegung, durch das Studium der Heiligen Schrift und durch Gebet und Fasten, dass in der Endzeit die heilige Kirche erneuert werden soll (*obnowenj cýrkwe swaté ku poslednjm časům*). Mitten in den Gräueln des Krieges [zwischen Matthias Corvinus und Georg von Podiebrad, 1468–1471], zu dem die katholischen und utraquistischen Priester ihre Anhänger gegeneinander aufhetzten, hat Gott seine Kirche erneuert und ihr ein neues Priestertum erweckt und mit geistlicher Vollmacht ausgestattet (*kněžstwo nowé zbudil gest, Duchem ge swatým naplniw, maudrostj božskau ge obdařiw a gich srdce y rozum pjsmy swatými oswjtil*). Diese bevollmächtigten Boten sammeln jetzt gleichsam Körnchen um Körnchen die Menschen zur erneuerten wahren Kirche (*aby z mnohého lidu k obnowenj cýrkwe swaté yako po zrncy zbjrali*) [vgl. Nr. 10].

So hat Gott seine Braut [die wahre Kirche] aus der antichristlichen römischen Kirche herausgeführt wie einst Israel aus Ägypten. Diese Kirche ist sich trotz aller Anfechtung der Fürsorge Gottes gewiss. Ihr schließen sich Geistliche wie Weltliche, Personen jedes Standes und beiderlei Geschlechts und sogar Menschen aus fernen Ländern (*abrž y cyzých yazykůw přicházegjc z dalekých wlastj*) an.

Wenn die Böhmen einst dankbar waren, dass Gott sie vor anderen Völkern die Wahrheit der Heiligen Schrift erkennen ließ, dann haben sie jetzt Grund, noch viel dankbarer zu sein. Es ist jedoch zu befürchten, dass Gottes den Böhmen erwiesene unermessliche Gnade und vollkommene Wahrheit wegen deren Undankbarkeit auf fremde Völker übergeht. Daher sollen der hohe und der niedere Adel die auf ihren Grundherrschaften lebenden [Brüder] nicht bedrücken, sondern diese frei ihren Glauben leben lassen, sich womöglich auch selbst bekehren. Die Adeligen mögen sich ferner beim böhmischen König [für die Brüder] verwenden, damit dieser nicht Gottes Zorn auf sein Reich zieht.

Auch die Bürger (*měšťácy*) [die Städte als Stand des Königreichs Böhmen] mögen sich zur Wahrheit des neuen Lichts (*k prawdě swětla nowého*) bekehren oder zumindest [die Brüder] nicht weiter verfolgen. Auch wenn [die Brüder] in einigen Punkten nicht mit der Bevölkerungsmehrheit (*s obcý*) übereinstimmen, sind sie für das Gemeinwohl (*obecnému dobrému*) in keiner Weise schädlich.

Männer und Frauen, Handwerker und Bauern, öffentliche und heimliche Sünder mögen sich zum schmalen Weg bekehren, Buße tun und ein neues Leben beginnen, denn jetzt ist der Tag des Heils angebrochen, und das lange in der Finsternis unterdrückte Licht in den Herzen der Menschen ist aufgegangen (*neb den poswěcený zaswjtil se gest, a swětlo w takých temnostech dáwno potuchlé w srdcých lidských se gest oswjtilo*). Auch die Priester sollen sich bekehren, aber sie, die immer meinten, die ersten zu sein, werden nun die letzten sein (Mt 20,16), da sie sich am stärksten sträuben. Einige Priester haben diesen Schritt bereits getan. Die [utraquistischen] Priester bezeugen doch selbst, dass ihr Haupt, der Papst, von dem sie selbst ihr Amt haben [indem sie die Priesterweihe von katholischen Bischöfen empfingen], der Antichrist ist. Was soll man darüber denken?

Wer nähere Auskunft [über die Brüder] begehrt, soll sich bei ihnen selbst erkundigen. [Jakub und seine Gefährten] schreiben in diesem offenen Brief nur das, was sie selbst bei [den Brüdern] festgestellt haben, um etwas gegen den Hass der Böhmen [oder: der Utraquisten] gegenüber [den Brüdern] zu tun und sie zu diesem Guten [zum Beitritt zur Brüderunität] zu erwecken (*zdá bychom tudy Čechům nassim proti nim p[ří]činu zlobiwosti odegmauce k tomu ge dobrému zbuditi mohli*). Nun erbitten [Jakub und seine Gefährten] von Gott die Gnade, dass sie in die Gemeinschaft und Bruderschaft (*w gich towarystwo a spolubratrstwo*) aufgenommen werden. Bislang sind sie noch nicht aufgenommen, sie haben auch ihr Schreiben nicht mit den Brüderbischöfen (*kteřjž sau půwod té gednoty*) abgestimmt.

Nr. 100 V 48r–54v

[Bruder Lukáš aus Prag:] Brieftraktat über die Inkarnation des Sohnes Gottes, [1505]

Der Brieftraktat ist die schriftliche Antwort eines Brüdergeistlichen auf die Frage eines Mitglieds der Unität nach der Notwendigkeit der Inkarnation Christi in Maria für das Heil. Der Text kann aufgrund des charakteristischen Stils und der Argumentationsweise mit Gewissheit Lukáš aus Prag zugeschrieben werden, der seit 1500 als brüderischer Bischof in Jung-Bunzlau amtierte. Der Text selbst enthält keine konkreten Anhaltspunkte für die Datierung. In der *Historia Fratrum* (Praha, Národní knihovna České republiky, Sign. XVII F 51a, 232) ist die Schrift zum Jahr 1505 erwähnt.

Lukáš geht in dieser einzigen Schrift, die er speziell der Frage der Inkarnation widmete, ausführlich auf die Trinitätslehre ein. Da diese Lehre nicht ausdrücklich in der Heiligen Schrift bezeugt ist, bedurfte sie aus der Sicht des brüderischen Adressaten möglicherweise einer besonderen Begründung. Dabei greift Lukáš das auf Augustinus zurückgehende Motiv der *vestigia trinitatis* auf, wonach eine Analogie zwischen

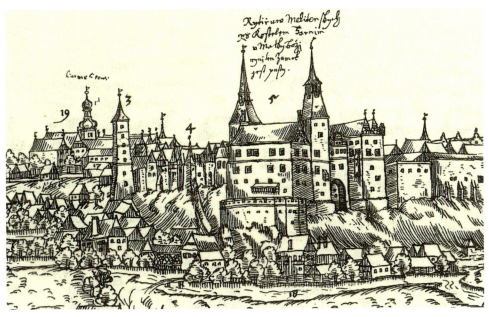

Ausschnitt aus der 1602 entstandenen Stadtansicht von Jung-Bunzlau von Johann Willenberg. 1496 stiftete Johanna Krajíř von Krajek das ehemalige Minoritenkloster, hier mit der Nummer 19 bezeichnet, der Brüderunität. Seit der Amtszeit des Brüderbischofs Lukáš aus Prag, 1500 bis 1528, war der „Karmel", wie die Brüder das Areal nannten, eines der wichtigsten Zentren der Brüderunität.

der Dreifaltigkeit und der menschlichen Seele besteht, in der *intelligentia*, *memoria* und *voluntas* unterscheidbar, aber untrennbar eine Einheit bilden (Augustinus, *De trinitate* 14, 6 [8], PL 42, 1042 und öfter). Das Motiv ist im Mittelalter Gemeingut der scholastischen Theologie (Petrus Lombardus, *Liber sententiarum* 1, 3, PL 192, 529–533; Thomas von Aquin: *Summa theologica*, p. 1, q. 93).

Ein zweiter Schwerpunkt der Darlegung ist die Mariologie. Lukáš hatte 1498 nach einer Italienreise einen Traktat *Spis o panně Marii* („Schrift über die Jungfrau Maria") gegen die theologische Überhöhung der Gestalt der Maria in der zeitgenössischen Theologie und gegen den Marienkult verfasst. Müller vermutete, dass in der vorliegenden Schrift über die Inkarnation Gedanken aus dem verlorenen Traktat von 1498 aufgegriffen sind (Müller: Geschichte, Bd. 1 [1922], 277f., 551, Nr. 49).

Überlieferung außerhalb der AUF: –

Edition: Peschke: Theologie, Bd. 1/2 [1940], 176–196 (deutsche Übersetzung); Molnár: Bratr Lukáš [1948], 56 (Auszug). – Handschriftliche deutsche Übersetzung von Joseph Theodor Müller: Herrnhut, Unitätsarchiv der Evangelischen Brüder-Unität, Sign. AB.II.R.1.1a/3, Erster Teil, 40–51.

Literatur: Gindely: Bratr Lukáš [1861], 280, Nr. 22; Пальмов (Hg.): Чешские братья, Bd. 1/1 [1904], 173; Müller: Geschichte und Inhalt [1913], 105, Nr. 4; Müller: Geschichte, Bd. 1 [1922], 278, 335, 546, Nr. 33, 599, Nr. 121; Müller/Bartoš: Dějiny, Bd. 1 [1923], 338, Nr. 33.

[Titel laut Inhaltsverzeichnis *1r: *Spisek o wtělenj Syna Božjho* („Kleiner Traktat über die Inkarnation des Sohnes Gottes").] Inc.: *Tjžeš se, naymilegssj, proč Syn Božj Duchem swatým w žiwotě čisté panny se wtělil etc. Prwé než odpowěd včinjm, widělo mi se hodné [...]*. Expl.: *[...] wssak zůstáwá swým duchownjm bytem w milosti a w prawdě na wěky.*

[Lukáš] beantwortet die Frage eines Glaubensgenossen (*naymilegssj*), warum der Sohn Gottes durch den Heiligen Geist im Leib der Jungfrau [Maria] Mensch wurde. Dazu muss man sich zunächst klarmachen, dass Fragen dieser Art nur auf der Grundlage der Glaubensgewissheit (*podle smyslu wjry*) und nicht aufgrund der natürlichen Vernunft (*rozumem přirozeným*) beantwortet werden können. Dies wird, ebenso wie viele der folgenden Aussagen, mit zahlreichen Bibelstellen belegt. Beim Nachdenken über Glaubenslehren muss die Vernunft in den Dienst des Glaubens gestellt werden (2 Kor 10,5).

Es gibt zweierlei Glauben, toten und lebendigen. Der tote Glaube ist das bloße Fürwahrhalten der Glaubenslehre aufgrund von Erziehung und Gewohnheit. Toter Glaube, der der lebendigmachenden Gabe des Geistes ermangelt und nicht in der Liebe tätig ist (Jak 2,17; 1 Kor 13,2), trägt selbst dann nichts zum Seelenheil bei, wenn er frei von Irrlehre ist, was in der [gegenwärtigen] Zeit der Verführung [der Gläubigen durch den Antichrist] selten genug vorkommt (*y to řjdké býwá času zawedenj*). Der heilswirksame lebendige Glaube dagegen ist ein Geschenk Gottes, das dem Menschen aus Gnade ohne jegliches Verdienst gewährt wird (*wjra gest základ spasytedlný, genž darem Božjm z milosti wléwán býwá beze wssech skutkůw*). Der lebendige Glaube bewährt sich im Gehorsam gegenüber der durch den Heiligen Geist geoffenbarten und von der Kirche aufgrund der Heiligen Schrift bezeugten Wahrheit (*powolenj y poslussenstwj w skutečném následowánj wsseliké prawdy Duchem swatým zgewené a cýrkwj swatau podlé pjsem swatých vtwrzené*).

Gegenstände des Glaubens sind unsichtbare Dinge und erhoffte Dinge (Hebr 11,1), zum einen die Artikel der Glaubenslehre, zum anderen die verheißenen Heilsgüter. Zu den unsichtbaren Dingen in Bezug auf Christus zählen [gemäß dem Apostolischen Glaubensbekenntnis] dessen Menschwerdung, Passion und Tod, Auferstehung und Himmelfahrt. Diesen entsprechen als erhoffte Dinge [verheißene Heilsgüter] die Loskaufung [des sündigen Menschen von der Sündenschuld], die Lebensveränderung und die Teilhabe am Heil in diesem Leben und in Ewigkeit (*působenj wykaupenj, oprawenj spasenj a dánj z milosti aučastnosti zde y v wěčné sláwě*). Ferner zählt zu den unsichtbaren Gegenständen des Glaubens die Lehre von Adams ursprünglicher Gerechtigkeit und vom Sündenfall. Zweckursache (*přičina*) der Menschwerdung und Passion Christi ist die Wiederherstellung des Gnadenstandes des durch die von Adam ererbte Schuld und durch selbst begangene Sünde verlorenen Menschen. Dazu nahm Christus [zusätzlich zu seiner göttlichen Natur] die menschliche Natur an, sodass er zwar eine Person ist, aber zweierlei Natur hat (*aby ne dwě osobě, ale gedna, ani gedno přirozenj bylo, ale dwoge*).

Das vom Glauben geleitete Denken erkennt (*sám smysl wjry wede nás*), dass zur Loskaufung der Menschen [von der Sündenschuld] weder ein Mensch noch ein Engel fähig war, sondern einzig und allein einer, der zugleich Gott und Mensch ist. Außer Gott selbst ist niemand würdig, dies zu vollbringen, aber für die Sünde der Menschen konnte nur in der menschlichen Natur Sühne (*dosti včiněnj*) bewirkt werden. Also nahm die zweite Person der Trinität die menschliche Natur an, um für eine bestimmte Zahl von Menschen Sühne zu schaffen. Mit diesen erlösten Auserwählten sollten gemäß einem innertrinitarischen ewigen Ratschluss die durch den Fall der Engel dezimierten Engelsheere wieder aufgefüllt werden (*neb w radě blažené Trogjce v wěčné tagnosti bylo, že chce některými lidmi po pádu Bůh naplniti pády andělůw*) [zum Motivzusammenhang von Fall der Engel und Prädestination vgl. zum Beispiel Augustinus, *De civitate dei* 22,1]. Soviel sei aufgrund des Geheimnisses des Glaubens und der Glaubenserkenntnis (*to až potud buďz tagemstwj wjry y z smysla wjry*) zu der Frage gesagt, warum Gott Mensch wurde.

Da somit der gefallene Mensch nicht in der Lage war, aus eigenen Kräften zum Heil zu gelangen, hat sich der Sohn Gottes erniedrigt und in Knechtsgestalt und durch seinen Gehorsam bis zum Tod (Phil 2,7–8) ermöglicht, dass der Vater einen neuen Bund schloss (*smlauwu Otec nowau činil*). Christus kann nur deshalb Mittler (*prostřednjkem*) sein, weil er wahrer Gott, in Gleichheit der Gottheit und in Einheit mit dem Vater und dem Heiligen Geist (*prawým Bohem w rownosti božstwj a w gednotě [...] s Otcem y s Duchem swatým*) ist. Aus dem Apostolischen Glaubensbekenntnis, der Heiligen Schrift und der Glaubenserkenntnis ergibt sich also die Gewissheit (*a tak wjra obecná, pjsma swatá, smysl wjry gistotu vkazugj*), dass Jesus Christus wahrer Gott sei, nicht durch Teilhabe oder Erwählung wie die gläubigen Menschen [die in einem abgeleiteten Sinn die Gotteskindschaft erlangen], sondern wesentlich (*ne včastnostj yako lidé, k nimž se řeč Božj stala, ani zwolenjm, ale prawým bytem přirozeným*). Somit bezeugt das Apostolische Glaubensbekenntnis die Einheit und gleiche Göttlichkeit der drei Personen der Trinität (1 Joh 5,7–8 Vulgata). Ein natürlicher Beweis (*důwod přirozený*) für die Trinität ist die Analogie mit der menschlichen Seele, die aus Vernunft, Gedächtnis und Willen besteht, welche sowohl eins als auch unterschieden sind. Dasselbe bezeugt die Schöpfung überhaupt, in der vielerlei Spuren der Trinität und der Einheit Gottes vorhanden sind (*kdež sslepěge Trogice swaté a gednoty božské gsau pozůstaweny*).

Warum aber ist Christus in einer Jungfrau Mensch geworden? Erstens gemäß dem Zeugnis der Heiligen Schrift, damit die typologischen Figuren des Alten Testaments und die Verheißungen der Propheten erfüllt werden. Zweitens ist gemäß der Glaubenserkenntnis (*podlé pak smyslu wjry*) Christus ohne eheliche Beiwohnung empfangen worden, damit er ohne Befleckung durch die Erbsünde und vollkommen heilig zur Welt komme. Zwar hatte Maria an der Erbsünde teil, sie wurde aber von Gott in den Stand der Unschuld versetzt und von Sündenschuld gereinigt, damit sie Christus empfangen könne. Ferner war Adams und Evas Fall im Paradies im Stand der Jungfräulichkeit vor dem ersten Geschlechtsverkehr geschehen, daher geziemte es sich auch, dass das Erlösungswerk Christi, des neuen Adam, im jungfräulichen Stand seinen Anfang nahm.

Abzulehnen ist die Vorstellung, wonach bereits Maria ohne Weitergabe der Erbsünde gezeugt worden sei, womöglich sogar ohne eheliche Beiwohnung, sondern lediglich durch einen Kuss; abzulehnen ist auch der Feiertag Mariä Empfängnis (*důmyslowé lidsstj při zplozenj panny, že by totiž samým poljbenjm počata byla, aneb ginj, gsau welmi nemjrnj, y s tjm swátkem početj gegjho, a gsau proti pjsmu swatému*). Maria ist übrigens keineswegs die einzige auserwählte Person, die von Gott geheiligt und gereinigt wurde. Entsprechendes ist auch von Samuel, Jeremia und Johannes dem Täufer bezeugt. Die Brüder rufen Maria nicht als Fürbitterin an, denn dies wäre Götzendienst. Man darf annehmen (*smysliti hodně*), dass diese Reinigung von Folgen der Erbsünde (*od pokuty zákona hřjcha*) wie Begierde, Krankheit und Dummheit in dem Moment eintrat, als Maria zum Engel sprach: „Siehe, die Magd des Herrn, mir geschehe nach deinem Wort" (Lk 1,38).

Christus hat also die menschliche Natur in ihrem sündlosen Urstand angenommen (*prwé přirozenj lidské w podstatě přigal s newinnostj*), nicht jedoch die Strafe des

Gesetzes der Sünde (*pokuty hřjcha zákona*). Nur auf diese Weise konnten die Erwählten der [durch den Fall Adams und durch eigene Sünde] verlorenen Gnade, Gerechtigkeit und königlichen Würde (*milost a sprawedlnost a králowstwj*) wieder teilhaftig werden. Dagegen wurde die [durch den Fall Adams und durch eigene Sünde verursachte] Strafe der Leidensfähigkeit (*pokuta čitedlnosti strasti*) und Sterblichkeit nicht von den Menschen genommen. Vielmehr entsprach es dem göttlichen Heilsplan (*slusselo na řád wykaupenj nasseho*), dass Christus die Menschen durch sein Leiden und Sterben loskauft. Hätte irgendein anderer Mensch freiwillig Leiden und Tod auf sich genommen, hätte er damit weder sein eigenes Heil noch umso weniger das Heil anderer Menschen bewirken können. Allein Christus war zu dieser Sühneleistung fähig, zum einen weil er nach seiner menschlichen Natur vollkommen sündlos ist, zum anderen weil er selbst nach seiner göttlichen Natur der Schöpfer derer ist, die er erlöst. Hätte Christus nicht nur die Unreinheit der Sünde und das Gesetz der Sünde, sondern auch die als gerechte Strafe über die Natur verhängte Sterblichkeit von der menschlichen Natur hinweggenommen, hätte ihm kein angemessenes Sühnemittel zur Verfügung gestanden (*by neměl čjm sprawedliwé včiniti k spasenj*).

Abzulehnen sind die Spekulationen von Menschen, die nicht von der Glaubenserkenntnis geleitet werden (*kteréž smysl wjry neřjdj*) und die ohne Grundlage in der Heiligen Schrift von Maria behaupten, Gott habe sie von der Strafe des Gesetzes der Sünde [der Sterblichkeit] befreit (*aby to twrdili, což gistoty nemá, že by z pokuty hřjcha, zákona geho, wyprostil*), ihren Leib nach dem Tod verklärt und sie leibhaftig in den Himmel aufgenommen. Christus allein ist der Erstling der Auferstehung. Die allgemeine Auferstehung des Fleisches wird erst am Ende der Zeiten stattfinden, bis dahin weilen lediglich die Seelen der Erlösten bei Christus. Die Leiber der Heiligen, die zur Todesstunde Christi aus ihren Gräbern gingen (Mt 27,52), kehrten anschließend wieder in die Gräber zurück. Auch Elia, Henoch und Mose sind nicht leibhaftig gen Himmel gefahren, sondern Gott verbarg ihre Leiber bis zur Auferstehung, um keinen Anlass zur Abgötterei [zur Heiligenverehrung] zuzulassen. Bis zur allgemeinen Auferstehung und zum Jüngsten Gericht ist allein Christi verklärter Leib im Himmel anwesend. [Lukáš] ermahnt den Leser, von Spekulationen ohne Grundlage in der Heiligen Schrift wie der Vorstellung von Auferstehung und Himmelfahrt der Jungfrau Maria abzusehen und derlei den Mönchen zu überlassen, die die Wahrheit nicht kennen (*a tež o gegjm wzkřjssenj a na nebe wzetj, to mnjchom, nezna prawdy, poručme*).

Aus dem Gesagten kann man erkennen, dass gerade die Leidensfähigkeit, die Christus annahm, obwohl die Empfindung von Leid eine Folge des Falls Adams ist, als Mittel zur Erlösung der Menschen diente (*a z toho známo býti může, že strasti čitedlnost a způsob padlého byl náramně přiležjcý prostředek k spasenj*). Durch sie wurde Christus ein wirkliches Beispiel für den leidensbereiten Wandel auf dem schmalen Weg (*p[ří]klad na sobě skutečný dal, skutečně sám auzkau cestau a těsnau branau w nebe ssel*) (Mt 7,14). Was Maria betrifft, entspräche es durchaus der Glaubenserkenntnis, dass ihr Tempel [ihr Leib], in dem Christus neun Monate lang leibhaftig wohnte, so heilig ist, dass er ewig unvergänglich bleibt (*ano, naprosto podlé smyslu wjry slussalo na tento chrám panny Marye a na dům p[ří]bytku Krysta Gežjsse swattost, tak aby nebyl na wěky porussen*); ferner, dass sie auch nach der Geburt Christi eine reine und unbefleckte Jungfrau blieb und dass Christus auch dann, als er nicht mehr persönlich in ihr wohnte, in seiner geistlichen Seinsweise durch Gnade und Wahrheit für immer in ihr anwesend blieb (*zůstáwala čistá a neposskwrněná panna, w njž ač osobau neostal, ale wyssel, wssak zůstáwá swým duchownjm bytem w milosti a w prawdě na wěky*).

Nr. 101   V 55r–73v

Bruder Jan Táborský: Traktat über die Tugenden (Auslegung von 2 Petr 1,2–10), [vor 1495]

Der Traktat, anscheinend eine Unterweisung für Neubekehrte, enthält keine konkreten Hinweise auf seine Entstehungszeit. Der Verfasser, Jan Táborský genannt Vilémek (vgl. Nr. 48), war zunächst utraquistischer Priester. Er trat kurz vor 1480 der Brüderunität bei, wurde zunächst zum Diakon und später zum Priester ordiniert. Er starb am 29. März 1495 in Leitomischl. Von dem lateinkundigen Táborský, der zu dem Kreis der „Neuerer" um Jan Klenovský gehörte (vgl. Nr. 74), sind außer Nr. 101 ein im Auftrag der Unitätsleitung verfasstes Glaubensbekenntnis (AUF XI, 112r–129r) und mehrere Lieder überliefert. Auch an Nr. 49, 51 und 53 war er vermutlich beteiligt.

Die dem Traktat von dem Mitredaktor der *Acta Unitatis Fratrum*, Vavřinec Orlík, vorangestellte Notiz berichtet über ein ominöses Ereignis bei einem Aufenthalt Táborskýs in Rom im Jahr 1467. Dass Táborský vor seiner Hinwendung zur Unität eine Italienreise unternommen hatte, bestätigte er selbst, als er im Juni 1480 gemeinsam mit Michal aus Senftenberg und weiteren Brüdern in Glatz verhaftet wurde. Bei dem Verhör gab er zu Protokoll, er habe einst die römische Priesterweihe in Italien empfangen (Goll: Některé prameny [1895], 4f.).

Táborskýs Traktat setzt mit der Unterscheidung zwischen dem geistlichen und dem leiblichen Leben ein. Er greift damit ein Motiv auf, das in der brüderischen Tradition bereits eingeführt war und vor allem in den Traktaten des Bruders Řehoř Krajčí über die guten und die bösen Priester (Nr. 6) und über die Kirche (Nr. 17) entfaltet wird (vgl. auch Nr. 8). Ein vorbildliches Leben gemäß den „christlichen

Tugenden" erwarteten die Brüder namentlich von den Priestern. Táborský richtet sich aber ausdrücklich auch an Eheleute und Hausväter und polemisiert gegen die traditionelle mittelalterliche Lehre von den *consilia evangelica*, wonach die in den Evangelien und den apostolischen Briefen geforderte moralische Vollkommenheit (einschließlich der Gütergemeinschaft) nur für Ordensleute erreichbar sei. Die Frage, in welchem Verhältnis seine Auslegung von 2 Petr 1,2–10 zur exegetischen Tradition und zur scholastischen Tugendlehre steht, bedarf weiterer Untersuchung.

Überlieferung außerhalb der AUF: –

Edition: Handschriftliche deutsche Übersetzung von Joseph Theodor Müller: Herrnhut, Unitätsarchiv der Evangelischen Brüder-Unität, Sign. AB.II.R.1.1a/3, Erster Teil, 52–78.

Literatur: Пальмов (Hg.): Чешские братья, Bd. 1/1 [1904], 173; Müller: Geschichte und Inhalt [1913], 105, Nr. 5; Goll: Chelčický a jednota [1916], 237f.; Müller: Geschichte, Bd. 1 [1922], 268, 592, Nr. 67; Müller/Bartoš: Dějiny, Bd. 1 [1923], 174; Urbánek: České dějiny, Bd. 3/4 [1962], 446–448 (zu Jan Táborský).

Na prwnj kapitolu druhe kanoniky. O ctnostech. B[ratra] Jana Taborskeho psánj [„Über das erste Kapitel des Zweiten Petrusbriefes. Über die Tugenden. Ein Schreiben des Bruders Jan Táborský"]. – [Vorbemerkung des Vavřinec Orlík:] Inc.: *Tento b[ratr] Jan Taborský přigmj měl Wylemek [...]*. Expl.: *[...] neb on potom mezy bratřjmi byl zpráwcým w Litomyssli. WO 1573.* – [Traktat des Jan Táborský:] Inc.: *Milost wám a pokog buď naplněn w poznánj Boha a Pána nasseho Gežjsse Krysta [...]*. Expl.: *[...] ale má wjru mjti, Bohu wěřiti, že, když dal w ruce skutky dobré, žeť také spasenj dá. Amen.*

[Vorbemerkung des Vavřinec Orlík, 1573:] Jan Táborský, mit Beinamen Vilémek, hielt sich [1467] in Rom auf und hörte dort, wie der Papst bei einem Gottesdienst zu den Anwesenden sagte: „Heute haben sie sich in Böhmen einen neuen Papst eingesetzt." Nach seiner Rückkehr in die Heimat erfuhr Táborský, dass am selben Tag die Einsetzung der ersten Brüderpriester in Lhotka bei Reichenau [an der Kněžna] stattgefunden hatte. Táborský diente als Brüderpriester (*byl zpráwcým*) in Leitomischl.

Bruder Jan Táborský: Traktat über die Tugenden (Auslegung von 2 Petr 1,2–10)

Der Apostel Petrus spricht den Neubekehrten „Gnade und Frieden" zu (2 Petr 1,2), denn daran mangelt es sündigen unbekehrten Menschen am meisten. Der Unfriede, der in der Welt herrscht, ist die Folge der Sünde. „Kraft zum Leben und zur Frömmigkeit" (2 Petr 1,3) gibt Gott auf dreierlei Weise: zum leiblichen Leben, zum inneren geistlichen Leben und zum ewigen Leben. Dass Gott „uns berufen hat durch seine eigene Herrlichkeit und Macht" (2 Petr 1,3) bedeutet, dass Gott das Heil seinen Auserwählten ohne irgendein Verdienst aus Gnade zueignet. Die Gläubigen müssen sich von der „vergänglichen Lust der Welt" (2 Petr 1,4) abwenden. Worum es sich dabei konkret handelt, erkennen die Gläubigen aus der Heiligen Schrift. Um die Gläubigen zu einem frommen Lebenswandel und zur Überwindung der fleischlichen Begierden anzuleiten, zählt der Apostel acht Tugenden ausdrücklich auf: Glaube, Kraft, Erkenntnis, Enthaltsamkeit, Geduld, Güte, Bruderliebe und Liebe (2 Petr 1,5–7). Keine einzige dieser Tugenden darf vernachlässigt werden, denn wem auch nur eine von ihnen fehlt, der geht der göttlichen Gnade verlustig. Die ersten drei Tugenden – Glaube, Kraft und Erkenntnis – dienen der Förderung des Guten, die nächsten drei – Enthaltsamkeit, Geduld und Güte – zur Überwindung des Bösen. In den letzten beiden, der Liebe zum Nächsten und der Liebe zu Gott, werden alle übrigen Tugenden lebendig.

Der Glaube (*wjra*) an Gott muss ein verständiger oder erleuchteter Glaube sein, denn ein blinder Glaube kann nicht wahr sein und ist unnütz (*má býti wjra rozumná aneb oswjcená, slepá nemůž býti prawá ani vžitečná*). Verständiger Glaube beruht auf Erkenntnis. Die menschliche Vernunft (*rozum lidský*) kann Gott nicht erfassen, sondern nur tastend erkennen (*můž geho nětco dotknauti, ale osáhnauti nemůž geho*). So ist etwa zu erkennen, dass Gott das höchste Gut ist, über das hinaus nichts Besseres gedacht werden kann, und dass er unkörperlich und unwandelbar ist. Aber erst der christliche Glaube lehrt, wie man zu Gott beten solle, auch dass Gott dreieinig und Christus wahrer Gott und Mensch ist. Der christliche Glaube ist im Apostolischen Glaubensbekenntnis zusammengefasst. Er umfasst darüber hinaus alles, was in der Heiligen Schrift bezeugt ist. Allein aus der Schrift kann man erkennen, was Tugend und was Sünde ist. Diejenigen Menschen, die sich nicht an der Schrift orientieren, gehen in die Irre und halten für Sünde, was keine Sünde ist, und für Tugend, was keine Tugend ist.

Die Formulierung „mit allem Fleiß dient im Glauben" (2 Petr 1,5) [Vulgata: „curam omnem subinferentes ministrate in fide"] wird von einigen so verstanden, dass die Gläubigen einander in Liebe dienen sollen. Das ist zwar nicht falsch, eine bessere Erklärung aber ist, dass die Gläubigen durch die danach genannten Tugenden Gott dienen sollen. Diese Tugenden sind jedoch nur im Glauben [„in fide"] und durch sehr guten Willen und Eifer nach dem Guten (*welmi dobrá wůle a snažná dobrého*) zu erreichen.

Das Wort „virtus" (2 Petr 1,5) wird im Tschechischen auch mit „Macht" oder „Tugend" übersetzt, gemeint ist aber „Kraft" (*sýla*), die Standhaftigkeit und Tapferkeit zur Überwindung des Bösen. Der lebendige, tätige Glaube ist keine leichte Sache. Vielmehr muss sich der Gläubige anstrengen und sich selbst Gewalt antun. Daher sagt Christus, dass die Gewalttätigen – das sind diejenigen, die sich selbst überwinden – das Reich Gottes ergreifen (Mt 11,12). Der Mensch hat aus sich selbst heraus keinen Antrieb zum Guten. Gott selbst kann aber die Kraft schenken, die den Menschen innerlich verändert, zur Überwindung des Fleisches und zum

Guten befähigt. Gott hat vielerlei Mittel eingesetzt, um diese geistliche Kraft zu vermitteln, so das Abendmahl und die Heilige Schrift. Diese Mittel entfalten ihre Wirkung aber nur, wenn der Mensch sie bewusst sucht und sich eindringlich mit ihnen beschäftigt (*takežť gsau pomocy duchownj syly, že gich musý pilně hledati a k nim mysl swau přichýliti a s nimi se spogiti a gich okausseti, mnoho o nich přemysslowati y promluwiti*). Das gemeine Volk, das das Sakrament bloß äußerlich empfängt und das Wort Gottes nur äußerlich hört, hat davon keinen Nutzen. Nur derjenige, der sich das Leiden Christi innerlich vergegenwärtigt und über die Bedeutung des Wortes Gottes ernsthaft nachdenkt, hat Nutzen von den Heilsmitteln und empfängt die geistliche Kraft. Wer das Böse und den Teufel überwinden will, muss allen Fleiß anwenden und darf nicht faul sein.

Die dritte Tugend zur Beförderung des Guten ist die „Erkenntnis" (*vměnj*) (2 Petr 1,5–6). Ohne Erkenntnis oder Weisheit – beide Begriffe werden in der Heiligen Schrift gleichbedeutend gebraucht – gibt es keine Tugend und keine Fähigkeit zur Unterscheidung des Guten und des Bösen. Göttliche Erkenntnis erlangt der Mensch durch die intensive Beschäftigung mit dem Wort Gottes (*a tomu wssemu se včj člowěk w slowjch Božjch, a když gjm srozumj, tehdy má vměnj Božj w sobě*). Diese Erkenntnis dient nicht nur zur Unterscheidung von Gut und Böse, sondern leitet auch zum rechten Verständnis der Glaubenslehre an. Es gibt Menschen, die meinen, viel zu wissen, aber der göttlichen Erkenntnis ermangeln. Es gibt auch solche, die sich viel mit der Glaubenslehre oder der Heiligen Schrift beschäftigen, ohne von göttlicher Erkenntnis geleitet zu sein. Ihr Wissen gleicht einer Glocke, die andere belehrt, sich selbst aber nicht kennt, die andere zum Gottesdienst ruft, jedoch selbst nicht hingeht (*nemagjť vměnj wjce než yako zwon, ginym se okazuge a ohlassuge a sám sebe newj, giné wolá k náboženstwj a sám tam negde*). Sie haben zwar ein Wissen von göttlichen Dingen, aber nicht auf rechte Weise (1 Kor 8,2), sie dienen trotz ihres Wissens den Götzen und leben weltlich.

Die drei Tugenden zur Überwindung des Bösen sind Enthaltsamkeit, Geduld und Güte. Die Enthaltsamkeit (*zdrželiwost*) (2 Petr 1,6) besteht in der Überwindung der Begierden und Laster, insbesondere von Unzucht, Habsucht, Stolz, Völlerei, Jähzorn und Geschwätzigkeit. Ein Frommer, der bei Tisch nicht Maß hält, macht sich dem Schwein gleich, das sich im Kot wälzt (*lakota pak duchownjm lidem gest swinská nemoc, ležeti yako w blátě*). Wer die Tugend der Enthaltsamkeit nicht hat, kann kein Christ sein, sondern ist ein Heuchler.

Die Geduld (*trpěliwost*) (2 Petr 1,6) ist der Enthaltsamkeit ähnlich. Die Geduld erträgt Böses, das von außen widerfährt, die Enthaltsamkeit widersteht dem Bösen, das von innen kommt. Geduld bewährt sich vor allem in der Verfolgung um des Glaubens willen.

Die Güte (*milostiwost*) (2 Petr 1,6–7) ist eng verbunden mit Enthaltsamkeit und Geduld. Die Güte schließt die Feindesliebe, die Enthaltung vom Urteilen, die Bereitschaft zur Vergebung und die Nachsicht gegenüber den Schwachen und Sündern ein. Die Güte hat jedoch, wie alle Tugenden, eine Grenze, denn sie darf nicht dazu führen, dass das Böse gefördert wird. Nachsicht gegenüber der Sünde und Nachlässigkeit in der Gemeindezucht ist falsche Güte. Es gibt sogar Priester, die die Tugend der Güte heuchlerisch als Vorwand für fleischliche Freiheit missbrauchen. Die Güte ist aber nur solange eine Tugend, wie sie zur Besserung führt.

Die siebte und achte Tugend sind die Bruderliebe und die Gottesliebe. Die brüderliche Liebe (*milowánj bratrské*) (2 Petr 1,7) ist scheinbar eine Selbstverständlichkeit, denn auch bei den Heiden lieben Brüder einander. Das ist aber nur eine natürliche Regung von Fleisch und Blut. Die christliche Bruderliebe, von der der Apostel schreibt, beruht darauf, dass die Christen Christus selbst zum Bruder haben und einander Brüder in Christus sind. Die christliche Bruderliebe folgt der Goldenen Regel (Mt 7,12) und bewährt sich im gegenseitigen Beistand in Notlagen bis hin zur Bereitschaft, füreinander den Tod auf sich zu nehmen. Bei den Gläubigen soll aller Besitz gemeinsam sein (*neb mezy bratřjmi sau wlastnj wěcy, že každý z nich gest geden druhému wlastnj, a každému gich wěcy wssecky sau wlastni, takež tuto má býti mezi bratřjmi Krystowými wlastnost*). Solange eine solche Gemeinschaft nicht erreicht ist, muss man untereinander Dinge mieten, kaufen, mühsam erbitten, durch Geschenke erwirken oder um Gewinn erlangen, aber dies entspricht nicht der brüderlichen Liebe (*protož cožť gest té wěcy nedosslo, toť musý nagaté býti, kaupené y těžce wyprossene, dary dobyté aneb zyskem přiwedené, gessto to nepocházý z milostiwosti bratrské*).

Die Liebe zu Gott (*láska Božj*) (2 Petr 1,7) ist Wurzel und Mutterschoß (*kořen a žiwot*) aller Tugenden. Ohne sie können die übrigen Tugenden nicht verdienstlich (*zaslaužilé*) zum ewigen Leben sein. Man muss Gott von ganzem, ungeteiltem Herzen lieben. Ob ein Mensch Gott liebt, ist daran erkennbar, dass er Gottes Gebote hält (1 Joh 2,4–5).

Wer diese acht Tugenden wirklich besitzt, bei dem werden sie „nicht faul noch unfruchtbar sein" (2 Petr 1,8). Es gibt durchaus Menschen, die aus Gnade göttliche Tugenden als Gabe erhalten haben, diese dann aber nicht durch eigene Anstrengung weiter pflegen, sodass sie diese Gaben vergeblich empfangen haben. Aber wer die von Gott geschenkten Gaben ergreift und ihnen nacheifert, den erwartet himmlischer Lohn „in der Erkenntnis des Herrn Jesu Christi" (2 Petr 1,8), das heißt beim Jüngsten Gericht. Denjenigen, der sich diese Tugenden nicht zueigen gemacht hat, nennt der Apostel „blind" und „uneingedenk der Reinigung von seinen früheren Sünden" (2 Petr 1,9).

Nur ein vollkommener Menschen (*dokonalý člowěk*) kann alle acht Tugenden erfüllen. Viele wenden ein, dass es unmöglich sei, von allen Gläubigen Vollkommenheit zu verlangen: „Sie sind doch Eheleute und Hausväter, von weltlichen Geschäften in Anspruch genommen, wie können solche vollkommen sein?" Dieser Einwand ist zurückzuweisen. Der Apostel Paulus hat für die Eheleute und Hausväter nicht etwa einen weniger vollkommenen Weg gelehrt, er hat sie vielmehr unterwiesen, ihre Familie und ihren Besitz in einer Weise zu haben, als hätten sie sie nicht (1 Kor 7,29–30). Paulus ging es darum, alle Gläubigen zur Vollkommenheit zu führen. Er hat niemandem Dispens erteilt, wie es die Mönche tun, die der Auffassung sind, nur sie müssten vollkommen leben, die weltlichen Stände dagegen nicht. Es muss also tatsächlich jeder auserwählte Gläubige alle acht genannten Tugenden besitzen, vor allem den Glauben, und muss vollkommen sein, um das ewige Seelenheil zu erlangen. Aber die Priester wollen es besser wissen als die Apostel und verführen das Volk als blinde Blindenführer (Mt 15,14).

Um so mehr sollen die wahren Gläubigen nach den Worten des Apostels ihre „Berufung und Erwählung festmachen" (2 Petr 1,10), also die Gewissheit der ewigen Seligkeit anstreben. Zwar kann niemand sicher wissen, ob er erwählt ist oder ob er nicht vielleicht wieder vom Glauben abfallen könnte. Aber es ist gewiss, dass Gott zu guten Werken beruft. Wer mit Eifer gute Werke tut, der darf getrost glauben, dass Gott denjenigen, denen er Gelingen zu guten Werken schenkt, auch die ewige Seligkeit schenken wird.

Nr. 102   V 74r–77r

Auslegung von Joh 14,23 und Mt 5,3–10

Bei dem anonymen und undatierten Text handelt es sich allem Anschein nach um einen Ausschnitt aus einer spätmittelalterlichen, wohl utraquistischen Predigt. Joh 14,23–31 war die traditionelle Prediktperikope am Pfingstsonntag. Hinweise auf einen brüderischen Ursprung sind nicht erkennbar. Für die Brüder war der Text vermutlich aufgrund der darin enthaltenen Auslegung der Seligpreisungen (Mt 5,3–10) von Interesse, die zugleich eine thematische Verknüpfung mit dem in AUF V vorangehenden Traktat des Jan Táborský über die acht Tugenden (Nr. 101) darstellt.

Überlieferung außerhalb der AUF: –

Edition: Handschriftliche deutsche Übersetzung von Joseph Theodor Müller: Herrnhut, Unitätsarchiv der Evangelischen Brüder-Unität, Sign. AB.II.R.1.1a/3, Erster Teil, 79–84.

Literatur: Пальмов (Hg.): Чешские братья, Bd. 1/1 [1904], 173; Müller: Geschichte und Inhalt [1913], 106, Nr. 6; Müller: Geschichte, Bd. 1 [1922], 593, Nr. 68.

Ač kdo miluge mne, řeč mau zachowáwá, a Otec můg bude milowati geg, a k němu přgdeme a přjbytek v něho včinjme [„Wenn jemand mich liebt, bewahrt er meine

Rede, und mein Vater wird ihn lieben, und wir werden zu ihm kommen und Wohnung bei ihm machen"]. Inc.: *W této řeči napřed dj Spasytel: Ač kdo. Vkazuge řjdkost těch, kteřjž geg milugj [...]*. Expl.: *[...] což na nás gest, máme wděčně a s pilnostj se ostřjhati od neřáduw žiwota nasseho, protože chce Bůh, Trogice swatá, bydliti w nás. Amen.*

Der Heiland (*Spasytel*) sagt „wenn jemand", da es nur wenige Menschen gibt, die ihn lieben. „Bewahrt meine Rede": Ein Kennzeichen von Liebe ist, dass dem Liebenden die Worte des Geliebten wichtig sind. Im Unterschied zu fleischlicher Liebe (*milowánj tělesná a howadná*), die den Geliebten von sich aus, auch ohne dessen Willen und Wissen, begehrt, besteht die Liebe zu Jesus darin, Jesus gehorsam zu sein und gegen die Begierden des eigenen Fleisches zu kämpfen. Nach dem Willen Jesu zu leben ist für den Menschen sehr schwer.

Eine Anleitung, wie man die Seligkeit (*blahoslawenj*) erlangen soll, sind die acht Tugenden (*osm ctnostj*), die Jesus gelehrt hat (Mt 5,3–10). „Selig sind die geistlich Armen": Dies bezieht sich nur auf freiwillige (*z vmysla a z dobré wůle*) Armut, nicht auf gewöhnliche Armut. „Selig die Sanftmütigen": Dies bezeichnet die Gelassenheit (*nepohnutj*), die sich weder durch das Lob noch durch die Schmähungen der Menschen bewegen lässt. „Selig, die Leid tragen", mithin diejenigen, die ihre Sünde und die Sündhaftigkeit der Menschen, unter denen sie leben, beweinen und daran leiden. „Selig, die hungern und dürsten nach Gerechtigkeit", denn den Frommen (*swatým lidem*) ist bewusst, dass ihre Gerechtigkeit immer unvollkommen ist. „Selig sind die Barmherzigen", also diejenigen, die ihren Mitmenschen leiblich und geistlich Hilfe leisten. „Selig, die reines Herzens sind", die sich trotz aller Versuchungen vor Todsünden bewahren, ferner „die Friedfertigen" und „die um der Gerechtigkeit willen verfolgt werden". Wer Jesus liebt, muss dies alles halten und tun, sich selbst verleugnen und sein Kreuz auf sich nehmen (Mt 16,24). Zwar muss man jede von Jesus und den Aposteln gelehrte Wahrheit (*každau prawdu*) befolgen, aber die Seligpreisungen sind das Herz des Neuen Testaments (*srdce nowého zákona*).

Weiter sagt Jesus: „Mein Vater wird ihn lieben". Dies ist der große Lohn und Trost (*vžitek y vtěssenj*) derer, die Jesus lieben und sein Wort halten. Jesus wurde von der Welt (*swět*) zurückgewiesen, aber er und der Vater sind eins (Joh 10,30). Auch wenn die, die Jesus lieben, nur wenige an Zahl sind (*ač nás málo bude*), brauchen sie doch den Hass der Welt nicht zu fürchten, denn Gott selbst liebt sie (Röm 8,31). Ja, die Heilige Dreieinigkeit (*Trogjce swatá*) wird in die Seele des armen und schwachen Gläubigen „kommen und Wohnung bei ihm machen". Der Mensch hat zwar nichts, womit er die hohen Gäste bewirten kann. Aber er soll doch wenigstens den Kehricht seiner Begierden aus der Hütte fegen, damit die Gäste nicht allzu schmutzig wohnen müssen (*ale aspoň smeti s chalupy má wymesti, aby tak mrzutě nebydlila s těmi hostmi tak welikými*).

Die Gäste wollen auch nicht umsonst wohnen, sie bringen vielmehr reiche Geschenke: der Vater Kraft und Macht, der Sohn Weisheit, der Heilige Geist Liebe. Die Liebe des Heiligen Geistes ist überaus köstlich (*pochotná*). Gibt man der Seele auch nur einen kleinen Tropfen dieser Liebe, wird ihr alle Lust der Welt dagegen wie Kot erscheinen. Die Weisheit des Sohnes Gottes lässt den Menschen erkennen, dass seine Seele ein Abbild der Dreieinigkeit ist [vgl. Nr. 100]; zweitens lässt sie ihn erkennen, welches die zur Seligkeit führende Wahrheit (*prawdu prospěssnau k swému spasenj*) ist, nämlich was die Gebote Gottes sind und wie sie zu verstehen sind; drittens gelangt der mit göttlicher Weisheit begabte Mensch zur Erkenntnis der Arglist des Teufels und des Irrtums böser Menschen. Gott Vater schließlich gibt die Kraft dazu, die Gebote zu erfüllen und auch in Anfechtung im Guten beständig zu sein. Nach solchen hohen Gaben soll nun der Mensch streben und sich vor Sünde (*od neřádůw žiwota*) hüten, denn der dreieinige Gott (*Bůh, Trogjce swatá*) will in ihm wohnen.

V 79r–109v s. Nr. 19

V 111r–124r s. Nr. 20

Nr. 103   V 125r–129r

[Bruder Lukáš aus Prag:] Auslegung von 1 Joh 2,16, [vor 11. Dezember 1528]

Der kurze Text ist anonym und undatiert überliefert. Der Textabschnitt, in dem der Verfasser vor Kleiderluxus warnt, stimmt im Wesentlichen mit Nr. 234, der „Warnung vor Hoffart und Kleiderluxus" des Brüderbischofs Lukáš aus Prag, überein. Anscheinend ist Nr. 234 ein bearbeiteter Auszug aus der vorliegenden Auslegung von 1 Joh 2,16. Stil und Argumentationsweise sprechen für die Verfasserschaft des Lukáš. Müller nahm an, dass der vorliegende Text im Zusammenhang mit der Abspaltung der „Kleinen Partei" in den letzten Jahren des 15. Jahrhunderts entstand. Allerdings ist es hier Lukáš, der vor einer Öffnung der Unität gegenüber der „weltlichen" Lebensweise der Mehrheitsbevölkerung warnt, während er im Konflikt mit der „Kleinen Partei" umgekehrt gegen die gesetzliche Strenge der konservativen Minderheit innerhalb der Unität argumentierte. Es ist durchaus möglich, dass der

Text erst wesentlich später, vielleicht sogar erst in den letzten Lebensjahren des am 11. Dezember 1528 gestorbenen Brüderbischofs, entstand. Die Forderung, dass die Mitglieder der Unität sich schlicht und züchtig kleiden sowie weltliche Zerstreuungen und eine luxuriöse Lebensweise meiden sollen, wurde auf brüderischen Synoden in den Jahren 1500, 1506 und 1538 bekräftigt (Gindely [Hg.]: Dekrety [1865], 126f., 156; Císařová-Kolářová: Žena [1942], 178–184). In AUF V schließt der vorliegende Text eine Gruppe von predigtartigen Textauslegungen ab (Nr. 101–103).

Überlieferung außerhalb der AUF: –

Edition: Handschriftliche deutsche Übersetzung von Joseph Theodor Müller: Herrnhut, Unitätsarchiv der Evangelischen Brüder-Unität, Sign. AB.II.R.1.1a/3, Erster Teil, 85–91.

Literatur: Пальмов (Hg.): Чешские братья, Bd. 1/1 [1904], 174; Müller: Geschichte und Inhalt [1913], 106, Nr. 9; Müller: Geschichte, Bd. 1 [1922], 265, 538, Nr. 9, 595, Nr. 84; Müller/Bartoš: Dějiny, Bd. 1 [1923], 172, 335, Nr. 9.

Weyklad na řeč swateho Jána z Kanonyky prwnj z kapi. 2. na ta slowa: Wssecko, což na swětě gest etc. ["Auslegung der Rede des heiligen Johannes in 1 Joh 2, über die Worte: Alles, was in der Welt ist usw."]. Inc.: *Wssecko, což na swětě gest, žádost očý gest, žádost těla a peycha žiwota, genž néni z Otce [...]*. Expl.: *[...] v wěčné sláwě. K kteréžto rač nam dopomocy Buoh wěčny a nesmrtedlny, pán a král wssemohucy. Amen.*

„Alles, was in der Welt ist, ist Augenlust, Fleischeslust und Stolz des Lebens, welches nicht aus dem Vater, sondern aus der Welt ist. Und die Welt vergeht und ihre Lust" (1 Joh 2,16). Johannes lehrt hier, wie die Gläubigen nach göttlichem Maßstab (*podle odměřenj božského*) mit zeitlichen Bedürfnissen umgehen sollen. „Welt" (*swět*) bedeutet in der Heiligen Schrift zum einen die materielle Schöpfung (Joh 1,10), zum anderen die Menschen, sowohl gute als auch böse (ebd.), drittens die zum Heil Auserwählten (Joh 3,16), viertens die Verlorenen (Joh 17,9), fünftens den falschen Gebrauch materieller Güter durch böse Menschen. „Lust" (*žadost*) bezeichnet in der Heiligen Schrift zweierlei, zum einen die körperliche Begierde, zum anderen die Begierde des Geistes (Gal 5,17). Von den körperlichen Begierden sind diejenigen gut, die sich auf lebensnotwendige Bedürfnisse beziehen, und diejenigen schlecht, die der eigenen Seele und dem Mitmenschen schaden. Die Begierde des Geistes ist gut, wenn sie sich von Gottes Geboten leiten lässt, und schlecht, wenn sie Gottes Gesetz verlässt. Johannes redet 1 Joh 2,16 von der schädlichen Begierde sowohl des Leibes als auch des Geistes nach weltlichen Dingen.

„Alles, was in der Welt [in der materiellen Schöpfung] ist": Wegen zweierlei Dingen in der Welt nehmen die Menschen die Wahrheit nicht an oder fallen wieder von ihr ab, zum einen wegen angenehmen weltlichen Dingen, die sie erlangen wollen, zum anderen wegen unangenehmen weltlichen Dingen, die sie vermeiden wollen. Daher mahnt der Apostel, dass man diese gegenwärtige Welt und die einzelnen Dinge, die in ihr sind, nicht lieben soll (1 Joh 2,15); vielmehr soll man nach der künftigen Welt streben. Vergängliche Dinge wie Reichtum und Ansehen auf unordentliche Weise (*nezřjzeně*) zu begehren, zu erwerben und zu besitzen, zieht ab von der ordentlichen Liebe (*od zřjzeného milowanj*) und führt zum Vergessen der guten und unvergänglichen Dinge. „Wer die Welt liebt, in dem ist nicht die Liebe des Vaters" (1 Joh 2,15), weder liebt er Gott noch wird er von Gott geliebt (*active et passive, že ani Otce miluge, ani od Otce milowán bywá*), denn er liebt das Erschaffene mehr als den Schöpfer (Röm 1,25). Dies bezieht sich sowohl auf „Stolz des Lebens", also materiellen Luxus (*potřeb nestřjdmě k rozkossi a k ljbosti y k kochánj*), der über das Lebensnotwendige hinausgeht, als auch auf das Streben nach weltlicher Weisheit.

Zweitens kann „Welt" (1 Joh 2,16) als die Gemeinschaft derer verstanden werden, die materielle Güter falsch gebrauchen und ihren körperlichen Begierden folgen. Die jungen Leute neigen dazu, aus fleischlicher Neigung Ehen [mit Ehepartnern, die nicht der Brüderunität angehören] einzugehen (2 Kor 6,14). Sie müssen streng ermahnt werden, sich von der Welt, mithin von Leuten, die böse Dinge lieben, fernzuhalten, sofern sie Gott gefallen wollen und in Glauben und Buße in der Kirche bleiben wollen (*chtj-li se Bohu libiti v wjře, w pokanj w cyrkwi státi*). So wie es mühsam ist, zur Tugend zu mahnen, so muss man auch sorgfältig vor den Sünden mahnen. Die Welt lockt auf vielerlei Weise durch schlechtes Beispiel und schlechte Gesellschaft bei Hochzeiten, Einladungen, in den Wirtshäusern und bei den vom Teufel erdachten weltlichen Festen (*swatky swětu*) zu Völlerei, Müßiggang und Hurerei. Davon soll sich der gottesfürchtige Mensch fernhalten. Auch die Handwerksmeister dienen allein ihrem Bauch und wollen hier ein neues Paradies (*ray nowy*) haben, statt im Schweiße ihres Angesichts (Gen 3,19) zu arbeiten. Wer lebendigen Glauben hat (*kdož by wjru žiwau přyal*), muss den Begierden der Welt absterben (Röm 6,2; Kol 2,20) und sich allen Übermaßes enthalten.

Die „Augenlust" (1 Joh 2,16) äußert sich einerseits in Habgier. Um sich davor zu hüten, soll man für das eigene Bedürfnis und das seiner Familie arbeiten und den Armen großzügig Almosen geben (Mt 6,20). Eine andere Form der Augenlust sind die unzüchtigen Kleider der jungen Burschen und Mädchen. Kleidung soll vor Kälte schützen, zur Arbeit praktisch sein und den Anstand bewahren. Die teuren, ausgeschnittenen Kleider einiger Damen [in der Brüderunität] entsprechen diesen Grundsätzen nicht. Sie wollen sich mit der einen Hand an Gott und mit der anderen Hand an der Welt festhalten. Schmuck und Kleiderluxus (*ssperkowny neb nakladny oděw*) sind Sünde (1 Petr 3,3; Jes 3,16). Gott hat den Geist des Menschen geschmückt und ihn dennoch mit dem weitaus weniger wertvollen Leib umhüllt. Die Leiber der Menschen hat Gott nach dem Fall nicht mit kostbaren Kleidern bekleidet, sondern mit Fellen, die viel weniger wertvoll sind als der menschliche Leib. Diejenigen, die aufreizende Kleidung tragen, wird Gott bestrafen, selbst wenn sie nicht vorsätzlich auf Unzucht aus sein sollten, denn sie geben anderen Anlass zur Sünde.

Die „Augenlust" (1 Joh 2,16) umfasst also alle Formen der Habgier und alles, was zur [fleischlichen] Begierde anregt wie Dekoration, Schmuck, Kunsthandwerk, Spiele und fröhliche Tänze (*okrasy, ozdoby, řemesla, hry, weselé, táncowé*). Der „Stolz des Lebens" (1 Joh 2,16) bezeichnet alle Würden und Ämter, nach denen die Leute streben, statt demütig zu arbeiten und sich mit ihrer Niedrigkeit zu begnügen, da sie nicht erkennen, warum Gott den Menschen unterschiedliche Stände zugewiesen hat (*proč Buoh nerownost zpuosobil a některých powyssil*). Hiervon ist an anderer Stelle ausführlich gehandelt worden [die Aussage verweist anscheinend auf eine der verlorenen Schriften des Lukáš, vgl. Müller: Geschichte, Bd. 1 (1922), 551f., Nr. 50, 56].

„Welt" bezeichnet also einerseits die für die zeitlichen Bedürfnisse des Lebens geschaffenen und verordneten Dinge (*wěcy časné, stwořené ku potřebě žiwota toho y přidané a zřjzené*), andererseits aber deren Missbrauch. Der Gläubige darf seinen körperlichen Bedürfnissen (*žádosti těla*) nur soweit nachkommen, wie es für den Erhalt des Lebens notwendig ist, und er darf die lebensnotwendigen Dinge nicht lieben. Die Welt ist vergänglich, und auch die Begierde nach ihr endet mit dem Tod. Für diejenigen, denen sich Gott zu erkennen gibt, gibt es keinen anderen Weg zur ewigen Seligkeit, als der Welt abzusterben und für Gott zu leben, ein genügsames und bußfertiges Leben auf dem schmalen Weg (Mt 7,14) zu führen und gleichsam durch die Welt watend (*kdož w swětě brodj*) [wie durch eine Furt] die ewige Herrlichkeit zu erlangen.

Nr. 104 V 133r–141v, 143r–164v

Bruder Lukáš aus Prag: Traktat an Nikolaus Kavka von Říčany auf Štěkeň über den geistlichen und sakramentlichen Genuss des Leibes und Blutes Christi, [1501]

In den ersten drei Jahrzehnten der Unität hatten die Brüder sich darauf verständigt, dass sowohl Priester als auch Laienmitglieder kontroverse Diskussionen über das Abendmahl unterlassen sollen. Die Brüder bekannten sich dazu, die Einsetzungsworte beim Abendmahl (1 Kor 11,23–25; Mt 26,26–28) „einfältig" (*sprostně*) zu glauben. Zwar lehnten sie einerseits die katholische beziehungsweise utraquistische Transsubstantiationslehre und andererseits die symbolische Abendmahlsauffassung einiger taboritischer Theologen entschieden ab, entwickelten aber nur ansatzweise eine eigenständige Lehre vom Abendmahl (Peschke: Theologie, Bd. 1/1 [1935], 195–217). Erst in der zweiten Generation der Unität entwarf Lukáš aus Prag, seit

1500 Bischof der Brüderunität mit Sitz in Jung-Bunzlau, eine komplexe Abendmahlstheologie, die er zeitlebens weiter variierte und systematisierte (Peschke: Theologie, Bd. 1/1 [1935], 221–304).

Dabei griff Lukáš vor allem auf die Schriften des englischen Theologen John Wyclif und auf die Lehre der böhmischen Taboriten (Sedlák: Táborské traktáty [1918]) von den unterschiedlichen Graden der physischen, geistlichen und symbolischen Anwesenheit Christi, den *byty* oder „Seinsweisen" Christi, zurück. Mit subtilen, teilweise schwer verständlichen terminologischen Unterscheidungen suchte der Brüderbischof zum einen den Vorwurf zu entkräften, die Brüder würden die Abendmahlselemente lediglich als gewöhnliches Brot und gewöhnlichen Wein verstehen, als bloße Symbole oder Zeichen, denen keinerlei Heilswirksamkeit zukomme. Zum anderen schloss Lukáš eine physische Anwesenheit Christi in den konsekrierten, als vollmächtige Bezeugungen des Heils eingesetzten Abendmahlselementen aus. Das Anliegen, sich von einem bloß symbolischen Abendmahlsverständnis abzugrenzen, beschäftigte Lukáš noch in seinen letzten Lebensjahren, als er mit strengen disziplinarischen Maßnahmen gegen Johann Zeising und Michael Weiße vorging, die 1525/26 die Abendmahlslehre Ulrich Zwinglis in der Unität propagierten (Nr. 250).

Der vorliegende Traktat entstand laut der *Historia Fratrum* (Praha, Národní knihovna České republiky, Sign. XVII F 51a, 117) im Jahr 1501. Die *Historia Fratrum* erwähnt auch einen nicht überlieferten Begleitbrief an den böhmischen Hochadeligen Nikolaus Kavka von Říčany. Der Adressat wird in Quellen aus den Jahren 1475 bis 1518 erwähnt. Er besaß seit 1484 die kleine Grundherrschaft Štěkeň bei Strakonitz (Sedláček: Hrady, Bd. 11 [1897], 237f.). Dort lebten bereits im letzten Jahrzehnt des 15. Jahrhunderts Angehörige der Brüderunität. Der Müller Kubík (Jakub), ein brüderischer Laie aus Štěkeň, stand in den Jahren 1494 bis 1496 gemeinsam mit Amos aus Wodňan an der Spitze des Widerstands gegen die Reformen der Unität, die zur Abspaltung der „Kleinen Partei" führten (Nr. 78, 92, 175). Im Zusammenhang mit diesen Konflikten reist Lukáš aus Prag 1495 nach Štěkeň (Molnár: Boleslavští bratří [1952], 40). Es ist wahrscheinlich, dass Lukáš durch Kontakte mit Angehörigen der Brüderunität in Štěkeň auch den Grundherrn persönlich kannte.

Mit dem Traktat an Nikolaus Kavka von Říčany antwortet Lukáš auf dessen Frage, inwiefern die Kommunion heilsnotwendig ist. Der Gedankengang, den Lukáš in dieser relativ frühen Abendmahlsschrift entwickelt, wird durch Wiederholungen, Abschweifungen und eine Überfülle an biblischen Belegstellen überlagert. Der Traktat ist in der Abschrift in AUF V in zwei Teile geteilt, die durch ein unbeschriebenes Blatt (Bl. 142) deutlich voneinander abgesetzt sind. Inhaltlich bilden beide Teile ein Ganzes. Auf Kavkas ausdrücklichen Wunsch belegte Lukáš seine Argumentation mit zahlreichen Verweisen auf Werke der Kirchenväter und mittelalterlicher Theologen, darunter ungedruckte Schriften des Jan Hus und des John Wyclif. Auch wenn stets damit zu rechnen ist, dass die patristischen Zitate teilweise aus sekundären Quellen übernommen sind, erlauben diese Verweise doch aussagekräftige Rückschlüsse auf die Zusammensetzung des Bücherbestands, der am Bischofssitz des Lukáš in Jung-Bunzlau vorhanden war, sowie auf die Quellen seiner Abendmahlslehre.

Zusammen mit den folgenden drei Texteinheiten bildet der vorliegende Traktat innerhalb des Handschriftenbandes AUF V eine Gruppe von vier Dokumenten zum brüderischen Abendmahlsverständnis (Nr. 104–107).

Überlieferung außerhalb der AUF: –

Edition: Müller: Katechismen [1887], 122–124, 132f. (Auszüge in deutscher Übersetzung); Peschke: Theologie, Bd. 1/2 [1940], 196–215 (nur der erste Teil, in deutscher Übersetzung). – Handschriftliche deutsche Übersetzung von Joseph Theodor Müller: Herrnhut, Unitätsarchiv der Evangelischen Brüder-Unität, Sign. AB.II.R.1.1a/3, Erster Teil, 92–104.

Literatur: Gindely: Bratr Lukáš [1861], 279, Nr. 6; Müller: Katechismen [1887], 122f., 132f.; Пальмов (Hg.): Чешские братья, Bd. 1/1 [1904], 174–176; Müller: Geschichte und Inhalt [1913], 106, Nr. 10; Müller: Geschichte, Bd. 1 [1922], 334, 486, 547, Nr. 35, 595, Nr. 87; Müller/Bartoš: Dějiny, Bd. 1 [1923], 217, 338, Nr. 35; Vindiš: Názory o eucharistii [1923], 18f., 177, Nr. 3; Peschke: Theologie, Bd. 1/1 [1935], 261, 299f.; Molnár: Bratr Lukáš [1948], 24f.; Urbánek: České dějiny, Bd. 3/4 [1962], 413–415 (zur Rezeption theologischer Traditionen der Taboriten in der Brüderunität).

O požjwanj těla a krwe Pana Gežjsse Krysta duchownjm y poswatném. Psanj bratra Lukasse, včiněne panu Kawkovi [„Über den geistlichen und sakramentlichen Genuss des Leibes und Blutes des Herrn Jesus Christus. Ein Schreiben des Bruders Lukáš an Herrn Kavka"]. [Erster Teil:] Inc.: *Z wjry pjsma swatého wyznawám, že každý, kdož má spasen býti, musý gjsti tělo Pána Gežjsse [...]*. Expl.: *[...] wssak ne přirozeně, ani tělesně, ale duchowně a práwě, gakož swrchu obssjrně dowedeno.* [Zweiter Teil:] Inc.: *We čtenj Pána Krysta trůg se chléb nalézá, gimž Krystus krmil: Obecný, duchownj, žiwý nebeský a poswátný [...]*. Expl.: *[...] že základu giného nemůž žádný položiti, mimo ten, genž položen gest, Kryst[us] Gežjš. Protož kdež nenj Kryst[ovo] založenj, tu nenj nižádného djla dobrého.*

[Erster Teil: Über den geistlichen Empfang des Leibes und Blutes Christi]

Lukáš aus Prag bekennt, dass es heilsnotwendig ist, den natürlichen Leib und das natürliche Blut Christi zu essen und zu trinken (Joh 6,53). Dieses Essen und Trinken geschieht zum einen geistlich, zum anderen sakramentlich, wobei der geistliche Genuss die Voraussetzung für den sakramentlichen Genuss ist. Das geistliche Essen und Trinken geschieht durch den lebendigen Glauben, und wie beim Glauben selbst ist dabei zweierlei zu unterscheiden. Der Glaube ist erstens eine göttliche Gabe, ein Werk Gottes, das Sündenvergebung, Rechtfertigung und Gotteskindschaft bewirkt (Joh 1,12–13; 3,5 und zahlreiche weitere Belegstellen). Dieser Glaube ist nicht eine

Lehrmeinung oder ein mündliches Bekenntnis, sondern allein herzliches Vertrauen (*ta wjra nenj smysla, ani austnjho wyznánj, ale samého srdečného wěřenj*). Diesen Glauben haben alle Auserwählten, auch die, die als Säuglinge sterben. Dieser Glaube ist die wahre Teilhabe (*prawá včastnost*) an Leib und Blut Christi.

Der zweite Teil des Glaubens (*druhá částka wjry*) ist in der Liebe tätig (Gal 5,6) und besteht in der Annahme des gehörten Wortes Gottes (Röm 10,17) durch Menschen, die das Vernunftalter erreicht haben (*genž wlastně gest lidu rozumu vžjwagjcých*). Wenn die gläubige Annahme des Evangeliums aus dem ersteren, von Gott allein gewirkten Glauben hervorgeht, dann entsteht lebendiger Glaube, der Frucht bringt durch Liebe zum Beweis der Hoffnung (*k důwodu naděge*) (Hebr 11,1) [der lebendige Glaube ist ein zuverlässiges Unterpfand für die künftige Erlangung des postmortalen Heilszustands]. Wer ohne den von Gott geschenkten Glauben die Glaubensinhalte bloß verstandesmäßig für wahr hält, hat einen toten Glauben. Er hat nicht Teil an Leib und Blut Christi, auch wenn er äußerlich das Sakrament empfängt. Der lebendige, bewusste Glaube ist ein Beweis (*důwod gistý*) für die Teilhabe an Christus, weitere Beweise sind die Erkenntnis Christi und Liebe zu ihm und die aus Glaube und Liebe hervorgehende Hoffnung, die zuversichtliche Erwartung des ewigen Lebens.

Es wäre verwerflich (*nemilostiwé a potupenj hodné*), das Heil von guten Werken zu erwarten. Vielmehr gehen die guten Werke aus dem Glauben hervor, der Rechtfertigung, Erneuerung des Willens (*wůli milostj Božj obnowenau a postawenau k wůli geho*) und Abscheu vor der Sünde (*nenáwiděnj neprawosti wsseliké*) bewirkt. Die guten Werke sind aber durchaus eine Vergewisserung, dass innerlicher Glaube vorhanden ist (*skutkowé spra[vedlivos]ti gsau gistý důwod, že gest wnitř*) und können somit auch als Beweis für das geistliche Essen und Trinken des Leibes und Blutes Christi gelten (*že naděge, důwod požjwanj Krysta vmučeného netolik z wjry samé, ale z skutkůw wjry, sprawe[dlnos]ti pocházegjcých*). Wer keinen lebendigen Glauben hat, sondern sich lediglich von Kind auf aus Gewohnheit für einen Christen hält (*od dětinst[ví] z samého přirozenj tělesného zwyklosti dossel w pokogi wjry, a obyčegem wyznáwá y přiznáwá se k nj*), ist in Wahrheit nicht getauft und hat nicht Teil an Leib und Blut des Herrn (*nepokřtěný Duchem swatým, ani gj těla Pána Gežjsse, ani pige krwe geho w prawdě*). Das geistliche Essen und Trinken des Leibes und Blutes Christi muss dem sakramentlichen vorausgehen. Allein der Glaube macht würdig zum Empfang des Sakraments (*včastnost Krysta w hodnosti nedáwá se ginudy, než skrze wjru*).

Bevor ausführlicher auf den geistlichen Genuss einzugehen ist, muss wegen der Unwissenheit vieler Menschen erklärt werden, was die Wahrheit [die durch ein Zeichen bezeichnete Sache selbst] des Brotes und der Speise, die Christus zubereitet hat, ist (*slussj negprw dotknauti prawdy chleba a pokrmu [Kriste]m připraweného*). Erstens ist der Zweck der Inkarnation die Erlösung der Menschen. Daher vergleicht sich Christus mit dem Manna (Joh 6,51), er ist das wahre Brot vom Himmel. Zweitens nahm Christus menschliche Natur an, um seinen natürlichen Leib als Sühnopfer hinzugeben und die Rechtfertigung zu bewirken, nach der die Erwählten geistlich hungerten und dürsteten.

Auch beim geistlichen Genuss ist zweierlei zu unterscheiden: Erstens schenkt Gott den Erwählten zugleich mit dem Glauben die geistliche Teilhabe an Leib und Blut Christi in der Seele – selbstverständlich nicht die Teilhabe an Christi materiellem menschlichem Leib (*bez přirozenj neb osobnosti*) – direkt, von Leben zu Leben, vom lebendigen Christus zur lebendigen Seele (*práwě prawdu bytnau přigjmagj těla Pána Gežjsse beze wssech prostředkůw posslau, [...] z žiwota w žiwot, z žiwota přirozeného Pána Gežjsse w žiwot dusse*). Zweitens muss der geschenkte Glaube, wenn der Mensch das Vernunftalter erreicht, zu bewusstem und gelebtem persönlichem Glauben werden (*člowěk rozumu dosslý po owotcy poznaně geho dogjti musý*), wie oben dargelegt. Falls ein Erwählter nicht zu bewusstem Glauben gelangen kann, ist der von Gott geschenkte Glaube für die Erlangung des Heils ausreichend. Dieser Fall kann eintreten, wenn ein zum Heil erwählter Mensch vor Erreichen des Vernunftalter stirbt, wenn jemand aufgrund geistiger Beschränktheit die Glaubensinhalte nicht fassen kann, oder wenn dort, wo die erwählte Person lebt, Wort und Sakrament nicht vorhanden sind (*pro wěku nedosslost neb pro hlaupost a mnohau neznámost, pro nep[ří]tomnost služby*). Dasselbe galt auch für diejenigen Erwählten, die vor dem Kommen Christi lebten.

Worin besteht die Würdigkeit, mit der Leib und Blut Christi empfangen werden sollen (1 Kor 11,27) (*čjm zagisté hodni býwáme*)? Würdig ist, wer in Christus und in der Kirche ist [zur Zahl der Auserwählten gehört] (*když se w Krystu a w cýrkwi nalézáme býti a hodně choditi*), wer aufgrund von Glauben, Liebe und Hoffnung ein frommes Leben führt. Umgekehrt wird man durch die Sünde unwürdig. Voraussetzung für den Empfang des Sakraments ist also zweierlei: Erstens, dass der Mensch in der Seele die Wahrheit hat und in Christus und in der Kirche ist (*aby prawdu w dussi měl a byl w Krystu a w cýrkwi*). Zweitens, dass er durch den Glauben die Hoffnung genießt, dass er diese Wahrheit in Christus erlangt hat (*aby z wjry naděge požjwal, že te prawdy w Krystu dossel*) [dass er zu bewusstem Glauben gelangt ist].

Das sakramentliche Essen [der materielle Empfang der Abendmahlselemente] ist nichts anderes als eine sichtbare, von Christus eingesetzte Vergewisserung der [geistlichen] Teilhabe am Leib und Blut [Christi] (*skrze tělesné swátosti gedenj wěrau spatřowánj, naděge požjwanj, te včastnosti těla a krwe s pogisstěnjm od Krysta mocným, k tomu vstawenjm*). Bei der Feier des Abendmahls wird das Brot nicht in eine andere Substanz verwandelt, sondern es wird aus einem gewöhnlichen zu einem besonderen Brot (*ten chléb [...] nepromněnuge se z bytnosti přirozené, než toliko z obecnosti k oblásstnjmu a powýssenějssjmu bytu*). Brot und Wein sind sakramentlich, geistlich und vollmächtig (*poswátně, duchowně a mocně*) Christi Leib und Blut gemäß seiner Bezeugung (*podlé geho wyswědčenj*). Das Sakrament ist ein Zeichen der unsichtbaren Gnade und eine sichtbare Gestalt der Wahrheit (*swátost gest znamenj newiděllé milosti a prawdy, widělý způsob*) [Petrus Lombardus, *Liber sententiarum* 4, 1, 2, PL 192, 839].

Während die sichtbare Gestalt lediglich vom Leib genossen wird, ist die [durch das sichtbare Sakrament bezeugte geistliche] Wahrheit dreifach: erstens der natürliche Leib Jesu, durch dessen Sterben die Gnade und Wahrheit bewirkt wurde (*způsobenj skrze zrazenj a smrt a wylitj krwe milosti a prawdy*); zweitens die Teilhabe der Kirche [der Zahl der Auserwählten] und der einzelnen Seele an Leib und Blut Christi in Wahrheit und Hoffnung; drittens die „Sakramentlichkeit", das heißt die vollmächtige Vergewisserung der geistlichen Teilhabe (*poswátnost aneb mocné wyznamenánj k swědect[ví] té prawdy způsobenj, dánj y požjwanj*). Dieser dritte Aspekt ist das Proprium des Sakraments und verhält sich zu den beiden erstgenannten Aspekten wie ein vollmächtiges Zeichen zur bezeichneten Sache, ohne an ihrem Wesen teilzuhaben (*gest spogena s nj ne bytně, ani smjsseně, ale znamenaně a mocně*).

Daraus ergibt sich, dass das Sakrament je nach Disposition und Erkenntnis des Kommunikanten auf vier gültige, aber unterschiedlich vollkommene Weisen empfangen wird. Diejenigen, die völlig unreflektiert (*genž žádného saudu nečinj ani wyznamenánj gegjho spatřugj*) das Sakrament (*swátost samu*) essen, haben Anteil am Heil, sofern sie zu den Erwählten gehören, aber sie essen sich selbst zum Gericht (1 Kor 11,29), sofern sie böse und unwürdig sind. Diejenigen, deren Aufmerksamkeit nur auf die sichtbaren Elemente als zeichenhaftes Gedächtnis des Leidens Christi gerichtet ist (*genž samo spatřenj widědlné a čitedlné pokrmu magj w památce Krysta vmučeného*), empfangen nur sakramentlich (*toliko poswátně*). Diejenigen, deren Aufmerksamkeit allein auf die geistliche Teilhabe an Christus durch den Glauben gerichtet ist, empfangen nur geistlich (*toliko duchowně*), haben also ebenfalls Anteil am Heil, aber verstehen nicht die Bedeutung des geordneten Sakraments (*ti nic k swátosti zřjzeně nemagj [...] nedostatek strany poswátného požjwánj magj*). Diejenigen, die erwählt sind (*prawdu magjc*), das Abendmahl recht verstehen und sich beim Empfang der Abendmahlselemente innerlich zum geistlichen Genuss des Leibes und Blutes Christi durch den Glauben erheben (*wyzdwihugj se skrze wjru*), empfangen sakramentlich, wahrhaft und geistlich (*poswátně, práwě y duchowně přigjmagj*).

[Zweiter Teil: Dreierlei Brot Christi]

Im Evangelium ist von dreierlei Brot Christi die Rede. Das erste war gewöhnliches Brot, mit dem Jesus die Menschenmengen speiste, wie alle vier Evangelien berichten (Mt 14,13–21; 15,32–39; Mk 6,30–44; 8,1–10; Lk 9,10–17; Joh 6,1–13). Das zweite ist das himmlische, heilsnotwendige Brot, von dem nur Johannes berichtet (Joh 6,22–65). Das dritte ist das Abendmahl, das Christus um des zweiten willen einsetzte, damit es als materielles Zeichen des himmlischen Brotes und der Teilhabe daran dient (*aby swau hrubau wěcj wyznamenati mohl tento prawý, žiwý, nebeský y geho včastnost y včastnjky*). Von dem dritten Brot Christi berichten Mt 26,26–29, Mk 14,22–25, Lk 22,15–20, 1 Kor 10,14–22 und 1 Kor 11,23–29. Am Abendmahl kann niemand würdig teilnehmen, der nicht am zweiten Brot teilhat, nicht zu den Erwählten gehört (Joh 6,44). Die geistliche Teilhabe am zweiten Brot kann allein Gott selbst gewähren, kein Priester, Bischof oder Papst hat darüber Macht (*žádny kněz ani biskup, ani papež nad tjmto pokrmem a nápogem duchownjm mocy nemá*).

Im Gespräch mit [Nikolaus] Kavka [von Říčany] hatte sich Lukáš für die Abendmahlsauffassung der Brüder auf das Zeugnis der drei Evangelisten und des Paulus berufen. Kavka führte dagegen Joh 6,55, „mein Leib ist wahrhaft eine Speise, mein Blut ist wahrhaft ein Trank", als Argument für die Wandlungslehre an. Lukáš entgegnete, dass auch einige Kirchenschriftsteller (*z řjmských doktorůw*) die Rede vom lebendigen Brot Joh 6,22–65 von der geistlichen Teilhabe an Christus durch den Glauben und nicht vom materiellen Sakrament verstanden. Wenn Christus in Joh 6,22–65 von der Heilsnotwendigkeit des Essens und Trinkens der Abendmahlselemente gesprochen hätte, dann wäre vor der Einsetzung des Abendmahls niemand selig geworden, dann würden auch heute die Katholiken nicht selig werden, denn diese empfangen lediglich die Hostie und trinken nicht vom Kelch.

Kavka erbat sich von Lukáš eine Zusammenstellung der theologischen Schriftsteller, die für die brüderische Auffassung sprechen. Eigentlich kann Kavka diese Dinge selbst nachlesen, da er den Traktat des Hilarius aus Leitmeritz gegen die Utraquisten (*Hylaryůw traktát proti Čechom a proti Rokycánowi včiněný proti přigjmanj pod obogj způsobau*) [Hilarius aus Leitmeritz: *Traktát o nejsvětějším přijímání lidu obecného pod jednou způsobou* („Traktat über die allerheiligste Kommunion der Laien unter einer Gestalt") (1465)] besitzt, der Lukáš nicht zur Hand ist. Lukáš hat sich daher der Mühe unterzogen, die erbetenen Zitate zusammenzustellen. Er liest nur selten in den Kirchenschriftstellern, nicht, weil er sie geringschätzt, sondern aus Zeitmangel. Besonders die frühen Kirchenväter sind ihm lieb, sofern sie sich als Diener der Heiligen Schrift verstehen [Pseudo-Johannes Chrysostomus, *Opus imperfectum in Matthaeum* 21, PG 56, 747: „omnis doctor est servus legis"].

Der Märtyrer Jan Hus unterscheidet ähnlich wie die Brüder zwischen Sakrament und Wahrheit und spricht daher von dreierlei Kommunion, der geistlichen, der nur sakramentlichen ohne geistliche Wahrheit und der sowohl geistlichen als auch sakramentlichen [Jan Hus, *O nejsvětější svátosti oltářní* 5, p. 237f. Flajšhans/Svoboda]. Richard FitzRalph, Bischof von Armagh (*Rykhardus Ardmacenus*), bezieht in seinem Werk *De quaestionibus Armenorum* (*w knihách dewátých na otázky Armenských*) die Brotrede Joh 6,22–65 auf den geistlichen Genuss durch den Glauben [Lukáš kannte das Werk des irischen Theologen offensichtlich nur aus Zitaten in den Schriften des John Wyclif]. Dasselbe bezeugen Augustinus in den *Tractatus in Iohannis evangelium* [25–27, PL 35, 1596–1621], Simon de Cascia [*Expositio super totum corpus evangeliorum*] und Ambrosius in *De sacramentis*. Alle diese Autoritäten bestätigen den Unterschied zwischen dem heilsnotwendigen lebendigen, himmlischen, geistlichen, wahren Brot (*chleba žiwého, nebeského, duchownjho, prawého*), das nur geistlich genossen werden kann und das Jesus Christus selbst ist, und dem Sakrament. Dieselbe Erkenntnis wünscht Lukáš dem Adressaten.

Ferner ist die Frage zu klären, ob Brot und Wein durch die Einsetzungsworte in die Substanz des Leibes und Blutes Christi umgewandelt werden. Lukáš bekennt, dass bei der Bezeugung oder Konsekration das Brot nicht aus seiner natürlichen Substanz in eine andere, sondern lediglich aus dem Allgemeinen zu einem geheiligten Besonderen, zum sakramentlichen Sein, gewandelt wird (*že při tom wyswědčenj neb poswěcenj nepromeňuge se z bytu přirozeného chleba, než toliko z obecnosti w swatau oblásstnost a k důstognému bytu poswátnému*). Dafür spricht der einfache Wortsinn, denn das Abendmahlsbrot wird im Neuen Testament stets als Brot bezeichnet. Auf Kavkas Wunsch hat Lukáš auch hierzu bestätigende Zitate aus den Kirchenschriftstellern zusammengestellt. Augustinus [*De trinitate* 3, 4, 10, PL 42, 874] und Rabanus Maurus [*De universo* 5, 11, PL 111, 136] bezeugen, dass es sich beim konsekrierten Brot des Abendmahls immer noch um Brot handelt, wovon man sich im Übrigen auch ohne Vernunft- und Schriftbeweis mit seinen eigenen Sinnesorganen überzeugen kann. Wenn man sich an den einfachen Sinn der Einsetzungsworte und an die Lehre der Apostel hält, kann man nicht der Irrlehre verfallen. Deshalb empfahl Beda, dem Vorbild der Urkirche nachzufolgen (*že neglepssj mistrowst[ví] cýrkwe prwnj následowati*) [Beda Venerabilis, PL 94, 189].

Lukáš bekennt, dass die konsekrierten Abendmahlselemente Leib und Blut Gottes sind, und zwar auf sakramentliche, vollmächtige und wahrhafte Weise (*netoliko poswátně, ale mocně a prawě w p[ří]tomné prawdě*). Dagegen widerspricht die Lehre von der Transsubstantiation dem Apostolischen Glaubensbekenntnis und der Heiligen Schrift, wonach Christus bis zu seiner Wiederkunft zum Jüngsten Gericht leiblich im Himmel anwesend ist. Das bezeugt auch Augustinus [*Tractatus in Iohannis evangelium* 30, 1, PL 35, 1632]. Wer lehrt, dass Christus an anderen Orten als im Himmel sei, ist ein falscher Prophet (Mt 24,23).

Christus ist in den Seelen der Gläubigen in einer höheren, wesentlichen Seinsweise anwesend als im Sakrament (*prwotněgssjm bytem té prawdy, nežli w swátosti*) (Mt 28,20; 18,20). Diese Wahrheit ist unter dem Einfluss des Antichrist [von der römischen Kirche] verworfen worden, indem das äußerliche Sakrament höher geschätzt wurde als die geistliche Teilhabe an Christus. Aufgrund der Herrschaft des Antichrist und menschlicher Erfindungen (Jes 29,13; Mt 15,9) verfolgt und tötet man diejenigen, die Christus in sich haben und die wahre Lehre bekennen (*ti, genž Krysta w sobě magj, pro vstawenj lidská a smysly scestné, nowé, w pjsmjch nezaložené, wězý, honj, pálj, mordugj*). Im Wort, in der Verkündigung des Evangeliums, ist Christus in einer höheren dienlichen Seinsweise anwesend als im Sakrament (*gest prwé a potřebněgi w slowu strany služebnosti, nežli w swátosti*), denn die Wortverkündigung und der Glaube müssen dem Sakrament vorausgehen. Es gibt einen großen Hunger nach dem Wort Gottes (Am 8,11), aber wegen der Verführung des Antichrist pilgern die Menschen vergeblich von der Ostsee bis zum Mittelmeer nach Rom oder bis zum Atlantik nach Santiago de Compostela (*od moře Kdánského hyn do Řjma k moři prostřednjmu, aneb k moři západnjmu, k s[vaté]mu Jakubu*).

Auch wenn Dummköpfe und solche, die die Wahrheit aufgrund der Verführung durch den Antichrist nicht kennen, es leugnen mögen (*ač [...] tomu hlupcy a neznagjcý prawdy s antykrystem odpjragj*), ist es doch offensichtlich, dass die Sakramente niemanden besser machen, selbst wenn sie täglich empfangen werden. Gottesdienst und Klerus [der römischen Kirche] sind insgesamt so verdorben, dass die jüdische Religion, die wenigstens auf göttlichen Geboten beruht, vorzuziehen wäre [Augustinus, *Epistola* 55, 19, PL 33, 221]. [Die römische Kirche] ist von Gott verworfen.

Alle Sakramente sind Zeichen, aber es gibt Zeichen unterschiedlichen Ranges (*gsau w znamenjch stupňowě*). Nach John Wyclif (*doktor euangelicus*), der sich dabei auf Augustinus und [Pseudo-]Ambrosius beruft [Wyclif, *De apostasia*, p. 51–53, 71, 223 Dziewicki], ist Christus zeichenhaft im Sakrament anwesend, jedoch als „gegenwärtiges Zeichen", bei dem die bezeichnete Sache mit dem Zeichen verbunden ist (*známenj násse má následugjcý prawdau těla Krystowa wyznamenaného, poněwádž gest p[ří]tomné znamenj*). Zeichen und bezeichnete Sache sind trotz dieser engen Verbindung jedoch nicht wesensgleich (*gednobytně*). Dies bezeugt Rabanus Maurus [*De universo* 5, 11, PL 111, 135].

Da alle Bibeltexte, die dem Wortsinn nach etwas Böses befehlen, nur übertragen verstanden werden dürfen [Augustinus, *De doctrina christiana* 3, PL 34, 72f.] und da Menschenfresserei ein Verbrechen ist, darf man die Einsetzungsworte nur zeichenhaft verstehen. Es ist eine große Schande für die heutigen Theologen (*nynj mistrůw a včených náramná hanba*), dass sie trotz der Zeugnisse der Kirchenväter über das geistliche Essen so falsch lehren. Wenn ein natürlicher Menschenleib beim Abendmahl geopfert und gegessen würde, wie die Theologen der römischen Kirche (*řjssi řjmské*) lehren, würde der Mensch nichts erhalten, was er nicht schon hätte. Vielmehr schenkt Christus durch sein Opfer am Kreuz dem Menschen etwas, das dieser noch nicht hat, das geistliche Leben. Dies bezeugt ein Zitat aus [Pseudo-] Ambrosius bei John Wyclif [*De apostasia* 6, p. 74 Dziewicki]. Man soll also einfältig (*prostě*) gemäß den Einsetzungsworten glauben und bekennen, dass Brot und Wein sakramentlich (*poswátně*) Leib und Blut Christi sind.

Damit kommt Lukáš zur Beantwortung der letzten Frage Kavkas, ob Christus im Sakrament angebetet werden solle. Gott dem Sohn gebührt gleiche Anbetung wie dem Vater (Joh 5,23). Gott allein darf angebetet werden (Ex 20,3–5). Man muss Christus in der Weise verehren, die er selbst gelehrt hat, durch Nächstenliebe und nicht durch goldene Weihegaben [Johannes Chrysostomus, *In Matthaeum homilia* 50, 3, PG 58, 508]. Da Christi menschliche Natur nur aufgrund ihrer persönlichen Einheit mit der göttlichen Natur angebetet werden darf (*že samo člowěčenst[ví] spatřené bez božst[ví] nemá ctěno býti ctj, Bohu wlastně p[ří]ležjcý, ale spogené s božstwjm osobně*) und da sich Christi menschliche Natur leiblich im Himmel befindet, kommt eine Anbetung des Sakraments nicht in Frage.

Jemand könnte einwenden: Im Alten Testament wurden die Bundeslade und andere Zeichen kniefällig verehrt, ebenso kann im Neuen Bund das Abendmahl als heiliges Zeichen verehrt werden. Lukáš weist diesen Einwand jedoch zurück. Im Neuen Bund ist die Wahrheit selbst offenbart worden (2 Kor 3,18) und soll von den Gläubigen unmittelbar und nicht mittels heiliger Zeichen angebetet werden (*ale werný lid má weřau samau Krysta ctjti giž kralugjcýho beze wssech znamenj*). Alles andere wäre Götzendienst.

Den unterschiedlichen Weisen der Anwesenheit Christi in den gläubigen Menschen, im Wort und im Sakrament entsprechen höhere und niedrigere Grade der Verehrung: Christus ist in der Kirche und in der gläubigen Seele geistlich anwesend. Die geistliche Anwesenheit Christi im Nächsten soll man durch praktische Nächstenliebe ehren. Daher schwindet dort, wo das verführte Volk das Sakrament anbetet, die Nächstenliebe, herrschen sinnlose Prachtliebe, Habgier des Klerus und Bosheit der Reichen. Alle diese Missstände entspringen der bösen Lehre der Mönche, durch die das dumme Volk zugrunde geht (*ze zlého a nestřjzwého smysla mnjšského, w gegichžto rozličném vměnj zahynul lid hlaupý, nemocný*). Niedriger als im gläubigen Menschen ist die Anwesenheit Christi im Wort. Das Wort soll man durch Glauben und Gehorsam ehren. Niedriger als im Wort ist Christi Anwesenheit im Sakrament. Das Sakrament soll man durch andächtigen und dankbaren Empfang ehren.

Damit beschließt Lukáš sein Glaubensbekenntnis vom wahren, natürlichen Leib des Herrn Jesus, über seine verschiedenen Seinsweisen (*o geho bytu rozličném*) und die diesen gebührende Verehrung sowie über die Zeugnisse der Kirchenväter. Möge der Traktat Kavka nutzen. Lukáš ist sich bewusst, dass es auch Aussagen der Kirchenväter gibt, die man für die Gegenseite anführen könne, denn sie sind voller Widersprüche. Damit man den Schriften der Kirchenväter nicht in derselben Weise glaubt wie dem Evangelium, hängt Lukáš Zitate von Cyprian, Ambrosius, Augustinus, Hieronymus und Gregor dem Großen an, die davor warnen, menschliche Schriften den Worten Christi oder der Heiligen Schrift gleichzuachten.

Nr. 105　　　　　　　　　　　　　　　　　　　　　　　　　　V 169r–178v

Bruder Lukáš aus Prag: Brieftraktat über das Abendmahl an Bruder Beneš Bavoryňský von Bavoryně, 7. August 1510

Der Brief oder vielmehr Brieftraktat des Brüderbischofs Lukáš aus Prag an Beneš Bavoryňský von Bavoryně bildet mit Nr. 104, 106 und 107 eine Gruppe von vier

Texten über die brüderische Abendmahlslehre. Nr. 105 wird in der *Historia Fratrum* erwähnt (Praha, Národní knihovna České republiky, Sign. XVII F 51a, 298).

Der Adressat stammte aus dem niederen Adel. Das in der Überschrift angegebene, aber wieder getilgte Prädikat „z Wlčjho Pole" bezieht sich auf ein kleines Landgut zwischen Jung-Bunzlau und Jitschin in Nordböhmen, das die Familie jedoch erst 1542 erwarb. Der vorliegende Brieftraktat ist die früheste bekannte Quelle, in der Bavoryňský als Mitglied der Brüderunität erwähnt ist. Bereits frühzeitig soll Bavoryňský Kontakt mit Martin Luther und Philipp Melanchthon gesucht haben (Jireček, J.: Rukověť, Bd. 1 [1875], 52), ein Studienaufenthalt in Wittenberg lässt sich jedoch nicht belegen. Nachdem er bei Lukáš in Jung-Bunzlau die übliche mehrjährige Vorbereitungszeit als Anwärter auf das brüderische Priesteramt verbracht hatte, wurde Bavoryňský 1521 zum Brüderpriester ordiniert. 1532 wählte ihn eine Synode in Brandeis an der Adler zu einem der vier Bischöfe der Unität. 1535 sandte Bavoryňský zwei Brüder zum Studium nach Wittenberg. Auf die in solchen Fällen üblichen Empfehlungsbriefe des Brüderbischofs antworteten sowohl Luther als auch Melanchthon am 18. April 1535 (Praha, Národní knihovna České republiky, Sign. XVII C 3, 105r–109r; WAB 7, 175–177, Nr. 2189; MBW 1559). Bavoryňský verfasste eine Reihe von Erbauungsschriften, die wiederholt gedruckt wurden (Knihopis K01008-K01010; Voit: Český knihtisk, Bd. 2 [2017], 252, 264, 319, 398f., 402, 419, 426, 482). Er starb im August des Jahres 1535 in Jung-Bunzlau.

Der Brieftraktat ist ein bemerkenswertes Zeugnis für die intensive Beschäftigung mit der symbolischen Abendmahlslehre einiger radikaler taboritischer Theologen des frühen 15. Jahrhunderts innerhalb der Brüderunität zur Zeit des Lukáš aus Prag.

Überlieferung außerhalb der AUF: –

Edition: Пальмов (Hg.): Чешские братья, Bd. 1/1 [1904], 176–180, Nr. 12 (Auszüge). – Handschriftliche deutsche Übersetzung von Joseph Theodor Müller: Herrnhut, Unitätsarchiv der Evangelischen Brüder-Unität, Sign. AB.II.R.1.1a/3, Erster Teil, 129–144.

Literatur: Gindely: Bratr Lukáš [1861], 281, Nr. 30; Пальмов (Hg.): Чешские братья, Bd. 1/1 [1904], 176–180, Nr. 12; Müller: Geschichte und Inhalt [1913], 107, Nr. 11; Truhlář, A.: Bavoryňský [1913]; Müller: Geschichte, Bd. 1 [1922], 401, 486–488, 548, Nr. 38, 601, Nr. 141; Müller/Bartoš: Dějiny, Bd. 1 [1923], 257, 309–311, 339, Nr. 38; Vindiš: Názory o eucharistii [1923], 17, 37–42, 94; Müller: Geschichte, Bd. 2 [1931], 7–10, 17–21, 56–58; Peschke: Theologie, Bd. 1/1 [1935], 249, 258, 269f., 273f., 279, 281f., 284–286, 295, 301–303; Molnár: Boleslavští bratří [1952], 75.

Psánj bratra Lukásse, starssjho w gednotě, včiněné bratru Benessowi Baworynskému z Baworyně [korrigiert aus: *z Wlčjho Pole*], *w němž zprawuge některé otázky k sobě včiněné o těle Pána Krysta. Letha Páně 1510* [„Ein Schreiben des Bruders Lukáš, eines Ältesten in der Unität, dem Bruder Beneš Bavoryňský von Bavoryně getan, in dem er von einigen Fragen handelt, die ihm über den Leib des Herrn Christus gestellt

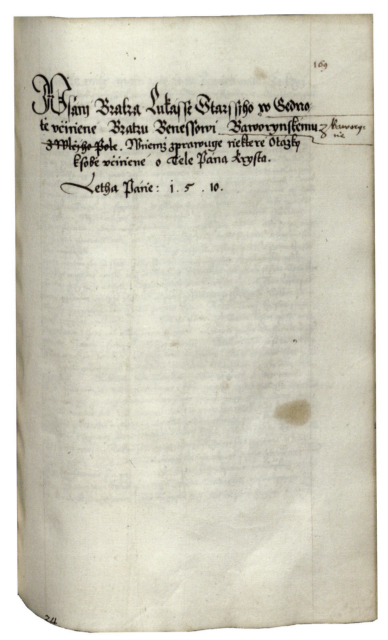

Titelseite des Brieftraktats Nr. 105 (AUF V 169r). Die einzelnen Texteinheiten der von Jan Blahoslav zusammengetragenen Materialsammlung wurden zunächst in lose Hefte aus einer oder mehreren Lagen kopiert. Dabei blieben am Ende von Texteinheiten häufig einzelne oder mehrere Seiten frei. Aus den Heften wurden nach thematischen Gesichtspunkten die Handschriftenbände AUF I–VI zusammengestellt. Dazu wurden die Lagen für den Buchbinder in der gewünschten Reihenfolge nummeriert. Wie am unteren Rand erkennbar, beginnt mit Blatt 169 die 24. Lage des Buchblocks von AUF V. In der Regel wurde die Nummerierung bei der Beschneidung der Ränder abgeschnitten.

wurden. Im Jahr des Herrn 1510"]. Inc.: *Bratře milý, mám za to, že w paměti máš, že když sem gednu dobu přissel k wám vstalý [...]*. Expl.: *[...] A w čemž bych přesahl nebo nedosáhl, odpusť. A deg se Pán Bůh w swém požehnánj dobře mjti. Die S. Donati 1510.*

Lukáš aus Prag beantwortet Fragen, die ihm Beneš Bavoryňský von Bavoryně bei zwei Unterredungen gestellt hatte. Lukáš hatte damals versprochen, schriftlich zu antworten. Dieses Versprechen löst er jetzt ein, nachdem Jan, der Priester (*zpráwce*) der Unitätsgemeinde [in Turnau], der auch Bavoryňský angehört, ihn daran erinnert hat.

Bavoryňský war in den Schriften der Brüder auf scheinbar widersprüchliche Aussagen über das Abendmahl gestoßen. Lukáš ermahnt Bavoryňský, der Autorität der Brüderpriester zu vertrauen und ihnen keine Lehrirrtümer zu unterstellen. Bavoryňskýs Einwand bezog sich darauf, dass laut den „Kinderfragen" [Müller (Hg.): Katechismen [1887], 21–23] das Sakrament nicht angebetet werden darf, da der Leib Christi im Sakrament nicht anwesend sei (*odpjrali se bytu těla Krystowa, že by ho tu nebylo, a proto že mu se neklaněgj*). Dagegen heißt es im Bekenntnis an den König [„Bekenntnis an König Wladislaw II." (1503), vgl. zu Nr. 263], das konsekrierte Brot beim Abendmahl sei der natürliche Leib des Herrn (*tělem Pána Krysta přirozeným, kteréž mělo zrazeno býti, aneb kteréž Krystus skrze zradu wydal na smrt*) [vgl. Nr. 324, wo in der polemischen Schrift des Franziskaners Jan aus Wodňan dieselben beiden Texte als Beweis für Widersprüche in der Lehre der Brüder genannt werden]. Lukáš ergänzt: Man könnte noch Řehoř Krajčí erwähnen, der in einem Brief [Nr. 5; AUF I, 23r; Bidlo (Hg.): Akty, Bd. 1 (1915), 66] das Abendmahlsbrot als den mit der Gottheit verbundenen Leib Christi (*s božstwjm spogeno, w žiwotě panny Duchem swatým počato, narodilo se, trpělo, vkřižowáno*) bezeichnete. Bavoryňský zitierte ferner einen Vers aus einem taboritischen Lied über den Unterschied zwischen dem lebendigen, himmlischen Brot, das heißt Christus selbst, dem Abendmahlsbrot und gewöhnlichem Brot (*rozdjl znamenitý lidu oznámen má býti, že giný chléb nebeský Krystus žiwý, wěčný, giný chléb wečeře Krystowy časný, giný chléb obecný, tomu rozdjlu naučen buď lid obecný*).

Es geht also um die Frage der Anwesenheit Christi (*byt Krystůw*) im Sakrament. Der von Bavoryňský behauptete Widerspruch besteht nur scheinbar. In den Einsetzungsworten (1 Kor 11,23–25) werden Brot und Kelch als der natürliche Leib und das natürliche Blut Christi bezeugt (*wyswědčugjcýho slowy těmi*). Von dem natürlichen Leib, der von Maria geboren und [am Kreuz] geopfert wurde, ist der geistliche Leib Christi zu unterscheiden, von dem in 1 Kor 10,16–17 die Rede ist. Der geistliche Leib ist die Kirche. Von diesem geistlichen Leib ist im Bekenntnis der Brüder an den König die Rede.

Ferner bekannten sie Brot und Kelch des Abendmahls als den natürlichen und geistlichen Leib und das natürliche und geistliche Blut Christi, aber nicht in materieller, substanzieller oder wesentlicher Weise (*ani hmotně, ani podstatně neb bytně*) und nicht durch Transsubstantiation (*proměnitedlně w přirozené, bytné, podstatné tělo*). Vielmehr ist das Brot [und entsprechend der Wein beim Abendmahl] natürlicher und geistlicher Leib Christi auf geistliche, sakramentliche, vollmächtige und wahrhaftige Weise (*gest tělem Krystowým přirozeným a duchownjm, duchowně, poswátně, mocně a práwě*). Das Abendmahl dient den Gläubigen der Teilhabe an Christus, so wie die Dienlichkeit der Taufe der geistlichen Wiedergeburt dient (*yakož k službě křtu duchownjmu, podstatnému druhého narozenj [...] křest poswátný*), damit die bereits empfangene geistliche Wahrheit den Gläubigen bezeugt wird (*aby to mocně swědčeno bylo*).

Geistlich (*duchowně*) bedeutet: nicht fleischlich (*ne tělesně*). Sakramentlich (*poswátně*) bedeutet: nicht wesentlich oder substanziell, sondern zeichenhaft (*ne bytně neb podstatně, ale znamenaně*). Vollmächtig (*mocně*) bedeutet: Es richtet die Sendung des Herrn Jesus aus und bewirkt das Gericht (*w poselst[ví] a w saudu Pána Gežjsse*). Wahrhaftig (*práwě*) bedeutet, dass es die substanzielle Wahrheit auf sakramentliche, geistliche und vollmächtige Weise enthält (*prawdu mage podstatnau poswátně, duchowně a mocně*).

Um dies besser zu verstehen, muss man wissen, dass in der Heiligen Schrift von verschiedenen Seinsweisen (*byt*) Christi die Rede ist. Christi erste Seinsweise ist sein physischer Menschenleib. Dieser war von der Empfängnis bis zur Himmelfahrt auf der Erde. Seit der Himmelfahrt sitzt er zur Rechten Gottes, verklärt, aber dennoch nur an einem Ort befindlich und räumlich begrenzt. Ihm kommt aufgrund der Vereinigung mit der göttlichen Natur (*spogenj s božstwjm*) göttliche Ehre zu. In dieser Seinsweise ist er im Abendmahl nicht wesentlich, sondern nur sakramentlich anwesend (*kterýmž w svátosti nenj bytně, než toliko poswatně*).

Seine zweite Seinsweise ist die vollmächtige Seinsweise (*druhý byt geho gest mocný*). Dies bezieht sich zum einen auf Christi göttliche Natur (*podlé božst[ví]*), der alle göttlichen Eigenschaften wie Allgegenwart, Unendlichkeit und Allmacht zukommen. Zweitens ist Christus nach seiner menschlichen Natur (*podlé člowěčenst[ví]*) zum Herrscher über die ganze Welt und zur Ausübung göttlicher Macht auf der Erde (*na zemi mocy božské činiti*) eingesetzt worden. Er ist bevollmächtigt, Wunder zu tun, Sünden zu vergeben und zu verdammen. In seiner vollmächtigen Seinsweise ist Christus im Himmel, in der ganzen Welt und in der Kirche anwesend. Laut der brüderischen Glaubenslehre (*postaweno w smyslu wjry*) ist das Brot [des Abendmahls] insofern auf vollmächtige Weise der Leib Christi, als durch das Abendmahl in Stellvertretung des physisch abwesenden Christus (Mt 25,14–15) die Sendung des Herrn Jesus ausgerichtet und das Gericht (1 Kor 11,27) bewirkt wird.

Die dritte Seinsweise Christi in seiner menschlichen Natur, seines Leibes (*třetj byt Pána Krysta w člowěčenst[ví] a těla geho*), ist die geistliche (*duchownj*). Auf geistliche Weise ist Christus erstens in den Seelen der Gläubigen und zweitens in der Kirche anwesend. In den Seelen ist er durch die geistliche Teilhabe (*včastnost*), die durch den Glauben geschieht, wesentlich (*duchowně prawdau podstatnau*) anwesend. Die wesentliche geistliche Anwesenheit Christi in der Seele bewirkt das Seelenheil der Menschen, sie ist die Voraussetzung für den würdigen Empfang des Sakraments. In der Kirche, ihren Dienern und Dienlichkeiten, im Dienst mit Wort und Sakrament, ist Christus [nicht wesentlich, sondern] im Sinne einer [zur Erlangung des Seelenheils] dienlichen Weise (*prawdau služebnau*) anwesend.

Die [vierte und] niedrigste Form der Anwesenheit Christi ist seine sakramentliche oder zeichenhafte Anwesenheit (*poslednj pak byt geho gest poswátný [...] poswátně, t[otiž] znamenaně*) im Sakrament des Leibes Christi. Ein Sakrament ist ein Zeichen einer heiligen Sache und sichtbare Form oder äußerliche Gestalt der unsichtbaren Gnade (*znamenj swaté wěcy, aneb newiděné milosti a prawdy widělý způsob neb twárnost zewnitřný*) [Petrus Lombardus, *Liber sententiarum* 4, 1, PL 176, 117]. Die durch das Sakrament bezeichnete Sache selbst ist erstens der im Himmel thronende verklärte Menschenleib Christi, zweitens die geistliche Teilhabe am natürlichen Leib und Blut Christi, drittens die geistliche Teilhabe am geistlichen Leib und Blut Christi.

Es ist daher kein Widerspruch, wenn es in den „Kinderfragen" heißt, Christus sei nicht im Sakrament, dann ist darunter zu verstehen, dass er dort nicht wesentlich, substanziell und fleischlich (*bytně, podstatně, tělesně*) anwesend sei. Wenn in dem Bekenntnis an den König ausgesagt wird, das Brot sei der natürliche wesentliche Leib Christi, dann ist gemeint: nicht auf wesentliche, natürliche und fleischliche, sondern auf geistliche, sakramentliche und vollmächtige Weise. Entsprechend heißt es in der Heiligen Schrift, Johannes der Täufer sei Elia (Mt 11,14) „in der Vollmacht und im Geist" (Lk 1,17), und er sei nicht Elia (Joh 1,21) in der Person. Auch das taboritische Lied, in dem zwischen dem himmlischen, lebendigen Brot, das Christus selbst ist, zweitens dem Brot des Abendmahls und drittens dem gewöhnlichen Brot unterschieden wird, steht nicht im Widerspruch zur Lehre der Brüder.

Abzulehnen ist die irrige Auffassung einiger Leute (*někteřj, bludně smysljce, proti řeči Krystowě řkau*), Christus habe die Einsetzungsworte nicht auf das Brot und den Kelch, sondern auf seinen menschlichen Leib, mit dem er zu Tisch saß, bezogen. Das Brot des Abendmahls sei daher nur gewöhnliches Brot. Die geistliche Kommunion (*duchownj gedenj*) sei nichts anderes als die Nachfolge Christi, und wer gute Werke tut und tugendhaft lebt, der habe Anteil an Leib und Blut Christi (*když Krysta w ctnostném žiwotě následugj [...] ty skutky dobré magj za tělo a krew Božj, a kdož ge činj, že ten tělo Krystowo gj*). Diese Irrlehre (*blud*) stammt aus dem Traktat des Martin Húska (*z traktátu Martjnkowa*) [Spunar: Repertorium (1995), 39].

Aus Furcht vor Götzendienst [göttlicher Verehrung von Kreatürlichem] verdrehen die Vertreter dieser Auffassung den einfachen Wortsinn. Sie kennen nicht die Lehre von den verschiedenen Seinsweisen des Leibes Christi, sondern tun so, als gäbe es nur drei andere Deutungsmöglichkeiten, die in der Tat auf Götzendienst hinauslaufen: Erstens, dass Christus „impaniert", in Brot verwandelt, werde (*aby se tělo Krystowo yako wchlebilo podstatau swau*); zweitens, dass das Brot, wie die römische Kirche lehrt, in Christus verwandelt werde (*yakož řjmsstj smýsslegj, aby se chleba podstata po wyrčenj fformy slow obrátila w podstatu massa těla Krystowa*); drittens, dass es zu einer Konsubstantiation der himmlischen Substanz Christi und der irdischen Substanz des Brotes komme, wie Petr Chelčický lehrte (*yakož Petr Chelčický pjsse, že tu dwě podstatě, totiž nebeská a zemská, podstatně a bytně se spogugeta*). Die Brüder lehren nichts dergleichen. Diejenigen, die behaupten, das Brot des Abendmahls sei nur gewöhnliches Brot, sind eine Gefahr für die Brüderunität, weil sie den Gegnern Anlass zu dem Vorwurf geben, die Brüder glaubten nicht an Leib und Blut Christi (*p[ří]čina gsau swými řečmi nestatečnými domněnj lidského, a nás, že bychom my newěřili o těle a o krwi Páně*).

Die geistliche Kommunion (*duchownj požjwanj*) besteht erstens in der Erkenntnis, dass Christus der einzige Erlöser ist, zweitens in der Erkenntnis der Heilsbedeutung der Inkarnation Christi, drittens in der Erkenntnis der Heilsbedeutung der Passion Christi und viertens in Buße und Taufe, im Bundesschluss mit Gott in der Gemeinschaft der Kirche (*smlauwu w Krystu s Bohem a w gednotě neb w zboru s cýrkwj*). Dies ist die Voraussetzung für die sakramentliche Kommunion (*přigjmanjm poswátným*). Wer auf diese verordnete Weise (*zřjzeně*) im Glauben lebt, erlangt das ewige Leben. Von der geistlichen Kommunion sind die Nachfolge Christi und das tugendhafte Leben zu unterscheiden. Zur Nachfolge Christi ist der Mensch, der Christus erkannt hat und geistlich genießt, verpflichtet (*aby powinná spra[vedlnos]t dlužná požjwána byla*), soviel ihm möglich ist (*aby člowěk powinnost swau činil, což na něm gest*), die Tugenden sind jedoch nicht Leib und Blut Christi. An der Nachfolge erweist sich der Glaube (*důwodu wjry*), aber man erlangt durch sie nicht die Gerechtigkeit Christi.

Lukáš deutet die Vorschriften für das Passamahl (Ex 12) allegorisch auf die falschen Verständnisse des Abendmahls: Manche wollen das Passalamm ohne ungesäuertes Brot und Bitterkräuter (Ex 12,8) essen, das sind diejenigen, die bei der Kommunion nur am Verdienst Christi teilhaben wollen, ohne zu Nachfolge und tugendhaftem Leben bereit zu sein. Andere wollen ohne persönliche Bekehrung und Taufe (*bez vmluwy wjry a swědect[ví] poswátného*) am Abendmahl teilnehmen, diese sind nicht gegürtet, nicht beschuht und haben keinen Stab in der Hand (Ex 12,11). Andere sind säumig und nachlässig in ihrem geistlichen Leben und in ihrem Lebenswandel, diese missachten das Gebot, eilig zu essen (Ex 12,11). Andere wollen nur das ungesäuerte Brot und die Bitterkräuter essen, aber nicht das Lamm, das sind die, die in Christus nur ein Vorbild der Tugend sehen.

Abschließend ist noch auf eine weitere Auffassung einzugehen, die zwar scheinbar näher an der Wahrheit, aber dennoch mangelhaft ist: Einige leugnen, dass Brot und Wein beim Abendmahl der natürliche Leib und das natürliche Blut Christi seien. Sie behaupten, dass Brot und Kelch lediglich Erinnerungszeichen (*památky*) seien, die der Verkündigung und dem Gedächtnis des Todes Christi dienen. Diejenigen, die so lehren, glauben nicht an einen sakramentalen Empfang des Leibes und Blutes Christi. Christus hat aber nicht gesagt, dass das Brot und der Wein „Erinnerungszeichen" seines Leibes und Blutes seien, sondern hat Brot und Wein als seinen Leib und sein Blut bezeugt. Als bloßes Erinnerungszeichen wäre im übrigen ein Kruzifix viel besser geeignet (*proč radsse crucifixa sobě newezmau, kterýž by ge lépe obrazyl w paměti*). Wären Brot und Wein bloße Symbole, solle man lieber gleich gemalte Bilder verwenden (*obrazůw malowaných, genž znamenj podobněgssj sau, než chléb a wjno*). Wer das Abendmahl für ein bloßes Zeichen hält (*nedržj přitom, než že znamenj gest*), so wie es die [typologisch zu deutenden] Sakramente des Alten Testaments (*ffigůrami starými*) waren, vertritt eine sehr schädliche Irrlehre (*welmi sskodně blaudj*).

Lukáš kommt zu dem Ergebnis, dass Bavoryňskýs Behauptung, die brüderische Lehre enthalte Widersprüche, unberechtigt ist. Lukáš ist aber bereit, Belehrung anzunehmen, wenn ihm ein Irrtum nachgewiesen wird. Ebenso sollen es auch seine Nachfolger [im Bischofsamt] halten. Lukáš ist sich bewusst, dass nicht alle [Mitglieder der Brüderunität] seine Ausführungen annehmen werden. Er hat in dieser Schrift bewusst niemanden persönlich angegriffen. Er behauptet auch nicht, dass Bavoryňský alle in der vorliegenden Schrift widerlegten Irrtümer tatsächlich vertritt. Vielmehr möge dieser nur dasjenige auf sich beziehen, was seine Fragen beantworten kann.

Nr. 106   V 185r–191v

[Bruder Vavřinec Krasonický:] Traktat über das Bekenntnis des Jung-Bunzlauer utraquistischen Pfarrers vom Altarsakrament, [nach 15. Juni] 1511

Die Gruppe von vier Texten zur brüderischen Abendmahlslehre im Handschriftenband AUF V (Nr. 104–107) wird fortgesetzt mit einem anonym überlieferten Traktat, der laut der *Historia Fratrum* (Praha, Národní knihovna České republiky, Sign. XVII F 51a, 299f.) von dem Leitomischler Brüderpriester Vavřinec Krasonický verfasst wurde (zu Krasonický vgl. Nr. 84). Krasonický reagiert auf die Verfolgung der Brüder und auf die Kanzelpolemik der utraquistischen Geistlichkeit im zur Zeit der Abfassung noch laufenden Jahr 1511, indem er seinerseits den Vorwurf der Häresie gegen die Utraquisten erhebt.

Anlass des Traktats war die Predigt eines utraquistischen Pfarrers in Jung-Bunzlau am zweiten Fastensonntag (16. März) 1511, bei der Krasonický anscheinend persönlich anwesend war. Die Schärfe der Polemik in der Jung-Bunzlauer Pfarrkirche überrascht, da die Brüder in der Residenzstadt ihrer wichtigsten Schutzherren in Böhmen, der Krajíř von Krajek, weitreichende Freiheiten und Privilegien genossen (Molnár: Boleslavští bratří [1952], 57–83).

Als Beispiele der Irrlehre und Grausamkeit der Utraquisten werden im Text noch weitere Äußerungen utraquistischer Pfarrer in Ostböhmen sowie die Hinrichtung des Bruders Ondřej Polívka in Kuttenberg am 13. Mai 1511 erwähnt. Krasonický kannte Polívka, der zeitweilig der Unitätsgemeinde in Leitomischl angehört hatte, persönlich. Er verfasste einen Bericht über den Prozess und Tod des brüderischen Märtyrers (Historia Fratrum, Praha, Národní knihovna České republiky, Sign. XVII F 51a, 300–330; Krofta: O bratrském dějepisectví [1946], 27, 31; Müller: Geschichte, Bd. 1 [1922], 371–373). Das späteste im Text erwähnte Datum ist der 15. Juni 1511, an dem ein utraquistischer Pfarrer in Prag eine aus brüderischer Perspektive anstößige Predigt hielt. Aufgrund dieses *terminus post quem* kann der Traktat in die zweite Jahreshälfte 1511 datiert werden.

Die Argumentation des Traktats lässt Krasonickýs Vertrautheit mit Grundbegriffen der scholastischen Theologie und Grundlagen der Dialektik erkennen. Die positive Darlegung der brüderischen Abendmahlslehre steht der Abendmahlstheologie des Lukáš aus Prag nahe, ohne jedoch die für diesen charakteristischen Begriffe „Dienlichkeiten" (*služebnosti*) und „dienlich" (*služebný*) sowie die aus der taboritischen Tradition stammende Rede von den „Seinsweisen" (*byty*) Christi zu übernehmen. Krasonický kommt einer symbolischen Deutung der Abendmahlsworte tendenziell näher als Lukáš, dessen subtile eucharistische Terminologie ein rein symbolisches Verständnis des Sakraments ausdrücklich ausschließen soll. Am Schluss des Textes bezeichnet Krasonický den Traktat als eine von der Unitätsleitung nicht autorisierte, aus eigenem Antrieb verfasste Schrift. Wie in einer bereits vor dem Beitritt zur Unität verfassten Schrift (Nr. 325) und in Übereinstimmung mit dem in brüderischen Schriften üblichen Schlusstopos versichert er, Zurechtweisung gern annehmen zu wollen, sofern er eines Irrtums überführt wird (ähnlich in Nr. 326).

Von Krasonický ist noch ein weiterer Abendmahlstraktat überliefert (*Vyznání víry o těle a krvi Páně* [„Bekenntnis des Glaubens von Leib und Blut des Herrn"], Praha, Knihovna Národního muzea, Sign. V F 41, 133r–149v; Sokol: Vavřinec Krasonický [1984], 85). Dieser entstand jedoch erst nach 1524 und steht in keinem direkten Zusammenhang mit dem vorliegenden Text.

Überlieferung außerhalb der AUF: –

Edition: Handschriftliche deutsche Übersetzung von Joseph Theodor Müller: Herrnhut, Unitätsarchiv der Evangelischen Brüder-Unität, Sign. AB.II.R.1.1a/3, Erster Teil, 145–154.

Literatur: Jireček, J.: Rukověť, Bd. 1 [1875], 414, Nr. 10; Пальмов (Hg.): Чешские братья, Bd. 1/1 [1904], 180, Nr. 13; Müller: Geschichte und Inhalt [1913], 107, Nr. 12; Bareš: Paměti [1921], 217;

Müller: Geschichte, Bd. 1 [1922], 601, Nr. 145; Jakubec: Dějiny literatury české, Bd. 1 [1929], 630f.; Urbánek: České dějiny, Bd. 3/4 [1962], 413–415; Sokol: Vavřinec Krasonický [1984], 75; Pražák: Vavřinec Krasonický [1993].

Knjžka wyswětlugjcý wjru kněžstwa kalissného o swátosti těla a krwe Páně, kterauž to wjru geden z gegich knězj kázal w Mladém Boleslawi, vtwrzuge gi, že gest prawá a spasytedlná, letha Páně 1511. [„Ein Büchlein, das den Glauben der utraquistischen Priesterschaft über das Sakrament des Leibes und Blutes des Herrn ans Licht bringt. Diesen Glauben predigte einer ihrer Priester in Jung-Bunzlau und behauptete, dass er wahr und seligmachend sei, im Jahr des Herrn 1511"]. Inc.: *Letha Páně od narozenj 1511., druhau neděli w postě kázal farář w Boleslawi Mladém: Milj lidé, wězte, že ti bludnj lidé a ffalessnj prawj na nás [...].* Expl.: *[...] Ale nynj se zanechá, neb ginde o těch některých wěcech také psáno, awšak hotow sem lepssj naučenj přigjti, prwotně od gednoty, a potom od kohož koli.*

Am 16. März 1511 predigte der Pfarrer in Jung-Bunzlau [über Mt 15,21–28, die Perikope des zweiten Fastensonntags]. Er warnte dabei vor den verlogenen Ketzern, die den utraquistischen Priestern zu Unrecht vorwerfen, dass diese falsch vom Sakrament und hochwürdigen Opfer (*o této swátosti a welebné oběti*) lehren. Der Pfarrer sprach ein Glaubensbekenntnis: „Ich glaube, dass auf diesem Altar in der kleinen Oblate der allmächtige ewige Gott ist, die ganze göttliche und menschliche Natur, die von der Jungfrau geboren wurde, und durch dieses teure Sakrament sollen wir selig werden" (*yá věřjm, že na tomto oltaři gest w malém oplatku wssemohůcý věčný Bůh, božst[ví] celé y člověčenst[ví], které se z panny narodilo, a skrze tuto drahau swátost spaseni býti máme*). Er fuhr fort: Dies möge auch die Gemeinde fest glauben und wie die kanaanäische Frau (Mt 15,25) niederkniend um Erbarmen bitten. Die Zuhörer sollen sich von den Winkelgottesdiensten (*yakýms posluhowanjm pokautným*) der verlogenen Ketzer fernhalten. Diese brüsten sich, sie seien Nachfolger der Apostel und verfolgte Geweihte Gottes (*naměstkowé apostolsstj a [...] pomazánkowé Božj*), tragen aber Fuchspelze und Mardermützen [vgl. Nr. 294, 327]. In der ganzen Predigt war von nichts anderem so oft die Rede wie von der kanaanäischen Frau und den verlogenen Ketzern.

Ebenso wie dieser Pfarrer lehren fast alle [utraquistischen] Priester und Laien. Am Fronleichnamsfest, das Papst Urban IV. [1264] einführte, singen sie in den Kirchen und bei den Prozessionen, ferner bei der Elevation der Hostie lateinische und tschechische Hymnen, die das Sakrament als Gott verehren (*Vivus panis angelorum, vitam praebens electorum* [Böse/Schäfer: Geistliche Lieder [2000], 149f.], *Non est panis, sed est Deus* [aus der Hymne *Iesus Christus, nostra salus*]). Leider erkennen nur ganz wenige Menschen, was für einen Unsinn (*yakau matlaninu*) dieser Pfarrer gepredigt hat. Man kann die Irrlehre des Pfarrers aber einfach erkennen, wenn man sein Bekenntnis, das er für den wahren seligmachenden Glauben hält, mit dem Apostolischen Glaubensbekenntnis [das alle heilsnotwendigen Lehren enthält] vergleicht. Darin ist von Altarsakrament und Opfer nicht die Rede.

Aber auch als Bekenntnis vom Abendmahl (*o swátosti těla a krwe Páně*) taugen die Aussagen des Pfarrers nichts. Der Pfarrer sagt, in der kleinen Oblate, also im Brot, sei Gott. Aber es heißt doch, nach der Wandlung sei gar kein Brot mehr da. Ist Gott also im Nichts? Wenn aber nach der Konsekration noch Brot da ist [Remanenzlehre], dann ist die Verehrung des Sakraments Götzendienst, denn Kreatürliches darf nicht göttlich verehrt werden. Wenn kein Brot mehr da ist, sondern Gott die Substanz ist, verbunden mit den Akzidentien des Brotes [Transsubstantiationslehre], dann darf man das Sakrament ebenfalls nicht verehren, denn man würde die kreatürlichen Akzidentien mitanbeten. Da Akzidentien jedoch nicht von einer Substanz auf eine andere übergehen können, müssen sie in demselben Augenblick wie die Substanz des Brotes verschwinden. [Die Vertreter der Transsubstantiationslehre] postulieren daher, dass die sinnlich wahrnehmbaren Eigenschaften des Sakraments Sinnestäuschung seien.

Gegen die Lehre der Priester sprechen erstens Glaubens- und zweitens Vernunftargumente. Erstens die Glaubensgründe: Der Glaube kommt aus dem Hören, und das Hören aus dem Wort Gottes (Röm 10,17). Im Wort Gottes steht nichts von Akzidentien. Alles, was nicht aus Glauben ist, ist Sünde (Röm 14,23). Ergo ist der Glaube [des Jung-Bunzlauer Pfarrers] Sünde. Zweitens die Vernunftgründe: Wenn eine Substanz vernichtet wird, verschwinden auch die zugehörigen Akzidentien. Ein Akzidens muss notwendig einer Substanz zugehörig sein und hat kein Sein an sich. Auf diese Weise gelangt man zu dem Beweis, dass das Sakrament ein Nichts sei (*musý na to přigjti, že swátost oltářnj bude a gest zhola nic*).

Aufgrund dieser Konklusionen schrieben [Mikuláš aus Pilgram und weitere] Taboritenpriester, die von dem böhmischen König Georg von Podiebrad und [dem erwählten utraquistischen Erzbischof von Prag, Jan] Rokycana, auf der Burg Podiebrad zu Tode gebracht wurden, dass diejenigen, die Maulwürfe oder Fledermäuse anbeten, geringere Götzendiener seien als diejenigen, die die erdachten Akzidentien (*těm p[ří]padkom smysslenym*) [das Altarsakrament] anbeten [Nr. 44], denn ein lebendiges Geschöpf sei dem Schöpfer näher als ein Nichts, das es aufgrund der Allmacht Gottes gar nicht geben kann. Bereits die heidnischen Philosophen [Platon und Aristoteles] haben zu Recht die Möglichkeit eines *vacuum* geleugnet. Für diese Einsicht starben die Taboritenpriester als Märtyrer.

Die Einsetzungsworte (Mt 26,26–29, Mk 14,22–25, Lk 22,15–20, 1 Kor 10, 14–22; 11,23–29) und die übrigen Bibeltexte über das Abendmahl bezeugen, dass Brot und Wein ihrer Substanz nach und mit allen Akzidentien Brot und Wein bleiben und als solche Leib und Blut Christi sind. Wenn ein gewöhnlicher Mensch (*člowěk obecný, Jan neb Wáclaw*) zu einem obrigkeitlichen Amt eingesetzt wird, übt er Vollmacht (*moc*) aus, obwohl er nach wie vor ein gewöhnlicher Mensch ist und nicht in ein anderes Wesen verwandelt wird. Entsprechend verleiht Christus dem Brot Sakramentlichkeit (*posvátnosti*) und Vollmacht (*moc*), sodass denjenigen, die es würdig genießen, Gnade und Wahrheit und Teilhabe an Leib und Blut Christi bezeugt wird. Dagegen werden diejenigen, die unwürdig das Sakrament empfangen, am Leib und Blut Christi schuldig (1 Kor 11,29).

Der Leser möge urteilen, wessen Bekenntnis vom Abendmahl eher der Heiligen Schrift und dem Apostolischen Glaubensbekenntnis entspricht, das des Verfassers oder das des Jung-Bunzlauer Pfarrers, der meint, der Mensch werde nicht durch den Glauben, sondern durch das Sakrament selig. Ein weiteres Beispiel für die Irrlehre der utraquistischen Priester ist der Pfarrer Mikuláš Pistor in Königgrätz. Dieser hat ein Lied über das Altarsakrament gedichtet, in dem nicht zwischen Christus und Gott Vater unterschieden wird (*W těchto časých nebezpečných, we dnech antykrysto[vých]*) [Baťová: Kolínský kancionál [2011], 71f., 158; Dudík: Forschungen in Schweden (1852), 161].

Die Heilige Schrift bezeugt, dass der Mensch aus Gnade durch das Verdienst Jesu Christi selig wird. Diesen Glauben lässt Gott durch seine Boten (*skrze své posly*) verkündigen. Denen, die durch die Verkündigung des Evangeliums gläubig geworden sind, dienen die Boten mit den Sakramenten zur Vergewisserung der Wahrheit, die bereits in ihnen ist. Wenn das Bekenntnis des Jung-Bunzlauer Pfarrers wahr wäre und allein das Altarsakrament die Seligkeit bewirken würde, wären alle Briefe der Apostel im Neuen Testament überflüssig, denn dann hätte eine Anweisung zum Abendmahl ausgereicht. Auch wäre der äthiopische Kämmerer nicht selig geworden, denn er wurde auf den Glauben an Jesus Christus, nicht auf den Glauben an das Altarsakrament getauft (Apg 8,37). Auch der Schächer am Kreuz könnte nicht selig geworden sein (Lk 23,43). Bei den Priestern gilt die Lehre der Apostel für nichts. Wo sie die Macht dazu haben, verurteilen sie jeden, der nicht ihren Glauben an das Altarsakrament bekennt, als Ketzer. In Kuttenberg haben die Priester [den Bruder] Ondřej Polívka foltern und [am 13. Mai 1511] verbrennen lassen. Solche Priester treiben unter dem Namen Christi das Werk des Antichrist. Sie sind nicht Boten Christi, denn diese sind wie Schafe unter die Wölfe gesandt (Mt 10,16).

Es gibt noch aus vielen weiteren Städten Böhmens Beispiele für utraquistische Priester, die im selben Jahr [1511] Irrlehre vom Sakrament gepredigt haben. Als jemand in Heřmanův Městec [bei Chrudim] vor einem Priester das Apostolische Glaubensbekenntnis sagte, erwiderte dieser, das sei nicht der Glaube, sondern das Bekenntnis vom Altarsakrament sei der christliche Glaube [anscheinend wurde in diesem Fall von einem Anhänger der Brüderunität ein Bekenntnis zur Realpräsenz im Abendmahl gefordert]. In Wildenschwert predigte ein Priester, Christus sei nicht im Himmel, sondern im Altarsakrament, und berief sich dabei auf Mt 28,20. Am 15. Juni [1511] predigte ein Priester in Prag, wenn ein böser Priester an den Altar trete, dann fahre aus ihm der Teufel aus und Gott kehre in ihn ein. Wie lange hat Gott noch Geduld mit den falschen Propheten?

Für das richtige Verständnis der Einsetzungsworte ist es wichtig, dass Christus nicht sagte: „Das bin ich", sondern: „Das ist mein Leib, der dahingegeben wird". Darüber ist schon an anderer Stelle mit vielen Beweisen geschrieben worden [Nr. 27, 95, 104, 105, 107]. Damit ist zum einen Jesu menschlicher Leib gemeint (*přirozené čłowěcské, wzaté z žiwota panenského, geho wlastnj osoby*), zum anderen sein geistlicher Leib, die Kirche. Die Leute verstehen nicht, was letzterer ist und wollen nur an ersterem teilhaben. Man muss aber beide empfangen, sonst hat man weder an dem einen noch an dem anderen teil (1 Kor 10,16–17; Röm 12,5; 1 Kor 12,13.27; Eph 5,29–30). Christus hat seinen menschlichen Leib für die Kirche, seinen geistlichen Leib, dahingegeben, ist mit seiner Kirche in Liebe verbunden und vereinigt.

Das Brot des Abendmahls ist auf sakramentliche, vollmächtige und wahrhafte Weise (*poswátně, mocně a práwě*) beides, der natürliche und der geistliche Leib. Auch bei Petrus Lombardus heißt es, Brot und Wein seien Sakrament von zweierlei Dingen, des wahren Leibs Christi und des geistlichen Leibs. Allerdings ist es falsch, dass Petrus Lombardus behauptet, die Guten würden den natürlichen und den geistlichen Leib Christi empfangen, die Bösen dagegen nur den natürlichen Leib [Petrus Lombardus, *Liber sententiarum* 4, 9, 1, PL 192, 858]. Vielmehr empfangen die Bösen weder das eine noch das andere.

Hier könnte man fragen: Wie soll das Brot des Abendmahls Sakrament des geistlichen Leibes, also der Kirche, sein, obwohl die Kirche nicht „dahingegeben" wurde? Antwort: Das Wort *tradere* hat mehrere Bedeutungen: verraten, überliefern, hingeben. In der Kirche sollen die Gläubigen sich für einander hingeben. Daher ist der Einwand unberechtigt. Damit ist bewiesen, dass das Brot des Abendmahls Sakrament von beidem ist, dem natürlichen und dem geistlichen Leib Christi.

Man muss zweierlei Essen und Trinken unterscheiden. Das erste ist das wesentliche und heilsnotwendige geistliche Essen und Trinken des Leibes und Blutes Christi (*gedenj těla geho a pitj krwe, podstatnjho a základnjho k spasenj, duchowně*), davon ist in Joh 6,22–65 die Rede. Das zweite ist das sakramentliche Essen und Trinken, von dem in den Einsetzungsworten (1 Kor 11,23–25; Mt 26,26–28) die Rede ist. Die sakramentliche Kommunion setzt die geistliche Kommunion voraus (*nebude-li prwnjho, druhé nic neprospěge*). Wer das zweite ohne das erste empfängt, wird schuldig an Leib und Blut des Herrn (1 Kor 11,29).

Sowohl die Brotrede Joh 6 als auch die Einsetzungsworte müssen übertragen (*tropice a figůrně*) verstanden werden, denn der physische Genuss von Menschenfleisch und Menschenblut wäre eine schwere Sünde. Weder das Brot noch der Wein verändern beim Abendmahl ihre natürliche Beschaffenheit. Das bezeugen auch die frühen griechischen und lateinischen Kirchenväter. Ein Menschenleib in Brotform wäre ein Ungeheuer. Dennoch fürchten viele Leute, es wäre Ketzerei, wenn man die

Einsetzungsworte übertragen und sakramentlich (*figůrně, tropice, poswátně*) versteht. Sie wollen nur einfältig glauben und ziehen es vor, beim Abendmahl gar nichts zu verstehen (*dj: yá tak sprostně wěřjm, a nic newj, co wěřj a o čem wěřj*). Es gibt nur wenige, die sich um ein auf die Heilige Schrift gegründetes Verständnis bemühen und bereit sind, dafür Verfolgung auf sich zu nehmen. Der Buchstabe tötet, der Geist macht lebendig (2 Kor 3,6). Das gilt nicht nur vom Buchstaben des Alten Testaments, sondern auch von einem buchstäblichen und oberflächlichen Verständnis des Neuen Testaments.

Damit beschließt der Verfasser seinen Traktat gegen den Jung-Bunzlauer Pfarrer und andere Irrlehrer. Er versichert, dass er bereit ist, sich belehren zu lassen, vornehmlich von der Unität, prinzipiell aber auch von anderen.

Nr. 107　　　　　　　　　　　　　　　　　　　　　　　　　　　　　V 193r–203r

[Bruder Lukáš aus Prag:] Brieftraktat über die Frage, warum es heißt, dass Brot und Wein des Abendmahls Leib und Blut Christi, aber nicht Christus selbst sind, [1509]

Der Brieftraktat an einen unbekannten Adressaten ist im Handschriftenband AUF V anonym und undatiert überliefert. Der Text ist Teil einer Gruppe von Schriften über das Abendmahl (Nr. 104–107). Aufgrund der Terminologie und des charakteristischen, redundanten Stils, bei dem die eigentliche Argumentation von Wiederholungen und Erläuterungen geradezu überwuchert wird, kann die Zuschreibung an den Brüderbischof Lukáš aus Prag als gesichert gelten. Die *Historia Fratrum* (Praha, Národní knihovna České republiky, Sign. XVII F 51a, 290) erwähnt zum Jahr 1509 einen „ausführlichen Traktat über die Seinsweisen Christi" („spis o bytech Krystowých obssijrnij"), bei dem es sich sehr wahrscheinlich um den vorliegenden Text handelt.

Lukáš antwortet mit einer ausführlichen Zusammenfassung seiner Abendmahlslehre (vgl. Nr. 104) auf die Frage eines Bruders, warum Christus in den Worten der Einsetzung des Abendmahls (1 Kor 11,24–25) Brot und Wein als seinen Leib und sein Blut bezeichnet habe und nicht als Christus, als wahren und lebendigen Gott und Menschen. Die Fragestellung impliziert bereits die Antwort, dass der Wortlaut der Einsetzungsworte eine andere Erklärung verlange als die Abendmahlslehre der römischen Kirche. Diese wird von Lukáš als Irrlehre, als Götzendienst und als teuflische Verführung, durch die die Menschen an der Erlangung des Heils gehindert werden, zurückgewiesen. Bei der positiven Darstellung seines Abendmahlsverständnisses greift Lukáš auf die taboritische Lehre von den abgestuften „Seinsweisen" (*byty*) oder Weisen der Anwesenheit der menschlichen Natur Christi zurück. Das in anderen Schriften des Lukáš (zum Beispiel Nr. 105) zu beobachtende Anliegen, die brüderische Abendmahlslehre von einem bloß symbolischen Verständnis des Abendmahls abzugrenzen, tritt im vorliegenden Brieftraktat in den Hintergrund.

Überlieferung außerhalb der AUF: –

Edition: Peschke: Theologie, Bd. 2 [1940], 215–241 (deutsche Übersetzung). – Handschriftliche deutsche Übersetzung von Joseph Theodor Müller: Herrnhut, Unitätsarchiv der Evangelischen Brüder-Unität, Sign. AB.II.R.1.1a/3, Erster Teil, 155–172.

Literatur: Пальмов (Hg.): Чешские братья, Bd. 1/1 [1904], 180f., Nr. 14; Müller: Geschichte und Inhalt [1913], 107f., Nr. 13; Müller: Geschichte, Bd. 1 [1922], 464, 486–488, 547f., Nr. 36, 595, Nr. 90; Müller/Bartoš: Dějiny, Bd. 1 [1923], 293, 309–311, 339, Nr. 36; Urbánek: České dějiny, Bd. 3/4 [1962], 413–415 (zur Rezeption taboritischer theologischer Traditionen in der Brüderunität).

Odpowěd zprawugjcý tu otázku, proč by Krystus Pán neráčil wyswědčiti chleba a wjna Krystem, Bohem a člowěkem prawým a žiwým etc., než toliko tělem swým a krwj swau [„Eine Antwort auf die Frage, warum Christus der Herr nicht geruhte, Brot und Wein als Christus, wahren und lebendigen Gott und Menschen, zu bezeugen usw., sondern nur als seinen Leib und sein Blut"]. Inc.: *Bratře milý, žádáš mě za odpowěd na tu otázku twau, proč by Pán Krystus při swátosti dobré milosti neráčil wyswědčiti chleba a wjna býti se sameho [...]*. Expl.: *[...] chléb toliko tělem a kalich krwj wyswědčil pro vkázanj tagemst[ví] zřjzeného spasenj a pro wýstrahu při něm půwodu a přjčiny k swodu a oklamánj etc.*

[Lukáš aus Prag] beantwortet die Frage eines Bruders, warum Christus bei der Einsetzung des Abendmahls Brot und Wein nicht als den ganzen Christus nach seiner göttlichen und menschlichen Natur, sondern nur als seinen Leib, der hingegeben wird, und als sein Blut, das zur Vergebung der Sünden vergossen wird, bezeugt habe (*neráčil wyswědčiti*) (Mt 26,26–29; Mk 14,22–25; Lk 22,15–20; 1 Kor 10,14–22). [Lukáš] antwortet, dass Christus diese Worte mit Bedacht gesprochen hat, um zu verhindern, dass über das verordnete Heil (*při zřjzeném spasenj*) falsch gelehrt wird.

Erstens ist das Abendmahl von Christus eingesetzt als sakramentliches Zeichen, vollmächtige Bezeugung und wahrhaftige Verdeutlichung der Freiwilligkeit seines Selbstopfers (*aby poswátně wyznamenal a mocně swědčil a práwě prawdu vkázal*), bei dem er seine aus Liebe angenommene menschliche Natur aus Liebe ins Leiden dahingab (*že on sám z milosti přigaté člowěčenst[ví] těla a krwe swé dobrowolně z milosti dáti ráčil k zradě*).

Zweitens offenbarte Christus mit den Einsetzungsworten das Geheimnis (*aby vkázal tagemst[ví] též wjry k službě poznánj spasenj potřebně způsobeného*), dass der

Zweck der Inkarnation die Stillung [die Satisfaktion] des Hungers nach Gerechtigkeit und des Durstes nach Gnade war (*Krystus [...] měl sytost způsobiti tělem swým*). Die von Gott angenommene menschliche Natur ist eine Speise und ein Trank, da sie diesen Hunger und Durst gestillt hat [da durch den Kreuzestod Christi Satisfaktion geleistet wurde] (*Bůh člowěkem gsa včiněn [...] wydal člowěčenst[ví] za člowěka na pokutu smrti a wylitj krwe [...] k nasycenj lačnému spra[vedlnos]ti a žjzniwému milosti*).

Drittens offenbarte Christus mit den Einsetzungsworten das Geheimnis, dass die Gemeinschaft der Kirche, die Christi geistlicher Leib und sein geistliches Blut ist, eine Speise und ein Trank der Gläubigen ist (*že geho tělo gest duchownj, gjm způsobené ku pokrmu, a krew duchownj k nápogi*). Die Kirche ist Christi Leib, aber sie ist nicht Christus, ebenso ist das Sakrament zwar Christi Leib, aber nicht Christus selbst (*cýrkew nenj Krystus [...], a tau p[ří]činau swátosti těla a krwe Páně neslussj nazýwati Krystem*).

Viertens bezeichnete Christus Brot und Wein deshalb nicht als Christus und als Gott, sondern als seinen Leib und sein Blut, weil die Gläubigen [nicht den ganzen Christus, sondern nur] seinen Leib und sein Blut genießen, und zwar auf wesentliche Weise durch die geistliche, innerliche Kommunion der Seele (*k sytosti zde dusse spra[vedlnos]ti v wnitřnjm člowěku*). Erst nach der Auferstehung werden auch die [dann nicht mehr sterblichen, sondern unvergänglichen] Leiber der Gläubigen wesentlich an Leib und Blut Christi teilhaben (*a potom w den wzkřjssenj k sytosti y tělu*).

Fünftens hat Christus Brot und Kelch als seinen Leib und sein Blut und nicht als Christus, wahren Gott und wahren Menschen, bezeichnet, weil nur die menschliche Natur Christi durch Passion und Tod zu einer Speise und zu einem Trank geworden ist, seine Gottheit dagegen nicht (*božst[ví] w vmučenj a w smrti nenj pokrmem včiněno, ani k tomu zrazeno, ale geho člowěčenst[ví], [...] protož nerozum gest swátost těla a krwe Božj Krystem a Bohem a člowěkem nazýwati*).

Sechstens besagen die Einsetzungsworte, dass das Abendmahl ein Gedächtnis und nicht der lebendige Christus selbst sei. Ein Gedächtnis erinnert an Vergangenes (*pamět gest pominulých wěcý p[ří]tomné připomjnanj*). Wäre im Abendmahl der lebendige Christus gegenwärtig, wäre ein Gedächtnis nicht notwendig. Es sind auch nicht beide Naturen Christi hingegeben worden, sondern nur sein Leib.

Siebtens hat er das Brot seinen Leib genannt, um auf das Jüngste Gericht hinzuweisen, bei dem er leiblich erscheinen wird (1 Kor 11,26).

Gott hat zweierlei Dinge gestiftet, damit die Menschen das ewige Seelenheil erlangen, wesentliche und dienliche Dinge. Die wesentlichen Dinge sind das Verdienst des natürlichen Leibes und Blutes Christi (*zaslauženj těla Pána Gežjsse, přirozeného, bytného, a krwe přirozené*) und die geistliche Anteilhabe der Gläubigen daran (*aučastnost toho duchownj*). Die dienlichen Dinge sind die Kirche oder der geistliche Leib Christi sowie Wort und Sakramente, durch die die Gläubigen Anteil am geistlichen Leib Christi erhalten (*k té včastnosti a k vwedenj k tělu duchownjmu, cýrkwe, a obcowánj geho*). Die Erlangung des Seelenheils beruht gänzlich auf der Teilhabe am natürlichen und am geistlichen Leib und Blut Christi. Deshalb hat Christus Brot und Kelch als seinen Leib und sein Blut bezeichnet.

Diejenigen, die die Einsetzungsworte anders deuten, verstehen nicht den verordneten Heilsweg (*gináč smysliti gest zřjzeného spasenj neznati*), bei dem die Teilhabe an den wesentlichen Dingen dem Empfang der Sakramente vorausgehen muss. Deshalb muss man zwischen dem geistlichen und dem sakramentlichen Leib Christi unterscheiden (*rozsuzowánj mezy bytem duchownjm a poswátným těla Páně*) und sich selbst prüfen, ob man am geistlichen Leib Christi teilhat, bevor man das Sakrament empfängt (1 Kor 11,29).

Ferner wollte Christus durch den Wortlaut der Einsetzungsworte drei Irrtümer ausschließen:

Erstens warnte er mit seinen Worten vor den falschen Propheten und falschen Priestern, die behaupten, dass sie aus Brot Christus erschaffen und ihn opfern können, und die zum Beweis ihrer Irrlehren Lügenwunder mit blutenden Hostien tun.

Zweitens schloss Christus durch seine Worte die Irrlehre der Transsubstantiation aus, der die von den Mönchen verführte römische Kirche verfallen ist. Jeder, der kein närrischer Mönch ist (*žádný zap[ří]ti nemůž, leč mnich blázen*), kann sich mit seinen fünf Sinnen überzeugen, dass das Brot auch nach der Konsekration Brot bleibt. Dies bezeugen überdies Paulus (1 Kor 11,27–28; 10,16) und die Apostelgeschichte (Apg 2,42.46). Eine weitere Irrlehre der römischen Kirche ist die Lehre von der Anwesenheit der göttlichen Natur im Sakrament. Die daraus folgende Anbetung des Sakraments ist Götzendienst und widerspricht dem Wortlaut der Einsetzungsworte und dem Artikel des Apostolischen Glaubensbekenntnisses, dass Christus bis zur Wiederkunft zum Gericht zur Rechten Gottes des Vaters im Himmel sitzt. Dasselbe gilt von der Konkomitanzlehre und der Praxis der Kommunion unter einer Gestalt.

Drittens sind die Einsetzungsworte eine Warnung vor einer falschen Lehre vom [verordneten] Heil (*aby půwodu a p[ří]činy nedal zlému smysslenj a swodu při spasenj*). Christus wollte, dass die Diener die Laien lehren (*aby slauhy to znali y lid témuž včili*), zwischen der wesentlichen, der geistlichen und der sakramentlichen Seinsweise des Leibes Christi (*mezy bytem podstatným podstatnie a bytem duchownjm podstatným a mezy bytem poswátným*) zu unterscheiden. Diese Unterscheidung ist die Voraussetzung für den würdigen Empfang des Sakraments (1 Kor 11,29).

Das erste, körperliche, wesentliche Sein des Leibes Christi (*prwnj byt geho podstatny tělesný*) ist sein menschlicher Leib, der geboren wurde, starb, auferstand und zum Himmel fuhr und sich bis zur Wiederkunft räumlich nur dort befindet.

Die zweite Seinsweise des Leibes Christi ist die geistliche. Bei dieser ist die wesentliche Seinsweise des geistlichen Leibes, an der die Gläubigen geistlich Anteil haben, zu unterscheiden von der dienlichen Seinsweise des geistlichen Leibes Christi, der Kirche. Die wesentliche Seinsweise des geistlichen Leibes Christi ist entscheidend für das Heil der Menschen, auch wenn viele Priester dies aus Dummheit verschweigen (*gest negpotřebněgssj, proňž wssichni ginj gsau, kterýž newěrně od sluh zamlčán býwá z hlauposti gich*). Die dienliche Seinsweise des geistlichen Leibes, die Kirche mit ihren Dienern und Dienlichkeiten (*w sluhách, w služebnostech*), führt die Menschen durch Wort und Sakrament heran an die Erkenntnis der ersten und zweiten wesentlichen Seinsweise. Wort und Sakrament sind nicht gleichrangig, sondern das Wort hat den Vorrang vor dem Sakrament. Die gläubige Annahme des Wortes muss dem Empfang der Sakramente vorausgehen. Deshalb heißt es: Wer gläubig wird und danach getauft wird (*kdož vwěřj, a potom teprůw pokřtj se*), der wird gerettet (Mk 16,16).

Die dritte Seinsweise des Leibes Christi ist die sakramentliche, die als Zeichen und Bezeugung der beiden höheren Seinsweisen (*k wyznamenánj y k swědect[ví] bytu obogjho swrchu položeného*) gestiftet ist, damit der Mensch unsichtbare geistliche Dinge besser begreifen kann. Die sakramentliche Anwesenheit des Leibes Christi in den Sakramenten ist die niedrigste Seinsweise Christi. Sie allein reicht zur Erlangung des Heils nicht aus, wohl aber kann das Heil ohne den Sakramentsempfang erlangt werden.

Aus Unkenntnis der Unterscheidung zwischen den Seinsweisen des Leibes Christi hängt in der Gegenwart die große Masse Irrlehren im Hinblick auf das verordnete Heil an (*konečně nynj při zřjzeném spasenj mnozý blaudj*). Die Menschen schreiben den Dienlichkeiten die wesentlichen Dinge, den Sakramenten die Zueignung des Heils und Heilsnotwendigkeit zu. Wer nicht glaubt, dem nutzt jedoch die Taufe nicht. Ebenso muss bei den übrigen der sieben Sakramente die [vom Sakrament bezeichnete und bezeugte] geistliche Wahrheit vor dem Empfang des Sakraments vorhanden sein.

Die törichten Laien, die den Lügenpriestern glauben (*lid blázniwý ffalessným kněžjm wěře*), wiegen sich in Sicherheit und erlangen doch nicht das Heil. In der frühen Kirche gab es noch treue Priester und rechte Lehre, bis der Satan die Priester zu seinen Instrumenten machte, um durch menschliche Erfindungen (Jes 29,13; Mt 15,9) die Laien vom Heil wegzuführen. Daher hat Christus, der ein Vorwissen der künftigen Verführung hatte, den Jüngern geboten, zuerst zu predigen und dann diejenigen, die gläubig werden, zu taufen (*rozkázal negprw čtenj kázati a wjře slaužiti a Krysta w prawdě w duch lidský vwoditi w geho včenj, a teprw wěřjcý a z wjry poslussné křtjti na swědect[ví] wjry, a z wjry w Krystu spasenj*). Christus selbst hat seine Jünger zuerst unterrichtet und dann getauft (Joh 13,1–17) [die Fußwaschung gilt als Taufe], dann erst hat er mit ihnen das Abendmahl gefeiert.

Aus dem Gesagten ergibt sich, dass Christus mit Bedacht (*maudře, wtipně, potřebně*) Brot und Wein als seinen Leib und sein Blut bezeugt hat. Durch die Einsetzungsworte hat er das Geheimnis des verordneten Heils (*tagemst[ví] zřjzeného spasenj*) geoffenbart und vor Irrlehre und Verführung gewarnt.

Nr. 108   V 209r–222r

[Bruder Vavřinec Krasonický:] Traktat über vermeintlichen und wahren Gottesdienst, [1492]

Laut der *Historia Fratrum* (Praha, Národní knihovna České republiky, Sign. XVII F 51a, 96) entstand im Jahr 1492 ein „ausführlicher und sehr schöner Traktat von Gott dem Herrn und vom wahren christlichen Glauben und über den Götzendienst, der erste Teil desselben ist von Bruder Vavřinec Krasonický und der zweite Teil von Bruder Prokop" („téhož leta naleza se psanij obssirne a welmi piekne vczinieno o Panu Bohu a o wirže prawe krzesťanske a o modlaržstwij, prwnij dil geho gest br[atra] Wawrzincze Krasoniczskeho a druhý dil br[atra] Prokopa"). Mit dem „zweiten Teil" ist offensichtlich Nr. 109, die Schrift des Bruders Prokop aus Neuhaus über den Götzendienst, gemeint. Müller schlug vor, den „ersten Teil" mit dem in AUF V unmittelbar vorangehenden Traktat Nr. 108 zu identifizieren. Zur Frage der Verfasserschaft Krasonickýs äußerte sich Müller nicht näher (Müller: Geschichte, Bd. 1 [1922], 253, 592, Nr. 58; ähnlich vorsichtig zur Verfasserfrage Sokol: Vavřinec Krasonický [1984], 58).

Dass Nr. 108 nicht von „Gott dem Herrn und vom wahren christlichen Glauben", sondern vom wahren „Dienst Gottes des Herrn" handelt, fällt als Argument gegen Müllers Identifizierung nicht ins Gewicht, da Titel und Themen der in der *Historia Fratrum* erwähnten Schriften auch in anderen Fällen ungenau wiedergegeben sind. Allerdings lässt die Formulierung in der *Historia Fratrum* erwarten, dass die beiden Teile des „ausführlichen und sehr schönen Traktats" miteinander verbunden als eine Texteinheit überliefert wurden. Vom kodikologischen Befund her bilden Nr. 108 und 109 in dem Handschriftenband AUF V jedoch getrennte Faszikel. Nr. 108 ist ein Heft aus drei Ternionen (Bl. 209–226), dessen letzte neun Seiten leer geblieben sind. Nr. 109 ist ein Heft aus einem Quaternio (Bl. 227–234) und wurde von einem anderen Kopisten geschrieben als Nr. 108. Aufgrund dieser Beobachtungen ist es eher unwahrscheinlich, dass die in AUF V überlieferten Abschriften von Nr. 108 und Nr. 109 auf eine Vorlage zurückgehen, in der die beiden Texte zu einem Ganzen zusammengefügt waren.

Der Text scheint an Leser außerhalb der Unität gerichtet zu sein. Er enthält keinen direkten Hinweis auf die Brüder. Der Verfasser fordert den Leser auch nicht ausdrücklich zur Separation vom Gottesdienst in den Pfarrkirchen auf, obwohl dies die naheliegende Konsequenz aus der Unterscheidung zwischen dem vermeintlichen und dem wahren Dienst Gottes wäre. Mit der geistlichen Wiedergeburt als einer bewusst erfahrbaren Lebenswende behandelt der mittlere Abschnitt dann ein zentrales Konzept der brüderischen Lehre (vgl. Nr. 18, 63, 66, 73). Charakteristische Formulierungen wie die Rede vom „guten Willen" (vgl. Nr. 73, 252 und öfter) und vom

„Fortschritt im angefangenen Guten" (vgl. Nr. 178, 179, 206 und öfter) bestätigen den brüderischen Ursprung des Textes. Der dritte Abschnitt, eine Auslegung von Sir 2,1–5, ist anscheinend an Geistliche gerichtet oder an Personen, die im Begriff stehen, in den geistlichen Stand einzutreten. Mit der Warnung vor Ketzerei, vor der Verführung zu „bösen Genossenschaften" unter dem Schein der Heiligen Schrift und vor Lästerungen gegen die „Mutter Gottes" im dritten Abschnitt stellt sich der Verfasser als Verteidiger der Rechtgläubigkeit dar. Auffällig sind die wiederholten Appelle an die Vernunft, so als hätte der Verfasser Leser im Blick, die ausdrücklich beanspruchen, Gott „vernünftig" zu dienen (Röm 12,1).

Der Text enthält nichts, was der hypothetischen Zuschreibung an Vavřinec Krasonický und der Datierung in das Jahr 1492 aufgrund des Eintrags in der *Historia Fratrum* entgegensteht. Krasonický diente 1492 als Brüderpriester der Unitätsgemeinde in Landskron (vgl. Nr. 84). Über den Anlass und den Zweck des Schreibens kann man nur Vermutungen anstellen. Möglicherweise hatte Krasonický einen gebildeten Leser außerhalb der Unität im Sinn, der den Vorsatz gefasst hatte, Gott zu dienen und Geistlicher zu werden.

Überlieferung außerhalb der AUF: –

Edition: Handschriftliche deutsche Übersetzung von Joseph Theodor Müller: Herrnhut, Unitätsarchiv der Evangelischen Brüder-Unität, Sign. AB.II.R.1.1a/3, Erster Teil, 173–191.

Literatur: Jireček, J.: Rukověť, Bd. 1 [1875], 414, Nr. 1; Пальмов (Hg.): Чешские братья, Bd. 1/1 [1904], 181, Nr. 15; Müller: Geschichte und Inhalt [1913], 108, Nr. 14; Müller: Geschichte, Bd. 1 [1922], 253, 592, Nr. 58; Müller/Bartoš: Dějiny, Bd. 1 [1923], 164f.; Jakubec: Dějiny literatury české, Bd. 1 [1929], 630f.; Sokol: Vavřinec Krasonický [1984], 58; Pražák: Vavřinec Krasonický [1993].

Sepsánj včiněné o službě Pánu Bohu, kterak wssickni lidé Pánu Bohu podlé swého způsobu slaužj a gaká by služba gemu wzácná byla [„Eine Schrift über den Dienst Gottes des Herrn, wie alle Menschen Gott dem Herrn auf ihre Weise dienen und welcher Dienst ihm wohlgefällig ist"]. Inc.: *Lidé maudřj podlé swěta tohoto o wssech wěcech myslj, kteréž chtj mjti, aneb gich nabyti, aby byly pewné a gisté [...].* Expl.: *[...] a on gediné ty zwoluge, kteřjž w pokussenjch s nim zůstanau, ty bezelsti nalezne. Amen.*

[Vermeintlicher und wahrer Dienst Gottes]

Die Philosophen (*lidé maudřj podlé swěta tohoto*) haben den Grundsatz, nur nach Dingen zu streben, über deren Nutzen sie Gewissheit erlangt haben, um keinen Täuschungen zu erliegen. Wenn dies von zeitlichen Dingen gilt, dann muss man umso größere Sorgfalt auf ewige und göttliche Dinge verwenden. Dies gilt vor allem von dem, was man allgemein als Dienst Gottes (*slaužiti Bohu*) bezeichnet. Alle

Menschen dienen Gott, der eine so, der andere anders, wie es ein jeder für richtig hält (*gakž kdo sobě zwolj službu Božj*). Einige werden Mönche, andere unternehmen Wallfahrten, die übrigen begnügen sich damit, mehr oder weniger oft zu beten und zu fasten sowie in die Kirche zu gehen, wo die einen Priester dieses, andere jenes lehren. Wenn dies der wahre Gottesdienst ist, dann dienen alle Menschen Gott und werden alle selig.

Jedoch ist Vorsicht geboten aufgrund der Worte Christi, dass der Weg zum Leben schmal sei (Mt 7,14) und dass nicht alle, die ihn den Herrn nennen, selig werden, sondern nur diejenigen, die den Willen des Vaters im Himmel tun (Mt 7,21). Es besteht ein großer Unterschied zwischen dem wahren Gottesdienst und dem, was man allgemein so nennt (*mezy prawau službau Bohu a mezy tau, kteráž wssech obecná gest*). Den allgemeinen Gottesdienst (*služba obecná Bohu*) verrichten aus bloßer Gewohnheit auch Menschen, die weder lebendigen Glauben noch Liebe haben und die in schweren Sünden leben. Sie befolgen ohne viel Nachdenken die Zeremonien und Vorschriften, die die Priester aus Habgier erfunden haben, und gelangen nicht zu Erkenntnis Gottes und Besserung des Lebens. Deshalb soll ein vernünftiger Mensch (*člowěk rozumný*) mit höchstem Fleiß der Frage nachgehen, wie man Gott dienen und das Seelenheil erlangen soll. Der wahre Gottesdienst beruht auf Glauben (Hab 2,4; Röm 1,17) an das Wort Gottes, reiner Liebe zu Gott (*čistá milost [...] k samemu Bohu*) und Gehorsam.

[Die geistliche Wiedergeburt]

Dazu ist es notwendig, dass der Mensch geistlich von neuem geboren wird (Joh 3,5–6). Das leibliche Leben ist von der Empfängnis an mit der Sünde Adams behaftet, bringt Begierden und Sünde hervor und führt zu Tod und Verdammnis. Das geistliche Leben in Christus beginnt mit der gläubigen Annahme des Wortes Gottes sowie mit Gottes- und Selbsterkenntnis, es bringt Liebe zu Gott, Gerechtigkeit und christliche Tugenden hervor.

Wenn ein Mensch geistlich neu geboren ist, hört das alte fleischliche Leben einerseits auf, andererseits hört es nicht auf. Es hört insofern auf, als der geistlich Wiedergeborene mit Willen, Absicht und Tat der Sünde widerstrebt (*wůle a vmysl y skutek daleko gest, aneb twrdě stogj, proti hřjchu*). Es hört andererseits nicht auf, solange das leibliche Leben dauert, denn der Körper (*tělo*) ist der Ursprung böser Begierden. Die Sünde hat drei Wurzeln: das Fleisch (*tělo*), den Teufel und die Welt. Die fleischlichen Begierden führen zu Unkeuschheit (*hřjch smilný*), Zorn (*k hněwu popuzenj*) und Habsucht (*lakomst[ví]*). Andere Sünden entstehen aus der maßlosen Steigerung von Bedürfnissen: Aus dem Bedürfnis nach Nahrung entsteht Völlerei, aus der Notwendigkeit von Kleidung die Eitelkeit, aus der natürlichen Liebe zwischen Mann und Frau die Unkeuschheit. Diese Dinge haben ihren Ursprung in körperlichen

Regungen und werden durch die List des Teufels und das böse Beispiel der Welt zur Sünde. Die Sünde ist also im Wiedergeborenen tot und nicht tot. Es verhält sich mit der Sünde wie mit einer Pflanze, die im Winter abstirbt, deren Wurzel aber noch lebendig ist und wieder ausschlagen kann, wenn sich die Gelegenheit bietet.

Gegen solche Regungen muss der wiedergeborene Mensch beständig ankämpfen. Für diesen Kampf bewirkt Gott durch seine Macht (*moc*) im bekehrten Menschen einen guten Willen, der nicht mehr zur Sünde geneigt ist (*dobrau wůlj, odlaučenau od hřjcha*). Der bekehrte Mensch muss sich daher konsequent Gott ergeben und von der Welt abkehren (*Bohu se dáti vplně a odstaupiti od swěta*), um Fortschritt in dem Guten zu machen, das er begonnen hat (*prospěch w tom dobrém, kteréž počal*). Damit ist eine Erfahrung von Freude und Wahrheit, ein Vorgeschmack der ewigen Seligkeit, verbunden. Ohne diese Erfahrung wäre der Mensch zum Kampf gegen die Sünde gar nicht fähig.

Daraus ergibt sich, wie groß der Unterschied zwischen dem Gottesdienst des wiedergeborenen, neuen Menschen (*nowý člowěk podlé Boha*) und den von Menschen erdachten toten Gebräuchen (*obyčegjch mrtwých*) ist, mit denen die Menschen Gott äußerlich gefallen wollen und sich doch nur selbst betrügen. Dienst bedeutet, dass man das tut, was ein anderer gebietet. Um Gott vernünftig (*rozumně*) zu dienen (Röm 12,1), darf man sich nicht nach Geboten richten, die menschliche Erfindungen sind (Jes 29,13; Mt 15,9), sondern muss Gott selbst dienen.

Wenn ein Wiedergeborener von einer Sünde übereilt wird, soll er sich den Ursprung der Sünde, das Fleisch, und die Folge der Sünde, den Tod, verdeutlichen. Man unterscheidet zwischen Todsünden und lässlichen Sünden. Todsünden sind Taten, zu denen man sich freiwillig und im Bewusstsein, dass es sich um eine Sünde handelt, entscheidet. Durch Todsünden verliert man die Gnade Gottes, sie töten die Seele. Lässliche Sünden dagegen geschehen aus Schwachheit, Unwissenheit, Vergesslichkeit, Mangel an Urteilsvermögen, oder sie sind jähe Gemütsregungen, die man gleich nach der Tat bedauert. Lässliche Sünden und Unzulänglichkeiten sind auch bei guten Menschen in vielerlei Hinsicht beigemischt (*gesto se přiměssugj y dobrým lidem we mnohých wěcech*). Durch lässliche Sünden geht man der Gnade Gottes nicht verlustig, aber sie hinterlassen Flecken und Schäden (*něgaké posskwrny a sskody*) im Geist.

Um Sünde zu vermeiden, muss der Wiedergeborene die Gebote Gottes kennen und halten. Die göttlichen Gebote verbieten alles Böse, das vom Fleisch, dem Teufel und der Welt ausgeht. Umgekehrt gebieten die Gebote, und zwar nicht nur der Dekalog, sondern auch noch viele weitere Gebote, das Gute. Die Gebote Gottes müssen vollständig eingehalten werden. Übertritt man auch nur eines von ihnen, verliert man die Gnade Gottes und verfällt dem ewigen Tod, es sei denn, man tut Buße. Buße heißt, den durch die Übertretung eingetretenen Schaden wiedergutzumachen und dem Gebot erneut Gehorsam zu leisten (*pokánj gest zase oprawiti sskodu a wstaupiti w to přikázanj*).

Aus dem bisher Gesagten ist hinlänglich zu erkennen, dass es gründlicher vernünftiger Überlegung (*mnoha rozumnost*) bedarf, um Gott zu dienen. Alles andere ist falscher Gottesdienst (*giné wssecky služby kromě té gsau mrtwé, ať se zdagj welmi slawné lidu slepému a od Boha opusstěnému*).

[Auslegung von Sir 2,1–5]

Was man lernen muss, wenn man in den Dienst Gottes eintritt, beschreibt Sir 2,1–5. Diejenigen, die nicht bereit sind, diesen schweren Dienst demütig zu lernen, werden weder weltlich noch geistlich sein. Selbst wenn sie sich nicht wieder dem weltlichen Leben zuwenden, können sie andere Menschen nur in die Irre führen (*ani swětsstj, ani duchownj budau, než tak změtency*). Sie werden ihren Mitmenschen eine Plage sein. Deshalb sollen diejenigen, die in den Dienst Gottes eintreten, „in Gerechtigkeit und Gottesfurcht" beständig sein (Sir 2,1). Dies ist nicht irgendeine Gerechtigkeit, sondern die im Evangelium und in der ganzen Heiligen Schrift geforderte Gerechtigkeit gegenüber Gott und Menschen, die man erlangt, indem man den Worten und dem Vorbild Christi folgt. Mit der in Sir 2,1 geforderten Gottesfurcht ist die fleißige Bemühung verbunden (*bázni Božj přidáwá se pilnost*), sich vor Sünden zu hüten. Gottesfurcht, die sich im Kampf gegen die Sünde erweist, setzt Gotteserkenntnis und Kenntnis des göttlichen Gesetzes voraus.

Ferner soll man laut Sir 2,1 seine Seele auf die Versuchung vorbereiten. Gegen die Versuchungen durch den Teufel sollen die Söhne Gottes (*synowé Božj*) die geistliche Waffenrüstung anlegen, die Paulus in Eph 6,13–17 beschreibt und die allegorisch auf die Diener Gottes zu beziehen ist, die im Kampf mit dem Teufel standhalten. Eine der Schlichen des Teufels sind die Pfeile der Ketzerei, mit denen er jetzt viele Menschen verwundet hat, sodass für sie die Irrlehre glänzt wie der Glaube (*negwjce gest pilen těch lidj, aby ge ranil bludy kacýřskými, gakož nynj mnoho gich zranil, aby se gim bludowé skwěli gako wjra*). Die falsche Frömmigkeit der Ketzer ist schlimmer als ein offensichtliches weltliches [sündiges] Leben. Die Teufel verführen die Leute unter dem Schein der Heiligen Schrift durch süße Reden zu bösen Genossenschaften, und ehe man es bemerkt, saugen sie einem den Glauben aus (*ďáblowé wskrytě pod dobrotau, pod pjsmy wwodj na lidi zle towaryst[ví], gessto se snássegj spolu skrze sladké řeči, že nepočigj, až z nich wjru wyssau*). Die Teufel schießen mit Pfeilen des Zweifels und streuen Zweifel an Gott, an der Trinität und an der Mutter Gottes (*o matce Božj*) unter den Menschen aus. Nur mit der Rüstung des Glaubens kann man solchen Versuchungen widerstehen.

Nach Sir 2,2–3 ist ein demütiges Herz notwendig, um die Versuchungen zu überwinden. Wer Stolz ist, erliegt leicht den Angriffen des Teufels. Um den geistlichen Kampf zu führen, bedarf es vernünftiger Unterweisung (*rozumného včenj w slowjch prawdy rozumné*), von der in Sir 2,2 die Rede ist. In der Gegenwart ist es schwer, einen treuen Lehrer zu finden, und es gibt auch nur wenige, die Unterweisung suchen (*gessto by o slowa rozumná stáli, gessto rada potřebná stogj, žádagjce zprawenj býti*). Dagegen gibt es viele, die gern süße Worte zu ihrer Täuschung hören (*sladké řeči na swé oklamánj*).

Sir 2,4 lehrt, dass man Leiden mit Geduld auf sich nehmen soll. Der Demütige nimmt alles an, was Gottes Wille über ihn zulässt. Leichtfertigen Menschen (*lidem lehkým*) ist das zuwider. Wenn es möglich wäre, würden sie lieber durch Zauberei (*skrze čáry a kauzly*) und durch die Hilfe des Teufels dem entkommen, was Gottes Hand ihnen auferlegt. Unwillig und murrend über Schmerzen, Schmähung, Armut, Hunger und Tod fahren sie zur Hölle. Der [wahre Diener Gottes] nimmt dagegen den Rat von Sir 2,4 an und leidet demütig und geduldig und vergilt Böses nicht mit Bösem (Röm 12,17; 1 Petr 3,9) nach dem Vorbild Jesu (Hebr 5,7).

Manche Leute [Mönche] wollen mit harter Askese ihre Demut beweisen (*za nehodné se magj řečj před lidmi, sprostně chodj w oděwjch, skrowně požjwagj pokrmůw, twrdě léhagj, w žjnjch se trápj*), sind aber streitsüchtig und reagieren zornig auf Kränkungen. Ihre falsche Demut bezieht sich nur auf Dinge, die sie selbst gewählt haben. Sie bestehen nicht die Feuerprobe, von der in Sir 2,5 die Rede ist. Man muss viel goldhaltige Erde ausgraben, um durch das Feuer ein wenig Gold zu gewinnen. So ist es auch bei den Menschen. In Friedenszeiten gehen viele zur Predigt und zum Abendmahl, aber wenn das Feuer der Anfechtung kommt, bleiben nur wenige bei Gott. Gott erwählt aber nur diejenigen, die in der Versuchung bei ihm bleiben (*gediné ty zwoluge, kteřjž w pokussenjch s nim zůstanau*).

Nr. 109
V 227r–234r

Bruder Prokop aus Neuhaus: Traktat über den Götzendienst, [1492]

Laut der *Historia Fratrum* (Praha, Národní knihovna České republiky, Sign. XVII F 51a, 96) entstand die Schrift des Brüderpriesters Prokop aus Neuhaus (vgl. Nr. 73) über den Götzendienst im Jahr 1492 und wurde als „zweiter Teil" zusammen mit einer Schrift des Brüderpriesters Vavřinec Krasonický „über Gott den Herrn und den wahren christlichen Glauben" überliefert. Der von Krasonický stammende „erste Teil" ist wahrscheinlich mit dem in AUF V ohne Angabe des Verfassers und undatiert überlieferten Dokument Nr. 108 zu identifizieren.

Einige sprachliche Besonderheiten, etwa der latinisierende Gebrauch des *accusativus cum infinitivo*, erwecken den Anschein, dass es sich bei dem vorliegenden Text um eine Übersetzung aus dem Lateinischen handelt. Andererseits finden sich in den tschechischen biblischen Zitaten sprachliche Archaismen, die für einen Text aus dem ausgehenden 15. Jahrhundert ungewöhnlich sind. Die altertümlichen Verbformen deuten darauf hin, dass Prokop aus einer alten tschechischen Bibelübersetzung zitiert oder den biblischen Wortlaut aus älteren tschechischen Quellen übernimmt.

Zu den von Prokop benutzten Quellen zählt anscheinend der Abschnitt über die Fürbitte der Heiligen aus dem 1431 entstandenen Glaubensbekenntnis des Taboritenbischofs Mikuláš aus Pilgram (Spunar: Repertorium [1995], 74; *Confessio Taboritarum* 19–22, p. 124–141 Cegna/Molnár). Möglicherweise griff Prokop auch auf den Traktat des Petr Chelčický, *Řeč o šelmě a obrazu jejiem* („Rede über das Tier und sein Bild", Chelčický: Spisy z Olomouckého sborníku [2016], 277–302) zurück. Der Sache nach argumentierte Prokop gegen Argumente, die der erwählte utraquistische Erzbischof von Prag, Jan Rokycana, im *Tractatus de existencia corporis Christi* von 1443 gegen die Taboriten zugunsten der Verehrung von Heiligenbildern und Kruzifixen sowie der Fürbitte der Heiligen angeführt hatte (Nejedlý [Hg.]: Prameny k synodám [1900], 144). Deutliche Berührungen liegen ferner mit Prokops Schrift über die Glaubensfreiheit von 1474 vor (Molnár: Neznámý spis [1983/84]; Just: Schrift [2017]).

Überlieferung außerhalb der AUF: –

Edition: [Dobiáš, J. (Hg.):] Spisek [1881]. – Handschriftliche deutsche Übersetzung von Joseph Theodor Müller: Herrnhut, Unitätsarchiv der Evangelischen Brüder-Unität, Sign. AB.II.R.1.1a/3, Erster Teil, 193–203.

Literatur: Jireček, J.: Rukověť, Bd. 2 [1876], 152, Nr. 7f.; Пальмов (Hg.): Чешские братья, Bd. 1/1 [1904], 181f., Nr. 16; Müller: Geschichte und Inhalt [1913], 108, Nr. 15; Müller: Geschichte, Bd. 1 [1922], 253f., 592, Nr. 59; Müller/Bartoš: Dějiny, Bd. 1 [1923], 164f.; Říčan: Dějiny [1957], 67; Urbánek: České dějiny, Bd. 3/4 [1962], 413–415, 418f. (zur Rezeption taboritischer theologischer Traditionen in der Brüderunität).

Spjsek o hanebnem hřiechu, těchto časuow giž lidem newelmi známém, totižto o modlářstwj, učyněný od bratra Prokopa bakalaře, rodem z Gindřichowa Hradce, kterýž byl zpráwcý starssjm mezy bratřjmi etc. [„Ein Traktat über eine schändliche Sünde, die dieser Zeit den Leuten nicht mehr recht bewusst ist, nämlich über den Götzendienst, verfasst von Bruder Prokop dem Baccalaureus, aus Neuhaus gebürtig, der ein Ältester unter den Brüdern war usw."]. Inc.: *Poněwadž hřjchu modlařskeho welmi nenawidj Buoh a wždycky nenawidjwal a geho welebnost těžce gjm wražena bywala […]*. Expl.: *[...] a modláři tau pokutau buďte potupeni, o njž w Zgewenj zapečetěnymi y odpečetěnymi slowy psáno, gichžto gména negsau napsana w Knihach žiwota a beranka: ke wssemu buď. Amen.*

Götzendienst ist eine schwere Sünde gegen Gott. Sie zieht nicht nur ewige [postmortale], sondern oft auch zeitliche [innerweltliche] Bestrafung nach sich. Man kann sich vor einer Sünde nur hüten, wenn man sie als etwas Böses erkannt hat. Bei der Sünde des Götzendienstes scheint es, dass sie ganz aus der Welt verschwunden ist (*newidj se ten hřjch na swětě byti*), da die alten heidnischen Götzen längst zerstört sind und selbst die heutigen Heiden (*pohané*) [solch einen Abscheu vor dem Götzendienst haben, dass sie] die Christen als schweinische Heiden (*swinské pohany*) und Götzendiener beschimpfen [gemeint sind die Muslime]. Auch die Juden hüten sich sehr sorgfältig vor Götzendienst.

Man muss jedoch sorgfältig untersuchen, ob der Götzendienst tatsächlich aus der Welt ausgetilgt ist. Wenn es sich so verhält, dann haben die Menschen bessere Aussichten, das Heil zu erlangen (*lépe a bezpečněyssj lidé budau při spasenj*). Wenn es dagegen immer noch Götzendienst gibt, besteht für einen Teil der Menschen große Gefahr. Und dass dies der Fall ist, bezeugt die Offenbarung des Johannes, in der davon die Rede ist, dass der Antichrist – sei es, dass er bereits erschienen ist, sei es, dass er noch kommen wird – die Menschen dazu verführen wird, ihn anzubeten (Offb 9,20; 13,4; 14,9; 19,20). Diese Schriftstellen beweisen, dass in der Welt Götzendienst vorhanden ist und bis zum Ende der Welt bestehen wird. Daher muss sich jeder, der der ewigen Verdammnis entgehen will, davor hüten, aus Unwissenheit und Blindheit (*w newědomj a w slepotě sskodliwé*) die Sünde des Götzendienstes zu begehen.

Bei allen Menschen in allen Völkern gibt es von Natur aus (*to gest z přirozenj lidem*) Gottesverehrung, sei es, dass sie auf wahren, sei es, dass sie auf falschen Vorstellungen beruht (*k službě a k poctě Božj podle prawdy neb domněnj omylneho*). Manchmal ist mit der Gottesverehrung eine Verbesserung auch der übrigen Seelenkräfte verbunden (*s oprawenjm ginych mocy dusse, t[otiž] rozumu a wuole skrze wjru a lásku darem Božjm danau*), manchmal nicht [vgl. Molnár: Neznámý spis (1983/84), 446].

Wenn das natürliche Bedürfnis nach Gottesverehrung mit rechter Erkenntnis verbunden ist, verehren die Menschen allein Gott. Wo rechte Erkenntnis fehlt, verfallen die Menschen dem Götzendienst und der Verehrung geschaffener Dinge wie der Himmelkörper. Einige Israeliten dienten der Himmelskönigin (*králowně nebeské*) (Jer 7,18) [einer heidnischen Gottheit]. Die Chaldäer verehrten die [vier] Elemente. In Ur, was auf Chaldäisch „Feuer" bedeutet, warfen sie Abraham ins Feuer, weil er es nicht anbeten wollte [Hieronymus, *Quaestiones Hebraicae in Genesim* 11,28, PL 23, 323]. Einige verehrten Tiere, andere verstorbene Menschen wie Baal oder Herkules, die sie für Götter hielten. Auch unter denen, die den wahren Gott erkannt hatten, übertrugen manche göttliche Ehren auf Geschaffenes, so die heidnischen Philosophen (Röm 1,25) oder [König Salomo], der wegen seiner Frauen Götzentempel bauen ließ (1 Kön 11,5–8).

In der Gegenwart geschieht es vielfach, dass man geringere Dinge leugnet, die Gott selbst dem Menschen gewährt, aber größere Dinge, die keinem Geschöpf zukommen, dem Menschen beilegt. Gott selbst hat einige Menschen Götter genannt, Mose (Ex 7,1), die Richter im Volk (Ex 22,8) und andere (Ps 82,6; Joh 10,34). Seine

Ehre hat er dagegen keinem anderen verliehen (Jes 42,8; Mt 4,10). Umgekehrt bezeichnet man heute zwar keine Menschen als Götter, dagegen erweist man Heiligen und deren hölzernen und steinernen Abbildern göttliche Ehre.

Auch wenn die vom Papst und dessen Priestern und Mönchen verführten Christen die Heiligen nicht als Götter anreden, unterscheidet sich die Verehrung des heiligen Nikolaus doch nur dem Namen nach vom heidnischen Kult des Neptun. Der Heiligenkult ist nichts anderes als Vielgötterei und Götzendienst. Die Priester machen fast keinen Unterschied zwischen der Verehrung eines Heiligen und der Verehrung Gottes. Wenn ein Heiligenfest auf einen Sonntag, der allein Gott gewidmet ist, fällt, hat die Verehrung des Heiligen sogar Vorrang vor der Verehrung Gottes. Gott ist der allmächtige Schöpfer, nur ihn darf man in geistlichen und zeitlichen Nöten anrufen. Prokop beschränkt seine Darlegung auf den Götzendienst im eigentlichen Sinne (*wlastně o modlařstwj mluwjc*), die Übertragung göttlicher Ehre auf Geschaffenes. In einem übertragenen Sinne kann auch jegliche mutwillige Übertretung der Gebote Gottes als Götzendienst bezeichnet werden, wie Paulus schreibt, dass für manche Menschen der Bauch ihr Gott ist (Kol 3,5; Phil 3,19).

Damit ist bewiesen, dass die Sünde des Götzendienstes keineswegs aufgehört hat, sondern immer noch in der Welt ist, auch wenn sich niemand dazu bekennen will. Die heutigen Götzendiener verfolgen und töten sogar diejenigen, die sich nicht am Götzendienst beteiligen wollen. Obwohl in der Gegenwart alle bekennen, dass es nur einen Gott gibt, ehren ihn nur sehr wenige auf die rechte Weise, die meisten dagegen treiben unbußfertig Götzendienst. Diese Sünde wird auf zweierlei Weisen begangen: erstens durch falsche Meinungen (*křiwym neb scestnym domněnjm*), zweitens durch kultische Handlungen (*službau*).

Die falschen Meinungen beruhen darauf, dass man aus Unwissenheit irgendwelche Geschöpfe für Götter hält, wie oben erwähnt, oder dass man Geschöpfen Eigenschaften zuschreibt, die Gott allein zukommen wie Allmacht, Allwissenheit und andere. Damit vergöttert (*zbožniti*) man Kreatürliches. Beispielsweise haben einige Theologen [um die Lehre von der Transsubstantiation oder Realpräsenz zu begründen] der menschlichen Natur Christi die göttliche Eigenschaft der Allgegenwart zugeschrieben. Gegen diese Lehre haben die Taboritenpriester eine Schrift verfasst [Sedlák: Táborské traktáty [1918], 24f., 59f.]. Wie weit die Gotteslästerung der Priester gehen kann, ist an dem Buch *Stella Clericorum* [Reiter (Hg.): Stella clericorum (1997)] zu ersehen, dessen Verfasser behauptet, der Priester erschaffe bei der Wandlung den Schöpfer.

Diejenigen, die Heilige als Nothelfer anrufen, schreiben ihnen Ubiquität zu und machen Menschen zu Göttern. Nicht einmal Christi menschliche Natur, der in personaler Einheit mit der göttlichen Natur göttliche Ehre gebührt, hat die göttliche Eigenschaft der Ubiquität angenommen. Im Hinblick auf seine menschliche Natur ist Christus von geringerem Rang als der Vater (Joh 14,28). Umso weniger darf man gewöhnlichen Menschen diese Eigenschaft zuschreiben. Und selbst wenn die Heiligen Gebete hören könnten, könnten sie doch nicht gewähren, worum man sie bittet. Besonders schwer wiegt die Sünde derer, die die Heiligen eifriger verehren als Gott selbst, und das gilt besonders von den Verehrern der Himmelskönigin (*služebnjcy kralowny nebeské*) (Jer 7,18) [der Maria].

Man kann innerlichen und äußerlichen Götzendienst unterscheiden. Götzendiener sind auch diejenigen, die die Dinge dieser Welt anstelle des Schöpfers fürchten, lieben und ehren (*y milowati y báti se y ctjti*), denn die innerliche Hinwendung und das Hängen am Kreatürlichen ist Götzendienst im eigentlichen Sinne (*wnitřnj k stworenj obracenj a držánj gest wlastně modloslaužení*). Äußerlicher Götzendienst ist die Verehrung mit Niederknien, Verneigen, Anbeten, Heiligenfesten, Kirchenbau, Kerzen und ähnlichem.

Die Verteidiger der Heiligenverehrung argumentieren, dass man doch auch lebende Menschen um Wohltaten bittet. Umso mehr könne man dies von Petrus, Maria, dem böhmischen Landespatron Wenzel und anderen Heiligen erbitten, die schon im Himmel sind und dort größere Macht haben als während ihres Erdenlebens [es folgen Zitate aus tschechischen Gebeten und Liedern zu Maria und den Heiligen]. – Darauf kann man scherzhaft und ernsthaft antworten. Scherzhaft kann man zurückfragen, ob sich Gott von der mühevollen Fürsorge für die Welt zur Ruhe gesetzt und diese Aufgabe anderen anvertraut habe. Aber wozu braucht man einen Papst, wenn Petrus die Schlüsselgewalt im Himmel immer noch so ausübt wie zu Lebzeiten? Ernsthaft ist zu antworten, dass Menschen anderen Menschen in der Tat sowohl mit materiellen als auch mit geistlichen Wohltaten dienen können, solange sie leben. Sie können sogar andere erleuchten (Eph 3,9) und beleben (1 Kor 4,15), ihnen die Sünden vergeben und sie erlösen (1 Kor 9,22) (*oswjtiti, obžiwiti, hřjchy odpustiti y spasyti a rozličně spomahati*), aber sie können dies nicht wie Gott selbst kraft eigener Macht, sondern nur dienlich (*služebně*), während ihrer Lebenszeit, an einem bestimmten Ort (*w přjtomnosti swé*) und in dem Maße, wie Gott sie dazu begabt hat (*podle rozličného obdarowánj Božjho*). Allein Gott kann diese Dinge eigentlich, wesentlich und ursprünglich tun (*wlastně, podstatně a prwotně*), nur ihm gebührt dafür göttliche Ehre.

Die Verteidiger der Heiligenverehrung könnten einwenden, dass die Heiligen nach ihrem Tod wie die Engel auch außerhalb des Leibes den Menschen geistliche Wohltaten erweisen können. – Darauf ist zu antworten, dass Engel nicht kommen, wenn sie von Menschen darum gebeten werden, sondern nur dann, wenn Gott sie als Boten sendet. Aus eigener Macht können sie nichts tun. Die Seelen der Heiligen sind keine Boten, sondern sie ruhen von ihrer Arbeit (Offb 14,13). Paulus und Barnabas haben die göttlichen Ehren, die ihnen die Heiden erweisen wollten, entsetzt abgelehnt (Apg 14,13–18). Die Vollmacht, die Gott den Aposteln und anderen Heiligen verlieh, hatte den Zweck, dass die Menschen dem Evangelium glauben.

Die Heiligen werden auch um materieller Wohltaten willen (*při wěcech tělesnych*) angerufen. Die Heiden waren vernünftiger. Sie bauten der Sonne und anderen Himmelskörpern Tempel, denn die Sonne hat tatsächlich einen Einfluss auf die Fruchtbarkeit der Erde. Ohne die Sonne könnte man nicht auf der Erde leben, aber ohne Nikolaus, Leonhard, Gotthard, Kastulus, Wolfgang, Puklmainhart, Urban und Burian [eine Aufzählung von volkstümlichen Wetterheiligen] ist es der Welt stets wohl ergangen, ja weitaus besser als mit ihnen (*dobře bywalo na swětě, a daleko lépe, než gakž tito wladnauti počali*). Seitdem diese im Himmel das Wetter machen, stürmen und hageln sie unbarmherzig und verderben den armen Leuten die Ernte. Die Macht der Himmelskörper war allen Völkern schon längst bekannt, bevor die neuen Wetterheiligen aufkamen, deren angebliche Macht nur Einbildung und Aberglaube ist. Die Heilige Schrift bezeugt, dass Sonne und Mond zur Einteilung der Jahreszeiten von Gott eingesetzt sind. Ihre Macht ist zweifellos größer als die der Heiligen, und dennoch ist es verboten, sie zu verehren und anzurufen. Verehrung gebührt nur dem Schöpfer. Man lobt nicht die Axt, sondern den Zimmermann (Jes 10,15).

Damit ist die Frage, ob es in der Welt noch Götzendienst gibt, beantwortet. Die wahren Verehrer Gottes (Joh 4,23) sollen sich sehr davor hüten. Dem dreieinigen Gott allein gebührt Lob und Ehre. Die Ehre der wahren Heiligen wird nicht geschmälert, wenn man sie nicht anbetet, wenn man die große Blindheit der Menschen aufdeckt. Auch wenn dieser Traktat an einigen Stellen launig formuliert ist (*řečý yako lehkau a posměssnau*), geht es um eine ernste Sache. Die Götzenverehrer erwartet das Verdammungsurteil, ihre Namen sind nicht eingeschrieben im Buch des Lebens (Ps 69,29; Offb 20,15).

Nr. 110   V 236r–239v

[Bruder Lukáš aus Prag:] Brieftraktat über die Frage, wie man mit Neubekehrten reden soll, ohne Datum

Aufgrund des charakteristischen Stils kann der kurze Brieftraktat Lukáš aus Prag zugeschrieben werden. Der Schlussgruß „ode mne, gehož ruku znáš" („von mir, dessen Hand du kennst") begegnet ähnlich auch in den Briefen Nr. 247 und 249, für die die Verfasserschaft des Lukáš ausdrücklich bezeugt ist.

Die anscheinend von Vavřinec Orlík bei der Zusammenstellung des Handschriftenbandes AUF V formulierte Titelangabe im Inhaltsverzeichnis, „Zpráwa, podle čeho kazatel mluwiti má" („Anweisung, wie ein Prediger reden soll", AUF V, *1r), ist missverständlich, denn der vorliegende Text ist keine Anleitung zum Predigen. Vielmehr wird eine Frage des Adressaten beantwortet, die Lukáš in schwer verständlichen Formulierungen folgendermaßen wiedergibt: „Du hast mit mir gesprochen aus deiner Notdurft im Hinblick auf dein Seelenheil und um Unterweisung gebeten im Hinblick auf den tätigen Gebrauch des Gewissens und im Hinblick auf deine Arbeit, wie du dich dabei verhalten sollst, begehrend, da du nicht weißt, was du reden sollst, dass ich dich lehren oder anleiten soll." Das Anliegen des Adressaten war, wie aus dem weiteren Verlauf des Textes hervorgeht, die Frage, wie man gegenüber Neubekehrten oder Personen, die den Beitritt zur Unität erwägen, über den geordneten Weg zur Erlangung der ewigen Seligkeit, das „verordnete Heil" (*zřízené spasení*) reden soll.

Da es in dem Text, trotz der verwirrend komplizierten sprachlichen Gestalt, um ganz elementare theologische Fragen geht, ist zu vermuten, dass es sich bei dem Adressaten um einen Laien handelte, der ohne eine formale Vorbereitung seelsorgerliche Aufgaben übernommen hatte. Dagegen wurden angehende Brüderpriester bereits gründlich in der brüderischen Lehre unterwiesen, bevor sie überhaupt mit der Seelsorge betraut wurden.

Überlieferung außerhalb der AUF: –

Edition: Handschriftliche deutsche Übersetzung von Joseph Theodor Müller: Herrnhut, Unitätsarchiv der Evangelischen Brüder-Unität, Sign. AB.II.R.1.1a/3, Erster Teil, 205–212.

Literatur: Пальмов (Hg.): Чешские братья, Bd. 1/1 [1904], 182; Müller: Geschichte und Inhalt [1913], 108, Nr. 16; Müller: Geschichte, Bd. 1 [1922], 506, 604, Nr. 165; Müller/Bartoš: Dějiny, Bd. 1 [1923], 322.

[Titel laut Inhaltsverzeichnis *1r: *Zpráwa, podle čeho kazatel mluwiti má* („Anweisung, wie ein Prediger reden soll").] Inc.: *Bratře milý, jakož sy se mnau mluwil z potřebnosti swé při swém spasenj, žádage zpráwy při skutečném požjwanj swědomj y při swé prácy [...]*. Expl.: *[...] Bratře milý, ay teďk žádosti twé sem službu včinil. Dejž gj Pán Bůh vžiti k vžitku twého spasenj y k prospěchu giným. Ode mne, gehož ruku znáš.*

[Lukáš aus Prag] wurde von einem Bruder um Belehrung gebeten. Dieser hatte ihm berichtet, er wisse nicht, wie er bei seiner [seelsorgerlichen] Arbeit reden soll (*jakož sy [...] mluwil z potřebnosti swé při swém spasenj, žádage zpráwy při skutečném požjwanj swědomj y při swé prácy, yak se máš mjti při tom, tauže, že newjš, co mluwiti*). [Lukáš] gibt dieselbe Anweisung, die er auch sonst in solchen Fällen gibt. Der Adressat soll anderen davon erzählen, wie er selbst zur Brüderunität gekommen ist, wie er im Glauben lebt und wie er sich auf Krankheit und Tod vorbereitet (*aby se včil od swého bratrst[ví] mluwiti, včiti y ginym služiti k témuž, kteraks k němu přissel, yak*

Der künstlerisch simple Holzschnitt aus einer 1514 in Leitomischl gedruckten Schrift des Brüderbischofs Lukáš aus Prag steht in der Tradition mittelalterlicher Evangelistenbildnisse und zeigt einen schreibenden Kleriker. Die stilisierte Darstellung strebt offensichtlich keine Porträtähnlichkeit an, vermittelt aber einen anschaulichen Eindruck von einem zeitgenössischen Bücherschrank. Die Bände wurden so aufgestellt , dass nicht der Buchrücken, sondern die Schnittseite dem Benutzer zugewandt war. Kurztitel zur Bezeichnung des Inhalts wurden daher auf den Schnitt geschrieben.

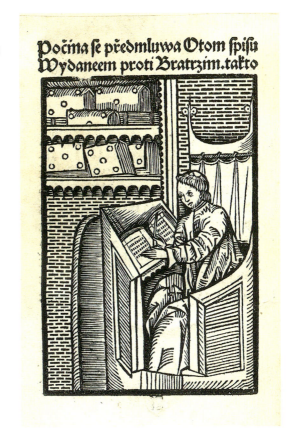

w něm stogjš a w yaké naděgi w tom bratrst[ví] došlém pracuje trwáš, a w něm trwage, s čjm nemocy čekáš a w nemocy s čjm máš z tohoto swěta gjti). Wenn er aufgrund seiner eigenen Glaubenserfahrung andere unterweist, wird ein solches Vorgehen wirksamer sein als irgendwelche gelehrten Auslegungen (*máš-li to w swém bratrst[ví] v wědomj, [...] z toho ginym služ, mluw, vč, a to budeš z prawdy slaužiti, mluwiti y včiti, a to bude stálegssj, nežli by gacý, welmi diwnj a dospělj wýkladowě*).

Der Adressat soll sich ins Bewusstsein (*wědomj*) rufen, wie er durch Gottes zuvorkommende Gnade und Erwählung zur Buße sowie zu Glaubenserkenntnis (Joh 17,3), Selbsterkenntnis und Erkenntnis der eigenen Sünde gelangte. Falls er selbst so jung in die Unität eingetreten ist, dass er damals noch nicht zur vollen Erkenntnis der Sündhaftigkeit des Menschen fähig war, soll er sich die Tragweite der Sünde jetzt rückblickend bewusst machen. Viele Menschen verharren auch nach der Taufe unbekehrt in Sünde und sind sich dessen nicht einmal bewusst (*ani swědomj při něm magj*). Sie sind verführt durch die Irrlehre, wonach die sakramentale Taufe die Wirkungen der Erbsünde tilgt. Dies vermag aber nur die Geisttaufe (*sau swedeni křtem poswátným skrze připsánj gemu podstatné mocy a prawdy křtu duchownjho*).

Die Geisttaufe, Wiedergeburt und Erneuerung wird bewusst (*wědomě*) erlangt durch die Annahme des Evangeliums. Daher ist die Wortverkündigung die erste, größte und wichtigste Dienlichkeit (*prwnj a negwětssj y negpotřebněgssj služebnost*). Die Wiedergeburt wird an zweierlei Dingen erkannt. Erstens daran, dass der Gläubige gemäß dem Gehörten handelt (*po skutečném ostřjhanj w trpěliwosti*). Zweitens daran, dass der Wiedergeborene die Dienlichkeit der Taufe empfängt, die eine Vergewisserung des guten Gewissens ist (*swědomj dobrého dotázanj k Bohu skrze Krysta Gežjsse*) (1 Petr 3,21).

Wenn der Adressat diese Dinge bei sich wiedererkennt, soll er auch anderen dazu verhelfen, sie zu erlangen. Dazu bedarf er der Erkenntnis der Verheißungen und Zeugnisse (*slibo[v]é a swědect[ví]*) der Gnade Gottes. Mit Gnade Gottes sind erstens die Inkarnation, der Tod, die Auferstehung und die Erhöhung Christi gemeint. Zweitens bezeichnet Gnade Gottes die zuvorkommende Gnade und die Erwählung. Drittens bezeichnet Gnade den Glaubensbund (*vmluwa wjry*) [die in der Gemeinschaft der Kirche durch die Dienlichkeiten geordnet dargebotene Gnade]. Wer diese dreifache Gnade empfängt, erlangt die Anwartschaft auf das ewige Leben (*z té trogj wěcy při přjgetj býwá prwotně z milosti Božj naděge dogjti wěčného ziwota*). Aus der Annahme des Bundes und der tätigen Bewährung darin gehen gute Werke hervor (*dobřj pak skutkowé ti se mjnj, kteřjž pocházegj z ostřjhanj skutečně a vmluwy po přigetj*).

Die Hoffnung (*naděge*) auf das ewige Seelenheil beruht auf wesentlichen und auf dienlichen Dingen (*má nabýwána býti z podstatných wěcý y z služebných*). [Zu den wesentlichen Dingen:] Wesentliche (*podstatné*) Voraussetzung für die Erlangung des Seelenheils ist Gottes Gnade und ihre Annahme durch den Menschen, indem dieser, soweit er es vermag, alles glaubt und tut, was Gott zu glauben und zu tun verlangt (*odkudž wěřj wssemu y wěřiti chce, co Pán Bůh chce wěřeno mjti skutečně, [...] a wsse činiti neb nečiniti, co a yak Bohu libé a což zná a nad čjm moc má*). Wenn ein Mensch die Gnade annimmt, erneuert Gott dessen Seelenkräfte, richtet dessen Willen auf das Gute aus (*wůli naprawenau*) und schenkt Glauben, Liebe und Hoffnung (1 Kor 13,13). [Zu den dienlichen Dingen:] Der gesamte Dienst [der Kirche und ihrer Diener] hat den Zweck, dass die Menschen Glauben und Liebe und durch diese die Hoffnung auf das Seelenheil erlangen. Ein Priester, der zu einer festen Zuversicht in dieser Hoffnung gelangt ist, kann durch seinen Dienst auch anderen helfen, das Heil zu erlangen (*slussjt tehdy w naděgi gisté a neomylné w prawdě vstawenj dogjti, totiž zpráwcy, a odtud giné včiti y giným slaužiti y k témuž pomáhati*).

Wie erreicht man eine solche feste Zuversicht? Dazu muss man erstens wissen, dass Gottes zuvorkommende Gnade und die gegenwärtige [durch die Dienlichkeiten vermittelte] Gnade (*předcházegjcý milost Božj, ano mnohém wjce p[ří]tomná w nyněgssj spra[vedlnos]ti*) Anfang und Mittel sind, durch die Hoffnung zustande kommt (*počátek y prostředek, gjmž se naděge vzděláwá*).

Zweitens muss man wissen, wodurch das Erlangen der festen Zuversicht verhindert wird. Dieses Hindernis ist das durch Sünde verwundete Gewissen (*naděge hyne a kazý se z raněného swědomj*). Sünde besteht darin, dass der Mensch gegen den Willen Gottes handelt. Gott hat seinen Willen erstens bei der Schöpfung geoffenbart. Die Sünde Adams hatte die Folge, dass die Menschen seither kaum noch ein Fünklein des natürlichen Lichtes zur Erkenntnis des Willens Gottes besitzen (*swětlo přirozené a dané zemdlelo, až sotwá yaká maličká giskra zůstala*). Zweitens hat Gott seinen Willen durch Mose und die Propheten sowie in Christus geoffenbart. Wenn der Mensch dem Willen Gottes zuwider handelt, sei es der bei der Schöpfung, sei es der im Alten und Neuen Testament geoffenbarte Wille Gottes, verhindert sein verwundetes Gewissen, dass er von Gott noch irgendetwas Gutes erwarten kann (*dauffanj nemůž mjti, aby gemu měl Bůh co včiniti dobrého*). Das verletzte Gewissen verhindert, dass der Mensch glauben kann. Gegen diese Verletzung suchen die Menschen vergeblich nach Heilmitteln.

Dreierlei Menschen können nicht die verordnete Hoffnung genießen (*trogi sau lidé, gessto naděge zřjzeně požjwati nemohau*) [es gibt drei Arten von Hindernissen, die dazu führen, dass Mitglieder der Unität keine feste Zuversicht ihres Seelenheils erlangen können, obwohl ihnen die Dienlichkeiten der Kirche zur Verfügung stehen]: Erstens gibt es fromme Leute (*dobřj lidé*), die daran verzweifeln, dass sie auch nach der Taufe (*po přigaté milosti*) die sündlichen Regungen verspüren, denen sie doch abgesagt haben. Zweitens gibt es solche, die kein Vertrauen in die von den Brüderpriestern bezeugten göttlichen Verheißungen fassen können. Drittens schließlich gibt es Personen, die nach der Aufnahme [in die Unität] keinen Eifer zu guten Werken und zur Bewährung im Bund zeigen (*po přigetj žádné práce westi nechtj buďto w skutcých aneb w ostřjhanj vmluwy*), weil sie meinen, Gott werde ihnen die Seligkeit aus Gnade umsonst schenken.

Die verordnete Hoffnung [die Erlangung der festen Zuversicht der ewigen Seligkeit] hat drei Stufen (*naděge pak zřjzená má tři stupně*): Die erste Stufe ist, dass man die [zuvorkommende] Gnade Gottes erlangt. Die zweite Stufe ist, dass man zum Bund des Glaubens, zur Bezeugung der Vergebung der Sünde, kommt [sich taufen lässt]. Die dritte Stufe ist, dass man nach dem Bundesschluss mit Gott und der Unität [nach der Taufe] an dem Werk, das Gott angefangen hat, mitwirkt, so gut man irgend kann (*napomáhal djlu Božjmu [...] prácy wěrnau wedl, což na něm gest*). Wenn der Mensch auf diese Weise in der Gnade Gottes und in guten Werken beständig ist, wird er auf dem verordneten Heilsweg die feste Zuversicht der ewigen Seligkeit erlangen (*tak bude mjti naděgi stálau a zřjzenau*). Damit die Menschen zum Heil gelangen, bedient sich Gott des Dienstes der Kirche, dazu hat er die Diener [Brüderpriester] eingesetzt (*saužj Bůh w cýrkwi služebnau milostj [...] y k [...] službě služebného přisluhowánj Krystus zřjdil služebnjky*) und ihnen Gaben verliehen, durch die sie selbst selig werden und anderen zum Heil helfen können. [Lukáš] hofft, dass mit diesen Ausführungen die Frage des Adressaten beantwortet ist.

Nr. 111 V 260r–261v

Beschluss einer Brüdersynode bei Reichenau an der Kněžna, 1464

Die Dokumente Nr. 111–262 bilden eine zusammenhängende Sammlung von 152 Briefen und weiteren kurzen Dokumenten, die zusammen die hinteren vierzehn Lagen des Handschriftenbandes AUF V einnehmen (258–367, es handelt sich um dreizehn Quaternionen und einen Ternio). Die beiden ersten Blätter der ersten Lage (258–259) sind von den Kopisten nicht beschrieben worden. Möglicherweise sollte der Briefsammlung auf Bl. 258r von einem kalligraphisch geübten Schreiber eine übergeordnete Überschrift vorangestellt werden, so wie dies bei anderen Textgruppen der Handschriften AUF I–VI der Fall ist. Hier ist dies jedoch unterblieben.

Über den Ursprung der kopierten Dokumente und die Kriterien, nach denen die Texte ausgewählt wurden, lassen sich nur Vermutungen anstellen. Bei einem großen Teil der Vorlagen scheint es sich um Konzepte oder Abschriften der ausgehenden Korrespondenz des Engen Rates und der Brüderbischöfe gehandelt zu haben. Diejenigen Texte, bei denen der Ort der Abfassung genannt ist beziehungsweise erschlossen werden kann, sind bis auf Nr. 224 und 229 in Böhmen entstanden. Demnach stammen die Vorlagen vermutlich aus einem oder mehreren brüderischen Archiven in Böhmen, etwa aus den Beständen des 1546 durch einen Brand beschädigten Archivs in Leitomischl oder aus dem Archiv des Bischofssitzes in Jung-Bunzlau. Ein Teil der Briefe ist an Adressaten in Mähren gerichtet (Nr. 115, 123, 130, 132, 135, 149, 151, 165, 177, 179, 181, 186, 188, 236, 246, 249, 250).

Die 152 Texte weisen keine chronologische Ordnung auf. Inhaltlich zusammenhängende Textgruppen innerhalb der Briefsammlung sind nur ansatzweise zu erkennen. Die Mehrzahl der Briefe weist kein Datum auf. In vielen Fällen ist jedoch eine ungefähre Datierung möglich. Demnach stammt mindestens ein Viertel der Texte aus der Frühzeit der Brüderunität bis zum Jahr 1475. Ein weiteres Viertel der Briefsammlung datiert aus dem ersten Jahrzehnt des 16. Jahrhunderts. Relativ wenige Schreiben (zum Beispiel Nr. 229, 231, 236, 241–243, 255) sind erst im zweiten Viertel des 16. Jahrhunderts entstanden.

Auffällig ist, dass in den Überschriften und im Text der meisten Briefe keine Namen von Personen und Orten genannt beziehungsweise diese lediglich durch Abkürzungen bezeichnet sind. Ob dies bereits bei den Abschriften und Konzepten, die den Kopisten der *Acta Unitatis Fratrum* vorlagen, oder bei den ausgegangenen Brieforiginalen der Fall war, ist nicht mit Sicherheit feststellbar. Es deutet aber vieles darauf hin, dass es sich bei der Vermeidung eindeutiger Bezeichnungen von Personen und Orten um eine Vorsichtsmaßnahme angesichts der ständig drohenden Verfolgung handelte.

Obwohl der Großteil der Schreiben keine konkreten Angaben über Verfasser, Adressaten und Entstehungskontext enthält, handelt es sich bei der Briefsammlung um eine wertvolle Quelle. Die einzelnen Dokumente erlauben beispielsweise Beobachtungen zur sozialen Herkunft der Mitglieder der Unität und zur Entfaltung einer brüderischen Briefkultur eigenständigen Gepräges. Die Empfänger der Briefe waren häufig Stadtbürger, die in einigen Fällen ohne den Schutz eines adeligen Grundherrn in königlichen Städten lebten, in denen die verfolgte Unität keine Gemeinden bilden konnte (so etwa Nr. 163 und 190). Andere Briefe sind an Angehörige des niederen und höheren Adels gerichtet (Nr. 132, 143, 150, 164, 199, 236, 256, 261).

Die Ausbildung einer spezifisch brüderischen Briefkultur lässt sich insbesondere bei den pastoralen Schreiben leitender Brüdergeistlicher an Gemeinden und an Einzelpersonen beobachten. Die Leitung der Unität pflegte einen regen Kontakt mit dem weit ausgedehnten Netz der Unitätsgemeinden in Böhmen und Mähren durch reisende Brüder, die zu Visitationsreisen ausgesandt wurden oder aus konkreten Anlässen bestimmte Gemeinden aufsuchten. Dabei überbrachten die Sendboten der Kirchenleitung Briefe sowohl an die aufgesuchten Gemeinden als auch an einzelne Mitglieder. Grundsätzlich war die gesamte Korrespondenz innerhalb der Unität vertraulich. Sowohl Absender als auch Empfänger mussten darauf bedacht sein, dass keine die Unität und einzelne Mitglieder betreffenden Mitteilungen in die Hände von Außenstehenden gelangen, da jederzeit mit obrigkeitlichen Verfolgungsmaßnahmen zu rechnen war.

Die Briefsammlung enthält eine Anzahl von Rundschreiben des Engen Rates und leitender Brüdergeistlicher an alle Unitätsgemeinden (Nr. 137, 177, 179, 216–221, 223–226, 230–231, 237–244, 248). Vermutlich wurden diese Schreiben in mehreren Kopien an bestimmte größere oder günstig gelegene Gemeinden versandt, in denen sie wiederum abgeschrieben und an kleinere Gemeinden weitergeleitet wurden. Angesichts drohender Verfolgung oder wichtiger Ereignisse, die die Unität als Ganze betrafen, ordnete die Kirchenleitung häufig Fasten- und Gebetstage für alle Unitätsgemeinden in Böhmen und Mähren an. Bereits im ersten Jahrzehnt des 16. Jahrhunderts wurden einige an alle Gemeinden gerichtete Schreiben im Druck vervielfältigt, wie zwei unvollständig erhaltene Drucke aus den Jahren 1508 und 1510/11 bezeugen (Brno, Moravský zemský archiv, G 21 III, kniha 190). Die Rundschreiben der Unitätsleitung waren dazu bestimmt, von den lokalen Brüderpriestern oder anderen leitenden Personen in den gottesdienstlichen Versammlungen verlesen zu werden (Nr. 119). Sowohl die Schreiben selbst als verbindendes Medium als auch die darin angeordneten, von allen Unitätsgemeinden gleichzeitig durchzuführenden Maßnahmen stärkten den Zusammenhalt der Gemeinden untereinander und festigten die konfessionelle Identität der Brüderunität.

Die Schreiben an Einzelpersonen waren häufig sehr kurz, sie umfassten zuweilen nur wenige Zeilen (so etwa Nr. 156, 182, 189, 191, 199–200). In einigen dieser Zuschriften erteilen die brüderischen Ältesten seelsorgerliche Ermahnungen, Anweisungen oder Ratschläge zu konkreten Problemen. In anderen Fällen hatten die Briefe anscheinend lediglich die Funktion einer Vergewisserung der seelsorgerlichen Fürsorge der Unitätsleitung, die selbst einzelne Mitglieder an entfernten Orten im Blick hatte. Eine besondere Textgruppe sind Briefe des Engen Rates oder anderer vorgesetzter Brüdergeistlicher an untergeordnete Brüderpriester (Nr. 117, 119, 126, 160, 168, 172–174). Bei einem Schreiben handelt es sich ausnahmsweise nicht um einen ausgehenden Brief der Unitätsleitung oder eines vorgesetzten Geistlichen, sondern um das Antwortschreiben eines Brüderpriesters (Nr. 161).

Charakteristisch für die brüderische Brieftopik waren ausführliche, aus neutestamentlichen Wendungen und Anspielungen zusammengesetzte Exordien. Diese sind im Prinzip Erweiterungen der in zeitgenössischen Briefen üblichen Eingangsformel, mit der der Verfasser dem Adressaten Wohlergehen wünscht. Diesen Wunsch erweiternd wünschen die brüderischen Verfasser den Empfängern neben dem zeitlichen vor allem geistliches Wohlergehen und die Erlangung des ewigen Seelenheils. Die brüderischen Briefexordien fassen in vielerlei kürzeren oder ausführlicheren Variationen die brüderische Lehre vom verordneten Heil (*zřízené spasení*) zusammen. Sie beschreiben prägnant den geordneten Weg zum Heil durch Buße, Eingliederung in die Unität und Teilhabe an den wesentlichen Wahrheiten (Glaube, Liebe und Hoffnung, 1 Kor 13,13) sowie an den dazu dienlichen Dingen (Wortverkündigung und Sakramenten), ferner durch die Nachfolge Christi auf dem „schmalen Weg" (Mt 7,14) und durch Wachstum und Beständigkeit im christlichen Lebenswandel. Ziel des ordentlichen Heilswegs ist die Erlangung des postmortalen Heilszustands, mit dessen Erwähnung das Exordium in der Regel abgeschlossen wird. Erst danach folgt der Hauptteil des Briefs.

Der an das Neue Testament angelehnte, „apostolische" Briefstil drückte den Anspruch der Unität, die erneuerte Urkirche zu sein, sprachlich aus. Dabei ist zu beachten, dass der sogenannte apostolische Gruß (*milost a pokoj*, „Gnade und Friede", Röm 1,7 und öfter) als Briefanfang bei den Brüdern erst unter dem Einfluss des Briefstils der deutschen Reformatoren üblich wurde und sich nur in den spätesten Texten der Briefsammlung findet.

Der Briefsammlung vorangestellt sind die frühen Synodalbeschlüsse oder Gemeindeordnungen Nr. 111 und 112. Sie markieren den Übergang der entstehenden Brüderunität von einer aus mehreren miteinander vernetzten lokalen Gruppen bestehenden Bewegung von frommen Suchern zu einer eigenständigen Glaubensgemeinschaft. Der Beschluss Nr. 111 entstand drei Jahre vor der Ordination eigener Priester im Weiler Lhotka bei Reichenau an der Kněžna im Jahr 1467, mit der sich die Brüder als Wiederherstellung der Urkirche konstituierten. Der vorliegende Text sowie der in der Handschrift AUF V unmittelbar folgende, erst nach der Einsetzung der ersten Brüderpriester entstandene Beschluss Nr. 112 stehen am Anfang der Entwicklung der Textgattung der brüderischen Synodalbeschlüsse. Diese wurden um

1617 systematisch gesammelt (Praha, Knihovna Národního muzea, Sign. II F 10; Gindely [Hg.]: Dekrety [1865]). Es ist allerdings unklar, ob Nr. 111 und 112 bereits auf regelrechte Brüdersynoden zurückgehen, bei denen, wie später üblich, die einzelnen lokalen Gruppen oder Gemeinden durch die bei ihnen dienenden Priester und durch Laien mit Leitungsfunktionen repräsentiert waren. Die Überschrift des vorliegenden Textes, „Wydán starssjm" („Ausgegeben an die Ältesten"), besagt lediglich, dass der Text an die leitenden Brüder, Priester oder Laien, gerichtet war, damit diese ihn in den einzelnen Ortsgemeinden zur Anwendung bringen. Die Entwicklung der brüderischen Synoden zu einem geordneten beschlussfassenden Organ der Unität war möglicherweise von den Verfahrensweisen der vorhussitischen Provinzial- und Diözesansynoden der römischen Kirche oder der den hussitischen Synoden des 15. Jahrhunderts beeinflusst (zu den katholischen und hussitischen Synoden vgl. Nejedlý [Hg.]: Prameny k synodám [1900]; Polc/Hledíková [Hg.]: Pražské synody [2002]; Krafl [Hg.]: Synody [2014]; Zilynská: Synoden [2006]).

Der Beschluss von 1464 ist nur in AUF V in ausführlicher Form überliefert. Möglicherweise ist der Text unvollständig, denn er endet abrupt ohne eine Schlussformel. Ausschnitte sind, nach thematischen Rubriken geordnet, auch in der um 1617 kompilierten Sammlung der brüderischen Synodalbeschlüsse enthalten, jedoch ergeben diese Ausschnitte zusammengenommen lediglich ein Drittel des in AUF V überlieferten Textumfangs. In der in AUF V überlieferten Fassung enthält der Text einige auffällige morphologische Archaismen in Formulierungen mit biblischen Anklängen, die anscheinend aus der dem Verfasser vorliegenden Bibelübersetzung übernommen sind (so zum Beispiel 260r: „nic sweho neprawjcuh byti, ale poděłowachu, yakž komu potřebj bjsse"). Einen inhaltlichen Schwerpunkt des Beschlusses bilden Anweisungen für die Lebensführung der Leiter und Mitglieder der Unität, wobei nach dem Vorbild der sogenannten Haustafeln der neutestamentlichen Briefe (Eph 5,21–6,9; Kol 3,18–4,1; 1 Petr 2,13–3,7; 1 Tim 2,8–15; Tit 2,1–10) die einzelnen Stände jeweils gesondert angesprochen werden. Innerhalb der durch einen Bundesschluss (*úmluva*) konstituierten Gemeinschaft werden als besondere Stände die Priester, die in freiwilliger Besitzlosigkeit lebenden Laien, die Haushaltsvorstände oder Hausväter, die Ledigen sowie die unter Vormundschaft stehenden Waisen erwähnt. Noch außerhalb der eigentlichen Bundesgemeinschaft standen die Katechumenen (*kající*, „Büßende"). Eine besondere Rolle kam den Hausvätern zu, denen auch die geistliche Fürsorge für ihre Familienmitglieder und ihr Gesinde anbefohlen war.

Aus den paränetischen Anweisungen an die einzelnen Stände, die sich in zahlreichen Synodalbeschlüssen finden, entwickelte sich in der Brüderunität eine eigene Gattungstradition moralisch-unterweisender und erbaulicher Hausbücher und Standesschriften, die bereits seit dem ersten Jahrzehnt des 16. Jahrhunderts auch im Druck veröffentlicht und unter den Mitgliedern der Unität verbreitet wurden (Knihopis K05032, K06012-K06013, K18695, K04281f.; Molnár: Českobratrská výchova [1956], 64f.; zur breiteren Thematik Halama, J.: Sociální učení [2003], 35–37; Halama, J.: Soziallehre [2017], 51–57).

Auf dem unteren Rand der ansonsten leeren Seite 258r notierte Jan Blahoslav: „Wssecky wěcy obecné aby byly ne wssemu lidu obecně, ale samym toliko služebnj[ků]m" [„Dass alle Dinge gemeinsam sein sollen, nicht bei allen Laien allgemein, sondern nur bei den Dienern"]. Diese Notiz bezieht sich anscheinend auf den ab 260r folgenden Text des vorliegenden Synodalbeschlusses.

Überlieferung außerhalb der AUF: [Lukáš aus Prag:] Zprawy vrzadu Knězskeeho [1527], 188r–v (Auszüge); Praha, Knihovna Národního muzea, Sign. II F 10, Bd. 1, 24f., 132f., 142f., 283 (Auszüge).

Edition: Palacký: Geschichte von Böhmen, Bd. 4/2 [1860], 495f. (Auszüge); Kleinschmid/Janata (Hg.): Spisek [1864], 100f.; Cröger: Geschichte, Bd. 1 [1865], 66–71 (fehlerhafte deutsche Übersetzung); Gindely (Hg.): Dekrety [1865], 8f., 53, 57, 113 (nach der Handschrift Praha, Knihovna Národního muzea, Sign. II F 10, Bd. 1); Benham: Notes [1867], 38–44 (englische Übersetzung); Schweinitz: History [1885], 122–126 (englische Übersetzung); Müller: Geschichte, Bd. 1 [1922], 101–108 (gekürzt); Müller/Bartoš: Dějiny, Bd. 1 [1923], 56–62 (gekürzt); Molnár: Českobratrská výchova [1956], 47–52 (kritische Edition nach AUF V mit den Varianten der Handschrift Praha, Knihovna Národního muzea, Sign. II F 10, I); [Říčan] (Hg.): Svolení [1963], 112–115; Molnár/Rejchrtová/Rejchrt: Slovem obnovená [1977], 113 (Auszüge nach Molnár). – Handschriftliche deutsche Übersetzung von Joseph Theodor Müller: Herrnhut, Unitätsarchiv der Evangelischen Brüder-Unität, Sign. AB.II.R.1.1a/3, Erster Teil, 213–217.

Literatur: Gindely: Geschichte, Bd. 1 [1857], 30f.; Köstlin: Bischoftum [1896], 47–51; Müller: Gemeinde-Verfassung [1896]; Пальмов (Hg.): Чешские братья, Bd. 1/1 [1904], 182–184, Nr. 18; Schmidt: Das religiöse Leben [1907], 66; Müller: Geschichte und Inhalt [1913], 108f., Nr. 17; Goll: Chelčický a jednota [1916], 47, Nr. 7; Bartoš: Z počátků Jednoty [1921], 206–213; Müller: Geschichte, Bd. 1 [1922], 586, Nr. 7; Císařová-Kolářová: Žena [1942], 46–49, 170; Říčan: Dějiny [1957], 42–44; Urbánek: České dějiny, Bd. 3/4 [1962], 409, 461; Halama, J.: Sociální učení [2004], 27, 35–37.

Wydán starssjm [„Ausgegeben an die Ältesten"]. Inc.: *Předewssemi wěcmi neyprwé o to sme se swolili, abychme se spolu w wjře Pana Krysta ostřjhali a w sprawedlnosti vstawowali, kteráž z Boha gest [...]*. Expl.: *[...] aby to, což ku pokogi, obmysslowal a ke wssem milost vkazowal a bez aurazu a pohorssenj, co gest na něm, wssem lidem byl.* [Zusatz von der Hand des Vavřinec Orlík:] *Tytul tohoto swolenj tento sem nalezl: Spjsek starých bratřj včyněný letha Paně 1464. o swolenj teychž bratřj, na čem sau se swolili spolu* [korrigiert aus: *spolu swolili*] *na horach Rychnowskych leta swrchu psaneho* [„Ich habe zu diesem Beschluss die folgende Überschrift gefunden: Schriftchen der alten Brüder, verfasst im Jahre des Herrn 1464, über den Beschluss derselben Brüder, auf den sie sich gemeinsam einigten in den Reichenauer Bergen im oben geschriebenen Jahr"].

Die Brüder beschließen, einander dabei behilflich zu sein, ein tugendhaftes Leben in Glauben und Liebe zu führen, um der Hoffnung (1 Kor 13,13) im Himmel [des ewigen Seelenheils] teilhaftig zu werden. Sie verpflichten sich, einander gehorsam (*poddané poslussenstwj*) zu sein und voneinander Belehrung, Ermahnung und Zurechtweisung anzunehmen, um den Bund zu halten, den sie durch Christus mit Gott im Heiligen Geist eingegangen sind (*abychom smlauwy ostřjhali, kteráž gest skrze Pána Krysta s Bohem w Duchu swatém*).

Wer sich nicht gemäß dem Bund mit Gott und den Glaubensgenossen verhält (*smlauwy nedržal s Panem Bohem y spolukřesťany wěrnymi*), soll um seiner Seligkeit willen zurechtgewiesen und von den Dienlichkeiten der göttlichen Geheimnisse [der Teilhabe an den Sakramenten] (*od včastenstwj služebnostj božských teynostj*) bis zu erfolgter Buße und Besserung ausgeschlossen werden. Wer eine Todsünde begeht oder in Häresie verfällt (*w smrtedlném hřjchu neb w bludu*), soll öffentlich (*zgewnie w zboru*) ausgeschlossen und erst nach Buße und Besserung wieder aufgenommen werden.

Gemäß der Anweisung des Apostels [Paulus] sollen die Gläubigen jeweils in dem Stand, in dem sie berufen [zur Gemeinde gekommen] sind, eine gutes Gewissen bewahren (1 Kor 7,20). Die Priester sollen in Wort und Tat vorbildlich sein. Ebenso wie die Priester sollen sich auch diejenigen [Laienmitglieder], die nach dem Vorbild der Apostel (Apg 2,44–45) ihren Besitz aufgegeben haben, mit dem begnügen, was ihnen zugeteilt wird und sich von eigener Arbeit ernähren. Diejenigen, die als Boten im Dienst Christi stehen, sollen sich mit einfacher Nahrung und schlichter Kleidung begnügen (*oděw rowny a pokrm skrowny magjce*).

Die Brüder und Schwestern, die ein Handwerk oder Ackerbau treiben, sollen für ihren Unterhalt aufkommen. Wer im Auftrag der Gemeinde eine Reise unternimmt, kann aus der gemeinsamen Kasse (*z společnosti*) eine Unterstützung erhalten.

Wenn [unmündige] Gemeindemitglieder keine Eltern mehr haben, sollen sie stattdessen ihren vorgesetzten Ältesten (*starssich zprawcuow swych*) gehorsam sein, die Brüder männlichen, die Schwestern weiblichen (*bratřj bratřjm a sestry sestrám*). Die männlichen und weiblichen Vormünder sollen für ihre Schützlinge im Krankheitsfall sorgen und im Todesfall auch deren Erben sein.

Die Hausväter (*hospodaři*) sollen ihrer Familie und ihrem Gesinde in vorbildlicher Weise vorstehen, sie sollen Almosen für die Armen geben, sie sollen diejenigen, die im Auftrag der Brüderunität reisen, beherbergen (*hostě přigjmati, kteřjž gdau pro aužitek spasenj we gméno Krystowo*) und notleidende Glaubensgenossen unterstützen.

Gegenüber den Büßenden [Neubekehrten] (*k lidem kagjcym*) soll man sich so verhalten, dass es zu ihrer Besserung und ihrem geistlichen Wachstum dient (*k polepssenj a k wzdělánj žiwota duchownjho*).

Die Gemeindemitglieder sollen nicht ihren Wohnort wechseln, es sei denn, dass ein Ortswechsel für ihr geistliches Leben zuträglicher ist als das Verbleiben an ihrem bisherigen Wohnort. Die Hausväter sollen keine Knechte und Mägde in ihren Haushalt aufnehmen (*aby newedli čeledi žadné k bydlenj*), ohne sich zuerst von deren gutem Willen (*dobrau wuoli*) zu überzeugen. Die Gemeindemitglieder sind verpflichtet, Glaubensgenossen, die um des Glaubens willen vertrieben wurden, aufzunehmen und zu versorgen.

Den Ledigen (*swobodnym*) und Hausvätern, die von ihrem Besitz etwas an arme und notleidende Glaubensgenossen verteilen wollen, steht es frei, dies nach eigenem Gutdünken zu tun. Wenn sie sich dabei der Hilfe Dritter bedienen, soll über die Verwendung der Mittel Rechenschaft abgelegt werden, damit keine üble Nachrede entsteht. Es steht den Gemeindemitgliedern frei, ihren Besitz nach ihrem eigenen Gutdünken zu vererben, an wen sie wollen.

Alle Gemeindemitglieder sind zu einem ehrbaren Wandel verpflichtet. Den Obrigkeiten, unter denen sie stehen, sollen sie gehorsam sein, sie sollen ihnen die zustehenden Abgaben und Frondienste leisten sowie für sie beten. Die Gemeindemitglieder sollen ferner mit ihren [nichtbrüderischen] Nachbarn (*w obcech mezy sausedy*) Eintracht in allen weltlichen Angelegenheiten des Gemeinwohls wahren (*w gednotě se s nimi zachowati w poslussenstwj a w swornosti we wssech wěcech pohodlnych k obecnému dobremu*), nach Frieden streben, allen Menschen mit Liebe begegnen und jeglichen Anstoß meiden.

Nr. 112   V 262v–263v

Beschluss einer Brüdersynode, ohne Ortsangabe, [1467/68]

Der im Wortlaut nur in den *Acta Unitatis Fratrum* überlieferte Synodalbeschluss wird in der *Historia Fratrum* (Praha, Národní knihovna České republiky, Sign. XVII F 51a, 46–48) in einer kurzen Zusammenfassung wiedergegeben und in das Jahr 1467 oder 1468 datiert. Demnach fand die Synode, deren Ort nicht überliefert ist, nach der Einsetzung der ersten Brüderpriester statt. Inhaltlich handelt es sich im Wesentlichen um eine Revision des Reichenauer Beschlusses von 1464 (Nr. 111).

Die beiden Texte Nr. 111 und 112 wurden wegen ihres ähnlichen Inhalts im 16. Jahrhundert gelegentlich verwechselt, so in den „Anweisungen für das Priesteramt" ([Lukáš aus Prag:] Zprawy vrzadu Kněžskeeho [1527], 188r–v). Dort sind unter der Überschrift „Aus dem Beschluss *nach* der Einsetzung" („z swolenie po rzizenj") Aussagen aus Nr. 111 wiedergegeben, obwohl Nr. 111 bereits drei Jahre vor der Einsetzung der ersten Brüderpriester entstand. Auch in der um 1617 kompilierten Sammlung der brüderischen Synodalbeschlüsse wird ein Abschnitt aus Nr. 111 als Ausschnitt aus dem „Beschluss *nach* der Einsetzung" zitiert (Gindely [Hg.]: Dekrety [1865], 57).

Der Beschluss enthält eine Reihe von Wendungen, die für Texte aus den Anfangsjahren der Brüderunität typisch sind. So begegnet etwa die Rede von der „Einheit mit den wahren Christen, wo auch immer sie auf der Welt in unbeflecktem Glauben stehen" auch in Nr. 16 (1468/71) und 17 (1470). Die Wendung „in ungefärbter Liebe und lebendiger Hoffnung" (vgl. 1 Petr 1,3.22) findet sich wiederholt in Texten von Řehoř Krajčí, zum Beispiel in Nr. 8 (1468/71) und 17 (1470). Insofern darf angenommen werden, dass Řehoř auch an der Formulierung des vorliegenden Beschlusses beteiligt war.

Überlieferung außerhalb der AUF: –

Edition: Handschriftliche deutsche Übersetzung von Joseph Theodor Müller: Herrnhut, Unitätsarchiv der Evangelischen Brüder-Unität, Sign. AB.II.R.1.1a/3, Erster Teil, 216–218.

Literatur: Müller: Пальмов (Hg.): Чешские братья, Bd. 1/1 [1904], 184; Geschichte und Inhalt [1913], 109, Nr. 18; Goll: Chelčický a jednota [1916], 47, Nr. 7; Bartoš: Z počátků Jednoty [1921], 206–213; Müller: Geschichte, Bd. 1 [1922], 101, 103, 586, Nr. 11; Müller/Bartoš: Dějiny, Bd. 1 [1923], 56; Říčan: Dějiny [1957], 42f.

We gmenu Páně [„Im Namen des Herrn"]. Inc.: *Nayprwé předewssemi wěcmi toto gest swolenj gednoty nassj: A prwotně bratřj, kteřjž sau powoláni w posluhowánj. Yakož Apostol dj [...]*. Expl.: *[...] a tak we wssech wěcech rádi bychom se ostřjhali, yakož zákon Božj swědčy a zpráwa apostolská gest.*

Die [Synode der] Unität hat folgende Beschlüsse gefasst: Die Brüder, die zum Dienst berufen sind (*bratřj, kteřjž sau powoláni w posluhowánj*) [die Brüderpriester], sollen gemäß der Glaubenslehre predigen (Röm 12,6–8), sich in Wort und Werk nach den Worten Christi und der Lehre der Apostel richten und Zurechtweisung annehmen, wenn jemand sie auf eine Verfehlung hinweist. Eine über die Anweisung Christi (Mt 18,15–18) hinausgehende, ausgedachte Ordensregel hat die Unität nicht (*w nassem zřjzenj neděláme žadnych roth ani zakonuow, kterych vstawugem, zwlasstnjch a poslussenstwj, kterého zamysslugem*). Vielmehr halten sich die Brüder an das Gesetz (*zakon*) Christi und an die Urgemeinde und suchen Einheit mit allen gläubigen Christen, wo auch immer diese in der Welt sein mögen.

Einige [Mitglieder der Unität], namentlich diejenigen, die mit dem Wort und den Sakramenten dienen (*zwlássté z těch, kteřiž slowem Božjm posluhugj a swátostmi*) [die Brüderpriester], haben nach dem Vorbild der Urgemeinde von Jerusalem (Apg 2,44–45) ihr Privateigentum aufgegeben und begnügen sich mit einfacher Nahrung und schlichter Kleidung (*oděw rowny a pokrm skrowny*). Es ist für die Seligkeit förderlich, wenn man seinen Besitz an die Armen verteilt und mit den eigenen Händen für seinen Lebensunterhalt arbeitet.

Alle [Mitglieder der Unität], sie seien ledig, verwitwet oder verheiratet, sollen die jeweiligen Anweisungen der Apostel befolgen. Die ledigen Brüder und Schwestern sollen sich von ihrer Arbeit ernähren. Die Hausväter (*hospodaři*) sollen ihren Besitz zur Förderung der Gemeinde einsetzen und notleidende Glaubensgenossen unterstützen. Sie alle sind durch die Taufe Glieder eines Leibes und einander zu Beistand verpflichtet (1 Kor 12,13.26). Wer vollkommen sein will, soll seinen Besitz an die Armen verteilen (Mt 19,21). Wer dazu nicht imstande ist, soll die Hälfte seines Besitzes aufgeben und dabei arbeiten. [Wer auch dazu nicht bereit ist, soll] mindestens seinen Glaubensgenossen in Not beistehen, ja auch seine Feinde in Notsituationen materiell unterstützen.

Damit die Brüderpriester (*ti, kdož požiwagi auřadu kněžstwj a gsau wudce slowa Božjho*) nicht in Versuchung geraten, sollen sie sich nicht mit der Verteilung von Besitz an die Armen befassen, vielmehr sollen die Besitzer ihn selbst verteilen. Wenn es bei ihnen keine armen Gläubigen gibt (*pak-liť w přjtomnosti nemagi takowych chudych, o nichž by naděgi měli, že sau Krystowi*), sollen sie Boten [an arme Mitglieder der Unität, die an anderen Orten leben] aussenden. Damit alles dabei rechtens zugeht, sollen Geber und Empfänger voneinander wissen. Es ist ferner zu vermeiden, dass falsche Brüder die Verteilung von Gütern ausnutzen, um nicht arbeiten zu müssen. Die Apostel, die der Ursprung des christlichen Priesteramtes sind (*puowod kněžstwj Krystowa, kteřjž poselstwj děj w vřadu slowa geho*), haben ihren Besitz aufgegeben und mit ihren eigenen Händen gearbeitet (Apg 20,33–35). Die Brüder wollen in allen Dingen gemäß dem Gesetz Gottes und der Anweisung der Apostel verfahren.

Nr. 113 V 264r–v

Brief leitender Brüder an eine Gruppe von Glaubensgenossen, Böhmen, ohne Datum

Mit dem Schreiben empfiehlt ein kirchenleitendes Gremium der Unität in Böhmen (sei es der Enge Rat, sei es ein Brüderbischof mit seinen Mitarbeitern) den Überbringer – vermutlich einen Brüderpriester – einer von Verfolgung bedrängten Gruppe von Glaubensgenossen, die keinen eigenen Seelsorger hat, also anscheinend keine eigentliche Gemeinde darstellt. Wie bei Schreiben der leitenden Brüder an Angehörige der Unität üblich, beginnt der Text mit einem formelhaften Exordium, das aus neutestamentlichen Wendungen und Anspielungen zusammengesetzt ist und dessen „apostolischer" Duktus den Anspruch der Unität, die erneuerte Urkirche zu sein, zum Ausdruck bringt. Erst danach folgen Aussagen, die sich auf den konkreten Anlass des Schreibens beziehen. Die Verfasser vermeiden es, den Überbringer oder Personen aus der Adressatengemeinde namentlich zu nennen. Dabei könnte es sich um eine Vorsichtsmaßnahme für den Fall handeln, dass das Schreiben in die Hände der Obrigkeit oder von Gegnern der Unität gelangt.

Überlieferung außerhalb der AUF: –

Edition: Handschriftliche deutsche Übersetzung von Joseph Theodor Müller: Herrnhut, Unitätsarchiv der Evangelischen Brüder-Unität, Sign. AB.II.R.1.1a/3, Erster Teil, 219f., Nr. 1.

Literatur: –

Inc.: *Laskawé pozdrawenj bratřjm neymileyssjm, žadostiwě žadagjce neylepssjho dobrého wám, abysste se rozmahali w djle Božjm [...]*. Expl.: *[...] pozdrawte wespolek sebe z milosti od nás, milost Božj s wámi. Amen.*

Die Verfasser wünschen den Adressaten (*bratřjm neymileyssjm*) Wachstum im Glauben und in der Erkenntnis, Beständigkeit in der Frömmigkeit und Eifer in der brüderlichen Liebe und in der Nachfolge Christi auf dem schmalen Weg (*následugjc Pána Krysta Gežjsse na vzké cestě*) (Mt 7,14). Die Verfasser wünschen den Adressaten und sich selbst Zuversicht und Beständigkeit in der gegenwärtigen Verfolgung. Die Adressaten werden ermahnt, bei den Dingen, die ihre Gemeinschaft derzeit bewegen, Frieden zu bewahren (*abysste při wssech wěcech, kteréž sau mezy wámi, pokognj byli*). Die Adressaten sollen sich mit dem Überbringer (*s bratrem neymilegssjm*) beraten und sich seiner Leitung anvertrauen, sowohl die Jungen als auch die Alten, namentlich [Bruder] A. Viele Brüder und Schwestern aus Böhmen, auch aus Mähren (*mnozy bratřj y sestry z Čech od nás y z Morawy*), richten Grüße an die Adressaten aus.

Nr. 114 V 264v–265r

Brief leitender Brüder an eine Unitätsgemeinde, ohne Ortsangabe, ohne Datum

Der Brief ähnelt in Wortwahl und Inhalt dem in der Handschrift vorangehenden Brief Nr. 113.

Übrlieferung außerhalb der AUF: –

Edition: Handschriftliche deutsche Übersetzung von Joseph Theodor Müller: Herrnhut, Unitätsarchiv der Evangelischen Brüder-Unität, Sign. AB.II.R.1.1a/3, Erster Teil, 220f., Nr. 2.

Literatur: –

Inc.: *Laskawé pozdrawenj bratřjm neymileyssjm, žadostiwě žadagjce neylepssjho dobrého wám, abysste se rozmahali w djle Božjm [...]*. Expl.: *[...] a dal prospěch we wssem dobrém.*

Die Verfasser wünschen den Adressaten (*bratřjm neymileyssjm*) Wachstum im Glauben und in der Erkenntnis, Beständigkeit in der Frömmigkeit und Eifer zur brüderlichen Liebe. Sie mögen einander in Geduld ertragen, barmherzig miteinander umgehen, sich von Zorn, Streit und gegenseitiger Verurteilung enthalten und Christus auf dem schmalen Weg (Mt 7,14) nachfolgen. Die Adressaten mögen die Verleumdung durch böse Menschen (*haněnj a ohyžďowanj lidj zlych*) geduldig ertragen. Gott möge ihnen Wachstum im Glauben und in der Liebe und Wachstum der Gemeinde (*přispořenj sboru*) schenken. Sie mögen nicht nachlassen im Gebet.

Nr. 115   V 265v–266r

Brief [der Brüder] an [den Priester Štěpán aus Kremsier] zur Verteidigung einer Gruppe von Gläubigen in Großmeseritsch, ohne Ortsangabe, [um 1460]

Die Verfasser des undatierten Schreibens weisen einen ihnen bekannten Mann zurecht, der durch einen verleumderischen Brief an den Rat von Großmeseritsch eine Gruppe von Gläubigen, die sich von der „römischen" (katholischen oder utraquistischen) Kirche getrennt hatten, in Gefahr gebracht hat.

Vermutlich entstand der Text im Zusammenhang mit Ereignissen in den 1460er Jahren, die in einer Geschichtsdarstellung der „Kleinen Partei" überliefert sind (vgl. Nr. 86). Um 1460 hatte sich ein utraquistischer Priester namens Štěpán, der zuvor in Kremsier gewirkt hatte, in Großmeseritsch niedergelassen und einen Kreis von Anhängern um sich gesammelt. Diese Gruppe spaltete sich, als ein Messerschmied namens Řehoř radikal antiklerikale und separatistische, anscheinend taboritisch inspirierte Auffassungen vertrat. Daraufhin erwirkte Štěpán beim Rat der mährischen Stadt die Vertreibung des Řehoř und dessen Anhänger. Diese ließen sich schließlich im böhmischen Klattau nieder und schlossen sich der Brüderunität an.

Bei den Verfassern des vorliegenden Schreibens handelt es sich nicht um die von Verfolgung bedrohten Separatisten in Großmeseritsch selbst, sondern um eine mit diesen verbundene, aber unterschiedene Gruppe. Die Verfasser sind vermutlich in der entstehenden Gemeinschaft der Böhmischen Brüder zu suchen, bei dem Adressaten könnte es sich um den Priester Štěpán aus Kremsier handeln.

Überlieferung außerhalb der AUF: –

Edition: Handschriftliche deutsche Übersetzung von Joseph Theodor Müller: Herrnhut, Unitätsarchiv der Evangelischen Brüder-Unität, Sign. AB.II.R.1.1a/3, Erster Teil, 221f., Nr. 3.

Literatur: Goll: Chelčický a jednota [1916], 81; Závodský: Reformace [1937], 15f.; Urbánek: České dějiny, Bd. 3/4 [1962], 409.

Inc.: *Žadost neylepssjho dobrého wzkazugem, přjteli mily [...]*. Expl.: *[...] y my rádi bychom s tebau rozmluwili etc.*

[Den Brüdern] liegt ein Schreiben des Adressaten (*přjteli mily*) an den Rat von Großmeseritsch (*mezyřicskym panuom měsťanom*) vor, in dem dieser Vorwürfe gegen Personen erhebt, die sich von der römischen Kirche getrennt haben (*o těch lidech, gessto se oddělili od rzjmské cyrkwe těchto let*). [Die Brüder] sind Glaubensgenossen dieser Leute (*s nimiž y my sme se dowěřili spasenj swého*). Sie haben sich seit etwa fünf Jahren mit dem Glauben und dem Lebenswandel dieser Menschen, unter denen sich Studenten, Bürger und Angehörige des Ritterstandes befinden (*s nimi gest drahně osob z žakowstwa y z měsťan a zwlásstě rytiřského řádu*), vertraut gemacht und teilweise bei ihnen gelebt. Sie sind sich daher gewiss, dass die von dem Adressaten erhobenen Vorwürfe unberechtigt sind.

Wenn der Adressat tatsächlich von konkreten Verfehlungen bestimmter Personen gewusst hätte, dann hätte er diese mündlich oder schriftlich zurechtweisen müssen oder sich an die Verfasser wenden können. [Die Brüder] sind empört, dass sich der Adressat stattdessen an die weltliche Obrigkeit (*w swětě powyssenych a mocnych*) gewandt und auf diese Weise unschuldige Leute in Lebensgefahr gebracht hat. Wenn es unter diesen wirklich Personen geben sollte, auf die die vom Adressaten erhobenen Vorwürfe zutreffen, würden [die Brüder] jegliche Gemeinschaft mit ihnen abbrechen (*nechtěli bychom s njm včastenstwj mjti w ničemž*). Der Adressat möge für sein Handeln Buße tun, denn er hat sich an Menschen versündigt, die in Glauben und Lebenswandel überaus vorbildlich sind (*nemuožem nalezti a poznati lidj zdrawěyssich w wjře Pana Krysta a křesťanskem obcowánj*).

[Die Brüder] laden den Adressaten zu einem Gespräch ein, zu dem auch diejenigen, gegen die er Vorwürfe erhebt, erscheinen sollen. Wenn diese Personen sich dann nicht bessern, sollen sie ausgeschlossen werden.

[Die Brüder] sind vom Verhalten des Adressaten, den sie vom Hörensagen und teilweise auch persönlich kennen, überrascht und enttäuscht. Der Überbringer ist sowohl mit der Gruppe [in Großmeseritsch] als auch mit [der Brüderunität] vertraut. Von diesem Bruder (*od toho bratra*) möge sich der Adressat zum Umdenken bewegen lassen und mit ihm Ort und Zeit für ein Gespräch mit den Verfassern vereinbaren.

Nr. 116 V 266r–v

Brief eines Bruders an T. in Prag, ohne Ortsangabe, [um 1470]

Einige Formulierungen des vorliegenden Schreibens erinnern an Nr. 115. Diese nahen Anklänge waren möglicherweise der Grund dafür, dass die beiden Texte in AUF V (oder bereits in der bei der Kompilation von AUF V benutzten Vorlage) direkt aufeinander folgend eingeordnet wurden. Der Adressat von Nr. 116 hält sich jedoch anscheinend in Prag auf, und auch die übrigen im Text enthaltenen Hinweise auf den Anlass des Schreibens weisen in einen und denselben Entstehungskontext.

Wenn es sich bei dem vorangestellten Buchstaben T. um die Abkürzung des Namens des Adressaten handelt, wäre an den in Nr. 117 genannten Tobiáš zu denken. Dafür spricht, dass Tobiáš in Nr. 117 in Verbindung mit einem gewissen Jeroným erwähnt ist und auch im vorliegenden Schreiben Nr. 116 von einem Jeroným die Rede ist. Über Tobiáš und Jeroným, bei denen es sich anscheinend um utraquistische Gegner der Brüder handelte, ist allerdings nichts Näheres bekannt. Das Schreiben stammt offenbar aus der Anfangszeit der Unität, als eine Verständigung mit einzelnen utraquistischen Theologen noch möglich erschien.

Bidlo, Goll und Müller schlugen eine Identifizierung des Verfassers mit Řehoř Krajčí und des Adressaten mit Jan Rokycana, dem erwählten utraquistischen Erzbischof von Prag, vor. In diesem Fall müsste es sich bei „T." und „Tobiáš" – und vielleicht auch bei Jeroným – um Decknamen handeln. Sollte diese Hypothese zutreffen, wäre der Brief zwischen dem sechsten (Nr. 5) und dem siebten (Nr. 37) Brief des Řehoř an Rokycana einzuordnen und zwischen 1468 und 1471 zu datieren.

Überlieferung außerhalb der AUF: –

Edition: Goll: Chelčický a jednota [1916], 135f. (Auszüge). – Handschriftliche deutsche Übersetzung von Joseph Theodor Müller: Herrnhut, Unitätsarchiv der Evangelischen Brüder-Unität, Sign. AB.II. R.1.1a/3, Erster Teil, 222f., Nr. 4.

Literatur: Bidlo (Hg.): Akty, Bd. 1 [1915], 71f., Nr. 17; Goll: Chelčický a jednota [1916], 50, Nr. 23, 135f.; Müller: Geschichte, Bd. 1 [1922], 161, 587, Nr. 23; Müller/Bartoš: Dějiny, Bd. 1 [1923], 101.

T. Inc.: *Wždyť nepřestáwám žadati neylepssjho dobrého w tomto času [...]*. Expl.: *[...] a dále bychom s tebau rádi austně mluwili etc.*

Der Verfasser fordert den Adressaten auf, Buße zu tun und aufzuhören, die Brüder zu verleumden und in Gefahr zu bringen, denn andernfalls wird Gott ihn bestrafen. Der Adressat möge bedenken, was er tut und redet und was er gemeinsam mit Jeroným gegen die Brüder unternimmt. Einst sprach der Adressat gegenüber dem

Verfasser und dessen Glaubensgenossen freimütig von den Missständen im Hinblick auf Lehre und Lebenswandel in Klerus und Volk (*pomniss-li, co gsy mluwil mnohymi řečmi k nám o kněžjch y o lidu, kterak zle stogj w bludjch a w hřjssjch*). Dann aber wandte er sich gegen die Brüder, ohne zu erklären, worin sie schuldig geworden seien (*pak giž na nás sy se obrátil, nikdy nás netresktaw, anjžs položil, w čem bychom winni byli před Bohem y před lidmi*). Früher erklärte sich der Adressat in Prag mit dem Verfasser und dessen Glaubensgenossen einig in Glaubensfragen (*mluwiw w Praze, že w té wjře mjnjm s wámi spolu státi až do té smrti*). Jetzt aber verfasst Jeroným unter Berufung auf Aussagen des Adressaten verleumderische Briefe an Bürgermeister und Ratsherren (*panom purgmistrom y konsselom*), ohne dass der Adressat zuvor die Brüder direkt wegen ihrer angeblichen Verfehlungen zurechtgewiesen hätte. Der Verfasser will den Adressaten zur Buße bewegen und schlägt eine persönliche Unterredung vor.

Nr. 117   V 266v

Brief eines leitenden Bruders an einen untergeordneten brüderischen Seelsorger, ohne Ortsangabe, [um 1470]

Die Buchstaben W. R., die in der Handschrift dem Text vorangestellt sind, sind anscheinend die Initialen des nicht identifizierten Adressaten. Der Brief entstand wohl im Zusammenhang mit Nr. 116, in dem ebenfalls von Verleumdungen der Brüder durch einen gewissen Jeroným die Rede ist. Der Verfasser spricht mit der Autorität eines Leiters oder leitenden Geistlichen der Unität. Auch der Adressat ist mit Leitungsaufgaben innerhalb der Unität betraut, wohl mit dem Priesteramt oder allgemeiner mit seelsorgerlichen Aufgaben.

Überlieferung außerhalb der AUF: –

Edition: Handschriftliche deutsche Übersetzung von Joseph Theodor Müller: Herrnhut, Unitätsarchiv der Evangelischen Brüder-Unität, Sign. AB.II.R.1.1a/3, Erster Teil, 223f., Nr. 5.

Literatur: –

W. R. Inc.: *Bratře mily, prosym tebe zwlásstně [...].* Expl.: *[...] a dal wás zprawj o wssech wěcech bratřj, milost Božj s tebau. Amen.*

Der Verfasser würde den Adressaten (*bratře mily*) gern besuchen, ist aber aus Gründen verhindert, die die Überbringer (*bratřj*) berichten werden. Er betet darum, dass

Gott den Adressaten durch den Heiligen Geist leiten und ihm Beharrlichkeit verleihen möge (*posylil k setrwánj*). Der Adressat möge in den gegenwärtigen gefährlichen Zeiten (*těchto nebezpecznych časuow*) dem Vorsatz treu bleiben, sein ganzes Leben der Brüderunität (*pro spolu gednotu bratrskau*) sowie der Erbauung und Besserung der Gemeinde (*pro wzdělánj a polepssenj zboru*) zu widmen und aufzuopfern. Er möge den Verleumdungen entgegentreten, die von Tobiáš und Jeroným gegen die Brüder verbreitet werden und von denen die Überbringer Näheres berichten werden. Mit den Überbringern möge der Adressat auch alle wichtigen Angelegenheiten seiner Gemeinde beraten. Ferner möge er sich dem Bruder M., einem erfahrenen Seelsorger, anvertrauen [gemeint ist möglicherweise der Brüderbischof Matěj aus Kunvald]. Auch Bruder K., der von den Brüdern mit der Seelsorge beauftragt wurde (*gest od bratřj žadán, aby pracowal a péčy měl o gednotu společnosti bratrské*), ist völlig vertrauenswürdig.

Nr. 118   V 267r

Brief leitender Brüder an Bruder O. P., ohne Ortsangabe, [vor 22. Februar 1471]

Die Buchstaben O. P., die in der Handschrift dem Text vorangestellt sind, sind anscheinend die Initialen des nicht identifizierten Adressaten. Der Text ist noch zu Lebzeiten des utraquistischen erwählten Erzbischofs von Prag, Jan Rokycana, entstanden. Rokycana starb am 22. Februar 1471. Ebenso wie bei den in der Handschrift AUF V vorangehenden Schreiben Nr. 116 und 117 ist daher als Entstehungskontext die Verfolgung der Brüder in den letzten Jahren der Regierungszeit König Georgs von Podiebrad anzunehmen.

Überlieferung außerhalb der AUF: –

Edition: Handschriftliche deutsche Übersetzung von Joseph Theodor Müller: Herrnhut, Unitätsarchiv der Evangelischen Brüder-Unität, Sign. AB.II.R.1.1a/3, Erster Teil, 224, Nr. 6.

Literatur: –

O. P. Inc.: *Laskawé pozdrawenj s žadosti neylepssiho dobrého bratru milemu [...].* Expl.: *[...] y my vmysl máme y zemřjti na tom.*

Die Verfasser versichern den Adressaten (*bratru milemu*) ihrer Fürbitte für dessen Arbeit im Werk Gottes (*y Pánu Bohu modlimy, aby se rozmahal w djle Božjm, kteréž zuostáwa k žiwotu wěčnému*) [im seelsorgerlichen Dienst der Brüderunität] und wünschen ihm Wachstum im Glauben und in den geistlichen Tugenden.

Derzeit hält sich ein dem Adressaten bekannter Mann aus H. in P. auf. Dieser soll den Adressaten zu B. bringen, einem Gegner und Verleumder der Brüder. Der Adressat möge diesen zur Rede stellen und Beweise für die von ihm erhobenen Vorwürfe gegen Glaubenslehre und Lebenswandel der Brüder fordern. Wenn B. bestimmte Personen unter den Brüdern benennen kann, denen er Vergehen vorwirft, soll er konkrete Beweise anführen (*ať prowede, wj-li co*) und Ort und Zeit für eine Unterredung bestimmen. Die Brüder verleugnen ihre Sache nicht (*což při nás gest, tohoť neprzjme*). Die Lehre und die Grundsätze des Lebenswandels, für die ihre Mitbrüder verfolgt werden und für die auch die Verfasser zu sterben bereit sind, sind [dem erwählten Erzbischof Jan] Rokycana, dem [böhmischen] König und vielen weiteren Personen bekannt (*giž mistra Rokycana y krále y mnohych lidj néni teyno, co gest při nás*) [die Brüder haben darüber bereits schriftlich Rechenschaft abgelegt].

Nr. 119   V 267r

Brief eines leitenden Bruders an einen untergeordneten Brüdergeistlichen, Begleitbrief zu einem Schreiben eines Bruders T., ohne Ortsangabe, ohne Datum

Das kurze Begleitschreiben zu einem in der Abschrift weggelassenen Brief oder Traktat eines Bruders T. ist ein aufschlussreiches Zeugnis für die Art und Weise, wie in der Frühzeit der Unität mit pastoralen Sendschreiben an die Gemeinden verfahren wurde. Demnach las der Priester der jeweiligen Gemeinde den Text abschnittsweise vor und erläuterte ihn für die Laien.

Überlieferung außerhalb der AUF: –

Edition: Handschriftliche deutsche Übersetzung von Joseph Theodor Müller: Herrnhut, Unitätsarchiv der Evangelischen Brüder-Unität, Sign. AB.II.R.1.1a/3, Erster Teil, 225, Nr. 7.

Literatur: –

Inc.: *Bratře milý, prosymeť giž přilož pilnost [...]*. Expl.: *[...] a k poslussenstwj weďge gim předloženym*.

Der Verfasser ermahnt den Adressaten (*bratře milý*), seinen Leitungsaufgaben in der Gemeinde beharrlich nachzukommen. Das [ursprünglich beiliegende] Schreiben (*ljstek*) des Bruders T. möge er selbst lesen und der Gemeinde abschnittsweise vorlesen und erklären (*powaž gim geho po kauṡku*). Ferner möge er die Gemeindeglieder einzeln (*zprawuge ge po osobach*) zum Gehorsam gegenüber den Trägern der Leitungsämter (*předloženym*) ermahnen.

Nr. 120   V 267v

Brief leitender Brüder an Bruder J. K. und an eine Schwester, die um des Glaubens willen verfolgt werden, ohne Ortsangabe, ohne Datum

Das seelsorgerliche Mahn- und Trostschreiben (*napomenutí, povzbuzení*) ist an Laienmitglieder der Unität gerichtet, die mit obrigkeitlichen Verfolgungsmaßnahmen rechnen müssen. Wie zahlreiche weitere in AUF V überlieferte Briefe ist der kurze Text in Anlehnung an Wendungen aus den paulinischen Briefen formuliert.

Überlieferung außerhalb der AUF: –

Edition: Handschriftliche deutsche Übersetzung von Joseph Theodor Müller: Herrnhut, Unitätsarchiv der Evangelischen Brüder-Unität, Sign. AB.II.R.1.1a/3, Erster Teil, 225f., Nr. 8.

Literatur: –

J. K. Inc.: *Laskawé pozdrawenj s žadostj neylepssijho dobrého bratru milému y sestře [...]*. Expl.: *[...] kteřjž s námi spolu dowěřuj se spasenj w Pánu Krystu. Milost Božj s wámi. Amen.*

Die Verfasser ermahnen die Adressaten (*bratru milemu y sestře*) zur Beständigkeit im Glauben angesichts von Anfechtung und Verfolgung. Im Vertrauen auf die verheißene ewige Seligkeit mögen sie den Verlust ihres Besitzes, ja sogar ihres Lebens (*statku y ziwota*), gering achten. Die Adressaten mögen auch die Glaubensgenossen grüßen (*pozdrawte přatel milych*).

Nr. 121   V 268r

Brief der Brüder an einen Glaubensgenossen, ohne Ortsangabe, ohne Datum

Der kurze Brief ist in Anlehnung an Wendungen aus den paulinischen Briefen formuliert.

Überlieferung außerhalb der AUF: –

Edition: Handschriftliche deutsche Übersetzung von Joseph Theodor Müller: Herrnhut, Unitätsarchiv der Evangelischen Brüder-Unität, Sign. AB.II.R.1.1a/3, Erster Teil, 226, Nr. 9.

Literatur: –

Inc.: *Milost a milosrdenstwj od Boha Otce bratru milému [...].* Expl.: *[...] k nasledowánj sweho Syna milého Krysta Gežjsse. Amen.*

Die Verfasser wünschen dem Adressaten (*bratru milému*) geistliches Wohlergehen und Gottes Segen.

Nr. 122　　　　　　　　　　　　　　　　　　　　　　　　　　　　V 268r

Brief leitender Brüder an einen brüderischen Seelsorger, ohne Ortsangabe, ohne Datum

Der in neutestamentlich-paulinischen Wendungen gehaltene Brief ermahnt einen allzu eifrigen Bruder zur Besonnenheit.

Überlieferung außerhalb der AUF: –

Edition: Handschriftliche deutsche Übersetzung von Joseph Theodor Müller: Herrnhut, Unitätsarchiv der Evangelischen Brüder-Unität, Sign. AB.II.R.1.1a/3, Erster Teil, 226, Nr. 10.

Literatur: –

Inc.: *Milost a milosrdenstwj od Pana Boha Otce [...].* Expl.: *[...] dawage w čas a w mjru pokrmu.*

Die Verfasser wünschen dem Adressaten (*bratře mily*) Wachstum und Beständigkeit im Glauben und in den geistlichen Tugenden. In seinem Dienst möge er demütig, geduldig und besonnen sein, Rat suchen und Streit vermeiden. [Im Hinblick auf die Unbelehrbaren] möge er sich nach den Worten Jesu richten: „Lasset sie, sie sind blinde Führer von Blinden" (Mt 15,14), und: „Jede Pflanzung, welche Gott der Vater nicht gepflanzt hat, wird ausgerottet werden" (Mt 15,13). Der Mahnung des Apostels Paulus (Kol 4,5) gemäß soll er sich Außenstehenden gegenüber weise verhalten. Personen, die der Gemeinde beitreten wollen (*k těm, kdožť s milostj chtj rádi slysseti*), möge er sorgfältig betreuen.

Nr. 123   V 268v

Brief leitender Brüder an Gemeindemitglieder in Mähren, Böhmen, ohne Datum

Mit dem kurzen Schreiben beglückwünscht die in Böhmen ansässige Kirchenleitung der Brüderunität eine Gruppe von Personen, die in der Markgrafschaft Mähren der Unität beigetreten sind. Einige der Adressaten haben entsprechend den Empfehlungen des Beschlusses von Reichenau an der Kněžna von 1464 (Nr. 111) ihren Besitz aufgegeben, was auf eine Entstehung in der Frühzeit der Unität hindeutet.

Überlieferung außerhalb der AUF: –

Edition: Handschriftliche deutsche Übersetzung von Joseph Theodor Müller: Herrnhut, Unitätsarchiv der Evangelischen Brüder-Unität, Sign. AB.II.R.1.1a/3, Erster Teil, 227, Nr. 11.

Literatur: –

Inc.: *Milost a milosrdenstwj od Boha Otce a pokog Krystuow [...]*. Expl.: *[...] pozdrawte spolu sebe od nás laskawym pozdrawenjm z milosti Božj. Amen.*

Die Verfasser wünschen den Adressaten (*bratřj milj*) Wachstum und Beständigkeit im Glauben und in den geistlichen Tugenden und ermahnen sie zum Eifer in der tätigen Liebe. Die Adressaten sind der Brüderunität beigetreten (*ta společnost, k njž ste se ozwali a gedni druhym ohlásyli*) und wollen mit ihrem Besitz und Leben der Gemeinde dienen. Namentlich diejenigen, die auf ihren Besitz verzichtet haben (*ti, kdož sau se giž před Pánem Bohem y před bratřjmi poznali, aby nic wlastniho sweho neměli, ale spolecznimu posluhowánj*), sollen alle ihre Sorgen Christus anheimstellen (1 Petr 5,7). Einige, die an ihrem Besitz festhalten wollten, haben ihn durch böse Menschen dennoch verloren. Diese bereuen nun, dass sie ihren Besitz nicht zuvor zum Guten verwendet haben. Die Gläubigen müssen jederzeit wie die Schafe zur Schlachtung (Röm 8,36) darauf vorbereitet sein, ihr Leben zu verlieren. Sie haben ihren Schatz im Himmel (Mt 6,20). Viele Brüder aus Böhmen lassen die Adressaten grüßen.

Nr. 124 V 269r

Brief eines brüderischen Seelsorgers an einen Neubekehrten, ohne Ortsangabe, ohne Datum

Das Schreiben hält das Ergebnis eines seelsorgerlichen Gesprächs zwischen einem Brüderpriester und einem noch nicht getauften Neubekehrten fest, der im Begriff steht, der Brüderunität beizutreten.

Überlieferung außerhalb der AUF: –

Edition: Handschriftliche deutsche Übersetzung von Joseph Theodor Müller: Herrnhut, Unitätsarchiv der Evangelischen Brüder-Unität, Sign. AB.II.R.1.1a/3, Erster Teil, 228f., Nr. 12.

Literatur: –

Inc.: *Žadost má neylepssiho dobreho tobě, přjteli mijly [...]*. Expl.: *[...] yakož by tě zprawil vkazatel listku.*

Der Verfasser wünscht dem Adressaten (*přjteli mijly, [...] bratře mily*) zeitliches und geistliches Wohlergehen (*aby se dobře měl w tomto času y na wěky*), damit das, was Gott in ihm angefangen hat, zum Ziel komme. Der Adressat möge sich nicht von Zweifeln irremachen lassen, er möge Fleiß daran wenden, für die Einmütigkeit der Glaubensgenossen in der Glaubenslehre und in tätiger Liebe zu wirken und möge als ein Ritter Christi den Märtyrern nacheifern (*yako rytíř Gezukrystuow aby s těmi aučastnost měl, gessto skrze wjru a trpěliwost dědj zaslibenjm*). Er möge Christus auf dem schmalen Weg (*na vzké cestě*) (Mt 7,14) nachfolgen und Besitz und Leben daran setzen, Christus und den Glaubensgenossen zu dienen. Der Verfasser betet für den Adressaten und bittet auch um dessen Fürbitte.

Was die Glaubenslehre betrifft, möge der Adressat sich an das halten, was er mit dem Verfasser mündlich besprochen hat und worauf beide sich geeinigt haben (*w duchu swornem sobě powolowali w prawdě Pána Gežjsse*). Er soll keine anderen Meinungen annehmen (*aby ginak řeči nepřigjmal od žadného*), denn viele fügen einander Schaden zu durch haltlose neue Lehren (*nowinami negistymi a sskodliwymi*). Der Verfasser lädt den Adressaten ein, ihn bei Gelegenheit gemeinsam mit einem Bruder (*s některym bratrem*) zu einem persönlichen Gespräch zu besuchen. Näheres dazu wird der Überbringer (*vkazatel listku*) ausrichten.

Nr. 125 V 269v

Brief brüderischer Seelsorger an einen Bruder in Anfechtung, ohne Ortsangabe, ohne Datum

Der Adressat, an den das seelsorgerliche Schreiben gerichtet ist, steht anscheinend in der Gefahr, seinen Glauben zu verleugnen, etwa in einer Verfolgungssituation.

Überlieferung außerhalb der AUF: –

Edition: Handschriftliche deutsche Übersetzung von Joseph Theodor Müller: Herrnhut, Unitätsarchiv der Evangelischen Brüder-Unität, Sign. AB.II.R.1.1a/3, Erster Teil, 229, Nr. 13.

Literatur: –

Inc.: *Žadost neylepssiho dobreho s pozdrawenjm laskawym bratru milemu [...]*. Expl.: *[...] y w tom se opatř, aby neztratil pro málo mnoho.*

Die Verfasser wünschen dem Adressaten (*bratru milemu*) Stärke und Beständigkeit im Glauben. Er möge in geistlichen Dingen und im Gebet beharrlich sein und Christus auf dem schmalen Weg (*na vzké cestě*) (Mt 7,14) nachfolgen. Der Bruder, der den Brief überbringt, wird mit dem Adressaten über gewisse Dinge sprechen. Der Adressat möge sich von allem enthalten, was Ursache zu bösem Schein (1 Thess 5,22) geben könnte. Die Verfasser sind um das Seelenheil des Adressaten besorgt, der an seinem Aufenthaltsort (*tam*) niemanden hat, mit dem er reden kann, um Stärkung und Trost zu schöpfen. Es lohnt sich nicht, um einer geringen Sache [des irdischen Wohlergehens oder Lebens] willen viel [die ewige Seligkeit] zu verlieren.

Nr. 126 V 269v

Brief leitender Brüder an untergeordnete brüderische Seelsorger, ohne Ortsangabe, ohne Datum

Die Briefe Nr. 126 und 127 dokumentieren pastorale Interventionen der brüderischen Kirchenleitung in brüderischen Ortsgemeinden (möglicherweise betreffen beide Texte dieselbe Gemeinde). Nr. 126 ist eine Instruktion an eine Delegation von Brüderpriestern, die im Auftrag der Kirchenleitung eine bestimmte Gemeinde oder mehrere Gemeinden visitieren und die dort aufgetretenen, nicht näher benannten Probleme schlichten sollen.

Überlieferung außerhalb der AUF: –

Edition: Handschriftliche deutsche Übersetzung von Joseph Theodor Müller: Herrnhut, Unitätsarchiv der Evangelischen Brüder-Unität, Sign. AB.II.R.1.1a/3, Erster Teil, 229, Nr. 14.

Literatur: –

Inc.: *Bratřj neymileyssj, prosyme wás [...]*. Expl.: *[...] a zpraw tě maudrost geho we wssem. Amen.*

Die Verfasser ermahnen die Adressaten (*bratřj neymileyssj*) zu Fleiß und Beständigkeit in der Frömmigkeit. Sie sollen die Gemeindemitglieder gemäß dem Wort Gottes anleiten und bei Bedarf Gespräche führen, auch mit den Außenstehenden und der Obrigkeit (*y s swětskymi y s powyssenymi*). Denn es ist der Wille Gottes, dass sein Werk [die Erneuerung der Kirche in Gestalt der Brüderunität] allen bezeugt wird, den einen zum [ewigen] Leben, den anderen zum [ewigen] Tod. Gottes Weisheit möge dazu anleiten.

Nr. 127   V 270r

Brief eines leitenden Bruders an eine Unitätsgemeinde, ohne Ortsangabe, ohne Datum

Der anscheinend in Zusammenhang mit Nr. 126 entstandene Brief ist ein Empfehlungsschreiben, mit dem die Kirchenleitung eine mit der Visitation der Adressatengemeinde beauftragte Delegation autorisiert.

Überlieferung außerhalb der AUF: –

Edition: Handschriftliche deutsche Übersetzung von Joseph Theodor Müller: Herrnhut, Unitätsarchiv der Evangelischen Brüder-Unität, Sign. AB.II.R.1.1a/3, Erster Teil, 229f., Nr. 15.

Literatur: –

Inc.: *Bratřj milj y sestry, žádost má wám neylepssjho dobreho wěcnýho [...]*. Expl.: *[...] yakž se Pánu Bohu ljbj a wám spasenj gest. Amen.*

Der Verfasser wünscht den Adressaten und Adressatinnen (*bratřj milj y sestry*) Wachstum und Beständigkeit im Glauben und im Lebenswandel. Er hat die Brüder, die den Brief überbringen, beauftragt, mit den Empfängern seelsorgerliche Einzelgespräche zu führen, wie sie es auch schon in anderen Gemeinden (*zbořjch*) in Böhmen und Mähren getan haben. Auf diese Weise sollen Unstimmigkeiten zwischen der Kirchenleitung und der Adressatengemeinde (*překažky [...] při nas k wám*) vermieden werden. Wenn einige Gemeindemitglieder nicht zu Einzelgesprächen kommen können oder wollen, soll dies den Überbringern angezeigt werden. Gott möge die Adressaten und Adressatinnen zu einfältiger Aufrichtigkeit (*k sprostne vpřjmnosti*) führen.

Nr. 128   V 270r–272v

[Bruder Řehoř Krajčí:] Brief an Jan [und die Brüder von Chelčice] in Vitanovice, ohne Ortsangabe, [1468/69]

Der in der Handschrift nicht namentlich genannte Verfasser des Schreibens ist Řehoř Krajčí. Dies ergibt sich aus dem Inhalt des Schreibens, vor allem aus der Erwähnung der Entlassung aus dem Gefängnis in Teplitz, wo Řehoř 1461 einsaß (vgl. Nr. 27). Der Adressat Jan wurde in der Literatur seit Palacký wiederholt mit dem 1484 gestorbenen Jan Chelčický identifiziert. Dieser hatte anfangs den Brüdern von Chelčice angehört. Er schloss sich dann aber der entstehenden Brüderunität an und wurde als Brüderpriester ein enger Mitarbeiter des Matěj aus Kunvald. Gegen Ende seines Lebens gehörte Chelčický dem kirchenleitenden Engen Rat an.

Die Erinnerung an die radikale hussitische Partei der Taboriten war vor allem mit Gewalt und Verwüstung assoziiert. Die karikaturhafte Zeichnung eines „Taboritenbruders" hinterließ ein unbekannter Benutzer auf der Innenseite des vorderen Buchdeckels einer lateinisch-tschechischen Handschrift des Neuen Testaments. Bruder Řehoř Krajčí räumt in dem Brief Nr. 128 ein, dass sich einige Priester mit taboritischer Vergangenheit der entstehenden Unität angeschlossen hatten. Erst seit Ende des 15. Jahrhunderts bezogen sich die Brüder offen auf die Abendmahlslehre der Taboriten.

Allerdings ergibt sich aus dem Text selbst, dass die von Palacký vorgenommene Identifizierung des Adressaten nicht zutreffen kann, denn dort ist ausdrücklich davon die Rede, dass der Adressat Jan und Jan Chelčický zwei verschiedene Personen sind. Die von Bartoš vorgeschlagene Identifizierung des Adressaten mit dem Brüderpriester Jan Táborský (vgl. Nr. 101) ist möglich, doch fehlen dafür konkrete Anhaltspunkte. Deutlich erkennbar ist lediglich, dass der Adressat Jan zu den Brüdern von Chelčice zählte und persönlich mit dem erwählten utraquistischen Erzbischof Jan Rokycana bekannt war. Der Text entstand nach der Einsetzung der ersten Brüderpriester (1467). Goll datierte das Schreiben zwischen dem vierten und fünften Brief des Řehoř Krajčí an Rokycana, also in das Jahr 1468. Palacký hatte eine Datierung in das Jahr 1469 vorgeschlagen.

Der Brief wirft ein bemerkenswertes Licht auf die Kontakte, die Řehoř und die frühen Brüder im Vorfeld der ersten Priesterwahl mit anderen separatistischen Gruppen in Böhmen aufgenommen hatten und die auch in späteren Texten, zum Beispiel von Tůma aus Přelauč (Nr. 67), Lukáš aus Prag (Nr. 87) oder auch der von der Unität abgespaltenen „Kleinen Partei" (Nr. 86), erwähnt sind. Aufschlussreich ist, dass Řehoř einräumt, dass auch ehemalige Angehörige der übel beleumdeten „Košatschen Sekte" (košátká rota) in die Brüderunität aufgenommen worden seien. Die „Košatsche Sekte", deren Name sich anscheinend auf das Dorf Košátky bei Benatek in Mittelböhmen bezieht, ist in keiner anderen Quelle erwähnt. Möglicherweise besteht ein Zusammenhang mit den berüchtigten „Adamiten", die in brüderischen Texten als „die, die auf der Insel waren" oder „Liebessekte" bezeichnet werden (vgl. Nr. 17, 18, 35, 136, 204).

Der aus der altkirchlichen Häreseologie stammende Ketzername der Adamiten bezieht sich auf die angebliche Praxis der rituellen Nacktheit, die in verschiedenen historischen Kontexten von Sondergruppen als Ausdruck der Wiederherstellung des paradiesischen Urstands der Menschen vor dem Sündenfall praktiziert worden sein soll. Zuweilen ist damit der Vorwurf der rituellen sexuellen Promiskuität bei geheimen Zusammenkünften verbunden. Die böhmischen Adamiten sollen eine Gruppe von Männern und Frauen gewesen sein, die sich 1421 auf eine abgelegene Flussinsel der Naser zurückzogen. Bereits nach wenigen Monaten ging der Heerführer Jan Žižka gewaltsam gegen die Gruppe vor, einige Dutzend Männer und Frauen wurden als Ketzer verbrannt.

Überlieferung außerhalb der AUF: –

Edition: Handschriftliche deutsche Übersetzung von Joseph Theodor Müller: Herrnhut, Unitätsarchiv der Evangelischen Brüder-Unität, Sign. AB.II.R.1.1a/3, Erster Teil, 230–234, Nr. 16.

Literatur: Dobrovský: Geschichte [1788] (zu den Adamiten); Palacký: Geschichte von Böhmen, Bd. 4/1 [1857], 462f.; Пальмов (Hg.): Чешские братья, Bd. 1/1 [1904], 184f.; Müller: Geschichte und Inhalt [1913], 109, Nr. 16; Goll: Chelčický a jednota [1916], 48, Nr. 15, 88, 92f., 118 (Auszüge); Bartoš: Z počátků Jednoty [1921], 203–206; Müller: Geschichte, Bd. 1 [1922], 75, 84, 268, 586, Nr. 9; Müller/Bartoš: Dějiny, Bd. 1 [1923], 36f., 43, 174; Palacký: Dějiny, Bd. 9/14 [1928] 281, 380; Říčan: Dějiny [1957], 36; Urbánek: České dějiny, Bd. 3/4 [1962], 405f.; Čornej: Potíže s adamity [1997]; Schweitzer (Hg.): Europäische Texte [2009] (zu den Adamiten); Jukl: Adamité [2014]; Halama, O.: The Unity [2020], 377, 379f. (zum Verhältnis der Brüder zu Petr Chelčický); Čornej: Adamité [2021].

Inc.: *Žádost má tobě neylepssiho dobreho w tomto času y na wěky [...]*. Expl.: *[...] žeť se swět musy horssiti a neyde dosti na čem. Ut supra.*

[Řehoř Krajčí] versichert Jan seines Wohlwollens und möchte ihm behilflich sein, der Verführung durch den Antichrist zu entfliehen, die gegenwärtig in der ganzen Welt und in den Ländern des [Heiligen] Römischen Reichs (*w těchto zemjch w ržjmskem cysařstwj*) überhand nimmt. Besonders in Böhmen herrscht große Lehrverwirrung, die vom schmalen Weg Christi (Mt 7,14) und von der gesunden Lehre der Gerechtigkeit aus dem Glauben abführt (*mnohotwarná včenj chybiwsse se vzké cesty w wjře Pana Krysta, zdrawého naučenj křesťanského wlastnjho, sprawedlnosti, kteráž gest z wjry*). Da [die utraquistischen Priester] nicht zu wahrer Buße gelangt sind, haben sie sich auf den breiten Weg (Mt 7,13) begeben. Sie kennen zwar die Heilige Schrift, halten sich aber selbst für klug, verurteilen und schmähen einander und sind die größten Feinde der wahren Gläubigen.

[Řehoř] fordert den Adressaten (*mily Au.* [!]) auf, sich nicht weiter der Wahrheit zu widersetzen, [die Brüder] zu verurteilen und Gerüchten über sie zu glauben. Jan möge das glauben, was [Řehoř] ihm mündlich [über die Brüder] berichtet hat, zumal er dabei keineswegs gewisse Missstände verschwiegen hat. Die Brüder verheimlichen ihre Lehre nicht und haben bereits zweimal darüber dem Magister [Jan Rokycana] geschrieben [Nr. 1 und 2]. Diese Briefe möge Jan von Rokycana ausleihen und lesen. [Řehoř] lädt Jan und den Wagner Jan (*s kolářem Janem*) [vgl. Nr. 3 und 58] zu einem Gespräch ein. [Die Brüder] schließen nicht aus, dass sich unter ihnen auch Heuchler befinden, aber so war es bereits bei den Gläubigen zur Zeit der Apostel. [Jan] möge sich selbst bei [den Brüdern] umsehen, um zu erkennen, was sie lehren und wie sie leben. [Řehoř] bittet um schriftliche Antwort.

[Řehoř] hat Jan [in einem früheren Brief oder bei einem Gespräch] aufgefordert, sich bei Rokycana nach ihm zu erkundigen und dabei Folgendes zu fragen: Erstens, ob Rokycana meine, dass [Řehoř] Irrlehren vertrete. Zweitens, ob [Řehoř] Zurechtweisung angenommen und etwas widerrufen habe (*wje-li co na mě bludneho aneb scestného, a druhé, oprawil-li sem co, aneb odwolal*) [es ist ein Kennzeichen eines Ketzers, dass er „pertinaciter" keine Zurechtweisung annimmt]. Rokycana antwortete darauf, er erinnere sich nicht. Jan möge Rokycana noch einmal die beiden Fragen stellen und die Antworten [Řehoř] schriftlich mitteilen (*napsati w listu*).

Gemeinsam mit Jan hat [Řehoř] einst Jan Rokycana besucht. Damals fragte [Řehoř] Rokycana, ob er in den siebzehn Jahren ihrer Bekanntschaft je etwas Böses oder Ketzerisches (*co zlého neb bludného*) an ihm bemerkt habe. Rokycana antwortete damals nichts. [Řehoř] ist gern bereit, Zurechtweisung anzunehmen. Verleumdung erträgt er mit Geduld. So wird etwa zu Unrecht erzählt, [Řehoř] habe sein Wort gebrochen, nachdem er [1461] auf Betreiben der Königin [Johanna von Rosental, Gattin des Georg von Podiebrad] in Teplitz ins Gefängnis geworfen worden war. Man wirft ihm vor, er habe die Auflage missachtet, unter der er damals gegen Bürgschaft entlassen wurde, und habe vorsätzlich seine Bürgen geschädigt [vgl. Nr. 27]. [Řehoř] hat sich aber keineswegs unrecht verhalten und würde lieber sterben, als mit Absicht und Willen einen anderen Menschen zu schädigen. [Řehoř] schreibt diese Dinge, weil er sie Jan noch nicht mündlich berichtet hat. Mit Personen, die Irrlehren vertreten oder gegen den christlichen Lebenswandel verstoßen, will er keine Gemeinschaft haben, solange sie nicht Buße tun.

Dass sich [die Brüder] von der [katholischen und utraquistischen] Priesterschaft der römischen [Weihesukzession] getrennt haben (*že sme se odtrhli od kněžj rzjmske cyrkwe*), kann Jan (*mily Gene*) ihnen nicht zum Vorwurf machen, denn er selbst war es, der zuerst erkannt hatte, dass die Sakramentsverwaltung der Priester, die mit der weltlichen Gewalt verbunden sind, zur Seligkeit unnütz ist und dass sie falsch über das Abendmahl lehren (*že vžitka nenj v posluhowánj kněžj cysařskych, gessto mečowau wjru magj, a při swátosti těla Božjho nemagj smyslu, w kterem Pán Gežjš wydal*). Dies haben [die Brüder von Chelčice] damals sowohl in mündlicher als auch in schriftlicher Form bezeugt.

Als sich [Řehoř und seine Brüder] an [die Brüder von Chelčice] wandten, haben diese ihnen nicht geholfen, eigene Seelsorger einzusetzen. Sie haben sie vielmehr in ihrer Ratlosigkeit im Stich gelassen (*tak ste nas chtěli nechati na mjteži*). Es ist absurd, dass die [Brüder von Chelčice] den Papst als Antichrist erkannt haben, sich aber weiterhin der in der römischen Weihesukzession stehenden Priester bedienen. Als [Řehoř vor der Einsetzung der ersten Brüderpriester 1467] in Vitanovice mit Jan und dessen Anhängern über Priestertum und Sakramente beriet, bestritten [die Brüder von Chelčice], dass eine Gemeinde dieselbe apostolische Vollmacht zur Einsetzung von Priestern wie die Urkirche habe, solange in ihr nicht auch ebensolche Wunder geschehen wie in der Urkirche. Den Weg, den Gott [den Brüdern] unter Gebet und Fasten gezeigt hat, verlästern und verspotten die Außenstehenden zu Unrecht.

[Řehoř] wünschte, [die Brüderunität] und die [Brüder von Chelčice] könnten sich vereinigen. Dem steht aber Jans Dünkel entgegen, ferner die Tatsache, dass [die Brüder von Chelčice] am Mammon hängen. Ja, die [Brüder von Chelčice] schmähen die [Brüderunität] sogar als Pikarden und Ketzer. Daher ruft [Řehoř] Jan und dessen Anhänger, die sich weder zu den römischen Priestern noch zu den wahren Priestern Christi [den Brüderpriestern] halten, zur Buße auf. Er lädt Jan zu einem freundschaftlichen Gespräch ein. [Řehoř] ist in den vergangenen Jahren oft in Chelčice mit dem Priester Martin zusammengetroffen und hat auch zusammen mit diesem das Abendmahl empfangen. Meinungsverschiedenheiten gab es allerdings mit Jans Glaubensgenossen Jan Chelčický, mit dem anscheinend auch Jan nicht völlig übereinstimmt (*sme [...] nětco Jankowi nesrozuměli Chelčyckemu towaryssi twému, a snad y ty*). Es wäre daher gut, wenn auch Jan Chelčický zu der Unterredung erscheint.

[Řehoř und seine Brüder] sind bereit, Maßnahmen zu ergreifen, wenn sich herausstellt, dass sich unter ihnen Personen befinden, deren Meinungen oder Lebenswandel verwerflich ist. [Řehoř] hat sich aber nie die Lehren solcher Leute zu eigen gemacht. Vielmehr hat er sich über viele Jahre darum bemüht, sie zur Buße und zur rechten Lehre, auch im Hinblick auf die Sakramente, zu führen. Jetzt ist ihr Lebenswandel tugendhaft. Einige von den taboritischen Priestern haben sich [der Brüderunität] angeschlossen, ferner einige von der Sekte des Mikuláš [aus Vlásenice] (*někteřj mikulássowske roty*) [zu den „Nikolaiten" oder *Mikulášenci* vgl. Nr. 47], auch einige von der Košatschen Sekte (*někteřj kosatské roty*), die von allen die übelsten sein sollen und Sünde nicht für Sünde halten. Diese Personen wurden aber erst nach einer Probezeit von ein, zwei oder mehr Jahren in die Unität aufgenommen. [Řehoř] räumt ein, dass es auch unter den Mitgliedern der Brüderunität zu Fehltritten, Ärgernissen und Abfall gekommen ist. Derlei kam aber bereits in der apostolischen Urkirche vor. Dennoch treibt Gott sein Werk mit den Auserwählten [die Brüderunität] weiter, wie sehr auch die Welt Anstoß nimmt.

Nr. 129   V 272v–273r

Brief brüderischer Seelsorger an einen Neubekehrten, ohne Ortsangabe, ohne Datum

Die kurze seelsorgerliche Ermahnung richtet sich an einen noch ungetauften Sympathisanten und fordert diesen zum Beitritt zur Brüderunität auf.

Überlieferung außerhalb der AUF: –

Edition: Handschriftliche deutsche Übersetzung von Joseph Theodor Müller: Herrnhut, Unitätsarchiv der Evangelischen Brüder-Unität, Sign. AB.II.R.1.1a/3, Erster Teil, 234f., Nr. 17.

Literatur: –

Inc.: *Žadostiwě žádáme tobě neylepssjho dobreho, přjteli nám přjzniwy [...]*. Expl.: *[...] až do konce tohoto žiwota k wěcnemu žiwotu. Amen.*

Die Verfasser wünschen dem der Unität nahestehenden Adressaten (*přjteli nám přizniwy*) Fortschritt und Beständigkeit im Glauben und in den geistlichen Tugenden. Er möge in diesem kurzen vergänglichen Leben (*zdeť [...] maly časek [...] a kratka chwilka*) die Fülle des Glaubens erreichen und zum Gnadenstuhl Christi hinzutreten (*przistupiž s dauffánjm w plnosti wjry k stolicy milosti geho*).

Nr. 130 V 273r–274v

Brief leitender Brüder an die Brüderpriester M. und Jíra in Mähren, ohne Ortsangabe, ohne Datum

Die Adressaten M. und Jíra (Jiří) waren mit der Sakramentsverwaltung betraut, es handelte sich also um brüderische Priester. Goll erwog eine Identifizierung des Adressaten Jíra mit Jíra aus Chropin (Chropiňský), der während des Konflikts um die brüderische Sozialethik zwischen 1490 und 1494 dem vom Brüderbischof Matěj aus Kunvald berufenen Engen Rat angehörte (Jireček, J.: Jana Jafeta krátká zpráva [1861], 144). Jíra gehörte anscheinend zu den Vertretern der ursprünglichen, streng separatistisch-pazifistischen Grundsätze (*prvni smysl*) der Unität. Aus diesen konservativen Kreisen entwickelte sich in den 1490er Jahren die von der Unität abgespaltene „Kleine Partei".

Mit der Vorgeschichte der „Kleinen Partei" können auch zwei weitere im Text genannte Personennamen in Verbindung gebracht werden, Blažek und Amos. Sie sind möglicherweise mit den brüderischen Laien Amos aus Ungarisch Brod und Blažek identisch, die seit 1490 als Protagonisten der „Kleinen Partei" gegen die Partei der Neuerer um Jan Klenovský auftraten. Beide übten eine gewisse Leitungsverantwortung innerhalb der Unität aus, bevor sie 1495 ausgeschlossen wurden (vgl. Nr. 74–77, 80, 86, 87, 89). Bei dem im Text erwähnten Prokop könnte es sich um den Brüderpriester Prokop aus Neuhaus (vgl. Nr. 73) handeln und bei dem Bruder Aleš, dem die Adressaten die Kasse der Gemeinde anvertrauen sollen, um den in Nr. 135 erwähnten Bruder Aleš in Mähren, der spätestens 1475 starb.

Der Inhalt des Schreibens spiegelt jedenfalls Verhältnisse der Frühzeit der Unität wider. Zur Zeit der Abfassung waren noch keine festen Regelungen für den Umgang mit Spenden und mit der Gemeindekasse getroffen worden. Der Rat, beim Abendmahl ein „besonderes Mäntelchen" („zwlásstnj plásstěk"), einen Kelch und Oblaten zu verwenden, um Anstoß bei Außenstehenden zu vermeiden, weist ebenfalls in die ersten Jahre der Unität, in denen das Abendmahl zunächst mit gewöhnlichem Brot aus einem einfachen Trinkgefäß und ohne besondere liturgische Kleidung gespendet wurde (vgl. Nr. 33, 34, 251; Müller: Geschichte, Bd. 1 [1922], 208–212; Landová: Liturgie [2014], 200–202). In den im Text erwähnten mährischen Städten Ungarisch Brod und Proßnitz entwickelten sich in den 1490er Jahren bedeutende Unitätsgemeinden (Hrejsa: Sborové [1935], 70–74, 125–127), in dem Dorf Nezdenice bei Ungarisch Brod scheinen sich dagegen nur einzelne Anhänger der Brüder niedergelassen zu haben.

Überlieferung außerhalb der AUF: –

Edition: Goll: Chelčický a jednota [1916], 167f. (Auszüge), 246. – Handschriftliche deutsche Übersetzung von Joseph Theodor Müller: Herrnhut, Unitätsarchiv der Evangelischen Brüder-Unität, Sign. AB.II.R.1.1a/3, Erster Teil, 235–238, Nr. 18.

Literatur: Müller: Geschichte und Inhalt [1913], 109, Nr. 18; Goll: Chelčický a jednota [1916], 239, 246; Müller: Geschichte, Bd. 1 [1922], 230, 232, 592, Nr. 63; Müller/Bartoš: Dějiny, Bd. 1 [1923], 148f.

Na Mo[ravu] M. a Gi. [„Nach Mähren an M. und Jí(ra)"]. Inc.: *Bratřj neymileyssj, péče nám gest o tom, co gest při wás [...]*. Expl.: *[...] aby z lásky pracowali a chudy žiwot wedli.*

Die Verfasser sind besorgt über die Lage der Gläubigen bei den Adressaten (*bratřj neymileyssj*) [in Mähren]. Viele der Gemeindemitglieder sind noch nicht hinreichend im Glauben gefestigt (*lid mdly a gesstě rozumu wjry nedossly někteří*), um der drohenden Verfolgung standzuhalten. Doch Gott wird keine Versuchung zulassen, die über das Erträgliche hinausgeht. Die Adressaten mögen wachsam sein und sich vor Verrätern hüten. Sie sollen dennoch weiter am [Sonntag] und täglich morgens die Gläubigen unterweisen (*neobmesskáweyte se w včenj*), aber in Hausversammlungen (*we dne y na každe gitro, ale po čeledech*). Besondere Vorsicht ist bei der Feier des Abendmahls geboten. Stets soll das Wachstum der Gemeinde und die Ausbreitung des Wortes Gottes bedacht werden (*kterak by hodné přjčyny byly k zrostu tomu lidu a k přispořenj zboru a kterak by řeč Božj ssla a mjsto měla w rozssjřenj*).

Was die übrigen Dienlichkeiten (*giné služebnosti časem a mjstem pro vtwrzenj prawdy a gednoty dokázanj cyrkwe swaté a poslussenstwj gegiho*) betrifft, haben die Brüder den Beschluss gefasst, dass diese einerseits in einer Form gehalten werden sollen, die der Förderung der grundlegenden heilsnotwendigen Dinge [Glaube, Liebe und Hoffnung (1 Kor 13,13)] nützlich ist (*pro wzdělánj a prospěch wěcy základnych spasytedlnych*) und überdies das Gewissen nicht verletzt [keinen Anschein von Götzendienst erweckt], die aber andererseits auch bei Außenstehenden keinen vermeidbaren Anstoß erregt. Die Brüder wollen nicht riskieren, dass die Gläubigen wegen der dienlichen Dinge Verfolgungen ausgesetzt sind, die sie womöglich nicht ertragen können. Sollte Gott es jedoch zulassen, so müssten sie Verfolgung um der wesentlichen Dinge willen auf sich nehmen.

Der Adressat M. möge sich daher mit Jíra darüber beraten, welche [Ordnungen bei der Feier des Abendmahls] sie einführen, bevor sie [aus Mähren] weggehen [um sich vor der Verfolgung zu verbergen]. Wenn sie ein besonderes Mäntelchen [ein Messgewand], einen Kelch und Oblaten (*něyaky zwlásstnj plásstěk a muož-li byti kalich y oplatky*) gebrauchen [um gegenüber Außenstehenden den Vorwurf, sie würden das Abendmahl geringschätzen, zu entkräften], würde die Gemeinde das wohl akzeptieren. Die Veränderungen (*proměny*), an denen Außenstehende und die Obrigkeit großen Anstoß nehmen [die Feier des Abendmahls in gewöhnlicher Kleidung mit einem gewöhnlichen Trinkgefäß und gewöhnlichem Brot], sind durch die Heilige Schrift nicht zwingend geboten. Einige aus der Sekte der Taboriten (*některj roty taborské*) hatten daraus zu Unrecht ein Gesetz gemacht, ihrer falschen Lehre soll man nicht folgen. Da [die formlose Feier des Abendmahls] in Böhmen und Mähren unnötigen Anstoß erregt (*pro neobyčeynost w těchto zemjch*), ist sie für die Erneuerung der Kirche (*obnowenj cyrkwe*) eher hinderlich als nützlich.

M. möge dies mit Blažek [und] Amos besprechen, damit eine einmütige Regelung erreicht wird, und dann gemeinsam mit Prokop und Jíra zu den Verfassern kommen. Diese haben wichtige Dinge mit ihnen zu besprechen, unter anderem in der Angelegenheit einer gewissen Adeligen (*ta panj*), damit aus der [seelsorgerlichen] Mühe, die [Jíra] für sie aufgewandt hat, nichts Schlechtes entsteht (*aby geho péče o nj ke zlému neprzissla*).

M. soll Aleš in die Verwaltung der Armenkasse einweisen und ihm dabei helfen, sich einen Überblick über die Einnahmen und Ausgaben zu verschaffen. Es muss vermieden werden, dass die Unität wegen der Armenkasse in schlechten Ruf gerät. In Proßnitz geht das Gerücht um, die Brüder nähmen gern Spenden an, aber würden Witwen und Arme nicht versorgen. Mit angenommenen Spenden ist vorsichtig zu verfahren, damit sich die Spender nicht später über die Unität beschweren. [Die Armen] sollen selbst für ihre Wohnung und ihren Unterhalt sorgen, und wenn sie mittellos sind, körperlich arbeiten, soweit es irgend geht (*ať se žiwj na swé, nač které magj, kteréž a kdož nemagj, swyma rukama pracugj, seč mohau byti*). Nur wirklich Bedürftige sollen direkt unterstützt werden, und zwar nach Möglichkeit nicht aus der Gemeindekasse, sondern von den Mitgliedern. Die Beiträge zur Gemeindekasse (*kteréž [...] wěcy dány bywagj k almužně a swěrzeny*) dienen vorzugsweise dem Unterhalt der Reisenden [Brüdergeistlichen] und der Bewirtung von Gästen, nur in zweiter Linie der Unterstützung der Armen. Es sollen davon aber keine Spitäler (*sspitaluo*) betrieben werden, denn sonst müssten sich [Brüderpriester] mehr um das Essen kümmern als um das Wort Gottes und das Gebet. In der Urgemeinde waren die Lehrer, Apostel und Hirten nicht für das leibliche Wohl der Gemeinde zuständig, sondern umgekehrt die Gemeinde für das leibliche Wohl der Lehrer. Die Gütergemeinschaft in Jerusalem (Apg 2,42–47; 4,32–35) war eine Ausnahme.

In diesem Sinne sollen M. und Jíra vor ihrer Abreise Aleš und den [anscheinend ebenfalls an der Verwaltung der Gemeindekasse] beteiligten Václav anweisen. In [Ungarisch] Brod soll Aleš sich mit Matějek und Páris beraten. Ferner sollen sie die Absicht des Pavel, sich in Nezdenice [bei Ungarisch Brod] zu verheiraten und niederzulassen, billigen. Die Heiratspläne des Messerschmieds Řehoř [gegen die anscheinend Bedenken erhoben wurden oder Hindernisse bestanden] sollen bis Weihnachten geklärt werden, da keine Anweisung der Apostel gegen seine Verheiratung spricht und damit ihm keine unnötigen Lasten auferlegt werden. Unverheiratete Brüder, es seien Handwerker oder Knechte (*rzemeslnicy neb pacholcy*), sollen sich eine ordentliche Arbeitsstelle suchen und nicht aus der Gemeindekasse unterstützt werden, damit kein böses Gerede aufkommt.

Nr. 131 V 274v

Brief der Brüder an Petr und weitere Gläubige in Lenešice, ohne Ortsangabe, ohne Datum

In Lenešice bei Laun in Nordwestböhmen, dem Wohnort des ansonsten unbekannten Adressaten Petr, bestand bereits in der Frühzeit der Brüderunität seit 1468 eine wichtige Gemeinde. Schon vor der Entstehung der Unität hatte der deutsche Waldenser-„Bischof" Friedrich Reiser (vgl. Nr. 4 und 18) 1457 die Stadt Saaz, unweit von Lenešice, besucht und sich dort mit Anhängern versammelt (Goll: Chelčický a jednota [1916], 302f., 305). Der Königgrätzer utraquistische Dekan Vít aus Krupá (vgl. Nr. 319) bezeichnete Lenešice 1476 als den Hauptsitz der Brüder (Goll [Hg.]: Spisek Víta z Krupé [1878], 169). Dort hatte Řehoř Krajčí seinen Wohnsitz, dort wirkte auch Eliáš aus Křenovice als Seelsorger (Hrejsa: Sborové [1935], 38). Die Gemeinde verlor später an Bedeutung und erlosch im Verlauf des 16. Jahrhunderts ganz.

Überlieferung außerhalb der AUF: –

Edition: Handschriftliche deutsche Übersetzung von Joseph Theodor Müller: Herrnhut, Unitätsarchiv der Evangelischen Brüder-Unität, Sign. AB.II.R.1.1a/3, Erster Teil, 238, Nr. 19.

Literatur: Müller: Geschichte und Inhalt [1913], 110, Nr. 19; Goll: Chelčický a jednota [1916], 246; Müller: Geschichte, Bd. 1 [1922], 231, 592, Nr. 64; Urbánek: České dějiny, Bd. 3/4 [1962], 404f.

Pet[rovi] do Lenessic [„An Petr nach Lenešice"]. Inc.: *Milost Pána Gežjsse s duchem wassim [...]*. Expl.: *[...] kdož setrwá etc. Milost Božj s wámi. Amen.*

Die Verfasser wünschen den Adressaten Wachstum und Beständigkeit im Glauben und in den geistlichen Tugenden.

Nr. 132

Brief der Brüder an Nikolaus Bystřice von Vojnice auf Kremsier, ohne Ortsangabe, 1474

Das kurze Schreiben entstand während des böhmischen Landtags, der vom 4. Januar bis 27. Februar 1474 in Beneschau zusammentrat (Pelant: Sněmy [1981], 412). Der adelige Adressat ist Nikolaus Bystřice von Vojnice auf Kremsier (auch Nikolaus von Moravan), der Ende der 1470er Jahre starb. Der utraquistische Kleinadelige war ein Lehensmann des Bischofs von Olmütz. Ursprünglich nicht besonders wohlhabend, hatte er geschickt seinen Besitz vermehrt und war von 1456 bis 1468 Pfandherr der Stadt Kremsier. Obwohl die Stadt eigentlich zum weltlichen Besitz der Olmützer Bischöfe gehörte, waren die dortigen Pfarrkirchen seit den 1430er Jahren mit utraquistischen Pfarrern besetzt. Dort wirkte um 1460 der utraquistische Priester Štěpán mit seinen Anhängern (vgl. Nr. 86 und 115). Es ist nicht ausgeschlossen, dass Štěpán die Stadt wegen eines Konflikts mit dem Pfandherrn verließ. Das kurze Schreiben der Brüder kontrastiert den irdischen Adel und Reichtum des Adressaten mit der Heilsgewissheit der wahren Gläubigen, um so den Adressaten zur Duldung der Brüder oder gar zur Bekehrung aufzufordern.

Überlieferung außerhalb der AUF: –

Edition: Handschriftliche deutsche Übersetzung von Joseph Theodor Müller: Herrnhut, Unitätsarchiv der Evangelischen Brüder-Unität, Sign. AB.II.R.1.1a/3, Erster Teil, 238f., Nr. 20.

Literatur: Müller: Geschichte und Inhalt [1913], 110, Nr. 20; Peřinka: Dějiny města Kroměříže [1913], 103–107, 111–114; Eberhard: Olmütz [2003]; Juřička: Mikuláš Bystřice [2019] (zur Biographie des Adressaten).

Letha Božjho 1474. o sněmu benessowskem panu Mikulássowi Kroměřjžskému [„Im Jahr 1474 während des Landtags von Beneschau an Herrn Mikuláš von Kremsier"]. Inc.: *Pan Buoh Otec milosrdny račyž wás nawsstjwiti [...].* Expl.: *[...] y za to se Pánu Bohu modlime etc.*

Die Verfasser wünschen Nikolaus [Bystřice von Vojnice auf] Kremsier Gottes Gnade, auf dass er Anteil am ewigen Leben erhält und zu wahrem Reichtum im Reich des Sohnes Gottes gelangt, in der goldenen Stadt [dem himmlischen Jerusalem] (Offb 21,18), in der alle Bewohner von königlicher Abstammung, adelig und von ritterlichem Stand sind, denn sie sind alle aus dem unvergänglichen Samen des Wortes Gottes durch den Himmelskönig Jesus Christus gezeugt. Ihre Ritterschaft erweist sich im irdischen Leben in der Überwindung der Begierden und der Welt, im ewigen Leben werden sie mit Christus herrschen in unaussprechlicher Freude.

Nr. 133　　　　　　　　　　　　　　　　　　　　　　　　　　　V 275r–v

Bruder Matouš: Brief an seine Schwester [in Senftenberg], Leitomischl, zwischen 19. und 24. April 1473

Das Schreiben ist laut Überschrift an die Schwester eines Matouš in „Ža." gerichtet. Aus dem Inhalt geht hervor, dass der Verfasser ein Angehöriger der Brüderunität ist und an seine verheiratete leibliche Schwester schreibt. Goll vermutete, dass der abgekürzte Ortsname das nordwestböhmische Žatec (Saaz) bezeichne. Da im Text aber das ostböhmische Leitomischl als Wohnort des Verfassers (oder als ein Ort, an dem er sich häufig aufhielt) erwähnt ist, ist die Ergänzung Žamberk (Senftenberg) wahrscheinlicher. Senftenberg gehörte seit 1471 Boček IV. von Podiebrad, einem Sohn des utraquistischen Königs Georg von Podiebrad. Der Ratschlag an die Schwester, ihren bisherigen Wohnort wegen drohender Verfolgung zu verlassen, ist im Kontext der gegen die Brüder gerichteten Religionspolitik der Herren von Podiebrad plausibel.

Aus der Frühzeit der Unität sind nur wenige Personen mit Namen Matouš bekannt. Als Verfasser des vorliegenden Textes kommt etwa der Weber Matouš aus Landskron in Betracht, der zwei Jahrzehnte später als Vertreter der „Kleinen Partei" hervortrat (vgl. Nr. 74–76). Landskron liegt etwa 30 Kilometer östlich von Leitomischl und gehörte zur Zeit der Entstehung des Textes ebenso wie Leitomischl den Herren Kostka von Postupitz.

Denkbar wäre ferner, dass es sich bei dem in der Überschrift genannten Namen „Matouš" um einen Schreibfehler anstelle von „Matěj" handelt. Der Brüderbischof Matěj (vgl. zu Nr. 75) stammte aus dem Dorf Kunvald bei Senftenberg. Matěj wirkte um 1473 in Reichenau an der Kněžna (etwa 20 Kilometer von Senftenberg und gut 40 Kilometer von Leitomischl entfernt). Nach Leitomischl, wo ab 1475 Anhänger der Unität belegt sind und wo später eine bedeutende Gemeinde entstand, siedelte Matěj erst 1496 über.

Überlieferung außerhalb der AUF: –

Edition: Handschriftliche deutsche Übersetzung von Joseph Theodor Müller: Herrnhut, Unitätsarchiv der Evangelischen Brüder-Unität, Sign. AB.II.R.1.1a/3, Erster Teil, 239, Nr. 21.

Literatur: Müller: Geschichte und Inhalt [1913], 110, Nr. 21; Goll: Chelčický a jednota [1916], 246.

Do Ža. Mataussowě sest[ře] [„Nach Ža. an die Schwester des Matouš"]. Inc.: *Laskawé pozdrawenj s žádostj neylepssiho dobrého wzkazugi, sestře mé milé [...].* Expl.: *[...] byl bych rád přissel k němu a s njm porozmluwil etc. Letha 1473., prwnj týden po welice [!] nocy.*

[Matouš] wünscht seiner Schwester Gottes Segen zu ihrer Bekehrung [ihrem Beitritt zur Brüderunität] und zu Wachstum und Beständigkeit im Glauben und in der Nachfolge auf dem schmalen Weg (Mt 7,14). Er begrüßt ihren Beschluss, von ihrem bisherigen Wohnort fortzuziehen, denn dort ist es gefährlich. Er ermahnt sie zum Gehorsam gegenüber ihrem gläubigen Ehemann (*dalť mu Pan Buoh rozum oswjceny*) und zur Fürsorge für die Mutter. [Matouš] hat seinen Schwager gebeten, auf das Seelenheil der Schwester und der Mutter bedacht zu sein. Hätte [Matouš] gewusst, dass der Schwager sich kürzlich in Leitomischl aufhielt, wäre er zu ihm gekommen und hätte mit ihm gesprochen.

Nr. 134   V 275v–276r

Brief der Brüder an den Rat der Stadt Chotzen, ohne Ortsangabe, 18. April 1474

Die ostböhmische Stadt Chotzen war ebenso wie Senftenberg seit 1471 im Besitz des utraquistischen Hochadeligen Boček IV. von Podiebrad (vgl. Nr. 133). Anlass des vorliegenden Schreibens war, dass ein Prediger in Chotzen seine Hörer vor den Brüdern als Ketzern und namentlich vor einem brüderischen Messerschmied namens Václav gewarnt hatte. Im nahegelegenen Brandeis an der Adler, auf einer Grundherrschaft der Herren Kostka von Postupitz, befand sich in den 1470er Jahren eine der wichtigsten Gemeinden der Brüderunität. Dort starb im August 1474 der bei den Brüdern als Begründer ihrer Gemeinschaft hochangesehene Řehoř Krajčí. Der von dem utraquistischen Prediger erhobene Vorwurf, die Brüder würden die Mutter Jesu gering achten, findet sich in ähnlicher Form auch im zweiten Brief des Johann Zajíc von Hasenburg an die Brüder in Leitomischl von 1488/89 (Nr. 50). Auffällig ist, dass der Brief von Verleumdungen gegen den Messerschmied Václav im mährischen Brünn berichtet, das weit von Orten und Gegenden entfernt ist, in denen um 1474 Gemeinden der Böhmischen Brüder bestanden. Anscheinend hatte Václav weitgespannte, möglicherweise geschäftliche Kontakte, die ihn von Ostböhmen bis nach Prag und nach Brünn führten.

Überlieferung außerhalb der AUF: –

Edition: Barvíř: Děje města Chocně [1886], 24–25. – Handschriftliche deutsche Übersetzung von Joseph Theodor Müller: Herrnhut, Unitätsarchiv der Evangelischen Brüder-Unität, Sign. AB.II.R.1.1a/3, Erster Teil, 240, Nr. 22.

Literatur: Müller: Geschichte und Inhalt [1913], 110, Nr. 22; Goll: Chelčický a jednota [1916], 246; Müller: Geschichte, Bd. 1 [1922], 591, Nr. 47.

Chocenskym panuom [„An die Chotzener Herren"]. Inc.: *Oznamugem wassij milosti, páni vřednicy y wssj obcy chocenske [...]*. Expl.: *[...] k tomu se ke wssemu známy s milostj. Datum letha 1474., druhy pondělj po weliké nocy.*

Die Verfasser legen gegenüber Amtspersonen und Gemeinen der Stadt Chotzen Protest gegen einen dortigen Priester ein, der sie in der Predigt zu Unrecht beschuldigt hat, die Jungfrau Maria als „schändliches Weib" (*ohyzdnau ženu*) zu bezeichnen. [Die Brüder] würden niemanden unter sich dulden, der so über Maria spricht. Vielmehr glauben sie von der seligen Jungfrau Maria, dass sie alle anderen heiligen Jungfrauen oder Märtyrerinnen weit übertrifft (*neb wěřjme o blahoslawené panně Marygi, že gest nade wssecky neyblahoslaweněyssj, panny swate y mučedlnice, a žádná gj rowna nebyla, aniž muož byti*). Auch in allen anderen Glaubensartikeln sind [die Brüder] rechtgläubig. Sie sind bereit, von ihrem Glauben gegenüber jedermann, es seien Obrigkeiten oder Gemeine, Rechenschaft abzulegen. Sie haben dies wiederholt auch schriftlich getan (*yakož sme to čynili tato léta, kdož toho žádost měli y listy psali k gich žádosti, kteřiž chtěli zwěděti, které sau wěcy při nas*) [vgl. Nr. 12–14]. Wenn der Chotzener Rat zu erfahren wünscht, was die Brüder lehren, werden sie ihm diese Schreiben zusenden.

Die Anschuldigungen gegen den Messerschmied Václav (*Wáclawa nožjře*) [einen Angehörigen der Brüderunität] sind unberechtigt, da er sich vollständig zur Lehre [der Brüder] bekennt. In Brünn wurde ein verleumderisches Gerücht über ihn verbreitet, er habe gegen die Jungfrau Maria gelästert. In Wirklichkeit hat er lediglich berichtet, dass er von einem gelehrten Mann in Prag (*od něyakeho včeneho muže w Praze*) gehört habe, dass eine Sünderin, die sich bekehrt, ebenso selig sei wie die Jungfrau Maria. Dies halte Václav jedoch für böse. Auch haben die Brüder niemals dergleichen gesagt. Václav hat lediglich wiedergegeben, was jener Gelehrte in Prag (*ten literát včeny w Praze*) gesagt hat. Die Brüder würden derlei Meinungen keinesfalls unter sich dulden. Daher bitten sie, die Chotzener mögen bloßen Gerüchten keinen Glauben schenken. [Die Brüder] werden geschmäht, da sie fromm leben wollen und in Einfalt (*w sprostnosti*) alles glauben, was von den Aposteln gelehrt wurde und in der Heiligen Schrift bezeugt ist.

Nr. 135   V 276v

Brief eines Brüdergeistlichen an einen Bruder Viktorín in Horní Bobrová, ohne Ortsangabe, [vor 28. Dezember 1475]

Der mährische Marktflecken Horní Bobrová war teilweise im Besitz der in der Überschrift des Briefes erwähnten mährischen Magnatenfamilie Pernstein. Zu einer dauerhaften Gemeindebildung der Brüder kam es dort nicht. Über den Adressaten Viktorín (oder Viktor) ist nichts weiter bekannt. Ein brüderischer Untertan der Herren von Pernstein namens Viktorín ist in Nr. 270 erwähnt, er war 1503 in Pardubitz ansässig. Der vorliegende Brief dürfte jedoch wesentlich früher entstanden sein. Der Adelige, dem der Adressat Viktorín den Text der *Donatio Constantini* (oder einer Fassung der von der *Donatio* abhängigen waldensischen Silvesterlegende) zu lesen geben wollte, war anscheinend Johann II. von Pernstein, der am 28. Dezember 1475 starb. Bei dem im Text erwähnten Adeligen namens Siegmund handelt es sich um einen der Söhne Johanns II. von Pernstein. Der „alte Janek", bei dem Viktorín nach dem Text fragen soll, scheint ein Mitglied der Brüderunität zu sein. Vielleicht versuchte Viktorín seinen Grundherrn davon zu überzeugen, dass das Papsttum antichristlich sei, und benötigte als Argument den Text der *Donatio Constantini*. Der im Text als bereits verstorben erwähnte Aleš ist möglicherweise mit dem Bruder Aleš, der in Nr. 130 erwähnt ist, identisch.

Überlieferung außerhalb der AUF: –

Edition: Handschriftliche deutsche Übersetzung von Joseph Theodor Müller: Herrnhut, Unitätsarchiv der Evangelischen Brüder-Unität, Sign. AB.II.R.1.1a/3, Erster Teil, 241, Nr. 23.

Literatur: Müller: Geschichte und Inhalt [1913], 110, Nr. 23; Goll: Chelčický a jednota [1916], 239; Vidmanová: Ke staroboleslavskému kodexu [1995/96], 18–20 (zur Rezeption der *Donatio Constantini* im Hussitismus); Schäufele: „Defecit Ecclesia" [2006], 214–247 (zur waldensischen Silvesterlegende), 361–364 (zu deren Rezeption im Hussitismus).

Do Bobrowe Wiktor[ínovi] odpowěděti Persst[ejnovi] [„Nach Bobrová an Viktorín, dem Pernstein zu antworten"]. Inc.: *Bratře mily, yakož o ten list stogjte [...]*. Expl.: *[...] k chwale swé a k vžitku wam žiwota wěčneho. Ame*n.

Der Text der *Donatio Constantini* (*list [...] Constantynuow, kteryž gest Sylwestrowj včynil a náměstkom geho papežom*), um den Viktorín den Verfasser gebeten hat, liegt bei dem alten Janek (*wssak stary Yanek ma gey*). Viktorín kann ihn lesen und dem Herrn [Johann von Pernstein] weitergeben. Eigentlich hätte das längst geschehen können. Der Verfasser war der Meinung, dass der inzwischen verstorbene Aleš den Text Herrn Siegmund [von Pernstein], dem Sohn des Herrn [Johann von Pernstein], übergeben habe (*a mohlo byti hned to s prwu, a my sme za to měli, že gest dodal geho Aless dobré paměti panu Zygmundowi synu geho*).

Allerdings wird die Lektüre der *Donatio Constantini* dem Adeligen nichts nutzen, da dieser noch nicht wirklich den antichristlichen Charakter der römischen Kirche erkannt hat (*zawedenj rzjmského kostela*) und noch nicht zur Erkenntnis des christlichen Lebenswandels (*k poznánj křesťanskeho žiwota*) gelangt ist, sondern in seinen theologischen Überzeugungen unbeständig ist (Eph 4,14) und die Wunder

der Heiligen als Beweis für die Autorität der römischen Kirche ansieht – wo doch geschrieben steht, dass der Antichrist mit Wunderzeichen die Menschen verführen wird (Mt 24,24; 2 Thess 2,9; Offb 13,13–14). Dennoch wird der Verfasser behilflich sein, gewisse Schriften [über das antichristliche Wesen des Papsttums] zu beschaffen, die Viktorín dem Herrn [von Pernstein] versprochen hat.

Der Verfasser ermahnt Viktorín und die Glaubensgenossen, die bei ihm sind, zu Wachstum und Beständigkeit im christlichen Lebenswandel.

Nr. 136   V 276v–277v

Brief der Brüderältesten an Königin Johanna von Rosental, Witwe König Georgs von Podiebrad, und die Stände des Königreichs Böhmen, ohne Ortsangabe, [1473]

Die böhmische Hochadelige Johanna von Rosental heiratete 1450 den Landesverweser des Königreichs Böhmen, Georg von Podiebrad. Nach dessen Wahl zum böhmischen König 1458 wurde Johanna zur Königin gekrönt. Auch nach Georgs Tod 1471 blieb die Königinwitwe unter dessen Nachfolger Wladislaw II. politisch einflussreich. Sie starb am 12. November 1475.

Der Landtag von Beneschau, auf dem Johanna einen Beschluss gegen die Brüder durchsetzte, tagte vom 28. Mai bis 9. Juni 1473. Der Beschluss ist in den nur fragmentarisch erhaltenen Landtagsprotokollen nicht überliefert (Palacký [Hg.]: Archiv český, Bd. 4 [1846], 465). Auf den Landtag folgte noch im Verlauf des Jahres 1473 eine Disputation zwischen Vertretern der Brüderunität und den utraquistischen Magistern in Prag, mit der die utraquistische Kirchenleitung der Forderung der Brüder nach einer öffentlichen Anhörung nachkam, wenn auch nicht in der von den Brüdern erhofften Weise (vgl. zu Nr. 45).

Das vorliegende Schreiben entstand zeitlich nach dem Abschluss des Landtags und vor dieser Disputation, also in der Mitte oder zweiten Hälfte des Jahres 1473. Bei der Jahresangabe 1474 in der Überschrift muss es sich daher um einen Irrtum der Redaktoren der *Acta Unitatis Fratrum* oder um einen bereits in der Vorlage vorgefundenen Irrtum handeln. Die *Historia Fratrum* (Praha, Národní knihovna České republiky, Sign. XVII F 51a, 63) datiert das vorliegende Schreiben an Königin Johanna zutreffend in das Jahr 1473.

Überlieferung außerhalb der AUF: –

Edition: Handschriftliche deutsche Übersetzung von Joseph Theodor Müller: Herrnhut, Unitätsarchiv der Evangelischen Brüder-Unität, Sign. AB.II.R.1.1a/3, Erster Teil, 241–243 Nr. 24.

Literatur: Пальмов (Hg.): Чешскiе братья, Bd. 1/1 [1904], 185f., Nr. 21; Müller: Geschichte und Inhalt [1913], 110, Nr. 24; Goll: Chelčický a jednota [1916], 53, Nr. 36, 149, 154f.; Müller: Geschichte, Bd. 1 [1922], 126, 166f.; Müller/Bartoš: Dějiny, Bd. 1 [1923], 104f.; Macek: Víra a zbožnost [2001], 98.

Psanj bratřj starych královně Johanně, manželce někdy krále Giřjho, y také spolu wssem stawuom Kralowstwj českého z přjčyny sněmu benessowského, na němž vloženo a vsauzeno bylo zpráwce gednoty kazyti etc. Leta 1474. [„Ein Schreiben der Brüderältesten an Königin Johanna, die Ehefrau des verstorbenen Königs Georg, und auch insgemein an alle Stände des Königreichs Böhmen anlässlich des Landtags von Beneschau, auf welchem der Beschluss und das Urteil gefasst wurden, die Brüdergeistlichen zu verderben usw. im Jahr 1474"]. – [Gestrichen:] *List, kterýž posylali wssem wuobec etc. z přjčyny sněmu benessowského a bratřjm po zbořjch toho času za bratra Řehoře dobré paměti* [„Ein Brief, den sie an alle Stände usw. anlässlich des Landtags von Beneschau und an die Brüder in den Gemeinden sandten zu jener Zeit unter Bruder Řehoř seligen Angedenkens"]. Inc.: *Pan Buoh wssemohucy dey swé požehnánj [...].* Expl.: *[...] yakož tomu včedlnicy cyrkwe swate včyli a včy, kdež sau koli y podnes. Datum letha Páně 1474.*

[Anstelle einer konventionellen, der königlichen Adressatin angemessenen Grußformel wünschen die Brüderältesten:] Gott gebe seinen Segen zu allem, was zu seiner Ehre betrieben wird (*wssemu tomu, což se řidj k chwale geho*). Die Brüder haben den Beschluss des Landtags von Beneschau gelesen, dessen erster Artikel die Pikarden erwähnt und gegen die Brüder gerichtet ist, die sich im ersten Jahr des Krieges [zwischen Matthias Corvinus und Georg von Podiebrad, 1467] von der [katholischen und utraquistischen] Priesterschaft getrennt haben (*kteréž w prwnjm artykuli dotyče se Pikhartuow a na nás to wedau, kteřiž sme se odtrhli od posluhowánj kněžského toho létha, w kteremž walky znikly*). Die Brüder fordern eine Anhörung (*aby nám dano bylo slyssenj*), damit sie die Gründe darlegen können, warum sie die [katholischen und utraquistischen] Priester nicht als Träger des apostolischen Amtes in der Kraft der heiligen Kirche (*auřad apostolský [...] w mocy cyrkwe swaté*) anerkennen können.

Die Brüder haben jedoch gehört, dass einige Adelige und Amtsträger die Schrift der Brüder „Über die Kirche" (*list o cyrkwi od nás wydany*) [Nr. 17 und 18] gelesen haben und dafür sorgen wollen, dass eine Anhörung stattfindet. Die Brüder versichern der Königin und den Herren, Rittern und Städten, dass sie keine Pikarden sind. Vielmehr haben sich die Brüder von den Pikarden, den [Adamiten] auf der Insel (*yakož něgácy na ostrowě byli*) und denen, die mit den Taboritenpriestern verbunden waren (*kteřiž s taborskymi kněžimi gednotu měli*) und vor denen beide [katholische wie utraquistische] Priester als Pikarden warnten, ferngehalten und deren Lehren nicht angenommen, ebensowenig wie die Lehren irgendwelcher anderer Ketzer (*wssech, kteřiž by v wjře změteni byli a roty dělali*). Sie haben keine andere Lehre angenommen als die allgemeine und in der Heiligen Schrift bezeugte, die auch die Priester beider Parteien lehren, wenngleich sie nicht danach leben.

Die Brüder warnen die Königin, sich nicht durch die Verfolgung der Gläubigen zu versündigen. Gott möge ihr Vorhaben ändern wie einst bei König Ahasveros [im Buch Esther], damit sie dem Volk Gottes (*lid Božj*) freundlich gesinnt sei. Die Priester mögen ihre Anschuldigungen gegen die Brüder schriftlich vorlegen und beweisen, dass es sich bei ihnen um Pikarden [und somit um verurteilte Ketzer] handelt. Darauf wollen sie dann schriftlich antworten, damit die Königin beides lesen und zu einem Urteil kommen kann. Die Königin möge sich und ihre Untertanen im Königreich Böhmen vor Schuld bewahren und von der geplanten Verfolgung der einfältigen frommen Brüder (*nad lidem, kteryž w sprostnosti wjry křesťanské hledá se libiti Panu Bohu*), gehorsamen Untertanen, ablassen.

Die Brüder sind einfache Leute (*lidé poniženj*). Sie wünschen der Königin und allen Menschen, den Untertanen der Länder der Böhmischen Krone, dass sie in Eintracht und Frieden leben (*aby w gednotě přebywali, swornost a pokoy měli*) und zur Seligkeit gelangen, dass sich bei ihnen fromme Priester mehren, denen sich die bußfertigen Menschen anvertrauen können, so wie die Brüder sich denen anvertrauen, die an der geistlichen Vollmacht des wahren apostolischen Priestertums teilhaben (*kteřjž sau w puowodu vřadu apostolského w cyrkwi swaté včedlnicy*).

Nr. 137   V 278r–v

Bruder Matěj aus Kunvald und Bruder Řehoř Krajčí: Rundschreiben an die Unitätsgemeinden, ohne Ortsangabe, [1473/74]

Das Rundschreiben des ersten Brüderbischofs Matěj aus Kunvald und des in der Gemeinschaft hoch angesehenen Gründers Řehoř Krajčí besteht aus einem ermahnenden und tröstenden Exordium sowie konkreten Anweisungen an die Gemeinden. Das von der Leitung der Unität angeordnete Fasten und die besonderen Gebetsversammlungen stehen im Zusammenhang mit den von der Königinwitwe Johanna geforderten Verfolgungsmaßnahmen gegen die Unität (vgl. Nr. 136). Die Briefsammlung in AUF V enthält auch aus den folgenden Jahren und Jahrzehnten eine größere Zahl pastoraler Rundschreiben, in denen kirchenleitende Gremien für die Gemeinden der Unität besondere Fastentage, die meist auf einen Montag und einen Mittwoch fielen, sowie Gebetsversammlungen anordneten (Nr. 216, 218–230, 237–245).

Überlieferung außerhalb der AUF: –

Der Titelholzschnitt eines tschechischen Titularbuchs von 1534, einer Sammlung von Titeln und Höflichkeitsformen für offizielle Schreiben an Obrigkeiten und Standespersonen, zeigt eine städtische Kanzlei. Die Brüderunität muss in den Brüderhäusern, in denen Priester und angehende Priester gemeinsam lebten, ähnliche Schreibstuben unterhalten haben, in denen kirchenamtliche Rundbriefe an die Unitätsgemeinden, aber auch andere Texte vervielfältigt wurden.

Edition: Handschriftliche deutsche Übersetzung von Joseph Theodor Müller: Herrnhut, Unitätsarchiv der Evangelischen Brüder-Unität, Sign. AB.II.R.1.1a/3, Erster Teil, 243–245, Nr. 25.

Literatur: Müller: Geschichte und Inhalt [1913], 110, Nr. 25; Müller: Geschichte, Bd. 1 [1922], 170, 215, 217, 591, Nr. 48; Müller/Bartoš: Dějiny, Bd. 1 [1923], 107, 137, 139.

Téhož letha bratřjm psáno [„Im selben Jahr an die Brüder geschrieben"]. Inc.: *Buoh Otec mnoheho milosrdenstwj skrze Pána Gežjsse Krysta [...].* Expl.: *[...] Božjm milowánjm yakož nás Pán Gežjš milowal. Amen.*

[Matěj aus Kunvald und Řehoř Krajčí] wünschen den Brüdern und Schwestern (*bratřj a sestry*) Fortschritt und Beständigkeit im Glauben und im christlichen Lebenswandel angesichts der gegenwärtigen Verfolgung, in der die Gläubigen wie das Gold im Feuer geprüft werden (Spr 17,3; Sir 2,5; 1 Petr 1,7). Denen, die standhaft bleiben, ist die ewige Herrlichkeit gewiss, die bei der Wiederkunft Christi offenbar werden wird. Dann wird unser vergänglicher Leib nach dem Abbild Christi erneuert, dann werden die von den Toten auferstandenen Auserwählten Gottes sein wie die Engel (*když obnowj těla pokory nassj, podobnj gemu budeme wssickni, po zmrtwychwstánj wywolenj Božj budau yako andělé*). Die Adressaten sollen daher getrost sein, auf Gottes Fürsorge vertrauen und sich vor den Drohungen der Verfolger nicht fürchten. Das vergossene Blut der Märtyrer wird nur zu einem umso größeren Wachstum der Kirche führen (*byť pak y krwj sprawedliwych cyrkew geho obwlažena byla, hoyněgjť by rostla*). Die Empfänger mögen sich vor fleischlichen Anfechtungen hüten und demütig in brüderlicher Liebe einander dienen.

Sie sollen sich einmütig nach dem heilsamen Beschluss (*w spasytedlném swolenj*) richten und, sofern dem nicht körperliche Schwäche oder Arbeitspflichten entgegenstehen, am Mittwoch und am Freitag jeweils nur eine Mahlzeit zu sich nehmen. Donnerstags und samstags sollen sie morgens zu einer Versammlung zusammenkommen, und seien es nur zwei oder drei, um Gott zu loben, sein Wort zu betrachten und zu lehren sowie einander zu ermahnen (*abysste [...] Pana Boha chwalili a slowo geho rozgjmali a wážili a včyli y napomjnali gedni druhé*). Dabei sollen sie dafür beten, dass immer mehr Auserwählte aus allen Völkern (*wywoleni geho ze wssech naroduow*) durch den Samen des Wortes gezeugt und mehr Arbeiter in die Ernte gesandt werden (Mt 9,38) [dass die Zahl der Gläubigen und der Brüdergeistlichen zunehmen möge]. Sie sollen ihren vorgesetzten [Brüdergeistlichen] gehorsam sein (*gednomyslnych [...] gessto [...] wam gsau předloženj*) und in der Einheit der heiligen Kirche (*w gednotě cyrkwe swaté*) beständig bleiben. Matěj [aus Kunvald] und Řehoř [Krajčí] sowie die Brüder, die bei ihnen sind, grüßen die Adressaten.

Nr. 138   V 279r

Brief eines Bruders an einen Angehörigen oder Sympathisanten der Unität und dessen Gemahlin, ohne Ortsangabe, ohne Datum

Der in der Handschrift AUF V nur fünf Zeilen umfassende Text ist entweder ein Fragment eines längeren Schreibens oder ein kurzer Gruß, der die Adressaten der pastoralen Fürsorge des ungenannten Verfassers versichern sollte.

Überlieferung außerhalb der AUF: –

Edition: Handschriftliche deutsche Übersetzung von Joseph Theodor Müller: Herrnhut, Unitätsarchiv der Evangelischen Brüder-Unität, Sign. AB.II.R.1.1a/3, Erster Teil, 245, Nr. 26.

Literatur: –

Řez [„Abschnitt" oder „Fragment" (?)]. Inc.: *Žádost neylepssjho dobreho wzkazugi […]*. Expl.: *[…] kdež se stkwjti budau yako slunce etc.*

Der Verfasser wünscht dem Adressaten (*přjteli mily*) und dessen Gemahlin geistliches Wohlergehen in Glaube, Liebe und Hoffnung (1 Kor 13,13) und nach diesem Leben Anteil an der Auferstehung der Gerechten, die leuchten werden wie die Sonne (Ri 5,31; Mt 13,43).

Nr. 139   V 279r–v

Brief leitender Brüder an brüderische Seelsorger im westlichen Böhmen, ohne Ortsangabe, ohne Datum

Das kurze Schreiben, das wohl noch aus den ersten Jahrzehnten des Bestehens der Brüderunität stammt, ist an Brüderpriester oder möglicherweise an Laien, denen Verantwortung für andere Gläubige anvertraut wurde, gerichtet. Die dem Text vorangestellten Abkürzungen „Ku." und „Ša." könnten sich entweder auf die Namen der Adressaten oder auf geographische Bezeichnungen beziehen. Die angekündigte Visitationsreise eines vorgesetzten Brüdergeistlichen führt über den Prachiner und den Pilsener Kreis zu den Adressaten, die demnach im westlichen Böhmen vermutet werden können (vgl. das undatierte Schreiben Nr. 172, in dem ebenfalls von einer Visitationsreise in den Prachiner Kreis die Rede ist).

Überlieferung außerhalb der AUF: –

Edition: Handschriftliche deutsche Übersetzung von Joseph Theodor Müller: Herrnhut, Unitätsarchiv der Evangelischen Brüder-Unität, Sign. AB.II.R.1.1a/3, Erster Teil, 245f., Nr. 27.

Literatur: –

Ku. a Ssa. Inc.: *Přjtelé milj, žádost násse y modlitba ku Panu Bohu […]*. Expl.: *[…] kdož žadagj ljbiti se gemu. Milost Božj s wámi. Amen.*

Die Verfasser wünschen ihren Glaubensgenossen (*přjtelé* [!] *milj, [...] bratřj neymileyssj*) Wachstum in der tätigen Gerechtigkeit, Wahrheit und Liebe als Mitglieder der Gemeinschaft des Leibes Christi (*yako spolu vdowé gednoty těla Krystowa*). Die Adressaten mögen in Erwartung der Wiederkunft Christi der Gemeinschaft der Auserwählten sorgfältig und in brüderlicher Liebe dienen. Verfasser wie Adressaten mögen Gott um die dazu erforderliche geistliche Vollmacht bitten (*ať nás posylj mocy syly swé*). Der erste den Adressaten vorgesetzte Bruder (*bratr prwnj wam předloženy*) [der für Böhmen zuständige Brüderbischof] hat sich in den Prachiner Kreis begeben, wird von dort weiter ins Pilsener Gebiet reisen und danach zu den Adressaten kommen. Diese mögen dafür beten, dass die Reise ihren pastoralen Zweck erfüllt.

Nr. 140   V 279v

Brief eines Bruders an brüderische Seelsorger im westlichen Böhmen, ohne Ortsangabe, ohne Datum

Die dem Text vorangestellten Abkürzungen „Ku." und „Ša." lassen vermuten, dass das kurze Schreiben an dieselben Adressaten wie der in AUF V unmittelbar vorausgehende Text Nr. 139 entstanden ist.

Überlieferung außerhalb der AUF: –

Edition: Handschriftliche deutsche Übersetzung von Joseph Theodor Müller: Herrnhut, Unitätsarchiv der Evangelischen Brüder-Unität, Sign. AB.II.R.1.1a/3, Erster Teil, 246, Nr. 28.

Literatur: –

Ku. a Ssa. Inc.: *Žadost neylepssjho dobreho wzkazugi, přatelé milj [...]*. Expl.: *[...] a skrze wjru a trpělіwost dědili zasljbenjm žiwota wěčneho. Amen.*

Der Verfasser wünscht den Adressaten (*přatelé milj*) Beständigkeit in einem der Wahrheit und der göttlichen Erwählung würdigen Lebenswandel, sodass sie die Welt überwinden und das ewige Leben erben (1 Joh 5,4; Offb 21,7).

Nr. 141   V 279v–280r

Brief leitender Brüder an verfolgte Glaubensgenossen in Chrudim, ohne Ortsangabe, [um 1468]

In der königlichen Stadt Chrudim in Mittelböhmen bestand keine Gemeinde der Brüderunität. Der vorliegende Brief und das in AUF V unmittelbar folgende Schreiben Nr. 142 bezeugen jedoch, dass in der Frühzeit der Unität einige Brüder vom Chrudimer Stadtrat inhaftiert wurden. Hrejsa datierte das Ereignis (ohne weitere Begründung) in das Jahr 1468. Die beiden Mahn- und Trostbriefe lassen die strengen Grundsätze der Brüder erkennen, die von Mitgliedern der Unität grundsätzlich die Bereitschaft zum Martyrium erwarteten.

Aus Chrudim stammte der von Vavřinec Krasonický in seiner Schrift *O učených* („Über die Gelehrten") erwähnte Baccalaureus Augustin Halar (Molnár: Českobratrská výchova [1956], 83f.), der 1461 zusammen mit weiteren Studenten der Prager Universität wegen seiner Verbindung mit dem Kreis um Řehoř Krajčí inhaftiert und zu einem Widerruf gezwungen wurde (vgl. Nr. 33). Vít aus Krupá (vgl. Nr. 319), utraquistischer Pfarrer in Königgrätz, erwähnte in seiner gegen die Brüderunität gerichteten Schrift aus dem Jahr 1476, dass der utraquistische Pfarrer Václav aus Jung-Bunzlau den Rat und die utraquistische Geistlichkeit von Chrudim brieflich vor den Brüdern gewarnt habe (Goll [Hg.]: Spisek Víta z Krupé [1878], 165).

Überlieferung außerhalb der AUF: –

Edition: Handschriftliche deutsche Übersetzung von Joseph Theodor Müller: Herrnhut, Unitätsarchiv der Evangelischen Brüder-Unität, Sign. AB.II.R.1.1a/3, Erster Teil, 246f., Nr. 29.

Literatur: Hrejsa: Sborové [1935], 34; Urbánek: České dějiny, Bd. 3/4 [1962], 441f., 451, 454 (zu Augustin Halar aus Chrudim).

K chrudimským [„An die Chrudimer"]. Inc.: *Bratřj neymileyssj, prosyme wás pro Boha Otce wssemohucyho [...]*. Expl.: *[...] zasljbil Buoh těm, kdož milugj geho. Milost Božj s wámi. Amen.*

Die Verfasser ermahnen die Adressaten (*bratřj neymileyssj*), angesichts der Verfolgung nicht den Glauben und die erkannte Wahrheit zu verleugnen und nicht gegen ihr Gewissen zu handeln. Sie sollen Gottes Macht nicht um menschlicher Macht willen verleugnen, sollen menschliche Liebe und irdische Güter nicht höher schätzen als die Liebe im Heiligen Geist und die ewige Seligkeit. Durch die gegenwärtige Anfechtung prüft Gott ihre Beständigkeit. Gott wird ihnen die nötige Kraft geben, die

In den königlichen Städten Böhmens gingen die Stadträte gegen Angehörige der Brüderunität vor, sei es aus eigenem Antrieb, sei es aufgrund königlicher Befehle oder aufgrund von Landtagsbeschlüssen. Den wegen Ketzerei Beschuldigten drohte die Ausweisung aus der Stadt, im schlimmsten Fall sogar die Todesstrafe. Die detailreiche Darstellung der Sitzung eines Stadtrats stammt aus dem utraquistischen Trebnitzer Gradual (1574/78).

Wahrheit wird sie frei machen (Joh 8,32). Am Tag der Wiederkunft Christi werden die Verfolger wehklagen, wenn sie den Lohn der Frommen sehen (Weish 5,4–5).

Die Adressaten sollen sich nicht auf Kompromisse einlassen, um der Verfolgung zu entgehen, sondern sich ein Beispiel an den Märtyrern Stephanus und Paulus nehmen. Wer noch einen Mangel im christlichen Lebenswandel aufweist, soll sich demütig bessern und eifrig gute Werke tun, um seiner Erwählung und seines Seelenheils gewiss zu sein (*nalézalo-li by se co sskodliweho při kom, potřebjť pokorně oprawiti a snažněgi skutky dobré čyniti, aby bylo giste powolánj a wywolenj*).

Die Verfasser werden nicht billigen, dass die Adressaten ein Stück weit ihren Verfolgern nachgeben und sich zu deren unchristlichen Lehren bekennen (*abysste wy co oprawowali a k gich smyslom přiznáwali se odporným duchu Pána Krysta*). Sie haben ein Schreiben an Stadtrat und Bürgerschaft (*panuom y obcy*) von Chrudim vorbereitet. Sobald feststeht, ob die Adressaten weiter leiden werden oder aus dem Gefängnis herauskommen, sollen sie das Schreiben lesen und dann selbst übergeben, sofern sie bereit sind, die Konsequenzen auf sich zu nehmen und weitere Verfolgung zu erdulden. Die Verfasser raten den Adressaten, lieber ihren Besitz und ihre Familien zu verlassen (Mt 19,29), als etwas gegen ihr Gewissen zu tun. Wer sich in Anfechtung bewährt, wird die Krone des ewigen Lebens empfangen (Jak 1,12).

Nr. 142   V 280v–281r

Brief leitender Brüder an verfolgte Glaubensgenossen in Chrudim, ohne Ortsangabe, [um 1468]

Der Brief richtet sich ebenso wie Nr. 141 an die in Chrudim inhaftierten Anhänger der Unität und ist anscheinend kurze Zeit später entstanden. Die Gefangenen sind inzwischen auf Bürgschaft aus der Haft entlassen und warten auf ihren Prozess (*rok*). Der Ausgang des Prozesses ist nicht überliefert. Zur Entstehung einer Unitätsgemeinde in Chrudim kam es in der Folgezeit nicht mehr.

Überlieferung außerhalb der AUF: –

Edition: Handschriftliche deutsche Übersetzung von Joseph Theodor Müller: Herrnhut, Unitätsarchiv der Evangelischen Brüder-Unität, Sign. AB.II.R.1.1a/3, Erster Teil, 247–249, Nr. 30.

Literatur: –

Chrudimským [„An die Chrudimer"]. Inc.: *Bratřj milj, prosyme wás, kteřjž ste z wězenj wyssli [...]*. Expl.: *[...] y za to se Pánu Bohu modlime. Milost Božj s wámi. Amen.*

Die Verfasser bitten die Adressaten (*bratřj milj*), die [auf Bürgschaft] aus dem Gefängnis in Chrudim entlassen worden sind, sich sanftmütig und demütig zu verhalten und sich vor Sünden, Begierden und menschlicher Klugheit zu hüten. Die Verfasser hatten bei einigen der Adressaten Sorge, dass sie der Anfechtung im Gefängnis nicht standhalten würden, da sie früher in mancherlei Hinsicht säumig und mangelhaft gewesen waren (*ač ste se w čem prwé obmesskali a nedostatek měli*). Gott hat ihnen jedoch Gnade gegeben. Sie sollen Gott daher dankbar sein, dass er sich unter den vielen Bürgern von Chrudim (*z mnoheho lidu chrudimské obce*) gerade sie als Zeugen gegen die Irrlehren des Antichrist erwählt hat. Mögen sie nun bis ans Ende der erkannten Wahrheit treu bleiben. Die Verfasser haben erfahren, dass den Adressaten in vier Wochen der Prozess gemacht werden soll (*máte rok za čtyři neděle*). Sie hoffen, dass sie in dieser Zeit mit einigen der Adressaten persönlich reden können. Sie sollen standhaft bleiben, anderen ein Vorbild sein und ihre Sache Gott anheimstellen. Es ist in der Heiligen Schrift vorausgesagt, dass in der Endzeit schwere und kaum erträgliche Verfolgungen über die Gläubigen kommen werden (Mt 24,24). Denen, die bis an ihr Ende beständig bleiben, ist reicher Lohn im Himmel verheißen. Die Verfasser beten für die Adressaten.

Nr. 143   V 281r–v

Brief der Brüder an einen mit der Unität sympathisierenden Adeligen, ohne Ortsangabe, ohne Datum

Ähnlich wie in Nr. 132 fordert ein Angehöriger der Brüderunität einen Adeligen dazu auf, irdischen Stand und Reichtum um des geistlichen Adels und Reichtums willen zu verachten. In diesem Fall handelt es sich um einen regelrechten Aufruf zur Bekehrung. Namentlich solche Mitglieder der Unität, die selbst adeliger Herkunft waren, konnten sich unter Berufung auf verwandtschaftliche und freundschaftliche Beziehungen in dieser Weise an ihre Standesgenossen wenden. Das Schreiben stammt noch aus der Frühzeit der Unität, als mit dem Beitritt zur Unität in der Regel der Verzicht auf adelige Standesprivilegien und feudalen Grundbesitz verbunden war. Die Wendung „beständig sein in herzlicher Liebe" („vstawiti milostj srdce swé") findet sich ähnlich in Texten von Bruder Řehoř Krajčí. Falls es sich bei Řehoř, der selbst aus dem niederen Adel stammte, um den Verfasser handelt, wäre mit dessen Todesjahr 1474 ein *terminus ante quem* für die Datierung des kurzen Schreibens gegeben.

Überlieferung außerhalb der AUF: –

Edition: Handschriftliche deutsche Übersetzung von Joseph Theodor Müller: Herrnhut, Unitätsarchiv der Evangelischen Brüder-Unität, Sign. AB.II.R.1.1a/3, Erster Teil, 249, Nr. 31.

Literatur: –

Inc.: *Žádostiwě žádáme tobě neylepssjho dobrého w tomto času [...]*. Expl.: *[...] aby y s námi dossel toho dobrého wěčného. Amen.*

Die Verfasser wünschen dem Adressaten zeitliches und geistliches Wohlergehen und Gemeinschaft mit allen Auserwählten, an dem Reichtum, der in Christus verborgen ist (Kol 2,3) und am Adel des himmlischen Königs. Der Adressat möge zu einem Ritter Christi werden, die geistliche Waffenrüstung anlegen und den geistlichen Kampf kämpfen (Eph 6,11–17). Dafür wird er von Gott, dem reichen König, herrlichen Lohn erhalten, und er wird mit allen Heiligen und Engeln köstliche Speise essen. In diesem Kampf kommt es darauf an, beständig zu sein in herzlicher Liebe (*vstawiti milostj srdce swé*) zu Gott und dem Nächsten. Der Adressat wird für alles, was er in dieser Welt verlässt, hundertfach entschädigt werden und das ewige Leben erben (Mt 19,29), den unverwelklichen Siegeskranz (1 Kor 9,25).

Nr. 144   V 281v

Brief eines brüderischen Seelsorgers an eine Glaubensgenossin, ohne Ortsangabe, ohne Datum

Mit dem kurzen Schreiben ermahnt ein brüderischer Priester oder ein mit seelsorgerlicher Verantwortung betrauter Laie eine Anhängerin der Unität zur Standhaftigkeit in einer Verfolgungssituation. Anscheinend ist die Adressatin im Begriff, ihren Glauben zu verleugnen, um weiter für ihre Töchter sorgen zu können. Císařová-Kolářová schlug eine Identifizierung der Adressatin mit einer adeligen Anhängerin der Brüder namens Anna von Ostrovice vor, die in der *Historia Fratrum* (Praha, Národní knihovna České republiky, Sign. XVII F 51a, 274) zum Jahr 1508 kurz erwähnt ist. Plausible Anhaltspunkte für diese Identifikation sind jedoch nicht erkennbar.

Überlieferung außerhalb der AUF: –

Edition: Císařová-Kolářová: Žena [1942], 209 (Auszug). – Handschriftliche deutsche Übersetzung von Joseph Theodor Müller: Herrnhut, Unitätsarchiv der Evangelischen Brüder-Unität, Sign. AB.II.R.1.1a/3, Erster Teil, 249f., Nr. 32.

Literatur: Císařová-Kolářová: Žena [1942], 209.

Inc.: *Žadost neylepssjho dobreho wzkazugi, sestra má milá [...]*. Expl.: *[...] dowěř se Pánu Bohu a modl se za ně. Milost Božj s tebau. Amen.*

Der Verfasser wünscht der Adressatin (*sestra má milá*) Erkenntnis des göttlichen Willens und Wachstum im christlichen Lebenswandel in Glauben, Liebe und Hoffnung (1 Kor 13,13). Sie soll Gott danken, dass sie würdig ist, um des Glaubens willen zu leiden und in der Welt geschmäht zu werden. Ungeachtet der Sorge um ihre Töchter (Mt 10,35) soll sie an diesem Weg festhalten, denn dafür ist ihr hundertfacher Lohn und das ewige Leben verheißen (Mt 19,29). Gott wird auch ihre Töchter zum Weg der Wahrheit gelangen lassen, dafür soll sie beten.

Nr. 145   V 281v

Brief der Brüder an eine Glaubensgenossin, ohne Ortsangabe, ohne Datum

Von den Mitgliedern der Brüderunität wurde grundsätzlich die Bereitschaft zum Martyrium erwartet. Die kurze seelsorgerliche Ermahnung an eine Glaubensgenossin, deren Name in der Überschrift mit Š. abgekürzt ist, bezeugt aber, dass die Brüder es missbilligten, wenn Gläubige sich in Verfolgungssituationen mutwillig in Gefahr brachten.

Überlieferung außerhalb der AUF: –

Edition: Handschriftliche deutsche Übersetzung von Joseph Theodor Müller: Herrnhut, Unitätsarchiv der Evangelischen Brüder-Unität, Sign. AB.II.R.1.1a/3, Erster Teil, 250, Nr. 33.

Literatur: Císařová-Kolářová: Žena [1942], 224.

Ss. Inc.: *Žadost neylepssjho dobrého tobě, sestra milá w Pánu Krystu [...]*. Expl.: *[...] a modl se často milosti geho.*

Die Verfasser sind besorgt um die Adressatin (*sestra milá*), die sich gegen besseren Rat freiwillig ihren Verfolgern gestellt hat. Sie beten dafür, dass Gott sie befreit. Die Adressatin möge Gott vertrauen und beten.

Nr. 146 — V 282r

Brief der Brüder an eine Glaubensgenossin, ohne Ortsangabe, ohne Datum

Nach brüderischer Auffassung waren von Gott verliehene Begabungen (Charismen) die Grundlage sowohl der geordneten Gemeindeämter als auch der informellen Mitarbeit von Laien in der Gemeinde. An informellen seelsorgerlichen Aufgaben waren auch Frauen beteiligt. Bemerkenswert ist, dass die Adressatin des kurzen Schreibens nach Ausweis der grammatikalischen Formen mit der Seelsorge nicht nur an weiblichen Unitätsmitgliedern, sondern auch an männlichen Mitgliedern und Katechumenen beauftragt war.

Überlieferung außerhalb der AUF: –

Edition: Císařová-Kolářová: Žena [1942], 210 (ohne den unvollständigen letzten Satz). – Handschriftliche deutsche Übersetzung von Joseph Theodor Müller: Herrnhut, Unitätsarchiv der Evangelischen Brüder-Unität, Sign. AB.II.R.1.1a/3, Erster Teil, 250, Nr. 34.

Literatur: Císařová-Kolářová: Žena [1942], 210.

Inc.: *Prosymeť, milá sestra, přikladey pilnost k tomu [...]*. Expl.: *[...] a doma tuto poruč D. při wssech wěcech, prwotně pak [...]* [Text bricht ab].

Die Verfasser bitten die Adressatin (*milá sestra*), kraft der ihr von Gott dazu verliehenen Gnade andere Schwestern (*sestram*) und Mitglieder der Unität (*gessto gsau giž s námi gednomyslnj a přyjatj*), wo auch immer sie diese antrifft, anzusprechen und zu Fortschritt und Beständigkeit im christlichen Lebenswandel (*k wzdělánj a k polepssenj*) zu ermahnen und zu ermutigen. Auch mit den Katechumenen (*těm počynagjcym, kteřjž neysau gesstě přyjati, ač se vsty přiznáwali*), denen sie begegnet, soll sie Gespräche führen und sie zu einem christlichen Lebenswandel (*k polepssenj*) anleiten. Zu Hause soll sie alle Angelegenheiten der [oder dem] D. anvertrauen, und zwar insbesondere [...].

Nr. 147 — V 282r

Brief einer Frau an einen Vertrauten, ohne Ortsangabe, ohne Datum

Eine – anscheinend wohlhabende – Frau aus dem Stadtbürgertum oder dem Adel bittet einen Vertrauten oder Standesgenossen, für sie nicht näher bezeichnete Eigentums- oder Geschäftsangelegenheiten zu erledigen. Der Text enthält keinen eindeutigen Hinweis, ob die Verfasserin oder der Adressat der Brüderunität angehörten. Aufgrund der Überlieferung in einer Sammlung von Briefen aus der Frühzeit der Unität ist dies jedoch durchaus wahrscheinlich.

Überlieferung außerhalb der AUF: –

Edition: Handschriftliche deutsche Übersetzung von Joseph Theodor Müller: Herrnhut, Unitätsarchiv der Evangelischen Brüder-Unität, Sign. AB.II.R.1.1a/3, Erster Teil, 251, Nr. 35.

Literatur: Císařová-Kolářová: Žena [1942], 210f.

Inc.: *Žadost má neylepssjho dobrého y modlitba ku Pánu Bohu [...]*. Expl.: *[...] Budiž twá odplata Pan Buoh. Budiž Panu Bohu poručen!*

Die Verfasserin bittet den Adressaten (*přjteli mně přjzniwy*), den Überbringern diejenigen Dinge, die sie bei ihm verwahrt hat, auszuhändigen und ihnen mitzuteilen, bei wem sie weitere Wertsachen bei der Stadt (*při městě*) hinterlegt hat. Sie möchte diese Angelegenheit regeln, damit ihr Gewissen nicht belastet ist, falls sie etwa von Krankheit ereilt wird. Sie bittet den Adressaten, sie zu besuchen, da sie seinen Rat einholen möchte.

Nr. 148   V 282v

Brief der Brüder an eine Glaubensgenossin, ohne Ortsangabe, ohne Datum

Das pastorale Schreiben spricht der Adressatin, die um ihres Glaubens willen Nachteile oder Verfolgung erlitten hat, Trost und Mut zu, erinnert sie aber zugleich daran, dass sie der Unität „aus gutem Willen" (freiwillig) beigetreten sei und mit Verfolgung rechnen musste.

Überlieferung außerhalb der AUF: –

Edition: Císařová-Kolářová: Žena [1942], 209 (Auszug). – Handschriftliche deutsche Übersetzung von Joseph Theodor Müller: Herrnhut, Unitätsarchiv der Evangelischen Brüder-Unität, Sign. AB.II.R.1.1a/3, Erster Teil, 251f., Nr. 36.

Literatur: Císařová-Kolářová: Žena [1942], 209, 224.

Inc.: *Sestra milá w Pánu Krystu, napomjnámy tě, aby w tom dobrem trwala [...].* Expl.: *[...] neporussenem a nevwadlém, v Otce laskaweho w nebi. Amen.*

Die Verfasser ermahnen die Adressatin zu Fortschritt und Beständigkeit im Glauben und im christlichen Lebenswandel sowie zur Treue [zur Unität], der sie freiwillig beigetreten ist (*neb wjš, k čemus přistaupila dobrau wolj, aby Bohu hodně chodila*). Sie hat um des Glaubens willen ihren Besitz verloren, wurde übel verleumdet und hat auch körperlich gelitten. Sie möge zuversichtlich sein, dass dies der Weg zur Seligkeit ist und dass sie reichen Lohn von Gott im Himmel empfangen wird.

Nr. 149 V 282v–283r

Brief leitender Brüder an eine Unitätsgemeinde in Mähren, ohne Ortsangabe, ohne Datum

Das Schreiben ist ein pastoraler Brief, mit dem leitende Brüdergeistliche eine Unitätsgemeinde ihrer geistlichen Fürsorge versichern.

Überlieferung außerhalb der AUF: –

Edition: Handschriftliche deutsche Übersetzung von Joseph Theodor Müller: Herrnhut, Unitätsarchiv der Evangelischen Brüder-Unität, Sign. AB.II.R.1.1a/3, Erster Teil, 252, Nr. 37.

Literatur: –

Na Morawu [„Nach Mähren"]. Inc.: *Milost [a] milosrdenstwj od Boha Otce a Pana Gežjsse Krysta [...].* Expl.: *[...] pozdrawte wssech přjtomnych wás wěrnych a milych w Krystu Gežjssi. Milost Božj s wámi.*

Die Verfasser wünschen den Adresaten (*bratřj milj*), dass Gott sie stärken möge zu Wachstum und Beständigkeit im Glauben und in der Liebe. Sie sollen nicht zurückschrecken vor dem Verlust von Besitz und Leben, sondern eifrig und zuversichtlich nach der unvergänglichen Speise [dem ewigen Seelenheil] streben (Joh 6,27) in dem Wissen, dass diese Arbeit nicht vergebens ist (1 Kor 15,58) (*pilně se snažte pracowati o ten pokrm, kteryžť nehyne [...] koneyte djlo [...] wědauce že práce daremná néni*). Es widerstrebt der menschlichen Natur (*přirozenj nassemu obtěžuge se a nezda se přjčyna radosti*), in Anfechtung standhaft zu bleiben, aber reicher Lohn ist im Himmel verheißen. Dies wünschen die Verfasser sich und den Adressaten. Sie versichern sie ihrer Fürbitte. Die bei den Verfassern versammelte Gemeinde (*zbor přjtomny nám*) lässt die Adressaten grüßen.

Nr. 150 V 283r–v

Brief der Brüder an die adelige Schwester Alžběta, ohne Ortsangabe, ohne Datum

Die nicht identifizierte Adressatin Alžběta wird auf ungewöhnliche Weise als „Frau Schwester", also sowohl mit der ihr als Mitglied des Adelsstandes zustehenden förmlichen als auch mit der innerhalb der Brüderunität üblichen egalitären Anrede angesprochen. Die seelsorgerlichen Ratschläge, die sie erhält, deuten darauf hin, dass sie noch zum Stand der Neubekehrten, den „Anfängern" (*počínající*), gehört. Gleichwohl ist sie bereits bestrebt, ihre eigenen Glaubensüberzeugungen an Menschen in ihrer Umgebung weiterzugeben. Der Brief dürfte wie die meisten übrigen Stücke der Briefsammlung in AUF V aus der Frühzeit der Unität stammen, als sich noch relativ wenige Adelige zu der Gemeinschaft bekannten. Im ersten Jahrzehnt des 16. Jahrhunderts gehörten mit Crescentia Zmrzlík von Schweißing (vgl. Nr. 91–93), Martha von Boskowitz (vgl. Nr. 280–281) und Johanna Krajíř von Krajek (vgl. Nr. 92, 252) mindestens drei Frauen aus dem Hochadel der Unität an.

Überlieferung außerhalb der AUF: –

Edition: Císařová-Kolářová: Žena [1942], 407. – Handschriftliche deutsche Übersetzung von Joseph Theodor Müller: Herrnhut, Unitätsarchiv der Evangelischen Brüder-Unität, Sign. AB.II.R.1.1a/3, Erster Teil, 252f., Nr. 38.

Literatur: Müller: Geschichte und Inhalt [1913], 110, Nr. 38; Císařová-Kolářová: Žena [1942], 190, 210, 224.

N. sestře Alžbětě [„N. der Schwester Alžběta"]. Inc.: *Žadost neylepssjho dobreho tobě, panj sestra [...]*. Expl.: *[...] Budiž Pánu Bohu poručena a slowu milosti geho.*

Die Verfasser wünschen der adeligen Adressatin (*panj sestra*) Wachstum in Glaube, Liebe und Hoffnung (1 Kor 13,13) und in den christlichen Tugenden und guten Werken. Sie möge ihr Fleisch kreuzigen und ihre körperlichen Begierden überwinden (Gal 5,24), sich mit wenig Speise, Trank und Schlaf begnügen, alle unnützen Reden vermeiden und des Spottens und Scherzens enthalten (*smjchuo a kunsstuow waruoy se*). Vielmehr soll sie den Umgang mit frommen Christen suchen. Wenn sie nicht regelmäßig an den Versammlungen teilnehmen kann, soll sie in der Bibel lesen (*pak-li nemuožeš přjtomna bywati často, ale čti pjsma k wzbuzenj dobrych žádostj*) und häufig beten. Die Verfasser loben die Adressatin, dass sie auch andere Personen, mit denen sie Umgang hat, zur Frömmigkeit zu bewegen sucht, und versichern sie ihrer Fürbitte.

Nr. 151   V 284r

Brief der Brüder an einen Sympathisanten der Unität und dessen Gemahlin in Mähren, ohne Ortsangabe, [um 1470]

Das in der ersten Person Plural, also vermutlich im Namen eines Leitungsgremiums, verfasste Schreiben ist an ein Ehepaar gerichtet, das noch nicht der Unität angehört. Die seelsorgerliche Ermahnung der Adressaten enthält Anspielungen auf Bibelstellen und Formulierungen, die sich ähnlich auch in der Verteidigungsschrift der Brüder während ihrer Verfolgung unter König Georg von Podiebrad vom Herbst 1468 (Nr. 35) finden. Die Übereinstimmungen legen eine Datierung in die späten 1460er oder frühen 1470er Jahre nahe. Absicht des Schreibens ist es, wie die Anspielungen auf Röm 6,4 und Kol 2,12 deutlich erkennen lassen, den Adressaten und dessen Gemahlin zur Taufe und zum Anschluss an die Unität zu bewegen. Die dem Text vorangestellte Abkürzung „Kle." könnte sich auf den aus dem mährischen Proßnitz stammenden Jan Klenovský (vgl. zu Nr. 65) beziehen, der als Verfasser wie auch als Adressat in Frage kommt.

Überlieferung außerhalb der AUF: –

Edition: Handschriftliche deutsche Übersetzung von Joseph Theodor Müller: Herrnhut, Unitätsarchiv der Evangelischen Brüder-Unität, Sign. AB.II.R.1.1a/3, Erster Teil, 253f., Nr. 39.

Literatur: –

Na Morawu. Kle. Mo. [„Nach Mähren. Kle. Mo."]. Inc.: *Prjteli nám w Pánu Krystu milému, laskawé pozdrawenj od nás [...]*. Expl.: *[...] czehoż wám žádáme y za to se Panu Bohu modljme. Milost Božj s wámi. Amen.*

Die Verfasser wünschen dem Adressaten (*prjteli nám w Pánu Krystu milému*) und dessen Gemahlin den Reichtum der Gnade Gottes, damit die beiden sich festlegen (*abyssta se vstawila*) in der Gerechtigkeit [den Beitritt zur Unität vollziehen], indem sie mit Christus sterben und begraben werden (Röm 6,4; Kol 2,12) [in der Taufe] und geistlich auferstehen durch die Erneuerung des Lebens (*obnowenj žiwota*). Dazu muss man der Sünde und den Begierden des Fleisches absterben (Röm 6,2) und einen christlichen Lebenswandel führen, dem die ewige Seligkeit folgen wird. Der Adressat möge eifrig darum beten, dies zu erlangen, und dem Teufel widerstehen.

Nr. 152 V 284v

Brief leitender Brüder an eine Unitätsgemeinde, ohne Ortsangabe, ohne Datum

Das kurze, undatierte Schreiben ist ein Beglaubigungs- oder Empfehlungsschreiben, mit dem der Enge Rat oder ein anderes Leitungsgremium der Unität eine Abordnung zur Visitation der Adressatengemeinde aussendet.

Überlieferung außerhalb der AUF: –

Edition: Handschriftliche deutsche Übersetzung von Joseph Theodor Müller: Herrnhut, Unitätsarchiv der Evangelischen Brüder-Unität, Sign. AB.II.R.1.1a/3, Erster Teil, 254, Nr. 40.

Literatur: –

Inc.: *Bratřj milj, za to wás prosjme y přikazugeme w Pánu Krystu [...]*. Expl.: *[...] neb oni sau gednomyslně zuostali při těch wěcech, kterež sau mezy wami potřebne zřiditi.*

Die Verfasser ermahnen die Adressaten zum Gehorsam gegenüber den Überbringern, die zu ihnen gesandt wurden (*bratřj nassich neymileyssich wám poslanych*), um die Angelegenheiten der Adressatengemeinde zu regeln.

Nr. 153 V 284v–285r

Brief eines leitenden Bruders an einen Bruder, der eigenmächtig geheiratet hat, ohne Ortsangabe, [vor 1484]

Anlass des Schreibens ist die Vermählung des Adressaten. Der Verfasser empfindet die Eheschließung als anstößig und ruft den Adressaten zur Buße auf. Möglicherweise handelte es sich bei diesem um einen Priester, der zum Zweck der Verehelichung sein Priesteramt niedergelegt hatte, oder um einen Kandidaten für das Priesteramt, der aufgrund seiner Heirat nicht mehr für die Ordination in Frage kam. Jedenfalls muss es sich um eine Person handeln, die die von den Brüdern als Voraussetzung für das Priesteramt oder andere geistliche Leitungsfunktionen geforderten Gnadengaben oder Charismen (*dary*) aufwies.

Die der Abschrift vorangestellten Initialen „K. M." könnten als „kněz Martin" („Priester Martin") aufzulösen sein. Dabei wäre an den in Nr. 128 erwähnten Priester gleichen Namens zu denken, der dort als Anhänger der Unität erwähnt ist, aber auch mit den Brüdern von Chelčice in Kontakt stand. Der Priester Martin ist möglicherweise identisch mit Martin aus Krčín (vgl. Nr. 28), der bereits vor 1468 der Unität gedient hatte, sich später jedoch wieder von ihr abwandte. Auf einen Zusammenhang mit Nr. 128 deutet jedenfalls der Umstand hin, dass in beiden Texten Jan Chelčický erwähnt ist. Ob der Priester Martin der Verfasser oder der Adressat des vorliegenden Schreibens war, ist nicht erkennbar.

Überlieferung außerhalb der AUF: –

Edition: Handschriftliche deutsche Übersetzung von Joseph Theodor Müller: Herrnhut, Unitätsarchiv der Evangelischen Brüder-Unität, Sign. AB.II.R.1.1a/3, Erster Teil, 254–256, Nr. 41.

Literatur: –

K. M. Inc.: *Žadost neylepssjho dobreho wždy tobě, bratře mily [...]*. Expl.: *[...] y dossel wěcneho žiwota a přjbytka nebeskeho. Amen.*

Der Verfasser hat sich stets um das ewige Seelenheil des Adressaten (*bratře mily*) bemüht. Dieser wollte jedoch keine Ermahnung annehmen, obwohl er dem Verfasser und [dem Brüderpriester] Jan Chelčický wiederholt Gehorsam zugesagt hatte. Mit seiner unordentlichen Eheschließung (*neřadné a nesslechetné manželstwj*) hat der Adressat Gottes Zorn und Anstoß bei den Brüdern erregt. Möge er zu Einsicht und Buße gelangen und sich der brüderlichen Strafe (*buď poddán tresktanj bratrskemu*) [der Gemeindezucht] unterwerfen. Der Verfasser hat den Adressaten wie einen Sohn geliebt und betet, dass Gott ihm die Gnade gewähren möge, sich zu bekehren. Sollte der Adressat jedoch dem Ratschlag, den ihm der Überbringer des Briefes mitteilen wird, nicht folgen, wird der Verfasser der Anweisung des Apostels gemäß (1 Kor 5,13) den Kontakt mit ihm abbrechen. Der Adressat möge nicht um des jämmerlichen Fleisches willen die hohen Gaben, die Gott ihm gegeben hat, vergeuden, er möge nicht vergeblich einst Verfolgung um des Glaubens willen auf sich genommen haben, sondern Buße tun und das ewige Leben erlangen.

Nr. 154 V 285v

Brief eines vorgesetzten Brüdergeistlichen an einen brüderischen Seelsorger, ohne Ortsangabe, ohne Datum

Der Anlass, aus dem das vorliegende Schreiben entstand, wird nur andeutungsweise geschildert. Anscheinend wird dem Adressaten, bei dem es sich offenbar um einen

Brüderpriester handelt, aufgetragen, einen mit Leitungsaufgaben betrauten Bruder namens Mikuláš zu disziplinieren. Dieser ist im Jung-Bunzlauer Kreis tätig und hat durch Indiskretion nicht nur einem Kürschner namens Blažek, sondern auch dem Ruf der Brüderunität geschadet. Die Indiskretion des Mikuláš bezog sich auf ein sexuelles Fehlverhalten, wobei allerdings nicht deutlich wird, ob es sich um ein Vergehen des Mikuláš, des Blažek oder einer anderen Person handelte. Es ist anzunehmen, dass der Verfasser ein Bischof oder ein Mitglied des Engen Rates der Unität war.

Sofern der Brief, wie die meisten Stücke der Briefsammlung in AUF V, aus der Frühzeit der Unität stammt, könnte es sich bei dem ansonsten unbekannten Mikuláš um einen der brüderischen Laien handeln, die die bereits 1468 belegte Unitätsgemeinde im Dorf Vinařice, wenige Kilometer südöstlich der Stadt Jung-Bunzlau, leiteten. Von Vinařice aus wurden die verstreuten Gläubigen im ganzen Jung-Bunzlauer Kreis betreut (vgl. Hrejsa: Sborové [1935], 60). In der gleichnamigen Stadt entstand erst in den 1480er Jahren eine regelrechte Unitätsgemeinde.

Überlieferung außerhalb der AUF: –

Edition: Handschriftliche deutsche Übersetzung von Joseph Theodor Müller: Herrnhut, Unitätsarchiv der Evangelischen Brüder-Unität, Sign. AB.II.R.1.1a/3, Erster Teil, 256f., Nr. 42.

Literatur: –

W. K. Inc.: *Bratru milemu y pomocnjku dawnimu mému w djle Božjm [...]*. Expl.: *[...] ten bude korunowan korunau nezwadlau w kralowstwj Otce nebeskeho. Amen.*

Der Verfasser wünscht dem Adressaten, der seit langer Zeit der Unität dient (*bratru milemu y pomocnjku dawnimu*), Gottes Gnade zu dessen Dienst (*w té prácy*). Möge Gott ihn bestärken in der Beständigkeit und Sorgfalt bei der seelsorgerlichen Arbeit, in der Einmütigkeit mit seinen Mitbrüdern und im Gehorsam gegenüber den Vorgesetzten (*nám předloženym*). Da der Verfasser nicht persönlich mit dem Adressaten sprechen kann, möge dieser den Überbringer des Briefes anhören, unter anderem in der Angelegenheit des altgedienten Bruders Mikuláš (*o Mikulassowi o nassem bratru dawnim*), der im Jung-Bunzlauer Bezirk Ärgernis erregt und durch eine Indiskretion dem Kürschner Blažek geschadet hat. Mikuláš soll gerügt und für einige Zeit isoliert werden (*ať gest zahanben a trestán a někde saukromj gest*), um durch seine mangelnde Verschwiegenheit nicht noch größeren Schaden anzurichten. Da die Brüder die Menschen lehren (*neb poněwadž gine včyme*), ein ordentliches Eheleben gemäß den Anweisungen des Apostels [Paulus] zu führen, dürfen sie solche anstößigen Dinge unter sich nicht dulden (*abychom takowych mrzkych wěcy mezy sebau netrpěli*). Der Verfasser ermahnt den Adressaten zu einem vorbildlichen Lebenswandel und zu Treue in seinem Dienst angesichts der verheißenen ewigen Seligkeit.

Nr. 155   V 286r

Brief der Brüder an einen mit der Unität sympathisierenden Bürger in Tabor, ohne Ortsangabe, ohne Datum

Das ermahnende Exordium des Briefes kontrastiert irdischen mit geistlichem Reichtum, sodass anzunehmen ist, dass der Adressat in Tabor ein wohlhabender Bürger war. Die 1420 im Zuge der Hussitischen Revolution gegründete südböhmische Stadt war das Zentrum der (nach dem Ort benannten) radikalen Partei der Taboriten. Nach der militärischen Niederlage dieser Gruppierung erhielt Tabor 1437 den Status einer königlichen Stadt. Der böhmische König Georg von Podiebrad, unter dessen Herrschaft die Stadt seit 1452 stand, beseitigte auch die Reste der kirchlichen Eigenständigkeit und unterstellte die städtischen Pfarrkirchen der utraquistischen Kirchenleitung in Prag.

Einige Anhänger und wohl auch einzelne Priester der taboritischen Bewegung schlossen sich der entstehenden Brüderunität an. Die Unität distanzierte sich in den ersten Jahrzehnten ihres Bestehens von der Lehre der Taboriten, vor allem von der Leugnung der Realpräsenz im Abendmahl, die von einigen taboritischen Theologen vertreten worden war. Erst seit dem letzten Jahrzehnt des 15. Jahrhunderts bezogen sich brüderische Verfasser, insbesondere der von 1500 bis zu seinem Tod 1528 amtierende Brüderbischof Lukáš aus Prag, zustimmend auf taboritische Lehrtraditionen.

Wie in den übrigen utraquistischen königlichen Städten Böhmens waren auch in Tabor die Entfaltungsmöglichkeiten für die Brüder stark eingeschränkt, sodass dort keine Unitätsgemeinde entstehen konnte. Die Brüder rieten dem Adressaten des vorliegenden Schreibens, dessen Name vielleicht Filip lautete (wie die dem Brief vorangestellte Abkürzung „Fi." vermuten lässt), aus Tabor fortzuziehen. Der im Text erwähnte Janek Kop ist ansonsten unbekannt. Anhaltspunkte für die Datierung liegen nicht vor, aber wie bei den meisten undatierten Stücken der Briefsammlung in AUF V ist von einer Entstehung im letzten Drittel des 15. Jahrhunderts auszugehen.

Überlieferung außerhalb der AUF: –

Edition: Handschriftliche deutsche Übersetzung von Joseph Theodor Müller: Herrnhut, Unitätsarchiv der Evangelischen Brüder-Unität, Sign. AB.II.R.1.1a/3, Erster Teil, 257, Nr. 43.

Literatur: Goll: Chelčický a jednota [1916], 246.

Na Tab. Fi. [„Nach Ta(bor) Fi."]. Inc.: *Žadost neylepssjho dobreho prjteli milemu nassemu w Krystu Gežjssi [...]*. Expl.: *[...] y spomocni byli, což bychom mohli. Budiž Panu Bohu porucen. Amen.*

Die Verfasser wünschen dem Adressaten, ihrem lieben Freund in Christus (*přjteli milému nassemu w Krystu Gežjssi*), dass er ihnen durch die geistliche Neugeburt verbunden werden möge, denn menschliche Freundschaft ist, wie alles Fleischliche, von der menschlichen Sündhaftigkeit verdorben. Der Adressat möge durch Gottes Gnade die Wahrheit erkennen und allen irdischen Besitz gering achten, um zu geistlichem Reichtum zu gelangen. Er möge ein Teilhaber des Leidens Christi (1 Petr 4,13) und Glied der Kirche werden (*spolu aud [...] z těla geho, genž gest cyrkew*) und sich gemeinsam mit den Brüdern auf den schmalen Weg (Mt 7,14) eines frommen christlichen Lebenswandels begeben. Der Adressat hat über einige geheime Dinge mit Janek Kop und anderen geredet. Er möge derlei unterlassen, sich bußfertig auf den Beitritt zur Unität vorbereiten (*obrať se ku Pánu Bohu snažněgj, aby mohl k dobrému swědomj přjgjti*) und sich nach einem Ort umsehen, an dem er ungehindert Gott dienen kann.

Nr. 156   V 286r

Brief leitender Brüder an einen brüderischen Seelsorger, ohne Ortsangabe, ohne Datum

Das Billett, das in der Handschrift nur zweieinhalb Zeilen einnimmt, stammt anscheinend aus der Zeit, als in der Stadt Jung-Bunzlau noch keine regelrechte Unitätsgemeinde bestand und die im Jung-Bunzlauer Gebiet lebenden Anhänger der Unität von Vinařice aus betreut wurden (vgl. Nr. 154).

Überlieferung außerhalb der AUF: –

Edition: Handschriftliche deutsche Übersetzung von Joseph Theodor Müller: Herrnhut, Unitätsarchiv der Evangelischen Brüder-Unität, Sign. AB.II.R.1.1a/3, Erster Teil, 257f., Nr. 44.

Literatur: –

Inc.: *Bratře mily, wěděťi dáwáme, žeť gest žadost násse [...]*. Expl.: *[...] rozmlauwage s lidem o gich swědomj po čeledech ráno přiwstáwage*.

Der Adressat (*bratře mily*) soll im Jung-Bunzlauer Kreis eifrig die Gläubigen in ihren Haushaltungen besuchen und mit ihnen seelsorgerliche Gespräche führen (*rozmlauwage s lidem o gich swědomj po čeledech ráno přiwstáwage*).

Nr. 157   V 286v

Brief leitender Brüder an die Vorsteher der Unitätsgemeinde in Jung-Bunzlau, ohne Ortsangabe, ohne Datum

Das Schreiben stammt anscheinend aus der Frühzeit der Unitätsgemeinde in der Stadt Jung-Bunzlau (vgl. Nr. 154, 156, 171), die 1489 schon zahlreiche Mitglieder zählte, zunächst aber keinen eigenen Priester hatte (Hrejsa: Sborové [1935], 20f.). Daher ist zu vermuten, dass es sich bei den Adressaten um Laien handelte, die in der Jung-Bunzlauer Gemeinde Leitungsfunktionen innehatten. Der im Text erwähnte Bruder J. ist offenbar ein vom Engen Rat der Unität ausgesandter Brüderpriester auf einer pastoralen oder Visitationsreise. Erst 1494 erhielt die Jung-Bunzlauer Gemeinde mit Lukáš aus Prag einen eigenen Gemeindepriester.

Überlieferung außerhalb der AUF: –

Edition: Handschriftliche deutsche Übersetzung von Joseph Theodor Müller: Herrnhut, Unitätsarchiv der Evangelischen Brüder-Unität, Sign. AB.II.R.1.1a/3, Erster Teil, 258, Nr. 45.

Literatur: –

Bole[slavským] b[ratřím] [„An die Brüder in Jung-Bunzlau"]. Inc.: *Laskawé pozdrawenj s mnohau žádostj bratřjm neymileyssjm [...]*. Expl.: *[...] a obnoweneho ducha nabywagj z daru milosti Božj, slyssjce slowo prawdy. Amen.*

Die Verfasser wünschen den Adressaten (*bratřjm neymileyssjm*) Wachstum in Glauben, Liebe und Hoffnung (1 Kor 13,13), Stärke zu ihrem Dienst in der Unität (*posylněni gsauce w mocy syly Pána Gežjsse pracuoytež snažně w djle Božjm*) und Teilhabe an der Gemeinschaft der Auserwählten in diesem Leben und an der ewigen Seligkeit nach der Auferstehung. Bruder J. ist auf deren Bitte zu den Adressaten geschickt worden. Mit ihm mögen sie sich beraten und Einmütigkeit bewahren. Auch für die Katechumenen (*kteřjž mrtwj těla swa s hřjchy a s žádostmi a obnoweneho ducha nabywagj z daru milosti Božj slyssjce slowo prawdy*) werden die Verfasser, wie von den Adressaten erbeten, sorgen.

Nr. 158   V 286v–287r

Brief leitender Brüder an einen Glaubensgenossen, ohne Ortsangabe, ohne Datum

Das in dem für die brüderische Epistolographie charakteristischen „urchristlichen" Stil gehaltene, aus neutestamentlichen Zitaten und Anspielungen zusammengesetzte Schreiben versichert einen Brüderpriester oder einen Laien, der mit geistlichen Leitungsfunktionen betraut ist, der Fürsorge der brüderischen Kirchenleitung. Wie bei zahlreichen ähnlichen Stücken der Briefsammlung in AUF V (zum Beispiel Nr. 120, 121, 131, 140, 149) enthält der Text keine konkreten Anweisungen, die nähere Rückschlüsse auf die Entstehungssituation erlauben.

Überlieferung außerhalb der AUF: –

Edition: Handschriftliche deutsche Übersetzung von Joseph Theodor Müller: Herrnhut, Unitätsarchiv der Evangelischen Brüder-Unität, Sign. AB.II.R.1.1a/3, Erster Teil, 258f., Nr. 46.

Literatur: –

D. Ang. P. Inc.: *Laskawé pozdrawenj s žadostj neylepssjho dobrého, aby hodně chodil [...]*. Expl.: *[...] pozdraw wssech přátel milych w Krystu Gežjssi. Milost Božj s tebau. Amen.*

Die Verfasser wünschen dem Adressaten (*neymileyssj bratře*) Wachstum im Glauben und in der Liebe. Er möge sich in der Einfalt bewahren und beständig sein in der Gerechtigkeit, die aus dem Glauben kommt und zur Erkenntnis Gottes und Christi führt, die das ewige Leben ist (Joh 17,3). Er möge Christus und dessen Gliedern (*spolu auduom geho*) [den Gläubigen, die Glieder des Leibes Christi, der Kirche, sind] dienen und so den Auserwählten von Nutzen sein (*k vžitku spasytedlnemu wywolenym geho*) und selbst zur ewigen Seligkeit gelangen. Er möge alle lieben Freunde in Christus (*wssech přátel milych w Krystu Gežjssi*) grüßen.

Nr. 159   V 287r

Brief leitender Brüder an einen brüderischen Hausvater, ohne Ortsangabe, ohne Datum

Wie die in der Handschrift vorangehende Nr. 158 handelt es sich um ein allgemein formuliertes Schreiben, mit dem ein Leitungsgremium der frühen Unität einen Glaubensgenossen in seinem Dienst an anderen Gläubigen bestärkt. Der Adressat wird als Haushalter (Mt 24,45), der der Hausgemeinschaft (*čeled*) Gottes (Eph 2,19) vorgesetzt ist, angeredet (vgl. Nr. 175). Dies könnte eine Metapher für den Dienst des Geistlichen an der Gemeinde sein. Wahrscheinlicher ist jedoch, dass die Wahl der neutestamentlichen Wendungen auf den Stand des Adressaten anspielt, der als Haushaltsvorstand (*hospodář*, auch Rechtsterminus, vgl. Brandl: Glossarium [1876], 68f.) für seine Familie und sein Gesinde Hausandachten abhielt. Dieser wird ermahnt, neben seinen Hausgenossen (*domácí*) auch Personen, die nicht zu seinem Haushalt gehören (*cizí*), seelsorgerlich im Blick zu haben. Die Erwähnung der Nachfolge auf dem „schmalen Weg" (Mt 7,14) legt eine Datierung in die ersten Jahrzehnte der Brüderunität nahe, in denen der „schmale Weg" ein zentraler Begriff brüderischer konfessioneller Identität war.

Überlieferung außerhalb der AUF: –

Edition: Handschriftliche deutsche Übersetzung von Joseph Theodor Müller: Herrnhut, Unitätsarchiv der Evangelischen Brüder-Unität, Sign. AB.II.R.1.1a/3, Erster Teil, 259, Nr. 47.

Literatur: –

O. Pi. Inc.: *Laskawé pozdrawenj s žadostj neylepssiho dobreho, aby se rozmahal w djle Božjm [...]*. Expl.: *[...] swaty a neposskwrněny w chwalu, w sláwu y w čest, se wssemi wywolenymi. Amen.*

Die Verfasser wünschen dem Adressaten (*bratře mily*) Wachstum im Glauben und würdigen Wandel in der Liebe um der Hoffnung [auf die ewige Seligkeit] willen (1 Kor 13,13). Er möge nicht nachlassen, Gutes zu tun, und sich gegenüber Haushaltsangehörigen wie Fremden (*k přátelom domacym y cyzym*) vorbildlich verhalten. In seinem Dienst möge er als treuer und kluger Haushalter (*hospodář čelednj*) (Mt 24,45) für die Angelegenheiten der Familie Gottes (*wěcy čeledi Božj*) sorgen, sanftmütig und friedlich Christus auf dem schmalen Weg (Mt 7,14) nachfolgen und samt allen Auserwählten die künftige Herrlichkeit erlangen.

Nr. 160   V 287v–288r

Brief eines leitenden Bruders an brüderische Vorsteher, ohne Ortsangabe, ohne Datum

Der Verfasser ist entweder ein vorgesetzter Brüderpriester, der sich an untergeordnete Geistliche wendet, oder ein reisender Brüderpriester, der – wie in der Frühzeit der Unität üblich – mehrere Gemeinden betreut und Anweisungen an lokale Laienälteste erteilt. Bemerkenswert ist, dass der Verfasser die Einführung eines geordneten Dienstes der Frauen in der Unität erwägt (vgl. Nr. 146).

Überlieferung außerhalb der AUF: –

Edition: Handschriftliche deutsche Übersetzung von Joseph Theodor Müller: Herrnhut, Unitätsarchiv der Evangelischen Brüder-Unität, Sign. AB.II.R.1.1a/3, Erster Teil, 259f., Nr. 48.

Literatur: Goll: Chelčický a jednota [1916], 246.

Inc.: *Laskawé pozdrawenj s žádostj neylepssiho dobreho bratřjm neymilegssim w Panu [...].* Expl.: *[...] a měyte se k těm lidem wážně a w poctiwosti y w tělesných pohodljch včyňte gim rádi. etc.*

Der Verfasser wünscht den Adressaten (*bratřjm neymileyssjm*), dass es ihnen gelingt, den Willen Gottes zu erfüllen und sein Werk zu mehren (*k rozmnoženj djla sweho*) [für das Wachstum der Gemeinde zu wirken]. Die Adressaten hatten um einen Besuch des Verfassers gebeten. Diesem Wunsch konnte er nicht nachkommen, da er an einem anderen Ort gebraucht wurde. Dort muss er eine Zeitlang bleiben, um verschiedene Gespräche zu führen und die Gemeinde kennenzulernen.

Er bittet ferner um Verständnis, dass Schwester Katruše noch nicht [zur Gemeinde der Adressaten] zurückgekehrt ist. Der Verfasser benötigt sie noch eine Weile, denn er möchte [in der Unität] einen geordneten [seelsorgerlichen] Dienst der Frauen einführen (*neb bychom rádj aby nyaké pořjzenj vwedeno bylo mezy sestrami*). Die Schwestern kümmern sich um diejenigen, die erneut Buße tun, und führen die [anscheinend durch eine Verfolgung] zerstreuten [Mitglieder der Unität] in die Gemeinschaft [zurück] (*a čynj Pan Buoh prospěch skrze ně, rozptylene a roztrhane shromažďugj w gednotu wjry Pana Krysta neposskwrněne*).

Der Verfasser hätte gern gesehen, wenn Bruder B. sich eine Zeitlang bei den Mitbrüdern aufgehalten hätte (*aby byl pobyl některy čas při spolu bratřjch*). Als er dennoch wieder zum Dienst eingesetzt wurde, mussten die Adressaten ihn erneut suspendieren (*ale přissla przjčyna hodná geho tam poslati, pak gste ho zastawili tam*), damit er nicht zu Fall kommt. Er war in den letzten Jahren nur selten bei den Brüdern. Er hat auch einige ärgerliche Briefe (*listy sskaredé [...] a rauhawe*) geschrieben, in denen er den Verfasser namentlich erwähnte. Die Brüder mögen wachsam sein und in Anfechtungen beständig und zuversichtlich bleiben. Gott wird sein Werk [die Brüderunität] erhalten und weiter wachsen lassen. Der Verfasser lässt die Gemeinde der Adressaten grüßen und empfiehlt die Überbringer.

Nr. 161 V 288r

Brief eines Brüderpriesters an seine Vorgesetzten, ohne Ortsangabe, ohne Datum

Bei diesem Schreiben könnte es sich um eine Antwort auf einen der ermahnenden Briefe handeln, die die brüderische Kirchenleitung (der Enge Rat oder in der Frühzeit ein informelles Gremium) an Priester, Laienälteste und Einzelpersonen zu versenden pflegte und von denen zahlreiche Beispiele in der Briefsammlung in AUF V überliefert sind. Bemerkenswert ist, dass der Verfasser die Leitungsautorität seiner Vorgesetzten ausdrücklich auf direkte göttliche Offenbarung zurückführt.

Überlieferung außerhalb der AUF: –

Edition: Handschriftliche deutsche Übersetzung von Joseph Theodor Müller: Herrnhut, Unitätsarchiv der Evangelischen Brüder-Unität, Sign. AB.II.R.1.1a/3, Erster Teil, 260f., Nr. 49.

Literatur: –

Inc.: *Bratřj neymileyssj, yakož z wasseho vsauzenj gest mé obywánj w B. y ginde [...]*. Expl.: *[...] gemuž gest péče o nás a obmysslowati bude y s těmi, s nimiž sem w obcowánj. etc.*

Der Verfasser versichert, er sei mit dem Dienstort B., den ihm die Adressaten (*bratřj neymileyssi*) zugewiesen haben, zufrieden. Er ist zuversichtlich, dass sein Dienst und der seiner Mitbrüder mit Gottes Hilfe anderen nützlich sein wird. Er bittet die Adressaten um ihre Fürbitte und betet auch seinerseits für sie. Sie mögen ihm brieflich mitteilen (*skrze psánj [...] oznamte*), was Gott ihnen als seinen Willen offenbart (*aby [...] zgewowal vám skrze Ducha swého swatého, což by vam spolu s námi tento čas potřebj bylo*), auch wie es den Brüdern ergeht. Gott wird trotz aller Prüfungen, die er über die Brüder kommen lässt, auch für ihr zeitliches Wohl sorgen.

Nr. 162 V 288v

Brief eines Bruders an einen Sympathisanten der Unität, ohne Ortsangabe, ohne Datum

Die Abkürzung „Kol." in der Überschrift könnte die königliche Stadt Kolin an der Elbe in Mittelböhmen bezeichnen. Eine Unitätsgemeinde bestand dort allerdings nicht (Hrejsa: Sborové [1935], 36).

Überlieferung außerhalb der AUF: –

Edition: Handschriftliche deutsche Übersetzung von Joseph Theodor Müller: Herrnhut, Unitätsarchiv der Evangelischen Brüder-Unität, Sign. AB.II.R.1.1a/3, Erster Teil, 261, Nr. 50.

Literatur: –

Do Kol. [„Nach Kol."]. Inc.: *Přjteli mně zwlásstně mily, rad bych slyssal, aby se dobře měl [...].* Expl.: *[...] tohoť žadam, ať by se tobě stalo pro zaslauženj Pana Gežjsse Krysta. Amen.*

Der Verfasser wünscht dem Adressaten (*přjteli mně zwlásstně mily*), dass er zur vollen Glaubenserkenntnis gelangt und sich vom weltlichen Leben bekehrt. Er möge auf Ehre und Ansehen verzichten und in seinem jugendlichen Alter ein gottgefälliges Leben beginnen, um nach der Auferstehung der ewigen Seligkeit teilhaftig zu werden. Dann wird auch von ihm einst gesagt werden, dass diejenigen, die in diesem Leben verachtet waren, dort zu den Söhnen Gottes und Heiligen zählen werden (Weish 5,4–5).

Nr. 163   V 288v–289r

Brief leitender Brüder an die Brüderpriester Václav und Synek, ohne Ortsangabe, ohne Datum

Der Brief enthält Anweisungen an zwei Brüderpriester, die sich vorübergehend als Missionare in einer Stadt aufhalten, und zwar anscheinend im böhmischen Kuttenberg. Darauf deutet die Ortsangabe in der Überschrift hin, die sowohl unbestimmt „in die Berge" (eine bergige oder hügelige Region) als auch konkret „nach Kuttenberg" bedeuten kann. Bei der Glaubenswerbung in der utraquistischen königlichen Stadt war besondere Vorsicht geboten. Das im Text genannte Smilovice ist wohl das 25 Kilometer südwestlich von Kuttenberg gelegene Dorf (es gibt in Böhmen noch weitere Ortschaften dieses Namens). Der eine der beiden Adressaten ist vermutlich mit dem im Totenbuch des Brüderklerus erwähnten Jan Synek zu identifizieren, der 1502 starb (Fiedler [Hg.]: Todtenbuch [1863], 220). Syneks Amtsbruder Václav könnte mit dem dort ebenfalls erwähnten Brüderpriester Václav aus Beraun identisch sein, der allerdings erst 1520 starb (ebd., 223). Sofern die Identifizierung des einen Adressaten mit Jan Synek zutrifft, hat als *terminus ante quem* der Entstehung des kurzen Schreibens dessen Todesjahr 1502 zu gelten.

Überlieferung außerhalb der AUF: –

Edition: Handschriftliche deutsche Übersetzung von Joseph Theodor Müller: Herrnhut, Unitätsarchiv der Evangelischen Brüder-Unität, Sign. AB.II.R.1.1a/3, Erster Teil, 261f., Nr. 51.

Literatur: –

Do Hor Syn[kovi] a Wac[lavovi] [„Nach Kuttenberg (oder: in die Berge) an Synek und Václav"]. Inc.: *Laskawé pozdrawenj s žadostj neylepssjho dobrého bratřjm milym [...]*. Expl.: *[...] že by tam mohl pobyti některy tyden w duchu pokoynem, vkazuge k nim milostiwost y ke wssem etc.*

Die Verfasser wünschen den Adressaten (*bratřjm milym*) Stärkung, Vollmacht (*mocý syly swé*) und Weisheit von Gott zu ihrem Dienst in der Unität (*abysste pracowali w djle geho*). Sie ermahnen die Adressaten, bei ihrer seelsorgerlichen Arbeit gewissenhaft und vorsichtig zu sein, um den Gegnern keinen Vorwand zu liefern, die Unität zu bedrängen, denn dadurch könnten die Anfänger [im Glauben] abgeschreckt werden (*skrze to aby někteřj nezhynuli počynagjcy*).

Einer der beiden Adressaten möge für einige Wochen bei einem gewissen Schuster in Smilovice arbeiten und [noch an einem anderen Ort], wo es nötig erscheint. Auch wenn es unbequem ist, sollen sie sich dorthin begeben, wo Gott sie haben will und wo sie gebraucht werden, das heißt an Orte, wo die Aussicht besteht, dass Menschen sich bekehren (*a to po hodné přjcyně muož poznáno byti, kde gest potřeba pro wzdělánj a polepssenj*).

Die Adressaten haben wohl bereits erfahren, dass zwei Personen von der Brüderunität abgefallen sind und nun schwere Anschuldigungen gegen die Brüder erheben. Wenn es angebracht erscheint, die neubekehrten Gläubigen in der Stadt (*w tom městě*) zu unterstützen, möge einer der beiden Adressaten dort für einige Wochen bleiben.

Nr. 164   V 289r–v

Brief der Brüder an eine adelige Sympathisantin der Unität, ohne Ortsangabe, ohne Datum

Wenn die Abkürzung „Pře." in der Überschrift die mährische Stadt Prerau bezeichnet, dürfte es sich bei der Adressatin um Johanna von Liblitz handeln. Johanna war seit 1475 mit Wilhelm dem Jüngeren von Pernstein, dem Besitzer der Grundherrschaft Prerau, verheiratet. Sie starb 1515. Die Hochadelige sympathisierte mit der

Brüderunität (Müller: Geschichte, Bd. 1 [1922], 304f., 321) und war in den letzten Jahren des 15. Jahrhunderts bei dem brüderischen Arzt Jan Černý, dem leiblichen Bruder des Brüderbischofs Lukáš aus Prag, in Behandlung. Černý widmete ihr im Jahr 1500 einen Traktat (vgl. Nr. 82). Die Brüder nutzten den Kontakt zu der adeligen Adressatin, um sie um Fürsprache für eine gefangene Glaubensgenossin zu bitten.

Überlieferung außerhalb der AUF: –

Edition: Handschriftliche deutsche Übersetzung von Joseph Theodor Müller: Herrnhut, Unitätsarchiv der Evangelischen Brüder-Unität, Sign. AB.II.R.1.1a/3, Erster Teil, 262f., Nr. 52.

Literatur: –

Na Pře. ř. [„Nach Pre."]. Inc.: *Vrozená pani, žádost nášse gest wám neylepssjho dobreho [...]*. Expl.: *[...] kteráž pohaněni trpěla y vzkosti w wězenj pro gmeno Krystowo a pro swé spasenj, aby gj rádna byla. etc.*

Die Verfasser wünschen der Adressatin (*vrozená pani*) zeitliches und geistliches Wohlergehen, auf dass sie kraft der Wiedergeburt durch das Wort Gottes (*w milosti rodu nowého skrze slowo Boha žiwého*) Anteil an der ewigen Seligkeit erlange. Sie möge die Welt und den Teufel überwinden und Christus nachfolgen in Glaube, Liebe und Hoffnung (1 Kor 13,13). Die Verfasser bitten die Adressatin, einer frommen Witwe, die um des Glaubens willen im Gefängnis ist, mit Rat beizustehen.

Nr. 165   V 289v–290r

Brief leitender Brüder an den Brüdergeistlichen Mat. in Mähren und dessen Gefährten, ohne Ortsangabe, ohne Datum

Das undatierte Schreiben richtet sich an brüderische Missionare, die in Mähren gleichsam „im Rachen der Feinde", das heißt unter einer unduldsamen katholischen oder utraquistischen Obrigkeit, nicht den erhofften missionarischen Erfolg erzielen können. Der abgekürzte Name des Adressaten, „Mat.", ist zu Matouš oder Matěj zu ergänzen. Auch das Schreiben Nr. 130 ist an einen in der Frühzeit der Unität in Mähren tätigen Brüdergeistlichen M. (sowie dessen Gefährten Jíra) gerichtet.

Überlieferung außerhalb der AUF: –

Edition: Handschriftliche deutsche Übersetzung von Joseph Theodor Müller: Herrnhut, Unitätsarchiv der Evangelischen Brüder-Unität, Sign. AB.II.R.1.1a/3, Erster Teil, 263, Nr. 53.

Literatur: –

Na Morawu Mat. ["Nach Mähren dem Mat."]. Inc.: *Laskawé pozdrawenj s žadostj neylepssjho dobrého přátelom milym [...]*. Expl.: *[...] yakž se geho milosti ljbj a spasenj násse gest. Milost Božj s wámi. Amen.*

Die Verfasser wünschen den Adressaten (*přátelom milym [...] milj bratři*) Wachstum und Beständigkeit in der Arbeit am Werk Gottes (*abysste se rozmáhali w djle Božjm*) [im Dienst der Brüderunität], in der Erkenntnis Gottes und Christi, in der das ewige Leben besteht (Joh 17,3), und in den christlichen Tugenden, auf dass sie einst teilhaben werden an der ewigen Seligkeit. Die Verfasser sind um die Adressaten besorgt, die sich gleichsam im Rachen der Feinde (*yako w hrdle nepřateluom*) befinden. Sie raten den Adressaten zur Flucht, da diese andernorts nützlicher sein und mehr Menschen erreichen könnten. Am bisherigen Tätigkeitsort der Adressaten ist kein weiterer Erfolg zu erwarten. Sie werden mehr an Orten benötigt, wo die Missionsarbeit noch in den Anfängen steckt (*kdež tepruow počatkowé gsau*). An dem Ort, an dem sie sich jetzt befinden, sind sie bereits [als Ketzer] verschrien und in ständiger Gefahr (*gste giž welmi prohlásseni a každau chwjli čekáte na se*). Die Verfasser befehlen das Ergehen der Adressaten dem Willen Gottes an.

Nr. 166   V 290r

Brief der Brüder an einen Glaubensgenossen in Leitmeritz oder Leitomischl, ohne Ortsangabe, ohne Datum

Der kurze Ermahnungsbrief enthält keine Anhaltspunkte für die Datierung. Der abgekürzte Ortsname „Lit." in der Überschrift bezeichnet möglicherweise die königliche Stadt Leitmeritz (Litoměřice). Dort bestand zwar keine Gemeinde, es lebten jedoch einzelne Mitglieder der Unität in der Stadt (Hrejsa: Sborové [1935], 39). Ein Bruder, den der Adressat grüßen soll, wird aus Vorsicht nicht namentlich genannt. Weniger wahrscheinlich erscheint daher die Möglichkeit, dass der Brief nach Leitomischl (Litomyšl) – auch diese Auflösung des abgekürzten tschechischen Ortsnamens würde sich anbieten – gerichtet war, wo die Brüder den Schutz der Obrigkeit genossen und ihr Gemeindeleben nicht verbergen mussten.

Überlieferung außerhalb der AUF: –

Edition: Handschriftliche deutsche Übersetzung von Joseph Theodor Müller: Herrnhut, Unitätsarchiv der Evangelischen Brüder-Unität, Sign. AB.II.R.1.1a/3, Erster Teil, 264, Nr. 54.

Der Ausschnitt aus der Landkarte der Markgrafschaft Mähren des Brüderbischofs Jan Amos Komenský (1627) zeigt die nördliche böhmisch-mährische Grenzregion. Dort liegen viele der Ortschaften, die in der Briefsammlung Nr. 111–262 erwähnt sind.

Literatur: –

M. do Lit. [„M. nach Lit."]. Inc.: *Žiadost neylepssjho dobrého s laskawym pozdrawenjm bratru neymileyssjmu [...]*. Expl.: *[...] pozdraw od nás bratra neymileyssiho y wssech přatel milych w Krystu Gežissi.*

Die Verfasser wünschen dem Adressaten (*bratru neymileyssjmu*) Beständigkeit und Wachstum im Glauben und im christlichen Lebenswandel und Anteil an der ewigen Seligkeit. Der Adressat möge einen Bruder (*bratra neymileyssiho*) und alle Freunde in Christus [weitere Glaubensgenossen, mit denen der Adressat in Verbindung steht] grüßen.

Nr. 167   V 290v

Brief der Brüder an verfolgte Glaubensgenossen, ohne Ortsangabe, ohne Datum

Ähnlich wie Nr. 141, 142 und 144 ist das vorliegende kurze Schreiben ein Mahn- und Trostbrief in einer Verfolgungssituation. Die Abkürzungen der Überschrift könnten sich auf die Brüder Tomáš und Jan in Mähren beziehen, an die anscheinend auch Nr. 181, 188 und 211 gerichtet waren.

Überlieferung außerhalb der AUF: –

Edition: Handschriftliche deutsche Übersetzung von Joseph Theodor Müller: Herrnhut, Unitätsarchiv der Evangelischen Brüder-Unität, Sign. AB.II.R.1.1a/3, Erster Teil, 264, Nr. 55.

Literatur: –

Na M. T. G. [„Nach M(ähren an) T. G."]. Inc.: *Laskawé pozdrawenj s žadostj neylepssjho dobrého přatelom milym [...]*. Expl.: *[...] také pozdrawte od nás wssech, kteřiž nás milugj w Krystu Gežissi. Milost Božj s wámi. Amen.*

Die Verfasser wünschen den Adressaten (*přatelom milym*) Stärkung und Wachstum im christlichen Lebenswandel, im Glauben und in der Liebe, damit sie Anteil an der ewigen Seligkeit erlangen. Die Adressaten mögen in Anfechtung und Verfolgung, in der sie erprobt werden wie das Gold im Feuer (Spr 17,3; 1 Petr 1,7), beständig sein und sich nützlich erweisen im Werk Gottes (*abyste byli wjce vžitečni a prospěssnj w djle Božjm*) [sich einsetzen für das Wohl und Wachstum der Brüderunität].

Nr. 168   V 290v

Brief leitender Brüder an untergeordnete Brüdergeistliche, ohne Ortsangabe, ohne Datum

Der ohne Überschrift überlieferte Ermahnungsbrief an Personen, die mit seelsorgerlichen Aufgaben betraut waren, stammt aus der frühesten Zeit der Brüderunität. Das Schreiben weist Formulierungen auf, die sich ähnlich auch bei Řehoř Krajčí (zum Beispiel in Nr. 1) oder in dem bereits 1463 entstandenen Brief des Martin aus Krčín (Nr. 28) finden. Die Anspielung auf „das Gute, das Gott unter uns begonnen hat", bezieht sich auf die Unität, möglicherweise konkret auf die Wahl der ersten Brüderpriester im Jahr 1467.

Überlieferung außerhalb der AUF: –

Edition: Handschriftliche deutsche Übersetzung von Joseph Theodor Müller: Herrnhut, Unitätsarchiv der Evangelischen Brüder-Unität, Sign. AB.II.R.1.1a/3, Erster Teil, 264f., Nr. 56.

Literatur: –

Inc.: *Bratřj milj, měyte pilnost a snažnost o ty, kteřjžť se dowěřugi spolu s nami spasenj [...]*. Expl.: *[...] prowesti račyl k chwale swe a k spasenj nassemu, y k prospěchu bližnjch. Amen.*

Die Verfasser ermahnen die Adressaten (*bratřj milj*) zu Eifer in ihrer seelsorgerlichen Arbeit. Die Empfänger sollen die Gläubigen vor abweichenden Lehrmeinungen (*ať se wystřjhagi mnohotwarnych včenj*) und Unbeständigkeit in der Lehre warnen (Eph 4,14). Diejenigen, denen es möglich ist, sollen sich häufig zum Gebet versammeln (*zwlásstě často se k modlitbam vpokogugte*) und sich weltlicher Geschäfte und Reden enthalten. Die Adressaten sollen den Teilnehmern dieser Versammlungen [mit Predigt und Abendmahl] dienen, so oft dazu Gelegenheit ist (*což neyčastěgi muožte, těm osobám zwlásstnjm posluhowanj čyňte*). Sie sollen ferner dafür beten, dass Gott das Gute, das er unter den Brüdern begonnen hat (*toto dobré, kterež gest začal w nás*), vollenden möge.

Nr. 169 V 291r

Brief der Brüder an Glaubensgenossen, ohne Ortsangabe, ohne Datum

Das kurze pastorale Schreiben enthält keine Hinweise auf den konkreten Entstehungskontext.

Überlieferung außerhalb der AUF: –

Edition: Handschriftliche deutsche Übersetzung von Joseph Theodor Müller: Herrnhut, Unitätsarchiv der Evangelischen Brüder-Unität, Sign. AB.II.R.1.1a/3, Erster Teil, 265, Nr. 57.

Literatur: –

Inc.: *Laskawé pozdrawenj s žadostj neylepssjho dobreho, abysste přebywali spolu w lásce [...]*. Expl.: *[...] we wssem dobrem k žiwotu wěčnemu. Amen. Milost Božj s wámi. Amen.*

Die Verfasser wünschen den Adressaten geistliche Einmütigkeit und Wachstum im Glauben. Sie mögen ihre Berufung durch gute Werke, christlichen Lebenswandel und brüderliches Verhalten untereinander bewähren durch die Kraft des Glaubens, der Liebe und der Hoffnung (1 Kor 13,13). Sie mögen eifrig um geistliches Wachstum und Beständigkeit beten.

Nr. 170 V 291r–v

Brief eines leitenden Bruders an Bruder Pavel und andere wohlhabende Gemeindemitglieder in Leitomischl, ohne Ortsangabe, [1508/09]

Das Schreiben eines Mitglieds der Unitätsleitung richtet sich an einen gewissen Pavel und weitere wohlhabende Gemeindemitglieder, die über mehrere Jahre die Arbeit der Brüderunität finanziell unterstützt haben. Der Wohnort der Adressaten ist in der Überschrift mit der Abkürzung „Litho." angegeben, was sowohl Leitomischl (Litomyšl) als auch Leitmeritz (Litoměřice) bezeichnen kann. Da in Leitmeritz keine Unitätsgemeinde bestand, Leitomischl jedoch seit dem ausgehenden 15. Jahrhundert eines der wichtigsten Zentren der Unität war, kann es als gesichert gelten, dass sich der Text auf Leitomischl bezieht.

Die Anweisungen, die Pavel und seinen Glaubensgenossen erteilt werden, sind auffallend vorsichtig formuliert. Es hat den Anschein, als wäre der Verfasser bemüht, den Adressaten nicht durch allzu direkte Forderungen einen Vorwand zu bieten, sich von der Brüderunität abzuwenden. Das Schreiben entstand in einer Verfolgungssituation, von der auch die Leitomischler Unitätsgemeinde bedroht war. Dies war in den letzten Monaten des Jahres 1508 und zu Beginn des Jahres 1509 der Fall, als es zeitweise unklar war, inwiefern auch die Leitomischler Obrigkeit den im St. Jakobsmandat angeordneten Verfolgungsmaßnahmen nachkommen würde (vgl. Nr. 70–72).

Erwähnt sei, dass in den Leitomischler Stadtbüchern wiederholt ein wohlhabender Bürger Pavel Klenovský erwähnt ist, der Johann II. Kostka von Postupitz ein Darlehen gewährte. Er zog nach 1510 nach Prag und erwarb dort ein Haus. Sein Sohn Gabriel wurde später in den Adelsstand erhoben (Čelakovský [Hg.]: Registra [1901], 106). Möglicherweise handelte es sich bei Pavel um einen Verwandten des Jan Klenovský, der 1498 in Leitomischl starb (vgl. zu Nr. 65). Wenn Pavel Klenovský mit dem in der Überschrift erwähnten Pavel identisch ist, muss er vor seiner Übersiedlung nach Prag der Unität angehört haben.

Überlieferung außerhalb der AUF: –

Edition: Handschriftliche deutsche Übersetzung von Joseph Theodor Müller: Herrnhut, Unitätsarchiv der Evangelischen Brüder-Unität, Sign. AB.II.R.1.1a/3, Erster Teil, 265f., Nr. 58.

Literatur: –

Do Litho. Paw[lovi] [„Nach Litho. an Pavel"]. Inc.: *Žadost neylepssjho dobrého s laskawym pozdrawenjm přáteluom milym w Krystu Gežjssi […]*. Expl.: *[…] pro vžitek spasenj swého, kteréhož wám žádáme. Amen.*

Der Verfasser hat die Adressaten (*přateluom milym w Krystu Gežjssi*) in den zurückliegenden Jahren als Glaubensgenossen kennengelernt, die mit ihrem Leben und ihrem Besitz den Verfasser und dessen Mitbrüder [die Brüderpriester] unterstützt haben. Eine Zeitlang wurden sie nachlässig und beschäftigten sich zu sehr mit weltlichen Dingen (*ač gste byli na čas poopustili a pooblewili, s swětem se směssugjce*), nun aber sind sie durch Gottes Hilfe wieder zu besserer Einsicht gelangt. Der Verfasser ist dankbar für den Beitrag, den sie zum Unterhalt [der Brüderpriester] leisten (*neb sme wděčni poslaužnj wasseho, kteréž čynjte k pohodlé nassemu*) und wünscht ihnen, dass ihnen diese Wohltat beim Jüngsten Gericht von Gott vergolten wird (Mt 25,34–35). Er ermahnt sie zur Beständigkeit im Glauben und in der Liebe.

[Die leitenden Brüder] haben sich wegen der seelsorgerlichen Betreuung der Adressatengemeinde (*o přjčynu wám k posluhowánj*) beraten und einen Beschluss gefasst, wer zum Unterhalt des Gemeindepriesters finanziell beitragen soll (*kdo by měl platiti*). Es steht den Adressaten angesichts der drohenden Verfolgung frei, anders zu verfahren und [liegenden Besitz] zu verkaufen. Falls den Adressaten ein finanzieller Schaden entsteht, indem sie es versäumen, rechtzeitig zu verkaufen, sollen sie dies später nicht der Unitätsleitung zur Last legen (*aby pak nebyla řeč na nás, že sme mohli prodati wssecko dobře*).

Nr. 171   V 292r

Brief der Brüder an Glaubensgenossen in Jung-Bunzlau oder im Bunzlauer Kreis, ohne Ortsangabe, ohne Datum

Der kurze seelsorgerliche Gruß, der nur wenige Zeilen umfasst, enthält keine Anhaltspunkte hinsichtlich des konkreten Entstehungskontextes.

Überlieferung außerhalb der AUF: –

Edition: Handschriftliche deutsche Übersetzung von Joseph Theodor Müller: Herrnhut, Unitätsarchiv der Evangelischen Brüder-Unität, Sign. AB.II.R.1.1a/3, Erster Teil, 266f., Nr. 59.

Literatur: –

Do Bol. [„Nach Jung-Bunzlau (oder: In den Jung-Bunzlauer Kreis)"]. Inc.: *Pozdrawenj laskawé s žadostj neylepssjho dobrého neymileyssjm přateluom [...]*. Expl.: *[...] aby vžitek byl wywolenym geho přehoyny, zde w milosti a potom w wěčné sláwě. Amen.*

Die Verfasser wünschen den Adressaten (*neymileyssjm přateluom [...] bratřj neymileyssj*) Wachstum in der Erkenntnis Gottes, im Glauben und der Liebe und in den christlichen Tugenden und Anteil an der ewigen Seligkeit.

Nr. 172 V 292r–v

Brief leitender Brüder an untergeordnete brüderische Seelsorger im Prachiner Kreis, ohne Ortsangabe, ohne Datum

Das ermahnende Schreiben steht offensichtlich in Zusammenhang mit Brief Nr. 139, in dem ebenfalls von einer Pastoral- oder Visitationsreise eines Vertreters der brüderischen Kirchenleitung in den Prachiner Kreis die Rede ist. Bei dem im Text erwähnten Bruder C., einem Vertreter der Kirchenleitung, könnte es sich um Jan Klenovský (Clenovius) handeln, der dem Engen Rat der Brüderunität angehörte und 1498 in Leitomischl starb (vgl. zu Nr. 65).

Der in der Handschrift nach einer Leerzeile angehängte zweite Teil des Briefes weist die charakteristischen Formelemente eines brüderischen Briefexordiums auf. Möglicherweise handelte es sich ursprünglich um eine selbständige Texteinheit oder ein Fragment, das erst bei der Abschrift in AUF V dem Schreiben Nr. 172 zugeordnet wurde.

Überlieferung außerhalb der AUF: –

Edition: Handschriftliche deutsche Übersetzung von Joseph Theodor Müller: Herrnhut, Unitätsarchiv der Evangelischen Brüder-Unität, Sign. AB.II.R.1.1a/3, Erster Teil, 267f., Nr. 60.

Literatur: Müller: Geschichte, Bd. 1 [1922], 232, 592, Nr. 65; Müller/Bartoš: Dějiny, Bd. 1 [1923], 149.

Do Prachenska [„In den Prachiner Kreis"]. Inc.: *Bratřj neymileyssj, prosyměť wás pro milosrdenstwj Božj a pro lasku Ducha geho [...]*. Expl.: *[...] abysste sstastně vslyssali to slowo: Poďte, požehnanj, přigměte kralo[vstvj]. Milost Božj s wámi. Amen.*

Die Verfasser ermahnen die Adressaten (*bratřj neymileyssj*), mit denen sie sich durch Gottes barmherziges Wirken in einer Gemeinschaft (*w gednotu swornosti*) und zu einem Leib mit verschiedenen Diensten (*abychom mnozy gedno tělo byli magjce rozdjlná posluhowánj*) (1 Kor 12,5.12) verbunden wissen, zu einem frommen christlichen Lebenswandel und brüderlicher Liebe. Die Adressaten mögen sich trotz mancherlei Anfechtungen bewähren wie das Gold im Feuer (Spr 17,3; 1 Petr 1,7) und Anteil erlangen an der ewigen Seligkeit. Sie sollen alle Freunde in Christus von den Verfassern und denen, die bei ihnen sind, grüßen.

Die Verfasser hoffen, dass Bruder C. schon bald die Adressaten [im Prachiner Kreis] besuchen wird, um ihre Angelegenheiten zu regeln. Die Adressaten sollen ihm als ihrem Vorgesetzten helfen, ihm gehorsam sein (*abysste gemu nápomocni byli y radni při wssech wěcech y poddani a poslussni yakožto slussj předloženemu swemu*) und sich nach seinem Rat richten, und zwar im Hinblick nicht nur auf die geistlichen, sondern auch auf die ihnen aufgetragenen praktischen Aufgaben (*wěcy wám poručeny prwotně w duchownjch y také w potřebach pohodlnych, ktere gsau k poslaužený spolu*).

[Angehängter Teil nach Leerzeile:] Die Verfasser ermahnen die Adressaten (*neymileyssj bratřj*) zu Eifer und Fleiß im Werk Gottes (*snažnost a pilnost w djle Božjm*) [beim seelsorgerlichen Dienst in der Unität], zu christlichem Lebenswandel und brüderlicher Liebe und zu Wohltätigkeit gegen jedermann, am meisten aber gegen die Glaubensgenossen (*dobře čynjce ke wssem a neywjc k domácym wjry*) (Gal 6,10). So werden sie der ewigen Seligkeit teilhaftig werden.

Nr. 173   V 293r

Brief leitender Brüder an untergeordnete brüderische Seelsorger, ohne Ortsangabe, ohne Datum

Die kurze seelsorgerliche Ermahnung, deren Empfänger durch vorangestellte Abkürzungen bezeichnet ist, enthält keine Hinweise auf den konkreten Entstehungskontext.

Überlieferung außerhalb der AUF: –

Edition: Handschriftliche deutsche Übersetzung von Joseph Theodor Müller: Herrnhut, Unitätsarchiv der Evangelischen Brüder-Unität, Sign. AB.II.R.1.1a/3, Erster Teil, 268, Nr. 61.

Literatur: –

W. Kro. Inc.: *Bratřj neymileyssj, prosymeť wás pro milosrdenstwj Božj, abysste pilnost a snažnost měli [...]*. Expl.: *[...] take se za nás modlte Pánu Bohu, prosymeť wás. Milost Božj s wami. Amen.*

Die Verfasser ermahnen die Adressaten (*bratřj neymileyssj*) zu Eifer und Fleiß im Werk Gottes (*abysste pilnost a snažnost měli w djle Božjm*) [bei ihrem seelsorgerlichen Dienst in der Unität], brüderlicher Einigkeit und gegenseitiger Fürbitte. Sie wünschen ihnen Wachstum in der Erkenntnis und im christlichen Lebenswandel, damit sie Anteil an der ewigen Seligkeit erlangen.

Nr. 174   V 293r

Brief leitender Brüder an einen untergeordneten brüderischen Seelsorger, ohne Ortsangabe, ohne Datum

Obwohl das kurze Schreiben keine Hinweise auf den konkreten Entstehungskontext enthält, dürfte es, wie zahlreiche weitere Texte der Briefsammlung in AUF V, aus der Frühzeit der Unität stammen. Die Formulierung „mit einem in der Gnade gegründeten Herzen" („magic vstawené srdce milostj") findet sich ähnlich auch bei Řehoř Krajčí (zum Beispiel in Nr. 30, „abysste srdce swé plně vstawili na přikázanjch Božjch") und bei weiteren Verfassern der ersten und zweiten Generation der Brüder (so in Nr. 51 und 63).

Überlieferung außerhalb der AUF: –

Edition: Handschriftliche deutsche Übersetzung von Joseph Theodor Müller: Herrnhut, Unitätsarchiv der Evangelischen Brüder-Unität, Sign. AB.II.R.1.1a/3, Erster Teil, 269, Nr. 62.

Literatur: –

Inc.: *Naš mily bratře neymileyssj, měy pilnost a snažnost, aby se wydal na přjklad [...]*.
Expl.: *[...] k chwale geho a k swemu spasenj y k prospěchu wywolenych geho.*

Die Verfasser ermahnen den Adressaten (*naš mily bratře neymileyssj*) zu einem vorbildlichen Lebenswandel. Wo er etwas Schädliches unter den Gemeindemitgliedern bemerkt, möge er diese sanftmütig zurechtweisen (*které by koli wěcy byly sskodliwe časem a mjstem, aby bywaly oprawowány w rozsauzenj powolnem*). Wenn keine Besserung eintritt, möge er auf die Gnade [Gottes] vertrauend (*magic vstawené srdce milostj*) bis zu einem Besuch der Brüder [die im Auftrag der Kirchenleitung die Gemeinden visitieren] warten. Die Verfasser hatten gehofft, dass der Adressat zu ihnen kommen kann. Er möge mit Gottes Hilfe zum Wohl der Gemeinde wirken (*aby vžitečně rytěřowal [...] k prospěchu wywolenych*).

Nr. 175   V 293r–v

Brief eines leitenden Bruders an den Müller Jakub, ohne Ortsangabe, ohne Datum

Der Adressat ist ein verheirateter brüderischer Laie, der als Haushaltsvorstand (*hospodář*, zum Rechtsterminus vgl. Brandl: Glossarium [1876], 68f.) gemeinsam mit seiner Frau geistliche Hausversammlungen abhielt (vgl. Nr. 159). Die formelhafte Ermahnung zu „Eifer und Fleiß im Werk Gottes", die auch häufig in Schreiben an Brüdergeistliche begegnet, bezeichnet demnach nicht ausschließlich den priesterlichen Dienst der zur Sakramentsverwaltung berechtigten Brüderpriester, sondern schließt auch Formen der Seelsorge und Gemeindearbeit ein, die von Laien ausgeübt werden konnten. Auch der Begriff „bedienen" (*posluhovati*), der in der Regel den priesterlichen Dienst mit Predigt und Sakramenten (mit den „Dienlichkeiten" oder zum Heil dienlichen, aber nicht wesentlichen Dingen) bezeichnet, wird im vorliegenden Text für die Mitarbeit von Laien gebraucht.

Wahrscheinlich kann der „Müller Jakub" mit dem Müller Kubík (Jakub), einem Laien aus Štěkeň bei Strakonitz, identifiziert werden. Er stand in den Jahren 1494 bis 1496 gemeinsam mit Amos aus Wodňan an der Spitze des Widerstandes gegen die Reformen der Unität, die zur Abspaltung der „Kleinen Partei" führten. Kubík nahm 1490 an einer Brüdersynode in Brandeis an der Adler teil und war von 1490 bis 1494 Mitglied des von dem Brüderbischof Matěj aus Kunvald berufenen konservativen Engen Rates. Im Frühjahr 1495 wurde er gemeinsam mit Amos aus Wodňan und weiteren Vertretern der „Kleinen Partei" aus der Unität ausgeschlossen. Nach Mai 1496 wurde er zeitweilig wieder in die Unität aufgenommen, schließlich aber endgültig ausgeschlossen. Sein Geburts- und Todesjahr sind unbekannt. Kubík war der Verfasser der Traktate Nr. 78 und 92.

Überlieferung außerhalb der AUF: –

Edition: Handschriftliche deutsche Übersetzung von Joseph Theodor Müller: Herrnhut, Unitätsarchiv der Evangelischen Brüder-Unität, Sign. AB.II.R.1.1a/3, Erster Teil, 269, Nr. 63.

Literatur: Jireček, J.: Jana Jafeta krátká zpráva [1861], 144 (zu Kubík aus Štěkeň); Müller: Geschichte und Inhalt [1913], 110, Nr. 63.

Jakubowi mlynařowi [„An den Müller Jakub"]. Inc.: *Bratře mily, napomjnam tě pro milost Božj [...]*. Expl.: *[...] a gj s milostj posluhowali pro odplatu wěcnau. Milost Božj budiž s wámi. Amen.*

Der Verfasser ermahnt den Müller Jakub (*bratře mily*) zu Eifer und Fleiß im Werk Gottes (*měy snažnost a pilnost w djle Božjm*). Er möge sich als treuer und kluger Hausvater (Mt 24,45) verhalten und mit seiner Ehefrau der Familie Gottes dienen (*y s swau manželkau buďta toho pilna, abyste čeladku Božj shromažďowali a gj s milosti posluhowali*).

Nr. 176   V 293v–294r

Brief der Brüder an die Brüder und Schwestern im Gefängnis in Laun, ohne Ortsangabe, [1468]

Im Zuge der Verfolgungsmaßnahmen, mit denen die Obrigkeiten auf die Einsetzung der ersten Brüderpriester 1467 reagierten (vgl. Nr. 35, 36, 141, 142), wurden 1468 Angehörige der Unität in der königlichen Stadt Laun inhaftiert. Sie gehörten der Gemeinde im nahen Lenešice (vgl. zu Nr. 131) an. Inhaltlich und stilistisch steht das vorliegende Schreiben mehreren Briefen des Řehoř Krajčí aus dem Jahr 1468 nahe (Nr. 2–5, 21).

Überlieferung außerhalb der AUF: –

Edition: Handschriftliche deutsche Übersetzung von Joseph Theodor Müller: Herrnhut, Unitätsarchiv der Evangelischen Brüder-Unität, Sign. AB.II.R.1.1a/3, Erster Teil, 269f., Nr. 64.

Literatur: Müller: Geschichte, Bd. 1 [1922], 159f., 587, Nr. 22; Müller/Bartoš: Dějiny, Bd. 1 [1923], 99.

Do Laun, wězňom [„Nach Laun an die Gefangenen"]. Inc.: *Laskawé pozdrawenj s žadostj neylepssjho dobrého, abysste se dobře měli [...]*. Expl.: *[...] we wssech wěcech co bysste měli odpowjdati. Milost Božj s wámi. Amen.*

Die Verfasser wünschen den Adressaten (*bratřj milj y sestry*), die um des Glaubens willen im Gefängnis sind, dass Gott ihnen die Kraft zur Beständigkeit in der erkannten Wahrheit geben möge. Sie ermahnen die Gefangenen, sich nicht mit der Welt gemein zu machen (*skrze swolenj swětu*) (Röm 12,2) und lieber zu sterben, als gegen das Gewissen zu handeln. Durch die Verfolgung werden sie geprüft wie das Gold im Feuer (Sir 2,5; 1 Petr 1,7). Gott wird ihr Gebet erhören. Wenn sie beständig bleiben, werden sie die Krone des ewigen Lebens empfangen (Jak 1,12) und mit Christus herrschen (2 Tim 2,12). Angesichts der ewigen Seligkeit, die sie erwartet, sollen die Adressaten getrost sein. Christus hat vorhergesagt, dass man die Gläubigen bannen und verfolgen wird (Lk 6,22). Die Adressaten sollen sich so verhalten, wie es im ersten Brief [unbekannt], den sie von den Verfassern erhalten haben, geschrieben ist. In allen Punkten [des Verhörs] sollen sie sich auf die apostolische Kirche berufen (*we wssech wěcech odwoláweyte se k prwnj cyrkwi apostolské*), zu ihr und zu allen denen, die sich nach ihrem Vorbild richten, sollen sie sich bekennen. Gott selbst möge sie lehren, was sie [ihren Verhörern] antworten sollen (Mt 10,19).

Nr. 177   V 294v–295r

Brief leitender Brüder an Gemeinden in Mähren, Böhmen, ohne Datum

Der undatierte Trost- und Ermahnungsbrief der brüderischen Kirchenleitung in Böhmen richtet sich an Glaubensgenossen im Nachbarland Mähren in einer Verfolgungssituation.

Überlieferung außerhalb der AUF: –

Edition: Handschriftliche deutsche Übersetzung von Joseph Theodor Müller: Herrnhut, Unitätsarchiv der Evangelischen Brüder-Unität, Sign. AB.II.R.1.1a/3, Erster Teil, 271f., Nr. 65.

Literatur: –

Na Morawu [„Nach Mähren"]. Inc.: *Laskawé pozdrawenj od nas spolu bratřjm nassim neymileyssjm [...]*. Expl.: *[...] pozdrawte take přátel wssech, gessto nás milugj w Krystu Gežjssi. Milost Božj s wámi. Amen.*

Die Verfasser wünschen den Adressaten (*spolu bratřjm nassim neymileyssjm*) in Mähren Wachstum in der Erkenntnis des Willens Gottes, in Glaube, Liebe und Hoffnung (1 Kor 13,13), sowie Beständigkeit in der Arbeit auf dem schmalen Weg (*abyste dostatečni byli k te pracy na cestě vzké*) (Mt 7,14) trotz aller Anfechtungen (*w pokussenjch a w zamutcych*) in der Erwartung der verheißenen ewigen Herrlichkeit.

Die gegenwärtigen Leiden, in denen sie wie das Gold im Feuer geprüft werden (Sir 2,5; 1 Petr 1,7), mögen sie nach dem Vorbild Christi geduldig ertragen. Sie sollen mit Fleiß einander zur geistlichen Erbauung dienen und sich gegenseitig auch in materieller Hinsicht (*w pohodlé potřebne žiwotem y statkem*) unterstützen. Um sich vor den Machenschaften des Teufels (*nepřjtel*) zu hüten, der das Werk Gottes (*djlu Božjmu*) [die Brüderunität] zu verderben trachtet, mögen sie häufig füreinander beten und wachen. Sie sollen Gott bitten, dass er sie mit Liebe zu allen Menschen, auch zu den Feinden (Mt 5,44), erfüllt. Sie mögen Eintracht und Frieden wahren (Eph 4,3), brüderliche Ermahnung annehmen und ihren Vorgesetzten [den Brüderpriestern und anderen Inhabern von gemeindeleitenden Ämtern] gehorsam sein. Viele aus Böhmen, Brüder wie Schwestern (*mnozy z Čech, bratřj y sestry*), lassen die Adressaten grüßen, diese sollen ihrerseits alle Freunde (*přátel wssech, gessto nás milugj w Krystu Gežjssi*) grüßen.

Nr. 178   V 295v–296r

Brief leitender Brüder an Glaubensgenossen im Saazer Kreis, Böhmen, ohne Datum

Im Saazer Kreis des Königreichs Böhmen bestand in der Frühzeit der Unität nur eine einzige Gemeinde in Lenešice bei Laun (vgl. Nr. 131). Der in einer Verfolgungssituation entstandene Brief weist umfangreiche wörtliche Übereinstimmungen mit Nr. 179 und Nr. 180 auf. Auffällig ähnliche Formulierungen wie in Nr. 178 finden sich auch in Nr. 113 und 114.

Die am Ende des Briefes erwähnten „Mitbrüder" („spolu bratřj") der Verfasser, die sich bei den Adressaten aufhalten, könnten allgemein die Brüdergeistlichen bezeichnen, die die Adressaten betreuen. Wahrscheinlicher ist es jedoch, dass es sich ebenso wie bei der Erwähnung der „Mitbrüder" am Beginn des Textes um Mitälteste, das heißt Mitglieder des Engen Rates, handelte. Anscheinend war das Schreiben dazu bestimmt, von einer Abordnung des Engen Rates bei einer pastoralen Reise der Adressatengemeinde übergeben zu werden.

Überlieferung außerhalb der AUF: –

Edition: Handschriftliche deutsche Übersetzung von Joseph Theodor Müller: Herrnhut, Unitätsarchiv der Evangelischen Brüder-Unität, Sign. AB.II.R.1.1a/3, Erster Teil, 272–274, Nr. 66.

Literatur: Halama, O.: The Unity [2020], 386.

Do Žatecka [„In den Saazer Kreis"]. Inc.: *Laskawé pozdrawenj od nás spolu s bratřjmi nassimi neymileyssjmi [...]*. Expl.: *[...] pozdrawugiť was mnozy bratřj z Čech y sestry. etc.*

Die Verfasser und ihre Mitbrüder (*spolu s bratřjmi nassimi neymileyssjmi*) wünschen den Adressaten Erkenntnis des Willens Gottes und Wachstum in den Gaben Gottes zur Bestätigung (*w dařjch swych k vtwrzenj*) des Glaubens, der Liebe und der Hoffnung (1 Kor 13,13) in einem tugendhaften Lebenswandel. Sie wünschen den Adressaten Beständigkeit auf dem schmalen Weg (*k té prácy na vzké cestě*) (Mt 7,14) und im angefangenen Guten (*abysste [...] w dobrém počatém trwali*), und dass sie zur ewigen Herrlichkeit gelangen.

In Verfolgungen und Anfechtungen (*w pokussenjch a w zamutcych*), in denen sie geläutert werden wie das Gold im Feuer (Sir 2,5; 1 Petr 1,7), mögen sie darauf vertrauen, dass Christus sie nicht verlässt. Die Adressaten sollen einander in Wort und Tat beistehen, auch in materieller Hinsicht (*w pohodlj potřebném statkem y žiwotem*). Gemäß der Mahnung des Apostels Paulus (2 Kor 6,4–5) sollen sie sich angesichts der Verfolgung als Diener Gottes bewähren, auch wenn man sie als Ketzer (*yako swůdce a kacyři*) verleumdet. Sie mögen darauf vertrauen, dass denen, die um Christi willen verfolgt werden, das Himmelreich verheißen ist (Mt 5,10–12). Gott hat sie auserwählt wie die Heiligen des Urchristentums (*wywolil w stranku losu wywolených swych k swětlosti prwnjch swatých*).

Sie mögen Einigkeit und Frieden untereinander bewahren. Christus wird sie leiten durch die bei ihnen anwesenden Mitbrüder der Verfasser (*skrze spolu bratřj s námi gednomyslné*). Diese haben geistliche Vollmacht (*w mocy Ducha geho*), ihnen sollen die Adressaten gehorsam sein. Es grüßen viele Brüder und Schwestern aus Böhmen.

Nr. 179   V 296v–297v

Rundschreiben leitender Brüder an die Gemeinden im Prachiner und Saazer Kreis und in Mähren, ohne Ortsangabe, ohne Datum

Der in einer Verfolgungssituation entstandene Brief weist umfangreiche wörtliche Übereinstimmungen mit den Schreiben Nr. 178 und 180 auf.

Überlieferung außerhalb der AUF: –

Edition: Handschriftliche deutsche Übersetzung von Joseph Theodor Müller: Herrnhut, Unitätsarchiv der Evangelischen Brüder-Unität, Sign. AB.II.R.1.1a/3, Erster Teil, 274–276, Nr. 67.

Literatur: Müller: Geschichte und Inhalt [1913], 110, Nr. 67.

Ten wssady rozeslán do Prachenska, do Žatecka, na Morawu [„Dies wurde allenthalben herumgeschickt in die Gegend von Prachin, in die Gegend von Saaz, nach Mähren"]. Inc.: *Laskawé pozdrawenj od nás spolu bratřjm nassim neymileyssjm [...]*. Expl.: *[...] pozdrawugj wás mnozy bratřj y sestry, a zwlásstě wassi známj žadostiwě a laskawě.*

Die Verfasser wünschen den Adressaten (*spolu bratřjm nassim neymileyssjm*) die Erkenntnis des Willens Gottes und Wachstum in den Gaben Gottes zur Bestätigung (*w darjch swych k vtwrzenj*) des Glaubens, der Liebe und der Hoffnung (1 Kor 13,13) in einem tugendhaften Lebenswandel auf dem schmalen Weg (*k prácy na vzke cestě*) (Mt 7,14), damit sie im angefangenen Guten (*w dobrém počatem*) beständig sind, in Erwartung der verheißenen ewigen Herrlichkeit.

Sie werden durch Leiden geprüft wie das Gold im Feuer (Sir 2,5; 1 Petr 1,7). Christus wird sie nicht verlassen. Sie sollen einander in Wort und Tat in brüderlicher Liebe beistehen, auch in materieller Hinsicht (*w pohodlj potřebném statkem y žiwotem*). Gemäß der Mahnung des Apostels Paulus (2 Kor 6,4–5) sollen sie sich angesichts der Verfolgung als Diener Gottes bewähren, auch wenn man sie als Ketzer (*yako swudce a kacyři*) verleumdet. Sie mögen darauf vertrauen, dass denen, die um Christi willen verfolgt werden, das Himmelreich verheißen ist (Mt 5,10–12). Sie sind Gottes auserwählte Heilige (*wás račyl wywoliti [...] abysste byli w strance losu swatych w swětlosti*). Sie sollen keinen Groll hegen und sich auch nicht zu Schmähreden gegen die Welt und deren Priester (*knežjch gich*) hinreißen lassen.

Sie mögen Einigkeit und Frieden untereinander bewahren. Christus wird sie leiten durch die bei ihnen wirkenden Mitbrüder der Verfasser (*skrze spolu bratřj wám předložené a s námi gednomyslné*). Diese haben geistliche Vollmacht (*w mocy Duchu geho*), ihnen sollen die Adressaten gehorsam sein. Es grüßen viele Brüder und Schwestern.

Nr. 180 V 298r–v

Brief leitender Brüder an Glaubensgenossen in Ch., ohne Ortsangabe, ohne Datum

Der Brief weist umfangreiche wörtliche Übereinstimmungen mit Nr. 178 und Nr. 179 auf. Die Anrede der Adressaten als „gute Freunde, die uns in Christus lieben" (statt der häufigeren Anrede „Brüder und Schwestern") bezeichnet hier offensichtlich, wie die Überschrift und der weitere Inhalt des Schreibens zeigen, Mitglieder der Unität. In anderen Texten wird ausdrücklich unterschieden zwischen „Brüdern und Schwestern" auf der einen und „Freunden" auf der anderen Seite, also ungetauften Katechumenen und Sympathisanten oder aber allgemein Personen außerhalb der Unität.

Überlieferung außerhalb der AUF: –

Edition: Handschriftliche deutsche Übersetzung (Auszug) von Joseph Theodor Müller: Herrnhut, Unitätsarchiv der Evangelischen Brüder-Unität, Sign. AB.II.R.1.1a/3, Erster Teil, 277, Nr. 68.

Literatur: –

B[ratří]m a sestram do Ch. [„Den Brüdern und Schwestern nach Ch."]. Inc.: *Laskawé pozdrawenj přáteluom nassim dobrym, kteřjž nás milugj w Krystu [...]*. Expl.: *[...] co wám potřebné k spasenj wassemu w témž obdařenj jako nás, kteřjž pjssj. Milost Božj s wámi. Amen.*

Die Verfasser wünschen den Adressaten (*přateluom nassim dobrym*) und sich selbst Erkenntnis des Willens Gottes und Wachstum in den Gaben Gottes zur Bestätigung (*w dařjch swych k vtwrzenj*) des Glaubens, der Liebe und der Hoffnung (1 Kor 13,13) in einem tugendhaften Lebenswandel. Sie wünschen den Adressaten Beständigkeit auf dem schmalen Weg (*k te prácy, kteráž gest na vzké cestě*) (Mt 7,14) und im angefangenen Guten (*abysste [...] w dobrém počatem trwali*), und dass sie zur ewigen Herrlichkeit gelangen. Wenn sie auch geläutert werden wie das Gold im Feuer (Sir 2,5; 1 Petr 1,7), mögen sie doch darauf vertrauen, dass Christus sie nicht verlässt.

Die Adressaten sollen einander in Wort und Tat beistehen, auch in materieller Hinsicht (*w pohodlj potřebném statkem y žiwotem*). Gemäß der Mahnung des Apostels Paulus (2 Kor 6,4–5) sollen sie sich angesichts der Verfolgung als Diener Gottes bewähren, auch wenn man sie als Verführer und Ketzer (*yako swudce a kacyři*) verleumdet. Sie mögen darauf vertrauen, dass denen, die um Christi willen verfolgt werden, das Himmelreich verheißen ist (Mt 5,10–12). Gott hat sie auserwählt wie die Heiligen des Urchristentums (*wywolil w stránku losu wywolenych swatych prwnjch*). Sie mögen Einigkeit und Frieden untereinander bewahren und nicht nur füreinander, sondern für alle Menschen beten, dass sie zur Buße und zur Erkenntnis der Wahrheit gelangen. Die Adressaten mögen dieses Schreiben annehmen und den Personen gehorchen, die es verlesen werden (*těch osob, kterež wám ljstek čtau*) [den Gesandten der Kirchenleitung], denn diese haben dieselbe geistliche Vollmacht wie die Verfasser (*w témž obdařenj yako nás, kteřjž pjssj*).

Nr. 181   V 299r

Brief leitender Brüder an die Brüderpriester T. und G. in Mähren, ohne Ortsangabe, ohne Datum

Der Brief entstand in einer Verfolgungssituation, in der nur unauffällige kleine Versammlungen und keine größeren Gottesdienste möglich waren. Bei den mit den Initialen „T." und „G." bezeichneten Adressaten handelte es sich offensichtlich um brüderische Priester. Sie kommen auch als Empfänger von Nr. 188 (an „G. und T." in Mähren), ferner Nr. 211 (an die Brüderpriester Tomáš und Jan) und Nr. 167 (an „T. und G.") in Frage.

Überlieferung außerhalb der AUF: –

Edition: Handschriftliche deutsche Übersetzung von Joseph Theodor Müller: Herrnhut, Unitätsarchiv der Evangelischen Brüder-Unität, Sign. AB.II.R.1.1a/3, Erster Teil, 277, Nr. 69.

Literatur: –

T. a G. na Morawu [„An T. und G. nach Mähren"]. Inc.: *Buoh a Otec mnoheho milosrdenstwj budiž wásse potěssenj w Duchu swem [...]*. Expl.: *[...] zprawiž wás a nauč při wssech wěcech maudrost Ducha s[vatéh]o a spuosob we wssem dobrém. Amen.*

Die Verfasser wünschen den Adressaten, dass Gott sie bestärkt in der Arbeit im Werk Gottes (*w djle Božjm*) [im seelsorgerlichen Dienst in der Unität] und ihnen geistliche Vollmacht verleiht (*že wás posylj mocý syly swé*), damit sie dem Teufel widerstehen können, beständig bleiben und das ewige Leben erlangen. Gott sorgt für seine Gläubigen, daher sollen auch [die Brüderpriester] in ihrem Dienst nicht säumig sein. Wenn große Versammlungen nicht möglich sind, sollen sich die Gläubigen zu verschiedenen Zeiten in kleineren Gruppen treffen (*a nemožné-li se hromadně scházeti, ale pomalu po částkách*). Die Adressaten sollen eifrig [mit Wort und Sakrament] dienen (*posluhowánj čyniti*). Nachlässige Gemeindemitglieder sollen [von der Abendmahlsgemeinschaft] ausgeschlossen werden (*nedbanliwj zahanbeni bywajj skrze wyobcowánj*). Der Heilige Geist möge die Adressaten leiten.

Nr. 182 V 299r

Brief der Brüder an einen Sympathisanten der Unität in Brandeis, ohne Ortsangabe, ohne Datum

Das Billett ist an eine Person in Brandeis gerichtet (in Frage kommen sowohl Brandeis an der Adler als auch Brandeis an der Elbe), deren sozialer Status dem des Verfassers überlegen ist. Dies ergibt sich daraus, dass der Verfasser den Adressaten höflich in der zweiten Person Plural anspricht.

Überlieferung außerhalb der AUF: –

Edition: Handschriftliche deutsche Übersetzung von Joseph Theodor Müller: Herrnhut, Unitätsarchiv der Evangelischen Brüder-Unität, Sign. AB.II.R.1.1a/3, Erster Teil, 277, Nr. 70.

Literatur: –

Brand[ejskému] [„An jemanden in Brandeis"]. Inc.: *Žadost násse neylepssjho dobrého y modlitba ku Panu Bohu [...]*. Expl.: *[...] zde žiwot w duchownj milosti a potom v wěčnem blahoslawenstwj. Amen.*

Die Verfasser wünschen dem Adressaten, dass er zur Buße und zur Erkenntnis Gottes und Christi gelangt, in welcher der Gnadenstand in diesem Leben und einst die ewige Seligkeit bestehen (Joh 17,3).

Nr. 183   V 299v

Brief eines Bruders an einen Glaubensgenossen, den Schneider Tomáš, ohne Ortsangabe, ohne Datum

Wie bei Nr. 129 handelt es sich um einen Ermahnungsbrief eines brüderischen Seelsorgers an einen Neubekehrten. Es ist denkbar, dass es sich bei dem Adressaten um den lateinkundigen Schneider Tomáš „den Deutschen" (Tůma Němec) aus Landskron handelt, der 1480 in Glatz als Teilnehmer einer brüderischen Delegation an die Waldenser in der Mark Brandenburg verhaftet und verhört wurde. 1497/98 begleitete er Lukáš aus Prag auf der Reise nach Italien und zu den dortigen Waldensern (Goll: Některé prameny [1895], 4f.; Goll: Chelčický a jednota [1916], 54, 311). 1500 wurde Tůma „der Deutsche" Mitglied des Engen Rates (Müller: Geschichte, Bd. 3 [1931], 395).

Überlieferung außerhalb der AUF: –

Edition: Handschriftliche deutsche Übersetzung von Joseph Theodor Müller: Herrnhut, Unitätsarchiv der Evangelischen Brüder-Unität, Sign. AB.II.R.1.1a/3, Erster Teil, 278, Nr. 71.

Literatur: Goll: Chelčický a jednota [1916], 239, 246.

Tomássowi kreyčymu etc. [„An Tomáš den Schneider usw."]. Inc.: *Bratře w Panu Krystu mily, we wssech wěcech, kteréž sau při tobě, měy dauffánj [...].* Expl.: *[...] y w čem bych se hodil, posloužil bych rád k tomu. Milost Božj s tebau. Amen.*

Der Verfasser ermahnt den Adressaten (*bratře*) zum Gottvertrauen. Der Adressat möge die Mängel, die an ihm sind (*ty nedostatky, kteřj sau při tobě*), in der Kraft des Glaubens überwinden und auf die Barmherzigkeit und das Verdienst Christi vertrauen. Der Adressat sagt sich [durch den Beitritt zur Unität] von der Welt los und nimmt [um Christi willen] Schmach auf sich (*proto swět opausstiš y pohaněnj podstupuges*). Er möge seinem Gewissen folgen (*měg pilnost zachowati ty wěcy, kteréž máss za dobré, a které za zlé, těch se wystřjhey*) und sich von Widrigkeiten nicht anfechten lassen. Anfechtung führt zu Selbsterkenntnis und Demut (*neb člowěk poznáwá se w swém hubenstwj y přicházy k srdcy pokornemu a duchu chudemu*), und die Demütigen nimmt Gott in die ewige Herrlichkeit auf.

Nr. 184

V 299v–300r

Brief eines Bruders an einen Glaubensgenossen, ohne Ortsangabe, ohne Datum

Die Abkürzung des Ortsnamens „do Pra." in der Überschrift des kurzen Ermahnungsbriefes lässt keine eindeutige Auflösung zu; in Frage kämen etwa „do Prahy" („nach Prag") oder „do Práchenska" („in den Prachiner Kreis"). Das aus biblischen Wendungen zusammengesetzte Exordium ähnelt stark den entsprechenden Abschnitten anderer Ermahnungsbriefe an brüderische Laien (zum Beispiel Nr. 178–180). Lediglich der Briefschluss lässt einen konkreten Anlass erkennen, die Sorge des Verfassers, dass der Adressat sich wieder von der Unität abwenden könnte.

Überlieferung außerhalb der AUF: –

Edition: Handschriftliche deutsche Übersetzung von Joseph Theodor Müller: Herrnhut, Unitätsarchiv der Evangelischen Brüder-Unität, Sign. AB.II.R.1.1a/3, Erster Teil, 278f., Nr. 72.

Literatur: –

Wel. do Pra. Inc.: *Žadost neylepssjho dobreho, bratře mily, aby se dobře měl [...].* Expl.: *[...] aby w gednotě ducha přebywal s tau cyrkwj w srdcy pokoynem a laskawem. Amen.*

Der Verfasser wünscht dem Adressaten (*bratře mily*) zeitliches und ewiges Wohlergehen und Gottes Leitung auf dem schmalen Weg (Mt 7,14), auf dem die Auserwählten trotz Trübsal und Verfolgung Christus nachfolgen. Der Adressat möge sich treu zur Gemeinschaft derer, die in der Einheit der heiligen Kirche sind, halten (*aby s těmi, kteřjž toho času sau w gednotě cyrkwe swaté, měl aučastnost [...], tak přebywal s nimi w gednotě cyrkwe spolu aud těla Krystowa*) und zunehmen an geistlichen Gaben und christlichen Tugenden. Christus selbst leitet seine Braut, die Kirche, durch seinen Geist und reinigt sie von aller Unzulänglichkeit (Eph 5,26–27). Daher soll der Adressat danach trachten, mit dieser Kirche geistlich vereint zu bleiben.

Nr. 185

V 300r

Brief eines Bruders an den Schmied Jan in Schlan und weitere Sympathisanten der Unität, ohne Ortsangabe, ohne Datum

In der königlichen Stadt Schlan bestand zwar keine Gemeinde der Unität, doch lebten dort bereits in der Frühzeit der Gemeinschaft einzelne Mitglieder. Aus Schlan stammte der Brüderpriester Mikuláš Slánský, der bereits seit den 1470er Jahren der Unität angehörte. Er kompilierte in hohem Alter eine tschechische Übersetzung des Briefwechsels der Brüder mit den Wittenberger Reformatoren (Praha, Národní knihovna České republiky, Sign. XVII C 3). Er starb 1542.

Über den in der Überschrift genannten Schmied Jan ist weiter nichts bekannt. Wie in ähnlichen Bußbriefen, mit denen die Brüder Sympathisanten zur Bekehrung und zum Beitritt zur Unität aufforderten, lässt sich der soziale Status der Adressaten aus der Kontrastierung des vergänglichen irdischen Standes mit den verheißenen ewigen Heilsgütern, in diesem Fall dem „himmlischen Bürgerrecht" und den „himmlischen Häusern", erschließen. Jan und die namentlich nicht genannten weiteren Adressaten gehörten demnach dem Bürgerstand an und besaßen in Schlan Häuser. Die Formulierung „dieses Gute" („to dobré") am Ende des Schreibens bezeichnet in brüderischen Texten die Bekehrung oder den Beitritt zur Brüderunität, auch die Unität selbst (so zum Beispiel in Nr. 168, 206, 217, 238).

Überlieferung außerhalb der AUF: –

Edition: Handschriftliche deutsche Übersetzung von Joseph Theodor Müller: Herrnhut, Unitätsarchiv der Evangelischen Brüder-Unität, Sign. AB.II.R.1.1a/3, Erster Teil, 279, Nr. 73.

Literatur: –

Do Slan[ého] kowářjkowi Janowi [„Nach Schlan an den Schmied Jan"]. Inc.: *Žádost má neylepssjho dobreho, aby se dobře měli w tomto času y nawěky [...]*. Expl.: *[...] rad bych toho dobreho wassemu synu přal, na čem bych se hodil y poslaužil k tomu.*

Der Verfasser wünscht den Adressaten, dass diese zur Buße und zur Erkenntnis des Willens Gottes gelangen, an göttlichen Gaben zunehmen und ein tugendhaftes Leben auf dem schmalen Weg (Mt 7,14) in der Nachfolge Christi führen, der in Armut geboren wurde und Leiden bis hin zu einem grausamen Tod auf sich nahm. Die Adressaten werden davor gewarnt, um irdischer Dinge willen die himmlischen, unvergänglichen Güter zu verlieren. Vielmehr sollen sie mit allen Auserwählten Gottes Anteil an der ewigen Herrlichkeit erlangen, das Bürgerrecht im Himmelreich (Phil 3,20) und himmlische Häuser aus Edelstein und reinem Gold (Offb 21,18) (*s nimiž bysste měli měsťanstwj, nebeské domy předraheho kamenj a zlatta přečysteho*).

Die Adressaten sollen mit den Überbringern [über den Beitritt zur Brüderunität] sprechen. Der Verfasser würde dem Sohn eines der Adressaten gern zu diesem Guten (*toho dobreho*) [dem Beitritt zur Unität] behilflich sein.

Nr. 186   V 300v

Brief der Brüder an Glaubensgenossen oder Sympathisanten der Unität in Mähren, ohne Ortsangabe, 1470

Der kurze Ermahnungsbrief, dessen Text keinen Anhaltspunkt für einen konkreten Entstehungsanlass enthält, trägt von einer anderen Hand als der Text eine Überschrift, die das Entstehungsjahr angibt. Der Text nimmt in der Abschrift in AUF V nur das obere Viertel des Textblocks der Seite ein. Der Rest der Seite ist leer, der nächste Text beginnt erst auf Bl. 301r. Anscheinend bezeichnet diese Zäsur das Ende einer Teilsammlung oder eines dem Kopisten vorliegenden Brieffaszikels.

Überlieferung außerhalb der AUF: –

Edition: Handschriftliche deutsche Übersetzung von Joseph Theodor Müller: Herrnhut, Unitätsarchiv der Evangelischen Brüder-Unität, Sign. AB.II.R.1.1a/3, Erster Teil, 279, Nr. 74.

Literatur: Müller: Geschichte und Inhalt [1913], 110, Nr. 74.

[Überschrift von anderer Hand:] *Anno Domini 1470. Na Morawu b[ratřím].* [„Im Jahr des Herrn 1470. Nach Mähren an die Brüder"]. Inc.: *Neymileyssj přátelé, žádost náše gest wám neylepssjho dobreho [...].* Expl.: *[...] tohoť žadostiwě wám žadame y za to se Panu Bohu modljme.*

Die Verfasser wünschen den Adressaten (*neymileyssj přátelé*), dass sie an göttlichen Gaben zunehmen und dass sie in Glaube, Liebe und Hoffnung (1 Kor 13,13) ein tugendhaftes Leben führen, darin beständig sind und auch anderen dazu verhelfen (*tak sami přebywagjce, k temuž ginym posluhowali*).

Nr. 187   V 301r

Brief der Brüder an wohlhabende Gemeindemitglieder, ohne Ortsangabe, ohne Datum

Die Unitätsgemeinden unterhielten keine ständigen Armenkassen (vgl. Nr. 139, 203, 206). Stattdessen waren die Mitglieder der Brüderunität angehalten, arme Glaubensgenossen in materiellen Notlagen freiwillig zu unterstützen (vgl. Nr. 177–180).

Die kurze, diplomatisch zurückhaltend formulierte Ermahnung Nr. 187 ist offenbar an Gemeindemitglieder gerichtet, die der moralischen Pflicht zur gegenseitigen Hilfeleistung nicht in angemessener Weise nachkamen.

Überlieferung außerhalb der AUF: –

Edition: Handschriftliche deutsche Übersetzung von Joseph Theodor Müller: Herrnhut, Unitätsarchiv der Evangelischen Brüder-Unität, Sign. AB.II.R.1.1a/3, Erster Teil, 280, Nr. 75.

Literatur: –

Inc.: *Laskawé pozdrawenj neymileyssjm bratřjm s žadosti neylepssjho dobreho [...]*. Expl.: *[...] a tak k prospěchu a k vžitku sobě y swym bližnim byti, k žiwotu wěčnému. Amen.*

Die Verfasser wünschen den Adressaten Fortschritt im Werk des Herrn (*w djle Božjm*) und in den christlichen Tugenden in der Nachfolge Christi auf dem schmalen Weg (Mt 7,14). Wenn [ein Mitglied der Unität materielle] Hilfe benötigt, wäre es angebracht, dass ihm [wohlhabende Gemeindemitglieder] helfen (*kdo magj z nassjch*). Das [zu veranlassen] steht jedoch nicht in der Macht der Verfasser. Es wäre für [die wohlhabenden Gemeindemitglieder] wohl besser, wenn sie arm wären, als reich zu sein und nicht helfen zu können, wenn es nötig ist (*gest to wěc nebezpečná, mjti a w mocy nemjti včyniti, kdež potřebj*). Die Adressaten mögen ihrer Berufung und Erwählung (*wasse powolánj a zwolenj*) gemäß handeln.

Nr. 188   V 301r

Brief leitender Brüder an die Brüder G. und T. in Mähren, ohne Ortsangabe, ohne Datum

Zu den Adressaten, G. und T. in der Markgrafschaft Mähren, vgl. Nr. 167, 181 und 211. Aus dem vorliegenden Schreiben geht nicht hervor, ob die Adressaten brüderische Laien oder Priester waren.

Überlieferung außerhalb der AUF: –

Edition: Handschriftliche deutsche Übersetzung von Joseph Theodor Müller: Herrnhut, Unitätsarchiv der Evangelischen Brüder-Unität, Sign. AB.II.R.1.1a/3, Erster Teil, 280, Nr. 76.

Literatur: –

B[ratřím] na M[oravu], G. a T. [„Nach Mähren an die Brüder G. und T."]. Inc.: *Pozdrawenj laskawe s žadostj neylepssjho dobreho bratřjm nassim [...]*. Expl.: *[...] kdež gest radost newymluwna a weselé oslawene. Amen. Milost Božj s wámi.*

Die Verfasser wünschen den Adressaten (*bratřjm nassim neymileyssim*) geistliche Vollmacht von Gott (*aby [...] obdařil wás z Ducha sweho swateho darem maudrosti a opatrnosti [...] abysste posyleni byli mocy syly geho*) für ihre seelsorgerliche Arbeit im Werk des Herrn (*w djle Božjm*) [der Brüderunität]. Sie mögen beständig sein im tugendhaften Lebenswandel in der Nachfolge Christi auf dem schmalen Weg (Mt 7,14), in Erwartung der ewigen Herrlichkeit.

Nr. 189   V 301v

Brief eines Bruders an Glaubensgenossen oder Sympathisanten der Unität, ohne Ortsangabe, ohne Datum

Das Billet füllt in der Abschrift in AUF V nicht einmal drei Zeilen. Derartige individuelle Ermutigungen wurden Gemeindemitgliedern oder übertrittswilligen Personen vermutlich von Abgesandten, die im Auftrag der Unitätsleitung die Gemeinden besuchten, übergeben.

Überlieferung außerhalb der AUF: –

Edition: Handschriftliche deutsche Übersetzung von Joseph Theodor Müller: Herrnhut, Unitätsarchiv der Evangelischen Brüder-Unität, Sign. AB.II.R.1.1a/3, Erster Teil, 281, Nr. 77.

Literatur: –

Inc.: *Laskawé pozdrawenj s žadostj neylepssjho dobreho [...]*. Expl.: *[...] k prospěchu a k vžitku žiwota wěcneho. Amen.*

Der Verfasser wünscht den Adressaten (*přáteluom milym*) Gottes Leitung.

Nr. 190   V 301v

Brief eines Bruders an einen Sympathisanten der Unität, ohne Ortsangabe, ohne Datum

Der Bußbrief ist an einen wohlhabenden Adressaten gerichtet. Dessen irdischer Wohlstand wird in dem Bußbrief mit dem ewigen Reichtum im Himmelreich kontrastiert. Das Fehlen des Wortfeldes „Ritter" und „Adel", das in Bußbriefen an adelige Adressaten begegnet (vgl. Nr. 132, 143), deutet darauf hin, dass der vorliegende Brief an eine Person aus dem Bürgerstand gerichtet war. Bei der abgekürzten Ortsbezeichnung „Hor." könnte es sich um die königliche Stadt Kuttenberg (Kutná Hora) oder auch die Kleinstadt Horažďovice in Böhmen handeln.

Überlieferung außerhalb der AUF: –

Edition: Handschriftliche deutsche Übersetzung von Joseph Theodor Müller: Herrnhut, Unitätsarchiv der Evangelischen Brüder-Unität, Sign. AB.II.R.1.1a/3, Erster Teil, 281, Nr. 78.

Literatur: –

Do Hor. swětskym lidem [„Nach Hor. an weltliche Leute"]. Inc.: *Žadost neylepssjho dobreho wzkazugi, přjteli mily […]*. Expl.: *[…] Těhož y tobě žadám. Budiž Pánu Bohu porúčen.*

Der Verfasser wünscht dem Adressaten (*přjteli mily*) zeitliches Wohlergehen und ewigen Anteil am himmlischen Königreich, wo Reichtum und festliche Freude herrschen (*w kralowstwj nebeském, kdež gest bohactwj mnohé a hodowánj rozkossné a radost newymluwná a weselé oslawené*). Der Adressat möge sich auf den schmalen Weg (Mt 7,14) der Nachfolge Christi begeben, er möge Buße tun, zur Erkenntnis der Wahrheit gelangen und sich der Gemeinschaft der Gläubigen anschließen (*s těmi lidmi zde spolu towaryžstwj mjti, kteřjž sau w wjře Pána Krysta neposskwrněné a w cyrkwi swaté y w obcowánj swatych*). Dann wird er ebenso wie diese Anteil an der Sündenvergebung und der Auferstehung (*neb takowj […] wstanau w tělech obnowenych a swětlych yako slunce stkwaucych*) zur ewigen Seligkeit erlangen.

Nr. 191　　　　　　　　　　　　　　　　　　　　　　　　　　　　　　　　V 302r

Brief eines Bruders an eine Gruppe von Glaubensgenossen, ohne Ortsangabe, ohne Datum

Billetts dieser Art wurden als Unterpfand der pastoralen Fürsorge und brüderlichen Verbundenheit im Auftrag der Unitätsleitung oder im Auftrag der Gemeindepriester von reisenden Brüdern überbracht.

Überlieferung außerhalb der AUF: –

Edition: Handschriftliche deutsche Übersetzung von Joseph Theodor Müller: Herrnhut, Unitätsarchiv der Evangelischen Brüder-Unität, Sign. AB.II.R.1.1a/3, Erster Teil, 281, Nr. 79.

Literatur: –

Inc.: *Milost Pána Krysta Gežjsse budiž s wámi [...].* Expl.: *[...] y bližnjm k prospěchu. Amen. Budiž Pán Buoh s wámi.*

Der Verfasser wünscht den Adressaten Gnade und Frieden und ermahnt sie zu einem frommen Lebenswandel (1 Kor 16,23; Phil 4,7).

Nr. 192   V 302r–v

Brief der Brüder an einen Katechumenen Topolský, ohne Ortsangabe, ohne Datum

Der nicht näher bekannte Adressat mit dem Zunamen „Topolský" hatte die Absicht bekundet, der Brüderunität beizutreten, lebte aber an einem Ort, an dem keine Unitätsgemeinde vorhanden war. Weitere seelsorgerliche Schreiben an Neubekehrte oder Katechumenen sind zum Beispiel Nr. 124, 129, 151 und 169.

Überlieferung außerhalb der AUF: –

Edition: Handschriftliche deutsche Übersetzung von Joseph Theodor Müller: Herrnhut, Unitätsarchiv der Evangelischen Brüder-Unität, Sign. AB.II.R.1.1a/3, Erster Teil, 281f., Nr. 80.

Literatur: Müller: Geschichte und Inhalt [1913], 110, Nr. 80.

Topolskému [„An Topolský"]. Inc.: *Žadost násse wam neylepssjho dobreho, přjteli nam přjzniwy [...].* Expl.: *[...] spuosobiž tě Pan Buoh we wssem dobrem, aby chodil hodně gemu we wssech wěcech se ljbě. Amen.*

Die Verfasser wünschen dem Adressaten (*přjteli nam přjzniwy*), dass er Anteil an Glaube, Liebe und Hoffnung (1 Kor 13,13) erlangt und sich bekehrt, um dem Unheil zu entkommen, das über die Welt kommen wird und schon gekommen ist. Nachdem er bereits ein mündliches Bekenntnis abgelegt hat (*gemužs se poddal y austně přiznal k dobrému z wuole a z vmysla [...] gemužs se zawazal*), möge er die Tragweite einer solchen Entscheidung ernsthaft bedenken und fortan beständig nach dem Willen Gottes leben. Er soll mit anderen Gläubigen Gemeinschaft (*towaryžstwj*) halten und gegebenenfalls seinen Wohnort ändern, um seinem Entschluss nach fromm leben zu können (*bylo by potřebj y mjstem se opatřiti, aby měl snadnost k zachowánj toho, k čemus se přiswědčyl*). Die Verfasser wollen mit dem Adressaten persönlich sprechen.

Nr. 193   V 302v

Brief leitender Brüder an brüderische Seelsorger, ohne Ortsangabe, ohne Datum

Der freundlich ermahnende Brief ist von der Kirchenleitung an brüderische Priester gerichtet. Die Anrede „Freunde" (statt „Brüder") war auch innerhalb der Brüderunität gebräuchlich (zum Beispiel Nr. 139, 140, 165 an Brüderpriester; Nr. 167, 170, 180 an Gemeindemitglieder) und nicht nur im Schriftverkehr mit Sympathisanten (zum Beispiel Nr. 124, 129, 151, 155, 162, 190; wohl auch Nr. 138, 186, 189) oder standesgleichen Außenstehenden (so in Nr. 115). Für die Auflösung des abgekürzten Ortsnamens „Ž." in der Überschrift enthält der Text keine Anhaltspunkte; als Auflösung der Abkürzung „El." bietet sich der Name Eliáš an.

Überlieferung außerhalb der AUF: –

Edition: Handschriftliche deutsche Übersetzung von Joseph Theodor Müller: Herrnhut, Unitätsarchiv der Evangelischen Brüder-Unität, Sign. AB.II.R.1.1a/3, Erster Teil, 282, Nr. 81.

Literatur: –

B[ratřím] do Ž. El. [„An die Brüder nach Ž. El."]. Inc.: *Neymileyssj přatelé, žadost násse y modlitba ku Panu Bohu [...].* Expl.: *[...] s wámi se spogugj w gednotu swazku pokoge etc.*

Die Verfasser wünschen den Adressaten (*neymileyssj přatelé*), dass [ihr seelsorgerlicher Dienst] in geistlicher Vollmacht (*aby [Bůh] wam dal [...] moc syly swé*) geschieht und in Wort und Werk denen förderlich ist, die von ihnen [die Sakramente] empfangen und [die Predigt] hören (*kdož přigjmagj a slyssj*).

Nr. 194   V 303r

Brief eines Bruders an eine Katechumenin oder Sympathisantin der Unität, ohne Ortsangabe, ohne Datum

Der Ermahnungsbrief an eine Katechumenin oder Sympathisantin der Unität ist am Schluss unvollständig. In der Abschrift in AUF V nimmt der Text weniger als die obere Hälfte des Schriftblocks ein. Vielleicht wurde absichtlich Platz gelassen für den Fall, dass sich der Rest des Briefes noch anfindet. Für die Auflösung der Abkürzungen in der Überschrift enthält der Text keine Anhaltspunkte.

Überlieferung außerhalb der AUF: –

Edition: Handschriftliche deutsche Übersetzung von Joseph Theodor Müller: Herrnhut, Unitätsarchiv der Evangelischen Brüder-Unität, Sign. AB.II.R.1.1a/3, Erster Teil, 283, Nr. 82.

Literatur: –

Do Ko. Hy. [„Nach Ko. Hy."]. Inc.: *Žadost neylepssjho dobreho y modlitba ku Panu Bohu, aby račil dáti [...].* Expl.: *[...] yakž se Pánu Bohu ljbj a gim k žiwotu wěčnemu gest, a skutky toho dokazugj [...]* [Text bricht ab].

Der Verfasser wünscht der Adressatin, dass sie zur Buße und zu der Erkenntnis Gottes und Christi gelangt, welche das ewige Leben ist (Joh 17,3), indem sie Christus auf dem schmalen Weg (Mt 7,14) nachfolgt und mit Eifer nach den christlichen Tugenden strebt in Nüchternheit, Enthaltsamkeit und Reinheit (*aby [...] we wssech wěcech střizliwě se měla a w zdrželiwosti a w čystotě se zachowáwala*). Sie soll darum beten, dass sie Gemeinschaft mit den wahren Gläubigen haben kann, die in Einfalt alles so glauben, wie es Gott gefällt und ihnen zum ewigen Leben dient (*aby dal [...] včastnost [...] wywolených swých, kteřjž w prawdě wjru Božj magj w sprostnosti Krystowě, o wssech wěcech wěřjce tak, yakž se Pánu Bohu ljbj a gim k žiwotu wěčnemu gest*), und dies mit ihrem Leben bezeugen [...].

Nr. 195 V 303v–304r

Brief leitender Brüder an Brüder und Schwestern in Senftenberg, ohne Ortsangabe, [vor 17. April 1468]

Das Schreiben entstand während der Regierungszeit des böhmischen Königs Georg von Podiebrad, und zwar noch vor dem Briefwechsel der Brüder mit dem erwählten utraquistischen Erzbischof von Prag, Jan Rokycana (Nr. 1–4, 21). Der erste Brief an Rokycana datiert vom 2. Mai 1468. Im vorliegenden Schreiben ist von einer geplanten Anhörung (*slyšení*) in Prag an unmittelbar bevorstehenden Feiertagen die Rede. Damit dürfte das Osterfest am 17. April 1468 gemeint sein. Die Anhörung fand schließlich doch nicht statt. Mit den in der Überschrift genannten Bergen ist das Adlergebirge um Senftenberg gemeint.

Überlieferung außerhalb der AUF: –

Edition: Handschriftliche deutsche Übersetzung von Joseph Theodor Müller: Herrnhut, Unitätsarchiv der Evangelischen Brüder-Unität, Sign. AB.II.R.1.1a/3, Erster Teil, 283f., Nr. 83.

Literatur: Müller: Geschichte und Inhalt [1913], 110, Nr. 83.

Do hor bratřjm domacym Žamberskym [„Ins Gebirge an die in Senftenberg ansässigen Brüder"]. Inc.: *Žadost neylepssjho dobrého y modlitba ku Pánu Bohu [...]*. Expl.: *[...] A zwlásstě ty dni o swatcych modlte se Panu Bohu, nebť budem mijti čyniti ty časy o ty wěcy. etc.*

Die Verfasser wünschen den Adressaten (*neymileyssim bratřjm*) Beständigkeit in Glaube, Liebe und Hoffnung (1 Kor 13,13). Sie mögen sich von allem lossagen, auch von ihrem Besitz (*y toho, čym wladnete, odřeknauce se*), Christus auf dem schmalen Weg (Mt 7,14) nachfolgen und Anteil an der ewigen Herrlichkeit erlangen. Sie sollen Gott dafür danken, dass er sie vor der Verführung durch den Antichrist gerettet hat. Die biblischen Prophezeiungen über die falschen Propheten der Endzeit (Mt 24,24) sind in der Gegenwart erfüllt. Daher muss man aus Babylon herausgehen, um nicht ihrer Sünden teilhaftig zu werden (Jes 48,20; Jer 51,6.45; 2 Kor 6,17; Offb 18,4); die Zeit der Erlösung ist nah (Mt 24,32).

Die Verfasser sollen vor dem König [Georg von Podiebrad] und Magister [Jan] Rokycana Rechenschaft ablegen und die gegen die Brüder erhobenen Vorwürfe widerlegen, zuerst schriftlich und danach persönlich (*a to listy neyprw skrze psánj a potom y osobně před nimi stogjc*). Die Verfasser sind bereit, für ihren Glauben zu leiden und bitten die Adressaten (*neymileyssj bratřj y sestry*) um ihre Fürbitte durch Wachen und Gebet, vor allem an den bevorstehenden Feiertagen (*zwlásstě ty dni o swatcych*), an denen die Verfasser vor dem König und Rokycana erscheinen sollen.

Nr. 196   V 304v

Brief aus dem Gefängnis entlassener Brüder an Brüder und Schwestern in Ostböhmen, ohne Ortsangabe, ohne Datum

Die Überschrift „Aus dem Teplitzer Gefängnis" scheint einen Zusammenhang des Schreibens mit dem Gefängnisaufenthalt des Řehoř Krajčí in Teplitz 1461 (vgl. Nr. 27 und 128) nahezulegen. Gindely und Goll schrieben den Brief daher Bruder Řehoř zu und datierten ihn in das Jahr 1461. Diese Zuschreibung und Datierung wurden von Müller zu Recht zurückgewiesen. Aus dem Wortlaut des Briefes geht hervor, dass er nicht in einem Gefängnis, sondern nach der Freilassung einer Gruppe von Brüdern und Schwestern, die sich zeitweilig in Haft befunden hatten, entstand. Řehoř hatte dagegen 1461 in Teplitz allein eingesessen. Auch fehlen charakteristische Formulierungen, die auf Řehoř als Verfasser hindeuten könnten.

Dennoch dürfte es sich um ein Dokument aus den ersten Jahrzehnten des Bestehens der Brüderunität handeln. Sofern die Angabe der Überschrift, wonach das Schreiben „in das Bergland" gesandt wurde (vgl. Nr. 196), auf zuverlässiger Überlieferung beruhen sollte, ist an eine der Unitätsgemeinden am oder im ostböhmischen Adlergebirge zu denken. Dort gab es Gemeinden unter anderem in Reichenau an der Kněžna, Senftenberg und Kunvald. Bidlos Vermutung, der Brief sei in das Erzgebirge gerichtet, ist dagegen unwahrscheinlich, da dort keine frühen Unitätsgemeinden bestanden.

Überlieferung außerhalb der AUF: –

Edition: Müller: Geschichte, Bd. 1 [1922], 84 (Auszüge); Müller/Bartoš: Dějiny, Bd. 1 [1923], 43 (Auszüge). – Handschriftliche deutsche Übersetzung von Joseph Theodor Müller: Herrnhut, Unitätsarchiv der Evangelischen Brüder-Unität, Sign. AB.II.R.1.1a/3, Erster Teil, 285, Nr. 84.

Literatur: Gindely: Geschichte, Bd. 1 [1857], 30; Müller: Geschichte und Inhalt [1913], 110, Nr. 84; Bidlo (Hg.): Akty, Bd. 1 [1915], 48, Nr. 3; Goll: Chelčický a jednota [1916], 46, Nr. 4, 118; Müller: Geschichte, Bd. 1 [1922], 84, 585, Nr. 3; Müller/Bartoš: Dějiny, Bd. 1 [1923], 43; Urbánek: České dějiny, Bd. 3/4 [1962], 321, 461.

Z wězenj teplickeho bratřjm do hor [„Aus dem Teplitzer Gefängnis an die Brüder in das Bergland"]. Inc.: *Pozdrawenj laskawé neymileyssjm bratřjm a sestrám, žádostiwě žádame wám [...]*. Expl.: *[...] Modlte se za nás Pánu Bohu, ať přiwede k chwale swé a k prospěchu wolenych swych. Amen.*

Die Verfasser wünschen den Adressaten (*neymileyssjm bratřjm a sestrám*) Wachstum im Glauben und in der Liebe und Beständigkeit in der erkannten Wahrheit, in der Nachfolge Christi und den christlichen Tugenden. Sie sollen die Schmähung und Verfolgung durch die Welt [die Mehrheitsgesellschaft] (*opowrženj, ohyžděnj gsauce od swěta*) geduldig ertragen und zuversichtlich die verheißene ewige Herrlichkeit erwarten.

Die Verfasser sind durch Gottes gnädiges Eingreifen aus dem Gefängnis befreit worden, nachdem die Adressaten für sie Fürbitte getan haben (*a naděgem se, že k wassj modlitbě a prozbě wyswobodil nás*). Viele Brüder und Schwestern, namentlich diejenigen, die mit den Verfassern im Gefängnis waren, grüßen die Adressaten. Die Verfasser würden auch gern mündlich mit den Adressaten reden und bitten um weitere Fürbitte.

Nr. 197 V 305r–306v

Brief leitender Brüder an die gefangenen Brüder und Schwestern in Skutsch, ohne Ortsangabe, [Herbst 1468]

Von 1468 bis 1471, in den letzten Regierungsjahren König Georgs von Podiebrad, kam es infolge der Einsetzung der ersten Brüderpriester im Jahr 1467 zu einem starken Wachstum der Unität, das sich auch in den zahlreichen in diesen Jahren entstandenen brüderischen Texten widerspiegelt. Gleichzeitig waren die Brüder einer verstärkten Verfolgung ausgesetzt. Dabei kam es vereinzelt sogar zur Tötung von Anhängern der Unität.

Ein besonders schwerer Fall ereignete sich im Herbst 1468 in der untertänigen Stadt Skutsch auf der Herrschaft Richenburg, die dem minderjährigen Wilhelm Pardus von Horka, einem Sohn des Taboritenhauptmanns Jan Pardus, gehörte und an dessen Stelle von Zdeněk III. Kostka von Postupitz verwaltet wurde. Als in der utraquistischen Pfarrkirche das von Jan Rokycana, dem erwählten Erzbischof von Prag, an die Pfarrer in Böhmen und Mähren versandte erste Rundschreiben gegen die Brüder (Nr. 41) öffentlich verlesen wurde, erhoben einige anwesende Brüder lauten Widerspruch. Sie wurden daraufhin zusammen mit ihren Frauen verhaftet und auf der Richenburg eingekerkert (zu den Vorgängen vgl. Nr. 5, 12, 21, 35, 72, 87). Vier der Gefangenen starben qualvoll an Hunger. Ein fünfter Gefangener namens Ambrož Havránek überlebte trotz längeren Nahrungsentzugs. Der Name ist in Nr. 87 erwähnt. Er ist vermutlich identisch mit dem späteren Brüderpriester und Bischof Ambrož aus Skutsch, der 1520 starb. Der vorliegende Trostbrief war direkt an die Gefangenen auf der Richenburg gerichtet. Er entstand, nachdem bereits mehrere männliche Gefangene gestorben waren.

Überlieferung außerhalb der AUF: –

Edition: Müller/Bartoš: Dějiny, Bd. 1 [1923], 99, Anm. 180 (Auszüge); Müller: Geschichte, Bd. 1 [1922], 159f., Anm. 383 (Auszüge in Übersetzung). – Handschriftliche deutsche Übersetzung von Joseph Theodor Müller: Herrnhut, Unitätsarchiv der Evangelischen Brüder-Unität, Sign. AB.II.R.1.1a/3, Erster Teil, 285–288, Nr. 85.

Literatur: Gindely: Geschichte, Bd. 1 [1857], 43; Müller: Geschichte und Inhalt [1913], 110, Nr. 85; Bidlo (Hg.): Akty, Bd. 1 [1915], 65, Anm. 4, 225, Anm. 1; Goll: Chelčický a jednota [1916], 49, 129f., 147; Müller: Geschichte, Bd. 1 [1922], 159f., 587, Nr. 22; Müller/Bartoš: Dějiny, Bd. 1 [1923], 99.

Wězňom Skuteckym yako zmořeni [„An die Gefangenen zu Skutsch, wie zu Tode gequält"]. Inc.: *Buoh Otec, mocny, maudry, dobrotiwy, budiž wasse potěssenj [...].* Expl.: *[...] Pozdrawugj́ wás mnoho bratř̌y y sestr laskawym pozdrawenjm. Milost Božj s wámi. Amen.*

Die Verfasser wünschen den Adressaten (*bratřj neymileyssj a sestry*) Beständigkeit in der Wahrheit. In der zuversichtlichen Erwartung der verheißenen ewigen Herrlichkeit mögen sie das gegenwärtige Leiden ertragen, durch das sie geprüft werden wie das Gold im Feuer (Sir 2,5; 1 Petr 1,7). Sie sollen sich nicht durch eitle Reden (*marnau řečy*) [die Bekehrungsversuche der utraquistischen Obrigkeit und Geistlichkeit] vom schmalen Weg (Mt 7,14) der Nachfolge Christi abbringen lassen, der durch Verfolgung zum Himmelreich führt.

Daher sollen die Adressaten das Gefängnis und den ihnen bevorstehenden grausamen Tod getrost auf sich nehmen, auch wenn es schwer ist. Sterben muss man ohnehin (*ale pohleďte k tomu, že gest wždy vmřjti*). In Böhmen und Mähren haben unzählige Menschen um ihres Eigensinns und ihrer Bosheit willen im Krieg [in den Hussitenkriegen oder im Krieg zwischen dem böhmischen König Georg von Podiebrad und dem ungarischen König Matthias Corvinus] Besitz und Leben verloren (*kterak množstwj nezčyslné w Čzechach y w Morawě statky stratili y hrdla pro swau wuoli a pro zlost*), ganz wie es in Mt 24,26–27 für die Endzeit vorhergesagt ist. [Dagegen ist der Tod der Adressaten nicht sinnlos, denn] sie sind auserwählt und zu der Erkenntnis Gottes und Christi gelangt, in der das ewige Leben besteht (Joh 17,3). Einige der Gefangenen hat Gott bereits zu sich genommen (*giž Pan Buoh některé z wás wychwátil*), sie sind als Märtyrer in die ewige Herrlichkeit eingegangen.

Der Bruder (*bratře neymileyssj*), der im Gefängnis so lange Zeit ohne Nahrung überlebt hat, möge den übrigen Gefangenen mit dem Wort der Wahrheit dienen [indem er ihnen predigt]. Er möge sich durch seine Beständigkeit als Ritter Christi (*gsa pasowany rytíř Gezukrystuow*) erweisen und den anderen ein Vorbild sein. Er soll zuversichtlich sein, denn das Werk Gottes (*že Pan Buoh swé djlo děla*) [die Brüderunität] wächst in diesem Jahr [1468] mehr als in den vorangegangenen. Die Wahrheit wird nun öffentlich und nicht mehr nur im Verborgenen verkündigt (Mt 10,26–27). Dem [erwählten utraquistischen Erzbischof von Prag] Magister [Jan] Rokycana haben die Verfasser mündlich und schriftlich Rechenschaft abgelegt (vgl. Nr. 21).

Die zu Witwen geworden sind [diejenigen weiblichen Gefangenen, deren Männer bereits der Verfolgung zum Opfer gefallen sind], sollen sich damit trösten, dass dies der von Christus vorhergesagte endzeitliche Glaubenskampf ist, in dem die Gläubigen den Verführungen der falschen Propheten, den bösen Priestern dieser Welt (*kněžj zlych tohoto swěta*), widerstehen müssen (Mt 24,23–24). Dies ist ein geistlicher, kein irdischer Kampf [wie der böhmisch-ungarische Krieg], der so viele Frauen zu Witwen gemacht hat, deren Männer bei Raub und Blutvergießen umgekommen sind. Von solchen Witwen sind die gefangenen Schwestern verschieden wie der Himmel von der Erde. Sie sollen Gott dafür danken, dass ihre Männer die Märtyrerkrone erlangt haben. Ihre Männer wollten nicht gegen Gottes Willen den Führern der Welt untertan sein (*nechtěli poddani byti proti wuoli Božj wuodcom swěta*), die Raub und Mord entfesseln und die wahren Gläubigen verleumden und verfolgen. Diese weltlichen Obrigkeiten sind die vom Blut der Heiligen trunkene Hure Babylon (Offb 17,6).

Die Adressaten mögen also in der Wahrheit, im Glauben und in der Liebe beständig sein. Sie sollen auch ihre Feinde lieben und sich nicht einmal gegen ihre eigenen Mörder (*proti wrahuom wassim*) zu Hass hinreißen lassen, sondern beten, dass sie zur Buße und zur Erkenntnis der Wahrheit gelangen. Die Verfasser versichern die Adressaten ihrer Fürbitte. Die Gefangenschaft der Adressaten trägt zur Ausbreitung der Wahrheit und zum Wachstum der Gemeinden bei (*to wězenj wásse přislo ku prospěchu prawdě a přispořenij zboruow*). Viele haben bezeugt, dass die Gefangenen aus keinem anderen Grund leiden, als darum, dass sie sich von Priestern und Laien [von der römischen und der utraquistischen Kirche] abgesondert haben. Darüber ist dem Magister Rokycana schriftlich Rechenschaft erstattet worden, und auch andere haben es gelesen [die in Abschriften zirkulierenden Briefe der Brüder an Rokycana, Nr. 1–5, 21, 37]. Die Adressaten mögen sich damit trösten, dass ihr Leiden nicht umsonst ist, sondern etliche Personen zum Beitritt zur Unität bewegt (*gest to k prospěchu k wjře přicházegjcym*). Viele Brüder und Schwestern lassen grüßen.

Nr. 198 V 307r

Brief eines brüderischen Seelsorgers an eine Schwester, ohne Ortsangabe, ohne Datum

Bei dem Verfasser des kurzen seelsorgerlichen Schreibens, dessen Name in der Überschrift abgekürzt als „Eli." angegeben ist, könnte es sich um Eliáš aus Křenovice handeln (vgl. Nr. 253 und 290). Eliáš wurde 1467 in Lhotka bei Reichenau als einer der ersten Brüderpriester ordiniert und betreute von seinem Wohnort Lenešice bei Laun aus die in Mittel- und Nordböhmen verstreuten Angehörigen der Brüderunität. In den 1480er Jahren begleitete er gemeinsam mit dem Brüderpriester Mikuláš Slánský die aus Mähren ausgewiesenen Anhänger der Unität ins Exil in die Moldau und kehrte mit diesen einige Jahre später wieder zurück nach Böhmen (vgl. Nr. 262). 1494 nahm Eliáš seinen Sitz im mährischen Proßnitz. Dort wurde er mit der Aufgabe eines Beichtigers für den Brüderklerus in Mähren betraut. 1499 wurde ihm auf Beschluss des Engen Rates und der Synode der Unität die Weihegewalt zur Ordination neuer Brüderpriester verliehen. Er starb 1503 (Fiedler [Hg.]: Todtenbuch [1863], 221). Die unbekannte Adressatin stand anscheinend an einem Adelssitz oder in einem wohlhabenden bürgerlichen Haushalt im Dienst.

Überlieferung außerhalb der AUF: –

Edition: Císařová-Kolářová: Žena [1942], 209f. (Auszüge). – Handschriftliche deutsche Übersetzung von Joseph Theodor Müller: Herrnhut, Unitätsarchiv der Evangelischen Brüder-Unität, Sign. AB.II. R.1.1a/3, Erster Teil, 289, Nr. 86.

Literatur: Císařová-Kolářová: Žena [1942], 209f.

Eli. sestře [„Eli. an eine Schwester"]. Inc.: *Sestra mila, žadámť na Pánu Bohu, ať by tě zprawowal we wssech wěcech [...].* Expl.: *[...] Posylniž nás wssech w tom Pan Buoh Otec milosrdny. Buď Bohu poručena.*

Der Verfasser wünscht der Adressatin (*sestra mila*) die Leitung durch den Heiligen Geist, damit sie ihrer Erwählung gemäß tugendhaft lebt. Sie soll fleißig beten und die Fastentage einhalten, gute Gespräche [erbauliche Versammlungen] nicht versäumen (*dobrych rozmlauwánj nezmesskawey*) und ihren Dienstherren gewissenhaft dienen (*s kterymi gsy, gim s milostj posluhowati, ne k oku yakožto lidem, ale yako Krystowi*) (Eph 6,7). Der Verfasser würde die Adressatin gern öfter besuchen und ist zuversichtlich, dass dies in Zukunft auch geschehen wird.

Nr. 199   V 307r

Brief der Brüder an einen Sympathisanten der Unität, ohne Ortsangabe, ohne Datum

Der Adressat des Billetts wird in der Höflichkeitsform, der zweiten Person Plural, angeredet. Vielleicht handelt es sich, wie das Fehlen von Gruß und Anrede am Beginn des Textes vermuten lässt, lediglich um ein Fragment. Denkbar ist, dass der Empfänger ein adeliger Sympathisant der Unität war, der die Brüder in einer nicht näher bezeichneten Angelegenheit unterstützte. Für die Abkürzung „Boh." in der Überschrift kommen mehrere Auflösungen in Frage. Dieselbe Abkürzung begegnet auch in dem unmittelbar folgenden Schreiben Nr. 200, sodass zu vermuten ist, dass beide Briefe an denselben Adressaten gerichtet waren.

Überlieferung außerhalb der AUF: –

Edition: Handschriftliche deutsche Übersetzung von Joseph Theodor Müller: Herrnhut, Unitätsarchiv der Evangelischen Brüder-Unität, Sign. AB.II.R.1.1a/3, Erster Teil, 289, Nr. 87.

Literatur: –

Boh. Inc.: *Toho sme wděčni, že k nam milost mate [...].* Expl.: *[...] kteréž zuostawá k žiwotu wěčnému. Amen.*

Die Verfasser danken dem Adressaten, dass er sich einer Angelegenheit, wegen der sie um seine Hilfe gebeten haben, annehmen will. Sie drücken ihre Hoffnung aus, dass er sich bekehrt (*deyž Pan Buoh nagjti milost swau, aby dělal djlo geho*).

Nr. 200 V 307v

Brief der Brüder an einen Sympathisanten der Unität, ohne Ortsangabe, ohne Datum

Das Billett ist anscheinend an dieselbe, der Unität gewogene Person wie Nr. 199 gerichtet.

Überlieferung außerhalb der AUF: –

Edition: Handschriftliche deutsche Übersetzung von Joseph Theodor Müller: Herrnhut, Unitätsarchiv der Evangelischen Brüder-Unität, Sign. AB.II.R.1.1a/3, Erster Teil, 289, Nr. 88.

Literatur: –

Boh. Inc.: *Žádost násse wam wždycky neylepssjho dobrého [...]*. Expl.: *[...] k ljbezné wuoli swé a k spasenj wassemu. Amen.*

Die Verfasser versichern den Adressaten ihrer Dienstfertigkeit. Sie hoffen, dass er das Seelenheil erlangt.

Nr. 201 V 307v

Brief eines Bruders an eine Glaubensgenossin oder Sympathisantin der Unität, ohne Ortsangabe, ohne Datum

Der kurze seelsorgerliche Brief eines brüderischen Seelsorgers ist anscheinend, wie die auffällige Bezeichnung Christi als des himmlischen Bräutigams vermuten lässt, an eine unverheiratete Frau gerichtet. Da sie nicht ausdrücklich als „Schwester" angeredet wird, handelt es sich möglicherweise um eine Sympathisantin, die im Begriff ist, der Unität beizutreten.

Überlieferung außerhalb der AUF: –

Edition: Handschriftliche deutsche Übersetzung von Joseph Theodor Müller: Herrnhut, Unitätsarchiv der Evangelischen Brüder-Unität, Sign. AB.II.R.1.1a/3, Erster Teil, 290, Nr. 89.

Literatur: –

Bor. P. Inc.: *Žádost má tobě neylepssjho dobreho, aby zde w milosti Božj přebywala [...].* Expl.: *[...] Zprawiž Pan Buoh wssecky wěcy podle ljbezné wuole swé k spasenj twemu. Amen.*

Der Verfasser wünscht der Adressatin, dass sie die ewige Herrlichkeit bei ihrem Bräutigam Christus (*v chotě swého Krysta*) erlangt. Sie möge den guten Vorsatz, über den ein Bruder mit ihr gesprochen hat, nicht aufschieben.

Nr. 202   V 308r

Brief der Brüder an einen Glaubensgenossen, ohne Ortsangabe, ohne Datum

Der Mahn- und Trostbrief ist an ein durch Verfolgung angefochtenes Mitglied der Brüderunität gerichtet. Das kurze Schreiben entstand, ebenso wie die meisten in der Briefsammlung in AUF V enthaltenen Texte, vermutlich in den ersten Jahrzehnten der Geschichte der Unität. Die abgekürzten Angaben zum Adressaten oder Verfasser in der Überschrift lassen sich nicht mit hinreichender Wahrscheinlichkeit auflösen.

Überlieferung außerhalb der AUF: –

Edition: Handschriftliche deutsche Übersetzung von Joseph Theodor Müller: Herrnhut, Unitätsarchiv der Evangelischen Brüder-Unität, Sign. AB.II.R.1.1a/3, Erster Teil, 290, Nr. 90.

Literatur: –

Rych. Přel. Inc.: *Pozdrawenj laskawé bratru neymileyssjmu s žadostj neylepssjho dobreho [...].* Expl.: *[...] Protož tě take nerozpakuoy žadné* [gestrichen: *včenj*] *mluwenj marné etc. Milost Božj s tebau. Amen.*

Die Verfasser wünschen dem Adressaten (*bratru neymileyssjmu*) Wachstum und Beständigkeit im Glauben, in der Liebe und allen guten Werken, in der Erkenntnis Gottes und in den christlichen Tugenden. Die Anfechtungen, die ihm widerfahren, sind Prüfungen, durch die er geläutert wird wie das Gold im Feuer (Sir 2,5;

1 Petr 1,7), um die ewige Herrlichkeit zu erlangen. Der Adressat hat [um des Glaubens willen] viel erdulden müssen und ist aus mancherlei Gefahr errettet worden. Die Verfasser hoffen, dass es für den Adressaten von nun an leichter sein wird. Er möge sich nicht durch eitles Gerede (*nerozpakuoy žadné mluwenj marné*) [Bekehrungsversuche der Verfolger] verunsichern lassen.

Nr. 203 V 308v

Brief der Brüder an Bruder Daniel, ohne Ortsangabe, ohne Datum

Der für die Handhabung der Armenfürsorge unter den Brüdern aufschlussreiche Brief (vgl. Nr. 130, 187, 232) enthält keine Anhaltspunkte für die Datierung, dürfte aber ebenso wie die Mehrzahl der in der Briefsammlung in AUF V enthaltenen Texte aus den ersten Jahrzehnten der Unität stammen.

Die Abkürzung „Dan." in der Überschrift ist vermutlich als der Personenname Daniel aufzulösen und bezeichnet offenbar den Adressaten. „Kreyc." könnte der Berufs- oder Zuname *krejčí* (Schneider) sein. Ein Bruder Daniel Krejčí wurde vor 1541 auf Betreiben des utraquistischen Dekans Matějíček aus Saaz vertrieben (Šturm: Dyalog [1543], E4v; Müller: Geschichte, Bd. 2 [1931], 138, 152). Es ist jedoch eher unwahrscheinlich, dass der vorliegende Brief so spät entstanden ist, dass eine Identifizierung des Adressaten mit dem Saazer Daniel in Frage käme. Es sind auch andere Ergänzungen der Abkürzung „Kreyc." denkbar, zum Beispiel *krejcar* (Kreuzer), was ein Spottname sein könnte, der sich auf die Armut oder den Geiz der so zubenannten Person bezieht.

Die Armut vieler Bewohner im ostböhmischen Adlergebirge wird auch in anderen zeitgenössischen Quellen erwähnt. Es ist bemerkenswert für einen Text aus der Brüderunität, die sich als Erneuerung der Urgemeinde verstand, dass die Verfasser die freiwillige Armut der Jerusalemer Urgemeinde nicht als vorbildlich gelten lassen. Die Unität hatte in ihrer Frühzeit ihren Mitgliedern freiwillige Armut empfohlen und verlangte auch später von den Brüderpriestern eine schlichte Lebensweise.

Überlieferung außerhalb der AUF: –

Edition: Handschriftliche deutsche Übersetzung von Joseph Theodor Müller: Herrnhut, Unitätsarchiv der Evangelischen Brüder-Unität, Sign. AB.II.R.1.1a/3, Erster Teil, 290f., Nr. 91.

Literatur: –

Dan. Kreyc. Inc.: *Žadost neylepssjho dobreho, bratře mily, neb rád bych tomu [...]*. Expl.: *[...] aby byl žiw k geho ljbezné wuoli y s swau manželkau. Amen.*

Die Verfasser weisen den Vorwurf zurück, die Brüder ließen den Adressaten (*bratře mily*) und dessen Gattin in einer materiellen Notlage im Stich. Die Brüder verfügen nicht über die erforderlichen Mittel für eine entsprechende Zuwendung. Einige von ihnen besitzen zwar Geld, unterstützen aber bereits Arme und reisende Seelsorger (*na chude a na hostě, gessto pracugj o swé spasenj*). In den Hügeln [um Reichenau an der Kněžna] gibt es viele Notleidende (*w horach [...] vstawičně wodu pigj a nauzy trpj*), die Unterstützung benötigen, aber [die leitenden Brüder] können den wohlhabenden Gemeindemitgliedern nicht befehlen, mehr zu geben. Selbst der Apostel Paulus hat die Korinther nicht einfach zum Geben zwingen können (2 Kor 8,7–15). [Die leitenden Brüder] wollen bei den wohlhabenden Gemeindemitgliedern nicht den Anschein erwecken, sie hätten es auf deren Besitz abgesehen. Die Gütergemeinschaft der Jerusalemer Urgemeinde führte dazu, dass diese schließlich verarmte und selbst auf die Almosen anderer Gemeinden angewiesen war. Um so mehr muss die Brüderunität, die schon von Anfang an arm war (*owssem pak my, gessto hned s počatku chudina*), darauf bedacht sein, anderen nicht zur Last zu fallen.

Nr. 204   V 309r–v

Brief der Brüder an den Senftenberger Priester [Jan], ohne Ortsangabe, [1467/68]

Der utraquistische Pfarrer von Senftenberg, an den das Schreiben gerichtet ist, ist offenbar identisch mit dem Adressaten von Nr. 205, dem Senftenberger Pfarrer Jan. Jan hatte von den Brüdern Rechenschaft darüber verlangt, warum sie sich vom utraquistischen Gottesdienst fernhielten. In der vorliegenden Antwort begründen die Brüder, ähnlich wie in Nr. 35, einer Verteidigungsschrift vom Herbst 1468, und wie in Nr. 17, einem Traktat über die Kirche von Bruder Řehoř Krajčí, ihre Separation mit dem antichristlichen Charakter des Papsttums und der mangelnden geistlichen Vollmacht sowohl der römischen als auch der – von römischen Bischöfen ordinierten – utraquistischen Priester.

Da im Text lediglich von separaten Versammlungen der Brüder, nicht jedoch von der Einsetzung eigener Priester die Rede ist, kann nicht ausgeschlossen werden, dass das Schreiben noch vor der Wahl der ersten Brüderpriester im Jahr 1467 abgefasst wurde. Wahrscheinlicher ist jedoch ein enger zeitlicher Zusammenhang mit dem kürzeren Schreiben Nr. 205, in dem bereits der Ende Juli 1468 zugestellte vierte Brief des Řehoř Krajčí an den erwählten utraquistischen Erzbischof von Prag, Jan Rokycana (Nr. 4), erwähnt ist, das also nicht vor Sommer 1468 entstanden sein kann.

Der Adressat Jan war Nachfolger des Senftenberger Pfarrers Michal, der sich bereits vor 1467 den Brüdern angeschlossen hatte (vgl. Nr. 98). Die untertänige Stadt Senftenberg in Ostböhmen war das wirtschaftliche Zentrum der Lititzer Grundherrschaft. Michal hatte als utraquistischer Pfarrer auch die Pfarrkirche im nahen Dorf Kunvald mitbetreut. Nach Michals Wahl zum Brüderpriester wurde der utraquistische Gottesdienst in Kunvald eingestellt (Fiedler [Hg.]: Todtenbuch [1863], 220).

Überlieferung außerhalb der AUF: –

Edition: Handschriftliche deutsche Übersetzung von Joseph Theodor Müller: Herrnhut, Unitätsarchiv der Evangelischen Brüder-Unität, Sign. AB.II.R.1.1a/3, Erster Teil, 291–293, Nr. 92.

Literatur: Müller: Geschichte und Inhalt [1913], 110, Nr. 92; Goll: Chelčický a jednota [1916], 106; Urbánek: České dějiny, Bd. 3/4 [1962], 455f.

Žamberskemu knězy [„An den Senftenberger Priester"]. Inc.: *Jakož se na to tažeš, kněže, wždy chtě zwěděti, proč se spolu sami schazyme [...]*. Expl.: *[...] A také sme dotkli skutkuow zgewnych pro weystrahu. Neb néni srownánj swětla s temnostmi etc.*

Auf die Frage des Priesters [Jan], warum die Brüder besondere Versammlungen abhalten und nicht an den Gottesdiensten in den Pfarrkirchen teilnehmen (*proč se spolu sami schazyme a do kostela wuobec s lidmi nechodjme*), antworten die Verfasser: Sie halten es nicht für Sünde, wenn jemand zur Kirche geht, aber sie halten es auch nicht für Sünde, wenn jemand es aus triftigem Grund unterlässt. Es ist allerdings ein Gebot Christi, dass sich die Gläubigen versammeln sollen, und seien es auch nur zwei oder drei (Mt 18,20). An welchem Ort dies geschieht und ob man diesen Ort Kirche nennt, ist unwesentlich (*do kterěhokoli mjsta neb domu, kterakžkoli se gmenugj, buď kostel neb chrám neb cyrkew*). Wesentlich ist vielmehr, dass die Versammlung tatsächlich eine Gemeinde Gottes (*zbor Božj*) ist, in der treue Hirten das Geheimnis der Wahrheit verkünden (1 Tim 3,15–16).

Dies ist beim Papst und bei der römischen Kirche nicht der Fall. Kirchenlehrer, Magister und Priester (*doktoři, mistři y kněžj*) haben bezeugt, dass der Papst der Antichrist sei, blieben aber selbst in seiner Kirche. Dann aber trennten sich unter dem böhmischen König Wenzel IV. einige Laien und Priester [die Taboriten] von der römischen Kirche. Da sie jedoch mit Sünden befleckt waren, hat Gott es zugelassen, dass unter ihnen schlimme Irrlehren aufkamen wie die der [Adamiten] auf der Insel.

Gott gibt aber sein Werk nicht auf und sammelt die Menschen gleichsam Korn um Korn (*Buoh djla swého nepřestáwá wybjrage lid yako po zrnečku*). An der so entstandenen Gemeinschaft gehen die Schriftstellen in Erfüllung, die die Verfolgung der Gläubigen vorhersagen. Die Welt (*swět*) ist durch einen grausamen Krieg [zwischen Katholiken und Utraquisten] gespalten. Was jedoch die Verfolgung der kleinen Herde betrifft, die Christus auf dem schmalen Weg (Mt 7,14) nachfolgt, sind sich [Katholiken und Utraquisten] einig.

[Jan] möge sich selbst überzeugen, dass die Brüder bei ihren Versammlungen nichts Böses tun. Er kann von denjenigen unter ihnen, die bibel- und lateinkundig sind (*od těch, kdož také včeni sau w pjsmich a latině vměgj*), Auskunft erhalten. Das Anliegen [der Brüder] ist es, an der heiligen Kirche im Hinblick auf die wesentlichen, die dienlichen und die zufälligen Dinge teilzuhaben (*žadáme včastni byti we wssech wěcech spasytedlnych, zakladnych a podstatnych y w služebnych y také w přjpadnych*) und gemeinsam nach ihrem Seelenheil zu streben.

Die Brüder sind bereit, Belehrung anzunehmen, aber sie sind sich gewiss, dass das römische Kaisertum, dessen Haupt der Papst ist (*rzimské cysařstwj, gehož papež hlawa*), nicht die heilige Kirche ist. Dort sind weder lebendiger Glaube noch christliche Werke vorhanden. Vielmehr herrscht der Papst, der die Kaiser ein- und absetzt, mit Gewalt und grausamem Unrecht. In der Kirche des Papstes gibt es kein apostolisches Priestertum, das mit geistlicher Vollmacht begabt ist (*že to cyrkew swatá nenj, kteraž má moc hlawy své Krysta Gežjsse w auřadě apostolskem*).

[Jan] möge erkennen, was die Gemeinde der sündigen Welt und was die Gemeinde Gottes ist (*co gest zbor tohoto swěta hřjssnjkuow a take zbor Božj*). Der Herr Jesus möge ihn mit geistlicher Vollmacht begaben (*posyliž tebe Pan Gežjš w mocy syly swe*), damit er in Glaube und Liebe zur Einheit mit den Auserwählten Gottes (*gednotu držeti a spolu sebe ostřjhati s wywolenymi Božjmi*) und danach zur ewigen Herrlichkeit gelangt. [Jan] möge wissen, dass [die Brüder] niemanden schmähen wollen, aber was sie über den Papst und die römische Kirche gesagt haben, soll zur Warnung dienen, denn es gibt keine Gemeinschaft des Lichtes mit der Finsternis (2 Kor 6,14).

Nr. 205 V 310r

Brief der Brüder an den Senftenberger Priester Jan, ohne Ortsangabe, [nach 29. Juli 1468]

Der Brief entstand in engem Zusammenhang mit Nr. 204. Bei dem im vorliegenden Text erwähnten Schreiben an den erwählten utraquistischen Erzbischof von Prag, Jan Rokycana, handelte es sich anscheinend um den von Bruder Řehoř Krajčí verfassten vierten Brief an Jan Rokycana, der am 29. Juli 1468 übergeben wurde (Nr. 4). Darin hatten die Brüder, wie im vorliegenden Text erwähnt, über ihre Trennung von der utraquistischen und der katholischen Priesterschaft, ihr Abendmahlsverständnis und andere Lehrartikel Rechenschaft abgelegt. Bemerkenswert ist die Zusage der

Brüder, dem Pfarrer trotz ihrer Separation weiterhin die diesem zustehenden Abgaben, also vor allem den Zehnt, zu zahlen.

Überlieferung außerhalb der AUF: –

Edition: Handschriftliche deutsche Übersetzung von Joseph Theodor Müller: Herrnhut, Unitätsarchiv der Evangelischen Brüder-Unität, Sign. AB.II.R.1.1a/3, Erster Teil, 293f., Nr. 93.

Literatur: Müller: Geschichte und Inhalt [1913], 110, Nr. 93; Goll: Chelčický a jednota [1916], 106; Urbánek: České dějiny, Bd. 3/4 [1962], 455f.

Žamberskému [„An den Senftenberger"]. Inc.: *Mily kněže Gene. Yakožs žadal, abychom odpowěd dali [...]*. Expl.: *[...] a že ginudy cesty neni do nebe, než skrze trpenj pro zachowánj wjry Krystowy.*

Der Priester Jan hat die Brüder gefragt, was ihre Grundlage sei (*kterak zakladně stogime*). Darauf antworten sie im Namen aller Mitglieder der Unität (*oznamugem vmysl naš [...] y wssech bratřj, kteřj sau w gednotě nassj*): Sie haben sich von den Priestern, die ihre Amtsvollmacht und Lehre vom Papst haben (*kněžstwa toho, kteréž posslo z mocy wřadu papežowa a wždy stogj a řidj služebnost w smyslu geho a cyrkwe geho*) [den Katholiken und Utraquisten], losgesagt, da diese die Dienlichkeiten [Wort und Sakramente] nicht in Übereinstimmung mit Christus und der apostolischen Urkirche (*w smyslu Krystowě a prwotni cyrkwe apostolské*) verwalten. Zu dieser Urkirche halten sich die Brüder, und das ist der sicherste (*naybezpečněyssi*) Weg zur Seligkeit. Über die Gründe der Trennung, ihr Abendmahlsverständnis und andere Lehrartikel haben sie [dem erwählten utraquistischen Erzbischof von Prag, Jan] Rokycana, schriftlich Rechenschaft abgelegt [Nr. 4].

Sie leisten dem Klerus die rechtmäßigen Abgaben (*neodpiráme, co gest práwo danj twych podle saused včyniti*). Der Adressat und andere [Priester] mögen daher gegenüber den Brüdern Frieden (*pokoy a milost*) wahren, so wie es auch die Brüder ihm gegenüber tun; wenn der Adressat dazu allerdings nicht willens ist, sind die Brüder bereit, für ihren Glauben Verfolgung auf sich zu nehmen.

Nr. 206　　　　　　　　　　　　　　　　　　　　　　　　　　　　V 310v

Brief eines Bruders an den Glaubensgenossen Jetřich und dessen Ehefrau, ohne Ortsangabe, ohne Datum

Das kurze Schreiben beantwortet wie Nr. 203 eine Bitte um materielle Unterstützung. Es stammt wahrscheinlich aus den ersten Jahrzehnten des Bestehens der Unität,

Die Brüderunität verstand sich als eine Gemeinschaft, der man sich aufgrund persönlicher Überzeugung freiwillig anschloss. Die Brüder unterschieden zwischen Neubekehrten, im Glauben Unterwiesenen und zum Abendmahl zugelassenen Vollmitgliedern. Über die drei Grade der Initiation, die „Anfänger", „Fortgeschrittenen" und „Vollkommenen", veröffentlichte der Brüderbischof Lukáš aus Prag 1523 eine ausführliche Abhandlung.

enthält aber weder konkrete Anhaltspunkte für die Datierung noch für die Identifizierung von Verfasser und Empfänger. Bei dem in materielle Not geratenen Adressaten handelte es sich um einen Neubekehrten oder Anfänger (*počínající*). Diese bildeten innerhalb der Unitätsgemeinden einen besonderen Stand und wurden erst nach einer Bewährungszeit zur Vollmitgliedschaft zugelassen (Molnár: Počínající [1956]).

Überlieferung außerhalb der AUF: –

Edition: Handschriftliche deutsche Übersetzung von Joseph Theodor Müller: Herrnhut, Unitätsarchiv der Evangelischen Brüder-Unität, Sign. AB.II.R.1.1a/3, Erster Teil, 294, Nr. 94.

Literatur: Müller: Geschichte und Inhalt [1913], 110, Nr. 94; Goll: Chelčický a jednota [1916], 246.

Getřichowi s hospodynj [„An Jetřich mit seiner Hausfrau"]. Inc.: *Žadost neylepssjho dobreho, přjteli w Krystu mily [...]*. Expl.: *[...] Neb tak včy Pan Gežjš, prosý-li tebe, day, pakli žadá puoyčyti, puoyč, etc.*

Der Verfasser sucht das Beste des Adressaten (*přjteli w Krystu mily*) sowohl durch Gebet als auch durch guten Rat, denn er ist besorgt, dass dieser in dem begonnenen Guten (*w tom dobrem počatem*) aufgrund materieller Nöte (*pro překažky a nedostatky některé y tělesné*) keinen geistlichen Fortschritt macht. Er will dem Adressaten beistehen, soweit er kann, kann ihm aber weder die Wohnung noch das Darlehen (*o bydlenij y take půgčenj*), worum dieser gebeten hatte, verschaffen. Er will aber Fürsprache einlegen, damit [ein wohlhabendes Mitglied der Unität] dem Adressaten ein Darlehen gewährt.

Nr. 207   V 310v

Brief der Brüder an Glaubensgenossen, ohne Ortsangabe, ohne Datum

Das kurze Schreiben, mit dem Angehörige der Brüderunität eine Gruppe von Glaubensgenossen ihrer geistlichen Verbundenheit versichern, enthält keine Anhaltspunkte für den konkreten Entstehungsanlass.

Überlieferung außerhalb der AUF: –

Edition: Handschriftliche deutsche Übersetzung von Joseph Theodor Müller: Herrnhut, Unitätsarchiv der Evangelischen Brüder-Unität, Sign. AB.II.R.1.1a/3, Erster Teil, 294, Nr. 95.

Literatur: –

Inc.: *Laskawé pozdrawenj s žadostj neylepssjho dobreho přateluom milym [...]*. Expl.: *[...] přebywagjce w pokoře a w tichosti a s milostj se snássegjce we wssj trpěliwosti etc.*

Die Verfasser beten für die Adressaten (*přateluom milym w Pánu Krystu Gežissi*) und für sich selbst um die Begabung mit geistlicher Vollmacht zu einem vorbildlichen Lebenswandel, um Glauben, gute Werke, Demut, Sanftmut und Geduld, damit sie einander und anderen zum geistlichen Fortschritt (*k wzdělánj a ku polepssenj*) dienlich sein können.

Nr. 208   V 311r

Brief brüderischer Seelsorger an angefochtene Glaubensgenossen, ohne Ortsangabe, ohne Datum

Der Ermahnungsbrief ähnelt inhaltlich Nr. 113.

Überlieferung außerhalb der AUF: –

Edition: Handschriftliche deutsche Übersetzung von Joseph Theodor Müller: Herrnhut, Unitätsarchiv der Evangelischen Brüder-Unität, Sign. AB.II.R.1.1a/3, Erster Teil, 295, Nr. 96.

Literatur: –

Inc.: *Laskawé pozdrawenj bratřjm neymileyssjm, žadostiwě žadagjce [...]*. Expl.: *[...] ale hoyny vžitek wzali, tu kděž radost neskonalá a wesele newymluwné. Amen.*

Die Verfasser wünschen den Adressaten (*bratřjm neymileyssjm*) Wachstum und Beständigkeit im Werk Gottes (*w djle Božjm*), im Glauben und in der Liebe. Sie mögen, geleitet durch die Weisheit Gottes, wachsen in der Erkenntnis Gottes [wörtlich: „in der Kunst Gottes"] (*w vměnj Božjm*). Die Verfasser wollten bereits mehrere Male die Adressaten besuchen, waren jedoch verhindert. Sie sind besorgt, dass einige unter den Adressaten aus Furcht, ihren Besitz zu verlieren, abtrünnig werden könnten. Diese mögen sich daher gegenseitig ermahnen, am Bund des Heils (*smlauwu spasenj*) festzuhalten. Sie mögen im Hinblick auf die Sache, in der sie die Verfasser um Rat gebeten haben, beständig sein (*w tom, oč ste rady žádali*) und Anteil an der ewigen Herrlichkeit erlangen.

Nr. 209   V 311v

Brief eines leitenden Bruders an einen Glaubensgenossen und dessen Ehefrau, ohne Ortsangabe, ohne Datum

Überlieferung außerhalb der AUF: –

Edition: Handschriftliche deutsche Übersetzung von Joseph Theodor Müller: Herrnhut, Unitätsarchiv der Evangelischen Brüder-Unität, Sign. AB.II.R.1.1a/3, Erster Teil, 295f., Nr. 97.

Literatur: –

Inc.: *Laskawe pozdrawenj bratru milemu s žadostj neylepssjho dobreho [...]*. Expl.: *[...] a nerozpakůg was žadná wěc následowati geho s těmi, kdož sau wywolenj geho etc.*

Der Verfasser wünscht dem Adressaten (*bratru milemu*) Wachstum und Beständigkeit in den christlichen Tugenden und in der Erkenntnis Gottes (*w vměni Božim*), damit er an der Nachfolge auf dem schmalen Weg (*na vzké cestě*) (Mt 7,14) trotz Anfechtung und Verfolgung festhält und durch Glaube, Liebe und Hoffnung (1 Kor 13,13) Anteil an der ewigen Herrlichkeit erlangt. Der Adressat und seine Ehefrau (*mily bratře y sestra*) können den Überbringern (*s bratřjmi těmito*) vollkommen vertrauen, so als sprächen sie mit dem Verfasser selbst. Zur Stärkung der Verbindung der Adressaten mit der Unität (*pro vtwrzenj wásse spolu w gednotě swornosti bratrské*) wäre es wünschenswert, dass [der Ehemann] den Verfasser für einige Tage besucht und auch die Übersiedlung an einen anderen Ort erwägt (*že by byl y mjsto změnil*).

Nr. 210   V 312r

Brief eines leitenden Bruders an die brüderischen Seelsorger Che. und Mach in Jung-Bunzlau, ohne Ortsangabe, ohne Datum

Bei den Adressaten handelt es sich nicht notwendigerweise um Priester. Der Name des einen der beiden Empfänger lautete anscheinend „Mach" (eine tschechische Variante des Vornamens Matthias). Die Unitätsgemeinde in der mittelböhmischen Stadt Jung-Bunzlau, die 1489 schon zahlreiche Mitglieder zählte, wurde zunächst von brüderischen Laien geleitet und erhielt erst 1494 mit Lukáš aus Prag einen eigenen Gemeindepriester (Hrejsa: Sborové [1935], 20f.).

Überlieferung außerhalb der AUF: –

Edition: Handschriftliche deutsche Übersetzung von Joseph Theodor Müller: Herrnhut, Unitätsarchiv der Evangelischen Brüder-Unität, Sign. AB.II.R.1.1a/3, Erster Teil, 296, Nr. 98.

Literatur: –

Do Boleslawě Che. a Mach[ovi] [„Nach Jung-Bunzlau, an Che. und Mach"]. Inc.: *Bratřjm neymileyssjm w Krystu Gežjssi. Milost a pokog [...].* Expl.: *[...] poradtež, yakož Pan Buoh naučy k dobremu swědomj.*

Der Verfasser wünscht den Adressaten (*bratřjm neymileyssjm*) Beständigkeit in den christlichen Tugenden, Gelingen ihrer seelsorgerlichen Bemühungen und Bewahrung auf ihrer Reise zum Verfasser. Wenn die Adressaten Personen begegnen, die um ein Gespräch und um Rat bitten, sollen sie allen erforderlichen Fleiß dazu aufwenden.

Nr. 211   V 312r

Brief leitender Brüder an die brüderischen Seelsorger Tomáš und Janek, ohne Ortsangabe, ohne Datum

Tomáš und Janek waren, wie der Inhalt des kurzen Schreibens erkennen lässt, entweder Priester der Brüderunität oder Laien, die mit seelsorgerlichen Aufgaben betraut waren. Die Adressaten sind vielleicht identisch mit „T. und G. in Mähren", an die die Briefe Nr. 167, 181 und 188 gerichtet sind. Auch die Briefe Nr. 130 und 163 sind jeweils an zwei Brüderpriester oder Seelsorger gerichtet, die gemeinsam Dienst taten.

Überlieferung außerhalb der AUF: –

Edition: Handschriftliche deutsche Übersetzung von Joseph Theodor Müller: Herrnhut, Unitätsarchiv der Evangelischen Brüder-Unität, Sign. AB.II.R.1.1a/3, Erster Teil, 296f., Nr. 99.

Literatur: Müller: Geschichte und Inhalt [1913], 111, Nr. 99.

Tomassowi K. s Jankem [„An Tomáš K. mit Janek"]. Inc.: *Bratřj neymileyssj, peče násse vstawičná gest, kterak se máte [...].* Expl.: *[...] kteréž Buoh Otec připrawil wssem, kdož geho milugj etc.*

Die Verfasser sorgen sich um das Wohlergehen der Adressaten (*bratřj neymileyssj*) und hoffen, dass diese auch in Anfechtung und Verfolgung beständig bleiben. Sie mögen untereinander Eintracht und Frieden bewahren, vorbildlich leben und mit den Gaben, die sie von Gott empfangen haben, den Mitgliedern (*spolu audom wěrnym a poslussnym*) treu dienen. Gegenüber Außenstehenden mögen sie sich weise verhalten. Gott möge ihnen Gelingen schenken, sodass sie Anteil an der ewigen Freude erlangen.

Nr. 212 V 312v–313r

Brief eines Bruders an den Priester Jan in Běleč, ohne Ortsangabe, [um 1470]

Der Verfasser, von dem auch Nr. 213 stammt, ist ein Mitarbeiter des im Text erwähnten Řehoř Krajčí, des Gründers der Brüderunität. Das Schreiben richtet sich polemisch gegen die Priesterweihe in römischer Sukzession, was eine Abfassung nach der Wahl der ersten Brüderpriester im Jahr 1467 vermuten lässt.

Der Adressat Jan war utraquistischer Priester in Běleč. In Böhmen gibt es fünf Ortschaften dieses Namens, in Mähren eine weitere. Da es sich um einen Ort mit einer Kirche und einer Schule handeln muss, kommt (gegen Hrejsa: Sborové [1935], 20) am ehesten das Dorf Běleč unweit von Zbečno in Frage (so bereits Goll: Chelčický a jednota [1916], 316). Dort bestand eine Pfarrkirche, die seit der Hussitenzeit als Filialkirche von Zbečno aus betreut wurde. Dies könnte auch eine Erklärung für die eigenartige Überschrift „kněžy Janowi yako w Bělčy" („dem Priester Jan als dem in Běleč") sein, in dem Sinne, dass der Priester Jan für die Kirche in Běleč zwar zuständig war, dort aber nicht residierte.

Der im Text erwähnte Schulmeister ist offenbar der als Adressat von Nr. 213 genannte Schulmeister von Běleč, der ein Anhänger der Brüderunität war. Er war sowohl mit dem Verfasser von Nr. 212 und 213 als auch mit Řehoř Krajčí bekannt.

Überlieferung außerhalb der AUF: –

Edition: Handschriftliche deutsche Übersetzung von Joseph Theodor Müller: Herrnhut, Unitätsarchiv der Evangelischen Brüder-Unität, Sign. AB.II.R.1.1a/3, Erster Teil, 297f., Nr. 100.

Literatur: Müller: Geschichte und Inhalt [1913], 111, Nr. 100; Goll: Chelčický a jednota [1916], 240 (Auszüge). Müller: Geschichte, Bd. 1 [1922], 231; Müller/Bartoš: Dějiny, Bd. 1 [1923], 149.

Kněžy Janowi yako w Bělčy [„Dem Priester Jan als dem in Běleč"]. Inc.: *Modlitbu wzkazugi, kněže Gene, neboť žádám neylepssjho dobrého [...]*. Expl.: *[...] gsa ljtostiwy a milosrdny, bratrstwj milowal w Krystu Gežjssi. Amen.*

Die Miniatur aus einem um 1500 entstandenen großformatigen Gradual, das sich seit dem 19. Jahrhundert in der Bibliothek des Prager Lobkowitz-Palais befand, zeigt eine dörfliche Szene mit einer Kirche im Hintergrund. Der in Nr. 212 und 213 erwähnte Schulmeister aus Běleč war anscheinend an einer Pfarrschule in einem Dorf tätig.

Der Verfasser wünscht dem Priester Jan die Erkenntnis des Willens Gottes und die Leitung durch den Heiligen Geist. Der Verfasser hat Jan von [den Brüdern] berichtet, die von Gott zur Erneuerung der apostolischen Kirche (*k obnowenj prwotni cyrkwe swaté aposstolské*) bewegt wurden. Sie haben der Welt entsagt, ihren Besitz an die Armen verteilt (*sau swět opustili y chudym statky rozdali*) und folgen Christus einträchtig und friedfertig nach. Wenn Jan erkennen würde, dass sie im Glauben und in der Lehre von den Sakramenten mit der Urkirche übereinstimmen, würde er eher wünschen, sich ihnen anzuschließen, als sie zu verfolgen. Jan möge sich nicht am Blut der Gerechten schuldig machen und dem Heiligen Geist keinen Widerstand leisten. Die Welt und ihre Priester gehen auf dem breiten Weg und verachten die kleine Herde Christi (*stadce malé Krystowo*) (Lk 12,32), die auf dem schmalen Weg (*na vzke cestě*) (Mt 7,14) geht.

Der Verfasser hat Jan [mündlich] Auskunft [über die Brüder] erteilt, auch den Überbringer (*toho bratra*) kann er über sie befragen. Auch Řehoř [Krajčí], der [bei einem früheren Gespräch des Verfassers mit Jan] keine Zeit hatte, würde gern mit Jan reden. Dieser möge Ort und Zeit für ein Gespräch vorschlagen, bei dem auch Laien [aus Běleč] anwesend sein können (*že by mohl přjtomen byti toho lidu*). Der Verfasser ist erfreut, dass Jan in Begleitung des Schulmeisters (*s mistrem sskolnjm*) zu dem Gespräch erscheinen will. Jan möge erkennen, dass der Papst der Antichrist ist und daher nicht die Vollmacht zur Weihe von wahren christlichen Priestern besitzen kann (*má-liť mjti moc poselst[ví] Krystowa w prawdě slowa Božjho poswěcowánj antykryst [...], pomysl na to, muož-li to prawe byti*). Die Plünderungen und das Blutvergießen [im Krieg zwischen König Matthias Corvinus von Ungarn und dem böhmischen König Georg von Podiebrad, 1468–1471], deren Ursache die [katholischen und utraquistischen] Priester päpstlicher Weihe sind (*a knežj toho puowod vřadu papežowa*), sind Zeichen der Endzeit. Jan möge sich bekehren und sich den Brüdern in der Nachfolge auf dem schmalen Weg anschließen.

Nr. 213 V 313v

Brief der Brüder an den Schulmeister aus Běleč, einen Glaubensgenossen, ohne Ortsangabe, [um 1470]

Zu Verfasser, Adressat und Datierung vgl. Nr. 212.

Überlieferung außerhalb der AUF: –

Edition: Chelčický a jednota [1916], 240 (Auszüge). – Handschriftliche deutsche Übersetzung von Joseph Theodor Müller: Herrnhut, Unitätsarchiv der Evangelischen Brüder-Unität, Sign. AB.II.R.1. 1a/3, Erster Teil, 298f., Nr. 101.

Literatur: Müller: Geschichte und Inhalt [1913], 111, Nr. 101; Goll: Chelčický a jednota [1916], 240; Müller: Geschichte, Bd. 1 [1922], 231; Müller/Bartoš: Dějiny, Bd. 1 [1923], 149.

Mistru sskolnjmu z Bělče [„An den Schulmeister aus Běleč"]. Inc.: *Žadost neylepssjho dobreho, aby se dobře měl w milosti Božj [...]*. Expl.: *[...] a slowu milosti geho, kterémuž dauffey, žeť tebe neopustj. Amen.*

Die Verfasser wünschen dem Adressaten (*bratře neymileyssi*), dass er von Gott gestärkt werde zur Beständigkeit in der Nachfolge Christi auf dem schmalen Weg (*vzka cesta*) (Mt 7,14). Sie bitten ihn, sich gegenüber dem Priester Jan freundlich zu verhalten. Wenn er [aus Běleč] vertrieben werden sollte, möge er Schmähung und Exkommunikation (*wyobcowánj*) geduldig auf sich nehmen. Der dem Adressaten bekannte Überbringer wird mündlich mehr berichten. Die Verfasser haben auch dem Priester Jan geschrieben [Nr. 212].

Nr. 214 V 314r–v

Brief der Brüder an eine angefochtene Gemeinde, ohne Ortsangabe, [um 1470]

Der Ermahnungsbrief entstand während des Krieges zwischen König Matthias Corvinus von Ungarn und dem böhmischen König Georg von Podiebrad in den Jahren

1468 bis 1471. Sprachlich und gedanklich steht der Text dem etwa zur selben Zeit entstandenen Brief Nr. 212 nahe. Auch deutliche Anklänge an die Schriften des Řehoř Krajčí liegen vor, so in dem ebenfalls während des ungarisch-böhmischen Krieges entstandenen Traktat über die weltliche Obrigkeit (Nr. 26), in dem der Begriff „Verwirrer" (změtenec) in einem ähnlichen Sinn gebraucht wird wie im vorliegenden Text.

Überlieferung außerhalb der AUF: –

Edition: Handschriftliche deutsche Übersetzung von Joseph Theodor Müller: Herrnhut, Unitätsarchiv der Evangelischen Brüder-Unität, Sign. AB.II.R.1.1a/3, Erster Teil, 299f., Nr. 102.

Literatur: –

Inc.: *Laskawé pozdrawenj neymileyssim s žadostj neylepssjho dobreho [...]*. Expl.: *[...] Pozdrawugj wás mnozý bratřj a sestry laskawym pozdrawenjm s mnohau žadostj. Milost Božj s wámi. Amen.*

Die Verfasser wünschen den Adressaten (*neymileyssi bratřj a sestry*), dass sie von Gott gestärkt werden im Glauben und in der Liebe, damit sie einmütig Christus auf dem schmalen Weg (*vzkau cestau*) (Mt 7,14) nachfolgen trotz Verfolgung und Anfechtung, in der sie wie das Gold im Feuer geprüft werden (Sir 2,5; 1 Petr 1,7). Sie sollen sich nicht Menschen anvertrauen, die unbeständige Lehre verbreiten (Eph 4,14), und keine Gemeinschaft mit ihnen haben (2 Kor 6,14–17).

In dem gegenwärtigen Krieg erfüllt sich die Prophezeiung (Sach 13,8–9), dass Gott zwei Teile [Katholiken und Utraquisten] verlassen wird und den dritten Teil [die Brüderunität] läutern wird wie Gold und Silber. Die gottlose Welt, die sogenannte Christenheit (*ten swět, od Boha opusstěny, pod gmenem křesťanskym*), ist ein Gräuel. Ephraim ist wider Manasse, Manasse wider Ephraim, und sie beide sind wider Juda (Jes 9,21). Die Verwirrer (*změtency*) [die weltliche und geistliche Dinge miteinander vermengen] halten sich selbst für gerecht und weise und verfolgen die Gemeinde Gottes (*zboru Božimu sskodj*). Vor ihnen sollen sich die Adressaten hüten und ihnen nicht zuhören.

Dagegen sollen sie den ihnen wohlbekannten Boten Christi [den Brüderpriestern] gehorsam sein. Sie sollen sich treu zu der Gemeinde halten, vor der sie ihren Glauben bekannt und Treue gelobt haben (*s zborem, k němuž ste se přiznali a wěrnost sljbili*), sie sollen die Sünde meiden und eifrig sein zum Guten (*to, což neylepssjho, bez pochybowánj y bez prodléwánj čyňte*). Viele Brüder und Schwestern lassen die Adressaten grüßen.

Nr. 215 V 315r

Brief eines Bruders an Bruder Čen[ěk], einen angefochtenen Anfänger im Glauben, ohne Ortsangabe, ohne Datum

Das seelsorgerliche Schreiben enthält keinen Anhaltspunkt für die Identifizierung des Verfassers, bei dem es sich sowohl um einen Brüderpriester als auch um einen brüderischen Laien gehandelt haben kann. Die Abkürzung „Čeň." in der Überschrift ist wohl als der Personenname Čeněk aufzulösen; „Tře." könnte die Abkürzung eines Ortsnamens oder eines Zunamens des Adressaten sein. Der Adressat war mit dem Verfasser jedenfalls bereits vor dessen Beitritt zur Unität bekannt. Von der Mehrzahl der in AUF V überlieferten Ermahnungsbriefe unterscheidet sich Nr. 215 dadurch, dass der Verfasser auf seine persönliche religiöse Erfahrung zurückblickt.

Überlieferung außerhalb der AUF: –

Edition: Handschriftliche deutsche Übersetzung von Joseph Theodor Müller: Herrnhut, Unitätsarchiv der Evangelischen Brüder-Unität, Sign. AB.II.R.1.1a/3, Erster Teil, 301, Nr. 103.

Literatur: –

Čeň. Tře. Inc.: *Bratře mily, žadost má neylepssjho dobrého tobě [...]*. Expl.: *[...] aby čynili to, což neylepssjho, bez prodléwánj. Milost Božj s tebau. Amen.*

Der Verfasser wünscht dem Adressaten (*bratře mily*) Stärke und Weisheit von Gott in seiner Anfechtung, und dass er sich beständig zu der wahren christlichen Gemeinde halten (*s lidem w prawdě křesťanskym včastnost mjti*) möge. Der Adressat soll zuversichtlich sein, dass er in der von Christus selbst geleiteten Unität (*gednoty zboru w prawdě křesťanského*) auf sicherem Weg zur Seligkeit gelangen wird. Der Verfasser bekennt (*yakož mému swědomi známo*), dass es eine besondere Wohltat Gottes ist, dass er sich der Brüderunität angeschlossen hat. Der Adressat weiß, wie sehr sich der Lebenswandel des Verfassers seit seiner Bekehrung zum Guten verändert hat (*gaky sem yá byl a kterak mě Buoh změnil*). Was ihm früher als ein Berg erschien, ist für ihn jetzt eben und ein sanfter Pfad (*co mi prwé yako horau bylo, giž mi gest rowno a hladká cesta*) (Lk 3,4–5). Christi Joch ist sanft, und seine Last ist leicht (Mt 11,30), auch wenn es für den fleischlichen Menschen ein schmaler Weg (Mt 7,14) ist. Der Verfasser ist sich gewiss, dass er auf diesem Weg die ewige Seligkeit erlangen wird, die er auch dem Adressaten wünscht. Da dieses Leben kurz ist und man nicht wissen kann, wann es endet, möge der Adressat das Gute ohne Zögern (*to, což neylepssiho, bez prodléwánj*) ergreifen.

Nr. 216

Bruder Matěj aus Kunvald und der Enge Rat der Brüderunität: Rundschreiben an die Unitätsgemeinden, Reichenau an der Kněžna, [vor 5. Mai] 1494

Das Schreiben des Brüderbischofs Matěj und des von ihm berufenen Engen Rates entstand im Zusammenhang mit der im Mai 1494 einberufenen Synode von Reichenau, auf der die Auseinandersetzung zwischen der in sozialethischen Fragen reformgesinnten „Großen Partei" um Jan Klenovský und der konservativen „Kleinen Partei" der Brüder zugunsten der Reformer entschieden wurde (vgl. Nr. 78). Bemerkenswert ist die Verwendung des aus der politischen Sphäre stammenden Begriffs des „Gemeinwohls" (*obecné dobré*). Im Zusammenhang des vorliegenden Textes könnte er im Sinne von „weltlicher Politik" zu verstehen sein, da der Konflikt zwischen der „Großen Partei" und der „Kleinen Partei" die Frage der Mitwirkung an obrigkeitlichen Ämtern betraf. Eine andere Möglichkeit ist, dass „Gemeinwohl" hier den Frieden und die Eintracht innerhalb der Unität bezeichnet.

Überlieferung außerhalb der AUF: –

Edition: Handschriftliche deutsche Übersetzung von Joseph Theodor Müller: Herrnhut, Unitätsarchiv der Evangelischen Brüder-Unität, Sign. AB.II.R.1.1a/3, Erster Teil, 301f., Nr. 104.

Literatur: Müller: Geschichte und Inhalt [1913], 111, Nr. 104; Müller: Geschichte, Bd. 1 [1922], 254, 592, Nr. 61, 593, Nr. 70; Müller/Bartoš: Dějiny, Bd. 1 [1923], 165.

Inc.: *Wssem naymilegssjm bratřjm w Pánu Krystu, pozdrawenj [...]*. Expl.: *[...] když se od nás k wám zasse nawrátj. Z Rychnowa leta Páně 1494. Matěg s bratřjmi.*

Matěj und seine Brüder [der Enge Rat] wünschen den Adressaten (*naymilegssjm bratřjm*) Wachstum und Beständigkeit in Glaube, Liebe und Hoffnung (1 Kor 13,13). Die leitenden Brüder werden demnächst [in Reichenau an der Kněžna am 5. Mai 1494] zu einer Synode zusammentreten, um eine Einigung sowohl in Fragen des Gemeinwohls (*o welmi potřebné wěcy obecného dobrého*) als auch in Fragen, die Glauben, Liebe und Hoffnung betreffen, zu erzielen. Ohne eine Einigung in diesen Fragen wird nicht nur die einmütige Verwaltung der Dienlichkeiten [Wort und Sakramente] unmöglich sein (*nemožné gest bez někakého spolu porownánj, aby gedni druhým gednomyslně a sworně ku poslauženj mohli býti*), es werden vielmehr auch die heilsnotwendigen Dinge (*spasytedlných*) in Gefahr geraten.

Die Adressaten mögen daher am Montag, den 5., und am Mittwoch, den 7. Mai [1494] fasten und zu Gebetsversammlungen zusammenkommen, um für eine Einigung zu beten. Über den Ausgang der Verhandlungen werden die delegierten Brüder den Adressaten berichten, sobald sie [von der Synode in Reichenau] zurückkehren.

Nr. 217 V 316r–317r

Rundschreiben des Engen Rates an die Unitätsgemeinden, ohne Ortsangabe, [nach 6. November] 1503

Der Text entstand im Kontext der Verfolgungsmaßnahmen der Jahre 1503 und 1504 (vgl. zu Nr. 263). Bei der Erwähnung von Märtyrern aus den Reihen der Brüderunität ist konkret an die Verbrennung von sechs Brüdern in Haid bei Tachau am 6. November 1503 zu denken. Über das Ereignis berichtet die *Historia Fratrum* (Praha, Národní knihovna České republiky, Sign. XVII F 51a, 133–136).

Müller schrieb das vorliegende Rundschreiben dem Brüderbischof Lukáš aus Prag zu, wofür jedoch weder in der Überschrift noch im Wortlaut konkrete Anhaltspunkte erkennbar sind. In der *Historia Fratrum* (Praha, Národní knihovna České republiky, Sign. XVII F 51a, 133, 137, 229f.) werden in Einträgen zu den Jahren 1503 und 1504 Rundbriefe der Unitätsleitung erwähnt, bei denen es sich um Nr. 217–219 handeln könnte. Ferner ist ein Rundbrief an die Gemeinden, mit dem die Unitätsleitung auf die Nachricht von der Verbrennung der sechs Brüder in Haid reagierte, in einem unvollständig erhaltenen Druck von 1511 überliefert ([Lukáš aus Prag:] O mnoheem a rozličneem pokussenij [1510/11], Tl. 3).

Überlieferung außerhalb der AUF: –

Edition: Müller: Geschichte, Bd. 1 [1922], 319 (Auszug in Übersetzung); Müller/Bartoš: Dějiny, Bd. 1 [1923], 208 (Auszug); Molnár: Boleslavští bratří [1952], 61 (Auszüge); Říčan: Dějiny [1957], 103 (Auszug). – Handschriftliche deutsche Übersetzung von Joseph Theodor Müller: Herrnhut, Unitätsarchiv der Evangelischen Brüder-Unität, Sign. AB.II.R.1.1a/3, Erster Teil, 302–304, Nr. 105.

Literatur: Пальмов (Hg.): Чешские братья, Bd. 1/1 [1904], 186; Müller: Geschichte und Inhalt [1913], 111, Nr. 105; Müller: Geschichte, Bd. 1 [1922], 319, 565, Nr. 106, 598, Nr. 109; Müller/Bartoš: Dějiny, Bd. 1 [1923], 208, 345, Nr. 106; Molnár: Boleslavští bratří [1952], 61; Říčan: Dějiny [1957], 103.

List bratřj starých psaný a poslaný zborom Páně z přjčyny pokussenj těžkých, tehdáž na ně od antykrysta přisslých [„Ein Brief der Brüderältesten, geschrieben und gesandt an die Gemeinden des Herrn aus Ursache der schweren Anfechtungen, die damals vom Antichrist über sie gekommen sind"]. Inc.: *Žádost swrchowaného dobrého wzkazugem wam, bratřj milj [...]*. Expl.: *[...] a wassim zamutkem mnohé těssjte a nic nemagjce a wssemi wěcmi wladnete. 1503 neb 4.*

Die Brüderältesten wünschen den Adressaten (*bratřj milj y sestry*) Wachstum und Beständigkeit in der Liebe und in guten Werken, aus denen die Hoffnung auf das ewige Leben hervorgeht. Die Verfasser haben erfahren, dass die Adressaten Verfolgung (*protiwenstwj [...] nemalé*) erleiden. Sie sind zuversichtlich, dass Gott die verfolgten Gläubigen in der gegenwärtigen Endzeit (*nynj těchto časuow poslednjch*) ebenso stärkt, wie er einst den Aposteln und Märtyrern der Anfangszeit (*za prwnjch časuow*) beigestanden hat. Dies geschieht durch die geistliche Wiedergeburt (Joh 3,3), durch welche die Menschen Anteil an der göttlichen Natur empfangen (*nowe rozenj a druhé narozenj, z něhož přigjmagj včastnost božského přirozenj*).

Ebenso wie die Verfasser selbst sind auch die Adressaten durch Gottes Gnade zur Brüderunität (*k těmto wěcem*) gelangt. Diese kurze Ermahnung (*kratké napomenutj*) soll die Adressaten trösten. Sie mögen dankbar dafür sein, dass sie an Christus nicht nur glauben, sondern auch um seinetwillen leiden dürfen (Phil 1,29). Bei der Wiederkunft Christi werden sie Anteil an der ewigen Herrlichkeit haben (Röm 8,18). Die wahren Gläubigen müssen Verfolgung auf sich nehmen (2 Tim 3,12), wie Christus selbst es vorhergesagt hat (Joh 16,33; Mt 24,9; Joh 16,2). Die Adressaten mögen sich die Heiligen der Urkirche, die Wolke der Zeugen (Hebr 12,1), zum Vorbild nehmen, ebenso die Märtyrer aus den Reihen der Brüderunität (*wassi y nassi bratřj*) [die sechs Brüder, die am 6. November 1503 in Haid bei Tachau verbrannt wurden], die sich standhaft zu dem Guten (*toho dobrého*) bekannt haben, das Gott sie hat erkennen lassen, und ihre Gewissen (*swědomj*) nicht durch die Verführung des Antichrist befleckt haben.

So Gott will, haben auch die Adressaten Vergebung ihrer früheren Sünden, Erneuerung des Geistes und Heiligung erlangt (*že gste [...] giž přissli k odpusstěnj wssech předesslych hřjchuow wassich a tak k obnowenj ducha y ku poswěcenj*). Wenn einen noch sein Gewissen belastet, sollen sie einander ihre Sünden bekennen. Dann werden sie Vergebung erlangen. Wenn einer nicht die Möglichkeit hat, seine Sünden einem Bruder zu bekennen, reicht die aufrichtige Zerknirschung des Herzens (*skraussenj srdce*) [*contritio cordis*] zur Sündenvergebung aus. Durch ihre Beständigkeit bis zum Tod werden die Adressaten nicht nur ihrer eigenen Seligkeit, sondern auch anderen Gläubigen dienen.

Nr. 218   V 317r–v

Rundschreiben des Engen Rates an die Unitätsgemeinden, ohne Ortsangabe, [vor 20. Dezember 1503]

Das Rundschreiben entstand wie Nr. 217 im Kontext der Verfolgungsmaßnahmen der Jahre 1503 und 1504 (vgl. zu Nr. 263). Mehrere der adeligen Schutzherren der

Brüder hatten auf einem Landtag in Prag am 30. September 1503 eingewilligt, die auf ihren Besitzungen lebenden Brüderpriester am 1. Januar 1504 nach Prag zu einem Verhör durch die utraquistische Kirchenleitung zu bringen (Palacký [Hg.]: Archiv český, Bd. 6 [1872], 287f.). Zwar verlief die „Stellung" der Brüder letztlich glimpflich (vgl. Nr. 270, zum Terminus „Stellung" vgl. zu Nr. 263). Im Vorfeld befürchtete die Unitätsleitung jedoch, dass den von den Grundherren zu „stellenden" brüderischen Priestern und Laien ein Ketzerprozess drohte, zumal am 6. November 1503 sechs Brüder in Haid bei Tachau verbrannt worden waren. Daher ordnete der Enge Rat der Unität im Dezember 1503 besondere Fastentage und Gebetsversammlungen an.

Überlieferung außerhalb der AUF: –

Edition: Handschriftliche deutsche Übersetzung von Joseph Theodor Müller: Herrnhut, Unitätsarchiv der Evangelischen Brüder-Unität, Sign. AB.II.R.1.1a/3, Erster Teil, 304f., Nr. 106.

Literatur: Пальмов (Hg.): Чешские братья, Bd. 1/1 [1904], 186f.; Müller: Geschichte und Inhalt [1913], 111, Nr. 106; Müller: Geschichte, Bd. 1 [1922], 321, 565, Nr. 107, 598, Nr. 111; Müller/Bartoš: Dějiny, Bd. 1 [1923], 345, Nr. 107; Molnár: Boleslavští bratří [1952], 62.

Psanj od bratřj s[taršich] zborom Páně, napomjnagjcy k modlitbam swatym s postem. Včyněné w ten čas, když w Praze postaweni byti měli etc. [„Ein Schreiben von den Brüderältesten an die Gemeinden des Herrn, das zu heiligen Gebeten mit Fasten ermahnt, verfasst zu der Zeit, als in Prag die Stellung stattfinden sollte usw."]. Inc.: *Pozdrawenj laskawé s žadostj wsseho dobrého zwlasst wěčného [...].* Expl.: *[...] a přiweď w kralowstwj swé wěčné se wssemi, kteřjž w prawdě wzywagj gmeno geho.*

Die Brüderältesten wünschen den Adressaten (*bratřj milj*), dass diese das ewige Leben erlangen. Sie mögen die Verfolgung, die Gottes Auserwählten (*těm, kteréž spaseny včyniti vložil*) vorhergesagt ist, auch bei Verlust von Besitz und Leben erdulden. Dazu haben sie sich in der Zeit der Ruhe (*w čas pokoge*) per Gelübde [beim Eintritt in die Brüderunität] verpflichtet (*k tomu se zawazali a Panu Bohu přiřkli*). Christus selbst und die Frommen sowohl des Neuen als auch des Alten Testaments (*nowého swědectwj [...] prwnjho swědectwj*) ertrugen geduldig Verfolgung um des Glaubens willen.

Um so mehr sollen die Brüder in der gegenwärtigen Verfolgung beständig bleiben, denn die Wiederkunft Christi steht nun kurz bevor (Röm 13,11–12), die Liebe erkaltet, und das Unrecht nimmt überhand (Mt 24,12), viele werden durch die Verführung des Antichrist abtrünnig, die Hure Babylon [der Antichrist, das Papsttum] wird vom Blut der Märtyrer trunken (Offb 17,6). Die Boten des Antichrist und die Zauberer (*kauzedlniky*) der Hure Babylon [die katholischen und utraquistischen Priester] geben sich den Anschein, als seien sie die Heilige Kirche, und geben Menschensatzungen (*w zámyslech swych vstawenych*) (Jes 29,13; Mt 15,9) als das Heil in Christus aus.

Um der schrecklichen Strafe zu entgehen, die dem Antichrist und seinem Anhang bevorsteht (Jud 6–7), sollen die Brüder demütig um Gottes Gnade und Beistand flehen. Da einige Brüder demnächst zu einer Verhandlung vor den Feinden der Unität erscheinen müssen (*kdež take někteřj y před nepřately nassimi postaweni byti máme*), sollen alle Gemeinden am Quatember-Mittwoch und am Quatember-Freitag [20. und 22. Dezember 1503] einen Fasten- und Gebetstag für Erhaltung und Wachstum der Brüderunität abhalten.

Nr. 219   V 318r

Rundschreiben des Engen Rates an die Unitätsgemeinden, ohne Ortsangabe, [vor 28. November 1503]

Das Rundschreiben entstand wie Nr. 217 und 218 im Kontext der Verfolgungsmaßnahmen der Jahre 1503 und 1504 (vgl. zu Nr. 263).

Überlieferung außerhalb der AUF: –

Edition: Handschriftliche deutsche Übersetzung von Joseph Theodor Müller: Herrnhut, Unitätsarchiv der Evangelischen Brüder-Unität, Sign. AB.II.R.1.1a/3, Erster Teil, 306, Nr. 107.

Literatur: Пальмов (Hg.): Чешские братья, Bd. 1/1 [1904], 187; Müller: Geschichte und Inhalt [1913], 111, Nr. 107; Müller: Geschichte, Bd. 1 [1922], 321, 564, Nr. 105, 598, Nr. 111; Müller/Bartoš: Dějiny, Bd. 1 [1923], 345, Nr. 105; Molnár: Boleslavští bratří [1952], 61f.

Psanj b[ratřj] s[taršjch] zborom Paně k naprawě skutečné, k modlitbám s postem napomjnagjcy [„Ein Schreiben der Brüderältesten an die Gemeinden des Herrn, das zur tätigen Buße und zu Gebeten mit Fasten ermahnt"]. Inc.: *Pozdrawenj laskawé s péčy y s žadostj o wásse spasenj, bratřj milj a sestry [...]*. Expl.: *[...] a spuosobiž wás Duchem swým, yakowež račy slyseti. Amen. Bratřj starssj gednoty bratrské.*

Angesichts der gegenwärtigen schweren Verfolgungen der Unität versichern die Brüderältesten die Adressaten (*bratřj milj a sestry*) ihrer pastoralen Fürsorge und ermahnen sie zum Vertrauen auf Gott, der seine Gläubigen nicht verlassen und nicht mehr Drangsal zulassen wird, als sie ertragen können (1 Kor 10,13). Ihn sollen die Gemeinden in ihrer Not bußfertig anrufen.

Daher sollen die Gläubigen erstens Buße tun, sofern sie sich irgendwelcher Sünden bewusst sind, und ihren Bund mit Gott erneuern (*swornost, milost a pokog mĕgme w smlauwĕ Božj, obnow každy wĕrnĕ a prawĕ*) zu geistlicher Ritterschaft (*k rytiřstwj Pánĕ*) und Geduld. Zweitens sollen sie am Dienstag vor und am Freitag nach Andreä [28. November und 1. Dezember 1503] unter Fasten zu zweit oder zu dritt zum Gebet für die Bewahrung der Brüderunität (*djlu swemu*), für Beständigkeit in der Verfolgung und für das Misslingen der Pläne der Feinde zusammenkommen.

Nr. 220   V 318v

Rundschreiben der Bischöfe und des Engen Rates an die Unitätsgemeinden, ohne Ortsangabe, [vor 10. Mai 1500]

Das Rundschreiben, mit dem die Unitätsgemeinden über eine anstehende Synode informiert und zu Fasten und Fürbitten ermahnt werden, enthält Anhaltspunkte, die eine nähere Datierung erlauben. Zu Neuwahlen von Brüderbischöfen – dies ist mit der Formulierung „řád w puowodu knĕžskem" gemeint – und von Mitgliedern des Engen Rates kam es in der Frühzeit der Unität bei einer Synode in Prerau im Sommer oder Herbst 1494, bei einer Synode in Reichenau an der Knĕžna „nach Ostern" 1500 und bei einer Synode in Brandeis an der Adler am 15. August 1516 (Gindely [Hg.]: Dekrety [1865], 38; Müller: Geschichte, Bd. 3 [1931], 394f.).

Im Text wird als Datum der Synode der zweite Sonntag nach Quasimodogeniti und nach dem Reliquien- oder Lanzenfest genannt. Das Prager Reliquienfest fiel auf den Freitag nach Quasimodogeniti und wurde seit 1356 gefeiert. Dabei wurden die Reichsreliquien einschließlich der Heiligen Lanze, die dem Fest den Namen gab (*festum lanceae et clavorum Domini*), öffentlich gezeigt (Kühne: ostensio reliquiarum [2000], 106–113). Das Tagesdatum passt nur zu der Reichenauer Synode, die „nach Ostern" 1500 stattfand. Dort wurde nach dem wenige Monate zuvor erfolgten Tod des ersten Bischofs der Unität, Matĕj aus Kunvald, die Entscheidung gefällt, die bischöflichen Aufgaben auf mehrere Personen zu verteilen. Dazu bestimmte man Eliáš aus Křenovice, Tůma aus Přelauč, Ambrož aus Skutsch und Lukáš aus Prag. Ferner hatte Prokop aus Neuhaus als Richter der Unität ein hohes Leitungsamt inne, ohne jedoch Träger der bischöflichen Weihegewalt zu sein.

Überlieferung außerhalb der AUF: –

Edition: Handschriftliche deutsche Übersetzung von Joseph Theodor Müller: Herrnhut, Unitätsarchiv der Evangelischen Brüder-Unität, Sign. AB.II.R.1.1a/3, Erster Teil, 307, Nr. 108.

Literatur: Пальмов (Hg.): Чешские братья, Bd. 1/1 [1904], 187; Müller: Geschichte und Inhalt [1913], 111, Nr. 108.

Psanj b[ratří] starssjch zboruom Páně k modlitbám s postem za služebnjky napomjnagjcý [„Ein Schreiben der Brüderältesten an die Gemeinden des Herrn, das zu Gebeten mit Fasten für die Diener ermahnt"]. Inc.: *Pozdrawenj laskawé wzkazugem wám, bratřj a sestry [...]*. Expl.: *[...] zachoweyž was k nesmrtedlnosti radosti wěčné. Amen. Bratřj s[taří] řadu kněžskeho y auzké raddy.*

Die Brüderältesten wünschen den Adressaten (*bratřj a sestry*) Wachstum und Beständigkeit in Glaube, Liebe und Hoffnung (1 Kor 13,13), damit sie die ewige Herrlichkeit erlangen. Der Enge Rat hat für den zweiten Sonntag nach Quasimodogeniti oder nach dem Reliquien- oder Lanzenfest (*po druhe nděli po prowodu, po swátosti neb kopj*) [10. Mai 1500] eine Synode angesetzt, bei der [neue Brüderbischöfe] und zusätzliche Mitglieder des Engen Rates gewählt werden sollen (*kudyž by s pomocý Božj řád w puowodu kněžskem y zřjzenj auzke raddy doplněn byti mohl*). Darüber hinaus sollen neue Diakone und Priester ordiniert (*woleny, řjzeny y vstaweny*) sowie bestimmte Angelegenheiten entschieden werden.

Daher sollen die Mitglieder der Unität am Montag [4. Mai 1500] und Mittwoch [6. Mai 1500] vor dem Termin der Synode fasten und dafür beten, dass Gott die äußerlich zu ordinierenden Brüdergeistlichen innerlich bestätigt und mit dem Heiligen Geist begabt (*aby [...] zewnitřnj řjzenj y vstawenj potwrdil Duchem swatym s wysosti*), damit diese ihren Dienst treu und vollmächtig verrichten. Zu den Gebetsversammlungen sollen die Gläubigen sich morgens und abends in den Bethäusern versammeln (*segdauce se do zboru*).

Nr. 221   V 319r–v

Rundschreiben der Brüderältesten an die Unitätsgemeinden, ohne Ortsangabe, [vor 16. Mai 1512]

In Zeiten relativer Ruhe befürchtete die Unitätsleitung, dass die Gläubigen in ihrem christlichen Lebenswandel nachlässig werden und dadurch Gottes Züchtigung in Form neuer Verfolgung hervorrufen könnten. Diese Vorstellung wird ähnlich auch in einem Synodalbeschluss von 1510 ausgedrückt (Gindely [Hg.]: Dekrety [1865], 132f.).

Überlieferung außerhalb der AUF: –

Edition: Handschriftliche deutsche Übersetzung von Joseph Theodor Müller: Herrnhut, Unitätsarchiv der Evangelischen Brüder-Unität, Sign. AB.II.R.1.1a/3, Erster Teil, 307f., Nr. 109.

Literatur: Пальмов (Hg.): Чешские братья, Bd. 1/1 [1904], 187; Müller: Geschichte und Inhalt [1913], 111, Nr. 109; Müller: Geschichte, Bd. 1 [1922], 601, Nr. 146.

Psánj b[ratří] s[taršjch] včyněne zborom Páně, napomjnagicy k swatym modlitbam spolu s postem [„Ein Schreiben der Brüderältesten an die Gemeinden des Herrn, das zu heiligen Gebeten mit Fasten ermahnt"]. Inc.: *Pozdrawenj laskawé s mnohau žadostj prospěchu wasseho [...]*. Expl.: *[...] Buďtež milosti geho poruceni. Cedule od b[ratří] starssjch letha 1512.*

Die Brüderältesten wünschen den Adressaten Fortschritt und Beständigkeit in dem Guten, das Gott in ihnen angefangen hat (*kterýž w wás z své milosti djlo dobré počal*), damit sie mit allen Heiligen und Auserwählten die ewige Seligkeit erlangen.

Die Brüderältesten haben von den Brüderpriestern (*skrze wásse spolu spomocnjky a slauhy wásse wěrné*) erfahren, dass unter den Gläubigen einige in ihrem Lebenswandel nachlässig sind, obwohl sie doch entsprechende Unterweisung empfangen haben (*yakož zpráwu máte wydanau naučenj wěrneho*). Diese sollen Buße tun und gehorsam sein, damit Gott keine erneute Verfolgung (*nowé pokussenj*) über die Unität kommen lässt.

Daher sollen die Gläubigen an den bevorstehenden Kreuztagen am Montag und Mittwoch [17. und 19. Mai 1512] fasten und zu Gebetsversammlungen zusammenkommen. Dabei soll für die Anliegen der Brüderunität und besonders für die Brüdergeistlichen gebetet werden, auch um Priesternachwuchs, ferner um die Erkenntnis von Missständen, durch die Einzelne oder ganze Gemeinden geistlich Schaden nehmen können.

Nr. 222   V 320r

Bruder Lukáš aus Prag: Rundschreiben an die Brüderpriester, Jung-Bunzlau, 17. April 1511

Der mit dem vorhergehenden Brief an die Gläubigen in den Unitätsgemeinden thematisch verwandte Rundbrief an die Priester ist anscheinend mit einem in der *Historia Fratrum* (Praha, Národní knihovna České republiky, Sign. XVII F 51a, 298f.) zum Jahr 1511 erwähnten Schreiben an die Brüderpriester identisch.

Überlieferung außerhalb der AUF: –

Edition: Handschriftliche deutsche Übersetzung von Joseph Theodor Müller: Herrnhut, Unitätsarchiv der Evangelischen Brüder-Unität, Sign. AB.II.R.1.1a/3, Erster Teil, 309, Nr. 110.

Literatur: Gindely: Bratr Lukáš [1861], 281, Nr. 32; Пальмов (Hg.): Чешские братья, Bd. 1/1 [1904], 187; Müller: Geschichte und Inhalt [1913], 111, Nr. 110; Müller: Geschichte, Bd. 1 [1922], 566, Nr. 116, 601, Nr. 143; Müller/Bartoš: Dějiny, Bd. 1 [1923], 345, Nr. 116; Molnár: Boleslavští bratří [1952], 75f.

Psanj včyněné od bratra Lukásse, starssjho w gednotě, a poslané služebnjkuom zboruo Krystowych [„Ein Schreiben, das von Bruder Lukáš, einem Ältesten in der Unität, verfasst und an die Diener der Gemeinden Christi versandt wurde"]. Inc.: *Pozdrawenj laskawé s mnohau žádostj spasenj wasseho etc. [...]*. Expl.: *[...] Cedule ode mne, Lukásse. Z Boleslawě, f[eria] quinta magna Caene Domini 1511.*

Lukáš teilt den Brüderpriestern (*bratřj milj*) mit, dass der Unität wiederum eine Prüfung (*pokussenj*) bevorsteht, sofern Gott dies nicht abwendet. Daher haben [die Brüderältesten] beschlossen (*swolili sme se*), dass die Gemeinden am zweiten Freitag nach Ostern [2. Mai 1511] einen Gebets- und Fastentag sowie Gebetsversammlungen am Samstag [3. Mai 1511] und am Sonntag [4. Mai 1511] abhalten sollen. Dies sollen sie den Gemeinden bekanntgeben. Sie sollen überdies zuvor versandte Rundbriefe [der Unitätsleitung] verlesen und die Gemeinden zu Buße und Gebet ermahnen.

Nr. 223   V 320r–v / 321r–322r

[Bruder Lukáš aus Prag:] Rundschreiben der Brüderältesten an die Unitätsgemeinden, ohne Ortsangabe, 19. Januar 1513

Während des Jahres 1513 mussten sich die Priester der böhmischen Unitätsgemeinden zeitweilig vor obrigkeitlicher Verfolgung verbergen. Auch die in den *Acta Unitatis Fratrum* überlieferten Dokumente Nr. 239 und 298 entstanden im Zusammenhang mit der Verfolgung des Jahres 1513. Das vorliegende Schreiben ist in der *Historia Fratrum* (Praha, Národní knihovna České republiky, Sign. XVII F 51a, 357) erwähnt. Der Text wurde in AUF V zweimal aufgenommen. Anscheinend benutzten die Kopisten zwei verschiedene Vorlagen.

Überlieferung außerhalb der AUF: –

Edition: Müller: Geschichte, Bd. 1 [1922], 381f. (Auszug in Übersetzung); Müller/Bartoš: Dějiny, Bd. 1 [1923], 246 (Auszug); Molnár: Boleslavští bratří [1952], 78f. (Auszug). – Handschriftliche deutsche Übersetzung von Joseph Theodor Müller: Herrnhut, Unitätsarchiv der Evangelischen Brüder-Unität, Sign. AB.II.R.1.1a/3, Erster Teil, 309–311, Nr. 111, 113.

Literatur: Пальмов (Hg.): Чешскіе братья, Bd. 1/1 [1904], 187, 188; Müller: Geschichte und Inhalt [1913], 111, Nr. 111, 113; Müller: Geschichte, Bd. 1 [1922], 381f., 566, Nr. 119, 601, Nr. 144, 601, Nr. 147; Müller/Bartoš: Dějiny, Bd. 1 [1923], 246 (Auszug), 345, Nr. 119; Molnár: Boleslavští bratří [1952], 78f. (Auszug).

Psanj bratřj starssjch, včyněné a poslané zborom Páně z přjčyny těžkych pokussenj na služebnjky wěrné od antykrysta gdaucjch ["Ein Schreiben der Brüderältesten, getan und zugesandt den Gemeinden des Herrn aus Ursache der schweren Anfechtungen, die vom Antichrist gegen die treuen Diener ergehen"]. Inc.: *Bratřjm a sestrám w Pánu Krystu, pozdrawenj laskawé s žadostj prospěchu [...]*. Expl.: *[...] zpjwali gemu Alleluiá, zde w milosti a potom w sláwě se wssemi zwolenymi. Amen.* – Die zweite Abschrift, AUF V 321r–322r, weist keine Überschrift auf, dafür aber am Ende das Datum: *Anno Domini 1513. tu středu před s[vatý]m Fabianem.*

Die Brüderpriester rechtfertigen sich gegenüber den Gläubigen (*bratřjm a sestrám*) dafür, dass sie sich angesichts der gegenwärtigen Verfolgung verborgen halten, um einer Verhaftung zu entgehen. Sie sind nicht etwa aus Eigennutz geflohen wie Mietlinge, die die Herden verlassen, wenn der Wolf naht (Joh 10,12). Die Verfolger trachten allein den Brüderpriestern nach dem Leben, nicht den Laienmitgliedern. Wenn auch die Laien in Gefahr wären, würden die Brüderpriester ihre Gemeinden gewiss nicht verlassen. Die Brüderpriester haben nicht aus Mutwillen ihre Dienstorte verlassen, sondern sind durch göttliche Fügung entkommen wie Christus selbst (Mt 2,13; Joh 7,1) oder wie Paulus (2 Kor 11,32–33). Der Plan des Teufels ist, die Brüderunität ihres Priestertums (*aby puowod zkazyli*) zu berauben, damit die Gläubigen sich zerstreuen. Diese aber sollen zuversichtlich sein. Wenn Gott es zulässt, dass die Brüderpriester in die Hände der Verfolger fallen, sollen sich die Laien an dem Bekennermut ihrer Priester trösten. Selbst wenn alle Priester der Unität getötet werden sollten, wird Gott den Gläubigen neue Diener senden.

Da in dieser schweren Zeit (*w této nechwili*) nur noch von Gott Hilfe zu erwarten ist, sollen die Gläubigen am bevorstehenden Mittwoch [26. Januar 1513] und Freitag [28. Januar 1513] fasten und sich in kleinen Gruppen zum Gebet versammeln, auch in den Haushalten (*po čeledech*) sollen sie unablässig beten. Sie werden ermahnt, Buße zu tun. Wo sie untereinander Streit haben, sollen sie sich versöhnen. Die Gläubigen sollen für die Brüderpriester beten, dass Gott sie aus der Gefahr errettet oder, wenn er es anders beschlossen hat, ihnen Beständigkeit im Martyrium verleiht.

Nr. 224 V 321r

Rundschreiben des Engen Rates an die Unitätsgemeinden, Prerau, [22. April] 1515

Die Sitzung des Engen Rates, über die das vorliegende Rundschreiben die Gemeinden informiert, ist auch in den Synodalprotokollen (Gindely [Hg.]: Dekrety [1865], 139f.) sowie in den Anweisungen des Lukáš aus Prag für die Brüderpriester ([Lukáš aus Prag:] Zprawy vrzadu knězskeeho [1527], 191v) erwähnt. Dort ist auch das genaue Datum der Sitzung überliefert.

Überlieferung außerhalb der AUF: –

Edition: Handschriftliche deutsche Übersetzung von Joseph Theodor Müller: Herrnhut, Unitätsarchiv der Evangelischen Brüder-Unität, Sign. AB.II.R.1.1a/3, Erster Teil, 311, Nr. 112.

Literatur: Пальмов (Hg.): Чешские братья, Bd. 1/1 [1904], 188; Müller: Geschichte und Inhalt [1913], 111, Nr. 112; Müller: Geschichte, Bd. 1 [1922], 382f., 602, Nr. 150; Müller/Bartoš: Dějiny, Bd. 1 [1923], 246f.

Inc.: *Pozdrawenj laskawé s žádostj spasytedlnau. Bratřj milj, známo wám činjme [...].*
Expl.: *[...] Cedule od nás, bratřj starssjch spolu shromážděnjch. – A to tehdy, když se psalo leta Páně 1515. w Přerowě na Morawě.*

Die Brüderältesten sind [am Sonntag, den 22. April] 1515, zu einer Versammlung [des Engen Rates] in Prerau versammelt. Sie fordern die Adressaten (*bratřj milj*) auf, zu fasten und am Morgen und am Abend eine Gebetsversammlung abzuhalten.

Nr. 225 V 322v–323r

Rundschreiben des Engen Rates an die Unitätsgemeinden, ohne Ortsangabe, ohne Datum

Wie in Nr. 220 fordert der Enge Rat die Gemeinden anlässlich einer bevorstehenden Bischofswahl zur Fürbitte auf. Da im vorliegenden Schreiben ausdrücklich von der Wahl eines Bischofs, nicht mehrerer Bischöfe, die Rede ist, ist möglicherweise an die Wahl des Martin Škoda zu denken. Von den übrigen in den ersten beiden Jahrzehnten des 16. Jahrhunderts gewählten Bischöfen ist überliefert, dass sie jeweils gleichzeitig mit einem oder zwei Amtskollegen in das vierköpfige Gremium nachgewählt wurden. Das Jahr der Wahl des Martin Škoda wird unterschiedlich angegeben. Laut einer späten Überlieferung wurde er 1516, vielleicht aber bereits 1503 nach dem Tod des Eliáš aus Křenovice oder aber 1507 beziehungsweise 1508, kurz vor oder nach dem Tod des Prokop aus Neuhaus, ins Bischofsamt gewählt (zur unsicheren Datierung vgl. Müller: Geschichte, Bd. 1 [1922], 389, Anm. 273; Bd. 3 [1931], 395; *Historia Fratrum*, Praha, Národní knihovna České republiky, Sign. XVII F 51a, 382; Jan Jafet: *Meč Goliášův* [1607], Herrnhut, Unitätsarchiv der Evangelischen Brüder-Unität, Sign. AB.II.R.8, Zweiter Teil, 16r, 33v).

Überlieferung außerhalb der AUF: –

Edition: Handschriftliche deutsche Übersetzung von Joseph Theodor Müller: Herrnhut, Unitätsarchiv der Evangelischen Brüder-Unität, Sign. AB.II.R.1.1a/3, Erster Teil, 311f., Nr. 114.

Literatur: Пальмов (Hg.): Чешские братья, Bd. 1/1 [1904], 188.

Inc.: *Pozdrawenj laskawé s žadostj spasenj wasseho konečného [...]*. Expl.: *[...] a pracy wassj spasytedlné vžitek wěčného žiwota. Amen. Bratřj starssj z auzké rady, neb w menssjm počtu.*

Die Brüderältesten teilen den Adressaten (*bratřj a sestry*) mit, dass für den Sonntag nach St. Stanislaus [8. Mai] eine Synode angesetzt ist. Dort sollen erstens die Brüdergeistlichen (*zpráwce*) zu würdigem Wandel ermahnt werden, zweitens ein Bischof gewählt und bestätigt werden (*wolenj hlawy řádu kněžskeho nebo biskupa y potwrzenj geho*) sowie drittens einige weitere Personen zu Ämtern (*k auřaduom*) [Diakonat und Priestertum] ordiniert werden.

Die Gläubigen mögen dafür beten, dass Gott die Brüdergeistlichen in ihrem Dienst leitet, ferner, dass er sie denjenigen zum Bischof (*k mjstu biskupskému*) wählen lässt, den er selbst auserwählt hat, und dass er den Erwählten mit geistlichen Gaben ausstattet (*zwoleného sám prwotně poswětiti, daruo přispořiti*). Ein weiteres Gebetsanliegen ist, dass Gott auch diejenigen, die durch den zu wählenden Bischof in Ämter eingesetzt werden, geistlich weiht und begabt (*aby ge sám Buoh Otec w Krystu poswětil a w swém požehnánj rozmnožil w dařjch služebných*). Die Gläubigen sollen sich daher am Montag und Mittwoch nach St. Stanislaus morgens und abends zum Gebet versammeln.

Nr. 226   V 323r–v

Rundschreiben der Brüderältesten an die Unitätsgemeinden, ohne Ortsangabe, ohne Datum

Ähnlich wie Nr. 220 und 225 handelt es sich um einen Aufruf an die Gemeinden, anlässlich der Einsetzung von Amtsträgern unter Fasten Fürbitte für die Begabung der Weihekandidaten mit charismatischer Vollmacht zu tun.

Überlieferung außerhalb der AUF: –

Edition: Handschriftliche deutsche Übersetzung von Joseph Theodor Müller: Herrnhut, Unitätsarchiv der Evangelischen Brüder-Unität, Sign. AB.II.R.1.1a/3, Erster Teil, 312f., Nr. 115.

Literatur: Пальмов (Hg.): Чешские братья, Bd. 1/1 [1904], 188.

Inc.: *Pozdrawenj laskawé s mnohau žadostj spasenj wasseho wzkazugeme wám [...].*
Expl.: *[...] až do dne přjsstj Pána Gežjsse. Amen. Bratřj starssj wssj gednoty.*

Die Brüderältesten wünschen den Adressaten (*bratřj a sestry w Pánu Krystu milj*) Fortschritt und Beständigkeit in Glauben, Liebe und Hoffnung (1 Kor 13,13). Während der bevorstehenden Quatemberfasten sollen einige Brüder zu Priestern und Diakonen ordiniert werden (*magj k auřadu kněžskému a jahenskému řjzeni y potwrzeni býti*). Daher sollen die Gläubigen am Mittwoch und Freitag nach Pfingsten fasten und sowohl in Versammlungen am Morgen und am Abend als auch in den Haushalten (*y doma w hospodách*) eifrig beten, dass Gott sie zu würdigen Dienern macht und sie geistlich weiht (*wywoluge ge a poswěcuje w Duchu*). Die Gläubigen sollen ferner um Gottes Segen für die Synode (*nám spolu shromážděným y s knějmi*) und für Wirken und Wachstum der Brüderunität (*djlo Božj*) bitten.

Nr. 227   V 324r–v

Brief eines Brüderpriesters an eine Unitätsgemeinde, ohne Ortsangabe, ohne Datum

Der Verfasser des tadelnden Ermahnungsbriefes ist entweder der Brüderpriester, der die Adressatengemeinde betreut, oder aber ein vorgesetzter Brüdergeistlicher, etwa ein Angehöriger des Engen Rates. Auch in dem Schreiben Nr. 231 betont ein Mitglied eines Leitungsgremiums seine pastorale Verantwortung für eine Adressatengemeinde und für jedes einzelne Mitglied.

Der Text gewährt, ähnlich wie Nr. 248, Einblick in Spannungen, die sich aus der strikten Disziplin ergaben, der die Mitglieder der Unität unterworfen waren. Anscheinend beriefen sich einige Mitglieder der Adressatengemeinde, die die Voraussetzungen für die Teilnahme am Abendmahl nicht erfüllten, auf die aus der taboritischen und brüderischen Lehre ableitbare Vorstellung von einer rein geistlichen Kommunion, einer spirituellen Partizipation am Leib Christi auch ohne Empfang der sakramentalen Kommunion.

Dieses Verhalten weist der Verfasser unter Berufung auf die brüderische Lehre vom „verordneten Heil" (*zřízené spasení*) zurück. Diese besagt, dass Gott den Gläubigen die Teilnahme an den Dienlichkeiten der Kirche (Wort und Sakramente) als regulären Weg zum Heil befohlen hat. Nur in dem Fall, dass ein Gläubiger ohne eigenes Verschulden die Sakramente nicht erlangen kann, reiche die geistliche Anteilhabe an Christus beziehungsweise an den „wesentlichen Dingen" – Glaube, Liebe und Hoffnung (1 Kor 13,13) – zur Erlangung des Heils aus. Auffällig ist, dass auch in Nr. 54, einer gegen die Brüder gerichteten Satire des utraquistischen Pfarrers Jan in Leipnik (1503), in einem ähnlichen Argumentationszusammenhang von der „geistlichen Kommunion" die Rede ist.

Überlieferung außerhalb der AUF: –

Edition: Handschriftliche deutsche Übersetzung von Joseph Theodor Müller: Herrnhut, Unitätsarchiv der Evangelischen Brüder-Unität, Sign. AB.II.R.1.1a/3, Erster Teil, 313f., Nr. 116.

Literatur: Пальмов (Hg.): Чешские братья, Bd. 1/1 [1904], 188.

Inc.: *Bratřj milj, péči mage o zbor tento y o gednoho každeho z wás [...]*. Expl.: *[...] Zpuosobiž wás Pán Buoh wssemohucý w to též dada milost předcházegjcý k tomu, w Krystu Gežjssi, Pánu nassem.*

Der Verfasser richtet sich an die Adressaten (*bratřj milj*), da er als Seelsorger für die Adressatengemeinde (*zbor tento*) und für jedes einzelne Mitglied verantwortlich ist, und zwar sowohl für ihren Lebenswandel als auch für ihr Seelenheil. Letzteres besteht in der vierfachen Ankunft des Herrn (*we čtweru přjsstj Páně*) [der Menschwerdung Christi in Bethlehem, dem geistlichen Eingehen Christi in die Seele des gläubigen Menschen, der Begegnung mit Christus im Moment des Todes und bei der Wiederkunft Christi am Ende der Zeiten], an der der Mensch durch die vorlaufende, gegenwärtige und künftige Gnade (*předeslé, přjtomné y budaucý milosti*) Anteil erlangt.

Mehrere Mitglieder der Adressatengemeinde sind seit geraumer Zeit von der Kommunion ausgeschlossen, tun aber keine Buße, um wieder ordentlich zugelassen zu werden. Ihr Seelenheil ist gefährdet, auch wenn sie sich selbst damit vertrösten wollen, dass sie trotz des Ausschlusses vom Abendmahl weiterhin bei der Predigt und beim Gebet anwesend sind. Wortverkündigung, Gebet und Kommunion hängen aber in der Weise miteinander zusammen, dass die Teilnahme an Wortgottesdienst und Gebet für solche, die sich verstockt und mutwillig von der Abendmahlsgemeinschaft ausschließen, sinnlos ist. Diesen Personen setzt der Verfasser daher eine Frist: Sofern sie nicht bis zur Fastenzeit (*do postu*) Buße tun, wird ihnen auch der Besuch der Versammlung (*do zboru obecného chozenj*) verboten.

Der Verfasser ist besorgt, dass eine Spaltung in der Unität einreißt [in einen inneren Kreis von observanten Mitgliedern, die an der Kommunion teilnehmen, einerseits und einen äußeren Kreis von nachlässigen Mitgliedern, die nur an Wortgottesdienst und Gebet teilnehmen, andererseits]. Zweitens verletzen die von der Kommunion ausgeschlossenen Personen die Ordnung der Kirche Christi (*řád cýrkwe Krystowy*). Sie bilden sich ein und vertrösten sich, sie würden geistlich [Anteil an Leib und Blut Christi] empfangen (*sami proti řádu se rozwazugjce a trosstugjce, že snad duchowně požjwáte*), obwohl sie sich mutwillig selbst von der Kommunion ausschließen.

Das ist eine Irrlehre gegen das verordnete Heil (*w tom náramně blaudjte proti zřjzenému spasenj*). Die unbußfertigen Personen verachten den Dienst der Brüderpriester (*potupugete skutek přisluhowánj Krystowa*). Sie rechtfertigen ihre Verstocktheit und die Missachtung der Kommunion mit der Behauptung, dass der Lebenswandel einiger Brüderpriester nicht einwandfrei sei. Es ist eine Schande, dass die Mitglieder der Adressatengemeinde nach so ausführlicher Belehrung und nach der Lektüre so vieler Schriften (*po mnohém včenj y spisuow čjtánj*) so wenig vom verordneten Heil begriffen haben.

Nr. 228   V 325r–v

Brief eines Brüderpriesters an eine Unitätsgemeinde, ohne Ortsangabe, ohne Datum

Der Text enthält weder konkrete Anhaltspunkte für die Identifizierung des Verfassers und der Adressatengemeinde noch für die Datierung. Das Schreiben dürfte an eine städtische Gemeinde mit wohlhabenden Mitgliedern gerichtet und in einer Zeit entstanden sein, als die Unität nicht akut verfolgt wurde, etwa in den ersten Jahren des 16. Jahrhunderts vor Erlass des St. Jakobsmandats (1508) oder sogar erst in den 1520er Jahren.

In Nr. 54, einer gegen die Brüder gerichteten Satire des utraquistischen Pfarrers Jan in Leipnik (1503), wird über den Kleiderluxus in der Unität gespottet, indem dem Leitomischler Brüderpriester Vavřinec Krasonický eine fiktive Predigt in den

Mund gelegt wird, wonach die Unität luxuriöse Kleidung offiziell erlaubt habe. Dies war jedoch keineswegs der Fall, wie die wohl aus den 1520er Jahren stammenden Warnungen vor Kleiderluxus in Texten des Brüderbischofs Lukáš aus Prag anschaulich erkennen lassen (Nr. 103, 234).

Überlieferung außerhalb der AUF: –

Edition: Handschriftliche deutsche Übersetzung von Joseph Theodor Müller: Herrnhut, Unitätsarchiv der Evangelischen Brüder-Unität, Sign. AB.II.R.1.1a/3, Erster Teil, 314f., Nr. 117.

Literatur: Пальмов (Hg.): Чешские братья, Bd. 1/1 [1904], 188.

Inc.: *Bratřj milj a sestry, jakož sem oznámil, že bych měl posluhowánj činiti [...]*. Expl.: *[...] ale laskawě přigmete a k neděli, dewět hodin když bude, přigdete do zboru.*

Der Verfasser hat angekündigt, in der Adressatengemeinde (*bratřj milj a sestry*) das Abendmahl zu feiern. Er sieht sich aber veranlasst, die Feier aufzuschieben. Der Lebenswandel einiger verheirateter Gemeindemitglieder ist anstößig. Wenn diese nicht Buße tun, müssen sie [von der Kommunion] ausgeschlossen werden, sofern sie nicht bereits ausgeschlossen worden sind.

Auch das Betragen einiger lediger Gemeindemitglieder beiderlei Geschlechts ist unordentlich. Diese, auch einige verheiratete Männer, kleiden und benehmen sich weltlich (*swěta w rauchu a w postawě následugjce*) und tragen luxuriöse Mäntel, Hemden und Schuhe. Die jungen und alten Frauen tragen Pelze und gestickte oder seidene Kleidungsstücke. Diejenigen, die nicht auf derlei Kleiderluxus verzichten wollen, wird der Verfasser aus der Gemeinde ausschließen (*z bratrstwj neb z sestrstwj propausstjm*).

Der Verfasser verwarnt ferner unter Androhung des Ausschlusses diejenigen, die sich in Lehrfragen mit den Vorstehern (*s zpráwcemi*) streiten und nicht Buße tun wollen, sowie Gemeindemitglieder, die durch Kaufhandel Anstoß erregen (*genž w kaupěch y w prodagjch w žiwnostech aurazy a pohorssenj činj*). Alle diese Personen verletzen den Bund des göttlichen Gesetzes (*smlauwu zákona Božjho*). Der Verfasser mahnt die Adressaten daher zur Buße. Er wendet sich schriftlich an sie, da er wegen anderweitiger Pflichten nicht anwesend sein kann. Die Gemeinde möge sich in seiner Abwesenheit am Sonntag um neun Uhr im Bethaus (*do zboru*) versammeln.

Nr. 229
V 326r–327r

Bruder [Jan] Volf: Ansprache in einer Unitätsgemeinde zur Ankündigung von Fasten und Gebetsversammlungen, [Prerau, nach 1526, vor 1548]

Der Text ist das Konzept einer Ansprache, mit der ein Brüderpriester Volf eine Unitätsgemeinde zu besonderen, von der Unitätsleitung angeordneten Fastentagen und Gebetsversammlungen auffordert (vgl. die zahlreichen entsprechenden Rundschreiben der Kirchenleitung, Nr. 137, 216, 218–226, 230, 237–245). Die im Text erwähnte Bedrohung durch das expandierende Osmanische Reich war für die böhmischen Länder seit 1526, dem Jahr der Schlacht von Mohács in Ungarn, aktuell. Bei dem Verfasser handelt es sich mit großer Wahrscheinlichkeit um Brüderpriester Jan Volf, der seit etwa 1533 in Prerau amtierte und dort 1548 starb (Fiedler [Hg.]: Todtenbuch [1863], 234f.). Bei Jan Volf diente der junge Jan Blahoslav als Gehilfe. In AUF VII 49v–51v sind ein Brief des Prerauer Grundherrn Johann von Pernstein an Volf (22. Juli 1548) und dessen Antwort (23. Juli 1548) überliefert.

Der apostolische Gruß (*milost a pokoj*, „Gnade und Friede", vgl. Röm 1,7 und öfter) als Briefanfang wurde bei den Brüdern anscheinend erst unter dem Einfluss des Briefstils der deutschen Reformatoren üblich. Datierte Beispiele für die Verwendung des apostolischen Grußes in AUF V stammen meist aus der Zeit nach 1540 (vgl. Nr. 231, 241–243, 255; ein wohl wesentlich früher zu datierendes Beispiel ist jedoch Nr. 210).

Überlieferung außerhalb der AUF: –

Edition: Handschriftliche deutsche Übersetzung von Joseph Theodor Müller: Herrnhut, Unitätsarchiv der Evangelischen Brüder-Unität, Sign. AB.II.R.1.1a/3, Erster Teil, 315–317, Nr. 118.

Literatur: Пальмов (Hg.): Чешские братья, Bd. 1/1 [1904], 188f.; Müller: Geschichte und Inhalt [1913], 111, Nr. 118.

Inc.: *Milost a pokog y prawda Pána nasseho Gežjsse Krysta, bratřj a sestry [...]*. Expl.: *[...] požadeyme Boha Otce wssickni spolu pokleknauce. Wolff, služebnjk nehodný [Krys]ta Gežjsse y wáš.*

Volf grüßt die Gemeinde mit dem apostolischen Gruß. Er ist, ebenso wie seine Amtsbrüder in den übrigen Unitätsgemeinden, von den Brüderältesten aufgefordert worden, besondere Gebetsversammlungen abzuhalten. Er ermahnt die Gemeinde daher folgendermaßen zu Gebet und Fasten:

Die Endzeit, von der Christus in Mt 24, Mk 13 und Lk 21 spricht, ist herbeigekommen. Daher gilt es jetzt, dem Gebot Christi gemäß zu wachen und zu beten (Mt 26,41), insbesondere für die weltweite heilige, allgemeine christliche Kirche (*za cýrkew swatau obecnau křesťanskau, rozprostřenau po okrssku swěta*), dass Gott sie von Missständen und Irrlehren reinige und für die Wiederkunft Christi vorbereite (Offb 21,1; Eph 5,27).

Zweitens, dass Gott die Kirche mit Glauben, Liebe und Hoffnung (1 Kor 13,13) begabt sowie mit den Gnadengaben der Buße, ohne die kein Mensch mündigen Alters das Heil erlangen kann (*daru pokánj, bez něhož lidé rozumu dosslj [...] zahynau*), und um die Gnadengabe der Beständigkeit, ohne die niemand das Heil erreichen kann (Mt 24,13).

Drittens, dass Gott die Herzen der weltlichen Herrscher leitet, damit sie das Evangelium und die Gläubigen beschützen.

Viertens, dass Gott nicht zulassen möge, dass das christliche Volk (*lid křesťanský*) unter die Herrschaft der grausamen Türken [Osmanen] (*Turka tyrrana vkrutnjka, newinné krwe křesťanské prolewače*) gerät, sondern Gott selbst möge zum Schutz der Christen gegen die Türken kämpfen wie einst gegen deren Vorfahren, die Heiden, zum Schutz des Volkes Israel.

Fünftens soll man dafür beten, dass Gott die Strafen, die über die Christen wegen ihrer Sünden verhängt wurden, hinwegnimmt, namentlich Raupen, Mehltau, Heuschrecken, Dürre und Seuchen.

Alle Gemeindemitglieder mit Ausnahme der schwangeren und stillenden Frauen und der Kranken sollen an allen Freitagen fasten. Gott gebe zu den bevorstehenden Fastentagen Gelingen. Amen. Nun aber möge die Gemeinde zum Gebet niederknien.

Nr. 230   V 327v

Rundschreiben der Brüderältesten an die Unitätsgemeinden, ohne Ortsangabe, vor 8. September [1473]

Bei der im Text erwähnten Königin handelt es sich um Johanna von Rosental, die Witwe Georgs von Podiebrad, die 1475 starb. Ihre gegen die Brüderunität gerichteten Maßnahmen erreichten mit dem böhmischen Landtag, der vom 28. Mai bis 9. Juni 1473 in Beneschau stattfand, den Höhepunkt (vgl. Nr. 136). Ein dort von der Königin durchgesetzter Beschluss beinhaltete unter anderem das Verbot gottesdienstlicher Versammlungen der Brüder. Die Kirchenleitung der Unität reagierte darauf mit dem vorliegenden Rundschreiben.

Überlieferung außerhalb der AUF: –

Edition: Handschriftliche deutsche Übersetzung von Joseph Theodor Müller: Herrnhut, Unitätsarchiv der Evangelischen Brüder-Unität, Sign. AB.II.R.1.1a/3, Erster Teil, 317, Nr. 119.

Literatur: Пальмов (Hg.): Чешские братья, Bd. 1/1 [1904], 189.

Inc.: *Bratřj milj a sestry, známo činjme w tomto pokussenj nassem [...]*. Expl.: *[...] Pán Buoh z milosti swé w Krystu zpuosobiž srdce wásse k tomu. Bratřj starssj.*

Die Brüderältesten teilen den Adressaten (*bratřj milj a sestry*) ihren Beschluss (*že sme vložili*) mit, angesichts der gegenwärtigen Bedrängnis (*pokussenj*) besondere Fasten- und Gebetstage am 8. September und am darauffolgenden Freitag anzuordnen. Die Mitglieder der Unitätsgemeinden sollen Buße tun für alle Nachlässigkeiten, mit denen sie möglicherweise Gott erzürnt haben. Gott züchtigt die Gläubigen für den nachlässigen Besuch der Versammlungen und den unachtsamen Gebrauch der Sakramente, indem er [das Verbot der brüderischen Gottesdienste] zulässt (*nedbánliwostmi a newděčnostmi a nepožjwánjm pomocý zboruow a služebnostj, takže Pán Buoh dopustil to odgetj*). Die Gläubigen sollen Gott bitten, die Königin zum Einlenken zu bewegen. Dies sollen sie [da derzeit keine Versammlungen möglich sind] in den einzelnen Haushalten (*po čeledech*) tun.

Nr. 231   V 328r–v

Rundschreiben der Brüderältesten aus Böhmen an die Unitätsgemeinden, ohne Ortsangabe, ohne Datum

Der Text, in dem ähnlich wie in Nr. 227 vor Spaltungen und Irrlehren in der Unität gewarnt wird, enthält keine Anhaltspunkte für den konkreten Entstehungskontext. Der apostolische Gruß (*milost a pokoj*, „Gnade und Friede", vgl. Röm 1,7 und öfter) als Briefanfang wurde bei den Brüdern anscheinend erst um 1540 unter dem Einfluss des Briefstils der deutschen Reformatoren üblich, vgl. Nr. 229.

Überlieferung außerhalb der AUF: –

Edition: Handschriftliche deutsche Übersetzung von Joseph Theodor Müller: Herrnhut, Unitätsarchiv der Evangelischen Brüder-Unität, Sign. AB.II.R.1.1a/3, Erster Teil, 318f., Nr. 120.

Literatur: Пальмов (Hg.): Чешские братья, Bd. 1/1 [1904], 189.

Psanj b[ratří] s[taršjch] odwozugjcy od roztržek a rot a napomjnagjcy k swaté gednotě Ducha Krystowa [„Ein Schreiben der Brüderältesten, das vor Spaltungen und Sekten warnt und zur heiligen Einheit des Geistes Christi ermahnt"]. Inc.: *Milost a pokog od Boha Otce w Krystu Gežjssi wzkazugem wam bratřj a sestry [...]*. Expl.: *[...] Ducha s[vatéh]o swého na základu Pana nasseho Gežjsse Krysta. Amen. Bratřj starssj z Čzech.*

Die Brüderältesten wünschen den Adressaten (*bratřj a sestry*) Wachstum in der Gnade, in der Erkenntnis und in der Anteilhabe an Christus (*w požjwánj Pana Gežjsse Krysta*). Aus pastoraler Fürsorge für die Unitätsgemeinden und für jedes einzelne Mitglied sind die Brüderältesten besorgt über Berichte, wonach in einigen Gemeinden Unfrieden und Spaltungen entstanden sind. Derlei gab es bereits in der Urkirche, als falsche Propheten den Sabbat, die Beschneidung und die Speisegebote einführen wollten und durch unnützes Gerede die Gläubigen verwirrten.

Um die jetzt in den Unitätsgemeinden aufgetretenen Unstimmigkeiten beizulegen, würden die Brüderältesten gern persönlich die Gemeinden besuchen. Derzeit sind sie durch wichtige Umstände verhindert und wenden sich daher schriftlich an die Gemeinden. Sie hoffen aber, bald zu den betroffenen Gemeinden reisen zu können, damit dort wieder Friede einkehrt und damit Christus, das Oberhaupt der Brüderunität, in ihr verherrlicht werde (*aby Pán naš Gežjš Krystus w gednotě swé zweleben byl jako swrchowany zprawce gegj*). Die Brüderältesten ermahnen die Adressaten, die strittigen Fragen bis zu dem bevorstehenden Besuch ruhen zu lassen und Einigkeit zu bewahren.

Die Amtsvorgänger (*předkowé nássi*) der Brüderältesten haben die Brüderunität gemäß dem Willen Gottes aufgebaut (*shromaždili*). Die Brüderältesten sind sich der hohen Verantwortung, die nun auf sie übergangen ist, bewusst. Aber auch die Gemeinden stehen in der Verantwortung, zum Wohlergehen der Unität beizutragen und ihr Bestehen nicht durch Uneinigkeit zu gefährden. Sie sollen nicht dem Teufel Raum geben und ihm erlauben, die Unität zu zerstören. Die Brüderältesten ermahnen die Gläubigen, für die Arbeit der Brüderunität zu beten.

Nr. 232   V 329r

Bruder Lukáš aus Prag: Brief an Bruder Mikuláš und die übrigen Ältesten der Unitätsgemeinde in Nachod, ohne Ortsangabe, 6. Mai [1517 oder 1523]

Die untertänige Stadt Nachod befand sich seit 1497 im Pfandbesitz Johanns des Jüngeren Špetle von Pruditz. Dessen Ehefrau Agnes von Janowitz stiftete den Brüdern 1501 ein Bethaus (*sbor*). Johann Špetle verlieh der Unitätsgemeinde 1505 weitere Pri-

Die kolorierte Federzeichnung aus dem Reisealbum des Pfalzgrafen Ottheinrich (1536/37) vermittelt einen realistischen Eindruck von Stadt und Schloss Nachod. Unter dem Schutz des Grundherrn, Johann Špetle von Pruditz, bestand dort in den ersten Jahrzehnten des 16. Jahrhunderts eine Gemeinde der Brüderunität.

vilegien. Nach Špetles Tod im Jahr 1532 bestand die Gemeinde unter dessen Erben weiter, bis sie im Zuge der Verfolgungsmaßnahmen von 1547/48 aufgelöst wurde.

An den Adressaten, Mikuláš in Nachod, einen ihm persönlich bekannten brüderischen Laien, richtete der Brüderbischof Lukáš aus Prag auch den Brief Nr. 247 (1521). Laut der *Historia Fratrum* (Praha, Národní knihovna České republiky, Sign. XVII F 51a, 387) hatte Mikuláš als „Gemeindehelfer" („pomocznjk zboru") eine leitende Funktion in der Nachoder Unitätsgemeinde inne. Die im vorliegenden Text erwähnte Magdalena ist in Nr. 247 ebenfalls genannt.

Das Schreiben ist mit Angabe des Tages- und Monatsdatums sowie des Wochentags, aber ohne Jahresangabe überliefert. Der 6. Mai fiel in den Jahren 1500, 1506, 1517, 1523 und 1528 auf einen Mittwoch (*feria quarta*). Für eine Datierung in das Jahr 1523 spricht die zeitliche Nähe zu Nr. 247, für 1517 hingegen die Möglichkeit, dass es sich bei der am Schluss des Briefes erwähnten Schrift des Lukáš gegen Irrlehren um den Traktat *O šesti příčinách bludův obecních* („Über die sechs Ursachen der allgemeinen Irrlehren") von 1517 handelt (Praha, Knihovna Národního muzea,

Sign. V E 5, 1r–111v; ebd., Sign. V E 9, 204r–316v; vgl. *Historia Fratrum*, Praha, Národní knihovna České republiky, Sign. XVII F 51a, 383).

Überlieferung außerhalb der AUF: –

Edition: Handschriftliche deutsche Übersetzung von Joseph Theodor Müller: Herrnhut, Unitätsarchiv der Evangelischen Brüder-Unität, Sign. AB.II.R.1.1a/3, Erster Teil, 319f., Nr. 121.

Literatur: Gindely: Bratr Lukáš [1861], 279, Nr. 8; Hraše: Sbor [1892], 39; Пальмов (Hg.): Чешские братья, Bd. 1/1 [1904], 189; Müller: Geschichte und Inhalt [1913], 112, Nr. 121; Müller: Geschichte, Bd. 1 [1922], 568, Nr. 138, 602, Nr. 154; Müller/Bartoš: Dějiny, Bd. 1 [1923], 346, Nr. 138; Hrejsa: Sborové [1935], 41 (zur Unitätsgemeinde in Nachod).

Bratřjm starssjm zboru nachodskeho, milym w Pánu [„Den Brüderältesten der Nachoder Gemeinde, den Geliebten im Herrn"]. Inc.: *Žadost spasytedlná bratřjm wzkázána buď. Bratřj milj, vkazatel cedule této [...].* Expl.: *[...] a nyni pjssi proti tomu bludu prawjcých některých, že lepssj nebudau. Vale. Per me, Lucam. Datum f[eria] IIII die Iohan[nis] ante Portam Latinam.*

Lukáš empfiehlt den Ältesten der Unitätsgemeinde in Nachod (*bratřj milj*) den Überbringer des vorliegenden Schreibens. Dieser ist Lukáš von Jugend auf bekannt. Er benötigt den Rat der Nachoder Ältesten in einer Ehesache.

Lukáš hat erfahren, dass die [etwa 30 Kilometer südlich von Nachod gelegene] Stadt Solnitz durch eine Feuersbrunst verwüstet wurde. Er bittet Mikuláš, [einem anderen] Bruder Mikuláš zu schreiben, damit den Glaubensgenossen in Solnitz geholfen wird. Mikuláš selbst soll mit gutem Beispiel vorangehen, falls die Gemeindemitglieder in der Umgebung, namentlich die Reichen in Nachod, nicht spenden wollen (*gestližeť bratřj okolnj, zwlássť w Nachodě bohati, magj zawřena střewa a twrdé řemenj v měscuow*). Mitglieder der Unitätsgemeinde in Jung-Bunzlau sind zu Spenden bereit.

Mikuláš möge Magdalena und die übrigen Gemeindemitglieder grüßen. Lukáš war schon lange nicht in Nachod und hat auch nicht die Absicht, dorthin zu reisen, solange sie sich nicht bessern. Er schreibt gerade etwas gegen die Irrlehre gewisser Personen, die sagen, dass sie sich nicht bessern werden.

Nr. 233   V 329v

Bruder Lukáš aus Prag: Brief an die Unitätsgemeinde in Turnau, ohne Ortsangabe, 1501

Jan Klenovský, einer der Protagonisten der Reform der Brüderunität in den 1490er Jahren (vgl. Nr. 65 und 74), starb am 9. November 1498. Der vorliegende Brief, in dem der Brüderbischof Lukáš aus Prag Klenovskýs Andenken verteidigt, ist in den *Acta Unitatis Fratrum* in das Jahr 1501 datiert. Diese Datierung ist übernommen in der *Historia Fratrum* (Praha, Národní knihovna České republiky, Sign. XVII F 51a, 116). Müllers hypothetische Korrektur des überlieferten Datums – er datierte den Text in das Jahr 1499 – überzeugt nicht.

Überlieferung außerhalb der AUF: –

Edition: Herben: Klenovský [1883], 49f.; Molnár: Bratr Lukáš [1948], 114f. – Handschriftliche deutsche Übersetzung von Joseph Theodor Müller: Herrnhut, Unitätsarchiv der Evangelischen Brüder-Unität, Sign. AB.II.R.1.1a/3, Erster Teil, 320f., Nr. 122.

Literatur: Gindely: Bratr Lukáš [1861], 279, Nr. 10; Пальмов (Hg.): Чешские братья, Bd. 1/1 [1904], 189f.; Müller: Geschichte und Inhalt [1913], 112, Nr. 122; Müller: Geschichte, Bd. 1 [1922], 234, 278, 566f., Nr. 125, 595, Nr. 85; Müller/Bartoš: Dějiny, Bd. 1 [1923], 151, 181f., 346, Nr. 125; Molnár: Boleslavští bratří [1952], 48; Koželuha: Jan Klenovský [2004], 139.

Psanj b[ratra] Lukássowo bratřjm turnowskym, w němž pobožné a wyborne swědectwj dáwá o bratru Janowi Klenowském ["Ein Schreiben des Bruder Lukáš an die Turnauer Brüder, in dem er ein frommes und hervorragendes Zeugnis über Bruder Jan Klenovský ablegt"]. Inc.: *Bratřj milj, ač sam vstně pro nepřjtomnost swau nemohu wám mluwiti [...]*. Expl.: *[...] a ať wěrné zprawce nám possle a přjtomne ostřjhá. 1501.*

Lukáš verteidigt gegenüber den Adressaten (*bratřj milj*) das Andenken des [am 9. November 1498 gestorbenen] Jan Klenovský. Es ist ein Gebot des Apostels Paulus, der Lehrer mit Hochachtung zu gedenken (Hebr 13,7). Die Turnauer kannten Klenovský nicht persönlich, aber auch unter ihnen wissen einige von dessen tugendhaftem Lebenswandel und von dessen Leistungen für die Unität, in deren Dienst er sein ganzes Leben und Vermögen gestellt hatte. Die Turnauer mögen sich Klenovský zum Vorbild nehmen und Gott für ihn danken. Sie sollen Gott bitten, dass er weiterhin treue Vorsteher sendet, und Fürbitte für diejenigen tun, die gegenwärtig in der Unität tätig sind.

Nr. 234   V 330r–v

Bruder Lukáš aus Prag: Warnung vor Hoffart und Kleiderluxus, [vor 11. Dezember 1528]

Der Brüderbischof Lukáš aus Prag starb am 11. Dezember 1528 an seinem Amtssitz in Jung-Bunzlau. Der vorliegende Text wurde laut Überschrift in AUF V am 20. Dezember 1528 in der dortigen Unitätsgemeinde verlesen. Es handelt sich dabei nicht um das Anfang Dezember 1528 verfasste Testament des Lukáš, dessen Text im Nekrologium des Brüderklerus (Fiedler [Hg.]: Todtenbuch [1863], 224–226) und in der *Historia Fratrum* (Praha, Národní knihovna České republiky, Sign. XVII F 51a, 652–659) überliefert ist. Vielmehr liegt hier ein bearbeiteter Auszug aus der ebenfalls in AUF V überlieferten, wohl von Lukáš verfassten undatierten Auslegung von 1 Joh 2,16 (Nr. 103) vor. Ein ähnliches Verbot des Kleiderluxus wurde 1538 von einer Synode der Unität beschlossen (Gindely [Hg.]: Dekrety [1865], 156).

Überlieferung außerhalb der AUF: –

Edition: Císařová-Kolářová: Žena [1942], 179f. (Auszüge). – Handschriftliche deutsche Übersetzung von Joseph Theodor Müller: Herrnhut, Unitätsarchiv der Evangelischen Brüder-Unität, Sign. AB.II. R.1.1a/3, Erster Teil, 321f., Nr. 123.

Literatur: Пальмов (Hg.): Чешские братья, Bd. 1/1 [1904], 190; Müller: Geschichte und Inhalt [1913], 112, Nr. 123; Müller: Geschichte, Bd. 1 [1922], 604, Nr. 166; Císařová-Kolářová: Žena [1942], 179f.; Molnár: Boleslavští bratří [1952], 114.

List čteny w zboru boleslawskem po smrti bratra Lukasse w neděli čtwrtau adwentnj léta Páně 1528 [„Ein Brief, der in der Jung-Bunzlauer Gemeinde nach dem Tod des Bruder Lukáš verlesen wurde am vierten Adventssonntag des Jahres des Herrn 1528"]. Inc.: *Cžasowé tito teskliwj nastali sau a nastawagj zprawcom wěrnym [...]*. Expl.: *[...] Bohu swému žiwi byli zde w milosti a potom w sláwě nawěky. Amen.*

Für die Brüderpriester (*zprawcom wěrnym*) sind beunruhigende Zeiten angebrochen. Die jungen Leute beiderlei Geschlechts [in den Unitätsgemeinden], auch manche ältere, kleiden sich trotz der Warnung 1 Joh 2,16 weltlich und aufreizend. Sie sind voller Stolz, Eitelkeit und böser Begierden, auch wenn sie dies zu leugnen versuchen und sich entschuldigen, ihre Ehemänner oder ihre Standesgenossen würden derlei erwarten (*pak to mnozy osprawedlniti chtěgj y vyslugj buď potřebau, buď slussnostj, buď mussenjm mužowym neb přátel*). Aber gerade dies ist ein Kennzeichen weltlicher Gesinnung, dass man sich gar nicht des Ärgernisses bewusst ist, das man durch sein Äußeres erregt.

Die Heilige Schrift warnt vor Kleiderluxus (Sir 11,4; Est 14,16 Vulgata; Zef 1,8). Gott kennt die Ausreden derer, die sich mit der einen Hand an Gott und mit der anderen Hand an der Welt festhalten wollen. Nicht nur Kleiderluxus, sondern auch das Tragen von Schmuck ist Sünde (1 Petr 3,3; Jes 3,16). Gott hat den Geist des Menschen geschmückt und ihn dennoch mit dem [weitaus weniger wertvollen] Leib umhüllt. Die Leiber der Menschen hat Gott nach dem Fall nicht mit kostbaren Gewändern bekleidet, sondern mit Fellen, die viel weniger wertvoll sind als der menschliche Leib. Diejenigen, die der Unität beigetreten sind (*po přiyaté milosti*), sind verpflichtet, ihren Leib durch einen tugendhaften Lebenswandel auf die künftige Auferstehung vorzubereiten und zu schmücken. Stattdessen schmücken sie sich jedoch mit Schminke und aufreizender Kleidung. Gott wird sie bestrafen, selbst wenn sie nicht vorsätzlich auf Unzucht aus sein sollten, denn sie geben anderen Menschen Anlass zur Sünde. Daher ist es notwendig, rasch Buße zu tun.

Nr. 235   V 331r–333r

Antwort des Engen Rates auf die Frage, inwiefern Angehörige der Brüderunität an der Ausübung obrigkeitlicher Ämter mitwirken dürfen, ohne Ortsangabe, 1490

Das Schreiben des Engen Rates entstand kurz vor der Synode von Brandeis an der Adler, die noch im selben Jahr 1490 stattfand. In Brandeis wurde ein Beschluss gefasst, der die streng separatistische Sozialethik der frühen Unität abmilderte und den Mitgliedern der Brüderunität das Leben im städtischen Kontext erleichterte (vgl. Nr. 74).

Die ersten Brüder um Bruder Řehoř Krajčí hatten sich 1457/58 in dem Dorf Kunvald niedergelassen, um ein zurückgezogenes Leben ohne jegliche aktive Teilhabe an der „weltlichen Macht" führen zu können. Mit dem Wachstum der Brüderunität in den 1470er Jahren nahm auch die Zahl derjenigen Mitglieder zu, die in Kleinstädten und Städten lebten. In den 1480er Jahren förderten Johann I. Kostka von Postupitz und dessen Sohn Bohuš II. den Zuzug von Anhängern der Unität in die untertänige Stadt Leitomischl (vgl. Nr. 70 und 72), wo in der Oberstadt ein regelrechtes brüderisches Viertel entstand (Just/Baťová: In monte Oliveti [2022], 13–15). Obrigkeit und Mitbürger erwarteten von den in Kleinstädten und Städten ansässigen Brüdern, sich an der kommunalen Selbstverwaltung zu beteiligen.

Der vorliegende Text spiegelt die Ratlosigkeit wider, mit der der Enge Rat und der aus bäuerlichen Verhältnissen stammende Brüderbischof Matěj aus Kunvald den Problemen der städtischen Unitätsgemeinden gegenüberstand. Nachdem sich der Beschluss der Brandeiser Synode, der den städtischen Verhältnissen entgegenkam, in der Unität nicht durchsetzen ließ, kehrte der von Matěj berufene konservative Enge Rat in den Jahren 1490 bis 1494 erneut zu einem streng separatistischen Kurs zurück (*Historia Fratrum*, Praha, Národní knihovna České republiky, Sign. XVII F 51a, 95; Gindely [Hg.]: Dekrety [1865], 125f.). Die nicht zuletzt vom Gegensatz von ländlicher und städtischer Lebensweise bestimmte Leitungskrise der Unität in den Jahren um 1490 beschrieb rückblickend der Brüderpriester Vavřinec Krasonický in seiner Schrift *O učených* („Über die Gelehrten") von 1530 (Molnár: Českobratrská výchova [1956], 88–90; zum Kontext vgl. Halama, J.: Konflikt [2022]).

Bis 1490 lehnten die Brüder die Ausübung obrigkeitlicher Ämter streng ab. Die um 1430 entstandene Miniatur aus dem Memorialbuch der königlichen Stadt Olmütz in Mähren zeigt die Vereidigung der Mitglieder des Stadtrats. Die religiöse Begründung von Eidesleistung und Rechtsprechung wird durch die Darstellung Christi als Weltenrichter versinnbildlicht. Aus der Sicht der Brüder war die Verbindung von Religion und obrigkeitlicher Gewalt eine Verführung des Antichrist. Für wohlhabende Mitglieder der Brüderunität, die sich der Mitwirkung in Stadträten nicht entziehen konnten, ergaben sich schwere Gewissenskonflikte.

Überlieferung außerhalb der AUF: –

Edition: Handschriftliche deutsche Übersetzung von Joseph Theodor Müller: Herrnhut, Unitätsarchiv der Evangelischen Brüder-Unität, Sign. AB.II.R.1.1a/3, Erster Teil, 322–325, Nr. 124.

Literatur: Пальмов (Hg.): Чешские братья, Bd. 1/1 [1904], 190; Müller: Geschichte und Inhalt [1913], 112, Nr. 124; Müller: Geschichte, Bd. 1 [1922], 242f., 591, Nr. 56.

[Titel laut Inhaltsverzeichnis *1r: *Kusowé někteřj poznamenanj podle přjčin tehdayssjch* („Einige Artikel, die aus damals gegebenen Anlässen aufgezeichnet wurden").] *Leta Páně 1490.* [„Im Jahr des Herrn 1490"]. Inc.: *Na ty wěci, kterež na wás dolehaj, žádate rady y pomocy [...]*. Expl.: *[...] a rada dáwána, což w zboru včiteluow, kteřjž se sessli z kraguow, za wýpowěd přečteno.*

[Dem Engen Rat] waren [von den Mitgliedern der Unitätsgemeinde in Leitomischl] schriftlich zwei Fragen vorgelegt worden. Erstens: Wie soll man sich verhalten, wenn Mitglieder der Brüderunität auf das Rathaus vorgeladen werden, um in Gerichtsprozessen einen Rat oder ein Gutachten abzugeben [obwohl dies möglicherweise dem Verbot der Mitwirkung an Gerichtsurteilen Mt 7,1 widerspricht]? Zweitens: Wie soll man sich verhalten, wenn eine Stadtobrigkeit Mitglieder der Unität zur Übernahme des Ratsherrenamtes verpflichtet?

Auf die erste Frage [antwortet der Enge Rat]: Die Mitglieder der Unität sollen die Mitwirkung an Gerichtsprozessen nach Möglichkeit vermeiden. Eine verbindliche Antwort kann [der Enge Rat] nicht geben. Keinesfalls aber sollen Brüder Unrecht billigen.

Auch auf die zweite Frage nach dem Ratsherrenamt in Leitomischl kann [der Enge Rat] keine verbindliche Antwort geben. In der Vergangenheit sorgten die Grundherren von Leitomischl [Johann I. und Bohuš II. Kostka von Postupitz] dafür, dass die Brüder nicht zur Übernahme des Ratsherrenamtes herangezogen wurden. Da aber immer mehr Mitglieder der Brüderunität nach Leitomischl ziehen, um dort ein bequemes Leben zu haben, werden sie in der Zukunft vermutlich auch häufiger in den Rat berufen werden. Einige sind darauf sogar stolz. Das ist unweise und zu missbilligen. Sie sollen durch Belehrung (*samým naučenjm a zprawowánjm w slowu*) zurechtgewiesen werden. Wenn sich ein Bruder der Übernahme eines Ratsherrenamtes nicht entziehen kann, soll er nach Gerechtigkeit streben und Unrecht zu verhindern suchen. Bei Beratungen sollen brüderische Ratsherren sich zurückhalten, auch dann, wenn sie die Sache besser verstehen als die übrigen, und auch dann, wenn es um Dinge geht, mit denen keine Sünde verbunden ist.

Die Fragesteller haben geschrieben, dass sie die Anweisungen [des Engen Rates] auch dann annehmen werden, wenn ihnen daraus materielle Nachteile erwachsen. Darauf antwortet [der Enge Rat]: Es ist schwer, denen zu raten, die materiellen

Wohlstand anstreben und zugleich ihr Seelenheil nicht gefährden wollen. Im Zweifelsfall ist es besser, an einem anderen Ort in bescheideneren materiellen Verhältnissen zu leben. Wenn man generell erlauben würde, obrigkeitliche Ämter zu bekleiden, Eide zu schwören und vor der Hostie niederzuknien, dann würden mehr Brüder in die Städte ziehen, als in den letzten Jahren um des Glaubens willen aus den Städten aufs Land gezogen sind.

Wenn die Brüderältesten in der Vergangenheit allzu strenge Ratschläge erteilt haben, in deren Folge den Mitgliedern materielle Nachteile entstanden sind, wird ihnen das noch jahrelang vorgeworfen. Geben sie jedoch allzu laxe Ratschläge, durch die Schaden am ewigen Seelenheil entstehen könnten, beschwert sich niemand. Allgemein ist das Stadtleben für das Seelenheil bedenklich. Wer eigenmächtig (*podlé swé wuole*) in eine Stadt zieht, obwohl er auch anderswo seinen Lebensunterhalt finden könnte, ist selbst für die Sünden verantwortlich, in die er gerät.

Der vorliegende Text gibt die Diskussion [im Engen Rat] wieder. Er wurde von einer Synode gebilligt (*w zboru včiteluow, kteřjž se sessli z kraguow, za wýpowěd přečteno*).

Nr. 236 V 333v–335v

Brief der Brüderältesten an einen Adeligen mit einem Bericht über Verhandlungen mit den Täufern, Jung-Bunzlau, 11. November 1528

Auf der deutschsprachigen Grundherrschaft Nikolsburg in Südmähren wurde seit 1524 im evangelischen Sinne gepredigt. Zwischen Sommer 1526 und Sommer 1527 hielt sich der nach der Niederschlagung des Bauernkriegs aus Südwestdeutschland geflohene täuferische Theologe Balthasar Hubmaier in Nikolsburg auf und führte dort mit Unterstützung der Grundherren, Leonhard und Hans von Liechtenstein, eine lokale Reformation durch. Im Zuge der Neuordnung des Gottesdienstes in den Pfarrkirchen der Stadt und Grundherrschaft Nikolsburg schaffte Hubmaier die Kindertaufe ab und machte die Taufe der Gläubigen beziehungsweise die Erwachsenentaufe zur Voraussetzung für die Teilnahme am Abendmahl. Hubmaier, der in seinen in Nikolsburg gedruckten Flugschriften den Anspruch erhob, die Wittenberger und Zürcher Reformation durch eine konsequentere Anwendung des Schriftprinzips zu überbieten, wurde im Juli 1527 auf Befehl des neuen Landesherrn der Markgrafschaft Mähren, Ferdinand I. von Habsburg, wegen seiner Verstrickung in den südwestdeutschen Bauernkrieg von 1525 verhaftet. Er starb am 10. März 1528 in Wien auf dem Scheiterhaufen. In Nikolsburg und in den umliegenden Orten bestand bis in die 1530er Jahre hinein eine von der Obrigkeit geförderte kleine Täuferkirche.

Im Verlauf des Jahres 1527 flohen Hunderte verfolgte Täufer aus den angrenzenden österreichischen Territorien und aus Süddeutschland in die Stadt und auf die Grundherrschaft Nikolsburg. Die meisten dieser Flüchtlinge waren von der apokalyptisch-spiritualistischen Lehre des Wanderpredigers Hans Hut, eines ehemaligen Anhängers von Thomas Müntzer, geprägt. Sie waren nicht bereit, sich in die Nikolsburger täuferischen Pfarrgemeinden zu integrieren, und verweigerten überdies die Zahlung einer Sondersteuer für den Türkenkrieg. Im Frühjahr 1528 wies Leonhard von Liechtenstein etwa 250 Personen aus seiner Grundherrschaft aus. Diese fanden einige Zeit später Aufnahme im mährischen Austerlitz, einer untertänigen Stadt der Herren von Kaunitz, wo sie eine separatistische Täufergemeinde bildeten. Ähnliche separatistische Flüchtlingsgemeinden entstanden im Verlauf des Jahres 1528 auch an anderen Orten Südmährens. Von den lokalen Obrigkeiten wurden die täuferischen Neuankömmlinge in Analogie zu den Böhmischen Brüdern als „Deutsche Brüder" oder „Täuferbrüder" bezeichnet.

Wie sich aus dem vorliegenden Dokument ergibt, trat eine separatistische Täufergruppe im Herbst 1528 auf Empfehlung „angesehener Leute" an die brüderische Kirchenleitung heran, um über eine Aufnahme in die Unität zu verhandeln. Das Scheitern dieser Bemühungen erregte den Unmut des adeligen Adressaten des Schreibens, bei dem es sich wohl um einen mährischen Grundherrn handelt, der den Täufern Zuflucht gewährt hatte (möglicherweise war das Schreiben, wie die Überschrift nahelegt, an mehrere hochadelige Adressaten gerichtet). Müller vermutete aufgrund der Ortsangabe Jung-Bunzlau, dass es sich bei dem Verfasser um den dort residierenden Brüderbischof Lukáš aus Prag handelte. Dafür sind jedoch keine konkreten Anhaltspunkte erkennbar. An den erwähnten Verhandlungen zwischen den Täufern und den Brüdern in Leitomischl dürfte Vavřinec Krasonický als Geistlicher der örtlichen Unitätsgemeinde beteiligt gewesen sein. Die *Historia Fratrum* (Praha, Národní knihovna České republiky, Sign. XVII F 51a, 649f.) erwähnt das vorliegende Schreiben sowie einen weiteren, nicht überlieferten Brief in derselben Angelegenheit von Krasonický und Jan Roh an den in Datschitz amtierenden Brüderpriester Matouš (ebd., 650).

Überlieferung außerhalb der AUF: –

Edition: Müller: Berührungen [1911], 189–193 (dt. Übersetzung); Zeman: Rozhovory [1958], 23–26. – Handschriftliche deutsche Übersetzung von Joseph Theodor Müller: Herrnhut, Unitätsarchiv der Evangelischen Brüder-Unität, Sign. AB.II.R.1.1a/3, Erster Teil, 326–328, Nr. 125.

Literatur: Gindely: Geschichte, Bd. 1 [1857], 212–215; Пальмов (Hg.): Чешские братья, Bd. 1/1 [1904], 190; Müller: Geschichte und Inhalt [1913], 112, Nr. 125; Müller: Geschichte, Bd. 1 [1922], 452, 563, Nr. 100, 604, Nr. 162; Müller/Bartoš: Dějiny, Bd. 1 [1923], 284, 344, Nr. 100; Molnár: Boleslavští bratří [1952], 111f.; Zeman: Anabaptists [1969], 213–241; Packull: Hutterite Beginnings [1995], 54–76; Rothkegel: Anabaptism [2007], 177f.; Rothkegel: Anabaptists [2022], 103f.

Zpráwa bratřj starssjch panuom některým včiněná na obžalowánj gich, že by pohrdali těmi lidmi, totiž nowokřtěncy [„Bericht der Brüderältesten an gewisse Herren, gegen deren Anschuldigung, sie hätten diese Leute, nämlich die Wiedertäufer, verachtet"]. Inc.: *Když časem minulým žadáni sme psánjm od znamenitých lidj (dobré swědectwj wydáwagjcých o těch bratřjch) [...].* Expl.: *[...] a nám tohoto psánj včiněného z nuzné potřeby k wssetečnosti nepřipisowati a o nás dobře smysliti. Dat[um] o swatém Martině w Boleslawi, leta Páně 1528.*

[Der Textanfang fehlt.] Vor einiger Zeit wandten sich Vertreter dieser [täuferischen] Brüder an die Unitätsleitung, um über einen Beitritt zur Brüderunität zu verhandeln. Sie überbrachten zu diesem Zweck Empfehlungsschreiben von angesehenen Leuten (*od znamenitých lidj dobré swědectwj wydáwagjcých o těch bratřjch*). Bei zwei Besuchen in Leitomischl wurden sie von der Unitätsleitung freundlich aufgenommen. Dabei wurde unter anderem über den Glauben, über das Wort Gottes, die Sakramente, die Diener und Ordnung der Kirche und die Obrigkeit verhandelt. Die Vertreter der [Täufer] erklärten ihre volle Übereinstimmung mit der Lehre der Brüderunität und reisten ab, um ihre Brüder [ihre täuferischen Glaubensgenossen] darüber zu informieren und weitere Schritte zur Vereinigung mit der Brüderunität einzuleiten. Auch von den Verfassern wurden Reisen unternommen, obwohl dies für einige ältere Personen beschwerlich war [gemeint ist wohl namentlich der Brüderbischof Lukáš aus Prag, der nach einmonatiger Krankheit am 11. Dezember 1528 starb]. Ferner wurden Versammlungen abgehalten, um die Vereinigung seitens der Unität vorzubereiten.

Bei einer Versammlung in Jung-Bunzlau waren die Vertreter der [Täufer] erneut zugegen. Sie waren jedoch trotz ihrer zuvor in Leitomischl bekundeten Übereinstimmung mit der Lehre der Brüderunität nicht bereit, die beim Beitritt zur Unität üblichen Verpflichtungen anzunehmen. Aus Nachsicht räumten die Brüderältesten den [Täufern] eine Bedenkzeit ein. Damit die [Täufer] die Lehre der Brüder besser kennenlernen, gab man ihnen zwei Bände mit brüderischen Schriften in tschechischer Sprache, denn sie sagten, sie hätten [in Mähren] einen Dolmetscher, sowie einige Schriften in lateinischer Sprache (*dwa swazky knih bratrských českých, neb prawili, že magj wykladače, a nětco y latině*). Der Abschied erfolgte in gutem Einvernehmen und in der Absicht, die Verhandlungen zu einem geeigneten Zeitpunkt fortzusetzen.

Die [Täufer] hielten sich jedoch nicht an diese Abmachung, sondern verfassten gleich nach ihrer Rückkehr [nach Mähren] eine polemische Schrift gegen die Lehre der Brüder. Diese Abhandlung gaben sie [im Druck?] heraus und verbreiteten sie (*to sepsánj wydali sau a rozssjřili*) sowohl unter ihren Brüdern (*mezy bratřj swé*) [den Täufern] als auch unter Außenstehenden, sodass sie sogar in die Hände von Feinden [der Brüderunität] gelangte. Die Brüderältesten erfuhren von dieser Schrift erst durch Dritte. Ferner kam einer von den Gesandten, die in Jung-Bunzlau gewesen waren, zur Unitätsgemeinde in Datschitz und erbat sich von dem dortigen Brüderpriester [Matouš] ein brüderisches Gesangbuch. Daraus ließ er sich von seinem Übersetzer allerlei Auszüge abschreiben und ging wieder weg. Danach behauptete er vor anderen Leuten, die brüderischen Lieder seien götzendienerisch (*modlářské*) [als lehrten die Brüder die von den Täufern als Götzendienst abgelehnte Vorstellung von der Realpräsenz Christi in den Sakramenten]. Auch in Eibenschütz schmähte ein [Täufer] die Brüder als Götzendiener und Heuchler (*modláře y pokrytce spjlal*), bis ihm ein wandernder Handwerker Einhalt gebot, der längere Zeit in Jung-Bunzlau und anderswo bei den Brüdern gewesen war.

Die Schuld für den Abbruch der Verhandlungen liegt also bei den [Täufern]. Auf die brüderischen Schriften, die man ihnen mitgegeben hatte, haben die [Täufer] bisher nicht reagiert. Der adelige Adressat (*wasse milost*) möge daher den Verleumdern, die der Brüderunität die Schuld an dem Zerwürfnis geben, keinen Glauben schenken.

Nr. 237

V 336r–v

Rundschreiben der Brüderältesten an die Unitätsgemeinden, ohne Ortsangabe, ohne Datum

Der Eingangsgruß ist besonders ausführlich als Zusammenfassung der brüderischen Lehre vom „verordneten" Weg zum ewigen Seelenheil formuliert, wobei deutliche Anklänge an die Ausdrucksweise des Brüderbischofs Lukáš aus Prag vorliegen. Beispielsweise findet sich die Formulierung „Besserung des innerlichen Menschen", die hier eingangs begegnet, in dem 1510 von Lukáš verfassten Brief Nr. 105 gleich mehrfach.

Überlieferung außerhalb der AUF: –

Edition: Handschriftliche deutsche Übersetzung von Joseph Theodor Müller: Herrnhut, Unitätsarchiv der Evangelischen Brüder-Unität, Sign. AB.II.R.1.1a/3, Erster Teil, 329f., Nr. 126.

Literatur: Пальмов (Hg.): Чешские братья, Bd. 1/1 [1904], 190; Müller: Geschichte und Inhalt [1913], 112, Nr. 126.

Psánj b[ratří] s[tarších] napomjnagjcy k swatému pokánj, k modlitbám spolu s postem [„Ein Schreiben der Brüderältesten, das zu heiliger Buße und zu Gebeten mit Fasten ermahnt"]. Inc.: *Neyprwé, bratřj milj a sestry, oznamugem wám žádost nassi y péčy [...]*. Expl.: *[...] Buoh nawěky wssj pocty, chwály, dobrořečenj nadewsse hodny. Amen.*

Die Brüderältesten versichern die Adressaten (*bratřj milj a sestry*) und alle Mitglieder der Brüderunität (*wssech, kteřjž w dowěrnosti gsau w gednotě této*) ihrer pastoralen Fürsorge. Sie wünschen ihnen, dass jeder und jede von ihnen durch Anteilhabe an den wesentlichen Dingen, Glauben, Liebe und Hoffnung (1 Kor 13,13), am inneren Menschen gebessert werde (*oprawen v wnitřnjm člowěku*). Mögen sie durch die Erkenntnis des Willens Gottes aus dem Wort [Gottes] (*skrze obcowánj slowu [...], odkudž by známosti wuole Božj docházege*) die Teilhabe an den dienlichen Dingen (*služebnych wěcy*) [Wort und Sakramenten] und die Nachfolge auf dem schmalen Weg (*po cestě vzké sprawedlnosti*) (Mt 7,14) das ewige Seelenheil erlangen. Die Verfasser wünschen den Adressaten Beständigkeit in der gegenwärtigen Verfolgung (*kterak teď gjž od některého času protiwenstwj y nebezpečenst[ví] na tuto gednotu negedna přichazegj*).

Angesichts der Anfechtung, die Gott über die Brüderunität zugelassen hat, ordnen die Brüderältesten besondere Gebets- und Fastentage am zweiten Mittwoch und Freitag in der Fastenzeit sowie am Samstag in der Quatemberwoche [der ersten Woche der vorösterlichen Fastenzeit] an. Wer sich irgendeines Fehlers (*byl-li by yaky nedostatek*) bewusst ist, möge ernsthaft Buße tun. An den Gebets- und Fastentagen sollen sich die Gläubigen jeweils morgens und abends in den Bethäusern (*segdauce se do zboru*) versammeln und Fürbitte für die Unität und für die Brüderpriester (*aby ráčyl [...] slauhám swym dáti [...] potřebnau maudrost y poznánj wuole swé*) tun.

Nr. 238   V 337r–338r

Rundschreiben der Brüderältesten an die Unitätsgemeinden, ohne Ortsangabe, 1508

Ebenso wie Nr. 237 weist das vorliegende Schreiben deutliche Anklänge an die Ausdrucksweise des Brüderbischofs Lukáš aus Prag auf. Die Anordnung von Fastentagen und Gebetsversammlungen steht offenbar im Zusammenhang mit der Veröffentlichung des St. Jakobsmandats vom 10. August 1508, mit der eine verstärkte Verfolgung der Brüder einsetzte (vgl. zu Nr. 284). Das vorliegende Schreiben ist in der *Historia Fratrum* (Praha, Národní knihovna České republiky, Sign. XVII F 51a, 273) erwähnt.

Überlieferung außerhalb der AUF: –

Edition: Handschriftliche deutsche Übersetzung von Joseph Theodor Müller: Herrnhut, Unitätsarchiv der Evangelischen Brüder-Unität, Sign. AB.II.R.1.1a/3, Erster Teil, 330–332, Nr. 127.

Literatur: Пальмов (Hg.): Чешские братья, Bd. 1/1 [1904], 190; Müller: Geschichte und Inhalt [1913], 112, Nr. 127; Müller: Geschichte, Bd. 1 [1922], 355, 565, Nr. 111, 599, Nr. 124; Müller/Bartoš: Dějiny, Bd. 1 [1923], 229–230, 345, Nr. 111.

Psanj bratřj s[taršjch] wzbuzugjcy lid Paně k wděčnosti dobrodinj Božjch, k pokánj swatému, k hledanj milosti Božij skrze modlitby a puost [„Ein Schreiben der Brüderältesten, das das Volk des Herrn ermuntert zur Dankbarkeit für Gottes Wohltaten, zu heiliger Buße, zum Suchen der Gnade Gottes durch Gebet und Fasten"]. Inc.: *Laskawé pozdrawenj a spasytedlnau žadost milosti w prawdě [...]*. Expl.: *[...] a spolu dossli požehnánj Božjho w vslyssenj modliteb. Amen. 1508.*

Die Brüderältesten wünschen den Adressaten (*neymileyssj*) Beständigkeit in der erlangten Gnade und Gerechtigkeit aus dem Glauben (*w prawdě sprawedlnosti z wjry*). Sie ermahnen die Adressaten zur Dankbarkeit gegenüber Gott, der sie von der Verführung und dem Götzendienst, dem die Welt verfallen ist (*w čemž swět w oklámánj stogj*) befreit hat (*wyswoboditi ráčyl*). Es ist besser, Verfolgung und Tod auf sich zu nehmen, als sein Heil von Menschen und Menschenwerk anstelle von Gott zu erwarten. Die Adressaten mögen dankbar sein, dass Gott sie aus Gnaden berufen hat und sie teilhaben lässt an den wesentlichen [heilsnotwendigen] und den [zum Heil] dienlichen Dingen. Gott hat sie zur Gotteserkenntnis und zur Buße geführt, ihren Geist erneuert (*w obnowenj ducha*) und ihnen einen guten Willen verliehen (*dal wuoli dobrau*), sodass sie mit einfältigem Glauben das Wort Gottes annehmen können, das er durch seine Boten [die Brüderpriester] verkündigen lässt (*wssemu wěřiti sprostně, což Pan Buoh chce mjti k spasenj a oznamuge v wjře řeči swych skrze posly swé*). Aus Gottes Gnade sind viele dem Bund des Neuen Testaments gehorsam, ihnen gibt Gott die Kraft, die Gebote zu halten, an ihn zu glauben und selbst ihre Feinde zu lieben.

Viele haben um dieser guten Dinge (*wěcy dobré*) willen Verfolgung und sogar den Märtyrertod auf sich genommen (*a giž někteřj mučedlnictwa podstaupili*). Ebenso sollen auch die Adressaten in der nun drohenden Verfolgung (*přjtomné bljzké pokussenj*) beständig sein. Wenn sie noch mit Sünden oder Mängeln (*nedostatky, winny, hřjchy [...] swé hubenosti*) behaftet sind, sollen sie Buße tun und sich bessern gemäß der Ordnung der Brüderunität (*podle zřjzenj gednoty této*), sich in Geduld und Treue üben, insbesondere angesichts der bevorstehenden Anfechtung.

Daher haben die Brüderältesten beschlossen, für die bevorstehenden Quatember (*těchto dnuow suchych neyprw přjsstjch*) besondere Gebetsverammlungen und Fasten in den Bethäusern und in den Haushalten (*po zbořjch y po čeledech*) anzuordnen. Dabei sollen die Gläubigen erstens dafür beten, dass Gott ihnen ihre Schuld vergibt und nicht durch Verfolgung bestraft. Zweitens sollen sie um Gottes Kraft und Beistand in Anfechtung bitten. Drittens sollen sie für die Unität Fürbitte tun.

Nr. 239 V 338v

Rundschreiben der Brüderältesten an die Unitätsgemeinden, ohne Ortsangabe, [vor 16. Februar] 1513

Das vorliegende Schreiben ist in der *Historia Fratrum* (Praha, Národní knihovna České republiky, Sign. XVII F 51a, 358) erwähnt.

Überlieferung außerhalb der AUF: –

Edition: Handschriftliche deutsche Übersetzung von Joseph Theodor Müller: Herrnhut, Unitätsarchiv der Evangelischen Brüder-Unität, Sign. AB.II.R.1.1a/3, Erster Teil, 332f., Nr. 128.

Literatur: Пальмов (Hg.): Чешские братья, Bd. 1/1 [1904], 190; Müller: Geschichte und Inhalt [1913], 112, Nr. 128; Müller: Geschichte, Bd. 1 [1922], 601, Nr. 148.

Psanj b[ratří] starssjch včyněne zboruom Paně w času pokussenj, k modlitbám s postem napominagjcý [„Ein Schreiben der Brüderältesten, ausgegangen an die Gemeinden des Herrn in einer Zeit der Anfechtung, zu Gebeten mit Fasten ermahnend"]. Inc.: *Pozdrawenj s mnohau žádostj w prawdě spasenj wasseho [...].* Expl.: *[...] Budtež milosti geho poručeni.* Nachtrag von anderer Hand: *Datum in ieiunio anno domini 1513. Bratřj starssj.*

Die Brüderältesten wünschen den Adressaten (*bratřj milj a sestry*) geistlichen Fortschritt und Beständigkeit. Angesichts gegenwärtiger und drohender Verfolgung (*pokussenj, kteréž na některé přisslo*) ist es notwendig, für die Brüderunität und alle ihre Gläubigen zu beten, damit offenbar wird, dass Gott sie beschützt und dass sie zur Schar der zum Heil Vorherbestimmten gehören (*a my, že gsme z počtu královstwj lidu geho křesťanskeho*). Besondere Gebetsversammlungen mit Fasten sollen an den bevorstehenden Quatembertagen [16. bis 19. Februar 1513] abgehalten werden. Die Adressaten mögen sich in einem frommen Lebenswandel üben, den Brüderpriestern (*swých předloženych*) gehorsam sein und für die Brüderältesten beten.

Nr. 240 V 339r

Rundschreiben der Brüderbischöfe an die Unitätsgemeinden, ohne Ortsangabe, ohne Datum

Eine Besonderheit des vorliegenden Schreibens gegenüber anderen in AUF V überlieferten Rundschreiben, mit denen die Unitätsleitung vor anstehenden Synoden die Gemeinden zu Gebet und Fasten aufrief (Nr. 216, 220, 224–226, 242), ist die Betonung des Ursprungs der Unität von Gott (vgl. Nr. 98).

Überlieferung außerhalb der AUF: –

Edition: Handschriftliche deutsche Übersetzung von Joseph Theodor Müller: Herrnhut, Unitätsarchiv der Evangelischen Brüder-Unität, Sign. AB.II.R.1.1a/3, Erster Teil, 333–334, Nr. 129.

Literatur: Пальмов (Hg.): Чешскіе братья, Bd. 1/1 [1904], 190f.; Müller: Geschichte und Inhalt [1913], 112, Nr. 129.

Psanj b[ratří] starssjch včyněné a poslané do zboruow Páně ["Ein Schreiben der Brüderältesten, getan und gesandt an die Gemeinden des Herrn"]. Inc.: *Pozdrawenj laskawé s žadostj spasenj zboru wasseho y wssech osob w něm [...]*. Expl.: *[...] Milost a prawda Božj budiž se wssemi wámi. Amen. Starssj řádu kněžského spolu s pomocniky swymi.*

Die Brüderbischöfe und ihre Helfer versichern die Adressatengemeinde und alle ihre Mitglieder (*zboru wasseho y wssech osob w něm we gmenu Páně shromažděných*) ihrer pastoralen Fürsorge. Sie haben beschlossen, zur Regelung (*k naprawě, k zřjzenj y k vstawenj*) einiger wichtiger Angelegenheiten der Brüderunität eine Synode einzuberufen (*abychom o ně se spolu sessli časem a mjstem slussnym*). Sie sind sich gewiss, dass die Unität ihren Ursprung von Gott hat (*že toto djlo w gednotě této puowod y počátek má z Boha*) und dass Gott die Arbeit der Unität erhalten und fördern wird, wenn man ihn ernstlich mit Gebet und Fasten anruft. Daher mögen die Gemeinden besondere Gebetsversammlungen abhalten, um Fürbitte für die anstehende Synode zu tun, und zwar am Freitag und Samstag vor Mariä Himmelfahrt [15. August]. Auch am Sonntag soll im Bethaus zu Gebeten aufgefordert werden (*též y w neděli na modlitbach připominagjce w zboru*).

Nr. 241   V 339v–340v

Rundschreiben des Engen Rates an die Unitätsgemeinden, ohne Ortsangabe, [vor 16. Juni] 1540

Das Rundschreiben entstand zu einer Zeit, in der die Brüder keiner akuten Verfolgung ausgesetzt waren und die Unitätsgemeinden sich relativ ungestört entfalten konnten. In Böhmen amtierten damals die Brüderbischöfe Jan Roh mit Sitz in Jung-Bunzlau und Jan Augusta in Leitomischl. Die im Text angekündigte Ordination neuer Brüdergeistlicher fand am 20. Juni 1540 in Jung-Bunzlau statt. Dabei wurden mindestens zehn Brüderpriester, darunter der spätere Brüderbischof Jiří Izrael, geweiht. Laut einem im zweiten Teil der *Historia Fratrum* (Nelahozeves, Lobkowiczká knihovna, Sign. VI Ed 7, 30–32; Abschrift: Praha, Národní knihovna České republiky, Sign. XVII F 51b, 76–79) überlieferten Bericht war dies die erste öffentliche Ordinationshandlung in der Geschichte der Brüderunität. Die Festpredigt, die Jan Augusta bei dieser Gelegenheit hielt, erschien in Leitomischl im Druck (Augusta: Kázanie o vstawenie na biskupstwie swatého Matěge [1540]). Der apostolische Gruß (*milost a pokoj*, „Gnade und Friede", vgl. Röm 1,7 und öfter) als Briefanfang wurde bei den Brüdern anscheinend erst um 1540 unter dem Einfluss des Briefstils der deutschen Reformatoren üblich, vgl. Nr. 229.

Überlieferung außerhalb der AUF: –

Edition: Handschriftliche deutsche Übersetzung von Joseph Theodor Müller: Herrnhut, Unitätsarchiv der Evangelischen Brüder-Unität, Sign. AB.II.R.1.1a/3, Erster Teil, 334–336, Nr. 130.

Literatur: Пальмов (Hg.): Чешские братья, Bd. 1/1 [1904], 191; Müller: Geschichte und Inhalt [1913], 112, Nr. 130; Müller: Geschichte, Bd. 2 [1931], 126 (zur Synode vom 20. Juni 1540).

Psánj b[ratří] s[tarších] zborom Páně včyněné, napomjnagjcy k swatým modlitbam za potřeby mnohé [„Ein Schreiben der Brüderältesten an die Gemeinden des Herrn, das zu heiligen Gebeten für viele Anliegen ermahnt"]. Inc.: *Milost a pokoy Boha Otce a Pana nasseho Gežjsse Krysta w Duchu swatem, budiž se wssemi wámi [...]*. Expl.: *[...] Skrze Gežjsse [Kris]ta Pana nasseho. Amen. Psán byl k zboruom letha Paně 1540. Bratřj starssj auzké raddy.*

Die Brüderältesten grüßen die Adressaten (*bratřj a sestry*) mit dem apostolischen Gruß und versichern sie ihrer pastoralen Fürsorge. Gott hat die Adressaten ebenso wie die Verfasser aus der Finsternis der Irrlehre in das Licht des Evangeliums geführt. Die von den Propheten, von Christus und von den Aposteln vorhergesagten gefährlichen Zeiten sind nunmehr angebrochen, daher gilt es, wachsam zu sein und zu beten. Unter dem Deckmantel der christlichen Freiheit oder althergebrachter Überlieferungen (*pod zástěrau swobody křesťanské [...] aneb starobylých obyčeguow a zwyklostj*) nehmen Irrlehre und fleischliche Freiheit (Gal 5,13) überhand. Die Liebe ist erkaltet (Mt 24,12), die Bekenner des Evangeliums (*milownjcy a následownjcy čtenj s[vatéh]o*) sind verhasst und verachtet. Obwohl das Evangelium zu dieser Zeit klarer gepredigt wird als in früheren Jahrhunderten, bekehren sich nur wenige, und diese gelten in der [vermeintlichen] Christenheit [als Ketzer] (*a kteřjž se ho sprostně přjdržj, zač w křesťanstwu wáženi budau?*). Dagegen sind die Feinde zahlreich.

Es ist zu befürchten, dass Gott diese Gegenden (*těchto kragin*) [Böhmen und Mähren] für die Undankbarkeit, mit der sie das Evangelium verschmähen, mit Strafen heimsuchen wird. Anzeichen dafür sind die geringe Zahl der Prediger (*kazateluow a služebnjkuow Krystowych nemnoho*) (Mt 9,37), die Teuerung sowie das Vorrücken der Osmanen (*Turka nepřjtele wjry Krystowy*). Der Enge Rat hat daher beschlossen, mit besonderen Gebetsversammlungen und mit Fasten für die Unität und für die ganze Christenheit (*wsse[h]o křesťanstwa*) Fürbitte zu tun. Ferner wurde beschlossen, einige Personen, die von den Gemeinden empfohlen wurden, zu Diakonen und Priestern zu ordinieren (*některé osoby, o kterýchž by zborowé, wywoléce ge, dobré swědectwj dali, k wyssjm auřaduom řediti a swětiti*).

Nach dem Vorbild der Urgemeinde und ihrer Amtsvorgänger [in der Leitung der Brüderunität] (*přjklady prwnj cyrkwe swaté, též y předkuow nassjch*) ordnen sie Gebets- und Fastentage für alle Unitätsgemeinden am Mittwoch und Freitag nach St. Veit [16. und 18. Juni 1540] an. Dabei soll Fürbitte getan werden für den Kaiser [Karl V.], den König von Böhmen [Ferdinand I.] und alle anderen weltlichen Obrigkeiten, damit sie weise und friedlich regieren und Gott fürchten. Ferner für die Kirche, besonders für die Brüderunität, dass Gott sie schützen möge. Drittens für die Prediger des Evangeliums, dass Gott durch sie das christliche Volk zum Vorbild der Urkirche zurückführt (*skrze ně lid křesťansky k spuosobu prwotnj cyrkwe apošstolské přiwozuge, nawracuge*), namentlich für die Brüderpriester (*za služebnjky kazatele gednoty*), die Gott selbst erwählt und beruft, damit sie der aus der Verführung des Antichrist befreiten, auf dem Fundament Christi und der Urkirche (*na základ Krysta Pána y prwotnj cyrkwe geho*) aufgerichteten Unität dienen. Zu den Gebetsversammlungen sollen sich die Gläubigen jeweils morgens und abends in den Bethäusern (*do zboru*) einfinden und zuvor ihr Gewissen prüfen.

Nr. 242   V 341r–v

Rundschreiben der Brüderältesten an die Unitätsgemeinden, ohne Ortsangabe, vor 10. Oktober 1543

Das Schreiben, das inhaltlich stark der in AUF V unmittelbar vorausgehenden Nr. 241 ähnelt, bezieht sich auf eine Synode, die am 16. Oktober 1543 in Jung-Bunzlau zusammentrat. Die im vorliegenden Dokument angekündigte Ordination neuer Brüdergeistlicher fand abermals öffentlich im Sbor auf dem Karmel statt. Der apostolische Gruß (*milost a pokoj*, „Gnade und Friede", vgl. Röm 1,7 und öfter) als Briefanfang wurde bei den Brüdern anscheinend erst um 1540 unter dem Einfluss des Briefstils der deutschen Reformatoren üblich, vgl. Nr. 229.

Überlieferung außerhalb der AUF: –

Edition: Handschriftliche deutsche Übersetzung von Joseph Theodor Müller: Herrnhut, Unitätsarchiv der Evangelischen Brüder-Unität, Sign. AB.II.R.1.1a/3, Erster Teil, 337f., Nr. 131.

Literatur: Пальмов (Hg.): Чешские братья, Bd. 1/1 [1904], 191; Müller: Geschichte und Inhalt [1913], 112, Nr. 131; Müller: Geschichte, Bd. 2 [1931], 177.

Psánj b[ratří] starssjch k zboruom gednoty Páně [„Ein Schreiben der Brüderältesten an die Gemeinden der Unität des Herrn"]. Inc.: *Milost a pokog od Boha Otce a Pana nasseho Gežjsse Krysta se wssim prospěchem spasytedlnym [...]*. Expl.: *[...] Skrze Gežjsse Krysta, Pána nasseho. Amen. Datum před swatym Hawlem, letha Páně 1543. Bratřj starssj etc.*

Die Brüderältesten grüßen die Adressaten (*neymileyssi w Krystu*) mit dem apostolischen Gruß und versichern sie ihrer pastoralen Fürsorge. Demnächst wird eine Synode der Brüderältesten und der Vorsteher [Priester] aller Unitätsgemeinden stattfinden, auf der nach dem Vorbild Christi und der Urgemeinde niedere und höhere Diener der Kirche [Diakone und Priester] ordiniert werden sollen (*aby řjzenj neb swěcenj služebnjkuow nižssjch y wyžssjch cyrkwe k auřadu Krystowu podlé přjkladu geho a prwotnj cyrkwe apostolské dálo se*). Jesus betete vor der Einsetzung der Apostel für sie (Lk 6,12) und betete vor seiner Passion für ihre Heiligung (Joh 17,17). Die Apostel beteten und fasteten vor der Einsetzung von Dienern (Apg 13,3). Daher sollen alle Unitätsgemeinden am Mittwoch und Freitag vor St. Gallus [10. und 12. Oktober 1543] für die anstehende Ordination beten und fasten. Die Gläubigen sollen Gott um Priesternachwuchs bitten gemäß dem Wort Jesu: Die Ernte ist groß, aber der Arbeiter sind wenige. Darum bittet den Herrn der Ernte, daß er Arbeiter in seine Ernte sende (Mt 9,37). Sie sollen dafür beten, dass Gott selbst die zu ordinierenden Personen weihen und begaben möge (*aby k tomu powolanych y zkussenych etc. ráčyl poswěcowati a hodnosti swaté y daruow swych k službě potřebnych přidáwati*), dass er sie in ihrem Dienst beschützen und ihnen den nötigen Mut verleihen möge. Die Gläubigen sollen bußfertig sein, damit ihr Gebet nicht durch irgendeine Unwürdigkeit behindert wird.

Nr. 243   V 342r–v

Rundschreiben der Brüderältesten an die Unitätsgemeinden, ohne Ortsangabe, ohne Datum

Über die im Text erwähnte Einteilung der Mitglieder der Unität in „Anfänger", „Fortgeschrittene" und „Vollkommene" hatte der Brüderbischof Lukáš aus Prag 1523 eine ausführliche Abhandlung vorgelegt ([Lukáš aus Prag:] Spis tento otazek trogich [1523]; dazu vgl. Molnár: Počínající [1956]). Der apostolische Gruß (*milost a pokoj*, „Gnade und Friede", vgl. Röm 1,7 und öfter) als Briefanfang wurde bei den Brüdern anscheinend erst um 1540 unter dem Einfluss des Briefstils der deutschen Reformatoren üblich, vgl. Nr. 229.

Überlieferung außerhalb der AUF: –

Edition: Handschriftliche deutsche Übersetzung von Joseph Theodor Müller: Herrnhut, Unitätsarchiv der Evangelischen Brüder-Unität, Sign. AB.II.R.1.1a/3, Erster Teil, 338f., Nr. 132.

Literatur: Пальмов (Hg.): Чешские братья, Bd. 1/1 [1904], 191.

Psánj bratřj starssjch do zboruow [„Ein Schreiben der Brüderältesten an die Gemeinden"]. Inc.: *Milost a pokog od Boha Otce a Pana nasseho Gezu Krysta, w spasenj připraweném [...]*. Expl.: *[...] Zpuosobiž wás spolu s námi Pán Buoh wssemohucý w hodnosti y w prawdě skrze Krysta Gežjsse Pána nasseho. Amen. Bratřj starssj.*

Die Brüderältesten grüßen die Adressaten (*naymilegssj w Pánu*) mit dem apostolischen Gruß. Sie ordnen für Mittwoch und Freitag nach Judica besondere Gebetsversammlungen und Fastentage an.

Im Vertrauen auf die Verheißung Christi Mt 18,20 mögen sie für folgende Anliegen beten: für die Unität, für ihre Diener [den brüderischen Klerus] und für die Laien aus allen Ständen, die Anfänger, Fortgeschrittenen und Vollkommenen (*počjnagjcým, prospjwagjcým y konagjcým*). Für die Beständigkeit der Gläubigen in den gegenwärtigen Anfechtungen, da ein Volk sich gegen das andere erhebt (Mt 24,7), und um Bewahrung vor den ungläubigen Türken [Osmanen] (*od národu tureckého y giného wsselikého newěrného a přewráceného, rauhagjcýho se gmenu Pána nasseho Gezu Krysta, prawdě spasytedlné geho*). Ferner dafür, dass Gott die Unität und jeden Einzelnen mit dem versorgt, was zum Heil notwendig ist (*wsselikau potřebu spasytedlnau*). Dazu sollen sich die Gläubigen (*bratřj [...] y sestry*) an den genannten Tagen morgens und abends im Bethaus (*do zboru*) versammeln.

Nr. 244   V 344r

Rundschreiben der Brüderältesten an die Brüderpriester und die Unitätsgemeinden, ohne Ortsangabe, ohne Datum

Das kurze Schreiben ist anscheinend nicht an sämtliche Brüdergeistlichen und Gemeinden gerichtet, sondern an eine konkrete Gruppe, die in einem nicht näher bestimmbaren Kontext Unruhe innerhalb der Unität stiftete.

Überlieferung außerhalb der AUF: –

Edition: Handschriftliche deutsche Übersetzung von Joseph Theodor Müller: Herrnhut, Unitätsarchiv der Evangelischen Brüder-Unität, Sign. AB.II.R.1.1a/3, Erster Teil, 339, Nr. 133.

Literatur: Пальмов (Hg.): Чешские братья, Bd. 1/1 [1904], 191; Müller: Geschichte und Inhalt [1913], 112, Nr. 133.

Psanj b[ratří] starssjch včyněné služebnjkuom Pané y lidu geho wzbuzugjcý ku pokánj [„Ein Schreiben der Brüderältesten, an die Diener des Herrn und sein Volk getan, das zur Buße ermahnt"]. Inc.: *Bratřj milj, yakož wás teyno neni pokussenj opět nastáwagjcy a kterehož čekáme [...]*. Expl.: *[...] abychom žiwi gsauce wyznáwali se gemu. K tomuť se nyni y wás napomjname. Od b[ratří] s[taršjch]*.

Angesichts drohender Verfolgung ordnen die Brüderältesten Buße und Fasten an, um Gottes Zorn von der Unität abzuwenden. Ein jeglicher möge bei Gott Gnade suchen, ohne sich mit dem Hinweis auf die Unvollkommenheiten anderer zu entschuldigen (*wssech weymluw nechagjce a vkazowánj na giné*).

Nr. 245 V 344r–v

Schlussabschnitt eines Begleitschreibens der Brüderbischöfe und des Engen Rates an die Brüderpriester zu einem Rundbrief an die Unitätsgemeinden, ohne Ortsangabe, [zwischen 14. April und 19. Mai] 1510

Der in AUF V überlieferte Text ist lediglich der Schlussabschnitt eines längeren Briefes, der im vollen Wortlaut in einer Sammlung der Synodalbeschlüsse der Brüderunität überliefert ist. Die *Historia Fratrum* (Praha, Národní knihovna České republiky, Sign. XVII F 51a, 297) berichtet über den Anlass des Begleitschreibens und des darin erwähnten Rundbriefes an die Gemeinden, dass auf einem böhmischen Landtag in Kuttenberg im Februar 1510 auf die strenge Durchführung des St. Jakobsmandats von 1508 gedrungen wurde. Daraufhin trat am 14. April 1510 der Enge Rat zusammen und ordnete für alle Mitglieder der Unität besondere Bußübungen an.

Der in AUF V nicht überlieferte Rundbrief an die Gemeinden ist vermutlich mit einem Schreiben zu identifizieren, das in einer Handschrift der ehemaligen Raudnitzer Bibliothek (Nelahozeves, Lobkowiczká knihovna, Sign. VI Ff 7, 723–736) und in einer brüderischen Druckschrift (Lukáš aus Prag: O mnoheem a rozličneem pokussenj [1510/11], A1r–E5v) überliefert ist.

Überlieferung außerhalb der AUF: Praha, Knihovna Národního muzea, Sign. II F 10, Bd. 1, 343–353 (vollständiger Text des Briefes einschließlich des in AUF V überlieferten Schlussabschnitts). – Vgl.

[Lukáš aus Prag:] Zpravy vrzadu knězskeeho [1527], 204r–206r (Text des Briefes ohne den in AUF V überlieferten Schlussabschnitt).

Edition: Gindely (Hg.): Dekrety [1865], 135–139 (nach der Handschrift Praha, Knihovna Národního muzea, Sign. II F 10, Bd. 1, 343–353). – Handschriftliche deutsche Übersetzung von Joseph Theodor Müller: Herrnhut, Unitätsarchiv der Evangelischen Brüder-Unität, Sign. AB.II.R.1.1a/3, Erster Teil, 330–341, Nr. 134.

Literatur: Пальмов (Hg.): Чешские братья, Bd. 1/1 [1904], 191; Müller: Geschichte und Inhalt [1913], 112, Nr. 134; Müller: Geschichte, Bd. 1 [1922], 364–367, 566, Nr. 115, 601, Nr. 142; Müller/Bartoš: Dějiny, Bd. 1 [1923], 345, Nr. 115; Molnár: Boleslavští bratří [1952], 75; Molnár: Českobratrská výchova [1956], 64f.

Bratřj starssj rzadu knězskeho spolu s starssjmi auzke raddy sebranj we gmeno Páně [„Versammlung der Brüderältesten des Priesterstandes samt den Ältesten des Engen Rates im Namen des Herrn"]. Inc.: *Naposledy bratře mily, posýlámeť napsánj w napomenutj zboru každeho tweho [...]*. Expl.: *[...] čynil y při lidu totéž wěrně, aby tudy oprawa byti mohla. Poslán byl knězjm a zprawcuom letha Páně 1510.*

Die Brüderbischöfe und der Enge Rat weisen den Adressaten (*bratře mily*) an, in den Tagen um das Pfingstfest oder am Pfingstsonntag [19. Mai 1510] in jeder der von ihm betreuten Unitätsgemeinden die Ältesten und Gehilfen zu versammeln, ihnen einen [in AUF V nicht überlieferten] Rundbrief an die Gemeinden vorzulesen und ihnen bekanntzugeben, dass am Mittwoch, Freitag und Samstag vor Trinitatis [22., 24. und 25. Mai 1510] besondere Gebetsversammlungen und Fastentage abgehalten werden sollen.

Dabei soll dafür gebetet werden, dass Gott sein Volk [die Brüderunität] vor der drohenden Verfolgung bewahren möge. Sofern die Verfolgung eine Strafe für Sünde ist, möge er Sündenerkenntnis und Buße (*srdce skraucené, ponjžené, duch zarmauceny, [...] wěrné obrácenj srdečné*) schenken. Bei den Versammlungen am Mittwoch und Freitag soll der Rundbrief verlesen werden. Alle Anwesenden, angefangen beim Priester und seinen Gehilfen, sollen sich einzeln dazu erklären, ihre Sünden bekennen und Ermahnung annehmen.

Nr. 246   V 344v–345r

Brief leitender Brüder an den Brüderpriester Matěj in Křižanov, Leitomischl, [vor 1507]

Über den Adressaten, den Brüderpriester Matěj in Křižanov, ist nichts weiter bekannt. Křižanov, eine Kleinstadt bei Großmeseritsch in Mähren, lag auf einer Grundherrschaft der Herren von Pernstein. Bereits 1488 bestand dort eine Unitätsgemeinde, die von dem Brüderpriester Mikuláš Slánský (vgl. zu Nr. 185, 198, 262) betreut wurde. Bei dem im Text erwähnten leitenden Brüdergeistlichen Prokop handelt es sich (da bis zur Mitte des 16. Jahrhunderts keine weiteren Brüdergeistlichen mit diesem Namen belegt sind) mit großer Wahrscheinlichkeit um Prokop aus Neuhaus, der seit 1494 als „Richter" der Unität mit Sitz in Leitomischl amtierte. 1501 verzichtete Prokop auf dieses Amt und lebte anschließend bis zu seinem Tod 1507 in Brandeis an der Adler. Da das Schreiben in Leitomischl abgefasst wurde, ist es vermutlich nicht später als 1501 entstanden, jedoch ist nicht ausgeschlossen, dass es aus den letzten Lebensjahren Prokops bis 1507 stammt.

Überlieferung außerhalb der AUF: –

Edition: Handschriftliche deutsche Übersetzung von Joseph Theodor Müller: Herrnhut, Unitätsarchiv der Evangelischen Brüder-Unität, Sign. AB.II.R.1.1a/3, Erster Teil, 341, Nr. 135.

Literatur: Пальмов (Hg.): Чешские братья, Bd. 1/1 [1904], 191; Müller: Geschichte und Inhalt [1913], 112, Nr. 135; Hrejsa: Sborové [1935], 110 (zur Unitätsgemeinde in Křižanov).

Bratru Matěgowi w Křižanowě [„An Bruder Matěj in Křižanov"]. Inc.: *Pozdrawenj laskawé, bratře mily, s žadostj prospěchu při twem wlastnjm spasenj [...]*. Expl.: *[...] nadégi máme, že se tak yakož pjssem zachowáš. Cedule dána z Ljthomyssle od bratřj starssjch etc.*

Die Verfasser haben über Matějs Anliegen beraten (*w společnosti nassj nynj o t[ob]ě sme zmínku čynili*). Da Matěj mit Arbeit überlastet ist und seine Kräfte abnehmen, haben sie beschlossen (*widělo se nám spolu za sprawedliwé*), dass er sich fortan auf die Betreuung der Gemeinde in Křižanov beschränken soll. Für die Betreuung der übrigen Gemeinden senden sie ihm [den Brüderpriester] Václav. Bis Václav durch Prokop [aus Neuhaus] oder einen anderen Bruder ordentlich installiert wird, sollen Matěj und Václav gemeinsam die betreffenden Gemeinden betreuen.

Nr. 247   V 345r–v

[Bruder Lukáš aus Prag:] Brief an Bruder Mikuláš in Nachod, Jung-Bunzlau, 27. März 1521

Laut der *Historia Fratrum* (Praha, Národní knihovna České republiky, Sign. XVII F 51a, 387) war der Brüderbischof Lukáš aus Prag der Verfasser dieses Schreibens an den brüderischen Laien Mikuláš in Nachod. Dort heißt es auch, dass Mikuláš ein „Gemeindehelfer" („pomocznjk zboru") war. Er hatte demnach in der Unitätsgemeinde in Nachod eine Leitungsfunktion inne. An ihn richtete Lukáš auch den undatierten Brief Nr. 232. Sowohl im vorliegenden Brief als auch in Nr. 232 ist von einer Frau namens Magdalena die Rede, die anscheinend eine wichtige Rolle in der Unitätsgemeinde in Nachod spielte. Der Bruder Jíra, den der Adressat um Rat fragen und grüßen soll, ist möglicherweise mit dem im Nekrologium der Unität bezeugten Brüderpriester Jiřík mit dem Beinamen Bezkost („Knochenlos") zu identifizieren, der 1537 in Nachod starb (Fiedler [Hg.]: Todtenbuch [1863], 228). Der sarkastische Stil des Schreibens steht in einem auffälligen Kontrast zum gravitätischen Duktus der theologischen Abhandlungen des Lukáš.

Überlieferung außerhalb der AUF: –

Edition: Molnár: Boleslavští bratří [1952], 93 (Auszug). – Handschriftliche deutsche Übersetzung von Joseph Theodor Müller: Herrnhut, Unitätsarchiv der Evangelischen Brüder-Unität, Sign. AB.II.R.1. 1a/3, Erster Teil, 341f., Nr. 136.

Literatur: Gindely: Bratr Lukáš [1861], 284, Nr. 52; Hraše: Sbor [1892], 39; Пальмов (Hg.): Чешские братья, Bd. 1/1 [1904], 192; Müller: Geschichte und Inhalt [1913], 112, Nr. 136; Müller: Geschichte, Bd. 1 [1922], 568, Nr. 136, 602, Nr. 153; Müller/Bartoš: Dějiny, Bd. 1 [1923], 346, Nr. 136; Hrejsa: Sborové [1935], 41 (zur Unitätsgemeinde in Nachod).

Bratru Mikulassowi, mně w Pánu milému a přjteli dobrému, w rutce geho do Náchoda [„An Bruder Mikuláš, meinen im Herrn lieben und guten Freund, zu seinen Händen nach Nachod"]. Inc.: *Pozdrawenj w bratrské lásce, s žadostj spasenj tweho y domu tweho, psánjm oznamugi [...]*. Expl.: *[...] zda by gesstě kdy mé shledánj mohlo byti w žiwotjch těchto. Ruku mau znáš. Datum ex Boleslau feria III prae commemoratione caenae dominice 1521.*

[Lukáš] wünscht Mikuláš und dessen Angehörigen das ewige Seelenheil. Er missbilligt, dass Mikuláš den Schwager seines Sohnes in sein Haus aufgenommen hat, obwohl dieser Böses gegen die Brüderunität redet und Irrlehren anhängt. Stattdessen möge Mikuláš lieber seinen Bruder zu sich nehmen, der sich geistlich und auch im Hinblick auf seine Berufstätigkeit (*y strany dusse y žiwnosti časné*) bessern will. Wenn Mikuláš sich durch die Fürsprache des [Lukáš] nicht dazu bewegen lässt, soll er den Rat des Bruders Jíra [wohl eines Brüderpriesters oder Laienältesten] und der Magdalena annehmen und Christus auf dem schmalen Weg nachfolgen (Mt 7,14) (*gdi k swětlu zakona vmluwy wjry a [...] vzkau cestau, těsnau branau*).

[Lukáš] war lange nicht in Nachod und hat auch nicht vor, dorthin zu kommen. Als er das letzte Mal dort war, ließ Gott ihn krankwerden, wohl weil der Besuch überflüssig war, denn die wenigen Gläubigen in Nachod haben einen Hirten

[Brüderpriester]. Der hat in Nachod allerdings so wenig zu tun, dass er zeitweise nach Reichenau [an der Kněžna] ging. Er musste jedoch krankheitshalber (*Pan Buoh dopustil ránu*) nach Nachod zurückkehren. [Lukáš] hat [in Jung-Bunzlau] viel krankes und faules Vieh [nachlässige Gemeindemitglieder], die er mit Peitsche und Stecken (*s bičem y s rykholcem*) antreiben muss. Daher kann er sich nicht auch noch um anderes Vieh [die Gläubigen in Nachod] kümmern, das nicht nur fett, sondern überdies auch noch frech ist. Mikuláš möge Bruder Jíra und Magdalena grüßen.

Nr. 248 V 346r–348r

Rundschreiben leitender Brüder an die Unitätsgemeinden, ohne Ortsangabe, ohne Datum

Ebenso wie Nr. 227 richtet sich das vorliegende Schreiben gegen Personen, die sich nach einem Fehltritt nicht einem geordneten Bußverfahren unterziehen, sondern sich freiwillig beziehungsweise mutwillig vom Empfang des Abendmahls enthalten, aber dennoch beim Wortgottesdienst und auch während der Abendmahlsfeier anwesend sind. Im Einklang mit der Theologie des Brüderbischofs Lukáš aus Prag betonen die Verfasser das „verordnete Heil" (*zřízené spasení*). Die von Gott gebotene Ordnung der Heilszueignung schließt den Sakramentsempfang ein, ihr dürfen sich die Gläubigen nicht ohne Not entziehen.

Aufgrund der deutlichen Anklänge an Ausdrucksweise und Lehre des Lukáš aus Prag ist zu vermuten, dass das Schreiben zwischen 1508 und 1525 entstand, als Lukáš die Theologie der Unität maßgeblich bestimmte. Die Frage, ob Mitglieder, die aufgrund von Fehlverhalten von der Gemeinschaft an den Sakramenten ausgeschlossen sind, während der Feier des Abendmahls anwesend sein dürfen, beschäftigte 1515 den Engen Rat bei einer Zusammenkunft in Prerau (Gindely (Hg.): Dekrety [1865], 139f.).

Überlieferung außerhalb der AUF: –

Edition: Handschriftliche deutsche Übersetzung von Joseph Theodor Müller: Herrnhut, Unitätsarchiv der Evangelischen Brüder-Unität, Sign. AB.II.R.1.1a/3, Erster Teil, 343–346, Nr. 137.

Literatur: Пальмов (Hg.): Чешские братья, Bd. 1/1 [1904], 192; Müller: Geschichte und Inhalt [1913], 112, Nr. 137.

Napomenutj a weystraha wylaučeným [„Mahnung und Warnung an die Ausgeschlossenen"]. Inc.: *Bratřj milj, známo vám buď, že peče násse gakož wždycky tak y nynj obzwlásstně z přjčin hodných gest [...]*. Expl.: *[...] a abysste byli y k wzdělánj a ku přjkladu dobrému bližnjm, w Krystu Gežjssi, Pánu nassem. Amen.*

Die Verfasser versichern die Adressaten (*bratřj milj*) ihrer pastoralen Fürsorge, die, wie allen Unitätsgemeinden, so auch der Adressatengemeinde und deren Mitgliedern gilt, damit diese Anteil am Heil, an der göttlichen Gerechtigkeit und Rechtfertigung haben (*obcugjce wssem wěcem prawým po přigaté milosti, w nichž sprawedlnost Božj y osprawedlněnj w nj záležj*), die im Evangelium und Gesetz des Neuen Testaments (*we čtenj a w smlauwě zákona nowého swědectwj*) enthalten ist.

Einige Mitglieder der Adressatengemeinde sind [von der Teilhabe an den Sakramenten] ausgeschlossen, teils durch mutwilliges Unterlassen der Kommunion, teils durch einen ordnungsgemäßen Ausschluss. Dennoch besuchen sie das Bethaus und sind bei der Abendmahlsfeier [als Zuschauer] anwesend (*awssak do zboru chodjte a posluhowánj přjtomni býwáte*). Diese Personen werden mit dem vorliegenden Schreiben verwarnt. Wenn sie nicht bald Buße tun, werden sie vom Besuch des Bethauses [vom Hören des Wortes] ausgeschlossen werden (*ze zboru wyobcowáni budete*).

Der Ausschluss ist aus zwei Gründen notwendig. Erstens um der Brüderunität willen, denn die Unität würde andernfalls der römischen Kirche gleich, in der viele bei Wortverkündigung und Sakrament zugegen sind, ohne in Wahrheit [innerlich, geistlich] daran teilzuhaben (*neobcugjce w prawdě s nimi, ni slowu, ni přigjmánj poswátnému skutečně*). Christus und die Urkirche (*prwnj cýrkew*) haben nicht geduldet, dass Heuchler bei Wort und Sakrament zugegen sind. Als die Kirche diesen Grundsatz aufgab, verfiel sie in Aberglauben (*w djwánj a w powěry a w marné náboženstwj y w mylnau naděgi*). Anstelle des Sakramentsempfangs begnügten sich die Laien damit, bei der Messe dem Priester zuzuschauen [„Augenkommunion"]. Damit derlei Selbstbetrug und falsche Hoffnung in der Unität nicht einreißen, müssen unbußfertige Personen auch von den Versammlungen ausgeschlossen werden. Die Anwesenheit bei Gebet und Predigt setzt zumindest Glauben und Bußfertigkeit voraus.

Zweitens ist der Ausschluss wegen des Seelenheils der Ausgeschlossenen notwendig. Die Verfasser können nicht dulden, dass ein Teil der Gemeinde trotz des Ausschlusses vom Abendmahl unbußfertig ist und meint, auch ohne den Sakramentsempfang Anteil am Heil zu haben. Wer die sakramentale Kommunion und den ordentlichen, verordneten Heilsweg verachtet, nimmt geistlich Schaden (*by wám bez obcowánj [...] měla náramná sskoda býti při požjwánj zřjzeném obecného spasenj*). Diese Personen sollen sich nicht mit der falschen Vorstellung vertrösten, man könne heilswirksam Anteil am Wort haben, ohne Anteil am Sakrament zu haben. Wer das Wort gläubig annimmt und nicht mehr sündigt, der hat auch zugleich Anteil am Leib und Blut des Herrn. Wer sich jedoch mutwillig von der sakramentalen Kommunion ausschließt, kann nicht zugleich heilswirksam Anteil am Wort und an der heilsnotwendigen Wahrheit haben, die das Sakrament sakramentlich, wirksam und wahrhaftig vermittelt (*prawdy, kterauž swátost poswátně, mocně a práwě má*).

Die unbußfertigen Ausgeschlossenen, die sich mit der Vorstellung vom „geistlichen" Genuss vertrösten, verachten aus Unglauben und Dummheit die verordnete Vollmacht Christi in der Brüderunität [die Gnadenmittel] (*mocy Krystowy zřjzené w gednotě*). Teilweise entschuldigen sie ihre Unbußfertigkeit mit dem Verhalten anderer Gemeindemitglieder [die ebenfalls nicht an der Kommunion teilnehmen], ohne zu wissen, dass diese in geordneter Buße stehen (*newědauce ani znagjce srdce gich, ani zřjzeného pokánj, w němž postaweni gsau*) [die Enthaltung von der Kommunion war in diesen Fällen also Teil eines geordneten Bußverfahrens].

Es ist daher folgerichtig, diejenigen die nach dem Ausschluss von der Abendmahlsgemeinschaft längere Zeit unbußfertig sind, auch von der gottesdienstlichen Versammlung und vom Hören des Wortes auszuschließen (*ze zboru, od slyssenj slowa y od obcowánj swatých w náboženstwj křesťanském wyobcowáni budete*). Die Versammlungen können jederzeit [von der Obrigkeit] verboten werden. Dann wird keine Gelegenheit zu einem geordneten Bußverfahren mehr sein. Auch alle diejenigen, die schon seit längerer Zeit [in den Katechumenenstand aufgenommen sind und] das Bethaus zwar besuchen (*wás wssech nepřigatých a dawnj časy do zboru chodjcých*), aber keine Besserung und Buße erkennen lassen [den Beitritt zur Unität über Gebühr hinauszögern], werden vom Besuch der Versammlungen ausgeschlossen werden. Gott verleihe den Verwarnten willige Herzen und Gehorsam.

Nr. 249   V 348v–349r

Bruder Lukáš aus Prag: Rundschreiben an die Vorsteher der Unitätsgemeinden, ohne Ortsangabe, [vor 4. März 1517]; Bruder Vavřinec Krasonický: Brief an Bruder Martin Škoda in Mähren (Auszüge), Leitomischl, ohne Datum

Durch das St. Jakobsmandat von 1508 war in Böhmen die Schließung der brüderischen Bethäuser (*sbory*) angeordnet worden. Viele Brüderpriester hatten sich an geheime Zufluchtsorte zurückgezogen, vielerorts waren nur noch Hausversammlungen oder klandestine Gottesdienste möglich. Erst nach dem Tod König Wladislaws II. von Böhmen und Ungarn, der bis zuletzt auf die Einhaltung des St. Jakobsmandats gedrungen hatte, entspannte sich die Situation für die Unität wieder. Wladislaw starb am 13. März 1516, der als *terminus post quem* der Entstehung des vorliegenden undatierten Schreibens über die Wiedereröffnung der brüderischen Bethäuser zu gelten hat.

In dem Schreiben ordnet Lukáš die Wiederaufnahme des öffentlichen Gottesdienstes am bevorstehenden Fastensonntag an und ermahnt die Gemeinden zu

Fasten und Gebetsversammlungen an den Quatembertagen. Die Quatembertage sind der Mittwoch, Freitag und Samstag nach dem ersten Fastensonntag (*Invocavit*). Die Wiedereröffnung der Bethäuser sollte demnach am ersten oder zweiten Fastensonntag des Entstehungsjahrs erfolgen. Da der 13. März 1516, der Todestag Wladislaws II., jedoch auf den Donnerstag vor dem letzten Fastensonntag (*Palmarum*) des Jahres 1516 fiel, kann das vorliegende Schreiben nicht 1516 entstanden sein, sondern frühestens 1517, als der erste Fastensonntag auf den 1. März und die Quatembertage entsprechend auf den 4., 6. und 7. März fielen. Eine Datierung in das Frühjahr 1518 oder noch später kann ausgeschlossen werden. Auffällig ist, dass Lukáš die wichtige Entscheidung über die Wiedereröffnung der Bethäuser nicht mit dem gesamten Engen Rat abstimmen konnte, sondern lediglich einige Mitglieder des Gremiums, die er „zu dieser Zeit erreichen konnte", hinzuzog.

Unmittelbar auf Nr. 249 folgt in AUF V als Anhang ein Auszug aus einem Schreiben des Vavřinec Krasonický in Leitomischl an Martin Škoda in Mähren. Ob es sich dabei um ein ursprünglich zugehöriges Begleitschreiben handelte oder um einen Brief, der in einem anderen Kontext entstanden war, sei dahingestellt. Denkbar wäre etwa, dass Krasonickýs Schreiben erst in den Jahren 1523 bis 1525 entstand und „unser Hans" den zeitweilig als Dolmetscher für die Brüder wirkenden Johann Zeising bezeichnete, vgl. Nr. 250. Möglicherweise veranlasste lediglich das Stichwort „Freiheit der Bethäuser" beziehungsweise „Freiheit der Versammlungen" („swoboda zboruow") die Kompilatoren der *Acta Unitatis Fratrum* dazu, den Auszug an dieser Stelle einzuordnen. Krasonický diente der Unitätsgemeinde in Leitomischl von 1495 bis zu seinem Tod 1532. Škoda wurde 1516 in Brandeis an der Adler zum Brüderbischof gewählt und wirkte anschließend bis zu seinem Tod 1532 in Prerau in Mähren.

Überlieferung außerhalb der AUF: –

Edition: Handschriftliche deutsche Übersetzung von Joseph Theodor Müller: Herrnhut, Unitätsarchiv der Evangelischen Brüder-Unität, Sign. AB.II.R.1.1a/3, Erster Teil, 346f., Nr. 138.

Literatur: Пальмов (Hg.): Чешские братья, Bd. 1/1 [1904], 192; Müller: Geschichte und Inhalt [1913], 112, Nr. 138; Müller: Geschichte, Bd. 1 [1922], 387f., 391, 566, Nr. 122, 602, Nr. 152; Müller/Bartoš: Dějiny, Bd. 1 [1923], 249, 251, 345, Nr. 122; Molnár: Boleslavští bratří [1952], 83f.; Říčan: Dějiny [1957], 112.

Swolenj o otewřenj zboruow [„Beschluss über die Öffnung der Bethäuser"]. Inc.: *Bratřj milj, znamenage nynj, gaká sskoda děge se po zbořjch pro zástawu gich strany lidského spasenj [...].* Expl.: *[...] a prawdě swé prospěch dati etc. Měg se dobře. Lukáš, starssj, s bratřjmi spolu shromažděnými.* – Inc.: *Pjsse w giné ceduli takto: Také wěz, že poselstwj [...].* Expl.: *[...] ruku znáte. Toto psánj bylo posláno od b[ratra] Wawřince Krasonického z Litomyssle na Morawu bratru Martinowi Sskodowi.*

Lukáš teilt den Adressaten (*bratřj milj*) den folgenden Beschluss mit, den er gemeinsam mit Mitgliedern des Engen Rates (*radu wzaw s bratřjmi, kteréž sem mohl mjti k času tomuto z kněžj y z jahnuow starssjch*) getroffen hat: Angesichts des Schadens, den das [von König Wladislaw II. von Böhmen und Ungarn erlassene] Verbot der brüderischen Versammlungen für das Seelenheil der Gläubigen in den Unitätsgemeinden (*po zbořjch*) verursacht, beschließen die Ältesten die Wiederaufnahme der Versammlungen (*vmysl máme wssudy zbory mjti*) am bevorstehenden Fastensonntag (*tu neděli postnj nayprw přjstj*) [1. März 1517]. Wenn die Grundherren dagegen mit Gewalt vorgehen sollten, müssen die Gemeinden dies erdulden. Die Gläubigen sollen an den Quatembertagen (*o suchých dnech*) [4., 6. und 7. März 1517] Gebetsversammlungen mit Fasten abhalten und Fürbitte für die Unität tun.

[Angehängter Teil nach Leerzeile:] In einem anderen Brief (*w giné ceduli*), den Vavřinec Krasonický aus Leitomischl an Martin Škoda in Mähren sandte, heißt es: Boten aus Sagan [in Schlesien] kündigen den Besuch des dortigen Bürgermeisters [in Leitomischl] an. Dem Hans (*Hanusowi nassemu*) ist deswegen in deutscher Sprache geschrieben worden. Wenn die Versammlungen wieder erlaubt werden (*bude-li swoboda zboruow*), möge Škoda zu Krasonický kommen. Er möge die Angelegenheit geheim halten.

Nr. 250   V 349v–350v

Bruder Lukáš aus Prag: Brief an die Brüderältesten in Mähren zur Warnung vor Michael Weiße und Johann Zeising, ohne Ortsangabe, [1525/26]

Die Schlesier Michael Weiße aus Neisse und Johann Zeising (in tschechischen Quellen Čížek) gehörten vor ihrem Beitritt zur Brüderunität einem Mendikantenkloster in Breslau an. Laut der *Historia Fratrum* (Praha, Národní knihovna České republiky, Sign. XVII F 51a, 398f.) begaben sich die beiden nach Böhmen, nachdem Anhänger Martin Luthers die Mönche aus Breslau vertrieben hatten. Diese Nachricht bezieht sich auf die Ausweisung der Franziskaner-Observanten (Bernhardiner) aus Breslau im Jahr 1522. Weiße und Zeising fanden Aufnahme bei Vavřinec Krasonický in Leitomischl und schlossen sich den Böhmischen Brüdern an. 1524 begleitete Weiße, wohl wegen seiner Deutschkenntnisse, den ebenfalls der deutschen Sprache mächtigen Brüderpriester Jan Roh (Johannes Horn) auf einer Reise zu Luther nach Wittenberg. Zeising übersetzte zwei brüderische Verteidigungsschriften ins Deutsche, die 1525 im Druck erschienen.

Im Verlauf des Jahres 1525 begann Zeising, innerhalb der Unität eine symbolische Sakramentenlehre zu propagieren und tschechische Bearbeitungen von Schriften des Zürcher Reformators Ulrich Zwingli in Umlauf zu bringen. Der Brüderbischof Lukáš aus Prag reagierte darauf mit mehreren Schriften, von denen einige im Druck erschienen. Auch Vavřinec Krasonický und Martin Škoda (vgl. Nr. 249) beteiligten sich an der Auseinandersetzung mit Zeising. Im elften Band der *Acta Unitatis Fratrum* ist eine Schrift von Zeising oder aus dessen Umfeld (AUF XI 173r–179r) samt einer brüderischen Gegenschrift (AUF XI 181r–193r) überliefert. Am 29. Januar 1526 wurde Zeisings Lehre bei einer brüderischen Synode in Jung-Bunzlau verurteilt. Zeising wurde verwarnt und schließlich aus der Unität ausgeschlossen. Er begab sich daraufhin nach Mähren, wo er fortfuhr, seine Lehrmeinungen zu verbreiten. Dabei wurde er von dem Magnaten Johann von Pernstein und dem Laientheologen Jan Dubčanský von Zdenín, einem Angehörigen des Kleinadels (vgl. Nr. 94), unterstützt. Spätestens Anfang 1527 schloss Zeising sich den Nikolsburger Täufern (vgl. Nr. 236) an. Am 14. April 1528 starb Zeising als Täuferprediger in Brünn auf dem Scheiterhaufen.

Michael Weiße war ebenfalls an der Verbreitung der Lehre Zwinglis in der Unität beteiligt, wurde jedoch nicht ausgeschlossen. 1531 wurde Weiße zum Brüderpriester ordiniert. Er wirkte als Seelsorger der deutschsprachigen Unitätstgemeinde in Landskron, die durch die Ansiedlung verfolgter Waldenser aus der Mark Brandenburg im Jahr 1480 entstanden war. Für die deutschsprachigen Gottesdienste der Unität gab Weiße 1531 das für die Entwicklung des deutschen evangelischen Kirchenliedes bedeutende *New Gesengbuchlen* heraus. Seit 1532 gehörte er dem Engen Rat an. Sowohl in seinem Gesangbuch als auch in der 1532 in Zürich gedruckten brüderischen Bekenntnisschrift *Rechenschafft des Glaubens*, an der Weiße als Übersetzer beteiligt war, ist ein symbolisches, zur zwinglianischen Lehre tendierendes Sakramentenverständnis deutlich erkennbar.

Der vorliegende Brief des Lukáš aus Prag ist in der *Historia Fratrum* (Praha, Národní knihovna České republiky, Sign. XVII F 51a, 579) zum Jahr 1526 als „Schreiben [...] an die Brüderältesten in Mähren" („psanij [...] bratrzim starssym na Morawu") erwähnt (dass sich die Adressaten in Mähren befanden, geht aus der Überlieferung in AUF V nicht hervor). Das Schreiben entstand vermutlich vor dem endgültigen Ausschluss Zeisings aus der Unität im Frühjahr 1526, denn spätestens zu diesem Zeitpunkt müssen sich Weißes und Zeisings Wege getrennt haben. Anscheinend unterwarf sich Weiße den disziplinarischen Maßnahmen der Brüderältesten, um der drohenden Exkommunikation zuvorzukommen.

Überlieferung außerhalb der AUF: –

Edition: Gindely: Geschichte, Bd. 1 [1857], 504 (Auszug); Müller: Brüderunität [1920], 521–524 (deutsche Übersetzung); Molnár: Boleslavští bratří [1952], 108f. (Auszüge); Zeman: Anabaptists

[1969], 77 (Auszug in englischer Übersetzung). – Handschriftliche deutsche Übersetzung von Joseph Theodor Müller: Herrnhut, Unitätsarchiv der Evangelischen Brüder-Unität, Sign. AB.II.R.1.1a/3, Erster Teil, 347–349, Nr. 139.

Literatur: Gindely: Bratr Lukáš [1861], 289, Nr. 68; Wolkan: Kirchenlied [1891], 4–33; Пальмов (Hg.): Чешские братья, Bd. 1/1 [1904], 192; Müller: Geschichte und Inhalt [1913], 112, Nr. 139; Müller: Brüderunität [1920]; Müller: Geschichte, Bd. 1 [1922], 562, Nr. 94, Index s. v. „Weiße, Michael" und „Zeising (Čížek), Johann"; Müller/Bartoš: Dějiny, Bd. 1 [1923], 278, 344, Nr. 94; Odložilík: Jednota [1923], 18–35, 41; Odložilík: Der Widerhall [1925]; Peschke: Abendmahl, Bd. 1/1 [1935], 355–358, 374–377; Hrejsa: Dějiny křesťanství, Bd. 4 [1948], 287, 305–310; Hrejsa: Dějiny křesťanství, Bd. 5 [1948], 11, 13, 21; Molnár: Boleslavští bratří [1952], 107–109; Říčan: Dějiny [1957], 122, 129–131, 147; Bergsten: Hubmaier [1961], 403f., 427–430; Zeman: Anabaptists [1969], 72–82, Index s. v. „Weiße, Michael" und „Zeising (Čížek), Johann"; Molnár: Luther [1981], 47–67; Walter: *New Gesengbuchlen* [2000]; Macek: Víra a zbožnost [2001], 338, 350; Rothkegel: Mährische Sakramentierer [2005], 101–121 (zu Zeising), 104 (zu diesem Brief).

Psánj bratra Lukássowo z přjčiny Michala Weysa a Čjžka [„Ein Schreiben des Bruders Lukáš wegen Michael Weiße und (Johann) Zeising"]. Inc.: *Láska bratrská budiž za pozdrawenj se wssemi wámi. Amen. Bratřj milj, známo wám činjm [...]*. Expl.: *[...] než takowé dráby pod prospěchem na wsse zlé pustiti. Měgte se dobře. Z listu rukau b[ratra] Lukassowau psaneho tuto wepsán gest.*

Lukáš teilt den Adressaten (*bratřj milj*) mit, dass ihm zwei lateinische Schreiben von zwei Personen, die im Haushalt des Bruders Vavřinec [Krasonický in Leitomischl] leben, Michael [Weiße] „dem Mönch" (*Michala mnicha*) und Johann [Zeising] „dem Deutschen" (*Jana němce*) vorliegen, in denen diese nicht nur Lukáš persönlich angreifen, sondern auch die gesamte Unität, den Engen Rat, die Brüdersynoden, die Glaubenslehre sowie ältere und neuere Schriften [der Unität] kritisieren (*že se ta wěc wztahuge na wssecku gednotu, na concilia, na sněmy, na wjru, na prawdu podstatnau y služebnau, na spisy staré y nowé*). Sie versuchen, in der Unität eine neue Abendmahlslehre einzuführen. Abweichend von der Abendmahlslehre der Unität argumentiert der Verfasser [einer der beiden lateinischen Schriften, also Weiße oder Zeising], dass die [von Lukáš in seinen Schriften über das Abendmahl verwendeten] Begriffe „Zeichen" (*znamenj*), „sakramentlich" (*poswátně*) und „bezeichnenderweise" (*znamenaně*) ein und dasselbe bedeuten. Dadurch gelangt er zu einer falschen und gefährlichen Deutung der Einsetzungsworte (1 Kor 11,24–25).

Lukáš hat in zwei Briefen gegen die Lehrauffassungen [Weißes und Zeisings] Stellung genommen, diese Briefe sollen die Adressaten lesen. Das Wort Apg 20,30 erfüllt sich: „Auch aus eurer Mitte werden Männer aufstehen, die Verkehrtes reden, um die Jünger an sich zu ziehen." Lukáš hat stets zur Demut gemahnt. [Weiße und Zeising] dagegen brüsten sich mit der Notwendigkeit der deutschen Sprache. Lukáš warnt davor, von der bewährten Lehre und Ordnung abzufallen und neue Lehren in der Unität einzuführen. Er ist darüber beunruhigt, dass einige jüngere [Mitglieder oder Brüderpriester] offen für Neuerungen sind.

Die Adressaten (*bratřj*) sollen daher wachsam gegen alle Personen sein, die sich für die neue Lehre aus Deutschland begeistern und diese in der Unität verbreiten wollen und die sich ihrer [humanistischen] Sprachkenntnisse und Auslegungen rühmen (*lidi powstalé proti gednotě německými křtalty, genž sau wjc dowěrnostj w Němcých a w smyslu gich, gimž se y s jazyky y s wyswětlowánjm chlubj, [...] neb oni chtj Němce zwelebiti a oheň gich mezy nás wnesti*). Diese Personen hat der Satan gegen die Unität ausgesandt.

Lukáš hat persönlich mit [Weiße und Zeising] nichts zu schaffen (*nepjssjť [...] z pomsty mé osoby*). Den Mönch [Weiße] kennt er überhaupt nicht. Der Deutsche [Zeising] war in Jung-Bunzlau, aber als Lukáš ihm nicht gestatten wollte, nur bei den Büchern zu faulenzen (*když sem zaháleti nedal w knihách*), ging er nach Leitomischl. Es wäre besser gewesen, [Weiße und Zeising] mit ihren deutschen [gemeint ist: lutherischen] Ideen fortzuschicken (*tak gakž byli němcy, Pánu Bohu ge poručiti*), als zu erlauben, dass solche Landstreicher [entflohene Mönche] (*dráby*) in der Unität ihr Unwesen treiben.

Nr. 251   V 351r–v

Bruder Lukáš aus Prag: Brief an Bruder Sautor in Brandeis, ohne Ortsangabe, [nach 1526 und vor 11. Dezember 1528]

Der undatierte Brief an ein ansonsten unbekannten Adressaten mit dem Zunamen Sautor illustriert das Unbehagen, das manche Mitglieder und Geistliche der Unität angesichts der zunehmenden Verkirchlichung der gottesdienstlichen Formen während der Amtszeit des Brüderbischofs Lukáš aus Prag empfanden. Während die brüderischen Gottesdienste sich in der Frühzeit durch ostentative Schlichtheit und Spontaneität ausgezeichnet hatten, strebte Lukáš in Analogie zu seinen Bemühungen um eine Systematisierung der brüderischen Lehre eine Kodifizierung und Ausgestaltung der Liturgie an (vgl. Nr. 33, 34, 130, 254; Müller: Geschichte, Bd. 1 [1922], 216f., 456–510; Landová: Liturgie [2014], 37–47; Landová: Tradition [2019]). Diese Entwicklung setzte sich nach seinem Tod fort. 1534 ordnete der Enge Rat an, die Bethäuser der Brüder mit „würdigem" liturgischem Gerät auszustatten (Gindely [Hg.]: Dekrety [1865], 147). Aus dem späten 16. Jahrhundert sind kostbare brüderische Abendmahlskelche erhalten. Inventare von brüderischen Bethäusern aus dem

Der Abendmahlskelch der Unitätsgemeinde in Wildenschwert stammt aus dem frühen 16. Jahrhundert und besteht aus Messing. Die Kuppa ist vergoldet. Der Kelch wurde 1880 in einem Hohlraum in einer Wand des ehemaligen brüderischen Bethauses wiederentdeckt. Während die frühen Brüder im bewussten Gegensatz zum katholischen und utraquistischen Kultus aufwendige Kelche und andere liturgische Geräte abgelehnt hatten, wurde deren Gebrauch im Verlauf des 16. Jahrhunderts in der Brüderunität allgemein üblich.

frühen 17. Jahrhundert erwähnen regelmäßig liturgische Gerätschaften und Gewänder (Horníčková/Šroněk [Hg.]: Umění [2010], 313, 326–331; Landová: Liturgie [2014], 105f.).

Bei dem Wohnort des Adressaten handelt es sich wahrscheinlich um Brandeis an der Elbe (und nicht um die gleichnamige Stadt an der Adler), denn dort ist der Name Sautor im 16. und 17. Jahrhundert mehrmals als Familienname belegt. Bei dem im Text erwähnten Vaněk Strynický handelt es sich wahrscheinlich um den 1540 ordinierten und 1555 in Jung-Bunzlau gestorbenen Brüderpriester Václav Strynický aus Strenice bei Jung-Bunzlau, der erst als Witwer in den Priesterstand eintrat und aus seiner Ehe drei Kinder hatte.

Zu der im Text erwähnten Zerstörung des brüderischen Bethauses in Neustadt an der Mettau kam es bei einem großen Stadtbrand im Jahr 1526 (Košťál: Výzva [2001], 158). Dabei wurde die erst 1501 von Johann Černčický von Kácov gegründete Stadt (vgl. Nr. 290) fast vollständig verwüstet. Der vorliegende Brief muss demnach innerhalb der letzten beiden Lebensjahre des Lukáš aus Prag, der im Dezember 1528 starb, entstanden sein. Für Gindelys hypothetische Datierung in das Jahr 1501 lassen sich keine Anhaltspunkte erkennen.

Überlieferung außerhalb der AUF: –

Edition: Handschriftliche deutsche Übersetzung von Joseph Theodor Müller: Herrnhut, Unitätsarchiv der Evangelischen Brüder-Unität, Sign. AB.II.R.1.1a/3, Erster Teil, 349f., Nr. 140.

Literatur: Gindely: Geschichte, Bd. 1 [1857], 92; Gindely: Bratr Lukáš [1861], 279, Nr. 7; Пальмов (Hg.): Чешские братья, Bd. 1/1 [1904], 192; Müller: Geschichte und Inhalt [1913], 113, Nr. 140; Müller: Geschichte, Bd. 1 [1922], 299f., 568, Nr. 139, 604, Nr. 163; Müller/Bartoš: Dějiny, Bd. 1 [1923], 195f., 346, Nr. 139; Hrejsa: Sborové [1935], 265; Molnár: Boleslavští bratří [1952], 56f.

Psanj b[ratra] Lukasse Sautorowi do Brandýsa [„Ein Schreiben des Bruders Lukáš an Sautor nach Brandeis"]. Inc.: *Bratře milý, slysse o tobě při některých wěcech přjpadných při služebnostech poswátných auraz a pohorssenj etc. [...]*. Expl.: *[...] To až potud krátce k napomenutj y k weystraze buď. Per me L[ukáše] s[taršího].*

Lukáš hat von Václav (*Waněk*) Strynický erfahren, dass Sautor Anstoß an den [von Lukáš eingeführten] zufälligen Dingen (*při některých wěcech přjpadných*) [liturgischen Formen] bei der Sakramentsverwaltung (*při služebnostech poswátných*) nimmt. Lukáš ist zwar durch Krankheit geschwächt, aber er hält es für notwendig, Sautor zurechtzuweisen. Sautor beruft sich zu Unrecht auf die Alten (*z starých pigess*) [auf die Schlichtheit der brüderischen Gottesdienste in der Frühzeit der Unität]. Die Brüderpriester tragen nach wie vor keine prächtigen liturgischen Gewänder und verwenden keine vergoldeten Kelche (*w albách neslaužjme a nad to w plásstjch, ani kalichuo pozlacených nemáme*) [wie die Katholiken und Utraquisten]. Als [das brüderische Bethaus] in Neustadt [an der Mettau] abgebrannt war (*když na Nowém Městě shořely*), sandte Lukáš dorthin liturgische Geräte aus dem alten Bethaus (*z starého zboru*) [in Jung-Bunzlau], darunter eine Patene [?] in einem mit Blumen bestickten Futteral aus Seide und ein Korporale [Altartuch] (*nádobku wossitau netoliko hedbawjm, ale wyssjwanau s kwěty etc. a též corporal*). Solche Gegenstände wurden also bereits von den frühen Brüdern (*stařj*) benutzt. Lukáš ermahnt Sautor zu Buße und Gehorsam gemäß dem Gelübde beim Eintritt in die Unität (*pomni na to, nač sy prawicy dal*), andernfalls wird er ihn ausschließen lassen.

Nr. 252   V 352r–353v

Bruder Prokop aus Neuhaus: Brief an Bruder Lukáš aus Prag, Brandeis an der Adler, [1494/98]

Der theologisch bemerkenswerte Brief des Brüderpriesters Prokop aus Neuhaus (vgl. Nr. 73), der von 1494 bis 1500 als „Richter" (*sudí*) das höchste Leitungsamt der Unität innehatte, kritisiert das erste größere von Lukáš verfasste theologische Werk, den 1493 oder 1494 entstandenen Traktat *Spis bárky* („Schrift von der Barke", Praha, Knihovna Národního muzea, Sign. V E 9, 1r–203v). Während Lukáš den „verordneten" Weg zum Seelenheil mittels der „dienlichen Dinge" (den Dienst der Brüderpriester mit Wort und Sakrament) betonte, hielt Prokop an seiner bereits in den 1470er Jahren entwickelten Lehre vom „erneuerten" oder „verbesserten" Willen als der Ursache des Heils fest (vgl. Nr. 63). Der vorliegende Text und die Traktate über die Glaubensfreiheit (Just: Schrift [2017]) und über den Götzendienst (Nr. 109) weisen Prokop als einen profilierten theologischen Denker der Unität der Zeit vor Lukáš aus.

Bei der am Ende des Briefes erwähnten Adeligen handelt es sich offensichtlich um die Jung-Bunzlauer Grundherrin Johanna Krajíř von Krajek, die der Brüderunität nahestand. Demnach entstand das Schreiben nicht vor 1494, als Lukáš seinen Dienst als Priester der Unitätsgemeinde in Jung-Bunzlau begann. *Terminus ante quem* ist der am 9. November 1498 erfolgte Tod des am Schluss des Briefes erwähnten Jan Klenovský (vgl. Nr. 65 und 74). In der Abschrift in AUF V sind an mehreren Stellen durch Lücken im Umfang von einem Wort oder mehreren Worten Fehlstellen der Vorlage angezeigt.

Überlieferung außerhalb der AUF: –

Edition: Goll: O některých spisech [1883], 362f. (Auszug). – Handschriftliche deutsche Übersetzung von Joseph Theodor Müller: Herrnhut, Unitätsarchiv der Evangelischen Brüder-Unität, Sign. AB.II. R.1.1a/3, Erster Teil, 350–353, Nr. 141.

Literatur: Пальмов (Hg.): Чешские братья, Bd. 1/1 [1904], 192f.; Müller: Geschichte und Inhalt [1913], 113, Nr. 141; Müller: Geschichte, Bd. 1 [1922], 252f., 592, Nr. 57; Müller/Bartoš: Dějiny, Bd. 1 [1923], 162–164.

Psánj b[ratra] Prokopa bakaláře, na ten čas zprawce zboru Páně w Brandyse nad Orlicy, wčyněne b[ratru] Lukássowi [„Ein Schreiben des Bruders Prokop, damals Vorsteher der Gemeinde des Herrn in Brandeis an der Adler, an Bruder Lukáš getan"]. – [Zusatz von der Hand des Vavřinec Orlík:] *O spis Barky, w němž byl b[ratr] Lukass položil, že gakož bez gedne dcky bárka nestane, tak spasenj bez plnosti wssech prawd etc. Y wede b[ratr] Prokop, že wjc platj wuole dobrá hotowá, než rozum oswjceny prawdau bez skutkuow etc. a mocy* [„Über die Schrift ‚Die Barke', in der Bruder Lukáš dargelegt hatte, dass, wie ein Kahn untergeht, wenn auch nur eine Planke fehlt, so auch das Heil ohne die Vollzahl aller Wahrheiten usw. Und Bruder Prokop argumentiert, dass ein guter und bereiter Wille mehr zählt als ein von der Wahrheit erleuchteter Verstand ohne Taten usw. und Kraft"]. Inc.: *Salutem. Yakož mi odpisugeš při dobré wuoli, že gest-li circa materiam, při kteréž Buoh oprawuge, muož to státi [...]*. Expl.: *[...] když by pani gela, wyprav se s nj k nám. A prosym, gj ode mne powěz žadost wsseho dobreho, y komuž dále chceš.*

Prokop verteidigt seine Lehre vom guten Willen. Dieser besteht darin, alles glauben und tun zu wollen, von dem Gott will, dass man es glaubt und tut (vgl. Nr. 68). Die Wahrheiten, die geglaubt werden sollen, sind dieselben, von denen auch Lukáš schreibt. Sie sollen nicht nur in der Brüderunität, sondern von allen vernünftigeren Christen geglaubt werden (*netoliko w nassi gednotě, ale wssemu křesťanstwu rozumněyssjmu*). Diejenigen Wahrheiten, von denen Gott will, dass sie getan werden [das Sittengesetz, die *praecepta moralia*], sind aller Welt, Juden, Muslimen (*Turkom*) und Christen, durch die natürliche Vernunft und durch die Gesetze des Mose, Christi und des Mohammed (*swětlem přirozenym, zakonem Moyžjssowym, Krystowym y Machometowym*) offenbar.

Dass so viele Menschen [die Gebote] nicht befolgen, liegt daran, dass sie des Evangeliums ermangeln, aus welchem erst die Fähigkeit (*moc*) zum Einhalten [des Sittengesetzes] kommt. Es gab aber durchaus Menschen, die nach [dem Sittengesetz] lebten, ohne das Evangelium zu kennen, dazu gehörten der Hauptmann Cornelius (Apg 10) und die frommen Juden vor dem Kommen Christi. Umgekehrt gibt es Menschen, die die Glaubensinhalte und die Texte des Evangeliums verstandesmäßig kennen, aber nicht nach Gottes Geboten leben. Dies ist der Fall bei den Klerikern und Gelehrten der römischen Kirche.

Daher kann die Behauptung des Lukáš nicht zutreffen, dass die Kraft (*moc*) des Evangeliums durch die verstandesmäßige Kenntnis des Evangeliums bewirkt wird. Zwar trägt die Erkenntnis (*znamost*) viel zur Stärkung des guten, durch Gottes Gnade zurechtgebrachten Willens (*dobré wuole [...], a toť mjnjm wuoli oprawenau milostj Božj*) bei, aber sie ist nicht dessen Ursache, wie Lukáš behauptet. Das ist allein die Gnade Gottes. Der Verstand ist eine menschliche Fähigkeit, der gute Wille dagegen kann nur von Gott gegeben werden.

Daher ist der gute Wille für das Heil wichtiger als die verstandesmäßige Erkenntnis des Evangeliums (*rozum čtenj*). Ohne das Wirken der Gnade Gottes bleibt der menschliche Verstand dunkel, auch wenn ihm das Evangelium gepredigt wird (*a kděž té nénj, z služby lidské oswjceny rozum čtenjm tmau gest*). Prokop bleibt daher bei seiner Auffassung, dass die Predigt des Evangeliums nicht die Wirkung haben könne, die Lukáš ihm zuschreibt (*čtenj služebnému tak mnoho vžitkuow nepřičytam, kteréž ty pokladáš*). Vielmehr reinigt erst das reine Verlangen nach Gott den Verstand (*čystá žadost k Bohu očysstuge rozum*). Viele, die das Evangelium kennen, kennen Gott selbst nicht und haben seine Kraft nicht empfangen (*samého Boha neznagj a mocy geho včastni negsau*). Der gute Wille bewirkt den erleuchteten Verstand und stärkt ihn durch das Evangelium.

Für das Heil ist der Glaube an Christus durchaus heilsnotwendig (Joh 3,18). Wenn aber jemand in den übrigen Glaubenslehren unwissend ist und irrt, dann reicht es, wie Prokop [in seiner verlorenen Schrift über den guten Willen] geschrieben hat, aus, dass er demütig glauben will. Ebenso verhält es sich, wenn er trotz des guten Willens, die Gebote zu tun, nicht die volle Erkenntnis aller Gebote hat, solange er nur die ganz deutlichen Gebote wie das Verbot des Götzendienstes (Ex 20,3) hält. Manche wissen nicht, dass bestimmte abergläubische Dinge wie [magische] Segen und Volksmedizin (*při powěrách, žehnánjch a lékach*) verboten sind. Sie wissen nicht von den zehn Arten von Götzendienst, die Guillaume d'Auvergne (*Wilhelmus*) aufzählt [Guilielmus Alvernus: Opera omnia, Bd. 1 (1674), 69] und begehen sie aus bloßer Gewohnheit, obwohl ihr Herz auf Gott ausgerichtet ist. Der Mangel an rechtem Glauben und Tun wird in diesen Fällen durch das Opfer Christi [am Kreuz] erstattet. Wenn Lukáš mit seiner Behauptung Recht hätte, man dürfe keine einzige Glaubenswahrheit vernachlässigen, so wie bei einem Kahn keine einzige Planke fehlen darf, dann müsste Prokop, müsste selbst die Jungfrau Maria am Heil verzweifeln. Lukáš möge etwas Erfreulicheres lehren (*powěz nětco kratochwjlněyssjho*).

Prokop wollte gemeinsam mit [Jan] Klenovský einen Besuch bei Lukáš [in Jung-Bunzlau] abstatten. Da dies nicht möglich war, möge Lukáš bei nächster Gelegenheit zu ihnen kommen, etwa indem er [bis Leitomischl] mitreist, wenn die [Jung-Bunzlauer] Grundherrin [Johanna Krajíř von Krajek] nach Mähren reisen wird. Lukáš möge [Johanna Krajíř] von Prokop grüßen.

Nr. 253   V 353v–354r

Bruder Eliáš aus Křenovice: Brief an den Magister Havel, Reichenau an der Kněžna, 31. Januar 1501

Der Verfasser des kurzen Schreibens ist Eliáš aus Křenovice (vgl. Nr. 198 und 290), einer der 1467 ordinierten ersten drei Brüderpriester, der von 1499 an als Träger der Ordinationsgewalt bischöfliche Aufgaben in der Unität wahrnahm. Eliáš hatte seinen Sitz im mährischen Proßnitz, hielt sich zeitweise aber auch in Reichenau an der Kněžna auf (Hrejsa: Sborové [1935], 48). Er starb 1503 in Proßnitz.

An den Magister Havel, dem Eliáš freundlich, aber unverblümt mit der Exkommunikation droht, ist auch das Schreiben des Lukáš aus Prag Nr. 254 gerichtet. Auf dieselbe Person ist vermutlich die Erwähnung eines Magisters Havel in der Schrift *O učených* („Über die Gelehrten") des Vavřinec Krasonický (1530) zu beziehen. Dieser wurde von Lukáš aus Prag und Krasonický für den Beitritt zur Brüderunität gewonnen und leitete zeitweilig eine brüderische Schule („kollej k učení bratrskému") in Brandeis an der Adler oder in Brandeis an der Elbe (Molnár: Českobratrská výchova [1956], 85). Auffällig ist, dass Eliáš, ein ehemaliger Müller, den Brief an seinen gelehrten Glaubensgenossen mit einer lateinischen Grußformel beschließt.

Der brüderische Schulmeister Havel wurde in der älteren Forschungsliteratur (Jireček, J.: Rukověť, Bd. 1 [1875], 412; Goll: Chelčický a jednota [1916], 243f.; Müller: Geschichte, Bd. 1 [1922], 298f.; Urbánek: Jednota bratrská [1923], 23, 27f.; Molnár: Českobratrská výchova [1956], 97f.) mit einem Havel aus Saaz identifiziert, der an der Prager Universität 1454 Baccalaureus und vier Jahre später Magister wurde und zuletzt 1460 als Angehöriger der Universität erwähnt ist, über den jedoch keine weiteren eindeutigen Nachrichten vorliegen (Holá/Holý u.a.: Profesoři [2022], 484).

Plausibler ist jedoch die von Bartoš vorgeschlagene Identifizierung mit einem besser dokumentierten, etwa drei Jahrzehnte jüngeren Havel aus Kaurim, der an der Prager Universität 1487 zum Baccalaureus und 1493 zum Magister promoviert wurde und bis 1497 in verschiedenen Funktionen an der Universität nachgewiesen ist. Kurz danach muss er den Brüdern beigetreten sein, denn an der Einrichtung der von Havel geleiteten Schule in Brandeis war laut der Nachricht in Krasonickýs Schrift *O učených* („Über die Gelehrten") noch der am 9. November 1498 verstorbene Jan Klenovský beteiligt. Der Übertritt des Magisters Havel aus Kaurim zu den „Pikarden" ist in zeitgenössischen utraquistischen Polemiken mehrfach erwähnt (Bartoš: Vznik kodexu [1961], 254–256; Holá/Holý u.a.: Profesoři [2022], 361). Havel starb Ende 1508 oder in den ersten Tagen des Jahres 1509. Am 8. Januar 1509 wandte sich Johanna Krajíř von Krajek, damals die wichtigste Schutzherrin der Brüderunität in Böhmen, von Jung-Bunzlau aus an den Stadtrat von Kaurim, um dem Verstorbenen zustehende Vermögenswerte einzufordern (Kalousek [Hg.]: Archiv český, Bd. 18 [1900], 462).

Etwas unsicher ist die Identifikation des Ortsnamens in der Überschrift von Nr. 253 und 254, wonach die beiden Schreiben dem Magister Havel „do Ausstě" gesandt wurden. Damit könnte das ostböhmische Wildenschwert (Ústí nad Orlicí, mundartlich Oustí oder Ousť) gemeint sein, wo im weiteren Verlauf des 16. Jahrhunderts eine Unitätsgemeinde bestand (Hrejsa: Sborové [1935], 59f.). Allerdings ist die Schreibung „do Ausstě" (do Ouště) statt „do Austi" (do Ousti), also mit š statt s, problematisch. Auffällig ist ferner, dass in Nr. 254 ein Bruder Izajáš erwähnt ist, bei dem eine Identifizierung mit dem Brüderpriester Izajáš naheliegt, der seit 1516 dem Engen Rat angehörte und ein Vertrauter des Lukáš aus Prag war. Der Brüderpriester Izajáš kam laut der *Historia Fratrum* (Praha, Národní knihovna České republiky, Sign. XVII F 51a, 382) „z Ausstku" und starb laut dem brüderischen Nekrologium 1526 „w Ausstku" (Praha, Národní knihovna České republiky, Sign. XVII E 69, 111r; Fiedler [Hg.]: Todtenbuch [1863], 224), also in Auscha (Auštěk beziehungsweise Ouštěk, amtlich Úštěk) nordöstlich von Leitmeritz (Hrejsa: Sborové [1935], 43). Bei der Ortsangabe der Überschrift des vorliegenden Schreibens, „do Ausstě" kann es sich durchaus um eine Nebenform des Genitivs des Ortsnamens „Auštěk" handeln (vgl. Profous/Svoboda: Místní jména, Bd. 4 [1957], 456f.). Dies legt die Schlussfolgerung nahe, dass sich die brüderische Schule des Magisters Havel nicht in Wildenschwert, sondern in Auscha befand.

Überlieferung außerhalb der AUF: –

Edition: Handschriftliche deutsche Übersetzung von Joseph Theodor Müller: Herrnhut, Unitätsarchiv der Evangelischen Brüder-Unität, Sign. AB.II.R.1.1a/3, Erster Teil, 354, Nr. 142.

Literatur: Пальмов (Hg.): Чешские братья, Bd. 1/1 [1904], 193; Müller: Geschichte und Inhalt [1913], 113, Nr. 142; Müller: Geschichte, Bd. 1 [1922], 316, 595, Nr. 86; Müller/Bartoš: Dějiny, Bd. 1 [1923], 206.

Giny list mistru Hawlowi do Ausstě od bratra Eliásse [„Ein anderer Brief an den Magister Havel nach Oušť von Bruder Eliáš"]. Inc.: *Pozdrawenj laskawé s žadostj mnohého dobrého wzkazugiť, bratře w Pánu Krystu mily [...]*. Expl.: *[...] před vstanowenjm swěta. Valete feliciter semper! Datum Richnou feria I post Crisostomi annorum 1501. Eliass. A prosym was, oč bude tento bratr žádati, včyňte gemu y pro mau potřebu také. A teď dwě lžičky posylám, yakežť mám, vkazuge znamenj lásky.*

Eliáš wünscht Havel (*bratře w Pánu Krystu mily*), dass Gott ihn pflegt und reinigt wie eine Weinrebe, damit er mehr Frucht bringt (Joh 15,2) und nicht aus dem heiligen Weinberg entfernt [aus der Gemeinde ausgeschlossen] werden muss. Zu Gottes

Weinberg, zur Zahl der zum Heil Auserwählten, hoffen auch die Brüder trotz aller ihrer Unvollkommenheit (*ačkoli sme mdlj a mnohym malomocenstwjm poraženj*) zu gehören. Aber andererseits werden selbst kleinste gute Taten von Gott nicht vergessen. Dies möge in Kürze genügen als Ermahnung. Eliáš wünscht Havel, dass er das Heil erlangt, um dessentwillen er von der Welt verachtet wird. Havel möge den Überbringer anhören und dessen Bitte erfüllen. Als Zeichen der Freundschaft sendet Eliáš zwei Löffelchen als Geschenk.

Nr. 254   V 354r–v / IX 101r–102r

Bruder Lukáš aus Prag: Brief an den Magister Havel, ohne Ortsangabe, 17. Dezember 1502

Zum Adressaten, dem Magister Havel, und der möglichen Identifizierung des im Text genannten Izajáš vgl. Nr. 253. Der Brüderbischof Lukáš aus Prag versuchte im Zuge seiner Bemühungen um eine Vereinheitlichung der Liturgie die altkirchliche Perikopenordnung als Ordnung der Schriftlesungen und die Beobachtung des traditionellen kirchlichen Festkalenders in den Unitätsgemeinden durchzusetzen (Landová: Liturgie [2014], 123f.; Landová: Tradition [2019], 32–36). Dennoch erlaubte eine Brüdersynode im Jahr 1504 den Brüderpriestern ausdrücklich, bei Bedarf von der Leseordnung abzuweichen (Gindely [Hg.]: Dekrety [1865], 59). Die in AUF IX überlieferte Abschrift des vorliegenden Briefes weist zahlreiche abweichende Lesarten auf (die Varianten verzeichnet Molnár: Českobratrská výchova [1956], 278f.).

Überlieferung außerhalb der AUF: Praha, Národní knihovna České republiky, Sign. XVII E 69, 47v–48v; *Historia Fratrum*, ebd., Sign. XVII F 51a, 118–121.

Edition: Jireček, J.: Blahoslavova filipika [1861], 372f.; Blahoslav: Vady kazatelův [1905], 11f. (nach AUF IX 101r–102r); Molnár: Českobratrská výchova [1956], 149f. (nach AUF IX 101r–102r); Blahoslav: Čtyři menší spisy [2013], 123f. (nach AUF IX 101r–102r). – Handschriftliche deutsche Übersetzung von Joseph Theodor Müller: Herrnhut, Unitätsarchiv der Evangelischen Brüder-Unität, Sign. AB.II.R.1.1a/3, Erster Teil, 355f., Nr. 143.

Literatur: Gindely: Geschichte, Bd. 1 [1857], 92; Gindely: Bratr Lukáš [1861], 279, Nr. 12; Jireček, J.: Rukověť, Bd. 1 [1875], 412; Пальмов (Hg.): Чешские братья, Bd. 1/1 [1904], 193; Müller: Geschichte und Inhalt [1913], 113, Nr. 143; Goll: Chelčický a jednota [1916], 244; Müller: Geschichte, Bd. 1 [1922], 298f., 567, Nr. 126, 596, Nr. 94; Müller/Bartoš: Dějiny, Bd. 1 [1923], 195, 346, Nr. 126; Urbánek: Jednota bratrská [1923], 28; Molnár: Boleslavští bratří [1952], 56; Blahoslav: Čtyři menší spisy [2013], 302f.

Giny list mistru Hawlowi do Aussrě od b[ratra] Lukásse [„Ein anderer Brief an den Magister Havel nach Oušť von Bruder Lukáš"]. Inc.: *Známo čynjm, bratře Hawle muoy w Pánu mily, že mne dosslo to, že by ty neoblibowal nassich pořádkuow podlé vloženj gednoty této [...].* Expl.: *[...] A toť bude obogjm ke wssemu dobrému. Vale in Domino feliciter. Sabbato post Lucie virginis. 1502.*

Lukáš, der gerade zu einer Versammlung [des Engen Rates] reist (*gsa na cestě k bratřjm*), hat erfahren, dass Havel (*bratře Hawle muoy w Pánu mily*) die [von Lukáš eingeführten] liturgischen Ordnungen missfallen, unter anderem die Leseordnung für Evangelium und Epistel im Bethaus (*w zboru*), die Beobachtung der Fastenzeiten und Festtage sowie die einheitliche Ordnung der Lieder (*podlé téhož pořádku zpjwánj*). Havel liest absichtlich andere Textabschnitte, arbeitet an den Festtagen und fastet nicht an den Fastentagen. Dadurch stiftet er Unordnung in der Gemeinde. Die Brüder haben sich von den Missständen [des katholischen und utraquistischen Gottesdienstes] losgesagt, aber nicht von solchen kirchlichen Gebräuchen, die, in guter Absicht gebraucht, nützlich sein können und mit denen gläubige Vorsteher (*zpráwce*) [Priester] zur Auferbauung der Laien in Glaube, Liebe und Hoffnung (1 Kor 13,13) beitragen können. Lukáš dachte einst ebenso wie Havel, nahm dann aber gehorsam die Ordnungen der Gemeinde an, der er beigetreten war. In der Gemeinde muss Ordnung herrschen (1 Kor 14,40; 2 Thess 3,6).

Izajáš hat Lukáš von den Einwänden Havels gegen die Schriften des Lukáš berichtet. Lukáš versichert, dass er nie etwas veröffentlicht hat, was nicht von der Unität approbiert wurde. Er schlägt vor, dass Havel sich zum Zweck einer Aussprache während der Sitzung [des Engen Rates] im Adlergebirge (*k bratřjm staršjm do hor*) einfindet.

Nr. 255 V 355r–358v

Brief des Engen Rates an verfolgte Gläubige, Leitomischl, 23. März 1536

Der Brief ist, wie ein Eintrag im zweiten Teil der *Historia Fratrum* (Nelahozeves, Lobkowiczká knihovna, Sign. VI Ed 7, 2; Abschrift: Praha, Národní knihovna České republiky, Sign. XVII F 51b, 5) nahelegt, wohl an Anhänger der Brüderunität in der königlichen Stadt Taus gerichtet. Dort waren bereits im Vorjahr 1535 Anhänger der Brüderunität wegen des Besuchs brüderischer Gottesdienste in Janowitz an der Angel verfolgt worden (vgl. Nr. 304).

Wohl im selben Kontext wie das vorliegende Schreiben entstand ein Traktat eines brüderischen Seelsorgers aus dem Jahr 1536 über die Frage, worin sich das von den utraquistischen Priestern gespendete Sakrament vom brüderischen Abendmahl unterscheide. Der Traktat ist in zwei Handschriften überliefert (*Tito Artykulowé pořád znamenanj k žádosti gednoho p[ří]tele sepsanj sau*, Praha, Knihovna Národního muzea, Sign. IV H 8, Teil I, 95r–100v; ebd., Sign. II H 6, 199r–202r).

Die versöhnliche Haltung gegenüber den Utraquisten entspricht den Bestrebungen des seit 1532 in Leitomischl wirkenden Brüderbischofs Jan Augusta, der sich um eine Annäherung zwischen der Unität und den utraquistischen Evangelischen bemühte. Der apostolische Gruß (*milost a pokoj*, „Gnade und Friede", vgl. Röm 1,7 und öfter) als Briefanfang wurde bei den Brüdern anscheinend erst um 1540 unter dem Einfluss des Briefstils der deutschen Reformatoren üblich, vgl. Nr. 229.

Überlieferung außerhalb der AUF: –

Edition: Handschriftliche deutsche Übersetzung von Joseph Theodor Müller: Herrnhut, Unitätsarchiv der Evangelischen Brüder-Unität, Sign. AB.II.R.1.1a/3, Erster Teil, 356–360, Nr. 144.

Literatur: Пальмов (Hg.): Чешские братья, Bd. 1/1 [1904], 193; Müller: Geschichte und Inhalt [1913], 113, Nr. 144.

Rada bratřj starssjch [„Der Rat der Brüderältesten"]. Inc.: *Milost a pokog Boha a spasytele nasseho Gežjsse Krysta budiž s wámi se wssemi [...]*. Expl.: *[...] Milost Pána nasseho Gežjsse Krysta budiž se wssemi wámi. Amen. Dat[um] w Ljtomyssli o středopostj, leta Páně 1536. Bratřj starssj gednoty zákona Krystowa.*

Die Brüderältesten grüßen die Adressaten (*neymilegssj bratřj a sestry*) mit dem apostolischen Gruß. Sie haben aus einem Schreiben der Adressaten von deren Bedrängnis und Verfolgung erfahren. Auf die Bitte der Adressaten, ihnen in ihrer Gewissensnot einen Rat zu erteilen, ob es Sünde ist, die Sakramente von utraquistischen oder katholischen Priestern zu empfangen, wenn man gewaltsam dazu genötigt wird, antworten die Brüderältesten: Gegner der Unität sind nicht Juden, Heiden, Muslime (*Turky*) oder Sadduzäer, es ist vielmehr der Antichrist, der unter einem christlichen Schein die Gläubigen zu verführen trachtet (Mt 7,15; 24,7). Daraus folgt aber auch, dass der Antichrist etwas Christliches an sich hat, ja dass er Dinge Christi gebraucht, wenn auch nur zur Verführung (*antykryst Krystowy wěcy má, wssak ne k spasenj, ale k swodu*). Wenn man [die von den katholischen und utraquistischen Priestern gespendeten Sakramente] völlig verwirft, setzt man sich dem Missverständnis aus, als achte man die Dinge Christi gering. Empfängt man jedoch von ihnen [die Sakramente], dann setzt man sich dem Missverständnis aus, als würde man die Irrlehren des Antichrist billigen, und wird seiner bösen Werke teilhaftig (2 Joh 11).

Die Brüderältesten haben die Frage der Adressaten daher nach beiden Seiten erwogen und biblische Beispiele dafür gefunden, was den Frommen (*lidj swatých*) im Alten und Neuen Testament von ihren Vorstehern geraten wurde. Der Syrer Naeman besuchte mit Erlaubnis des Propheten [Elisa] einen Götzentempel (2 Kön 5,18).

Auch in der Urgemeinde wurden allerlei jüdische und heidnische Gebräuche unter bestimmten Bedingungen und jeweils für kurze Zeit geduldet. Christus selbst wies seine Jünger an, die von den Schriftgelehrten und falschen Propheten erlassenen Gebote zu befolgen (Mt 23,3). Ferner gibt es Beispiele dafür, dass die Gläubigen in Zeiten der Verfolgung ihre Überzeugungen verheimlichten und sich verbargen wie die 7.000 Frommen [die ihre Knie nicht vor dem Baal beugten] (1 Kön 19,18; Röm 11,4), Nikodemus (Joh 3,1–2) oder Josef von Arimathäa (Joh 19,38).

Da es sich nun [bei den Sakramenten, zu deren Empfang die Adressaten von ihren Verfolgern genötigt werden] nicht um jüdische oder heidnische, sondern um christliche Dinge handelt, wird Gott es ihnen nicht als Sünde anrechnen, wenn sie sie vom Antichrist empfangen, sofern sie ihr Herz nicht auf das richten, was daran antichristlich ist, sondern auf das, was daran christlich ist. Diese Regelung gilt nur für die Dauer der Verfolgung. Die Adressaten sollen bei der Lehre des reinen göttlichen Wortes (*naučenj čisteho slowa Božjho*) bleiben und [bei der Kommunion] ihre Gedanken allein auf Christus, den Hohenpriester (Hebr 4,15) und Bischof ihrer Seelen (1 Petr 2,25), ausrichten, und nicht auf den jämmerlichen, sündigen und ketzerischen Priester (*k tomu bjdnému a hřjssnému y bludnému knězy papežowu a k geho wymyslkuom*). Sie sollen eifrig beten, dass Gott sie aus der geistlichen und weltlichen Gewalt des Antichrist befreit, dass er Freiheit zur Verkündigung der Wahrheit schenkt und den Antichrist vernichtet mit dem Hauch seines Mundes (2 Thess 2,8).

Es steht den Adressaten frei, diesem Rat nicht zu folgen und sich trotz der angedrohten Strafen dem Antichrist zu widersetzen und die Wahrheit öffentlich zu bekennen. Allerdings werden sie damit der Brüderunität eher schaden als nutzen. Es ist daher besser, den Rat zu befolgen und darauf zu hoffen, dass der Antichrist und seine Anhänger (*kteřjž sau s stránky geho*) binnen kurzer Zeit vernichtet und die Adressaten samt allen Gläubigen befreit werden (*pro wyswobozenj wásse y wssech wěrných*).

Nr. 256 V 360r

Brief eines Brüderältesten an [Václav] Záruba [von Hustířany], ohne Ortsangabe, ohne Datum

Bei dem Adressaten handelt es sich vermutlich um den böhmischen Kleinadeligen Václav Záruba von Hustířany, der laut Nr. 270 als Hauptmann im Dienst des Bohuš II. Kostka von Postupitz in Leitomischl stand (vgl. Nr. 277; Müller: Geschichte, Bd. 1 [1922], 326f.). Das Todesjahr des Václav Záruba ist ubekannt. Er war aber im Dezember 1505 noch am Leben (Kalousek [Hg.]: Archiv český, Bd. 15 [1896], 413). Die biblische Wendung „lebendiges Wasser" (Joh 4,14 und öfter) wird in der brüderischen Tradition gewöhnlich nicht auf die katholische Lehre von der sakramentalen Taufgnade bezogen. Dennoch liegt hier eine deutliche Anspielung auf die Taufe (und damit auf die Konversion zur Brüderunität) vor, zu der das Schreiben den Adressaten und dessen Kinder auffordert.

Überlieferung außerhalb der AUF: –

Edition: Handschriftliche deutsche Übersetzung von Joseph Theodor Müller: Herrnhut, Unitätsarchiv der Evangelischen Brüder-Unität, Sign. AB.II.R.1.1a/3, Erster Teil, 361, Nr. 145.

Literatur: Пальмов (Hg.): Чешские братья, Bd. 1/1 [1904], 193; Müller: Geschichte und Inhalt [1913], 113, Nr. 145.

Psanj b[ratra] starssjho gednoho včyněne panu Zárubowi y synu geho etc. [„Ein Schreiben eines Brüderältesten, an Herrn Záruba und seinen Sohn usw."]. Inc.: *Žadost dobrého spasytedlného wzkazugi wám, vrozeny pane Zárubo y s panem Zdeňkem, synem wassjm milym [...].* Expl.: *[...] a Duch swaty z obdarowánj ať by dal w srdce wásse, bez něhož žadneho nespasy. Deyž wám Pan Buoh swé swate požehnánj. Amen.*

Der Verfasser wünscht Záruba (*vrozeny pane*), ferner dessen Sohn Zdeněk und dessen Tochter Johanka die Gabe des lebendigen Glaubens, dass sie die Gabe des lebendigen Wassers (Joh 4,14) begehren und dass sie das ewige Leben erlangen. Die Menschen wandeln in der Finsternis und mühen sich umsonst, das Heil zu erlangen, solange sie sich nicht zu Christus bekehren. Aber wer das Evangelium annimmt, der tut Buße, wird demütig und tritt in den Bund des Glaubens (*wstáti z njzka a gjti k wyžssjmu stupni [...] k vmluwě wjry zakona nowého swědectwj*), um die Gerechtigkeit aus Glauben (*sprawedlnosti z wjry*) zu erlangen. Dies wünscht der Verfasser auch dem Sohn Zdeněk und der Tochter Johanka. Möge ihnen Gott Vater aus seiner Gnade, Christus aus seinem Verdienst und der Heilige Geist als Geschenk das Gesetz in die Herzen geben, ohne welches niemand erlöst werden kann.

Nr. 257   V 360v–361v

Brief eines Brüderältesten an eine Unitätsgemeinde, die er demnächst besuchen wird, ohne Ortsangabe, ohne Datum

Der Brief entstand im Zusammenhang der Visitationsreise eines Mitglieds des Engen Rates (vgl. Nr. 139, 157, 172). Anhaltspunkte für die Identität des Verfassers und der Adressaten, den konkreten Entstehungsanlass und die Datierung fehlen.

Überlieferung außerhalb der AUF: –

Edition: Handschriftliche deutsche Übersetzung von Joseph Theodor Müller: Herrnhut, Unitätsarchiv der Evangelischen Brüder-Unität, Sign. AB.II.R.1.1a/3, Erster Teil, 361, Nr. 146.

Literatur: Пальмов (Hg.): Чешские братья, Bd. 1/1 [1904], 193.

Psanj gednoho bratra s[taršiho], lid Páně k pobožnosti wzbuzugjcý a k modlitbám za sebe etc. [„Schreiben eines Brüderältesten, das Volk des Herrn zur Frömmigkeit und zur Fürbitte für sich ermahnend usw."]. Inc.: *Buoh a Otec Pana nasseho Gezukrysta a otec milosrdenstwj a Buoh wsseho potěssenj rač byti s wámi se wssemi [...].* Expl.: *[...] rozmlauwage o wěcech spasenj dussj wassich potřebných a žitečných. A Buoh pokoge buď se wssemi wámi. Amen.*

Der Verfasser grüßt die Adressaten (*bratřj a sestry*) mit Worten aus 2 Kor 1,3. Gott der Schöpfer will nicht das Verderben des Menschen, sondern will ihn durch Buße und Erkenntnis der Wahrheit zum Heil gelangen lassen. Viele verfallen aus eigener Schuld der göttlichen Strafe. Die Adressaten sollen sich daran erinnern, dass auch sie einst in Finsternis und Unkenntnis der Wahrheit lebten. Da sie aber aus Gottes Gnade errettet sind, sollen sie sich dankbar in den christlichen Tugenden üben. Christus hat vorhergesagt, dass in der Endzeit falsche Propheten auftreten werden und dass diejenigen, die auf dem geraden Weg (*vpřjmau cestau*), den Christus gebahnt hat, ihm nachfolgen, Verfolgung leiden werden. Sie sollen daher klug wie die Schlangen und einfältig wie die Tauben sein (Mt 10,16) und sich nicht vor denen fürchten, die nur den Leib töten können (Mt 10,28). Die Adressaten sollen sich nicht durch Irrlehre (*včenjmi rozličnými a cyzými*) verführen lassen und einander in Liebe ertragen.

So hofft der Verfasser die Adressaten vorzufinden, wenn er sie wieder besucht. Er ermahnt die Adressaten [mit zahlreichen neutestamentlichen Zitaten und Anspielungen] zur Beständigkeit und wünscht ihnen Wachstum in geistlicher Erkenntnis. Er bittet um Fürbitte, damit er vor den Nachstellungen böser Menschen bewahrt bleibt und seine Reise zu den Adressaten glücklich durchführen kann, um dort zu predigen und seelsorgerliche Gespräche zu führen (*rozgjmage a rozmlauwage o wěcech spasenj dussj wassjch potřebných a žitečných*).

Nr. 258   V 361v

Bruder Lukáš aus Prag: Brief an einen kranken Brüderpriester zum neuen Jahr, ohne Ortsangabe, ohne Datum

Der Text enthält keine konkreten Anhaltspunkte für die Identifizierung des Adressaten und die Datierung.

Überlieferung außerhalb der AUF: –

Edition: Handschriftliche deutsche Übersetzung von Joseph Theodor Müller: Herrnhut, Unitätsarchiv der Evangelischen Brüder-Unität, Sign. AB.II.R.1.1a/3, Erster Teil, 364, Nr. 147.

Literatur: Пальмов (Hg.): Чешские братья, Bd. 1/1 [1904], 194; Müller: Geschichte und Inhalt [1913], 113, Nr. 147; Müller: Geschichte, Bd. 1 [1922], 568, Nr. 140, 604, Nr. 164; Müller/Bartoš: Dějiny, Bd. 1 [1923], 346, Nr. 140.

Psanj včyněné od b[ratra] Lukasse gednomu bratru nemocnému a poslané za dar nowého léta, z geho wlastnj ruky pjsma přepsano [„Ein Schreiben, von Bruder Lukas einem kranken Bruder getan und zugesandt als Neujahrsgruß, aus seiner eigenen Handschrift abgeschrieben"]. Inc.: *Pozdrawenj Krystowo w milosti kagjcych a wěřjcych w něho budiž s tebau [...]*. Expl.: *[...] y vtěssj w náprawě wěrného a vpřjmeho srdce až do konce. Toť posylám nowého léta.*

Lukáš wünscht dem Adressaten als einem begnadigten Büßer und Gläubigen Genesung (*pozdrawenj*) von Christus [Wortspiel mit dem tschechischen Wort *pozdravení*, das sowohl „Gruß" als auch „Genesung" bedeutet]. Die Nachricht von der Krankheit des Adressaten stimmt Lukáš froh und traurig zugleich. Froh, weil Leiden zur Buße führt und diese dem Adressaten im Glauben nutzen wird. Möge er zuversichtlich in seinem Dienst für die Brüderunität fortfahren (*pracuoy wěda, že práce twá daremná nebude*). Traurig ist er deshalb, weil der Adressat nicht an den Festtagsgottesdiensten mitwirken kann (*protože nemuožeš s wěrnymi powinnosti twé čyniti a nabywati dobre[h]o w přisluhowánj slowa Božjho*). Der Adressat möge um Genesung und geistliche Aufrichtung beten.

Nr. 259 V 362r–v

Brief eines Katechumenen an eine unverheiratete Katechumenin der Brüderunität während einer Epidemie, ohne Ortsangabe, ohne Datum

Anhaltspunkte für die Identifizierung der Adressatin des anspruchsvoll stilisierten Schreibens fehlen. Der Verfasser bezeichnet sowohl die Adressatin als auch sich selbst als „Büßer", was üblicherweise den Katechumenenstand der Unität bezeichnet. Der Text entstand während einer Seuche, auf die mehrfach angespielt wird. Für die Hauptstadt Prag sind Ausbrüche der Pest (*mor*) beispielsweise für die Jahre 1507 und 1520/21 bezeugt (Palacký [Hg.]: Stařj letopisowé [1829], 284, 440f.).

Überlieferung außerhalb der AUF: –

Edition: Handschriftliche deutsche Übersetzung von Joseph Theodor Müller: Herrnhut, Unitätsarchiv der Evangelischen Brüder-Unität, Sign. AB.II.R.1.1a/3, Erster Teil, 365f., Nr. 148.

Literatur: Пальмов (Hg.): Чешские братья, Bd. 1/1 [1904], 194; Císařová-Kolářová: Žena [1942], 224.

Inc.: *Wsseho dobreho žadost, panno milá. Tohoto času, w němž pro powěst strássne smrti mnohych lidj mysl [...]*. Expl.: *[...] a naděgi nassi vstawiti, aby byla yako kotwa dussi nassj bezpečná a pewná w rozličném wlnobitj zdeyssjho obywanj.*

Der Verfasser wünscht der Adressatin (*panno milá*) alles Gute angesichts der grassierenden Seuche (*strássné smrti*). Während es für diejenigen, die keine Hoffnung auf das ewige Leben haben, nichts Schrecklicheres als den Tod gibt, dürfen die, die aus Gnade gerechtfertigt sind (Eph 2,8), zuversichtlich sein. Die Adressatin kennt die Heilige Schrift, die ganze Christenheit glaubt an Jesus Christus (*wssecko křestanstwo má wjru Krysta Gežjsse*), aber es kommt auf den Glauben an, der durch die Liebe tätig ist (Gal 5,6). Verfasser und Adressatin sind zur Buße hinzugetreten [in den Katechumenenstand der Brüderunität eingetreten] (*nám přistupugjcym ku pokánj*) und sollen dankbar für Gottes Gnade sein [was der Verfasser mit zahlreichen biblischen Zitaten und Anspielungen ausführt]. Menschliche Gerechtigkeit ist unvollkommen und verführt zum Stolz. Dagegen führt die göttliche Gerechtigkeit, die in Christus offenbart ist, zur Erkenntnis Gottes durch den Glauben. Dies schreibt er wegen der bösen Luft (*pro zlé powětřj*), der fleischlichen Begierden, die dem Guten widerstreben. Was ist das Heilmittel dagegen? Gottes Gnade durch Christus, der bewirkt, dass die Seuche nicht zum Tod führt (*aby nám y to natráwenj nebylo k smrti*) [dass die Anfechtungen die Bekehrung nicht zunichte machen]. Damit will der Verfasser die Adressatin trösten und zur Beständigkeit ermahnen.

Nr. 260   V 363r–v

Brief eines brüderischen Seelsorgers an eine Gruppe von Glaubensgenossen, ohne Ortsangabe, ohne Datum

Der Trost- und Ermahnungsbrief stammt von einem brüderischen Seelsorger oder Priester, der sich in einem Konflikt mit den Adressaten, wohl einer Unitätsgemeinde, befindet oder einen Streit befürchtet. Der Stil des Schreibens ist eigenartig konfus, sodass mehrere Passagen nahezu unverständlich sind. Angaben, die eine Datierung erlauben, sind nicht vorhanden.

Überlieferung außerhalb der AUF: –

Edition: Handschriftliche deutsche Übersetzung (mit Auslassungen) von Joseph Theodor Müller: Herrnhut, Unitätsarchiv der Evangelischen Brüder-Unität, Sign. AB.II.R.1.1a/3, Erster Teil, 366f., Nr. 149.

Literatur: Пальмов (Hg.): Чешские братья, Bd. 1/1 [1904], 194.

Inc.: *Nepřestawagjcy žadost y péče za wás budiž wám za pozdrawenj. Chtě nětco napsati wám [...]*. Expl.: *[...] A když se wam dobře neb zle djti bude, pisste, bude-li po kom. A giž Pán Buoh cestu wássi zpraw a nawrať we zdrawj a w pokogi. Amen.*

Der Verfasser versichert die Adressaten seiner pastoralen Fürsorge (*péče*). Es ist dem Verfasser ein Bedürfnis, diesen Brief zu schreiben, obwohl ihm dafür nur wenig Zeit zur Verfügung steht und seine Unzulänglichkeit (*nevmělost*) sowie sein weites Gemüt (*má ssiroká mysl*) [der Umstand, dass er seine Gedanken nicht sammeln kann,] ihm hinderlich sind. Die Adressaten brauchen zweierlei: Zum einen Trost und Zuspruch. Dazu ist der Verfasser bereit, aber er stünde als Speichellecker da (*snad bych za pochlebnjka zuostal*), wenn er nicht auch das andere leisten würde, dessen die Adressaten bedürfen: Unterweisung, Verwarnung und Zurechtweisung. Es ist kein Widerspruch, dass er ihnen sowohl die Gnade Gottes zuspricht und sie dennoch scharf zurechtweist, denn das tat auch der Apostel Paulus. Gott möge die Adressaten ihre Mängel besser erkennen lassen, als der Verfasser davon zu schreiben vermag, und sie mögen ihn trotz seiner Mängel ertragen. Er ermahnt sie, die unweisen Gläubigen recht anzuleiten (*zprawuoyte zwlassť wěrné nemaudré k dobrému*), und ermahnt sie zum Gebet. Die Ledigen und Witwen sollen gemäß der Anweisung des Apostels Paulus (1 Tim 5,5) fleißig beten. Sie sollen dem Verfasser von ihrem Ergehen schreiben. Er wünscht [der Abordnung der Adressaten, der er den Brief mitgibt,] eine glückliche Heimreise.

Nr. 261   V 363v–364r

Brief brüderischer Seelsorger an einen Adeligen, ohne Ortsangabe, ohne Datum

Der unbekannte adelige Adressat ist anscheinend krank oder muss aus einem anderen Grund mit seinem Tod rechnen. Wie in anderen Briefen, mit denen die Brüder adelige Adressaten zur Bekehrung und zum Beitritt zur Brüderunität aufriefen (Nr. 132, 143, 256), wird auch in diesem Schreiben auf den Stand des Empfängers durch die Verheißung himmlischen Reichtums und geistlichen Adels durch die geistliche Neugeburt (Joh 3,3–7) angespielt. Anhaltspunkte für eine Datierung liegen nicht vor.

Überlieferung außerhalb der AUF: –

Edition: Handschriftliche deutsche Übersetzung von Joseph Theodor Müller: Herrnhut, Unitätsarchiv der Evangelischen Brüder-Unität, Sign. AB.II.R.1.1a/3, Erster Teil, 367f., Nr. 150.

Literatur: Пальмов (Hg.): Чешские братья, Bd. 1/1 [1904], 194.

Psánj od bratřj včyněné gednomu pánu [„Ein Schreiben, von den Brüdern an einen Herrn getan"]. Inc.: *Pan Buoh wssemohucy, Otec mnoheho milosrdenstwj, včyň s wámi milost swau pro zaslauženj Syna sweho Krysta Gežjsse [...]*. Expl.: *[...] y také přyal do kralowstwj nebeskeho, do přjbytku wěčného. Amen. Naplniž to Pan Buoh z milosti swe, cožť žádáme tobě y twe manželce y dětem, synom i dcerám.*

Die Brüder versichern den Adressaten ihrer Fürbitte und wünschen ihm [in neutestamentlichen Wendungen], dass er zur Buße gelangt. Er möge die geistliche Neugeburt erlangen, vom Himmelskönig selbst gezeugt durch das lebendige Wort (1 Petr 1,23). Er möge Anteil erhalten an der künftigen Herrlichkeit und Freude, an der Stadt aus lauterem Gold (Offb 21,18), wo unerschöpflicher Reichtum und uneinnehmbare Burgen sind.

Der Adressat möge sich demütigen unter die mächtige Hand Gottes (1 Petr 5,6) und Christus demütig nachfolgen, auch wenn es sein Leben kosten könnte (Mt 10,28). Er möge bereuen, was er an Bösem getan und an Gutem versäumt hat, denn Gott hat ihm mehr als anderen Adeligen Gelegenheit zum Guten gegeben. Er möge daher seine Hoffnung allein auf Christus setzen. Wenn es Gott gefällt, den Adressaten jetzt sterben zu lassen, soll er auch damit seinen Frieden machen, denn Gott weiß gewiss, was ihm zur Seligkeit nützlich ist. Gott vermag den Adressaten auch zur Brüderunität zu führen, die unter seiner Herrschaft geduldet wurde (*k gednotě tě přigjti těch křesťanuow wěrných, kteřjž sau w twem panowanj odpočynutj měli*). Gott möge erfüllen, was sie dem Adressaten, dessen Gattin und dessen Söhnen und Töchtern wünschen [dass sie sich zur Brüderunität bekehren].

Nr. 262   V 365r–366r

Brief der Brüderältesten an die Brüder im Fürstentum Moldau, Böhmen, vor 15. Mai 1494

Im Fürstentum Moldau fanden bereits in der ersten Hälfte des 15. Jahrhunderts verfolgte ungarischsprachige Hussiten Zuflucht. Die hussitischen Gemeinden in der

Moldau orientierten sich anscheinend an der radikalen Lehre der Taboriten. Sie standen in den 1440er Jahren mit dem aus England stammenden Taboriten Peter Payne (vgl. zu Nr. 43) in Verbindung. Trotz der Bemühungen dominikanischer und franziskanischer Missionare, die Hussiten der Moldau zum Katholizismus zurückzuführen, konnten sich Gruppen, die hussitische Traditionen bewahrten, bis in die zweite Hälfte des 16. Jahrhunderts gegenüber der orthodoxen Mehrheitsbevölkerung und der starken katholischen Minderheit behaupten (Macůrek: Husitství [1927], 53–75; Giurescu: Útočiště [1962]; Dobre: Preaching [2004]; Baker: Hussites of Moldavia [2006]).

1469 verfasste der erwählte Erzbischof von Prag, Jan Rokycana, einen warnenden „Brief nach ‚Muldavia' gegen die Pikarden" (*Littera ad Muldaviam contra Pighardos*). Darin polemisierte der utraquistische Theologe gegen die Leugnung der Realpräsenz im Abendmahl und die Lehre, dass alle Traditionen und Bräuche der Kirche, die nicht ausdrücklich in der Heiligen Schrift erwähnt sind, zu verwerfen seien (Národní knihovna České republiky, Praha, Sign. XVII F 2, 85r–87r; Truhlář, J. [Hg.]: Manualník [1888], 98–102; Bartoš: Literární činnost [1928], 44f., Nr. 39). Es ist nicht sicher, ob die Obrigkeit, an die dieses Schreiben gerichtet ist, tatsächlich im Fürstentum Moldau zu suchen ist. Sollte dies der Fall sein, würde Rokycanas Polemik das Nachwirken der taboritischen Lehre bei den dortigen Hussiten bestätigen.

Bereits eine brüderische Verteidigungsschrift von 1470/71 bezeugt, dass man in der Brüderunität um die „moldauischen Brüder" („bratřj moldawske") wusste (Nr. 9). Als es unter der Herrschaft des Matthias Corvinus in den böhmischen Ländern während der 1480er Jahre zu Vertreibungen von Anhängern der Unität aus der Markgrafschaft Mähren kam, zog auf Weisung des Engen Rates eine Gruppe unter der Leitung der Brüderpriester Mikuláš Slánský und Eliáš aus Křenovice in das Fürstentum Moldau (*Historia Fratrum*, Praha, Národní knihovna České republiky, Sign. XVII F 51a, 97; Fiedler [Hg.]: Todtenbuch [1863], 221; Regenvolscius [Węgierski]: Systema [1652], 176). Wie aus dem vorliegenden Schreiben hervorgeht, war mit der Wahl des Fluchtziels die Hoffnung verbunden, dort Personen für den Beitritt zur Unität gewinnen zu können.

Die brüderischen Flüchtlinge kehrten nach einiger Zeit gemeinsam mit Eliáš aus Křenovice nach Böhmen zurück. Über die Dauer des Aufenthalts der Brüder im Fürstentum Moldau wurden in der Forschung unterschiedliche Vermutungen geäußert. Damit verbunden waren hypothetische Korrekturen des Datums des vorliegenden Briefs. Anstelle des überlieferten Entstehungsjahrs 1494 schlug Goll eine Datierung in das Jahr 1491 vor (Goll: Chelčický a jednota [1916], 157), Müller argumentierte für 1484 (Müller: Geschichte, Bd. 1 [1922], 182), Macůrek für 1485 oder die erste Hälfte des folgenden Jahres (Macůrek: Husitství [1927], 71, 96–97). Dagegen deutet die überlieferte Datumsangabe „vor Sophia" (15. Mai) 1494 auf einen Zusammenhang mit der brüderischen Synode hin, die am 5. Mai 1494 in

Reichenau an der Kněžna zusammentrat (vgl. Nr. 74). Bei dieser Synode wurde Eliáš aus Křenovice mit dem Amt eines Beichtigers für die Brüderpriester in Mähren betraut (Müller: Geschichte, Bd. 1 [1922], 257).

Überlieferung außerhalb der AUF: –

Edition: Handschriftliche deutsche Übersetzung von Joseph Theodor Müller: Herrnhut, Unitätsarchiv der Evangelischen Brüder-Unität, Sign. AB.II.R.1.1a/3, Erster Teil, 368f., Nr. 151.

Literatur: Пальмов (Hg.): Чешские братья, Bd. 1/1 [1904], 194f.; Müller: Geschichte und Inhalt [1913], 113, Nr. 20; Goll: Chelčický a jednota [1916], 157; Bartoš: Z počátků Jednoty [1921], 31–43, 127–139; Müller: Geschichte, Bd. 1 [1922], 182, 592, Nr. 62; Müller/Bartoš: Dějiny, Bd. 1 [1923], 115f.; Macůrek: Husitství [1927], 97f.; Halama, O.: The Unity [2020], 386.

Psanj bratřj s[taršich] z Čech bratřjm do Moldawy [„Ein Schreiben der Brüderältesten aus Böhmen an die Brüder in die Moldau"]. Inc.: *Pozdrawenj laskawé s žádostj wsseho dobrého a naywjce což gest naylepssjho k spasenj wěčnému vžitečného, [...].* Expl.: *[...] a prácy wássi přiweď k zwelebenj swému a wám k žiwotu wěčnému. Amen. Psán před Žoffij leta Páně 1494.*

Die Brüderältesten grüßen die Adressaten als ihre Glaubensgenossen (*bratřj naymilegssj w Krystu Gežjssi, kteřjž spolu s námi w gedné wjře založeni gste*). Um der Hoffnung auf die ewige Herrlichkeit willen sind die Adressaten zu Gästen und Fremdlingen in dieser Welt geworden (Hebr 11,13) und wohnen voneinander zerstreut in fremden Ländern. Dorthin sind sie auf Anweisung der Brüderältesten gezogen, da Aussicht bestand, dass dort Menschen [für die Brüderunität] gewonnen werden könnten. Bislang sind nur sehr wenige dazugekommen (*ač pak málo k tomu lidj přicházý a někde gako nic*), aber, so Gott will, wird sich der erhoffte Missionserfolg (*rozmnoženj*) vielleicht noch einstellen. Die Brüderältesten versichern die Adressaten ihrer Fürbitte und ermahnen auch die übrigen Brüder, für sie zu beten, damit sie in Glaube, Hoffnung und Liebe (1 Kor 13,13) beständig bleiben und einen tugendhaften Lebenswandel führen und kein Ärgernis bei der Obrigkeit oder dem gemeinen Volk (*buď mocy powyssené neb lidu obecnému*) erregen. Wenn es bei ihnen zu Fehltritten kommen sollte, wird Gott ihnen vergeben, sofern sie aufrichtig Buße tun. Die Adressaten mögen solange weiter in der Gegend bleiben, in die sie aus Gehorsam gezogen sind, bis man erkennen kann, ob es [in den böhmischen Ländern] zu Verfolgungen [der Brüderunität] kommen wird.

Nr. 263

VI *3v–*4v

Instruktion der utraquistischen Kirchenleitung für eine Delegation nach Ofen: Bedingungen für Verhandlungen mit der römischen Kurie, Prag, [Juni 1503]

Mit diesem Dokument beginnt die Handschrift AUF VI, die thematisch den Verfolgungen der Brüderunität in den Jahren 1503 bis 1539 gewidmet ist. Bei der Zusammenstellung der Texte wurde keine strenge chronologische Reihenfolge eingehalten. Der Schwerpunkt der Textauswahl in AUF VI liegt auf der Dokumentation der Verfolgungsmaßnahmen der Jahre 1503 und 1504 (Nr. 263–278, 282–283, 290–291, 296, 313–314; vgl. auch Nr. 54, 68, 91–93, 217–219) sowie der Verfolgung im Jahr 1509 (Nr. 284–289, 292–295, 297; vgl. auch Nr. 69–72). Auffällig ist, dass in AUF VI keine martyrologischen Texte Aufnahme fanden. So wird etwa die Verbrennung von sechs brüderischen Laien am 6. November 1503 im westböhmischen Haid bei Tachau in AUF VI nur beiläufig erwähnt (Nr. 293, 298). Das Martyrium des Bruders Ondřej Polívka in Kuttenberg im Jahr 1511 (vgl. Nr. 106) findet in AUF VI überhaupt keine Erwähnung.

Die Wiedereingliederung der Utraquisten in die Jurisdiktion der römischen Kirche war Hauptziel der Religionspolitik Wladislaws II., der seit 1471 über Böhmen herrschte und seit seiner Wahl zum ungarischen König im Jahr 1490 in Ofen residierte. Dort hielt sich von 1501 bis 1503 Kardinal Pietro Isvalies (Isuali), Erzbischof von Reggio, als päpstlicher Legat auf. Während dieser Zeit intervenierten mehrere böhmische Gesandtschaften, sowohl von utraquistischer als auch von katholischer Seite, am Ofener Hof wegen der erwarteten Wiederaufnahme der Verhandlungen zwischen den Utraquisten und der Kurie. Bereits am 2. März 1502 hatten die böhmischen und mährischen utraquistischen Stände dem beim böhmischen Landtag in Prag anwesenden König zu demselben Zweck eine Artikelreihe übergeben (Nr. 314). Während in den Artikeln von 1502 noch nicht von Maßnahmen gegen die Brüderunität die Rede gewesen war, wurden diese in Nr. 263 ausdrücklich gefordert und Anfang Juli 1503, unmittelbar im Anschluss an die Verhandlungen in Ofen, vom König angeordnet (Nr. 264).

Zum 30. September 1503 wurde ein böhmischer Landtag nach Prag einberufen, bei dem die drei wichtigsten Schutzherren der Brüder – Wilhelm der Jüngere von Pernstein, Johann von Schellenberg sowie Bohuš II. Kostka von Postupitz – vertraglich verpflichtet wurden, am 1. Januar 1504 eine Anzahl ihrer brüderischen Untertanen zu einer Verhandlung vor der utraquistischen Kirchenleitung in Prag zu „stellen" (Palacký [Hg.]: Archiv český, Bd. 6 [1872], 284–288). Der juristische Terminus „Stellung" beziehungsweise „Gestelligmachung" (*postavení*) bezeichnete die Pflicht einer beklagten Partei, der Vorladung zu einem Gerichtstermin Folge zu leisten (Brandl: Glossarium [1876], 258). Waren die vorgeladenen Personen Untertanen, musste sich deren jeweilige Obrigkeit für das Erscheinen verbürgen. Zur Beaufsichtigung des Gesprächs wählten die utraquistischen Stände einen Ausschuss, dem mehrere Vertreter des Herren- und des Ritterstandes angehörten. Die Stadt Prag sagte freies Geleit für die von ihren Grundherren „gestellten" Brüder zu.

Der Verlauf der Verhandlung, zu welcher der Brüderbischof Lukáš aus Prag mit Sitz in Jung-Bunzlau, der Mitälteste Vavřinec Krasonický mit Sitz in Leitomischl sowie sieben weitere Mitglieder der Unität von ihren Grundherren in die böhmische Hauptstadt Prag geschickt wurden, ist in Nr. 270 von einem Augenzeugen zusammenhängend dargestellt. Obwohl die Vereinbarung von allen Vertragsparteien erfüllt wurde, konnte das Gespräch nicht stattfinden, da am Morgen des 1. Januar 1504 der Hofrichter Zikmund Chmelický und der Ritter Nikolaus II. Trčka von Leipa auf Lichtenburg aus Ofen kommend in Prag eintrafen und unter Berufung auf neue Befehle des Königs (Nr. 267 und 268) die Zusammenkunft untersagten. Stattdessen beriefen die beiden königlichen Gesandten die beteiligten Parteien sowie die Prager Stadträte zu einer Verhandlung auf den 2. Januar 1504 ein. Da zu befürchten stand, dass Chmelický und Trčka die Brüder verhaften würden, verließen diese mit Billigung der Vertragsparteien in der Nacht vom 1. zum 2. Januar die Stadt Prag. Der Versuch der utraquistischen Kirchenleitung, die Brüder zu einem Ersatztermin nach Prag vorzuladen, blieb erfolglos (vgl. Nr. 271–276).

Im Zusammenhang mit der Verfolgung entstanden 1503 drei brüderische Verteidigungs- und Bekenntnisschriften, die in den Dokumenten Nr. 270, 272–274, 280 und 291 erwähnt sind: Die „Verteidigungsschrift in fünf Teilen", das „Bekenntnis an König Wladislaw II." und die „Verteidigungsschrift an die böhmischen Stände".

1. Der umfangreichste dieser Texte ist die „Verteidigungsschrift in fünf Teilen" vom 14. September 1503 (Nr. 68). Der zweite Teil dieses Textkonvoluts ist eine um zahlreiche biblische Belegstellen erweiterte Fassung des „Bekenntnisses an König Wladislaw II.", der fünfte Teil ist eine gekürzte Fassung der „Verteidigungsschrift an die böhmischen Stände". In einem Schreiben an den utraquistischen Administrator Pavel aus Saaz vom 9. Januar 1504 (Nr. 274) erwähnt Lukáš aus Prag eine umfangreiche Verteidigungsschrift, die eine Darstellung der brüderischen Glaubenslehre sowie eine Darlegung der Ursachen, aus denen sich die Brüder von der katholischen und utraquistischen Kirche getrennt hatten, enthielt. Diese Angaben treffen auf die „Verteidigungsschrift in fünf Teilen" zu.

2. Das „Bekenntnis an König Wladislaw II." (1503) ist eine Auslegung des Apostolischen Glaubensbekenntnisses mit einer ausführlichen Erklärung der sieben Sakramente im Artikel über die Kirche. Der Text entstand nach dem Mandat Wladislaws II. gegen die Brüder vom 5. Juli 1503 (Nr. 264). Dem König wurde das Be-

kenntnis vor dem 18. Dezember 1503 zugestellt (Nr. 273), er ließ sich den Text ins Lateinische übersetzen (Nr. 280). Der tschechische Text wurde wahrscheinlich 1505 oder 1506 von den Brüdern im Druck veröffentlicht (Nayiasněgssi Krali [1504–1506], A1r–C3r, vgl. Bohatcová: Nález [1981]; Voit: Český knihtisk, Bd. 2 [2017], 310; zu Datierung des Drucks vgl. auch Nr. 324). Die lateinische Übersetzung erschien 1512 unter der Überschrift *Oratio excusatoria atque satisfactiva fratrum regi Vladislao ad Ungariam missa* in einem gegnerischen Druck (Ziegler [Hg.]: In hoc volvmine [1512], A3r–A6v) und wurde mehrfach nachgedruckt (Edition: Пальмов [Hg.]: Чешские братья, Bd. 1/2 [1904], 146–157). Das „Bekenntnis an König Wladislaw II." ist auch in Nr. 270, 272 und 291 erwähnt. In der Fachliteratur wird der Text dem Brüderbischof Lukáš aus Prag zugeschrieben.

3. Die „Verteidigungsschrift an die böhmischen Stände" (1503) entstand ebenfalls als Reaktion auf die Veröffentlichung des königlichen Mandats vom 5. Juli 1503. Der anonyme Text greift die utraquistische Kirchenleitung scharf an. In der Fachliteratur wurde vermutet, dass es sich bei dem Verfasser um Lukáš aus Prag oder dessen Mitbischof Tůma aus Přelauč gehandelt haben könnte. Obwohl die Brüderältesten die Veröffentlichung der Verteidigungsschrift verboten, gelangte der Text vor dem 28. September 1503 an Personen außerhalb der Unität (vgl. Nr. 273, 274). Vier Jahrzehnte später wurde der vollständige Text von dem Brüderbischof Jan Augusta im Druck herausgegeben (List neb Spiesek [1542], C4r–G3r). Etwa zwei Drittel des von Augusta veröffentlichten Textes stimmen mit dem fünften Teil der „Verteidigungsschrift in fünf Teilen" vom 14. September 1503 (Nr. 68) überein.

Der vorliegende Text ist ein Auszug aus einer Instruktion der utraquistischen Kirchenleitung für eine Delegation der utraquistischen Stände, die im Juni 1503 an den Hof König Wladislaws II. Jagiello gesandt wurde. Der Auszug enthält fünf Bedingungen der Utraquisten für eine Wiedereingliederung in die Jurisdiktion der römischen Kirche. Auffällig ist, dass in dem Text der Papst lediglich als „römischer" beziehungsweise „höchster Bischof" bezeichnet wird und nicht, wie im offiziellen Schriftverkehr üblich, als „Seine Heiligkeit". Der Auszug wurde, wie man aus der Überschrift in AUF VI schließen kann, den Brüdern in Mähren zugänglich gemacht, möglicherweise von einem mit den Brüdern sympathisierenden Adeligen.

Überlieferung außerhalb der AUF: –

Edition: Пальмов (Hg.): Чешские братья, Bd. 1/1 [1904], 195f. (Auszug). – Handschriftliche deutsche Übersetzung von Joseph Theodor Müller: Herrnhut, Unitätsarchiv der Evangelischen Brüder-Unität, Sign. AB.II.R.1.1a/3, Zweiter Teil, 1f.

Literatur: Gindely: Geschichte, Bd. 1 [1857], 105; Palacký: Geschichte von Böhmen, Bd. 5/2 [1867], 41–43; Tomek: Dějepis, Bd. 10 [1894], 164–166; Пальмов (Hg.): Чешские братья, Bd. 1/1

[1904], 195f.; Müller: Geschichte und Inhalt [1913], 216, Nr. 1; Müller: Geschichte, Bd. 1 [1922], 313f., 596, Nr. 96; Müller/Bartoš: Dějiny, Bd. 1 [1923], 205; Janoušek, E.: Konfese [1923], 21–30; Eberhard: Konfessionsbildung [1981], 78, 80, 82f.

Artykulowé poslanj od mistruow pražských do Budjna, a odtud na Morawu z kancelařj přineseni [„Die Artikel, von den Prager Magistern nach Ofen gesandt und von dort nach Mähren aus der Kanzlei gebracht"]. Inc.: *Prwnj artykul. Aby compaktata sněmu bazylegského [...].* Expl.: *[...] wssecko se z gich weytržky pučj.* – [Anmerkung:] Inc.: *A z těch tak mnohých a nestalých na ten čas proti bratrské gednotě v krále Wladislawa gednánjch [...].* Expl.: *[...] o čemž se také njže pořadně pokladá.*

[Die utraquistische Kirchenleitung in Prag schlägt eine Wiedereingliederung der Utraquisten in die römische Jurisdiktion unter folgenden Bedingungen vor:]

Erstens: Die Basler Kompaktaten werden durch päpstliche Autorität (*mocý neywýssjho biskupa*) bestätigt. Der Papst erklärt gegenüber den Bischöfen und den geistlichen und weltlichen Obrigkeiten der Nachbarländer die Utraquisten für rechtgläubige und gehorsame Glieder der römischen Kirche (*prawé syny swaté matky cýrkwe ctitedlné a poslussné*).

Zweitens: Die Utraquisten behalten die Säuglingskommunion (*přigjmánj djtek*) bis zu einer Entscheidung durch ein künftiges Konzil bei.

Drittens: Die Utraquisten geloben dem Papst (*řjmskemu biskupu*) und den Bischöfen, die ihr Amt auf ordentliche Weise erlangt haben (*řádně wcházegjcým*), kanonischen Gehorsam.

Viertens: Für das [vakante] Erzbistum Prag wird wieder ein Erzbischof eingesetzt.

Fünftens: In Böhmen und Mähren breiten sich Sekten (*roty bludných lidj*) aus, die den Papst (*neywýssj biskup*) und die Bischöfe sowie alle Sakramente und Ordnungen der römischen Kirche verwerfen und Spaltungen verursachen (*wssecko z gich weytržky pučj*). Die bisherigen Bemühungen der Utraquisten, die Ketzer zum christlichen Glauben zurückzuführen oder diese auszurotten, wurden durch die Vakanz des Prager Erzbistums behindert. Nach der Wiederbesetzung des Erzbistums wird es gelingen, die Sekten vollständig zu beseitigen.

[Anmerkung des brüderischen Kompilators:] Aufgrund von derlei Eingaben der Geistlichkeit und des Herrenstandes, sowohl von der katholischen als auch von der utraquistischen Partei (*od kněžstwa y panstwa obogj strany, totiž řjmské a českê*), wurde König Wladislaw zu den folgenden Mandaten gegen die Brüder [Nr. 264, 265, 267, 268] veranlasst. Im Zuge der Verfolgung mussten sich Lukáš [aus Prag] und andere Brüder [einer Verhandlung vor der utraquistischen Kirchenleitung und einem Ausschuss des utraquistischen Adels am 1. Januar 1504] in Prag stellen.

Nr. 264 VI 1r–v

König Wladislaw II. von Böhmen und Ungarn: Befehl an die Prager Städte und die übrigen königlichen Städte in Böhmen, Ofen, [5.] Juli 1503

Anfang Juli 1503 verhandelte eine Delegation der böhmischen Stände in Ofen mit König Wladislaw II., wobei auch erörtert wurde, wie mit den „Pikarden", das heißt der Brüderunität, zu verfahren sei (vgl. Nr. 263). Dabei forderten die Vertreter der katholischen Partei um die böhmischen Adeligen Peter IV. von Rosenberg und Albrecht II. Libštejnský von Kolovrat ein kompromissloses Vorgehen. Dagegen protestierten die ebenfalls in Ofen anwesenden böhmischen Hochadeligen Wilhelm der Jüngere von Pernstein, Johann von Schellenberg und Bohuš II. Kostka von Postupitz, die die wichtigsten Schutzherren der Brüder waren.

Die Verfolgungsmaßnahmen, die der König am 5. Juli 1503 anordnete, waren anscheinend ein Kompromiss, mit dem der König einen Konflikt mit den hochadeligen Patronen der Brüder vermeiden wollte. Die angeordneten Maßnahmen blieben auf die königlichen Städte beschränkt. Die Durchführung wurde von dem Unterkämmerer, Albrecht von Leskowetz, und dem Oberthofrichter, Zikmund Chmelický, beaufsichtigt, zwei Landesbeamten, die dem König direkt unterstellt waren. Aus der Korrespondenz des Königs mit Albrecht von Leskowetz ist ein die Verfolgung der Brüder betreffendes Schreiben vom 1. September 1503 erhalten (Palacký [Hg.]: Archiv český, Bd. 6 [1872], 282f.).

In den Beschwerden gegen die „Pikarden", die den König erreicht hatten, war anscheinend davon die Rede gewesen, dass diese sich nicht nur in den Städten ausbreiten, sondern dass ihnen auch Mitglieder der Stadträte angehören. Laut einer Randnotiz Jan Blahoslavs, der sich dabei auf eine Schrift des Vavřinec Krasonický berief, handelte es sich bei den Urhebern dieses Gerüchts um Angehörige der „Kleinen Partei". Dies berichtet auch die *Historia Fratrum* (Praha, Národní knihovna České republiky, Sign. XVII F 51a, 128f.). Die „Abtrünnigen" warfen der „Großen Partei" der Unität vor, sich durch die Öffnung ihrer Gemeinschaft für Personen, die obrigkeitliche Ämter ausübten, den gewaltbereiten Taboriten des 15. Jahrhunderts gleichzumachen (vgl. Nr. 74 und 77). In der Tat spielte die Befürchtung, von Seiten der Brüderunität drohe ein gewaltsamer Umsturz, bei den Beratungen der katholischen Partei um Peter IV. von Rosenberg und Albrecht II. Libštejnský von Kolovrat Anfang September 1503 in Pilsen eine Rolle.

Überlieferung außerhalb der AUF: –

Edition: Janoušek, E.: Konfese [1923], 24 (Auszug). – Handschriftliche deutsche Übersetzung von Joseph Theodor Müller: Herrnhut, Unitätsarchiv der Evangelischen Brüder-Unität, Sign. AB.II.R.1. 1a/3, Zweiter Teil, 2f.

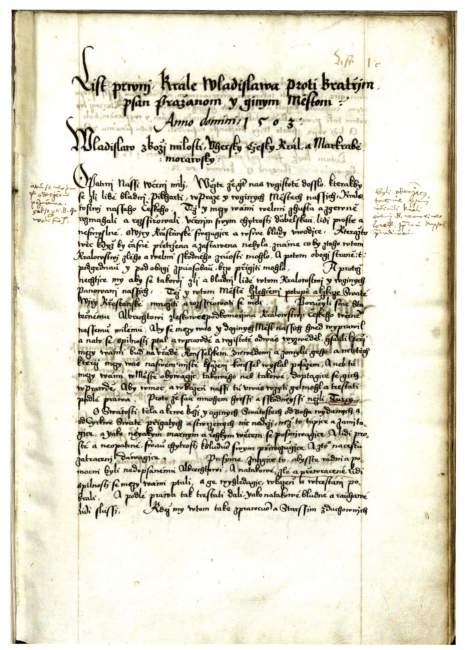

Die erste Seite des Dokuments Nr. 264 (AUF VI 1r) zeigt den von einem unbekannten Kopisten, vermutlich einem angehenden Brüderpriester, geschriebenen Textblock. Die Spaltenbreite war durch rote Linien vorgegeben. Die Blattzählung stammt von der Hand des Vavřinec Orlík, der von dem Brüderbischof Jan Blahoslav in Eibenschütz in Mähren mit der Redaktion der Handschriftenbände AUF I–VI betraut worden war. Von Blahoslav selbst stammen Randnotizen und Unterstreichungen in rotbrauner Tinte.

Literatur: Palacký: Geschichte von Böhmen, Bd. 5/2 [1867], 68–73; Пальмов (Hg.): Чешские братья, Bd. 1/1 [1904], 196f.; Müller: Geschichte und Inhalt [1913], 216, Nr. 2; Müller: Geschichte, Bd. 1 [1922], 315, 525, 596, Nr. 98; Müller/Bartoš: Dějiny, Bd. 1 [1923], 205f.; Janoušek, E.: Konfese [1923], 21, 24; Molnár: Boleslavští bratří [1952], 58f.

List prwnj krále Wladislawa proti bratřjm, psan Pražanom y ginym městom [„Der erste Brief König Wladislaws gegen die Brüder, geschrieben an die Prager und die anderen Städte"]. *Anno Domini 1503.* Inc.: *Wladislaw, z Božj milosti vherský, čzesky král a markrabě morawsky [...].* Expl.: *[...] a Bohu samému y swátostem geho se nerauhali ani posmjwali. Datum Budae feria [IV] post Procopi, annorum Domini 1503., regnorum nostrorum Hungarie 13., Bohemie vero 32.*

Der König hat erfahren, dass in Prag und in anderen Städten des Königreichs Böhmen die ketzerischen Pikarden (*lidé bludnj pikharti*) zunehmend Anhänger gewinnen. Um Schaden vom Land, von Katholiken wie Utraquisten, abzuwenden, hat der König den böhmischen Unterkämmerer, Albrecht von Leskowetz, mit Ermittlungen in Prag und den übrigen königlichen Städten beauftragt. Wenn sich unter den Mitgliedern der Stadträte oder unter den Einwohnern der genannten Städte Pikarden befinden, sollen die Adressaten den Unterkämmerer dabei unterstützen, die Ketzer aufzuspüren, zu verhaften und zu bestrafen. Die Pikarden sind noch weitaus gefährlicher als die Türken (*mnohem horssj a sskodněyssj nežli Turcy*), sie verachten die Sakramente und bringen die einfältigen Leute um das Seelenheil. Ferner hat der König der katholischen und der utraquistischen Kirchenleitung (*zprawcuom a starssim z duchownjch pod gednau y pod obogj spuosobau*) befohlen, gegen die Ketzer predigen zu lassen, um diese zu bekehren und die Ketzerei auszurotten. Die Stadträte mögen auch dies befördern.

[Randnotiz von der Hand Jan Blahoslavs:] Wie Bruder Vavřinec [Krasonický] bezeugt, haben die Abtrünnigen [Angehörige der „Kleinen Partei"] heimlich an den König geschrieben und die Brüder verleumdet.

Nr. 265 VI 1v–2r, 3r / XI 100r–101r

Pavel aus Saaz: Rundschreiben an die utraquistische Geistlichkeit, Prag, 24. Juli 1503; König Wladislaw II. von Böhmen und Ungarn: Befehl an den utraquistischen Administrator Pavel aus Saaz, Ofen, 5. Juli 1503; Pavel aus Saaz: Begleitschreiben an einen utraquistischen Dekan, [Prag, 24. Juli 1503]

Die von Angehörigen der utraquistischen Kirchenleitung in Prag vidimierte Kopie des königlichen Befehls vom 5. Juli 1503, das Rundschreiben des utraquistischen

Administrators Pavel aus Saaz vom 24. Juli desselben Jahres und dessen auf den gleichen Tag datiertes Begleitschreiben an einen ungenannten utraquistischen Dekan bilden ein inhaltlich zusammenhängendes Konvolut. Die Texte werden auch in der *Historia Fratrum* (Praha, Národní knihovna České republiky, Sign. XVII F 51a, 129, 132) erwähnt. Das in AUF VI 2v verschriebene Datum des königlichen Befehls ist nach der Parallelüberlieferung in AUF XI 101r zu korrigieren. In AUF XI ist lediglich der königliche Befehl überliefert, ohne das Vidimus und die angehängten Briefe des Administrators.

Pavel aus Saaz war an der Prager Universität 1470 zum Baccalaureus und fünf Jahre später zum Magister promoviert worden. 1484/85 und 1492/93 amtierte er als Rektor der Universität. Von 1500 bis zu seinem Tod im Jahr 1517 war er utraquistischer Administrator des vakanten Prager Erzbistums, seit 1509 auch Kapiteldekan des utraquistischen Kollegiatstiftes an St. Apollinaris in der Prager Neustadt.

Überlieferung außerhalb der AUF: –

Edition: Gindely: Geschichte, Bd. 1 [1857], 500 (Auszug). – Handschriftliche deutsche Übersetzung von Joseph Theodor Müller: Herrnhut, Unitätsarchiv der Evangelischen Brüder-Unität, Sign. AB.II.R.1.1a/3, Zweiter Teil, 3–5.

Literatur: Gindely: Geschichte, Bd. 1 [1857], 106, 110; Jireček, J.: Rukověť, Bd. 2 [1876], 367; Пальмов (Hg.): Чешскıe братья, Bd. 1/1 [1904], 198; Müller: Geschichte und Inhalt [1913], 216, Nr. 3f.; Müller: Geschichte, Bd. 1 [1922], 315, 596, Nr. 97–99; Müller/Bartoš: Dějiny, Bd. 1 [1923], 205f.; Molnár: Boleslavští bratří [1952], 58f.; Říčan: Dějiny [1957], 103; Spunar: Literární činnost [1978], 189–192 (zu Pavel aus Saaz); Eberhard: Konfessionsbildung [1981], 45, 77, 89f., 97, 99, 101–103, 107, 118 (zu Pavel aus Saaz); Macek: Víra a zbožnost [2001], 110f., 133–136, 150, 154, 403 (zu Pavel aus Saaz); Holá/Holý u.a.: Profesoři [2022], 485f. (zu Pavel aus Saaz).

List od tehož krale geho milosti panu administratorowi [„Der Brief seiner Majestät desselben Königs an den Herrn Administrator"]. Inc.: *My, mistr Jakub z Pacowa [...]*. Expl.: *[...] slowo od slowa w této fformě*.

[Vidimus:] Magister Jakub aus Patzau, Kanonikus an St. Apollinaris [in der Prager Neustadt], Magister Martin aus Wlašim, Pfarrer und Kanonikus an der Teynkirche [in der Prager Altstadt], Priester Jan aus Luditz, Pfarrer an St. Ägidius [in der Prager Altstadt] und Kanonikus an St. Apollinaris, sowie Priester Martin aus Chrudim, Pfarrer an St. Heinrich [in der Prager Neustadt] beglaubigen den Text des folgenden königlichen Befehls an den Administrator.

Inc.: *Wladislaw, z Božj milosti [...]*. Expl.: *[...] z Budjna* [AUF XI 101r: *w středu*] *po swatem Prokopě letha Paně 1503*.

[Text des Befehls:] Der König hat erfahren, dass in Prag und in anderen Städten des Königreichs Böhmen die Pikarden (*pikharti*) zunehmend Anhänger gewinnen und die einfältigen Leute vom christlichen Glauben, dem katholischen wie utraquistischen, abbringen. Um Schaden vom Land abzuwenden, sollen Pavel selbst sowie alle anderen Priester gegen die Irrlehre predigen. Die Ketzer sind weitaus gefährlicher als die Türken (*bludowé gich mnohem sau křesťanom sskodněyssj nežli Turcy*), denn sie verachten Gott und lehren falsch vom Abendmahl (*o přigjmánj těla geho swateho a geho swaté krwe*). Das Volk soll jeden Umgang mit den Ketzern meiden.

Die weltlichen Behörden der königlichen Städte haben Befehl erhalten, ketzerische Versammlungen in Privathäusern zu unterbinden und die Ketzer weder in den Stadträten noch unter der Einwohnerschaft zu dulden. Das [katholische] Domkapitel auf der Prager Burg erhält ebenfalls Befehl, gegen die Ketzer predigen zu lassen. Pavel soll den königlichen Befehl an die [utraquistische] Geistlichkeit weiterleiten.

Listowé od pana administratora psanj kněžim proti bratřjm [„Briefe, vom Herrn Administrator an die Priester gegen die Brüder geschrieben"]. Inc.: *A protož my, mistr Pawel z Žatče [...]*. Expl.: *[...] pod pečetj wjkařstwj pražskeho arcybiskupstwj*.

[Rundschreiben des Administrators an die utraquistische Geistlichkeit:] Pavel aus Saaz befiehlt allen Dekanen, Pfarrern und Priestern die Befolgung des königlichen Befehls.

List od pana administratora k gednomu faraři [„Brief vom Herrn Administrator an einen Pfarrer"]. Inc.: *Pozdrawenj laskawé wzkazuge [...]*. Expl.: *[...] aby proti njm gednali. Dan od administratora z Prahy naspěch*.

[Begleitschreiben des Administrators an einen utraquistischen Dekan:] Der Adressat möge den obenstehenden königlichen Befehl, der an alle königlichen Städte, in denen neue Stadträte eingesetzt werden, versandt wurde, an die Dekane der umliegenden [utraquistischen] Dekanate weiterleiten und auch die Stadträte zu Maßnahmen gegen die Ketzer (*proti takowym gedowatym kacýřuom*) anhalten.

Nr. 266   VI 3v

Pavel aus Saaz: Rundschreiben an die [utraquistischen] Angehörigen des Herren- und des Ritterstandes in Mähren, Prag, 28. September 1503

Mit dem auch in der *Historia Fratrum* (Praha, Národní knihovna České republiky, Sign. XVII F 51a, 132) erwähnten Schreiben bittet der Administrator die utraquistischen Adeligen in Mähren, die das Kirchenpatronat und faktisch auch das Kirchenregiment über die auf ihren Grundherrschaften gelegenen Pfarrkirchen ausüben, um Unterstützung. Die Überlieferung des Textes in den *Acta Unitatis Fratrum* ist ein

Hinweis darauf, dass den Brüdern Schriftstücke aus dem amtlichen Schriftverkehr zu den Verfolgungsmaßnahmen von 1503/04 von einem sympathisierenden Adeligen, vermutlich in Mähren, zugespielt wurden.

Überlieferung außerhalb der AUF: –

Edition: Handschriftliche deutsche Übersetzung von Joseph Theodor Müller: Herrnhut, Unitätsarchiv der Evangelischen Brüder-Unität, Sign. AB.II.R.1.1a/3, Zweiter Teil, 5.

Literatur: Пальмов (Hg.): Чешские братья, Bd. 1/1 [1904], 198; Müller: Geschichte und Inhalt [1913], 216, Nr. 5; Müller: Geschichte, Bd. 1 [1922], 315, 597, Nr. 101; Müller/Bartoš: Dějiny, Bd. 1 [1923], 205f.; Macek: Víra a zbožnost [2001], 111.

List od panuow mistruow panom morawskym [„Brief der Herren Magister an die mährischen Herren"]. Inc.: *Vrozenym panuom, panuom gich miloste[m] [...]*. Expl.: *[...] y odplaty od Pána Boha w gistotě očekáwáte. Ex Praga die Wenceslai annorum* [!] *1503.*

Pavel aus Saaz hat erfahren, dass die [utraquistischen] Priester und Gläubigen in Mähren nicht nur von den Katholiken (*od protiwnjkuow kalicha Páně*) bedrängt werden, sondern auch von falschen Brüdern, die die christliche Einheit zerstören (*od ffalesnych bratřj, kteřjž gednotu křesťanskau rušj*) und gegen Gott und gegen das Abendmahl (*proti swátosti těla a krwe Páně*) lästern. Er fordert daher alle [utraquistischen] Herren und Ritter auf, dem königlichen Befehl [Nr. 264 oder 265] nachzukommen und die Ketzer (*takowym zlym lidem a ruhačom Božjm*) nicht auf ihren Ländereien zu dulden, sondern vielmehr die [utraquistischen] Priester (*knězj wěrnych*) zu schützen und zu fördern.

Nr. 267 VI 4r / XI 101r–102r

König Wladislaw II. von Böhmen und Ungarn: Befehl an den utraquistischen Administrator Pavel aus Saaz, Ofen, 20. Dezember 1503

In Befehlen vom 18. und 20. Dezember 1503, Nr. 268 und 267, erneuerte der König seine Forderung nach einem energischen Vorgehen des utraquistischen Klerus und der königlichen Städte gegen die Brüder. Dabei ordnete er ausdrücklich auch die Anwendung der Todesstrafe gegen hartnäckige Ketzer an und äußerte die Erwartung, dass der Adel auf seinen Grundherrschaften freiwillig Maßnahmen gegen die Brüder ergreifen würde.

Den neuen königlichen Befehlen war eine Intervention des utraquistischen Ritters und Großgrundbesitzers Nikolaus II. Trčka von Leipa auf Lichtenburg und des Hofrichters Zikmund Chmelický beim König in Ofen vorausgegangen. Die beiden utraquistischen Adeligen hatten, wie aus Nr. 268 hervorgeht, die Vereinbarung zwischen den utraquistischen Ständen und den Schutzherren der Brüder vom 30. September 1503 (vgl. zu Nr. 263) als ein unerlaubtes Schutzbündnis zwischen königlichen Städten und Hochadel dargestellt. Die beiden Schreiben Nr. 267 und 268 wurden am 1. Januar 1504 Trčka und Chmelický aus Ofen nach Prag überbracht (vgl. Nr. 277).

Überlieferung außerhalb der AUF: –

Edition: Gindely: Geschichte, Bd. 1 [1857], 500 (Auszug). – Handschriftliche deutsche Übersetzung von Joseph Theodor Müller: Herrnhut, Unitätsarchiv der Evangelischen Brüder-Unität, Sign. AB.II. R.1.1a/3, Zweiter Teil, 5f.

Literatur: Пальмов (Hg.): Чешские братья, Bd. 1/1 [1904], 198; Müller: Geschichte und Inhalt [1913], 216, Nr. 6; Müller: Geschichte, Bd. 1 [1922], 319, 597, Nr. 103; Müller/Bartoš: Dějiny, Bd. 1 [1923], 208; Janoušek, E.: Konfese [1923], 28–30.

Druhy list od krále, ge[ho milos]ti, panu administratorowi a kněžim etc. [„Der zweite Brief seiner Majestät des Königs an den Herrn Administrator und die Priester usw."]. Inc.: *Poctiwj a nábožnj wěrnj nássj milj [...]*. Expl.: *[...] aby od měsťan tak trestani byli, jakož na takowé bludne lidi slussj. Datum in Budin feria [IV] in vigilia Thome Apostoli Domini Ihesu, anno Christi 1503.*

Der König war vom Administrator durch wiederholte Gesandtschaften der Bürgermeister und Ratsherren der Prager Alt- und Neustadt gebeten worden, Maßnahmen gegen die Ausbreitung der ketzerischen Pikarden (*těch bludnych a přewracenych lidj Pikhartuow*) zu ergreifen. [Randnotiz von der Hand Jan Blahoslavs: Stets haben die Priester den König gegen die Brüder aufgewiegelt.] Daraufhin befahl der König allen [königlichen] Städten, solche Personen in den Stadträten und unter den Einwohnern ausfindig zu machen und für den Fall, dass sie einen Widerruf verweigern (*kteřjž by bludy swe opustjc s ginymi křesťany se v wjře srownati nechtěli*), als Ketzer zu bestrafen [vgl. Nr. 264]. Ferner befahl der König dem Administrator, gegen die Ketzer zu predigen und dazu auch die [utraquistischen] Pfarrer und Priester, nicht nur in den [königlichen] Städten, sondern auch in den Kleinstädten und Dörfern, dazu anzuhalten [vgl. Nr. 265].

Der König hat den Dank des Administrators für die getroffenen Maßnahmen erhalten. Ferner lässt er auf dessen Bitte erneut Befehle an die Prager und alle übrigen Städte ausgehen, in der Verfolgung der Pikarden nicht nachzulassen. Davon sendet der König Abschriften [Nr. 268]. Der Administrator möge erneut allen Pfarrern in den Städten befehlen, gegen die Ketzer zu predigen und diese aufzuspüren. Ferner möge die [utraquistische] Geistlichkeit die Stadträte dazu ermahnen, hartnäckige Ketzer nach Ketzerrecht zu bestrafen.

Nr. 268   VI 4v–5r

König Wladislaw II. von Böhmen und Ungarn: Befehl an die Prager Städte und die übrigen königlichen Städte in Böhmen, Ofen, 18. Dezember 1503

Das durch den nicht lateinkundigen brüderischen Kopisten verschriebene Datum ist aufgrund der Parallelüberlieferung außerhalb der *Acta Unitatis Fratrum* zu ergänzen. In der Ausfertigung an die Bergstadt Kuttenberg wird anstelle von Unterkämmerer und Hofrichter der Oberstmünzmeister als der zuständige königliche Landesbeamte erwähnt. Dies wiederum war kein anderer als Bohuš II. Kostka von Postupitz, der auf seinen eigenen Grundherrschaften die Brüder duldete.

Überlieferung außerhalb der AUF: Státní okresní archiv České Budějovice, Archiv města České Budějovice; Státní okresní archiv Kutná Hora, Archiv města Kutná Hora.

Edition: Kalousek (Hg.): Archiv český, Bd. 21 [1903], 249–251 (nach der Ausfertigung im SOkA České Budějovice); Trnka (Hg.): Náboženské poměry [1931], 21–23, Nr. 19 (nach der Ausfertigung im SOkA Kutná Hora). – Handschriftliche deutsche Übersetzung von Joseph Theodor Müller: Herrnhut, Unitätsarchiv der Evangelischen Brüder-Unität, Sign. AB.II.R.1.1a/3, Zweiter Teil, 6f.

Literatur: Пальмов (Hg.): Чешские братья, Bd. 1/1 [1904], 198f.; Müller: Geschichte und Inhalt [1913], 217, Nr. 7; Müller: Geschichte, Bd. 1 [1922], 331f., 597, Nr. 104; Müller/Bartoš: Dějiny, Bd. 1 [1923], 215.

List druhy od krále, geho milosti, psaný a poslany panom Pražanom y ginym městuom geho kralowske milosti poddanym, proti bratřjm, aby předse sužowáni byli a wyhlazeni [„Der zweite Brief seiner Majestät des Königs, geschrieben und gesandt den Herren Pragern und den anderen seiner Majestät untertänigen Städten, gegen die Brüder, dass sie weiter verfolgt und ausgerottet werden sollen"]. Inc.: *Opatrnj nassi milj, z prwnjho psánj nasseho [...]*. Expl.: *[...] bez zmatku a wsseliké odpornosti. Datum Budae feria* [II ante] *Thomae Apostoli Domini, anno regnorum nostrorum Hungariae decimoquarto, Bohemiae vero tricesimo tertio.* – [Anmerkung von der Hand des Vavřinec Orlík:] Inc.: *Tento list od krále Wladislawa proti bratřjm přinesen byl k nowému letu do Prahy [...]*. Expl.: *[...] gakž čta srozumjss.*

Der König weist den Vorwurf zurück, er hätte durch seinen Befehl zur Verfolgung der Pikarden [vom 5. Juli 1503, Nr. 264] in die Herrschaftsrechte [des böhmischen Hochadels auf dessen Grundherrschaften und in dessen untertänigen Städten] eingegriffen, denn jener Befehl richtete sich lediglich an die königlichen Städte. Der König befiehlt den Städten erneut, ketzerische Personen, sei es unter den Ratsherren, sei es unter den Gemeinen, aufzuspüren und zum Widerruf zu bewegen. Hartnäckige Personen sind nach Ketzerrecht zu bestrafen. Zwar hat der König keine Verfolgungsmaßnahmen auf den adeligen Grundherrschaften angeordnet, dennoch erwartet er von den Grundherren, dass diese von sich aus die in den königlichen Städten getroffenen Maßnahmen nachahmen.

Der König ermahnt die Städte zum Gehorsam gegenüber dem Unterkämmerer [des Königreichs Böhmen, Albrecht von Leskowetz] und dem Hofrichter [des Königreichs Böhmen, Zikmund Chmelický] als den zuständigen königlichen Beamten und untersagt Schutzbündnisse [mit Angehörigen des Hochadels].

[Anmerkung von der Hand des Vavřinec Orlík:] Dieses Schreiben traf in Prag am 1. Januar 1504 ein, während Bruder Lukáš [aus Prag] und andere Brüder dort weilten. Der Brief trug dazu bei, dass das Gespräch der Brüder mit der utraquistischen Kirchenleitung (*rokowánj neb mluwenj bratrské s mistry*) abgebrochen wurde.

Nr. 269   VI 6r–v

Brief der Brüderältesten an die Gemeinden, ohne Ortsangabe, vor 22. Juli [1488]

Die *Historia Fratrum* (Praha, Národní knihovna České republiky, Sign. XVII F 51a, 137) erwähnt, dass die Unitätsleitung im Vorfeld der für den 1. Januar 1504 angekündigten „Stellung" von Angehörigen der Brüderunität in Prag angesichts der Gefahren, die damit sowohl für die vorgeladenen Personen als auch für die Unität insgesamt verbunden waren, ein Rundschreiben an alle Unitätsgemeinden richtete. Bei dem im Herbst 1503 versandten Rundschreiben handelt es sich um Nr. 219. Darin ordneten die Ältesten der Unität für alle Mitglieder besondere Gebets- und Fastentage am 28. November und 1. Dezember des Jahres an.

Das vorliegende Schreiben ist in AUF VI unter Dokumenten aus dem Jahr 1503 eingeordnet. Es kann aber nicht aus diesem Jahr stammen, da darin Fastentage für Freitag, den 15. August (Mariä Himmelfahrt), und Montag, den 18. August angeordnet werden. Die Angaben der Wochentage treffen für 1503 nicht zu. Überdies wurde die „Stellung" der Brüder erst am oder nach dem 30. September 1503 vereinbart. Der 15. August fiel in den Jahren 1477, 1483, 1488, 1494, 1505, 1511 und 1516 auf einen Freitag.

Müller schlug eine Datierung in das Jahr 1505 vor und nahm Lukáš aus Prag als Verfasser an. Wahrscheinlicher ist jedoch, dass der Text bereits aus dem Jahr 1488 stammt. Die utraquistische Kirchenleitung unter dem Administrator Václav

Koranda dem Jüngeren hatte mit Unterstützung der utraquistischen Stände von König Wladislaw II. von Böhmen und Ungarn die Erlaubnis zu einer Anhörung (*slyšení*) der Brüder am 15. August 1488 erhalten, die der König aber später widerrief (vgl. das Schreiben Korandas an den König, Prag, nach 29. September 1488, Palacký [Hg.]: Archiv český, Bd. 6 [1872], 213f.; Truhlář, J. [Hg.]: Manualník [1888], 121f.; dazu Spunar: Literární činnost [1978], 199, Nr. 68/20; Marek: Václav Koranda [2017], 10). Für eine Datierung in das Jahr 1488 spricht auch die Anspielung auf den böhmisch-ungarischen Krieg der Jahre 1468 bis 1479 als ein Ereignis der jüngeren Vergangenheit. Unklar bleibt allerdings, worauf sich die Anspielung auf eine zeitweilige Herrschaft der „Weibischen" bezieht. Die Wendung stammt aus Jes 3,4 („effeminati dominabuntur").

Überlieferung außerhalb der AUF: –

Edition: Handschriftliche deutsche Übersetzung von Joseph Theodor Müller: Herrnhut, Unitätsarchiv der Evangelischen Brüder-Unität, Sign. AB.II.R.1.1a/3, Zweiter Teil, 7f.

Literatur: Пальмов (Hg.): Чешские братья, Bd. 1/1 [1904], 199; Müller: Geschichte und Inhalt [1913], 217, Nr. 8; Müller: Geschichte, Bd. 1 [1922], 565, Nr. 109, 598, Nr. 110; Jakubec: Dějiny literatury české, Bd. 1 [1929], 518–521; Urbánek: České dějiny, Bd. 3/4 [1962], 417.

Psanj b[ratří] starssjch do zboruow [„Brief der Brüderältesten an die Gemeinden"]. Inc.: *Žadost neylepssjho dobrého, kteréž od Otce swětlosti shuory sstupuge [...]*. Expl.: *[...] a buď pomocnjk wssech nás až do konce.*

Die [Brüderältesten] wünschen ihren Glaubensgenossen (*wám bratřj milj*) die Erlangung des ewigen Lebens. Sie haben Gerüchte gehört, wonach der König auf Veranlassung der Priester und einiger Herren den Brüdern eine Anhörung gewähren (*skrze nabadanj knězj a některých panuow slyssenj nám dáti*) wolle. Sie bitten Gott, dass durch diese Anhörung die beteiligten Personen zu der Erkenntnis gelangen, dass die Lehre der Priester falsch und ihr Lebenswandel böse ist (*kterak to kněžstwo zle stogj v wjře y w skutcých*) und dass diese das Volk um das Seelenheil betrügen. Sofern jedoch, was zu erwarten ist, die Anhörung Verfolgungsmaßnahmen nach sich ziehen wird, möge Gott die Gläubigen nicht schwerer prüfen, als es diese ertragen können (1 Kor 10,13).

Die Priester behaupten aufgrund des Bibelverses vom „Stuhl des Mose" (Mt 21,12), dass man auch bösen Priestern Gehorsam schulde. Von ihnen ist immer viel Böses ausgegangen. Es wird aber nicht leicht gelingen, die Brüder zu verfolgen, denn der König ist gerecht und neigt nicht zum Blutvergießen. Auch unter den Hochadeligen, Rittern und Untertanen (*mnozy z panuow y z řadu rytjřského y lidu obecniho*) haben viele die Bosheit der [katholischen und utraquistischen] Priester erkannt, die nicht nur die Brüder, sondern auch einander gegenseitig hassen. Wenn es nach den Priestern gegangen wäre, hätte der Krieg im Königreich [Böhmen] bis zur gegenseitigen Vernichtung angedauert. Gott hat es eine Zeitlang zugelassen, dass Weichlinge das Sagen hatten (*aby zženilj panowali*) (Jes 3,4) und König, Adel und gemeines Volk gegeneinander aufhetzten.

Im Hinblick auf die anstehende Anhörung fordern die Brüderältesten die Adressaten auf, um einen guten Ausgang zu beten und am Mittwoch und Freitag vor Maria Magdalena [22. Juli], ferner am Freitag, Mariä Himmelfahrt [15. August], und am Montag darauf [18. August] Fastentage zu halten.

Nr. 270   VI 8r–18v

[Bruder Jakub aus Turnau:] Bericht über die geplante „Stellung" von Angehörigen der Brüderunität in Prag am 1. Januar 1504

Der Bericht schildert Ereignisse vom 30. Dezember 1503 bis zum 4. Januar 1504. Der Verfasser des anscheinend kurz danach niedergeschriebenen Berichts war einer der neun Brüder, die von ihren Grundherren zu der für den 1. Januar 1504 geplanten Verhandlung vor der utraquistischen Kirchenleitung abgeordnet worden waren. Bohuš II. Kostka von Postupitz sandte aus der Leitomischler Unitätsgemeinde den Brüderpriester Vavřinec Krasonický, der als „Mitältester" ein Mitglied des Engen Rates der Brüderunität war, sowie dessen Diener, den Seifensieder Filip (vgl. Nr. 283), und einen Kürschner namens Kapra. Wilhelm der Jüngere von Pernstein sandte aus der Unitätsgemeinde in Reichenau an der Kněžna einen Bruder namens Jan Kasal und einen Schreiber Václav, ferner aus Pardubitz einen gewissen Viktorín, der wohl mit dem in lokalen Archivalien genannten „Pikarden" Viktorín zu identifizieren ist (vgl. Hrejsa: Sborové [1935], 43). Johann von Schellenberg „stellte" ebenfalls drei Personen, den Brüderbischof Lukáš aus Prag, dessen Diener und Jakub aus Turnau, alle aus der Gemeinde in Jung-Bunzlau. Jireček schrieb den Bericht Vavřinec Krasonický, Müller dagegen Jakub aus Turnau zu. Letzteres ist offenbar zutreffend, da der Verfasser gemeinsam mit Lukáš die Rückreise antrat und demnach wie dieser zu der aus Jung-Bunzlau abgeordneten Dreiergruppe gehörte.

Das geplante Vorgehen bei der „Stellung" der Brüder war das Ergebnis eines Kompromisses zwischen den katholischen und den utraquistischen Ständen, der beim böhmischen Landtag in Prag vom 30. September 1503 ausgehandelt wurde. Dem Landtag war eine Zusammenkunft der katholischen Stände in Pilsen Anfang September vorausgegangen. Die dort vertretenen Grundherren verpflichteten sich, auf ihren Grundherrschaften in Analogie zu den vom König angeordneten Maßnahmen in den königlichen Städten (Nr. 264) zu verfahren. Ferner verpflichteten sie sich zu gegenseitiger Hilfe für den Fall, dass die „Pikarden" die Katholiken gewaltsam verfolgen sollten, und richteten an die utraquistischen Stände die Aufforderung, gemeinsam gegen die „Pikarden" vorzugehen, nötigenfalls mit Verhängung der Todesstrafe.

Die Utraquisten unterbreiteten einen abweichenden Vorschlag zum Vorgehen gegen die Brüder: Deren Versammlungen sollen verboten, die Bethäuser („kostelowé jich aneb sborní domowé") konfisziert werden. Zu Neujahr 1504 soll eine Anzahl Brüderpriester in Gegenwart eines Ausschusses des Herren- und des Ritterstandes sowie der Prager Stadträte vor der utraquistischen Kirchenleitung in Prag erscheinen, allerdings nicht zu einer Disputation, sondern zur Belehrung („ne k hádaní, ale k naucˇení"). Falls die Brüdergeistlichen dann nicht ihre Irrlehre widerrufen, sollen sie mitsamt ihren Anhängern von den jeweiligen Obrigkeiten vertrieben werden. Diesem Vorschlag stimmten von der katholischen Partei der Oberstlandhofmeister, Wilhelm der Jüngere von Pernstein, und der Oberstlandkämmerer, Johann von Schellenberg zu. Beide waren, obwohl Katholiken, als Schutzherren der Brüder bekannt und sahen sich daher genötigt, ausdrücklich zu erklären, dass sie selbst keine „Pikarden" seien (zu dem Landtag vom 30. September 1503 vgl. Palacký [Hg.]: Archiv český, Bd. 6 [1872], 284–288).

Als die Verhandlung am 1. Januar stattfinden sollte, wurde ihre Eröffnung von dem utraquistischen Ritter Nikolaus II. Trčka von Leipa auf Lichtenburg und dem Hofrichter des Königreichs Böhmen, Zikmund Chmelický, unter Berufung auf neue Befehle des Königs (Nr. 267, 268) verhindert. Daraufhin ließen die Schutzherren ihre brüderischen Untertanen wieder abreisen. Das Scheitern der Verhandlung wird auch in zeitgenössischen Prager Chroniken berichtet (Palacký [Hg.]: Starj letopisowé [1829], 265f.).

Der im Text genannte Magister Martin aus Počátky war 1481/82, 1486/87 und 1490/91 Dekan der Prager Artistenfakultät. Er starb 1504. Er ist zu unterscheiden von dem ebenfalls im Text erwähnten Magister Martin aus Wlašim, Pfarrer der Teynkirche, 1498/99 Rektor der Prager Universität, gestorben 1519. Letzterer verfasste eine nicht erhaltene polemische Schrift gegen die Brüder (*Spis o bludích pikhartských*, „Schrift über die Irrlehren der Pikarden"), die 1513 von dem Priester Mikuláš, Pfarrer an St. Peter auf Poříčí in der Prager Neustadt, in Druck gegeben wurde. Auf die Veröffentlichung antworteten sowohl Vavřinec Krasonický als auch Lukáš aus Prag mit Gegenschriften. Krasonickýs Widerlegung ist handschriftlich überliefert (Praha, Knihovna Národního muzea, Sign. V F 41, 271v–285r), die des Lukáš erschien im Druck ([Lukáš aus Prag:] Odpowied bratrzij [1514]). Beide Gegenschriften sind in der *Historia Fratrum* (Praha, Národní knihovna České republiky, Sign. XVII F 51a, 357f.) erwähnt. Martin aus Počátky und Martin aus Wlašim wurden in der älteren Fachliteratur häufig verwechselt.

Die böhmische Hauptstadt Prag bestand aus vier rechtlich selbständigen Städten, der Altstadt, der Neustadt, der Kleinseite und dem Hradschin. Seit der hussitischen Revolution waren die Prager Städte konfessionell gespalten, denn im Gegensatz zur hussitischen Alt- und Neustadt blieben die Kleinseite und der Hradschin mit der Königsburg und dem Veitsdom katholisch. Aufgrund einer Wappenverbesserung durch Kaiser Friedrich III. im Jahr 1475 durfte die Prager Altstadt ein goldenes Wappen mit der Kaiserkrone als Helmzier führen.

Überlieferung außerhalb der AUF: *Historia Fratrum*, Praha, Národní knihovna České republiky, Sign. XVII F 51a, 156–228.

Edition: Janoušek, E.: Konfese [1923], 29, 31 (Auszüge); Molnár: Boleslavští bratří [1952], 62–66 (Auszüge). – Handschriftliche deutsche Übersetzung von Joseph Theodor Müller: Herrnhut, Unitätsarchiv der Evangelischen Brüder-Unität, Sign. AB.II.R.1.1a/3, Zweiter Teil, 9–24.

Literatur: Jireček, J.: Rukověť, Bd. 1 [1875], 414; Jireček, J.: Rukověť, Bd. 2 [1876], 126f. (fehlerhaft zu Martin aus Počátky); Tomek: Dějepis, Bd. 10 [1894], 199–207; Пальмов (Hg.): Чешские братья, Bd. 1/1 [1904], 199f.; Müller: Geschichte und Inhalt [1913], 217, Nr. 9; Müller: Geschichte, Bd. 1 [1922], 325–332, 598, Nr. 114, 608; Janoušek, E.: Konfese [1923], 28–32; Müller/Bartoš: Dějiny, Bd. 1 [1923], 212–216; Hrejsa: Dějiny křesťanství, Bd. 4 [1948], 200–202; Molnár: Lukáš Pražský před svým vstupem [1948], 22 (Erwähnung des Baccalaureus Andreas); Molnár: Boleslavští bratří [1952], 60–66; Urbánek: České dějiny, Bd. 3/4 [1962], 411–413 (zur Bezeichnung der Brüder als Waldenser); Spunar: Literární činnost [1978], 193f.; Eberhard: Konfessionsbildung [1981], 85–87; Macek: Víra a zbožnost [2001], 133–136 (zu Martin aus Wlašim), 328f.; Nusek: Mistr Martin z Vlašimě [2006]; Halama, O.: Utrakvistická konfese [2015], 379f. (zu Martin aus Počátky); Halama, O.: Polemika [2018], 156, 168f., 173f. (zu Martin aus Počátky); Halama, O.: The Unity [2020], 375f. (Verhältnis der Brüder zu den Waldensern); Holá/Holý u.a.: Profesoři [2022], 414f., 469f. (zu Martin aus Počátky und Martin aus Wlašim).

[Notiz von der Hand des Jan Blahoslav auf der ansonsten leeren Seite 8r:] *O postawenj b[ratří] letha 1504. prwnjm* [„Über die erste Stellung der Brüder 1504"]. – [Überschrift von der Hand des Vavřinec Orlík auf der ansonsten leeren Seite 8v:] *Sepsánj toto o tom gest, když sau bratřj w Praze před mistry postaweni býti měli w pondělj na Nowe leto, když se počjnalo psáti 1504. leta* [„Diese Schrift handelt davon, wie die Brüder in Prag vor den Magistern hätten erscheinen sollen am Montag auf Neujahr, als man begann, das 1504. Jahr zu schreiben"]. Inc.: *Poněwadž pjsmo swědčy řka [...].* Expl.: *[...] y dali odpowěd, kteráž njže položena bude.*

Gottes Handeln erweist sich auch in den Verfolgungen, mit denen er seine Gläubigen prüft, so im vergangenen Jahr 1503 und im gegenwärtigen Jahr 1504. Viele Angehörige der Brüderunität (*bratřj, genž z srdce vprzimeho Pánu Bohu, geho milosti, rádi chtěgice se ljbiti a prawdy zakona Božjho poznalé w sprostnosti wěrné chtjce následowati*) wurden verhaftet, erlitten die Konfiskation ihres Besitzes und wurden vertrieben, einige starben sogar auf dem Scheiterhaufen, da sie von der erkannten Wahrheit nicht ablassen wollten. An ihnen erfüllt sich, was Jesus seinen Nachfolgern vorhergesagt hat (Joh 16,2; Lk 6,40). Im heiligen Krieg der Glaubensprüfung gebrauchen die Gläubigen weder Waffen noch Blutvergießen (*nénj potřebj wěrným meče a oděnj a zbroge mnohé ani lidu bogowneho, a owssem prolewánj krwe*), sondern allein die Rüstung der Geduld, mit der auch Jesus selbst den Tod am Kreuz auf sich nahm. Denen, die in Verfolgung beständig bleiben, ist das ewige Seelenheil gewiss.

Der Verfasser, Augenzeuge der berichteten Ereignisse, schildert im Folgenden, wie mehrere Älteste der Brüderunität jüngst in Prag zu einer Verhandlung vor den Magistern und Priestern [der utraquistischen Kirchenleitung] erscheinen sollten (*kdež z bratřj starssjch některj před mistry a kněžjmi postaweni byti měli*). Sein Bericht soll den Gläubigen zum Trost und künftigen Generationen zur Erinnerung dienen (*budaucym pro pamět a ku potěssenj wssem prawdy Božj milownjkom*). Der Verfasser hat ferner die Absicht, irreführenden Darstellungen der Vorgänge durch die Gegner der Brüderunität entgegenzutreten.

König Wladislaw II. hatte bereits während seines Aufenthalts in Böhmen [in den ersten Monaten des Jahres 1502] dem Drängen der Gegner der Brüderunität nachgegeben und angeordnet, dass die Brüder nicht in den königlichen Städten zu dulden seien. Im Sommer 1503 erhob eine Delegation von Angehörigen des Herrenstandes in Ofen weitere Klagen gegen die Brüder. Der König befahl daraufhin um den 4. Juli den Prager Städten und den übrigen königlichen Städten, die Brüder zu verfolgen [Nr. 264]. Er ordnete an, dass die Priester beider Parteien [Katholiken und Utraquisten] gegen die Brüder predigen sollen [Nr. 265].

Am 30. September fand in der böhmischen Hauptstadt ein Landtag (*sněm*) statt. Nachdem sich die Utraquisten und Katholiken nicht auf ein gemeinsames Vorgehen gegen die Brüder einigen konnten, kamen die utraquistischen Stände mit den katholischen Herren [Johann] von Schellenberg und [Wilhelm dem Jüngeren] von Pernstein, die auf ihren Grundherrschaften die Brüder duldeten, überein, Vertreter der Brüder zu einer Verhandlung am 1. Januar 1504 nach Prag vorzuladen. Schellenberg, Pernstein und [Bohuš II.] Kostka [von Postupitz] verpflichteten sich, zu diesem Zweck die Brüderältesten Lukáš [aus Prag] und Vavřinec [Krasonický] von deren Wohnorten Jung-Bunzlau und Leitomischl sowie weitere brüderische Untertanen nach Prag zu senden. Dort sollten diese von den Magistern [der utraquistischen Kirchenleitung] belehrt und nach Möglichkeit bekehrt werden. Bei der Verhandlung sollte ein Ausschuss des utraquistischen Adels anwesend sein, zu dessen Mitgliedern [Peter Zwiřetický von Wartenberg] auf Neubydžow, Heinrich Šťastný [von Waldstein], [Johann der Jüngere] Špetle [von Pruditz] und weitere Adelige gewählt wurden.

Am 30. Dezember 1503 trafen die Vertreter der Brüder in Prag ein. Kostka ordnete aus seiner Herrschaft Leitomischl den Brüderpriester Vavřinec [Krasonický], dessen Diener, den Seifensieder Filip, sowie den Kürschner Kapra ab. Pernstein ordnete aus Reichenau [an der Knežna] die Brüder Jan Kasal und den Schreiber Václav sowie aus Pardubitz einen Bruder Viktorín ab. Schellenberg sandte aus Jung-Bunzlau Bruder Lukáš [aus Prag], der von seinem Diener begleitet wurde, und Jakub aus Turnau. Die drei Grundheren ließen sich durch ihre Hauptleute, die Kleinadeligen [Václav] Záruba [von Hustířany], Bohuslav Chrt [von Ertin] und Markvart Cetenský [von Cetná] vertreten, die die abgeordneten Brüder nach Prag begleiteten. Ein Brief, den Johann [II.] Kostka [von Postupitz] den Brüdern nachsandte [Nr. 283], beweist, dass die Grundherren ihren brüderischen Untertanen einen guten Ausgang der Verhandlung wünschten.

Am Sonntag, den 31. Dezember, bereiteten sich die Brüder im Stadthaus der Familie Kostka [in der Zeltnergasse in der Prager Altstadt] auf die Verhandlung vor. Bruder Lukáš hatte eine Anprache an die bei der Verhandlung anwesenden Vertreter der Stände schriftlich ausgearbeitet. Diese und ein ebenfalls schriftlich vorliegendes Bekenntnis anhand der Artikel des Apostolischen Glaubensbekenntnisses [„Bekenntnis an König Wladislaw II." (1503), vgl. zu Nr. 263] wurden von den anwesenden Brüdern gebilligt.

Als die Hauptleute der Grundherren, Záruba, Chrt und Cetenský, hinzukamen, stellte Lukáš diesen gegenüber klar, dass es sich bei der bevorstehenden Verhandlung nicht um die von den Brüdern erstrebte Anhörung (*slyssenj*) handle. Vielmehr sei vereinbart worden, dass die Magister die Brüder über deren Irrlehren belehren sollen. Sofern die Brüder sich daraufhin nicht bekehren, sollen die Pfarrer in den Kirchen gegen die Brüder predigen. Werden sich die Brüder dann immer noch nicht bekehren, solle es den Grundherren freistehen, sie mit Gewalt zu zwingen.

Nach Mittag kamen die Hauptleute der Grundherren erneut zu den im Stadthaus der Familie Kostka versammelten Brüdern und berichteten, dass mehrere Hochadelige, auf deren Grundherrschaften ebenfalls Angehörige der Brüderunität lebten, darauf bestanden, der Verhandlung beizuwohnen. Später am Nachmittag erschien Magister Jan Pašek [von Wrat, Kanzler der Prager Altstadt] und lud die Hauptleute und die Brüder namens des Stadtrats der Prager Altstadt und namens der utraquistischen Kirchenleitung (*páni prelati*) für den folgenden Vormittag auf das Altstädter Rathaus ein. Zugleich verwarnte er die Brüder, weder nachts auf die Gasse zu gehen noch die Einwohner der Stadt in ungehörige Gespräche zu verwickeln. In der Tat war Bruder Lukáš mit seinen beiden Begleitern lange vor Tageseinbruch aus seinem Quartier zum Stadthaus der Kostka gekommen, und Bruder Vavřinec hatte sich am Vortag beim Barbier einen Witz über die utraquistischen Priester erlaubt.

Am Morgen des 1. Januar 1504 erfuhren die Brüder, dass der utraquistische Pfarrer Jan in Jung-Bunzlau bereits in einer Predigt Gott dafür gepriesen habe, dass den nach Prag geschickten Brüdern nunmehr die Hinrichtung bevorstehe. Ähnliche Gerüchte gingen in der Hauptstadt um, sodass sich zahlreiche Schaulustige einfanden, um die Brüder auf dem Weg zum Altstädter Rathaus zu beobachten und deren anschließender Hinrichtung beizuwohnen. Ferner hieß es, Magister Martin aus Počátky, ein erbitterter Gegner der Brüder, sei eines plötzlichen Todes gestorben. Vavřinec [Krasonický] bemerkte dazu, dass man somit eine Sorge weniger habe (*na toho nam giż wždy nebude peče potřebj*). Während sich die neun Brüder, denen sich noch ein aus Jung-Bunzlau stammender Glaubensgenosse hinzugesellt hatte, in ihrer Unterkunft auf den schweren Gang vorbereiteten und auf den Adeligen Adam Kamenický warteten, der sie auf das Rathaus führen sollte, besuchte sie ein Greis, der Baccalaureus Andreas (*Andreas bakalař*). Dieser hatte einst Lukáš [aus Prag] und Vavřinec [Krasonický] unterrichtet. Er sei gekommen, weil er gehört habe, dass Waldenserbrüder (*bratřj waldensstj*) hier seien. Er erzählte ausführlich auf Latein über die Waldenser (*wyprawowal gest wessken spuosob bratřj waldenskych*) und sprach den Brüdern Mut zu.

Unterdesen traf [der Adelige Nikolaus II.] Trčka [von Leipa auf Lichtenburg], der als erbitterter Gegner der Brüder aus dem böhmischen Ritterstand bekannt war, von Ofen kommend mit einem königlichen Befehl [Nr. 268] in Prag ein. Unterstützt durch [den Hofrichter des Königreichs Böhmen, Zikmund] Chmelický, verlangte Trčka, die Verhandlung mit den Brüdern solle erst am Dienstag, den 2. Januar 1504, und in Anwesenheit aller Prager Stadträte stattfinden. Dies wurde von den Hauptleuten, die die Brüder nach Prag begleitet hatten, ebenso abgelehnt wie von den Magistern und dem Ausschuss des utraquistischen Adels.

Die Brüder wurden daher durch Adam Kamenický vom Stadthaus der Herren Kostka nicht auf das Altstädter Rathaus, sondern von den Schaulustigen unbemerkt durch einen Hinterausgang zum Stadthaus der Herren [Zwiřetický] von Wartenberg [am Gallusmarkt in der Prager Altstadt] geführt. Dort wurden die Brüder von dem Ausschuss des utraquistischen Adels, [Peter Zwiřetický von Wartenberg] auf

Neubydžow, [Heinrich] Šťastný [von Waldstein] und weiteren Adeligen, erwartet. Die Hauptleute erklärten, dass damit die Zusage der Herren Schellenberg, Pernstein und Kostka, Vertreter der Brüder zu der geplanten Verhandlung zu „stellen", erfüllt sei. Namens der Prager Stadträte bestätigte der ebenfalls anwesende Jan Pašek, dass sowohl die Schutzherren der Brüder als auch die utraquistischen Stände ihre Zusagen erfüllt haben, die geplante Verhandlung müsse aber bis auf Weiteres vertagt werden. Wartenberg ermahnte die Brüder, der utraquistischen Kirchenleitung nicht die Schuld für das Scheitern der Verhandlung zu geben.

Anschließend mussten die Brüder unverzüglich Prag verlassen, um dem drohenden Ketzerprozess zu entkommen. Dies gelang ihnen, obwohl sich auf den Gassen bedrohliche Menschenmengen versammelt hatten, dank der Hilfe des ihnen wohlgesonnenen Adeligen [Matěj] Libák [von Radovesice]. Dieser ging mit Bruder Lukáš sogar noch kurz zum Sitz des [utraquistischen Pfarrers und] Magisters Martin [aus Wlašim] an der Teynkirche hinüber, um auch dort zu bezeugen, dass Lukáš in Prag erschienen und somit die Vereinbarung erfüllt sei. Der [der Brüderunität nahestehende] königliche Prokurator [Albrecht] Rendl [von Oušava] bot den Brüdern an, auf seinem Wohnsitz in Rostok [bei Prag] zu übernachten. Vavřinec [Krasonický] bemerkte zu der überstürzten Abreise: „Es bringt einfach nichts, hier kann man noch nicht einmal zu Tode kommen, da bleibt einem nichts anderes übrig, als abzureisen" (*wssak darmo gest, aniž gest se zde lze smrti dotřjti, nelzeť gest než předce gjti*).

Am Morgen des 2. Januar fand auf dem Altstädter Rathaus die von Trčka verlangte Zusammenkunft der beiden Stadträte statt. Trčka, verärgert über die Abreise der Brüder, verlas den königlichen Befehl [Nr. 268]. Der utraquistische Administrator [Pavel aus Saaz] bezeugte öffentlich, dass die Zusage, Vertreter der Brüder in Prag zu „stellen", erfüllt worden sei, auch wenn die Verhandlung vertagt werden musste. In einer anschließenden Sitzung des Ausschusses des utraquistischen Adels wurde das Schreiben der Brüder an den König, das eine Auslegung des Apostolischen Glaubensbekenntnisses enthält [„Bekenntnis an König Wladislaw II." (1503), vgl. zu Nr. 263], verlesen und von einigen der Anwesenden gebilligt.

Am 4. Januar sandte Bruder Lukáš zwei Briefe aus Jung-Bunzlau nach Prag. Den Stadträten der Alt- und der Neustadt dankte er für ihre Bemühungen um das Zustandekommen der Verhandlung und bat darum, sich bei der utraquistischen Kirchenleitung (*ku panom mistrom*) dafür zu verwenden, dass diese einen neuen Termin für das vereinbarte Gespräch festlegt [Nr. 272]. In dem zweiten Brief, der an die utraquistische Kirchenleitung (*panom mistrom a prelatom*) gerichtet war, bat Lukáš auch den utraquistischen Administrator [Pavel aus Saaz] um einen neuen Termin [Nr. 271]. Der Administrator antwortete darauf zunächst mündlich, auf Verlangen des Boten dann auch schriftlich [Nr. 273].

Nr. 271   VI 19r

[Bruder Lukáš aus Prag:] Brief an den utraquistischen Administrator [Pavel aus Saaz] und die utraquistische Kirchenleitung in Prag, Jung-Bunzlau, 4. Januar 1504

Der Verfasser des kurzen Schreibens ist laut dem Schlussabschnitt von Nr. 270 Lukáš aus Prag.

Überlieferung außerhalb der AUF: –

Edition: Handschriftliche deutsche Übersetzung von Joseph Theodor Müller: Herrnhut, Unitätsarchiv der Evangelischen Brüder-Unität, Sign. AB.II.R.1.1a/3, Zweiter Teil, 24 (nur Anfang und Schluss).

Literatur: Пальмов (Hg.): Чешские братья, Bd. 1/1 [1904], 200; Müller: Geschichte und Inhalt [1913], 217, Nr. 10; Müller: Geschichte, Bd. 1 [1922], 332, 567, Nr. 129b, 598, Nr. 116a; Müller/Bartoš: Dějiny, Bd. 1 [1923], 346, Nr. 129b; Janoušek, E.: Konfese [1923], 28–31; Molnár: Boleslavští bratří [1952], 66.

Tento list poslan byl panuom mistruom do Prahy po Nowem létě [„Dieser Brief wurde den Herren Magistern nach Prag gesandt nach Neujahr"]. *Inc.: Poctiwému panu administrátorowi y se pány mistry ginymi přátelom nassim milym etc. Modlitbu nassi, poctiwj páni mistři […]. Expl.: […] za odpowěd laskáwau po tomto poslu žadáme. Dan we čtwrtek ten neybližssj po Nowem létě z Mladeho Boleslawě, letha 1504. Bratřj, kteřjž od panuo gich [milos]tj postaweni byli.*

Die Verhandlung, zu der die Brüder von ihren Grundherren nach Prag beordert wurden, konnte zwar nicht stattfinden. Die Brüder danken den Magistern gleichwohl für deren freundliche Bereitschaft, mit ihnen zu reden. Sie bitten darum, ihnen bei anderer Gelegenheit ein Gespräch über das Seelenheil (*o swe y o lidske spasenj*) zu gewähren, und zwar möglichst ohne eine so große Zuhörerschaft wie in Prag.

Nr. 272   VI 19v–20r

[Bruder Lukáš aus Prag:] Brief an die Prager Bürgermeister und Räte, Jung-Bunzlau, 4. Januar 1504

Der Verfasser des kurzen Schreibens ist laut dem Schlussabschnitt von Nr. 270 Lukáš aus Prag.

Überlieferung außerhalb der AUF: –

Edition: Handschriftliche deutsche Übersetzung von Joseph Theodor Müller: Herrnhut, Unitätsarchiv der Evangelischen Brüder-Unität, Sign. AB.II.R.1.1a/3, Zweiter Teil, 24 (nur Anfang und Schluss).

Literatur: Пальмов (Hg.): Чешские братья, Bd. 1/1 [1904], 200; Müller: Geschichte und Inhalt [1913], 217, Nr. 10; Müller: Geschichte, Bd. 1 [1922], 332, 567, Nr. 129a, 598, Nr. 116b; Janoušek, E.: Konfese [1923], 28–31; Müller/Bartoš: Dějiny, Bd. 1 [1923], 346, Nr. 129a.

List od bratřj psany a poslany ku panom Pražanom [„Der Brief, den die Brüder den Herren Pragern geschrieben und zugestellt haben"]. Inc.: *Wzactné a slowautne opatrnosti, panuom purgmistru a radám, panom nam přjzniwym, panom purgmistrom gich milostem. Modlitbu nassi poniženau [...]*. Expl.: *[...] k žiwotu sláwy. Amen. Datum we čtwrtek po Nowem létě 1504. Bratřj před wassimi milostmi postawenj. Tito dwa listowé, geden mistrom a druhy Pražanom, spolu posláni byli od bratřj.*

Die Verhandlung, zu der die Brüder von ihren Grundherren nach Prag beordert wurden, konnte zwar nicht stattfinden. Die Brüder danken gleichwohl Bürgermeistern und Stadträten für deren Beitrag zum Zustandekommen der Zusammenkunft. Sie würden gern bei anderer Gelegenheit mit den Magistern [der utraquistischen Kirchenleitung] ungestört ein Gespräch mit einer kleineren Zahl von Teilnehmern führen und haben deshalb auch den Magistern geschrieben. Sie bitten die Bürgermeister und Räte, sich bei den Magistern für das Zustandekommen eines solchen Gesprächs einzusetzen.

Ferner übersenden die Brüder ein Glaubensbekenntnis, das sie an den König gesandt haben und das dem allgemeinen christlichen Glauben [dem Apostolischen Glaubensbekenntnis] entspricht (*počet swé wjry, kterauž neginau než obecnau křesťanskau máme, wydawagjce*). Es handelt von den für das Seelenheil notwendigen, grundlegenden (*zakladnych*) Dingen und von den dienlichen (*služebnych*) Dingen, besonders vom Abendmahl [„Bekenntnis an König Wladislaw II." (1503), vgl. zu Nr. 263]. Die Adressaten mögen keinen böswilligen Gerüchten Glauben schenken, die über die Brüder in Umlauf sind. Worin diese mit anderen uneins sind, hat keine andere Ursache als ihr Gewissen (*nic gineho v přjčyně nenj než swědomj násse*). Gott möge den Adressaten seine Wahrheit reichlicher ins Herz geben und sie in dieser zum ewigen Leben bewahren.

Nr. 273   VI 20r–v

Pavel aus Saaz: Brief an die Brüder in Jung-Bunzlau, Prag, 9. Januar 1504

Antwort auf Nr. 271. Der von Pavel erhobene Vorwurf, das „Bekenntnis an König Wladislaw II." von 1503 (vgl. zu Nr. 263) sei unaufrichtig und verschweige absichtlich gewisse besonders anstößige Lehrmeinungen der Brüder, begegnet auch in einem Brief des königlichen Sekretärs Augustinus Moravus Olomucensis an den König vom 14. November 1506 (Text des Briefes in Ziegler [Hg.]: In hoc volvmine [1512], D1v–D2r; tschechisch in [Lukáš aus Prag:] Znamo buď wssem [1508]).

Überlieferung außerhalb der AUF: –

Edition: Handschriftliche deutsche Übersetzung von Joseph Theodor Müller: Herrnhut, Unitätsarchiv der Evangelischen Brüder-Unität, Sign. AB.II.R.1.1a/3, Zweiter Teil, 24f.

Literatur: Пальмов (Hg.): Чешские братья, Bd. 1/1 [1904], 200f.; Müller: Geschichte und Inhalt [1913], 217, Nr. 10; Müller: Geschichte, Bd. 1 [1922], 599, Nr. 116c; Janoušek, E.: Konfese [1923], 28–31; Müller/Bartoš: Dějiny, Bd. 1 [1923], 215f.; Macek: Víra a zbožnost [2001], 111.

Odpowěd mistruow na prwnj list bratrsky, kteryž gjm byl poslán po Nowem létě [„Antwort der Magister auf den ersten Brief der Brüder, der ihnen nach Neujahr zugesandt wurde"]. Inc.: *Modlitbu nassi ku Panu Bohu s přjznj k dobrému naprawenj a spogenj v wjře zákona Krystowa [...]*. Expl.: *[...] od nas zachowano bylo. Ex Prága, feria [...] post Epiphaniam Domini, annorum [!] eiusdem 1504. Mistr Pawel z Žatče děkan kostela s[vatéh]o Apolinarysse a w duchowenstwj administrator s mistry a kněžjmi, radami swymi. Bratřjm, kteřjž stáli na Nowé léto w Praze, obywagjcym w Mladem Boleslawi.*

Pavel hat den Dankesbrief der Brüder [Nr. 271] erhalten. Er zweifelt jedoch an deren Aufrichtigkeit, da diese jüngst in einem Schreiben an alle Stände [des Königreichs Böhmen] den verleumderischen Vorwurf [gegen die utraquistische Kirchenleitung] erhoben haben, diese trachte den Brüdern nach dem Leben [„Verteidigungsschrift an die böhmischen Stände" (1503), vgl. zu Nr. 263].

Die Brüder bitten um ein Gespräch im kleinen Kreis. An sich stünde dem nichts entgegen. Allerdings haben die Brüder ein in vielen Punkten unaufrichtiges Glaubensbekenntnis an den Landesherrn gerichtet [„Bekenntnis an König Wladislaw II." (1503), vgl. zu Nr. 263]. Wohl aufgrund dieses Glaubensbekenntnisses hat der König die Bestimmungen seines ersten Mandats gegen die Brüder [vom 5. Juli 1503, Nr. 264] in Befehlen an die königlichen Städte [vom 18. Dezember 1503, Nr. 268] und die utraquistische Geistlichkeit [vom 20. Dezember 1503, Nr. 267] noch verschärft. Die utraquistische Kirchenleitung kann den Brüdern nicht gegen den Willen des Königs ein freundschaftliches Gespräch gewähren, sondern nur die auf dem Landtag von Ende September 1503 vereinbarte [und nach dem Scheitern der Verhandlung am 1. Januar 1504 noch ausstehende] Verhandlung. Mit [Peter Zwiřetický von Wartenberg] auf Neubydžow ist bereits vereinbart worden, einen Zeitpunkt festzulegen, zu dem die Brüder abermals in Prag erscheinen sollen [vgl. Nr. 277].

Nr. 274 VI 21r–22v

[Bruder Lukáš aus Prag:] Brief an den utraquistischen Administrator [Pavel aus Saaz] und die utraquistische Kirchenleitung in Prag, Jung-Bunzlau, [nach 9. Januar 1504]

Antwort auf Nr. 273. Der Brief steht in einem engen Zusammenhang mit Nr. 271 und 272, daher ist anzunehmen, dass auch in diesem Fall Lukáš der Verfasser war.

Überlieferung außerhalb der AUF: –

Edition: Handschriftliche deutsche Übersetzung von Joseph Theodor Müller: Herrnhut, Unitätsarchiv der Evangelischen Brüder-Unität, Sign. AB.II.R.1.1a/3, Zweiter Teil, 25–28.

Literatur: Пальмов (Hg.): Чешские братья, Bd. 1/1 [1904], 201; Müller: Geschichte und Inhalt [1913], 217, Nr. 10; Müller: Geschichte, Bd. 1 [1922], 322, 556f., 567, Nr. 129c, 599, Nr. 116d; Janoušek, E.: Konfese [1923], 28–31; Müller/Bartoš: Dějiny, Bd. 1 [1923], 346, Nr. 129c; Molnár: Boleslavští bratří [1952], 66.

Druhý list od bratřj k mistrom, na gegich psánj odpowěd [„Der zweite Brief von den Brüdern an die Magister, Antwort auf ihr Schreiben"]. Inc.: *Hoyněyssj oswjcenj w prawdách spasytedlnych [...]*. Expl.: *[...] než sebe y wás Pánu Bohu poručyti.*

Die Brüder wünschen dem utraquistischen Administrator [Pavel aus Saaz] reichlichere Erkenntnis der heilsnotwendigen Wahrheiten. Sie haben seiner Antwort [Nr. 273] auf ihren Brief [Nr. 271] entnommen, dass er über die Ende September 1503 vereinbarte Zusammenkunft hinaus nicht zu Gesprächen mit den Brüdern bereit ist.

Das vom Administrator erwähnte Schreiben an alle Stände [des Königreichs Böhmen], in dem Vorwürfe gegen die Utraquisten erhoben werden [„Verteidigungsschrift an die böhmischen Stände" (1503), vgl. zu Nr. 263], stammt zwar tatsächlich von den Brüdern, wurde aber vor dem 28. September [1503] gegen den Willen der Unitätsleitung in Umlauf gebracht. Anlass zu diesem Schreiben waren die Verhandlungen der Utraquisten mit den Katholiken und die wiederholten Gesandtschaften nach Ofen an den König, bei dem sich die Vertreter der Utraquisten für eine Verfolgung der Brüder aussprachen. Dies beweisen die Artikel, die die Utraquisten damals nach Ofen gesandt haben [Nr. 263].

In der Folge wurde überall in Böhmen und Mähren gegen die Brüder gepredigt. Das Volk wurde gegen sie aufgehetzt, sie wurden übel verleumdet, sie seien schlimmer als das Vieh, als die Juden, als die Heiden, ja als die Teufel (*že gsme horssj než howada, než židé, než pohané a než čerti*). Mit dem besagten Schreiben wollten die

Brüder nicht nur sich selbst verteidigen, sondern auch die Utraquisten vor der Gefahr warnen, die diesen von Seiten der Katholiken droht. Um diese Gefahr besser zu erkennen, sollte [Pavel] mit den Brüdern sprechen, sofern es ihm wirklich darum geht, die Brüder zu bekehren (*bysste nasseho naprawenj podlé zakona Božjho hledali*). Sie sind harmlose und einfältige Leute und wohnen auch nicht in fernen Ländern (*lidé s mocy swěta negsme, ani sme gj k zpráwě ani k obráně swe přiyali active, ani s maudrosti včenj pohanskeho, ani w cyzych dalekych zemj[ch] od was obydle máme*).

Was das Bekenntnis betrifft, das die Brüder an den König gerichtet haben (*listu kralowské milosti psaném*) [„Bekenntnis an König Wladislaw II." (1503), vgl. zu Nr. 263]: Nicht dieses Bekenntnis, sondern die wiederholten Eingaben der Utraquisten bewogen den König, die Verfolgung der Brüder zu verschärfen. Es trifft auch nicht zu, dass die Brüder in dem Bekenntnis ihre Ansichten irreführend dargestellt haben. Allerdings hielten sie es für richtig, dem König nur eine kurze Fassung ihrer Glaubenslehre zuzuschicken.

Sie hatten für den König auch eine umfangreichere Schrift verfasst, die eine ausführlichere Darstellung ihrer Glaubenslehre sowie eine Darlegung der Gründe ihrer Absonderung [von der katholischen und der utraquistischen Kirche] enthält (*obssirněgi y s přjčynami odděleni nasseho*) [„Verteidigungsschrift in fünf Teilen" (1503), Nr. 68, vgl. zu Nr. 263]. Diese Schrift wollten sie dem vielbeschäftigten König wegen ihrer Länge (*pro zaneprazdněnj a dlauhost*) nicht unverlangt zusenden, sondern nur, wenn dieser es ausdrücklich wünscht. Dieses Verfahren ist keineswegs unaufrichtig. Man darf zwar niemals Glaubenswahrheiten verleugnen, laut der Heiligen Schrift ist es aber zuweilen angebracht, sich mit ausführlichen Erklärungen zurückzuhalten (*neb někde ač nedopausstěgi pjsma swatá některym čysté prawdy smysla wyprawowati, wssak wždy bránj zapjrati*). Damit der Administrator sich ein eigenes Urteil bilden kann, senden sie ihm die umfangreiche Schrift zu (*to sepsanj včyněné králi, ge[ho mil]o[s]ti, obssjrněyssi s duowody w mnohych kusych swětleyssj w smyslu*).

Die Brüder sind gern bereit, Belehrung anzunehmen, wenn sie irrige Auffassungen vertreten. Allerdings können in den Punkten, in denen Utraquisten und Brüder uneins sind, sehr wohl auch die Utraquisten irren, zumal bei von Menschen erdachten Lehrmeinungen, die [nicht auf die Urgemeinde zurückgehen, sondern] erst später in der Kirche aufgekommen sind (*a to při smyslu zwlasť od pauhych lidj potomnj cyrkwe posslým*).

Die Brüder können nicht erkennen, dass sie von den Utraquisten zu Recht als Ketzer verurteilt werden. Die Brüder halten die im Apostolischen Glaubensbekenntnis enthaltenen (*při wjře obecné křesťanske*) Glaubenswahrheiten für heilsnotwendig. Was die Auslegung dieser Glaubenswahrheiten betrifft, die Heilsordnung und die Sakramente (*při smyslu spasenj při nj a při pořádku prawd gegjch a při vmysle služebnosti Páně*), bestehen zwischen ihnen und den Utraquisten jedoch erhebliche Unterschiede.

Die Brüder würden über diese Dinge gern ein Gespräch mit wenigen Teilnehmern führen. Auch wenn ihnen eine solche Zusammenkunft nicht gewährt wird, bitten sie um Antwort.

Nr. 275   VI 23r

Pavel aus Saaz: Brief an die Ältesten und Brüder in Jung-Bunzlau, Prag, 5. März 1504

Antwort auf Nr. 274.

Überlieferung außerhalb der AUF: –

Edition: Handschriftliche deutsche Übersetzung von Joseph Theodor Müller: Herrnhut, Unitätsarchiv der Evangelischen Brüder-Unität, Sign. AB.II.R.1.1a/3, Zweiter Teil, 28f.

Literatur: Пальмов (Hg.): Чешские братья, Bd. 1/1 [1904], 201; Müller: Geschichte und Inhalt [1913], 217, Nr. 10; Müller: Geschichte, Bd. 1 [1922], 599, Nr. 116e.

Psanj mistruow pražských a kněžj pod obogj včyněne a bratřjm odeslane [„Ein Schreiben, von den Prager Magistern und utraquistischen Priestern getan und an die Brüder abgeschickt"]. Inc.: *Mistr Pawel z Žatče, w duchownstwj administrator, s mistry a s kněžjmi auřadu duchownjho, starssjm z bratřj y wssem spolu w Mladem Boleslawi [...]*. Expl.: *[...] ale k němu se hlásyte. Ex Praga f[eria] III post translacionem sancti Venceslai, annorum 1504.*

Pavel aus Saaz lädt die Brüder nach Absprache mit dem Ausschuss des utraquistischen Adels zu einem Gespräch am 16. April 1505 nach Prag vor. Die Brüder können dazu Delegierte aus Böhmen und Mähren bestimmen, die sich durch eine schriftliche Vollmacht ausweisen müssen. Gemäß der Vereinbarung vom 30. September 1503 sind die Brüder verpflichtet, Belehrung aufgrund der Bibel, der Kirchenväter und aus den Schriften derjenigen Theologen, die auf der Bibel gegründet sind (*zákonem Božjm, prwotnj cyrkwj swatau y včyteli těmi, kteřjž se prawě zakladagj w zakoně Páně*), anzunehmen.

[Randbemerkung aus brüderischer Perspektive:] Sie setzen sich zu Richtern ein, obgleich sie Partei sind und sich selbst keinem Urteil unterwerfen wollen, dazu vergleiche den ersten Brief [Nr. 273].

Nr. 276 VI 23v–24r

[Bruder Lukáš aus Prag:] Brief der Brüderältesten in Jung-Bunzlau an den utraquistischen Administrator [Pavel aus Saaz] und die utraquistische Kirchenleitung in Prag, Jung-Bunzlau, [nach 5. März und vor 7. April] 1504

Antwort auf Nr. 275. Auch dieses Schreiben ist wie Nr. 271, 272 und 274 wohl von Lukáš aus Prag formuliert worden. Die Brüderunität versuchte zunächst, durch ein Rundschreiben an die Unitätsgemeinden in Böhmen und Mähren eine Delegation zusammenzustellen (Nr. 296). Da dieser Versuch jedoch erfolglos blieb, zog sich der für den nördlichen Teil Böhmens zuständige Brüderbischof in seiner abschlägigen Antwort an den utraquistischen Administrator auf das Argument zurück, er könne nur im Namen der örtlichen Unitätsgemeinde in Jung-Bunzlau, nicht aber der gesamten Brüderunität antworten. Aufgrund der Datumsangabe „in der Fastenzeit" muss das Schreiben vor dem Osterfest, das 1504 auf den 7. April fiel, entstanden sein.

Überlieferung außerhalb der AUF: –

Edition: Handschriftliche deutsche Übersetzung von Joseph Theodor Müller: Herrnhut, Unitätsarchiv der Evangelischen Brüder-Unität, Sign. AB.II.R.1.1a/3, Zweiter Teil, 29f.

Literatur: Пальмов (Hg.): Чешские братья, Bd. 1/1 [1904], 201; Müller: Geschichte und Inhalt [1913], 217, Nr. 10; Müller: Geschichte, Bd. 1 [1922], 333, 567, Nr. 129d, 599, Nr. 116f.; Müller/Bartoš: Dějiny, Bd. 1 [1923], 346, Nr. 129d; Molnár: Boleslavští bratří [1952], 66.

Odpowěd mistruom od bratřj na gegich psanj obsylagjcy ge včyněná [„Die Antwort, die den Magistern von den Brüdern auf ihr Schreiben, mit dem sie sie vorladen, getan wurde"]. Inc.: *Poctiwému panu administratorowi a kněžjm vřadu duchownjho etc. Žádost násse vstawičná spasytedlneho dobreho [...]*. Expl.: *[...] to wás tagno nebude. Dán z Boleslawě Mladého leta Páně 1504. w půstě. Starssj zboru w Boleslawi shromážděného.*

Die Brüder und Ältesten in Jung-Bunzlau haben ein Schreiben des utraquistischen Administrators [Nr. 275] erhalten, das ihnen [nicht durch einen ordentlichen Boten, sondern] durch eine Frau überbracht wurde, die sagte, sie kenne den Absender nicht. Die Brüder sind zwar stets bereit, Rechenschaft von ihrem Glauben zu geben (1 Petr 3,15), können aber der Vorladung [zum 16. April 1504 nach Prag, Nr. 275] zu dem beim böhmischen Landtag vom 30. September 1503 vereinbarten Gespräch aus drei Gründen nicht nachkommen.

Erstens sind die Brüder und Ältesten der Jung-Bunzlauer Unitätsgemeinde nicht bevollmächtigt, Delegierte der ganzen Brüderunität zu entsenden. Die Vertreter der Brüder, die [zum 1. Januar 1504] nach Prag entsandt wurden, waren nicht von der Unität beauftragt, sondern waren von ihren Grundherren zum Erscheinen verpflichtet worden.

Zweitens leben die Angehörigen der Brüderunität in Böhmen und Mähren nicht nur auf den Grundherrschaften utraquistischer Grundherren, sondern auch auf den Gütern von Katholiken. Da die vereinbarte Unterredung nicht von einem allgemeinen Landtag beschlossen wurde, können diejenigen Brüder, die Untertanen von Katholiken sind, nicht ohne Weiteres daran teilnehmen.

Drittens ist der Zeitpunkt zu kurzfristig, als dass die über nahezu ganz Böhmen und Mähren verstreute Unität bis dahin eine Delegation abfertigen könnte. Wenn ihnen jedoch ein passenderer Termin vorgeschlagen würde, könnten die Jung-Bunzlauer Ältesten dieses Anliegen den übrigen Ältesten der Unität in Böhmen vortragen und aufgrund eines einmütigen Beschlusses (*z gednostagné wůle*) Antwort geben.

Nr. 277　　　　　　　　　　　　　　　　　　　　　　　　　　VI 24v–26r

[Johann II. Kostka von Postupitz:] Brief an [Bohuš II. Kostka von Postupitz in Leitomischl], Prag, 3. Januar 1504

Der Verfasser schreibt an seinen Bruder, einen der drei Grundherren, die Vertreter der Brüderunität zum 1. Januar 1504 in Prag „stellten". Der im Text erwähnte Václav Záruba von Hustířany (vgl. Nr. 256) stand laut Nr. 270 als Hauptmann im Dienst des Bohuš II. Kostka von Postupitz in Leitomischl. Demnach ist Bohuš der Adressat und dessen jüngerer Bruder Johann II. der Verfasser.

Bei dem im Text erwähnten Adeligen namens „Sspedle" handelt es sich um Johann den Jüngeren Špetle von Prudnitz und Janowitz, der dem ständischen Ausschuss angehörte, der am 1. Januar 1504 die Verhandlung vor dem utraquistischen Konsistorium beaufsichtigen sollte (Tomek: Dějepis, Bd. 10 [1894], 199). Auf seiner Grundherrschaft Nachod schützte und förderte Špetle die Brüderunität (vgl. Nr. 232).

Das Verhältnis des Verfassers, Johann II. Kostka von Postupitz, zur Brüderunität verschlechterte sich in den letzten Monaten vor seinem Tod (1509). Damals sah er sich genötigt, auf der Herrschaft Leitomischl, die er 1505 nach dem Tod des Bohuš übernommen hatte, die im St. Jakobsmandat vom 10. August 1508 angeordneten

Maßnahmen gegen die Brüder durchzuführen (vgl. zu Nr. 70). Im vorliegenden Text und in dem Schreiben an den Seifensieder Filip aus Leitomischl (Nr. 283) erscheint er dagegen noch als Sympathisant, ja Glaubensgenosse der Brüder.

Überlieferung außerhalb der AUF: –

Edition: Handschriftliche deutsche Übersetzung von Joseph Theodor Müller: Herrnhut, Unitätsarchiv der Evangelischen Brüder-Unität, Sign. AB.II.R.1.1a/3, Zweiter Teil, 30–32.

Literatur: Пальмов (Hg.): Чешские братья, Bd. 1/1 [1904], 201; Müller: Geschichte und Inhalt [1913], 217, Nr. 11; Müller: Geschichte, Bd. 1 [1922], 598, Nr. 115; Molnár: Boleslavští bratří [1952], 61–63.

W tomto listu zpráwa se toho činj, čjm se rozesslo, že bratřj w Praze postaweni gsauc s mistry mluwenj sau neměli etc. To postawenj gich bylo na Nowé leto 1504 [„In diesem Brief wird berichtet, wie es sich zutrug, dass die in Prag gestellten Brüder keine Unterredung mit den Magistern hatten usw. Diese ihre Stellung geschah an Neujahr 1504"]. Inc.: *Vrozený pane, pane bratře můg milý [...]*. Expl.: *[...] než wostatek wás Adam Kamenický zprawj. Datum w Praze w středu před Božjm křtěnjm anno Domini 1504.*

[Johann II. Kostka von Postupitz] vermutet, dass sein Bruder (*vrozený pane, pane bratře můg milý*) [Bohuš II. Kostka von Postupitz] bereits von [Johann dem Jüngeren] Špetle [von Pruditz] (*od pána Sspedle*) und von den Brüdern erfahren hat, mit welchem Bescheid die Brüder aus Prag entlassen wurden. Der Verfasser sowie [der Hauptmann Václav] Záruba und Adam Kamenický werden [Bohuš] mündlich berichten, welchen Anteil jeweils der Ausschuss des utraquistischen Adels, die utraquistische Kirchenleitung und die Prager Stadträte (*páni, páni rytjřstwo, páni mistři y páni Pražanê*) am Scheitern der Zusammenkunft hatten.

Noch vor der Ankunft der Herren [Nikolaus II.] Trčka [von Leipa auf Lichtenburg] und [Burian] Trčka [von Leipa auf Lipnitz] am 1. Januar 1504 hatte der Hofrichter [des Königreichs Böhmen, Zikmund Chmelický] verboten, die Anhörung der Brüder (*slyssenj bratřj*) abzuhalten, bevor die Prager Stadträte den königlichen Befehl [vom 18. Dezember 1503, Nr. 268] gehört haben. Um sowohl dem königlichen Befehl als auch der Vereinbarung [vom 30. September 1503] nachzukommen, wurde von den Prager Stadträten, den Vertretern der utraquistischen Kirchenleitung und den Vertretern des Adels beschlossen, die Verhandlung zu vertagen und die Brüder zu entlassen.

Am 2. Januar 1504 wurde auf allen Rathäusern der Prager Städte der königliche Befehl [Nr. 268] verlesen. Die Vertreter der Prager Städte wiesen den Vorwurf, sie hätten Schutzbündnisse mit Angehörigen des Herrenstandes geschlossen, zurück.

Sie bekräftigten aber ihre Absicht, ihre Zusagen [die Vereinbarung vom 30. September 1503 über eine Anhörung von Angehörigen der Brüderunität] einzuhalten. Zugleich versicherten sie, dem Mandat gegen die Brüderunität (*artykul, kterýž mluwen o pikhartech*) nachzukommen. Die Herren Trčka und der Hofrichter waren über diese Antworten sehr verärgert.

Gleich nach der Verlesung des königlichen Befehls suchten die Magister den Hochadeligen Peter [Zwiřetický von Wartenberg] auf Neubydžow in dessen Stadthaus [in der Prager Altstadt] auf und baten ihn, er möge sich bei dem Adressaten dafür einsetzen, einen neuen Termin anzuberaumen, an dem die Brüder zu einem freundlichen Gespräch mit der utraquistischen Kirchenleitung unter Zusicherung freien Geleits nach Prag gesandt werden können. Namentlich Magister Martin [aus Wlašim, Pfarrer an der Teynkirche] war eifrig um ein Gespräch mit den Brüdern, auch in kleinem Kreis, bemüht.

Eigenartig war, dass der Hofrichter öffentlich der Behauptung des [Nikolaus II.] Trčka [von Leipa] widersprach, wonach der König befohlen habe, die Brüder vor allen Prager Stadträten zu verhören [vermutlich verfolgte Trčka die Absicht, einen Ketzerprozess herbeizuführen]. Andererseits trug der Hofrichter am Tag darauf [Mittwoch, den 3. Januar 1504,] eine Art Glaubensbekenntnis [Nr. 278] des bereits am frühen Morgen abgereisten Trčka vor, in welchem von dessen vorbildlicher Frömmigkeit die Rede war. Dieser sei nicht, wie gewisse andere Adelige [gemeint sind Wilhelm der Jüngere von Pernstein, Johann von Schellenberg und der Adressat, Bohuš II. Kostka von Postupitz], mal Katholik, mal Pikarde, mal Utraquist, sondern beständig in seinem [utraquistischen] Glauben.

Wenn [Bohuš II. Kostka von Postupitz] herausfinden will, was der König wirklich befohlen hat, soll er umgehend in Ofen nachfragen lassen. Auf diese Weise könnte er sich auch an Trčka rächen (*cthtěli-li bysste přátelstwjm týmž pánu se zasse, t[otiž] pánu Trčkowi, odplatiti*) [und zwar für die Kränkung, die darin besteht, dass Trčka das im Auftrag des Adressaten angesetzte Gespräch zwischen den Brüdern und den Magistern vereitelte und ihn der Unbeständigkeit im Glauben beschuldigte].

Eigenartig war ferner – darauf wies Magister Jakub [Pacovský, Pfarrer an St. Gallus in der Prager Altstadt,] den Verfasser noch nach Beendigung des vorliegenden Berichts hin –, dass in dem Brief des Königs nicht ausdrücklich erwähnt war, dass Trčka eine mündliche Botschaft des Landesherrn überbringen würde. Sonst ist es üblich, dass die Überbringer mündlicher Botschaften in königlichen Befehlen namentlich genannt werden.

Um diese Dinge in Erfahrung zu bringen, ist [Johann II. Kostka von Postupitz] nach der Abreise fast aller anderen [von seinem Bruder Bohuš II. Kostka von Postupitz nach Prag gesandten Personen] in Prag geblieben. Adam Kamenický wird [mündlich] noch mehr berichten.

Nr. 278 VI 26v–28r

Bericht über die von Zikmund Chmelický vorgetragene Rede des Nikolaus II. Trčka von Leipa auf Lichtenburg in Prag am 3. Januar 1504; Beschluss der utraquistischen Stände des Königreichs Böhmen über Maßnahmen gegen die Brüderunität, [Prag, 30. September 1503]

Der anscheinend unmittelbar nach den berichteten Ereignissen entstandene, ohne Verfasserangabe überlieferte Bericht ist offenbar eine Beilage zu dem Brief des Johann II. Kostka von Postupitz an seinen Bruder Bohuš II. (Nr. 277). Der Verfasser richtete freimütig deutliche Worte an die Prager Stadträte und verkehrte auf gleicher Ebene mit dem Hochadeligen Peter Zwiřetický von Wartenberg, und gehörte demnach selbst dem Herrenstand an. Das spricht dafür, dass es sich bei dem Verfasser wiederum um Johann II. Kostka von Postupitz handeln könnte.

Nachdem sein Vorhaben, die Brüderdelegation bei einer öffentlichen Verhandlung am 2. Januar 1504 festnehmen zu lassen, vereitelt worden war, reiste Nikolaus II. Trčka von Leipa auf Lichtenburg am Morgen des 3. Januar aus Prag ab. An seiner Stelle verlas Zikmund Chmelický, Hofrichter der königlichen Städte, am selben Tag vor den Prager Stadträten eine Erklärung. In ihr drückte sich neben Trčkas religiösem Eifer für die Sache des Utraquismus auch dessen Feindseligkeit gegen den Herrenstand aus, denn er selbst war zwar einer der größten Grundbesitzer in Böhmen, gehörte aber nur dem weniger angesehenen Ritterstand an.

Trčka war bekannt als eifriger Gegner der Brüder. 1503 war es zu einem Streitgespräch zwischen ihm und Vavřinec Krasonický im Haus der Martha von Boskowitz (vgl. zu Nr. 280) in Leitomischl gekommen. Krasonický verfasste gegen Trčkas Vorwürfe eine Rechtfertigungsschrift, *Psaní bratra Vavřince Krasonického, v němž se očišťuje od nářku křivého, jímž nařčen byl od pana Mikuláše Trčky u panny Marty v Litomyšli 1503* („Schreiben des Bruders Vavřinec Krasonický, worin er sich gegen die üble Nachrede verteidigt, mit der er von Herrn Nikolaus Trčka bei der Jungfrau Martha in Leitomischl verleumdet wurde", Praha, Knihovna Národního muzea, Sign. IV H 8, Teil III, 183r–193r).

An das vorliegende Dokument ist ein „Beschluss über die Pikarden" angehängt, der von dem in die böhmischen Landtagsakten eingetragenen Wortlaut der Beschlüsse vom 30. September 1503 (Palacký [Hg.]: Archiv český, Bd. 6 [1872], 284–288) leicht abweicht.

Überlieferung außerhalb der AUF: –

Edition: Handschriftliche deutsche Übersetzung von Joseph Theodor Müller: Herrnhut, Unitätsarchiv der Evangelischen Brüder-Unität, Sign. AB.II.R.1.1a/3, Zweiter Teil, 33f.

Literatur: Пальмов (Hg.): Чешские братья, Bd. 1/1 [1904], 201; Müller: Geschichte und Inhalt [1913], 217, Nr. 12; Müller: Geschichte, Bd. 1 [1922], 331, 333, 598, Nr. 113; Müller/Bartoš: Dějiny, Bd. 1 [1923], 215f.; Dobiáš, J.: Dějiny, Bd. 2/1 [1936], 157–227 (zu Nikolaus II. Trčka von Leipa).

Tato pak řeč byla gest včiněna od pana Trčky skrze Chmelického k Pražanom nazegtřj po wykonanj poselstwj uts[upra] [„Die folgende Rede wurde von Herrn Trčka getan durch den Chmelický an die Prager am Tag nach Ausrichtung seiner Botenreise"]. Inc.: *Pán, geho milost, ráčil wám rozkázati [...].* Expl.: *[...] anebo lidmi wěrnými a ne pikharty magj se osaditi.*

[Der Verfasser berichtet dem Adressaten: Zikmund] Chmelický richtete den Prager Stadträten Folgendes im Namen des Nikolaus [II.] Trčka [von Leipa] aus: Trčka hat erfahren, dass einige der am Vortag anwesenden Adeligen über ihn gespottet haben, er richte seinen Auftrag aus, als sei er ein Ratgeber in Glaubensfragen (*kterak bychom gsauce raditelé wjry*). Trčka erklärt dazu, er richte nur aus, was ihm der König aufgetragen hat. Ferner haben sie über ihn gesagt, er sei wetterwendisch in Glaubensdingen (*že by on wrtlákem při wjře byl*). Dagegen erklärt Trčka, er habe sich nie mit den Pikarden gemein gemacht [eine Anspielung auf Johann von Schellenberg und Bohuš II. Kostka von Postupitz] und sei überdies nie [vom Utraquismus] zum Katholizismus übergetreten [eine Anspielung auf Wilhelm von Pernstein]. Vielmehr ist sein, Trčkas, Glaube geläutert wie das Gold im Feuer (Spr 17,3; 1 Petr 1,7), er hat für den [utraquistischen] Glauben im Krieg sein Leben riskiert und ist mit seiner gesamten Familie seinem Bekenntnis treu geblieben. Er wird dabei bleiben, auch wenn es ihn sein Leben kostet.

Die Prager Stadträte antworteten darauf: Sie zweifeln nicht an Trčkas Glauben, ihnen ist aber auch nicht bewusst, dass die am Vortag anwesenden Adeligen etwas gegen ihn gesagt hätten. Die Prager betrachten sowohl Trčka als auch die besagten Adeligen als ihre guten Freunde.

Chmelický äußerte seinen Ärger darüber, dass man die Pikarden bei dieser Gelegenheit nicht hingerichtet hatte (*že s těmi pikharty na tento čas konec nenj včiněn*). Die Prager Stadträte [die gegenüber Johann von Schellenberg, Wilhelm dem Jüngeren von Pernstein und Bohuš II. Kostka von Postupitz in der Pflicht standen, dass deren brüderische Untertanen unbeschadet aus Prag zurückkehren] antworteten darauf ausweichend: Chmelický selbst trägt die Verantwortung [für die Abreise der Vertreter der Brüderunität], da er darauf bestand, zuerst die Prager Stadträte zur Bekanntgabe des königlichen Befehls (*list [...] králowský, který geho milost panu podkomořjmu, panu Trčkowi y wám, psáti ráčil*) zusammenzurufen, bevor die Pikarden verhört werden, und so eine Verzögerung herbeiführte. Als Chmelický das leugnen wollte, ermahnte ihn Magister Jan [Pašek, der Kanzler der Prager Altstadt], dass der tatsächliche Ablauf der Ereignisse des Vortags den anwesenden Stadträten sehr wohl im Gedächtnis sei.

Als der Berichterstatter dem Peter [Zwiřetický von Wartenberg auf Neubydžow, der sich als Mitglied des für die Verhandlung mit den Brüdern berufenen ständischen Ausschusses in Prag aufhielt,] mitteilte, was Chmelický im Auftrag Trčkas gesagt hatte, verlangte [Wartenberg] vom Stadtrat ein Gedächtnisprotokoll der Rede, das ihm verweigert wurde. Daraufhin wies der Berichterstatter in einer Rede an den Stadtrat die ehrverletzenden Vorwürfe Trčkas und Chmelickýs gegen Angehörige des Herrenstandes entschieden zurück und drohte mit einem gerichtlichen Nachspiel.

Beschluss über die Pikarden

Der [auf dem böhmischen Landtag vom 30. September 1503] gefasste Beschluss [der utraquistischen Stände] über die Pikarden beinhaltete: Die utraquistischen Herren, Ritter und Städte dulden in ihren Amtsbereichen keine Gemeinden (*zborůw*) und gottesdienstlichen Versammlungen [der Brüderunität] und gestatten deren Priestern, gleichgültig, ob sie eine Priesterweihe in römischer Sukzession besitzen oder von ihren eigenen [Bischöfen ordiniert wurden], keinerlei Amtshandlungen. Dieser Beschluss soll ein Jahr lang bis zum 28. September [1504] gelten. Wo die Brüder Kirchengebäude haben (*magj-li kde pikharti gaké kostely*), sollen diese konfisziert und an rechtgläubige Personen zur Nutzung übergeben werden.

Nr. 279   VI 29r–30r

Traktat der Brüder über Gottes machtvolles Wirken in der Geschichte Böhmens, 1506

Der 1506 verfasste kurze Text fasst historische Angaben aus der Verteidigungsschrift des Brüderbischofs Tůma aus Přelauč an Albrecht von Sternberg aus dem Jahr 1502 (Nr. 67) zusammen, auf die am Ende auch ausdrücklich hingewiesen wird. Dies ist zugleich der einzige Hinweis auf einen brüderischen Ursprung. Die Argumentation betont die Gefahr, die den Utraquisten von katholischer Seite droht. Denkbar wäre, dass der Text von Tůma aus Přelauč selbst stammt und an den mit Tůma persönlich bekannten Johann II. Kostka von Postupitz gerichtet war. Dies könnte jedenfalls die Einordnung des kurzen Traktats an dieser Stelle der *Acta Unitatis Fratrum* erklären. Inhaltliche Berührungen liegen auch mit der 1530, also 24 Jahre nach dem vorliegenden Text, entstandenen Schrift des Brüderpriesters Vavřinec Krasonický *O učených* („Über die Gelehrten") vor (Molnár: Českobratrská výchova [1956], 81).

Die Anspielung auf die drei Personen, die durch göttliche Strafe heimgesucht wurden, erlaubt keine eindeutige Identifizierung. Eine dem Topos von den grausamen Todesarten der Christenverfolger (*de mortibus persecutorum*) folgende Erzählung vom Tod des böhmischen Oberstlandrichters Půta Schwihau von Riesenberg am 24. Juli 1504 in der *Historia Fratrum* (Praha, Národní knihovna České republiky, Sign. XVII F 51a, 353f.) berichtet, der berüchtigte Feind der Brüderunität habe sich aus Angst vor einem Gewitter selbst das Leben genommen. Er könnte demnach eine der drei Personen sein, auf die der Verfasser anspielt.

Überlieferung außerhalb der AUF: –

Edition: Handschriftliche deutsche Übersetzung von Joseph Theodor Müller: Herrnhut, Unitätsarchiv der Evangelischen Brüder-Unität, Sign. AB.II.R.1.1a/3, Zweiter Teil, 35f.

Literatur: Пальмов (Hg.): Чешские братья, Bd. 1/1 [1904], 201f.; Müller: Geschichte und Inhalt [1913], 217, Nr. 13; Müller: Geschichte, Bd. 1 [1922], 339 (zu Půta Schwihau von Riesenberg), 599, Nr. 122; Müller/Bartoš: Dějiny, Bd. 1 [1923], 220, 237 (zu Půta Schwihau von Riesenberg).

[Titel laut Inhaltsverzeichnis *1v: *O wjtězstwj prawdy* („Vom Sieg der Wahrheit").] Inc.: *Kdo má vssi k slyssenj [...]*. Expl.: *[...] a co budaucýho pilně pozoruog.*

Niemand möge sich der Wahrheit entgegenstellen, denn sie siegt und ist stärker als Könige, als der Wein und selbst als die Frauen (3 Esr 3,10–12). Einst wird die Wahrheit für alle Menschen erkennbar siegen, aber bereits in der Gegenwart ist sie denen, die aus der Wahrheit sind (Joh 18,37), aufgrund des Wirkens Gottes in der Geschichte erkennbar. Gottes Wirken bezeugte sich besonders in der Geschichte Böhmens. Nachdem in der römischen Kirche ein Schisma eingetreten war und zeitweilig drei Päpste gleichzeitig amtierten, wurde ein Konzil nach Konstanz einberufen, das die drei rivalisierenden Päpste absetzte und einen vierten wählte. Dort wurden [1415] zwei berühmte Männer aus Böhmen, Jan Hus [und Jeroným aus Prag] verbrannt. In Böhmen hatten die Schriften des Doktor John [Wyclif] aus England viele Anhänger gefunden und eine Spaltung hervorgerufen.

Nachdem der Prager Erzbischof Zbynko [Zajíc von Hasenburg], der kaum lesen konnte (*arcybiskup pražský Zbyněk Abeceda*), 1408 [tatsächlich jedoch 1410] die Schriften [des John Wyclif] auf der [Prager] Kleinseite hatte verbrennen lassen, erweckte Gott einige Studenten, die eine Spottprozession gegen den Erzbischof veranstalteten, wobei wundersamerweise niemand gegen das Geschehen einschritt [vgl. Nr. 62 und 312]. Zu dieser Zeit predigte Jan Hus unter großem Zulauf gegen die Missstände und Irrlehren der Kirche, und auch nach seiner Hinrichtung in Konstanz blieb seine Botschaft lebendig und breitete sich umso stärker aus, je mehr man sie zu unterdrücken suchte. Daraus entstanden gewaltsame Auseinandersetzungen, in deren Verlauf viele Klöster und Kirchengüter enteignet wurden.

Unter Kaiser Sigismund, dem jungen König [Ladislaus Postumus], König Georg von Podiebrad und König Wladislaw II. versuchte die römische Kirche mit Krieg,

Bannsprüchen und List, Böhmen wieder unter ihren Gehorsam zu bringen. Dies ist jedoch bis zum gegenwärtigen Jahr 1506 nicht gelungen. Gott hat jetzt die Machenschaften der römischen Kirche vereitelt und zum Erweis dessen drei einflussreiche Personen bestraft, sei es mit Schande, sei es mit [Vermögens]schaden oder gar mit dem Tod (*na třech welikých osobách, že některé hanbau, a některé k tomu sskodau, giné smrtj obdařil*). Gott sei für sein Handeln gelobt. Wer mehr darüber erfahren will, möge die Schrift [des Tůma aus Přelauč] an Albrecht [von Sternberg] auf Holleschau [Nr. 67] lesen und auf die Zeichen der Zeit achten.

Nr. 280   VI 30v–31r

Martha von Boskowitz: Brief an König Wladislaw II. von Böhmen und Ungarn in Ofen, [Leitomischl, November 1507]

Die unverheiratete Martha von Boskowitz, eine Tochter des mährischen Hochadeligen Wenzel Černohorský von Boskowitz, war mit den böhmischen Herren Kostka von Postupitz, den Grundherren von Leitomischl, weitläufig verschwägert. Dort wohnte Martha in einem Haus, das Zdeněk IV. Kostka von Postupitz ihr geschenkt hatte. Sie gehörte spätestens seit 1503 der von Vavřinec Krasonický geleiteten Unitätsgemeinde an. Als Angehörige des Hochadels wurde sie von der Leitung der Brüderunität gebeten, sich direkt beim Landesherrn für die Brüderunität zu verwenden. Anlass des Schreibens an den König waren neue Maßnahmen gegen die Brüderunität, die der böhmische Oberstkanzler Albrecht II. Libštejnský von Kolovrat, der Amtsnachfolger des den Brüdern gewogenen Johann von Schellenberg, am 27. Oktober 1507 veröffentlicht hatte (Palacký [Hg.]: Stařj letopisowé [1829], 284).

Anders als die königlichen Befehle von 1503 richtete sich das neue Mandat nicht nur an die königlichen Städte, sondern auch an den Herren- und Ritterstand. Sämtlichen Obrigkeiten wurde befohlen, die in ihrem Amtsbereich lebenden Brüder zum 27. Dezember 1507 in Prag zu einer Belehrung zu „stellen". Sollten die Brüder und ihre Anhänger, welchen Standes sie auch seien, sich nicht bekehren, sollten sie aus dem Land getrieben werden.

Gegen diesen Befehl erhob ein Angehöriger des Herrenstandes, vermutlich Wilhelm der Jüngere von Pernstein, in einem Schreiben an den König vom 25. November 1507 Protest, da die Strafandrohung gegen Adelige ein Eingriff in die Freiheiten des Herren- und des Ritterstandes sei (Palacký [Hg.]: Archiv český, Bd. 6 [1872], 354f.). Tatsächlich erschienen am 27. Dezember in Prag lediglich drei von Zdeněk Lev von Rosental gesandte Brüder, die noch am selben Tag unbehelligt wieder abreisten (Palacký [Hg.]: Stařj letopisowé [1829], 285).

Angesichts der neuen Verfolgungsmaßnahmen verfassten die Brüder im Herbst 1507 zwei Verteidigungsschriften, die in der Forschungsliteratur beide dem Brüderbischof Lukáš aus Prag zugeschrieben werden. Mit dem vorliegenden Begleitschreiben der Martha von Boskowitz übersandten die Brüder im November 1507 eine an den König gerichtete Verteidigungsschrift, die *Confessio fratrum regi Vladislao ad Ungariam missa*, in zwei Versionen, tschechisch und in lateinischer Übersetzung. Der tschechische Text erschien kurze Zeit später, am 17. Dezember 1507, im Druck (List od bratřij krali Wladislawowi [1507]; Edition nach einer Abschrift vom Anfang des 17. Jahrhunderts in Molnár: Bratří a král [1947], 12–21). Die lateinische Version wurde 1512 von dem Humanisten Jakob Ziegler als Beigabe zu einem gegen die Brüder gerichteten Werk in Druck gegeben (Ziegler [Hg.]: In hoc volvmine [1512], B1r–B3v; Edition in Пальмов [Hg.]: Чешские братья, Bd. 1/2 [1904], 246–254).

Von der an den König gerichteten *Confessio* ist eine „Verteidigungsschrift an die Stände des Königreichs Böhmen" (1507) zu unterscheiden, die dazu bestimmt war, am 27. Dezember 1507 auf dem Altstädter Rathaus in Prag übergeben zu werden (vgl. Nr. 292). Sie erschien im folgenden Jahr in tschechischer Sprache im Druck (Vrozenym panuom [1508]; Edition in Пальмов (Hg.): Чешские братья, Bd. 1/2 [1904], 254–280).

Der König antwortete auf das Schreiben der Martha von Boskowitz am 15. Dezember 1507 mit einer scharfen Zurechtweisung (Nr. 281). Der königliche Sekretär Augustinus Moravus Olomucensis (vgl. Nr. 320), durch dessen Hände die ein- und ausgehende Korrespondenz des Ofener Hofes ging, hatte am Vortag in einem kurzen Schreiben an den König seiner Empörung über die Unverschämtheit der Briefschreiberin freien Lauf gelassen: Diese sei nicht wie die biblische Martha eine Gastgeberin Christi (Lk 10,38), sondern vielmehr ein Flittchen des Teufels (*tabernaria diaboli*). Augustinus ließ diesen Brief und ein weiteres, ebenso gehässig gegen die Brüder polemisierendes Schreiben an Wladislaw II. aus dem Vorjahr (14. November 1506) unter einflussreichen Personen zirkulieren (die beiden Briefe sind gedruckt in Ziegler [Hg.]: In hoc volvmine [1512], D2r–v und D1v–D2r; tschechisch in [Lukáš aus Prag:] Znamo buď wssem [1508]). Auf diese Weise erfuhr auch der böhmische Humanist Bohuslaus Hassenstein von Lobkowitz von dem Schreiben der Martha von Boskowitz an den König. In einem Brief vom 8. April 1508 äußerte Lobkowitz seinen Unmut über „unsere Martha", der es besser anstünde, sich beim Tischdienst und am Spinnrad zu betätigen, als gegen den christlichen Glauben zu pöbeln (*debacchari*) (Truhlář, J. [Hg.]: Listář [1893], 184; Potuček [Hg.]: Epistolae [1946], 112; Martínek/Martínková [Hg.]: Epistulae, Bd. 2 [1980], 144f.).

Die Brüder reagierten noch in den letzten Tagen des Jahres 1507 auf die Angriffe des Augustinus Moravus Olomucensis mit der *Excusatio fratrum Valdensium contra binas litteras doctoris Augustini,* deren tschechische Fassung sie Ende 1508 drucken ließen ([Lukáš aus Prag:] Znamo buď wssem [1508]). Auch dieser Text wird in der Forschungsliteratur Lukáš aus Prag zugeschrieben. Eine lateinische Version der Verteidigungsschrift wurde 1512 von Jakob Ziegler veröffentlicht (Ziegler [Hg.]: In hoc volvmine [1512], D2v–F2r).

Überlieferung außerhalb der AUF: *Historia Fratrum*, Praha, Národní knihovna České republiky, Sign. XVII F 51a, 234–236.

Edition: Gindely: Geschichte, Bd. 1 [1857], 127 (Auszug in Übersetzung); Palacký (Hg.): Archiv český, Bd. 6 [1872], 355f.; Císařová-Kolářová: Žena [1942], 405f.; Čornej (Hg.): Království [1989], 250f. – Handschriftliche deutsche Übersetzung von Joseph Theodor Müller: Herrnhut, Unitätsarchiv der Evangelischen Brüder-Unität, Sign. AB.II.R.1.1a/3, Zweiter Teil, 36.

Literatur: Пальмов (Hg.): Чешские братья, Bd. 1/1 [1904], 202; Müller: Geschichte und Inhalt [1913], 218, Nr. 14; Müller: Geschichte, Bd. 1 [1922], 340–343, 345 (zu der „Stellung" einiger Brüder in Prag am 27. Dezember 1507), 599, Nr. 123; Janoušek, E.: Konfese [1923], 26, 33–35; Müller/Bartoš: Dějiny, Bd. 1 [1923], 222f.; Císařová-Kolářová: Žena [1942], 265–272; Molnár: Bratří a král [1947], 3–5; Molnár: Neznámá obrana [1947]; Molnár: Boleslavští bratří [1952], 59, 68f.; Říčan: Dějiny [1957], 106; Bránský: Čtyři z Boskovic [2008], 6–59 (zu Martha von Boskowitz).

Psanj panny Marty z Bozkowic králi Wladislawowi do Budjna [„Das Schreiben der Jungfrau Martha von Boskowitz an König Wladislaw nach Ofen"]. Inc.: *Nayjasněyssj králi, pane, pane muog milostiwý [...]*. Expl.: *[...] že bysste gich prwnj psánj kázali přeložiti w tu řeč.*

Martha von Boskowitz hat den königlichen Befehl gegen die Brüder gesehen und befürchtet nun, dass der König durch seine Maßnahmen gegen die Brüder den Zorn Gottes auf sich zieht. Martha ist sich keines Fehlverhaltens gegen den König oder gegen andere Leute bewusst, und dennoch soll sie nun mit ihren Glaubensgenossen, die man eine ketzerische Sekte schilt, verurteilt und aus dem Land [Böhmen] vertrieben werden. Sie kann ihre Überzeugungen nicht aufgeben, sofern sie nicht eines Besseren belehrt wird. Der König sollte [die Brüderunität] beschützen und nicht verfolgen.

Martha bittet um Nachsicht, sollte ihr Schreiben töricht sein. Sie versichert, dass allein ihre Liebe und Loyalität gegenüber dem König sie zum Schreiben veranlassen. Die Brüder aus Böhmen haben sie gebeten, mit ihrem Brief auch ein Schreiben der Brüder in zwei Fassungen übergeben zu lassen (*abych [...] dodala y gich psánj dwogjho*), zum einen in tschechischer Sprache, zum anderen in lateinischer Übersetzung. Die Brüder haben die lateinische Übersetzung angefertigt, da sie gehört haben, dass der König bereits ein früheres an ihn gerichtetes Schreiben der Brüder (*gich prwnj psánj*) [„Bekenntnis an König Wladislaw II." (1503), vgl. zu Nr. 263] ins Lateinische übersetzen ließ.

Nr. 281 VI 31r–v

König Wladislaw II. von Böhmen und Ungarn: Brief an Martha von Boskowitz [in Leitomischl], Ofen, 15. Dezember 1507

Antwort auf Nr. 280. Der König behauptet, die „pikardische Ketzerei" sei bei seinem Regierungsantritt in Böhmen im Jahr 1471 noch nicht vorhanden gewesen. In der Wahlkapitulation hatte er sich auf die Basler Kompaktaten, die die Koexistenz von Utraquisten und Katholiken garantierten, und auf die Durchsetzung ihrer Ratifizierung durch die Kurie verpflichtet (Palacký [Hg.]: Archiv český, Bd. 4 [1846], 452). Im Umkehrschluss ergab sich daraus für die Religionspolitik des Landesherrn die Notwendigkeit, alle Entwicklungen, die über den in den Kompaktaten definierten Konfessionsstand hinausgingen, zu unterbinden.

Überlieferung außerhalb der AUF: *Historia Fratrum*, Praha, Národní knihovna České republiky, Sign. XVII F 51a, 237f.

Edition: Gindely: Geschichte, Bd. 1 [1857], 127f. (Auszug in Übersetzung); Palacký (Hg.): Archiv český, Bd. 6 [1872], 356; Císařová-Kolářová: Žena [1942], 406; Čornej (Hg.): Království [1989], 252. – Handschriftliche deutsche Übersetzung von Joseph Theodor Müller: Herrnhut, Unitätsarchiv der Evangelischen Brüder-Unität, Sign. AB.II.R.1.1a/3, Zweiter Teil, 37.

Literatur: Пальмов (Hg.): Чешские братья, Bd. 1/1 [1904], 202; Müller: Geschichte und Inhalt [1913], 218, Nr. 14; Janoušek, E.: Konfese [1923], 26, 33–38; Císařová-Kolářová: Žena [1942], 266; Molnár: Boleslavští bratří [1952], 68f.; Říčan: Dějiny [1957], 106.

Odpowěd králowská na to psánj panně Martě [„Die Antwort des Königs an Jungfrau Martha auf jenes Schreiben"]. Inc.: *Wladislaw, z Božj milosti vherský, český král a markrabě morawský, vrozené Martě z Bozkowic nám milé. Vrozená nám milá, jakož nám o to lotrowstwo pikhartské [...].* Expl.: *[...] také tu wěc slowem nassjm oznámjš. Datum Bude, f[eria] IIII post ffestum sancte Lucie, anno Domini 1507., regnorum autem nostrorum Hungariae 18., Bohemiae vero 37.*

König Wladislaw II. von Böhmen und Ungarn hat das Schreiben erhalten, in dem Martha von Boskowitz seine Maßnahmen gegen die pikardische Verbrecherbande (*lotrowstwo pikhartské*) tadelt. Der König zeigt keineswegs übermäßige Strenge, denn er befiehlt die Bekehrung der Ketzer, obwohl man diese doch aufgrund geistlichen und weltlichen Rechts verbrennen müsste (*dáti vpáliti a zatratiti*). Stattdessen räumt er ihnen die Möglichkeit ein, sich entweder zu den Katholiken oder zu den Utraquisten zu bekehren. Nur diese beiden Religionsparteien hat er vorgefunden, als er König von Böhmen wurde. Die pikardische Ketzerei nahm erst später ihren Anfang.

Martha möge ihren Glaubensgenossen (*spolubratřjm*) mitteilen, dass der König sie als ketzerische Verbrecher (*gako lotry kacýřské*) nicht weiter in seinem Land dulden wird, sofern sie sich nicht dem königlichen Befehl gemäß bekehren.

Nr. 282   VI 32r–34r

Bruder Lukáš aus Prag: Abschiedsbrief an die Gemeinde in Jung-Bunzlau, [Prag, 1. Januar 1504]

Vor der für den Vormittag des 1. Januar 1504 angesetzten Verhandlung vor der utraquistischen Kirchenleitung (vgl. zu Nr. 263 und 270) verfasste Lukáš eine Art geistliches Testament an seine Jung-Bunzlauer Gemeinde für den Fall, dass er mit seinen Reisegefährten unter Bruch der Zusage freien Geleits in einem Ketzerprozess abgeurteilt und hingerichtet würde. In dem von Vavřinec Orlík zwischen 1560 und 1584 kompilierten Totenbuch der brüderischen Priesterschaft ist ein weiterer Text dieser Art, den Lukáš 1528 kurz vor seinem Tod verfasste, erhalten (Fiedler [Hg.]: Todtenbuch [1863], 224–226).

Die Abschrift des Abschiedsbriefes weist in der Handschrift AUF VI 32r–34r zahlreiche Korrekturen und Einschübe am Rand auf. Da diese Marginalien über die übliche Korrektur von Schreibfehlern weit hinausgehen, ist zu vermuten, dass die Abschrift mit einem Textzeugen kollationiert wurde, der bessere Lesarten aufwies als die vom Kopisten verwendete Vorlage.

Überlieferung außerhalb der AUF: *Historia Fratrum*, Praha, Národní knihovna České republiky, Sign. XVII F 51a, 137–149.

Edition: Molnár: Bratr Lukáš [1948], 133–140. – Handschriftliche deutsche Übersetzung von Joseph Theodor Müller: Herrnhut, Unitätsarchiv der Evangelischen Brüder-Unität, Sign. AB.II.R.1.1a/3, Zweiter Teil, 37–41.

Literatur: Jungmann: Historie literatury [1849], 102, Nr. III.743a (mit falscher Datierung 1503); Gindely: Bratr Lukáš [1861], 279f., Nr. 13; Пальмов (Hg.): Чешские братья, Bd. 1/1 [1904], 202; Müller: Geschichte und Inhalt [1913], 218, Nr. 15; Müller: Geschichte, Bd. 1 [1922], 328, 567, Nr. 127, 598, Nr. 112; Müller/Bartoš: Dějiny, Bd. 1 [1923], 346, Nr. 127; Molnár: Boleslavští bratří [1952], 64f.; Říčan: Dějiny [1957], 104f.

List bratra Lukásse, kterýž napsal bratřjm boleslawským, když w Praze s bratrem Wawřincem a ginymi bratřjmi stati před mistry měli, newěda, wrátj-li se odtud zase, čyli tam konec a smrt pro wjru wezme y s ginymi, protož gjm toto mjsto rozžehnanj pjsse

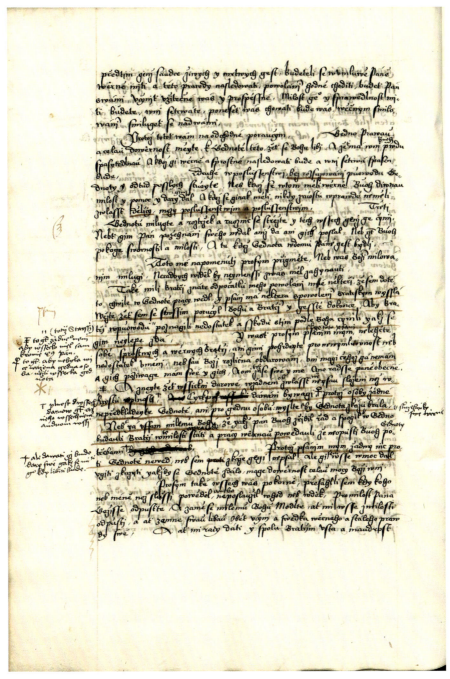

Die Abschrift des Abschiedsbriefs (Nr. 282, AUF VI 33v), den der Brüderbischof Lukáš aus Prag am 1. Januar 1504 an seine Gemeinde in Jung-Bunzlau richtete, beruhte auf einer gekürzten oder unvollständigen Vorlage. Nachträglich wurde die Abschrift mit einem anderen Textzeugen verglichen, der zahlreiche Varianten und Textüberschüsse aufwies.

[„Der Brief des Bruders Lukáš, den er an die Brüder in Jung-Bunzlau schrieb, als er sich in Prag mit Bruder Vavřinec (Krasonický) und anderen Brüdern vor den Magistern stellen sollte, ohne zu wissen, ob er von dort wieder zurückkehren würde oder ob ihn mitsamt den übrigen dort das Ende und der Tod um des Glaubens willen erwartet, darum schrieb er ihnen dies anstelle einer Verabschiedung"]. Inc.: *Bratřj milj, známo wám čynjm [...]*. Expl.: *[...] we wsselikem požehnánj duchownjm w Krystu k sláwě wěčné. Amen. Leta Páně 1504. při Nowém letě.*

Als Lukáš sich von seiner Gemeinde in Jung-Bunzlau verabschiedete und nach Prag aufbrach, konnte er nicht ausführlich das Wort an sie richten. Er holt dies nun schriftlich nach. Er bekennt, dass er ohne eigenes Verdienst und allein aus Gnade von Gott zur Teilhabe an der seligmachenden Wahrheit und zum Dienst als Brüderpriester berufen wurde. Seinen Dienst hat er, trotz seiner Unzulänglichkeit, verrichtet, indem er stets lehrte, dass man Gnade und Gerechtigkeit allein durch den als Geschenk empfangenen Glauben erlangen kann (*vče wás, skrze co máte milosti a sprawedlnosti, že skrze wjru darem danau, docházeti*). Er lehrte ferner, dass das Geschenk der Gnade erkennbar sei an zweierlei Veränderung im Leben der Gläubigen, an der innerlichen Erneuerung des Willens (*po wnitřnjm naprawenj wuole*) und an dem äußerlichen tugendhaften Wandel (*po zewnitřnjm obcowánj ctnostnem*). Die Gläubigen sollen fromm, zuchtvoll, ehrerbietig und liebevoll gegenüber ihrem Nächsten, treu und gehorsam gegenüber der Gemeinde und ihren Vorstehern sein und sich als Eheleute und Eltern vorbildlich verhalten. Hoffnung auf das Heil (*naděgi milosti Božj*), welches allein auf Gottes gnädigen Verheißungen (*z samých slibuow Božjch milostiwych*) beruht, gewähren erstens die Gabe des lebendigen Glaubens (*dar wjry žiwé*) und zweitens die von gläubigen Vorstehern [den Brüderpriestern] verwalteten Dienlichkeiten, nämlich Wort und Sakramente (*služebnosti Páně skrze wěrné zprawce, slowem y swátostmi*).

Wer in Sünde fällt, soll in tätiger Reue vor Gott Vergebung suchen und seine Buße durch die Beichte [bei einem Brüderpriester] bestätigen. Auf die Teilnahme am Abendmahl soll man sich würdig vorbereiten. Wer krank ist und sich auf den Tod vorbereitet, soll vor sich selbst Rechenschaft von seinem christlichen Leben geben und sich dabei auch durch den Priester oder Vorsteher anleiten lassen (*a k tomu abysste kněze neb zprawce powolagjce pomocy saudu tohoto žádali*).

Lukáš hat all dies öffentlich in den Gemeinden (*zgewně w zbořjch*) und persönlich im seelsorgerlichen Gespräch (*teyně při swědomj*) gewissenhaft gelehrt. Er hat dabei nicht seinen eigenen Vorteil gesucht. Sofern die Adressaten also [in der möglicherweise bevorstehenden Verfolgung] abtrünnig werden sollten, wird Lukáš daran keine Schuld tragen. Er vertraut aber darauf, dass Gott sie bewahren wird. Er befiehlt seiner Gemeinde zum Abschied dreierlei:

Erstens: Sie sollen zuversichtlich sein, dass die Brüderunität von Gott bevollmächtigt ist (*žeť má w nj Buoh prawdu spasytedlnau*) und dass die Gläubigen, die sich treu zur Unität halten, in ihr das Heil erlangen.

Zweitens: Sie sollen gehorsam sein ohne Unterscheidung zwischen dem Ursprung der Unität und den daraus Hervorgegangenen (*w poslussenstwj bez rozsuzowánj puowodu gednoty y odtud posslych stuoyte*). Die [Anhänger der „Kleinen Partei"], die zwischen Gehorsam und Gehorsam unterscheiden (*děljcy mezy poslussenstwjm a poslussenstwjm*), haben nie einen Fortschritt in der Wahrheit gemacht (*nikdy zruostu w prawdě neměli*).

Drittens: Sie sollen die Unität lieben und sich vor Spaltungen hüten.

Einige der Adressaten kennen Lukáš bereits seit der Zeit, als er seinen Dienst in der Unität begann. Sie wissen, dass er das, was er schrieb, stets nur mit Bewilligung der Unitätsleitung in Umlauf brachte. Die Brüderbischöfe (*bratřj w puowodu*) sollen auch über seinen schriftlichen Nachlass verfügen. Die Jung-Bunzlauer sollen nicht diejenigen [leitenden] Brüder geringer schätzen, die über weniger Beredsamkeit und Bildung verfügen als Lukáš, denn Gottes Gaben sind unterschiedlich verteilt, und die einfältigeren haben ihrerseits Gaben, die Lukáš nicht hat. Er ermahnt die Adressaten, sich demütig den Entscheidungen der Unitätsleitung [angesichts der möglicherweise bevorstehenden Verfolgung] zu unterwerfen und das, was über sie kommen wird, sei es Flucht, sei es Martyrium, auf sich zu nehmen. Die Gemeinde möge darum beten, dass Lukáš sich als ein Gott wohlgefälliges Opfer und standhafter Zeuge der Wahrheit erweist und dass er und seine Begleiter aus der Hand derer befreit werden, die die Wahrheit hassen.

Nr. 283 VI 34r–35r

Johann II. Kostka von Postupitz: Brief an den Seifensieder Filip aus Leitomischl, Leitomischl, 26. Dezember 1503

Der Adressat, der Seifensieder Filip, gehörte zu den zehn Mitgliedern der Brüderunität, die von ihren Grundherren zu der für den 1. Januar 1504 geplanten Verhandlung („Stellung") nach Prag gesandt wurden. In dem bewegenden Schreiben spricht der hochadelige Verfasser, der Bruder des Leitomischler Grundherrn Bohuš II. Kostka von Postupitz und nach dessen Tod 1505 selbst Besitzer von Leitomischl, Filip als Glaubensgenossen an. Umso enttäuschender muss für die Brüder die Entfremdung gewesen sein, die zwischen ihnen und Johann II. Kostka eintrat, als dieser Anfang 1509, kurz vor seinem Tod, die durch das St. Jakobsmandat von 1508 angeordneten Maßnahmen gegen die Brüderunität in Leitomischl durchführen ließ (vgl. Nr. 69–72).

Der Seifensieder Filip war laut Nr. 270 der Diener des Leitomischler Brüderpriesters und Mitältesten der Unität Vavřinec Krasonický. Filip gehörte bereits vor 1490 der Brüderunität an. Krasonický berichtet in seiner 1530 verfassten Schrift *O učených* („Über die Gelehrten"), dass der Brüderbischof Matěj aus Kunvald vor der Brüdersynode in Brandeis an der Adler 1490 forderte, die Leitomischler Brüder sollten aus der Stadt in kleine Dörfer umziehen, um die Mitwirkung an obrigkeitlichen Ämtern zu vermeiden. Darauf habe Filip schlagfertig geantwortet: „Kühe wollen keine Seife fressen" (Molnár: Českobratrská výchova [1956], 88f.).

Überlieferung außerhalb von AUF: *Historia Fratrum*, Praha, Národní knihovna České republiky, Sign. XVII F 51a, 151–156.

Edition: Handschriftliche deutsche Übersetzung von Joseph Theodor Müller: Herrnhut, Unitätsarchiv der Evangelischen Brüder-Unität, Sign. AB.II.R.1.1a/3, Zweiter Teil, 41f.

Literatur: Пальмов (Hg.): Чешские братья, Bd. 1/1 [1904], 202; Schmidt: Das religiöse Leben [1907], 39; Müller: Geschichte und Inhalt [1913], 218, Nr. 16; Müller: Geschichte, Bd. 1 [1922], 325f., 597, Nr. 105; Müller/Bartoš: Dějiny, Bd. 1 [1923], 212; Molnár: Boleslavští bratří [1952], 62.

List, kteryž napsaw pán Jan Kostka poslal bratru Filipowi mydlaři do Prahy, neb ho zmesskal, když z Lithomyssle s ginymi bratřjmi ku postawenj w Praze před mistry giž vgeli, na něyž zwlásstně laskaw byl etc. [„Der Brief, den Herr Johann Kostka schrieb und dem Bruder Filip, dem Seifensieder, nach Prag sandte, weil er ihn verpasste, als dieser und die anderen Brüder schon aus Leitomischl zur Stellung in Prag vor den Magistern abgefahren waren, ihm war er besonders gewogen usw."]. Inc.: *Jan Kostka z Postupic etc. Což se twé gizdy dotyče [...]*. Expl.: *[...] Datum w Lithomyssli na den s[vaté]ho Sstěpána mučedlnika prwnjho letha Páně 1503. [...] měgte se wssickni weyborně.*

Johann II. Kostka von Postupitz schreibt an Filip, weil er vor dessen Abreise aus Leitomischl keine Gelegenheit hatte, mit ihm zu sprechen. Von Natur aus fliehen sowohl die Menschen als auch die unvernünftigen Tiere vor Gefahr. Filip und seine Gefährten sind dagegen bereit, sich der Gefahr des Martyriums auszusetzen, da sie fest auf Gott vertrauen, daher möge er sich vor nichts fürchten. Als ein durch den Glauben wiedergeborenes Gotteskind möge Filip seinen Herrn Jesus Christus und die Wolke der Zeugen (Hebr 12,1) [die Märtyrer früherer Zeiten] vor Augen haben und so die Krone des ewigen Lebens erben (Jak 1,12). Nach menschlichem Ermessen ist für die Sicherheit Filips und seiner Gefährten so gut wie möglich gesorgt [durch die Zusage freien Geleits durch die Prager Stadträte], aber niemand kann wissen, was Gott zulassen wird. Geschrieben am Tag des Protomärtyrers Stephan [26. Dezember] 1503.

Nachschrift: Johann bittet seinen lieben Bruder Filip (*muoy mily frater*) um Nachsicht für das, was an seinem Schreiben unvollkommen ist. Gott möge Bruder Vavřinec [Krasonický] und die übrigen Arbeiter im Weinberg des Herrn (Mt 20,1) vor den reißenden Tieren im Weinberg bewahren.

Nr. 284   VI 35r–36v

Bruder Lukáš aus Prag: Brief an die Brüder, die am 29. Dezember 1509 in Prag „gestellt" werden sollten, ohne Ortsangabe, 17. Dezember 1509

Mit dem vorliegenden Schreiben beginnt in AUF VI eine Gruppe von Texten, die die Verfolgung der Brüderunität in den Jahren 1508 und 1509 dokumentieren (Nr. 284–289, 292–295, 297). Die Verfolgung nahm mit der Publikation des St. Jakobsmandat im Sommer 1508 ihren Anfang, ihr dramatischer Höhepunkt war eine erneute „Stellung" von Mitgliedern der Brüderunität in Prag am Ende des Jahres 1509. Weitere in den *Acta Unitatis Fratrum* überlieferte Dokumente, die im Zusammenhang mit diesen Ereignissen entstanden, sind Nr. 238 (in der Handschrift AUF V) und Nr. 69–72 (in AUF I).

Während frühere Maßnahmen gegen die Brüderunität auf Befehlen des Königs an die königlichen Landesbeamten und an einzelne Stände – die königlichen Städte und die Geistlichkeit – beruhten, wurde auf dem böhmischen Landtag, der an St. Jakob (25. Juli) 1508 in Prag zusammentrat, ein für alle Stände einschließlich des hohen und niederen Adels verbindliches Gesetz gegen die Duldung der Brüder verabschiedet und in die Landtafel eingetragen. Beim Landtag ließ Wladislaw II. sich durch den Franziskaner Jan Filipec, ehemaligen Bischof von Großwardein in Ungarn und zeitweiligen Administrator der mährischen Diözese Olmütz, und durch den amtierenden Olmützer Bischof Stanislaus Thurzó vertreten.

Mit dem zwar erst am 10. August (St. Laurentius) 1508 veröffentlichten, aber nach dem Datum des Landtags so genannten St. Jakobsmandat wurden im Königreich alle „pikardischen" Versammlungen verboten. Alle Versammlungslokale waren zu schließen und zu konfiszieren, der Besitz und die handschriftliche oder gedruckte Verbreitung brüderischer Schriften wurde unter Strafe gestellt, jegliche Sakramentsverwaltung durch die Brüderpriester verboten. Sämtliche Lehrer und Vorsteher sollten von ihren jeweiligen Obrigkeiten in Prag vor die katholische und utraquistische Kirchenleitung gebracht werden, um dort zu einer der beiden legalen Konfessionen überzutreten. Im Weigerungsfall sollten sie zur Bestrafung an den Oberstburggrafen ausgeliefert werden. Denjenigen Obrigkeiten, die der Pflicht zur Auslieferung der in ihrem Amtsbereich lebenden Brüderpriester nicht nachkommen, werden empfindliche Geldstrafen angedroht (Text des Mandats in Palacký [Hg.]: Archiv český, Bd. 6 [1872], 391–393). Diese Regelungen hatten in Böhmen bis zum Majestätsbrief König Rudolfs II. (1609) Gesetzeskraft, auch wenn sie nach der ersten großen Verfolgungswelle in den Jahren 1508 bis 1516 nur mit größeren zeitlichen Abständen wieder zeitweilig zur Anwendung kamen, so 1535 und 1543 bis 1547. Auch der mährische Landtag, der am 24. August 1508 in Olmütz zusammentrat, beschloss trotz des Widerstands einiger Hochadeliger Maßnahmen gegen die Brüderunität (Kameníček [Hg.]: Jednání [1890], 335f.).

Da einige Grundherren die angeordneten Maßnahmen gegen die Brüder nur nachlässig durchführten, wurde auf dem böhmischen Landtag vom 19. November 1509 in Prag erneut über die Brüder verhandelt. Auf Initiative des Magnaten und Oberstkanzlers Albrecht II. Libštejnský von Kolovrat und weiterer katholischer Ständepolitiker wurde die im St. Jakobsmandat angeordnete, aber noch nicht erfolgte Auslieferung oder „Stellung" sämtlicher Brüderpriester nach Prag zum 27. Dezember 1509 beschlossen (vgl. Nr. 294). Daraufhin zogen sich die Brüdergeistlichen in Böhmen aus ihren üblichen Wohnorten zurück und verbargen sich (offenbar im Einvernehmen mit den jeweiligen Grundherren) an unbekannten Orten. Die Grundherren der Brüder sahen sich daher außerstande, die brüderischen Priester wie gefordert nach Prag auszuliefern. Stattdessen erschienen dort zehn brüderische Laien, bei denen es sich teilweise um sogenannte Helferbrüder (Müller: Geschichte, Bd. 1 [1922], 285f.) handelte, die in Abwesenheit von ordinierten Priestern Versammlungen durch Gebet und Lesungen leiteten. Die vorgesehene kollektive Zwangsbekehrung – oder Bestrafung – des brüderischen Klerus wurde auf diese Weise vereitelt.

Das vorliegende Schreiben an die zehn von ihren Obrigkeiten zur „Stellung" in Prag bestimmten Mitglieder der Brüderunität ist in der *Historia Fratrum* (Praha, Národní knihovna České republiky, Sign. XVII F 51a, 276) erwähnt.

Überlieferung außerhalb der AUF: –

Edition: Molnár: Boleslavští bratří [1952], 71 (Auszug). – Handschriftliche deutsche Übersetzung von Joseph Theodor Müller: Herrnhut, Unitätsarchiv der Evangelischen Brüder-Unität, Sign. AB.II. R.1.1a/3, Zweiter Teil, 42–45.

Literatur: Gindely: Bratr Lukáš [1861], 281, Nr. 26; Пальмов (Hg.): Чешские братья, Bd. 1/1 [1904], 202f.; Müller: Geschichte und Inhalt [1913], 218, Nr. 17; Müller: Geschichte, Bd. 1 [1922], 346–350 (zum St. Jakobsmandat), 361, 565, Nr. 114, 600, Nr. 131; Müller/Bartoš: Dějiny, Bd. 1 [1923], 345, Nr. 114; Molnár: Boleslavští bratří [1952], 71.

Psanj welmi pobožné vstawugjcý a vtwrzugjcy wěrny lid Páně pokussenjmi obkljčeny w prawé stalosti při Panu a prawdě geho, včyněné od b[ratra] Lukasse, služebnjka gednoty Bohu mileho, a poslané bratřjm těm, kteřjž měli w Praze postaweni byti [„Ein sehr frommes Schreiben, das das von Anfechtungen bedrängte gläubige Volk des Herrn bestärkt und befestigt in wahrer Standhaftigkeit beim Herrn und seiner Wahrheit, verfasst von Bruder Lukáš, einem von Gott geliebten Diener der Unität, und gesandt an die Brüder, die in Prag gestellt werden sollten"]. Inc.: *Pozdrawenj laskawé s mnohau žadostj spasenj wasseho [...]*. Expl.: *[...] k spasenj žiwota wěcžného. Dána w pondělj před swatym Tomassem aposstolem letha Páně 1509. Cedule ode mne, Lukásse. Pomniž každy [...] mjti a co čyniti.*

Lukáš wünscht Standhaftigkeit in der Wahrheit und betet gemeinsam mit anderen Gläubigen darum, dass die Adressaten in der gegenwärtigen Prüfung ihrer Glaubensstärke nicht abtrünnig werden. Die Adressaten sollen gewiss sein, dass sie sich seit ihrem Beitritt zur Brüderunität zu nichts anderem bekennen als dem recht verstandenen Apostolischen Glaubensbekenntnis und der rechten Heilsordnung gemäß der Heiligen Schrift und dem Vorbild der Urgemeinde (*že prawda wjry obecné křestanské gest, k njž ste přistaupili, a zřjzeného spasenj podlé duowoduo pjsem swatych a skutkuo prwnj cyrkwe swaté*).

Als sie freiwillig (*dobrowolně*) der Unität beitraten und den Bund schlossen (*smlauwu w prawdě wjry a wyznánj čynili*), haben sie sich dazu verpflichtet, Verfolgung auf sich zu nehmen. Sie haben das Zeichen der Firmung und Bestätigung (*biřmowanj a potwrzenj*) ihres geistlichen Rittertums (*rytiřstwj*) erhalten und haben [durch die Zulassung zum Abendmahl] Anteil am Leib und Blut Christi erhalten. Jetzt gilt es, sich im geistlichen Kampf zu bewähren, nicht nur gegen das eigene Fleisch, sondern auch gegen den Antichrist. Gott wird sie darin stärken. Durch ihre Bereitschaft, ihr Leben für die Seligkeit und Wahrheit und den Nächsten hinzugeben, werden sie ein Vorbild für andere Gläubige sein. Es soll sie auch nicht anfechten, dass man sie ungerechtfertigt als Verbrecher darstellt, denn auch Christus selbst und seine gläubigen Nachfolger wurden als Sünder, Aufrührer und Irrlehrer hingerichtet.

Standhaftes Bekennertum angesichts des Martyriums ist der sichere Weg zum Heil. Unsicher dagegen ist das Seelenheil derer, die vermeintlicher menschlicher Sicherheit willen abtrünnig werden und ihr Leben durch Widerruf retten wollen. Man soll sich auch nicht durch Vernunftgründe vom Martyrium abhalten lassen, etwa dass man Verantwortung trage für seine Familie oder dass man sein Leben nicht leichtfertig aufs Spiel setzen solle oder dass man zum Sterben nicht bereit sei.

Die Adressaten sollen beten, dass Gott sie als ein wohlgefälliges Opfer (Röm 12,1) und zur Bezeugung der Wahrheit annimmt. Sie alle mögen vor der Abreise nach Prag ihren Nachlass regeln (*pomniž každý poručenstwj doma zřjditi*) und dort nach der Ankunft weitere Anweisungen abwarten.

Nr. 285　　　　　　　　　　　　　　　　　　　　　　　　　　　VI 36v–37v

Bruder Lukáš aus Prag: Rundschreiben an die Unitätsgemeinden in Böhmen, ohne Ortsangabe, [nach 19. November und vor 27. Dezember] 1509

Nachdem der böhmische Landtag am 19. November 1509 beschlossen hatte, dass alle Brüderpriester zum 27. Dezember 1509 nach Prag ausgeliefert werden müssen, brachten sich Lukáš und die übrigen in Böhmen wirkenden Brüderpriester „nach dem Vorbild der Apostel" (Apg 14,5–6) durch Flucht in Sicherheit. Von seinem unbekannten Aufenthaltsort aus richtete Lukáš das vorliegende Rundschreiben an die Unitätsgemeinden in Böhmen. Der Text ist in der *Historia Fratrum* (Praha, Národní knihovna České republiky, Sign. XVII F 51a, 276) erwähnt.

Überlieferung außerhalb der AUF: –

Edition: Molnár: Boleslavští bratří [1952], 71 (Auszug). – Handschriftliche deutsche Übersetzung von Joseph Theodor Müller: Herrnhut, Unitätsarchiv der Evangelischen Brüder-Unität, Sign. AB.II. R.1.1a/3, Zweiter Teil, 45–47.

Literatur: Gindely: Bratr Lukáš [1861], 281, Nr. 27; Пальмов (Hg.): Чешские братья, Bd. 1/1 [1904], 203; Müller: Geschichte und Inhalt [1913], 218, Nr. 17; Müller: Geschichte, Bd. 1 [1922], 565, Nr. 113, 600, Nr. 134; Müller/Bartoš: Dějiny, Bd. 1 [1923], 345, Nr. 113; Molnár: Boleslavští bratří [1952], 71.

Psanj včyněné od b[ratra] Lukásse bratřjm a sestram w času těžkych pokussenj, yak by se w njch měli mjti [„Ein Schreiben, von Bruder Lukáš verfasst, an die Brüder und Schwestern zur Zeit schwerer Anfechtungen, wie sie sich darin verhalten sollen"]. Inc.: *Pozdrawenj laskawé s mnohau žádostj spasytedlneho dobrého [...]*. Expl.: *[...] deyž Buoh w prospěchu spasytedlném. 1509. Ode mne, Lukásse.*

Gott möge die Brüder und Schwestern in der gegenwärtigen Verfolgung im Glauben zur ewigen Seligkeit bewahren. Das Gericht Gottes beginnt am Haus Gottes (1 Petr 4,17). Daher mussten einige der Brüderpriester (*od wassich wěrnych předložených*) sich nach dem Vorbild der Apostel verstecken, da nach ihnen und nicht nach den gewöhnlichen Gemeindemitgliedern gesucht wird. Einige sind bereits zur „Stellung" in Prag verpflichtet worden, wo sie zwangsbekehrt werden sollen (*gsauc y zručeni k postawenj w Praze k náprawě bezděčné*). Die Gemeinden mögen auch in der Abwesenheit ihrer Vorsteher (*wěrnych zprawcuow posluhugjcych*) nicht verzagen, selbst dann nicht, wenn sie einige derselben erst im ewigen Leben wiedersehen werden (*až w budaucym wěčném žiwotě*).

Die Adressaten sollen dankbar sein, dass Gott ihnen so treue Vorsteher gegeben hat, die bereit sind, für die Wahrheit ihr Leben zu lassen. Sie mögen die Abwesenheit der Brüderpriester als Zeit der Buße betrachten und vor sich selbst Rechenschaft darüber ablegen, ob sie den seelsorgerlichen Dienst der Priester in der rechten Weise angenommen haben. Sie mögen diese Zeit auch als Prüfung betrachten, ob sie ihr Heil auf Gott selbst gründen oder auf den Dienst der Priester, die doch nur Menschen sind. Auch während der Abwesenheit von Priestern und Dienlichkeiten [Wortverkündigung und Sakramenten] (*nepřitomnost sluh a služebnosti*) sollen die Gläubigen nicht daran zweifeln, dass die Wahrheit, Christus selbst, bei ihnen ist. Wer Christus nicht hat, ist auch dann verlassen, wenn ein Priester da ist; wer aber Christus hat, der ist auch in Abwesenheit eines Priesters nicht verlassen. Besser ist es allerdings, einen Priester (*zprawce*) zu haben.

Die Gläubigen mögen beständig in ihrer Frömmigkeit und vorbildlich in ihrem Lebenswandel sein. Jeder Hausherr soll mit seiner Familie beten, lesen, singen und erbaulich reden (*doma každy s swau čeládkau modl se, čti, zpiwey neb rozmlauwey o dobrém*). Diese Ermahnungen mögen die Adressaten von Lukáš annehmen, der nicht anwesend sein kann. Möge sein Schreiben zu ihnen gelangen.

Nr. 286   VI 38r–v

Bruder Lukáš aus Prag: Anweisungen an die in Prag „gestellten" Brüder, ohne Ortsangabe, 24. Dezember 1509

Von seinem geheimen Aufenthaltsort aus sandte Lukáš den zehn Brüdern, die von ihren Grundherren zu der für den 27. Dezember 1509 geplanten Verhandlung nach Prag gesandt worden waren, genaue Anweisungen. Ein Briefbote der Unitätsleitung übergab das Schreiben zusammen mit weiteren Schriftstücken (Nr. 287, 292, 293, 295) am 26. Dezember 1509 in Prag (vgl. Nr. 294). Der Text ist in der *Historia Fratrum* (Praha, Národní knihovna České republiky, Sign. XVII F 51a, 276, 290) erwähnt.

Überlieferung außerhalb der AUF: –

Edition: Handschriftliche deutsche Übersetzung von Joseph Theodor Müller: Herrnhut, Unitätsarchiv der Evangelischen Brüder-Unität, Sign. AB.II.R.1.1a/3, Zweiter Teil, 47f.

Literatur: Gindely: Bratr Lukáš [1861], 281, Nr. 28; Пальмов (Hg.): Чешские братья, Bd. 1/1 [1904], 203; Müller: Geschichte und Inhalt [1913], 218, Nr. 17; Müller: Geschichte, Bd. 1 [1922], 568, Nr. 132, 601, Nr. 137; Müller/Bartoš: Dějiny, Bd. 1 [1923], 346, Nr. 132; Molnár: Boleslavští bratří [1952], 71.

Psánj od b[ratra] Lukásse včyněné a poslane bratřjm těm, kteřjž w Praze od panuow swych postaweni byli [„Ein Schreiben, von Bruder Lukáš verfasst und an die Brüder gesandt, die in Prag von ihren Herren gestellt wurden"]. Inc.: *Pokog Krystuow w milosti a w prawdě wjry [...].* Expl.: *[...] a pokoy Božj s wámi. Amen. A buďtež ge[m]u poručeni. Amen. W pondělj, na den Sstědry letha 1509.*

Lukáš kann zwar aus Vorsicht nicht bei den Adressaten sein (*tělem s wámi byti nesmjm boge se wssetečnosti*), aber er betet für sie, dass Gott sie in der Wahrheit, zu der er sie in der Unität geführt hat, erhalten und ihnen Beständigkeit angesichts des drohenden Martyriums geben möge.

Wenn sie auf der Prager Burg [dem böhmischen Oberstburggrafen Zdeněk] Lev [von Rosental] vorgeführt und zur Belehrung an die Priester überstellt werden, sollen sie darauf bestehen, zum Niederen [utraquistischen] Konsistorium geschickt zu werden (*doluow k mistrom a kněžjm pod obogj spuosobau*). Dort sollen sie dem Administrator [Pavel aus Saaz] das [ihnen nach Prag mitgegebene] Schreiben der Brüderältesten [Nr. 287] übergeben. Darin steht alles, was von Seiten der Brüderunität zu sagen ist. Auf Fragen nach dem Aufenthaltort der Brüderältesten sollen sie nicht antworten. Auf Rückfragen der Priester soll nur einer aus der Gruppe, nötigenfalls nach Beratung mit den anderen, antworten.

Sie sollen sich nicht auf theologische Streitgespräche einlassen, sondern für Fragen nach der Lehre der Brüder das Glaubenbekenntnis an den König [*Confessio fidei fratrum Valdensium regi Vladislao ad Ungariam missa* (1507), vgl. zu Nr. 280] schriftlich bereithalten. Wenn die Priester an dem Bekenntnis etwas auszusetzen haben, sollen sich die Adressaten die Einwände in schriftlicher Form erbitten, um sie an die Unitätsleitung zu überbringen. Sie sollen ferner erklären, dass sie nicht gekommen seien, um bekehrt zu werden, sondern lediglich als Briefboten (*tehdy rcete: milj páni etc., myť to ne yako náprawu nassi přjgmeme, ale yako list psany*).

Ansonsten sollen sie im Vertrauen auf Gottes Hilfe schweigen. Wenn es aber nötig sein sollte, etwas näher auszuführen, wird ihnen [der Heilige Geist] eingeben, was sie sagen sollen (Mt 10,19). Lukas befiehlt die Adressaten dem Schutz Gottes an.

Nr. 287 VI 39r–40r

Brief der Brüderältesten in Böhmen an den utraquistischen Administrator Pavel aus Saaz und die utraquistische Kirchenleitung in Prag, ohne Ortsangabe, 22. Dezember 1509

Das Schreiben wurde wahrscheinlich von Bruder Lukáš im Namen der Leitung des böhmischen Teils der Brüderunität verfasst. Die Brüderältesten aus Böhmen, die sich an einem geheimen Ort verborgen halten, geben der utraquistischen Kirchenleitung ihre Weigerung bekannt, der Vorladung zum 27. Dezember 1509 nach Prag Folge zu leisten. Das Schreiben wurde am 26. Dezember 1509 zusammen mit weiteren Schriftstücken (Nr. 286, 292, 293, 295) von einem Boten der Unitätsleitung den zehn in Prag „gestellten" Brüdern überbracht. Am 29. Dezember 1509 übergaben zwei vom Klattauer Rat nach Prag ausgelieferte Brüder, Tenderyáš aus Janowitz an der Angel und Matouš aus Klattau, das Schreiben dem Administrator (vgl. Nr. 294). Der Text ist in der *Historia Fratrum* (Praha, Národní knihovna České republiky, Sign. XVII F 51a, 275f.) erwähnt.

Überlieferung außerhalb der AUF: –

Edition: Handschriftliche deutsche Übersetzung von Joseph Theodor Müller: Herrnhut, Unitätsarchiv der Evangelischen Brüder-Unität, Sign. AB.II.R.1.1a/3, Zweiter Teil, 49–51.

Literatur: Пальмов (Hg.): Чешские братья, Bd. 1/1 [1904], 203; Müller: Geschichte und Inhalt [1913], 218, Nr. 17; Müller: Geschichte, Bd. 1 [1922], 360–362, 567, Nr. 131, 600, Nr. 136; Müller/Bartoš: Dějiny, Bd. 1 [1923], 346, Nr. 131.

Psanj od b[ratří] s[taršich] panu administratorowi a kněžjm pod obogj etc. včyněné w ten čas, když některé osoby z bratrj w Praze před nimi měli postaweni byti [„Ein Schreiben, von den Brüderältesten an den Herrn Administrator und die Priester unter beiderlei (Gestalt) usw. geschrieben zu der Zeit, als einige Personen aus den Brüdern vor ihnen gestellt werden sollten"]. Inc.: *Poctiwym panuom, administratorowi s pány mistry a kněžjmi na ten čas sebranymi [...]*. Expl.: *[...] a zdrawě mjti. Datum w sobothu po swatem Tomassi apostolu Božjm letha 1509. Bratrj starssj z Čech toliko.*

Laut Beschluss des böhmischen Landtags vom 25. Juli 1508 [dem am 10. August 1508 veröffentlichten St. Jakobsmandat, vgl. zu Nr. 284] sind alle Grundherren, auf deren Grundherrschaften Angehörige der Brüderunität leben, verpflichtet, die Brüdergeistlichen (*včytelé a zpráwce*) zum Zweck ihrer Bekehrung (*k nápráwě*) zu „stellen". Die Brüderältesten haben beschlossen, das vorliegende Schreiben durch ihre nach Prag ausgelieferten Glaubensgenossen übergeben zu lassen. Sie bitten die Adressaten, von den „gestellten" Personen kein mündliches Glaubensbekenntnis zu verlangen, sondern sich mit dem schriftlichen Bekenntnis, das die Brüder an den König gerichtet haben [*Confessio fidei fratrum Valdensium regi Vladislao ad Ungariam missa* (1507), vgl. zu Nr. 280], zu begnügen. Sofern das Bekenntnis den Adressaten nicht vorliegt, wird es ihnen auf Verlangen ausgehändigt. Die Brüderältesten heben hervor, dass ihnen bislang keine Irrlehre in einem ordentlichen Verfahren nachgewiesen wurde.

Die Brüderältesten sind sich gewiss, dass die „gestellten" Personen sich nicht gegen ihr Gewissen einer Zwangsbekehrung (*té naprawy bezděčně mjmo swědomj gich*) unterwerfen werden und bitten die Adressaten, das zu respektieren. Die nach Prag ausgelieferten Brüder haben sich freiwillig (*z swobodné wuole*) der Brüderunität angeschlossen und gelobt (*sau přiřkli*), der Unität bis in den Tod treu zu sein (*w gednotě té do smrti trwati*). Auch die Adressaten würden sich nicht durch Zwang von dem abbringen lassen, was sie ihrerseits gelobt haben. Selbst wenn eine der „gestellten" Personen aus menschlicher Schwäche dem Zwang nachgeben würde, wäre das weder ihr selbst noch den Adressaten von Nutzen, denn alles, was nicht aus Glauben ist, ist Sünde (Röm 14,23). Die Adressaten wissen selbst, dass es nicht Gottes Wille ist, irgendjemanden zum Glauben zu zwingen (*bezděčnosti k spasenj připuzugjcy nechce, než wuole z wjry swobodne*). Deshalb verfügen auch die Diener des Evangeliums über keinerlei weltliche Gewalt. Nur was freiwillig geschieht, ist für das Heil maßgeblich, so wie auch Jesus Christus freiwillig sein Leiden auf sich genommen hat. Und alle, die in ihm leben wollen, müssen Verfolgung leiden (2 Tim 3,12).

Die Brüderältesten sind bereit zu einer freien und freundschaftlichen Besprechung. Dagegen sehen sie sich nicht verpflichtet, zu dem vom Landtag beschlossenen Versuch einer Zwangsbekehrung gegen ihr Gewissen zu erscheinen. Sie bitten die utraquistische Kirchenleitung, die „gestellten" Brüder unbehelligt gehen zu lassen. Bei ihnen handelt es sich nicht um Brüderpriester (*zprawce a včytelé powinné a dlužné*), sondern um Helfer, die nur dann, wenn kein Brüderältester anwesend ist (*když se nedostane bratřj starssych*), zum Gebet ermahnen, etwas aus der Bibel vorlesen (*nětco z zákona Božjho přečtauce*) und das ins Gedächtnis rufen, was die Brüderältesten lehren. Sie tragen mithin keine Verantwortung für die gesamte Unität und dürfen daher auch nicht anstelle derselben verurteilt werden.

Die Brüderältesten warnen die Adressaten davor, zur Hinrichtung Unschuldiger um des Glaubens willen beizutragen. Die Brüderältesten bekräftigen, dass sie bereit sind, sich anhand der Bibel zurechtweisen zu lassen. Sie haben die nach Prag abgeordneten Brüder angewiesen, sich [vom Oberstburggrafen Zdeněk Lev von Rosental] an die utraquistische Kirchenleitung [und nicht an das katholische Obere Konsistorium auf der Prager Burg] überstellen zu lassen, da bei den Utraquisten mehr biblische Wahrheit und mehr Barmherzigkeit vorhanden ist (*pro bližssi prawdy zákona Božjho mnohé než ginde y pro milosrdněyssi srdce*) als bei den [Katholiken].

Nr. 288 VI 40v–43v

[Bruder Matouš aus Klattau und Bruder Tenderyáš aus Janowitz an der Angel:] Brief an den Unterkämmerer des Königreichs Böhmen, Burian Trčka von Leipa auf Lipnitz, Prag, [zwischen 26. und 31. Dezember] 1509

Die Verfasser des Schreibens nennen in der Unterschrift lediglich ihren Wohnort Klattau, aber nicht ihre Namen. Laut dem Bericht über die Vorladung der Brüderpriester nach Prag am 27. Dezember 1509 (Nr. 294) handelte es sich um die brüderischen Laien Matouš aus Klattau und Tenderyáš aus Janowitz an der Angel. Dieselben überbrachten dem utraquistischen Administrator Pavel aus Saaz auch ein Schreiben der Unitätsleitung (Nr. 287). Da im Text des vorliegenden Briefes Prag als Ort der Abfassung ausdrücklich erwähnt ist, kann dieser frühestens am Tag der Ankunft der zehn von ihren Obrigkeiten „gestellten" Brüder, dem 26. Dezember, und spätestens am Tag ihrer Abreise, dem 31. Dezember 1509, entstanden sein.

Der Adressat, Burian Trčka von Leipa auf Lipnitz, war Unterkämmerer des Königreichs Böhmen und damit derjenige königliche Beamte, der die Durchführung von Befehlen des Landesherrn, des Oberstkanzlers und des Oberstburggrafen in den königlichen Städten durchzusetzen hatte. Somit war er auch für das ordnungsgemäße Erscheinen der von der königlichen Stadt Klattau nach Prag abgeordneten Brüder verantwortlich. Der Bericht über die „Stellung" der Brüder (Nr. 294) erwähnt, dass Matouš und Tenderyáš vom Klattauer Rat verpflichtet worden waren, einen Bericht über ihr Erscheinen in Prag vorzulegen, auf dessen Grundlage wiederum der Rat dem Unterkämmerer Bericht erstatten musste.

Die Wiedergabe einiger Grundzüge der Lehre der Brüderunität durch die beiden brüderischen Laien zeigt, auch wenn sie argumentativ recht unbeholfen war, einen deutlichen Einfluss der Theologie des Bruders Lukáš aus Prag. Auch Anklänge an die bemerkenswerte Schrift des Brüderpriesters Prokop aus Neuhaus (vgl. zu Nr. 73) über die Glaubensfreiheit, *Proč lidé k víře mocí nuceni býti nemají* („Weshalb die Menschen nicht durch Gewalt zum Glauben gezwungen werden sollen", Molnár: Neznámý spis [1983/84]; Bohatcová: Doplněk [1988–1991]), liegen vor. Prokops bereits 1474 entstandene Abhandlung wurde von der Brüderunität 1508 als Reaktion auf die Publikation des St. Jakobsmandats im Druck veröffentlicht.

Überlieferung außerhalb der AUF: –

Edition: Handschriftliche deutsche Übersetzung von Joseph Theodor Müller: Herrnhut, Unitätsarchiv der Evangelischen Brüder-Unität, Sign. AB.II.R.1.1a/3, Zweiter Teil, 51–56.

Literatur: Пальмов (Hg.): Чешские братья, Bd. 1/1 [1904], 203f.; Müller: Geschichte und Inhalt [1913], 218, Nr. 17; Müller: Geschichte, Bd. 1 [1922], 361, 601, Nr. 139; Just: Schrift [2017] (zum Traktat des Prokop aus Neuhaus über die Glaubensfreiheit).

Psánj včyněné panu Trčkowi, podkomořjmu, na ten čas od bratřj klatowskych tu w Praze postawenych [„Ein Schreiben an den Unterkämmerer, Herrn Trčka, von den Klattauer Brüdern, die zu dieser Zeit hier in Prag gestellt wurden"]. Inc.: *Vrozeny pane podkomoř mily [...]*. Expl.: *[...] co nechopného k rozumu a neobwyklé slysseti. Datum letha 1509. My bratřj pod panowánjm wassj [milos]ti zde přjtomnj obywagjcy w Klatowech.*

Die Brüder richten ihr Schreiben an den Unterkämmerer [Burian] Trčka [von Leipa auf Lipnitz], um ihn um seinen Schutz zu bitten. Sie stehen in üblem Ruf und werden um ihres besonderen Glaubens willen (*wjry oblásstnosti nassij*) verfolgt. Zu diesem Glauben und zu der Gemeinschaft (*pospolnosti*), in der sie das ewige Seelenheil zu erlangen suchen, hat sie Gott selbst durch seine Gnade gebracht. Gott lässt durch seine Boten das Evangelium verkünden und gibt Anteil am Heil, indem er den Menschen aus Gnade dreierlei Gaben schenkt: Glaube, Liebe und Hoffnung (1 Kor 13,13).

Diese drei Gaben sind notwendig für das Seelenheil (*toť my máme za podstatu a za zaklad spasenj*), was man aus dem natürlichen Gesetz, aus dem Gesetz des Mose und aus dem von Christus gegebenen Gesetz der Gnade beweisen könnte, was aber der Kürze halber unterbleiben soll. Glaube, Liebe und Hoffnung, die wesentlichen [heilsrelevanten] Wahrheiten (*prawd podstatných*), kann kein Mensch durch eigene Willensentscheidung erlangen, sondern allein aus Gottes Gnade, und kein Mensch kann sie mit Gewalt geben oder nehmen.

Zur Bezeugung und Bestätigung der drei wesentlichen [heilsrelevanten] Dinge dienen die dienlichen oder sakramentlichen Dinge, die sieben Sakramente (*služebné neb poswatné wěcy, až do wssech sedmi swátostj, k swědectwj a ku potwrzenj těchto swrchu gmenowaných prawd podstatných*). Drei der sieben Sakramente sollen alle empfangen, die an den wesentlichen Dingen teilhaben, um auf ordentliche Weise das Heil zu erlangen (*každému chtěgjcymu zřjzené spasenj swé konati slussij*). Dies sind Taufe, Firmung und Abendmahl, denn auch Christus selbst wurde getauft und anschließend durch die Himmelsstimme gefirmt, das heißt als Gottessohn bestätigt (Mt 3,17), und setzte selbst das Abendmahl ein. Wer nicht zwischen den wesentlichen und den dienlichen Dingen unterscheidet, verfällt in gefährliche Irrtümer.

Bereits vom Anfang der Welt an, als Kain den Abel tötete, gab es Uneinigkeit und Streit in Glaubensdingen. Ein Teil der Menschen, die in der Bibel als Gottessöhne bezeichnet werden, hatte Anteil an den wesentlichen Dingen und hoffte gläubig auf den [in Gen 3,15 bereits Adam und Eva] verheißenen Christus. Die anderen, die Söhne der Menschen, waren nicht aus Glauben geistlich wiedergeboren [und daher keine Gotteskinder], hatten keinen Anteil am Heil und lebten nur nach dem Fleisch. Es kam allerdings dazu, dass sich die Gottessöhne und die Menschensöhne miteinander vermischten (Gen 6,1–4), seither gab es noch weniger fromme Menschen.

Unter den Nachkommen Abrahams und unter dem durch Mose gegebenen Gesetz gab es sowohl fromme als auch fleischliche Menschen, gab es Uneinigkeit und Streit. Auch im Neuen Bund des Gesetzes der Gnade hat die Uneinigkeit im Glauben nicht aufgehört. Jesus hat vorhergesagt, dass sich über seine Lehre sogar Familien, die gemeinsam in einem Haus wohnen, entzweien werden (Lk 12,52). Daher ist es nicht verwunderlich, dass in einem Königreich oder in einer Stadt Menschen verschiedenen Glaubens (*rozdjlnj lidé v wjře*) miteinander leben. Nach den Worten Jesu müssen die Frommen, die auf dem schmalen Weg gehen (Mt 7,14), Verfolgung erleiden. In solcherlei Anfechtung wollen sich auch die Brüder bewähren.

Die Brüder sind sich keiner Ketzerei bewusst. Sie bitten im Namen der ganzen Unität, der Brüderältesten [Brüderpriester] und der Laien (*wssecka gednota násse, bratřj nássi starssj y wessken lid obecny*) darum, dass ihnen eine ordentliche Anhörung ohne Androhung von Gewalt (*řadné slyssenj bez mocy*) gewährt wird. Bei einer solchen Anhörung werden die Brüder bereit sein, biblisch begründete Zurechtweisung anzunehmen. Sie werden auch die Gründe für ihre Absonderung [von der katholischen und der utraquistischen Kirche] und der Aufrichtung eines eigenen Priestertums darlegen (*počet wydati y z oblássnosti nasseho odděleni y řadu wyzdwiženj*). Ihre Gemeinschaft folgt der Ordnung der Urkirche (*wedlé řádu cyrkwe prwnj*), so wie sie in den ersten drei Jahrhunderten [bis zum Fall der Kirche unter Kaiser Konstantin dem Großen] bestand. Bei einer solchen Anhörung wollen die Brüder aber auch ihrerseits die Möglichkeit haben, ihre Gegner, die in der Sukzession der römischen Kirche stehen [sowohl katholische als auch utraquistische Priester], über deren Irrtümer zu belehren.

Die Brüder warnen den Unterkämmerer davor, sich aus Menschenfurcht zu versündigen und die Brüder ohne ordentliche Anhörung zu verfolgen. Vielmehr soll er den allmächtigen König und Herrn [Christus] fürchten. Viele aus den hohen Ständen und von den weltlichen Machthabern überschreiten ihre Befugnisse, denn man darf niemanden mit Gewalt zum Glauben zwingen (*k wjře přitáhnutj nemá byti*). Christus hat niemanden gezwungen, sondern der Glaube war freiwillig und muss es immer sein, wo die Wahrheit Christi vorhanden ist (*dobrowolná wěc byla a bude, kdež prawda geho gest*). Zwang und Gewalt in Glaubensdingen sind unvereinbar mit dem christlichen Glauben. Dies lassen die Brüder den Unterkämmerer wissen, damit sie sich nicht durch ihr Schweigen schuldig machen. Weder dem Adressaten noch den Königen und Kaisern auf Erden steht es zu, Menschen zu Gott und zum Glauben zu bringen, sondern allein Christus, dem höchsten König und Kaiser.

Beim Jüngsten Gericht wird Christus, vor dem nichts verborgen ist, alle Menschen richten und den Armen, Geringen, Witwen und Waisen, die auf Erden kein Recht gefunden haben, Recht verschaffen. Die weltlichen Obrigkeiten, die die ihnen von Gott anvertraute Macht missbrauchten, um Menschen um des Glaubens willen zu unterdrücken, erwartet dann ein schreckliches Urteil.

Der Unterkämmerer möge erkennen, dass die Brüder keine Gefahr für das Gemeinwohl darstellen (*že na zkázu negsme obecného dobreho*). Sie sind gehorsame Untertanen des Königs und verhalten sich friedfertig gegenüber jedermann, auch gegenüber ihren Feinden. Sie sind der Auffassung, dass sie zu Unrecht verfolgt werden. Dennoch erdulden sie die Anfechtung, da sie wissen, dass Christus seinen Nachfolgern Verfolgung vorhergesagt hat. Christus selbst hat allerdings die Anwendung von Gewalt in Glaubensdingen im Gleichnis vom Unkraut unter dem Weizen (Mt 13,29–30) und im Gleichnis vom Fischernetz (Mt 13,47–50) verboten.

Im vorliegenden Schreiben, das kurz gehalten ist, um den Adressaten nicht zu ermüden, wurden also die folgenden Punkte behandelt: erstens die wesentlichen Dinge; zweitens die dienlichen oder sakramentlichen Dinge; drittens die Verschiedenheiten im Glauben unter dem natürlichen Gesetz, unter dem Gesetz des Mose und unter dem von Christus gegebenen Gesetz der Gnade; ferner die Forderung nach einer ordentlichen Anhörung ohne Zwang; und schließlich das Jüngste Gericht.

Von diesen Punkten ist der erste am schwersten zu verstehen, da die Verfasser ihn mit kurzen Worten nicht besser erklären können und weil es um die wichtigsten Dinge geht, die in der Heiligen Schrift wie ein kostbarer Schatz verborgen sind, von dem nicht alle wissen. Und eben weil viele [katholische wie utraquistische] Priester davon nichts wissen, können sie nicht predigen, wie es in der Urkirche üblich war. Stattdessen betrügen sie die Menschen, indem sie sie vertrösten, als würden die Sakramente Anteil am Heil vermitteln. Ihre Kirche gleicht einem Haus, das auf Sand gebaut ist (Mt 7,26). Wenn der Unterkämmerer mehr darüber zu erfahren wünscht, wird man es ihm bei Gelegenheit mitteilen. Aber gegenwärtig herrschen Zustände, unter denen die Menschen aus Furcht vor Ketzerei nicht wagen, die Wahrheit zu hören. Der Unterkämmerer möge das einfältige Schreiben gnädig aufnehmen, auch wenn es mitunter unverständlich geraten ist.

Nr. 289   VI 44r–46r

Brief der Unitätsleitung in Mähren an ein Mitglied des Engen Rates in Böhmen, ohne Ortsangabe, nach 21. Dezember [1508]

Die für den mährischen Teil der Unität zuständigen Brüderältesten teilen einem der leitenden Brüder in Böhmen die Ergebnisse einer Beratung mit. Bischof der mährischen Unität war Tůma aus Přelauč mit Sitz in Prerau. Die Verfasser bitten darum, den Brüderbischof Lukáš aus Prag zu veranlassen, ein Schreiben an den König zu verfassen. Bei dem Adressaten handelt es sich anscheinend nicht um Lukáš, da von diesem in der dritten Person die Rede ist, sondern entweder um Vavřinec

Krasonický in Leitomischl, der als „Mitältester" dem Engen Rat angehörte, ohne die bischöfliche Weihegewalt zu besitzen, oder um den in Südböhmen wirkenden Brüderbischof Ambrož aus Skutsch.

Als Datum der Beratung ist der 21. Dezember, aber nicht das Jahr angegeben. *Terminus post quem* ist die Veröffentlichung des im Text zitierten St. Jakobsmandats am 10. August 1508. Die Unitätsleitung richtete am 15. Dezember 1509 ein Schreiben an den König (Nr. 297). Da der vorliegende Text voraussetzt, dass die Unität bislang noch nicht offiziell wegen des St. Jakobsmandats an den König geschrieben hat, scheint der Text Ende Dezember 1508 entstanden zu sein.

Überlieferung außerhalb der AUF: –

Edition: Gindely: Geschichte, Bd. 1 [1857], 501 (Auszug); Molnár: Boleslavští bratří [1952], 70f. (Auszüge). – Handschriftliche deutsche Übersetzung von Joseph Theodor Müller: Herrnhut, Unitätsarchiv der Evangelischen Brüder-Unität, Sign. AB.II.R.1.1a/3, Zweiter Teil, 56–58.

Literatur: Gindely: Geschichte, Bd. 1 [1857], 140; Пальмов (Hg.): Чешские братья, Bd. 1/1 [1904], 204; Müller: Geschichte und Inhalt [1913], 218, Nr. 17; Müller: Geschichte, Bd. 1 [1922], 360, 601, Nr. 138; Molnár: Boleslavští bratří [1952], 70f.; Macek: Jagellonský věk, Bd. 1 [1992], 236 (zu dem im Text erwähnten ehemaligen königlichen Narren Svoch).

[Titel laut Inhaltsverzeichnis *1v: *Psánj gednoho z bratřj starssjch* („Schreiben eines der Brüderältesten").] Inc.: *Fráter charisime, wěz, že sme nynj spolu byli s bratřjmi [...]*. Expl.: *[...] abychom spolu wuoli geho plnili. Amen*.

Die für Mähren zuständigen Mitglieder des Engen Rates (*kteřjž k auzké radě přjslussegj*) waren am 21. Dezember [1508] versammelt. Angesichts der gegenwärtigen Verfolgung beschlossen sie Folgendes: Die Brüder[priester] Martin (*Martin náš*) und Jan Veselský sollen alle Gemeinden in Mähren besuchen und Priester wie Laien zu der Standhaftigkeit und Leidensbereitschaft ermahnen, zu der sich diese beim Beitritt zur Unität verpflichtet haben (*aby každý pamatowal na smlauwu, kterauž včinil se Pánem Bohem y s bratřjmi [...] když přigjmán byl w gednotu tuto*).

Laut dem königlichen Befehl [dem St. Jakobsmandat, vgl. zu Nr. 284] ist den Brüderpriestern die Sakramentsverwaltung verboten. [Kinds]taufen und Eheschließungen dürfen nur noch durch katholische oder utraquistische Priester vorgenommen werden. Die Brüderpriester sollen den Verboten keine Beachtung schenken und den Mitgliedern der Unität weiter mit den Sakramenten dienen. Nur wenn Gewalt, Gefängnis und Hinrichtung drohen, darf anders verfahren werden, denn Gewalt bricht Eisen (*moc železo lomj*) [Not kennt kein Gebot]. Die Leiter der Brüderunität in Böhmen mögen zu dieser von der mährischen Unität beschlossenen Regelung Stellung nehmen.

Die für Mähren zuständigen Mitglieder des Engen Rates sind ferner der Meinung, dass die Unität ein Schreiben an König [Wladislaw II.] richten solle. Zwar machten ihnen einige Adelige, mit denen sie sich darüber besprachen, keine Hoffnung, dass ein solches Schreiben Erfolg haben würde. Dennoch sehen die mährischen Brüderältesten es als eine Pflicht der Unität an, den König durch ein Schreiben vor der göttlichen Strafe, die ihm für die Verfolgung der Gläubigen droht, zu warnen. Dabei soll folgendermaßen argumentiert werden:

Der König befiehlt, dass die Brüder sich den Katholiken oder den Utraquisten anschließen. Sie fragen daher um Rat, welcher der beiden Parteien sie sich anschließen sollen.

Katholiken und Utraquisten sprechen einander das ewige Seelenheil ab. So hat etwa Bischof [Stanislaus Thurzó von Olmütz], als er [1505] von einer Zusammenkunft [der mährischen und böhmischen Stände] in Hohenmauth zurückkehrte [Kalousek (Hg.): Archiv český, Bd. 10 (1890), 331], den katholischen Priestern verboten, den utraquistischen Einwohnern von Kremsier die Beichte zu hören oder deren Tote zu begraben. Wenn die Brüder sich entweder den Katholiken oder den Utraquisten anschließen sollen, sollten sich diese zuerst untereinander versöhnen.

Die Brüder sehen bei beiden, Katholiken wie Utraquisten, Missstände, die der Bibel und den Kirchenvätern widersprechen (*wěcy odporné včenj Pána Krysta, aposstolskému y přjkladu prwnj cýrkwe y sněmuom gich y psánj starých doktoruow*). Gemessen an ihrer eigenen Lehre sind sowohl Katholiken als auch Utraquisten simonistische Ketzer (*swatokupecké kacýře*) und haben weder wahre Priester noch wahre Sakramente.

Daher möge der König die Brüder, die sich weder der einen noch der anderen Partei anschließen können, dulden, zumal sie dem Gemeinwohl (*obecnému dobrému*) keineswegs schädlich, sondern vielmehr nützlich sind. Andernfalls wird er von Gott gestraft werden, wie man es bereits an seinem Vorgänger, König Georg von Podiebrad, erfahren hat, der ein warnendes Schreiben der Brüderunität [Nr. 39] missachtete. Umgekehrt hat Gott [Wladislaw II.] zum Lohn dafür, dass dieser bei seiner Krönung [1471] die brüderischen Gefangenen amnestierte, zum Nachfolger des ungarischen Königs [Matthias Corvinus] eingesetzt. Seit König [Wladislaw II.] jedoch [im Jahr 1503] befahl, die Brüder zu verfolgen, leidet er an einer Krankheit. Schlimmeres Unheil wird folgen, wenn er sich weiter von den Priestern irreleiten lässt. Der König möge die Brüder in Frieden leben lassen. Ferner möge er verhindern, dass die Armen weiter von ihren Grundherren ausgebeutet und entrechtet werden.

Da in Mähren keiner ist, der einen Brief dieses Inhalts formulieren könnte (*pro nedostatek hlawy a ledačehos*), bitten die mährischen Brüderältesten ihre böhmischen Amtsbrüder, dass Bruder Lukáš [aus Prag] sich dieser Aufgabe annimmt. Allerdings möge er klar und verständlich schreiben. Der Text könnte dann, da derzeit keine Zusammenkunft des gesamten Engen Rates möglich ist, in einem Umlaufverfahren von den Mitgliedern der Unitätsleitung approbiert werden. Herr Svoch, der ehemalige Hofnarr des Königs (*prwé byl v krále gako za blazna*), der jetzt als Einsiedler (*na paussti*) bei Trebitsch lebt, aber noch immer Zutritt zum König hat, wäre bereit, das Schreiben zu übergeben. Sie bitten die Adressaten um deren Meinung zu den Vorschlägen.

Nr. 290   VI 46v–47r

Bruder Eliáš aus Křenovice: Brief an einen Brüdergeistlichen, ohne Ortsangabe, [nach 2. März und vor 8. April 1502]

Das ohne Überschrift, Ort und Datum überlieferte Schreiben wurde anscheinend als ein Beleg für die im unmittelbar vorausgehenden Dokument Nr. 289 erwähnten Streitigkeiten zwischen Katholiken und Utraquisten in die *Acta Unitatis Fratrum* aufgenommen. Nr. 290 entstand allerdings einige Jahre früher als die in AUF VI vorangehenden Dokumente, denn bei dem im Text geschilderten Landtag handelte es sich um den böhmischen Landtag, der ab dem 21. Februar 1502 auf dem Altstädter Rathaus in Prag zusammentrat und bis in die erste Märzwoche tagte (vgl. Nr. 313). Das im Text erwähnte Schriftstück, das in einer Sitzung des Landtags verlesen wurde, ist eine Erklärung der utraquistischen Stände vom 2. März 1502, die ebenfalls in den *Acta Unitatis Fratrum* überliefert ist (Nr. 314). Demnach ist Nr. 290 nach dem 2. März 1502 entstanden. *Terminus ante quem* ist der 8. April desselben Jahres (das Prager Reliquienfest, ein Eigenfest der Prager Erzdiözese, vgl. Nr. 220), an dem eine utraquistische Ständeversammlung geplant war, die im Text angekündigt wird.

Der Verfasser „Eliáš" war laut dem von Vavřinec Orlík angelegten Inhaltsverzeichnis (AUF VI *1v) „Bruder Eliáš", also der Brüderbischof Eliáš aus Křenovice. Auch wenn eindeutige Anhaltspunkte für einen brüderischen (und nicht vielmehr utraquistischen) Ursprung des Schreibens fehlen, ist die Identifizierung wohl zutreffend. Eliáš aus Křenovice (zu ihm vgl. Nr. 198 sowie Nr. 74, 220, 253, 262) wirkte im mährischen Proßnitz und im böhmischen Reichenau an der Knežna. Der ungenannte Adressat des Schreibens dürfte ebenfalls ein leitender Brüdergeistlicher gewesen sein, etwa der Brüderbischof Tůma aus Přelauč, der seinen Sitz in Prerau hatte.

Der im Text erwähnte Johann Črnčický von Kácov war ein utraquistischer Adeliger, der durch geschicktes Wirtschaften einen umfangreichen Grundbesitz erwarb und 1501 in Ostböhmen die Stadt Neustadt an der Mettau gründete. Črnčický war ein Förderer der Brüderunität, die in Neustadt eine Gemeinde bildete (Košťál: Jednota bratrská [2000]). Neustadt ist nur etwa 25 Kilometer von Reichenau an der Knežna entfernt. Es ist zu vermuten, dass Črnčický nach seiner Rückkehr aus Prag den Brüderbischof um eine Einschätzung der auf dem Landtag verhandelten religionspolitischen Fragen bat. Ein anderer im Text erwähnter Ständepolitiker ist der mährische Landeshauptmann Johann Meziříčský von Lomnitz, der 1502 den Katholiken Johann Thurzó (den späteren Bischof von Breslau) als Pfarrer der bislang utraquistischen Stadt Großmeseritsch einsetzte. Die Neubesetzung der Pfarrstelle löste Empörung unter den Utraquisten aus, die darin einen Bruch des im Kuttenberger Religionsfrieden von 1485 garantierten Grundsatzes sahen, in traditionell utraquistischen Parochien nur utraquistische Geistliche einzusetzen.

Überlieferung außerhalb der AUF: –

Edition: Handschriftliche deutsche Übersetzung von Joseph Theodor Müller: Herrnhut, Unitätsarchiv der Evangelischen Brüder-Unität, Sign. AB.II.R.1.1a/3, Zweiter Teil, 58f.

Literatur: Palacký (Hg.): Archiv český, Bd. 6 [1872], 237–269 (Akten desselben Landtags); Tomek: Dějepis, Bd. 10 [1894], 163–181 (zum Verlauf des böhmischen Landtags vom 21. Februar bis Anfang März 1502); Пальмов (Hg.): Чешские братья, Bd. 1/1 [1904], 204; Müller: Geschichte und Inhalt [1913], 218, Nr. 17; Závodský: Reformace [1937], 17 (zu den religiösen Verhältnissen in Großmeseritsch); Starý: Rod pánů Černčických [2006], 21–39 (zu Johann Černčický von Kácov).

[Titel laut Inhaltsverzeichnis *1v: *Psánj bratra Eliasse* („Schreiben des Bruders Eliáš").] Inc.: *Rozmnoženj we wssem dobrém [...]*. Expl.: *[...] od okolnjch zemj y od krále. Mějte se dobře. Eliass.*

Eliáš [aus Křenovice] bittet den Adressaten (*bratře w Krystu milý*) um seine Meinung zu den folgenden Punkten: Herr [Johann] Černčický [von Kácov] bat den Verfasser nach der Rückkehr vom böhmischen Landtag in Prag um Rat, wie er sich zu den folgenden Dingen mit gutem Gewissen verhalten soll. [Während des Landtags] haben Černčický und seine Begleiter auf dem Rathaus [der Prager Altstadt] ein Schreiben [der utraquistischen Stände an den König vom 2. März 1502, Nr. 314] vor den Herren, Rittern und Vertretern der Städte verlesen. Auch Vertreter der utraquistischen Kirchenleitung (*mistři*) waren anwesend.

Der Administrator [Pavel aus Saaz] erklärte, vom Papst sei keine Erlaubnis zur Weihe utraquistischer Priester [durch katholische Bischöfe] mehr zu erwarten. Im Gegenteil, es sei mit der Vertreibung utraquistischer Priester zu rechnen, so wie bereits durch den mährischen Landeshauptmann [Johann Meziříčský von Lomnitz] geschehen. Daher sei es notwendig, einen Bischof im Land zu haben (*abychme doma ty potřeby měli*). Die [utraquistischen] Stände mögen einen Bischof wählen und bestätigen (*biskupa wywoljce potwrdili*), sonst sei alles verloren, wofür die Vorfahren gekämpft und gelitten haben. Daraufhin beschlossen [die utraquistischen Stände], zum Reliquienfest [am 8. April 1502] eine Ständeversammlung abzuhalten und ihre Entschlossenheit in dieser Sache gegenüber dem König zu demonstrieren (*aby o Swátosti sněm magjce pilnost swau skutečnau w tom vkazali s opowěděnjm králowým*).

Wegen des [Vorgehens des mährischen] Landeshauptmanns soll eine Gesandtschaft beim König intervenieren.

Ein anderer Punkt der Verhandlungen war das Bierbrauen. Städte und Herrenstand gingen im Streit darüber auseinander.

Eliáš wurde von Černčický im Hinblick auf die geplante Bischofswahl (*a zwlásst při tom, co se biskupa dotýče*) um Rat gefragt, wie er abstimmen soll. Es ist zu bedenken, dass [die eigenmächtige Wahl eines Bischofs den Utraquisten] Schwierigkeiten von Seiten der Nachbarländer und von Seiten des Königs einbringen könnte.

Nr. 291   VI 48r–69r

Artikel der utraquistischen Kirchenleitung für die geplante Belehrung der Brüder in Prag am 1. Januar 1504 und deren Widerlegung durch die Brüder

Dem in AUF VI überlieferten Dokument liegt die schriftliche Fassung der für den 1. Januar 1504 geplanten Belehrung der Brüderältesten durch die utraquistische Kirchenleitung in Prag zugrunde. Der Text wurde von den „Magistern", die dem Administrator Pavel aus Saaz als beratendes Gremium zur Seite standen, verfasst und ist in eine Vorrede und fünf Abschnitte gegliedert, die jeweils mit ausführlichen biblischen Belegstellen versehen sind. Der Wortlaut der utraquistischen Schrift, die auch in der *Historia Fratrum* (Praha, Národní knihovna České republiky, Sign. XVII F 51a, 229) erwähnt ist, wird in der brüderischen Gegenschrift anscheinend vollständig wiedergegeben.

Der Umfang der abschnittsweise eingeschobenen brüderischen Widerlegung übersteigt den der utraquistischen Vorlage deutlich. Als Verfasser der Gegenschrift kommt in erster Linie Lukáš aus Prag in Betracht. Inhaltlich steht die Widerlegung der aus Texten mehrerer brüderischer Verfasser zusammengesetzten „Verteidigungsschrift in fünf Teilen" vom 14. September 1503 (Nr. 68) nahe.

Überlieferung außerhalb der AUF: –

Edition: Handschriftliche deutsche Übersetzung von Joseph Theodor Müller: Herrnhut, Unitätsarchiv der Evangelischen Brüder-Unität, Sign. AB.II.R.1.1a/3, Zweiter Teil, 59–91.

Literatur: Gindely: Geschichte, Bd. 1 [1857], 121; Gindely: Bratr Lukáš [1861], 280, Nr. 20; Пальмов (Hg.): Чешские братья, Bd. 1/1 [1904], 204–214 (ausführliche Zusammenfassung); Müller: Geschichte und Inhalt [1913], 218, Nr. 18; Müller: Geschichte, Bd. 1 [1922], 331, 557, Nr. 69, 597, Nr. 106; Müller/Bartoš: Dějiny, Bd. 1 [1923], 342, Nr. 69.

W této knjze pokládagi se artykulowé mistrůw pražských, kteréž sobě sepsali byli, podlé nichž chtěli s bratřjmi mluwiti y ge naprawowati aneb k nim mocý přidržeti toho času, když bratřj k rozkazu krále Wladislawa w Praze k nápravě postaweni byli letha Páně 1504. na Nowé leto, kdež bratr Lukáš s bratrem Lorkem a s ginými osobně se byl postawil, a při tom odpowěd bratrská na tauž infformacij mistrowskau [„In diesem Buch sind enthalten die Artikel der Prager Magister, die sie für sich aufgeschrieben hatten, anhand welcher sie mit den Brüdern reden und sie bekehren oder sie mit Gewalt zwingen wollten zu der Zeit, als die Brüder auf Befehl König Wladislaws in Prag zur Zurechtweisung gestellt wurden im Jahr des Herrn 1504 auf Neujahr, als Bruder Lukáš mit Bruder Vavřinec und anderen sich persönlich stellte, und dazu die Antwort der Brüder auf diese Vorlage der Magister"]. Inc.: *Yakož geho milost, král a pán náss [...]*. Expl.: *[...] to z tech smyslůw*.

[Vorrede]

König [Wladislaw II.] hat befohlen, gegen die Ketzerei in Böhmen vorzugehen und die Irrgläubigen zur Einheit des christlichen Glaubens (*k gednotě wjry křestianské*) zu bekehren. Dieser Befehl bezog sich nur auf die königlichen Städte [Nr. 264] und wurde dort bereits durchgeführt. Zusätzlich haben sich der Oberstlandhofmeister [Wilhelm der Jüngere von Pernstein], der Oberstlandkämmerer [Johann von Schellenberg] und der Oberstmünzmeister [Bohuš II. Kostka von Postupitz] freiwillig bereiterklärt, die Vorsteher (*starssj, gimiž se zprawugj*) der auf ihren Grundherrschaften lebenden Brüder zu einer Belehrung in Prag auf Neujahr [1504] zu „stellen".

Die Magister wollen mit freundlichen und gütigen Ermahnungen das Seelenheil der vorgeladenen Personen suchen. Damit später niemand unzutreffende Behauptungen über den Gesprächsverlauf aufstellen kann, legen sie im Voraus alle Punkte, über die gesprochen werden soll, schriftlich nieder.

Erstens [von der Kirche]

Die Magister schreiben: Die Brüder lehren falsch vom Artikel des Apostolischen Glaubensbekenntnisses (*při článku wjry křestianské*) von der heiligen allgemeinen Kirche (*swatau cýrkew obecnostj wjry*). Die Brüder haben sich von der Gemeinschaft der Kirche getrennt und aufgrund ihrer fleischlichen Gesinnung eine eigene Gemeinde oder Sekte gegründet. – Antwort der Brüder: Die Brüderunität beruht auf dem wahren allgemeinen christlichen Glauben, ist von Gott gewollt und ist nicht von der Gemeinschaft der Gläubigen getrennt. Sie hat sich vielmehr von denjenigen abgesondert, die von der Wahrheit und Reinheit des Glaubens abgewichen sind und die Menschen mit weltlicher Gewalt zwingen (*nutj mocy swěta*). Die Brüder halten ihre Unität für ein Glied der allgemeinen heiligen Kirche (*že sme z audůw cýrkwe*),

Die utraquistische Kirchenleitung hatte für die geplante Zwangsbekehrung der Ältesten der Brüderunität, die am 1. Januar 1504 in Prag stattfinden sollte, eine Artikelreihe vorbereitet. Die Vorwürfe der Utraquisten wurden von den Brüdern mit einer ausführlichen Widerlegung (Nr. 291) beantwortet. Der offenbar erst geraume Zeit nach den Ereignissen formulierte Titel (AUF VI 48r) bezeichnet die Gegenschrift ausdrücklich als „Buch". Der Wortlaut legt die Annahme nahe, dass der Text in Abschriften zirkulierte oder sogar gedruckt veröffentlicht werden sollte.

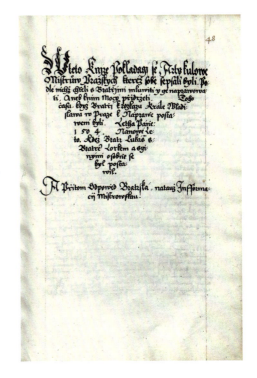

nicht aber für die allgemeine heilige Kirche selbst. Darüber haben sie auch an den König geschrieben [„Bekenntnis an König Wladislaw II." (1503), vgl. zu Nr. 263].

Die Brüder möchten von den Magistern erfahren, wofür sie ihre eigene Gemeinschaft halten und wofür sie die römische Kirche (*zbor řjmský*) halten, die doch von den Vorfahren [den frühen Hussiten] als Kirche des Antichrist bezeichnet wurde. Die römische Kirche hält von den Utraquisten ebensowenig wie von den Griechen [den byzantinischen Ostkirchen]. Sie lehrt vielmehr, dass nur diejenigen selig werden können, die dem Papst gehorsam sind. Die Brüder dagegen glauben, dass die heilige allgemeine Kirche sich über die ganze Welt erstreckt und dass alle wahren Gläubigen ihr angehören.

Die Magister beschuldigen die Brüder, von der Kirche abgefallen zu sein, sagen aber nicht, wo diese Kirche zu finden sei. Die Magister lehren, dass nicht eine einzige Sekte in einem einzigen Teil der Welt die wahre Kirche sein kann. – Dem stimmen die Brüder zu. Aber die Utraquisten lehren, dass nur diejenigen selig werden, die die Kommunion unter beiderlei Gestalt empfangen. Demnach würden also nur die Utraquisten, die Griechen [die Kirchen des byzantinischen Ritus] und aus der römischen Kirche lediglich die Priester [die bei der Messe aus dem Kelch trinken] selig. Die Brüder dagegen glauben, dass Christus alle Menschen selig machen kann [woraus sich ergibt, dass die Brüder und nicht die Utraquisten oder Katholiken die Universalität der Kirche Christi lehren].

Zweitens [von den Sakramenten im Allgemeinen
und vom Priestertum im Besonderen]

Vorwurf der Magister: Christus gießt durch die Sakramente seine Gnade in die Menschen wie in Gefäße. Die Brüder leugnen dies und lehren falsch von den Sakramenten. – Antwort der Brüder: Die Gnade, durch die der Mensch das Seelenheil erlangt, schenkt Gott allein durch das Verdienst Christi durch den Heiligen Geist. Diese Gnadengaben sind der Glaube, der Glaubensgehorsam, die Wiedergeburt, die Beständigkeit im Guten und die Gerechtigkeit aus dem Glauben. Wenn dies alles durch die Sakramente gegeben würde, dann würden auch alle unwürdigen Kommunikanten selig werden. Vielleicht meinen die Magister jedoch die Gnade, durch die die Diener [Priester] zur vollmächtigen Verwaltung der Dienlichkeiten [Wort und Sakramente] befähigt werden. Davon lehren die Brüder, dass die Gläubigen in der Tat durch die Sakramente im Glauben, in der Liebe und in der Hoffnung bestätigt und gestärkt werden.

Die Magister schreiben: Die Brüder lehren falsch vom priesterlichen Amt, das seinen Ursprung im Hohepriestertum Christi hat und [durch die apostolische Sukzession] an dessen Diener und Stellvertreter weitergegeben wird bis ans Ende der Welt. Die Brüder haben die Quelle (*pramen*) des Priestertums verlassen und haben sich selbst Priester eingesetzt. – Antwort der Brüder: Es gibt zweierlei Priestertum. Das eine ist das wesentliche (*podstatné*) Priestertum, das Christus allein eigen ist, welcher durch sein Opfer alle Sünden ein für alle Mal bis ans Ende der Welt gesühnt hat. Davon zu unterscheiden ist das dienliche (*služebné*) Priestertum. An diesem gibt Christus den Gläubigen Anteil. Dabei ist wiederum zweierlei zu unterscheiden: erstens das dienliche Priestertum durch Geburt. Alle Gläubigen sind durch die Wiedergeburt geborene Priester und ein königliches Geschlecht (1 Petr 2,9). Zweitens das dienliche Priestertum durch Wahl, Verordnung und Einsetzung (*podlé wywolenj, řjzenj a vstawenj*).

Daraus geht hervor, dass die Magister falsch lehren, denn sie setzen das Priestertum ihrer Priester mit dem wesentlichen Priestertum Christi gleich. Das christliche Priestertum kann weder [durch einen sakramentalen Weiheakt] fleischlich übertragen noch für Geld erkauft werden [utraquistische Weihekandidaten bezahlten nicht selten für die Ordination durch katholische Bischöfe]. Erst recht kann es nicht durch böse oder irrgläubige Menschen [die Bischöfe der römischen Kirche] weitergegeben werden.

Die Einsetzung der ersten drei Brüderpriester [in Lhotka bei Reichenau an der Kněžna 1467] fand auf ordentliche Weise statt. Die drei Priesterkandidaten machten sich nicht selbst zu Priestern, sondern wurden durch einen Priester römischer Weihe, dessen römisches Priestertum von den Irrlehren [der römischen Kirche] gereinigt war, und von einer anderen zum Ältestenamt bestätigten Person (*y ginym na to potwrzeným*) ordiniert. Dafür sind Beweise vorhanden. Dagegen haben die Magister ihr Priestertum auf eine Weise erlangt, die Gottes Gesetz widerspricht.

Die Magister schreiben ausführlich vom Unterschied zwischen dem alttestamentlichen und dem neutestamentlichen Priestertum und von der Herrlichkeit des Priestertums des Neuen Bundes. – Die Brüder antworten darauf, dass dies gar nicht der entscheidende Punkt ist, denn die Magister unterscheiden nicht zwischen dem wesentlichen Priestertum Christi und dem dienlichen Priestertum, an dem Menschen Anteil haben. Außerdem hat der Gottesdienst der Utraquisten mit seinen vielen Ritualen mehr mit dem alttestamentlichen Priestertum gemein als mit dem Gottesdienst des Neuen Bundes. Die Magister verherrlichen das Priestertum so sehr, weil sie mit der Würde des Amtes die Unwürdigkeit ihrer Priester überdecken wollen. Die Magister verleumden zu Unrecht den Ursprung des brüderischen Priestertums, dabei ist es doch bekannt, auf welche Weise sie ihr vermeintliches Priestertum erlangt haben, nämlich durch Meineid, Täuschung und Simonie.

Die Magister schreiben: Die Brüder berufen sich zu Unrecht auf die Märtyrer Jan Hus und Jeroným aus Prag und die übrigen böhmischen Glaubenszeugen, denn diese tadelten zwar die Sünden des Volkes und der Priester, wandten sich aber nie von der Lehre und den Sakramenten der Kirche und vom Priestertum der römischen Sukzession ab. – Antwort der Brüder: Jan Hus und andere haben gelehrt, dass die römische Kirche der Antichrist und die Hure Babylon sei, dass sie durch simonistische Ketzerei verdorben und nicht die heilige Kirche sei [Hus: *De ecclesia*; Matěj aus Janov: *Regulae III 5, Tractatus de antichristo*; Jakoubek aus Mies: *Posicio de antichristo*]. Hus hat dabei nicht die Frage der [für die Utraquisten so entscheidenden] Kelchkommunion erwähnt und auch selbst den Kelch nicht den Laien gespendet. Die Brüder berufen sich zu Recht auf die Schriften des Jan Hus, Matěj [aus Janov] (*mistra Matěge Pařjzského*) und Jakoubek [aus Mies], wenn sie die römische Kirche als antichristlich bezeichnen. In anderen Punkten folgen sie ihnen dagegen nicht, wie dies übrigens auch die Utraquisten nicht tun.

Die Brüder leugnen nicht, dass Hus und die übrigen die Priesterweihe von der römischen Kirche empfangen hatten; sie haben das priesterliche Amt aber in einer ganz anderen Wahrheit ausgeübt als diejenigen, von denen sie die Weihe empfingen. Auch die Brüder haben bei der Einsetzung der ersten Brüderpriester die römische Sukzession keineswegs verachtet, sondern diese vielmehr gereinigt und daran angeknüpft. Noch heute erkennen sie die Ordination in römischer Sukzession an, wenn sich ein Träger derselben den Brüdern anschließt und sich von den Irrtümern der römischen Kirche reinigt (*když očisstěné gest od bludůw antykrystowých*).

Die Magister schreiben: Die Brüder verurteilen ohne Unterschied alle Priester römischer Weihe, obwohl es auch unter diesen viele fromme Menschen gibt. – Antwort der Brüder: Es gibt zweierlei Schlechtigkeit, des Lebenswandels und der Lehre (*dwoge zlost gest, gedna žiwota a druha smysla přj wjře a spasenj lidském*). Beides macht zum Priesteramt untauglich, und daher muss man aus dem einen wie dem anderen Grund in jedem Fall die Priester der römischen Sukzession meiden.

Die Magister schreiben: Die Brüder nehmen daran Anstoß, dass die Utraquisten einerseits gegen die römische Kirche predigen, sich andererseits aber mit ihr vereinigen wollen. Die Utraquisten erfüllen damit das Wort Christi (Mt 23,2–3), man müsse den Schriftgelehrten auf dem Stuhl des Mose gehorchen, aber nicht ihre bösen Werke nachahmen. – Antwort der Brüder: Die Utraquisten suchen nicht den Frieden Christi, sondern den Frieden der Welt, denn die römische Kirche hat bisher nichts von den Missständen, die bereits die Altvorderen [Jan Hus und andere] kritisierten, behoben. Die Utraquisten geben durch ihr Verhalten denjenigen Recht, von denen die Altvorderen als Ketzer verurteilt wurden. Vor allem aber sind die Utraquisten der römischen Kirche keineswegs gehorsam, sondern sie nehmen einiges an, verwerfen dagegen anderes von dem, was die römische Kirche lehrt. Ähnlich versuchten einst die ersten Brüder dem Magister [Jan] Rokycana, soweit es ihnen möglich schien, gehorsam zu sein. Schließlich sahen sie aber die Unmöglichkeit eines solchen Vorgehens ein und handelten nach dem Vorbild der Apostel [indem sie eine eigenständige Gemeinde nach dem Vorbild der Urkirche aufrichteten]. Aber selbst wenn die Lehre der Katholiken und Utraquisten vollständig der Heiligen Schrift gemäß wäre, dürfte man ihren Priestern nicht gehorsam sein, und dies aus dem einzigen Grund, dass beide die Menschen mit Gewalt zwingen (*že oni y wy mocý wedete k dobrému tomu*). Daher können sie keine Boten Christi sein.

Die Magister schreiben: Man müsse unterscheiden zwischen dem Amt und seinem Träger. Das Amt bleibe gut, auch wenn ein böser Mensch es innehat. – Die Brüder antworten darauf, ein Priester sei nur würdig, wenn er gläubig und ohne Todsünde ist. Von einem unwürdigen Priester darf man keine Sakramente empfangen. – Die Magister argumentieren, Christus habe von den Priestern des Alten Testaments, deren Schlechtigkeit er selbst bezeugte, das Sakrament der Beschneidung empfangen. – Die Brüder weisen dies zurück: Zum einen kann der Priester, der Jesus beschnitt, durchaus ein guter Priester gewesen sein, zum anderen ist es verwunderlich, dass die Priester die Beschneidung als Sakrament bezeichnen: Lehren sie etwa mit [Thomas] von Aquin [*Summa theologica*, p. 3, q. 70], dass die Beschneidung die Erbsünde getilgt habe? – Die Magister schreiben, dass auch die Apostel im Glauben irrten, denn sie wollten zunächst nicht glauben, dass der Herr auferstanden sei. Dennoch verloren sie nicht die Vollmacht des Apostelamtes. – Die Brüder antworten: Die Apostel haben aus Unwissenheit geirrt und behielten ihr Amt, da sie anschließend Buße taten. Die Magister dagegen ziehen es vor, des Antichrist Schwanz (*ocasem antykrystowým*) zu sein.

Die Magister schreiben: Das Opfer Christi am Kreuz wurde durch die Hände von Sündern dargebracht, daher ist auch ein Messopfer, das ein Sünder darbringt, Gott angenehm und den Menschen nützlich. – Antwort der Brüder: Nicht diejenigen, die Christus kreuzigten, sondern Christus selbst hat das Sühnopfer am Kreuz bewirkt. – Die Magister argumentieren: Ein sündiger Priester kann Heil hervorbringen, so wie der sündlose Christus von sündigen Vorfahren abstammte. – Antwort der Brüder: Wo die Magister keine Argumente aus dem Neuen Testament haben, greifen sie zu weit hergeholten Vergleichen. Christus hat eine von Sünden reine [menschliche] Natur im Leib der Jungfrau angenommen.

Die Magister schreiben: Die Brüder geben zu, dass einem bösen Priester sein Amt zum Unheil gereicht. Demnach muss er tatsächlich das Priestertum haben, denn wie könnte ihm etwas schaden, was er nicht hat? – Die Brüder antworten: Ein böser Priester mag zwar das [äußerliche] Amt des Priestertums ordentlich empfangen haben, aber er hat nicht die [innerliche, durch die Wiedergeburt gewirkte] Wahrheit des Priestertums und kann daher auch das Amt nicht ausüben. Im Übrigen lehren die Magister selbst, dass man aufgrund einer Sache, die man nicht hat, verdammt werden kann: Auch der beste Jude ist verdammt, weil er den Glauben an Christus nicht hat. Ferner lehren sie: Ein Kind wird nicht selig, weil es die Taufe nicht hat.

Die Magister schreiben: Die Utraquisten suchen Frieden mit den Katholiken, nicht um an ihren Missständen teilzuhaben, sondern um vor ihnen Ruhe zu haben. – Antwort der Brüder: Friede ist Ruhe und Ordnung, eine Ordnung, in der jedem das Seine zuteil wird (*znáte welmi dobře, co by pokog byl, že vtissenj řádu, a řád gest, když každy na slussném mjstě sprawedliwě sobě příslussném gsa nawracuge gednomu každému, což geho gest*) [Augustinus, *De civitate Dei* 19, 13, 1, PL 41, 640: „pax (...) tranquillitas ordinis, ordo est (...) sua cuique loca tribuens dispositio"]. Wo es anders zugeht, ist kein Friede. Wenn die Magister mit den Katholiken nicht lediglich in Frieden leben, sondern mit ihnen ein Bündnis schließen und sich ihnen unterwerfen wollen, dann handeln sie nicht im Sinne der [hussitischen] Altvorderen und der utraquistischen Laien. Es wäre besser, mit den Katholiken als Religionsverschiedene in Frieden zu leben (*yako lidé s lidmi rozličných obyčegůw w náboženstwj gsauce, wssak se proto snassegj a smlauwagj w pokog*). Die Brüder befürchten, dass die Annäherung an die Katholiken für die Utraquisten böse Folgen haben wird.

Drittens [über die Taufe]

Die Magister schreiben: Die Brüder lehren, dass die Taufe nicht zur Seligkeit notwendig sei. – Antwort der Brüder: Die Brüder unterscheiden zwischen den wesentlichen und den dienlichen Dingen. Die wesentlichen Dinge sind zum Heil notwendig, die sind die Gnade Gottes, das Verdienst Christi und auf Seiten des Menschen das Vorhandensein der Gaben des lebendigen Glaubens. Vor dem Kommen Christi, aber auch danach, sind viele Menschen allein durch den Glauben selig geworden, auch ohne Taufe. Dagegen macht die Taufe ohne vorausgehenden Glauben nicht selig (*křest bez wjry předcházegjcý nespasý*). Wenn die Taufe in der Weise und Ordnung, in der sie von Christus eingesetzt wurde [zur Bestätigung und Bezeugung des Glaubens], gebraucht wird, ist sie zum Heil nützlich. Wo sie anders gebraucht wird, ist sie ein Bad des Teufels und eine Pforte zur Hölle (*kaupel ďáblůw a brána do pekla*).

Die Magister schreiben: Die Taufe wirkt Sündenvergebung aufgrund des Sühnetodes Christi (Röm 6,3). – Antwort der Brüder: Die Taufe bewirkt nicht das Heil. In Röm 6 geht es um die Veränderung des Lebens durch die Wiedergeburt. An der Heilswirkung des Sühnetodes Christi kann der Mensch nur durch den Glauben Anteil erlangen, nicht durch die Taufe. Die Magister unterscheiden nicht zwischen den dienlichen und den wesentlichen Dingen.

Die Magister schreiben: Der Mensch wird durch den Glauben gerechtfertigt. – Antwort der Brüder: Die Magister sagen nicht, was sie unter Glauben verstehen. Viele bekennen äußerlich den Glauben, haben aber [innerlich] nicht die Wahrheit [die innerlich-geistliche Sache, auf die das Glaubensbekenntnis äußerlich verweist], haben nicht die Gabe des Glaubens empfangen, die allein selig macht.

Die Magister schreiben: Die Arche (1 Petr 3,20–21) und der Durchzug durchs Schilfmeer (1 Kor 10,2) weisen zeichenhaft auf die christliche Taufe voraus. – Antwort der Brüder: Die Arche verhält sich zur christlichen Taufe nicht wie ein Zeichen zu der bezeichneten Sache. Vielmehr bezeugen sowohl die Arche als auch die Wassertaufe als [äußerliche, zeichenhafte] Dienlichkeiten die [innerliche] geistliche, wesentliche Taufe, Wiedergeburt und Sündenvergebung. – Die Magister schreiben: Die Taufe bewirkt die Wiedergeburt. – Die Brüder antworten: Die Wiedergeburt wird von Gott bewirkt und durch die Taufe dienlich bezeugt.

Die Magister schreiben: Kinder können die Taufe empfangen. – Antwort der Brüder: Auch die Brüder taufen Kinder, allerdings nur in dem Sinne, dass diese dadurch in die Kirche aufgenommen werden zum Zweck der Unterweisung bis zum Verstandesalter. Wenn sie dann der Wahrheit nachfolgen wollen, werden sie gefirmt (*do let rozumu, a potom, bude-li chtjti následowati prawdy, aby potwrzeno bylo*). – Die Magister schreiben: Die Taufe kann nicht wiederholt werden. – Die Brüder bestätigen, dass die wahre Taufe nicht wiederholt werden kann, selbst wenn sie von einem sündigen Priester gespendet wurde. Aber wer eine falsche Taufe empfangen hat, mithin eine solche, die in einer anderen Absicht gespendet wurde, als es der Einsetzung durch Christus entspricht, muss noch einmal mit der rechten Intention getauft werden.

Viertens [vom Abendmahl]

Die Magister schreiben: Die Brüder leugnen die Anwesenheit der göttlichen und menschlichen Natur Christi in den konsekrierten Abendmahlselementen und verleumden alle, die Christus im Sakrament anbeten, als Götzendiener. – Antwort der Brüder: Sie bekennen erstens, dass Christus im Sakrament nicht persönlich in seinem natürlichen Wesen nach seiner Menschheit wesentlich anwesend ist (*osobně swým bytem přirozeným člowěčenstwj sweho bytně*). Zweitens ist das gesegnete, in seinem natürlichen Wesen bleibende Brot durch die Worte des Herrn bezeugt als der wahre, sakramentliche (*poswátné*) Leib, entsprechend der Wein. Drittens soll das Brot gegessen und nicht angebetet werden. Viertens ist der, der anders handelt, schuldig am Leib des Herrn, da er den Leib des Herrn nicht unterscheidet (1 Kor 11,29). Die Brüder lästern nicht. Sie missbilligen auch, wenn man andere als Götzendiener beschimpft. – Die Magister führen Schriftbeweise für die Realpräsenz an. – Die Brüder entgegnen: Sie lehren sehr wohl, dass das konsekrierte Brot der Leib Christi sei, aber eben auf sakramentliche Weise. Es ist zwischen unterschiedlichen Seinsweisen zu unterscheiden, in denen Christus zur Rechten Gottes, geistlich in den Gläubigen und sakramentlich in den Sakramenten anwesend ist.

Die Magister schreiben: Indem die Brüder die volle Anwesenheit beider Naturen Christi im Sakrament leugnen, leugnen sie die hypostatische Union der göttlichen und menschlichen Natur Christi (*že to drahé tělo spogeno gest s božstwjm w gedné osobě*). Sie sind daher die Antichristen, von denen 1 Joh 4,3 schreibt [Vulgata: „qui solvit Iesum (...), est antichristus"]. – Die Brüder antworten: Sie bekennen die unauflösliche Vereinigung Christi erstens mit der menschlichen Natur, zweitens mit der Kirche als seinem Leib und drittens mit der gläubigen Seele. Nicht die Brüder, sondern vielmehr diejenigen, die das Heil an den äußerlichen Sakramentsempfang und die Kirche an die weltliche Macht binden, teilen Christus.

Die Magister schreiben: Die Brotrede Joh 6 ist der Schriftbeweis für die Heilsnotwendigkeit und Heilswirksamkeit der Kommunion. – Die Brüder antworten: In Joh 6 ist vom Leben die Rede, das Jesus verheißt. Man muss unterscheiden zwischen dem natürlichen und dem geistlichen Leben. Beim natürlichen Leben ist zu unterscheiden zwischen dem des Leibes, das zeitlich begrenzt ist, und dem der Seele, die unsterblich ist. Das geistliche Leben haben die Menschen durch den Sündenfall verloren und können es nur aus Gnade durch Glauben wiedererlangen. Dies ist das Leben, von dem Christus in Joh 6 und an anderen Stellen spricht, und es kann nicht durch den Sakramentsempfang erlangt werden, vielmehr setzt der Sakramentsempfang das Vorhandensein des geistlichen Lebens voraus. – Die Magister schreiben: Die konsekrierten Abendmahlselemente sind das Heil. – Die Brüder antworten: Sie sind lediglich dienliche Hilfe zum Heil.

Fünftens [von der Anbetung des Sakraments]

Die Magister werfen den Brüdern vor: Indem die Brüder die Anbetung des Sakraments ablehnen, erklären sie die ganze Christenheit zu Götzendienern. – Die Brüder erklären: Sie wollen niemanden verleumden, widersetzen sich jedoch dem Aberglauben.

Die Abhandlung der Magister führt zahlreiche Schriftstellen als Beweise für die eucharistische Anbetung an. – Die Brüder weisen diese Argumente ausführlich zurück. Die von den Magistern angeführten Schriftverse beweisen lediglich, dass dem zur Rechten des Vaters natürlich und wesentlich anwesenden Leib Christi wegen der Vereinigung der menschlichen mit der göttlichen Natur Christi göttliche Anbetung zukommt, was die Brüder auch keineswegs ablehnen; aber es sind keine Beweise dafür, dass Christus im Sakrament anzubeten sei. Im Übrigen zeigen die Werke derer, die das Sakrament anbeten, dass sie Christus nicht ehren, denn wer ihm dient und ihn ehrt, der folgt ihm nach. Die Magister mögen argumentieren, wie sie wollen, die Zeit ist nahe, dass Gott ihre Bosheit bestrafen und die helle Wahrheit des Evangeliums aufstrahlen lassen wird (*a braňte toho, yakž chcete, čas giž gde, w němž Bůh nawsstjwj na ty snažnosti zlé skrze oswjcenj čtenj yasné prawdy swé etc., a přestati tomu káže etc.*).

Die Magister schreiben: Das Abendmahl ist ein Opfer. – Antwort der Brüder: Christus selbst hat kraft seines wesentlichen Priestertums (*kněžstwjm podstatným*) ein ewiges Opfer dargebracht. Die Opfer, die die Menschen, die am oben erwähnten dienlichen Priestertum (*kněžstwjm služebným*) teilhaben, darbringen, sind lediglich geistliche Opfer, nämlich ihr Gebet und ihre Gesinnung (Röm 12,1; 1 Petr 2,5). Das Abendmahl soll gegessen werden, nicht [zur eucharistischen Anbetung] ausgesetzt oder [in Prozessionen] herumgetragen werden.

Die Magister schreiben: Dieses Opfer soll täglich dargebracht werden, darauf bezieht sich auch die Brotbitte im Vaterunser: „Unser überwesentliches Brot gib uns heute" (*chléb náš nadpodstatný deg nám dnes*) (Mt 6,11) [Vulgata: „panem nostrum supersubstantialem da nobis hodie"]. – Die Brüder antworten: Die Urkirche hat von dieser Deutung nicht gewusst. Es ist auch merkwürdig, dass sie in der Brotbitte nicht um das „tägliche" (*wezdegssj*) [so die übliche tschechische Fassung der Brotbitte], sondern um das „überwesentliche" Brot bitten, wenn es ihnen um die tägliche Abendmahlsfeier geht. Außerdem sagen die Utraquisten das Vaterunser nach der Kommunion und nicht davor. Auch das widerspricht der Behauptung der Magister, die Brotbitte beziehe sich auf das Abendmahl.

Die Magister schreiben: Dieses Opfer soll täglich empfangen werden, so wie das Manna täglich gegeben wurde (Ex 16,4). – Die Brüder antworten: Nicht das Sakrament, sondern Christus selbst ist das Manna (Joh 6,51), das man täglich genießen soll. Die Magister verwirren das Volk, indem sie zusammengeklaubte Mönchsphantasien an die Heilige Schrift ankleistern, in denen kein bisschen vom eigentlichen Sinn erfasst ist (*skrze smysly mnjské wytažené a na pjsmjch přilepené, gessto žádného tytlíčka o tak znamenité wěcy nemagjce*). Bei den Utraquisten kommunizieren nur die Priester täglich, manchmal auch ein paar alte Leute, aber die meisten utraquistischen Laien empfangen das Sakrament nur ein- bis zweimal im Jahr, viele sogar niemals in vielen Jahren. Es gilt, das unvergängliche geistliche Manna im Heiligtum des erneuerten Geistes zu sammeln [so wie in der Bundeslade ein Krug mit Manna aufbewahrt wurde, Ex 16,33; Hebr 9,4]. Das Sakrament dagegen wird madig und schimmlig [Ex 16,20], wenn man es aufbewahrt.

Nr. 292   VI 69v–70v

Entwurf für eine Rede der Brüder bei der geplanten Verhandlung vor Vertretern der katholischen und der utraquistischen Kirchenleitung [in Prag am 27. Dezember 1509]

Bei dem undatierten und ohne Angabe des Verfassers überlieferten Text handelt es sich um eine Instruktion der Unitätsleitung an einen Angehörigen der Brüderunität, der vor katholische und utraquistische Geistliche vorgeladen ist. Dabei wird genau vorgegeben, was die betreffende Person sagen soll. Der Text gehört ebenso wie Nr. 286, 287, 293 und 295 zu den Schriftstücken, die laut dem Augenzeugenbericht Nr. 294 ein Bote der Unitätsleitung am 26. Dezember 1509 in Prag den zehn „gestellten" brüderischen Laien übergab.

Die zehn Brüder wurden von der Unitätsleitung angewiesen, für die Verhandlung einen Sprecher aus ihrer Mitte auszuwählen. Die übrigen Brüder sollten nach Möglichkeit schweigen. Dass bei der geplanten Verhandlung am 27. Dezember 1509 (anders als bei der für den 1. Januar 1504 geplanten Verhandlung) sowohl katholische als auch utraquistische Geistliche anwesend sein sollten, ist in dem Mitte Dezember 1509 verfassten Schreiben der Brüder an den König (Nr. 297) ausdrücklich erwähnt. Da jedoch Ende 1509 statt brüderischer Priester nur Laien von ihren Grundherren nach Prag gesandt wurden, wurde auch diese „zweite Stellung", wie bereits die „erste Stellung" vom 1. Januar 1504, ergebnislos abgebrochen.

Am Ende des Textes wird der Sprecher der „gestellten" Brüder instruiert, auf Fragen nach seinen Glaubensüberzeugungen mit dem Verweis auf ein schriftliches Glaubensbekenntnis zu antworten. Von diesem Bekenntnis sei auch eine ausführlichere Fassung mit biblischen Belegstellen vorhanden. Der Verweis bezieht sich anscheinend auf die *Confessio fratrum regi Vladislao ad Ungariam missa* (1507) und die „Verteidigungsschrift an die Stände des Königreichs Böhmen" (1507), die im folgenden Jahr in tschechischer Sprache im Druck erschien (Vrozenym panuom [1508]; Edition in Пальмов (Hg.): Чешские братья, Bd. 1/2 [1904], 254–280; vgl. Nr. 280).

Überlieferung außerhalb der AUF: –

Edition: Handschriftliche deutsche Übersetzung von Joseph Theodor Müller: Herrnhut, Unitätsarchiv der Evangelischen Brüder-Unität, Sign. AB.II.R.1.1a/3, Zweiter Teil, 91–93.

Literatur: Пальмов (Hg.): Чешские братья, Bd. 1/1 [1904], 214f.; Müller: Geschichte und Inhalt [1913], 218, Nr. 19; Müller: Geschichte, Bd. 1 [1922], 525, 597, Nr. 107 (Müller ordnet den Text der „ersten Stellung" der Brüder am 1. Januar 1504 zu und datiert ihn daher auf Ende 1503).

[Titel laut Inhaltsverzeichnis, *1v: *Poznamenánj, co se mělo před mistry mluwiti* („Aufzeichnung, was vor den Magistern geredet werden sollte").] – [Notiz von der Hand des Vavřinec Orlík, 72r:] *O druhém postawenj* [„Über die zweite Stellung"]. Inc.: *Poctiwj páni preláti a mistři s kněžjmi obogj strany [...]*. Expl.: *[...] gak wěřjm, k tomu se přiznáwám*.

[Der Sprecher der „gestellten" Brüder soll folgendermaßen vortragen:] Die Prälaten und Magister samt den Priestern beider Parteien [Katholiken und Utraquisten], vor denen er steht, mögen ihn zurechtweisen, sofern sie Boten Christi sind. Wenn sie ihn einer Irrlehre überführen, wird er ihre Unterweisung annehmen, sei es, dass er sie versteht, sei es, dass er sie lediglich glauben kann, ohne sie zu verstehen. Er wird die ihm auferlegte Strafe annehmen, auch den Tod auf dem Scheiterhaufen oder eine lebenslange Kerkerhaft. Wenn sie ihn aber bestrafen, ohne ihn zu überführen, kann er in ihnen keine Boten Christi erkennen.

Was hat ihn zur Brüderunität gebracht? Es waren die Katholiken und Utraquisten mit ihren Schriftbeweisen und offenkundigen Werken. Früher hielt er sich an eine der beiden Parteien und lernte dort anhand von Beweisen aus der Heiligen Schrift, dass die andere Partei nicht von Gott sei. Doch dann begriff er anhand ebenso einleuchtender Schriftbeweise, das auch seine eigene Partei nicht von Gott sei: In den handschriftlichen und gedruckten Büchern und in den Liedern der Utraquisten und ihrer Vorfahren wird die römische Kirche als antichristlich bezeichnet und mit übelsten Schmähworten belegt. Von den Katholiken wiederum wird gepredigt und in Büchern geschrieben und gedruckt, dass die Utraquisten Ketzer sind. Aber wenn die römische Kirche eine Hure ist, dann sind ihre Söhne, die Utraquisten, Bastarde, und indem sie die römische Kirche, ihre Mutter, schmähen, verurteilen sie sich selbst. Katholiken und Utraquisten exkommunizierten einander und wollten sich durch Krieg gegenseitig ausrotten. Und zu all dem lehren beide falsch vom Heil.

Da er weder bei den Utraquisten noch bei den Katholiken bleiben konnte, schloss er sich den Brüdern an. Solange er nicht einer Irrlehre überführt wird – und zwar nicht durch Zwang und Gewalt, sondern durch Argumente –, kann er weder Utraquisten noch Katholiken glauben. Die Utraquisten mögen sich des Jan Hus erinnern, der in Konstanz nicht durch Argumente überführt wurde. Die Glaubenslehre, die er bekennt, ist in dem Bekenntnis enthalten, das die Brüder kürzlich an König Wladislaw II. von Böhmen und Ungarn und an die Prager Stadträte gesandt haben. Dieses Bekenntnis kann auf Wunsch mit ausführlichen Schriftbeweisen und in zwei Sprachen [tschechisch und lateinisch] vorgelegt werden.

Nr. 293   VI 71r–72v

Argumente zur Verteidigung der Brüder bei der geplanten Verhandlung vor Vertretern der katholischen und der utraquistischen Kirchenleitung [in Prag am 27. Dezember 1509]

Der ohne Angabe des Verfassers, Überschrift und Datum überlieferte Text wurde ebenso wie Nr. 286, 287, 292 und 295 von einem Boten der Unitätsleitung am 26. Dezember 1509 den Brüdern übergeben (vgl. Nr. 294), die am 27. Dezember 1509 vor Vertretern der katholischen und der utraquistischen Kirchenleitung in Prag belehrt, das heißt zum Widerruf und zum Übertritt zu einer der beiden Parteien gezwungen werden sollten.

Die brüderischen Laien sollen sich auf keine Diskussionen mit den katholischen und den utraquistischen Theologen einlassen. Stattdessen weist der vorliegende Text sie an, sie mögen die mit der Brüderunität sympathisierenden Adeligen, die bei der Verhandlung zugegen sein werden, bitten, die Magister in eine Diskussion zu verstricken. Der kurze Text gibt detaillierte Anweisungen, wie die Theologen in die Aporie geführt werden können. Der Ausgangspunkt der Argumentation, die Aussage, niemand könne sich der Gnade Gottes gewiss sein, findet sich in den Schriften des Jan Rokycana zum Beispiel in einer Predigt über 1 Joh 1,1–14: „denn niemand weiß vollkommen, ob er der göttlichen Gnade oder des Zorns würdig ist" („nebo toho neví dokonale, milosti-li jesti Boží hoden čili hněvu", Rokycana: Postilla, Bd. 1 [1928], 135).

Über das im Text erwähnte Martyrium der sechs Brüder am 6. November 1503 im westböhmischen Haid bei Tachau gibt es einen ausführlichen Bericht in der *Historia Fratrum* (Praha, Národní knihovna České republiky, Sign. XVII F 51a, 133–136; Müller: Geschichte, Bd. 1 [1922], 318f.).

Überlieferung außerhalb der AUF: –

Edition: Handschriftliche deutsche Übersetzung von Joseph Theodor Müller: Herrnhut, Unitätsarchiv der Evangelischen Brüder-Unität, Sign. AB.II.R.1.1a/3, Zweiter Teil, 93–95.

Literatur: Пальмов (Hg.): Чешские братья, Bd. 1/1 [1904], 215; Müller: Geschichte und Inhalt [1913], 218, Nr. 19; Müller: Geschichte, Bd. 1 [1922], 525, 598, Nr. 108 (Müller ordnet den Text der „ersten Stellung" der Brüder am 1. Januar 1504 zu und datiert ihn daher auf Ende 1503).

[Titel laut Inhaltsverzeichnis *1v: *Otázky některé na mistry* („Einige Fragen an die Magister").] Inc.: *Co se lidmi zlými dělá [...]*. Expl.: *[...] činjte-li Krystowa přikázanj, co se wám zdá?*

Die Pläne böser Menschen können von Gott durch Menschen mit passenden Worten zunichte gemacht werden. Der Adressat möge die ihm bekannten Herren, die bei dem Verhör anwesend sein werden, bitten, zuerst das Wort an die Magister zu richten.

Die Priester beider Parteien [katholische wie utraquistische Theologen] sind der Meinung, kein Mensch könne wissen, ob er der göttlichen Gnade oder des göttlichen Zorns wert sei (že žádný newj, kdo by byl hoden milosti nebo nenáwisti Božj). Man kann ganz sicher davon ausgehen, dass dies ihre Meinung ist, denn so steht es in einer Schrift des [Jan] Rokycana.

Die Herren sollen folglich die Magister fragen, ob sie wissen, wer der göttlichen Gnade und wer des göttlichen Zorns wert sei. Darauf werden diese voraussichtlich antworten, das könne niemand wissen. Die Herren sollen dann sagen: Wenn das ohnehin niemand wissen kann, warum gibt es dann so viel Streit zwischen Utraquisten und Katholiken, und warum sollte man Menschen gewaltsam zu etwas zwingen, das doch keine Gewissheit des Heils bietet? Die Herren sollen die Magister fragen, ob sie für einen so ungewissen Glauben ebenso bereitwillig in den Tod gehen würden wie die sechs Brüder, die [am 6. November 1503 in Haid bei Tachau] getötet wurden.

Auf die möglichen Argumente der Magister [die ausführlich aufgezählt werden] sollen die Herren mit passenden [ebenfalls in Einzelheiten vorformulierten] Einwänden und Rückfragen reagieren.

Nr. 294 VI 73r–75r

Bericht über die „Stellung" der Brüder am 27. Dezember 1509 in Prag, ohne Ortsangabe, 1. Januar 1510

Der Bericht über die „Stellung" von zehn Mitgliedern der Brüderunität wurde am 1. Januar 1510 niedergeschrieben. Der Verfasser befand sich laut Textschluss unter „denen, die dabei zugegen waren". Er ist also unter den zehn im Text namentlich genannten Brüdern zu suchen, die zum 27. Dezember 1509 von ihren Obrigkeiten nach Prag gesandt wurden.

Der im Text erwähnte böhmische Landtag vom 19. November 1509 in Prag ist lediglich bruchstückhaft dokumentiert. Der Beschluss, wonach die böhmischen Obrigkeiten zum 27. Dezember 1509 den gesamten Brüderklerus nach Prag ausliefern sollten, ist nur in dem vorliegenden Bericht überliefert. Der Bericht ist in der *Historia Fratrum* weitgehend wörtlich übernommen.

Überlieferung außerhalb der AUF: *Historia Fratrum*, Praha, Národní knihovna České republiky, Sign. XVII F 51a, 276–290.

Edition: Handschriftliche deutsche Übersetzung von Joseph Theodor Müller: Herrnhut, Unitätsarchiv der Evangelischen Brüder-Unität, Sign. AB.II.R.1.1a/3, Zweiter Teil, 95–99.

Literatur: Gindely: Geschichte, Bd. 1 [1857], 140–143; Palacký: Geschichte von Böhmen, Bd. 5/2 [1867], 178, 191–193 (zum Landtag vom 19. November 1509); Tomek: Dějepis, Bd. 10 [1894], 289–291 (zum Landtag vom 19. November 1509); Kalousek (Hg.): Archiv český, Bd. 18 [1900], 388f. (Einberufung des Landtags zum 19. November 1509); Пальмов (Hg.): Чешские братья, Bd. 1/1 [1904], 215f.; Müller: Geschichte und Inhalt [1913], 218, Nr. 20; Müller: Geschichte, Bd. 1 [1922], 350, 362–364, 601, Nr. 140, 608; Müller/Bartoš: Dějiny, Bd. 1 [1923], 226, 235.

[Titel laut Inhaltsverzeichnis *1r: *O druhém postawenj* („Über die zweite Stellung").]
Inc.: *Léta Syna Božjho 1509. w pondělj na den swaté Alžběty, byl gest sněm obecnj položen [...]*. Expl.: *[...] ke wssemu dobremu přiwodě y k žiwotu sláwy. Amen. W vtery na Nowé létho od těch, kteřjž přjtomni byli tomu wssemu, giž letha M V^c X° psáti počynagjce toto gest sepsano. Amen.*

Am 19. November 1509 wurde auf dem böhmischen Landtag in Prag in Gegenwart des Königs unter anderem ein Beschluss über die Brüder gefasst. Der böhmische Oberstkanzler [Albrecht II. Libštejnský von Kolovrat], Jan Svojanovský [von Boskowitz] und andere forderten, sie unter Androhung der Enteignung und weiterer Strafen des Landes zu verweisen. Gegen die Juden wurde dagegen nichts unternommen, obwohl Ritterstand und Städte auch gegen sie Maßnahmen beantragten. Ähnlich wurde einst der Räuber Barabbas freigesprochen [und Jesus verurteilt, Mt 27,26]. In dem Beschluss wurde bekräftigt, dass die Brüder, die man ohne ordentliche Anhörung als Ketzer verleumdet, gemäß dem St. Jakobsmandat [vgl. zu Nr. 284] zwangsbekehrt oder ausgewiesen werden sollen.

Laut einem an alle Obrigkeiten in Böhmen versandten Befehl sollten die Priester und Lehrer der Brüder (*kněžj a včytelé bratrsstj*) am 27. Dezember 1509 in Prag vor Vertretern der katholischen und der utraquistischen Kirchenleitung „gestellt" werden. Der Oberstburggraf Zdeněk Lev [von Rosental] lud in dem Schreiben namentlich Lukáš [aus Prag], Vavřinec [Krasonický] und Jan [Černý] (*Jan lekař*) nach Prag vor, ferner alle übrigen, die bei den Brüdern predigen und lehren. Die Grundherren der Brüder „stellten" zu dem angegebenen Termin jedoch keine Brüderpriester, sondern die folgenden Personen, unter denen sich lediglich einige Laien-Älteste (*toliko z hospodářuow někteřj za starssj gsauc*) befanden:

Johann [Krabice] von Weitmühl (*pan Jan Weytminar*) sandte in Begleitung seines Amtmanns Václav den Bauern Šimon und den Schuster Štěrba aus Lenešice sowie den Müller Jiřík und den Kaltschmied Štěpán aus Klášter [Dolní Ročov]. [Nikolaus II.] Trčka [von Leipa auf Lichtenburg] sandte den Weber Mikuláš aus Bydžov, den Weber Jan Menšík aus [Heřmanův] Městec, der eine auffällige Kappe trug [vgl. Nr. 327], und den Schuster Matouš aus Chotěboř. Herr Špitalský [Georg von Waldstein?] sandte den Müller Jiřík aus Železnice [bei Jičín]. [Burjan] von Otice kam selbst mit Jan Pleskač [Spottname: „Klatschmaul"]; dieser war kein Brüderpriester, las aber manchmal [bei Versammlungen ohne Brüderpriester] vor. Die beiden meldeten sich beim Oberstburggrafen und durften danach wieder abreisen. Der Stadtrat von Klattau sandte Tenderyáš aus Janowitz an der Angel und Matouš aus Klattau [vgl. Nr. 288] mit der Auflage, vor der utraquistischen Kirchenleitung zu erscheinen und darüber Bericht zu erstatten, damit der Stadtrat seinerseits dem Unterkämmerer [Burian Trčka von Leipa auf Lipnitz] berichten kann.

Am 29. Dezember 1509 übergaben Matouš und Tenderyáš dem utraquistischen Administrator [Pavel aus Saaz] einen Brief der Brüderältesten [Nr. 287], der am 26. Dezember zusammen mit Anweisungen an die „gestellten" Brüder [Nr. 286, 292, 293, 295] von einem Boten der Unitätsleitung nach Prag gebracht worden war. Der Administrator nahm den Brief nicht an, deshalb trug Tenderyáš den Inhalt mündlich vor. Der Administrator antwortete: „Das kennen wir ja von ihnen, dass sie uns immer höflich schreiben und wir ihnen auch" (wssak my to o njch dobře wjme, že nám wždycky pěkně pjssj a my gjm take), und erklärte sich bereit, wegen der Brüder an den König zu schreiben.

Am 30. Dezember 1509 früh morgens erschienen die Magister [die Vertreter der utraquistischen Kirchenleitung] und die „gestellten" Brüder auf der Prager Burg. Der Amtmann des [Johann Krabice von] Weitmühl, [Václav], bat die Magister, sich beim Oberstburggrafen dafür zu verwenden, dass die „gestellten" Brüder ohne Verhandlung entlassen werden. Diese seien einfache Laien. Es sei den Grundherren nicht möglich gewesen, Brüderpriester zu „stellen", da diese nicht auf den Grundherrschaften wohnen und nur gelegentlich ihre dort lebenden Anhänger besuchen. Während die Magister und die „gestellten" Brüder den ganzen Tag auf den Oberstburggrafen warteten, kam der königliche Narr Apollon durch den Saal, sah die Brüder an und sagte: „Das also sind diese Pikardenpriester?" Als ihm einer der Anwesenden sagte, es seien keine Priester, sagte er wie zu sich selbst: „Dann sind es wohl Lehrer? Ach nein, das sind keine Lehrer, das sind Täter!" (negsau toto včytelé, ale čynitelé) [Mt 5,19; Jak 1,22].

Am Abend wurden die Brüder vor den Oberstburggrafen gebracht. Dessen besondere Neugier galt dem Müller Jiřík aus Železnice, der eine hohe Lammfellmütze trug [vgl. Nr. 327] und deshalb von den Umstehenden verdächtigt wurde, der oberste Priester oder Lehrer der Brüder zu sein. Als Jiřík das zurückwies, fragte ihn der Oberstburggraf, ob er lesen könne und wer es ihn gelehrt habe. Jiřík antwortete, er habe auf einer Mühle gearbeitet, wo Personen waren, die lesen konnten, da habe er sich das Lesen selbst beigebracht. Das wollten die Umstehenden nicht glauben. Der Oberstburggraf sagte erstaunt: „Dann bist du deswegen also nicht [wie andere Knaben] geschlagen worden?" [Es ging das Gerücht, die Brüder könnten durch ein Wunder des Teufels lesen, ohne dass es sie jemand gelehrt habe, vgl. Nr. 298.] Auch [der auf der Prager Burg tätige königliche Prokurator Albrecht] Rendl [von Oušava, der mit der Brüderunität sympathisierte,] kam kurz in die Amtsstube des Oberstburggrafen, um nach den Brüdern zu sehen.

Da sich unter den „gestellten" Personen kein Brüderpriester befand, ließ der Oberstburggraf lediglich die Namen der Brüder notieren. Danach wurden sie entlassen. Nachdem sie noch eine Nacht in Prag in der Herberge verbracht hatten, kehrten sie am 31. Dezember 1509 an ihre Wohnorte zurück.

Nr. 295   VI 75v–76r, 76v

Anweisungen der Brüderältesten an die in Prag „gestellten" Brüder für die geplante Verhandlung [am 27. Dezember 1509]

Der ohne Überschrift und ohne Angabe von Verfasser und Datum überlieferte Text wurde am 26. Dezember zusammen mit Nr. 286, 287, 292 und 293 von einem Boten der Unitätsleitung den von ihren Obrigkeiten nach Prag gesandten Brüdern übergeben (vgl. Nr. 294).

Theologisch auffällig ist die Anweisung, wonach die brüderischen Laien bekennen sollen, dass sie „so glauben, wie unsere Brüder glauben". Dies entspricht dem mittelalterlichen Konzept der *fides implicita*, wonach ein katholischer Christ alles für wahr bekennen muss, was die römische Kirche lehrt, auch wenn ihm die einzelnen Lehraussagen nicht vollständig bekannt sind (so zum Beispiel bei Gabriel Biel: „fides implicita, qua fidelis credit, quidquid ecclesia credit"). Ein in AUF VI nach Nr. 296 auf Bl. 76v folgender Textabschnitt gehört offenbar zu dem vorliegenden Text Nr. 295.

Überlieferung außerhalb der AUF: –

Edition: Handschriftliche deutsche Übersetzung von Joseph Theodor Müller: Herrnhut, Unitätsarchiv der Evangelischen Brüder-Unität, Sign. AB.II.R.1.1a/3, Zweiter Teil, 99f.

Literatur: Gindely: Geschichte, Bd. 1 [1857], 140–142; Пальмов (Hg.): Чешские братья, Bd. 1/1 [1904], 216; Müller: Geschichte und Inhalt [1913], 219, Nr. 21; Müller: Geschichte, Bd. 1 [1922], 361f., 568, Nr. 133, 600, Nr. 132; Müller/Bartoš: Dějiny, Bd. 1 [1923], 346, Nr. 133.

Naučenj od bratřj starssjch dané těm, kteřjž měli postaveni býti w Praze před radami králowskými, gak by a co mluwiti měli před nimi [„Belehrung, von den Brüderältesten gegeben denjenigen, die in Prag vor den königlichen Räten gestellt werden sollten, wie und was sie vor ihnen reden sollten"]. Inc.: *Vrozenj páni a wssickni duchownj y swětsstj k naprawenj nassemu sebranj [...]*. Expl.: *[...] wyznánj wjry obecné prawé křestianské přigjti spolu s nimi y nedostatky oprawiti.* – [Fortsetzung, 76v:] *Na tomto abysste se swolili prwe gednostayně* [„Folgendes sollt ihr vorher einmütig vereinbaren"]. Inc.: *Když se wás budau ptáti [...]*. Expl.: *[...] gako sprostných lidj nechati.*

Wenn die „gestellten" Brüder den Landesbeamten sowie weiteren geistlichen und weltlichen Personen vorgeführt werden, sollen sie ausrichten, dass die Leitung der Brüderunität eine Gesandtschaft (*poselstwj*) an den König mit der Bitte um eine ordentliche Anhörung (*řadného slyssenj*) gesandt hat [Nr. 297]. Ferner habe die Unitätsleitung einen Brief an alle Stände (*list y wssem wuobec*) gerichtet [„Verteidigungsschrift an die Stände des Königreichs Böhmen" (1507), vgl. zu Nr. 280]. Von beiden Schreiben sollen die Brüder Abschriften übergeben und bitten, die Verhandlung zu verschieben, bis eine Antwort des Königs eintrifft.

Wenn die Brüder dagegen nur vor die Landesbeamten geführt werden [und keine Vertreter der katholischen und utraquistischen Geistlichkeit anwesend sind], sollen sie das an den König gesandte Glaubensbekenntnis übergeben [*Confessio fratrum regi Vladislao ad Ungariam missa* (1507), vgl. zu Nr. 280].

Sie sollen erklären, dass die Brüder sich nicht den Katholiken oder den Utraquisten anschließen können, wie es der König befiehlt. Die Utraquisten bezeichnen die katholische Kirche als den Antichrist, die Katholiken wiederum betrachten die Utraquisten als Ketzer. Daher können die Brüder aus Sorge um ihr Seelenheil keiner der beiden Parteien beitreten und bitten darum, nicht gegen ihr Gewissen genötigt zu werden. Grundsätzlich sind sie aber bereit, Belehrung anzunehmen.

[Fortsetzung, 76v:] Vor der Verhandlung sollen die „gestellten" Brüder ihr Verhalten untereinander abstimmen. Bei Fragen nach der Lehre sollen sie antworten, dass sie so glauben, wie ihre Brüder glauben (*že my tak wěřjme, gako nassi bratřj wěřj*), und auf das an den König gesandte Bekenntnis verweisen. Wenn sie gefragt werden, ob sie bereit sind, sich den Katholiken oder den Utraquisten anzuschließen, sollen sie antworten, dass sie den Brüdern bis zum Tod die Treue halten wollen, und darum bitten, als einfältige Menschen bei ihrem Glauben bleiben zu dürfen.

Nr. 296   VI 76r–v

Rundschreiben der Brüderältesten an die Gemeinden, ohne Ortsangabe, [nach 5. März und vor 7. April 1504]

Das – vielleicht durch ein Versehen an dieser Stelle eingeordnete – Schreiben entstand nicht im Zusammenhang mit der „zweiten Stellung" vom 27. Dezember 1509, sondern bezieht sich auf die Vorladung von Vertretern der Brüderunität zu einer Verhandlung in Prag am 16. April 1504 (Nr. 275) nach dem Scheitern der „ersten Stellung" am 1. Januar 1504. Wie von dem utraquistischen Administrator

Pavel aus Saaz in einem Schreiben vom 5. März gefordert, versuchte die Unitätsleitung, für den neuen Verhandlungstermin am 16. April 1504 mit dem vorliegenden Rundschreiben eine Delegation zusammenzustellen. Als dieser Versuch wegen der Kürze der Frist erfolglos blieb, teilte der Jung-Bunzlauer Brüderbischof Lukáš aus Prag vor dem 7. April 1504 dem Administrator mit, dass die Brüder der Vorladung nicht Folge leisten werden (Nr. 276).

Überlieferung außerhalb der AUF: –

Edition: Handschriftliche deutsche Übersetzung von Joseph Theodor Müller: Herrnhut, Unitätsarchiv der Evangelischen Brüder-Unität, Sign. AB.II.R.1.1a/3, Zweiter Teil, 100.

Literatur: Пальмов (Hg.): Чешские братья, Bd. 1/1 [1904], 216; Müller: Geschichte und Inhalt [1913], 219, Nr. 21; Müller: Geschichte, Bd. 1 [1922], 362, 600, Nr. 133.

Psanj bratřj starssjch do zboruow z přjčiny obeslánj gich od mistruow etc. [„Schreiben der Brüderältesten an die Gemeinden aus Anlass ihrer Vorladung durch die Magister usw."]. Inc.: *Pozdrawenj laskawé s žádostj wsseho dobrého [...]*. Expl.: *[...] k modlitbám za ty potřeby, kteréž nynj těchto časuow nastáwagj.*

Die Brüderältesten teilen den Gemeinden Folgendes mit: Sie haben eine Nachricht (*ceduli*) von Bruder Lukáš [aus Prag] erhalten, dass [bevollmächtigte Vertreter der Brüderunität] von den Magistern [von der utraquistischen Kirchenleitung in Prag] für den 16. April [1504] vorgeladen wurden [Nr. 275]. Die Bedingungen sind dieselben geblieben [wie bei der gescheiterten Verhandlung am 1. Januar 1504]. Demnach sollen Vertreter des [utraquistischen] Adels der Verhandlung beiwohnen und die Magister den Brüdern nur eine Belehrung erteilen. Die Brüder in Böhmen und Mähren mögen daher Vertreter wählen und diese mit Beglaubigungsschreiben versehen. Diese Delegierten werden nicht von ihren Grundherren „gestellt", sondern sollen selbständig in Prag erscheinen.

Die Gemeinden werden zu Gebet und Fasten und zu einem besonderen Gebets- und Fastentag am 12. April [1504] ermahnt. Sie mögen das Rundschreiben, das ihnen bereits zugegangen ist, verlesen und die Gebete für Notzeiten [die demnach schriftlich vorlagen] beten.

Nr. 297   VI 78r–80v

Brief der Brüderältesten an König Wladislaw II. von Böhmen und Ungarn, ohne Ortsangabe, 15. Dezember 1509

Angesichts der Verfolgung der Brüderunität, die in Böhmen nach der Publikation des St. Jakobsmandats am 10. August 1508 eingesetzt hatte, hatten die Brüderältesten in Mähren im Dezember 1508 in einem Schreiben (Nr. 289) an einen böhmischen Amtsbruder angeregt, namens der gesamten Unität ein Schreiben an den Landesherrn zu richten. Das vorliegende, rund ein Jahr später entstandene Schreiben ist in Nr. 295 erwähnt. Demnach sollten zehn brüderische Laien, die am 27. Dezember 1509 anstelle der eigentlich vorgeladenen Brüderpriester zur „zweiten Stellung" in Prag erschienen waren, um einen Aufschub der Verhandlung bitten, bis aus Ofen eine Antwort des Königs auf den vorliegenden Brief eintreffen würde (dass eine solche Antwort nicht erfolgen würde, lag auf der Hand). Der Text ist in der *Historia Fratrum* (Praha, Národní knihovna České republiky, Sign. XVII F 51a, 275) erwähnt.

Überlieferung außerhalb der AUF: –

Edition: Müller: Geschichte, Bd. 1 [1922], 358f. (Auszüge in Übersetzung). – Handschriftliche deutsche Übersetzung von Joseph Theodor Müller: Herrnhut, Unitätsarchiv der Evangelischen Brüder-Unität, Sign. AB.II.R.1.1a/3, Zweiter Teil, 101–104.

Literatur: Gindely: Geschichte, Bd. 1 [1857], 141; Пальмов (Hg.): Чешские братья, Bd. 1/1 [1904], 217; Müller: Geschichte und Inhalt [1913], 219, Nr. 21; Müller: Geschichte, Bd. 1 [1922], 358f., 558, Nr. 74, 600, Nr. 130; Janoušek, E.: Konfese [1923], 40; Müller/Bartoš: Dějiny, Bd. 1 [1923], 342, Nr. 74; Molnár: Boleslavští bratří [1952], 70.

[Titel laut Inhaltsverzeichnis *1v: *Psánj bratrské králi* („Schreiben der Brüder an den König").] Inc.: *Nayjasněgssj králi a pane náš milostiwý [...]*. Expl.: *[...] skrze Syna swého gednorozeného, Krysta Gežjsse. Amen. Scriptum sabbato mane festine post Lucie hora 12 finita, 1509*.

Die geringen und verachteten Leute, die man zu Unrecht Pikarden nennt, haben von ihren Grundherren erfahren, dass sie durch den Oberstburggrafen [Zdeněk Lev von Rosental] zur Belehrung vor die katholischen und utraquistischen Kirchenleitungen [in Prag] vorgeladen wurden (*aby nás postawili k náprawě před kněžstwem obogj strany*) und dass die Grundherren die im St. Jakobsmandat [vgl. zu Nr. 284] angeordneten Maßnahmen durchführen müssen. Die Brüder bitten König [Wladislaw II. von Böhmen und Ungarn], keine Ungerechtigkeit gegen sie zuzulassen. Es ist zu befürchten, dass sie ohne eine ordentliche, freie und freiwillige Anhörung (*bez řádnjho a wolného y swobodného slysseni*) ihren Gegnern zur Zwangsbekehrung (*k náprawě bezděčné*) unter Androhung von Gewalt ausgeliefert werden sollen. Der König schützt doch auch die Juden. Die Brüder sind gewiss nicht gefährlicher als die Juden. Sie lehren weder etwas gegen den allgemeinen christlichen Glauben [das Apostolische Glaubensbekenntnis] noch gegen die christliche Sittenlehre (*proti wjře křesťanské obecné a skutkuom gegjm*) und sind grundsätzlich bereit, sich zurechtweisen zu lassen.

Der König möge nicht den Reden der Gegner glauben, wonach die Brüder Waldenser seien oder sonst irgendeiner verurteilten Irrlehre anhängen. Vielmehr entstand ihre Gemeinschaft unter dem jungen König [Ladislaus Postumus], als sich die Vorfahren der Brüder um ihres Gewissens und des allgemeinen christlichen Glaubens willen von den Priestern abwandten und aufhörten, von ihnen die Sakramente zu empfangen. Darüber haben sie wiederholt schriftlich Rechenschaft abgelegt.

Bisher ist ihre Sache weder von den Katholiken noch von den Utraquisten in einem ordentlichen Verfahren untersucht worden (*tato pře nenj nikdy ohledowána saudem*). Würde man die Ansichten der Brüder über das verordnete Heil (*o zřjzeném spasenj*) [über die Kirche, ihre Diener und ihre Dienlichkeiten] ordentlich untersuchen, könnte das zur Reform (*oprawenj*) der gesamten Christenheit (*wssj řjssi křesťanské*) erheblich beitragen. Der König möge gegen sie nicht als Ketzer vorgehen, denn Ketzer sind sie keineswegs. Vielmehr gründen sie ihre Lehre auf die allgemeinen [oder „katholischen"] christlichen Schriften [die Bibel], den allgemeinen christlichen Glauben [das Apostolische Glaubensbekenntnis] sowie die Werke und Vorbilder der Heiligen (*obecná pjsma křesťanská, wjru obecnau křesťanskau a skutky y přjklady swatých*). Sie sind auch nicht verstockt (*nevstupnj*) [während Ketzer trotz Belehrung verstockt, *pertinaciter*, an ihren Irrtümern festhalten], sondern nehmen Zurechtweisung an. Wenn sie gewiss sein könnten, dass die Priester wahre Diener [Christi] wären (*že sau práwě služebnjcy wjry a spasenj zřjzeného*), wären sie ihnen ohne weiteres gehorsam.

Um sich gegen Verleumdungen zu verteidigen, haben die Brüder dem König ein Glaubensbekenntnis zugesandt [*Confessio fidei fratrum Valdensium regi Vladislao ad Ungariam missa* (1507), vgl. zu Nr. 280], auf das sie bislang keine Antwort erhalten haben. Sie würden dem König gern noch eine weitere Schrift zusenden, in der sie ihre Auffassung vom verordneten Heil (*o spasenj obecném zřjzeném*) darlegen, ferner von denjenigen Erwählten, die sich zwar in der verfallenen Christenheit befinden, denen die Brüder aber keineswegs das Heil absprechen und die sie auch nicht schmähen (*a přitom kterak my wěřjme y pod nyněgssj zasslostj o spasenj wywolených, při kteremž spasenj wždy sme se sauduow wssetečných a potupowánj warowali*), und anderen Lehrartikeln [zu den Verteidigungs- und Bekenntnisschriften der Brüder vgl. zu Nr. 263 und 280]. Da sie bisher keine Antwort auf die erstgenannte Bekenntnisschrift erhalten haben, wagen sie es nicht, die zweite Schrift dem Landesherrn unaufgefordert zuzusenden. Wenn er ihnen keine Anhörung gewähren will, möge er doch die Ansichten der Brüder in schriftlicher Form untersuchen lassen, ob sie ketzerisch seien. Allerdings sollte das Urteil nicht ihren Gegnern überlassen werden.

Der König möge bedenken, dass die Brüder für ihre Sache niemals Gewalt einsetzen, denn sie sind der Auffassung, dass das dem Glauben widerspricht. Sie sind ihrer Gemeinschaft freiwillig beigetreten und nötigen niemanden. Diejenigen, die sich ihnen anschließen, unterweisen sie im Glauben und spornen sie zu einem frommen, untertänigen und friedfertigen Leben an. Die Brüder sind keine Gefahr für das gemeine Wohl (*obecnému dobrému swětskému a zemskému*). Sie sind auch nicht für diejenigen verantwortlich, die mit demselben Ketzernamen [„Pikarden" oder „Waldenser"] wie sie belegt wurden oder werden.

Der König möge die Brüder daher in Frieden leben lassen wie in früheren Jahren, in denen ihm diese Wohltat offensichtlich von Gott vergolten wurde. Zumindest möge er ihnen aber [durch eine freie Anhörung oder eine schriftliche Beurteilung ihrer Lehre] Gerechtigkeit zuteil werden lassen. Wenn auch das nicht möglich ist, möge er ihnen die Auswanderung gestatten. Gott möge den König und dessen Sohn [Ludwig II.] segnen.

Nr. 298   VI 81r–85r

Bruder Jiřík aus Wolin: Bericht über seine Verhaftung durch Johann III. von Rosenberg, Großprior des Johanniterordens in Strakonitz, [nach 21. Juli] 1513

Der geistliche Ritterorden der Johanniter (Malteser) besaß seit dem 12. Jahrhundert eine Niederlassung in Prag. Sitz des Großpriors, der aus den adeligen Professrittern gewählt wurde und die weltlichen Herrschaftsrechte über den ausgedehnten Grundbesitz des Ordens in Böhmen ausübte, war seit der zweiten Hälfte des 13. Jahrhunderts die Ordenskommende auf der Burg Strakonitz in Südböhmen. Seit 1511 hatte Johann III. von Rosenberg das Amt des Großpriors inne. Er war ein Neffe des ebenfalls im Text erwähnten Peter IV. von Rosenberg mit Sitz in Böhmisch Krumau, des Regenten des Hauses Rosenberg und mächtigsten Magnaten im Königreich Böhmen. Bei dem im Text erwähnten gutwilligen Prior, dessen Name nicht genannt wird, handelt es sich um den geistlichen Vorsteher der dem Orden angehörenden Priester, der keine weltlichen Herrschaftsrechte ausübte.

Der Verfasser des anschaulichen, an Einzelheiten reichen Berichts, der nur aus dem vorliegenden Text bekannte Jiřík aus Wolin, war verheiratet und demnach kein Brüderpriester. Er stand aber im Ruf, ein „Vorsteher oder Prediger" zu sein. Möglicherweise leitete er als Helfer brüderische Versammlungen in Abwesenheit eines Brüderpriesters. Von seinem katholischen Grundherrn wurde er zum Küsterdienst an einer Pfarrkirche gezwungen. Die Brüder mieden eigentlich die Teilnahme an katholischen und utraquistischen Gottesdiensten und scheuten sogar das Betreten der Kirchen.

Über das im Text erwähnte Martyrium der sechs Brüder am 6. November 1503 im westböhmischen Haid bei Tachau gibt es einen ausführlichen Bericht in der

Im Dezember 1511 ließ die Leitung der Brüderunität in Nürnberg die von Bruder Lukáš aus Prag ausgearbeitete *Apologia Sacre scripture* in 100 Exemplaren drucken. Die gesamte Auflage wurde umgehend heimlich nach Böhmen gebracht. Die *Apologia* war die erste Schrift, die die Brüder in lateinischer Sprache und damit für eine weitere Leserschaft über Böhmen und Mähren hinaus veröffentlichten. Der vom Drucker Hieronymus Höltzel vorangestellte Titelholzschnitt stammt aus einem Bildzyklus zur Apokalypse und zeigt die schwangere Sonnenfrau (Offb 12,15–16) und den Drachen, der auf darauf wartet, das Kind nach der Geburt zu verschlingen. Das biblische Bild steht für die wahre Kirche, die Brüderunität, die durch den Antichrist, die römische Kirche, verfolgt wird.

Historia Fratrum (Praha, Národní knihovna České republiky, Sign. XVII F 51a, 133–136; Müller: Geschichte, Bd. 1 [1922], 318f.).

Die Abschrift in AUF VI weist am Rand zahlreiche Nachträge auf, bei denen es sich anscheinend um Textüberschüsse eines zweiten Textzeugen handelt, mit dem die Abschrift kollationiert wurde.

Überlieferung außerhalb der AUF: –

Edition: Palacký: Obrázek [1865]; Teplý: Dějiny [1933], 80–87. – Handschriftliche deutsche Übersetzung von Joseph Theodor Müller: Herrnhut, Unitätsarchiv der Evangelischen Brüder-Unität, Sign. AB.II.R.1.1a/3, Zweiter Teil, 104–110.

Literatur: Gindely: Geschichte, Bd. 1 [1857], 145–148; Пальмов (Hg.): Чешские братья, Bd. 1/1 [1904], 217f.; Müller: Geschichte und Inhalt [1913], 219, Nr. 22; Müller: Geschichte, Bd. 1 [1922], 373–378, 601f., Nr. 149; Müller/Bartoš: Dějiny, Bd. 1 [1923], 241–244; Molnár: Boleslavští bratří [1952], 79; Flegl: K počátkům [1968], 184f. (zu Jiřík aus Wolin).

Historia sepsaná od něgakeho Giřjka Wolyňského o tom, yake gest pokussenj a trápenj na něho přisslo pro wjeru ode pana geho, totiž od pana Jana Strakonickeho z Rožmberka, letha Páně [„Historia, von einem gewissen Jiřík aus Wolin verfasst, über Anfechtung und Leiden um des Glaubens willen, die ihm von seinem Grundherrn zuteil wurden, nämlich von Herrn Johann von Rosenberg auf Strakonitz, im Jahr des Herrn"]. Inc.: *Poněwadž mnohé přjhody w zemi české pro budaucy pamět [...].* Expl.: *[...] s milým Synem geho y Duchem swatym na wěky požehnanym. Amen.*

Jiřík aus Wolin berichtet zur Ermutigung seiner verfolgten Glaubensgenossen (*k aužitku wěrným, tudjž y k službě stálosti w temž bogj*) und für die Nachwelt (*pro budaucy pamět*) von der Verfolgung, die er selbst erlebt hat. Am 2. Juli 1513 sprach ihn Johann III. von Rosenberg an: Er habe Jiřík zum Küster eingesetzt (*vdělal sem tě kostelnjkem*), da er ein Pikarde sei. Auf diese Weise wolle er ihn zwingen, zur Kirche zu gehen. Jiřík müsse sich aufgrund einer Anweisung des Prager Kapitels (*od kapitoly pražské*) entweder den Katholiken oder den Utraquisten anschließen (*přistup ze dwau stran k kteréž chcess, k řjmské nebo k taborské, t[otiž] české*). Rosenberg drohte zudem, Jiřík im Kerker verhungern zu lassen, sollte dieser der Anweisung keine Folge leisten.

Der Vorfall ereignete sich auf der Burg Strakonitz, wo die anwesenden Adeligen über den Gefangenen ins Gespräch kamen. Der herbeigerufene Prior war der Meinung, man dürfe niemanden zum Glauben zwingen. Dagegen waren die übrigen, mit Ausnahme von Vilém Bažický, der Meinung, dass man Jiřík bestrafen müsse. Rosenberg behauptete unter anderem, dass alle, die sich den Pikarden anschließen, vom Teufel lesen gelehrt werden. Ein des Lesens unkundiger Bauer habe sich ihnen angeschlossen und konnte plötzlich lesen. Als er von ihnen wieder abfiel, verlernte er es. Ferner würden die Pikarden mit den Türken paktieren und sich im Fall einer türkischen Invasion mit den Ungläubigen gegen die Katholiken verbünden. Der Prior wollte Näheres über die Lehre der Brüder erfahren. Jiřík versprach ihm ein Exemplar des in Nürnberg gedruckten Bekenntnisses [(Lukáš aus Prag:) Apologia Sacre scripture (1511)]. Auf Bitten des Priors und des Vilém Bažický erhielt Jiřík einen Aufschub, bevor er die Haft antreten musste.

Auf den Rat eines Strakonitzer Bürgers hin reiste Jiřík am 3. Juli nach Böhmisch Krumau, um Peter IV. von Rosenberg um Fürsprache zu bitten. Am 4. Juli wurde er vorgelassen. Rosenberg hatte erfahren, dass Jiřík bei den Brüdern ein Vorsteher oder Prediger (*zprawce neb kazatel*) sei, und fragte ihn ausführlich aus: Wer die in Nürnberg gedruckte [Apologia Sacre scripture] verfasst habe, Lukáš [aus Prag] oder Jan [Černý], wer von beiden der gelehrtere sei, wo Lukáš sich aufhalte.

Rosenberg wusste, dass die Grundherrin von Jung-Bunzlau [Johanna Krajíř von Krajek, Witwe Johanns von Schellenberg], deren Bruder Konrad [Krajíř von Krajek] sowie dessen Frau Veronika Mitglieder der Brüderunität sind. Über [Wilhelm den Jüngeren] von Pernstein hatte er gehört, dass auch dieser den Brüdern nahestand. Als der Bruder, der Pernstein zur Annahme der brüderischen Lehre überredet hatte, im Sterben lag, fragte Pernstein ihn, ob man bei den Katholiken, bei den Utraquisten (*taborské*) oder bei den Brüdern am sichersten [im Hinblick auf das Seelenheil] sei. Da habe der Pikarde gesagt: bei den Katholiken (*že poslussenstwj naylepe gest podniknauti a stati při řjmské straně*). Darauf Pernstein: „Oh je, dann hätten wir also auf die falsche Karte gesetzt" (*ay, tedy bychme my byli zeghrani*).

Ferner erkundigte sich Peter IV. von Rosenberg nach den Gepflogenheiten bei der Aufnahme in die Unität, bei der Firmung (*potwrzowánj [...] biřmowánj*), bei der Beichte und beim Abendmahl. Was die Abendmahlslehre der Brüder betrifft, verwies Jiřík den Adeligen darauf, dass die Brüder über diese Frage dem König und allen Ständen schriftlich Rechenschaft abgelegt haben (*gakž králi, geho milosti, y wssem wuobec napsali*).

Peter IV. von Rosenberg wollte darüber hinaus wissen, was Jiřík zum Eintritt in die Unität bewogen habe, und erzählte, dass er selbst einmal in Brandeis an der Elbe bei einem Gottesdienst der Brüder zugegen war. Er war nicht nur überzeugt, dass die Brüder im Fall einer türkischen Invasion mit dem Feind gemeinsame Sache machen würden, sondern hatte auch das Gerücht gehört, dass eine Zählung der Brüder 11.000 Mitglieder ohne Frauen und Kinder ergeben habe, was Jiřík zurückwies. Rosenberg befürchtete, dass sich ohne obrigkeitliche Gegenmaßnahmen die ganze Bevölkerung den Brüdern anschließen würde. Auch das wies Jiřík zurück: Die Brüder würden immer wieder durch Verfolgungen von Gott besonders streng gezüchtigt, das schrecke viele Menschen ab. Rosenberg wollte wissen, ob die Brüder ihre sechs Glaubensgenossen, die [am 6. November 1503] bei Haid (*v Boru*) [bei Tachau] verbrannt wurden, als Märtyrer verehren oder Totenmessen für sie abhalten; Jiřík antwortete, dass die Brüder grundsätzlich nicht für Verstorbene, sondern nur für Lebende beten, auch für den Herrn von Rosenberg. Am Ende der ausführlichen Unterhaltung sagte Peter IV. von Rosenberg zu, bei seinem Neffen Johann Fürsprache für Jiřík einzulegen.

Am 6. Juli ging Jiřík in Strakonitz zu dem Prior, dem bereits die [*Apologia Sacre scripture*] zugesandt worden war. Der Prior versuchte, Jiřík zum Übertritt zur katholischen Kirche zu bewegen. Um Jiřík zu überzeugen, schlug er zahlreiche Bücher auf, konnte aber die gesuchten Stellen nicht finden. Ferner erkundigte sich der Prior, warum die Brüder die Konvertiten noch einmal taufen. Selbst Ketzer dürfe man nicht wiedertaufen, nur eine Konditionaltaufe sei im Zweifelsfall zulässig. Der Prior hätte Jiřík gern zum Abendessen eingeladen, wagte es aber nicht.

Am 17. Juli stellte sich Jiřík zum Antritt der Haft vor Johann von Rosenberg und bekannte, dass er bis zu seinem Tod der Brüderunität anhängen wolle. Ihm wurde der Proviant, den er mitgenommen hatte, abgenommen, auch sein Bargeld und der Text des Liedes *Blud se zhusta rozssel* [Jireček, J.: Hymnologia Bohemica (1878), 41]. Lediglich seinen Kamm ließ man ihm [gegen das Ungeziefer]. Obwohl Jiřík bat, er möchte lieber verbrannt werden, als im Kerker zu verhungern, ließ Peter IV. von Rosenberg ihn in den tiefsten Kerker legen. Am 18. Juli wurden die Schlösser verstärkt. Am Folgetag kam der Prior und redete Jiřík zu, dieser möge um seiner schwangeren Frau und seiner Kinder willen nachgeben. Der Prior sprach auch über den Papst und andere Dinge. Aber Jiřík blieb standhaft. Am 20. Juli verschlechterte sich sein Zustand zusehends. Am 21. Juli wurde Jiřík überraschend aus dem Kerker geholt. Der Prior hatte in der Zwischenzeit bei einer Zusammenkunft (sněmu) in Horažďovice mit [Zdeněk] Lev [von Rosental] und Peter IV. von Rosenberg über den Gefangenen gesprochen. Johann III. von Rosenberg war froh, dass Jiřík noch lebte, weinte sogar, ließ dem Gefangenen Speise geben und ihn pflegen. Obwohl Jiřík immer noch standhaft bei seinem Glauben blieb, wurde er schließlich entlassen.

VI 89r–96v s. Nr. 27.

Nr. 299   VI 97r–98v

Konrad Krajíř von Krajek: Brief an Wolfhart Planknar von Kynšperk, Unterkämmerer des Königreichs Böhmen, Jung-Bunzlau, 12. März 1535

Die Texteinheiten Nr. 299–311 und 315–318 bilden eine zusammenhängende Gruppe von Dokumenten zu Verfolgungsmaßnahmen gegen Angehörige der Brüderunität in Böhmen in den Jahren 1535 bis 1538, insbesondere zum Prozess gegen den Brüderpriester Jan Poustevník vor dem Kammergericht des Königreichs Böhmen. Die Texte Nr. 312–314 wurden vom Redaktor des Handschriftenbandes AUF VI, dem Brüderpriester Vavřinec Orlík, nachträglich auf freigebliebenen Seiten eingetragen. Sie hängen inhaltlich nicht mit Nr. 299–311 und 315–318 zusammen.

Worauf sich Jans Beiname Poustevník („Einsiedler") bezieht, ist unklar. In amtlichen Quellen wurde er meist als Jan Zborník bezeichnet, was von *sbor*, der üblichen Bezeichnung für ein brüderisches Bethaus, abgeleitet ist und sich auf seine Tätigkeit als Brüderpriester bezieht. Poustevník war lateinkundig (Molnár: Českobratrská výchova [1956], 85, 98) und stand seit 1501 als Schreiber im Dienst der böhmischen Hochadeligen Johanna Krajíř von Krajek. Nach 1513 arbeitete er für Johannas Bruder Konrad Krajíř von Krajek, einen wichtigen Schutzherrn und Anhänger der Brüderunität (Nováková: Krajířové [2010], 88–94). Nach den Orten seiner Tätigkeit im Dienst der Familie Krajíř wurde Jan Poustevník auch Jan

Jestřebský („aus Jestřebí") oder Jan Turnovský („aus Turnau") genannt. Er verfasste zahlreiche geistliche Lieder und kompilierte handschriftlich ein neues Gesangbuch für die Brüderunität. Dessen Druck wurde jedoch von dem Brüderbischof Lukáš aus Prag verhindert. In seinem 1561 verfassten Verzeichnis der brüderischen Liederdichter charakterisierte Jan Blahoslav Poustevník rückblickend als „probus [...] vir et valde pius nec indoctus, multis in rebus antagonista fratris Lucae" (AUF IX, 337v–338r).

Nach dem Tod des Lukáš wurde Jan Poustevník 1529 bei einer Brüdersynode in Brandeis an der Adler zum Priester ordiniert (Fiedler [Hg.]: Todtenbuch [1863], 231). Ihm wurde die Unitätsgemeinde in Janowitz an der Angel zugewiesen, die sich der Unterstützung ihres Grundherrn, Hermann Janovský von Janowitz, erfreute. Sie bestand bereits im ersten Jahrzehnt des 16. Jahrhunderts (Nr. 287 und 288). Hermann Janovský übergab 1530, fünf Jahre vor seinem Tod, die Verwaltung des Grundbesitzes seinen Söhnen Ulrich und Smil. Ihr älterer Bruder Wilhelm, der in brüderischen Quellen nicht erwähnt wird, hatte sich bereits in den 1520er Jahren mit der Lehre Martin Luthers beschäftigt (Hrejsa: Luther [1931]).

Poustevník betreute auch Gläubige in den königlichen Städten Wodňan, Klattau und Taus. Dies veranlasste die dortige utraquistische Geistlichkeit, Beschwerde beim Unterkämmerer des Königreichs Böhmen, Wolfhart Planknar von Kynšperk, als dem zuständigen königlichen Landesbeamten einzulegen. Nach Maßnahmen gegen einzelne Anhänger der Brüderunität im Frühjahr 1535 wurde Poustevník selbst wegen Wiedertäuferei und Verbreitung von Irrlehren angezeigt. Rechtliche Grundlage der Anklage war ein vom Landtag des Königreichs Böhmen im März 1534 beschlossenes Landesgesetz gegen Wiedertäuferei und Verbreitung von Irrlehren ([Dvorský/Gindely (Hg.):] Landtagsverhandlungen, Bd. 1 [1877], 381). Das Gesetz sah für die Wiederholung der Taufe harte Strafen bis hin zur Todesstrafe vor. Es war primär gegen die Täuferbewegungen gerichtet, die im Kontext der schweizerischen und der deutschen Reformation entstanden waren und sich seit 1526 auch in den Ländern der Böhmischen Krone, vor allem in Mähren, ausbreiteten. Grundsätzlich war das Gesetz jedoch in gleicher Weise auf die Brüderunität anwendbar, in der bis dahin die Taufe erwachsener Konvertiten üblich war. Noch im selben Jahr 1534 beschloss eine Brüdersynode in Jung-Bunzlau die Abschaffung der Konvertitentaufe und die Anerkennung von außerhalb der Unität empfangenen Kindertaufen (Gindely [Hg.]: Dekrety [1865], 149–152; Müller: Geschichte, Bd. 2 [1931], 50–54).

Der Befehl, Jan Poustevník vor dem Kammergericht zu „stellen" (zum Terminus vgl. zu Nr. 263), war an Ulrich und Smil Janovský von Janowitz gerichtet, auf deren Grundherrschaft Poustevník sich aufhielt. Da dieser jedoch nach wie vor ein Untertan des Konrad Krajíř von Krajek war, suchte der politisch einflussreiche Hochadelige Gelegenheit, in den Verlauf des Prozesses einzugreifen. Trotz Krajíř's Intervention wurden Ulrich und Smil Janovský wegen ihrer Weigerung, Poustevník auszuliefern, vom 21. Juni 1535 bis zum März 1536 in Prag in Beugehaft genommen. Am 25. August 1535 wurde Poustevník schließlich von Krajíř dem Kammergericht „gestellt" und blieb bis zum Frühsommer 1538 auf der Prager Burg inhaftiert. Mit der Haftentlassung war ein lebenslanges Predigtverbot verbunden. Poustevník verbrachte die folgenden Jahre bis zu seinem Tod 1543 unter dem Schutz des Konrad Krajíř in Jung-Bunzlau (Fiedler [Hg.]: Todtenbuch [1863], 229–231).

Die Dokumente Nr. 299–311 und 315–318 stellen lediglich eine Auswahl aus einer umfangreicheren Textsammlung zum Prozess des Jan Poustevník dar, die der Brüderbischof Jan Černý unter Benutzung des Jung-Bunzlauer Archivs der Krajíř von Krajek zusammengestellt hatte. Černýs durch redaktionelle Rahmentexte kommentierte Dokumentensammlung ist handschriftlich überliefert (Praha, Národní knihovna České republiky, Sign. XVII C 3; die Dokumente ohne Černýs kommentierende Rahmentexte in einer Abschrift von 1630: Herrnhut, Unitätsarchiv der Evangelischen Brüder-Unität, Sign. AB.II.R.1.8, Vierter Teil, 1r–90r). Černýs Dokumentensammlung ist in beiden Teilen der *Historia Fratrum* (Praha, Národní knihovna České republiky, Sign. XVII F 51a; Nelahozeves, Lobkowiczká knihovna, Sign. VI Ed 7) benutzt. Einige Aktenstücke des Prozesses liegen überdies in zeitgenössischer amtlicher Überlieferung vor (Praha, Národní archiv, Komorní soud, kniha 154, 270r–272r; Rg 13, 212, 278f.; Praha, Archiv hlavního města Prahy, AMP, Sbírka listin, PPL, V-2229; Kreuz: Postavení [2000], 123f.). Die Kirchenleitung der Brüderunität reagierte auf die Verfolgungsmaßnahmen im Juni 1535 mit einem Rundschreiben an die Unitätsgemeinden, in dem Gebets- und Fastentage für den 6. und 9. August 1535 angeordnet wurden (Praha, Archiv Synodní rady Českobratrské církve evangelické, Hs. 3; Bartoš: Vzácná památka [1946]).

Dem vorliegenden ersten Schreiben der in die *Acta Unitatis Fratrum* aufgenommenen Textauswahl waren Maßnahmen gegen einzelne Angehörige der Brüderunität in den königlichen Städten Wodňan, Klattau und Taus vorausgegangen. Die betroffenen Brüder hatten sich an Konrad Krajíř von Krajek mit der Bitte um Fürsprache gewandt (vgl. Nr. 303–304). Der von Krajíř erwähnte, im niederösterreichischen Drosendorf erlassene Befehl König Ferdinands I. an die Stadt Wodňan ist ansonsten unbekannt.

Überlieferung außerhalb der AUF: Praha, Národní knihovna České republiky, Sign. XVII C 3, 18v–19r (Dokumentensammlung des Jan Černý).

Edition: Handschriftliche deutsche Übersetzung von Joseph Theodor Müller: Herrnhut, Unitätsarchiv der Evangelischen Brüder-Unität, Sign. AB.II.R.1.1a/3, Zweiter Teil, 110f.

Literatur: Gindely: Geschichte, Bd. 1 [1857], 226; Vančura: Pronásledování [1888], 112, 114; Пальмов (Hg.): Чешские братья, Bd. 1/1 [1904], 218; Müller: Geschichte und Inhalt [1913], 219, Nr. 24; Müller: Geschichte, Bd. 2 [1931], 62–67 (zum Prozess gegen Jan Poustevník), 63f.

(zu Nr. 299); Molnár: Boleslavští bratří [1952], 125–129; Říčan: Dějiny Jednoty bratrské [1957], 152–155; Eberhard: Monarchie [1985], 126–128 (zum politischen Kontext).

[Überschrift zu Nr. 299–311, 97r:] *Psánj některá vrozeného pána, pana Kundráta z Kragku a na Mladém Boleslawi, panu podkomořjmu, y odpowěd na ně. Y ginjým některým panům etc. Z přjčiny pokusse[nj] a těžkostj některých bratřj, kteráž se gim strogila. A z toho potom přisslo na to, že se y bratr J[an] Paustennjk do wězenj dostal. A to wsse dálo se leta 1535. za kralowánj Ferdynanda.* [„Einige Schreiben des wohlgeborenen Herrn, Herrn Konrad von Krajek und auf Jung-Bunzlau, an den Herrn Unterkämmerer und die Antwort darauf, auch an einige andere Herren usw., aus Ursache der Anfechtungen und Bedrängnisse einiger Brüder, die man ihnen bereitete. Und deswegen kam es dann dazu, dass Bruder Jan der Einsiedler ins Gefängnis kam. Und das alles ereignete sich im Jahr 1535 unter der Regierung König Ferdinands."]

Psánj panu Wolffartowi Planknarowi, podkomořjmu, o Jana Berku z Wodňan [„Schreiben an Herrn Wolfhart Planknar, Unterkämmerer, über Jan Berka aus Wodňan"]. Inc.: *Kundrat z Kragku etc. Službu swau wzkazugi, vrozený a statečný pane a přjteli můg milý [...]*. Expl.: *[...] odpowědi přatelské psánjm wassjm žádám. Dán na Boleslawi Mladém, w pátek, den s[vaté]ho Řehoře, letha etc. [15]35.*

Konrad Krajíř von Krajek legt bei Wolfhart Planknar von Kynšperk Fürsprache zugunsten des Jan Berka aus Wodňan ein. Diesem wurde um seines „Jung-Bunzlauer Glaubens" willen (*pro wjru, kterauž někteřj gmenugj boleslawskau*) befohlen, bis zum 24. Juni [1535] aus Wodňan fortzuziehen. Obwohl er Grundherr von Jung-Bunzlau ist, weiß Krajíř von keinem „Jung-Bunzlauer Glauben". Seine Untertanen bekennen sich ungeachtet aller Unterschiede im Glauben zum allgemeinen christlichen Glauben [dem Apostolischen Glaubensbekenntnis]. Er bittet daher darum, dass Berka in Wodňan bleiben darf. Wenn das nicht möglich ist, möge ihm eine längere Frist gewährt werden (*nechť gest gemu prodlenj dáno*), möglichst bis Weihnachten.

Es gibt sogar ein aus Drosendorf datiertes Schreiben König [Ferdinands I. von Böhmen], in dem der Landesherr den Rat der Stadt Wodňan anwies, den Metzger Bernart (*Bernarta řeznjka*) und weitere Personen nicht um ihres Glaubens willen zu bedrängen (*aby gemu překážky nečinili [...] strany wjry*). Die Jung-Bunzlauer sind mithin sowohl dem König als auch Gott treu. Christus gebot, man solle Gott geben, was Gott gebührt, und dem Kaiser, was dem Kaiser gebührt (Mt 22,21). Dieses Wort gilt für den König ebenso wie für den Kaiser (*gessto se y na krále, geho milost, pjsmo, tolikéž y na cysaře, wztahuge*) [doppelsinnige Formulierung, die auch in dem Sinn verstanden werden kann, dass sich die Macht des Landesherrn, König Ferdinand I., und seines Bruders, Kaiser Karl V., nicht auf Glaubensdinge erstreckt]. Krajíř bittet um eine freundliche Antwort.

Nr. 300 VI 98v

Konrad Krajíř von Krajek: Brief an Wolfhart Planknar von Kynšperk, Unterkämmerer des Königreichs Böhmen, Brandeis an der Elbe, 20. März 1535

Nachdem Konrad Krajíř von Krajek auf sein Schreiben vom 12. März 1535 (Nr. 299) keine Antwort erhalten hat, wiederholt er seine Fürsprache für den Bürger Jan Berka aus Wodňan. Dort hatte es bereits in der Frühzeit der Unität Anhänger der „Kleinen Partei" gegeben (vgl. Nr. 77, 80, 86). Unweit der Stadt lag das Dorf Chelčice, wo in der ersten Hälfte des 15. Jahrhunderts der Laientheologe Petr Chelčický (vgl. Nr. 29) gelebt hatte, mit dessen Anhängern die ersten Brüder zeitweilig in Kontakt standen. Das kurze Schreiben ist datiert auf „Samstag, Gedenktag der Verkündigung an die Jungfrau Maria, des Jahres 1535". Mariä Verkündigung (25. März) fiel 1535 auf den Gründonnerstag. Es war üblich, das Verkündigungsfest auf den Samstag vor Palmsonntag vorzuverlegen, wenn der 25. März in die Karwoche fiel.

Überlieferung außerhalb der AUF: Praha, Národní knihovna České republiky, Sign. XVII C 3, 19r–v (Dokumentensammlung des Jan Černý).

Edition: Handschriftliche deutsche Übersetzung von Joseph Theodor Müller: Herrnhut, Unitätsarchiv der Evangelischen Brüder-Unität, Sign. AB.II.R.1.1a/3, Zweiter Teil, 111.

Literatur: Müller: Geschichte und Inhalt [1913], 219, Nr. 24; Müller: Geschichte, Bd. 2 [1931], 63f.; Mostecký: Dějiny Vodňan, Bd. 1 [1940], 159–182 (allgemein zu Wodňan in der ersten Hälfte des 16. Jahrhunderts).

Druhé psanj panu podkomořjmu o téhož Jana Berku [„Zweites Schreiben an den Herrn Unterkämmerer über denselben Jan Berka"]. Inc.: *Kundrát etc. Službu swau wzkazugi, vrozený a statečný pane a přjteli můg milý [...]*. Expl.: *[...] yakž gest wám možné, že mi o tom psánjm swým oznámjte etc. Dán na Brandayse, w sobotu den památky Zwěstowánj panny Marye, letha etc. [15]35*.

Konrad Krajíř von Krajek hat von Wolfhart Planknar von Kynšperk bislang keine Antwort auf sein Schreiben (*psánj přjmluwčj*) zugunsten des Jan Berka [Nr. 299] erhalten. Berka weiß daher nicht, ob er sich gefahrlos nach Wodňan begeben kann. Krajíř bittet Planknar um baldige Antwort.

Nr. 301 VI 98v–99r

Wolfhart Planknar von Kynšperk, Unterkämmerer des Königreichs Böhmen: Brief an Konrad Krajíř von Krajek, Prag, 21. März 1535

Antwort auf Nr. 299 und 300.

Überlieferung außerhalb der AUF: Praha, Národní knihovna České republiky, Sign. XVII C 3, 19v–20r (Dokumentensammlung des Jan Černý).

Edition: Handschriftliche deutsche Übersetzung von Joseph Theodor Müller: Herrnhut, Unitätsarchiv der Evangelischen Brüder-Unität, Sign. AB.II.R.1.1a/3, Zweiter Teil, 111f.

Literatur: Müller: Geschichte und Inhalt [1913], 219, Nr. 24; Müller: Geschichte, Bd. 2 [1931], 63f.

Odpowěd na oboge psánj od pana podkomořjho. [„Antwort des Herrn Unterkämmerer auf beide Schreiben"]. Inc.: *Wolffarth Planknar z Kynssperku, podkomořj Králowstwj českého. Službu swau wzkazugi wassj milosti, vrozený pane, pane mně přjzniwý [...].* Expl.: *[...] s tjm degž Pán Bůh mi w zdrawj se spolu shledati, ač gest-li wůle geho s[va]tá. Dán w Praze na Květnau neděli, letha etc. [15]35.*

Wolfhart Planknar von Kynšperk teilt Konrad Krajíř von Krajek mit, dass er vom [utraquistischen] Dekan von Wodňan und weiteren Priestern ein Schreiben erhalten hat, wonach Jan Berka zunächst zugesagt hatte, von [der Brüderunität] abzustehen und sich wieder zur [utraquistischen] Pfarrgemeinde zu halten (*že by od swého předcewzetj pustiti chtěl, žádage, aby geho týž ffarář pod zpráwu swau jakožto zpráwce duchownj zase přigal*). Daraufhin habe der Dekan weitere Priester hinzugezogen und Berka auf das Rathaus vorgeladen. Dort widerrief Berka jedoch öffentlich seine zuvor geäußerte Zusage (*čeho prwé žádal, tomu na odpor byl*) und blieb bei seinem [brüderischen Bekenntnis]. Damit handelte er respektlos nicht nur gegenüber dem Dekan, sondern auch gegenüber dem Stadtrat (*kněžjm posměch včinil [...] purgmistru y konselům lehkost nemalau*).

Es liegt ein Befehl König [Ferdinands I. von Böhmen] vor, wonach in den königlichen Städten niemand geduldet werden darf, der sich weigert, den dort amtierenden [sei es katholischen, sei es utraquistischen] Pfarrern gehorsam zu sein. Daher muss Planknar darauf bestehen, dass Berka sich entweder den Pfarrern [in Wodňan] unterordnet oder die Stadt verlässt. Planknar würde gegen den Willen des Königs handeln, wenn er gestatten würde, dass Berka in der Stadt sicher ein- und ausgeht (*pakli bych yá geho [...] glegtowati měl*). Sofern Planknar mit etwas Anderem behilflich sein kann, wird er dies gern tun.

Nr. 302　　　　　　　　　　　　　　　　　　　　　　　　　　VI 99r–v

Konrad Krajíř von Krajek: Brief an Wolfhart Planknar von Kynšperk, Unterkämmerer des Königreichs Böhmen, Jung-Bunzlau, 22. März 1535

Antwort auf Nr. 301.

Überlieferung außerhalb der AUF: Praha, Národní knihovna České republiky, Sign. XVII C 3, 20v–21r (Dokumentensammlung des Jan Černý).

Edition: Handschriftliche deutsche Übersetzung von Joseph Theodor Müller: Herrnhut, Unitätsarchiv der Evangelischen Brüder-Unität, Sign. AB.II.R.1.1a/3, Zweiter Teil, 112.

Literatur: Müller: Geschichte und Inhalt [1913], 219, Nr. 24; Hrejsa: Sborové [1935], 60.

Gine psánj na odpowěd pana podkomořjho. [„Ein weiteres Schreiben auf die Antwort des Herrn Unterkämmerers hin."]. Inc.: *Kundrát z Krayku etc. Službu swau wzkazugi, vrozený a statečný pane a přjteli můg milý [...].* Expl.: *[...] poněwádž sám Pán B[ůh] wssemohůcý na člowěku wěcy nemožných žádati neráčj. Dán w Boleslawi, w pondělj po květné neděli, letha etc. [15]35.*

Konrad Krajíř von Krajek hat Wolfhart Planknar von Kynšperks Antwortschreiben [Nr. 301] erhalten und akzeptiert dessen Begründung (*y tomut' yá mjsto dáwám*), warum dieser der Fürsprache in der Angelegenheit des Jan Berka nicht nachkommen kann. Krajíř hat jedoch Grund zu der Annahme, dass sich die Sache anders verhält, als der [utraquistische] Pfarrer von Wodňan [in seinem Schreiben an Planknar] berichtet hatte. Dies sei Gott anheimgestellt.

Berka befürchtet, dass sein liegender Besitz in Wodňan vom dortigen Stadtrat unter Zwangsverwaltung gestellt wird (*aby geg auřad wodňanský na rukogmě wzýti nechtěl*) und an die Stadt fällt, sofern er nicht bis zum 24. Juni 1535 einen Käufer findet. Berka ist bereit, seinen Besitz umgehend zu verkaufen und wäre froh, wenn der Stadtrat (*auřad*) ihm behilflich wäre, einen Käufer zu suchen. Krajíř bittet den Unterkämmerer, dafür zu sorgen, dass Berka keine unerfüllbaren Bedingungen auferlegt werden (*aby se na něm nemožných wěcý nepotahowalo*), zumal ja auch Gott vom Menschen nicht Unmögliches fordert.

Nr. 303								VI 99v–101r

Konrad Krajíř von Krajek: Brief an den Rat der königlichen Stadt Klattau, Jung-Bunzlau, 7. April 1535

Auch aus Klattau, wo bereits im ersten Jahrzehnt des 16. Jahrhunderts Anhänger der Brüderunität lebten (Nr. 287, 288), hatten sich verfolgte Brüder an Konrad Krajíř von Krajek mit der Bitte um Fürsprache gewandt, die Bürger Jakub Flekař und Jan Dráb. Die Zunamen der beiden Bittsteller bezogen sich möglicherweise auf ihre Berufe. Ein *flekař* („Flicker") besserte alte Kleider aus, *dráb* („Fußknecht") konnte sowohl einen bewaffneten Söldner als auch einen Wächter oder Boten bezeichnen.

Beide Personen werden auch in lokalen Quellen erwähnt. Laut Eintragungen in den Klattauer Stadtbüchern verkaufte Jakub Flekař im Jahr 1535 ein Haus, zu dem ein Obst- und ein Hopfengarten gehörten, für 170 Schock Meißner Groschen an einen Vít Strochovský. Der Kauf wurde jedoch sieben Jahre später rückgängig gemacht. Die Söhne des Jakub Flekař lebten noch in der zweiten Hälfte des 16. Jahrhunderts in Klattau. Der verhältnismäßig wohlhabende Jan Dráb konnte 1535 anscheinend in Klattau bleiben, ohne seinen Besitz zu verkaufen, und erwarb dort in den folgenden Jahren noch weiteren Grundbesitz (Vančura: Dějiny Klatov, Bd. 1/3/1 [1929], 1376).

Krajíř argumentiert in dem vorliegenden Schreiben, der gegen die Brüder erhobene Vorwurf der Irrlehre sei durch die im Druck veröffentlichten Bekenntnisschriften der Brüderunität widerlegt. An der Übergabe einer neuen Fassung des brüderischen Bekenntnisses an König Ferdinand I., zu der es am 11. November 1535 in Wien kam, war Krajíř maßgeblich beteiligt (Druck: Počet z wiery [1536]; Confessio Fidei [1538]).

Überlieferung außerhalb der AUF: Praha, Národní knihovna České republiky, Sign. XVII C 3, 21r–23r (Dokumentensammlung des Jan Černý); *Historia Fratrum*, ebd., Sign. XVII F 51a, 914f. (Teilabschrift).

Edition: Handschriftliche deutsche Übersetzung von Joseph Theodor Müller: Herrnhut, Unitätsarchiv der Evangelischen Brüder-Unität, Sign. AB.II.R.1.1a/3, Zweiter Teil, 113f.

Literatur: Müller: Geschichte und Inhalt [1913], 219, Nr. 24; Vančura: Dějiny Klatov, Bd. 1/3/1 [1929], 1376f.; Hrejsa: Sborové [1935], 35f.; Molnár: Boleslavští bratří [1952], 127.

Psanj od téhož pana Kundráta Kragjře etc. včiněné panom klatowským o Jakuba Flekaře, o Jana Drába a giné, kdož do Janowic do zboru ssli [„Schreiben desselben Herrn Konrad Krajíř usw. an die Herren von Klattau über den Jakub Flekař, über Jan Dráb und andere, die nach Janowitz zur Versammlung gingen"]. Inc.: *Kundrát z Krayku etc. Službu swau wzkazugi, maudřj a oppatrnj páni a přátelé mogi milj [...]*. Expl.: *[...] A tak podlé onoho přjslowj, prawdať wjtězý a zůstawatiť musý. Dán na Boleslawi w středu po neděli prowodnj, letha etc. [15]35.*

Konrad Krajíř von Krajek hat von Jakub Flekař, Einwohner von Klattau, erfahren, dass diesem, wohl auf Befehl des Unterkämmerers [des Königreichs Böhmen, Wolfhart Planknar von Kynšperk], befohlen wurde, aus der Stadt fortzuziehen, da er zu den Bunzlauer Brüdern (*k bratřjm boleslawským*) gehöre und diese sich bei ihm versammeln. Jakub bestreitet, dass in den vergangenen fünfzehn Jahren bei ihm gottesdienstliche Versammlungen abgehalten worden seien.

Krajíř ermahnt die Klattauer, dass die bloße Zugehörigkeit zur Brüderunität eine Ausweisung nicht rechtfertige, zumal sich sogar Angehörige des hohen und niederen Adels (*některé osoby z stawu panského y rytjřského*) zur Brüderunität und den Brüderpriestern (*zpráwce gednoty nassj*) halten, da deren Lehre mit der Heiligen Schrift, der Lehre Christi und der Apostel (*což negbljže s včenjm Krysta Pána a apostolůw geho srownati se může*) sowie mit den Kirchenvätern (*doktořj swatj*) übereinstimmt. Wenn die [katholischen und utraquistischen] Priester die Laien (*lid*) gemäß der göttlichen Wahrheit leiten würden, würden diese ihnen gehorsam sein und müssten ihr Heil nicht anderswo suchen.

Krajíř hat erfahren, dass an verschiedenen Orten Böhmens Personen ausgewiesen wurden, da sie sich zum „Jung-Bunzlauer Glauben" bekennen (*že gim giné winny nedáwagj než tu, že se k wjře [...] boleslawské znagj*) [vgl. Nr. 299]. Obwohl er Grundherr von Jung-Bunzlau ist, weiß Krajíř von keinem „Jung-Bunzlauer Glauben". Seine Untertanen bekennen sich ungeachtet aller Unterschiede in Lehrfragen allesamt zum allgemeinen christlichen Glauben [dem Apostolischen Glaubensbekenntnis]. Es wäre das Beste, sich an Christi Worte zu halten, friedlich beieinander zu leben und es Christus selbst zu überlassen, über den Glauben der Menschen zu richten (Mt 13,30). Krajíř bittet daher die Klattauer, nichts weiter gegen Jakub Flekař zu unternehmen, solange nicht König [Ferdinand I.] in Böhmen anwesend ist [der Landesherr hielt sich zwischen August 1534 und März 1537 außerhalb des Landes auf].

Ferner legt Krajíř Fürsprache für Jan Dráb ein, der unbesonnen über ein „aufgeklebtes Bild" (*obraz přjlepený*) [einen Bildholzschnitt] mit einem Kruzifix gespottet hat, aber nur deshalb, weil er nicht lesen kann und daher nicht wusste, was die neben dem Bild gedruckte Inschrift besagt. Seine Unkenntnis sollte ihm mildernd angerechnet werden (*geho newědomost měla by lehčegj wážena býti*). Krajíř hat auch gehört, dass der Klattauer Stadtrat gegen einige Personen vorgeht, weil sie brüderische Gottesdienste in Janowitz [an der Angel] besucht haben (*že sau do Janowic do zboru ssli*). Sie haben damit nichts Unrechtes getan, denn die Seele bedarf des Wortes Gottes und der Sakramente zur Nahrung (Amos 8,11–12).

Krajíř bittet die Klattauer, sein Schreiben im Guten aufzunehmen, denn er ist besorgt, dass Gottes Zorn sie treffen wird, sofern sie weiterhin die Frommen verfolgen. Er bittet daher darum, dass den aus Klattau ausgewiesenen Personen eine Fristverlängerung (*přjročj*) mindestens bis zum 16. Oktober 1535 gewährt wird. Bis dahin wird hoffentlich der König eintreffen, sodass mit ihm über diese Sachen verhandelt werden kann.

Die Brüder haben bekanntlich gegenüber den Königen Wladislaw II. und Ludwig II. von Ungarn und Böhmen sowie gegenüber allen Ständen des Königreichs Böhmen Rechenschaft von ihrem Glauben abgelegt [dies bezieht sich anscheinend auf die folgenden im Druck veröffentlichten Bekenntnis- und Verteidigungsschriften: List od bratřij krali Wladislawowi (1507); List od bratřij krali Ludwikowi (1524); Vrozenym panuom (1508)]. Sie haben stets versichert, dass sie bereit sind, Belehrung anzunehmen, sofern man sie einer Irrlehre überführen könne. Anstelle einer Antwort wurden ihnen jedoch nur Schmähungen (*rozličná haněnj a plundrowánj*), vor allem von Seiten ungelehrter Priester, zuteil. Auf diese Weise kann die Wahrheit jedoch nicht unterdrückt werden, sondern die Wahrheit wird, wie das Sprichwort sagt, siegen (*podlé onoho přjslowj prawdať wjtězý a zůstawatiť musý*) (3 Esr 3,12).

Nr. 304 VI 101r–v

Konrad Krajíř von Krajek: Brief an den Rat der königlichen Stadt Taus, Jung-Bunzlau, 7. April 1535

Wie in Nr. 303 verwendet sich Konrad Krajíř von Krajek für einen von Ausweisung bedrohten Bürger. Über Benda aus Taus ist ansonsten nichts bekannt. In der Stadt scheint es noch im folgenden Jahr Anhänger der Brüderunität gegeben zu haben, die sich genötigt sahen, in der utraquistischen Pfarrkirche am Abendmahl teilzunehmen (Nr. 255). Aus Taus stammte der Brüderbischof Jan Roh (Johannes Horn).

Überlieferung außerhalb der AUF: Praha, Národní knihovna České republiky, Sign. XVII C 3, 23r–24r (Dokumentensammlung des Jan Černý).

Edition: Handschriftliche deutsche Übersetzung von Joseph Theodor Müller: Herrnhut, Unitätsarchiv der Evangelischen Brüder-Unität, Sign. AB.II.R.1.1a/3, Zweiter Teil, 115.

Literatur: Müller: Geschichte und Inhalt [1913], 219, Nr. 24; Hrejsa: Sborové [1935], 29; Molnár: Boleslavští bratří [1952], 127f.

Psanj včiněné panům domažlickým o Bendu z Domažlicz od p[ana] Kundráta [„Schreiben an die Herren von Taus über Benda aus Taus, von Herrn Konrad"]. Inc.: *Kundrat z Krayku etc. Službu swau wzkazugi, maudřj a oppatrnj páni a přátelé mogj milj [...].* Expl.: *[...] wám se rád odplatjm, ač bysste mne také kdy w čem potřebo[va]li. Dán na Boleslawi, w středu po neděli prowodnj, letha etc. [15]35.*

Konrad Krajíř von Krajek erfuhr von einem Einwohner von Taus namens Benda, dass dieser vor etwa zwei Jahren wegen unbedachter Worte über die Sakramente der Utraquisten (*řeči nerozumné [...] o služebnostech kostelnjch*) mit Gefängnis bestraft wurde. Benda ging davon aus, dass die Sache damit beigelegt sei. Nun wurde er aber wegen desselben Vergehens erneut angeklagt. Aufgrund eines Befehls des Unterkämmerers [des Königreichs Böhmen, Wolfhart Planknar von Kynšperk] wurde ihm vom Stadtrat von Taus beschieden, innerhalb einer Frist (*do roka*) aus der Stadt fortzuziehen. Krajíř legt für Benda Fürsprache ein und bittet um eine Fristverlängerung (*abysste mu delssj přjročj dali*). Sobald der König sich wieder in Böhmen aufhält, wird über diese Sache verhandelt werden.

Krajíř legt eine Kopie seines Schreibens an den Stadtrat von Klattau [Nr. 303] bei, aus dem die Adressaten ersehen können, dass es den brüderischen Adeligen (*bratřj z stawu panského y rytjřského*) allein um ihr Seelenheil geht, dass sie ansonsten aber in allem, sofern es nicht gegen Gott ist (*což by gedno nebylo proti Pánu Bohu wssemohůcýmu*), dem König gehorsam sind. In zeitlichen Dingen (*w wěcech časných*) ist jedermann verpflichtet, der Obrigkeit untertan zu sein. Was jedoch das Seelenheil betrifft, darf man allein Gott gehorchen (*ale dussi swau pro spasenj poddán býti má Bohu každý*).

Nr. 305   VI 102r–103r

Konrad Krajíř von Krajek: Brief an [Zdislav Berka von Dubá], Oberstlandhofmeister des Königreichs Böhmen, [Heinrich Berka von Dubá] Oberstlandrichter des Königreichs Böhmen, und die übrigen Richter des Kammergerichts des Königreichs Böhmen, Jung-Bunzlau, 11. April 1535

Konrad Krajíř von Krajek verwendet sich zugunsten des bereits in Nr. 303 erwähnten Jan Dráb aus Klattau. Bemerkenswert ist der Verweis auf ein künftiges allgemeines Konzil, mit dem sich auch die Protestanten in den deutschsprachigen Reichsterritorien zu verteidigen pflegten, solange konkrete Konzilspläne nicht in Sicht waren (vgl. zu Nr. 316).

Jan Dráb war zum 12. April 1535 nach Prag vor das Kammergericht geladen (Praha, Národní knihovna České republiky, Sign. XVII C 3, 24r). Das Kammergericht des Königreichs Böhmen bestand seit der Zeit König Georgs von Podiebrad, ihm gehörten die höchsten königlichen und ständischen Landesbeamten sowie eine Anzahl königlicher Räte an. Es tagte in der Grünen Stube der Prager Burg (vgl. Nr. 316). Seit 1534 war das Kammergericht ein ständiges Gericht, während es in früherer Zeit nur zweimal jährlich zusammengetreten war (Kreuz: Postavení [2000], 82–106). Der Oberstlandhofmeister Zdislav Berka von Dubá vertrat ebenso wie sein Vater, der Oberstlandrichter Heinrich Berka von Dubá, loyal die Interessen des Landesherrn und unterstützte dessen gegen die Reformation gerichtete Religionspolitik (Janáček: České dějiny, Bd. 1/2 [1984], 122f.).

Vom selben Tag wie das vorliegende Schreiben datiert eine weitere Bittschrift zugunsten des Jan Dráb, die der Grundherr von Benatek an der Iser, Friedrich von Dohna, an das Kammergericht richtete (Praha, Národní knihovna České republiky, Sign. XVII C 3, 24r–v). Friedrich von Dohna unterzeichnete die am 11. November 1535 dem böhmischen König Ferdinand I. übergebene brüderische Bekenntnisschrift (Druck: Počet z wiery [1536]; Confessio Fidei [1538]) an zweiter Stelle nach Konrad Krajíř von Krajek.

Überlieferung außerhalb der AUF: Praha, Národní knihovna České republiky, Sign. XVII C 3, 24v–26r (Dokumentensammlung des Jan Černý); *Historia Fratrum*, ebd., Sign. XVII F 51a, 917–922.

Edition: Handschriftliche deutsche Übersetzung von Joseph Theodor Müller: Herrnhut, Unitätsarchiv der Evangelischen Brüder-Unität, Sign. AB.II.R.1.1a/3, Zweiter Teil, 115–117.

Literatur: Vančura: Pronásledování [1888], 113; Müller: Geschichte und Inhalt [1913], 219, Nr. 24; Vančura: Dějiny Klatov, Bd. 1/3/1 [1929], 1376f.; Müller: Geschichte, Bd. 2 [1931], 64.

Panům saudcým komornjm, gich milostem, o Jana Drába a giné etc. přjmluwnj psánj [„Eine Bittschrift an die gnädigen Herren Kammerrichter zugunsten von Jan Dráb und anderen usw."]. Inc.: *Kundrát z Kragku etc. Vrozeným panům panům, předkem negwyšssjmu panu hoffmjstrowi Králowstwj českého [...]*. Expl.: *[...] gistěť bych toho wassim milostem y wám nic méně než jako sobě sám přál. Dán na Boleslawi w neděli před s[vatý]m Tyburcým, letha etc. [15]35.*

Konrad Krajíř von Krajek legt beim Oberstlandhofmeister [Zdislav Berka von Dubá], beim Oberstlandrichter [Heinrich Berka von Dubá] und den übrigen Mitgliedern des Kammergerichts Fürsprache für Jan Dráb aus Klattau [vgl. Nr. 303] und mehrere weitere Personen ein. Jan Dráb ist vorgeladen worden, sich vor dem böhmischen Unterkämmerer [Wolfhart Planknar von Kynšperk] und dem Kammergericht zu stellen. Er hatte aus Unwissenheit leichtfertig über einen Holzschnitt mit einem Kruzifix (*něgaký přilepený a na papjru malowaný crucifix*) gespottet, da er des Lesens unkundig ist, sich danach aber entschuldigt, als man ihm die beigedruckten Bibelverse (*pjsma s[va]tá při tom obrázku [...] wytissténa*) vorlas.

Ferner sind mehrere Personen aus den königlichen Städten ausgewiesen wurden, da sie dem „Jung-Bunzlauer Glauben" anhängen (*že sau wjry boleslawské*) [Anhänger der Brüderunität sind]. Obwohl er Grundherr von Jung-Bunzlau ist, weiß Krajíř von keinem „Jung-Bunzlauer Glauben". Er weiß zwar von Unterschieden im Glauben, versichert aber, dass sich alle seine Untertanen zum allgemeinen christlichen Glauben [dem Apostolischen Glaubensbekenntnis] (*wjře [...] obecné křesťanské [...] we dwanácti člancých apostolských složené*) bekennen. Es ist zu hoffen, dass ein künftiges allgemeines Konzil die Meinungsverschiedenheiten in Glaubenssachen beilegen wird.

Der König [Ferdinand I.] weiß ebenso wie die Adressaten, dass Krajíř und viele weitere Personen aus dem böhmischen Herren- und Ritterstand der Gemeinde angehören, die „pikardisch" genannt wird (*k te gednotě, kteráž se pikhartstwjm gmenuge*) [der Brüderunität], und doch sind sie gute Christen und gehorsame Untertanen des Königs, so wie es einst Paulus ertrug, dass die Gemeinde, zu der er sich bekannte, als Sekte und Ketzerei verleumdet wurde (*yako y s[vatý] Pawel znal se k té rotě, kterauž na ten čas kacýřstwjm nazýwali [...], a my také též tak činjme a potupné gméno pro swého milého Pána neseme*).

Krajíř bittet daher, dass die Prozesse der wegen Glaubenssachen vor das Kammergericht geladenen Personen (*osoby, kteréž by se před wassimi milostmi stawěti měly*) und des Jan Dráb bis zur Ankunft König [Ferdinands I. in Böhmen] vertagt werden. Krajíř ist zuversichtlich, dass die Angelegenheit durch direkte Verhandlungen mit dem König beigelegt werden kann und dass die Brüderunität unter dessen Herrschaft ebenso friedlich leben kann wie bisher (*pokogný žiwot pod geho králowskau milostj měli sme, máme a gesstě s pomocý Pána Boha [...] mjti budem*), da die Brüder fromme Christen sind, die gute Ordnung und die althergebrachten Gebräuche gemäß der Heiligen Schrift halten (*wěrnj křesťané zachowáwagjce dobrý řád y starobylé dobré zwyklé obyčege podlé pjsem s[vatý]ch*).

Nr. 306   VI 103r–v

Konrad Krajíř von Krajek: Brief an [Johann von Wartenberg], Oberstburggraf der Prager Burg, [Jung-Bunzlau, 24. April 1535]

Von den gegen die Brüderunität gerichteten Verfolgungsmaßnahmen des Jahres 1535 waren zunächst einzelne Laienmitglieder in den südwestböhmischen königlichen Städten betroffen. Im April wurden mit Ulrich und Smil Janovský von Janowitz und Jan Poustevník auch zwei adelige Schutzherren der Unität sowie ein

Brüderpriester vor das Kammergericht des Königreichs Böhmen nach Prag geladen. Konrad Krajíř von Krajek wandte sich mit dem vorliegenden Schreiben in einem vertrauten, informellen Ton an seinen Standesgenossen Johann von Wartenberg, der von 1530 bis 1541 das Amt des Oberstburggrafen der Prager Burg innehatte, mit dem die Teilnahme an den Sitzungen des Kammergerichts verbunden war. Innerhalb des böhmischen Hochadels gehörte Wartenberg zu derjenigen Partei, die primär für die Interessen des Königs eintrat. Zugleich war er einer der Defensoren des utraquistischen Konsistoriums (Eberhard: Monarchie [1985], 89f.).

Der vorliegende Brief ist in AUF VI unvollständig überliefert. Der in Jan Černýs Dokumentensammlung (Praha, Národní knihovna České republiky, Sign. XVII C 3) erhaltene vollständige Text enthält einen Schlussabschnitt, in dem Krajíř berichtet, es gehe das Gerücht, Wartenberg habe sich der Brüderunität angeschlossen, sei mithin selbst potenziell bedroht. Aus der Überlieferung in Černýs Sammlung geht auch hervor, dass das vorliegende Schreiben eine Beilage zu einem weiteren Brief Krajířs an Wartenberg vom 24. April 1535 war (ebd., 27r).

Überlieferung außerhalb der AUF: Praha, Národní knihovna České republiky, Sign. XVII C 3, 26r–27r (Dokumentensammlung des Jan Černý); *Historia Fratrum*, ebd., Sign. XVII F 51a, 923–925.

Edition: Handschriftliche deutsche Übersetzung von Joseph Theodor Müller: Herrnhut, Unitätsarchiv der Evangelischen Brüder-Unität, Sign. AB.II.R.1.1a/3, Zweiter Teil, 177.

Literatur: Vančura: Pronásledování [1888], 114; Müller: Geschichte und Inhalt [1913], 219, Nr. 24; Müller: Geschichte, Bd. 1 [1922], 610; Vančura: Dějiny Klatov, Bd. 1/3/1 [1929], 1377; Müller: Geschichte, Bd. 2 [1931], 64; Molnár: Boleslavští bratří [1952], 128.

Cedule do giného listu panu purgrabi negwýsssjmu wložena [„Ein Zettel, in einen anderen Brief an den Herrn Oberstburggrafen eingelegt"]. Inc.: *Kundrát z Kragku etc. Můg milý pane sswagře a kmotře, zdálo mi se za potřebné wám oznámiti [...]*. Expl.: *[...] že sau to wssecko průby, aby se od menssjch také k wýsssjm kráčelo. Bude, což bude P[án] B[ůh] ráčiti, a nic giného.*

Konrad Krajíř von Krajek übersendet [Johann von Wartenberg] eine Kopie seines Schreibens an das Kammergericht [Nr. 305], auf das er bislang keine Antwort erhalten hat, sowie eine Kopie der Vorladung [Nr. 307] der Adeligen [Ulrich und Smil], der Söhne des [Hermann] Janovský von Janowitz vor das Kammergericht durch den Oberstlandhofmeister [Zdislav Berka von Dubá]. Es ist unerhört, dass sich im Königreich Böhmen Gerichte anmaßen, über den Glauben und die Seelen der Menschen zu urteilen (*o dusse lidské a wjry sauditi*). Weder Gott noch Christus haben solche Gerichte eingesetzt. Der Glaube muss vielmehr freiwillig sein (*na dobré wůli každému toho nechal*), denn Christus sagte: „Wer mir nachfolgen will" usw. (Mt 16,24).

Es ist bedenklich, dass Vorladungen mit derartigen Formfehlern (*tak zatmělá obeslánj*) ausgehen, denn aus der Vorladung geht nicht hervor, wer der Kläger und was der Gegenstand der Klage ist. Möglicherweise handelt es sich bei alledem um einen Präzedenzfall, um künftig auch gegen den Adel in Glaubenssachen vorzugehen (*sau to wssecko průby, aby se od menssjch také k wyšssjm kráčelo*).

Nr. 307   VI 103v

Zdislav Berka von Dubá, Oberstlandhofmeister des Königreichs Böhmen: Vorladung von [Ulrich und Smil] Janovský von Janowitz vor das böhmische Kammergericht, Prag, 14. April 1535

Die Vorladung der beiden Grundherren der Janowitzer Unitätsgemeinde wird von Konrad Krajíř von Krajek in Nr. 306 erwähnt und lag diesem anscheinend in einer Ausfertigung oder Abschrift vor. Der Text dürfte demnach aus dem Archiv der Krajíř von Krajek in Jung-Bunzlau in die von Jan Černý kompilierte Dokumentensammlung und daraus in die *Acta Unitatis Fratrum* kopiert worden sein. Der dem Original beiliegende Zettel, der den Namen des von den Brüdern Janovský zu „stellenden" Brüderpriesters Jan Zborník (Poustevník) enthielt, wurde von den Kopisten als Zeichnung wiedergegeben.

Überlieferung außerhalb der AUF: Praha, Národní knihovna České republiky, Sign. XVII C 3, 27r (Dokumentensammlung des Jan Černý); *Historia Fratrum*, ebd., Sign. XVII F 51a, 925–927.

Edition: Handschriftliche deutsche Übersetzung von Joseph Theodor Müller: Herrnhut, Unitätsarchiv der Evangelischen Brüder-Unität, Sign. AB.II.R.1.1a/3, Zweiter Teil, 117.

Literatur: Gindely: Geschichte, Bd. 1 [1857], 226; Tomek: Dějepis, Bd. 11 [1897], 152; Müller: Geschichte und Inhalt [1913], 219, Nr. 24; Müller: Geschichte, Bd. 2 [1931], 64f.; Hrejsa: Dějiny křesťanství, Bd. 5 [1948], 54.

List obselacý na pány Janowské [„Vorladung der Herren Janovský"]. Inc.: *Zdislaw Berka z Duban[!]. Službu swau wzkazugi, vrozené wládyky, přátelé milj. Zprawen sem toho, kterak bysste některých neřáduw [...]*. Expl.: *[...] pokud za sprawedliwé bude, přitom se zachowati chcy. Dán na Hradě pražském, w středu dne s[vatéh]o Tyburcy, letha etc. [15]35.*

Zdislav Berka von Dubá, Oberstlandhofmeister, hat erfahren, dass die Adeligen [Ulrich und Smil] Janovský von Janowitz auf ihren Gütern Unordnung in Glaubenssachen dulden. Er lädt sie daher zu einer Verhandlung [vor dem Prager Kammergericht] am 26. April 1535 vor. Zugleich sollen sie die Person „stellen", deren Name auf einem beiliegenden Zettel geschrieben steht. – Beiliegender Zettel: Jan Zborník [Poustevník] (*cedulka Jana Zbornjka*).

Nr. 308 VI 103v–104r

Bescheid des Kammergerichts des Königreichs Böhmen, [Prag], 10. Mai 1535

Ulrich und Smil Janovský von Janowitz erschienen am 26. April 1535 (vgl. Nr. 307) ohne den zu „stellenden" Brüderpriester Jan Poustevník, ebenso bei einer zweiten Vorladung am 10. Mai des Jahres, auf die das vorliegende Schriftstück zurückgeht. Laut ihren in Jan Černýs Dokumentensammlung überlieferten Aussagen (Praha, Národní knihovna České republiky, Sign. XVII C 3, 27v–29r) entschuldigten sich die Brüder Janovský beim ersten und zweiten Termin damit, dass ihnen der in der Vorladung genannte Jan „Zborník" unbekannt sei. In Janowitz [an der Angel] wirke ein gewisser Jan mit dem Beinamen Poustevník, der sich jedoch nicht ständig dort aufhalte. Er sei ein Untertan des Konrad Krajíř von Krajek. Mithin sei Krajíř für die „Stellung" Poustevníks zuständig. Bei den Verhandlungen am 26. April und am 10. Mai 1535 ließen die Brüder Janovský den rechtskundigen Gabriel Klenovský (vgl. zu Nr. 170) für sich sprechen.

Überlieferung außerhalb der AUF: Praha, Národní knihovna České republiky, Sign. XVII C 3, 29r (Dokumentensammlung des Jan Černý); *Historia Fratrum*, ebd., Sign. XVII F 51a, 933f.

Edition: Handschriftliche deutsche Übersetzung von Joseph Theodor Müller: Herrnhut, Unitätsarchiv der Evangelischen Brüder-Unität, Sign. AB.II.R.1.1a/3, Zweiter Teil, 118.

Literatur: Gindely: Geschichte, Bd. 1 [1857], 226–228; Vančura: Pronásledování [1888], 115; Müller: Geschichte und Inhalt [1913], 219, Nr. 24; Müller: Geschichte, Bd. 2 [1931], 65; Hrejsa: Dějiny křesťanství, Bd. 5 [1948], 54.

Wýpowěd panůw heytmanůw [„Spruch der Hauptleute"]. Inc.: *Jakož Woldřich a Smil Janowsstj, podlé swých záwazkůw se stawěgjce, mluwiti dali [...]*. Expl.: *[...] bude gich milostem o tom poručeno, také gim Yanowským to dále oznámj. Stalo se w pondělj po s[vaté]m Stanislawu, letha etc. [15]35.*

[Das Kammergericht des Königreichs Böhmen beschließt:] Ulrich und Smil Janovský von Janowitz haben der Vorladung [vor das Kammergericht in Prag zum 26. April 1535, vgl. Nr. 307] Folge geleistet (*podlé swých záwazkůw se stawěgjce*), sie haben jedoch Gründe vorgebracht, warum sie Jan Zborník [Poustevník] (*Jana Zbornjka*) nicht „stellen" konnten. Der stellvertretende Vorsitzende des Kammergerichts, der Oberstlandrichter Heinrich Berka von Dubá, vertagt die Verhandlung auf den 21. Juni 1535. Für die Vertagung liegt eine königliche Genehmigung vor.

Nr. 309 VI 104r–105v

Konrad Krajíř von Krajek: Brief an [Zdislav Berka von Dubá], Oberstlandhofmeister des Königreichs Böhmen, Neu Bistritz, 4. Juli 1535

Vor dem für den 21. Juni 1535 angesetzten dritten Gerichtstermin der Brüder Ulrich und Smil Janovský von Janowitz richtete Konrad Krajíř von Krajek am 5. Juni 1535 einen in der Dokumentensammlung des Brüderbischofs Jan Černý überlieferten Brief an König Ferdinand I. von Böhmen, in dem er sein Eintreten für die Brüder Janovský begründete (Praha, Národní knihovna České republiky, Sign. XVII C 3, 31r–32v). Dem Brief an den Landesherrn lag die Abschrift eines Schreibens an das utraquistische Konsistorium bei, in dem Krajíř die zum Teil skandalösen Vorwürfe, die die Utraquisten gegen die Brüderunität verbreiteten, widerlegte (ebd., 30r–v). Ebenfalls am 5. Juni schrieb Krajíř an den Oberstlandhofmeister Zdislav Berka von Dubá und unterrichtete ihn über das Schreiben an den König (ebd., 32v–33r). Am 21. Juni erschienen die Brüder Janovský vor dem Kammergericht, allerdings auch diesmal ohne den zu „stellenden" Brüderpriester Jan Poustevník (ebd., 33v–35r). Daraufhin entschied das Kammergericht, die beiden Brüder im Schwarzen Turm, dem Schuldgefängnis der Prager Burg, in Beugehaft zu nehmen (Praha, Národní archiv, Komorní soud, kniha 154, 327r–228r), wo sie bis zum März 1536 einsaßen. Bei der Übergabe der brüderischen Bekenntnisschrift an Ferdinand I. am 11. November 1535 in Wien bemühte Krajíř sich beim König vergeblich um die Freilassung der beiden Gefangenen.

Nach der Verhaftung der Brüder Janovský verbot Ferdinand I. in einem Schreiben vom 26. Juni 1535 weitere Einmischungen Krajířs (Praha, Národní knihovna České republiky, Sign. XVII C 3, 33r–v). Eine bereits vorbereitete Bittschrift an den König vom 30. Juni 1535, in der Krajíř gemeinsam mit Friedrich von Dohna und Johann dem Jüngeren Křinecký von Ronow Fürsprache für verfolgte Anhänger der Brüderunität und für die Brüder Janovský einlegte, wurde daher nicht abgesandt (ebd., 35r–38v). Stattdessen richtete Krajíř am 4. Juli 1535 das vorliegende informelle Schreiben an Zdislav Berka von Dubá, der sich gerade in Wien aufhielt (vgl. Nr. 310), und bat diesen, sich nach seiner Rückkehr nach Prag als Mitglied des Kammergerichts zugunsten der Brüder Janovský zu verwenden. Der Brief ist aus dem südböhmischen

Neu Bistritz datiert, dessen Besitzer, Wolf der Ältere Krajíř von Krajek, ein Neffe Konrads war. Der im Text als Überbringer erwähnte böhmische Kleinadelige Heinrich Domousický von Harasow stand in Krajířs Diensten und war auch an der brüderischen Gesandtschaft nach Wien im November 1535 beteiligt. Der Inhalt des vorliegenden Briefs wird in der *Historia Fratrum* (Praha, Národní knihovna České republiky, Sign. XVII F 51a, 961–967) zusammengefasst wiedergegeben.

Überlieferung außerhalb der AUF: Praha, Národní knihovna České republiky, Sign. XVII C 3, 38v–40v (Dokumentensammlung des Jan Černý).

Edition: Handschriftliche deutsche Übersetzung von Joseph Theodor Müller: Herrnhut, Unitätsarchiv der Evangelischen Brüder-Unität, Sign. AB.II.R.1.1a/3, Zweiter Teil, 118f.

Literatur: Gindely: Geschichte, Bd. 1 [1857], 230; Vančura: Pronásledování [1888], 116; Müller: Geschichte und Inhalt [1913], 219, Nr. 24; Vančura: Dějiny Klatov, Bd. 1/3/1 [1929], 1378; Molnár: Boleslavští bratří [1952], 128f.

Psánj včiněné panu hoffmjstrowi etc. [„Ein Schreiben, an den Herrn Hofmeister getan etc."]. Inc.: *Kundrát z Kragku a na Mladém Boleslawi. Službu swau wzkazugi, vrozený pane pane sswagře můg mily [...].* Expl.: *[...] gestli wůle geho swatá nám se spolu we zdrawj shledati. Dán na Bystřicy w neděli, den s[vatéh]o Prokopa, letha etc.* [15]35.

Konrad Krajíř von Krajek versichert [Zdislav Berka von Dubá] seiner Freundschaft. Er ist empört über die Behandlung der jungen Adeligen [Ulrich und Smil] Janovský [von Janowitz durch das Kammergericht], die gewiss anders verlaufen wäre, wenn [Zdislav Berka als Vorsitzender des Kammergerichts] persönlich anwesend gewesen wäre. Krajíř war mit den beiden Janovský erschienen und hatte dargelegt, dass [Jan Poustevník, dessen „Stellung" den beiden Adeligen befohlen worden war] sein Untertan sei [und deshalb von den Brüdern Janovský gar nicht „gestellt" werden kann].

Krajíř weiß nicht, weshalb er seinen Untertan [Jan Poustevník dem Kammergericht] stellen soll, denn es wurde nicht bekanntgegeben, welches Vergehens dieser beschuldigt wird (*žádná přjčina, ano ani také wina gemu gest od žádného nebyla oznámena*). Aufzeichnungen über den Verlauf der beiden Gerichtstermine [vor dem Kammergericht in Prag am 10. Mai und 21. Juni 1535] wird [der Überbringer] Heinrich Domousický [von Harasow] (*po panu Gindřichowi Domowském*) dem Adressaten übergeben.

Unterdessen wurden die beiden Janovský auf Befehl des Königs [Ferdinand I.] im Schwarzen Turm [dem Schuldgefängnis der Prager Burg] inhaftiert. Krajíř bittet Berka, sich beim Landesherrn dafür einzusetzen, dass die beiden Gefangenen auf freien Fuß kommen, bis deren Prozess fortgesetzt wird (*že bysste na Hradě pražském podlé auřadu swého byli a saud drželi*). Dann wird Krajíř auch seinen Untertan [Jan

Poustevník] „stellen". Er besteht aber darauf, dass dann auch ein Ankläger vorhanden ist und die Vergehen, derer [Jan Poustevník] beschuldigt wird, benannt werden.

Es hat den Anschein, dass gewisse böswillige utraquistische Priester (*některé zlobiwé kněžstwo [...] strany pod obogj způsobau*) in den königlichen Städten die Brüderunität beim König verleumdet haben, dies aber aus Feigheit und Heuchelei nicht öffentlich zugeben wollen. Es stünde solchen Priestern besser an, ihre eigenen Fehler zu erkennen (Mt 7,5) als fromme Leute zu verleumden. Jüngst behauptete jemand sogar, [die Brüder] würden mehr auf die Macht der Lutheraner [der deutschen Reichsfürsten] vertrauen als auf Gott und auf den König (*ano, y nedawno to mi prawono, yako by něgakých podstat v luteryánů mimo podstatu Pána Boha wssemohůcýho předkem a potom krále, geho milosti, pána nasseho milostiwého, hledati se mělo*). Krajíř bittet den Oberstlandhofmeister, auf den König einzuwirken, solchen Verleumdungen keinen Glauben zu schenken. Wer Derartiges zu behaupten wage, soll es auch beweisen (*poněwádž to smj mluwiti, což prawda nenj, ať to také smj k mjstu westi, tak yakž náležj*).

Nr. 310

VI 105v–106r

Zdislav Berka von Dubá, Oberstlandhofmeister des Königreichs Böhmen: Brief an Konrad Krajíř von Krajek, Wien, 9. Juli 1535

Antwort auf Nr. 309. Der Inhalt des Schreibens wird in der *Historia Fratrum* (Praha, Národní knihovna České republiky, Sign. XVII F 51a, 967–969) zusammengefasst wiedergegeben.

Überlieferung außerhalb der AUF: Praha, Národní knihovna České republiky, Sign. XVII C 3, 40v–41v (Dokumentensammlung des Jan Černý).

Edition: Handschriftliche deutsche Übersetzung von Joseph Theodor Müller: Herrnhut, Unitätsarchiv der Evangelischen Brüder-Unität, Sign. AB.II.R.1.1a/3, Zweiter Teil, 120.

Literatur: Müller: Geschichte und Inhalt [1913], 219, Nr. 24.

Odpowěd na to psánj od pana hoffmistra etc. [„Antwort auf dieses Schreiben vom Herrn Hofmeister usw."]. Inc.: *Zdislaw Berka z Dubé. Službu swau wzkazugj, vrozený pane, pane sswagře můg milý, bysste se dobře měli [...]*. Expl.: *[...] P[án] B[ůh] rač dáti nám se spolu we zdrawj shledati. Dán w Wjdni w pátek před s[va]tau Margetau, letha etc. [15]35.*

Zdislav Berka von Dubá versichert Konrad Krajíř von Krajek seiner Freundschaft. Was Krajíř über die Adeligen [Ulrich und Smil] Janovský [von Janowitz] geschrieben hat [vgl. Nr. 310], hat Berka dem König [Ferdinand I. von Böhmen] berichtet (*na tento čas [...] pilně o to we wssj radě s geho milostj mluwil sem*), konnte aber nicht die Freilassung der beiden Gefangenen erreichen. Ferner hat er mit dem König über Krajířs Untertan [Jan Poustevník] gesprochen. In dieser Angelegenheit geht ein königliches Schreiben [Nr. 311] an Krajíř aus. Berka gibt Krajíř den freundschaftlichen Rat, sich nicht in fremde Angelegenheiten einzumischen (*nedegte se w to potahowati, ani se w to wkládegte*). Damit zieht er sich nur Schwierigkeiten zu und bringt den Landesherrn gegen sich auf. Berka versichert, dass er bemüht ist, sich beim König zu Krajířs Gunsten zu verwenden.

Nr. 311   VI 106r

Ferdinand I., König von Böhmen: Befehl an Konrad Krajíř von Krajek, Wien, 10. Juli 1535

Nachdem König Ferdinand I. bereits am 26. Juni 1535 weitere Einmischungen Konrad Krajířs von Krajek in den Prozess gegen die Brüder Ulrich und Smil Janovský von Janowitz und gegen den Brüderpriester Jan Poustevník verboten hatte (Praha, Národní knihovna České republiky, Sign. XVII C 3, 33r–v; vgl. zu Nr. 309), wiederholt er nach der in Nr. 310 erwähnten Unterredung mit Zdislav Berka von Dubá die Verwarnung und droht mit Strafe.

Überlieferung außerhalb der AUF: Praha, Národní archiv, Rg 13, 277f. (Register der Böhmischen Kanzlei); Praha, Národní knihovna České republiky, Sign. XVII C 3, 41v–42r (Dokumentensammlung des Jan Černý); *Historia Fratrum*, ebd., Sign. XVII F 51a, 969f.

Edition: Handschriftliche deutsche Übersetzung von Joseph Theodor Müller: Herrnhut, Unitätsarchiv der Evangelischen Brüder-Unität, Sign. AB.II.R.1.1a/3, Zweiter Teil, 120f.

Literatur: Gindely: Geschichte, Bd. 1 [1857], 230f.; Vančura: Pronásledování [1888], 116; Müller: Geschichte und Inhalt [1913], 219, Nr. 24; Vančura: Dějiny Klatov, Bd. 1/3/1 [1929], 1378; Nováková: Krajířové [2010], 88–94 (zu Konrad Krajíř von Krajek).

Psánj krále Ferdynanda panu Kundrátowi Kragjřowi etc. a [na] Mladém Boleslawi [„Schreiben König Ferdinands an Herrn Konrad Krajíř von Krajek usw. und auf Jung-Bunzlau"]. Inc.: *Ferdynand, z Božj milosti řjmský, vherský, český etc. král, inffant w Hyspanij, arcyknjže rakauské a markrabě morawský etc. Vrozený věrný náš milý, zpráwu mjti ráčjme, kterak by ty strany wjry wždy nepřestáwal lecos toho obmýssleti y lidi bludné ffedrowati [...]*. Expl.: *[...] tjm se zprawiti můžeš. Dán v Wjdni w sobotu před s[va]tau pannau Margetau, letha etc. [15]35 a králowst[ví] nassich řjmského [páté]ho a giných dewátého.*

König Ferdinand I. hat erfahren, dass Konrad Krajíř von Krajek nicht davon ablässt, Ketzer zu dulden (*nepřestáwal [...] lidi bludné ffedrowati*). Vor allem wegen Jan [Poustevník] (*co se Jana Zbornjka dotyče*) kommt es unter den Untertanen zu Unruhe. Der König ist darüber befremdet, dass Krajíř sich in den Prozess gegen [Ulrich und Smil] Janovský einmischt und verlangt, wegen des Jan [Poustevník] (*Zbornjka*) selbst vorgeladen zu werden (*dotazugeš se, proč Janowským takowé obeslánj na tebe dáno nenj*), was der Angelegenheit nicht dienlich ist. Krajíř möge sich aus der Sache heraushalten. Wenn er nicht davon ablässt, wird der König einschreiten (*giž bychom toho déle od tebe [...] snásseti neráčili*).

Nr. 312   VI 107r–108r

Martin Lupáč: Brief an den Priester Mikuláš Zacheus (Auszug), ohne Ortsangabe, [1462/64]

Der utraquistische Priester Martin Lupáč (vgl. zu Nr. 24) war seit 1435 designierter Weihbischof (*suffraganeus*) des erwählten utraquistischen Erzbischofs von Prag, Jan Rokycana, jedoch empfing keiner der beiden die Bischofsweihe. Lupáč übte ebenso wie Rokycana einen wichtigen Einfluss auf die entstehende Brüderunität aus. In den Jahren 1432 und 1434 wurde Lupáč als Vertreter der Utraquisten zum Basler Konzil gesandt. 1436 war er an der Veröffentlichung der Iglauer Kompaktaten beteiligt. In den 1450er Jahren wirkte er als Pfarrer in Klattau. Nachdem Papst Pius II. am 31. März 1462 in Rom gegenüber einer böhmischen Gesandtschaft die Kompaktaten für wirkungslos erklärt hatte, trat Lupáč in seinen Spätschriften als scharfer Kritiker der römischen Kirche hervor (Urbánek: České dějiny, Bd. 3/4 [1962], 294, 556–560).

In diesem Zusammenhang verfasste Lupáč zwei lateinische Briefe an einen Priester namens Zacheus, die gekürzt in einer Handschrift der Stadtbibliothek Bautzen (Gersdorffsche Stiftungsbibliothek, Sign. 8° 3) überliefert sind. Von einem der beiden Texte ist überdies eine weitere lateinische Abschrift im Handbüchlein von Václav Koranda dem Jüngeren (Praha, Národní knihovna České republiky, Sign. XVII F 2) sowie die hier vorliegende tschechische Übersetzung vorhanden. Bei dem Adressaten handelt es sich um Mikuláš Zacheus, einen aus Polen gebürtigen Geistlichen, der als utraquistischer Pfarrer im nordböhmischen Saaz wirkte. 1447 hatte er an einer utraquistischen Gesandtschaft nach Rom teilgenommen, die sich bei dem neu gewählten Papst Nikolaus V. für die Ratifizierung der Kompaktaten und die Bischofsweihe Rokycanas einsetzte, allerdings ohne Erfolg. Anscheinend teilte Zacheus die pessimistische Sicht der römischen Kirche, die Lupáč in seinen nach 1462 entstandenen Schriften ausdrückte. Zacheus starb am 11. Juni 1467 in Saaz (zu seiner Person vgl. Molnár: Martin Lupáč [1982]; Čornej/Bartlová: Velké dějiny, Bd. 6 [2007], 93f).

Im Text schildert Lupáč aufgrund eigener Erinnerungen eine öffentliche Spottprozession in Prag, bei der das Papsttum als die in der Offenbarung des Johannes beschriebene Hure (Offb 17,1–6), als Verkörperung des Antichrist, dargestellt wurde. Zu der Prozession kam es, nachdem der Prager Erzbischof Zbynko Zajíc von Hasenburg am 16. Juli 1410 im Bischofshof auf dem Hradschin Schriften des englischen Reformators John Wyclif hatte verbrennen lassen. Lupáč datierte das Ereignis unzutreffend in das Jahr 1408 (Bartoš: Čechy [1947], 286, 334f.). Seine Beschreibung wird in mehreren brüderischen Texten zitiert, so in der „Verteidigungsschrift in fünf Teilen" (Nr. 68), im „Traktat der Brüder über die geschichtlichen Ereignisse, die die Absonderung der Brüder rechtfertigen" (Nr. 62) und in der 1530 entstandenen Schrift des Vavřinec Krasonický O učených („Über die Gelehrten", Molnár: Českobratrská výchova [1956], 81f.). Die von Lupáč am Ende des vorliegenden Textes erhobene Behauptung, Petrus sei nie in Rom gewesen, wurde später von dem böhmischen Humanisten Oldřich Velenský von Mnichov, der der Brüderunität nahestand, in einer lateinischen Abhandlung aufgegriffen (Velenský: Petrum Romam non uenisse [1520]; Lamping: Ulrichus Velenus [1975]).

Die Dokumente Nr. 312–314 wurden von Vavřinec Orlík auf den freigebliebenen Seiten am Ende eines Quaternionen nachgetragen. Sie fallen chronologisch aus der Textgruppe Nr. 299–318 heraus, in der ansonsten Texte aus den Jahren 1535 bis 1538 zusammengestellt sind.

Überlieferung außerhalb der AUF: Stadtbibliothek Bautzen, Gersdorffsche Stiftungsbibliothek, Sign. 8° 3 (Schriften von Martin Lupáč und Peter Payne, zweite Hälfte des 15. Jahrhunderts), 9r–11r (lateinisch); Praha, Národní knihovna České republiky, Sign. XVII F 2 (Handbüchlein von Václav Koranda dem Jüngeren, Handschrift des späten 15./frühen 16. Jahrhunderts), 125r–v (lateinisch).

Edition: Höfler (Hg.): Geschichtschreiber, Bd. 2 [1865], 171–173 (lateinisch); Truhlář, J. (Hg.): Manualník [1888], 149–151 (lateinisch); Havránek u. a. (Hg.): Výbor, Bd. 2 [1964], 73–75 (moderne tschechische Übersetzung). – Handschriftliche deutsche Übersetzung von Joseph Theodor Müller: Herrnhut, Unitätsarchiv der Evangelischen Brüder-Unität, Sign. AB.II.R.1.1a/3, Zweiter Teil, 121f.

Literatur: Пальмов (Hg.): Чешские братья, Bd. 1/1 [1904], 218; Volf: Hilaria z Litoměřic traktát [1911], 55f.; Müller: Geschichte und Inhalt [1913], 219, Nr. 25a; Goll: Chelčický a jednota [1916], 138–140 (zum Verhältnis der ersten Brüder zu Lupáč); Bartoš: Z počátků Jednoty [1921], 31–43, 127–139 (Paynes Einfluss auf die Brüder); Bartoš: Demonstrativní spálení [1924]; Urbánek: České dějiny, Bd. 3/3 [1930], 643; Bartoš: Martin Lupáč [1939], 115, 125, 127f., 137, Nr. 8; Urbánek: České dějiny, Bd. 3/4 [1962], 256, 294f., 556f., 730; Spunar: Literární činnost [1978], 180, Nr. 28;

Molnár: Martin Lupáč [1982]; Kolár: Martin Lupáč [1993]; Halama, O.: Spis „De Ecclesia" [2004], 425; Pálka: Super responso [2015]; Halama, O.: The Unity [2020], 377f.

Z psanj Martina Lupače, suffragana Rokycanowa, k Zacheowi knězy [„Aus dem Schreiben des Martin Lupáč, Rokycanas Weihbischof, an den Priester Zacheus"]. Inc.: *Když Zbyněk před vpálenjm Mistra Jana Husy leta Božjho 1408. (to bylo sedm let před vpalenjm) arcybiskup pražský s auřednjky [...]*. Expl. *[...] od wěrných kazateluo hlásáno, ale giž pohřjchu nynj dosti mdle, a strach čim dále že bude mdlegj. Pán Buoh pak wssemohucý rač w lepssj obrátiti. Amen. Potud Lupač.*

Martin Lupáč war in Prag anwesend, als der Prager Erzbischof Zbynko [Zajíc von Hasenburg] 1408 [tatsächlich jedoch 1410] die Schriften John Wyclifs als ketzerisch verbrennen ließ. Aus Protest dagegen versammelten sich Studenten und niedere Kleriker aus den großen Pfarreien (*od welikých far kumpanowé*), mehrere hundert Personen. Sie nahmen einen Pferdekarren, den sie über und über mit [Nachahmungen von] päpstlichen Bullen (*bullj papežských nawrchu*) und Briefen behängten, und setzten darauf einen als Hure verkleideten Schulknaben in roten Gewändern und mit goldenem Schmuck und Perlen (Offb 17,4). Damit fuhren sie unter großem Lärm zuerst zum Altstädter Ring und weiter zum Neustädter Ring, wo sie den Karren mitsamt den Bullen als Zeichen des Abscheus gegen die römische Kirche (*k pohrdánj ssarlatné newěstky cýrkwe řjmské*) verbrannten.

Damals, unter der Regierung König Wenzels IV. von Böhmen, übten die Priester und Prälaten weltliche Macht aus. Bis auf Jan Hus durfte keiner von „unseren" Priestern (*žádný z nassich knějj giný*) [kein Anhänger von Wyclif oder Hus] in Prag predigen, und unter den Ratsherren waren viele Deutsche. Dennoch wagten es die Getreuen (*wěrných*), die römische Kirche öffentlich als die [in der Offenbarung erwähnte] Hure bloßzustellen.

Inzwischen haben die „Unsrigen" [die Utraquisten] gesiegt und alle Ämter übernommen: der König, die Hochadeligen, die Priester und die Stadträte sind allesamt [Utraquisten] (*král náš y knjžata nássi, knějj nassi, páni nassi, konsselé nássi*), aber kein utraquistischer Prediger wagt es, den Papst als die Hure, als den Antichrist oder als das Tier mit den zehn Hörnern (Offb 13,1) zu bezeichnen. Sind sie mittlerweile ganz feige geworden (*kde gest giž syla srdce nasseho*)? Allenthalben beobachtet man in den Kirchen römische Gebräuche (*wssecek strog gich apparatuow kostelnjch, poklon*). In Prag wagt niemand darüber zu predigen, dass im Neuen Testament keine Rede davon ist, dass Petrus je in Rom gewesen ist. Dabei gibt die Sekte des Papstes (*rota papežowa*) es als einen Glaubensartikel aus, dass Petrus dort als Märtyrer gestorben sei und damit den römischen Bischofsstuhl über alle anderen Kirchen erhöht und den Papst zu einem Gott auf Erden (*bohem zemským*) gemacht habe. Das ist eine furchtbare Irrlehre (*blud horaucý*). Einst wurde in Böhmen mutig gepredigt, jetzt immer kraftloser. Möge es sich zum Besseren wenden.

Innerhalb des Utraquismus kam es in den zwei Jahrzehnten nach dem Kuttenberger Religionsfrieden von 1485 zu einer Polarisierung. Der „linksutraquistischen" Partei, die unter Berufung auf die hussitische Tradition eine Annäherung an Rom ablehnte, stand eine „rechtsutraquistische" Partei gegenüber, die im Gegenzug zu Zugeständnissen wie der Beibehaltung des Laienkelchs und der Säuglingskommunion zur Unterordnung unter die Jurisdiktion des Papstes bereit war. Die Darstellung der utraquistischen Messe stammt aus dem Jenaer Kodex, einer um 1500 entstandenen, reich illuminierten Sammelhandschrift mit einem radikal antirömischen Bildprogramm.

Nr. 313   VI 108r–110v

Memorandum an die utraquistischen Teilnehmer des böhmischen Landtags, [Prag, Ende Februar/Anfang März] 1502

Der Text war laut dem Schlussabschnitt die Niederschrift einer Diskussion (*hádání*). Er war an die utraquistischen Teilnehmer des böhmischen Landtags gerichtet, der am 21. Februar 1502 auf der Prager Burg zusammentrat und bis zum 22. März 1502 tagte (Palacký: Geschichte von Böhmen, Bd. 5/2 [1867], 38–48; Tomek: Dějepis, Bd. 10 [1894], 163–188). Das wichtigste Ergebnis des Landtags war die Annahme der sogenannten Wladislawschen Landesordnung.

Die Verfasser des Memorandums warnen im Sinne der sich formierenden „linksutraquistischen" Partei die utraquistischen Stände vor den Konsequenzen einer Annäherung der Utraquisten an Rom, über die seit 1501 von Vertretern der utraquistischen Geistlichkeit und dem päpstlichen Legaten, Kardinal Pietro Isvalies, Erzbischof von Reggio, verhandelt wurde. Ziel der Verhandlung waren die Ratifizierung der Basler Kompaktaten durch die Kurie und die Wiederbesetzung des vakanten Prager Erzbistums. Der zu wählende Erzbischof sollte künftig sowohl katholische als auch utraquistische Priester ordinieren (Palacký [Hg.]: Archiv český, Bd. 6 [1872], 237f.). Der Text beginnt abrupt mit der Erzählung einer (tatsächlichen oder fiktiven) Begebenheit, die sich kurz vor dem Landtag beim Brünner Jahrmarkt am 13. Februar 1502 abgespielt haben soll. Möglicherweise ist die in AUF VI überlieferte Abschrift am Beginn unvollständig. Aus dem Text geht nicht hervor, ob dieser vor dem Zusammentreten des Landtags (also nach dem 13. und vor dem 21. Februar 1502) entstand oder erst bei der utraquistischen Ständeversammlung, die am 2. März 1502 auf dem Altstädter Rathaus in Prag stattfand (Nr. 314).

Der am Schluss des Memorandums erwähnte Michal Polák war ein aus Polen gebürtiger utraquistischer Priester und Pfarrer an St. Ägidius in der Prager Altstadt. 1479 wurde er auf Befehl des katholischen Königs Wladislaw II. von Böhmen und Ungarn wegen Schmähung des Papstes als Antichrist verhaftet. Er starb im folgenden Jahr im Gefängnis auf Burg Karlstein. Romfeindliche Utraquisten verehrten Polák als Märtyrer, sein Heiligentag wurde gemeinsam mit dem des Jan Hus und des Jeroným aus Prag am 6. Juli liturgisch gefeiert.

Überlieferung außerhalb der AUF: –

Edition: Palacký: Geschichte von Böhmen, Bd. 5/2 [1867], 40f. (Ausschnitt in deutscher Übersetzung). – Handschriftliche deutsche Übersetzung von Joseph Theodor Müller: Herrnhut, Unitätsarchiv der Evangelischen Brüder-Unität, Sign. AB.II.R.1.1a/3, Zweiter Teil, 122–125.

Literatur: Пальмов (Hg.): Чешские братья, Bd. 1/1 [1904], 218f.; Müller: Geschichte und Inhalt [1913], 219, Nr. 25b; Müller: Geschichte, Bd. 1 [1922], 238, 596, Nr. 95; Eberhard: Konfessionsbildung [1981], 80f. (zu den Verhandlungen der Religionsparteien während des böhmischen Landtags von Februar/März 1502 in Prag); Macek: Víra a zbožnost [2001], 86 (zu Michal Polák); Podzimková: Dvojí život [2004] (zu Michal Polák), Seltzer: Re-envisioning [2004], 158–161 (zu Michal Polák).

[Titel laut Inhaltsverzeichnis *1v: *Naŕjkánj některých Čechuo* („Gravamina einiger Böhmen").] *Leta Božjho 1502.* [„Im Jahr Gottes 1502"]. Inc.: *W prwnj neděli w postě přigeli do Brna na garmark drahně hostj, Němcuo totiž y Čechuo [...].* Expl. *[...] abysste na to vhodili, co by wuole geho swaté bylo, napřed gemu ke cti a nám také y wám k spasenj žiwota wěčného. Amen.*

Am ersten Fastensonntag [13. Februar 1502], als zahlreiche Fremde, sowohl Tschechen als auch Deutsche (*Němcuo totiž y Čechuo*), zum Jahrmarkt nach Brünn angereist waren, saß eine Gruppe von Utraquisten aus Böhmen in einer Gastwirtschaft. Zu diesen kamen [katholische] Priester und Studenten, um sie zu beglückwünschen, die Wiederaufnahme der Utraquisten in die Gemeinschaft der römischen Kirche stehe unmittelbar bevor. Gesandte der utraquistischen Kirchenleitung hätten in Ofen bereits mit dem päpstlichen Legaten [Kardinal Pietro Isvalies, Erzbischof von Reggio] die Bedingungen dafür ausgehandelt. Der König sei nach Prag gereist und habe einen Landtag einberufen, um die Vereinbarungen in Kraft zu setzen (*aby to k mjstu bylo wedeno, co gest giž namluweno*). Nachdem die Priester weggegangen waren, berieten sich die Utraquisten über diese Neuigkeiten und gerieten darüber in Bestürzung. Mit der Wiedereingliederung in die römische Kirche würde der Bekennermut ihrer utraquistischen Vorfahren, die bereit gewesen waren, für die erkannten Wahrheiten sogar das Martyrium auf sich zu nehmen, umsonst gewesen sein.

Die wichtigste Wahrheit, die die [hussitischen und utraquistischen] Prediger einst öffentlich predigten, ist die Erkenntnis, dass die Kirche des Papstes und seiner Kardinäle die Kirche des Antichrist sei, vor der sich die Gläubigen als vor falschen Propheten hüten müssen (*aby se wěrnj od nich wystřjhali gako od ffalessných prorokuo*). Dies rief den Hass der Feinde hervor, die daraufhin die Gläubigen mit Krieg überzogen und erbarmungslos Alte und Junge, Frauen und Kinder töteten. Als die Feinde erkannten, dass die Böhmen (*Čechowé*) nicht mit Gewalt besiegt werden können, versuchten sie es mit Lüge und List, so wie vor einiger Zeit in Prag unter König Ladislaus [Postumus] (*to teď newelmi dáwno w Praze se pronesло*). Aber Gott ließ alle diese Versuche scheitern. Die Deutschen und Mönche (*Němce a mnichy*) wurden bestraft und vertrieben, die Utraquisten konnten in Ruhe und Frieden leben.

Jetzt aber verhandeln die Utraquisten aus freien Stücken mit dem Papst und wollen sich ihm unterwerfen, obwohl niemand sie dazu zwingt. Offenbar haben sie sich nicht einmal erkundigt, was für einen schlechten Ruf der lasterhafte Papst [Alexander VI.] in Italien hat: Aus viel geringeren Ursachen verweigerten einst die

Böhmen ihrem König den Gehorsam. Früher reisten päpstliche Gesandte nach Prag und versuchten vergeblich, die Utraquisten zum Gehorsam gegenüber dem Papst zu bewegen. Heute dagegen reisen die Vertreter der Utraquisten ihrerseits zum Legaten des Papstes nach Ofen (*sami Pražané s mistry a s kněžjmi do Budjna k legatowi*).

Wenn es dazu kommt, dass sich die Utraquisten vom Papst wieder in die Gemeinschaft der Kirche aufnehmen lassen, dann bezeugen sie selbst, dass sie bislang Ketzer gewesen seien, ja dass ihre Vorfahren von der wahren Kirche abtrünnig geworden und daher verdammt seien. Dann wird man die [alten hussitischen] Lieder nicht mehr singen dürfen, man wird Jan Hus und Jeroným aus Prag nicht mehr als Märtyrer ehren, man wird in Prag so wie in [der katholischen Stadt] Pilsen predigen, dass Hus zu Recht verbrannt und die Hussiten verdientermaßen bekämpft worden seien. Wird man dann in der Bethlehemskapelle [in der Prager Altstadt] die Liste der Prediger an der Wand tilgen (*a ty, Betleme kaplo, gesstě-li budau [...] na twých stěnách čjsti ffalaře kaply té y swatého pjsma?*), wird man die Schriften des Hus verbrennen?

Die [utraquistischen] Laien werden sich nicht von der Überzeugung abbringen lassen, dass die römische Kirche die Kirche des Antichrist sei, dass Hus und Jeroným heilige Märtyrer seien, auch wenn die Priester versuchen sollten, sie vom Gegenteil zu überzeugen. [Im Fall einer Wiedereingliederung der Utraquisten in die römische Kirche] droht eine zweifache Gefahr. Entweder werden sich die Laien scharenweise den Pikarden [der Brüderunität] anschließen, da diese unerschütterlich an der Ablehnung der römischen Kirche festhalten (*kteřjž ty wěcy nevstupně držj*), oder sie werden sich gewaltsam auflehnen und sich eher einen neuen Žižka erwählen, als dass sie den Papst als Oberhaupt der Kirche anerkennen.

[Die Verhandlungen der utraquistischen Kirchenleitung mit der Kurie] sind deshalb verfehlt, weil die utraquistische Seite dabei nur ein einziges Anliegen im Blick hat (*že toliko k gedné prawdě naywjc oči swé obrátiwsse*), die Kommunion unter beiderlei Gestalt, und dabei völlig die Lehre von der Heiligen Kirche (*prawého smyslu o cýrkwi swaté*) vernachlässigt. Wenn man aber die wahre Lehre von der Kirche aufgibt, gibt man auch alle anderen Wahrheiten auf, denn diese ist die Grundlage aller (*neb ona gest grunt a základ wssech giných*).

Soweit die Niederschrift der Beratungen (*tyto wěcy sau tu sepsány, gak sme sami mezy sebau se hádali*). Sie ist bestimmt für die Vertreter des utraquistischen Adels und der Städte, die treu an der göttlichen Wahrheit festhalten (*páni a přátelé nássi milj wssickni, prawd Božjch milownjcy, wěrnj a stálj Čechowé*), namentlich für diejenigen, die am Landtag in Prag teilnehmen. Wenn diese der Meinung sind, dass es dem gemeinen Wohl (*k obecnému dobrému*) dient, können sie das vorliegende Dokument auch vertrauenswürdigen Personen unter den Prager Magistern und Priestern mitteilen, vor allem denen, die das Andenken des Priesters und Märtyrers Michal Polák in Ehren halten.

Nr. 314

VI 111r–112r

Schreiben der utraquistischen Stände an König Wladislaw II. von Böhmen und Ungarn, Prag, 2. März 1502

Das Schreiben schließt eine Gruppe von drei Texten (Nr. 312–314) ab, die Vavřinec Orlík auf freigebliebenen Seiten einer Lage nachtrug. Das gemeinsame Thema der drei Dokumente ist die Opposition gegen die Wiedereingliederung der Utraquisten in die römische Kirche. Der vorliegende Text ist in Nr. 290 erwähnt. Es handelt sich um eine an den König gerichtete Erklärung einer utraquistischen Ständeversammlung, die während des böhmischen Landtags vom Frühjahr 1502 (vgl. Nr. 313) am 2. März 1502 im Altstädter Rathaus in Prag tagte. Als Datum der Versammlung ist im Text der Vortag von Mittfasten genannt. In Böhmen bezeichnete Mittfasten bis ins 17. Jahrhundert den Donnerstag vor Laetare (Friedrich: Rukověť [1934], 332). Dieser fiel im Jahr 1502 auf den 3. März, der Tag davor entsprechend auf den 2. März.

Die Bedingungen, unter denen sich die utraquistischen Stände gegenüber dem König zur Wiedereingliederung in die päpstliche Jurisdiktion bereit erklären, zielen auf eine Ratifizierung der Basler Kompaktaten durch die Kurie. Der aus sieben Artikeln bestehende Text des eigentlichen Beschlusses ist auch in einer Abschrift aus dem Archiv des südböhmischen Magnatengeschlechts der Herren von Rosenberg in Wittingau erhalten. Die in AUF VI überlieferte Abschrift ist zusätzlich gerahmt von einer historischen Vorbemerkung sowie von einer satirischen Nachschrift, die die Absurdität einer Einigung zwischen Katholiken und Utraquisten aufzeigen soll. Die spöttische Nachschrift wurde offenbar von einem Vertreter der „linksutraquistischen" Minderheit verfasst.

Überlieferung außerhalb der AUF: Třeboň, Státní oblastní archiv, Historica Třeboň, Sign. 3432, inv. č. 4123.

Edition: Palacký: Geschichte von Böhmen, Bd. 5/2 [1867], 41–43 (deutsche Übersetzung); Palacký (Hg.): Archiv český, Bd. 6 [1872], 237f., Nr. 16. – Handschriftliche deutsche Übersetzung von Joseph Theodor Müller: Herrnhut, Unitätsarchiv der Evangelischen Brüder-Unität, Sign. AB.II.R.1.1a/3, Zweiter Teil, 125f.

Literatur: Tomek: Dějepis, Bd. 10 [1894], 164–166; Пальмов (Hg.): Чешскiе братья, Bd. 1/1 [1904], 219; Müller: Geschichte und Inhalt [1913], 219, Nr. 25c; Müller: Geschichte, Bd. 1 [1922], 306, 596, Nr. 92; Müller/Bartoš: Dějiny, Bd. 1 [1923], 200; Eberhard: Konfessionsbildung [1981], 80f.

[Titel laut Inhaltsverzeichnis *1v: *Psánj panuo a rytjřstwa králi* („Schreiben des Herren- und Ritterstandes an den König").] Inc.: *Tehož leta napřed psaného 1502. na sněmu pražském geden den před středopostjm sessli se na rathauz Starého Města*

Die 1433 mit dem Basler Konzil ausgehandelten Kompaktaten regelten das Verhältnis der aus der hussitischen Bewegung hervorgegangenen böhmischen Utraquisten zur römischen Kirche. Die Annahme der Kompaktaten durch die böhmischen Stände in Iglau 1436 besiegelte das Ende der Hussitenkriege. Von der Kurie wurden die Kompaktaten trotz der Zusagen des Konzils nicht ratifiziert.

pražského [...] Naygasněyssj králi etc., žádáme, gakož měli listowé k dokonanj kompaktát bazyleyských [...]. Expl.: *[...] potřeba bude maudrých vbrmanuo, aby to nebylo ledagaks zachamraděno a gako s pánwe odbyto, aby se mohli lidé vpokogiti w swých srdcých etc.*

Während des böhmischen Landtags im Jahr 1502 versammelten sich die Vertreter der utraquistischen Stände am Tag vor Mittfasten [2. März 1502] auf dem Rathaus der Prager Altstadt und beschlossen (*včiniwsse swolenj*) folgende Erklärung an König [Wladislaw II. von Böhmen und Ungarn]:

[1.] Der Papst soll das Ausführungsdekret (*listowé k dokonánj*) [*litterae executoriae*], das bereits vom Basler Konzil hätte publiziert werden sollen, an die geistlichen und weltlichen Obrigkeiten im In- und Ausland ausgehen lassen, die böhmischen und mährischen Utraquisten als ordentliche Glieder der heiligen Kirche anerkennen (*za wěrné bratry a syny cýrkwe swaté*) und verbieten, sie als Ketzer zu schmähen.

[2.] Der [noch einzusetzende] Prager Erzbischof, der [ebenfalls noch einzusetzende] Bischof von Leitomischl und der Bischof von Olmütz sollen die Kommunion [auch] unter beiderlei Gestalt spenden, Priester für die Utraquisten weihen und dafür Sorge tragen, dass die Priester die Sakramente gemäß den Kompaktaten verwalten.

[3.] Der Erzbischof und die Bischöfe sollen gemäß den Rechtsgewohnheiten des Königreichs Böhmen (*podlé swobod a starodawnjho zachowánj*) [durch die Stände, nicht durch die Domkapitel] beziehungsweise gemäß in der Markgrafschaft Mähren geltenden Recht gewählt werden.

[4.] Sofern der Papst den genannten Forderungen stattgibt (*zachowánj wěcý předepsaných od Otce swatého žádame*), versprechen die böhmischen und mährischen

Unter König Ferdinand I. von Böhmen, der die Kompaktaten als Grundlage seiner Konfessionspolitik in Böhmen betrachtete, wurden nach der Mitte des 16. Jahrhunderts steinerne Tafeln, die in lateinischer und tschechischer Sprache an die Vereinbarungen erinnerten, an der Fronleichnamskapelle auf dem Viehmarkt (Karlsplatz) in der Prager Neustadt angebracht.

Utraquisten im Gegenzug Gehorsam gegenüber dem Papst, der Kirche, den Bischöfen und den übrigen Prälaten gemäß der Bibel und den Kirchenvätern (*podlé zákona Božjho a vstawenj swatých otcuo*).

[5.] Die Säuglingskommunion (*rozdáwánj nemluwňátkuom*), der tschechische Gesang sowie weitere Gebräuche, die [von den Vertretern der Utraquisten] beim [Basler] Konzil hinreichend aus der Heiligen Schrift belegt wurden, sollen [den Gläubigen in Böhmen und Mähren] dauerhaft gestattet werden.

[6.] Sofern eine Einigung über diese Punkte mit dem Papst erreicht wird, werden die Utraquisten sie dankbar annehmen. Falls die Verhandlungen jedoch scheitern, sollen die Kompaktaten in Kraft bleiben. Ferner fordern [die utraquistischen Stände], dass utraquistische Pfarren [die von katholischen Obrigkeiten mit katholischen Geistlichen besetzt wurden] erneut mit utraquistischen Pfarrern besetzt werden gemäß dem Urteil im Fall des Priesters in Jistebnitz (*podlé tohoto nálezu, kterýž se stal o kněze w Gistebnicy*).

[7.] Auch sollen die höheren Gerichte [im Königreich Böhmen] zu gleichen Teilen mit Vertretern des utraquistischen und des katholischen Adels besetzt werden.

[Kommentierende Nachschrift:] Im Fall einer Einigung zwischen beiden Parteien muss auch die Frage der utraquistischen Märtyrer (*mučedlnjkuo [...] nassich milých čechuo*), von Jan Hus an bis zu denen der jüngeren Vergangenheit, geregelt werden. Die Utraquisten glauben, dass diese im Himmel sind, die Katholiken dagegen meinen, dass sie in der Hölle sind. Soll in diesem Fall die Minderheit [die utraquistische Seite] der Mehrheit [den Katholiken] nachgeben? Oder soll ein Kompromiss gesucht werden, indem die Katholiken [die Seelen utraquistischen Märtyrer] aus der Hölle nach oben erheben und die Utraquisten sie aus dem Himmel hinunterlassen (*aby gedni z pekla gich powyzdwihli a druzj s nebe propustili*)? Entsprechend ist eine Regelung für die Eltern und Vorfahren der Utraquisten zu treffen, die nach katholischer Auffassung als Ketzer in der Hölle weilen. Diese Personen müssen aus Vollmacht der Kirche (*mocý cýrkwe swatê*) aus der Hölle herausgeholt werden. Dazu bedarf es gewiss sachkundiger Schiedsrichter (*maudrých vbrmanuo*), damit es bei so wichtigen Dingen nicht liederlich zugeht (*aby to nebylo ledagaks zachamraděno a gako s pánwe odbyto*).

Nr. 315 VI 113r–115v

Bruder Jan Poustevník: Brief aus dem Gefängnis an Georg von Gersdorf, Hauptmann der Prager Burg, Prag, 20. Mai 1537

Die Dokumente Nr. 315–318 sind die Fortsetzung der durch die Einfügung von Nr. 312–314 unterbrochenen Textgruppe Nr. 299–311 zur Verfolgung der Brüder in den Jahren 1535 bis 1538. Dabei handelt es sich um eine Auswahl aus einer von dem Brüderbischof Jan Černý kompilierten umfangreichen Dokumentensammlung (vgl. zu Nr. 299).

Jan Poustevník wiederholt und präzisiert in dem vorliegenden Text die Aussagen, die er bei einem Verhör durch den Oberstlandrichter des Königreichs Böhmen, Heinrich Berka von Dubá, auf der Prager Burg gemacht hatte. Das Verhör fand, wie Jan Černý überliefert (Praha, Národní knihovna České republiky, Sign. XVII C 3, 78r), am 20. Mai 1537 statt. Das vorliegende Schreiben entstand wohl noch am selben Tag oder kurz danach. Laut der Überschrift in AUF VI war der Adressat der Hauptmann der Prager Burg, Georg von Gersdorf. Er war allerdings nicht mit der Durchführung des eigentlichen Prozesses betraut.

Die im Verhör gestellten Fragen werden von Jan Poustevník im Stil eines ausführlichen Glaubensbekenntnisses mit biblischen Belegstellen beantwortet. Von entscheidender Bedeutung für den Prozess war die Antwort auf die Frage nach der Taufe, in der sich der Gefangene gegen den Vorwurf der Wiedertäuferei und damit gegen ein Kapitaldelikt verteidigte. In der Brüderunität wurden erwachsene Konvertiten, die der Gemeinschaft beitraten, bis zum Jahr 1534 in der Regel erneut getauft. Es ist durchaus möglich, dass auch Jan, der 1529 zum Brüderpriester ordiniert worden war, vor 1534 Erwachsene „wiedergetauft" hatte. Er beantwortete die Frage, ob er Erwachsene getauft habe, nur ausweichend und betont nachdrücklich, dass die „Wiedertaufe" in der Brüderunität längst abgeschafft worden sei.

Ausschlaggebend für die Abschaffung der Konvertitentaufe war die gegen die Täuferbewegung gerichtete Gesetzgebung, die bei Wiederholung der Taufe sowohl für den Täufer als auch für den Täufling selbst die Todesstrafe androhte. In den böhmischen Ländern war es seit 1528 zu mehreren Hinrichtungen von solchen „Wiedertäufern" gekommen. Einen Höhepunkt erreichte die Verfolgung von Anhängern der Täuferbewegung in Böhmen, Mähren und Schlesien im Jahr 1535 infolge der Nachrichten über das täuferische „Königreich von Münster". Die adeligen Grundherrschaften der Markgrafschaft Mähren blieben gleichwohl ein relativ sicherer Zufluchtsort für verfolgte Täufer aus den deutschsprachigen Nachbarländern, die von 1527 bis zum Ausbruch des Dreißigjährigen Krieges in großer Zahl nach Mähren einwanderten.

Überlieferung außerhalb der AUF: Praha, Národní knihovna České republiky, Sign. XVII C 3, 78v–81r (Dokumentensammlung des Jan Černý); *Historia Fratrum*, Nelahozeves, Lobkowiczká knihovna, Sign. VI Ed 7, 12–17 (Abschrift: Praha, Národní knihovna České republiky, Sign. XVII F 51b, 29–41).

Edition: Handschriftliche deutsche Übersetzung von Joseph Theodor Müller: Herrnhut, Unitätsarchiv der Evangelischen Brüder-Unität, Sign. AB.II.R.1.1a/3, Zweiter Teil, 126–129.

Literatur: Пальмов (Hg.): Чешские братья, Bd. 1/1 [1904], 219f.; Müller: Geschichte und Inhalt [1913], 219, Nr. 26; Müller: Geschichte, Bd. 2 [1931], 73; Hrubý: Wiedertäufer [1935], 12–14 (zur Verfolgung der Täufer in Mähren).

Psánj bratra Jana Paustennjka včyněné panu heytmanowi Hradu pražskeho, w němž odpowjdá na některé otázky na sebe, od heytmana včyněné w wězenj letha Paně 1537. [„Ein Schreiben des Bruders Jan Poustevník an den Herrn Hauptmann der Prager Burg, in welchem er auf einige Fragen antwortet, die ihm der Hauptmann im Gefängnis gestellt hatte, im Jahr des Herrn 1537"]. Inc.: *Pane heytmane mily, jakož ste s geho milostj panem sudjm račyli wotazky tři na mne včyniti [...]*. Expl.: *[...] A wždy prosym, račte to včyniti pro milosrdenstwj Božj a pro odplatu wěcneho žiwota. Jan Paustenjk.*

Jan Poustevník hat dem Hauptmann [der Prager Burg, Georg von Gersdorf] und dem Richter [dem Oberstlandrichter des Königreichs Böhmen, Heinrich Berka von Dubá] zwar bereits drei Fragen, seinen Glauben betreffend, in aller Kürze mündlich beantwortet. Er hält es aber für geboten, dies noch einmal ausführlicher in schriftlicher Form zu tun.

Die erste Frage bezog sich auf den Glauben an Jesus Christus. Jan bekennt seinen Glauben an Jesus Christus, den Sohn Gottes, der von Ewigkeit gleichen Wesens mit dem Vater und dem Heiligen Geist ist, wie es die Heilige Schrift bezeugt (Joh 1,18). Als wahrer Gott wurde er Mensch, wurde von der Jungfrau Maria geboren und nahm als wahrer Mensch die Strafe für die Schuld der Menschen auf sich. Er ertrug alle Anfechtungen des menschlichen Lebens bis hin zum grausamen Tod, durch den er zum Erlöser der Welt wurde, wie die Heilige Schrift bezeugt (Lk 1,31–35; Joh 1,14; 14,9–10; Kol 2,9; Röm 9,5). In Christus ist Vergebung der Sünden, Gnade und ewiges Leben, auf ihn setzt Jan seine Hoffnung, um seinetwillen erduldet Jan auch getrost seine Gefangenschaft (*w tomto mem wězenj a trápenj žadny mne giny netěssj než on sam*).

Die zweite Frage lautete, was Jan vom Sakrament des Leibes und Blutes des Herrn glaube. Er glaubt gemäß den Worten der Evangelisten und des Apostels Paulus (1 Kor 11,23–25), dass Christus, indem er das Brot als seinen Leib bezeugte, damit seinen wahren natürlichen Leib meinte (*že Pan Krystus wyswědčuge chleb tělem swym wyswědčyl gest prawé přirozene tělo swé*). Entsprechend bezeugte er den Kelch als sein natürliches Blut (*též y kalich swau přirozenau krwj wyswědčyti račyl*). Jan hält sich einfältig an die Worte Christi, und diesen Glauben lässt er sich von niemandem nehmen. Wer zu den Worten Christi etwas hinzufügt oder etwas davon wegnimmt, verletzt grob die Ehre Christi (*welikau nevctu Panu Krystu čynj*). Jan glaubt so, wie es dem Wort Gottes entspricht, deshalb ist er sich gewiss, dass er sich nichts gegen die göttliche Wahrheit zu Schulden kommen lässt.

Die dritte Frage bezog sich darauf, was er von der Jungfrau Maria glaubt. Jan glaubt alles, was die Heilige Schrift von Maria bezeugt. Erstens, dass sie zur ewigen Seligkeit erwählt ist (*že gest wywolená k dědictwj věčne slávy*). Zweitens, dass sie aus der Familie Davids stammt [was in der Heiligen Schrift nicht ausdrücklich bezeugt ist], denn Christus stammt seiner menschlichen Natur nach von ihr [nicht aber von seinem Ziehvater Josef] ab, und Christus ist nach dem Zeugnis des Alten und Neuen Testaments ein leiblicher Nachfahre Davids (Jes 11,1; Röm 1,3). Drittens, dass sie mehr als alle anderen Frauen von Gott erwählt und begnadet ist, viertens, dass sie als Jungfrau empfing und gebar, und schließlich, dass sie lebenslang Jungfrau blieb. Wer nicht richtig von der Jungfrau Maria glaubt, kann auch keinen rechten Glauben im Hinblick auf Christus haben.

In der Unterredung fragte der Richter Jan auch, ob er Erwachsene (*staré*) taufe; allerdings ist Jan sich nicht sicher, ob er richtig gehört hat, vielleicht bezog sich die Frage auch auf die Kindertaufe. Über die einst [bis 1534] übliche Taufe erwachsener Konvertiten gibt das Glaubensbekenntnis, das die brüderischen Adeligen [im Jahr 1535] dem König [Ferdinand I. von Böhmen] vorgelegt haben Auskunft [Druck: Počet z wiery (1536)]. Der Unbekannte, der gegen Jan Anklage [wegen Wiedertäuferei] erhoben hat, konnte niemanden ausfindig machen, der von Jan wiedergetauft wurde, so sehr er diesen auch auf den Scheiterhaufen bringen wollte (*že by mi wěrně přal hranice*). Es ist ausgeschlossen, dass Jan Erwachsene tauft, da die Konvertitentaufe in der Brüderunität abgeschafft ist und Jan sich gewissenhaft an die Ordnungen der Unität hält. Jan hat aber in der Tat Kinder getauft. Dabei handelte es sich um die Kinder von Mitgliedern der Brüderunität. Und selbst dies hätte er unterlassen, wenn sich nicht die [katholischen und utraquistischen] Priester weigern würden, die

Kinder von Mitgliedern der Unität zu taufen, und solche Eltern ausdrücklich zu den Brüderpriestern schicken würden (*prawjce, že toho nevčynjme, wssak mate swé kněžj, gděte k njm*). Jan ist von den Ältesten der Brüderunität zur Spendung der Taufe autorisiert. Da [nach katholischer und utraquistischer Auffassung] selbst Hebammen das Recht haben, Säuglinge zu taufen, kann Jan [auch aus katholischer und utraquistischer Sicht] kein Vorwurf gemacht werden.

Jan ist zu dieser ausführlichen Antwort veranlasst worden, da er darüber verwundert ist, dass die Adressaten ihn für einen Ungläubigen halten (*mne račyte za něyakeho nedowěrce držeti*), obwohl ihm doch der Glaube wichtiger ist als irgendetwas sonst. Er hofft ferner, im Hinblick auf die Taufe den Vorwurf [der Wiedertäuferei] entkräftet zu haben, und bittet um Entlassung aus dem Gefängnis (*abych yá mohl této těžkosti prazden byti*).

Nr. 316   VI 115v–117r

Bericht über den Ausschluss der brüderischen Adeligen aus der utraquistischen Ständepartei, ohne Ortsangabe, nach 29. Mai 1537

Der Bericht schildert, wie es während des böhmischen Landtags, der zum 28. Mai 1537 in Gegenwart König Ferdinands I. von Böhmen auf der Prager Burg zusammentrat ([Dvorský/Gindely (Hg.):] Landtagsverhandlungen, Bd. 1 [1877], 414–427), zum Ausschluss der brüderischen Adeligen aus der utraquistischen Ständepartei kam. Damit war den Vertretern der Brüderunität weitgehend die Möglichkeit genommen, an Verhandlungen und Beratungen über konfessionelle Fragen teilzunehmen. Der Verfasser war anscheinend einer der brüderischen Adeligen, die bei der beschriebenen Zusammenkunft am 29. Mai 1537 anwesend waren. Mit seinem Bericht nimmt er die brüderischen Teilnehmer des Landtags gegen den Vorwurf in Schutz, für die ungünstige Wendung des Diskussionsverlaufs mitverantwortlich zu sein. Die in der Dokumentensammlung des Brüderbischofs Jan Černý (Praha, Národní knihovna České republiky, Sign. XVII C 3) und im zweiten Teil der *Historia Fratrum* erhaltene Version des Berichts weist Textüberschüsse gegenüber der Überlieferung in AUF VI auf.

Auf dem Prager Landtag wurde ausführlich über die kirchlich-administrativen Strukturen der Utraquisten und über deren Verhältnis zur römischen Kirche verhandelt. Um der Ausbreitung der lutherischen Lehre in Böhmen und Mähren entgegenzuwirken, verfolgte der König das Ziel, die Utraquisten auf die Kompaktaten zu verpflichten. Die Einberufung eines allgemeinen Konzils, das am 23. Mai 1537 in

Mantua zusammentreten sollte, durch Papst Paul III. hatte auf Seiten des Landesherrn neue Hoffnungen auf eine Wiederherstellung der kirchlichen Einheit in Böhmen geweckt ([Dvorský/Gindely (Hg.):] Landtagsverhandlungen, Bd. 1 [1877], 408f.). Unter den böhmischen und mährischen Utraquisten stießen die Konzilspläne des Papstes weitgehend auf Ablehnung.

Im benachbarten Deutschland erklärten die im Schmalkaldischen Bund zusammengeschlossenen evangelischen Reichsstände im Frühjahr 1537, keine Theologen nach Mantua zu senden. Die Weigerung der deutschen Protestanten, der Einladung zu dem geplanten Konzil nachzukommen, ging mit der propagandistischen Inanspruchnahme des Märtyrers Jan Hus in lutherischen Flugschriften einher, da dieser trotz Zusicherung freien Geleits durch das Konstanzer Konzil verurteilt worden war. Das verstärkte Interesse an Hus und der hussitischen Tradition blieb auch in Böhmen nicht unbeachtet (Haberkern: Patron Saint [2016], 188–217).

Überlieferung außerhalb der AUF: Praha, Národní knihovna České republiky, Sign. XVII C 3, 61r–65r (Dokumentensammlung des Jan Černý); *Historia Fratrum*, Nelahozeves, Lobkowiczká knihovna, Sign. VI Ed 7, 5–11 (Abschrift: Praha, Národní knihovna České republiky, Sign. XVII F 51b, 10–28).

Edition: Handschriftliche deutsche Übersetzung von Joseph Theodor Müller: Herrnhut, Unitätsarchiv der Evangelischen Brüder-Unität, Sign. AB.II.R.1.1a/3, Zweiter Teil, 129–133.

Literatur: Пальмов (Hg.): Чешские братья, Bd. 1/1 [1904], 220; Müller: Geschichte und Inhalt [1913], 219f., Nr. 27; Müller: Geschichte, Bd. 2 [1931], 88–91; Eberhard: Monarchie [1985], 217–233 (zum Prager Landtag des Jahres 1537); Halama, O.: The Unity [2020], 377f.

Poznamenánj, yak se dálo odlaučenj neb odděleny panuow a rytjřstwa zákona Krystowa od české strany podobogj spuosobau, tuto se pokládá. Čta pilně suď, proč páni gednoty bratrské odcyzeni sau od strany české? [„Aufzeichnung, wie sich die Trennung oder Absonderung der Herren und der Ritterschaft des Ordens Christi von der böhmischen Partei unter beiderlei Gestalt ereignete, dies wird hier dargelegt. Lies fleißig und beurteile, warum die Adeligen der Brüderunität von der böhmischen Partei entfremdet sind"]. Inc.: *Léta etc. XXXVII° w autery po pamatce Trogice swaté, ginak po swatem Vrbanu, když gest bylo shledánj na Hradě pražskem w saudne swětnicy [...].* Expl.: *[...] geho milost gi bedliwě rozwažowati ráčyl, a wam na nj odpowěd dati ráčy. A tak sme na ten čas tjm odbyti. Nato řeksse dobře, wjc sme nic neřjkali.*

Am Dienstag nach Trinitatis [29. Mai] 1537 waren die katholischen und utraquistischen Stände [des Königreichs Böhmen] in der Grünen Stube (*w saudne swětnicy*) der Prager Burg versammelt, wo König [Ferdinand I. von Böhmen] das Wort an sie richtete. Danach verließ die katholische Partei den Raum, um sich zu beraten. Da die brüderischen Adeligen zusammen mit den Vertretern der utraquistischen Stände in der Grünen Stube geblieben waren, forderte der Oberstburggraf Johann von Wartenberg alle Personen, die im Glauben nicht mit den Kompaktaten übereinstimmen, auf, den Raum zu verlassen (*aby wen wystaupili*).

Darauf antwortete namens der anwesenden brüderischen Adeligen Wilhelm Křinecký von Ronow, dass die Brüder sich zur utraquistischen Partei zählen. Sie feiern das Abendmahl unter beiderlei Gestalt und bekennen sich zum allgemeinen [katholischen] christlichen Glauben (*wjru swatau obecnau křesťanskau*), wie auch aus dem Bekenntnis hervorgeht, das sie [im Jahr 1535] dem König [Ferdinand I.] vorgelegt haben [Druck: Počet z wiery (1536)]. Was die Kompaktaten betrifft, kennen sie deren Inhalt nicht gut. Sofern die Kompaktaten nicht der Heiligen Schrift widersprechen (*gestliže se w čem srownáwágj s zakonem Božjm a s pjsmy swatymi*), haben die Brüder nichts gegen diese einzuwenden. Sie fordern daher, dass man sie nicht aus der utraquistischen Partei ausschließt (*že nas od sebe odstrkati neračyte*).

Darauf antwortete namens der utraquistischen Stände der Administrator Václav [Unhošťský] und stellte den Vertretern der Brüderunität zwei Bedingungen. Zum einen müssten die Brüder uneingeschränkt die [im Zusammenhang mit der Einberufung des Konzils von Mantua erwarteten] Ergebnisse der Verhandlungen zwischen Katholiken und Utraquisten annehmen. Zweitens seien die utraquistischen Priester gültig geweiht, die Brüderpriester dagegen lediglich erwählt (*wywolenj*). Die Brüder müssten daher in allen geistlichen Angelegenheiten den utraquistischen Priestern gehorsam sein.

Nach einer Beratung gaben die brüderischen Adeligen die folgende Antwort: Sie seien nicht befugt, in so wichtigen Fragen übereilte Zusagen zu machen. Sie wollen sich weiterhin an das Bekenntnis, das sie dem König vorgelegt haben, halten, solange sie nicht anhand der Heiligen Schrift eines Besseren belehrt werden. In diesem Bekenntnis werde auch mit Argumenten aus der Heiligen Schrift dargelegt, wie bei den Brüdern Priester erwählt und ordiniert werden. Die Brüder verstehen sich als Teil der allgemeinen [katholischen] Kirche (*častka cyrkwe swaté obecné*). Sie seien keine neue Sekte, sie stiften keine Uneinigkeit und seien brave Untertanen. Danach übergaben die Vertreter der Brüder den Utraquisten ein Exemplar des erwähnten Bekenntnisses.

Die brüderischen Adeligen wurden nun aus dem Saal hinausgeschickt. Etwas später kam eine Abordnung der utraquistischen Stände zu ihnen. Zu dieser gehörten als Vertreter des Herrenstands Johann der Jüngere Křinecký von Ronow, als Vertreter des Ritterstands Gabriel Klenovský, für die Städte der Kanzler der Prager Altstadt, Tomáš [Rakovnický von Javořice], sowie als Vertreter der utraquistischen Geistlichkeit der Abt des Prager Slawenklosters [der Emmausabtei], Jan [Osel]. Der Abt erklärte, dass die Utraquisten ohne Beteiligung der Brüder Verhandlungen mit den Katholiken aufnehmen werden. Eine Lesung und Beratung des Brüderbekenntnisses sei nicht notwendig, da es bereits dem König vorliege. Die brüderischen Adeligen antworteten darauf nur: „Gut", nichts weiter.

Nr. 317   VI 118r–119v

Protokoll der Verhandlung des Bruders Jan Poustevník vor dem Kammergericht des Königreichs Böhmen, Prag, 25. August 1535

Das Protokoll schließt im Hinblick auf den Gang der Ereignisse an Nr. 309, 311 und 310 an. Am 12. August 1535 versandte das Kammergericht des Königreichs Böhmen aufgrund eines königlichen Befehls vom selben Tag (Praha, Národní archiv, Rg 13, 278f.) an Konrad Krajíř von Krajek eine Vorladung (Praha, Národní knihovna České republiky, Sign. XVII C 3, 42v) und verpflichtete ihn, seinen Untertan Jan Poustevník am 25. August des Jahres vor dem Kammergericht in der Grünen Stube der Prager Burg zu „stellen" (zum Terminus vgl. zu Nr. 263). Der im Text erwähnte königliche Befehl an den Oberstlandhofmeister des Königreichs Böhmen, Zdislav Berka von Dubá, datiert vom 7. Mai 1535 und ist sowohl im Original als auch abschriftlich in einem Registerband der Böhmischen Kanzlei überliefert (Praha, Archiv hlavního města Prahy, AMP, Sbírka listin, PPL, V-2229; Praha, Národní archiv, Rg 13, 212). Bei der Verhandlung waren mehrere adelige Anhänger der Brüderunität anwesend. Nach seiner Verhaftung verbrachte Jan Poustevník ein Jahr als Gefangener im Weißen Turm der Prager Burg und anschließend ein Jahr und zehn Monate in einem anderen Gefängnis der ausgedehnten Burganlage.

Die in der Dokumentensammlung des Brüderbischofs Jan Černý, in AUF VI und in der *Historia Fratrum* überlieferten Abschriften des Protokolls gehen anscheinend auf eine für Konrad Krajíř von Krajek angefertigte amtliche Abschrift zurück, die Černý im Archiv der Familie Krajíř in Jung-Bunzlau zugänglich war.

Überlieferung außerhalb der AUF: Praha, Národní archiv, Komorní soud, kniha 154, 270r–272r (amtliches Protokoll ohne den in AUF VI angehängten Vermerk über die Abschrift); Praha, Národní knihovna České republiky, Sign. XVII C 3, 43r–45v (Dokumentensammlung des Jan Černý); *Historia Fratrum*, ebd., Sign. XVII F 51a, 943–952.

Edition: Handschriftliche deutsche Übersetzung von Joseph Theodor Müller: Herrnhut, Unitätsarchiv der Evangelischen Brüder-Unität, Sign. AB.II.R.1.1a/3, Zweiter Teil, 131–133.

Literatur: Gindely: Geschichte, Bd. 1 [1857], 231f.; Tomek: Dějepis, Bd. 11 [1897], 152; Пальмов (Hg.): Чешские братья, Bd. 1/1 [1904], 220; Müller: Geschichte und Inhalt [1913], 220, Nr. 28; Müller: Geschichte, Bd. 2 [1931], 67; Vančura: Dějiny Klatov, Bd. 1/3/1 [1929], 1379f. (kurzer Auszug); Hrejsa: Dějiny křesťanství, Bd. 5 [1948], 54; Kreuz: Postavení [2000], 123f.

Z kterých přicin b[ratr] Jan Paustenjk do wězenj wzat [„Aus welchen Ursachen Bruder Jan Poustevník ins Gefängnis kam"]. Inc.: *Yakož gest geho milost králowská psánjm swým poručiti ráčil, aby pan Kundrát z Kragku na Mladém Boleslawi [...]*. Expl. *[...] s powolenjm vrozeného pána pana Zdislawa z Dubé a na Lipém a Zakupj, negwysssjho hoffmistra Králowstwj českého etc. a pod pečetj milosti, w patek po s[vaté]m Bartoloměgi, letha 1535.*

Konrad Krajíř von Krajek, Besitzer der Grundherrschaft Jung-Bunzlau, „stellt" dem Kammergericht [des Königreichs Böhmen in Prag] seinen Untertanen Jan Poustevník (*Yana Zbornjka, ginak Paustenjka*), da ihm ein entsprechender Befehl zugestellt wurde. Er legt jedoch [durch einen Bevollmächtigten] Protest dagegen ein, dass in der Vorladung [vom 12. August 1535] im Widerspruch zur Landesordnung nicht erwähnt ist, wessen und von wem Jan Poustevník angeklagt wird. Auch Jan Poustevník lässt [ebenfalls durch einen Bevollmächtigten] erklären, dass ihm Kläger und Anklage nicht bekannt sind.

Daraufhin wird ein königlicher Befehl [an den Oberstlandhofmeister des Königreichs Böhmen, Zdislav Berka von Dubá, vom 7. Mai 1535] verlesen, in welchem Kläger und Anklage genannt sind. Demnach beschuldigt der utraquistische Dekan Pavel in Klattau Jan Poustevník der Wiedertäuferei und der Irrlehre. Ferner hat er schriftliche Zeugenaussagen gegen ihn gesammelt. Diese Aussagen und ein Schreiben des Dekans Pavel an [den Unterkämmerer des Königreichs Böhmen] Wolfhart Planknar [von Kynšperk] werden ebenfalls verlesen. Jan Poustevník leugnet den Vorwurf der Irrlehre und erhebt Einspruch gegen die Erhebung von Zeugenaussagen vor Zustellung der Anklage. Den Vorwurf, er habe sich der Wiedertäuferei schuldig gemacht (*že by on, Yan, znowa křtjti měl*), weist er zurück. Die verlesenen Anschuldigungen der utraquistischen Priester Václav in Wodňan, Vít in Taus, Jan an St. Jakob in Klattau und Pavel in Chlístov beruhen laut Jan Poustevník auf Hörensagen und auf böswillig missverstandenen (*čteno gest nětco na giný rozum*) Aussagen in einer Druckschrift, die gar nicht von ihm verfasst wurde. Er fordert ausreichend Zeit, um Zeugen zu seiner Entlastung aufstellen zu können.

Jan Poustevník räumt ein, dass er Kinder getauft habe. Dabei habe es sich um die Kinder brüderischer Eltern gehandelt, denen von utraquistischen Priestern die Taufe verweigert wurde, Erwachsene würden in der Unität nicht erneut getauft. Daraufhin wurde das [vom Landtag des Königreichs Böhmen am 2. März 1534 beschlossene] Landesgesetz gegen Wiedertäuferei [(Dvorský/Gindely [Hg.]:) Landtagsverhandlungen, Bd. 1 (1877), 381] verlesen. Konrad Krajíř von Krajek und Jan Poustevník lassen [durch ihre Bevollmächtigten] erklären, dass sich dieses Gesetz nicht auf die Brüderunität beziehe, die schon vor dem Beschluss dieses Gesetzes in Böhmen und Mähren ansässig war. Die Brüder haben mit den Wiedertäufern nichts zu schaffen (*s těmi nowokřtěncy že se nesrownáwagj*), auch werden diese von Krajíř nicht auf seiner Grundherrschaft geduldet.

Der Oberstlandrichter des Königreichs Böhmen, Heinrich Berka von Dubá, fasst nach Beratung mit den übrigen Mitgliedern des Kammergerichts den Beschluss, Jan Poustevník wegen ketzerischer Predigten in den königlichen Städten und anderswo, wegen der Verbreitung blasphemischer Schriften über das Altarsakrament und wegen unbefugter Spendung der Kindertaufe, durch die er sich über die Kompetenz der katholischen und utraquistischen Priester hinwegsetzte (*křtil y včil mimo knĕžj pod gednau a pod dwogj způsobau*), dem königlichen Befehl gemäß in Haft zu nehmen.

[Nachschrift:] Diese Abschrift aus dem Protokollbuch des Kammergerichts wurde am 27. August 1535 mit Genehmigung des Oberstlandhofmeisters [des Königreichs Böhmen], Zdislav Berka von Dubá, ausgefertigt.

Nr. 318 VI 120r–v

Bruder Jan Poustevník: Bericht über die Taufe des dritten Sohnes König Ferdinands I. von Böhmen, [Prag], nach 10. April 1538

In dem kurzen Text berichtet Jan Poustevník als Augenzeuge über ein schweres Unwetter während der Taufe des dritten Sohnes König Ferdinands I. und dessen Ehefrau Anna Jagiello am 10. April 1538. Der Knabe erhielt den Namen Johann; er starb bereits vor Vollendung des ersten Lebensjahrs am 20. März 1539.

Jan Poustevník, der seit dem 25. August 1535 auf der Prager Burg inhaftiert gewesen war, konnte sich zur Zeit der geschilderten Ereignisse anscheinend innerhalb des Burgareals bewegen. Erst im Frühsommer 1538 durfte er Prag verlassen. Die im Text erwähnten Brandschäden an Gebäuden der Prager Burg sind teilweise archäologisch nachweisbar (Borkovský: Výzkumy [1959], 263).

In der Dokumentensammlung des Brüderbischofs Jan Černý (Praha, Národní knihovna České republiky, Sign. XVII C 3) und im zweiten Teil der *Historia Fratrum* ist der Text mit einem Schlussabschnitt überliefert, der in AUF VI fehlt. Laut dieser Nachschrift war man bei Hofe bemüht, die dramatischen Umstände der Taufe als günstiges Vorzeichen künftiger Heldentaten des potenziellen Thronerben zu interpretieren. Auch im Kontext der brüderischen Überlieferung wurden die Ereignisse offenbar als Vorzeichen verstanden. Ähnliche Erwähnungen ominöser Begebenheiten finden sich beispielsweise in Nr. 62 und 101 sowie in einem brüderischen Bericht über die Beerdigung König Maximilians II. in Prag im Jahr 1576 (Fiedler [Hg.]: Todtenbuch [1863], 265–267).

Überlieferung außerhalb der AUF: Praha, Národní knihovna České republiky, Sign. XVII C 3, 93v–94v (Dokumentensammlung des Jan Černý); *Historia Fratrum*, Nelahozeves, Lobkowiczká knihovna, Sign. VI Ed 7, 27–29 (Abschrift: Praha, Národní knihovna České republiky, Sign. XVII F 51b, 68–74).

Edition: Handschriftliche deutsche Übersetzung von Joseph Theodor Müller: Herrnhut, Unitätsarchiv der Evangelischen Brüder-Unität, Sign. AB.II.R.1.1a/3, Zweiter Teil, 134.

Literatur: Tomek: Dějepis, Bd. 11 [1897], 181f.; Пальмов (Hg.): Чешские братья, Bd. 1/1 [1904], 220; Müller: Geschichte und Inhalt [1913], 220, Nr. 29.

O křtu syna krále Ferdynanda, sepsáno od b[ratra] Jana Paustenjka ["Über die Taufe des Sohnes von König Ferdinand, verfasst von Bruder Jan Poustevník"]. Inc.: *Letha Páně 1538. křten gest byl syn krále, geho milosti, Fferdynanda na Hradě pražském w tu středu před nedělj květnau [...]. Expl. [...] Potom pak když se lidé rozessli a bauře přestala, takmeř giž w nocy ten křest se dokonal.*

Am Mittwoch vor Palmsonntag [10. April] 1538, abends nach der Vesper, sollte auf der Prager Burg der Sohn König Ferdinands I. von Böhmen, getauft werden. Vor dem Hochaltar [des Veitsdoms] wurde dazu ein geschmücktes Podium (*pawlač*) aufgestellt. Unter den Schaulustigen in der Kirche befand sich auch Jan Poustevník. Unterhalb des Prager Burgbergs, in der Stadt, läuteten die Kirchenglocken das Te Deum. Auf dem Podium standen zahlreiche Priester, einige mit Bischofsmützen, darunter der [katholische] Administrator [des Erzbistums Prag, Ernst von] Schleinitz. Es war ein prächtiger Anblick (*tu bylo se čemu podjwati*), und einige Personen sagten, das sei mehr als Menschenwerk (*yako by toto neměla lidská wěc býti*). Aber Gott zeigte, was er davon hielt (*nu, Pane Bože, mocen gsy také swůg skutek vkázati*).

Es kam zu einer längeren Wartezeit, da sich die Priester nicht einig werden konnten, wer die Taufe vollziehen solle. Der König wünschte, dass sein Almosenpfleger (*rozdawatel almužny králowské*), [Urban Textor] genannt Mníšek, taufen solle. Dagegen erhoben die Priester des Veitsdoms Einspruch (*na odpor wstaupili kněžj hradsstj*). Sie bestanden darauf, dass dieses Vorrecht dem Administrator gebühre. Auch darüber, wie das Te Deum geläutet werden sollte, gerieten sie in Streit. Nach der Taufe sollte Salut geschossen werden.

Während die Priester noch stritten, zog ein schweres Gewitter auf. Am Weißen Turm schlug der Blitz mindestens fünfmal ein, an verschiedenen Stellen der Burg brach Feuer aus. Als auch in der Kirche [dem Veitsdom] der Blitz neben der Orgel einschlug, erhob sich ein Geschrei, die Kirche brenne. Die Menschenmenge lief überstürzt ins Freie, darunter auch die Priester und der Administrator, dessen Bischofsmütze in der Eile zu Boden fiel (*zwlásst administrátor nessanowal ani koruny*). Da es hieß, dass der Schwarze Turm in Flammen stehe, sammelten sich dort die Schaulustigen. Erst als das Unwetter abgezogen war und die Leute auseinandergingen, wurde spät am Abend (*takmeř giž w nocy*) die Taufe vollzogen.

Nr. 319　　　　　　　　　　　　　　　　　　　　　　　　　　　VI 121r–144r

Antwort der Brüder auf den Traktat des Priesters Vít aus Krupá über den Widerruf des Jan aus Tepl, genannt Ležka, 1504

Der ungenannte brüderische Verfasser von 1504 – vielleicht der Brüderbischof Tůma aus Přelauč (Urbánek: České dějiny, Bd. 3/4 [1962], 423f.) – zitiert und widerlegt abschnittsweise eine bereits 1476 entstandene gegnerische Schrift. Verfasser der handschriftlich umlaufenden utraquistischen Polemik, deren Wortlaut in der brüderischen Gegenschrift weitgehend überliefert ist, war der Priester Vít aus Krupá, der seit 1476 in Königgrätz als Dekan der utraquistischen Geistlichkeit des Königgrätzer Kreises amtierte. Er starb 1496. Der Traktat ist, allerdings nur unvollständig, auch in einer zeitgenössischen utraquistischen Sammelhandschrift überliefert. Er besteht aus einer Vorrede, aus der Wiedergabe des öffentlichen Widerrufs, den ein gewisser Jan aus Tepl in Jung-Bunzlau, Königgrätz sowie in weiteren ostböhmischen Städten geleistet hatte, und einer abschließenden Beglaubigung. Diese enthält eine Datierung nach dem Cisiojanus. Die aus kalendarischen Begriffen und Abkürzungen zusammengesetzten hexametrischen Merkverse für die zweite Februarhälfte und die erste Hälfte des Monats März lauteten in einer in Böhmen verbreiteten Version: „Iuli coniunge tunc Petrum Matthiam inde / Martius translatio decoratur Gregori Long Cyr" (Grotefend: Handbuch, Bd. 1 [1872], 41). Dabei bezeichnet die Silbe „de" („na té syllabě de") den letzten Tag des Monats Februar, also den 29. Februar 1476.

Der Mälzergeselle Jan aus Tepl hatte zeitweilig die Nähe der Brüderunität gesucht, sich dann aber in Jung-Bunzlau an die dortige utraquistische Geistlichkeit gewandt, um seine Rekonziliation zu erreichen. Dazu musste er zuvor öffentlich den Irrlehren, denen er angehangen hatte, abschwören. Die Aufzählung der Irrlehren, Praktiken und skandalösen Vorkommnisse, denen Jan angeblich bei den Brüdern begegnet war, ist jedoch zweifellos manipuliert. Sie schöpft aus dem traditionellen Motivschatz der antihäretischen Polemik, auf den zu Anfang des 16. Jahrhunderts auch der katholische Inquisitor Heinrich Institoris (Kramer) in seiner Schrift gegen die Brüder zurückgriff (Institoris: Clippeum [1501]; Müller: Geschichte, Bd. 1 [1922], 312). Laut dem Verfasser der brüderischen Gegenschrift waren die zum Teil abstrusen Beschuldigungen, die Jan gegen die Brüder erhob, von den Jung-Bunzlauer Priestern zusammengestellt worden, um die Brüderunität öffentlich zu diskreditieren. Da Jans Behauptungen offensichtlich erlogen waren, soll er von der Jung-Bunzlauer Obrigkeit zurechtgewiesen worden sein. Von den Brüdern erhielt er den Spottnamen Ležka („Lügner").

Der Traktat des Vít aus Krupá war in der Brüderunität bereits 1476/78 bekannt (vgl. Nr. 66). Während der Verfolgungen der Jahre 1503 und 1504 (vgl. Nr. 217–

Die brüderische Gegenschrift gegen den polemischen Traktat des utraquistischen Priesters Vít aus Krupá (Nr. 319) zitiert den gegnerischen Text abschnittsweise und lässt darauf jeweils eine Antwort („odpowěd") folgen. Ebenso verfahren auch andere in den *Acta Unitatis Fratrum* überlieferte Verteidigungsschriften (Nr. 43, 54, 83, 84, 291, 322, 324–326). Dabei wird in den meisten Fällen der gesamte Wortlaut der gegnerischen Schrift wiedergegeben. Die Brüder wollten auf diese Weise dem Leser ein selbständiges Urteil ermöglichen.

219, 263–268, 270–278, 282–283, 291, 296) verfassten utraquistische Gegner der Brüder nicht nur neue Spott- und Schmähschriften (Nr. 54, 91–92), sondern brachten auch den fast drei Jahrzehnte alten Traktat des Vít aus Krupá erneut in Umlauf. Ein konkreter Anlass für die Abfassung der vorliegenden Gegenschrift ist nicht erkennbar. Die Zuschreibung des Textes an den Brüderbischof Tůma aus Přelauč aufgrund sprachlicher und inhaltlicher Berührungen mit Tůmas Verteidigungsschrift an Albrecht von Sternberg von 1502 (Nr. 67) ist nicht unwahrscheinlich (Urbánek: České dějiny, Bd. 3/4 [1962], 423f.). Die Vermutung, die Gegenschrift sei auch im Druck erschienen (Knihopis K19214), trifft anscheinend nicht zu.

Trotz seiner geradezu ins Phantastische übersteigerten Polemik hatte der Traktat des Vít aus Krupá eine lange Nachwirkung. Vavřinec Krasonický berichtete in seiner 1530 verfassten Schrift *O učených* („Über die Gelehrten"), dass er ein handschriftliches Exemplar „mit dem Siegel des Vít" selbst gesehen habe (Molnár: Českobratrská výchova [1956], 84). 1557 verglich Jan Blahoslav den aus Sachsen gebürtigen lutherischen Theologen Anton Bodenstein, der in Mähren Kontakt mit den Brüdern aufgenommen, sich dann aber mit ihnen überworfen hatte, mit Jan Ležka (AUF VIII, 170r). Noch im 17. Jahrhundert erwähnte der polnische Theologe Andrzej Węgierski in seiner Geschichte der Reformation unter den slawischen Völkern die Verleumdungen von 1476 (Regenvolscius [Węgierski]: Systema [1652], 175f.). Gegner der Brüder ließen den Text 1559 und 1588 drucken. Von diesen gut bezeugten Druckausgaben sind jedoch keine Exemplare überliefert (Knihopis K0139-K01395). Durch die Ausgabe von 1588, die der utraquistische Priester Pavel Bydžovský in den Druck gegeben hatte, wurde der südböhmische Magnat Peter Wok von Rosenberg, der sich zur Brüderunität bekannte, veranlasst, vom Königgrätzer Stadtrat eine Auskunft über Vít aus Krupá anzufordern (AUF XIII, 487v–489r).

Überlieferung außerhalb der AUF: Praha, Národní knihovna České republiky, Sign. I G 11c, 154r–158r (nur der Traktát des Vít aus Krupá, Handschrift des späten 15. Jahrhunderts); *Historia Fratrum*, ebd., Sign. XVII F 51a, 68–79 (nur der Traktat des Vít aus Krupá, in einer sowohl von der Handschrift I G 11c als auch von AUF VI abweichenden Fassung).

Edition: Goll (Hg.): Spisek Víta z Krupé [1878] (nach der Handschrift Praha, Národní knihovna České republiky, Sign. I G 11c); Neumann: České sekty [1920], 81f. (Wiedergabe eines von Goll nicht abgedruckten Abschnitts nach der Handschrift Praha, Národní knihovna České republiky, Sign. I G 11c). – Handschriftliche deutsche Übersetzung von Joseph Theodor Müller: Herrnhut, Unitätsarchiv der Evangelischen Brüder-Unität, Sign. AB.II.R.1.1a/3, Zweiter Teil, 135–157.

Literatur: Gindely: Geschichte, Bd. 1 [1857], 56f.; Jireček, J: Rukověť, Bd. 1 [1875], 427f.; Пальмов (Hg.): Чешские братья, Bd. 1/1 [1904], 220–222; Müller: Geschichte und Inhalt [1913], 220, Nr. 30; Müller: Geschichte, Bd. 1 [1922], 171f., 335, 599, Nr. 117; Müller/Bartoš: Dějiny, Bd. 1 [1923], 107f., 139, 217f.; Císařová-Kolářová: Žena [1942], 39f., 251; Hrejsa: Dějiny křesťanství, Bd. 4 [1948], 205; Molnár: Boleslavští bratří [1952], 29–31, 67, 198; Urbánek: České dějiny, Bd. 3/4 [1962], 404f., 411, 416–437, 440–443; Halama, O.: Polemika [2018], 141f.; Halama, O.: The Unity [2020], 373.

Odpowěd bratrská na wyznánj Jana Ležky, a na potwrzenj lžiwé faráře hradeckého s kněžjmi, kteréž se stalo léta Páně 1476. [„Antwort der Brüder auf das Bekenntnis des Jan Ležka und auf die lügnerische Beglaubigung durch den Pfarrer von Königgrätz mitsamt den Priestern, geschehen im Jahr des Herrn 1476"]. Inc.: *O původu Jana Ležky. Když sme se pilně wyptáwali na původ geho, byl-li by on kde mezy bratřjmi, aneb za bratra držán [...]*. Expl.: *[...] neb vmyslem sprostným gest psáno. 1504. 1514 finitum post Margarethae hora 24. festinanter.*

Über die Herkunft des Jan Ležka

Über Jan Ležka konnten die Brüder folgendes in Erfahrung bringen: Jan Ležka erschlich sich in Bilin das Vertrauen eines Bruders namens Pavel Nosek, indem er tränenreich Bußfertigkeit heuchelte (*okazowal na sobě welmi misterné pláče*). Von dort begab er sich nach Brüx, wo er bei einer Bekannten Noseks namens Králová Unterkunft fand. Schließlich tauchte er in Podiebrad auf, wo er einen Bruder namens Vítek durch List um ein [handschriftliches] Neues Testament brachte (*také na něm wylže Zákon*), indem er vorgab, die Brüder in Ploscha (*Dlažjm*) hätten ihn deswegen geschickt. Daraufhin versandten die Brüder Briefe, um sich gegenseitig vor Ležka zu warnen.

Vorwort [des brüderischen Verfassers]

Trotz der Warnung des Apostels Johannes, man dürfe nicht jedem Geist ungeprüft glauben (1 Joh 4,1), griffen einige utraquistische Priester, namentlich der Dekan Václav in Jung-Bunzlau, die Verleumdungen der Brüder durch Jan Ležka begierig auf und verbreiteten sie mündlich durch Predigten und schriftlich unter ihren Amtsbrüdern. Von Jung-Bunzlau wurde Ležka zum utraquistischen Pfarrer Vít [aus Krupá] in Königgrätz gesandt und verbreitete auch dort seine Lügen. So wurden Ležkas Verleumdungen schließlich in ganz Böhmen bekannt (*a wssudy do kragůw rozepsali*).

Es verwundert nicht, dass die Priester die von Jan Ležka gegen die Brüder erhobenen Beschuldigungen so leichtfertig glaubten, glaubt man doch laut dem weisen Seneca leicht das, was man gern hören will [Seneca, *De ira* 2, 22, 3]. Die Priester befragten keine weiteren Zeugen, und es entging ihnen, dass Ležka trotz seiner gegenteiligen Behauptungen nie der Brüderunität angehört hatte. Vielmehr leiteten sie ihn sogar an, was er gegen die Brüder vorbringen sollte (*z náwodu kněžského to činil*), wie Ležka später in Prag einem gewissen Jaroš gestand. Nicht einmal der Beiname „Lügner" (*ležka*) machte die Priester misstrauisch. Als Johann [der Jüngere] von Tobitschau [auf Cimburg] mit seiner Frau [Johanna Krajíř von Krajek] in der Kirche von Jung-Bunzlau hörte, was Ležka über die Brüder berichtete, war er über die Priester erzürnt, die zuließen, dass solche Lügen in einer Kirche ausgesprochen werden.

Die Brüder haben nie verheimlicht, wie sie leben und was sie lehren. Sie haben über ihren Glauben und ihre Ordnungen wiederholt Rechenschaft abgelegt, gegenüber [dem erwählten utraquistischen Erzbischof von Prag] Jan Rokycana, gegenüber dem böhmischen König Georg von Podiebrad sowie gegenüber König Wladislaw II. von Böhmen und Ungarn, kürzlich auch gegenüber allen Ständen des Königreichs Böhmen (vgl. Nr. 4, 14–16, 25, 39, 65). Was Ležka den Brüdern vorwirft, findet man bei diesen nicht. Man findet dergleichen viel eher bei anderen Leuten. Die Priester hetzten das Volk nicht zuletzt deswegen gegen die Brüder auf, weil sie von ihrem eigenen lasterhaften Leben und ihrer falschen Lehre ablenken wollen (*že zle a mylně y s lidem stogj při spasenj*).

[Widerlegung der] Vorrede des [utraquistischen] Pfarrers Vít
[aus Krupá] in Königgrätz

Vít warnt alle weltlichen und geistlichen Obrigkeiten in Böhmen und Mähren vor den [Brüdern als] Heuchlern. – Antwort [des brüderischen Verfassers]: Da sich [der Pfarrer Vít] nicht schämt, offensichtliche Lügen öffentlich als Wahrheit zu verbreiten, sieht sich der Verfasser, auch wenn er der geringste unter seinen Brüdern (Mt 25,40) ist, berechtigt, ebenfalls öffentlich dagegen aufzutreten (*já neymenssj z bratřj [...] odpor činiti chcy*).

Weiter schreibt Vít: Jan aus Tepl, der eine Zeit lang der Irrlehre angehangen hatte, leistete am 14. Januar [1476] in Jung-Bunzlau öffentlich einen Widerruf (*odwolánj včinil*). Danach wurde er von dem Jung-Bunzlauer Dekan Václav mit Zustimmung der Synode der utraquistischen Priesterschaft des Jung-Bunzlauer Kreises in Begleitung eines Priesters nach Königgrätz gesandt. Vít kannte Jan nicht, bevor er nach Königgrätz kam. Er hält ihn aber aufgrund des Zeugnisses des Dekans Václav, der Synode und des begleitenden Priesters für glaubwürdig. Vít weist den Vorwurf zurück, er habe einen Narren zu Aussagen gegen die Pikarden [die Böhmischen Brüder] angestiftet. – Antwort: Vít ist leichtgläubig, und keines seiner Argumente beweist die Glaubwürdigkeit des Jan Ležka. Der eigentliche Schuldige ist der Dekan Václav in Jung-Bunzlau. Václav wusste, dass Jan Ležka bereits einmal wegen Falschaussagen von der Obrigkeit bestraft worden war. Jan Ležka gab sogar selbst zu, dass er von den Jung-Bunzlauer Priestern angestiftet wurde. Die Synode der Jung-Bunzlauer Priesterschaft ist ebensowenig glaubwürdig wie das Konzil [von Konstanz], das Jan Hus und Jeroným aus Prag durch Lügen verurteilte, oder wie die Synode der Ältesten, die die fromme Susanna verurteilten (Dan 13 Vulgata).

Weiter schreibt Vít, Jan habe sein Bekenntnis mit einem Eid bekräftigt (*zawázán gsa*). – Antwort: Es ist töricht, sich auf den Eid eines notorischen Lügners zu verlassen (*křiwdář, by newjm gak zawazowán byl, prawdy nepowj*).

[Widerlegung des Berichts des Pfarrers Vít aus Krupá über das]
Bekenntnis des Jan Ležka

[Laut Vít bekannte] Jan Ležka [bei seinem öffentlichen Widerruf]: Er hielt das Brot und den Wein beim Abendmahl nicht für Leib und Blut Christi, sondern für gewöhnliches Brot und für gewöhnlichen Wein. Zu dieser Irrlehre wurde er von den lügnerischen Brüdern (*od ffalessných bratřj*) verführt, die ihre Ansichten vom Abendmahl verschleiern. – Antwort: Es ist offensichtlich, dass Ležka nie ein Bruder war oder auch nur an deren Gemeindeleben teilnahm (*netoliko bratrem, ale ani mezy bratřjmi nebyl*). Was er fälschlich über das Abendmahlsverständnis der Brüder behauptet, haben ihm die Priester vorgegeben. Bei den Brüdern wird nicht leichtfertig über das Abendmahl geredet.

[Vít aus Krupá zitiert aus dem Bekenntnis des] Jan Ležka: Jetzt, nachdem er sich von den Brüdern losgesagt hat, bekennt er sich zur Transsubstantiationslehre. – Antwort: Ležka begnügt sich nicht mit den Aussagen der Evangelien und des Paulus, sondern dichtet etwas hinzu. Die Brüder halten sich an den einfachen Wortlaut der Einsetzungsworte (1 Kor 11,24–25). Was die Priester darüber hinaus erdichtet haben, lehnen die Brüder ab und können daher auch nicht von den Priestern die Sakramente empfangen.

[Vít aus Krupá zitiert aus dem Bekenntnis des] Jan Ležka: Er bereut, dass er nichts von den Sakramenten gehalten und lästerlich über sie geredet hat. – Antwort: Auch diese Aussage wurde von den Priestern vorformuliert. Was die Brüder in Wahrheit von den Sakramenten lehren, haben sie in ihren Bekenntnissen und Briefen dargelegt [vgl. Nr. 4, 63]. Sie empfangen die Sakramente aber nicht von den [utraquistischen] Priestern, da diese ihre Weihe simonistisch [gegen Geld] erlangt haben und oft auch simonistisch ihr Amt versehen (*swatokupecky mnozý přisluhugj*) [Sakramente gegen Geld spenden]. Ferner führen sie die Laien mit der Behauptung irre, dass sie mit den Sakramenten das Heil mitteilen können. Drittens setzen sie menschliche Lehren an die Stelle der göttlichen Gebote und betrügen die Laien. Wäre Ležka wirklich bei den Brüdern gewesen, hätte er gelernt, die Wahrheit zu sagen und nicht zu lügen.

[Vít aus Krupá zitiert aus dem Bekenntnis des] Jan Ležka: Einmal ging er mit anderen Brüdern an einem Ort bei Deutsch Brod in eine Kirche, um das Taufwasser zu entweihen. Auf Anstiftung der Brüderältesten entwendeten sie eine Büchse mit konsekrierten Hostien, um sie zu schänden. Dabei floss Blut aus den Hostien. Anschließend kehrte die Büchse auf wundersame Weise von selbst wieder an ihren Ort in der Kirche zurück. Von den 150 Brüdern, die dabei waren, bekehrten sich aufgrund dieser Wunder nur fünf von der Irrlehre der Brüder. – Antwort: Die ganze Begebenheit ist erlogen. Ležka benennt weder den genauen Ort noch die Zeit, nennt auch keine Personen, die die Geschichte bezeugen könnten. Mit derlei Lügengeschichten wiegeln die Priester das Volk zum Blutvergießen auf, besonders gegen die Juden (*aby tudy blázniwý lid lži wěřjcý zbauřili k proléwánj krwe, gako na giné židy, na něž to často zprawugj*).

[Vít aus Krupá zitiert aus dem Bekenntnis des] Jan Ležka: Er hat alle Ordnungen und Gebräuche der Kirche verachtet und verspottet. – Antwort: Lästerliches Reden hat Ležka gewiss nicht bei den Brüdern gelernt, unter denen er auch nie gewesen ist. Er wurde für seine Lügen bezahlt (*z náwodu pro wzátek mluwil*). Die Brüder lästern oder verspotten niemanden. Sie halten viele Ordnungen und Gebräuche der Kirche, sofern diese nicht mit Simonie, Götzendienst oder Ausbeutung der Armen (*bez laupeže chudimy*) verbunden und sofern sie zur Wahrheit dienlich (*což napomáhá a slaužj k prawdě*) sind.

[Vít aus Krupá zitiert aus dem Bekenntnis des] Jan Ležka: Er hat seinen Vater bestohlen und alles den falschen Brüdern gegeben. – Antwort: Ležka hat nie etwas den

Brüdern gegeben, da er ihnen nie angehört hat. Die Brüder nehmen grundsätzlich kein gestohlenes Gut an.

[Vít aus Krupá zitiert aus dem Bekenntnis des] Jan Ležka: Bei den Brüdern diente er nach einer zweijährigen Probezeit sieben Jahre lang als Apostel. In dieser Zeit gewann er unter Tschechen und Deutschen (*Čechůw y Němcůw*) viele Konvertiten, spendete [als Abendmahl] ungeweihtes Brot und ungeweihten Wein und brachte viele Personen um ihren Besitz. – Antwort: Ležka kennt offensichtlich nicht einmal die grundlegenden Ordnungen der Brüderunität. Die Brüder gehen sehr sorgfältig bei der Auswahl ihrer Priester vor. Dass seine Behauptungen erlogen sind, geht schon daraus hervor, dass er weder Orte noch Personen nennt, sodass sich seine Aussagen nicht nachprüfen lassen. Auch die Ordnung der brüderischen Abendmahlsfeier [die der brüderische Verfasser näher beschreibt] ist ihm offenbar unbekannt.

[Vít aus Krupá zitiert aus dem Bekenntnis des] Jan Ležka: Die Brüder verführen die Menschen mithilfe von Zaubertränken (*gakésy diwné nápoge*). – Antwort: Das ist Unsinn. Der Brüderunität kann man nur freiwillig beitreten (*dobrowolně [...], swobodně*), und wer die Gemeinschaft wieder verlassen will, den halten die Brüder, im Gegensatz zu den Mönchsorden, nicht gegen seinen Willen auf. Es ist bekannt, dass Ležka vorgab, er sei von Teufeln besessen, die von den Brüdern ausgesandt worden seien, aber er wurde als Betrüger entlarvt (*y strjhli ho y drželi, až potom poznali, že ge mjždj*).

[Vít aus Krupá zitiert aus dem Bekenntnis des] Jan Ležka: Als er bei den falschen Brüdern war, überredeten sie eine verheiratete Frau aus Kaaden, sich ihnen anzuschließen, und brachten deren Ehemann und Sohn um. – Antwort: Auch diese Behauptung ist unsinnig und erlogen.

[Vít aus Krupá zitiert aus dem Bekenntnis des] Jan Ležka: Die Brüder verteilen Briefe, durch die man betäubt wird, wenn man sie öffnet. Sie behaupten dann, die betäubte Person habe Visionen und Offenbarungen (*náš bratjček má něgaká diwná widěnj a zgewenj*). – Antwort: Selbst die Feinde der Brüder und diejenigen, die sich von ihnen getrennt haben, haben nie derlei Lügengeschichten gegen die Brüder vorgebracht.

[Vít aus Krupá zitiert aus dem Bekenntnis des] Jan Ležka: Die Brüder haben Zauberbücher und treiben Zauberei. Eines ihrer Zauberbücher haben sie eingemauert (*sau gedny knihy proto zazdili*), damit es im Fall einer Verfolgung erhalten bleibt. – Antwort: In der Brüderunität werden Zauberei und Aberglaube (*čáry, kauzly, powěry*) nicht geduldet. Bei Kuttenberg (*v Hory*) fand einmal eine Anhängerin der Unität im Nachlass ihres verstorbenen Mannes Zauberbücher, aber diese wurden umgehend verbrannt.

[Vít aus Krupá zitiert aus dem Bekenntnis des] Jan Ležka: Die Brüder haben es auf den Besitz derer, die sich ihnen anschließen, abgesehen. Die Konvertiten müssen ihren Besitz in die Kasse der Gemeinde geben und sich danach mit körperlicher

Arbeit ihren Unterhalt verdienen. – Antwort: Die Brüder haben weder Klöster noch Spitäler, die Mitglieder verfügen vielmehr frei über ihren Besitz. Allerdings lebten in der Frühzeit (*z prwu počátku*) der Unität einige brüderische Priester und Laien in Gütergemeinschaft nach dem Vorbild der Urgemeinde (Apg 2,45). Später beschränkte man die Gütergemeinschaft auf Priester (*potom z přjčin hodných to na samy kněžj přislo*) und Priesterzöglinge (*dowěrných*) [„Hausgenossen", die zur Vorbereitung auf das Priesteramt in den Brüderhäusern lebten]. Es trifft aber sehr wohl zu, dass in der Brüderunität alle Mitglieder für ihren Unterhalt selbst arbeiten sollen, sowohl Laien als auch Priester.

[Vít aus Krupá zitiert aus dem Bekenntnis des] Jan Ležka: Die falschen Brüder (*ffalesnj bratřjkowé*) horten große Reichtümer, aber lassen verhaftete Glaubensgenossen leiden, anstatt sie freizukaufen. – Antwort: Bei den Brüdern wird zwar durch freiwillige Spenden für Arme und Notleidende gesorgt, aber für die Verwaltung der Spenden sind nicht die Priester (*zpráwce*), sondern besondere Armenpfleger zuständig. In Jung-Bunzlau versuchte Ležka sogar, die Bürger dazu aufzuwiegeln, die angeblichen Schätze der Brüder in Vinařice [unweit von Jung-Bunzlau] zu plündern (*aby na Winařice ssli a tu b[ratří] ssacowali*).

[Vít aus Krupá zitiert aus dem Bekenntnis des] Jan Ležka: Die falschen [Brüder] (*ti ffalessnjcy*) sind schuld, dass der [utraquistische] Pfarrer Václav Malina in Leitomischl wahnsinnig wurde und starb. – Antwort: Dieser Priester war in der Tat ein Feind der Brüder. Er beging Selbstmord, aber die Brüder tragen dafür keine Verantwortung.

[Vít aus Krupá zitiert aus dem Bekenntnis des] Jan Ležka: Die [Brüder] versuchten, Jan Rokycana zu ermorden, indem sie Schießpulver in seine Kanzel streuten (*prach sypali do kazatedlnice*). – Antwort: Die Brüder betreten grundsätzliche keine [katholischen und utraquistischen] Kirchengebäude, überdies üben sie prinzipiell keine Rache. Ležkas Behauptung ist frei erfunden.

[Vít aus Krupá zitiert aus dem Bekenntnis des] Jan Ležka: Priester, die gegen die Brüder predigen, werden von diesen verleumdet (*na toho kněze […] ffaylugj*). Einmal stifteten die Brüder zwei Frauen zu der Behauptung an, ein Priester sei der leibliche Vater ihrer Kinder. – Antwort: Dass dies eine Lüge ist (*v wjtr mluwj, protož křiwda gest*), geht schon daraus hervor, dass Ležka weder Namen noch Zeit oder Zeugen nennt. Man braucht derlei auch gar nicht zu erfinden, da viele Priester offen mit ihren Konkubinen und Kindern zusammenleben.

[Vít aus Krupá zitiert aus dem Bekenntnis des] Jan Ležka: Die falschen Brüder veranlassten ihn, in eine Kirche zu gehen und die in einer Monstranz ausgesetzte Hostie dreimal zu fragen, ob sie der wahre Leib Christi (*prawé Božj tělo*) sei. Die Hostie gab keine Antwort. Dies ist laut den Brüdern der Beweis, dass die [katholischen und utraquistischen] Priester Götzendienst treiben. – Antwort: Die Brüder veranlassen niemanden zu Spott und Lästerung.

[Vít aus Krupá zitiert aus dem Bekenntnis des] Jan Ležka: Die Brüder führten ihn zu einem Kästchen, darin war ein Eichhörnchen oder eine Ratte (*k něgaké krabicy, a tu něco w způsobě zwjřátka podobného k weweřicy s bjlým břichem anebo k myssi německé*). Dieses Tier sagte, es sei Gott. – Antwort: Das ist blanker Unsinn. Die Brüder verehren allein den dreieinigen Gott und keine Kreaturen.

[Vít aus Krupá berichtet:] Jan hat sein Bekenntnis mit einem Eid bekräftigt und war bereit, für die Wahrheit zu sterben, da er fürchten musste, dass die Brüder ihn ermorden. – Antwort: [Jan Ležka] log, weil er sich davon einen Vorteil versprach. Von den Brüdern hatte er nichts zu befürchten. In Jung-Bunzlau gab er selbst gegenüber dem Grundherrn [Johann dem Jüngeren von Tobitschau auf Cimburg] zu, dass er auf Anstiften der Priester log.

[Vít aus Krupá fährt fort:] Jan erzählte noch von vielen weiteren Niederträchtigkeiten [der Brüder], die das Volk gegen die [katholischen und utraquistischen] Priester aufhetzen und große Reichtümer anhäufen. – Antwort: Die Priester machen sich selbst durch ihren Lebenswandel beim Volk verhasst. Die Brüder reden und schreiben lediglich über die Gründe, warum sie von den Priestern nicht die Sakramente empfangen können. Die Brüder wünschen den Priestern nichts Böses, vielmehr beten sie auch für ihre Gegner. Es sind vielmehr die Priester, die die Brüder verleumden, wie denn auch am Ende der Schrift [des Vít aus Krupá] die Wolfsnatur (Mt 7,15) der Priester deutlich zu erkennen ist (*při koncy spisu tohoto ta wlčina gich znáti se dáwá*).

[Vít aus Krupá:] In der Fastenzeit vor Weihnachten, Ostern und Pfingsten geben sich bei den [Brüdern] die jungen Männer und Frauen sexuellen Ausschweifungen hin. – Antwort: Bei den Brüdern kommen solche Dinge nicht vor. Dagegen ist außerhalb der Unität [bei Katholiken und Utraquisten] Unzucht weit verbreitet. Die Brüder widmen sich in den Fastenzeiten der Frömmigkeit und enthalten sich des ehelichen Verkehrs.

[Vít aus Krupá:] Wenn jemand zu den [Brüdern] kommt und das Vaterunser, das Ave Maria und das Glaubensbekenntnis (*Otče náš, Zdráwa Marya a Wěřjm w Boha*) betet, wenden sie zunächst nichts dagegen ein. Den Mitgliedern ihrer Gemeinschaft verbieten sie dagegen das Vaterunser und erlauben allein das Gebet „im Geist" (*než aby se w duchu modlil*). Sie lassen sich auch nicht segnen. – Antwort: Die Brüder beten so, wie Christus es gelehrt hat. Das Ave Maria und das Glaubensbekenntnis sind keine Gebete. Maria und die Heiligen beten sie nicht an, auch keine gemalten oder geschnitzten Bilder. Sie haben darüber in der *Anweisung zum Vaterunser* (*w Zpráwě na Otče náš*) [nicht nachgewiesen] geschrieben. Die Brüder bekreuzigen sich nicht. Was die meisten Leute unter Segen verstehen, ist Aberglauben und Zauberei. In der Bibel bedeutet Segen, Gutes von Gott zu wünschen. In diesem Sinne segnen die Brüderpriester die Gemeinde und segnen die Gläubigen einander.

[Vít aus Krupá:] Zu Ostern hängen die [Brüder] Äpfel an einen Pfeiler und betrinken sich. Daneben steht die Frau des Schusters Tomek aus Klášter [Dolní

Ročov] nackt als Eva und gibt dem ebenfalls nackten Borník aus Zbrašín einen Apfel. – Antwort: Wegen dieser unsinnigen Lügen wurde Jan Ležka aus der Stadt Jung-Bunzlau verwiesen und musste aus Königgrätz fliehen. Bei den Brüdern kommt derlei nicht vor. Dagegen wird glaubwürdig berichtet, dass in einer deutschen Stadt (*w Němcých w gednom městě*) Frauen und Männer, sogar Priester, beim Karneval gemeinsam nackt getanzt haben.

[Vít aus Krupá:] Die [Brüder] heiligen den Sonntag nicht. – Antwort: Die Brüder enthalten sich am Sonntag der Arbeit und widmen sich dem Gottesdienst sowie der Frömmigkeit. Samstags essen sie kein Fleisch, um sich in Mäßigkeit zu üben (*aby střjzwěgssj byli*).

[Vít aus Krupá:] Die Brüder glauben nicht an die Menschwerdung Christi. Christus sei von Ewigkeit im Himmel und sei nie herabgekommen. Maria sei eine gewöhnliche Frau und habe einen Propheten geboren. – Antwort: Die Brüder lehren rechtgläubig von Christus und haben davon öffentlich Rechenschaft abgelegt (*zgewné gest wssem wssudy skrze wydáwanj počtůw*). Die [utraquistischen] Priester machen sich lächerlich (*tudy se w lehkost náramnau dali*), indem sie derlei Lügen glauben und verbreiten.

[Vít aus Krupá:] Ihr Priestertum haben [die Brüder] von dem Priester Michal [aus Senftenberg] genommen und einem anderen gegeben (*z kněze Michala sňali kněžstwj a ginému ge dali*). Dafür gaben sie dem Michal eine Frau, damit er Kinder zeugt, dann eine zweite und schließlich eine dritte. Als er mit keiner der drei Frauen Kinder zeugen konnte, gaben sie ihm das Priestertum wieder zurück. Am Gründonnerstag essen sie ein Lamm, um das Abendmahl Christi zu verhöhnen. Dabei wäscht der Älteste allen Brüdern die Füße. Als der [brüderische] Priester Martin, ehedem in Vilémov, in Vinařice bei Jung-Bunzlau starb, ermahnte er seine Glaubensgenossen, von ihrem Irrglauben abzustehen, danach zerbarst sein Leib in Stücke. [Jan Ležka] berichtete auch über den Kleinadeligen Šárovec (*o Ssarowcy panossi*), dass er auf schreckliche Weise starb. – Antwort: Die Behauptungen über Michal aus Senftenberg, den Priester Martin und den edlen Menschen Šárovec (*sslechetném člowěku panu Ssarowcowi*) sind erlogen. Die Brüder entbinden keinen Priester von seinem Amt, damit er Unkeuschheit (*nesslechetnosti*) begehen kann, vielmehr würden sie im Gegensatz zu den [Utraquisten und Katholiken] einen Priester, der Unkeuschheit begeht, des Amtes entsetzen. Die Fußwaschung (Joh 13,1–17) üben die Brüder durchaus, aber nicht am Gründonnerstag wie die Katholiken (*řjmané*). Die [liturgische Nachahmung der] Fußwaschung vor dem Abendmahl am Gründonnerstag kommt einer Wiederholung oder Geringschätzung der Taufe gleich. Die Fußwaschung vor dem Abendmahl (Joh 13,1–17) war nichts anderes als die Taufe, die die Jünger vor der Teilnahme am Abendmahl empfangen mussten. Der Beweis für diese Deutung ist, dass Christus dabei Worte sagt, die nicht auf eine gewöhnliche Waschung, sondern nur auf die Taufe bezogen werden können [Joh 3,8–9: „Wenn ich dich nicht wasche, so hast du kein Teil an mir", „wer gewaschen ist, bedarf nichts, als dass ihm die Füße gewaschen werden, er ist ganz rein"].

[Vít aus Krupá:] Frauen, die sich [den Brüdern] anschließen, begehen dort Ehebruch. Deshalb sollte niemand seiner Frau gestatten, zu den [Brüdern] zu gehen. – Antwort: Viele Personen außerhalb der Brüderunität, darunter auch Adelige, deren Ehefrauen der Unität angehören, können bezeugen, dass diese Frauen tugendhaft sind. Wenn Frauen, die zuvor unkeusch waren, sich den Brüdern anschließen sollten, tun sie Buße und ändern sie ihren Lebenswandel, denn die Brüder dulden keinen Ehebruch.

[Vít aus Krupá:] Als Vít Pfarrer in Chožov [bei Laun] (*w Chodžowě*) war, versuchten die [Brüder], ihn auf ihre Seite zu ziehen. Er hat von ihren Lästerungen gegen den Glauben und die Sakramente nur die Hauptpunkte aufgeschrieben. Priester, Adelige und Städte mögen sich beim König dafür einsetzen, dass diese Irrlehre im Königreich Böhmen ausgerottet wird. – Antwort: Vít hetzt mit den Lügen, die er verbreitet, Adel und Städte gegen die Brüder auf. Sein Verhalten ist unchristlich und eines Priesters nicht würdig. Es ist offensichtlich, wer hier die Schafe und wer die Wölfe sind, wer die Verfolgten und wer die Verfolger. Nicht die Brüder verführen das Volk zur Irrlehre und missbrauchen die Sakramente, sondern vielmehr die [utraquistischen und katholischen] Priester.

Der Traktat [des Vít aus Krupá] endet mit einer Beglaubigung: Vít aus Krupá, Dekan in Königgrätz, ferner Matěj, Magister der Prager Universität, sowie die Priester Mikuláš Pekař, Jan aus Pilgram und Tomáš aus Polen, genannt Quasi, bezeugen, dass Jan [aus Tepl, genannt Ležka] diese Dinge bei seinem öffentlichen Widerruf in der Kirche in Königgrätz gesagt hat. Zur Beglaubigung besiegelt am 29. Februar 1476 (*leta 1476. prwnj čtwrtek w postě na té syllabě de Martiris [!] transla[tio]*). – Antwort: Die Beglaubigung, mit der Vít seine Beschuldigungen gegen die Brüder im Königreich Böhmen verbreitet (*rozpisuge listy do kragůw hánliwé*) ist ebenso unglaubwürdig wie das falsche Zeugnis der beiden Ältesten, die Susanna beschuldigten (Dan 13 Vulgata). Ležka selbst hat in Prag einem Bruder namens Jaroš aus Jung-Bunzlau bekannt, dass seine Behauptungen erlogen waren und dass er von den Priestern angestiftet worden war. Die Priester verkünden von der Kanzel Lügen über die Brüder anstelle der Wahrheit. Das ist ein Gräuel an heiligem Ort (Dan 9,27; Mt 24,15). Da niemand die Brüder verteidigt, geschieht es selten, dass die Priester ihre Verleumdungen zurücknehmen. Aber Gott wird sie richten.

[Schlussbemerkung des brüderischen Verfassers:] Da die [utraquistischen] Priester die Schrift des Vít aus Krupá neuerdings wieder in Umlauf bringen, soll mit der vorliegenden Verteidigungsschrift auch die angegriffene Seite zu Gehör gebracht werden, damit sich niemand durch Verurteilung und Verfolgung der Brüder versündigt. Sollte die Gegenschrift Mängel aufweisen, bittet der Verfasser die Leser um Nachsicht und versichert sie seiner einfältigen Aufrichtigkeit (*neb vmyslem sprostným gest psáno*).

Nr. 320 VI 145r–149v

Augustinus Moravus Olomucensis: Brief an Bruder Jan Černý, Olmütz, 2. Juni 1501

Die Texte Nr. 320–322 sind Teil eines ursprünglich in lateinischer Sprache geführten Briefwechsels zwischen dem brüderischen Arzt Jan Černý (genannt Niger), dem leiblichen Bruder des Bischofs Lukáš aus Prag (vgl. zu Nr. 82), und dem katholischen Humanisten Augustinus Moravus Olomucensis.

Augustinus, der ursprünglich den Familiennamen Käsenbrot führte, stammte aus einer bürgerlichen Familie in Olmütz. Er studierte zwischen 1484 und 1488 in Krakau und erwarb 1494 in Padua den Doktorgrad im kanonischen Recht. Seit 1496 war er Schreiber der königlichen Kanzlei in Ofen und zeitweise Sekretär König Wladislaws II. von Böhmen und Ungarn. Obwohl kein Kleriker, erhielt er Domherrenpfründen unter anderem in Olmütz, Brünn und Breslau. Augustinus war einer der ersten einheimischen Vertreter des Humanismus in Mähren. Sein literarisches Werk umfasst lateinische Dichtungen und Prosaschriften, von denen einige zeitgenössisch im Druck erschienen. Mit humanistisch gesinnten Gebildeten in den böhmischen und ungarischen Ländern pflegte er einen literarisch stilisierten Humanistenbriefwechsel. Angeregt durch Konrad Celtis verfolgte er den Plan, in Mähren eine regionale humanistische Sodalität zu bilden, für deren Zusammenkünfte er 1508 eine in Dresden erhaltene, mit antiken Münzen besetzte Goldschale anfertigen ließ (Dresden, Staatliche Kunstsammlungen, Grünes Gewölbe, Inv.-Nr. IV 40). 1511 kehrte Augustinus dauerhaft aus Ofen nach Olmütz zurück. Dort starb er 1513 im Alter von 46 Jahren. Den plötzlichen Tod deuteten die Brüder als göttliche Strafe für seine Schriften gegen die Unität („sedě za stolem w domě swém w Olomaucy zdráw a wesel, náhle zcepeněl", Śliziński [Hg.]: Rękopisy [1958], 217).

Augustinus hatte als Beamter der königlichen Verwaltung Einblick in die konfessionspolitischen Maßnahmen des Landesherrn. Er forderte den König 1506 und 1507 zu einem entschiedeneren Vorgehen gegen die Brüderunität auf (vgl. zu Nr. 280). Dieser offen feindseligen Intervention war in den Jahren 1500 bis 1503 ein Briefwechsel zwischen Augustinus und Jan Černý vorausgegangen. Augustinus hatte sich spätestens im Jahr 1499 in Leitomischl wegen einer Krankheit von Černý behandeln lassen. In der ersten Hälfte des Jahres 1500 erfuhr Augustinus auf der Durchreise durch Mähren, dass Černý inzwischen in Proßnitz lebte und der dortigen Unitätsgemeinde angehörte. Daraufhin richtete Augustinus am 3. Juni 1500 aus Ofen einen Brieftraktat gegen die brüderische Lehre an Černý. Dieser erhielt das Schreiben erst im Dezember 1500. Er antwortete am 5. April 1501 mit einer ausführlichen Widerlegung, in der er den vollständigen Wortlaut der Abhandlung des Augustinus wiedergab (Nr. 322). Dieser schrieb am 2. Juni 1501 aus Olmütz zurück (das vorliegende Schreiben, Nr. 320) und erhielt darauf eine Antwort von Černý aus Proßnitz vom 7. Juli 1501 (Nr. 321).

Der nach dem Vorbild der antiken Epistolographie elegant stilisierte Briefwechsel wurde von Augustinus von Anfang an in der Absicht geführt, die eigenen Schreiben im Druck und in Abschrift einem weiteren Kreis humanistisch gebildeter Personen bekanntzumachen. Augustinus suchte Černý auf freundliche und besonnene Weise von der Häresie zurückzugewinnen, indem er in seinen Schreiben auf die unter Humanisten gepflegte, mehr oder weniger fiktive *amicitia* rekurrierte. Anstatt die scholastische Terminologie und die Beweismethoden der scholastischen Dialektik zu verwenden, belegte er seine Aussagen mit Zitaten aus der Bibel, den Kirchenvätern und der antiken Philosophie. Dieser Bekehrungsversuch im Stil der neuen Bildungsbewegung des Humanismus steht in einem deutlichen, von Augustinus offenbar beabsichtigten Kontrast zum gleichzeitigen Wirken des Inquisitors Heinrich Institoris. Der noch ganz von der spätmittelalterlichen Scholastik geprägte Bettelmönch hielt sich seit dem Jahr 1500 in Mähren auf, um gegen die Brüderunität vorzugehen (vgl. Nr. 67).

Der lateinische Brieftraktat des Augustinus vom 3. Juni 1500 wurde bereits in der zweiten Hälfte des Jahres 1500 in Olmütz gedruckt (Augustinus: Tractatus [1500]), ein Nachdruck mit geringfügigen Varianten erschien 1512 als Beigabe zu Jakob Zieglers polemischem Werk gegen die Brüderunität (Ziegler [Hg.]: In hoc volvmine [1512], B3v–C2v). In dem Band sind auch der Brief des Augustinus vom 2. Juni 1501 sowie zwei weitere, nicht in die *Acta Unitatis Fratrum* aufgenommene Schreiben des Augustinus an Černý vom 4. Oktober 1501 und 17. Dezember 1503 wiedergegeben (ebd., C2v–D1r). Die lateinischen Originale von Černýs Gegenschrift vom 5. April 1501 und seinem Brief vom 7. Juli 1501 müssen als verloren gelten. Ob die in AUF VI überlieferten tschechischen Übersetzungen auf Černý selbst zurückgehen oder erst bei der Sammlung des Materials für die *Acta Unitatis Fratrum* angefertigt wurden, ist unbekannt.

Das vorliegende Schreiben ist die Antwort auf Nr. 322. Im Eingangsgruß des lateinischen Originals bezeichnet sich Augustinus als „artium et decretorum doctor". Dies wird in der tschechischen Übersetzung polemisch mit „Doktor der weltlichen Wissenschaft und der geistlichen Erfindungen" wiedergegeben. Ansonsten ist die tschechische Übersetzung weitgehend wörtlich gehalten.

Überlieferung außerhalb der AUF: Ziegler (Hg.): In hoc volvmine [1512], C2v–C4v (lateinisch).

Edition: Handschriftliche deutsche Übersetzung von Joseph Theodor Müller: Herrnhut, Unitätsarchiv der Evangelischen Brüder-Unität, Sign. AB.II.R.1.1a/3, Zweiter Teil, 157–161.

Literatur: Jireček, J.: Rukověť, Bd. 1 [1875], 141; Truhlář, J.: Humanismus [1894], 112–114; Wotke: Augustinus Olomucensis [1898]; Пальмов (Hg.): Чешские братья, Bd. 1/1 [1904], 222; Müller:

Geschichte und Inhalt [1913], 220, Nr. 31; Müller: Geschichte, Bd. 1 [1922], 307–312, 596, Nr. 91a; Janoušek, E.: Konfese [1923], 18; Müller/Bartoš: Dějiny, Bd. 1 [1923], 201–203; Jakubec: Dějiny literatury české, Bd. 1 [1929], 635f.; Nešpor, V.: O původu [1932]; Urbánek: České dějiny, Bd. 3/4 [1962], 411–413 (zur Bezeichnung der Brüder als Waldenser und Pikarden), 425f. (zu Ziegler); Hejnic/Martínek u. a.: Rukověť, Bd. 1 [1966], 111–116; Molnár: Protivaldenská polemika [1980], 160; Molnár: Polémiques antivaudoises [1982]; Petrů: Augustin Olomoucký [1985]; Hejnic: Bibliograf [1987], 120; Hlobil/Petrů: Humanismus [1992], 34, 37; Wörster: Humanismus [1994]; Hlobil/Petrů: Humanism [1999], 49–53; Kouřil: Augustin Olomoucký [2001], 13–20; Macek: Víra a zbožnost [2001], 184; Rothkegel: Briefwechsel [2007], 43f., 100–104, 123–125; Ekler/Kiss (Hg.): Augustinus Moravus [2015]; Hlaváček, P.: Apostolus [2017] (zu Institoris); Kreuz: Institoris [2018]; Halama, O.: Polemika [2018], 144, 148, 158–163, 166–168; Kreuz: Heinrich Kramer/Institoris [2019]; Halama, O.: The Unity [2020], 375f. (zur Bezeichnung der Brüder als Waldenser und Pikarden).

Überschrift zu Nr. 320–322, 145r: *Psánj kteráž se zběhla mezy doktorem Augustýnem z Holomauce a mezy Janem, lékařem w Prostěgowě, z nichž se porozuměti může djlu Ducha Božjho a djlu ducha Satanowa, pyssného, nenawistného a wražedlného* [„Korrespondenz zwischen Doktor Augustinus Olomucensis und dem Arzt Jan in Proßnitz, aus der man das Werk des Geistes Gottes und das Werk des stolzen, hasserfüllten und mörderischen Geistes Satans erkennen kann"]. – Überschrift zu Nr. 320, 146r: *Augustýn z Olomuce, vměnj swětského y nalezuw duchownjch doktor, Janowi Černému, lékaři, mnohé pozdrawenj zwěstuge* [„Augustinus Olomucensis, der weltlichen Wissenschaft und der geistlichen Erfindungen Doktor, wünscht Jan Černý vielfältige Gesundung"]. Inc.: *Kterak nesnadná wěc byla by člowěka w kacýřst[ví] vpewněného od smyslu geho odwesti a zdrawěgssj rady zpráwu obljbiti [...].* Expl.: *[...] trescy, pros, žehři, we wseliké trpěliwosti y včenj. Měg se dobře. S Olomauce w středu suchých dnj letničných, leta Krysta narozeného 1501.*

Augustinus Olomucensis ist enttäuscht von der Verteidigungsschrift (*obrana*, lat. *apologeticus*), die Jan Černý ihm zugeschickt hat [Nr. 322]. Sie macht deutlich, wie schwer es ist, einen verstockten Ketzer (*člowěka w kacýřst[ví] vpewněného*, lat. *hominem in heresi confirmatum*) wieder zur Vernunft zu bringen. Auch wenn Černý seine wahren Überzeugungen verschleiert, ist es offensichtlich, dass er die Schriften der Kirchenväter und selbst das Glaubensbekenntnis von Nizäa verachtet und stattdessen der Lehre des Jakoubek [aus Mies] folgt. Es wird Černý jedoch nicht gelingen, der Kirche Schaden zuzufügen. Irrlehre nutzt der Kirche mehr, als sie schaden kann, da sie Anlass zur Verteidigung und Bekräftigung der wahren Lehre gibt [Augustinus, *Sermo* 15, 9, 9, PL 38, 120f.]. Obwohl sich die Brüder der Einfalt des Geistes und der Heiligen Schrift rühmen (*w sprostnosti ducha y pjsem chlubjte se*, lat. *in simplicitate spiritus et scripturarum gloriamini*), enthält ihre Lehre nichts als längst verurteilte Häresien.

Indem sie die Transsubstantiation leugnen, lästern [die Brüder] auf so furchtbare Weise, dass es nicht verwunderlich wäre, wenn sich dagegen der ganze Körper heftig aufbäumen würde. So war es bereits bei den Ketzern des Altertums: Arius starb grausam auf dem Abort, ähnlich erging es dem irrgläubigen Papst Liberius sowie Sabellius und Origenes. Černý möge erkennen: Gäbe es kein Oberhaupt der Kirche auf Erden (*gednu hlawu služebnau Krystowu na zemi*, lat. *uno ministeriali in terris Christi capite*), würde jeder Mensch verehren, was er für richtig hält, so wie einst bei den Heiden, die sogar unvernünftige Tiere anbeteten und sich ungestraft einer Vielzahl von Kulten hingaben (*w rozličné způsoby náboženstwj nemstitedlně wyléwalo se*, lat. *in varias religionis species impune transfundebantur*).

So verhält es sich auch mit der Sekte [der Brüder] (*w rotě wassj*). [Die Brüder] lehnen die Gebräuche und Ordnungen der Kirche ab. Sie verkennen, dass die Apostel bevollmächtigt waren, Vorschriften einzuführen, von denen im Evangelium nichts geschrieben steht (Apg 15,29), und dass die Kirche die Autorität hat, Anordnungen der Apostel wieder aufzuheben und neue einzuführen. Andernfalls müssten [die Brüder] ebenso wie die Apostel den Sabbat, das Verbot von Blut (Apg 15,29; 21,25) sowie das Gebot der Beschneidung beobachten. Paulus hat Timotheus beschnitten (Apg 16,3) und Opfer dargebracht (Apg 21,26), obwohl Beschneidung und Opfer im Neuen Testament aufgehört haben. Wenn es damals schon Waldenser-Brüder (*bratřj waldensstj*, lat. *fratres Valdenses*) gegeben hätte, hätten Jakoubek [aus Mies] und Vavřinec [Krasonický] sich Paulus entgegengestellt, hätte Černý samt den Schustern und Bäckern aus Proßnitz, Prerau und Leitomischl Autoritäten wie Augustinus [von Hippo], Hieronymus und Origenes zurechtgewiesen. Aus den Kirchenvätern suchen sich die [Brüder] nur das heraus, was ihre Auffassungen bestätigt. So beruft sich Černý zu Unrecht auf das Bekenntnis des Hieronymus an Damasus, denn er verschweigt, dass es dort am Ende heißt, dass man den wahren Glauben in der Kirche lernen müsse [Pseudo-Hieronymus, *Explanatio Symboli ad Damasum*, i. e. Pelagius, *Libellus fidei ad Innocentium* 6, 14, PL 45, 1718].

Selbst die alten Heiden waren vernünftiger als die [Brüder]: Sie ehrten ihre Götter mit Bildwerken, um sie stets vor Augen zu haben, und erließen strenge Gesetze zum Schutz der althergebrachten Religion [Cicero, *De legibus* 2, 21]. Entsprechend sind auch die päpstlichen Satzungen, die Bilder der Heiligen und die Verehrung ihrer Reliquien der Frömmigkeit förderlich und sowohl dem Evangelium als auch der Vernunft gemäß (*zákona čtenjm vpewněného aneb zřjzenau a rozumnau přičinau vwedeného*, lat. *evangelica lege fundatum vel legitima rationabilique causa inductum*). Dagegen beruhen die Lehre und das Priestertum der [Brüder] auf verworrenem Unsinn.

Augustinus Olomucensis verteidigt sich gegen die Vorwürfe, die Černý in seiner Verteidigungsschrift [Nr. 322] gegen ihn erhebt. Er versichert, dass er den Traktat [Nr. 322] aus Freundschaft und Nächstenliebe geschrieben habe, um Černý zur Buße und zur Rückkehr zum wahren Glauben zu ermahnen.

Nr. 321 VI 149v–152r

Bruder Jan Černý: Brief an Augustinus Moravus Olomucensis, Proßnitz, 7. Juli 1501

Das ursprünglich lateinisch verfasste Schreiben ist eine Antwort auf den Brief des Augustinus Moravus Olomucensis vom 2. Juni 1501 (Nr. 320), den Jan Černý erst einen Monat später, am 3. Juli, erhielt. Augustinus antwortete auf das vorliegende Schreiben am 4. Oktober 1501 aus Ofen (Ziegler [Hg.]: In hoc volvmine [1512], C4v–C6v). Dass Černý seinen Brief an den katholischen Humanisten auf „Mittwoch nach dem Fest des heiligen Jan Hus" datierte, ist als bewusste Provokation zu verstehen.

Überlieferung außerhalb der AUF: –

Edition: Müller: Geschichte, Bd. 1 [1922], 310 (Auszüge in deutscher Übersetzung); Müller/Bartoš: Dějiny, Bd. 1 [1923], 202f. (Auszüge). – Handschriftliche deutsche Übersetzung von Joseph Theodor Müller: Herrnhut, Unitätsarchiv der Evangelischen Brüder-Unität, Sign. AB.II.R.1.1a/3, Zweiter Teil, 161–164.

Literatur: Jireček, J.: Rukověť, Bd. 1 [1875], 141; Truhlář, J.: Humanismus [1894], 113f.; Пальмов (Hg.): Чешские братья, Bd. 1/1 [1904], 222; Müller: Geschichte und Inhalt [1913], 220, Nr. 31; Müller: Geschichte, Bd. 1 [1922], 310, 319f., 596, Nr. 91b; Müller/Bartoš: Dějiny, Bd. 1 [1923], 202f., 208f.

Jan lékař Augustýnowi z Olomauce, maudrosti lidské y nálezůw duchownjch doktorowi, zdrawj hogné žádá [„Der Arzt Jan wünscht Augustinus Olomucensis, der menschlichen Weisheit und der geistlichen Erfindungen Doktor, viel Gesundheit"]. Inc.: *Spis ten, kteryžto pro obranu mého navčenj k tobě, z doktorůw negwymluwněgssj, poslal sem [...]. Expl.: [...] žádám, aby z mužůw wýborný welmi dobře se měl. Dán w Prostěgowě po slawnosti s[vatéh]o Jána Husy w středu, leta Páně 1501. A geho psánj ten den před s[vatý]m Prokopem w mé ruce přislo z Olomauce.*

Jan Černý antwortet auf den Brief des Augustinus Moravus Olomucensis, der ihm am 3. Juli 1501 aus Olmütz zugestellt wurde [Nachbemerkung Černýs am Ende des Textes]. Černý hat in der Verteidigungsschrift, die er Augustinus zugesandt hat [Nr. 322], den Vorwurf der Irrlehre widerlegt. Er versichert, dass er Irrlehre verabscheut. Die Ketzerei hat einen schönen Schein, deshalb werden einfältige Gemüter leicht getäuscht [Hieronymus, *Dialogus contra Luciferianos* 11, PL 23, 166]. Niemand möchte freiwillig irren [Cicero, *De officiis* 1, 18]. Solange jemand nur mit dem Verstand und aus Unwissenheit, aber nicht mit dem Herzen [vorsätzlich] irrt (Ps 95,10), soll man geduldig sein.

Černý hat sich bei seiner Widerlegung darauf beschränkt, zu den wichtigsten Differenzpunkten sein Glaubensverständnis darzulegen (*kterakým obyčegem o tagných wěcech křesťanského náboženstwj smyslil bych, potom gaký smysl wjry měl bych*). Seine Aussagen hat er ausführlich aus Origenes, Hieronymus, Augustinus [von Hippo] und [Johannes] Chrysostomus (*z Zlattovstého*) belegt, es trifft also keineswegs zu, dass er die Kirchenväter verwirft. Augustinus behauptet, Černýs Auffassungen stammten aus den Werken des Jakoubek [aus Mies] (*Gakobellowa smysslenj*). Černý versichert, dass er diese Schriften gar nicht gelesen hat. Den Schlussabschnitt des Bekenntnisses des Hieronymus an Damasus [Pseudo-Hieronymus, *Explanatio Symboli ad Damasum*, i. e. Pelagius, *Libellus fidei ad Innocentium* 6, 14, PL 45, 1716–1718] hat er nur um der Kürze willen nicht zitiert. Aus demselben Grund hat er die Trinitätslehre nicht ausführlich behandelt. Um Augustinus zu beruhigen, bekennt er sich jetzt jedoch ausdrücklich zum rechtgläubigen Verständnis der Dreieinigkeit (*což sem tehdáž zamlčal, nynj zwučným hlasem [...] prohlásým*). Černý ist sich gewiss, dass alle seine Auffassungen im Einklang mit den Kirchenvätern stehen.

Černý weist die Behauptung des Augustinus zurück, die Brüder müssten den Sabbat halten, wenn sie in allen Dingen den Aposteln nachfolgen wollten. Paulus schreibt, dass der Sabbat nur ein Schatten der künftigen Wahrheit [der durch das Zeichen angekündigten eigentlichen Sache, des Heils in Christus] war (Kol 2,16). Für die Christen bedeutet der Sabbat das Abstehen von der Sünde, das Sabbatgebot ist eine Verheißung der künftigen Seligkeit. Die Brüder leugnen nicht, dass die Apostel zeitweilig Regelungen erlassen haben (Apg 15,23–29), die sie später wieder aufhoben. Warum Paulus und die übrigen Apostel zuweilen noch an Geboten festhielten, möge Augustinus im Briefwechsel der Kirchenväter Hieronymus und Augustinus [Hieronymus, *Epistola* 67, PL 22, 647–652; *Epistola* 112, PL 22, 916–931] nachlesen.

Černý übergeht den Spott des Augustinus und dessen lächerliche Vorwürfe des Arianismus, Sabellianismus und Manichäismus. Er hat seine Lehrüberzeugungen klar ausgedrückt, auch wenn Augustinus ihm nicht glaubt. Wenn er nicht durch seine Verpflichtungen verhindert wäre, würde er Augustinus zu einem persönlichen Gespräch aufsuchen. Augustinus verlangt von Černý, sich zu menschlichen Lehren und Erfindungen (Jes 29,13; Mt 15,9) zu bekennen, als wären es Geheimnisse des Heils (*abych wydánj y nálezky smrtedlných gednostagně gakožto tagemstwj spasenj celými prsy obljbil*). Augustinus verbreitet nur heidnischen Nebel (*mlhy a dymy pohanské*). Die Sakramentsverwaltung der römischen Kirche (*řád poswatných wěcý řjmské cýrkwe*) trägt zum Heil nichts bei, sie ist vielmehr schädlich, da sie die Menschen dazu verführt, Geschaffenes anstelle Christi zu verehren (Röm 1,25).

Černý kennt die von Augustinus vertretenen Lehrmeinungen allzu gut, denn er hat selbst einen großen Teil seines Lebens unnütz damit vergeudet. [Jetzt aber] kennt er die Geheimnisse der Gottesverehrung (*tagemstwj pocty Božj*). Er wünschte, dass auch Augustinus zu dieser Erkenntnis gelangte. Augustinus müht sich vergebens, Černý von seinen Überzeugungen abzubringen. Über andere zu urteilen ist leicht, Selbsterkenntnis ist dagegen schwer. Augustinus ist zwar literarisch gebildet, versteht jedoch wenig von der Bibel (*znám tě jazyku wymluwného býti, ale w vměnj pjsem swatých nezwykleho*), deshalb beruft er sich so oft auf heidnische Autoritäten. Augustinus verlässt sich auf weltliche Weisheit und Ansehen bei den Menschen. Černý zieht es vor, ungelehrt und verachtet, aber gottesfürchtig zu leben und sich zu den [wahren] Gläubigen zu halten.

Nr. 322 VI 152r–181v

Bruder Jan Černý: Widerlegung des *Tractatus de secta Valdensium* des Augustinus Moravus Olomucensis, Proßnitz, 5. April 1501

Jan Černý widerlegt den an ihn gerichteten *Tractatus de secta Valdensium*, den der Humanist und königliche Sekretär Augustinus Moravus Olomucensis am 3. Juni 1500 in Ofen fertiggestellt und abgesandt hatte (zum Verlauf der Korrespondenz vgl. die Einleitung zu Nr. 320). Černý erhielt das umfangreiche Schreiben erst sechs Monate später, Anfang Dezember 1500, von einem Boten aus Mährisch Trübau, dem Sitz des humanistisch gebildeten Hochadeligen Ladislav von Boskowitz. Augustinus reagierte auf Černýs ausführliche Antwort, in der der vollständige Wortlaut des Traktats enthalten ist und abschnittsweise entkräftet wird, am 2. Juni 1501 mit einem Schreiben aus Olmütz (Nr. 320).

Noch bevor der Brieftraktat des Augustinus den nominellen Adressaten erreichte, war er am 29. Oktober 1500 in Olmütz in der neu eröffneten Offizin des aus Süddeutschland stammenden Konrad Baumgarten im Druck erschienen. Durch den *Tractatus de secta Valdensium* konnten erstmals auch Leser, die der tschechischen Sprache nicht mächtig waren, Näheres über die Lehre der Brüderunität erfahren. Das erste lateinische Werk, das die Brüder selbst herausgaben, war ihre 1511 in Nürnberg gedruckte ausführliche Bekenntnisschrift ([Lukáš aus Prag:] Apologia Sacre scripture [1511]).

Wie der Brieftraktat des Augustinus war auch Černýs Gegenschrift ursprünglich in lateinischer Sprache verfasst. Trotz des Demutstopos am Textschluss ist Černý erkennbar bemüht, seinem Gegner weder an stilistischer Eleganz noch an Belesenheit nachzustehen. Černýs ausführliche Verweise auf patristische Schriften lassen den Schluss zu, dass er eine gediegene Sammlung von Kirchenväterausgaben besaß oder Zugang zu einer Bibliothek hatte, selbst wenn damit zu rechnen ist, dass einige

Zitate sekundären Quellen entnommen sind. Der zu Beginn des *Tractatus de secta Valdensium* von Augustinus erwähnte böhmische katholische Humanist Johannes Šlechta von Všehrd stand wie Augustinus selbst im Dienst der königlichen Kanzlei in Ofen. Ursprünglich Utraquist, hatte er in Prag studiert. Um 1490 trat er in den Dienst König Wladislaws II. von Böhmen und Ungarn. Wie Augustinus stand er mit Konrad Celtis in Verbindung, in späteren Jahren begann er eine Korrespondenz mit Erasmus von Rotterdam (Truhlář, J.: Humanismus [1894]; Molnár: Boleslavští bratří [1952], 90f.; Hejnic/Martínek u. a.: Rukověť, Bd. 5 [1982], 281–285).

Der *Tractatus de secta Valdensium* ist im originalen Wortlaut in dem Olmützer Druck von 1500 sowie in einem Nachdruck von 1512 erhalten. Von Černýs Widerlegung liegt nur die in AUF VI überlieferte tschechische Übersetzung vor. Es ist nicht bekannt, ob der Text erst im Zusammenhang mit der Kompilation der *Acta Unitatis Fratrum* oder bereits bei einer früheren Gelegenheit übersetzt wurde.

Überlieferung außerhalb der AUF: Augustinus: Tractatus [1500] (lateinisch); Ziegler: In hoc volvmine [1512], B3v–C2v (lateinisch).

Edition: Handschriftliche deutsche Übersetzung von Joseph Theodor Müller: Herrnhut, Unitätsarchiv der Evangelischen Brüder-Unität, Sign. AB.II.R.1.1a/3, Zweiter Teil, 164–198; Augustinus: Tractatus [1985] (Edition des lateinischen Drucks von 1500).

Literatur: Jireček, J.: Rukověť, Bd. 1 [1875], 141; Truhlář, J.: Humanismus [1894], 112f.; Пальмов (Hg.): Чешские братья, Bd. 1/1 [1904], 222f.; Müller: Geschichte und Inhalt [1913], 220, Nr. 31; Müller: Geschichte, Bd. 1 [1922], 308–311, 596, Nr. 91c; Müller/Bartoš: Dějiny, Bd. 1 [1923], 201–203; Tobolka: Dějiny [1930], 60–63 (zum Druck von 1500); Kaňák u.a. (Hg.): Význačné postavy [1957], 85f.; Hejnic/Martínek u. a.: Rukověť, Bd. 1 [1966], 113f.; Molnár: Protivaldenská polemika [1980], 160; Hejnic: Bibliograf [1987], 120; Hlobil/Petrů: Humanismus [1992], 37; Hlobil/Petrů: Humanism [1999], 52; Macek: Víra a zbožnost [2001], 184, 325, 330; Voit: Český knihtisk, Bd. 2 [2017], 108, 114f., 138, Nr. 1; Halama, O.: Polemika [2018], 144.

Augustýn z Olomauce, sedmera vměnj a nalezůw duchownjch doktor, k Janowi Černému traktát o rotě waldenských posýlá [„Augustinus Olomucensis, der sieben Künste und der geistlichen Erfindungen Doktor, sendet Jan Černý einen Traktat über die Sekte der Waldenser"]. Inc. (Augustinus Olomucensis): *Že auřad kázanj ne wssem wůbec byl by w cyrkwi dopusstěn. Nedawno skrze Prostěgow cestu čině, když na předměstj postál sem a mnohým tu domom nowě wyzdwiženým y wystaweným diwil sem se [...].* Inc. (Jan Černý): *Jan lékař k těm wěcem takto odpowjdá: Psánj twá z mužůw negvčeněgssj, mnohý čas na cestě ztráwiwsse dlauho blaudila sau. A co by ge zdržowalo, aby vpřjmau cestau ke mně nessla [...].* Expl. (Augustinus Olomucensis): *[...] do Krystowa owčince kagjcýho přiwedli. Měg se dobře. Z Budjna, w středu o suchých dnech letničných, leta [Kris]ta Páně tisycýho pětistého.* Expl. (Jan Černý): *[...] a we wssech wěcech aby se dobře měl. Dan w pondělj po kwětné neděli, leta Páně narozenj tisycýho pětistého prwnjho, w Prostěgowě do Olomauce.*

Durch den *Tractatus de secta Valdensium* des Humanisten Augustinus Moravus konnten erstmals Leser, die der tschechischen Sprache nicht mächtig waren, Näheres über die Lehre der Brüderunität erfahren. Der Verfasser ließ den polemischen Brieftraktat im Oktober 1500 in Olmütz drucken, noch bevor das Schreiben den nominellen Adressaten, den brüderischen Arzt Jan Černý in Proßnitz, erreicht hatte. Die Abbildung zeigt den Anfang eines Nachdrucks des *Tractatus*, der 1512 als Beigabe zu einem wesentlich umfangreicheren gegen die Brüder gerichteten Werk von Jakob Ziegler erschien. Der aus Süddeutschland stammende Gelehrte hatte darauf bestanden, dass der Leipziger Drucker eigens für diesen Auftrag Antiqua-Typen besorgte, die den ästhetischen Erwartungen humanistisch orientierter Leser entsprachen.

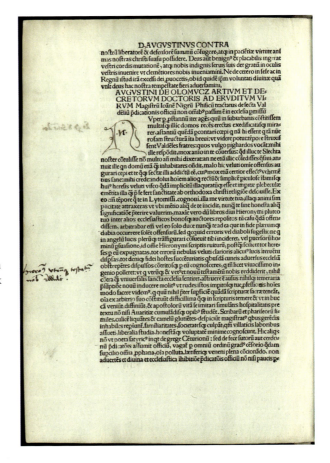

Augustinus Moravus Olomucensis sah auf der Durchreise durch Proßnitz die neu erbaute Ansiedlung der Waldenser-Brüder oder Pikarden (*waldensstj bratřj, kteréžto obecně pikharty nazýwagj*, lat. *Waldenses fratres, quos vulgo Pickardos vocant*). Er hatte von [Johannes] Šlechta [von Všehrd] (*Sslechta náš*) erfahren, dass Jan Černý kürzlich nach Proßnitz gezogen sei. Dort erfuhr er nun zu seinem Befremden, dass auch Černý der Sekte (*rotě*) angehöre. Seit einer Begegnung in Leitomischl hatte Augustinus eine hohe Meinung von Černý. Dass dieser in Glaubensdingen unbeständig sein könnte, hatte er um so weniger für möglich gehalten, da er unter dessen Büchern die Schriften des Hieronymus gesehen hatte. Wer sich an Hieronymus hält, kann eigentlich nicht auf eine Sekte hereinfallen, in der sich ungebildete Schuster und Krämer im Widerspruch zum Kirchenrecht [*Decretalia Gregorii IX*, l. 5, t. 7, c. 12, Friedberg 2, 785] das Predigtamt anmaßen, wobei sie sich auf eine unsichtbare Sendung berufen. Aus Sorge um Černýs Seelenheil (Mt 18,15) sendet er ihm den folgenden Traktat über die kirchlichen Zeremonien, die kirchlichen Ämter, die Heiligenfeste und die Fürbitte der Heiligen, die Lehre vom Fegefeuer und die Bilder

der Heiligen. Dabei folgt er nicht der scholastischen Methode (*swětské maudrosti obyčege*, lat. *scolasticorum morem*), sondern wählt den eleganten [humanistischen] Stil (*aby [...] prostým autkem slow niti tkaly se*, lat. *perpetuum illum fusumque oracionis textum*), den auch Černý bevorzugt. – Jan Černý: Er antwortet verspätet, da ihm das Schreiben des Augustinus erst Anfang Dezember [1500] zugestellt wurde. Černý dankt Augustinus für dessen Freundschaft und dessen Sorge um sein Seelenheil, wundert sich aber über den Vorwurf der Ketzerei, denn bei der Begegnung in Leitomischl haben sie nur über Medizinisches, nicht aber über Glaubensfragen geredet. Es heißt sogar, Augustinus habe sein Schreiben drucken lassen. Dabei kann er doch gar nicht wissen, was Černý glaubt. Černý bekennt sich zu allen Aussagen des [Apostolischen und Nizäno-Konstantinopolitanischen] Glaubensbekenntnisses. Von den Sakramenten glaubt er, dass diese sichtbare Gestalten (*widědlné způsoby*) der unsichtbaren Gnade seien [Petrus Lombardus, *Liber sententiarum* 4, 1, 2, PL 192, 839]. Er bekennt sich als Glied der Kirche Christi und gehört keiner Sekte an. Es trifft nicht zu, dass es bei den [Brüdern] kein geordnetes Predigtamt gibt. Es maßt sich bei ihnen auch niemand das Predigtamt an, indem er sich auf eine unsichtbare Sendung beruft. Vielmehr gehen die Brüder sehr sorgfältig bei der Auswahl der Personen vor, denen sie Wortverkündigung und Sakramentsverwaltung anvertrauen.

Augustinus: Es muss in der Kirche Häresie und Anfechtung durch den Teufel geben, damit die Gläubigen geprüft werden und sich bewähren (1 Kor 11,19; Lk 22,32), denn der Glaube [die rechte Lehre] ist die Grundlage aller übrigen Tugenden (*wjru wssech ctnostj grunt*, lat. *fidem omnium virtutum fundamentum*). Wenn Menschen jedoch vom Glauben [von der rechten Lehre] abweichen, folgt daraus Verderben. So wie die nachwachsenden Köpfe der Hydra treten in Böhmen und in Mähren ständig neue Häresien auf. Anfangs begehrten die Ketzer lediglich gegen die bei den Christen allgemein verbreitete Kommunion [unter einer Gestalt] auf, ja führten deswegen sogar verheerende Kriege. Inzwischen sind sie zu weitaus schlimmeren Irrlehren fortgeschritten, die nur noch dem Namen nach christlich sind (*samo křesťanské gméno držjce*, lat. *solum Christiani vocabulum retinentes*). Es ist zu befürchten, dass sie bald die Bezeichnung als Christen ganz aufgeben (*gména křesťanského poodložjce*, lat. *nomine Christiano deposito*) und der Gottlosigkeit eines Epikur, Pythagoras oder Diagoras nachfolgen. Dagegen konnten die übrigen Völker Europas nicht der Irrlehre verfallen. Mit dem Papst als Steuermann gelangen sie in den Hafen des Heils. [Die römische Kirche] ist die Arche, in der Platz ist für reine und unreine Tiere (Gen 7,2), das Netz, in dem gute und schlechte Fische gesammelt werden (Mt 13,47–50) bis zur Belohnung der Guten und der Bestrafung der Bösen beim Jüngsten Gericht. – Černý: In der Tat erfüllen sich in der Gegenwart die Weissagungen der Apostel über Irrlehrer und falsche Propheten (2 Petr 2,1–3). Wegen der Irrlehre, der Sünden und des Unglaubens der Christen wird die christliche Wahrheit unter den Heiden gelästert (Röm 2,24), so bei den Türken und Sarazenen.

Der Antichrist war bereits zur Zeit der Apostel am Werk, aber in der Gegenwart hat das Geheimnis der Ungerechtigkeit (2 Thess 2,7) [das Wirken des Antichrist] seinen Höhepunkt erreicht. Es ist zu befürchten, dass die von Augustinus aufgezählten Völker unter der Führung des Papstes ins Verderben fahren.

Augustinus: In dieser Welt ist es wie bei schwerem Seegang, man darf sich nicht auf seine eigenen Leistungen verlassen. Dies aber tun Černýs Glaubensgenossen, die nicht aus Glauben [durch das Bekenntnis zur katholischen Glaubenslehre], sondern aus Werken vor Gott gerecht sein wollen (*kteřjžto ne z wjry, ale dobrými swými skutky [...] sprawedlnosti Božj gakoby mocý wytrhnauti Bohu chtěli*, lat. *qui non ex fide, sed bonis ipsorum operibus [...] iusticiam Dei veluti exigere videntur*). Sie haben nicht begriffen, dass der Mensch nicht durch seine guten Werke, sondern durch Gottes große Barmherzigkeit selig wird (Tit 3,5). – Jan Černý: Die [Brüder] bemühen sich, alles zu tun, was geboten ist, und alles zu unterlassen, was verboten ist, und dennoch bekennen sie sich als unnütze Knechte (Lk 17,10) und vertrauen allein auf Christus, ohne den sie nichts Gutes tun können (Joh 15,5; Phil 4,13; 2 Kor 3,5; Joh 14,6; Mt 11,27; Joh 6,44). Sie vertrauen nicht wie der Pharisäer (Lk 18,9–14) auf eigene Werke, aber die empfangene Gnade muss sich in guten Werken zeigen (2 Kor 6,1).

Augustinus: Die [Brüder] meinen, ihr Glaube bewähre sich durch gute Werke. Sie gleichen dem Pharisäer, der sich seiner guten Werke rühmt und den Zöllner wegen dessen Verfehlungen schmäht (Lk 18,9–14). Ebenso schmähen die Brüder die Katholiken. – Jan Černý: Niemand darf aus Stolz auf seine guten Werke andere verachten. Dennoch soll man in aller Demut gute Werke tun, die wie die Früchte aus dem Glauben wachsen (Mt 7,16; Gal 5,22), denn ohne Werke ist der Glaube tot (Jak 2,17).

Augustinus: Die [Brüder] haben keinen beständigen Glauben (*wjra*, lat. *fides*) [keine beständige Lehre]. Täglich ersinnen sie neue Meinungen. Der eine lehrt, dass im Abendmahl Christus nach seiner Gottheit und Menschheit anwesend sei, der andere hält dies für die Verehrung eines Brotgötzen (*yhned toho modlářstwjm winnj, že by obilnému bohu poctiwost činil*, lat. *ydolatrie hunc arguit herbaceumque deum hinc venerari contendit*). Der ehrwürdige überlieferte Glaube wird von frevlerischen Schneidern und Leibeigenen in Zweifel gezogen. Ebenso vielgestaltig wie die Ungeheuer, von denen die Bibel und die griechischen Sagen berichten, sind die Ketzer [Hieronymus, *Contra Vigilantium* 1, PL 23, 339]. Die alten Häresien der Nestorianer, Arianer, Marcioniten, Pelagianer, Novatianer und Waldenser treten [in Böhmen und Mähren] wieder auf. [Die Brüder] wagen es, sich als Christen zu bezeichnen, und gleichzeitig zerreißen sie die Einheit des ungenähten Rocks Christi (Joh 19,23) [die Einheit der Kirche]. – Jan Černý: Der den Heiligen [Gläubigen] geschenkte Glaube lässt sich von keiner Ketzerei beirren, er wirkt Rechtfertigung, Sündenvergebung und Wiedergeburt. All das erhält der Mensch nur durch den Glauben, der ebenso wie die Wahrheit alles überwindet (3 Esr 3,12), nicht aber durch die äußerlichen Sakramente (*widědlné swátosti w sobě nezawjragj*). Augustinus redet vom Glauben, als bezöge sich dieser auf das Sakrament. Černý bekennt, dass das Abendmahlsbrot der Leib Christi sei und der Wein Christi Blut (1 Kor 10,16–17). Ebenso hält er sich an das Wort Christi, der befiehlt, dass alle vom Brot essen und aus dem Kelch trinken sollen (Mt 26,27). Er ist Christus und nicht den Königen und Fürsten [die den Laienkelch verbieten] gehorsam.

Augustinus: Wenn man die [Brüder] auch nur sanft zurechtweist, beklagen sie sich, sie würden ungerecht behandelt, so wie jüngst, als einer von ihnen in Olmütz gegeißelt wurde, weil er dem Allerheiligsten die Ehrbezeugung verweigert hatte (*pro nepoctiwost swatoswaté swátosti*, lat. *ob irreverenciam sacrosancte eukaristie*). Das war keineswegs grausam, denn die Apostel straften weitaus strenger (Apg 5,1–11; 13,8–11), und selbst die Todesstrafe gegen Ketzer ist in der Bibel geboten (Dtn 13,6). – Jan Černý: Der Mann, der in Olmütz gegeißelt wurde, wurde gegen geltendes Recht von einem weltlichen Gericht verurteilt, obwohl ein geistliches Gericht zuständig gewesen wäre. Allerdings darf in der Kirche Christi ein geistliches Gericht den Sünder lediglich sanftmütig belehren (Gal 6,1). Das westliche Babylon (*západnj Babilon*) [die römische Kirche] dagegen ist grausam und dürstet nach Menschenblut (Offb 17,6). Die Apostel haben nur mit Worten gestraft und keinerlei Gewalt angewandt. Die Strafbestimmungen des Alten Testaments gelten seit Christus nicht mehr. Christus lehrte, dass man Sünder ermahnen solle (Mt 18,15), nicht aber auspeitschen oder gar töten.

Augustinus: Es ist notwendig, dass es in der Kirche einen Richter und einen apostolischen Gerichtshof gibt (*aby saudce někdo byl w cýrkwi y apostolska stolice*, lat. *ut iudex aliquis sit in ecclesia apostolicumque tribunal*), um Irrlehre festzustellen und zu verurteilen. Die Heilige Schrift allein ist dazu, wie Enea Silvio [Piccolomini, Papst Pius II.] treffend bemerkte, nicht klar und eindeutig genug [Wolkan (Hg.): Briefwechsel, Bd. 3 (1918), 38]. Bereits im Alten Testament waren die Hohepriester als höchste Richter und Hüter der Lehre eingesetzt (Dtn 17,8–12), entsprechend Petrus und seine Nachfolger im Neuen Testament (Joh 21,17). Während die römische Kirche das von Gott eingesetzte Lehramt und Oberhaupt hat, stehen die [Brüder] unter dem Fürsten der Finsternis [dem Teufel], bei ihnen wuchern ungehindert Unkraut und Dornen der Irrlehre. – Jan Černý: In der Gegenwart maßen sich vielerlei Sekten den Namen der Kirche Gottes an. Die Griechen und Armenier haben Oberhäupter und oberste Richter, die Utraquisten (*Čechowé*) richten sich nach Aristoteles und ihren Magistern. Die Brüderunität hat Vorsteher ohne weltliche Bildung (*bratrské sebránj, genžto swými předloženými, swětské maudrosti prázdnými, vpewněna*) und wächst zusehends. Die römische Kirche (*řjmského [...] zboru*) übertrifft die anderen Gemeinschaften an Gelehrsamkeit. Sie verfügt über zwei Schwerter, mit dem einen verfolgt und tötet sie, mit dem anderen exkommuniziert sie. Sie rühmt sich, ihr Oberhaupt sei der Stellvertreter Christi und Nachfolger Petri. Welche dieser Gemeinschaften hat die seligmachende Wahrheit? Černý maßt sich darüber kein Urteil an. Er ist sich aber gewiss, dass diejenigen zur wahren Kirche gehören, bei denen Glaube, Gerechtigkeit, Bekenntnis und Buße vorhanden sind (*wjra, sprawe[dlnos]t, vctiwost, wyznánj, pokánj*). Den Vorstehern einer solchen Versammlung soll man gehorchen als den Nachfolgern Petri und der Apostel. Die gute Gesinnung und der rechte Glaube bewirken, dass jemand der Kirche angehört (*vmysl dobry a wjra prawých smyslůw, aby w domu cýrkwe byl, činj*).

Augustinus: Zwar ist im Evangelium nicht von Kirchen und Altären die Rede, aber Christus hinterließ die neue Religion (*wjry nowé*, lat. *fidem novellam*) in unfertigem Zustand, als er zum Himmel fuhr. Er verhieß daher den Heiligen Geist, der sie vollenden würde (Joh 16,13). Petrus beobachtete noch nach der Himmelfahrt des Herrn das Gesetz des Mose [Origenes, *Contra Celsum* 2, 1, PG 11, 794], und erst im Zuge der Heidenmission lehrte der Heilige Geist die Apostel, dass das Gesetz aufgehoben sei (Apg 10,9–15; Gal 2,12–13). Christus hatte den Jüngern noch nicht die vollständige Wahrheit mitgeteilt (Joh 16,12). – Jan Černý: Es trifft weder zu, dass Christus einen neuen Glauben aufbrachte, noch dass er ihn unvollständig hinterließ. Erstens ist der christliche Glaube uralt, durch ihn wurden auch die Patriarchen, die Propheten und alle Frommen der Zeit vor dem Kommen Christi erlöst [Leo Magnus, *Sermo* 63, 2, PL 54, 354; Pseudo-Hieronymus, *Epistola* 6, *De perfecto homine*, PL 30, 75–104]. Zweitens hat Christus nicht ein unvollkommenes, sondern ein vollkommenes Gesetz gegeben (Röm 10,4; Hebr 7,19; Joh 19,30). In Apg 10,9–15 wird Petrus nicht eine zusätzliche Offenbarung zuteil, sondern der Geist ließ ihn erkennen, was Christus Mt 28,19 befohlen hatte. Die kirchlichen Traditionen, die Augustinus mit seinem Argument beweisen will, sind nicht vom Heiligen Geist geoffenbart, sie sind vielmehr menschliche Erfindungen (Jes 29,13; Mt 15,9).

Augustinus: Die [Brüder] behaupten, man dürfe keine Tempel [Kirchen] bauen, da die Gläubigen Tempel Gottes seien (1 Kor 3,16). Sie beeindrucken damit das ungebildete Volk. In der Bibel wird der Tempelbau geboten (1 Kön 5,15–6,38). Der Einwand, Gott fordere keine Opfer (Ps 49), geht an der Sache vorbei. Vielmehr sollte der sichtbare Tempel die Herzen zur Erkenntnis der Schönheit Gottes führen. Ebenso verhält es sich mit den Tempeln und Altären der katholischen Kirche. – Jan Černý: Die Gesetze über den Bau der Stiftshütte und des Tempels, über Altar und Opfer, galten nur den Juden und waren ein Schatten der künftigen Wahrheit in Christus (Hebr 10,1). Die alttestamentlichen Typoi müssen geistlich verstanden werden, wie Origenes in seinen Kommentaren zum Pentateuch ausführlich darlegt [Origenes, *Homilia in Leviticum* 10, 1, PG 12, 525]. Man muss daher die vom Tempel angezeigte geistliche Wahrheit ebenso lieben, wie umgekehrt die äußerlichen Götzentempel zu verabscheuen sind (*ale chrámowé modlářstwjm smrdjcý wsselikým ausyljm hyžděni magj býti*). Gottes wahrer Tempel sind die Gläubigen [Origenes, *Homilia in Numeros* 5, 1, PG 12, 603].

Augustinus: Es ist absurd, die Bilder der Heiligen als Götzen zu bezeichnen. Die Bilder werden nicht angebetet, sondern dienen dazu, die Gläubigen zu unterweisen [Gregorius Magnus, *Epistola ad Serenum*, PL 77, 1128]. Die ihnen dargebrachte Ehre gilt Gott, der „in seinen Heiligen" verehrt wird (Ps 150,1) [Vulgata: „in sanctis suis"]. Bereits die alten Heiden verehrten die Bildnisse ihrer Ahnen nicht aus Aberglauben, sondern um sich zur Nachahmung ihrer Tugenden anzuspornen [Sallust, *Bellum Iugurthinum* 4, 5]. Die [Brüder] bezichtigen die [Katholiken] zu Unrecht des Götzendienstes. Während die [Katholiken] viel Geld zur Ehre Gottes mit Kirchenbauten und Bildern aufwenden, behalten die [Brüder] aus Geiz ihr Geld für sich. – Jan Černý: Gott hat Götzenbilder unmissverständlich verboten (Ex 20,4–5). Das westliche Babylon [die römische Kirche] dagegen betet Götzen aus Gold und Silber mit göttlichen Ehren an. Die Argumente des Augustinus sind heidnisch. Wenn Augustinus Recht hätte, wäre der bildlose Kult der Urkirche sehr mangelhaft gewesen. Mit den katholischen Kirchenbauten, Fasten und Gebeten werden die Heiligen und nicht Gott verehrt, wird das einfältige Volk zum Götzendienst verleitet. Die Gläubigen sollen auch nicht das Kreuz anbeten oder an einer Schnur um den Hals tragen, sondern das Kreuz auf sich nehmen und Christus nachfolgen (Mt 16,24). Das einzige Bild Gottes, das wir verehren sollen, ist Christus selbst (Kol 1,15). Dieses Bild erkennt man durch das Wort Gottes [Origenes, *Homilia in Genesim* 1, 13, PG 12, 156f.]. Es wäre gut für die Bilderverehrer, wenn sie die materiellen Bilder den Würmern und Motten zum Fraß überließen (*obrazy hmotné čerwom y molom k sežránj y k zkaženj dopustili*).

Augustinus: Der Vorwurf der [Brüder], die Reliquien der Heiligen würden angebetet, ist unzutreffend [Hieronymus, *Epistola* 4, 109, 1, PL 22, 907], vielmehr gilt die Ehre, die man Gottes Dienern erweist, Gott selbst (Mt 10,40). Die [Brüder] schmähen die Gebeine der Heiligen als unrein. Würden sie entsprechend auch vom toten Leib Christi, wie er vor der Auferstehung im Grab ruhte, reden? – Jan Černý: Die [Brüder] befolgen alles, was von Gott befohlen und was von den Aposteln gelehrt wurde. An diejenigen [kirchlichen Traditionen], die keinen Grund in der Wahrheit [in der Heiligen Schrift] haben und für den Lebenswandel unnütz sind, halten sie sich nicht. Die Leiber der Heiligen ruhen in Frieden bis zur Auferstehung (Sir 44,13–15). Die [Brüder] nehmen sich den Lebenswandel der Heiligen zum Vorbild. Heiligenkult und Reliquienhandel stehen im Widerspruch zu dem, was das Anliegen der Heiligen selbst war. [Die Priester] verführen aus Habgier die einfältigen Leute zum Götzendienst.

Augustinus: In der Kirche muss es Priestertum und Ämterhierarchie geben, Kleriker dürfen Besitz haben, niemand darf Kleriker leichtfertig schmähen. Dies bestreiten manche, weil sie meinen, Christus habe keinerlei Rangunterschiede eingeführt und den Predigern Demut befohlen. – Jan Černý: Kein vernünftiger Mensch leugnet, dass es in der Kirche Bischöfe, Priester und Diakone gibt. Allerdings waren in der Urkirche Bischof und Priester ein und dasselbe Amt (Phil 1,1; Apg 20,28; Tit 1,5). Den Amtsträgern der Gemeinde ist weltlicher Stolz verboten, vielmehr sollen sie Diener sein (Mt 20,25–26), die anderen zur Erlangung von Glaube, Liebe und Hoffnung (1 Kor 13,13) dienen. Weltlicher Vorrang (*prwotnost swětská*) ist mit diesem Dienst nicht vereinbar.

Augustinus: Zwar sandte Christus seine Jünger zuerst ohne Besitz aus, später aber erlaubte er ihnen wieder persönliches Eigentum (Lk 22,35–36). – Jan Černý: Die Diener der Kirche sollen arm sein und nicht nach weltlicher Herrschaft streben (Jak 2,5; Mt 5,3), entsprechend bereits die Priester im Alten Testament (Num 18,20). In Lk 22,35–36 ist nicht die Rede davon, dass Christus zuerst die Armut befohlen und dann dieses Gebot wieder aufgehoben habe. Christus hatte lediglich den Rat gegeben, besitzlos zu leben (*Krystus přikázanj chudoby nižádnému newydal gest, ale wjce radu chudoby oznámil*), und kündigte vor seinem Tod an, dass die Jünger demnächst wieder selbst für ihren Lebensunterhalt sorgen müssen.

Augustinus: Christus wollte gewiss nicht, dass seine Priester und Bischöfe wie Bettler und Landstreicher leben. Man kann äußerlich arm und dennoch hochmütig, äußerlich reich und dennoch demütig sein. Überhaupt steht es Laien nicht zu, über Priester zu richten (1 Tim 5,19; Ex 22,27). Auch sündigen Priestern muss man gehorsam sein (Mt 23,3). Černý und seine Glaubensgenossen schmähen die Priester aus Neid. Klerikern steht nach dem Zeugnis des Paulus ein angemessener Lebensunterhalt zu (1 Kor 9,7.13). – Jan Černý: Die Diener des Evangeliums sollen von der Gemeinde unterhalten werden (Lk 10,7). Das gilt aber nicht für diejenigen Priester, die das Evangelium weder kennen noch verkünden. Vor Priestern, deren Lebenswandel nicht vorbildlich ist, muss man sich hüten. Die Warnung vor dem Sauerteig, der den ganzen Teig verdirbt (1 Kor 5,6), ist eine Warnung vor habgierigen Priestern [Johannes Chrysostomus, *Homilia in I ad Corinthios* 15, 5, PG 61, 127]. Die Behauptung, ein böser Mensch könne ein geistliches Amt wirksam ausüben, widerspricht der Bibel. Das von Augustinus zitierte alttestamentliche Verbot, den Oberen im Volk zu fluchen (Ex 22,27), kann sich im Neuen Bund nur auf die weltliche Obrigkeit beziehen, der man auch dann untertan sein muss, wenn sie von einem bösen Menschen ausgeübt wird (Tit 3,1; Röm 13,1). Für die geistlichen Vorsteher gilt dagegen, dass sie untadelig sein müssen (1 Tim 3,2), auch nach dem Zeugnis des Hieronymus [Hieronymus, *Epistola* 3, 69,8, PL 22, 662]. Übertretungen aus Schwachheit des Fleisches sind verzeihlich, nicht aber vorsätzliche und verstockte Sünden. Ferner bezichtigt Augustinus die Brüder zu Unrecht des Neides, denn diese wollen gar nicht ohne Arbeit reich sein. Sie arbeiten vielmehr aus Gehorsam gegenüber Gott (Gen 3,19) für ihren Lebensunterhalt.

Augustinus: Die kirchliche Lehre von der Fürbitte der Heiligen und den Strafen im Fegefeuer wird [von den Brüdern] bestritten. Die Fürbitte der Heiligen ist in der Heiligen Schrift bezeugt (2 Makk 15,14; Apg 27,23–24). – Jan Černý: Die

Lehren von der Fürbitte der Heiligen und vom Fegefeuer (*o mukách očistcowých*) sind erdachte Fabeln. Christus ist der einzige Fürsprecher (1 Tim 2,5; Röm 8,34; Apg 4,12; Joh 14,13). Das von Augustinus zitierte Traumgesicht des Judas Makkabäus (2 Makk 15,14) beweist nichts, denn die Makkabäerbücher gehören nicht zum Kanon der Heiligen Schrift. Die Stelle aus der Apostelgeschichte (Apg 27,23–24) beweist nicht, dass die Toten den Lebenden helfen können, sondern vielmehr, dass die Fürbitte der Gläubigen auch den Ungläubigen nutzt.

Augustinus: Die Lehre vom Fegefeuer und die Möglichkeit, die Dauer der Strafen durch gute Werke zu verkürzen, wurde nicht nur von den [scholastischen] Theologen begründet, deren Autorität [die Brüder] bestreiten, sondern ist auch durch den einfachen Wortlaut der Heiligen Schrift bezeugt (1 Sam 2,6; Ps 48,16; 2 Makk 12,43–46; Phil 2,10). Damit stimmt das Zeugnis des heidnischen Platonikers Proklos überein [Proclus Diadochus, *In Platonis Rem publicam*, vol. 1, p. 121f. Kroll]. Es gilt daher, sich mit dem Kirchenvater Hieronymus [Hieronymus, *Epistola* 14,10, PL 22, 353] von aller Lehre, die der kirchlichen Tradition widerspricht, fernzuhalten. Die [Brüder] lehren in Leitomischl etwas anderes als in Prerau, und dort wiederum als in Proßnitz, die Lehre der Kirche dagegen ist überall beständig. Černý möge daher zur Kirche zurückkehren. – Jan Černý: Die Lehre vom Fegefeuer (*oheň třetjho pekla, totjžto očistce*) ist eine lächerliche Fabel und kann durch die von Augustinus zitierten Schriftstellen nicht bewiesen werden. Die Stelle aus dem Lobgesang der Hanna (1 Sam 2,6) ist laut dem Kirchenvater Augustinus [von Hippo] auf Tod und Auferstehung Christi zu beziehen [die laut Černý von Augustinus stammende Auslegung findet sich bei Bruno von Würzburg, *Commentarius in Cantica*, PL 142, 536]. Auch die übrigen von Augustinus zitierten Bibelstellen reichen nicht aus, um die Existenz eines Fegefeuers zu beweisen. Die Seelen der Frommen bedürfen keiner Reinigung durch das Fegefeuer, sondern sind durch Christus gereinigt und gelangen nach dem Tod in den Himmel. Die Brüder glauben nur an das Evangelium, nicht an erdachte Irrlehren. Mit Hieronymus antwortet Jan [auf die von Augustinus zitierte Stelle aus Proklos]: Die Philosophen sind die Patriarchen der Ketzer, sie haben die Reinheit der Kirche durch ihre Lehren besudelt [Hieronymus, *Epistola* 233, *Ad Ctesiphontem*, 2, PL 22, 1148]. Ferner möge Augustinus bei Laktanz [*Divinae institutiones* 2, PL 6, 253–346] nachlesen, was von heidnischen Philosophen zu halten ist. Die Fegefeuerlehre leitet sich von den Jenseitsvorstellungen der heidnischen Dichter her.

Ebenso wie Augustinus will Černý mit einer Warnung schließen: Alle Lehre ist verdammt, die außerhalb der Überlieferung der Kirche gelehrt wird. Die katholische Kirche (*katolika, řecké, naš řeč obecná aneb společná*) ist die weltweite Gemeinschaft der Gläubigen. Alle diejenigen, die den vollständigen und unbefleckten Glauben (*wjry celé, neposskwrněné*) nicht haben, sind nicht Glieder der Kirche, ob sie nun dem Papst anhängen oder den Brüdern, selbst wenn sie die Sakramente empfangen und sich als Christen bezeichnen. Es gehört sich nicht für einen gebildeten Menschen, die Brüderunität (*bratrského shromážděnj*) zu schmähen, ohne etwas über sie zu wissen. Wenn Augustinus mehr über die Brüder wüsste, würde er eher den Unterschied zwischen der wahren Lehre und menschlichen Erfindungen (Jes 29,13; Mt 15,9) verstehen, würde er erkennen, was die wahre Kirche ist. Černý versichert, dass er diese Entgegnung in wohlwollender Absicht geschrieben hat. Er hat sich dabei eines schlichten Stils (*prostau y neozdobnau řeči*) bedient, denn es kommt auf die Wahrheit, nicht auf sprachlichen Schmuck an [Rufinus, *Apologia in Hieronymum* 1, 3, PL 21, 543]. [Lorenzo] Valla sagte, dass sich die Wahrheit gegen Angriffe menschlicher Schläue selbst verteidigen kann [Cicero, *Pro Marco Caelio* 63], auch wenn sie eher Gehör findet, wenn sie gefällig ausgedrückt wird.

Nr. 323 VI 182r–185v

Brief der Brüderältesten in Böhmen an den utraquistischen Administrator Pavel aus Saaz und die utraquistische Kirchenleitung in Prag, ohne Ortsangabe, 20. Dezember 1509

Der vom Redaktor des Handschriftenbandes AUF VI, dem Brüderpriester Vavřinec Orlík, auf den unbeschriebenen letzten Seiten eines Faszikels nachgetragene Text ist inhaltlich eine Ergänzung zu der Dokumentensammlung zur Verfolgung der Brüder im Jahr 1509 (vgl. Nr. 284–288, 292–295, 297). Deren dramatischer Höhepunkt war die „zweite Stellung", zu der die Ältesten der Brüderunität zum 27. Dezember 1509 nach Prag vorgeladen waren, aber nicht erschienen. Den Verfolgungsmaßnahmen des Jahres 1509 war das St. Jakobsmandat vom 10. August 1508 vorausgegangen (vgl. Nr. 70 und 284), das die öffentliche Wirksamkeit der Unität in Böhmen verbot. Am 19. November 1509 wurden alle Grundherren per Beschluss des böhmischen Landtags verpflichtet, zum 27. Dezember 1509 sämtliche brüderischen Priester und Ältesten nach Prag auszuliefern. Dort sollten diese entweder zum Katholizismus oder zum Utraquismus übertreten. Die Brüdergeistlichen zogen sich daraufhin in geheime Verstecke zurück. Eine Woche vor dem Termin der „Stellung" verfassten Vertreter der brüderischen Kirchenleitung das vorliegende Schreiben an die utraquistische Kirchenleitung, das auch in der *Historia Fratrum* (Praha, Národní knihovna České republiky, Sign. XVII F 51a, 275f.) erwähnt ist. Es hängt sachlich eng mit einem zwei Tage später entstandenen Schreiben an dieselben Adressaten (Nr. 287) zusammen.

Während bei der „ersten Stellung" am 1. Januar 1504 die Vertreter der Brüderunität lediglich vor die utraquistische Kirchenleitung vorgeladen waren, sollten sie am 27. Dezember 1509 sowohl vor dem katholischen („Oberen") Konsistorium als auch vor dem utraquistischen („Niederen") Konsistorium erscheinen. In der Hoffnung, mit den Utraquisten eine günstigere Einigung erreichen zu können, wenden sich die Brüderältesten an den utraquistischen Administrator, Pavel aus Saaz (vgl. Nr. 265), sowie an das Konsistorium mit der Bitte, das angeordnete Verhör der Brüder durch das katholische Konsistorium abzuwenden. Dagegen sei man bereit, mit den Utraquisten zu verhandeln, wenn dabei dasselbe Verfahren angewandt werde wie bei den Verhandlungen zwischen dem Basler Konzil und der hussitischen Delegation über die *Vier Prager Artikel* im Jahr 1432.

Den Verhandlungen in Basel war eine Vereinbarung vorausgegangen, die am 18. Mai 1432 im westböhmischen Eger getroffen wurde, der sogenannte „Egerer Richter" (Šmahel: Hussitische Revolution, Bd. 3 [2002], 1537–1541; Šmahel: Basler Kompaktaten [2019]; Coufal: Turnaj víry [2020], 85–117). In dem Vertrag wurde festgelegt, dass die Heilige Schrift und die Praxis Christi, der Apostel und der Urkirche, ferner die Konzilien und Kirchenväter, soweit sie auf der Bibel gegründet sind („lex divina, praxis Christi, apostolica et ecclesiae primitivae una cum conciliis doctoribusque fundantibus se veraciter in eadem"), Verhandlungs- und Entscheidungsgrundlage sein sollen („pro veracissimo et evidenti iudice in hoc Basiliensi concilio admittentur"). Da die auf der Grundlage des „Egerer Richters" ausgehandelten Basler Kompaktaten die Rechtsgrundlage für die Existenz des Utraquismus in Böhmen und Mähren waren, musste es aus Sicht der Brüderältesten nur billig erscheinen, dieselbe Verfahrensordnung für die anstehenden Verhandlungen zwischen Brüdern und Utraquisten einzufordern.

Überlieferung außerhalb der AUF: –

Edition: Handschriftliche deutsche Übersetzung von Joseph Theodor Müller: Herrnhut, Unitätsarchiv der Evangelischen Brüder-Unität, Sign. AB.II.R.1.1a/3, Zweiter Teil, 198–203.

Literatur: Gindely: Geschichte, Bd. 1 [1857], 142; Пальмов (Hg.): Чешские братья, Bd. 1/1 [1904], 223f.; Müller: Geschichte und Inhalt [1913], 220, Nr. 32; Müller: Geschichte, Bd. 1 [1922], 359f. (Auszüge), 567, Nr. 130, 600, Nr. 135; Müller/Bartoš: Dějiny, Bd. 1 [1923], 232f. (Auszüge), 346, Nr. 130.

Psanj bratrské administratorowi mistruom a knězjm do Prahy [„Schreiben der Brüder an den Administrator, die Magister und den Priestern nach Prag"]. Inc.: *Poctiwým mistruom, panu administrátorowi s knězjmi, na tento čas w Praze sebraným. Žadost nássi spasytedlnau [...]*. Expl.: *[...] což geho wuole libé a nám k spasenj potřebné gest. A deyž se vám Pán Buoh dobře a zdrawě mjti. 1509. ante Thome apostoli. Bratřj starssj z Čech.*

Die Brüder wenden sich an den Administrator [Pavel aus Saaz], die Magister und die derzeit in Prag versammelten Priester wegen eines königlichen Befehls, den der

Oberstburggraf [Zdeněk] Lev [von Rosental] ihren Grundherren zugestellt hat. Demnach sollen die Brüderältesten aufgrund des vom [böhmischen] Landtag beschlossenen St. Jakobsmandats [vom 10. August 1508] zu einer Zurechtweisung [durch katholische und utraquistische Geistliche am 27. Dezember 1509 in Prag] „gestellt" werden.

Die Brüder halten es für ungerecht, dass sie gegen ihren Willen (*bezděčně*) und ohne eine ordentliche, freie Anhörung (*bez wyslyssenj nám daného zřjzeného, wolného, swobodného*) gezwungen werden sollen, von den [Katholiken] Zurechtweisung anzunehmen, mit denen sie sowohl über den Glauben als auch über das verordnete Heil (*o mnohé kusy wjry a o zřjzeném spasenj*) uneins sind. Dieses Verfahren widerspricht sowohl dem Neuen Testament als auch dem natürlichen Vernunftgesetz (*Božjho Nowého zákona [...] zákona přirozeného swětla*). Wenn man mit den Utraquisten ebenso verfahren würde wie mit den Brüdern, würde es schlimm um sie stehen. Früher bezeichneten die Utraquisten (*předkowé wássi*) die römische Kirche freimütig als Kirche des Antichrist. Damit brachten sie die ersten Brüder dazu, sich abzusondern.

Die Brüder wenden sich an die Utraquisten, da sie mit diesen viele Gemeinsamkeiten haben. Sie haben das, was die früheren Utraquisten als falsch erkannt haben, tatsächlich aufgegeben. Die Utraquisten sollten nicht gemeinsam mit den Katholiken gegen die Brüder vorgehen (*spolu s řjmany proti nám*), sondern nach einer Verständigung mit diesen suchen. Die Existenz der Brüderunität ist sogar von Vorteil für die Utraquisten, denn gegen sie richten sich jetzt die Maßnahmen [von Seiten des Landesherrn und der Kurie], die sonst die Utraquisten treffen würden (*což na wás mělo by někdy přicházeti, o nás se vstawičně opjralo*). Es ist absurd (*diwná wěc welmi*), dass die Utraquisten es unterlassen, ihre eigene Freiheit tatkräftig zu verteidigen, und stattdessen gemeinsam mit den Katholiken die Brüder verfolgen. Ein Beweis für die drohende Unterdrückung des Utraquismus ist [die Absetzung des utraquistischen] Pfarrers in Großmeseritsch [im Jahr 1502, vgl. Nr. 290]. Die Brüder schreiben dies nicht aus Feindschaft gegenüber den Utraquisten, sondern um diese zu bewegen, sich nicht an der angekündigten Zurechtweisung (*k takowému naprawenj*) zu beteiligen. Andernfalls würden sich die Utraquisten einer schweren Ungerechtigkeit gegenüber den Brüdern, die zu Unrecht verketzert werden (*zbludowané y zkaceřowané*), schuldig machen.

Die Brüder fordern bereits seit der Regierungszeit König Georgs [von Podiebrad] eine ordentliche Anhörung und haben diese Bitte auch unter König Wladislaw II. wiederholt an die böhmischen Stände gerichtet. Die Anhörung wird ihnen mit der Begründung verweigert, sie seien bereits der Ketzerei überführt. Dies ist nicht der Fall. Bislang ist ihnen keine Irrlehre nachgewiesen worden. Sie suchen nicht ihren eigenen Vorteil. Sie sind nicht hartnäckig, sondern lassen sich belehren [sind also nicht mit der *pertinacia* oder *obstinatio* behaftet, die einen lediglich Irrenden von einem Ketzer unterscheidet]. Sie haben ihr Anliegen nie mit Gewalt verteidigt.

Sie haben keine Gemeinschaft mit [von der Kirche bereits] als Ketzer verurteilten Sekten wie den Waldensern oder anderen. Sie bekennen sich gemeinsam mit den Utraquisten, der römischen [katholischen] und griechischen [orthodoxen] Kirche (*gednotě řjmské neb y řecké*) und mit allen Rechtgläubigen in der ganzen Welt zum [Apostolischen] Glaubensbekenntnis, zur Heiligen Schrift und zur Lehre und Praxis der Urkirche. Es gibt daher keinen Grund, ihnen eine Anhörung zu verweigern und sie zu einer unfreiwilligen Zurechtweisung zu zwingen.

Bei der Anhörung, die die Brüder fordern und zu der sie freiwillig erscheinen würden, soll ein Richter zwischen beiden Parteien entscheiden wie bei den Kompaktaten (*aby, kdo má saudce býti, byl [...], gakož compaktáta swědčj*) [wie das zwischen dem Basler Konzil und der hussitischen Seite vereinbarte Verfahren, der „Egerer Richter"]. Da dies bei der angekündigten Zurechtweisung nicht der Fall sein wird, ist es recht und billig, sowohl der Vernunft (*přirozenj*) als auch der Heiligen Schrift (*zákon*) gemäß, dass die Brüderältesten fliehen und sich verbergen [anstatt der Vorladung Folge zu leisten]. Die Brüderältesten werden auch deshalb nicht erscheinen, damit sich die Utraquisten nicht an den Brüdern versündigen, indem sie sie gemeinsam mit den Katholiken verfolgen, obwohl sie die Wahrheit kennen und zum Teil auch fromme und tugendhafte Leute sind.

Jedoch gibt es bei den Utraquisten im Hinblick auf das verordnete Heil (*zřjzeného spasenj*) [Lehre und Praxis der Wortverkündigung und der Sakramente sowie kirchliche Ordnungen] vielerlei Missstände. Einige unter den Utraquisten verdammen sogar die Wahrheit, die ihre Vorgänger erkannt haben, als Irrlehre (*aby což prwé za prawdu, to za blud bylo*). Sie bitten die utraquistische Kirchenleitung, bis auf Weiteres die Brüder nicht zum Übertritt zu nötigen und sich beim König für die Brüder zu verwenden, damit mit ihnen auf eine angemessenere Weise (*slussněgssj prostředek*) verfahren wird. Die Brüder werden von den Utraquisten keine gewaltsam aufgezwungene Zurechtweisung annehmen. Sie sind bereit, eher als Märtyrer zu sterben, als ihren Glauben zu verleugnen und gegen ihr Gewissen (*proti wjře a swědomj nassemu*) zu handeln.

Die utraquistische Kirchenleitung möge sich beim König und dessen Räten dafür verwenden, dass die Brüder unbehelligt bleiben. Wenn das nicht möglich ist, soll eine freie Anhörung der Brüderältesten durch die Utraquisten angesetzt werden, bei der über einen Beitritt der Brüder zu den Utraquisten verhandelt wird. Mit den Katholiken werden die Brüderältesten dagegen nicht verhandeln, auch nicht zu der angekündigten Zurechtweisung erscheinen, da es ausgeschlossen ist, dass sie ihnen beitreten. Den Zeitpunkt des Gesprächs möge die utraquistische Kirchenleitung mit den Grundherren der Brüder vereinbaren. Die Brüderältesten sowohl aus Böhmen als auch aus Mähren sind bereit, zu dem Gespräch zu erscheinen. Sollte bei der Verhandlung keine Einigung erzielt werden können, sollen die strittigen Artikel aufgeschrieben und durch Vertreter beider Parteien anhand des „Egerer Richters" entschieden werden (*aby byly dány k rozsauzenj podlé saudce swrchu gmenowaného s obau stran na to wywoleným*).

Die utraquistische Kirchenleitung möge sich beim König dafür verwenden, dass diejenigen Mitglieder der Brüderunität, die [am 27. Dezember 1509] in Prag zu der Zurechtweisung „gestellt" werden sollen, unbehelligt an ihren Wohnort zurückkehren dürfen. Die Brüderältesten bitten um Nachsicht, wenn sie aus Dummheit (*hlauposti*) nicht den gebührenden Respekt gegenüber den Adressaten gewahrt haben sollten.

Nr. 324 VI 187r–213v

Bruder Lukáš aus Prag: Widerlegung des Traktats des Franziskaners Jan aus Wodňan gegen die Brüder, 8. Mai 1505

Der Brüderbischof Lukáš aus Prag widerlegt eine gedruckte Polemik gegen die Brüderunität. Da der Verfasser in dem Druck nicht genannt war, vermutete Lukáš, es handle sich um ein Werk des Buchdruckers Mikuláš Bakalář in Pilsen, in dessen Offizin der Traktat erschienen war (zu Bakalář vgl. Voit: Český knihtisk, Bd. 2 [2017], 13–47). Tatsächlich war jedoch nicht der Pilsener Drucker, sondern der Franziskaner Jan aus Wodňan (Johannes Aquensis, Jan Bosák Vodňanský) Urheber der Schrift.

Jan aus Wodňan war ursprünglich Utraquist. Vor seiner Konversion zum Katholizismus hatte er an der Prager Universität studiert und dort 1480 den Grad eines Baccalaureus erlangt. Nach dem Eintritt in den Franziskanerorden trat er als Prediger und Verfasser polemischer Traktate gegen die Utraquisten und die Brüder auf. Bereits 1496 sah sich Lukáš genötigt, die Brüderunität schriftlich gegen Anschuldigungen des Franziskaners zu verteidigen (AUF XI, 37r–95; Müller: Geschichte, Bd. 1 [1922], 555f., Nr. 65, 595, Nr. 83d). 1529 oder etwas früher verfasste Jan eine ursprünglich lateinische, nur in tschechischer Übersetzung überlieferte Satire *Satanášova věž* („Turm des Satan"), die gegen den Einfluss der lutherischen Lehre in Böhmen gerichtet war (Praha, Národní knihovna České republiky, Sign. XVII G 13). Er starb in hohem Alter nach 1534.

Von dem Erstdruck des Traktats *Proti bludným a potupeným artikulóm pikhartským* („Über die ketzerischen und lästerlichen Artikel der Pikarden"), der Lukáš bei der Abfassung seiner am 8. Mai 1505 fertiggestellten Gegenschrift vorlag, ist kein Exemplar bekannt. Ein zweiter Druck erschien 1510, wiederum bei Mikuláš Bakalář in Pilsen (Voit: Český knihtisk, Bd. 2 [2017], 80f.). Neben diesem nur in einem Exemplar nachgewiesenen Druck ist eine zeitgenössische Handschrift erhalten (Praha, Národní knihovna České republiky, Sign. XI E 1, 177r–196r).

Jan aus Wodňan erwähnt im Text das brüderische „Bekenntnis an König Wladislaw II." vom 4. Juli 1503 und den Kinderkatechismus der Brüderunität, die *Otázky dětinské* („Kinderfragen") des Lukáš aus Prag. Das „Bekenntnis an König Wladislaw II." ließen die Brüder wahrscheinlich 1505 oder 1506 bei Pavel Olivetský in Leitomischl drucken (Nayiasněgssi Krali [1504–1506], A1r–C3r; vgl. die Einleitung zu Nr. 263). Es scheint, dass dieser Druck dem Franziskaner bereits vorlag. Die Entstehungs- und Druckgeschichte der „Kinderfragen" (Müller: Geschichte, Bd. 1 [1922], 544, Nr. 22) ist kompliziert. Die Angabe in der *Historia Fratrum* (Praha, Národní knihovna České republiky, Sign. XVII F 51a, 231), wonach die „Kinderfragen" erst aus dem Jahr 1505 stammen, kann nicht zutreffen. Eine erste Fassung der „Kinderfragen" entstand bereits vor 1502. Die ältesten erhaltenen Textzeugen sind jedoch um zwei Jahrzehnte jünger (Voit: Český knihtisk, Bd. 2 [2017], 250). Es handelt sich um eine Handschrift von 1522/24 (Praha, Národní knihovna České republiky, Sign. 54 E 718; Müller [Hg.]: Katechismen [1887], 69–78) und einen Druck von 1523 ([Lukáš aus Prag:] Spis tento otazek trogich [1523], A3r–B2r; Edition in Molnár: Bratr Lukáš [1948], 120–133). Außerhalb Böhmens erschien bereits 1521 oder 1522 eine deutsche Übersetzung, die allein bis 1530 mindestens zwanzigmal nachgedruckt wurde. Trotz der nur teilweise rekonstruierbaren Druckgeschichte der „Kinderfragen" ist anzunehmen, dass auch dieser Text Jan aus Wodňan bereits in einem frühen, nicht überlieferten Druck zugänglich war.

Durch seine Tätigkeit an verschiedenen Orten Böhmens und Mährens kannte Jan die Brüderunität aus eigener Anschauung. Er wusste, dass bei den Brüdern Zweifel geäußert wurden, ob der Apostel Petrus jemals in Rom war und dort das Martyrium erlitt (vgl. Nr. 312 und 324; Velenský: Petrum Romam non uenisse [1520]; Lamping: Velenus [1975]). Ihm war überdies bekannt, dass Lukáš, den er als brüderischen „Gegenpapst" verspottete, 1498 eine Reise nach Italien unternommen und dort mit den Waldensern Kontakt aufgenommen hatte (vgl. Nr. 43 und 62; Müller: Geschichte, Bd. 1 [1922], 273f.; Molnár: Luc de Prague et les Vaudois [1949]).

Bei der Gegenschrift des Lukáš handelt es sich, wie dieser im Vorwort an den Leser erwähnt, um die kürzere Version einer allzu ausführlichen Widerlegung. Die Langfassung ist nicht überliefert. Sowohl die längere als auch die kürzere Fassung sind in der *Historia Fratrum* (Praha, Národní knihovna České republiky, Sign. XVII F 51a, 232) erwähnt. Lukáš zitiert lediglich kurze Ausschnitte aus dem Traktat des Jan aus Wodňan oder fasst dessen Argumente knapp zusammen. Die Widerlegungen beziehen sich in mehreren Fällen auch auf Aussagen des Traktats, die von Lukáš nicht referiert werden. Soweit sie zum Verständnis der Widerlegung notwendig sind, werden diese Aussagen in der folgenden Zusammenfassung in eckigen Klammern ergänzt. Der Druck des Traktats, der Lukáš vorlag, hatte am Ende ein Register der im Text erwähnten Häresien, das im zweiten Druck von 1510 und in der zeitgenössischen Handschrift (Praha, Národní knihovna České republiky, Sign. XI E 1, 177r–196r) fehlt.

Bruder Lukáš aus Prag verfasste vor 1502 einen Katechismus, der den in der Brüderunität aufwachsenden Kindern ein umfangreiches und anspruchsvolles Glaubenswissen vermitteln sollte. Von den frühesten Drucken des tschechischen Originals der „Kinderfragen" haben sich keine Exemplare erhalten. Eine erstmals wohl 1521 gedruckte deutsche Übersetzung des brüderischen Kinderkatechismus erschien im Kontext der deutschsprachigen Reformation in zahlreichen Nachdrucken und Bearbeitungen. Abgebildet ist die Titelseite einer frühen Ausgabe, die 1522 bei Melchior Ramminger in Augsburg erschien. Kinderkatechismus, Kirchenlied und Konfirmation sind drei Beispiele für den bleibenden Einfluss der Brüderunität auf die religiöse Praxis des Protestantismus.

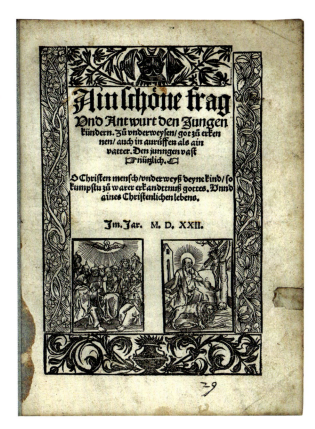

Überlieferung außerhalb der AUF: Praha, Národní knihovna České republiky, Sign. XI E 1, 177r–196r (Jan aus Wodňan, Gegen die ketzerischen und lästerlichen Artikel der Pikarden, tschechisch); [Jan aus Wodňan:] Proti bludnym a potupenym artikulom [1510].

Edition: Müller (Hg.): Katechismen [1887], 49–69 (Auszüge in deutscher Übersetzung). – Handschriftliche deutsche Übersetzung von Joseph Theodor Müller: Herrnhut, Unitätsarchiv der Evangelischen Brüder-Unität, Sign. AB.II.R.1.1a/3, Zweiter Teil, 203–241.

Literatur: Gindely: Geschichte, Bd. 1 [1857], 122, 313 (Auszug); Gindely: Bratr Lukáš [1861], 280, Nr. 21; Goll (Hg.): Quellen, Bd. 1 [1878/1977], 41f.; Truhlář, J.: O životě [1884] (über Jan aus Wodňan); Müller (Hg.): Katechismen [1887], 49–69; Kästner (Hg.): Kinderfragen [1902], 19–43 (Edition der deutscher Version der „Kinderfragen"); Пальмов (Hg.): Чешские братья, Bd. 1/1 [1904], 224–226; Müller: Geschichte und Inhalt [1913], 220, Nr. 33; Müller: Geschichte, Bd. 1 [1922], 273, 296f., 557, Nr. 70, 599, Nr. 120; Müller/Bartoš: Dějiny, Bd. 1 [1923], 178, 193f., 342, Nr. 70; Jakubec: Dějiny literatury české, Bd. 1 [1929], 633, 636–638; Molnár: Bratr Lukáš [1948], 73, 115–133 (Edition der „Kinderfragen"); Molnár: Boleslavští bratří [1952], 46f., 55f.; Havelka, E.: Lukáš [1955] (zu den „Kinderfragen"); Urbánek: České dějiny, Bd. 3/4 [1962], 420–436; Horák: Současný stav [1966] (zu den Drucken des Mikuláš Bakalář); Molnár: Protivaldenská polemika [1980], 57; Molnár: Polémiques antivaudoises [1982], 42f.; Petrů: Jan Bosák [1985]; Halama, O.: Polemika [2018], 144, 148f., 163–166; Neškudla: Bakalář [2020].

Odpowěd kratssj bratra Lukássowa na traktát plženskeho [!] impressora, včiněný a wytisstěný, w kteréž wydáwá počet z wjry své y ze wssech wěcý, kteréž při něm y při bratřjch gsau, gakož každý čta bude mocy porozuměti [„Kürzere Antwort des Bruders Lukáš auf einen Traktat, den ein Pilsener Drucker verfasst und gedruckt hat, in welcher er Rechenschaft von seinem Glauben und von allen Dingen, die bei ihm und bei den Brüdern sind, ablegt, wie jeder, der es liest, wird verstehen können"]. Inc.: *Ač ssiroce odpis včinil sem na traktát plženského impresora, každau řeč geho y swau odpowěd pokládage* […]. Expl.: […] *protož poručme dusse swé wssemohúcýmu Bohu, wěducý, že on mocen nas ochrániti a přiwesti zde k milosti a potom k wěčné radosti. Amen. 1505 in die Stanislai.*

[Vorwort des Lukáš aus Prag]

Lukáš hat bereits eine ausführliche Antwort auf den Traktat eines Pilsener Buchdruckers verfasst, dies ist eine kürzere Fassung. Lukáš stellt der Widerlegung zehn Artikel voran, zu denen er sich bekennt: 1. Das Apostolische Glaubensbekenntnis (*wjru obecnau křesťanskau, apostolskau*) enthält alle notwendigen Glaubenswahrheiten. 2. In den inspirierten kanonischen Schriften des Alten und Neuen Testaments sind alle heilsnotwendigen Glaubenswahrheiten offen oder verborgen enthalten (*w sobě zawjragjc zgewně neb tagně*). 3. Bei den zum Heil notwendigen Dingen ist zu unterscheiden zwischen den zum Heil wesentlichen und den zum Heil dienlichen Dingen. Ersteres sind Glaube, Liebe und Hoffnung (1 Kor 13,13), letztere sind Wort, Sakrament und die Tätigkeit der Kirche. 4. Unter Kirche ist zweierlei zu verstehen, zum einen in wesentlicher Hinsicht die unsichtbare Gemeinschaft aller Auserwählten, zum anderen in dienlicher Hinsicht (*s strany služebnostj zewnitřnjch*) die [sichtbare] Gemeinschaft der Gläubigen und ihrer Diener (*služebnjkůw*) [Priester], die in der ganzen Welt zerstreut sind. 5. Der dienlichen Gemeinschaft der Kirche gehören Gute wie Böse an, wahre Gläubige wie Heuchler. Gegen unerkannte Heuchler kann die Kirche nicht vorgehen, wohl aber sollen sich die Gläubigen vor offensichtlichen Verführern und Sündern, die Ämter in der Kirche innehaben, hüten (Mt 7,15). 6. Die Gründe, wegen derer sich die Brüder von der römischen Kirche getrennt und eine eigene Gemeinschaft (*oblasstné shromážděnj*) gebildet haben, betreffen sowohl die wesentlichen als auch die dienlichen Glaubenswahrheiten. 7. Die Brüder haben keine Neuerungen eingeführt, sondern haben das Priestertum, die Sakramente und andere Ordnungen der Kirche gereinigt, um das Heil, von dem im Apostolischen Glaubensbekenntnis die Rede ist, erlangen zu können. 8. Die Brüder verurteilen nicht die wahren Christen [außerhalb der Brüderunität] und sprechen frommen Priestern [anderer Gemeinschaften] nicht das Priestertum ab. 9. Mit ihrer Absonderung legen die Brüder Zeugnis dafür ab, dass das Seelenheil der Priester und Laien [der katholischen und der utraquistischen Kirche] in großer Gefahr ist und dass diese sich vom wahren Glauben entfernen (*že od prawdy wjry odwodj, a k odporným wěcem wjry obecné křesťanské přiwodj*). 10. Die Brüder meinen nicht, sie seien die einzigen, die die Wahrheit erkannt haben, sie meinen auch nicht, dass sie vollkommen seien. Sie sind bereit, Zurechtweisung anzunehmen, wenn sie eines Irrtums oder Mangels überführt werden.

[Widerlegung des Traktats]

Der Verfasser des Traktats bezeichnet den Glauben als Grundlage des Heils. – Lukáš antwortet: Der Glaube ist in der Tat die Grundlage, jedoch muss man dies anders verstehen als der Verfasser des Traktats. Das bloße Fürwahrhalten der Aussagen der Heiligen Schrift ist ein toter Glaube (Jak 2,17). Der lebendige Glaube ist eine Gabe Gottes und in der Liebe tätig (Eph 2,8; Gal 5,6). Glaube kann auch die Glaubensinhalte, die Glaubenslehre, bezeichnen, ferner ist der Begriff ein Synonym für Treue. Nicht alles, was man unter Glauben versteht, sondern nur der lebendige Glaube, der eine Gabe Gottes ist, macht selig.

Der Traktat unterscheidet dreierlei Glauben: Judentum, Christentum und Islam (*děljss wjru na tré, na židowskau, křesťanskau a saracenskau*), und stellt die Frage, ob jeder in seinem Glauben selig werden kann, wenn er gut handelt. Er behauptet, die Brüder würden dies bejahen. – Lukáš: Von dreierlei Glauben ist in der Heiligen Schrift keine Rede. Die Brüder halten den Glauben an Jesus Christus für heilsnotwendig. Mit gottesfürchtigen Juden und Heiden wird Gott nach seiner Gnade verfahren. Das größte Hindernis für die Bekehrung der Juden und Heiden ist die falsche Gottesverehrung der römischen Kirche.

Der Traktat sucht mit einer Vielzahl von Zeugnissen zu beweisen, dass außerhalb der römischen Kirche niemand selig werden könne, und verdammt die Utraquisten, die [orthodoxen] Griechen und die Brüder (*pikharté*). – Lukáš entgegnet: Der seligmachende Glaube ist nicht an eine bestimmte Gemeinschaft von Menschen gebunden. Wer an die Glaubenswahrheiten des Apostolischen Glaubensbekenntnisses (*apostolské složenj dwanácti článkůw*) glaubt und danach lebt, wird selig. Die römische Kirche ist weder heilig noch apostolisch, da sie sich im Widerspruch mit den Glaubenswahrheiten des Apostolischen Glaubensbekenntnisses befindet.

Der Traktat gibt die Lehre der Brüder von der Kirche falsch wieder und behauptet, dass die Brüder sich für die allein seligmachende Kirche halten und alle griechischen [orthodoxen] und römischen [katholischen] Priester als Götzendiener verdammen. – Lukáš: Nach der Lehre der Brüder ist die Kirche nicht nur in wesentlicher, sondern auch in dienlicher Hinsicht über die ganze Welt verstreut und nicht auf eine bestimmte Gemeinschaft begrenzt. Die römische Kirche kann daher nicht die allgemeine [katholische] Kirche sein (*tuto cýrkew obecnj cýrkew řjmská ani nezawjrá, ani můž*), vielmehr ist die allgemeine Kirche überall dort vorhanden, wo Wort und Sakrament in Übereinstimmung mit der wesentlichen und dienlichen Wahrheit verwaltet werden. Trotz aller Missstände gibt es auch in der römischen Kirche fromme Christen.

Der Traktat begründet den Anspruch, dass die römische Kirche die allgemeine Kirche sei [die „eine heilige katholische und apostolische Kirche", von der im Glaubensbekenntnis die Rede ist], mit den Worten Jesu an Petrus Mt 16,18, Joh 21,15–17 und Lk 22,32, mit dem Martyrium des Petrus in Rom. Der Verfasser führt Argumenten an, die er dem Buch des Mönchs Heinrich [Institoris] gegen die Utraquisten und die Brüder [Institoris: Clippeum (1501)] entnommen hat. – Lukáš antwortet: Die Kirche ist nicht auf Petrus, sondern auf das Bekenntnis zu Christus als dem Sohn Gottes gegründet. Die Schlüsselgewalt (Mt 16,18; Joh 20,22–23) und den Auftrag, den Gläubigen ein Hirte zu sein, hat Christus nicht nur Petrus, sondern allen Jüngern und deren Nachfolgern gegeben (*wssem o owcých rownau moc y péčy podlé obdarowánj dal*). Rom ist keineswegs ein besonders geheiligter Ort. Vielmehr gleicht Rom der [Hure Babylon] in Offb 18,7. Der Verfasser des Traktats sollte Rom beweinen (*radsse by plakal welikého zawedenj od prawdy wjry*). Auch wenn Petrus in Rom das Martyrium erlitten hat, war er doch nur zu den Juden gesandt, Paulus dagegen zu den Heiden. Rom hatte bis zur Zeit Konstantins des Großen keinen Vorrang vor anderen Bischofssitzen. Seit Papst Silvester I. haben die römischen Bischöfe einen besonderen Stuhl inne, aber nicht den Stuhl Petri, sondern den Thron Konstantins, mit goldener Krone, Pracht, Reichtum und Simonie (*swatokupecké kacýřst[ví]*). Zu Recht bemerkte Bernhard [von Clairvaux], der Papst sei ein Nachfolger Konstantins, nicht des Petrus [Bernardus Claraevallensis, *De consideratione* 4,3, PL 182, 776]. Lukáš weiß aus eigener Anschauung [aufgrund seiner Italienreise im Jahr 1498], dass Rom nicht Sitz des Glaubens und der Wahrheit ist, sondern das Gegenteil (*bližssj stolice moru a smrtedlného nakaženj*).

Der Traktat verteidigt die Überlieferung, dass Petrus in Rom als Märtyrer starb [gegen die Brüder, die leugnen, dass Petrus je in Rom gewesen sei. Dies tun sie, weil sei den alten Chroniken nicht glauben. Eigentlich müssten sie daher auch die Glaubwürdigkeit der Geschichtsbücher des Alten Testaments leugnen.] – Lukáš entgegnet: Dass Petrus in Rom gestorben sei, kann keine verbindliche Glaubenslehre sein, denn darüber gibt es kein Zeugnis der Heiligen Schrift. Menschliche Schriften können nicht Grundlage eines verbindlichen Glaubensartikels sein. Die Geschichtsbücher des Alten Testaments sind dagegen Teil der Heiligen Schrift. Die Kirche kann nicht anordnen, dass etwas geglaubt werden muss, das nicht in der Bibel bezeugt ist, denn sie soll eine Dienerin der Heiligen Schrift sein (*neb má služebnice geho býti*).

Der Traktat führt zahlreiche Kirchenväter und Theologen an, die den römischen Primat bezeugen. Die [Brüder] können sich dagegen nur auf Ketzer wie [John] Wyclif und Petr Chelčický berufen. – Lukáš findet diejenigen katholischen Verfasser glaubwürdiger, die die Missstände der römischen Kirche beklagen. Das Zeugnis Christi und der Apostel über die Verführung des Antichrist wiegt schwerer als die in dem Traktat genannten Autoritäten. Die Brüder haben weder die Lehren Wyclifs noch diejenigen Chelčickýs angenommen, auch wenn diese in vielem die Wahrheit gegen die römische Kirche bezeugt haben. Auch haben sich die Brüder keiner Sekte angeschlossen.

Der Traktat berichtet, dass Lukáš [1498] nach Italien gereist sei, um dort [die Waldenser] im Glauben zu bestärken (*potwrzowat gich*). – Lukáš ist nach Italien gereist, um sich aus eigener Anschauung vom antichristlichen Wesen des Papsttums zu überzeugen (*abych wěděl očitě ohawnost postawenau tu, kděž neslussj*) (Dan 9,27; Mt 24,15). [Die Waldenser, denen er in Italien begegnete] waren nicht sehr fromm, der Besuch lohnte sich nicht (*poznal sem, že lidé sau a swěta milownj a gmény a okrasami přikrytj, po žádostech srdce swého chodjce etc., a že nenj p[r]oč k nim gjti, ale sprawedliwěgi by bylo, aby oni k giným chodili*).

Der Traktat schreibt der römischen Kirche das Verdienst zu, die Kirche vor Häresien bewahrt zu haben. – Lukáš betont, dass sich auch der griechische Bischof von Konstantinopel um die Bekämpfung der Irrlehre verdient gemacht hat. Dagegen ist die Kirche von Rom der Häresie der Simonie (*swatokupectwj [...], Ssimonowo zatracenj*) verfallen, die von Petrus (Apg 8,20), Leo dem Großen, Gregor dem Großen, Ambrosius, Papst Anastasius [IV.] (*Apastazyus [!] papež*), Papst Gelasius [I.] und Gregor von Nazianz verurteilt wurde. Dennoch schachert (*tarmarčj*) die römische Kirche mit allen Ämtern und Sakramenten. Überdies führte sie die von Christus und den Aposteln verbotene Häresie der Liebe zur Welt (*kacyřstwj [...] milowánj swěta*) und den im Alten wie im Neuen Testament verbotenen Götzendienst ein.

Der Traktat beruft sich auf die Dekretalen und behauptet, diese seien [im Gegensatz zu den Regeln der Brüder] niemals geändert worden. – Lukáš antwortet: Das *Decretum Gratiani* wurde gerade wegen der vielen Änderungen und Widersprüche des kanonischen Rechts zusammengestellt. Leider wurden die darin enthaltenen Bestimmungen gegen die Simonie und gegen den unordentlichen Lebenswandel der Kleriker nicht umgesetzt. In der Tat ändern die Brüder ihre Ordnungen, wenn sie zu besserer Erkenntnis gelangen, denn es sind menschliche Ordnungen. Göttliche Gebote ändern die Brüder dagegen nie. In der römischen Kirche ist es umgekehrt: Göttliche Gebote werden nach Belieben außer Kraft gesetzt, dagegen gelten menschliche Ordnungen wie die Kommunion unter einer Gestalt als unveränderlich.

Laut dem Traktat gehören der Kirche sowohl gute als auch böse Menschen an bis zum Jüngsten Gericht. Dies beweist der Autor mit Gleichnissen Jesu (Mt 13,30; 22,1–14; 25,1–12) und der Bitte des Vaterunsers um Vergebung der Schuld (Mt 6,12). Die römische Kirche sei aufgrund der Sühneleistung Christi geheiligt und bleibe auch dann heilig, wenn in ihr Sünde ist, so wie auch Jerusalem die heilige Stadt hieß (Mt 27,53), obwohl es sich durch die Kreuzigung Jesu versündigt hatte. – Lukáš entgegnet: Christus und die Apostel haben angeordnet, offensichtliche Sünder zurechtzuweisen oder auszuschließen, aber Irrlehrern keine Gewalt anzutun.

Die römische Kirche verfährt geradewegs umgekehrt. Dass die Bösen die Kirche beherrschen (*cýrkew wěrných opanowali*), ist das Wirken des Antichrist. Auch die Brüder sind sich ihrer Sünden bewusst und bitten um Sündenvergebung. Dazu ist Buße notwendig, unbußfertige Sünder sollen keinen Raum in der Kirche haben. Es gibt nirgendwo größere Sünde, Bosheit und Heuchelei als in der römischen Kirche, sie kann daher nicht mehr als heilig bezeichnet werden. Jerusalem konnte auch als schuldige Stadt heilig genannt werden, weil sie ein Typos heiliger Dinge war (*slaul swatý od služebných ffigůrných wěcy*).

Der Traktat wirft den Brüdern vor, sie würden das Wort Jesu, dass viele berufen, aber nur wenige auserwählt seien (Mt 22,14), auf sich selbst beziehen, und führt Schriftstellen an, wonach Gott viele Menschen erretten wolle. – Lukáš antwortet: Wer nach dem Heil strebt, muss auf dem schmalen Weg (*na auzké cestě*) (Mt 7,14) gehen. Die Brüder sondern sich nicht von der Menge der Menschen ab, sondern von der Sünde. Gottes Erwählung ist weiter als der Raum der römischen oder griechischen Kirche, aber zum Heil gelangen nur diejenigen, die in seinem Bund wandeln (*budau-li choditi w vmluwě geho*).

Der Traktat [berichtet, dass nach Auffassung der Brüder in der Zeit Konstantins des Großen und Silvesters I. der] Fall der Kirche [eingetreten sei]. Die Kirche höre aber trotz aller Missstände nicht auf, Braut Christi zu sein, solange sie nicht den Glauben verleugne, [mithin gleichsam] Ehebruch treibe. – Lukáš unterscheidet zwischen der Kirche in wesentlicher Hinsicht, der Zahl der Auserwählten, und der Kirche in dienlicher Hinsicht [der sichtbaren Gemeinschaft der Kirche]. Die wesentliche Kirche ist unzerstörbar (Mt 16,18). Die dienliche Kirche dagegen kann durch Sünde und Irrtum so entstellt werden, dass sie den Menschen nicht mehr zum Heil dienen kann. Das bedeutet aber nicht, dass es in ihr gar keine wahren Christen oder frommen Priester mehr geben würde. Die Brüder können die Erwähnung der Hure in der Offenbarung (Offb 17) nur auf die römische Kirche beziehen (*zgewenj swatého Jána o newěstce weliké newjme ginam, kam westi*). Seit Kaiser Konstantin dem Großen betreibt die römische Kirche offen Ehebruch, indem sie sich mit Reichtum und weltlicher Macht verbunden hat.

Der Traktat fordert, dass man auch bösen Päpsten gehorsam sein müsse (1 Petr 2,18; Mt 23,2), zumal kein Mensch vom anderen wirklich wissen könne, ob er gut oder schlecht sei. Daher seien auch die von bösen Priestern gespendeten Sakramente wirksam, noch schade die Bosheit der Prälaten der Kirche. – Lukáš unterscheidet zweierlei Verdorbenheit, böse Sitten und falsche Lehre. Wenn ein Priester in beiderlei Hinsicht verdorben ist, gebührt ihm keinerlei Gehorsam. Ist er nur in einer Hinsicht böse, soll er ausgeschlossen werden, bis er Buße tut. Die römische Kirche ist aber in beiderlei Hinsicht verdorben. Das Gehorsamsgebot 1 Petr 2,18 bezieht sich nur auf weltliche Obrigkeiten. Einen Stuhl des Mose (Mt 23,2) gibt es nicht mehr, in der Kirche gilt nur der Stuhl Christi. Die römische Kirche hat dagegen den Thron des vierten Tieres (Offb 16,10) ergriffen. Ob ein Mensch vor Gott gut oder schlecht ist, kann kein Mensch wissen, sofern es ihm nicht offenbart wird [dass die Brüder mit speziellen Offenbarungen rechneten, erwähnen Nr. 4, 25, 35, 41 und 161]. Die Vorsteher [die Brüderpriester] besitzen durchaus die Gabe, die Menschen zu beurteilen. Ein Priester darf sein Amt so lange ausüben, wie es ihm nicht von denen, die es ihm verliehen haben, verboten wird. Ein moralisch schlechter Priester dient unwürdig (*nehodně saužj a welmi nedostatečně*), aber wirksam. Ein Irrlehrer kann dagegen nicht zum Heil wirksam dienen. Schlechte Vorsteher vermögen der Kirche als der wesentlichen Gesamtheit der Erwählten nicht zu schaden, wohl aber der Kirche als dienlicher [sichtbarer] Gemeinschaft, mithin der Wortverkündigung und der Sakramentsverwaltung. Der Dienst der Bischöfe (*služebnjky w půwodu a w řádu*) wird nicht unwirksam, wenn sie versehentlich einen unerkannten Heuchler [zum Priester ordinieren]. Wenn Bischöfe jedoch von Irrlehre befleckt sind, können sie nur schaden. Die Bischöfe der römischen Kirche sind sowohl Irrlehrer als auch moralisch schlecht.

Der Traktat erklärt, dass ein Christ, dessen Glaube tot ist, immer noch ein Christ ist. – Lukáš lässt dies gelten. Jedoch hat ein Christ, der keinen lebendigen Glauben hat, nicht Anteil am Heil und muss ausgeschlossen werden, so wie man einen toten Körper, in dem keine Seele mehr ist, begräbt. Die römische Kirche übt keine Kirchenzucht. Sie gleicht einer Mutter, die den Verwesungsgestank ihrer unbegrabenen toten Kinder zu verbergen sucht. Es trifft zu, dass ein guter Mensch möglicherweise in Zukunft schlecht sein kann und umgekehrt. Die römische Kirche geht nur gegen Abweichungen von der Lehre vor, nicht gegen Sünde, weil die Prälaten darauf bedacht sind, ihren eigenen bösen Lebenswandel zu bemänteln (*chtěgj za dobré držáni býti*).

Der Traktat argumentiert, dass die Kirche nie aufhören könne, Kirche zu sein, selbst wenn in ihr nur ein einziges wahrhaft gläubiges Glied übriggeblieben wäre. Der Traktat belegt Lukáš mit einem schändlichen Spottnamen [der von Lukáš nicht wiedergegebene Spottname lautete *ten wass antipapež* („euer Gegenpapst")] und behauptet, Lukáš lehre zu Unrecht, dass man sich von der römischen Kirche absondern müsse. Als Beweis dafür, dass die römische Kirche die wahre Kirche sei, führt der Verfasser an, dass in ihr noch in der Gegenwart Wunder geschehen. Er polemisiert gegen eine Schrift des Lukáš über die Frage, warum Jesus keine Wunder an Ungläubigen tat (*mé psánj, proč Pán Gežjš mocý, diwůw, zázrakůw nechtěl činiti newěrným*). – Lukáš antwortet: Die Kirche in wesentlicher Hinsicht kann nicht untergehen, aber die dienliche Gemeinschaft der Kirche unterliegt Veränderung bis hin zum Verfall. Gott verwirft nicht seine Kirche, aber er verwirft eine Kirche, die durch Sünde und Götzendienst abtrünnig geworden ist und ihre Gegner mit Gewalt verfolgt und ermordet. Die Brüder haben sich zu Recht von der gefallenen römischen Kirche abgesondert. Auch die römische Kirche beansprucht, sich zu Recht von der griechischen getrennt zu haben. Christus und die Apostel sonderten sich von den jüdischen Bischöfen (*oddělowali se od wůdcý y zprawcý w půwodu*) [den Hohepriestern] ab. Die angeblichen Wunder in der römischen Kirche sind vom Antichrist gewirkt (Mt 7,22–23), wahre Wunder haben [nach der Apostelzeit] aufgehört.

Der Traktat behauptet, die Nachfolger der Apostel seien nicht zu apostolischer Vollkommenheit und Armut verpflichtet. Zwar seien die Prälaten nicht vollkommen, aber darin gleichen sie den Aposteln, die trotz Schwächen und Fehltritten [ihre apostolische Vollmacht behielten]. Die Kirche habe in der Gegenwart denselben Glauben, dieselben Sakramente und dieselbe Schlüsselgewalt (Mt 16,19) wie die Urkirche. Reichtum sei eine akzidentielle Sache und verändere nicht das Wesen der Kirche. – Lukáš entgegnet, alle Gläubigen und namentlich die Priester seien zur Vollkommenheit verpflichtet. Diese bestehe jedoch nicht in Armut oder Ehelosigkeit (*čistota*), sondern in der Nachfolge Christi durch ein tugendhaftes Leben im Glauben und in der Hoffnung auf das ewige Leben. Der Traktat will nur den Reichtum des Klerus verteidigen. Die Apostel hätten nie den Lebenswandel der katholischen Prälaten gebilligt oder Personen, die unter dem christlichen Namen auf weltliche Ehre und Profit (*pod gménem geho sweta cti a vžitkůw*) aus sind, zum Dienst zugelassen. Die [römische] Kirche steht im vollständigen Widerspruch zur Urkirche. Sie lehrt und handelt gegen das Apostolische Glaubensbekenntnis und gegen die Gebote Gottes. Die [römische] Kirche der Gegenwart hat daher mit der Urkirche nur den Namen und Schein gemeinsam (*leč w twárnosti neb gménu*), und auch wenn es in ihr einige wahre Gläubige gibt und sie noch das Apostolische Glaubensbekenntnis überliefert, ist sie doch eine andere Kirche. Aufgrund der Verbindung mit der weltlichen Macht herrscht in ihr [der Antichrist] (*že nenj táž cyrkew s[va]ta w prawdě wůbec, patřjc strany zlých a zawedených zgewných, genž opanowala gi*). Selbst katholische Theologen bezeugen, dass der Reichtum das Wesen der Kirche verändert hat.

Der Traktat fordert, man müsse auch anderen Schriften glauben als nur der Bibel und beruft sich dabei auf Joh 16,12–13. – Laut Lukáš bezieht sich das Wort Jesu Joh 16,12–13 auf die Apostelgeschichte, die apostolischen Briefe und die Offenbarung. Augustinus, Hieronymus, Ambrosius und die übrigen Kirchenväter haben ihren Werken nie dieselbe Autorität zugeschrieben wie den kanonischen Schriften des Neuen Testaments. Alle verbindlichen Glaubenslehren sind in der Heiligen Schrift bezeugt. Was darüber hinausgeht, kann man freiwillig glauben, sofern es nicht der [in der Bibel bezeugten] Wahrheit widerspricht.

Der Traktat argumentiert, dass ein Papst, der der Häresie verfällt, seine Amtsvollmacht verliert. Die Apostel [seien von Christus geweiht worden und] weihten daraufhin ihrerseits 72 Bischöfe, an die sie ihre Amtsvollmacht weitergaben. – Lukáš antwortet: Da die Simonie eine Häresie ist, wie Leo der Große und Gregor der Große bezeugen, und da fast alle Päpste und Bischöfe Simonisten sind, hat die römische Kirche nur wenige wahre Päpste und Bischöfe gehabt und keinesfalls eine lückenlose apostolische Sukzession. Die Macht des Papstes ist keine von Christus empfangene [geistliche] Vollmacht, sondern weltliche Macht, die den römischen Bischöfen von Kaiser Konstantin dem Großen verliehen wurde. Es kann nicht davon die Rede sein, dass die Apostel die Priesterweihe empfangen und weitergegeben hätten. Die Heilige Schrift bezeugt nicht einmal, dass sie getauft wurden. Die katholische Lehre von der Sukzession der Weihe ist nichtig. Lukáš lehnt nicht das Bischofsamt ab, wohl aber, was die Katholiken diesem Amt zuschreiben (*odpjrám připisowánj laupežnému mocy té*). Nach dem Zeugnis des Hieronymus gab es in der frühen Kirche nur den Unterschied zwischen Priester und Diakon [mithin waren Priester und Bischof ein und dasselbe Amt]. Der erste Bischof der Brüderunität war ein Priester römischer Weihe. Er wurde von einer Versammlung von Laien und Priestern zum Bischof gewählt, von einem anderen Ältesten zum Priestertum und dann mit anderen zum Bischofsamt bestätigt (*prwnj biskup náš kněz byl řjmského swěcenj, a ten wywolen od lidj y od kněžj přjtomných, y potwrzen k ordynowánj od giného starssjho, aby potwrdil na kněžstwj y potom s ginými na biskupst[ví]*).

Der Traktat tadelt die Brüder dafür, dass sie die Bibelauslegungen (*o wýkladjch pjsem*) und die „heilsame Lehre" (2 Tim 4,3) der Kirchenväter (*doktorůw*) nicht annehmen. – Lukáš weist den Vorwurf zurück, denn die Brüder lehnen Auslegungen, die dem Sinn der Heiligen Schrift gemäß sind, keineswegs ab. Allerdings haben sie bei sich keine Universitätsprofessoren (*mistrůw sskolnjch w kollegjch shromážděných*), von denen sie sich „die Ohren kitzeln lassen" (2 Tim 4,3).

Der Traktat fordert die Anbetung der konsekrierten Abendmahlselemente. Er zitiert die Aussage des Lukáš in den „Kinderfragen", dass man das Sakrament nicht anbeten solle (*připomjnáš mé psánj, kdež se pokládá w Otázkách takto: Slussj-li se Krystu w swátosti klaněti? Odpowěd: že neslussj*) [Müller (Hg.): Katechismen (1887), 21; Molnár: Bratr Lukáš (1948), 128, Nr. 60]. Der Verfasser spottet über Lukáš, der das Apostolische Glaubensbekenntnis als „unseren Glauben" bezeichnet, so als hätten die Brüder das Glaubensbekenntnis verfasst (*podlé wjry nassj, by nasseho složenj byla wjra obecná křesťanská*). Der Traktat sucht [die Transsubstantiationslehre] mit der Allmacht Gottes zu beweisen. – Lukáš weist die in dem Traktat genannten Argumente für die Transsubstantiationslehre und die Anbetung des Sakraments zurück. Man muss den Leib des Herrn unterscheiden (1 Kor 11,29), also unterscheiden zwischen der heilsrelevanten geistlichen Wahrheit und ihrer dienlichen Vergegenwärtigung im Sakrament. Das im Traktat zitierte Wort Jesu vom „lebendigen Brot" (Joh 6,51) bezieht sich nicht auf das Sakrament, sondern auf die wesentliche Teilhabe des Gläubigen an Christus. Lukáš stellt die Abendmahlslehre der Brüderunität ausführlich dar. Er räumt ein, dass sich manche Brüderpriester ungeschickt ausdrücken, sodass die Gegner den Brüdern vorwerfen, diese würden nichts vom Leib Christi glauben (*a o to násse pře gest, že my to oznamugem, ač někteřj snad y nevměle, y wzati sme, že o těle Pána Gežjsse wjry nemáme*). Was die Allmacht Gottes betrifft, entgegnet Lukáš, Gott vermöge zwar alles, aber er wolle nicht alles. Die Heilige Schrift bezeugt klar, dass es nicht Gottes Wille ist, Brot in den wahren Gott und Menschen Jesus Christus zu verwandeln. Vielmehr wird vor den falschen Propheten gewarnt (Mt 24,23–26), die behaupten, hier oder dort, in den Monstranzen oder unter den Akzidentien, sei Christus (*tutoť gest celý prawy Krystus, ondeno gest, na paussti, neb w prozřetedlnostech, neb w skrýssjch pod případky*). Christus ist nicht persönlich und wesentlich mit seinem Fleisch und Blut im Sakrament anwesend, sondern sakramentlich, vollmächtig und wahrhaftig (*nenj w swátosti osobně a bytně, tělem a krwj swau, ale poswátně, mocně a práwě*).

Lukáš weist den Vorwurf des Traktats zurück, er hänge der Irrlehre des Berengar an. Lukáš weiß nicht, was Berengar im Einzelnen gelehrt hat. Überdies ist nicht alles Irrlehre, was von der römischen Kirche verdammt wurde (*ne wsse blud a kacýřst[ví], což se od řjmské cýrkwe potupuge*). Unberechtigt ist ferner die Behauptung des Traktats, die Aussagen über das Abendmahl in den „Kinderfragen" [Müller (Hg.): Katechismen (1887), 21–24; Molnár: Bratr Lukáš (1948), 128f.] stünden im Widerspruch zu dem „Bekenntnis an König Wladislaw II." [vgl. zu Nr. 263; gemeint sind die Textabschnitte Ziegler (Hg.): In hoc volvmine (1512), A4v–A5r; Пальмов (Hg.): Чешские братья, Bd. 1/2 (1904), 151f.] (*pokaussjš se odpornost vwesti psánj mému w Otázkách psánjm w listu od bratřj k králi Milosti*).

Der Traktat argumentiert für die Anrufung der Maria und der Heiligen als Fürbitter, für die Verehrung von Bildern und für die Feier der Heiligenfeste. – Lukáš entgegnet: Christus leistet genugsam Fürsprache (Joh 14,16; 1 Joh 2,1). Dass die Heiligen nach ihrem Tod Fürbitte tun, ist in der Heiligen Schrift nicht bezeugt. Bilderverehrung ist Götzendienst (*obyčeg modloslužebný*). Der Heiligen soll man gedenken und ihnen nacheifern und Gott in ihnen [ihretwegen] loben (*Boha w nich chwálenj*) (Ps 150,1) [Vulgata: „laudate Dominum in sanctis eius"].

Der Traktat begründet die Lehre vom Fegefeuer und von den Gebeten für die Verstorbenen mit 2 Makk 2,43–45 und weiteren Schriftstellen. Ferner sucht der Traktat die Lehre vom Ablass zu beweisen. – Lukáš lässt den Schriftbeweis aus 2 Makk 2,43–45 nicht gelten, da die Makkabäerbücher keine kanonischen Schriften sind. Das dort erwähnte Opfer wurde auch nicht zugunsten der Toten, sondern zum Wohl der Lebenden dargebracht. Auch die übrigen vom Verfasser des Traktats angeführten Schriftstellen belegen nicht die Existenz eines Fegefeuers. Vielmehr erlangen die Gläubigen durch Christi Verdienst aus Gnade vollständige Vergebung ihrer Schuld (1 Joh 1,7). Die Lehre von den nicht erlassenen Sündenstrafen, die im Fegefeuer abgegolten werden sollen, entspringt der Habgier der Priester. Der Traktat behauptet, Platon habe an das Fegefeuer geglaubt, bringt dafür aber keinen Beleg. Die Lehre vom Ablass und von der Vollmacht des Papstes, die Sündenstrafen Verstorbener zu erlassen, hat keine Grundlage. Die den Priestern verliehene Vollmacht des Lösens und Bindens (Mt 18,18) bezieht sich nur auf den Zuspruch der Vergebung an lebende Büßer und auf die Ausübung der Kirchenzucht.

Ein Abschnitt des Traktats handelt von den Priestergewändern, die von den besonderen Gewändern der alttestamentlichen Priester herzuleiten seien. Die erste Messe habe nach dem Zeugnis des [Flavius] Josephus der heilige Jakobus in Jerusalem gelesen. Ferner schreibt der Verfasser vom Gehorsam, den die Gläubigen den Priestern schulden, und von der Beichte. – Lukáš lässt diese Behauptungen nicht gelten. Christus, der wahre Hohepriester in der Ordnung Melchisedeks, hatte weder ein jüdisches Priestergewand noch ein kaiserliches Gewand [wie es der Papst seit dem Fall der Kirche unter Kaiser Konstantin dem Großen trägt]. Auch die Apostel trachteten nicht nach Goldbrokat und teuren Stoffen, sondern nach einem tugendhaften Leben. In dem Abschnitt des Josephus über Jakobus [den Gerechten] [Josephus, *Antiquitates* 20, 9, 1, 199f.] steht nichts von einer Messe, geschweige denn von Kirchengebäuden, Altären, Heiligenbildern, Priestergewändern oder Tonsuren. Was den Gehorsam betrifft, so halten sich die Brüder nicht für verpflichtet, bösen Priestern zu Bösem gehorsam zu sein. Der Vorwurf des Traktats, die Brüder würden die Beichte ablehnen und ihre Sünden verleugnen (1 Joh 1,8–10), trifft nicht zu. Wer nach dem Eintritt in die Brüderunität eine schwere Sünde begeht (*kdo by padl po přigaté milosti w vmluwě Páně w hřjch smrtedlný*), muss im Rahmen seiner Buße bei einem Brüderprediger beichten.

Der Verfasser schließt mit einem Verzeichnis (*registrum*) aller möglichen Ketzereien. Dieses soll beweisen, dass es keine Irrlehre gibt, der die Brüder nicht anhängen. – Lukáš verwehrt sich gegen den Vorwurf der Ketzerei. Die Brüder hängen allein dem Apostolischen Glaubensbekenntnis gemäß der Heiligen Schrift an und bekennen sich zu den wesentlichen und dienlichen Wahrheiten (*k samé wjře obecne w pjsmě s[vaté]m zákona Páně a k prawdám podstatným y služebným*). Überdies sind sie bereit, Zurechtweisung anzunehmen, wenn sie eines Irrtums überführt werden sollten. Der Grund für ihre Absonderung (*swé oblasstnosti*) sind allein die Missstände in der römischen Kirche. Ihre Verdammung (*bludowánj a kaceřowánj*) durch die römische Kirche bereitet ihnen keine Sorge, vielmehr vertrauen sie auf die Gnade Gottes, der sie schützen und die ewige Freude erlangen lassen möge.

Nr. 325   VI 217r–264r

[Bruder Lukáš aus Prag:] Antwort auf den Traktat „Vom bösen Priester" des utraquistischen Priesters Vavřinec [Krasonický], [vor 25. November] 1508

Die anonym überlieferte brüderische Widerlegung der Schrift *O zlém knězi* („Vom bösen Priester") diskutiert die Frage, ob Sakramente auch dann heilswirksam sind, wenn man dem Priester, der sie spendet, nicht vertrauen kann, sei es, dass man dessen Lebenswandel moralisch missbilligt, sei es, dass man dessen Lehre für falsch hält. Die römische Kirche lehrte, der von Augustinus in der Auseinandersetzung mit den Donatisten vertretenen Auffassung folgend, dass auch ein lasterhafter oder häretischer Priester die Sakramente gültig spendet. Die Utraquisten stimmten im Grundsatz mit der römischen Position überein (Nr. 32). Zweifel an der Selbstwirksamkeit der Sakramente unabhängig von der Würdigkeit des Spenders waren jedoch bereits in der ersten Hälfte des 15. Jahrhunderts innerhalb der hussitischen Bewegung geäußert worden, so bei den Taboriten und bei Petr Chelčický (Nr. 29, 57, 59; Goll: Chelčický a jednota [1916], 84f.). Derartige Zweifel trugen maßgeblich zur Entstehung der Brüderunität bei.

Die ersten Brüder um Řehoř Krajčí behalfen sich „aus Sorge um ihr Seelenheil" (nouze spasení, Nr. 11 und öfter) zum einen damit, dass sie vertrauenswürdige Priester (verní kněží) suchten, von denen sie die Sakramente im Vertrauen auf deren Heilswirksamkeit empfangen konnten. Zum anderen relativierten sie die Heilsrelevanz der Sakramente und der übrigen Gnadenmittel (služebnosti), indem sie diesen einen lediglich „dienlichen" (služebné) Beitrag zur Heilszueignung zuschrieben. Die Gläubigen seien gemäß dem von Gott verordneten Heilsweg (zřízené spasení) gehalten, die Sakramente zu empfangen, wenn vertrauenswürdige Priester vorhanden sind. Absolut heilsnotwendig sei aber nur die Teilhabe an den drei „grundlegenden" (základní) oder „wesentlichen" (podstatné) Heilsgütern, Glaube, Liebe und Hoffnung (1 Kor 13,13), die Gott den Auserwählten auch ohne äußerliche Gnadenmittel mitteilen könne. Die Ablehnung des Sakramentsempfangs von „unwürdigen" Priestern war ausschlaggebend für die Einsetzung eines eigenen Priestertums der Unität im Jahr 1467 (vgl. Nr. 6–8). Die Frage, ob ein moralisch verwerflicher oder irrgläubiger Priester zum Heil dienlich die Sakramente verwalten könne, wurde wegen ihrer andauernden Relevanz für die Legitimation der Brüderunität als einer von den katholischen und utraquistischen Pfarrkirchen separierten Glaubensgemeinschaft in den folgenden Jahrzehnten theologisch weiter reflektiert und modifiziert.

Die Schrift „Vom bösen Priester", die in der brüderischen Widerlegung abschnittsweise im Wortlaut zitiert wird, entstand zwischen 1480 und 1484. Ihr Verfasser, der utraquistische Priester Vavřinec, von dem es im Text heißt, er habe geraume Zeit vor 1508 an der Pfarrkirche St. Michael gewirkt und sei später in die Brüderunität eingetreten, war der spätere Brüderpriester Vavřinec Krasonický. Krasonický war ursprünglich Utraquist. Er empfing die Priesterweihe von einem Bischof römischer Sukzession und war ab 1480 oder 1481 Kaplan an St. Michael in der Prager Altstadt, bevor er 1485 oder 1486 in Leitomischl der Brüderunität beitrat (Sokol: Vavřinec Krasonický [1984], 52). Die ältere Forschung, der wichtige Quellen zu Krasonickýs Werdegang vor 1485 unbekannt waren, konnte die Schrift „Vom bösen Priester" nicht sicher Krasonický zuschreiben (Пальмов [Hg.]: Чешские братья, Bd. 1/1

Die Darstellung von zwei Klerikern, die im Badehaus den Bademägden allzu nahe kommen, stammt aus dem um 1500 entstandenen Jenaer Kodex. Das radikal antirömische Bildprogramm der reich illuminierten Sammelhandschrift verleiht den Vorbehalten des „linksutraquistischen" Milieus gegen katholische Priester und Mönche einen drastischen Ausdruck. Der weitverbreitete Zweifel an der Heilswirksamkeit von Sakramenten, die von lasterhaften Priestern gespendet werden, trug maßgeblich zur Entstehung der Brüderunität bei. Mindestens bis zur Mitte des 16. Jahrhunderts hielten die Brüder an einer „donatistischen" Auffassung des priesterlichen Dienstes fest.

[1904], 227; Müller: Geschichte, Bd. 1 [1922], 600, Nr. 125). Wie aus dem vorliegenden Text hervorgeht, war Krasonickýs Traktat „Vom bösen Priester" seinerseits eine Antwort auf die Schrift eines Anhängers der Brüderunität mit dem Spitznamen „Dreibruder" („gménem Třj Bratru"), der jedoch in Krasonickýs Schrift „Sulek aus Poutnov" genannt wurde.

Als Verfasser der brüderischen Widerlegung von 1508, die auch in der *Historia Fratrum* (Praha, Národní knihovna České republiky, Sign. XVII F 51a, 274) erwähnt ist, kann aufgrund der Ausdrucks- und Argumentationsweise mit hoher Wahrscheinlichkeit der Brüderbischof Lukáš aus Prag gelten. Deutliche Übereinstimmungen bestehen mit der von Lukáš verfassten Gegenschrift gegen den Traktat des Franziskaners Jan aus Wodňan von 1505 (Nr. 324). Aus welchem Anlass sich Lukáš der damals fast drei Jahrzehnte alten Schrift Krasonickýs widmete, ist unbekannt. Auffällig ist, dass sich in Krasonickýs späteren theologischen Werken, die er als Brüderpriester in Leitomischl verfasste (Praha, Knihovna Národního muzea, Sign. V F 41), weder ein Widerruf der Schrift „Vom bösen Priester" noch eine erneute Behandlung des Themas aus brüderischer Sicht findet.

Die Abschrift von Nr. 325 bildet einen Faszikel aus acht Ternionen (Bl. 217–264). Dieser Faszikel wurde bei der Zusammenstellung des Handschriftenbandes AUF VI in eine Gruppe von Widerlegungen gegnerischer Schriften, Nr. 322, 324 und 326, eingeordnet. Der Brief Nr. 323, der die Vierergruppe der Widerlegungen unterbricht, ist ein sekundärer Nachtrag von der Hand des Redaktors Vavřinec Orlík auf freigebliebenen Seiten am Ende von Nr. 322. Jan Blahoslav hatte ursprünglich beabsichtigt, Nr. 325 nach Nr. 319, der Widerlegung der Schrift des Priesters Vít aus Krupá, einbinden zu lassen. Eine entsprechende Anweisung an den Buchbinder von Blahoslavs Hand findet sich auf Bl. 144v (dort am unteren Rand: *O zlem knězy* [„Vom bösen Priester"]).

Überlieferung außerhalb der AUF: –

Edition: Handschriftliche deutsche Übersetzung von Joseph Theodor Müller: Herrnhut, Unitätsarchiv der Evangelischen Brüder-Unität, Sign. AB.II.R.1.1a/3, Zweiter Teil, 242–300.

Literatur: Пальмов (Hg.): Чешские братья, Bd. 1/1 [1904], 226–228, Nr. 48 (Auszüge); Müller: Geschichte und Inhalt [1913], 220, Nr. 34; Müller: Geschichte, Bd. 1 [1922], 600, Nr. 125; Sokol: Vavřinec Krasonický [1984], 52, 91f., Anm. 16.

Odpowěd na spis o zlém knězy pro wyhledánj a vkazanj prawdy, co by o zlych kněžjch mělo držáno byti, a o dobrých též, a gak y pokud kteřj vžitečnj byti mohau [„Antwort auf den Traktat über den bösen Priester, zur Erkundung und Darlegung der Wahrheit, was man von bösen Priestern halten soll und entsprechend von guten, und inwiefern und wieweit die einen und die anderen nützlich sein können"]. Inc.: *Počjná se předmluwa k odpowědi na spis o zlem kněžy. Toto swrchu položenj o zlem kněžy z přjčiny této napsáno gest [...]. Expl.: [...] we wssj powolnosti pro spasenj žiwota wěčného, amen. 1508. Finitum ante Kathe[r]i[na]e. Počjnagj se důwodowé z doktorůw o zlem kněžy. [...] že chrám w peless lotrůw obrácen, oběti w ohawnost, slauhy Božj w ffalessné proroky, gméno Božj w lež a w porauhanj obráceno.*

Vorrede der Gegenschrift

[Lukáš] widerlegt die Schrift „Vom bösen Priester" (*O zlém kněžy*). Zugleich handelt es sich um eine grundsätzliche Verteidigung der brüderischen Lehre. Die Schrift „Vom bösen Priester" wurde von einem [utraquistischen] Priester Vavřinec verfasst, der vor geraumer Zeit Priester an St. Michael [in der Prager Altstadt] war. Sie richtete sich gegen einen Einwohner des Kirchspiels namens „Dreibruder" (*proti gednomu z osady té gménem Třj Bratru*). Dieser hatte eine Schrift verfasst, in der er bestritt, dass unwürdige Priester heilswirksam Sakramente spenden können (*odpory kladl proti zlému kněžy*). Später wandte sich der Priester Vavřinec der Brüderunität zu und gehört ihr immer noch an. Er stellte seiner Schrift eine Vorrede voran, in der er dem Adressaten den Spott- oder Decknamen „Sulek aus Poutnov" (*aby to tehdy tagno bylo*) beilegte.

Vorrede des Priesters Vavřinec an Sulek aus Poutnov

Vavřinec räumt ein, dass die Schrift des Sulek aus Poutnov gewichtige Argumente aus der Heiligen Schrift gegen den Dienst unwürdiger Priester anführt. Vavřinec verurteilt Suleks Meinung nicht und beansprucht auch nicht, eine so schwierige Frage, in der auch die Gelehrten uneins sind, entscheiden zu können. Er wird aber mit Belegen aus der Heiligen Schrift und mit Vernunftgründen (*pjsmy swatými y také důwody rozumnými*) gegen Suleks Schrift argumentieren. Wer mehr Verstand als Sulek und Vavřinec hat, möge unter Abwägung beider Positionen ein Urteil fällen. – [Lukáš] verfolgt mit seiner Gegenschrift den Nachweis, dass ein Priester, der unbußfertig in Todsünde verharrt, zum Dienst unwürdig ist, dass ein Priester, der Irrlehren vertritt, mit seinem Dienst schadet, und dass ein Priester, der beide genannten Mängel aufweist, keinerlei Vollmacht zum priesterlichen Dienst besitzt.

Hauptteil der Schrift „Vom bösen Priester"

Vavřinec behauptet: Ein Priester verliert seine Amtsvollmacht (*mocy auřadu kněžského*) auch dann nicht, wenn er in Todsünde fällt. Schriftbeweise sind die Söhne Elis (1 Sam 2), Aaron (Ex 32), Mose (Num 20,12), der Hohepriester Josua (Sach 3,4) und der Bischof der Gemeinde von Laodicaea, der trotz seiner Mängel als Engel der

Gemeinde bezeichnet wird (Offb 3,14–17). – [Lukáš] antwortet, dass die genannten Sünder zwar nicht ihres Amtes verlustig gingen, sie aber weder würdig noch nützlich zu dienen vermochten. Zum Priestertum gehören zweierlei Gaben. Die einen gibt Gott umsonst (*darowé darmo danj*) (1 Kor 12,7–10), zu denen auch die Ämter [Apostel, Bischof, Priester, Diakon] gehören. Von diesen Gaben zu unterscheiden sind die „vorzüglicheren Gnadengaben" (1 Kor 12,31), die vor Gott angenehm machen (*wzácna [...] činjcý*) und die der Apostel Paulus in 1 Kor 13 nennt, Glaube, Hoffnung und Liebe (1 Kor 13,13). Erst durch diese Gaben wird der Dienst eines Priesters Gott angenehm und den Gläubigen nützlich.

Vavřinec: Christus hatte Judas dieselbe Vollmacht verliehen wie den übrigen Aposteln. Wenn Judas Träger des Apostelamtes sein konnte, dann können erst recht solche Personen, deren Sünde viel geringer als die des Judas ist, priesterliche Amtsvollmacht besitzen und gültig konsekrieren. – [Lukáš:] Judas empfing zwar die Gaben, die Gott umsonst gibt, das Apostel- und Bischofsamt, aber er besaß nicht die geistliche Vollmacht zur Ausübung des Amtes (*ač moc strany wolenj měl, wssak nedossel mocy k požjwanj té mocy*), kraft welcher die übrigen Apostel nach der Auferstehung mit Wort, Sakrament und Schlüsselgewalt dienten. Die unwürdigen Priester haben ihr Amt wie Judas inne. Sie töten und verraten die Seelen der Gläubigen, so wie Judas Jesus verriet. Sie sind geldgierig wie Judas. [Lukáš] weist die Auffassung des Vavřinec zurück, wonach Christus den Aposteln das Bischofs- und Priesteramt übertrug, indem er beim letzten Abendmahl zu ihnen sprach: „Solches [die Konsekration des Sakraments] tut" (1 Kor 11,24–25). Das Priestertum besteht in der Vollmacht, Christi Werk, seine Sendung, auszuüben (*moc nade wssjm djlem swým, t[totiž] poselst[ví] Pána Krysta djti*). Diese Vollmacht hat Christus nicht durch ein bestimmtes Wort übertragen, sondern durch seine Absicht und seinen Willen (*vmysl a wůle*). Das innerliche Geschehen wird durch äußerliche Worte lediglich bezeugt. Ebenso kann das Priestertum auch heute nur durch einen innerlichen Vorgang an würdige Personen weitergegeben werden. Das Wort „konsekrieren" (*poswěcowati*) ist anders zu verstehen, als es von Vavřinec gebraucht wird. Ein Priester konsekriert nicht materielle Dinge durch magische Zauberformeln (*gako kauzedlnjckým obyčegem powěrami skrze řjkanj a karakterůw činěnj*), sondern indem er das [geistliche Geschehen beim] Sakrament bezeugt (*vmysl a vstawenj Krystowo oznamuge a slowy geho wyswědčuge*). Aus dem Beispiel des Judas ergibt sich, dass ein böser Priester zwar nicht das Priestertum verliert, es aber nicht in würdiger [zum Heil dienlicher] Weise ausüben kann.

Vavřinec: Judas oder der böse Knecht im Gleichnis (Mt 24,45–52; Lk 12,42–46) konnten sowohl mit leiblichen als auch mit geistlichen Dingen – im Gleichnis „kleinen" und „großen" Dingen – dienen. Wenn sie es nicht gekonnt hätten, wäre von ihnen nicht Rechenschaft darüber gefordert worden. – [Lukáš] leugnet nicht, dass böse Personen das Priesteramt innehaben können. Jedoch können weder gute noch böse Priester mit den wesentlichen Dingen (1 Kor 13,13) dienen, die nur Christus selbst gewähren kann. Priester dienen nur mit den zur Erlangung des Heils dienlichen Dingen, Wort und Sakrament. Ob diese denjenigen, die sie empfangen, nutzen, hängt sehr wohl vom Lebenswandel und der Rechtgläubigkeit des spendenden Priesters ab. Die Sakramente haben ihre Kraft nicht aus sich selbst heraus und machen niemanden gerecht. Die von sündigen oder ketzerischen Priestern gespendeten Sakramente sind Christus ebenso wenig angenehm wie die jüdischen Opfer.

Vavřinec: Der Heilige Geist kann auch durch den Dienst böser Menschen an den Auserwählten wirken. Daher konnten Bileam (Num 22–24) und Kaiphas (Joh 11,51) prophetisch reden. – [Lukáš:] Könnten böse Priester die Menschen ebenso gut zum Heil anleiten wie die rechtgläubigen und tugendhaften, hätten die Apostel (*prwnj wůdce*) nicht vor falschen Lehrern gewarnt und sie mit Bileam verglichen (2 Petr 2,15–16). Bileam redete unfreiwillig die Wahrheit und segnete das Volk Gottes. Die bösen Priester der Gegenwart reden Lüge und verfolgen die wahren Gläubigen. Kaiphas wusste nicht, dass Jesus tatsächlich für das Heil des Volkes sterben würde, sondern er trachtete Jesus nach dem Leben. Bosheit schadet sehr wohl dem Amt (*že zlost překážela auřadu*).

Laut Vavřinec gab es zur Zeit Jesu unter den jüdischen Priestern viele böse Personen. Dennoch werden sie im Neuen Testament als Priester bezeichnet, dennoch bezeugte Jesus ausdrücklich, dass man bösen Priestern Gehorsam schuldet (Mt 23,2–3) und dass sie den Schlüssel (Lk 11,52) besitzen (*Pán sám mluwj, že zlj magj kljče od nebe*). Die heutigen bösen Priester sind weniger verwerflich als die jüdischen Priester der Zeit Jesu. Die heutigen Priester fallen meist nur durch Schwachheit des Fleisches in Sünde.– [Lukáš] entgegnet: Nicht jeder, der ein Amt empfangen hat, hat auch die Wahrheit des Amtes (*ne každý, kdož přigjmá auřad, přigjmá prawdu dostatečnau auřadu, aneb má a požjwá*). Wer ein Amt missbraucht, verliert die zu dessen Ausübung notwendige Vollmacht, so wie die jüdischen Priester mit der Kreuzigung Jesu ihre geistliche Vollmacht verloren, auch wenn sie weiterhin Priester genannt wurden. Der Schlüssel, von dem Lk 11,52 die Rede ist, ist nicht die Macht zur Sündenvergebung, sondern der Schlüssel der Erkenntnis der Heiligen Schrift, so wie in der Gegenwart die gelehrten Theologen (*podobně gako nynj na doktorst[ví]*) trotz ihres Wissens selten zur Wahrheit gelangen. Der Dienst eines Priesters, der nicht den Sinn Christi hat (*vmysla gednomyslného s Krystem*), ist von Gott verworfen (Hos 4,6; Mal 2,8–9).

Vavřinec: Dass Christus den Dienst böser Priester nicht verwarf, ergibt sich auch daraus, dass er die zehn geheilten Aussätzigen zu einem Priester [zur Absolution] sandte (Lk 17,14). – Lukáš: Gott allein kann Sünden vergeben. Die Priester haben lediglich die Vollmacht zur Bezeugung der Sündenvergebung (*moc slaužiti lidem k oznámenj y k swědect[ví], komu on a podlé čeho odpaustj neb zdržuge*). Im Alten Testament (*v ffigůře*) machten körperliche Mängel untauglich zum Priestertum, um so mehr muss dies im Neuen Testament (*w prawdě*) von geistlichen Mängeln gelten. Nie gab es so viele und so prachtliebende Priester (*ozdobněgssjch, slawněgssjch a wjce w počtu sluh*), nie zuvor gab es so viel Bosheit und Falschheit wie jetzt. Wenn die Priester die Liturgie und die Sakramente nicht verfälscht hätten, könnte man von ihnen wohl noch die Sakramente empfangen. Da sie aber das Volk dazu verführen, das Seelenheil vom [äußerlichen, materiellen] Sakramentsempfang zu erhoffen, müssen die Gläubigen sich vor solchen Priestern als falschen Propheten hüten.

Vavřinec: Wenn laut 1 Kor 11,17–30 das Abendmahl in Korinth unwürdig gefeiert wurde, waren daran auch Priester beteiligt, die das Sakrament unwürdig spendeten. Dennoch schadete der Sakramentsempfang den Guten nicht. – [Lukáš:] In der Urkirche war die Zahl der Sünder und Irrgläubigen noch sehr gering. Nun jedoch herrscht in der Kirche der Antichrist (*ohawnost na mjstě swatém stála*) (Dan 9,27; Mt 24,15). Die Urkirche mit der gegenwärtigen Kirche gleichzusetzen ist unsinniger, als einen Tropfen mit einem Ozean zu vergleichen (*přirownáwati toto zlé nyněgssj k onomu, gest chtjti z krůpě moře včiniti, a gesstě nepodobněgj*). Die Korinther waren lediglich unvollkommen unterrichtet und besserten sich nach der Ermahnung durch den Apostel. Die heutige Kirche dagegen ist so verkehrt, dass ihre Sakramente keine Sakramente Christi mehr sind. In der frühen Kirche wurden böse Personen weder zur Taufe noch zu den Sakramenten zugelassen. Seit die Menschen als Christen geboren werden (*když se v wjru rodili tělesně*), gelangen Böse bis in die höchsten kirchlichen Ämter.

Vavřinec: Laut Phil 1,15–18 können böse Priester mit dem Wort dienen, demnach können sie auch mit dem Sakrament dienen. Beides ist gleichwertig. – [Lukáš:] Ein sündiger Priester kann, solange er kein Irrlehrer ist, zwar das Wort Gottes lesen oder predigen, dies ist Gott aber nicht angenehm (*wssak to Bohu wděk nenj*). Ein Priester, der den Sinn des Wortes Gottes verfälscht, schadet. Beim Wort Gottes kommt es nicht auf die äußerlichen Buchstaben an, sondern auf den geistlichen Sinn, den nur der Heilige Geist erschließen kann (*neb ne w liteře slowo Božj swrchu, a w smyslu zawřenem Duchem s[vatý]m a w vmysle geho záležj*). Wort und Sakrament sind nicht gleichwertig, sondern das Wort ist den Sakramenten übergeordnet. Man kann allein durch das Wort ohne Sakramente selig werden (Lk 23,43), aber nicht durch die Sakramente ohne das Wort. Zuerst muss das Evangelium gepredigt werden, darauf folgt sodann der Glaube und erst an dritter Stelle die Taufe (Mk 16,15–16). Der Glaube kommt aus dem Hören des Wortes (Röm 10,17), und ohne lebendigen Glauben können die Sakramente nicht würdig empfangen werden. Es ist nicht wahr, was Vavřinec behauptet, dass das Wort die Sakramente bewirkt (*nenj prawé, by slowo swátosti činilo*). Worte bewirken nicht, sondern bezeugen das Sakrament (*nečinjť tehdy slowa, ale wyswědčugj*). Beim Abendmahl, bei der Taufe, bei Firmung, Buße, Priesterweihe und letzter Ölung werden die Worte vor, während oder nach dem Gebrauch gesprochen. Sie können also nicht erst durch das Wort zu Sakramenten werden [denn dann müsste es in allen Fällen vor dem Gebrauch gesprochen werden; Lukáš richtet sich implizit gegen die Formel „accedit verbum ad elementum et fit sacramentum", Augustinus, *In evangelium Iohannis tractatus* 80,3, PL 35, 1840].

Vavřinec: Wenn die Heilswirksamkeit eines Sakraments nicht vom Amt, sondern von der Qualität des Priesters abhängig wäre, dann müsste dasselbe Sakrament je nach dem spendenden Priester unterschiedlich viel Gnade bewirken, denn die Menschen sind unterschiedlich gut oder böse. Diese Irrlehre gab es bereits in der Apostelzeit (1 Kor 1,11–13; 3,4–8). Die Sakramente hängen nicht von der Heiligkeit des Spenders, sondern von dessen Amt ab. Maria war viel heiliger als die Apostel, aber diese dienten ihr kraft Amtes mit den Sakramenten. – [Lukáš] argumentiert, dass die Pervertierung der Sakramente mit dem Fall der Kirche einhergehe. In der Urkirche unterschied man nur zwei Dienste, den der Priester beziehungsweise der Bischöfe und den der Diakonen. Die Diener der Urkirche dienten in äußerlicher Schlichtheit, aber mit großem geistlichem Nutzen. Jetzt aber gibt es eine Hierarchie mit Päpsten, Kardinälen, Erzbischöfen und anderen Rangstufen (*y giná roměge*). Diese sind darauf bedacht, durch äußerliche Pracht des Amtes die Bosheit der Amtsinhaber zu bemänteln, und behaupten, dass niemand ohne sie selig werden könne.

[Lukáš] fährt fort: In der Kirche der Gegenwart herrscht der Antichrist. Sakramente der Kirche sind Sakramente des Antichrist. So wie der Tempel von Jerusalem durch Götzendienst zu einer Räuberhöhle (Mt 21,13) wurde, ist die Kirche von einer Jungfrau zu einer Hure geworden. Die Bosheit der Priester macht deren Dienst untauglich (*dobrota ctnostná hodnost dáwá a kdež gj nenj, tehdy nehodnost gest*), so wie ein weltlicher Beamter, der sein Amt missbraucht, zwar immer noch ein Beamter ist, aber mit seinem Dienst schadet. Dies geschieht beispielsweise, wenn eine Obrigkeit die ihr verliehene Macht (Röm 13,1) dazu gebraucht, die Guten zu bestrafen und die Bösen zu belohnen. Wenn ein Sakrament je nach der Disposition des Empfangenden würdig oder unwürdig, zum Heil oder zum Gericht empfangen werden kann (1 Kor 11,29), dann muss entsprechend auch gelten, dass ein Sakrament je nach Beschaffenheit des Spenders würdig oder unwürdig gespendet wird. Damit behauptet [Lukáš] keineswegs, dass ein tugendhafter Lebenswandel die geistliche Vollmacht des Priesteramtes ursächlich bewirkt oder dass Lasterhaftigkeit das Priesteramt aufhebt.

Vavřinec: Gott selbst wirkt durch die Sakramente (Joh 6,32), die Qualität des Priesters hat keinen Einfluss auf die Wirksamkeit. Ein Almosen oder ein Feuer kann durch einen guten oder schlechten Diener überbracht werden, ohne dass sich die Wirkung verändert, der Diener kann nichts hinzufügen oder verringern. – [Lukáš:] Das heilswirksame Brot, von dem in Joh 6 die Rede ist, ist nicht das Sakrament, sondern Christus. Das Heil erlangen die Gläubigen nicht von den Priestern, sondern direkt von Gott selbst durch den Glauben. Der priesterliche Dienst besteht nicht in der Heilszueignung, vielmehr bevollmächtigt Gott seine Diener zur Verkündigung seines Wortes und zur Bezeugung des Bundes (*poselst[ví] slowa swého a swědect[ví] vmluwy swé*). Niemand lässt ein Almosen durch einen Dieb oder ein Feuer durch einen Brandstifter überbringen. Gott verleiht dem Priester nicht die Macht, das Seelenheil nach eigenem Gutdünken oder gar für Geld auszuteilen (*a k tomu za penjze někdy a komuž chce*). Ein böser Priester kann ebenso gut wie ein rechtgläubiger und tugendhafter Priester die liturgischen Bücher ablesen und die Zeremonien verrichten, aber das ist Dienst des Buchstabens, nicht der geistliche Dienst des Neuen Bundes. Die Priester haben offensichtlich auch keine Bedenken, etwas hinzuzufügen oder zu wegzunehmen (Dtn 4,2). Sie haben den Laien den Kelch entzogen und fügen zu dem von Gott gebotenen Dienst menschliche Erfindungen (*nálezkůw*) (Jes 29,13; Mt 15,9) hinzu. Zu Recht heißt es, dass der christliche Gottesdienst so entstellt ist, dass ihm der jüdische vorzuziehen ist, der wenigstens auf göttlichen Geboten beruht [Augustinus, *Epistola* 55, 19, PL 33, 221]. Den Priestern und Mönchen geht es vor allem darum, sich zu bereichern.

Vavřinec: Wenn ein Priester durch Todsünde sein Amt verlieren und durch Buße nicht wieder erlangen kann, kann Petrus nach seinem Verrat (Mt 26,69–75) kein Apostel mehr gewesen sein. Wenn ein Priester durch Todsünde sein Amt verlieren und durch Buße wieder erlangen könnte, müsste auch ein Laie allein durch Buße zum Priester werden. Daraus ergibt sich, dass das Priestertum ebenso wie die Taufe ein untilgbares Prägemal ist und Todsünde das Amt nicht aufhebt (*že mocy kněžské nikdý nepotratil hřjchem smrtedlným*). – [Lukáš] ist keineswegs der Meinung, dass Todsünde die Ordination aufhebt. Vielmehr macht sie den Priester unwürdig zum Dienst, so wie sie auch den Laien zum Empfang des Sakraments unwürdig macht. Wenn ein sündiger Priester oder Laie Buße tut, soll er den Bund erneuern (*vmluwu obnowiti*). Daraufhin wird er wieder zum Dienst beziehungsweise zu den Sakramenten zugelassen.

Vavřinec: Ein frommer Priester ist anderen nützlich und wird selbst selig, ein böser Priester wird verdammt, kann aber dennoch anderen zur Seligkeit nutzen. Das Priestertum wird von Paulus 1 Kor 12,7–10 zu denjenigen Gaben gerechnet, die Gott umsonst [ohne Ansehen der Person] gibt, deshalb können Gute wie Böse das priesterliche Amt innehaben. Wenn es so wäre, dass nur gute Priester wirksam die Sakramente spenden können, müssten die Laien am Heil verzweifeln, denn sie könnten nie wissen, ob der Priester, von dem sie die Sakramente empfangen, ein Heuchler ist. Die Sakramente gleichen Arzneien (*lékařst[ví] dusse*), und ein sündiger Arzt kann ebenso gut heilen wie ein tugendhafter. – [Lukáš:] Die Laien müssen sich darauf verlassen können, dass der Priester seinen Dienst würdig verrichtet. In der Urkirche (*za wěrných zp[rá]wcůw, w půwodu w prawdě stogjcých*) konnte man allen Dienern trauen, da nur würdige Boten ausgesandt wurden. Jetzt aber ist die [römische] Priestersukzession (*půwod*) sowohl durch Sünde als auch durch Irrlehre verdorben. Es ist daher erforderlich, gute von bösen Priestern zu unterscheiden. Gute Priester erkennt man nicht an Tonsur, Kleidung oder Urkunden, sondern an ihrem priesterlichen Handeln (Mt 7,20). Dieses besteht in der Verkündigung der rechten Lehre von Gott und den Werken der Dreieinigkeit sowie vom wesentlichen und dienlichen Heil. Ohne rechte Lehre und ohne lebendigen Glauben nutzen weder Priestertum noch Sakramente. Die Behauptung des Vavřinec, man könne böse Priester nicht von guten unterscheiden, ist unzutreffend. Die Priester verfügen auch nicht über die Medizin, die die Seele heilen und den Menschen des Heils teilhaftig machen kann, denn dies kann nur Christus selbst. Das äußerliche Wort, mit dem die Priester dienen, und die Sakramente können sehr wohl missbraucht werden. Sie schaden dann der Seele wie ein Gift oder ein unwissender oder böswilliger Arzt dem Leib.

Vavřinec argumentiert unter Berufung auf Jan Hus, dass auch das von einem bösen Priester dargebrachte Opfer um des Opfers willen Gott angenehm ist, geschah doch das Opfer Christi am Kreuz, durch das für alle Menschen Sühne geschaffen wurde, ebenfalls durch die Hand böser Menschen. – [Lukáš] weist dieses Argument zurück. Der Kreuzestod Christi war ein einmaliges Opfer. Dieses wird beim Abendmahl nicht wiederholt. Auch brachte Christus selbst sich als Opfer dar. Diejenigen, die ihn töteten, brachten kein Opfer dar, sondern begingen einen Mord (*neobětowali Bohu, ale zamordowali ze zlosti zrádně*). Das Argument des Vavřinec wäre nur dann schlüssig, wenn ausschließlich Verbrecher Priester sein könnten. In der Urkirche wurde weder [das Abendmahl] als Opfer bezeichnet noch nannte man die Diener Priester. Die Aufgaben des [christlichen] Priestertums (*kněžj poswátnj*) sind die Verkündigung des Evangeliums und die Bezeugung der Gnade durch die Sakramente. Ein Priester darf sich aber nicht anmaßen, Christi einmaliges Opfer wiederholen zu wollen. Die [römischen] Priester haben die Irrlehren vom Messopfer und von der Transsubstantiation (*Syna Božjho, osobného, bytného, slowy Páně z chleba stwořjc, když se gim zráčj*) aus Habgier aufgebracht und bemänteln diesen Betrug mit Bibelstellen (*skrytý, opeřený a přikrytý pjsmy*).

Vavřinec erwähnt, dass in den Schriften der Kirchenschriftsteller (*řeči doktorůw welikých a w Božj nadějj s[vatý]ch*) der unverlierbare Charakter des Priestertums mit der Königssalbung Sauls und Davids verglichen wird [Augustinus, *Epistola* 87, 9, PL 33, 301]. – [Lukáš:] In den Schriften der Kirchenväter und Theologen finden sich viele gegensätzliche Aussagen. Beweiskräftig ist nur die Heilige Schrift. Aus der Königssalbung des Alten Testaments kann man nicht auf die Heilswirksamkeit des Dienstes böser Priester schließen. Die bösen Könige von Israel haben keineswegs ebenso gut wie schlechte geherrscht, sie haben vielmehr schweres Unheil über das Volk gebracht. Überdies ist im Neuen Bund an die Stelle der materiellen Salbung mit Öl die geistliche Salbung mit dem Heiligen Geist (Apg 10,38) getreten. Die frühen Christen salbten nicht mit Öl. Erst später, als in der Kirche böse Priester und heidnisches Volk überwogen, wurden Salbungen bei Taufe, Firmung und Priesterweihe eingeführt (*tožť se počeli mazati, střjhati, oblačowati a znamenj hledati*).

Vavřinec: Die Kirchenschriftsteller bringen auch allerlei andere Argumente: Reines Gold kommt aus schmutziger Erde, reines Wasser fließt durch eine hässliche Rinne, unreine Raben bringen dem Propheten Elia Brot. Andererseits findet man in der kirchlichen Überlieferung auch den Rat, sich von der Messe eines bösen Priesters fernzuhalten, um ihn zu beschämen und zur Buße zu führen. – [Lukáš:] Die Beispiele, die beweisen sollen, dass der Schmutz der Sünde der Reinheit des Sakraments nicht schadet, sind absurd, wenn man daraus den Schluss zieht, eine Hure sei ebenso tugendhaft wie eine Jungfrau, unfruchtbarer Boden so gut wie fruchtbare Erde, schmutzige Röhren würden die Güte des Wassers nicht mindern, man könne vorsätzlich in die Wüste gehen und darauf warten, dass Raben Speise bringen. Der Rat, sich der Messe eines sündigen Priesters zu enthalten, bis er Buße tut, ist sinnlos, wenn der Priester im Zustand der Sünde ebenso wirksam das Sakrament spenden kann wie nach getaner Buße.

Vavřinec weist die von Sulek aus Poutnov gegen böse Priester angeführten Schriftstellen zurück. Jes 5,20 bezieht sich auf Priester, die vorsätzlich Götzendienst treiben, betrifft also nicht sündige Priester, die das Sakrament mit guter Absicht spenden. Zudem hat Christus Mt 23,3 ausdrücklich befohlen, auch solchen Priestern zu gehorchen, die keine Vorbilder sind. Aus Mt 5,13 kann man schließen, dass ein sündiger Priester nicht als Vorbild für ein tugendhaftes Leben taugt, aber er kann dennoch hinsichtlich Predigt und Sakramentsverwaltung nutzen. Allerdings würde auch Vavřinec die Leute vor einem Priester warnen, der von Grund auf verdorben ist und nur nach Bösem trachtet. Zugleich bleibt Vavřinec zuversichtlich, dass Gott auch durch Böses Gutes bewirken und Böses zum Guten wenden kann. – [Lukáš] wendet ein, dass die heutigen Priester sehr wohl Bilder- und Götzendienst treiben. Gott kann seinen Auserwählten Böses zum Guten dienen lassen, aber man darf Gott nicht versuchen, indem man sich vorsätzlich in Gefahr begibt.

Vavřinec: Sulek aus Poutnov schreibt, er habe von einem Nachbarn aus Čerekvice (*Čierekwice*) gehört, dass Gott sich nur einmal [bei der Passion Christi] in die Hand der Sünder gegeben habe. Das ist einerseits wahr, denn er wurde nur einmal gekreuzigt. Andererseits ist es falsch, denn im Sakrament empfangen ihn auch diejenigen, die unwürdig an der Kommunion teilnehmen (1 Kor 11,27). Von solchen sagt der Apostel, dass sie den Sohn Gottes abermals kreuzigen (Hebr 6,6). – [Lukáš:] Was Vavřinec schreibt, ist richtig, sofern man den Empfang des Leibes und Blutes Christi bei der Kommunion nicht – wie Vavřinec es offensichtlich tut – leiblich (*p[ří]tomnostj osoby podlé bytu přirozeného bytně*), sondern vielmehr geistlich und sakramentlich (*duchowně a owssem poswátně*) versteht, als geistliche Sättigung durch den Glauben. Wer nach der Taufe den Bund Gottes (*vmluwu Božj*) bricht und in Todsünde oder Irrlehre verfällt, der handelt, als würde er Christus abermals kreuzigen. Die irrige Vorstellung, man solle Christi Leib und Blut fleischlich essen und trinken, wird in Joh 6,60–66 ausdrücklich zurückgewiesen. Seit der Himmelfahrt sitzt Christus nach seinem natürlichen Sein zur Rechten des Vaters und steigt nicht mehr zur Erde herab bis zum Jüngsten Gericht (*tjm bytem přirozeným nezstaupj dolůw, až k saudu*). So bezeugt es das Apostolische Glaubensbekenntnis. Die Abendmahlselemente sind sakramentlich, bezeichnend, vollmächtig und wahrhaftig (*poswátně, wyznamenaně, mocně a p[rá]wě*) Christi Leib und Blut, aber eben nicht körperlich. Elevation, Transsubstantiationslehre, Anbetung des Sakraments und Kelchentziehung sind Missbrauch und Irrlehre. Das falsche Sakramentsverständnis ist die Wurzel von vielerlei Missständen einschließlich der Lehre, dass die sündigen Priester ebenso gut die Sakramente spenden können wie die frommen.

Vavřinec beschließt seinen Traktat, indem er versichert, dass er nicht hartnäckig auf seiner Meinung beharren will, sondern bereit ist, Belehrung aus der Heiligen Schrift anzunehmen (*chcy se dáti nawesti a včení přigjti podle zp[rá]wy zákona a čtenj s[vatéh]o*). Möge jemand, der die Sache besser versteht als der Verfasser und Sulek aus Poutnov, die strittige Frage entscheiden. – [Lukáš] lobt den Verfasser, denn wer im wahren Glauben zum verbesserten Willen gelangt (*když by člowěk w wjře prawé, dossel by wůle oprawené*), soll bereit sein, einfältig (*sprostně*) alles zu tun und glauben, was Gott ihm zu erkennen gibt. Tatsächlich ist Vavřinec durch Gottes Gnade dazu geführt worden. [Lukáš] versichert ebenfalls, dass er seine Meinung korrigieren wird, wenn ihm ordentlich und hinlänglich (*zřjzeně a dostatečně*) ein Irrtum gegen die Heilige Schrift und das Apostolische Glaubensbekenntnis (*proti pjsmom s[vatý]m a zákonu wjry obecné křesťanské*) nachgewiesen wird.

Anhang: Beweisstellen aus den Kirchenschriftstellern (*důwodowé z doktorůw*)

Ein Unbekannter hat die Schrift des Vavřinec um einen Anhang ergänzt, in dem Zitate von Augustinus und Gregor dem Großen [aus dem *Decretum Gratiani*, p. 2, c. 1] sowie Paschasius Radbertus [*De corpore et sanguine Domini* 12, 4, PL 120, 1315] zusammengestellt sind, die beweisen sollen, dass ein sündiger Priester gültig die Sakramente spenden kann. – [Lukáš] erwidert [ebenfalls aus dem *Decretum Gratiani* zitierend]: Augustinus selbst warnt davor, seinen Schriften wie der Heiligen Schrift zu glauben. Ähnlich äußerten sich Hieronymus und Johannes Chrysostomus [Pseudo-Johannes Chrysostomus, *Opus imperfectum in Matthaeum* 21, PG 56, 747: „omnis doctor est servus legis"]. Die Kirchenschriftsteller widersprechen einander häufig. Von Augustinus, Hieronymus und Gelasius stammen gegensätzliche Aussagen über den Dienst böser Priester. Die Behauptung, dass der Heilige Geist dem unwürdigen Dienst eines sündigen, böswilligen oder simonistischen Priesters aufhilft, widerspricht der Bibel. Den Dienst von Simonisten und Konkubinariern sowie Priestern, die mit Zauberei und Götzendienst befleckt sind, verdammten Gelasius, Gregor der Große sowie dessen Nachfolger im Papstamt Alexander II. und Lucius. Allerdings nahmen sie zugleich an, dass die Sakramente unabhängig von der Qualität des Spenders durch den Heiligen Geist wirksam seien. Gratian versuchte [im *Decretum Gratiani* beziehungsweise in der *Concordia discordantium canonum*] vergeblich, die Widersprüche zwischen den Kirchenvätern aufzulösen. Der Auffassung des Augustinus, auf den sich der unbekannte Verfasser des Anhangs zum Traktat des Vavřinec beruft, widersprechen Äußerungen von Papst Innozenz I., Cyprian, Ambrosius und Johannes Chrysostomus. Die gesamte Ostkirche lehnt die Lehre des Augustinus von der Selbstwirksamkeit der Sakramente ab. [Lukáš] kommt zu dem Ergebnis, dass die Kirchenväter keine verlässliche Quelle theologischer Erkenntnis sein können. Wie der Tempel von Jerusalem zur Räuberhöhle wurde, die Opfer zum Gräuel, die Diener Gottes zu falschen Propheten, der Name Gottes zur Lüge, so hörten auch die Sakramente auf, Sakramente Christi zu sein, als man ihre Zweckursache änderte.

Nr. 326   VI 265r–311v

Brüderische Widerlegung eines Brieftraktats des Olmützer Domherrn Bernhard Zoubek von Zdětín, 19. März 1517

Der anonyme brüderische Verfasser widerlegt einen gegen die Brüderunität gerichteten Brieftraktat, den der Olmützer Domherr Bernhard Zoubek von Zdětín dem mährischen Hochadeligen Johann von Žerotín gewidmet hatte. Zoubek stammte aus dem niederen mährischen Adel, seine Familie besaß ein Landgut bei Littau. Nach Studien in Bologna und Perugia erwarb Zoubek 1511 den Grad eines Doktors beider Rechte. Im Anschluss ließ er sich in Olmütz nieder, wo er ein Kanonikat am Domkapitel innehatte. Mit seiner humanistischen Bildung, die in zeitgenössischen Quellen hervorgehoben wird, verband Zoubek offenbar theologische Interessen. Außer der im vorliegenden Text in Auszügen überlieferten Abhandlung gegen die Brüder sind von ihm keine Schriften erhalten. Bezeugt ist jedoch eine Predigtreihe im Jahr 1528 gegen die Täuferbewegung. Zwei Jahre später wurde Zoubek Dekan des Olmützer Domkapitels, zeitweilig fungierte er auch als Generalvikar. 1540 wurde er nach dem Tod des Bischofs Stanislaus Thurzó zu dessen Nachfolger gewählt, starb aber bereits im folgenden Jahr, noch bevor er die päpstliche Bestätigung erhielt.

Der Utraquist Johann von Žerotín, dem sowohl Zoubeks Polemik als auch die brüderische Gegenschrift gewidmet sind, war ebenso wie bereits sein um 1500 verstorbener gleichnamiger Vater ein Schutzherr der Brüderunität. Johann der Ältere hatte auf seiner Grundherrschaft Fulnek die 1480 aus Brandenburg geflohenen Waldenser aufgenommen, die sich dort der Brüderunität anschlossen. Sowohl die

Die typologische Deutung des Passalamms auf Christus (Ex 12; 1 Kor 5,7) wurde von Katholiken, Utraquisten und Brüdern auf jeweils unterschiedliche Weise auf ihr Verständnis des Abendmahls bezogen (Nr. 105 und 326). Das siegreiche Lamm, hier in einer Initiale des utraquistischen Leitmeritzer Graduals (1542/44) dargestellt, steht für den Triumph des Auferstandenen (Offb 5,12). Seit dem letzten Drittel des 16. Jahrhunderts fanden Zierstücke mit dem Motiv des Lammes mit der Siegesfahne Verwendung als Schmuckelemente in brüderischen Druckschriften, etwa der Kralitzer Bibel. Später galt das Lammsignet als Erkennungszeichen der Brüderunität.

Fulneker Unitätsgemeinde als auch die Gemeinde im mährischen Straßnitz stattete er mit verschiedenen Privilegien aus (Hrejsa: Sborové [1935], 84, 139). Auch in den folgenden Generationen blieben die Verbindungen zwischen Angehörigen der Familie Žerotín und der Brüderunität eng.

Der böhmische Humanist Václav Písecký, ein Utraquist, berichtete dem Prager Magister Michal aus Neustadtl in einem Brief vom September 1510 von einer Begegnung mit dem katholischen Kleriker Zoubek in Bologna. Zoubek war von einem durchreisenden böhmischen Kaufmann um ein theologisches Gutachten über das Manuskript der brüderischen *Apologia Sacre scripture* gebeten worden, die im folgenden Jahr in Nürnberg in den Druck gehen sollte ([Lukáš aus Prag:] Apologia Sacre scripture [1511]). Zoubek war zwar der Meinung, dass die Brüder Häretiker seien, konnte aber in der Bekenntnisschrift keine ausdrücklichen Irrlehren finden. Ein Theologieprofessor aus dem Dominikanerkonvent in Bologna, von dem Písecký und Zoubek eine weitere Meinung über das Manuskript einholten, kam zu einem ähnlichen Urteil. Zoubek vermutete daher, dass die Brüder ihre in Wirklichkeit häretische Lehre in der *Apologia* bewusst irreführend als orthodox darstellten (Truhlář, J.: Humanismus [1894], 139f.; Truhlář, J. [Hg.]: Dva listáře humanistické [1897], 56–59; Čornej: Království [1989], 312–316). Der Vorwurf, die brüderischen Apologien und Bekenntnisschriften seien unaufrichtig, findet sich wiederholt in zeitgenössischen Polemiken (vgl. Nr. 273 und 324).

Zoubek konnte bei der Abfassung seines Brieftraktats an Johann von Žerotín auf Polemiken katholischer Verfasser gegen die Brüderunität zurückgreifen, namentlich auf Schriften von Augustinus Moravus Olomucensis, Heinrich Institoris, Jan aus Wodňan und Jakob Ziegler. So ist etwa der Vorwurf, die Lehrmeinungen der Brüder seien so uneinheitlich, dass sich nicht einmal ein „Pikarde aus Proßnitz mit einem aus Prerau" einigen könnten, aus dem *Tractatus de secta Valdensium* des Augustinus Moravus (Nr. 322) übernommen. Zoubeks Belesenheit in der häreseologischen Literatur ist auch an seiner Aufzählung älterer und neuerer Irrlehren erkennbar. Er weiß von Petrus Waldus und einem Johannes aus Lyon (zu letzterem vgl. Molnár: Waldenser [1973], 126; Cameron: Waldenses [2000], 142) als den Gründern der Waldenserbewegung und von der Verurteilung ihrer Lehre durch das IV. Laterankonzil unter Papst Innozenz III.

Auffällig ist im mährischen Kontext die Erwähnung der „Marranen", der teilweise unter Zwang zum Katholizismus bekehrten spanischen „Neuchristen" jüdischer Herkunft, die „als Christen viele jüdische Gebräuche beobachteten und durch König Ferdinand ausgerottet wurden". 1492 kam es zu einer Massenvertreibung der Juden aus den spanischen Reichen durch König Ferdinand II. von Aragon. Die im Land verbliebenen „Marranen" oder „Neuchristen" wurden verdächtigt, heimlich weiterhin jüdischen Traditionen anzuhängen, und wurden von der Spanischen Inquisition mit großer Härte verfolgt.

Der Verfasser der brüderischen Widerlegung ist laut der *Historia Fratrum* (Praha, Národní knihovna České republiky, Sign. XVII F 51a, 382) Lukáš aus Prag. Diese Angabe übernahm im 19. Jahrhundert auch die Forschung (Gindely: Bratr Lukáš [1861], 283). In der Tat steht die Gegenschrift der Lehre des Brüderbischofs theologisch nahe. Sie weist konkrete Anklänge an dessen Schriften auf, so etwa das Argument, die angeblich von katholischen Ordensleuten vollbrachten Wunder seien auf den Antichrist zurückzuführen (vgl. Nr. 324; das Argument begegnet allerdings auch schon vor Lukáš in brüderischen Texten, so in Nr. 4, 6, 35, 68, 135). Allerdings unterscheidet sich der vorliegende Text so deutlich vom charakteristischen, schwerfälligen Stil und der spezifischen Argumentationsweise des Lukáš, dass dessen Verfasserschaft ausgeschlossen werden kann.

Müller schlug den Brüderbischof Tůma aus Přelauč als möglichen Verfasser vor (Müller: Geschichte, Bd. 1 [1922], 392, 602). Tůma war ein erfahrener Polemiker und Apologet (Nr. 67, 69, 319; Justová: Tůma Přeloučský [2011], 73–82) und war als Bischof des mährischen Zweigs der Unität von Amts wegen für die Verteidigung seiner Kirche gegenüber mährischen Obrigkeiten zuständig. Für die Zuschreibung an Tůma spricht ferner die positive Wertung der taboritischen Theologen in der Gegenschrift, die auch in anderen Schriften Tůmas zu beobachten ist (vgl. Nr. 67). Allerdings war Tůma 1517 schon über achtzig Jahre alt und starb im Februar 1518. Sokol wies aus diesem Grund Müllers Zuschreibung zurück (Tůma aus Přelauč: Spis o původu [1947], 36).

Außer Tůmas Alter spricht vor allem der Schlussabschnitt gegen seine Autorschaft. Dort betont der Verfasser, dass nur er selbst, nicht aber die gesamte Unität für den Inhalt seiner Schrift verantwortlich sei. Diese Kautele wäre in einer Schrift, die ein Brüderbischof von Amts wegen einem adeligen Schutzherrn widmet, unangebracht. Gerade die Formulierungen des Schlussabschnitts haben aber enge Parallelen in Texten des Leitomischler Brüderpriesters Vavřinec Krasonický (vgl. Nr. 106; Praha, Knihovna Národního muzea, Sign. V F 41, 182r). Eine positive Sicht der taboritischen Tradition findet sich auch bei Krasonický (Nr. 106). Für eine plausible Entscheidung der Verfasserfrage liegen damit jedoch noch keine ausreichenden Anhaltspunkte vor.

Der brüderische Verfasser zitiert Zoubeks wohl auch im Original tschechisch verfassten Text nur auszugsweise; an manchen Stellen fasst er dessen Argumente zudem in eigenen Worten knapp zusammen. In der Entgegnung auf Zoubeks Vorrede wird auf den 1505 in Nürnberg gedruckten *Tractatus contra Waldenses fratres erroneos* des Dominikaners Jakob Lilienstayn angespielt. Lilienstayn hatte drei Jahre lang unerkannt unter den Brüdern gelebt. Sein polemischer Bericht enthält bemerkenswerte Einzelheiten zu Lehre, Kultus und Lebensweise der Brüderunität (Halama, O.: Polemika [2018], 144, 147, 165). In den Abschnitten über das Fegefeuer und die Fürbitte der Heiligen benutzt der brüderische Verfasser anscheinend die *Confessio Tabo-*

ritarum (1431) des Taboritenbischofs Mikuláš aus Pilgram (Spunar: Repertorium [1995], 74; *Confessio Taboritarum* 16–22, p. 100–141 Cegna/Molnár). Am Schluss verweist er auf eine brüderische Widerlegung der umfangreichen Streitschrift des Humanisten Jakob Ziegler (Ziegler [Hg.]: In hoc volvmine [1512]; Peschke: Kirche und Welt [1981], 173–178), die allerdings nicht erhalten ist.

Überlieferung außerhalb der AUF: –

Edition: Handschriftliche deutsche Übersetzung von Joseph Theodor Müller: Herrnhut, Unitätsarchiv der Evangelischen Brüder-Unität, Sign. AB.II.R.1.1a/3, Zweiter Teil, 301–341.

Literatur: Gindely: Bratr Lukáš [1861], 283, Nr. 44; Пальмов (Hg.): Чешские братья, Bd. 1/1 [1904], 228, Nr. 49; Müller: Geschichte und Inhalt [1913], 220f., Nr. 35; Müller: Geschichte, Bd. 1 [1922], 311, 392, 559, Nr. 82, 602, Nr. 151; Müller/Bartoš: Dějiny, Bd. 1 [1923], 252, 342f., Nr. 82; Tůma aus Přelauč: Spis o původu [1947], 36; Králík: Dvě zprávy [1948], 304–307; Wörster: Humanismus [1994], 36; Rothkegel: Briefwechsel [2007], 45, 51f.; Halama, O.: Polemika [2018], 144, 165 (zu Jakob Lilienstayn); Štěpán: Bernard Zoubek [2019].

Odpowěd bratrská na spis doktora Zaubka kanownjka, kterýž včinil a odeslal panu Janowi z Žerottjna proti bratřjm, gjmž pronássj na sebe, aby wědomo bylo, kdo gest a z čjho stáda? Čož každý čta snadně pozná [„Antwort der Brüder auf die Schrift des Domherrn Doktor Zoubek, die er gegen die Brüder verfasst und dem Herrn Jan von Žerotín zugesandt hat, mit welcher er gegen sich selbst zeugt, damit offenbar wird, wer er ist und aus welcher Herde, was ein jeder, der es liest, unschwer erkennen wird"]. Inc.: *Známo z gistých pjsem swatých, že wjra obecná křesťanská čtenj swatého, wyznánj apostolského w shromážděnj článkůw gegich [...]*. Expl.: *[...] žádám spasen býti a žiwota wěčného dogjti. Amen. Skonáwá se odpowěd na spis kanownjka. Letha Páně 1517 we čtwrtek po s[vaté]m Řehoři.*

[Vorrede der brüderischen Gegenschrift]

Der Glaube an das Evangelium, der im Apostolischen Glaubensbekenntnis zusammengefasst ist (*wjra obecná křesťanská čtenj swatého, wyznánj apostolského w shromážděnj článkůw gegich*), ist die wesentliche und dienliche Grundlage der Kirche (*základná y služebná obecná gest prawda cýrkwe wssj obecné*) und ihrer mehr oder weniger vollkommenen (*wjc neb méně, bljže nebo dalegi, w částce menssj nebo wětssj*) [sichtbaren] Teilgemeinschaften. Durch die Erkenntnis dieses Glaubens gelangt der Mensch zum Heil. Der Glaube wurde von Christus gestiftet und von den Aposteln ausgebreitet. Nach dem Tod der Apostel kamen Irrlehren auf, die die ganze Kirche, Geistliche wie Laien (*wssecko tělo obogjho stawu y lidu obecného*), durchsäuerten (Mt 16,12). In der Kirche kam es zum Abfall vom Glauben, falsche Propheten traten auf, die Wahrheit wurde durch Menschensatzungen (Jes 29,13; Mt 15,9) verdunkelt. Seither konnten nur wenige die Wahrheit erkennen und dienlich in Wort und Sakrament an ihr teilhaben.

Daher offenbarte Gott die Wahrheit aus Gnade den Brüdern (*z milosti ráčil gi zgewiti bratřjm*), sodass diese sich bekehrten und von der verdorbenen Kirche lossagten. Die Brüder stellten die erkannten Missstände ab, ordinierten Diener (*zřjditi pomoc gegj služebnau k swatých prawd gegich k obcowánj*) [Brüderpriester] und bildeten eine Glaubensgemeinschaft auf biblischer Grundlage. Sie respektieren die Obrigkeit und wollen mit jedermann in Frieden (Hebr 12,14) leben.

Nun erhebt aber ein Domherr mit vielen hochtrabenden Titeln in einer Schmähschrift unberechtigte Vorwürfe gegen die Brüderunität. Er trachtet danach, Gottes Werk zu vernichten, indem er die Lehre und Praxis seiner Kirche, die der Heiligen Schrift und dem Apostolischen Glaubensbekenntnis widersprechen, verherrlicht. Seine Schrift hat er einigen mährischen Herren gewidmet. Der Verfasser der vorliegenden Gegenschrift gehört der Brüderunität an und bittet Leser aller Stände, die Argumente unvoreingenommen abzuwägen und die Wahrheit siegen zu lassen (*prawdě, kteráž wjtězyti má, mjsto dadauc*) (3 Esr 3,12).

[Vorrede der Schrift des Bernhard Zoubek von Zdětín an Johann von Žerotín]

Bernhard Zoubek von Zdětín, Kanoniker des Olmützer Domkapitels und der Kollegiatstifte in Brünn und Kremsier, widmet dem Hochadeligen Johann von Žerotín seine Schrift gegen die Pikarden [die Böhmischen Brüder]. Zoubek wünscht Žerotín, dass er die Gefahr, die von dieser Ketzerei ausgeht, erkennen möge. Die [Brüder] trachten danach, die Schafe Christi zu verderben. Sie verstellen sich heuchlerisch wie Wölfe im Schafspelz (Mt 7,15), um ihre Ketzerei zu bemänteln. Auf diese Weise haben sie zahlreiche Anhänger unter dem gemeinen Volk gewonnen und sogar einige Personen aus dem katholischen Hochadel auf ihre Seite gezogen (*počet nemalý lidu obecného stawu a některé powýssseného, kteřjžto pod klubučkem kalichu pikhartem wonj, a snad se y Řjmem zastjragj někteřj, a giž s nimi do geskyně bludůw vpadli sau*). – Antwort: Der brüderische Verfasser widmet seine Gegenschrift ebenfalls Johann von Žerotín. Ihn und alle übrigen Leser fordert er auf, die Argumente beider Seiten anhand der Heiligen Schrift zu beurteilen. Zoubek verdammt die Brüder ohne ordentliche Beurteilung als Pikarden und Ketzer (*pikhartugeš a bludugeš*). Es wird sich zeigen, wer von beiden [die Brüder oder die römische Kirche] die Wölfe sind, die ihr antichristliches Wesen heuchlerisch verbergen. Die Brüder trachten nicht danach, die Schafe Christi zu verderben, sondern bekennen freimütig, was Gott sie über die Missstände der [römischen] Kirche hat erkennen lassen. Dagegen bedienen sich die [Katholiken] arglistiger Verstellung, so wie jüngst ein Priester [der Dominikaner Jakob Lilienstayn], der die Brüder ausspähen wollte und doch nichts Böses bei ihnen fand. Die römische Kirche beruft sich auf Petrus, als hätte nur dieser eine Apostel den rechten Glauben und als hätte nur er den Heiligen Geist empfangen und als würde das Schifflein Petri und nicht das Schiff des allgemeinen christlichen Glaubens zum Heil führen. Wenn sich Zoubek in die Schule Gottes begeben (*máss-li vměnj pomazánj Božjho a včil-lis se w sskole geho a powolán gsy k mistrowst[ví] geho*) und zu geistlicher Erkenntnis gelangen würde, dann würde er erkennen, dass im Schiff des Glaubens [der Antichrist] das Kommando übernommen hat (*poznáš gistě tu lodičku wjry [...] w čj mocy gest*). Die Brüder erkaufen sich nicht die Gunst des Adels und verfügen auch nicht über weltliche Machtmittel wie die [römische Kirche]. Sie haben sich als treue Untertanen einen guten Ruf erworben. Der Brüderunität gehören nur wenige Adelige an. Es trifft aber zu, dass die Brüder einige Unterstützer im katholischen und utraquistischen Hochadel haben (*někteřj z panůw, poznagjce při nás bližssj skutečnau prawdu wjry, milost počali mjti [...] při wás nebo při kalichu*).

Zoubek: Žerotín möge die Grundlagen des Glaubens bedenken. Dieser nahm seinen Anfang mit den Patriarchen des Alten Testaments und mit den tugendhaften Heiden, die nach dem natürlichen Gesetz lebten, und wurde nach der Auferstehung Christi von den Aposteln und den von ihnen eingesetzten Amtsträgern der römischen Kirche überliefert, der vom Heiligen Geist auch in späterer Zeit zusätzliche Wahrheiten offenbart wurden (Joh 16,12–13). Die Kirche ist auf Christus als dem Eckstein gegründet (Eph 2,20) und unzerstörbar. – Antwort: Grund des Glaubens ist Christus selbst (1 Kor 3,11). [Die römische Kirche] hat die Wahrheit und den Grund des Glaubens durch Ämterhierarchie, Traditionen und menschliche Erfindungen (Jes 29,13; Mt 15,9) verschüttet. In der frühen Kirche war in der Tat der rechte Glaube vorhanden. Damals wurden nicht viele als Christen geboren, sondern die meisten Gläubigen erlangten den Glauben [erst als Erwachsene] durch Gottes Gabe und wandten sich daraufhin von der Welt ab. Die heutigen Vorsteher der römischen Kirche hätten damals als weltlich und götzendienerisch gegolten. Christus selbst lebte demütig von seiner Hände Arbeit, bis er sich mit dreißig Jahren taufen ließ und danach eben jene Versuchungen überwand (Mt 4,1–11), denen die heutige Kirche erlegen ist. Es ist offensichtlich, dass die heutige [römische] Kirche weder mit der des Alten Testaments noch mit der Kirche Christi und der Apostel übereinstimmt. Sie ermangelt der geistlichen Vollmacht (*moc neb auřad [...] bez prawdy y s mocý ničjmž nenj*). [Die katholische Auffassung der apostolischen Sukzession ist zurückzuweisen], denn der Apostel Paulus empfing seine Amtsgewalt nicht von den übrigen Aposteln (Gal 1,12). Die Verheißung Joh 16,12–13 galt nur den Aposteln, die diese zusätzlichen Erkenntnisse im Neuen Testament niederschrieben. Die Bibelstelle beweist nicht, dass die Kirche auch in späterer Zeit neue Schriften, Ordnungen und Dogmen einführen durfte. Unzerstörbar ist die Kirche nur im Sinne der Erwählung zum Glauben (*prawdu wjry obecné křesťanské w pjsmjch y wolenj Božj k nj*). Die Kirche im Sinne einer Versammlung von Menschen (*lidské k nj se shromážděnj*) mit ihren Ordnungen, Diensten und Traditionen unterliegt der Veränderung. Sie konnte abtrünnig werden und gelangte unter die Herrschaft des Antichrist.

Zoubek: Die Kirche bewahrt die Einheit des Glaubens in ganz Europa in Teilen Asiens, Afrikas und Armeniens (*Europa wssecka, djl Azye, djl Affryce, djl Armenye*). Allein in Europa sind es sechzehn Königreiche (*w samé Europě gest ssestnáste korun králowských, negkřesťansstěgssj králowstwj ffranské, přesiroké králowstwj yspanské, naragonské, portugalské, anglické, skotské, negbohatssj králowstwj vherské, polské, slawná welebná cysařská koruna, vdatné králowstwj české a giná mnohá*). Alle diese Länder sind einig im Glauben, so wie im Gleichnis (Mt 13,47) vielerlei Fische in einem Netz gesammelt werden. Dagegen sind die [Brüder] in Glaubensdingen uneins. Würde Žerotín zwei Pfaffen (*dwa proholence aneb střihance*) der Pikarden aus Proßnitz und aus Prerau zusammenbringen, würde der Proßnitzer dem Prerauer widersprechen. Sie entbehren des Stifters der Einheit (*gednatele gednoty*), des Heiligen Geistes. – Antwort: Was Zoubek für die Kirche hält, sind Hierarchie, Macht und menschliche Erfindungen, lauter Dinge, die mit Christus oder mit dem Heiligen Geist nichts zu tun haben. Vom Heil [als der Zweckursache der Kirche] schreibt er nichts. Zoubek schreibt von der Zahl der christlichen Königreiche als Beweis für die Einigkeit und Wahrheit des römischen Glaubens. Ebenso könnten die Muslime (*množst[ví] náramné pod Machométem*) argumentieren. Christus hat auch außerhalb der Gebiete der römischen Kirche seine Schafe, zudem hat er das Heil durch seinen Kreuzestod nicht auf einem Hügel Roms, sondern auf dem Zion, dem Mittelpunkt der Welt, bewirkt. Von Jerusalem aus ist das Evangelium in alle übrigen Länder ausgegangen. Die Einheit der römischen Kirche beruht auf Macht, Gewalt und Geld. Die Utraquisten nähern sich in dem Maße der Wahrheit, in dem sie sich von der römischen Kirche entfernen. Die Brüder haben sich um der Wahrheit willen vollends von der falschen Kirche getrennt. Dennoch streben sie nach Einheit im Glauben, wobei äußerliche Unterschiede in Liebe ertragen werden sollen (*by pak w zewnitř co rozdjlného bylo, pro nedostatky w tom, snássej se w lásce*). Von Einigkeit kann in der römischen Kirche keine Rede sein, so vielfältig sind ihre Götter und abergläubischen Kulte (*bohůw, panůw, powěr rozličnost nezčjslná*), die Zoubek gleichsam mit einem einheitlichen Brokatmantel bedecken will (*wše přikrygeš to plásstěm zlattohlawo[vý]m*).

Zoubek: Der Ursprung des [römischen] Priestertums ist das Priestertum Christi nach der Ordnung Melchisedeks (Hebr 5,6), das ewig bestehen wird. Woher aber haben die Pikarden ihr Priestertum? Nicht viel besser als die Pikarden sind die Utraquisten, die ihre Priesterweihe durch Betrug erlangen und dort die Kommunion unter einer Gestalt empfangen. Solchen Personen sollte man weder seine Seele noch sein Schloss anvertrauen (*tu račte znamenati, slussj-li takowemu dusse swěřiti, a zámku*). – Antwort: Das ewige Priestertum nach der Ordnung Melchisedeks hat niemand außer Christus selbst inne. Er gibt allen Gläubigen daran geistlich Anteil (Offb 1,6; 5,10; 1 Petr 2,9). Von dem sakramentalen Priestertum, wie es die römische Kirche versteht (*wásse poswátné kněžst[ví]*), ist in der Heiligen Schrift nicht die Rede. Die ersten Brüderpriester wurden von einem dazu berechtigten älteren Priester (*starssj kněz na to zřjzený a vstawený*) ordiniert. Die Utraquisten mögen sich selbst verantworten. Sie könnten sich einen eigenen Bischof wählen, um von Rom unabhängig zu sein (*žeť by se mohli podlé zákona Božjho půwodem opatřiti a k wám zřenj nemjti*). Die utraquistischen Weihekandidaten, die sich von katholischen Bischöfen weihen lassen, handeln nicht aus betrügerischer Absicht, sondern aus Not. Es ist auch keineswegs der Fall, dass alle utraquistischen Priester bei ihrer Weihe an der Kommunion unter einer Gestalt teilnehmen. Der Priester [Michal aus Senftenberg], der die ersten Brüderpriester ordinierte, hat bei seiner Priesterweihe in Italien nicht unter einer Gestalt kommuniziert.

Zoubek: Die Pikarden behaupten, das Papstamt hätte seine geistliche Vollmacht (*moc řádu kněžského*) verloren, seitdem Papst Silvester I. weltliche Macht annahm. Da die Päpste die Bischöfe einsetzen, die Bischöfe die Priester weihen und die Priester die Menschen taufen, kann also seit jener Zeit niemand mehr [gültig] getauft worden sein, mithin muss seither der Glaube aufgehört haben (*giž by wjra přestala byla od toho času*). – Antwort: Die Brüder lehren nicht, dass das römische Priestertum zur Zeit von Papst Silvester I. völlig aufgehört habe, aber es büßte an Würdigkeit und geistlicher Vollmacht ein (*vmenssenj wzala strany hodnosti a způsobilosti y přjkladu, y prawdy, y p[řj]činy a půwodu*). Von denen, die [in der römischen Kirche] getauft werden, erlangen nur wenige die geistliche Wahrheit der Taufe, die allein Gott selbst schenken kann und die durch lebendigen Glauben in Annahme des Evangeliums geschieht. Der äußerlichen Taufe diese geistliche Wirkung zuzuschreiben ist der Ausgangspunkt aller Verführung [der Gläubigen durch den Antichrist] (*půwod včiněn býwá wsseho zawedenj*). Daher empfangen viele nur die äußerlichen Sakramente, ohne an den [durch diese bezeugten geistlichen] Wahrheiten teilzuhaben. Zoubek irrt, wenn er behauptet, es gäbe keinen Glauben mehr, wenn es keine ordentlich gespendeten Sakramente mehr gibt. Der Glaube wird nicht durch das Sakrament bewirkt, sondern kommt aus dem Hören des Evangeliums (Röm 10,17) und geht dem Sakrament voraus. Die Apostel tauften nur diejenigen, die bereits gläubig geworden waren. Der Glaube wird keineswegs durch die Taufe eingegossen. Auch bei der Kindertaufe, bei der sich Paten verbürgen (*w vmluwě kmotrůw*), muss eigener Glaube nachfolgen. Da in der römischen Kirche an die Stelle des lebendigen Glaubens die Sakramente getreten sind, kann man wohl sagen, dass dort der Glaube aufgehört hat, obwohl er noch mit Worten bekannt wird.

Zoubek: Wären die Priester der Pikarden, wie sie behaupten, von Gott direkt gesandt, müssten sie wie die Apostel Wunder tun können. Sie maßen sich zu Unrecht das Priesteramt an und sind die Räuber und Mörder, vor denen Christus Joh 10,1 warnt. – Antwort: Die Brüder haben sich aus wichtigen Gründen von der römischen Kirche getrennt. Sie haben keine neue Sekte (*nowau sektu*) gegründet, sondern haben sich zum alten Glauben der Urkirche bekehrt und haben von dieser (*z půwodu wjry obecné křesťanské a z praweho kněžst[ví] gegjho duchownjho y poswátného*) den Ursprung ihres Priestertums. Wunder waren nur im Alten Testament und in der Apostelzeit notwendig, in der Gegenwart reicht das Zeugnis der Heiligen Schrift aus. In der Endzeit tut nur der Antichrist Wunder (Offb 13,13–14; Mt 24,24). Die Brüder maßen sich nicht aus Frechheit das Priestertum an (*by wssetečnost bratřj wedla k mocy auřadné*), dies tun vielmehr die katholischen Priester, die nicht von der Gemeinde gewählt werden, sondern sich aus eigenem Entschluss weihen lassen und überdies behaupten, sie seien in derselben Weise Priester wie Christus selbst.

Zoubek: Die Pikarden sind eine der vielen Häresien, mit denen die Kirche seit der Apostelzeit zu kämpfen hat. Aber die Häresien sind wie ein auf Sand gebautes Haus (Mt 7,26) und müssen nach kurzer Zeit untergehen wie jüngst die Marranen in Spanien (*gako málo nad žiwot náš w Jspanij maryáni, kteřjž křesťané gsauce, mnohé obyčege židowské zachowáwali*). Ähnlich erging es vor diesen den Waldensern mit ihren Stiftern Petrus Waldes und Johann aus Lyon zur Zeit des Papstes Innozenz [III.] und den Wyclifiten in England, die die Armut des Klerus einführen wollten. Die Ketzerei der Pikarden nahm ihren Anfang in der Pikardie. Als sie von dort vertrieben wurden, gelangten die Pikarden gleich zu Beginn des böhmischen Schismas (*při negprwněgssjm počátku roztrženj w Čechách*) nach Böhmen, wo aus der Irrlehre vom Kelch tausend weitere Irrtümer entstanden und sich ausbreiteten. Unter den böhmischen Ketzern herrscht trotz ihres gemeinsamen Ursprungs ebenso wenig Einigkeit wie unter Füchsen, denen man die Schwänze zusammenbindet (Ri 15,4). – Antwort: Zoubek zählt zwar allerlei Ketzer von der Apostelzeit bis zu Jan Hus und Jan Žižka auf, aber er nennt kein Kriterium aus der Heiligen Schrift, woran Ketzerei zu erkennen sei. Der Verfasser der Gegenschrift erklärt daher: Ursprung aller Ketzerei ist, dass bereits in der Apostelzeit einige nicht durch den Glauben, sondern durch eigene Werke, durch menschliche Erfindungen oder durch Sakramente selig werden wollten. Vor diesen Ketzern, mit denen der Antichrist in der Kirche zu wirken begann, warnten die Apostel und Christus selbst. In der Abfolge der sechs Gleichnisse Mt 13,3–45 ist das allmähliche Zunehmen der Macht des Antichrist in der Kirche angedeutet. Unter den Kaisern Heinrich [VII.] und Karl [IV.] erreichte der Antichrist die volle Herrschaft. Der Götzendienst nahm überhand, der wahre Glaube wurde als Häresie verlästert. Gott sandte Boten aus, die, wie bereits die Propheten im Alten Testament, verfolgt und getötet wurden, unter ihnen waren John Wyclif, Matěj aus Janov (*Matěge Pařjžského*) und Jan Hus. Gott bediente sich der weltlichen Obrigkeit [im Königreich Böhmen] als einer Geißel zur Reinigung seines Tempels (Mt 21,12–13) und der Taboritenpriester zur Reinigung der Lehre. Schließlich erweckte Gott ein Volk (*lid wzbudil žádostiwy spasenj*) [die Brüderunität], dem er seinen Willen offenbarte und dem er bis heute hilft. Im Auftrag Gottes decken die Brüder die Herrschaft des Antichrist auf und legen freimütig Zeugnis gegen die Verführung ab. Deshalb werden sie von den Priestern verfolgt. Man darf diejenigen, die die römische Kirche verurteilt hat, nicht für Ketzer halten, denn die wahre Ketzerei ist die römische Kirche selbst, die die Finsternis Licht nennt und das Licht Finsternis, so im Fall von Jan Hus und beim Laienkelch.

Zoubek sendet Johann von Žerotín ein Schreiben über einige ketzerische Lehrmeinungen (*bludné artykule*) [der Brüder]. Er fordert Žerotín auf, die Ketzer [durch Verfolgungs- und Zwangsmaßnahmen] in den Schafstall Christi [die römische Kirche] zurückzuführen. – Antwort: Zoubek kann mit der Wahrheit nichts gegen die Brüder ausrichten und bedient sich daher der List und der Verleumdung. Die römische Kirche ist nicht der Schafstall Christi, sondern eine Räuberhöhle (*peleš lotrowskau*).

Über das Abendmahl (*o těle Božjm*)

Zoubek: Christus gab bei der Einsetzung des Abendmahls sich selbst den Gläubigen leiblich zur Speise. Die Pikarden lästern das Sakrament und verstehen es als ein bloßes Zeichen (*swátosti znamenj*). Der Ursprung dieser Ketzerei ist der Unglaube eines Teils der Jünger nach der Brotrede Jesu (Joh 6,60; 6,66). Dionysius Areopagita, der Schüler des Paulus, bezeichnet in seiner Schrift *De caelesti hierarchia* die Leugner der Wandlung als die ärgsten Ketzer [in Pseudo-Dionysius Areopagita, *De caelesti hierarchia*, findet sich keine derartige Aussage]. Berengar [aus Tours] schwor dieser Irrlehre voller Reue ab. – Antwort: Die Aussage, dass Christus sich selbst leiblich zur Speise gegeben habe, widerspricht den Berichten der Evangelisten (Mt 26,26–29; Mk 14,22–25; Lk 22,15–20) und des Paulus (1 Kor 11,23–26). Man muss zweierlei Art von Speise und Trank unterscheiden, die Christus den Gläubigen darreicht (*dwogjho způsobu a bytu pokrmu a nápoge, Pánem Gezukrystem připraweného*). Heilsnotwendig ist der geistliche und wesentliche (*duchownjho a základnjho*) Genuss durch den Glauben, von dem in Joh 6,26–65 die Rede ist. Die zweite Weise des Genusses ist die sakramentliche (*poswátné*), die zur Bezeugung und zum Bekenntnis dient und von der die drei Evangelisten und Paulus reden. Die römische Kirche versteht nichts von der ersten Weise des Genusses, schreibt der zweiten Heilsnotwendigkeit zu und verführt das Volk zu eitler Hoffnung und Götzendienst. Es trifft nicht zu, dass die Brüder das Sakrament als bloßes Zeichen verstehen, sondern sie „schreiben ihm auch die geistliche Wahrheit des sakramentlichen Seins des Leibes und Blutes Christi des Neuen Bundes, welches Brot und Wein sakramentlich ist, zu" (*připisugj y prawdu duchownj bytu poswátného těla a krwe Krysto[v]y nowého swědect[ví], gjžto chléb a wjno poswátně gest*). Die Brüder lästern nicht, sie weisen vielmehr solche eucharistischen Lehren und Praktiken zurück, die der Heiligen Schrift widersprechen. Die Jünger, die Joh 6,60 und Joh 6,66 Anstoß an Jesu Rede vom Essen und Trinken seines Leibes und Blutes nahmen, verstanden diese Worte im grob materiellen Sinn. Das entspricht der Lehre der römischen Kirche, nicht aber der Auffassung der Brüder. Anstatt die Brüder der Irrlehre zu beschuldigen, sollte Zoubek bedenken, ob nicht vielmehr diejenigen, die den Laien den Kelch entziehen, ein Sakrileg begehen (*swatokrádcý*). Das Zitat aus Dionysius Areopagita ist unzutreffend, da dieser alle Sakramente als Zeichen verstand.

Zoubek: Das Manna, das die Israeliten in der Wüste aßen, war ein Zeichen des lebendigen Brotes (1 Kor 10,3–4; Joh 6,49), die Eucharistie dagegen ist das Lebensbrot selbst. Das Passalamm war ein Typos (*ffigůra*) Christi, der das wahre Lamm ist, an dem man sich versündigt, wenn man unwürdig davon isst (Ex 12,48; 1 Kor 11,27). Die Vorschriften über das Passalamm (Ex 12) sowie weitere mosaische Opfervorschriften bestätigen bis in Einzelheiten hinein die eucharistische Lehre und Praxis der römischen Kirche. Christus bringt sich fortwährend geistlich (*duchowně wždycky*) für die Sünden seiner Kirche zum Opfer dar. – Antwort: Sowohl die Typoi (*ffigůry*) des Alten Testaments als auch die Sakramente (*swátosti*) des Neuen Testaments sind heilige Zeichen. Die ersteren weisen auf das Kommen Christi voraus, die letzteren weisen auf den gekommenen Christus zurück. Die Typoi des Alten Testaments beziehen sich nicht auf die Sakramente, sondern auf die Person Christi selbst, sowohl das Manna (Joh 6,51) als auch das Passalamm und die dazugehörigen Opfervorschriften. Das Sakrament kann nicht das heilswirksame Brot des Lebens sein, von dem in Joh 6,58 die Rede ist, denn Judas hat das Sakrament ebenso wie die übrigen Jünger empfangen, und viele böse Priester essen es jeden Tag, ohne sich zu bessern. Würdig (1 Kor 11,27) empfängt, wer an Glaube, Liebe und Hoffnung (1 Kor 13,13) teilhat und Christus geistlich genießt. Zurückgewiesen wird Zoubeks Auslegung der Passa- und Opfervorschriften, mit der dieser gegen die Utraquisten den Kelchentzug und die Konkomitanzlehre [wonach sowohl Wein als auch Brot nach der Konsekration unterschiedslos der ganze lebendige Christus nach seiner Menschheit und Gottheit sind] zu beweisen sucht. Christus wurde ein einziges Mal auf der Erde am Kreuz geopfert, sein himmlisches Opfer für die Sünden der Kirche der Auserwählten (*za hřychy cyrkwe zwolených*) ist immerwährend. Wieso lehrt die römische Kirche dann die Wiederholung des Opfers auf Erden [in der Messe]?

Zoubek zitiert Stellen aus dem Neuen Testament, die beweisen sollen, dass die konsekrierten Abendmahlselemente nicht lediglich ein Zeichen, sondern Leib und Blut Christi sind, mit denen er die Kirche sättigt: Joh 6,52; Mt 26,26; 1 Kor 10,16; Lk 22,15; Mt 28,20. Diese Beweise kann man nur leugnen, wenn man mit der Häresie des Mohammed behaupten will, es sei ein anderer und nicht Christus gekreuzigt worden. – Die Kirche wird mittels geistlicher Kommunion durch die Wahrheit gesättigt [„Wahrheit" im Sinne der eigentlichen Sache, die durch ein Zeichen bezeichnet wird], die mit dem materiellen Sakrament bezeichnet und bezeugt wird (*wssak se sytj prawdau wyznamenanau a swědčenau, a ta prawda wlastně gest swátosti welmi potřebná k duchownjmu poslauženj*). Die zitierten Schriftstellen beweisen das Gegenteil dessen, was Zoubek behauptet. Die Brüder hängen keineswegs der Irrlehre Mohammeds an, sondern glauben, dass [die Abendmahlselemente] derselbe Leib und dasselbe Blut sind wie am Kreuz, aber eben nicht in derselben Seinsweise (*ale ne týmž bytem*). Obwohl nicht das geringste Argument für die katholische Abendmahlslehre und den Kelchentzug spricht (*nemagjc ni gednoho tytljka w prawdě sobě ku pomocy*), halten die Priester daran fest, da sie um ihre Macht und ihren Gewinn besorgt sind.

Zoubek beschließt den Abschnitt vom Abendmahl mit beweisenden Zitaten aus der kirchlichen Tradition. Dionysius Areopagita [Pseudo-Dionysius Areopagita, *De ecclesiastica hierarchia* 3, 2, PG 3, 426] beweist, dass es bereits in der Apostelzeit eine Messliturgie gab. Zitate aus Ambrosius, *De sacramentis*, aus dem *Decretum Gratiani*, dem *Liber sententiarum* des Petrus Lombardus und aus Schriften des Bernhard von Clairvaux beweisen die Lehre von der Ubiquität des Leibes Christi (*ginde wssudy ráčj býti wssecek*) und von der Wandlung der Abendmahlselemente. – Antwort: Woher die Messe stammt, werden die Katholiken begreifen, wenn Gott ihnen derlei Kot ins Gesicht kippen wird (*když Bůh wykydne lagno gich na twář wássi*). Die Lehren von der Ubiquität und der Wandlung stehen im Widerspruch zur Heiligen Schrift, die bezeugt, dass Christi menschlicher Leib seit der Himmelfahrt zur Rechten Gottes sitzt und dass die Abendmahlselemente Brot und Wein bleiben.

Zweiter Artikel: Über Anrufung und Fürbitte der Heiligen

Zoubek: Die Pikarden verwerfen die Anrufung der Heiligen. Sie behaupten, dass Verstorbene nicht als Fürbitter für die Lebenden eintreten können, dass nur Lebende sich und anderen durch ihr Gebet nutzen können. Die Pikarden verachten die Heiligen und den Heiligen Geist. Aber die Kirche bedarf der Fürbitte der Heiligen. Gemäß Ps 142,8 ist zum einen Christus unser Fürsprecher, zum anderen sind es die Heiligen. Sogar bevor Christus die Seelen der Frommen des Alten Testaments aus der Vorhölle befreite, erhörte Gott Gebete um der verstorbenen Frommen willen (Ex 32,13; Gen 26,5; Gen 26,24; Dan 3,35 Vulgata; 2 Makk 15,14), umso mehr jetzt, da sie vor Gottes Angesicht stehen. So wie ein Fürsprecher bei einem irdischen Herrscher vermittelnd eintreten kann, soll man laut Augustinus, Johannes Damascenus und Dionysius Areopagita die Märtyrer, die Heiligen und die Engel, wie Tob 12,12 und Daniel bezeugen, um Fürsprache bei Gott bitten. – Antwort: Anrufung zur Verehrung (*wzýwánj ku poctě*) kommt Gott allein zu. Indem die römische Kirche Heilige anruft, ehrt sie das Geschöpf anstelle des Schöpfers (Röm 1,25) und treibt Götzendienst, sie ist vom Glauben der Urkirche abgefallen, in der es keine Altäre, keine Reliquien und keine Heiligenverehrung gab. Die Heiligen verlangen und billigen derlei nicht, sie harren [wie die übrigen Gläubigen] noch der Auferstehung und Vollendung (*gesstě gim stogj z wjry naděge dogjti, w den saudu dokonánj při wzkřjssenj*). Es gibt keinen anderen Mittler, in dessen Namen man zu Gott beten darf, als Christus (Hebr 4,15–16), die Berufung auf Abraham, Isaak und Jakob war nur im Alten Testament statthaft. Die römische Kirche führt die Menschen weg von Christus hin zum Kult der Heiligen (*až k swatým zawedeni smysly a dumysly těmi*), sodass diese sich mehr auf Maria verlassen als auf Christus. Zoubeks biblische Beweisstellen sind falsch ausgelegt, einige sind sogar falsch zitiert oder stehen gar nicht im Text, andere stehen in den Apokryphen (*mezy appogryphy gsau*) und sind nicht beweiskräftig. Den Schriften der Kirchenväter darf man nicht glauben wie der Heiligen Schrift. Die Priester verführen das Volk aus Geldgier, denn Hölle, Heilige und Sakrament sind ihre wichtigsten Einnahmequellen (*neb ste obroky na peklu, na s[vatý]ch a na tělu Božjm založili*).

Zoubek: Mose (Ex 32,7–14), Elia (1 Kön 18,1; Jak 5,17–18), Paulus (Apg 27), die Apostel, Hiob und andere leisteten Fürbitte und wurden erhört. Deshalb soll man Gott in seinen Heiligen loben (Ps 150,1) [Vulgata: „in sanctis eius"], denn die ihnen dargebrachte Ehre geht auf Gott über. Warum sollten die Heiligen, die während ihres Erdenlebens als Fürbitter eintraten, jetzt vor Gottes Thron schweigen? Auch die Reliquien der Heiligen nutzen den Lebenden. Die Gebeine Elisas (2 Kön 13,21), Tücher mit dem Schweiß des Paulus (Apg 19,12), das Bett des heiligen Martin und das Grab des heiligen Stephanus [Augustinus, *De civitate Dei* 22, 8, PL 41, 766–771] erweckten einen Toten zum Leben und heilten Kranke. Die Fürsprecherin schlechthin und Beschützerin der gesamten Kirche ist die Jungfrau Maria (*zwlásstnj obránce a ochránce wssj cýrkwe s[va]te [...] ty, gediná p[ří]mluwničko nasse*), die im Alten Testament verheißen war. Ohne ihre Hilfe kann niemand selig werden, wer sie lästert, ist des Höllenfeuers schuldig (*bez gegj pomocy žadný milosti Božj nedůgde, a kdož gegj swatau milost tupj, Pánu Bohu se protiwj a hoden gest ohně*). – Antwort: Die Brüder wenden nichts gegen die Fürbitte Lebender für Lebende ein. In Apg 27 steht nichts von einem Gebet des Paulus, auch andere Bibelstellen zitiert Zoubek falsch. 2 Kön 13,21 ist ein Typos der Auferstehung Christi. Im Neuen Bund gab es nur in der Apostelzeit Wunder. Als der Glaube gefestigt war, hörten wahre Wunder auf. Der Antichrist hingegen wirkt weiterhin Wunder (Offb 13,13–14; Mt 24,24), um die Menschen zu Götzendienst und Aberglauben zu verführen. Die Brüder leugnen nichts von dem, was laut der Heiligen Schrift von der Jungfrau Maria zu glauben ist, aber sie schreiben ihr nicht mehr zu, als was ihr zusteht. Die alttestamentlichen Texte, die Zoubek typologisch auf Maria bezieht (*zle ffiguruges̆*), sind auf die Kirche zu deuten. Insgesamt hat Zoubek keinerlei Beweis aus der Heiligen Schrift für den Heiligenkult vorgelegt. Dagegen haben die Brüder bewiesen, dass sie weder die Heiligen noch die Jungfrau Maria lästern, sondern menschliche Erfindungen verwerfen, die im Widerspruch zum christlichen Glauben stehen (*wýmyslkom odporným wjře a spasenj lidskému*).

Von der Verehrung, die den Bildern erwiesen werden soll

Zoubek: Die Pikarden lästern das Kreuz Christi und andere Bilder und sagen, dass es im Tempel Gottes (*w chrámě Božjm*) keine Bilder geben darf. Sie missbrauchen Ex 20,4 und Weish 13, indem sie diese Texte wörtlich verstehen wie [der byzantinische] Kaiser Leo III., der die Bilder zerstören ließ. Es ist lediglich verboten, die Bilder für Gott zu halten – Antwort: Die Brüder verachten nicht das Kreuz Christi, aber sie lehnen den Götzendienst ab und spotten darüber zu Recht. Die römische Kirche versündigt sich am Bild Gottes (Gen 1,27), indem sie Menschen verfolgen und ermorden lässt. In den Kirchen darf es keine Bilder geben. Christus selbst ist das Bild Gottes, man erweist ihm Ehre, indem man ihm nachfolgt. Das Bilderverbot Ex 20,4 ist im Neuen Testament nicht aufgehoben, sondern Bestandteil des Dekalogs und somit ein ewig geltendes Sittengesetz (*to přikázanj nenj liternj ani ffigůrné, ale mrawné, zůstáwagjcy*). Kaiser Leo III. tat, so wie vor ihm die Könige Hiskia und Josia von Juda und nach ihm Jan Žižka, ein gutes Werk, als er die Bilder zerstören ließ und den Götzendienst abstellte. Die griechische Kirche erlaubt nur gemalte Bilder und verurteilt die plastischen Bildwerke der römischen Kirche. Die Katholiken halten ihre Heiligenbilder sehr wohl für Götter, nur der Name unterscheidet sie von den Heiden (*tamto bohowé, tuto swatj, tamto obrazowé bohůw, tuto s[vatý]ch*).

Zoubek: Gott selbst befahl Ex 25,18–22, Bilder der Cherubim herzustellen. Auch im Tempel Salomos gab es figürliche Tierdarstellungen. Diese waren Typoi der christlichen Märtyrer, sie entsprechen somit den Heiligenbildern in den Kirchen. – Antwort: Das Gebot, Cherubim zu machen (Ex 25,18–22), gehörte zu den Zeremonialgeboten, die im Unterschied zum ewig gültigen Sittengesetz nicht mehr wörtlich befolgt werden dürfen, sondern nur noch symbolisch zu verstehen sind. Zudem durfte niemand außer dem Hohepriester die Cherubim sehen, und das auch nur einmal im Jahr. Das trifft auf die Heiligenbilder nicht zu. Einen Unterschied zwischen Anbetung, die allein Gott zusteht, und Verehrung der Bilder kennt das katholische Volk offensichtlich nicht.

Zoubek: Das Kreuz muss verehrt werden. Der alttestamentliche Typos des Kreuzes war die eherne Schlange (Num 21,6–9; Joh 3,14–15). Wer ihrem Bild nicht Ehre erwies, wurde bestraft, so wie auch heute diejenigen zu Recht bestraft werden, die die Bilder der Heiligen lästern. – Antwort: Mit der ehernen Schlange kann man nicht die Anbetung des Kreuzes rechtfertigen, auch wurde König Hiskia, der die eherne Schlange zerstören ließ (2 Kön 18,4), nicht bestraft, sondern belohnt. Die frühen Christen haben das Kreuz nicht verehrt und nichts vom Verbleib des Kreuzes gewusst, bis Helena [die Mutter Kaiser Konstantins des Großen] es nach dreihundert Jahren angeblich wiederfand. Ebenso wie das von Helena aufgefundene Kreuz, das stückchenweise verschachert wurde, werden auch alle Nachbildungen des Kreuzes angebetet. Dass nicht nur das katholische Volk, sondern auch die Theologen das

Kreuz mit göttlichen Ehren anbeten, also nicht lediglich ehren, bezeugt Thomas von Aquin [*Summa theologica*, p. 3, q. 25, a. 4]. Nicht Bilder sollen Bücher der Laien sein, sondern die Gläubigen selbst sollen laut der Heiligen Schrift ein lebendiger Brief sein (2 Kor 3,2).

Zoubek: Salomo lobt die Künstler, besonders den Maler Jesus Sirach [!]. In einem Zitat aus einem Brief Gregors des Großen im *Decretum Gratiani* [p. 3, d. 4, c. 27] wird einerseits die Anbetung, andererseits die Zerstörung von Heiligenbildern missbilligt. Heiligenbildern gebührt laut dem *Liber Sententiarum* [des Petrus Lombardus] Verehrung. Die heilige Katharina kam durch das Kreuzeszeichen zum Glauben. Die Bilder sind die Bücher der Laien (*včeným pjsmo, tak nevčeným malowánj*) [Gregorius Magnus, *Epistola* 9, 105, PL 77, 1027f.]. – Antwort: Im von Zoubek falsch zitierten Text Sir 38,24 ist von Malerei nicht die Rede, der Text lobt nicht Bildwerke, sondern den Fleiß der Handwerker. Gregor der Große war im Unrecht, als er die Bilder zu zerstören verbot. Immerhin missbilligte er die Anbetung von Bildern, die in der Gegenwart allgemein verbreitet ist. Nicht durch den Anblick des Kreuzes, sondern durch das Hören des Evangeliums (Röm 10,17) kommt man zum Glauben. Auch wenn die katholischen Theologen einen Unterschied zwischen Verehrung und Anbetung machen, kennt das Volk keinen solchen Unterschied. Die Leute halten die Bilder für Christus, Maria oder Petrus und beten sie an. Daher trifft es zu, dass die römische Kirche in Götzendienst verfallen ist. Zoubek hat keine Argumente aus der Heiligen Schrift für Heiligen- und Bilderverehrung.

Über die Reinigung (*o očistcy*) [das Fegefeuer] nach diesem Leben

Zoubek: Die Pikarden bestreiten, dass es ein Fegefeuer gibt. Sie lehren, es gebe nach diesem Leben nur zwei Orte, Himmel und Hölle. Dabei berufen sie sich auf Mt 5,13–14, auf Offb 10,6 sowie auf das *Symbolum Athanasianum* [„qui bona egerunt, ibunt in vitam aeternam, qui vero mala, in ignem aeternum"]. Es gibt aber außer den vollkommen guten und den vollkommen bösen Menschen auch mittelmäßige. Daher muss es auch im Jenseits drei Orte geben. Schriftbeweise für das Fegefeuer sind Mt 18,34; Hiob 14,13; Offb 21,27. – Antwort: Die Heilige Schrift bezeugt nur zwei Orte im Jenseits, der eine für die Verdammten, der andere für die, die erlöst werden sollten (*gedno zatracencůw a druhé spasencůw*) (Lk 16,26). Bei seinem Abstieg ins Reich des Todes befreite Christus die Seelen der Frommen und führte sie in den Himmel. Auch die Gläubigen weisen vielerlei Mängel auf. Von diesen werden sie aber nicht im Jenseits, sondern in diesem Leben gereinigt. Die Lehre vom Fegefeuer entspringt der Habsucht des Klerus, sie hat keine Grundlage in der Heiligen Schrift. Sie enthält logische Widersprüche, obwohl sich die katholischen Theologen so sehr mit ihrer Vernunft brüsten (*to wásse maudrost a rozum tak slawný, ano horautná pleticha*). Zoubek argumentiert, dass Gott um seiner Gerechtigkeit willen größere und kleinere Sünden unterschiedlich bestrafen muss. Aber ist es gerecht, dass nur die Seele im Jenseits leiden soll, wenn Körper und Seele auf Erden gemeinsam gesündigt haben (*aby dusse se čistila w pokutě muk a tělo nic*)? Und wie sollte Gott denjenigen, denen er ihre Sünden vergeben hat, nicht auch die von den Priestern auferlegten Strafen, die viel geringer sind als die Sünde selbst, vergeben? Die Gerechtigkeit Christi vergilt nicht Gleiches mit Gleichem (Ex 21,24; Mt 5,38), vielmehr erhält der bußfertige Sünder Gnade und Rechtfertigung (*w Krystu kagjcým dáwá se za hřjchy milost i sprawe[dlnos]t hogná*), wie Paulus im Römerbrief ausführt.

Zoubek: Bereits Gregor von Nyssa [*De mortuis*, PG 46, 524], dessen Rechtgläubigkeit Hieronymus pries, bezeugte die Lehre vom reinigenden Feuer im Jenseits. Sühnopfer zugunsten Verstorbener sind in 2 Makk 12,46 erwähnt. In 1 Kor 3,12–15 ist laut Petrus Lombardus und Augustinus vom Fegefeuer die Rede. – Antwort: Kirchenväter und apokryphe Schriften haben in Fragen der Glaubenslehre keine Beweiskraft. Bei seinen Belegstellen hat Zoubek dermaßen viel aus seiner Phantasie dazugeschissen (*z sweho mnoho přitrausyl*), dass er am Schluss nicht ohne Grund bittet, man möge seine Schrift gnädig beurteilen. Das Opfer, das Judas Makkabäus darbrachte, sollte den Lebenden zugutekommen, denn die Toten waren Götzendiener (2 Makk 12,40), und es stand zu befürchten, dass das Volk für die Sünde der Toten bestraft wird. Vom Fegefeuer ist dort nicht die Rede. Ebenso wenig können 1 Kor 3,12–15 oder Hiob 14,13 auf das Fegefeuer bezogen werden. Die Lehre vom Fegefeuer kam erst auf, als der Mönch Thomas von Aquin darauf verfiel, das Jenseits in drei Teile aufzugliedern. Er war nicht zufrieden, Gott und die Welt mit seinen Fragen zu erforschen und zu vermessen, deshalb machte er sich auch noch an der Hölle zu schaffen (*neměl dosti na tom Boha otázkami swými wystjhati a změřiti, y swět, musyl do pekla*).

Zoubek: Bereits zur Zeit der Apostel wurden Seelenmessen gehalten, wie Dionysius Areopagita [Pseudo-Dionysius Areopagita, *De ecclesiastica hierarchia* 7, 4, PG 3, 559] bezeugt. Die Gebete für die Verstorbenen wurden vor 1200 Jahren von einem Konzil festgelegt. – Antwort: Es ist bekannt, dass die Messe späteren Ursprungs ist und nicht von den Aposteln stammt. [Pseudo-]Dionysius beschreibt lediglich die Gebräuche der griechischen Christen. Diese beteten beim Begräbnis einmal für den Verstorbenen. Vom Fegefeuer ist dort nicht die Rede. Die katholischen Priester dagegen wiederholen die Totenmessen so oft (*tahnete dratwu dlauhau wssech napořád*), wie sie davon einen Gewinn haben. Die Kirche befindet sich gleichsam in einer babylonischen Gefangenschaft (*gako w Babilóně zagatá*) und sollte nicht für die Seelen im Gefängnis, sondern für ihre eigene Befreiung aus der Gefangenschaft des Antichrist beten. Die Begründung der Fegefeuerlehre mit der ausstehenden Satisfaktionsleistung für Sündenstrafen ist in sich nicht schlüssig. Die römische Kirche betrügt das Volk und maßt sich Macht über das Jenseits an. Die Schlüsselgewalt, die Christus den Aposteln verlieh (Mt 16,18; Joh 20,22–23), ist jedoch auf die Gemeindezucht bei Lebenden beschränkt.

Zoubek: Bei der Priesterweihe wird die Vollmacht zum Opfer für Lebende und Verstorbene übertragen. Der Priester opfert bei der Messe ein Drittel der Hostie zum Lob der Heiligen, ein Drittel für die Kirche auf der Erde und ein Drittel für die Seelen im Fegefeuer. Den Nutzen der Fürbitte für die Toten bestätigen die Schriften des Augustinus, des Ambrosius, Gregors des Großen und sogar die der heidnischen Philosophen. – Antwort: Warum teilen die Priester dann nicht auch den Kelch in drei Teile? Die Lehre vom Messopfer und von dessen Sühnewirkung für die Sünden Verstorbener hat keinerlei Grundlage in der Heiligen Schrift. Sollen doch die von Zoubek angeführten Theologen und heidnischen Philosophen mit ihren widersprüchlichen Meinungen untereinander streiten. Zoubek möge sich lieber zur biblischen Lehre (*k wjře zákona Božjho*) von der wahren, heilsnotwendigen Reinigung der Seele im Diesseits (*o prawém očistcy, gistém, potřebném zde k wěčnému žiwotu*) bekehren. Diese ist in einer Fülle von Bibeltexten bezeugt [die ausführlich zitiert werden]. Sie umfasst die vollständige Vergebung aller Sünden, die der bußfertige Glaubende aus Gnaden durch das Verdienst Jesu Christi erhält. Daraus folgt ein Leben in Gehorsam, in der Nachfolge Christi, in geistlichen Tugenden und guten Werken auf der Grundlage von Glaube, Liebe und Hoffnung (1 Kor 13,13). Die Grundlage des Heils wird aus Gnade geschenkt, aber die Erlösten werden je nach ihren Werken unterschiedlich belohnt werden (*z milosti samé w Krystu prwotně spasenj, ale z p[rá]ce powinné sprawe[dlnos]ti, což na člowěku, z wjry etc. a z dobrých skutkůw odplata bude dána rozličně, gakž kteřj wjc neb méně činili*).

Die Widerlegung ist deshalb so ausführlich, weil ihr Verfasser hofft, dass sich Zoubek oder vielmehr die Adressaten von Zoubeks Schrift (*tobě, aneb radssi těm, k nimž pjsseš*) von der Irrlehre menschlicher Erfindungen zur Wahrheit bekehren. Was das Fegefeuer betrifft, unterliegt Zoubeks gesamte Argumentation einem logischen Fehler. Da der Mensch teils nur mit der Seele, teils mit Leib und Seele sündigt, müssten die katholischen Theologen, um ihr Anliegen folgerichtig anzugehen, noch ein zweites Fegefeuer nach der Auferstehung erfinden, in dem auch der Leib bestraft wird (*když bysste ten blud chtěli fforemně začjti, měli ste na dwé očistec rozděliti, geden po smrti a druhý po wzkřjssenj*). Aber da nur die Erwählten für die Erlangung des Heils und damit für das Fegefeuer in Frage kommen und die katholischen Theologen bekennen, dass sie nicht wissen, wer erwählt ist, ist es sinnlos, dass sie für alle Verstorbenen ohne Unterschied Totenmessen abhalten. Gott lässt es zu, dass durch derlei Irrlehren diejenigen verführt werden, die nicht zum Heil erwählt sind (*Božj dopusstěnj gest. [...] Bůh dopustil blauditi, aby tjm bludem při mrt[vý]ch lid sweden žiwý byl [...] krom wolených Božjch*).

[Schluss]

Zoubek: Er hofft, dass Johann von Žerotín diese kurze Schrift wohlwollend aufnimmt und erbietet sich, ausführlicher zu schreiben. – Antwort: Die Gegenschrift ist länger geraten als Zoubeks Schrift. Wer die Lehre der Brüder noch ausführlicher kennenlernen will, möge die Schrift eines Mitglieds der Brüderunität, eines Sensenschmieds, gegen die Schrift des [Jakob] Ziegler [Ziegler (Hg.): In hoc volvmine (1512)] lesen. Der Verfasser hat vorliegende Widerlegung aus eigenem Antrieb geschrieben. Sollte die Schrift Mängel enthalten, sind sie ihm allein und nicht der Brüderunität anzurechnen. Er ist stets bereit, Belehrung anzunehmen, sofern er irrt. Er hofft, in der Unität selig zu werden und das ewige Leben zu erlangen.

Nr. 327 VI 314r–326v

Brieftraktat eines evangelischen Geistlichen an die Adelige Lidmila, [um 1542]

Der gegen die Brüderunität gerichtete Brieftraktat eines evangelischen Geistlichen an eine nicht näher identifizierte Adelige namens Lidmila ist das jüngste im Handschriftenband AUF VI überlieferte Dokument. Wie in den wesentlich älteren Brieftraktaten Nr. 91 und 92 wird eine adelige Sympathisantin der Unität davor gewarnt, sich der separatistischen Glaubensgemeinschaft anzuschließen. Der Verfasser war ein Vertreter der evangelischen Partei innerhalb der utraquistischen Priesterschaft. In dem Brieftraktat beruft er sich auf Schriften Martin Luthers sowie auf die evangelisch gesinnten utraquistischen Priester Petr aus Zásadí bei Leitmeritz und Václav Řezník in Kuttenberg. Wie die ältere utraquistische Polemik sah der Verfasser in der Brüderunität eine Häresie (*blud, rota, sekta*). Er begründete dies jedoch nicht mehr mit der Abweichung der Brüder vom traditionellen Dogma, sondern polemisierte gegen die angebliche Tendenz der Unität zu Gesetzlichkeit und Werkgerechtigkeit sowie gegen die von den brüderischen Synoden und Ältesten erlassenen „Menschensatzungen" (Jes 29,13; Mt 15,9). In ähnlicher Weise hatten Petr aus Zásadí bei Leitmeritz und Václav Řezník in ihrer Kontroverse mit dem Brüderbischof Jan Augusta antikatholische Argumentationsmuster der lutherischen Theologie gegen die Brüderunität eingesetzt.

Augusta hatte im Jahr 1540 eine – nicht überlieferte – Schrift veröffentlicht, in der er die beim Beitritt zur Brüderunität üblichen, von evangelischer Seite als unvereinbar mit der „christlichen Freiheit" kritisierten Gehorsamsgelübde verteidigte (*O závazcích křesťanských zákona Krystova*, „Über die christlichen Gelübde des

Ordens Christi"). Darauf antworteten Petr aus Zásadí, Václav Řezník sowie weitere utraquistische Geistliche mit polemischen Schriften, auf die wiederum Repliken Augustas folgten. Augustas literarische Fehde mit den utraquistischen Priestern erreichte ihren Höhepunkt 1542 (Augusta: Pře Jana Augusty a kniezstwa kalissneho [1543]; Müller: Geschichte, Bd. 2 [1931], 130–151; Voit: Český knihtisk, Bd. 2 [2017], 386, 462, 548, 601, 700, 738f., 742; Landová: Kazatelství [2020], 59f.). Der vorliegende Brieftraktat dürfte demnach im Jahr 1542 oder kurz danach entstanden sein.

In den Handschriftenband AUF VI wurde der Text vermutlich wegen des kurzen Abschnitts aufgenommen, in dem der Verfasser die „Stellung" von Angehörigen der Brüderunität vor dem utraquistischen und dem katholischen Konsistorium in Prag am 27. Dezember 1509 polemisch kommentiert. Nr. 327 stellt somit einen ergänzenden Nachtrag zu der Dokumentensammlung über die Verfolgung des Jahres 1509 dar, die in AUF VI eine zusammenhängende, allerdings durch sekundäre Einfügungen Vavřinec Orlíks unterbrochene Textgruppe bildet (Nr. 284–289, 292–297).

Überlieferung außerhalb der AUF: –

Edition: Císařová-Kolářová: Žena [1942], 208f. (Auszüge). – Handschriftliche deutsche Übersetzung von Joseph Theodor Müller: Herrnhut, Unitätsarchiv der Evangelischen Brüder-Unität, Sign. AB.II. R.1.1a/3, Zweiter Teil, 341–349.

Literatur: Пальмов (Hg.): Чешские братья, Bd. 1/1 [1904], 229; Müller: Geschichte und Inhalt [1913], 221, Nr. 36; Müller: Geschichte, Bd. 2 [1931], 130–151; Císařová-Kolářová: Žena [1942], 38, 175, 206, 208f., 224.

[Titel laut Inhaltsverzeichnis *1v: *Psanj něgakeho kněze gakes panj Lidmille* („Schreiben eines Priesters an eine Frau Lidmila").] Inc.: *Prawého poznánj gedineho sameho prawého Boha a Pána nasseho Gezukrysta wám bych přál, vrozena wládyko, pani Lidmillo [...]*. Expl.: *[...] žiwot swůg a swědomj w tom vpokogili a potom žiwota wěčného dossli. Což wám rač dáti Otec nebeský skrze Pana Gezukrysta. Amen.*

Der Verfasser wünscht Lidmila wahre Erkenntnis Gottes und Christi. Er hat erfahren, dass die Adressatin häufig von Ältesten der Waldensersekte (*starssj roty a sekty waldenské*) [Brüderpriestern] besucht wird, die versuchen, sie zum Beitritt für ihre Sekte zu gewinnen (*nowowěrce z wás swé nekřesťanské gednoty, dwognásobně sebe horssjho zatracence, způsobiti*) (Mt 23,15). Der Verfasser warnt eindringlich vor dieser sektiererischen Bruderschaft (*gich rotářské bratrstwo*). Die Brüder sind Wölfe im Schafskleid (Mt 7,15), mit ihrer zur Schau gestellten falschen Frömmigkeit und ihren heuchlerischen Reden gleichen sie den Pharisäern, vor denen Christus warnte, und den Sekten, die im Neuen Testament verurteilt werden [der Verfasser zitiert in seinem Schreiben zahlreiche Bibelstellen im Wortlaut]. Sie haben die Gebote Gottes verlassen und folgen den Satzungen ihrer Ältesten (Jes 29,13; Mt 15,9). Ihre Bruderschaft stammt nicht von Gott, sondern vom Teufel (*to gisté bratrstwo nenj z Boha, než z kaukole nepřjtele*), sie beruht auf fleischlichen Gedanken (*z nesslechetného těla wymysslenj*) und hat weder Ursprung noch Fundament in der Heiligen Schrift (*nižádného půwodu ani základu w pjsmě swatém*). Die Brüder leugnen, dass Jesus der Erlöser ist. Sie sind verstockt und unbelehrbar, sie widerstreben Gott und dem Heiligen Geist (*z vmysla swau twrdau ssjgj y zawilau myslj prawdě božské se protiwj a proti Duchu swatému čeljce gemu odporugj*).

Die Brüder verhalten sich in jeder Hinsicht wie einst die Pharisäer: Statt mit den übrigen Gläubigen in Liebe und Einigkeit (*s obecnjm lidem [...] w lásce, w gednotě*) zu leben, haben sie sich von allen abgesondert und eine besondere Sekte gegründet, die sie Unität nennen (*ode wssech se odtrhli a zwlásstnj rotu, čemuž tito přezděli gednotu, sobě zarazyli*). Sie tragen besondere Kleidung (*oblásstnj oděw nosyli*) und haben sich eigene Gebote und Lehren ausgedacht. Sie versammeln sich häufig im Tempel und im Bethaus (*do chrámu a do zboru*) und geben sich den Anschein besonderer Frömmigkeit mit häufigem Fasten, Beten, Almosengeben und Bibellesen. In Wahrheit dulden sie jedoch unter sich alle möglichen Laster und Ungerechtigkeiten. Dies geht aus einer Sammlung von Beschlüssen (*kánon nebo dekrét*) hervor, die sie geheimhalten. Sie halten sich für die einzig wahre Kirche, außerhalb derer es kein Heil gibt (*kromě w té nikdež ginde nenj lidské spasenj*) [Cyprian, *Epistola* 72, 21]. Die Ältesten vertrösten die Mitglieder, dass sie sich ihres Seelenheils gewiss sein können, wenn sie bis zum Lebensende in der Sekte verharren, und geben ihnen alle Freiheit zum Bösen.

Der Verfasser warnt Lidmila daher vor dem Beitritt zu den Brüdern, die nur darauf aus sind, den Besitz der Adeligen an sich zu bringen. Von neuen Mitgliedern verlangen sie ein Gehorsamsgelübde (*zawazky neb rotářské poslussenst[ví]*). Sie verbieten den Mitgliedern sogar, Bücher von Verfassern zu lesen, die nicht der Sekte angehören (*ani které cyzý spisy čtli, by pak ti spisowé y prawj byli, nežli gegich*) [vgl. Gindely [Hg.]: Dekrety [1865], 59f.]. Sie machen den Mitgliedern Vorschriften, die der christlichen Freiheit widersprechen (*proti křesťanské swobodě*). Arme Mitglieder werden sofort streng diszipliniert, wenn sie einmal zu viel getrunken haben (*pakli kterému sprostnemu neb chudému se přihodj opjti neb nětco včiniti, hned s nim za dweřj neb pod okno anebo pod swjcen*), den Reichen erlauben die Ältesten dagegen jede Art von Bosheit und Laster, um sie bei ihrer Sekte zu halten. Ebenso halten es die Türken (*Turcy*), damit die Leute nicht von der Lehre Mohammeds (*od Machometowa včenj*) abfallen. Kurzum, an der Sekte ist überhaupt nichts christlich. Wenn es um Ämter, Ehre, Gewinn und Besitz geht, auch wenn sie der Verfolgung entgehen wollen, verleugnen sie, dass sie Mitglieder der Brüderunität sind, empfangen sogar zum Schein das Sakrament in der Pfarrkirche und sagen: „Besser, ich fresse den Götzen in der Kirche, als dass er mich verschlingt" (*modlu w kostele pohltiti a snjsti lepe [...], než by mne ona snědla*). Bei ihnen herrschen Lüge und Unaufrichtigkeit. Wer ein frommes Leben führt, den beneiden und verleumden sie. Bei ihnen ist keine Liebe, und wo keine Liebe ist, dort wohnt nicht Christus, sondern der Teufel.

Flickschneider, Schuhflicker oder stinkende Gerber aus dem Pöbel (*z ledagakés chasy, wetessnjka, prtáka, blanáře-smradaře*) wählen sie zu Ältesten, damit diese die Leute vom wahren Gottesdienst wegführen. Dies gelingt ihnen leicht, denn der wahre christliche Glaube hat keinen lieblichen Schein und bringt nicht fleischliches Wohlleben [wie die Brüderunität], sondern ist einfältig (*sprostná wěc gest*), bringt Verfolgung und Kreuz, führt durch die enge Pforte und auf den schmalen Weg (*těsnau branau [...] po auzké cestě*) (Mt 7,14). Die Brüder schreiben Sündenvergebung und Seelenheil nicht allein dem Verdienst Christi zu. Sie behaupten, dass es außerhalb ihrer Sekte keine wahren Christen gibt. Aus all dem kann man erkennen, dass die sektiererischen, pikardischen, waldensischen Brüderpriester (*ti sektářsstj, pikhartsstj, waldensstj zbornj*) falsche Propheten sind, vor denen Christus warnt (Mt 7,15).

Die Brüder bekennen sich zwar heuchlerisch zu den Geboten Gottes und Christi, halten sie auch zu einem gewissen Grad äußerlich ein, aber sie fügen ihre eigenen Satzungen hinzu wie einst die Pharisäer. Sie sündigen ohne Scham. Insgeheim geben sie sich der Hurerei und Ehebrecherei hin. Ihre Irrlehre breitet sich aus wie ein Krebsgeschwür (*a řeč gegich gako rak ten neduh rozgjdá se*). Sie verderben die Leute, so wie ein wenig Sauerteig den ganzen Teig verdirbt (Mt 16,6). Sie sind mehr als ein- oder zweimal zurechtgewiesen (Tit 3,10) und mit der Heiligen Schrift widerlegt worden, so von den [evangelisch gesinnten] Priestern Petr aus Zásadí [einem Vorort von Leitmeritz] und Václav [Řezník], Dekan in Kuttenberg, sowie von weiteren frommen und gelehrten Leuten. Dennoch bleiben die Brüder verstockt. Daher muss man sich von ihnen fernhalten.

Das Reich Gottes besteht nicht in sichtbaren Dingen (Röm 14,17), daher darf man nicht den falschen Propheten glauben, die behaupten, das Reich Gottes sei diese oder jene Sekte (Mt 24,24). Die Ältesten der Waldensersekte (*waldenské sekty*) sind Irrlehrer. Christus hat nicht geboten, alle zu verdammen und als Feinde und Ungläubige zu betrachten, die anderer Meinung sind. Man darf auch keine besondere Sekte gründen, nur weil es in der Kirche Sünder gibt; man darf den guten Weizen nicht wegen des Unkrauts zertreten (Mt 13,30). Eine von Menschen gegründete und auf Gehorsamsverpflichtungen beruhende Sekte ist nicht Kirche Christi. Die wahre, allgemeine Kirche Gottes (*cýrkew Božj swatá obecná*) ist allein auf Christus gegründet, und außer ihr ist kein Heil [Cyprian, *Epistola* 72, 21]. Sie ist unter allen Nationen verstreut und befindet sich nicht an einem bestimmten Ort, sondern ist allein [geistlich] auf dem Felsen Christus erbaut. Die Sektierer haben sich mutwillig von der wahren Kirche getrennt, ihre Sekte ist auf den toten Buchstaben gegründet. Sie haben nicht Christus zum Fundament, was man daran erkennen kann, dass sie fast jedes Jahr ihre Lehre ändern und einen anderen Glauben haben (*téměř každeho roku nowé včenj, nowau wjru magj*). Zu Recht nennt man sie Abtrünnige (*odtržency*).

Die Brüder schreiben das Seelenheil der Mitgliedschaft in ihrer Sekte zu und nicht Christus. Das ist die Sünde gegen den Heiligen Geist, die nicht vergeben werden kann (Mt 12,32). Da es ein Gott und ein Christus ist, müssen alle Gläubigen eins sein, darf es keine Sekten (*takowé brachowstwj*) geben. Die wahre Kirche wird nicht an einem bestimmten Ort gebaut, nicht äußerlich und materiell (*aniž se ona mjstně wzděláwá, na gakých zewnitřnjch tělesných neb hmotných wěcech*). Sie ist nicht auf den Brüderpriestern, den Unitätsrichtern und dem Engen Rat (*ani na swůdcých nebo starssjch zbornjch, ani na gegich saudcjch, ani na těch, kteřj w gegich auzké radě sedagj*) gegründet, sondern allein auf Christus und wird durch das Hören des Evangeliums und die Anleitung des Heiligen Geistes erbaut. Sterbende Sektenmitglieder werden nicht ermahnt, ihre Seele Christus anzuvertrauen, sondern möglichst viel von ihrem Besitz der Sekte zu vermachen (*swěřiž nám dusse swé a poručiž tjm wjce statku do zboru, a budeš spasen neb spasena*).

Sollte sich Lidmila der Sekte anschließen, ist ihr die ewige Verdammnis gewiss. Die Heuchelei dieser Leute erkannte auch Martin Luther, als sie zu ihm Gesandte schickten, die aber weder deutsch noch lateinisch Auskunft über ihre Glaubenslehre geben konnten. Luther verurteilte scharf die lieblose Absonderung der pikardischen Ketzer in Böhmen von den schwachen sündigen Christen. Ein Christ meidet nicht die Sünder, sondern sucht sie zu gewinnen, damit sie mit ihm in den Himmel kommen [Martin Luther, *Auslegung des 109. (110.) Psalms* (1520), WA 1, 697]. In einer Auslegung von Mt [8,1–13] schreibt Luther, dass die Brüder, die man Waldenser nennt, Lügner sind, da sie Kinder taufen, obwohl sie lehren, dass ein Sakrament nur aufgrund eigenen Glaubens empfangen werden kann [Martin Luther, *Fastenpostille* (1525), WA 17/2, 81f.]. In einer Predigt über das Abendmahl und die Brüder [!] verurteilt Luther solche Bruderschaften, deren Mitglieder nur einander lieben, die meinen, keines der Mitglieder könne verdammt werden. Sie verachten die wahre Bruderschaft, die Gemeinschaft der Heiligen, der alle durch die Taufe angehören [Martin Luther, *Ein Sermon von dem hochwürdigen Sakrament des heiligen wahren Leichnams Christi und von den Bruderschaften* (1519), WA 2, 755f.; Luthers Schrift ist nicht gegen die Böhmischen Brüder gerichtet, sondern gegen die spätmittelalterlichen Bruderschaften].

Die Brüder verbieten den Mitgliedern ihrer Sekte, Kirchengebäude zu betreten und dort Predigten zu hören, selbst wenn dort das Wort Gottes wahr verkündigt wird. Dies begründen sie damit, dass in den Kirchen Götzen seien. Das ist nur ein Vorwand, mit dem sie verhindern wollen, dass sich ihre Anhänger selbst eine Meinung bilden, welche Lehre wahr ist. Andererseits haben die Brüder keine Bedenken, sich an vielen Orten in Kirchengebäuden zu versammeln und dort ihre Irrlehre zu verbreiten (*scházejj se na mnohých mjstech do kostelůw a w nich swé sektářské včenj prowozugj*). In der Tat ist es Götzendienst, Bilder anzubeten, und Gott bestraft alle, die solches tun. Aber für einen Gläubigen, der die Wahrheit erkannt hat, sind die Bilder bedeutungslos.

Eine kostbare Perle hebt man auch dann auf, wenn sie im Kot liegt. Eine Predigt, die mit dem Wort Gottes übereinstimmt, würde der Verfasser selbst dann mit Freuden anhören, wenn tausend Götzen danebenstehen, wenn ein Sünder, Bileams Eselin (Num 22–24) oder gar der Teufel selbst sie vorträgt. Einen Brüderprediger (*ljcoměrného, aulisného, rotařského pokrytce a possmurného nábožnjka*), der die Zuhörer mit seiner abergläubischen Irrlehre vom Wort Gottes abbringt, möchte er dagegen nicht einmal im Paradies hören. Die Welt ist voller Götzen, man kann gar nicht die Orte meiden, an denen Götzen sind. Vor Götzendienst dagegen muss man sich hüten. Es ist doch auffällig, wie schnell die Brüderpriester Lidmila vor den Götzen in den Kirchen gewarnt haben, während sie den geistlichen Götzendienst, von dem ihre Herzen und die Unitätsgemeinden (*zborowé a shromážděnj*) voll sind, geschickt bemänteln. Dazu zählen ihre Gehorsamsgelübde (*záwazkowé poslussenst[ví]*) und ihre gesetzliche Frömmigkeit einschließlich der Sakramente, die auch Werke des Gesetzes sind und nicht selig machen können. Dass die Lehre der Brüder nicht die Lehre Christi ist, ist bereits daran erkennbar, dass sie jedes Jahr etwas Neues lehren: Was sie heute als Wahrheit lehren, verurteilen sie morgen als Irrlehre.

Die Brüder sind auch nicht bereit, jederzeit Rechenschaft von ihrem Glauben zu leisten (1 Petr 3,15). Vielmehr verstecken sich ihre Herren Bischöfe (*páni biskupowé*), sobald es brenzlig wird (*když k cuku tahne*). Vor geraumer Zeit sollten sich die Brüderältesten auf dem Neustädter Rathaus in Prag stellen, wie dort in den Grünen Büchern protokolliert ist (*což, tak mám za to, w zelených knihách tam zapsáno gest*). Aber statt selbst zu erscheinen, schickten sie ein paar dumme Brüderchen (*několik hlaupých a sprostných bratřjčkůw swých*), denen sie im Falle des Ungehorsams die ewige Verdammnis angedroht hatten. Sie schenkten jedem eine Kappe (*kukly*) [vgl. Nr. 294] und instruierten sie, sich ohne Zögern verbrennen zu lassen, dafür würde sie ein ewiges Festmahl mit Christus erwarten [vgl. Nr. 284 und 285]. Die Brüderältesten selbst verlangt es bis heute nicht nach diesem Festmahl; sobald ihnen wegen eines Glaubensartikels Verfolgung droht [so wie 1535 wegen der Wieder- beziehungsweise Konvertitentaufe, vgl. zu Nr. 299], ändern sie ihre Lehre oder fliehen. Die armen Kappenträger wussten damals bei dem Verhör nichts weiter zu sagen, als dass sie bereit seien, sich verbrennen zu lassen. Wegen ihrer offensichtlichen Dummheit ließ man sie gehen. Wahr ist das Wort Christi: Wer Böses tut, scheut das Licht (Joh 3,19).

Der Verfasser schließt mit einer Ermahnung an Lidmila, sich von den Versammlungen und Lehren der Brüder fernzuhalten und Gespräche mit ihnen zu vermeiden. Sie möge sich damit begnügen, das Wort Gottes unverfälscht zu hören, es im Glauben anzunehmen, danach zu leben und so das ewige Leben zu erlangen.

Nr. 328

VI 327r–330r

König Sigismund von Ungarn: Befehl an die königlichen Beamten des Königreichs Böhmen, Preßburg, 9. August 1403; Hilarius aus Leitmeritz, Administrator des Erzbistums Prag: Brief an Bürgermeister und Rat der Stadt Brüx, Pilsen, 4. Mai 1467

Auf den letzten freigebliebenen Seiten des Handschriftenbandes AUF VI trug der vom Brüderbischof Jan Blahoslav mit der Redaktion des Bandes betraute Brüderpriester Vavřinec Orlík die Abschrift zweier Dokumente nach, die offenbar bereits in der Vorlage durch einen kommentierenden Zwischentext verbunden waren. Laut dem Zwischentext soll die Gegenüberstellung der beiden Texte den Widerstand der weltlichen Obrigkeit gegen den Machtanspruch des Papstes in der Vergangenheit Böhmens mit der Untergrabung der Macht des Landesherrn durch die katholische Geistlichkeit in der Gegenwart kontrastieren. Argumentativ vergleichbare Bezugnahmen auf die böhmische Geschichte finden sich in den ebenfalls von Orlík nachgetragenen Dokumenten Nr. 312–314. Möglicherweise waren Nr. 312–314 und Nr. 328 aus einer gemeinsamen Quelle, etwa aus dem Archiv eines Adeligen aus dem „linksutraquistischen" Lager, an die Brüderunität gelangt.

Der Befehl König Sigismunds von Ungarn an die königlichen Beamten des Königreichs Böhmen entstand 1403, als Sigismund anstelle seines Bruders, König Wenzels IV. von Böhmen, die Regierungsgeschäfte in Prag führte. Während Sigismunds Aufenthalt in Böhmen versuchte König Ladislaus von Neapel, dessen Vater Karl III. 1385/86 für einige Wochen als Karl II. auch König von Ungarn gewesen war, mit der Unterstützung von Papst Bonifatius IX. die ungarische Krone an sich zu bringen. Sigismund setzte sich dagegen zur Wehr, indem er dem Klerus und den Ordensleuten in seinen Reichen verbot, dem Papst Gehorsam zu leisten.

Hilarius aus Leitmeritz war ursprünglich Utraquist. Er wurde nach Studien an der Prager Universität 1451 zum Magister promoviert. Anschließend studierte er in Padua die Rechte, konvertierte zum Katholizismus und erwarb in Bologna den Doktorgrad. Nach der Rückkehr nach Böhmen wurde er Kanoniker und Kapitelsdekan des Prager Domstifts an St. Veit. Seit 1461 amtierte er als katholischer Administrator des vakanten Prager Erzbistums. Nach der Exkommunikation König Georgs von Podiebrad im Jahr 1466 zog sich Hilarius mit den übrigen Angehörigen des Domkapitels nach Pilsen zurück. Mit Rundschreiben rief er die katholischen Obrigkeiten des Königreichs Böhmen dazu auf, dem exkommunizierten Landesherrn den Gehorsam aufzukündigen.

Überlieferung außerhalb der AUF: Třeboň, Státní oblastní archiv, Historica Třeboň, Sign. 83, inv. č. 94 (Schreiben König Sigismunds von Ungarn).

Edition: Palacký (Hg.): Archiv český, Bd. 6 [1872], 108–110, Nr. 1 (gleichlautendes Schreiben des Hilarius aus Leitmeritz vom selben Datum an die Stadt Kaaden); Heermann: Rosenberg'sche Chronik [1897], 79–81 (Schreiben König Sigismunds von Ungarn in deutscher Übersetzung). – Handschriftliche deutsche Übersetzung von Joseph Theodor Müller: Herrnhut, Unitätsarchiv der Evangelischen Brüder-Unität, Sign. AB.II.R.1.1a/3, Zweiter Teil, 349–352.

Literatur: Palacký (Hg.): Archiv český, Bd. 3 [1844], 474, Nr. 68 (Regest des Schreibens König Sigismunds von Ungarn); Schlesinger: Stadtbuch von Brüx [1876], 161, Nr. 365 (Regest des Schreibens des Hilarius aus Leitmeritz, nach AUF VI); Пальмов (Hg.): Чешские братья, Bd. 1/1 [1904], 229f.; Müller: Geschichte und Inhalt [1913], 221, Nr. 37; Jakubec: Dějiny literatury české, Bd. 1 [1929], 504–506, 509 (zur Polemik des Hilarius aus Leitmeritz gegen die Utraquisten); Bartoš: Čechy [1947], 268f.; Urbánek: České dějiny, Bd. 3/4 [1962], 552–555, 728–737 (zur Polemik des Hilarius aus Leitmeritz gegen gegen die Utraquisten); Kopičková (Hg.): Regesta, Bd. 3 [1977], 197f., Nr. 490 (Regest des Schreibens König Sigismunds von Ungarn).

O králi Zygmundowi, kteréhož papež chtěl ssaditi s králowstwj, a kterak se on w tom měl [„Über König Sigismund, den der Papst des Königtums entsetzen wollte, und wie er sich dabei verhielt"]. Inc.: *Zygmund z Božj milosti král vherský, dalmatský, charwátský, markrabě bramburský a Swaté řjsse, brandemburský generalis, totiž vřednjk obecný [...]*. Expl.: *[...] magj připadnauti mocý tohoto listu nasseho. Dat[um] w Presspurce den v wigilgj s[vatéh]o Wawřince. Leta Božjho 1403.* – Inc.: *Hylarius administrátor arcybiskupstwj a děkan kostela pražského, od otce swatého vsazený, w práwjch duchownjch doktor [...]*. Expl.: *[...] gakož gest nám rozkázano, podlé poručenj budem se mjti. Dán w Nowém Plzni leta od narozenj Syna Božjho 1467., den čtwrtý měsýce máge pod pečetj auřadu nasseho.*

Sigismund, König von Ungarn und Verweser (*gubernátor*) des Königreichs Böhmen, unterrichtet Bischof Johann IV. von Leitomischl und die höchsten königlichen Beamten des Königreichs Böhmen, den böhmischen Oberstburggrafen Heinrich III. von Rosenberg, den Oberstlandhofmeister Břeněk Schwihau [von Riesenberg] und Skala, den Unterkämmerer Otto den Älteren von Bergow, den Münzmeister Ulrich IV. von Neuhaus sowie die übrigen königlichen Beamten und Räte über seinen Streit mit Papst Bonifatius IX. Der Papst hat gegen alle Gerechtigkeit Sigismund für abgesetzt erklärt und die ungarische Krone König Ladislaus von Neapel zugesprochen. Um Schaden vom Königreich Böhmen abzuwenden, verbietet König Sigismund der Geistlichkeit und den Orden des Königreichs Böhmen, dem Papst Abgaben oder Gehorsam zu leisten und mit der Kurie zu verhandeln. Sollten Kleriker gegen den königlichen Befehl verstoßen, werden sie ihres Amtes entsetzt, ihre Pfründen werden zugunsten der königlichen Kammer eingezogen.

Infolge dieses Schreibens blieben 1403 die päpstlichen Bannflüche (*kladby*) in Böhmen wirkungslos, und es kehrte im Land Ruhe ein. Jetzt aber schüren die Prälaten große Zwietracht, indem sie Briefe an die Obrigkeiten schreiben, wie das folgende Schreiben des Hilarius [aus Leitmeritz] an die Stadt Brüx vom 4. Mai 1467 zeigt:

Hilarius, Administrator des Erzbistums Prag, sendet Bürgermeister und Rat der Stadt Brüx in Abschrift Schreiben von Papst Paul II. und von dessen Legaten Rudolf [von Rüdesheim, Bischof von Lavant]. Darin ordnet der Papst an, dass Böhmen wieder katholisch werden soll und Georg von Podiebrad als König abgesetzt ist. Georg ist als exkommunizierter Ketzer zu behandeln, seine Untertanen sind von ihrer Gehorsamspflicht entbunden. Hilarius fordert daher alle Bewohner Böhmens auf, sich gegen Georg von Podiebrad zu erheben, so wie es die Stadt Pilsen bereits tut. Die Treueeide, die Georg geleistet worden waren, als er noch katholisch war, sind ungültig. Um des Seelenheils willen ist es nun die Pflicht der in Böhmen lebenden Katholiken und so auch der Stadt Brüx, sich von Georg loszusagen. Sollte die Stadt Brüx dieser Anordnung nicht innerhalb von sechs Tagen nachkommen, wird Hilarius das Interdikt über sie verhängen (*tehda wám službu Božj wssecku sstawugem*).

Quellen- und Literaturverzeichnis

1. Handschriften

Tschechien

Brno, Moravská zemská knihovna
- Sign. Mk 112 (I.11) (zweite Hälfte des 15. Jahrhunderts): Jan Hus, Traktate; vorhussitische, hussitische und utraquistische Texte (lateinisch und tschechisch).

Nelahozeves, Lobkowiczká knihovna
- Sign. VI Ed 7 (Anfang des 17. Jahrhunderts): Historia Fratrum Bohemicorum. Zweiter Teil (tschechisch).
- Sign. VI Ff 7 (frühes 17. Jahrhundert): Dokumente zur Kirchengeschichte Böhmens im 15. und 16. Jahrhundert, kompiliert von Ladislaus Seydlitz von Schönfeld.

Praha, Archiv Synodní rady Českobratrské církve evangelické
- Sign. Hs. 3 (1535): Rundschreiben an die Unitätsgemeinden (tschechisch).

Praha, Knihovna Národního muzea
- Sign. II D 8 (1589): Acta Unitatis Fratrum XIV (tschechisch).
- Sign. II F 10 (um 1617): Synodalbeschlüsse der Brüderunität (tschechisch).
- Sign. II H 6 (1593): Brüderische Traktate (tschechisch).
- Sign. IV H 8 (letztes Viertel des 16. Jahrhunderts): Brüderische Texte aus dem 15. und 16. Jahrhundert (tschechisch).
- Sign. V E 5 (vor 1558): Lukáš aus Prag, Traktate (tschechisch).
- Sign. V E 9 (1591): Lukáš aus Prag, Traktate (tschechisch).
- Sign. V F 41 (1590): Vavřinec Krasonický, Traktate (tschechisch).

Praha, Knihovna Pražského arcibiskupství
- Sign. C 32 (zweite Hälfte des 15. Jahrhunderts): Petr Chelčický, Traktate (tschechisch); verschollen.

Praha, Knihovna pražské metropolitní kapituly
- Sign. C 114 (erste Hälfte des 16. Jahrhunderts): Utraquistische Texte aus dem 15. und frühen 16. Jahrhundert (tschechisch, lateinisch).
- Sign. O 29 (zweite Hälfte des 15. Jahrhunderts): Hussitische Traktate; Texte von John Wyclif; Texte zur Geschichte der Waldenser; utraquistische Texte (tschechisch und lateinisch).

Praha, Národní archiv
- Sign. Ochranov, AUF, sv. č. 1–13 (1552–1589): Acta Unitatis Fratrum I–XIII (tschechisch und lateinisch).
- Sign. Komorní soud, kniha 154 (1534–1536): Protokollbuch des Kammergerichts des Königreichs Böhmen (tschechisch).
- Sign. Rg 13 (1534–1536): Register der Böhmischen Kanzlei, Missiven (tschechisch).

Praha, Národní knihovna České republiky
- Sign. I D 8 (vor 1573): Johannes Chrysostomus (tschechisch); Václav aus Vilémov, Naučenij a vkazanij wiernym (1528).

- Sign. III D 3 (zweite Hälfte des 15. Jahrhunderts): Martin Lupáč, Postille (lateinisch); Brief an einen Unbekannten in Chotěboř (1466).
- Sign. XI E 1, 177r–196r (1511): Jan aus Wodňan OFM (Johannes Aquensis, Jan Bosák Vodňanský), Gegen die ketzerischen und lästerlichen Artikel der Pikarden (tschechisch).
- Sign XVII C 3 (1579): [Jan Černý und] Mikuláš aus Schlan, Briefe und Akten zur Geschichte der Brüderunität 1530–1547 (tschechisch).
- Sign. XVII E31 (16. Jahrhundert): Lukáš aus Prag, Traktat über die Erneuerung der Kirche (tschechisch).
- Sign. XVII E 69 (1563, 1567–1606) Texte von Jan Blahoslav und Lukáš aus Prag; Nekrologium der Brüderunität (tschechisch).
- Sign. XVII F 2 (um 1500): Václav Koranda der Jüngere, Briefsammlung (tschechisch und lateinisch).
- Sign. XVII F 51a (Anfang des 17. Jahrhunderts): Historia Fratrum Bohemicorum. Erster Teil (tschechisch).
- Sign. XVII F 51b (1827): Historia Fratrum Bohemicorum II (tschechisch). Abschrift der Handschrift Nelahozeves, Lobkowiczká knihovna, Sign. VI Ed 7.
- Sign. XVII G 12 (16. und 17. Jahrhundert): Dokumente zur Geschichte der Utraquisten und der Böhmischen Brüder (tschechisch und lateinisch).
- Sign. XVII G 13 (1549): Jan aus Wodňan OFM (Johannes Aquensis, Jan Bosák Vodňanský), Turm des Satan (tschechisch).
- Sign. XVII H 41 (letztes Drittel des 15. Jahrhunderts): Řehoř Krajčí, Traktat über den Unterschied zwischen wahrer und falscher Kirche (tschechisch).

Přerov, Státní okresní archiv
- Archiv města Lipník nad Bečvou, [Fragment ohne Signatur] (Anfang des 16. Jahrhunderts): Tůma aus Přelauč, Über den Ursprung der Brüderunität (tschechisch).

Polen

Wrocław, Biblioteka Uniwersytecka
- Sign. Mil. IV. 70 (um 1600): Hussitische und brüderische Traktate aus dem 15. und 16. Jahrhundert (tschechisch).
- Sign. IV Q 231 (Ende 15. Jahrhundert): Hussitische und antihussitische Traktate; Texte zur Geschichte der Brüderunität (lateinisch und tschechisch).

Österreich

Seitenstetten, Stiftsbibliothek
- Hs. 72 (um 1500): Epistulae Unitatis Fratrum ad Iohannem Rokycanam

Deutschland

Bautzen, Stadtbibliothek
- Gersdorffsche Stiftungsbibliothek, Sign. 8° 3 (zweite Hälfte des 15. Jahrhunderts): Martin Lupáč, Lateinische Schriften.

Herrnhut, Unitätsarchiv der Evangelischen Brüder-Unität
- Sign. AB.II.R.1.1a/1 (1886–1894, 1899–1905): Joseph Theodor Müller, Deutsche Übersetzung der Acta Unitatis Fratrum, Bd. 1: Übersetzung von Bd. I und II des tschechischen Originals.
- Sign. AB.II.R.1.1a/2 (1886–1894, 1899–1905): Joseph Theodor Müller, Deutsche Übersetzung der Acta Unitatis Fratrum, Bd. 2: Übersetzung von Bd. III und IV des tschechischen Originals.
- Sign. AB.II.R.1.1a/3 (1886–1894, 1899–1905): Joseph Theodor Müller, Deutsche Übersetzung der Acta Unitatis Fratrum, Bd. 3: Übersetzung von Bd. V und VI des tschechischen Originals.
- Sign. AB.II.R.1.6 (1688): Jan Łasicki (Lasitius), De origine et institutis Fratrum Christianorum, qui sunt in Prussia, Polonia, Bohemia et Moravia commentarius (1568); De origine et rebus adversis [korrigiert zu: gestis] Fratrum Bohemicorum libri octo (1594–1599) [die Abschrift enthält nur Buch I–V und Teile von Buch VI]; Šimon Bohumil Turnovský, Observationes in Historiam domini Johannis Lasicii de Fratribus; Dokumente zur Geschichte der Brüder (1549–1645, 1718).
- Sign. AB.II.R.1.7 (17. Jahrhundert): Jan Łasicki (Lasitius), Historia de origine et rebus adversis Fratrum Bohemicorum libri octo (1594–1599) [die Abschrift enthält nur Buch I–V und Teile von Buch VI]; Šimon Bohumil Turnovský, Observationes in Historiam domini Johannis Lasicii de Fratribus; Jan Łasicki (Lasitius), De origine et institutis Fratrum Christianorum, qui sunt in Prussia, Polonia, Bohemia et Moravia commentarius (1568).
- Sign. AB.II.R.1.8/II (1630): Jan Jafet, Schriften zur Geschichte der Brüderunität; Mikuláš aus Schlan [und Jan Černý], Sammlung von Briefen und Akten zur Geschichte der Brüderunität 1530–1547; Dialog zwischen einem jungen Ritter und einem alten Böhmen (tschechisch).

Stuttgart, Württembergische Landesbibliothek
- Sign. Cod. theol. 4° 434 (um 1572): Briefsteller; Texte zur Geschichte der Brüderunität (tschechisch).

Frankreich

Paris, Bibliothèque nationale
- Fonds slave 29 (zweite Hälfte des 15. Jahrhunderts): Tomáš aus Štítné (ze Štítného), Traktate; Petr Chelčický, Traktate (tschechisch).

Irland

Dublin, Trinity College
- Sign. MS 262 (1522): Ayczo es la Causa del nostre departiment de la Gleysa Romana; Epistola al Rey Lancelau (waldensische Bearbeitungen brüderischer Texte, provençalisch).

2. Alte Drucke (bis 1700)

Anschlag Wider die türcken [1493–1494]
Ein anschlag Wider die türcken. [Augsburg: Johann Froschauer, 1493–1494].

Apologia Verae Doctrinae [1538]
Apologia Verae Doctrinae Eorvm Qvi VVlgo Appellantvr VValdenses vel Picardi [...] Oblata D. Georgio Marchioni Brandenburgensi. Viteberg[a]e: Georg Rhau, 1538.

Augusta: Kázanie o vstawenie na biskupstwie swatého Matěge [1540]
Augusta, Jan: Kázanie o vstawenie na biskupstwie swatého Matěge miesto Gidaasse. [Litomyšl: Alexandr Oujezdecký], 1540.

Augusta: Pře Jana Augusty a kniezstwa kalissneho [1543]
Augusta, Jan: Pře Jana Augusty a kniezstwa kalissneho, od nieho sameho wierně a prawě sepsana, wssem wuobec k saudu podanaa. [Litomyšl: Alexandr Oujezdecký], 1543.

Augustinus: Tractatus [1500]
Augustinus De Olomuucz Arcium et Decretorum doctor Ad eruditum virum Magistrum Johannem Nigrum phisicum Tractatus de secta waldensium Et primo quod predicacionis officium non omnibus passim sit in ecclesia permissum. In regali Ciuitate Olomuncensi: Konrad Baumgarten, 1500.

Camerarius: Historica Narratio [1605]
Camerarius, Joachim: Historica Narratio; De Fratrum Orthodoxorum Ecclesiis, in Bohemia, Moravia et Polonia; Nunc primum edita. Heidelbergae: Typis Voegelinianis, [1605].

Černý: Spis o Nemoczech [1530]
Černý, Jan: Spis o Nemoczech Mornijch Kterak gse magi Lidé chowati předtim y při tom času. W Starém Miestie Pražském: [Pavel Severýn z Kapí Hory], 1530.

Confessio Fidei [1538]
Confessio Fidei ac Religionis, Baronvm ac Nobilivm Regni Bohoemiae, Serenissimo ac Inuictissimo Romanorum, Bohoemiae etc. Regi, Viennae Austriae, sub anno Domini 1535 oblata. Witebergae: Georg Rhau, [1538]

Franck: Chronica [1531]
Franck, Sebastian: Chronica. Zeytbůch und geschychtbibel von anbegyn biß inn diß gegenwertig M.D.xxxj. jar. Straßburg: Balthasar Beck, 1531.

Guilielmus Alvernus: Opera omnia, Bd. 1 [1674]
Guilielmus Alvernus: Opera omnia, quae hactenus reperiri potuerunt. Bd. 1. Parisiis: André Pralard,1674.

Hus: O welebné swátosti [um 1522]
Hus, Jan: O welebné swátosti tiela a krwe Pána Krista, co a kterak o nij držáno od wierných a wierzino býti má. Spis Mistra Jana k Robertowi w Konstantzý w žaláři sepsaný. Jtem giný o témž. A pak list k témuž mistra Rokycany. [Praha: Mikuláš Konáč z Hodíškova, um 1522].

Institoris: Clippeum [1501]
Institoris, Heinrich: Sancte Romane ecclesie fidei defensionis clippeum aduersus waldensium seu Pickardorum heresim. Olomu[n]z: Konrad Baumgarten, 1501.

[Jan aus Wodňan:] Proti bludnym a potupenym artikulom [1510]
[Jan aus Wodňan (Johannes Aquensis, Jan Bosák Vodňanský):] Proti bludnym a potupenym artikulom pikhartskym s kruntownymi duowody traktat pod otazkami a odpowiedmi počina se sstiastnie. W Nowem Plzni: Mikuláš Bakalář, 1510.

Kniha Eklezyastykus [1537]
Kniha Eklezyastykus, od Doktora Martina Luthera zprawená, potom z německého gazyku w Čzeskey w Litomysslj přeložená y také wytisstěná. [Litomyšl: Alexander Oujezdecký], 1537.

Kniha Eklezyastykus [1539]
Knieha Eklezyastykus, podlé starobylych řecskych exemplářůo od doktora Martina Luthera zprawená. Potom z německého gazyku w czeskey w Litomyssli přeložená y také wytisstěná. W Lithomyssli: Alexandr [Oujezdecký], 1539.

Koranda: Tractat o Welebne a Bozske swatosti [1493]
Koranda, Václav [der Jüngere]: Tractat o Welebne a Bozske swatosti oltarzni kterak ma przygimana byti od wiernych krzestianuow. [Praha], 1493.

List neb Spiesek [1542]
List neb Spiesek starych Bratřij dawno vděřaný. S Předmľuwau obssjrnau wssak potřebnau. Kteryž se nynie znowu z p[ří]čin nynieyssijch proti Bratrzijm Kniežskych psanij. wydawa. [Litomyšl: Alexander Oujezdecký], 1542.

List od bratřij krali Wladislawowi [1507]
List tento od bratřij psany krali Wladislawowi geho milosti takto: Modlitbu nassy y pokornu poddanost s mnohu žádostij naylepssieho dobreho Wassie kralowske milosti wzkazugem. [Litomyšl: Pavel Olivetský], 1507.

List od bratřij krali Ludwikowi [1524]
List od bratřij krali Ludwikowi geho milosti vherskeemu a czeskemu etc. krali. poslany. [Litomyšl: Pavel Olivetský], 1524.

[Lukáš aus Prag:] Znamo buď wssem [1508]
[Lukáš aus Prag:] Znamo buď wssem, že Jakož sme krali geho milosti psali listy dwa: Prwnim počet wydawagice z same wiery Aposstolskee obecne krzestianske [...]. [Litomyšl: Pavel Olivetský], 1508.

[Lukáš aus Prag:] O mnoheem a rozličneem pokussenij [1510/11]
[Lukáš aus Prag:] Sepsanie toto včyňenee [...] o mnoheem a rozličneem pokussenij. In monte Oliueti [Litomyšl: Pavel Olivetský], 1510–1511.

[Lukáš aus Prag:] Apologia Sacre scripture [1511]
[Lukáš aus Prag:] Apologia Sacre scripture. Nuremberge: Hieronymus Höltzel/[Mikuláš Klaudyán], 1511.

[Lukáš aus Prag:] Odpowied bratrzij [1514]
[Lukáš aus Prag:] Odpowied bratrzij Na spis. Kteriž včiněn gest y wytiskowan w Praze proti bratřim. W němžto mnohaa ohyzdna potupowanie a kacěřowanie Proti tymž Bratřim položena su y k ďabluom ge připodobňuge etc. [Litomyšl: Pavel Olivetský] 1514.

[Lukáš aus Prag:] Spis, Dosti činieczy z wiery [1518]
[Lukáš aus Prag:] Spis, Dosti činieczy z wiery. Kteryz (:Latinsku rzečij Apologia slowe:) w Normberce prwe wytiskowan. Počina se sstiastnie. W Boleslawi Mladem nad Gizeru: Mikuláš Klaudyán, 1518.

[Lukáš aus Prag:] Spis tento otazek trogich [1523]
[Lukáš aus Prag:] Spis tento otazek trogich. Prwnij yako počinagicých, druhé prospiewagicých, třetie dokonaleyssich. [Mladá Boleslav: Jiřík Štyrsa], 1523.

[Lukáš aus Prag:] Eyn kurtz Unterricht [1525]
[Lukáš aus Prag:] Eyn kurtz Unterricht von dem Ursprunck der Bruder yn Behmen und desselben Ursach, daryn sie auch beweysen das sie nicht aus der Waldenser- oder Pickartenrotten kommen, wie sie danne aus Neyt und Bossheyt des Widerchrists unnd seynes Anhangs mit derer Namen felschlich bekleydet gewest. Gesant auff den Lanttag ken Praga. Zwickaw: Johann Schönsperger der Jüngere/ Jorg Gastel, 1525.

[Lukáš aus Prag:] Eyn sende brieff der bruder [1525]
[Lukáš aus Prag:] Eyn sende brieff der bruder aus Behem, die mann bis hieher Pickarten vnnd Waldenser genant an den gross mechtigen herrn herrn Luwig [sic!] Vngerischen vnde Behemischen Koenig, gesant ym iar 1525. Verdolmetzt vom Behmischen yns Deutzsche. Durch Johannem Zeysinck. [Zwickau: Jorg Gastel/Johann Schönsperger der Jüngere, 1525].

[Lukáš aus Prag:] Odpis proti odtržencom [1525]
[Lukáš aus Prag:] Odpis proti odtržencom genž se malau strankú nazywagj na Spis wydaný pod gmenem Kalencowym proti spisu o mocy zřizene swěta wydanemu od Bratřij. [Mladá Boleslav:] Jiřík Štyrsa, 1525.

[Lukáš aus Prag:] Zprawy vrzadu Knězskeeho [1527]
[Lukáš aus Prag:] W těchto polozeny gsau knihach po pořadku zprawy při sluzbach vrzadu Knězskeeho w Gednotie Bratrskee. W Boleslawi nad Gizerau: Jiřík Štyrsa, 1527.

Luther: Vom Abendmal [1528]
Luther, Martin: Vom Abendmal Christi. Bekendnis. Wittemberg: Michael Lotter, 1528.

Nayiasněgssi Krali [1504–1506]
Nayiasněgssi Krali a pane: Pane naš milostiwy My lidee poniženij a wassie Kralowske milosti pokorňe poddanij. [Litomyšl: Pavel Olivetský, 1504–1506].

Nowy testament [1533]
Nowy testament, wssecek giz neyposleze a pilnie od Erazma Roterodámského přehlédnutý, netoliko, yakž řzecká prawda w sobie má, ale také yakž obogijho yazyku mnozý stařij a zprawenij exempláři magij, neyposléze yakž neypřigatieyssij doktoři dowodij, naprawugij a wykládagij. [Übersetzt von Beneš Optát und Petr Gzel]. W Náměssti: Matěj Pytlík z Dvořiště/Kašpar Aorg, 1533.

Počet z wiery [1536]
Počet z wiery a z včenie křestianskeho králi geho milosti w Widni podany od panuow a rytierzstwa Kralowstwie cžeskeho, kterziž gsu z gednoty bratrzie zaakona Krystowa. [Litomyšl: Alexandr Oujezdecký], 1536.

Przedmluwa [1518]
Przedmluwa z spisu Latinskeho wyloziena. Czo nynie w Miestie Rzimie o Turczych Na obeczním Sniemu. gednano bylo. W Boleslawi Mladem nad Gizeru: [Mikuláš Klaudyán], 1518.

Regenvolscius [Węgierski]: Systema [1652]
Regenvolscius, Andreas [Węgierski, Andrzej]: Systema Historico-Chronologicvm, Ecclesiarum Slavonicarum; per Provincias varias, Praecipuè, Poloniae, Bohemiae, Litvaniae, Russiae, Prvssiae, Moraviae, etc. Distinctarum. Trajecti ad Rhenum [Utrecht: Johann Janssonius van Waesberge], 1652.

Šturm: Dyalog [1543]
Šturm z Hranic, Adam: Dyalog. To gest. Dwau Formanuo Rozmlauwanij. [Prostějov?/Olomouc?: Jan st. Olivetský z Olivetu], 1543.

Šúd ze Semanína: [Almanach, 1543]
Šúd ze Semanína, Mikuláš: [Almanach Mistra Mikuláše Šúda z Semanína: Vydaný k létu Páně 1544]. [Praha: Ondřej Kubeš], 1543.

Synopher: Spis Bratra Bartosse [1540]
Synopher, Bartholomaeus: Spis Bratra Bartosse z Biliny, Czecha, w Kterémž včenj a zachowánij Bratřy weliké strany neb Boleslawských, zřetedlně scestné a prawdě Páně w smyslu zdrawé odporugijcy byti dokazuge. [Olomouc: Jan st. Olivetský z Olivetu], 1540.

[Tůma aus Přelauč:] Prwni cedule [1507]
[Tůma aus Přelauč:] Prwni cedule bratra Ssimonowa Kteruž psal Panom starssim hranickym. [Litomyšl: Pavel Olivetský], 1507.

Velenský: Petrum Romam non uenisse [1520]
Velenský, Oldřich: In Hoc Libello grauissimis, certissimisque et in sacra scriptura fundatis rationibus uarijs probatur, Apostolum Petrum Romam non uenisse. [Basel: Andreas Cratander, 1520].

Vrozenym panuom [1508]
Vrozenym panuom, statečnym rytieřom, slowutnym wladykam, mudrym a opatrnym městianom y wssem wuobetz y gednomu každemu bohatemu y chudemu, we wsselikem řadu y stawu postawenemu, ktož čisti nebo čtaucij slysseti budau, tiemto psanim znamo činime. [Litomyšl: Pavel Olivetský, 1508].

Węgierski, Andrzej → Regenvolscius, Andreas

Ziegler (Hg.): In hoc volvmine [1512]
In hoc volvmine haec continentvr: Duplex Confessio Valdensium ad Regem Vngarie missa, Augustini de Olomucz [...] Epistole contra perfidiam Valdensium, Eiusdem Doctoris bine Littere ad Regiam Maiestatem de Heresi Valdensium. Excusacio Valdensium contra binas litteras Doctoris Augustini, Iacobi Zigleri ex Landau Bauarie contra Heresim Valdensium Libri quinque [...]. [Leipzig:] Melchior Lotter d. Ältere, 1512.

3. Werkausgaben, Quelleneditionen und Darstellungen

Acta Unitatis Fratrum, Bd. 1 [2018]
Bahlcke, Joachim/Halama, Jindřich/Holý, Martin/Just, Jiří/Rothkegel, Martin/Udolph, Ludger: Acta Unitatis Fratrum. Dokumente zur Geschichte der Böhmischen Brüder im 15. und 16. Jahrhundert, Bd. 1: Regesten der in den Handschriftenbänden Acta Unitatis Fratrum I–IV überlieferten Texte. Wiesbaden 2018.

Acta Unitatis Fratrum, Bd. 1 [tsch., 2021]
Bahlcke, Joachim/Halama, Jindřich/Holý, Martin/Just, Jiří/Rothkegel, Martin/Udolph, Ludger: Acta Unitatis Fratrum. Prameny k dějinám jednoty bratrské v 15. a 16. století, Bd. 1: Regesty textů dochovaných v rukopisných svazcích Acta Unitatis Fratrum I–IV. Praha 2021.

Albert: Památky [1890]
Albert, E[duard]: Památky po Bratřích českých v Žamberce. In: Časopis Musea Království českého 64 (1890) 147–151.

Albert: Památky [1891]
Albert, E[duard]: Památky po Bratřích českých v Kunwaldě. In: Časopis Musea Království českého 65 (1891) 209–214.

Atwood: Separatism [2006]
Atwood, Craig D.: Separatism, ecumenism, and pacifism: the Bohemian and Moravian Brethren in the confessional age. In: Lieburg, Fred von (Hg.): Confessionalism and Pietism. Religious Reform in Early Modern Europe. Mainz 2006 (Veröffentlichungen des Instituts für Europäische Geschichte Mainz. Abteilung für abendländische Religionsgeschichte. Beiheft 67), 71–90.

Atwood: Theology [2009]
Atwood, Craig D.: The Theology of the Czech Brethren from Hus to Comenius. University Park, Pa., 2009.

Augusta/Bílek: Historie pravdivá [2018]
Augusta, Jan/Bílek, Jakub: Historie pravdivá Jana Augusty a Jakuba Bílka. Hg. v. Mirek Čejka. Středokluky 2018.

Augustinus: Tractatus [1985]
Augustinus Olomucensis: Tractatus de secta Valdensium. Hg. v. Jana Nechutová und Magda Rösslerová. In: Sborník prací Filozofické fakulty brněnské univerzity, E: Archeologicko-klasická 30 (1985) 133–147.

Bahlcke: Religionsfreiheit [2007]
Bahlcke, Joachim: Religionsfreiheit und Reichsbewusstsein. Deutungen des Augsburger Religionsfriedens im böhmisch-schlesischen Raum [2007]. In: Bahlcke, Joachim: Gegenkräfte. Studien zur politischen Kultur und Gesellschaftsstruktur Ostmitteleuropas in der Frühen Neuzeit. Marburg 2015 (Studien zur Ostmitteleuropaforschung 31), 190–214.

Bahlcke: Brüder-Unität [2008/09]
Bahlcke, Joachim: Die böhmische Brüder-Unität und der reformierte Typus der Reformation im östlichen Europa. In: Comenius-Jahrbuch 16–17 (2008/09) 11–23.

Bahlcke: Geschichtsschreibung [2009]
Bahlcke, Joachim: Die tschechische und die slowakische Geschichtsschreibung zu Reformation und konfessionellem Zeitalter. Vom Zweiten Weltkrieg bis in die Gegenwart [2009]. In: Bahlcke, Joachim: Erinnerungskonkurrenz. Geschichtsschreibung in den böhmischen Ländern vom 16. Jahrhundert bis zur Gegenwart. Frankfurt am Main 2016 (Forschungen zu Geschichte und Kultur der böhmischen Länder 3), 23–44.

Bahlcke: Reformatorische Aufbrüche [2017]
Bahlcke, Joachim: Reformatorische Aufbrüche in Ostmitteleuropa. Historiographische Positionen und territorienübergreifende Strukturen. In: Kohnle, Armin/Rudersdorf, Manfred (Hg.): Die Reformation. Fürsten – Höfe – Räume. Stuttgart 2017 (Quellen und Forschungen zur sächsischen Geschichte 42), 400–420.

Bahlcke: Geschichtsschreibung [2022]
Bahlcke, Joachim: Geschichtsschreibung und Minderheitenschutz. Die Unitas Fratrum im kirchengeschichtlichen Werk des polnischen Brüderseniors und preußischen Hofpredigers Daniel Ernst Jablonski (1660–1741). In: Bahlcke/Just/Rothkegel (Hg.): Konfessionelle Geschichtsschreibung [2022], 535–588.

Bahlcke/Bobková-Valentová/Mikulec (Hg.): Religious Violence [2017]
Bahlcke, Joachim/Bobková-Valentová, Kateřina/Mikulec, Jiří (Hg.): Religious Violence, Confessional Conflicts and Models for Violence Prevention in Central Europe (15th–18th Centuries). Religiöse Gewalt, konfessionelle Konflikte und Modelle von Gewaltprävention in Mitteleuropa (15.–18. Jahrhundert). Praha/Stuttgart 2017.

Bahlcke/Eberhard/Polívka (Hg.): Böhmen und Mähren [1998]
Bahlcke, Joachim/Eberhard, Winfried/Polívka, Miloslav (Hg.): Handbuch der historischen Stätten: Böhmen und Mähren. Stuttgart 1998.

Bahlcke/Just/Rothkegel: Die kleine Herde [2022]
Bahlcke, Joachim/Just, Jiří/Rothkegel, Martin: Die kleine Herde als wahre Kirche. Erinnerung, Identität und Geschichtsschreibung der Böhmischen Brüder in ihrem ostmitteleuropäischen Kontext. In: Bahlcke/Just/Rothkegel (Hg.): Konfessionelle Geschichtsschreibung [2022], 11–33.

Bahlcke/Just/Rothkegel (Hg.): Konfessionelle Geschichtsschreibung [2022]
Bahlcke, Joachim/Just, Jiří/Rothkegel, Martin (Hg.): Konfessionelle Geschichtsschreibung im Umfeld der Böhmischen Brüder (1500–1800). Traditionen – Akteure – Praktiken. Wiesbaden 2022 (Jabloniana. Quellen und Forschungen zur europäischen Kulturgeschichte der Frühen Neuzeit 11).

Bahlcke/Strohmeyer (Hg.): Konfessionalisierung [1999]
Bahlcke, Joachim/Strohmeyer, Arno (Hg.): Konfessionalisierung in Ostmitteleuropa. Wirkungen des religiösen Wandels im 16. und 17. Jahrhundert in Staat, Gesellschaft und Kultur. Stuttgart 1999 (Forschungen zur Geschichte und Kultur des östlichen Mitteleuropa 7).

Baker: Hussites of Moldavia [2006]
Baker, Robin: The Hungarian-speaking Hussites of Moldavia and two English Episodes in their History. In: Central Europe 4 (2006) 3–24.

Baletka: Dvůr olomouckého biskupa [1999]
Baletka, Tomáš: Dvůr olomouckého biskupa Stanislava Thurza (1497–1540). In: Opera historica 7 (1999) 361–382.

Bartoš: Valdenský biskup [1916]
Bartoš, František M[ichálek]: Valdenský biskup Štěpán z Basileje a jeho účast při ustavení Jednoty bratrské. In: Časopis Musea Království českého 90 (1916) 273–277.

Bartoš: Kněz Martin [1917]
Bartoš, František M[ichálek]: Kněz Martin zv. z Krčína. In: Časopis Musea Království českého 91 (1917) 137–142, 280–286.

Bartoš: Dějepisectví [1920]
Bartoš, František M[ichálek]: Z husitského a bratrského dějepisectví. III. O skladateli Rozmlouvání starého Čecha s mladým rytířem. In: Časopis Musea Království českého 94 (1920) 87–96.

Bartoš: Z počátků Jednoty [1921]
Bartoš, František M[ichálek]: Z počátků Jednoty bratrské. In: Časopis Musea Království českého 95 (1921) 30–43, 127–139, 203–218.

Bartoš: Demonstrativní spálení [1924]
Bartoš, F[rantišek] M[ichálek]: Demonstrativní spálení papežské buly proti Husovi Voksou z Valdštejna. In: Časopis Národního musea 98 (1924) 286–288.

Bartoš: O poslání [1924]
Bartoš, František M[ichálek]: O poslání Martina zv. z Krčína. In: Časopis Národního musea – oddíl duchovědný 98 (1924) 72–75.

Bartoš: Rokycana [1925]
Bartoš, František M[ichálek]: Rokycana za t. zv. druhého pronásledování Jednoty. In: Časopis Národního musea – oddíl duchovědný 99 (1925) 71–75.

Bartoš: Soupis, Bd. 1 [1926]
Bartoš, F[rantišek] M[ichálek]: Soupis rukopisů Národního musea v Praze. Catalogus codicum manu scriptorum Musaei Nationalis Pragensis, Bd. 1. Praha 1926.

Bartoš: Soupis, Bd. 2 [1927]
Bartoš, F[rantišek] M[ichálek]: Soupis rukopisů Národního musea v Praze. Catalogus codicum manu scriptorum Musaei Nationalis Pragensis, Bd. 2. Praha 1927.

Bartoš: Literární činnost [1928]
Bartoš, František M[ichálek]: Literární činnost M. Jana Rokycany, M. Jana Příbrama, M. Petra Payna, Praha 1928 (Sbírka pramenů k poznání literárního života československého III/9).

Bartoš: Husitství [1931]
Bartoš, František M[ichálek]: Husitství a cizina. Praha 1931.

Bartoš: Das Auftreten Luthers [1934]
Bartoš, F[rantišek] M[ichálek]: Das Auftreten Luthers und die Unität der Böhmischen Brüder. In: Archiv für Reformationsgeschichte 31 (1934) 103–120.

Bartoš: Martin Lupáč [1939]
Bartoš, František M[ichálek]: Martin Lupáč a jeho spisovatelské dílo. In: Reformační sborník 8 (1939) 115–140.

Bartoš: Nové rukopisy [1939]
Bartoš, František M[ichálek]: Nové rukopisy a tisky Jednoty bratrské. In: Reformační sborník 7 (1939) 152.

Bartoš: Vzácná památka [1946]
Bartoš, F[rantišek] M[ichálek]: Vzácná památka Jednoty bratrské. In: Reformační sborník 8 (1946) 154–156.

Bartoš: Čechy [1947]
Bartoš, F[rantišek] M[ichálek]: Čechy v době Husově 1378–1415. Praha 1947.

Bartoš: Za královstvím [1947]
Bartoš, František M[ichálek]: Za královstvím kněze Jana. In: Časopis Národního musea – oddíl duchovědný 116 (1947) 175–179.

Bartoš: Neznámý spis [1948]
Bartoš, František M[ichálek]: Neznámý spis proti Chelčickému a prvotní Jednotě bratrské. In: Jihočeský sborník historický 17 (1948) 60–64.

Bartoš: Konec [1954]
Bartoš, František M[ichálek]: Konec kněží táborských. In: Křesťanská revue – Theologická příloha 21 (1954) 134–141.

Bartoš: Prvotní Jednota [1959]
Bartoš, František M[ichálek]: Prvotní Jednota bratrská a Devotio moderna. In: Křesťanská revue – Theologická příloha 26 (1959) 38–42.

Bartoš: Vznik kodexu [1961]
Bartoš, F[rantišek] M[ichálek]: Vznik Jenského kodexu a jeho záhady. In: Listy filologické 84 (1961) 253–263.

Bartoš: M. Lupáč [1965]
Bartoš, František M[ichálek]: M. Lupáč a Jednota bratrská. In: Křesťanská revue 32 (1965) 89–91.

Bartoš: Původ a rodina [1970]
Bartoš, František M[ichálek]: Původ a rodina Bratra Řehoře, tvůrce Jednoty bratrské. In: Jihočeský sborník historický 39 (1970) 58–66.

Barvíř: Děje města Chocně [1886]
Barvíř, Jindřich Ladislav: Děje města Chocně. S poznámkami o vesnicích bývalého panství. Náměšť u Brna 1886.

Baťová: Kolínský kancionál [2011]
Baťová, Eliška: Kolínský kancionál z roku 1517 a bratrský zpěv na počátku 16. století. Praha 2011.

Baťová: Písně [2018]
Baťová, Eliška: Písně bratra Jana Augusty. Druhá tvář bratrské hymnografie. Praha 2018.

Baťová: Liturgical Reforms [2019]
Baťová, Eliška: Liturgical Reforms during the Lutheran Period of the Unity of the Brethren. In: Schildt, Maria/Lundberg, Mattias/Lundblad, Jonas (Hg.): Celebrating Lutheran Music. Scholarly Perspectives at the Quincentenary. Uppsala 2019 (Studia Musicologia Upsaliensia 29), 97–107.

Baťová: Gesangbuch [2022]
Baťová, Eliška: Gesangbuch und konfessionelle Memoria. Die *Acta Unitatis Fratrum* aus hymnologischer Perspektive. In: Bahlcke/Just/Rothkegel (Hg.): Konfessionelle Geschichtsschreibung [2022], 213–229.

Bechyňka: Praga mistica [1984]
Bechyňka, Jan: Praga mistica. Hg. v. Noemi Rejchrtová. In: Molnár (Hg.): Praga mystica [1984], 35–49.

Bednář: Die erste Abendmahlsagende [1955]
Bednář, František: Die erste Abendmahlsagende der böhmischen Brüderunität. In: Theologische Zeitschrift 11 (1955) 344–360.

Beránek (Hg.): Liber Decanorum [1983]
Beránek, Karel (Hg.): Liber Decanorum facultatis philosophicae Universitatis Pragensis ab anno Christi 1367 usque ad annum 1585. Děkanská kniha filozofické fakulty pražské univerzity od roku 1367 do roku 1585 [Faksimile]. Praha 1983.

Bérenger: Tolérance ou paix de religion [2000]
Bérenger, Jean: Tolérance ou paix de religion en Europe centrale (1415–1792). Paris 2000 (Bibliothèque d'histoire moderne et contemporaine 3).

Bergsten: Hubmaier [1961]
Bergsten, Torsten: Balthasar Hubmaier: Seine Stellung zu Reformation und Täufertum 1521–1528. Kassel 1961 (Acta Universitatis Upsaliensis – Studia Historico-Ecclesiastica Upsaliensia 3).

Bernhard: Organisation [1939]
Bernhard, Erich: Die rechtliche Organisation der Evangelischen in Böhmen seit dem Beginn ihrer Geschichte. Halle 1939.

Beyreuther (Hg.): Bekenntnisse [1979]
Beyreuther, Erich (Hg.): Bekenntnisse der Böhmischen Brüder. Mit einer Einleitung von Alfred Eckert. Hildesheim 1979.

Bidlo (Hg.): Akty, Bd. 1 [1915]
Bidlo, Jaroslav (Hg.): Akty Jednoty bratrské, Bd. 1. Brno 1915 (Prameny dějin moravských 3).

Bidlo (Hg.): Akty, Bd. 2 [1923]
Bidlo, Jaroslav (Hg.): Akty Jednoty bratrské, Bd. 2. Brno 1923 (Prameny dějin moravských 4).

Bidlo: Bratr Jan Blahoslav [1923]
Bidlo, Jaroslav: Bratr Jan Blahoslav jako archivář a knihovník Jednoty bratrské. In: Novotný/Urbánek (Hg.): Sborník Blahoslavův [1923], 34–37.

Bielecka: Zespół archiwalny [1974]
Bielecka, Janina: Zespół archiwalny Jednoty Braci Czeskich przechowywany w Archiwum Państwowym w Poznaniu. In: Leja, Leon (Hg.): Jan Amos Komeński a problemy współczesnej pedagogiki. Poznań 1974 (Uniwersytet Im. Adama Mickiewicza w Poznaniu. Wydział Filozoficzno-Historyczny – Seria Psychologia i Pedagogika 32), 133–142.

Bielecka: Akta Braci Czeskich [1981]
Bielecka, Janina: Akta Braci Czeskich w Wielkopolsce w latach (1507) 1557–1817 (XX w.). Przewodnik po zespole. Warszawa 1981.

Bílejovský: Kronika česká [2011]
Bílejovský, Bohuslav: Kronika česká. Hg. v. Ota Halama. Praha 2011 (Acta Reformationem Bohemicam Illustrantia 7).

Bílek: Gefangenschaft [1895]
Bílek, Jakub: Die Gefangenschaft des Johann Augusta, Bischofs der böhmischen Brüder, 1548 bis 1564, und seines Diakonen Jakob Bilek, von Bilek selbst beschrieben. Übersetzt v. Joseph Müller. Leipzig 1895.

Bílek: Jan Augusta [1942]
Bílek, Jakub: Jan Augusta v letech samoty, 1548–1564. Hg. v. František Bednář. Praha 1942.

Bimka /Floss (Hg.): Jan Blahoslav [1974]
Bimka, Svatopluk/Floss, Pavel (Hg.): Jan Blahoslav, předchůdce J. A. Komenského. 1571–1971. Sborník studií k čtyřstému výročí úmrtí Jana Blahoslava. Uherský Brod [1974].

Blahoslav: Vady kazatelův [1905]
Blahoslav, Jan: Vady kazatelův a Filipika proti nepřátelům vyššího vzdělání v Jednotě bratrské. Hg. v. Fr[antišek] A[ugustin] Slavík. Praha 1905.

Blahoslav: O původu [1928]
Blahoslav, Jan: O původu Jednoty bratrské a řádu v ní. Hg. von Otakar Odložilík. Praha 1928.

Blahoslav: Spis o zraku [1928]
Blahoslav, Jan: Spis o zraku. Jak člověk zrakem, to jest viděním a hleděním, sobě nebo jiným škoditi může. Hg. v. František Chudoba. Praha 1928.

Blahoslav: Nový zákon [1931]
Blahoslav, Jan: Nový zákon z roku 1568. Hg. v. Jaroslav Konopásek. Praha 1931.

Blahoslav: Naučení [1947]
Blahoslav, Jan: Naučení mládencům. Hg. v. František Bednář. Praha 1947.

Blahoslav: Pochodně zažžená [1949]
Blahoslav, Jan: Pochodně zažžená. Výbor z díla. Hg. v. Pavel Váša. Praha 1949.

Blahoslav: Gramatika česká [1991]
Blahoslav, Jan: Gramatika česká. Hg. v. Mirek Čejka, Dušan Šlosar und Jana Nechutová. Brno 1991 (Opera Facultatis Philosophicae Universitatis Masarykianae 285).

Blahoslav: Čtyři menší spisy [2013]
Blahoslav, Jan: Čtyři menší spisy. Hg. v. Mirek Čejka und Hana Bočková. Brno 2013.

Blahoslav: Musica [2016]
Blahoslav, Jan: Musica. Faksimile vydání z roku 1569/A Facsimile of the Edition of 1569. Hg. v. Petr Daněk und Jiří K. Kroupa. Praha 2016.

Blažková, Edita → Štěříková, Edita

Böse/Schäfer: Geistliche Lieder [2000]
Böse, Brigitte/Schäfer, Franz: Geistliche Lieder und Gesänge in Böhmen, Bd. 2/2: 1420–1475. Köln/Weimar/Wien 2000 (Bausteine zur slavischen Philologie und Kulturgeschichte B – Editionen 14).

Bohatcová: Počátky [1962]
Bohatcová, Mirjam: Počátky publikační činnosti Jednoty bratrské. In: Acta Comeniana 21 (1962) 44–60.

Bohatcová: Život a práce [1962]
Bohatcová, Mirjam: Život a práce Pavla Olivetského, prvního tiskaře v Litomyšli. In: Časopis Národního muzea – oddíl věd společenských 131 (1962) 205–218.

Bohatcová: Na okraj [1964]
Bohatcová, Mirjam: Na okraj další části Knihopisu (S exkursem o nově nalezeném tisku Pavla Olivetského – traktátu Martina Hánka [?] z roku 1524). In: Listy filologické 87 (1964) 399–404.

Bohatcová: Počátky [1966]
Bohatcová, Mirjam: Počátky betlémského novoutrakvismu a otázka pražské činnosti Pavla Olivetského. In: Sborník Národního muzea v Praze – C literární historie 11 (1966) 121–139.

Bohatcová: Anfänge [1976]
Bohatcová, Mirjam: Die Anfänge der typographischen Zusammenarbeit zwischen Nürnberg und Böhmen. In: Gutenberg-Jahrbuch (1976) 147–155.

Bohatcová: Nález [1981]
Bohatcová, Mirjam: Nález dalších litomyšlských tisků z počátku 16. století (Edice neznámých bratrských konfesí a nezvěstného spisu bakaláře Prokopa z Jindřichova Hradce). In: Časopis Národního muzea – řada historická 150 (1981) 138–152.

Bohatcová: Knihtiskařská linie [1982]
Bohatcová, Mirjam: Knihtiskařská linie Olivetských. In: Časopis Národního muzea – řada historická 151 (1982) 129–160.

Bohatcová: Doplněk [1988–1991]
Bohatcová, Mirjam: Doplněk ke spisu Prokopa z Jindřichova Hradce. In: Husitský Tábor 10 (1988–1991) 219–220.

Boldan: Kdež skrze impresory [2016]
Boldan, Kamil: „Kdež skrze impresory věrné kněžie tupíš." In: Modráková, Renáta/Klimek, Tomáš (Hg.): Cesta k rozmanitosti aneb Kavárenský povaleč digitálním historikem středověku. Sborník příspěvků k životnímu jubileu PhDr. Zdeňka Uhlíře. Praha 2016, 79–86.

Boldan: Knihtisk [2017]
Boldan, Kamil: Český knihtisk v boji mezi městským stavem a šlechtou na počátku 16. století. In: Opera Historica. Časopis pro dějiny raného novověku 18 (2017) 7–25.

Boldan/Hrdina (Hg.): Knihtisk [2018]
Boldan, Kamil/Hrdina, Jan (Hg.): Knihtisk, zbožnost, konfese v zemích Koruny české doby poděbradské a jagellonské. Praha 2018 (Colloquia Mediaevalia Pragensia 19).

Borkovský: Výzkumy [1959]
Borkovský, Ivan: Výzkumy v Černé věži na Pražském hradě. In: Památky archeologické 50 (1959) 257–324.

Boubín: Dílo Petra Chelčického [2004]
Boubín, Jaroslav: Dílo Petra Chelčického a současný stav jeho edičního zpřístupnění. In: Český časopis historický 102 (2004) 273–296.

Boubín: Petr Chelčický [2005]
Boubín, Jaroslav: Petr Chelčický. Myslitel a reformátor. Praha 2005.

Boubín: Petr Chelčický [2012]
Boubín, Jaroslav: Petr Chelčický und seine Ausführungen zur Gesellschaft. In: Machilek (Hg.): Die hussitische Revolution [2012], 77–91.

Boubín: Interpretation [2017]
Boubín, Jaroslav: Die Interpretation und kritische Beurteilung von Gewalt im Werk des religiösen Denkers Petr Chelčický. In: Bahlcke/Bobková-Valentová/Mikulec (Hg.): Religious Violence [2017], 313–324.

Brandl: Glossarium [1876]
Brandl, V[incenc]: Glossarium illustrans bohemico-moravicae historiae fontes. Brünn 1876.

Brandl: Jan Dubčanský [1882]
Brandl, Vincenc: Jan Dubčanský a bratří Lulečtí. in: Časopis Matice moravské 14 (1882) 74–125.

Brenon: Waldensian Books [1994]
Brenon, Anne: The Waldensian Books. In: Biller, Peter/Hudson, Anne (Hg.): Heresy and Literacy. 1000–1530. Cambridge 1994, 137–159.

Brock: Doctrines [1957]
Brock, Peter: The political and social doctrines of the Unity of Czech Brethren in the fifteenth and early sixteenth centuries. 's-Gravenhage 1957 (Slavistic printings and reprintings 11).

Calábek: Náboženské poměry [1923]
Calábek, Leopold: Náboženské poměry v rodišti Blahoslavově. In: Novotný/Urbánek (Hg.): Sborník Blahoslavův [1923], 38–49.

Cameron: Waldenses [2000]
Cameron, Euan: Waldenses. Rejections of Holy Church in Medieval Europe. Oxford 2000.

Čapek: O pouti [1968]
Čapek, J[an] B[lahoslav]: O pouti Archívu Jednoty bratrské. In: Z kralické tvrze 2 (1968) 16–17.

Cedlová: Náboženské názory [1932]
Cedlová, Marie: Náboženské názory Petra Chelčického a bratra Řehoře i jejich vzájemný poměr. In: Časopis Národního musea – oddíl duchovědný 106 (1932) 63–115, 278–322.

Čejka (Hg.): Ivančice [2002]
Čejka, Jiří (Hg.): Ivančice. Dějiny města. Ivančice 2002.

Čelakovský (Hg.): Traktát podkomořího [1881]
Čelakovský, Jaromír (Hg.): Traktát podkomořího Vaňka Valečovského proti panování kněžstva. In: Kořistka, Karel František Edvard (Hg.), Zprávy o zasedání Královské české společnosti nauk v Praze. Ročník 1881. Praha 1882, 325–345.

Čelakovský (Hg.): Registra [1901]
Čelakovský, Jaromír (Hg.): Registra soudu komorního 1502–1508, 1511–1519. In: Kalousek (Hg.): Archiv český, Bd. 19 [1901], 1–475.

Cerno: Rezension Acta [2020]
Cerno, Marianna: Rezension von Acta Unitatis Fratrum, Bd. 1 [2018]. In: Medioevo latino 41 (2020) 965–966.

Černý: Klasobraní [1898]
Černý, K[arel]: Klasobraní po rukopisích. LV. Rozpravy Chelčického v rkp. Pařížském. In: Listy filologické 25 (1898) 259–280, 384–404, 453–478.

Červenka: Dialogy [2022]
Červenka, Jan: Literární dialogy a tolerance v české reformaci. Olomouc 2022.

Charvát: „Múřeníni, Arabi" [1999]
Charvát, Petr: „Múřeníni, Arabi", pohané a Martin Kabátník z Litomyšle. In: Pomezí Čech a Moravy. Sborník prací ze společenských a přírodních věd pro okres Svitavy 3 (1999) 13–29.

Chelčický: Netz des Glaubens [1924/1970]
Chelčický, Petr: Peter Cheltschizki, Das Netz des Glaubens. Übersetzt von Carl Vogl. Dachau 1924. Nachdruck. Hg. v. Amedeo Molnár. Hildesheim 1970.

Chelčický: Traktáty [1940]
Chelčický, Petr: Traktáty Petra Chelčického. O trojím lidu. O církvi svaté. Hg. v. Rudolf Holinka. Praha 1940.

Chelčický: Spisy z Pařížského sborníku [2008]
Chelčický, Petr: Spisy z Pařížského sborníku. Hg. v. Jaroslav Boubín. Praha 2008 (Sbírka pramenů k náboženským dějinám 1).

Chelčický: Siet viery [2012]
Chelčický, Petr: Siet viery. Hg. v. Jaroslav Boubín. Praha 2012 (Sbírka pramenů k náboženským dějinám 3).

Chelčický: Spisy z Olomouckého sborníku [2016]
Chelčický, Petr: Spisy z Olomouckého sborníku. Hg. v. Jaroslav Boubín. Praha 2016 (Sbírka pramenů k náboženským dějinám 4).

Chelčický: Spisy z Kapitulního sborníku [2018]
Chelčický, Petr: Spisy z Kapitulního sborníku. Hg. v. Jaroslav Boubín. Praha 2018 (Sbírka pramenů k náboženským dějinám 5).

Chelčický: Postila, Bd. 1 [2022]
Chelčický, Petr: Postila, Bd. 1. Hg. v. Jaroslav Boubín. Praha 2022 (Sbírka pramenů k náboženským dějinám 6).

Císařová-Kolářová: Žena [1942]
Císařová-Kolářová, Anna: Žena v Jednotě bratrské. Zásady, postavy a dědictví. Praha 1942.

Čornej: Království [1989]
Čornej, Petr: Království dvojího lidu. České dějiny let 1436–1526 v soudobé korespondenci. Praha 1989.

Čornej: Potíže s adamity [1997]
Čornej, Petr: Potíže s adamity. In: Marginalia Historica 2 (1997) 33–63.

Čornej: Tůma Přeloučský [2008]
Čornej, Petr: Tůma Přeloučský. In: Lexikon české literatury. Osobnosti, díla, instituce, Bd. 4/1. Praha 2008, 1041–1042.

Čornej: Vaněk Valečovský z Kněžmosta [2008]
Čornej, Petr: Vaněk Valečovský z Kněžmosta. In: Lexikon české literatury. Osobnosti, díla, instituce, Bd. 4/2. Praha 2008, 1196–1197.

Čornej: Adamité [2021]
Čornej, Petr: Adamité: topoi – fikce – realita? In: Bohemica Olomucensia 13 (2021) 10–53.

Čornej/Bartlová: Velké dějiny, Bd. 6 [2007]
Čornej, Petr/Bartlová, Milena: Velké dějiny zemí Koruny české, Bd. 6: 1437–1526. Praha/Litomyšl 2007.

Couceiro: Humanismus [2011]
Couceiro, Eduardo Fernández: Český utrakvistický humanismus v literárním díle Mikuláše Konáče z Hodiškova. Praha 2011.

Couceiro: Pronikání [2022]
Couceiro, Eduardo Fernández: Pronikání humanismu a renesance do české knižní kultury. Praha 2022.

Coufal: Dva neznámé rukopisy [2009]
Coufal, Dušan: Dva neznámé rukopisy k počátkům Jednoty bratrské v benediktinské knihovně v Seitenstetten. In: Studie o rukopisech 39 (2009) 157–188.

Cvrček: Archiv [1897]
Cvrček, Josef: Archiv Jednoty Bratrské v Herrnhutě. In: Časopis Musea Království českého 71 (1897) 415–441.

David: Bohemian Utraquism [1994]
David, Zdeněk V.: Bohemian Utraquism in the Sixteenth Century: The Distinction and Tribulation of a Religious „Via Media". In: Folia Historica Bohemica 17 (1994) 29–58.

David: Middle Way [2003]
David, Zdeněk V.: Finding the Middle Way. The Utraquists' Liberal Challenge to Rome and Luther. Washington, D.C. u.a. [2003].

Dobiáš, F. M.: Učení [1940]
Dobiáš, F[rantišek] M[rázek]: Učení Jednoty bratrské o Večeři Páně. Z theologie doby Lukášovy a doby po Blahoslavovi. Praha 1940.

Dobiáš, F. M.: Předpoklady [1957]
Dobiáš, F[rantišek] M[rázek]: Předpoklady ekumenismu v theologii rané Jednoty. In: Křesťanská revue – Theologická příloha 24 (1957) 136–144.

[Dobiáš, J. (Hg.):] Spisek [1881]
[Dobiáš, Josef (Hg.):] Spisek o hanebném hříchu, těchto časův již lidem ne velmi známém, totižto o modlářství. In: Časopis historický se zvláštním zřetelem k duchovnímu vývoji našeho lidu 1 (1881) 128–138.

[Dobiáš, J. (Hg.):] Psaní [1882]
[Dobiáš, Josef (Hg.):] Psaní jakéhos kněze Jana Appolinářského učiněné a poslané paní Krescencii Zmrzlíkové na Vorlík. In: Časopis historický se zvláštním zřetelem k duchovnímu vývoji našeho lidu 2 (1882) 56–68.

Dobre: Preaching [2004]
Dobre, Claudia: Preaching, Conversion, Ministering and Struggling against Hussites: The Mendicants' Missionary Activities and Strategies in Moldavia from the 13th to the First Half of the 15th Century. In: Revue des études sud-est européennes 42 (2004) 71–86.

Dobrovský: Geschichte [1788]
Dobrovský, Josef: Geschichte der böhmischen Pikarden und Adamiten. In: Abhandlungen der böhmischen Gesellschaft der Wissenschaften (1788) 303–343.

Dudík: Forschungen in Schweden [1852]
Dudík, Beda: Forschungen in Schweden für Mährens Geschichte. Im Auftrage des hohen mähr[ischen] Landesausschusses im Jahre 1851 unternommen. Brünn 1852.

Dvorský (Hg.): Dopisy [1897]
Dvorský, František (Hg.): Dopisy pana Viléma z Pernšteina z let 1480–1521. In: Kalousek (Hg.): Archiv český, Bd. 16 [1897], 1–72.

[Dvorský/Gindely (Hg.):] Landtagsverhandlungen, Bd. 1 [1877]
[Dvorský, František/Gindely, Antonín (Hg.):] Die böhmischen Landtagsverhandlungen und Landtagsbeschlüsse vom Jahre 1526 an bis auf die Neuzeit, Bd. 1 [1526–1545]. Prag 1877.

[Dvorský/Gindely (Hg.):] Sněmy české, Bd. 1 [1877]
[Dvorský, František/Gindely, Antonín (Hg.):] Sněmy české od léta 1526 až po naši dobu, Bd. 1 [1526–1545]. Praha 1877.

Dworzaczkowa: Bracia czescy [1997]
Dworzaczkowa, Jolanta: Bracia czescy w Wielkopolsce w XVI i XVII wieku. Warszawa 1997.

Dworzaczkowa: Z dziejów braci czeskich [2003]
Dworzaczkowa, Jolanta: Z dziejów braci czeskich w Polsce. Poznań 2003 (Publikacje Instytutu Historii UAM 57).

Dybaś: Konfessionelle Vielfalt [2010]
Dybaś, Bogusław: Konfessionelle Vielfalt und kulturelle Blüte. Lissa als Zentrum der Brüder-Unität in der Frühen Neuzeit. In: Bahlcke, Joachim/Dybaś, Bogusław/Rudolph, Hartmut (Hg.): Brückenschläge. Daniel Ernst Jablonski im Europa der Frühaufklärung. Dößel 2010, 55–67.

Eberhard: Konfessionsbildung [1981]
Eberhard, Winfried: Konfessionsbildung und Stände in Böhmen 1478–1530. München/Wien 1981 (Veröffentlichungen des Collegium Carolinum 38).

Eberhard: Monarchie [1985]
Eberhard, Winfried: Monarchie und Widerstand. Zur ständischen Oppositionsbildung im Herrschaftssystem Ferdinands I. in Böhmen. München 1985 (Veröffentlichungen des Collegium Carolinum 54).

Eberhard: Kuttenberger Religionsfrieden [1986]
Eberhard, Winfried: Entstehungsbedingungen für öffentliche Toleranz am Beispiel des Kuttenberger Religionsfriedens von 1485. In: Communio Viatorum 29 (1986) 129–154.

Eberhard: Bohemia, Moravia and Austria [1992]
Eberhard, Winfried: Bohemia, Moravia and Austria. In: Pettegree, Andrew (Hg.): The Early Reformation in Europe. Cambridge 1992, 23–48.

Eberhard: Deutsche Reformation [1992]
Eberhard, Winfried: Die deutsche Reformation in Böhmen 1520–1620. In: Rothe, Hans (Hg.): Deutsche in den Böhmischen Ländern. Köln/Weimar/Wien 1992, 103–123.

Eberhard: Koexistenz [1992]
Eberhard, Winfried: Der Weg zur Koexistenz. Kaiser Sigmund und das Ende der hussitischen Revolution. In: Bohemia 33 (1992) 1–43.

Eberhard: Reformation and Counterreformation [1995]
Eberhard, Winfried: Reformation and Counterreformation in East Central Europe. In: Brady, Thomas A. jr./Oberman, Heiko A./Tracy, James D. (Hg.): Handbook of European History 1400–1600. Late Middle Ages, Renaissance and Reformation, Bd. 2. Leiden/New York/Köln 1995, 551–584.

Eberhard: Reformatorische Gegensätze [1996]
Eberhard, Winfried: Reformatorische Gegensätze – reformatorischer Konsens – reformatorische Formierung in Böhmen, Mähren und Polen. In: Bahlcke, Joachim/Bömelburg, Hans-Jürgen/Kersken, Norbert (Hg.): Ständefreiheit und Staatsgestaltung in Ostmitteleuropa. Übernationale Gemeinsamkeiten in der politischen Kultur vom 16.–18. Jahrhundert. Leipzig 1996 (Forschungen zur Geschichte und Kultur des östlichen Mitteleuropa 4), 187–215.

Eberhard: Hussitismus [1998]
Eberhard, Winfried: Zur reformatorischen Qualität und Konfessionalisierung des nachrevolutionären

Hussitismus. In: Šmahel, František (Hg.): Häresie und vorzeitige Reformation im Spätmittelalter. München 1998 (Schriften des Historischen Kollegs. Kolloquien 39), 213–238.

Eberhard: Religionsproblematik [2001]
Eberhard, Winfried: Zur Religionsproblematik in der böhmischen Landesverfassung der Reformationsepoche. In: Malý/Pánek (Hg.): Vladislavské zřízení [2001], 249–266.

Eberhard: Olmütz [2003]
Eberhard, Winfried: (Erz-)Bistum Olmütz (Olomouc). In: Gatz, Erwin (Hg.): Die Bistümer des Heiligen Römischen Reiches von ihren Anfängen bis zur Säkularisation. Ein historisches Lexikon. Freiburg i. Br. 2003, 509–527.

Eberhard: Konfessionelle Pluralität [2014]
Eberhard, Winfried: Konfessionelle Pluralität als grenzübergreifende Herausforderung in der Frühneuzeit. In: Heimann, Heinz-Dieter/Neitmann, Klaus/Tresp, Uwe (Hg.): Die Nieder- und Oberlausitz – Konturen einer Integrationslandschaft, Bd. 2: Frühe Neuzeit. Berlin 2014 (Studien zur brandenburgischen und vergleichenden Landesgeschichte 12), 19–37.

Eberhard: Reformation und Luthertum [2017]
Eberhard, Winfried: Reformation und Luthertum im östlichen Europa. Konflikte um konfessionelle und ständische Selbstbehauptung im 16. und 17. Jahrhundert. In: Bahlcke, Joachim/Störtkuhl, Beate/Weber, Matthias (Hg.): Der Luthereffekt im östlichen Europa. Geschichte – Kultur – Erinnerung. Berlin/Boston 2017 (Schriften des Bundesinstituts für Kultur und Geschichte der Deutschen im östlichen Europa 64), 11–38.

Ehinger: Konfession und Solidarität [2022]
Ehinger, Siglind: Konfession und Solidarität in Georg Konrad Riegers theologischer Kirchengeschichtsschreibung zu den Böhmischen Brüdern. In: Bahlcke/Just/Rothkegel (Hg.): Konfessionelle Geschichtsschreibung [2022], 589–610.

Eisele (Hg.): Sextussprüche [2015]
Eisele, Wilfried (Hg.): Die Sextussprüche und ihre Verwandten. Tübingen 2015 (Scripta Antiquitatis Posterioris ad Ethicam Religionemque pertinentia 26).

Ekler/Kiss (Hg.): Augustinus Moravus [2015]
Ekler, Péter/Kiss, Farkas Gábor (Hg.): Augustinus Moravus Olomucensis. Proceedings of the International Symposium to Mark the 500th Anniversary of the Death of Augustinus Moravus Olomucensis (1467–1513) 13th November 2013, National Széchényi Library, Budapest. Budapest 2015.

Ekler: Augustinus Moravus [2020]
Ekler, Péter: Augustinus Moravus Olomucensis. In: Storchová (Hg.): Companion, Bd. 2 [2020], 121–129.

Erben (Hg.): Výbor, Bd. 2 [1868]
Erben, Karel Jaromír (Hg.): Výbor z literatury české, Bd. 2: Od počátku 15. až do konce 16. století. Praha 1868.

Fejtová: Rezension Acta [2019]
Fejtová, Olga: Rezension von Acta Unitatis Fratrum, Bd. 1 [2018]. In: Folia Historica Bohemica 34 (2019) 371–373.

Fiedler (Hg.): Todtenbuch [1863]
Fiedler, Joseph (Hg.): Todtenbuch der Geistlichkeit der Böhmischen Brüder. In: Fontes rerum Austriacarum. Oesterreichische Geschichts-Quellen, Abt. 1: Scriptores, Bd. 5/2. Wien 1863, 213–310.

Fiedler (Hg.): Todtenbuch [1872]
Fiedler, Joseph (Hg.): Todtenbuch der Geistlichkeit der böhmischen Brüder. Übersetzt v. Friedrich August Ruhmer. Alt-Tschau bei Neusalz a. O. 1872.

Flegl: K počátkům [1968]
Flegl, Michal: K počátkům Jednoty bratrské na Prácheňsku. In: Jihočeský sborník historický 37 (1968) 182–186.

Flegl: K otázce sociálního původu [1977]
Flegl, Michal: K otázce sociálního původu bratra Řehoře a jeho literárních počátků. In: Listy filologické 100 (1977) 88–94.

Fousek: The Pastoral Office [1961]
Fousek, Marianka S[asha]: The Pastoral Office in the Early „Unitas Fratrum". In: The Slavonic and East European Review 40/95 (1962) 444–457.

Fousek: Perfectionism [1961]
Fousek, Marianka S[asha]: The Perfectionism of the Early „Unitas Fratrum". In: Church History. Studies in Christianity and Culture 30 (1961) 396–413.

Fousek: On Secular Authority [1975]
Fousek, Marianka Sasha: On Secular Authority and Military Service among the Bohemian Brethren in the 16th and 17th Centuries. In: Király (Hg.): Tolerance and Movements of Religious Dissent [1975], 53–64.

Freidhof: Zur Sprache der Grammatyka Česká [1977]
Freidhof, Gerd: Zur Sprache der Grammatyka Česká (1533). In: Rammelmeyer, Alfred/Giesemann, Gerhard (Hg.): Ost und West, Bd. 2: Aufsätze zur Slavischen und Baltischen Philologie und allgemeinen Sprachwissenschaft. Wiesbaden 1977 (Frankfurter Abhandlungen zur Slavistik 24), 129–136.

Fritsch: *Historica Narratio* [2022]
Fritsch, Andreas: *Historica Narratio de fratrum orthodoxorum ecclesiis in Bohemia, Moravia et Polonia.* Joachim Camerarius der Ältere (1500–1574) und seine Darstellung der Geschichte der Brüderunität. In: Bahlcke/Just/Rothkegel (Hg.): Konfessionelle Geschichtsschreibung [2022], 301–320.

Fůrová: Nekrologium [2020]
Fůrová, Miroslava: Tzv. páté nekrologium jednoty bratrské. In: Císařová-Smítková, Alena (Hg.): S knihou v ruce. Kolektivní monografie k životnímu jubileu PhDr. Veroniky Procházkové. Praha 2020, 77–110.

Garloff: Rezension Acta [2019]
Garloff, Mona: Rezension von Acta Unitatis Fratrum, Bd. 1 [2018]. In: Comenius-Jahrbuch 27 (2019) 155–157.

Gellner: Jan Černý [1934]
Gellner, G[ustav]: Jan Černý a jiní lékaři čeští do konce doby jagellovské. In: Věstník Královské české společnosti nauk – třída I. filosoficko-historická. Praha 1934, Nr. 3, 1–176.

Gindely: Ansichten [1854]
Gindely, Anton: Über die dogmatischen Ansichten der böhmisch-mährischen Brüder nebst einigen Notizen zur Geschichte ihrer Entstehung. In: Sitzungsberichte der kaiserlichen Akademie der Wissenschaften – Philosophisch-historische Classe, Bd. 13. Wien 1854, 349–413.

Gindely (Hg.): Quellen [1859]
Gindely, Anton (Hg.): Quellen zur Geschichte der Böhmischen Brüder, vornehmlich ihren Zusammenhang mit Deutschland betreffend. Wien 1859 (Fontes rerum Austriacarum. Oesterreichische Geschichts-Quellen II/XIX).

Gindely: Bratr Lukáš [1861]
Gindely, Anton: Bratr Lukáš a spisové jeho. In: Časopis Musea Království českého 35 (1861) 278–292.

Gindely: Geschichte, Bd. 1 [1861]
Gindely, Anton: Geschichte der Böhmischen Brüder, Bd. 1: 1450–1564. Prag 1861.

Gindely (Hg.): Dekrety [1865]
Gindely, Antonín (Hg.): Dekrety Jednoty bratrské. Praha 1865 (Monumenta Historiae Bohemica 1).

Giurescu: Útočiště [1962]
Giurescu, Const[antin] C.: Útočiště husitů a jejich střediska v Moldavsku. In: Sborník prací Filosofické fakulty brněnské university – C: Historická 8 (1961) 105–120.

Glitsch: Geschichte [²1899]
Glitsch, A[lexander]: Geschichte und gegenwärtiger Bestand der historischen Sammlungen (Archiv, Bibliothek, Gemäldesammlung) der Brüder-Unität. Herrnhut ²1899 [¹1891].

Gmiterek: Bracia [1987]
Gmiterek, Henryk: Bracia Czescy a Kalwini w Rzeczpospolitej, połowa XVI – połowa XVII wieku. Studium porównawcze. Lublin 1987.

Goll: Archiv [1876]
Goll, Jaroslav: Archiv ochranovský. In: Časopis Musea Království českého 50 (1876) 733–752.

Goll: Brüder-Katechismus [1878]
Goll, Jaroslav: Der böhmische Text des Brüder-Katechismus und sein Verhältniss zu den Kinderfragen. In: Kořistka, K[arel] (Hg.): Sitzungsberichte der königl[ich] böhmischen Gesellschaft der Wissenschaften in Prag. Jahrgang 1877. Prag 1878, 74–84.

Goll (Hg.): Spisek Víta z Krupé [1878]
Goll, Jaroslav (Hg.): Spisek Víta z Krupé proti Bratřím. In: Kořistka, Karel František Edvard (Hg.): Zprávy o zasedání Královské české společnosti nauk v Praze (1878) 162–170.

Goll (Hg.): Quellen, Bd. 1 [1878/1977]
Goll, Jaroslav (Hg.): Quellen und Untersuchungen zur Geschichte der Böhmischen Brüder, Bd. 1: Der Verkehr der Brüder mit den Waldensern. Wahl und Weihe der ersten Priester. Prag 1878 [Nachdruck Hildesheim/New York 1977].

Goll (Hg.): Quellen, Bd. 2 [1882/1977]
Goll, Jaroslav (Hg.): Quellen und Untersuchungen zur Geschichte der Böhmischen Brüder, Bd. 2: Peter Chelčicky und seine Lehre. Prag 1882 [Nachdruck Hildesheim/New York 1977].

Goll: O některých spisech [1883]
Goll, Jaroslav: O některých spisech br. Lukáše z Prahy. In: Časopis Musea Království českého 57 (1883) 362–370.

Goll: Rezension Müller [1888]
Goll, Jaroslav: Rezension von Müller (Hg.): Katechismen [1887]. In: Athenaeum 5 (1888) 219–222.

Goll: Některé prameny [1895]
Goll, Jaroslav: Některé prameny k náboženským dějinám v XV. století. In: Věstník Královské české společnosti nauk – třída filosoficko-historicko-jazykozpytná. Praha 1895, 1–12.

Goll: Chelčický a jednota [1916]
Goll, Jaroslav: Chelčický a jednota v 15. století. Hg. v. Kamil Krofta. Praha 1916.

Goll: Rezension Bidlo [1916]
Goll, Jar[oslav]: Rezension von Bidlo (Hg.): Akty, Bd. 1 [1915]. In: Český časopis historický 22 (1916) 181–184.

Gonnet/Molnár: Les Vaudois [1974]
Gonnet, Jean/Molnár, Amedeo: Les Vaudois au Moyen Âge. Torino 1974.

Grotefend: Handbuch, Bd. 1 [1872]
Grotefend, Hermann: Handbuch der historischen Chronologie des Mittelalters und der Neuzeit, Bd. 1. Hannover 1872.

Haberkern: Patron Saint [2016]
Haberkern, Phillip N[elson]: Patron Saint and Prophet. Jan Hus in the Bohemian and German Reformations. Oxford 2016 (Oxford Studies in Historical Theology).

Hájek: Kázeň [1934]
Hájek, Viktor: Kázeň v Jednotě bratrské. Brno 1934.

Halama, J.: The Doctrinal Development [2002]
Halama, Jindřich: The Doctrinal Development of the Unity of Czech Brethren in the Light of Their Confessions. In: Communio Viatorum 44 (2002) 128–144.

Halama, J.: Sociální učení [2003]
Halama, Jindřich: Sociální učení českých bratří 1464–1618. Brno 2003.

Halama, J.: Soziallehre [2017]
Halama, Jindřich: Die Soziallehre der Böhmischen Brüder 1464–1618. Zum unerledigten Dialog der böhmischen Reformation mit der lutherischen und calvinistischen. Übersetzt und bearbeitet von Karl-Eugen Langerfeld. Herrnhut 2017 (Unitas Fratrum. Beiheft 27).

Halama, J.: Teologie [2017]
Halama, Jindřich: Teologie manželství u Jana Augusty. In: Studie a texty Evangelické teologické fakulty 28/1 (2017) 5–14.

Halama, J.: Konflikt [2022]
Halama, Jindřich: Konflikt, Schisma und theologische Diskontinuität im Spiegel konfessioneller Memoria: *Acta Unitatis Fratrum* IV und die Krise der Brüderunität in den letzten Jahren des 15. Jahrhunderts. In: Bahlcke/Just/Rothkegel (Hg.): Konfessionelle Geschichtsschreibung [2022], 197–212.

Halama, O.: Jan Blahoslav [2003]
Halama, Ota: Jan Blahoslav o rozdíle mezi správci Jednoty a luterským kněžstvem. In: Teologická reflexe 9 (2003) 70–86.

Halama, O.: Petrarkův spis [2004]
Halama, Ota: Petrarkův spis Sine titulo, utrakvisté a Bratří jagellonské epochy. In: Doležalová, Eva/Novotný, Robert/Soukup, Pavel (Hg.): Evropa a Čechy na konci středověku. Sborník příspěvků věnovaných Františku Šmahelovi. Praha 2004, 433–447.

Halama, O.: Spis „De Ecclesia" [2004]
Halama, Ota: Spis „De Ecclesia" Martina Lupáče z doby poděbradské. In: Theologická revue 75 (2004) 420–435.

Halama, O.: Obhajoba [2014]
Halama, Ota: Obhajoba biblického kánonu v druhé generaci Jednoty bratrské. In: Halama, Ota (Hg.): Amica – Sponsa – Mater. Bible v čase reformace. Praha 2014, 226–240.

Halama, O.: Korambus [2016]
Halama, Ota: Matěj Korambus († 1536). Nový pokus o shrnutí života a díla utrakvistického humanisty. In: Listy filologické 139 (2016) 449–459.

Halama, O.: Pikartské dialogy [2017]
Halama, Ota: Mikuláš Konáč z Hodíškova – Pikartské dialogy. Praha 2017.

Halama, O.: Polemika [2018]
Halama, Ota: Tištěná polemika s Jednotou bratrskou v době jagellonské (1500–1526). In: Boldan, Kamil/Hrdina, Jan (Hg.): Knihtisk, zbožnost, konfese v zemích Koruny české doby poděbradské a jagellonské. Praha 2018 (Colloquia Mediaevalia Pragensia 19), 139–179.

Halama, O.: The Unity [2020]
Halama, Ota: The Unity of Brethren (1458–1496). In: Dussen, Michael van/Soukup, Pavel (Hg.): A Companion to the Hussites. Leiden/Boston 2020 (Brill's Companions to the Christian Tradition 90), 371–402.

Halama, O./Marek: Smrt a pohřby [2009]
Halama, Ota/Marek, Jindřich: Smrt a pohřby bratrské šlechty v polovině 16. století. In: Wernisch (Hg.): Unitas Fratrum [2009], 122–171.

Halama, O./Soukup (Hg.): Kalich [2016]
Halama, Ota/Soukup, Pavel (Hg.): Kalich jako symbol v prvním století utrakvismu. Praha 2016.

Hanák: Bratří a starší [1928/29]
Hanák, Jan: Bratří a starší z Hory lilecké. In: Časopis Matice moravské 52 (1928) 39–124, 277–348, 53 (1929) 1–44.

Havelka, E.: Lukáš [1955]
Havelka, Emanuel: Byl B. Lukáš autorem „Otázek dětinských"? In: Křesťanská revue – Theologická příloha 22 (1955) 70–74.

Havelka, T.: Die *Historia* [2022]
Havelka, Tomáš: Die *Historia de origine et rebus gestis Fratrum Bohemicorum* von Johannes Lasitius und ihre spätere Bearbeitung durch Johann Amos Comenius. In: Bahlcke/Just/Rothkegel (Hg.): Konfessionelle Geschichtsschreibung [2022], 481–506.

Havránek: Vývoj [²1980]
Havránek, Bohuslav: Vývoj českého spisovného jazyka. Praha ²1980 [¹1979].

Havránek u.a. (Hg.): Výbor, Bd. 2 [1964]
Havránek, Bohuslav u.a. (Hg.): Výbor z české literatury doby husitské, Bd. 2. Praha 1964.

Hejnic: Zpráva [1957]
Hejnic, Josef: Humanistická zpráva o Matěji Poustevníkovi. In: Listy filologické 80 (1957) 64–67.

Hejnic: Bibliograf [1987]
Hejnic, Josef: Bibliograf Konrád Gesner, jeho švýcarští pokračovatelé v 16. století a Morava. In: Kubíček, Jaromír (Hg.): Knihtisk v Brně a na Moravě. Brno 1987, 116–125.

Hejnic/Martínek u. a.: Rukověť, Bd. 1 [1966]
Hejnic, Josef/Martínek, Jan u. a.: Rukověť humanistického básnictví v Čechách a na Moravě. Enchiridion renatae poesis Latinae in Bohemia et Moravia cultae, Bd. 1: A–C. Praha 1966.

Hejnic/Martínek u. a.: Rukověť, Bd. 2 [1966]
Hejnic, Josef/Martínek, Jan u. a.: Rukověť humanistického básnictví v Čechách a na Moravě. Enchiridion renatae poesis Latinae in Bohemia et Moravia cultae, Bd. 2: Č–J. Praha 1966.

Hejnic/Martínek u. a.: Rukověť, Bd. 3 [1969]
Hejnic, Josef/Martínek, Jan u. a.: Rukověť humanistického básnictví v Čechách a na Moravě. Enchiridion renatae poesis Latinae in Bohemia et Moravia cultae, Bd. 3: K–M. Praha 1969.

Hejnic/Martínek u. a.: Rukověť, Bd. 4 [1973]
Hejnic, Josef/Martínek, Jan u. a.: Rukověť humanistického básnictví v Čechách a na Moravě. Enchiridion renatae poesis Latinae in Bohemia et Moravia cultae, Bd. 4: N–Ř. Praha 1973.

Hejnic/Martínek u. a.: Rukověť, Bd. 5 [1982]
Hejnic, Josef/Martínek, Jan u. a.: Rukověť humanistického básnictví v Čechách a na Moravě. Enchiridion renatae poesis Latinae in Bohemia et Moravia cultae, Bd. 5: S–Ž. Praha 1982.

Hejnic/Martínek u. a.: Rukověť, Bd. 6 [2011]
Hejnic, Josef/Martínek, Jan u. a.: Rukověť humanistického básnictví v Čechách a na Moravě. Enchiridion renatae poesis Latinae in Bohemia et Moravia cultae, Bd. 6: Dodatky A–Ž. Praha 2011.

Heller: Blahoslavův překlad [2004]
Heller, Jan M.: Blahoslavův překlad Nového zákona. In: Listy filologické 127 (2004) 66–92.

Herben: Klenovský [1883]
Herben, Jan: Klenovský – Paleček. Studie literarně-historická. In: Sborník historický 1 (1883) 43–51.

Hlaváček, I.: Rezension Acta [2019]
Hlaváček, Ivan: Rezension von Acta Unitatis Fratrum, Bd. 1 [2018]. In: Sborník archivních prací 69 (2019) 421–424.

Hlaváček, P.: Apostolus [2017]
Hlaváček, Petr: „Apostolus, sed non Christi". Der Dominikanerinquisitor Heinrich Institoris († 1505) und seine Tätigkeit in den böhmischen Ländern. In: Bahlcke/Bobková-Valentová/Mikulec (Hg.): Religious Violence [2017], 39–52.

Hlobil/Petrů: Humanismus [1992]
Hlobil, Ivo/Petrů, Eduard: Humanismus a raná renesance na Moravě. Praha 1992.

Hlobil/Petrů: Humanism [1999]
Hlobil, Ivo/Petrů, Eduard: Humanism and the Early Renaissance in Moravia. Olomouc 1999.

Hobza: Akta Jednoty bratrské [1967]
Hobza, Radek: Akta Jednoty bratrské a jejich obsah. In: Kaňák, Miloslav (Hg.): Československá církev a Jednota bratrská. Sborník prací k 500. výročí staré Jednoty bratrské. Praha 1967, 152–249.

Hoefler (Hg.): Geschichtschreiber, Bd. 1 [1856]
Hoefler, K[arl] (Hg.): Geschichtschreiber der husitischen Bewegung in Böhmen, Bd. 1. Wien 1856 (Fontes rerum Austriacarum. Oesterreichische Geschichts-Quellen I/II/1).

Hoefler (Hg.): Geschichtschreiber, Bd. 2 [1865]
Hoefler, K[arl] (Hg.): Geschichtschreiber der husitischen Bewegung in Böhmen, Bd. 2. Wien 1865 (Fontes rerum Austriacarum. Oesterreichische Geschichts-Quellen I/VI/2).

Hoefler (Hg.): Geschichtschreiber, Bd. 3 [1866]
Hoefler, K[arl] (Hg.): Geschichtschreiber der husitischen Bewegung in Böhmen, Bd. 3. Wien 1866 (Fontes rerum Austriacarum. Oesterreichische Geschichts-Quellen I/VII/3).

Holá/Holý u.a.: Profesoři [2022]
Holá, Mlada/Holý, Martin u.a.: Profesoři pražské utrakvistické univerzity v pozdním středověku a raném novověku (1457/1458–1622). Praha 2022.

Holý: Ivančické gymnázium [2011]
Holý, Martin: Ivančické gymnázium Jednoty bratrské, vzdělanostní mecenát a šlechta z českých zemí v poslední čtvrtině 16. a v prvních desetiletích 17. století. In: Jižní Morava 47 (2011) 67–82.

Horák: Současný stav [1966]
Horák, František: Současný stav soupisu tisků Mikuláše Bakaláře. In: Blaškovičová, Mária/Kohút, Leo (Hg.): Mikuláš Bakalár Štetina. Štúdie a materiály o živote a diele slovenského prvotlačiara v Plzni. Bratislava 1966, 20–30.

Horníčková/Šroněk (Hg.): Umění [2010]
Horníčková, Kateřina/Šroněk, Michal (Hg.): Umění české reformace (1380–1620). Praha 2010.

Hotson: Central Europe [2008]
Hotson, Howard: Central Europe, 1500–1700. In: Whitford, David M. (Hg.): Reformation and Early Modern Europe: a guide to research. Kirksville, Missouri 2008 (Sixteenth century essays & studies 79).

Hrachovec: Von feindlichen Ketzern [2015]
Hrachovec, Petr: Von feindlichen Ketzern zu Glaubensgenossen und wieder zurück. Das Bild der böhmischen Reformation in Zittauer Quellen des Spätmittelalters und der Frühneuzeit/Od nepřátelských kacířů k druhům ve víře a zase zpátky. Obraz české reformace v žitavských pramenech pozdního středověku a raného novověku. In: Winzeler, Marius (Hg.): Jan Hus. Cesty pravdy/Die Wege der Wahrheit. Görlitz 2015, 131–156.

Hraše: Sbor [1892]
Hraše, J[an] K[arel]: Sbor českých bratří v Náchodě. In: Český lid 1 (1892) 35–40.

Hrdlička: Rezension Acta [2022]
Hrdlička, Josef: Rezension von Acta Unitatis Fratrum, Bd. 1 [2018]. In: Germanoslavica 33 (2022) 143–148.

Hrejsa: K českým dějinám náboženským [1915]
Hrejsa, Ferdinand: K českým dějinám náboženským za prvních let Ferdinanda I. In: Český časopis historický 21 (1915) 161–216.

Hrejsa: Luther [1931]
Hrejsa, Ferdinand: Luther, kněz Martin v Praze a pan Vilém Janovský. In: Reformační sborník 4 (1931) 8–11.

Hrejsa: Sborové [1935]
Hrejsa, Ferdinand: Sborové Jednoty bratrské. Praha 1935.

Hrejsa: Bratrské památky [1936]
Hrejsa, Ferd[inand]: Bratrské památky v Brandýse n. Orlicí. In: Časopis Národního musea – oddíl duchovědný 110 (1936) 193–208.

Hrejsa: Luterství, kalvinismus a podobojí [1938]
Hrejsa, Ferdinand: Luterství, kalvinismus a podobojí na Moravě před Bílou horou. In: Český časopis historický 44 (1938) 296–326, 474–485.

Hrejsa: Psání mistra [1946]
Hrejsa, Ferdinand: Psání mistra Rokycána Petrovi Chelčickému. In: Reformační sborník 8 (1946) 39–44.

Hrejsa: Dějiny křesťanství, Bd. 1 [1947]
Hrejsa, Ferdinand: Dějiny křesťanství v Československu, Bd. 1: Doba předhusitská. Praha 1947.

Hrejsa: Dějiny křesťanství, Bd. 2 [1947]
Hrejsa, Ferdinand: Dějiny křesťanství v Československu, Bd. 2: Hus a husitství (Čechové v zápasu o ryzí křesťanství). Praha 1947.

Hrejsa: Dějiny křesťanství, Bd. 3 [1948]
Hrejsa, Ferdinand: Dějiny křesťanství v Československu, Bd. 3: Rokycana, Husitský král. Počátky Jednoty bratrské (Čechové dospívají k ryzímu křesťanství). Praha 1948.

Hrejsa: Dějiny křesťanství, Bd. 4 [1948]
Hrejsa, Ferdinand: Dějiny křesťanství v Československu, Bd. 4: Za krále Vladislava a Ludvíka. Před světovou reformací a za reformace. Praha 1948.

Hrejsa: Dějiny křesťanství, Bd. 5 [1948]
Hrejsa, Ferdinand: Dějiny křesťanství v Československu, Bd. 5: Za krále Ferdinanda I. (1526–1564). Počátky protireformace. Praha 1948.

Hrejsa: Dějiny křesťanství, Bd. 6 [1950]
Hrejsa, Ferdinand: Dějiny křesťanství v Československu, Bd. 6: Za krále Maximiliána II. (1564–1576). Česká konfese. Praha 1950.

Hrubý: Luterství a kalvinismus [1934/35]
Hrubý, František: Luterství a kalvinismus na Moravě před Bílou horou. In: Český časopis historický 40 (1934) 265–309, 41 (1935) 1–40, 237–268.

Hrubý: Wiedertäufer [1935]
Hrubý, František: Die Wiedertäufer in Mähren. Leipzig 1935.

Hrubý: Luterství a novoutrakvismus [1939]
Hrubý, František: Luterství a novoutrakvismus v českých zemích v 16. a 17. stol. In: Český časopis historický 45 (1939) 31–44.

Indra: Rukopisný zlomek [1955]
Indra, Bohumír: Rukopisný zlomek spisu br. Tůmy Přeloučského. In: Vlastivědný věstník moravský 10 (1955) 26.

Jakubec: Dějiny literatury české, Bd. 1 [1929]
Jakubec, Jan: Dějiny literatury české, Bd. 1: Od nejstarších dob do probuzení politického. Praha 1929.

Janáček: Jan Blahoslav [1966]
Janáček, Josef: Jan Blahoslav. Studie s ukázkami z díla. Praha 1966.

Janáček: České dějiny, Bd. 1/2 [1984]
Janáček, Josef: České dějiny. Doba předbělohorská, 1526–1547, Bd. 1/2. Praha 1984.

Janoušek, E.: Konfese [1923]
Janoušek, Emanuel: Konfese Jednoty bratrské od oddělení Malé stránky k prvním jejím stykům s Lutherem. In: Časopis Matice moravské 47 (1923) 15–52.

Janoušek, V.: K životopisu [1958]
Janoušek, Vojtěch: K životopisu Jana Klenovského. In: Křesťanská revue – Theologická příloha 25 (1958) 116–117.

Jireček, H.: Právnický život [1903].
Jireček, Hermenegild: Právnický život v Čechách a na Moravě. Praha/Brno 1903.

Jireček, J.: Blahoslavova filipika [1861]
Jireček, Josef: Blahoslavova filipika proti nepřátelům vzdělání vyššího v Jednotě bratrské. Z přepisu P. J. Šafaříka. In: Časopis Musea Království českého 35 (1861) 372–381.

Jireček, J.: Jana Jafeta krátká zpráva [1861]
Jireček, Josef: B. Jana Jafeta krátká zpráva o biskupích a starších jednoty Bratrské. In: Časopis Musea Království českého 35 (1861) 139–158.

Jireček, J.: Hymnologia Bohemica [1878]
Jireček, Josef: Hymnologia Bohemica. Dějiny církevního básnictví českého až do XVIII. století. Praha 1878.

Jireček, J.: Rukověť, Bd. 1 [1875]
Jireček, Josef: Rukověť k dějinám literatury české do konce 18. věku ve spůsobě slovníka životopisného a knihoslovného, Bd. 1. Praha 1875.

Jireček, J.: Rukověť, Bd. 2 [1876]
Jireček, Josef: Rukověť k dějinám literatury české do konce 18. věku ve spůsobě slovníka životopisného a knihoslovného, Bd. 2. Praha 1876.

Jireček, J.: Mikulášenci [1876]
Jireček, Josef: Mikulášenci. In: Časopis Musea Království českého 50 (1876) 47–82.

Jireček, J.: O některých sbornících [1877]
Jireček, Josef: O některých sbornících obsahu historického z 15. až 17. století. In: Kořistka, Karel František Edvard (Hg.): Zprávy o zasedání Královské české společnosti nauk v Praze. Ročník 1876. Praha 1877, 83–98.

Johanides: Hek [1975]
Johanides, Josef: František Vladislav Hek. Příspěvek k jeho životu a dílu, II. In: Strahovská knihovna. Sborník Památníku národního písemnictví Praha 10 (1975) 157–241.

Jukl: Adamité [2014]
Jukl, Jakub Jiří: Adamité. Historie a vyhubení husitských naháčů. Praha 2014.

Juřička: Mikuláš Bystřice [2019]
Juřička, Martin: Mikuláš Bystřice z Vojnic na Kroměříži (1434–1478, † 1480). Osudy jednoho moravského rytíře v proměnách pozdně středověké společnosti. In: Mediaevalia Historica Bohemica 22/2 (2019) 81–117.

Just: Zlomek [2004]
Just, Jiří: Zlomek bratrského Nekrologia z fondů KNM v Praze. In: Miscellanea. Studijní texty UK ETF v Praze. Praha 2004 (Acta Reformationem Bohemicam Illustrantia 5), 59–65.

Just: Biblický humanismus [2007]
Just, Jiří: Biblický humanismus Jana Blahoslava. In: Studie a texty Evangelické teologické fakulty 10/1 (2007) 136–153.

Just: Neue Quellen [2009]
Just, Jiří: Neue Quellen zur Geschichte der Brüderunität in der Zeit vor der Schlacht am Weissen Berg. Der Fund des Archivs von Matouš Konečný in Mladá Boleslav. In: Acta Comeniana 22–23/46–47 (2009) 249–286.

Just (Hg.): Kněžská korespondence [2011]
Just, Jiří (Hg.): „Hned jsem k Vám dnes naschváli poslíka svého vypravil" – Kněžská korespondence Jednoty bratrské z českých diecézí z let 1610–1618. Praha 2011 (Archiv Matouše Konečného 1/1).

Just: Kuttenberger Religionsfrieden [2013]
Just, Jiří: Der Kuttenberger Religionsfrieden von 1485. In: Bahlcke, Joachim/Rohdewald, Stefan/Wünsch, Thomas (Hg.): Religiöse Erinnerungsorte in Ostmitteleuropa. Konstitution und Konkurrenz im nationen- und epochenübergreifenden Zugriff. Berlin 2013, 838–850.

Just: Acta [2014]
Just, Jiří: Acta Unitatis Fratrum. Ediční projekt. In: Folia Historica Bohemica 29/2 (2014) 451–462.

Just: Schrift [2017]
Just, Jiří: Die Schrift ‚Weshalb die Menschen nicht durch Gewalt zum Glauben gezwungen werden sollen' des Prokop aus Neuhaus. Ein Plädoyer der Böhmischen Brüder für die Glaubensfreiheit von 1474/1508. In: Bahlcke/Bobková-Valentová/Mikulec (Hg.): Religious Violence [2017], 325–334.

Just: Summovník [2017]
Just, Jiří: Summovník Jana Augusty a jeho dochování. Příspěvek k tématu bratrské knižní kultury a k možnostem jejího dalšího výzkumu. In: Studie a texty Evangelické teologické fakulty 28/1 (2017) 41–56.

Just: Biblický humanismus [2019]
Just, Jiří: Biblický humanismus Jana Blahoslava. Překlad Nového zákona z roku 1564/1568 a jeho kontext. Praha 2019.

Just: Poznamenání [2021]
Just, Jiří: Poznamenání některých věcí aneb skutků Václava Holého jako reflexe konfesního násilí na východočeském panství Pernštejnů po polovině 16. století. In: Folia Historica Bohemica 36 (2021) 287–310.

Just: Bewahrung des Ursprungs [2022]
Just, Jiří: Die Bewahrung des Ursprungs: Apologetische Identitätsnarrative, Institutionen der Erinnerung und Historiographie in der Alten Brüderunität. In: Bahlcke/Just/Rothkegel (Hg.): Konfessionelle Geschichtsschreibung [2022], 95–150.

Just u.a.: Luteráni [2009]
Just, Jiří u.a.: Luteráni v českých zemích v proměnách staletí. Praha 2009.

Just/Baťová: In monte Oliveti [2022]
Just, Jiří/Baťová, Eliška: In monte Oliveti. Litomyšl a knižní kultura jednoty bratrské v 16. století. Praha 2022.

Just/Šárovcová: Bohemian book painting [2016]
Just, Jiří/Šárovcová, Martina: Bohemian book painting in the Early Modern Period in a new context: An illuminated printed book from the property of the Bohemian Brethren priest Vavřinec Orlík. In: Umění 44 (2016) 462–479.

Justová: Tůma Přeloučský [2011]
Justová, Karolina: Tůma Přeloučský. Muž znamenitý, kterýž mnohé převyšoval. Praha 2011.

Kabátník: Cesta z Čech [2019]
Kabátník, Martin: Cesta z Čech do Jeruzaléma a Egypta r. 1491–1492. Hg. v. Miloslava Vajdlová. Litomyšl 2019.

Kábrt: Počátky bibliografie [1961]
Kábrt, Jiří: Počátky české bibliografie. Od nejstarších zpráv o knihách až do r. 1620. Praha 1961.

Kadlec: Přehled, Bd. 1 [1987]
Kadlec, Jaroslav: Přehled českých církevních dějin, Bd. 1. Řím 1987.

Kadlec: Přehled, Bd. 2 [1987]
Kadlec, Jaroslav: Přehled českých církevních dějin, Bd. 2. Řím 1987.

Kästner (Hg.): Kinderfragen [1902]
Kästner, Alexander (Hg.): Die Kinderfragen: Der erste deutsche Katechismus. M.D.XXI. Leipzig 1902 (Neudrucke pädagogischer Schriften 18).

Kalivoda: Husitství [1983]
Kalivoda, Robert: Husitství a jeho vyústění v době předbělohorské a pobělohorské. In: Studia Comeniana et Historica 13/25 (1983) 3–44.

Kalousek (Hg.): Archiv český, Bd. 10 [1890]
Kalousek, Josef (Hg.): Archiv český, čili staré písemné památky české i moravské z archivů domácích i cizích, Bd. 10. Praha 1890.

Kalousek (Hg.): Archiv český, Bd. 15 [1896]
Kalousek, Josef (Hg.): Archiv český, čili staré písemné památky české i moravské, sebrané z archivů domácích i cizích, Bd. 15. Praha 1896.

Kalousek (Hg.): Archiv český, Bd. 16 [1897]
Kalousek, Josef (Hg.): Archiv český, čili staré písemné památky české i moravské, sebrané z archivů domácích i cizích, Bd. 16. Praha 1897.

Kalousek (Hg.): Archiv český, Bd. 18 [1900]
Kalousek, Josef (Hg.): Archiv český, čili staré písemné památky české i moravské, sebrané z archivů domácích i cizích, Bd. 18. Praha 1900.

Kalousek (Hg.): Archiv český, Bd. 19 [1901]
Kalousek, Josef (Hg.): Archiv český, čili staré písemné památky české i moravské, sebrané z archivů domácích i cizích, Bd. 19. Praha 1901.

Kalousek (Hg.): Archiv český, Bd. 21 [1903]
Kalousek, Josef (Hg.): Archiv český, čili staré písemné památky české i moravské, sebrané z archivů domácích i cizích, Bd. 21. Praha 1903.

Kameníček (Hg.): Jednání [1890]
Kameníček, František (Hg.): Jednání sněmovní a veřejná v Markrabství moravském od počátku 15. století až do přijetí krále Ferdinanda I. za markrabí moravského roku 1527. In: Kalousek (Hg.): Archiv český, Bd. 10 [1890], 241–352.

Kaňák u.a. (Hg.): Význačné postavy [1957]
Kaňák, Miloslav u.a. (Hg.): Význačné postavy staré Jednoty bratrské a jejich dílo. K 500. výročí vzniku Jednoty bratrské. Praha 1957.

Keller: Die böhmischen Brüder [1894]
Keller, Ludwig: Die böhmischen Brüder und ihre Vorläufer. In: Monatshefte der Comenius-Gesellschaft 3 (1894) 171–209.

Király (Hg.): Tolerance and Movements of Religious Dissent [1975]
Király, Béla K. (Hg.): Tolerance and Movements of Religious Dissent in Eastern Europe. New York/London 1975 (East European Monographs 13), 53–64.

[Kleinschmidt/Janata (Hg.):] Spisek [1864]
[Kleinschmidt, Friedrich Emanuel/Janata, Jan (Hg.):] Spisek Starých Bratří, učiněný léta Páně 1464 o svolení týchž Bratří, na čem sou se svolili spolu na horách Rychnovských léta s vrchu psaného. In Hlasy ze Siona 4 (1864) 100–101.

Knihopis
Tobolka, Zdeněk V./Horák, František/Wižďálková, Bedřiška (Hg.): Knihopis českých a slovenských tisků od doby nejstarší až do konce XVIII. století. II. 1–9. Praha 1939–1967; Dodatky. II. 1–9. Praha 1994–2010.

Knoz: Gelehrsamkeit [2022]
Knoz, Tomáš: Gelehrsamkeit und Geschichtskultur des brüderischen Adels in Mähren um 1600: Karl der Ältere von Žerotín und seine Bibliothek. In: Bahlcke/Just/Rothkegel (Hg.): Konfessionelle Geschichtsschreibung [2022], 263–282.

Köpstein: Friedrich Reiser [1959]
Köpstein, Horst: Über den deutschen Hussiten Friedrich Reiser. In: Zeitschrift für Geschichtswissenschaft 7 (1959) 1068–1082.

Köstlin: Bischoftum [1896]
Köstlin, Julius: Das Bischoftum in der Brüdergemeinde und die katholische und anglikanische Idee der apostolisch-bischöflichen Succession. In: Theologische Studien und Kritiken 69 (1896) 34–68.

Kolár: Jan Bechyňka [1985]
Kolár, Jaroslav: Jan Bechyňka. In: Lexikon české literatury. Osobnosti, díla, instituce, Bd. 1. Praha 1985, 180.

Kolár: Jan Blahoslav [1985]
Kolár, Jaroslav: Jan Blahoslav. In: Lexikon české literatury. Osobnosti, díla, instituce, Bd. 1. Praha 1985, 246–248.

Kolár: Jan Černý-Niger [1985]
Kolár, Jaroslav: Jan Černý-Niger. In: Lexikon české literatury. Osobnosti, díla, instituce, Bd. 1. Praha 1985, 456.

Kolár: Petr Chelčický [1993]
Kolár, Jaroslav: Petr Chelčický. In: Lexikon české literatury. Osobnosti, díla, instituce, Bd. 2/1. Praha 1993, 404–407.

Kolár: Václav Koranda [1993]
Kolár, Jaroslav: Václav Koranda ml. In: Lexikon české literatury. Osobnosti, díla, instituce, Bd. 2/2. Praha 1993, 854–855.

Kolár: Martin Lupáč [1993]
Kolár, Jaroslav: Martin Lupáč. In: Lexikon české literatury. Osobnosti, díla, instituce, Bd. 2/2. Praha 1993, 1252.

Kopecký: Blahoslav a antika [1978]
Kopecký, Milan: Jan Blahoslav a antika. In: Varcl, Ladislav (Hg.): Antika a česká kultura. Praha 1978, 251–255.

Košťál: Jednota bratrská [2000]
Košťál, Miloslav: Jednota bratrská a počátky Nového Města nad Metují, aneb Jak kuchařka Elška historii posloužila. In: Rodným krajem. Vlastivědný sborník kraje Aloise Jiráska, Boženy Němcové a bratří Čapků 20 (2000) 12–13.

Košťál: Výzva [2001]
Košťál, Miloslav: „Hradeckým, Orebským a Pardidubským." Výzva k pokání a k jednotě všech křesťanů z doby poděbradské. In: Stopami dějin Náchodska 7 (2001) 135–202.

Koupil: Grammatykáři [^{2}2015]
Koupil, Ondřej: Grammatykáři. Gramatografická a kulturní reflexe češtiny 1533–1672. Praha ^{2}2015 [^{1}2007].

Kouřil: Augustin Olomoucký [2001]
Kouřil, Miloš: Augustin Olomoucký, 1467–1513. In: Barteček, Ivo (Hg.): Historiografie Moravy a Slezska, Bd. 1. Olomouc 2001, 13–20.

Koželuha: Jan Klenovský [2004]
Koželuha, František: Jan Klenovský. In: Laurenčík, Jiří (Hg.): Paměti o věcech náboženských, Bd. 2: Ostatní díla prof. P. Františka Koželuhy a jeho životopis. Prostějov 2004, 137–140.

Krafl (Hg.): Synody [2003]
Krafl, Pavel (Hg.): Synody a statuta olomoucké diecéze období středověku. Praha 2003.

Králík: Dvě zprávy [1948]
Králík, Oldřich: Dvě zprávy o olomouckých humanistech. In: Časopis Matice moravské 68 (1948) 283–327.

Kras: Rezension Acta [2019]
Kras, Paweł: Rezension von Acta Unitatis Fratrum, Bd. 1 [2018]. In: Odrodzenie i reformacja w Polsce 63 (2019) 263–269.

Kreuz: Postavení [2000]
Kreuz, Petr: Postavení a působnost komorního soudu v soustavě českého zemského trestního soudnictví doby předbělohorské v letech 1526–1547. Praha 2000.

Kreuz: Institoris [2018]
Kreuz, Petr: Heinrich Kramer/Institoris a české země. Se zvláštním zřetelem k Institorisovu působení v Olomouci v letech 1499–1505. In: Olomoucký archivní sborník 16 (2018) 92–127.

Kreuz: Heinrich Kramer/Institoris [2019]
Kreuz, Petr: Heinrich Kramer/Institoris and the Czech Lands. With a Special Focus on the Activities of Institoris in Olomouc in 1499–1505. In: e-Rhizome 1 (2019) 23–59.

Kröger/Mai/Nippe: Das Unitätsarchiv [2014]
Kröger, Rüdiger/Mai, Claudia/Nippe, Olaf: Das Unitätsarchiv. Aus der Geschichte von Archiv, Bibliothek und Beständen. Herrnhut 2014.

Krofta: O spisech [1912]
Krofta, Kamil: O spisech Václava Korandy mladšího z Nové Plzně. In: Listy filologické 39 (1912) 122–138, 215–232.

Krofta: Rezension Bidlo [1917]
Kamil, Krofta: Rezension von Bidlo (Hg.): Akty, Bd. 1 [1915]. In: Časopis Musea Království českého 91 (1917) 75–81.

Krofta: Listy [1936]
Krofta, Kamil: Listy z náboženských dějin českých. Praha 1936.

Krofta: O bratrském dějepisectví [1946]
Krofta, Kamil: O bratrském dějepisectví. Praha 1946.

Kubíček: Jindřich Institoris [1902]
Kubíček, Ant[onín]: Jindřich Institoris, pap. inkvisitor v Čechách a na Moravě. In: Časopis katolického duchovenstva 43 (1902) 20–26, 115–121, 222–226, 320–325, 372–378, 491–500, 521–525.

Kühne: Ostensio reliquiarum [2000]
Kühne, Hartmut: ostensio reliquiarum. Untersuchungen über Entstehung, Ausbreitung, Gestalt und Funktion der Heiltumsweisungen im römisch-deutschen Regnum. Berlin/New York 2000 (Arbeiten zur Kirchengeschichte 75).

Kůrka: Vztah [2006]
Kůrka, Pavel B.: Voleni a v obci vyhlášeni? Vztah městské a záduší správy v utrakvismu – základní přehled. In: Konvičná, Jana/Zdichynec, Jan (Hg.): Ve znamení Koruny české. Sborník k šedesátým narozeninám prof. PhDr. Lenky Bobkové, CSc. Praha 2006, 305–313.

Kůrka: Přístup [2008]
Kůrka, Pavel B.: Přístup městského stavu k farní správě v předreformačním a reformačním Německu ve srovnání s utrakvistickou laickou samosprávou. In: Kůrka, Pavel B./Pánek, Jaroslav/Polívka, Miloslav (Hg.): Angelus pacis. Sborník prací k poctě Noemi Rejchrtové. Praha 2008, 311–322.

Kůrka: Volba [2008]
Kůrka, Pavel B.: Volba faráře v utrakvismu a její kořeny. In: Krafl, Pavel (Hg.): Sacri canones servandi sunt. Ius canonicum et status ecclesiae saeculis XIII–XV. Praha 2008, 618–622.

Kurze: Märkische Waldenser [1974]
Kurze, Dietrich: Märkische Waldenser und Böhmische Brüder. Zur brandenburgischen Ketzergeschichte und ihrer Nachwirkung im 15. und 16. Jahrhundert. In: Beumann, Helmut (Hg.): Festschrift für Walter Schlesinger, Bd. 2. Köln/Wien 1974 (Mitteldeutsche Forschungen 74/2), 456–502.

Kurze (Hg.): Quellen [1975]
Kurze, Dietrich (Hg.): Quellen zur Ketzergeschichte Brandenburgs und Pommerns. Berlin 1975 (Veröffentlichungen der Historischen Kommission zu Berlin 45).

Kybal: Matěj z Janova [1905/2000]
Kybal, Vlastimil: M. Matěj z Janova. Jeho život, spisy a učení. Praha 1905 [Nachdruck Brno 2000 (Pontes Pragenses 11)].

Lamping: Velenus [1975]
Lamping, Antonie Jan: Ulrichus Velenus (Oldřich Velenský) and his Treatise against the Papacy. Leiden 1975.

Lamprecht/Šlosar/Bauer: Historická mluvnice češtiny [1986]
Lamprecht, Arnošt/Šlosar, Dušan/Bauer, Jaroslav: Historická mluvnice češtiny. Praha 1986.

Landová: Motiv oběti [2010]
Landová, Tabita: Motiv oběti v eucharistické liturgii Jednoty bratrské. In: Religio. Revue pro religionistiku 18/1 (2010) 85–101.

Landová: Liturgie [2014]
Landová, Tabita: Liturgie Jednoty bratrské (1457–1620). Červený Kostelec 2014.

Landová: Preaching [2017]
Landová, Tabita: Preaching according to the Apostles' Creed: Inquiry into the Origin and Purpose of Summovník by Jan Augusta. In: Acta Comeniana 31/55 (2017) 93–122.

Landová: Skutečnost [2017]
Landová, Tabita: Zjevná a skrytá skutečnost: Pojetí církve Kristovy u Jana Augusty. In: Listy filologické 140 (2017) 375–405.

Landová: Umění [2017]
Landová, Tabita: Augustovo Umění práce. K myšlenkovému pozadí a otázce adresáta prakticko-teologického spisu. In: Studie a texty Evangelické teologické fakulty 28/1 (2017) 15–39.

Landová: Tradition [2019]
Landová, Tabita: Zwischen Tradition und Innovation: Lukas von Prag als liturgischer Theologe der Böhmischen Brüder. In: Archiv für Reformationsgeschichte 110 (2019) 23–48.

Landová: Kazatelství [2020]
Landová, Tabita: O službě slova, víře a spasení. Reformní kazatelství Jana Augusty v kontextu homiletiky jednoty bratrské. Praha 2020.

Lange, A. de: Friedrich Reiser [2006]
Lange, Albert de: Friedrich Reiser und die „waldensisch-hussitische Internationale". Quellen und Literatur zu Person und Werk. In: Lange, A. de/Utz Tremp (Hg.): Friedrich Reiser [2006], 29–74.

Lange, A. de/Utz Tremp (Hg.): Friedrich Reiser [2006]
Lange, Albert de/Utz Tremp, Kathrin (Hg.): Friedrich Reiser und die „waldensisch-hussitische Internationale" im 15. Jahrhundert. Heidelberg 2006 (Waldenserstudien 3).

Lange, J. (Bearb.): Ökumenisches Verzeichnis [1983]
Lange, Joachim (Bearb.): Ökumenisches Verzeichnis der biblischen Eigennamen nach den Loccumer Richtlinien. Berlin 1983.

Lapáček: O bratrském sboru [2013]
Lapáček, Jiří: O bratrském sboru a domě aneb jednota bratrská v Přerově. In: Sborník Státního okresního archivu Přerov 21 (2013) 25–100.

Larangé: Modernité [2010]
Larangé, Daniel S.: Du *cultus dei* de Jan Hus à la *cultura universalis* de Jan Amos Comenius. Modernité de la théologie sociale de l'Unité des Frères. In: Cevins, Marie-Madeleine de (Hg.): L'Europe centrale au seuil de la modernité. Mutations sociales, religieuses et culturelles. Autriche, Bohême, Hongrie et Pologne fin du XIVe siècle – milieu du XVIe siècle. Rennes 2010, 189–210.

Lehár: Jan Rokycana [2000]
Lehár, Jan: Jan Rokycana. In: Lexikon české literatury. Osobnosti, díla, instituce, Bd. 3/2. Praha 2000, 1268–1269.

Lehár: Řehoř Krajčí [2000]
Lehár, Jan: Řehoř Krajčí. In: Lexikon české literatury. Osobnosti, díla, instituce, Bd. 3/2. Praha 2000, 1387.

Lenz: Vzájemný poměr [1895]
Lenz, Antonín: Vzájemný poměr učení Petra Chelčického, starší Jednoty českých bratří a Táborů k náuce Valdenských, Jana Husi a Jana Viklifa. Praha 1895.

Louthan: Rezension Acta [2021]
Louthan, Howard: Rezension von Acta Unitatis Fratrum, Bd. 1 [2018]. In: Journal of Moravian History 21 (2021) 103–105.

Louthan/Murdock (Hg.): Reformation [2015]
Louthan, Howard/Murdock, Graeme (Hg.): A Companion to the Reformation in Central Europe. Leiden/Boston 2015 (Brill's companions to the Christian tradition 61).

Lukavský (Hg.): Historie [1906]
Lukavský z Řeneč, Bohumil (Hg.): T. zv. Blahoslavovy († 1571) Historie Bratří Čes. dílu I. část 1 (do smrti Br. Řehoře † 1474). In: Bratrské Listy 13 (1906) 23–24, 31–32, 39–40, 47–48, 58–60, 67–68.

Maag (Hg.): Reformation [1997]
Maag, Karin (Hg.): The Reformation in Eastern and Central Europe. Aldershot 1997 (St Andrews studies in Reformation History).

Macek: Víra a náboženství [1989]
Macek, Josef: Víra a náboženství v jagellonském věku. In: Studia Comeniana et Historica 19/39 (1989) 5–36.

Macek: Tři ženy [1991]
Macek, Josef: Tři ženy krále Vladislava. Praha 1991.

Macek: Jagellonský věk, Bd. 1 [1992]
Macek, Josef: Jagellonský věk v Českých zemích (1471–1526), Bd. 1: Hospodářská základna a královská moc. Praha 1992.

Macek: Jagellonský věk, Bd. 2 [1994]
Macek, Josef: Jagellonský věk v Českých zemích (1471–1526), Bd. 2: Šlechta. Praha 1994.

Macek: Jagellonský věk, Bd. 3 [1998]
Macek, Josef: Jagellonský věk v Českých zemích (1471–1526), Bd. 3: Města. Praha 1998.

Macek: Jagellonský věk, Bd. 4 [1999]
Macek, Josef: Jagellonský věk v Českých zemích (1471–1526), Bd. 4: Venkovský lid. Národnostní otázka. Praha 1999.

Macek: Víra a zbožnost [2001]
Macek, Josef: Víra a zbožnost jagellonského věku. Praha 2001.

Macháčková: Správa [1985]
Macháčková, Veronika: Církevní správa v době jagellonské (na základě administrátorských akt). In: Folia Historica Bohemica 9 (1985) 235–290.

Machilek: Aufschwung [2006]
Machilek, Franz: Aufschwung und Niedergang der Zusammenarbeit von Waldensern und Hussiten im 15. Jahrhundert (unter besonderer Berücksichtigung der Verhältnisse in Deutschland). In: Lange, A. de/Utz Tremp (Hg.): Friedrich Reiser [2006], 277–316.

Machilek (Hg.): Die hussitische Revolution [2012]
Machilek, Franz (Hg.): Die hussitische Revolution. Religiöse, politische und regionale Aspekte. Köln/Weimar/Wien 2012 (Forschungen und Quellen zur Kirchen- und Kulturgeschichte Ostdeutschlands 44).

Macůrek: Husitství [1927]
Macůrek, Josef: Husitství v rumunských zemích. In: Časopis Matice moravské 51 (1927) 1–98.

Mai: Auf den Spuren [2012]
Mai, Claudia: Auf den Spuren der Väter – Die Geschichte der Acta Unitatis Fratrum. In: Unitas Fratrum 67/68 (2012) 1–14.

Mai: „Lissaer Folianten" [2022]
Mai, Claudia: Von den „Lissaer Folianten" zum „Depositum Herrnhut". Wiederentdeckung und Erforschung der Acta Unitatis Fratrum seit dem 19. Jahrhundert. In: Bahlcke/Just/Rothkegel (Hg.): Konfessionelle Geschichtsschreibung [2022], 283–299.

Małłek: Rezension Acta [2021]
Małłek, Janusz: Rezension von Acta Unitatis Fratrum, Bd. 1 [2018]. In: Zapiski historyczne 86 (2021) 163–167.

Malý: Rezension Acta [2020]
Malý, Tomáš: Rezension von Acta Unitatis Fratrum, Bd. 1 [2018]. In: Studia Comeniana et Historica 50/103–104 (2020) 163–165.

Malý/Pánek (Hg.): Vladislavské zřízení [2001]
Malý, Karel/Pánek, Jaroslav (Hg.): Vladislavské zřízení zemské a počátky ústavního zřízení v českých zemích (1500–1619). Praha 2001.

Marek: Schriften [2008]
Marek, Jindřich: Schriften des utraquistischen Konsistoriums aus den Jahren 1471–1489 in der Nationalbibliothek der Tschechischen Republik. Prolegomena zur zukünftigen Studie über die utraquistische Kirchenverwaltung im Zeitalter der Jagiellonen. In: Krafl, Pavel (Hg.): Sacri canones servandi sunt: ius canonicum et status ecclesiae saeculis XIII–XV. Praha 2008 (Práce Historického ústavu AV ČR, řada C, Miscellanea 19), 545–556.

Marek: Koranda a kompaktáta [2016]
Marek, Jindřich: Václav Koranda mladší a kompaktáta. In: Halama, O./Soukup (Hg.): Kalich [2016], 153–166.

Marek: Polemické spisy [2016]
Marek, Jindřich: Polemické spisy Václava Korandy mladšího proti papeži a představitelům katolické strany v Čechách. In: Mediaevalia Historica Bohemica 19 (2016) 111–156.

Marek: Václav Koranda [2017]
Marek, Jindřich: Václav Koranda mladší, utrakvistický administrátor a literát. Praha 2017 (Středověk 3).

Marša: Formování identity [2021]
Marša, Vít: Od Petra Chelčického k Lukáši Pražskému. Formování identity Jednoty bratrské skrze vztah ke světské moci. In: Religio. Revue pro religionistiku 29 (2021) 133–158.

Martínek/Martínková (Hg.): Epistulae, Bd. 2 [1980]
Martínek, Jan/Martínková, Dana (Hg.): Bohuslai Hassensteinii a Lobkowicz Epistulae, Bd. 2: Epistulae ad Familiares. Leipzig 1980.

Matthes (Bearb.): Katalog [1990]
Matthes, Elke (Bearb.): Katalog der slavischen Handschriften in Bibliotheken der Bundesrepublik Deutschland. Wiesbaden 1990.

Matthias de Janov: Regulae, Bd. 3 [= Liber III 5] [1911]
Matthiae de Janov dicti Magister Parisiensis Regulae Veteris et Novi Testamenti, Bd. 3: Tractatus de Antichristo [= Liber III 5]. Hg. v. Vlastimil Kybal. Innsbruck 1911.

Matthias de Janov: Regulae, Bd. 5 [= Liber IV] [1926]
Mathiae [sic] de Janov dicti Magister Parisiensis Regulae Veteris et Novi Testamenti, Bd. 5: De corpore Christi [= Liber IV]. Hg. v. Vlastimil Kybal und Otakar Odložilík. Praha 1926 (Sbírka pramenů českého hnutí náboženského ve století XIV. a XV. 13).

Matthias de Janov: Regulae, Bd. 6 [= Liber V] [1993]
Matthiae de Janov dicti Parisiensis Regularum Veteris et Novi Testamenti Liber V: De corpore Christi. Hg. v. Jana Nechutová. München 1993 (Veröffentlichungen des Collegium Carolinum 69).

Medek: Cesta [1982]
Medek, Václav: Cesta české a moravské církve staletími. Praha 1982.

Měrka: Tomáš Přeloučský [1913/14]
Měrka, Vojtěch: Tomáš Přeloučský. Jeho literární práce a jazyk. In: Časopis pro moderní filologii a literatury 3 (1913/14) 297–306.

Meynen (Hg.): Wörterbuch [1966]
Meynen, E[mil] (Hg.): Duden. Wörterbuch geographischer Namen: Europa (ohne Sowjetunion). Mannheim 1966.

Mezník: Tolerance [1995]
Mezník, Jaroslav: Tolerance na Moravě v 16. století. In: Machovec, Milan (Hg.): Problém tolerance v dějinách a perspektivě. Praha 1995, 76–85.

Michálek: Příspěvek [1967]
Michálek, Emanuel: Příspěvek ke studiu slovní zásoby nejstarších památek Jednoty bratrské. In: Listy filologické 90 (1967) 386–393.

Míka: Z bojů [1970]
Míka, Alois: Z bojů o náboženskou toleranci v 16. století. In: Československý časopis historický 18 (1970) 371–382.

Molnár: Bratr Lukáš [1948]
Molnár, Amedeo: Bratr Lukáš, bohoslovec Jednoty. Praha 1948.

Molnár: Lukáš Pražský před svým vstupem [1948]
Molnár, Amedeo: Lukáš Pražský před svým vstupem do Jednoty bratrské. In: Theologia Evangelica 1 (1948) 21–32.

Molnár: Rezension Tůma [1948]
Molnár, Amedeo: Rezension von Tůma aus Přelauč: Spis o původu [1947]. In: Theologia Evangelica 1 (1948) 118–120.

Molnár: Luc de Prague et les Vaudois [1949]
Molnár, Amedeo: Luc de Prague et les Vaudois d'Italie. In: Bolletino della Società di Studi Valdesi 90 (1949) 40–64.

Molnár: Boleslavští bratří [1952]
Molnár, Amedeo: Boleslavští bratří. Praha 1952.

Molnár: Harmonia confessionum [1953]
Molnár, Amedeo: Harmonia confessionum a Jednota bratrská. In: Křesťanská revue – Theologická příloha 20 (1953) 139–146.

Molnár: K „Otázkám dětinským" [1955]
Molnár, Amedeo: K „Otázkám dětinským" Bratra Lukáše. In: Křesťanská revue – Theologická příloha 22 (1955) 115–116.

Molnár: Českobratrská výchova [1956]
Molnár, Amedeo: Českobratrská výchova před Komenským. Praha 1956.

Molnár: Počínající [1956]
Molnár, Amedeo: Počínající, pokračující, dokonalí. In: Jednota bratrská 1457–1957. Sborník k pětistému výročí založení. Praha 1956, 147–169.

Molnár: Etudes et conversion [1960]
Molnár, Amedeo: Etudes et conversion de Luc de Prague. In: Communio Viatorum 3 (1960) 255–262.

Molnár: O příčinách pronásledování [1960]
Molnár, Amedeo: O příčinách pronásledování Jednoty králem Jiříkem. In: Křesťanská revue – Theologická příloha 27 (1960) 35–40.

Molnár: Luc de Prague a Constantinople [1961]
Molnár, Amedeo: Luc de Prague a Constantinople. In: Communio Viatorum 4 (1961) 192–201.

Molnár: Luc de Prague devant la crise [1961]
Molnár, Amedeo: Luc de Prague devant la crise de l'Unité des années 1490. In: Communio Viatorum 4 (1961) 316–324.

Molnár: Premieres années [1961]
Molnár, Amedeo: Les premieres années de Luc de Prague au sein de l'Unité. In: Communio Viatorum 4 (1961) 83–89.

Molnár: Luc de Prague edifiant [1962]
Molnár, Amedeo: Luc de Prague edifiant la communauté (1498–1502). In: Communio Viatorum 5 (1962) 189–200.

Molnár: Mandat royal [1963]
Molnár, Amedeo: Autour du mandat royal (Luc de Prague entre 1504 et 1509). in: Communio Viatorum 6 (1963) 39–46.

Molnár: Les Vaudois et l'Unité [1965]
Molnár, Amedeo: Les Vaudois et l'Unité des Frères Tchèques. In: Bolletino della Società di Studi Valdesi 118 (1965) 3–16.

Molnár: Bratrský synod [1967]
Molnár, Amedeo: Bratrský synod ve Lhotce u Rychnova. In: Říčan/Molnár/Flegl (Hg.): Bratrský sborník [1967], 15–37.

Molnár: Waldenser [1973]
Molnár, Amedeo: Die Waldenser. Geschichte und europäisches Ausmaß einer Ketzerbewegung. Berlin 1973.

Molnár: Böhmische Reformation [1977]
Molnár, Amedeo: Böhmische Reformation. In: Filipi, Pavel u.a. (Hg.): Tschechischer Ökumenismus. Historische Entwicklung. Praha 1977, 81–144.

Molnár: Kleine und große Partei [1979]
Molnár, Amedeo: Die kleine und die große Partei der Brüderunität. In: Communio Viatorum 22 (1979) 239–248.

Molnár: Auseinandersetzung [1980]
Molnár, Amedeo: Die Auseinandersetzung zwischen der kleinen und der großen Partei der Alten Brüder-Unität. In: Unitas Fratrum 8 (1980) 49–58.

Molnár: Bekenntnisse [1980]
Molnár, Amedeo: Bekenntnisse der böhmischen Reformation. In: Communio Viatorum 23 (1980) 193–210.

Molnár (Hg.): Husitské manifesty [1980]
Molnár, Amedeo (Hg.): Husitské manifesty. Praha 1980.

Molnár: Protivaldenská polemika [1980]
Molnár, Amedeo: Protivaldenská polemika na úsvitu 16. století. In: Historická Olomouc a její současné problémy, Bd. 3. Olomouc 1980, 153–174.

Molnár: Luther [1981]
Molnár, Amedeo: Luther und die Böhmischen Brüder. In: Communio Viatorum 24 (1981) 47–67.

Molnár: Martin Lupáč [1982]
Molnár, Amedeo: Martin Lupáč: Modus disputandi pro fide. In: Folia Historica Bohemica 4 (1982) 161–177.

Molnár: Polémiques antivaudoises [1982]
Molnár, Amedeo: Autour des polémiques antivaudoises du début du XVIe siècle. In: Communio Viatorum 25 (1982) 35–53.

Molnár: Luthers Beziehungen [1983]
Molnár, Amedeo: Luthers Beziehungen zu den Böhmischen Brüdern. In: Junghans, Helmar (Hg.): Leben und Werk Martin Luthers von 1526 bis 1546. Festgabe zu seinem 500. Geburtstag, Bd. 1. Göttingen 1983, 627–639, 950–954.

Molnár: Neznámý spis [1983/84]
Molnár, Amedeo: Neznámý spis Prokopa z Jindřichova Hradce. In: Husitský Tábor 6–7 (1983/84) 423–448.

Molnár (Hg.): Praga mystica [1984]
Molnár, Amedeo (Hg.): Praga mystica. Z dějin české reformace. Praha 1984 (Acta Reformationem Bohemicam Illustrantia 3).

Molnár/Rejchrtová/Rejchrt: Slovem obnovená [1977]
Molnár, Amedeo/Rejchrtová, Noemi/Rejchrt, Luděk: Slovem obnovená. Čtení o reformaci. Praha 1977.

Morée: Christliche Identität [2004]
Morée, Peter C. A.: Christliche Identität bei den Böhmischen Brüdern im 15. Jahrhundert. In: Noort, Ed (Hg.): Religion und Normativität. Interdisziplinäre Überlegungen zum Dekalog damals und jetzt. Groningen 2004 (Theologie zwischen Ost und West 3), 81–92.

Mostecký: Dějiny Vodňan, Bd. 1 [1940]
Mostecký, Václav: Dějiny bývalého královského města Vodňan, Bd. 1. Praha 1940.

Mout: Rezension Acta [2019]
Mout, Nicolette: Rezension von Acta Unitatis Fratrum, Bd. 1 [2018]. In: Church History and Religious Culture 99 (2019) 538–540.

Müller (Hg.): Katechismen [1887]
Müller, Joseph [Theodor] (Hg.): Die Deutschen Katechismen der Böhmischen Brüder. Kritische Textausgabe mit kirchen- und dogmengeschichtlichen Untersuchungen und einer Abhandlung über das Schulwesen der böhmischen Brüder. Berlin 1887 (Monumenta Germaniae Paedagogica 4).

Müller: Berührungen [1911]
Müller, Joseph Th[eodor]: Die Berührungen der alten und neuen Brüderunität mit den Täufern. In: Zeitschrift für Brüdergeschichte 4 (1910) 180–234.

Müller: Geschichte und Inhalt [1913]
Müller, [Joseph Theodor]: Geschichte und Inhalt der Acta Unitatis Fratrum (sogenannte Lissaer Folianten) [Tl. 1]. In: Zeitschrift für Brüdergeschichte 7 (1913) 66–113, 216–231.

Müller: Geschichte und Inhalt [1915]
Müller, [Joseph Theodor]: Geschichte und Inhalt der Acta Unitatis Fratrum (sogenannte Lissaer Folianten) [Tl. 2]. In: Zeitschrift für Brüdergeschichte 9 (1915) 26–79.

Müller: Waldenserbischof [1916]
Müller, Joseph Th[eodor]: Der Waldenserbischof Stephan und die Weihe der ersten Brüderpriester. In: Zeitschrift für Brüdergeschichte 10 (1916) 128–144.

Müller: Zur Weihe [1917]
Müller, J[oseph] Th[eodor]: Zur Weihe der ersten Brüderpriester. In: Zeitschrift für Brüdergeschichte 11 (1917) 151–153.

Müller: Brüderunität [1920]
Müller, Joseph Th[eodor]: Die Böhmische Brüderunität und Zwingli. In: Zwingliana. Mitteilungen zur Geschichte Zwinglis und der Reformation 3 (1920) 514–524.

Müller: Geschichte, Bd. 1 [1922]
Müller, Joseph [Theodor]: Geschichte der Böhmischen Brüder, Bd. 1: 1400–1528. Herrnhut 1922.

Müller: Geschichte, Bd. 2 [1931]
Müller, Joseph Th[eodor]: Geschichte der Böhmischen Brüder, Bd. 2: 1528–1576. Herrnhut 1931.

Müller: Geschichte, Bd. 3 [1931]
Müller, Joseph Th[eodor]: Geschichte der Böhmischen Brüder, Bd. 3: Die polnische Unität 1548–1793. Die böhmisch-mährische Unität 1575–1781. Herrnhut 1931.

Müller/Bartoš: Dějiny, Bd. 1 [1923]
Müller, [Joseph Theodor]: Dějiny Jednoty bratrské, Bd. 1 [mehr nicht erschienen]. Übersetzt v. F[rantišek] M[ichálek] Bartoš. Praha 1923.

Murdock: Eastern Europe [2000]
Murdock, Graeme: Eastern Europe. In: Pettegree, Andrew (Hg.): The Reformation World. London 2000, 190–210.

Murdock: Central and Eastern Europe [2006]
Murdock, Graeme: Central and Eastern Europe. In: Ryrie, Alex (Hg.): Palgrave Advances in the European Reformations. Basingstoke 2006, 36–56.

Nejedlý (Hg.): Prameny k synodám [1900]
Nejedlý, Zdeněk (Hg.): Prameny k synodám strany pražské a táborské (vznik husitské konfese) v letech 1441–1444. Praha 1900.

Nejedlý: Rezension Bidlo [1916]
Nejedlý, Zdeněk: Rezension von Bidlo (Hg.): Akty, Bd. 1 [1915]. In: Časopis Matice moravské 40 (1916) 194–222.

Neškudla: Řehoř Hrubý [2014]
Neškudla, Bořek: Řehoř Hrubý z Jelení a takzvaný národní humanismus. K pětisetletému výročí úmrtí Řehoře Hrubého z Jelení. In: Česká literatura 62 (2014) 728–751.

Neškudla: Bakalář [2020]
Neškudla, Bořek: Bakalář, Mikuláš. In: Storchová (Hg.): Companion, Bd. 2 [2020], 132–137.

Nešpor, V.: O původu [1932]
Nešpor, Václav: O původu moravského humanisty Dr. Augustina Olomouckého. In: Český časopis historický 38 (1932) 541–545.

Nešpor, Z.: Die Brüderunität [2022]
Nešpor, Zdeněk: Die Brüderunität in der modernen tschechischen Geschichtsschreibung. In: Bahlcke/Just/Rothkegel (Hg.): Konfessionelle Geschichtsschreibung [2022], 611–643.

Neumann: České sekty [1920]
Neumann, Augustin: České sekty ve století XIV. a XV. Velehrad 1920 (Knihovna Cyrilometodějského tiskového spolku 8).

Nodl: Utrakvismus [1999]
Nodl, Martin: Utrakvismus a Jednota bratrská na rozcestí. Dobový kontext náboženské konverze Jana Augusty. In: Marginalia Historica. Sborník prací Katedry dějin a didaktiky dějepisu Pedagogické fakulty Univerzity Karlovy 4 (1999) 137–154.

Nodl: Manželství [2006]
Nodl, Martin: Manželství v rané Jednotě bratrské. In: Urbánek, Vladimír/Řezníková, Lenka (Hg.): Mezi Baltem a Uhrami. Komenský, Jednota bratrská a svět středoevropského protestantismu. Sborník k poctě Marty Bečkové. Praha 2006, 131–147.

Nodl: Häresie [2010]
Nodl, Martin: Häresie in der Häresie. Toleranz und Intoleranz in Böhmen in der zweiten Hälfte des 15. Jahrhunderts. Die Utraquisten und die Brüderunität. In: Bracha, Krzysztof/Kras, Paweł (Hg.): Przestrzeń religijna Europy Środkowo-Wschodniej w średniowieczu. Religious Space of East-Central Europe in the Middle Ages. Warszawa 2010, 331–344.

Nodl: Rezension Acta [2020]
Nodl, Martin: Rezension von Acta Unitatis Fratrum, Bd. 1 [2018]. In: Acta Comeniana 34/58 (2020) 163–166.

Novák: Příspěvky [1909]
Novák, Arne: Příspěvky k dějinám českého humanismu. In: Listy filologické 36 (1909) 209–230.

Nováková: Krajířové z Krajku [2010]
Nováková, Stanislava: Krajířové z Krajku. Z Korutan do zemí České koruny. České Budějovice 2010.

Nováková/Křesadlo/Nedbalová (Hg.): Jihlava [1992]
Nováková, Daňa/Křesadlo, Karel/Nedbalová, Eva (Hg.): Jihlava a basilejská kompaktáta. Jihlava 1992.

Novotný/Urbánek (Hg.): Sborník Blahoslavův [1923]
Novotný, Václav/Urbánek, Rudolf (Hg.): Sborník Blahoslavův (1523–1923). K čtyřstému výročí jeho narozenin. Přerov 1923.

Obrana Jednoty [1888]
Obrana Jednoty bratrské z r. 1504. In: Evanjelické listy 6 (1888) 126–132, 144–147, 163–166, 183–187.

Odložilík: Jednota [1923]
Odložilík, Otakar: Jednota bratří Habrovanských. In: Český časopis historický 29 (1923) 1–70, 301–357.

Odložilík: Der Widerhall [1925]
Odložilík, Otakar: Der Widerhall der Lehre Zwinglis in Mähren. In: Zwingliana. Mitteilungen zur Geschichte Zwinglis und der Reformation 4 (1925) 257–276.

Odložilík: Spis O původu [1928]
Odložilík, Otakar: Bratra Jana Blahoslava Přerovského spis O původu Jednoty bratrské a řádu v ní. In: Věstník Královské české společnosti nauk – třída filosoficko-historicko-jazykozpytná. Praha 1928, Nr. 7, 1–71.

Odložilík: Two Reformation Leaders [1940]
Odložilík, Otakar: Two Reformation Leaders of the Unitas Fratrum. In: Church History 9 (1940) 253–263.

Odložilík: The Unity [1973]
Odložilík, Otakar: A church in a hostile state: The Unity of Czech Brethren. In: Central European History 6 (1973) 111–127.

Optát/Gzel/Philomates: Grammatyka česká, Bd. 1 [1974]
Optát, Beneš/Gzel, Petr/Philomates, Václav: Grammatyka česká, Bd. 1. Hg. v. Gerd Freidhof. München 1974 (Specimina philologiae slavicae 7/1).

Optát/Gzel/Philomates: Grammatyka česká, Bd. 2 [1974]
Optát, Beneš/Gzel, Petr/Philomates, Václav: Grammatyka česká, Bd. 2. Hg. v. Gerd Freidhof. München 1974 (Specimina philologiae slavicae 7/2).

Optát/Gzel/Philomates: Gramatika česká [2019]
Optát, Beneš/Gzel, Petr/Philomates, Václav: Gramatika česká (1533). Hg. v. Ondřej Koupil. Praha 2019.

Packull: Hutterite Beginnings [1995]
Packull, Werner O[tto]: Hutterite Beginnings. Communitarian Experiments during the Reformation. Baltimore/London 1995.

Palacký (Hg.): Archiv český, Bd. 4 [1846]
Palacký, František (Hg.): Archiv český, čili staré písemné památky české i morawské z archivůw domácích i cizích, Bd. 4. Praha 1846.

Palacký: Geschichte von Böhmen, Bd. 4/1 [1857]
Palacký, František: Geschichte von Böhmen, größtentheils nach Urkunden und Handschriften, Bd. 4/1: Das Zeitalter Georgs von Podiebrad. Die Zeit von 1439 bis zu K. Ladislaws Tode 1457. Prag 1857.

Palacký: Geschichte von Böhmen, Bd. 5/2 [1867]
Palacký, František: Geschichte von Böhmen, größtentheils nach Urkunden und Handschriften, Bd. 5/2: König Wladislaw II und König Ludwig I. Prag 1867.

Palacký (Hg.): Archiv český, Bd. 6 [1872]
Palacký, František (Hg.): Archiv český, čili staré písemné památky české i morawské z archivůw domácích i cizích, Bd. 6. Praha 1872.

Palacký: Dějiny, Bd. 9/14 [1928]
Palacký, František: Dějiny národu českého v Čechách a na Moravě, Bd. 9/14. Hg. v. Antonín Dolenský. Praha 1928.

Pálka: Super responso [2015]
Pálka, Adam: Super responso Pii pape Martina Lupáče jako pramen k jednáním husitů s basilejským koncilem. In: Časopis Matice moravské 134 (2015) 29–54.

Pálka: Rezension Acta [2020]
Pálka, Adam: Rezension von Acta Unitatis Fratrum, Bd. 1 [2018]. In: Časopis Matice moravské 139 (2020) 213–214.

Пальмов (Hg.): Чешские братья, Bd. 1/1 [1904]
Пальмов, Иван Саввич (Hg.): Чешские братья в своих конфессиях до начала сближения их с протестантами в конце первой четверти XVI столетия, Bd. 1/1: Главнейшие источники и важнейшие пособия. Прага 1904.

Пальмов (Hg.): Чешские братья, Bd. 1/2 [1904]
Пальмов, Иван Саввич (Hg.): Чешские братья в своих конфессиях до начала сближения их с протестантами в конце первой четверти XVI столетия, Bd. 1/2: Приложения. Confessiones fidei Fratrum Bohemorum. Прага 1904.

Pánek: Täufer [1989]
Pánek, Jaroslav: Die Täufer in den böhmischen Ländern, insbesondere in Mähren im 16. und 17. Jahrhundert. In: Der Schlern 63 (1989) 648–661.

Pánek: Města [1991]
Pánek, Jaroslav: Města v politickém systému předbělohorského českého státu. In: Pánek, Jaroslav (Hg.): Česká města v 16.–18. století. Praha 1991, 15–39.

Pánek: Religious Question [1991]
Pánek, Jaroslav: The Religious Question and the Political System of Bohemia before and after the Battle of the White Mountain. In: Evans, R[obert] J[ohn] W[eston]//Thomas, T[revor] V[aughan] (Hg.): Crown, Church and Estates. Central European Politics in the Sixteenth and Seventeenth Centuries. London 1991, 129–148.

Pánek: Tolerance [1996]
Pánek, Jaroslav: The Question of Tolerance in Bohemia and Moravia in the Age of the Reformation. In: Grell, Ole Peter/Scribner, Bob (Hg.): Tolerance and Intolerance in the European Reformation. Cambridge u.a. 1996, 231–248.

Pelant: Sněmy [1981]
Pelant, Jan: České zemské sněmy v létech 1471–1500. In: Sborník archivních prací 31 (1981) 340–417.

Peřinka: Dějiny města Kroměříže [1913]
Peřinka, František Vácslav: Dějiny města Kroměříže, Bd. 1. Koměříž 1913.

Peschke: Theologie, Bd. 1/1 [1935]
Peschke, Erhard: Die Theologie der Böhmischen Brüder in ihrer Frühzeit, Bd. 1/1: Das Abendmahl. Untersuchungen. Stuttgart 1935.

Peschke: Theologie, Bd. 1/2 [1940]
Peschke, Erhard: Die Theologie der Böhmischen Brüder in ihrer Frühzeit, Bd. 1/2: Das Abendmahl. Texte aus alttschechischen Handschriften übersetzt. Stuttgart 1940.

Peschke: Kirchenbegriff [1955/56]
Peschke, Erhard: Der Kirchenbegriff des Bruder Lukas von Prag. In: Wissenschaftliche Zeitschrift der Universität Rostock – Gesellschafts- und sprachwissenschaftliche Reihe 5/2 (1955/56) 273–288.

Peschke: Gegensatz [1956/57]
Peschke, Erhard: Der Gegensatz zwischen der Kleinen und Großen Partei der Brüderunität. In: Wissenschaftliche Zeitschrift der Universität Rostock – Gesellschafts- und sprachwissenschaftliche Reihe 6/1 (1956/57) 141–154.

Peschke: Ideen [1957/58]
Peschke, Erhard: Die religiös-sozialen Ideen des Bruder Thomas Přeloučský. In: Wissenschaftliche Zeitschrift der Universität Rostock – Gesellschafts- und sprachwissenschaftliche Reihe 7/2 (1957/58) 283–292.

Peschke: Kritik [1958]
Peschke, Erhard: Die Kritik Dungersheims von Ochsenfurt an der Lehre der Böhmischen Brüder. In: Wissenschaftliche Zeitschrift der Universität Rostock – Gesellschafts- und sprachwissenschaftliche Reihe 8 (1958) 377–399.

Peschke: Kirche und Welt [1981]
Peschke, Erhard: Kirche und Welt in der Theologie der Böhmischen Brüder. Vom Mittelalter zur Reformation. Berlin 1981.

Pešek: Pražská univerzita [1996–1998]
Pešek, Jiří: Pražská utrakvistická univerzita a náboženské poměry 16. století. In: Acta Universitatis Carolinae – Historia Universitatis Carolinae Pragensis 36–38/1–2 (1996–1998) 31–40.

Pešek: Rezension Acta [2020]
Pešek, Jiří: Rezension von Acta Unitatis Fratrum, Bd. 1 [2018]. In: Český časopis historický 118 (2020) 1234–1235.

Petráň u.a.: Dějiny, Bd. 2/1 [1995]
Petráň, Josef u.a.: Dějiny hmotné kultury, Bd. 2/1. Praha 1995.

Petrasová: Jiří z Poděbrad [2003]
Petrasová, Karolina: Jiří z Poděbrad a Jednota bratrská. In: Paginae historiae 11 (2003) 5–31.

Petrů: Soupis díla [1957]
Petrů, Eduard: Soupis díla Petra Chelčického a literatury o něm. Praha 1957.

Petrů: Augustin Olomoucký [1985]
Petrů, Eduard: Augustin Olomoucký. In: Lexikon české literatury. Osobnosti, díla, instituce, Bd. 1. Praha 1985, 92–93.

Petrů: Jan Bosák [1985]
Petrů, Eduard: Jan Bosák Vodňanský. In: Lexikon české literatury. Osobnosti, díla, instituce, Bd. 1. Praha 1985, 279–280.

Plitt: Lehrweise [1868]
Plitt, Hermann: Ueber die Lehrweise der böhmischen Brüder in Betreff der Rechtfertigung durch den Glauben und der Werke des Glaubens. In: Theologische Studien und Kritiken 41 (1868) 581–629.

Podzimková: Dvojí život [2004]
Podzimková, Dina: Dvojí život kněze Michala Poláka aneb mučedník a katův přítel. In: Marginalia Historica 8 (2004) 77–91.

Polc/Hledíková (Hg.): Pražské synody [2002]
Polc, Jaroslav V[áclav]/Hledíková, Zdeňka (Hg.): Pražské synody a koncily předhusitské doby. Praha 2002.

Potuček (Hg.): Epistolae [1946]
Potuček, Augustin (Hg.): Bohuslaus Hassensteinius Baro a Lobkowicz. Epistolae. Accedunt Epistolae ad Bohuslaum Scriptae. Budapest 1946.

Prasek: „Augustin doctor" [1902]
Prasek, Vincenc: „Augustin doctor" a Olomučané. In: Časopis Matice moravské 26 (1902) 30–42.

Pražák: Lukáš Pražský [1993]
Pražák, Emil: Lukáš Pražský. In: Lexikon české literatury. Osobnosti, díla, instituce, Bd. 2/2. Praha 1993, 1230–1231.

Pražák: Vavřinec Krasonický [1993]
Pražák, Emil: Vavřinec Krasonický. In: Lexikon české literatury. Osobnosti, díla, instituce, Bd. 2/2. Praha 1993, 944.

Profous/Svoboda: Místní jména, Bd. 4 [1957]
Profous, Ant[onín]/Svoboda, J[an]: Místní jména v Čechách, Bd. 4. Praha 1957.

Ptaszyński: Rezension Acta [2019]
Ptaszyński, Maciej: Rezension von Acta Unitatis Fratrum, Bd. 1 [2018]. In: Kwartalnik historyczny 13 (2019) 834–836.

Ptaszyński: Andrzej Węgierski [2022]
Ptaszyński, Maciej: Andrzej Węgierski (1600–1649): Polnisch-reformierte Geschichtsschreibung im 17. Jahrhundert zwischen Polemik und Irenik. In: Bahlcke/Just/Rothkegel (Hg.): Konfessionelle Geschichtsschreibung [2022], 323–347.

Rak: Vývoj [1981]
Rak, Jiří: Vývoj utrakvistické správní organizace v době předbělohorské. In: Sborník archivních prací 31 (1981) 179–206.

Reiter: Stella clericorum [1997]
Reiter, Eric H. (Hg.): Stella clericorum. Edited from Wavreumont (Stavelot), Monastère St-Rémacle, MS. s.n. Toronto 1997 (Toronto medieval Latin texts 23).

Rejchrtová: Forschungsbericht [1982]
Rejchrtová, Noemi: Zur alten Brüderunität. Ein Forschungsbericht über die nach 1945 entstandene Literatur. In: Unitas Fratrum 12 (1982) 74–88.

Rejchrtová: Jan Bechyňka [1984]
Rejchrtová, Noemi: Jan Bechyňka – kněz a literát. In: Molnár (Hg.): Praga mystica [1984], 5–34.

Rejchrtová: Poselství [1991]
Rejchrtová, Noemi: Poselství utrakvistické mystiky ovlivněné Chelčickým. In: Beneš, Zdeněk/Maur, Eduard/Pánek, Jaroslav (Hg.): Pocta Josefu Petráňovi. Sborník prací z českých dějin k 60. narozeninám prof. dr. Josefa Petráně. Praha 1991 (Práce Historického ústavu ČAV C/4), 191–205.

Rejchrtová: Příspěvek [1991]
Rejchrtová, Noemi: Příspěvek k diskusi o „koexistenci či toleranci" náboženských vyznání v 15.–17. století. In: Folia Historica Bohemica 15 (1991) 443–450.

Rejchrtová: Die Brüder-Unität [1995]
Rejchrtová, Noemi: „Das Land, das ich dir zeige". Die Brüder-Unität im 15.–17. Jahrhundert und ihre Emigranten. In: Prudký, Martin (Hg.): Landgabe. Festschrift für Jan Heller zum 70. Geburtstag. Praha 1995, 238–244.

Říčan: Dějiny [1957]
Říčan, Rudolf: Dějiny Jednoty bratrské. Praha 1957.

Říčan: Die Böhmischen Brüder [1961]
Říčan, Rudolf: Die Böhmischen Brüder. Ihr Ursprung und ihre Geschichte. Mit einem Kapitel über die Theologie der Brüder von Amedeo Molnár. Berlin 1961.

Říčan: Ökumenismus [1964]
Říčan, Rudolf: Zur Frage des Ökumenismus, der Gewissensfreiheit und der religiösen Duldung in der tschechischen Reformation. In: Communio Viatorum 7 (1964) 265–284.

Říčan/Molnár/Flegl (Hg.): Bratrský sborník [1967]
Říčan, Rudolf/Molnár, Amedeo/Flegl, Michal (Hg.): Bratrský sborník. Soubor prací přednesených při symposiu konaném 26. a 27. září 1967 k pětistému výročí ustavení Jednoty bratrské. Praha 1967.

Rohde: Luther [2007]
Rohde, Michael: Luther und die Böhmischen Brüder nach den Quellen. Brno 2007 (Pontes Pragenses 45).

Rokycana: Obránce pravdy [1949]
Rokycana, Jan: Obránce pravdy a zákona Božího. Výbor z kázání, obrany kalicha a z listů. Hg. v. František Šimek. Praha 1949 (Sloupové pamětní 7).

Rothkegel: Mährische Sakramentierer [2005]
Rothkegel, Martin: Mährische Sakramentierer des zweiten Viertels des 16. Jahrhunderts: Matěj Poustevník, Beneš Optát, Johann Zeising (Jan Čížek), Jan Dubčanský ze Zdenína und die Habrovaner (Lulčer) Brüder. Baden-Baden/Bouxviller 2005 (Bibliotheca dissidentium 24).

Rothkegel: Anabaptism [2007]
Rothkegel, Martin: Anabaptism in Moravia and Silesia. In: Roth, John D./Stayer, James (Hg.): A Companion to Anabaptism and Spiritualism, 1521–1700. Leiden 2007 (Brill's Companions to the Christian Tradition 6), 163–215.

Rothkegel: Briefwechsel [2007]
Rothkegel, Martin: Der lateinische Briefwechsel des Olmützer Bischofs Stanislaus Thurzó. Eine ostmitteleuropäische Humanistenkorrespondenz der ersten Hälfte des 16. Jahrhunderts. Hamburg 2007 (Hamburger Beiträge zur Neulateinischen Philologie 5).

Rothkegel: Editionsprojekt [2011]
Rothkegel, Martin: Editionsprojekt Acta Unitatis Fratrum. In: Comenius-Jahrbuch 19 (2011) 241–244.

Rothkegel: Anabaptists [2022]
Rothkegel, Martin: Anabaptists in Moravia. In: Brewer, Brian C. (Hg.): T&T Clark Handbook of Anabaptism. London 2022, 97–115.

Royt: Utrakvistická ikonografie [2002]
Royt, Jiří: Utrakvistická ikonografie v Čechách 15. a první poloviny 16. století. In: Prix, Dalibor (Hg.): Pro arte. Sborník k poctě Ivo Hlobila. Praha 2002, 193–202.

Růčková (Hg.): Studium a korespondence [2014]
Růčková, Markéta (Hg.): „Poslušenství synovské vzkazuji Vám, můj nejmilejší pane otče" – Studium a korespondence kněžského dorostu Jednoty bratrské v letech 1610–1618. Praha 2014 (Archiv Matouše Konečného 2).

Růčková: Vzdělání [2021]
Růčková, Markéta: Vzdělání, vzdělávací příručky a školní literatura v prostředí jednoty bratrské v předbělohorském období. In: Folia Historica Bohemica 36 (2021) 169–218.

Rybička: Jan z Kunčího [1864]
Rybička, Antonín: Jan z Kunčího na Zaječicích. In: Časopis Musea Království českého 38 (1864) 89–90.

Ryšánek: P. Chelčického [1923]
Ryšánek, František: P. Chelčického „O jistém a nejistém očistci" a „O zlých kněžích" s obranou

Markoltovou. In: Weingart, Miloš (Hg.): Slovanský sborník věnovaný Jeho Magnificenci prof. Františku Pastrnkovi, rektoru University Karlovy k sedmdesátým narozeninám 1853–1923. Praha 1923, 272–293.

Šafařík: Studie [1874]
Šafařík, Pavel Josef: Studie o Petru Chelčickém. Hg. v. Josef Jireček. In: Časopis Musea Království českého 48 (1874) 91–109.

Salač: Odpověď [1954]
Salač, Antonín: Odpověď pražských utrakvistů na list cařihradské církve, datovaný 18.1.1452. In: Listy filologické 77 (1954) 219–236.

Šandera: Jan Zajíc [2016]
Šandera, Martin: Jan Zajíc z Házmburka, tvůrce programu a hlavní diplomat Zelenohorské jednoty. In: Východočeské listy historické 36 (2016) 21–42.

Sanka: Die Böhmischen Brüder [1917]
Sanka, Adolf: Die Böhmischen Brüder. Leipzig/Prag/Wien 1917.

Šašková: Jednota bratrská [1925]
Šašková, Gerta: Jednota bratrská a konsistoř podobojí v době M. Václava Korandy. In: Věstník Královské české společnosti nauk – třída filosoficko-historicko-jazykozpytná. Praha 1925, 1–86.

Sauer: Symbolik [²1924/1964]
Sauer, Joseph: Symbolik des Kirchengebäudes und seiner Ausstattung in der Auffassung des Mittelalters. Münster/Westf. 1964 [Nachdruck der Ausgabe Freiburg i. Br. ²1924; ¹1902].

Schäufele: „Defecit Ecclesia" [2006]
Schäufele, Wolf-Friedrich: „Defecit Ecclesia". Studien zur Verfallsidee in der Kirchengeschichte des Mittelalters. Mainz 2006 (Veröffentlichungen des Instituts für Europäische Geschichte Mainz. Abteilung für Religionsgeschichte 213).

Schamschula: Geschichte, Bd. 1 [1990]
Schamschula, Walter: Geschichte der tschechischen Literatur, Bd. 1: Von den Anfängen bis zur Aufklärungszeit. Köln/Wien 1990 (Bausteine zur Geschichte der Literatur bei den Slaven 36/1).

Schanze: Türkenkriegs-Anschläge [²1995]
Schanze, Frieder: Türkenkriegs-Anschläge. In: Wachinger, Burghart u.a. (Hg.): Die deutsche Literatur des Mittelalters. Verfasserlexikon, Bd. 9. Berlin/New York ²1995, 1164–1167.

Schlesinger: Stadtbuch von Brüx [1876]
Schlesinger, Ludwig: Stadtbuch von Brüx bis zum Jahre 1526. Prag 1876 (Beiträge zur Geschichte Böhmens 4/1).

Schmidt: Das religiöse Leben [1907]
Schmidt, Walther E[ugen]: Das religiöse Leben in den ersten Zeiten der Brüderunität. In: Zeitschrift für Brüdergeschichte 1/1 (1907) 33–92.

Schmidt: Die deutsche Übersetzung [1913]
Schmidt, W[alther Eugen]: Die deutsche Übersetzung der Acta Unitatis Fratrum. In: Zeitschrift für Brüdergeschichte 7 (1913) 232–234.

Schottenloher (Hg.): Buchanzeige [1927]
Schottenloher, Karl (Hg.): Eine Buchanzeige des Olmützer Buchdruckers Konrad Baumgarten aus dem Jahre 1501. München 1927.

Schweitzer (Hg.): Europäische Texte [2009]
Schweitzer, Franz-Josef (Hg.): Europäische Texte aus der Hussitenzeit (1410–1423). Adamiten, Pikarden, Hussiten. Dresden 2009.

Sedláček: Hrady, Bd. 9 [1893]
Sedláček, August: Hrady, zámky a tvrze Království českého, Bd. 9: Domažlicko a Klatovsko. Praha 1893.

Sedláček: Hrady, Bd. 11 [1897]
Sedláček, August: Hrady, zámky a tvrze Království českého, Bd. 11: Prachensko. Praha 1897.

Sedlák: Táborské traktáty [1918]
Sedlák, Jan: Táborské traktáty eucharistické. Brno 1918.

Seeliger: Zittauer Freunde [1932]
Seeliger, E[rnst] A[lwin]: Zittauer Freunde der Züricher Reformatoren und der Böhmischen Brüder. In: Zittauer Geschichtsblätter 9/10 (1932) 37–44.

Seibt (Hg.): Bohemia Sacra [1974]
Seibt, Ferdinand (Hg.): Bohemia Sacra. Das Christentum in Böhmen 973–1973. Düsseldorf 1974.

Seltzer: Re-envisioning [2004]
Seltzer, Joel: Re-envisioning the Saint's Life in Utraquist Historical Writing. In: David, Zdeněk V./ Holeton, David (Hg.), The Bohemian Reformation and Religious Practice, Bd. 5/1: Papers from the Fifth International Symposium on The Bohemian Reformation and Religious Practice held at Vila Lanna, Prague 19–22 June 2002. Prague 2004, 147–166.

Silvio: Historia Bohemica [1998]
Silvio, Enea: Historia Bohemica – Historie česká. Hg. v. Dana Martínková, Alena Hadravová und Jiří Matl. Praha 1998 (Clavis monumentorum litterarum [Regnum Bohemiae] 4; Fontes rerum Regni Bohemiae 1).

Škarka: Blahoslav [1959]
Škarka, Antonín: Jan Blahoslav. In: Dějiny české literatury, Bd. 1: Starší česká literatura. Praha 1959, 363–379.

Škarpová: *Historia* [2022]
Škarpová, Marie: Die *Historia persecutionum ecclesiae Bohemicae* im Zusammenhang des christlichen Martyriumsdiskurses der Frühen Neuzeit. Entstehungskontext – Argumentation – Wirkung. In: Bahlcke/Just/Rothkegel (Hg.): Konfessionelle Geschichtsschreibung [2022], 507–534.

Skýbová: K politickým otázkám [1981]
Skýbová, Anna: K politickým otázkám dvojvěří v Českém království doby předbělohorské. In: Husitský Tábor 4 (1981) 145–157.

Skýbová: Svěcení [1998]
Skýbová, Anna: Svěcení utrakvistických kněží v Benátkách v první polovině 16. století. In: Svatoš, Michal (Hg.): Scientia nobilitat. Sborník prací k poctě prof. PhDr. Františka Kavky, DrSc. Praha 1998 (Příspěvky k dějinám vzdělanosti v českých zemích 1), 79–86.

Sladká: Bratrská kniha [2020]
Sladká, Veronika: Bratrská kniha jako komunikační médium: ivančické tisky z pohledu materiality knihy. In: Hradilová, Marta/Jelínková, Andrea/Veselá, Lenka (Hg.): Paralelní existence. Rukopisy a tisky v českých zemích raného novověku. Praha 2020, 79–104.

Sladká: Erinnerungskultur [2022]
Sladká, Veronika: Die Buch- und Erinnerungskultur der Böhmischen Brüder im 16. Jahrhundert. In: Bahlcke/Just/Rothkegel (Hg.): Konfessionelle Geschichtsschreibung [2022], 231–261.

Śliziński (Hg.): Rękopisy [1958]
Śliziński, Jerzy (Hg.): Rękopisy Braci Czeskich. Rukopisy Českých bratří. Wrocław 1958.

Śliziński: Odnalezienie [1962]
Śliziński, Jerzy: Odnalezienie i rewindykacja archiwum Jednoty braci czeskich z Lezsna [!] WLKP. In: Archiv pro bádání o životě a díle Jana Amose Komenského (Acta Comeniana) 21 (1962) 77–80.

Šmahel: Regionální původ [1983]
Šmahel, František: Regionální původ, profesionální uplatnění a sociální mobilita graduovaných studentů pražské univerzity v letech 1433–1622. In: Zprávy Archivu Univerzity Karlovy 4 (1983) 3–28.

Šmahel: Husitská revoluce, Bd. 1 [²1996]
Šmahel, František: Husitská revoluce, Bd. 1: Doba vymknutá z kloubů. Praha ²1996 [¹1993].

Šmahel: Husitská revoluce, Bd. 2 [²1996]
Šmahel, František: Husitská revoluce, Bd. 2: Kořeny české reformace. Praha ²1996 [¹1993].

Šmahel: Husitská revoluce, Bd. 3 [²1996]
Šmahel, František: Husitská revoluce, Bd. 3: Kronika válečných let. Praha ²1996 [¹1993].

Šmahel: Husitská revoluce, Bd. 4 [²1996]
Šmahel, František: Husitská revoluce, Bd. 4: Epilog bouřlivého věku. Praha ²1996 [¹1993].

Šmahel: Pax externa et interna [1998]
Šmahel, František: Pax externa et interna. Vom Heiligen Krieg zur Erzwungenen Toleranz im hussitischen Böhmen (1419–1485). In: Patschovsky, Alexander/Zimmermann, Harald (Hg.): Toleranz im Mittelalter. Sigmaringen 1998 (Vorträge und Forschungen 45), 221–273.

Šmahel: Hussitische Revolution, Bd. 1 [2002]
Šmahel, František: Die Hussitische Revolution, Bd. 1. Übersetzt v. Thomas Krzenck. Hannover 2002 (Monumenta Germaniae Historica. Schriften 43/1).

Šmahel: Hussitische Revolution, Bd. 2 [2002]
Šmahel, František: Die Hussitische Revolution, Bd. 2. Übersetzt v. Thomas Krzenck. Hannover 2002 (Monumenta Germaniae Historica. Schriften 43/2).

Šmahel: Hussitische Revolution, Bd. 3 [2002]
Šmahel, František: Die Hussitische Revolution, Bd. 3. Übersetzt v. Thomas Krzenck. Hannover 2002 (Monumenta Germaniae Historica. Schriften 43/3).

Šmahel: Magister Peter Payne [2006]
Šmahel, František: Magister Peter Payne. Curriculum vitae eines englischen Nonkonformisten. In: Lange, A. de/Utz Tremp (Hg.): Friedrich Reiser [2006], 241–260.

Šmahel: Basler Kompaktaten [2019]
Šmahel, František: Die Basler Kompaktaten mit den Hussiten (1436). Untersuchung und Edition. Wiesbaden 2019.

Šmahel: Europas Mitte [2021]
Šmahel, František: Europas Mitte in Bewegung. Das Königreich Böhmen im ausgehenden Mittelalter. München/Göttingen 2021.

Smolík: Pojetí církve [1967]
Smolík, Josef: Pojetí církve a úřadu u starých bratří. In: Říčan/Molnár/Flegl (Hg.): Bratrský sborník [1967], 52–59.

Smolík (Hg.): Das Abendmahl [1983]
Smolík, Josef (Hg.): Das Abendmahl nach den Ordnungen der Brüderunität. In: Pahl, Irmgard (Hg.): Coena Domini, Bd. 1: Die Abendmahlsliturgie der Reformationskirchen im 16./17. Jahrhundert. Freiburg 1983, 543–561.

Sokol: Rezension Bidlo [1915/18]
Sokol, Vojtěch: Rezension von Bidlo (Hg.): Akty, Bd. 1 [1915]. In: Česká věda 2 (1915/18) 202–203.

Sokol (Hg.): Listy [1931/32]
Sokol, Vojtěch (Hg.): Listy Tůmy Přeloučského panu Janovi Kostkovi z Postupic. In: Výroční zpráva reálky v Praze 7 (1931/32) 3–18.

Sokol: Vavřinec Krasonický [1984]
Sokol, Vojtěch: Vavřinec Krasonický. In: Molnár (Hg.): Praga mystica [1984], 51–108.

Somer/Šrámek/Kovář: Benediktinské opatství [2015]
Somer, Tomáš/Šrámek, Josef/Kovář, Miroslav: Benediktinské opatství ve Vilémově. Dějiny zapomenutého kláštera na česko-moravském pomezí. České Budějovice 2015.

Souček: Rukopis [1921]
Souček, Bohuslav: Rukopis pražské universitní knihovny XVII.C.3. In: Reformační sborník 1 (1921) 45–80.

Soukup: Waldenser [2006]
Soukup, Pavel: Die Waldenser in Böhmen und Mähren im 14. Jahrhundert. In: Lange, A. de/Utz Tremp (Hg.): Friedrich Reiser [2006], 131–160.

Soušek: Mikuláš z Vlásenice [1997]
Soušek, Zdeněk: Mikuláš z Vlásenice. In: Vlastivědný sborník Pelhřimovska 8 (1997) 66–76.

Spunar: Literární činnost [1978]
Spunar, Pavel: Literární činnost utrakvistů doby poděbradské a jagellonské. In: Molnár, Amedeo u.a. (Hg.): Příspěvky k dějinám utrakvismu. Praha 1978 (Acta Reformationem Bohemicam Illustrantia 1), 165–269.

Spunar: Repertorium [1995]
Spunar, Pavel: Repertorium auctorum Bohemorum provectum idearum post Universitatem Pragensem conditam illustrans, Bd. 2. Warszawa/Praga 1995 (Studia Copernicana 35).

Štěpán: Bernard Zoubek [2019]
Štěpán, Jan: Olomoucký biskup Bernard Zoubek ze Zdětína a jeho pečeti. In: Archivní časopis 69 (2019) 5–16.

Štěříková: Blahoslavova Akta [1960]
[Štěříková, geb.] Blažková, Edita: Blahoslavova Akta Jednoty bratrské. Praha 1960 [mschr. Diplomarbeit an der Philosophischen Fakultät der Karlsuniversität Prag].

Štěříková: Blahoslavova Akta [1964]
Štěříková, Edita: Blahoslavova Akta Jednoty bratrské. In: Křesťanská revue – Theologická příloha 31 (1964) 81–88, 97–105.

Sterik: Brüder [2001]
Sterik [Štěříková], Edita: Mährische Brüder, böhmische Brüder und die Brüderunität. In: Unitas Fratrum. Zeitschrift für Geschichte und Gegenwartsfragen der Brüdergemeine 48 (2001) 106–114.

Storchová (Hg.): Companion, Bd. 2 [2020]
Storchová, Lucie (Hg.): Companion to Central and Eastern European Humanism, Bd. 2: The Czech Lands, Tl. 1: A–L. Berlin/Boston 2020.

Strnad: Knihtiskaři [1887–1889]
Strnad, Josef: Knihtiskaři plzeňští v XV. a XVI. století. In: Památky archaeologické a místopisné 14 (1887–1889) 289–294.

Sturm: Ortslexikon [²1995]
Sturm, Heribert (Hg.): Ortslexikon der böhmischen Länder 1910–1965. München ²1995 [¹1983].

Svobodová: Katalog [1996]
Svobodová, Milada: Katalog českých a slovenských rukopisů sign. XVII získaných Národní (Universitní) knihovnou po vydání Truhlářova katalogu z roku 1906. Praha 1996.

Szymańska: Akta Braci Czeskich [2016]
Szymańska Kamila: Akta braci czeskich w zbiorach Archiwum Państwowego w Poznaniu. Dzieje –

zawartość – znaczenie dla badań komeniologicznych. In: Siedleckie Zeszyty Komeniologiczne – Seria Pedagogika 3 (2016) 115–121.

Tapié: Une église tchèque [1931]
Tapié, Victor-Lucien: Une église tchèque au Moyen-Âge. L'unité des Frères. In: Revue des Sciences Religieuses 11 (1931) 224–265.

Teichmann: Peucer [2004]
Teichmann, Doris: Caspar Peucer und die Beziehungen der Wittenberger Reformatoren zu den Böhmischen Brüdern. In: Hasse, Hans-Peter/Wartenberg, Günther (Hg.): Caspar Peucer (1525–1602). Wissenschaft, Glaube und Politik im konfessionellen Zeitalter. Leipzig 2004, 273–282.

Thomsen: „Wider die Picarder" [2008]
Thomsen, Martina: „Wider die Picarder". Diskriminierung und Vertreibung der Böhmischen Brüder im 16. und 17. Jahrhundert. In: Bahlcke, Joachim (Hg.): Glaubensflüchtlinge. Ursachen, Formen und Auswirkungen frühneuzeitlicher Konfessionsmigration in Europa. Berlin 2008 (Religions- und Kulturgeschichte in Ostmittel- und Südosteuropa 4), 145–164.

Tobolka: Dějiny [1930]
Tobolka, Zdeněk V[áclav]: Dějiny československého knihtisku v době nejstarší. Praha 1930.

Tomek: Dějepis, Bd. 10 [1894]
Tomek, Wácslaw Wladiwoj: Dějepis města Prahy, Bd. 10. Praha 1894 (Nowočeská bibliothéka 18; Spisy musejní 51).

Tomek: Dějepis, Bd. 11 [1897]
Tomek, Wácslaw Wladiwoj: Dějepis města Prahy, Bd, 11. Praha 1897 (Nowočeská bibliothéka 18; Spisy musejní 51).

Trnka (Hg.): Náboženské poměry [1931]
Trnka, František (Hg.): Náboženské poměry při kutnohorské konsistoři r. 1464–1547. Z kutnohorského archivu. Praha 1932.

Truhlář, A.: Bavoryňský [1913]
Truhlář, Antonín: Bavoryňský, Beneš. In: Časopis Musea Království českého 87 (1913) 161.

Truhlář, J.: O životě [1884]
Truhlář, Josef: O životě a spisech známých i domnělých bosáka Jana Vodňanského. In: Časopis Musea Království českého 58 (1884) 524–547.

Truhlář, J. (Hg.): Manualník [1888]
Truhlář, Josef (Hg.): Manualník M. Vácslava Korandy. Praha 1888.

Truhlář, J. (Hg.): Listář [1893]
Truhlář, Josef (Hg.): Listář Bohuslava Hasištejnského z Lobkovic. Praha 1893.

Truhlář, J.: Humanismus [1894]
Truhlář, Josef: Humanismus a humanisté v Čechách za krále Vladislava II. Praha 1894 (Rozpravy České akademie císaře Františka Josefa pro vědy, slovesnost a umění v Praze 3/3/4).

Truhlář, J.: Katalog [1906]
Truhlář, Josef: Katalog českých rukopisů c. k. Veřejné a universitní knihovny pražské. Praha 1906.

Tůma aus Přelauč: Spis o původu [1947]
Tůma aus Přelauč: Spis o původu Jednoty bratrské a o chudých lidech. Hg. v. Vojtěch Sokol. Praha 1947.

Udolph: Konfessionelle Markierungen [2022]
Udolph, Ludger: Konfessionelle Markierungen in der Sprache der Böhmischen Brüder. In: Bahlcke/Just/Rothkegel (Hg.): Konfessionelle Geschichtsschreibung [2022], 151–163.

Urban: Jan Kalenec [1985]
Urban, Wacław: Jan Kalenec. In: Séguenny, André (Hg.): Bibliotheca dissidentium. Répertoire des non-conformistes religieux des seizième et dix-septième siècles, Bd. 6: Valentin Crautwald, Andreas Fischer, Jan Kalenec, Sigmund Salminger. Baden-Baden u.a. 1985, 89–108.

Urban: Antitrinitarismus [1986]
Urban, Wacław: Der Antitrinitarismus in den Böhmischen Ländern und in der Slowakei im 16. und 17. Jahrhundert. Baden-Baden 1986 (Bibliotheca dissidentium, scripta et studia 2).

Urbánek: Jednota bratrská [1923]
Urbánek, Rudolf: Jednota bratrská a vyšší vzdělání až do doby Blahoslavovy. Příspěvek k 400. výročí narozenin Blahoslavových. Brno 1923 (Spisy filosofické fakulty Masarykovy university v Brně 1).

Urbánek: České dějiny, Bd. 3/3 [1930]
Urbánek, Rudolf: České dějiny, Bd. 3: Věk poděbradský, Tl. 3. Praha 1930.

Urbánek: Paleček [1958]
Urbánek, Rudolf: Jan Paleček, šašek krále Jiřího, a jeho předchůdci v zemích českých. In: Hrabák, Josef (Hg.): Příspěvky k dějinám starší české literatury. Praha 1958, 5–89.

Urbánek: České dějiny, Bd. 3/4 [1962]
Urbánek, Rudolf: České dějiny, Bd. 3/4: Věk poděbradský. Praha 1962.

Vaccaro (Hg.): Storia religiosa [1987]
Vaccaro, Luciano (Hg.): Storia religiosa dei Cechi e Slovacchi. Milano 1987 (Ricerche 17).

Václavek (Hg.): Český listář [1949]
Václavek, Bedřich (Hg.): Český listář. 269 českých listů z šesti století. Praha 1949.

Válka: „Politická závěť" [1971]
Válka, Josef: „Politická závěť" Viléma z Pernštejna (1520–1521). Příspěvek k dějinám českého politického myšlení v době jagellonské. In: Časopis Matice moravské 90 (1971) 63–82.

Válka: K otázkám úlohy Moravy [1985]
Válka, Josef: K otázkám úlohy Moravy v české reformaci. In: Studia Comeniana et Historica 15/30 (1985) 67–80.

Válka: Tolerance, či koexistence [1988]
Válka, Josef: Tolerance, či koexistence? K povaze soužití různých náboženských vyznání v českých zemích v 15. až 17. století. In: Studia Comeniana et Historica 18/35 (1988) 63–75.

Válka: Morava [1995]
Válka, Josef: Morava reformace, renesance a baroka. Brno 1995 (Dějiny Moravy 2).

Válka: Politika [2005]
Válka, Josef: Politika a nadkonfesijní křesťanství Viléma a Jana z Pernštejna. In: Válka, Josef: Husitství na Moravě. Náboženská snášenlivost. Jan Amos Komenský. Brno 2005, 249–260.

Válka: Dialog [2007]
Válka, Josef: Dialog bratra Řehoře s mocí mečovou. In: Studia Comeniana et Historica 37/77–78 (2007) 106–116.

Válka: Tolerance [2014]
Válka, Josef: Tolerance or co-existence? Relations between religious groups from the fifteenth to seventeenth centuries. In: Palmitessa, James R. (Hg.): Between Lipany and White Mountain. Essays in late medieval and early modern Bohemian history in modern Czech scholarship. Leiden 2014 (Studies in Central European histories 58), 182–196.

Vančura: Pronásledování [1888]
Vančura, Jindřich: O pronásledování jednoty bratrské v jihozápadních Čechách králem Ferdinandem I. In: Sborník dějepisných prací bývalých žáků Václava Vlad[ivoje] Tomka. Praha 1888, 110–124.

Vančura: Dějiny Klatov, Bd. 1/3/1 [1929]
Vančura, Jindřich: Dějiny někdejšího král[ovského] města Klatov, díl 1, sv. 3, část 1. Klatovy 1929.

Vávra: Knižní vazby [1970]
Vávra, Ivan: Knižní vazby bratrské dílny ivančicko-kralické (1562–1620). In: Nuska, Bohumil (Hg.): Historická knižní vazba. Sborník příspěvků k dějinám vazby a k metodice ochrany historických knižních vazeb, 1966–1970. Liberec 1970, 86–190.

Vidmanová: Ke staroboleslavskému kodexu [1995/96]
Vidmanová, Anežka: Ke staroboleslavskému husitskému kodexu (A propos du manuscrit de Stará Boleslav). In: Studie o rukopisech 31 (1995/96) 7–25.

Vindiš: Názory o eucharistii [1923]
Vindiš, Rudolf: Bratra Lukáše Pražského názory o eucharistii. In: Věstník Královské české společnosti nauk – třída filosoficko-historicko-jazykozpytná, Nr. 1. Praha 1923, 1–196.

Vlček: Dějiny české literatury, Bd. 1 [1951]
Vlček, Jaroslav: Dějiny české literatury, Bd. 1. Praha 1951.

Vlčková: Moravští novokřtěnci [1989]
Vlčková, Simona: Moravští novokřtěnci a jednota bratrská: In: Z kralické tvrze 16 (1989) 56–58.

Vodnařík: Purkyně [1967]
Vodnařík, Oldřich: Jan Evangelista Purkyně a bratrské památky v Lešně. In: Z kralické tvrze 1 (1967) 20–24.

Vogt: L'ecclésiologie [1997]
Vogt, Peter: Entre hérésie et réforme: l'ecclésiologie de l'unité des frères tchèques, au XVe siecle. In: Heresis. Revue d'hérésiologie médiévale 28 (1997) 89–108.

Voit: Encyklopedie knihy [2008]
Voit, Petr: Encyklopedie knihy. Starší knihtisk a příbuzné obory mezi polovinou 15. a počátkem 19. století. Papír, písmo a písmolijectví, knihtisk a jiné grafické techniky, tiskaři, nakladatelé, knihkupci, ilustrátoři a kartografové, literární typologie, textové a výtvarné prvky knihy, knižní vazba, knižní obchod. Praha 2008.

Voit: Mikuláš Konáč [2015]
Voit, Petr: Mikuláš Konáč z Hodíškova. Inspirace k úvahám o humanismu. In: Česká literatura 63 (2015) 3–39.

Voit: Český knihtisk, Bd. 1 [2013]
Voit, Petr: Český knihtisk mezi pozdní gotikou a renesancí, Bd. 1: Severinsko-kosořská dynastie 1488–1557. Praha 2013.

Voit: Český knihtisk, Bd. 2 [2017]
Voit, Petr: Český knihtisk mezi pozdní gotikou a renesancí, Bd. 2: Tiskaři pro víru i tiskaři pro obrození národa 1498–1547. Praha 2017.

Voit: Konfesionalita a mentalita [2020]
Voit, Petr: Konfesionalita a mentalita mezi koncem 15. a druhou polovinou 16. století pohledem české knižní kultury. In: Knihy a dějiny 27 (2020) 85–153.

Volf: Hilaria z Litoměřic traktát [1911]
Volf, Josef: Hilaria z Litoměřic traktát Arcus gehennalis. In: Časopis Musea Království českého 85 (1911) 33–60.

Volf: Příspěvek [1914]
Volf, Josef: Příspěvek k zakoupení t. zv. ochranovských foliantů r. 1840 ochranovskou církví. In: Časopis Musea Království českého 88 (1914) 404–412.

Volf: Apologia [1925]
Volf, Jos[ef]: Apologia sacrae scripturae, lat. apologia Českých Bratří z r. 1511. In: Časopis Národního musea – oddíl duchovědný 99 (1925) 273–278.

Volf: Zakoupení komenian [1928]
Volf, Jos[ef]: Zakoupení lešenských komenian do Prahy. In: Časopis Národního musea – oddíl duchovědný 102 (1928) 193–208.

Volf: Zakoupení komenian II. [1937]
Volf, Josef: Zakoupení lešenských komenian do Prahy (II). In: Archiv pro bádání o životě a spisech Jana Amose Komenského 14 (1937) 158–183.

Vorel: Páni z Pernštejna [1999]
Vorel, Petr: Páni z Pernštejna. Vzestup a pád rodu zubří hlavy v dějinách Čech a Moravy. Pardubice 1999.

Vorel: Nacionalita a konfese [2007]
Vorel, Petr: Nacionalita a konfese v politickém životě jagellonských Čech. Utváření nového modelu společenské normy prostřednictvím Viléma z Pernštejna. In: Theatrum historiae 2 (2007) 71–79.

Vykypělová: K možnostem vytvoření [2008]
Vykypělová, Taťána: K možnostem vytvoření konfesně podmíněných variant spisovné češtiny v 16. století. In: Wiener slavistisches Jahrbuch 54 (2008) 171–191.

Vykypělová: Wege zum Neutschechischen [2013]
Vykypělová, Taťána: Wege zum Neutschechischen. Studien zur Geschichte der tschechischen Schriftsprache. Hamburg 2013 (Studien zur Slavistik 32).

Wagner: Chelčický [1983]
Wagner, Murray L.: Petr Chelčický. A radical separatist in Hussite Bohemia. Scottdale, Pa., u.a. 1983 (Studies in Anabaptist and Mennonite History 25).

Walter: *New Gesengbuchlen* [2000]
Walter, Rudolf: Das *New Gesengbuchlen* der Böhmischen Brüder von Michael Weisse. In: Kosellek, Gerhard (Hg.): Oberschlesische Dichter und Gelehrte vom Humanismus bis zum Barock. Bielefeld 2000 (Tagungsreihe der Stiftung Haus Oberschlesien 8), 393–406.

Wernisch (Hg.): Unitas Fratrum [2009]
Wernisch, Martin (Hg.): Unitas Fratrum 1457–2007. Jednota bratrská jako kulturní a duchovní fenomén. Jihlava 2009, 122–171.

Wernisch: Rezension Acta [2020]
Wernisch, Martin: Rezension von Acta Unitatis Fratrum, Bd. 1 [2018]. In: Zeitschrift für Kirchengeschichte 131 (2020) 412–414.

Winkelbauer: Überkonfessionelles Christentum [2000]
Winkelbauer, Thomas: Überkonfessionelles Christentum in der 2. Hälfte des 16. Jahrhunderts in Mähren und seinen Nachbarländern. In: Jan, Libor u.a. (Hg.): Dějiny Moravy a Matice moravská. Problémy a perspektivy. Brno 2000 (Disputationes Moravicae 1), 131–146.

Winter, A.: Bildungsdiskurs [2022]
Winter, Astrid: Bildungsdiskurs und rhetorische Sprachreflexion in den *Acta Unitatis Fratrum*. Sprachliche Tendenzen der konfessionellen Geschichtsschreibung Jan Blahoslavs (1523–1571). In: Bahlcke/Just/Rothkegel (Hg.): Konfessionelle Geschichtsschreibung [2022], 165–195.

Winter, Z.: Život církevní, Bd. 1 [1895]
Winter, Zikmund: Život církevní v Čechách. Kulturně-historický obraz z XV. a XVI. století, Bd. 1. Praha 1895.

Winter, Z.: Život církevní, Bd. 2 [1896]
Winter, Zikmund: Život církevní v Čechách. Kulturně-historický obraz z XV. a XVI. století, Bd. 2. Praha 1896.

Wörster: Humanismus [1994]
Wörster, Peter: Humanismus in Olmütz. Landesbeschreibung, Stadtlob und Geschichtsschreibung in

der ersten Hälfte des 16. Jahrhunderts. Marburg 1994 (Kultur- und geistesgeschichtliche Ostmitteleuropa-Studien 5).

Wörster: Büchersammlungen [2007]
Wörster, Peter: Von Handschriften- und Büchersammlungen zu neuen humanistischen Werken. Einige Beobachtungen zwischen Olmütz und Großwardein. In: Haberland, Detlef/Katona, Tünde (Hg.): Buch- und Wissenstransfer in Ostmittel- und Südosteuropa in der Frühen Neuzeit. München 2007, 177–182.

Wolkan: Kirchenlied [1891]
Wolkan, R[udolf]: Das deutsche Kirchenlied der böhmischen Brüder im XVI. Jahrhunderte. Prag 1891.

Wolkan (Hg.): Briefwechsel, Bd. 3 [1918]
Wolkan, Rudolf (Hg.): Der Briefwechsel des Eneas Silvius Piccolomini, Bd. 3: Briefe als Bischof von Siena, Tl. 1: Briefe von seiner Erhebung zum Bischof von Siena bis zum Ausgang des Regensburger Reichstages (23. September 1450 – 1. Juni 1454). Wien 1918 (Fontes rerum Austriacarum, 2. Abteilung: Diplomataria et Acta 68).

Wotke: Augustinus Olomucensis [1898]
Wotke, Karl: Augustinus Olomucensis. (Augustinus Käsenbrot von Wssehrd). In: Zeitschrift des Vereines für Geschichte Mährens und Schlesiens 2 (1898) 47–71.

Wotke: Olmützer Bischof [1899]
Wotke, Karl: Der Olmützer Bischof Stanislaus Thurzó von Béthlenfalva (1497–1540) und dessen Humanistenkreis. In: Zeitschrift des Vereines für Geschichte Mährens und Schlesiens 3 (1899) 337–388.

Wotschke: Lasitius [1925]
Wotschke, Theodor: Johann Lasitius. Ein Beitrag zur Kirchen- und Gelehrtengeschichte des 16. Jahrhunderts. In: Zeitschrift für slavische Philologie 2 (1925) 77–104, 442–471.

Zapletal: Jan Černý [1931]
Zapletal, Florian: Mistr Jan Černý a poslední pobyt Viléma z Pernšteina na rodné Moravě. In: Časopis vlasteneckého spolku musejního v Olomouci 44 (1931) 56–72.

Závodský: Reformace [1937]
Závodský, Josef: Reformace a protireformace ve Velkém Meziříčí. Nábožensko-kulturní obraz moravského města. Velké Meziříčí 1937.

Závodský: Bratr Tůma [1957]
Závodský, Josef: Bratr Tůma Přeloučský. In: Křesťanská revue – Theologická příloha 24 (1957) 50–56.

Zeman: Anabaptists [1969]
Zeman, Jarold Knox: The Anabaptists and the Czech Brethren in Moravia 1526–1628. A Study of Origins and Contacts. The Hague/Paris 1969 (Studies in European History 20).

Zeman: Restitution [1976]
Zeman, Jarold Knox: Restitution and Dissent in the Late Medieval Renewal Movements. In: Journal of the American Academy of Religion 44 (1976) 7–27.

Zeman: Rozhovory [1958]
Zeman, Jarold Knox: Rozhovory Českých bratří s novokřtěnci na Moravě. In: Pravda a slavná naděje 39 (1958) 4–5, 23–26, 38–43, 53–58.

Zilynská: Utrakvistická správa [1995]
Zilynská, Blanka: Utrakvistická církevní správa a možnosti jejího studia. In: Acta Universitatis Carolinae – Philosophica et Historica 2 (1999) 39–53.

Zilynská: Synoda nebo sněm [2005]
Zilynská, Blanka: Synoda nebo sněm? Ke vztahu světské moci a utrakvistických církevních struktur v době jagellonské/Synode oder Parlament? Zur Beziehung zwischen weltlicher Macht und utraquistischer Kirchenstruktur in jagiellonischer Zeit. In: Kubík, Viktor (Hg.): Doba jagellonská v zemích České koruny (1471–1526): Sborník katolické teologické fakulty Univerzity Karlovy, Dějiny umění, kulturní historie I. Konference k založení Ústavu dějin křesťanského umění KTF UK v Praze (2.–4.10. 2003). České Budějovice 2005, 29–41.

Zilynská: Synoden [2006]
Zilynská, Blanka: Synoden im utraquistischen Böhmen 1418–1531. In: Kruppa, Nathalie/Zygner, Leszek (Hg.): Partikularsynoden im späten Mittelalter. Göttingen 2006 (Veröffentlichungen des Max-Planck-Instituts für Geschichte 219), 377–386.

Zilynská: Hussitische Synoden [2012]
Zilynská, Blanka: Hussitische Synoden, die Vorläufer der reformatorischen Synodalität. In: Machilek (Hg.): Die hussitische Revolution [2012], 57–75.

Zilynská: Město Praha [2014]
Zilynská, Blanka: Město Praha a utrakvistická církev: Role konšelů při obsazování „dolní konzistoře" (do roku 1547). In: Ledvinka, Václav/Pešek, Jiří (Hg.): Město v převratech konfesionalizace v 15. až 18. století. Praha 2014 (Documenta Pragensia 33), 85–94.

Zilynská: Hilarius Litoměřický [2016]
Zilynská, Blanka: Hilarius Litoměřický a Václav Křižanovský versus Jan Rokycana o Hromnicích 1465. In: Šandera, Martin (Hg.): Poděbradská éra v zemích České koruny. Praha 2016, 98–104.

Verzeichnis und Nachweis der Abbildungen

S. 43: Praha, Národní knihovna České republiky, Sign. XVII H 41, 1r.

S. 47: Praha, Národní archiv, Ochranov, AUF VI, *1r.

S. 58: Praha, Národní archiv, Ochranov, AUF V, 31r.

S. 60: Praha, Národní archiv, Ochranov, AUF V (vorderer Einbanddeckel).

S. 62, 63: Praha, Národní archiv, Ochranov, AUF VI, 326v–327r.

S. 99: Mladá Boleslav, Muzeum Mladoboleslavska, ohne Signatur.

S. 125: Praha, Národní archiv, Ochranov, AUF V, 169r.

S. 153: [Lukáš aus Prag:] Odpowied bratrzij [1514], A1v. Praha, Knihovna Národního muzea, Sign. 25 E 20.

S. 178: Tábor, Státní okresní archiv, Sbírka rukopisů, Nr. 195.

S. 195: Tytulowee Stawú Duchownijho a Swietskeeho. Praha: Pavel Severýn, 1534, 163r. Praha, Národní knihovna České republiky, Sign. 54 B 113, adl. 1.

S. 200: Litoměřice, Státní oblastní archiv, Český literátský sbor Třebenice.

S. 224: Johann Amos Comenius: Moraviae nova et post omnes priores accuratissima delineatio. Amsterdam: Nicolaus Vischer, nach 1680. Přerov, Muzeum Komenského, inv. č. StM 10.

S. 263: [Lukáš aus Prag:] Spis tento otazek trogich [1523], A1r. Praha, Knihovna Národního muzea, Sign. 25 D 15.

S. 269: Praha, Národní knihovna České republiky, Sign. XXIII A 1, 238r.

S. 293: Würzburg, Universitätsbibliothek, Sign. Delin. VI.

S. 298: Olomouc, Státní okresní archiv, Fond Archiv města Olomouc, Knihy (NAD 1, M 1–1), inv. č. 97 (sign. 1540, Památná kniha olomoucká), IIv.

S. 324: Ústí nad Orlicí, Jednota bratrská.

S. 348: Praha, Národní archiv, Ochranov, AUF VI, 1r.

S. 359: Praha, Archiv hlavního města, Sign. PGL I-22.

S. 383: Praha, Národní archiv, Ochranov, AUF VI, 33v.

S. 405: Praha, Národní archiv, Ochranov, AUF VI, 48r.

S. 425: [Lukáš aus Prag:] Apologia Sacre scripture [1511], A1r. Praha, Národní knihovna České republiky, Sign. 27 J 45.

S. 451: Praha, Knihovna Národního muzea, Sign. IV B 24, 55v.

S. 456, 457: Praha, Lapidárium Národního muzea, inv. č. H2-197283/1-2.

S. 469: Praha, Národní archiv, Ochranov, AUF VI, 126r.

S. 487: Ziegler (Hg.): In hoc volvmine [1512], B3v. München, Bayerische Staatsbibliothek, Sign. 2 Polem. 219.

S. 501: [Lukáš aus Prag:] Ein schöne frag. Augsburg: Melchior Ramminger, 1522, A1r. Herrnhut, Unitätsarchiv, Sign. AB II R5.6a.

S. 513: Praha, Knihovna Národního muzea, Sign. IV B 24, 78v.

S. 525: Praha, Knihovna Královské kanonie premonstrátů na Strahově, Sign. DA I 6, 133v.

Personenregister

Lebensdaten sowie nach Möglichkeit weitere Angaben zur Funktion einzelner Personen und ihrer Beziehungen zur Brüderunität werden nur dann aufgeführt, wenn diese in den *Acta Unitatis Fratrum* als Akteure auftreten oder erwähnt werden. Keine weiteren Zusätze erhalten allgemein bekannte Autoritäten der Antike und des Mittelalters (bis zur Hochscholastik). Biblische Personen werden in Anlehnung an die in der Lutherbibel 2017 verwendeten Namensformen aufgenommen. Regierende Fürsten sowie kirchliche Amtsträger sind im Personenregister unter ihrem Taufnamen, nicht unter dem Namen der Familie zu finden. Dem deutschen Leser vertraute Personennamen sollten gegebenenfalls auch unter ihrem tschechischen Pendant gesucht werden. Dies gilt vor allem für folgende Namen:

Ambrosius → Ambrož
Andreas → Ondřej
Benedikt → Beneš
Friedrich → Bedřich
Gallus → Havel
Georg → Jiří, Jíra, Jiřík
Gregor → Řehoř, Říha
Heinrich → Jindřich

Jakob → Jakub, Jakoubek, Kubík
Johann (Johannes) → Jan
Katharina → Katruše, Káča
Matthäus → Matouš
Matthias → Matěj
Peter → Petr
Stefan → Štěpán
Thomas → Tůma

In den *Acta Unitatis Fratrum* gebrauchte abweichende Namensformen sind in Auswahl kursiv gesetzt in Klammern angegeben. Ebenfalls kursiv gesetzt sind nicht eindeutig auflösbare Abkürzungen von Personennamen.

A

A., Mitglied der Brüderunität 165
Aaron 515
Abel 86, 88, 396
Abraham, 86, 148, 397, 537
Adam 101–103, 143, 155, 396
Ahasveros 194
Aleš, Mitglied der Brüderunität 183, 185f., 191
Alexander II., Papst 523
Alexander VI. (1431–1503), Papst 453
Alžběta, böhmische Adelige, Mitglied der Brüderunität 208
Ambrosiaster (Pseudo-Ambrosius) 122
Ambrosius von Mailand 120, 123, 505, 508, 524, 536, 541
Ambrož aus Skutsch (A. ze Skutče) → Havránek, Ambrož aus Skutsch
Amos aus Wodňan (A. z Vodňan), Ältester der „Kleinen Partei" 115, 183, 185, 232
Anastasius IV., Papst 505
Andreas (*Andreas bakalář*), Lehrer in Prag 359, 362

Anna Jagiello (1503–1547), Gemahlin von Ferdinand I. 466
Apollon, Hofnarr König Wladislaws II. von Böhmen und Ungarn 418
Aristoteles 133, 490
Arius 482
Augusta, Jan (1500–1572), Bischof der Brüderunität 35, 42, 44–46, 48, 53, 307f., 333, 345, 542f.
Augustinus Moravus Olomucensis (Käsenbrot) (1467–1513) 366, 379, 479–495, 526
Augustinus von Hippo 99, 101, 120–123, 482, 484, 494, 508, 512, 519, 523f., 536, 540f.

B

B., Gegner der Brüderunität 171
B., Mitglied der Brüderunität 216
Baal 88, 97, 148, 334
Barabbas 417
Barnabas 150
Bartoš, František Michálek (1889–1972) 179, 329

Baumgarten, Konrad (um 1480 – nach 1514), Drucker 485
Bavoryňský von Bavoryně, Beneš († 1535), böhmischer Adeliger, Bischof der Brüderunität 123f., 126, 130
Bažický, Vilém, böhmischer Adeliger 426
Beda Venerabilis 121
Benda aus Taus, Mitglied der Brüderunität 437f.
Berengar aus Tours 510, 534
Bergow (z Bergova), Otto (Ota) von († um 1414), böhmischer Adeliger 549
Berka, Jan aus Wodňan, Mitglied der Brüderunität 431–434
Berka von Dubá (B. z Dubé), Heinrich (Jindřich) († 1541), böhmischer Adeliger 438f., 444, 458f., 465
Berka von Dubá (B. z Dubé), Zdislav († 1553), böhmischer Adeliger 438f., 441f., 444–447, 464–466
Bernart aus Wodňan, Metzger 431
Bernhard von Clairvaux 504, 536
Bernhard Zoubek von Zdětín (Bernard Zoubek ze Zdětína) († 1541), Bischof von Olmütz 524, 526–542
Bezkost, Jiřík → Jiřík Bezkost 315
Bidlo, Jaroslav (1868–1937) 40, 168, 251
Biel, Gabriel (vor 1410–1495) 419
Bileam 517, 547
Blahoslav, Jan (1523–1571), Bischof der Brüderunität 36, 39, 43f., 46–54, 56–61, 63–65, 125, 160, 289, 347f., 353, 360, 429, 469, 514, 548
Blažek, Anhänger der „Kleinen Partei" 183, 185
Blažek, Kürschner 212
Bodenstein, Anton (um 1517–1572), evangelischer Theologe 470
Boh., Anhänger der Brüderunität 255f.
Bonifatius IX. (1350–1404), Papst 548f.
Bor., Anhängerin der Brüderunität 257
Borník aus Sbraschin, Mitglied der Brüderunität 477
Boskowitz (z Boskovic), Ladislav von (1455–1520), mährischer Adeliger 485
Boskowitz (z Boskovic), Martha (Marta) von (1466 – nach 1509), mährische Adelige, Mitglied der Brüderunität 208, 374, 378–382
Bruno von Würzburg, Heiliger 494
Bucer, Martin (1491–1551) 35

Burian („búrný Jan", „stürmischer Johannes") Wetterheiliger 151
Bydžovský, Pavel (1496–1559), utraquistischer Priester 470
Bystřice von Vojnice auf Kremsier, Mikuláš (Nikolaus von Moravan) (1434–1478/80) 187

C, Č

C., Mitglied/Priester der Brüderunität 229
Camerarius, Joachim der Ältere (1500–1574) 39
Celtis, Konrad (1459–1508), Humanist 479, 486
Čeň. → Čeněk, Mitglied der Brüderunität
Čeněk, Mitglied der Brüderunität 272
Černčický von Kácov (z Kácova), Johann (Jan) († 1550), böhmischer Adeliger 325, 401–403
Černohorský von Boskowitz (Č. z Boskovic), Wenzel (Václav) († 1482), mährischer Adeliger 378
Černý, Jan, genannt Niger (um 1456 – vor 1530), Mitglied der Brüderunität 222, 417, 426, 479–495
Černý, Jan, genannt Nigranus (1500–1565), Bischof der Brüderunität 44, 50f., 66, 430, 432–435, 437, 439, 441–447, 458f., 461f., 464, 466
Červenka, Matěj (1521–1569), Bischof der Brüderunität 49, 51f., 54, 82, 85
Cetenský von Cetná (C. z Cetně), Markvart († nach 1508), böhmischer Adeliger 361
Che., Mitglied der Brüderunität 266f.
Chelčický, Jan († 1484), Priester der Brüderunität 178f., 182, 211
Chelčický, Petr (um 1390 – um 1460), böhmischer Laientheologe 129, 147, 180, 432, 504f., 512
Chmelický, Zikmund, böhmischer Adeliger 344, 347, 353, 355, 358, 362, 372, 374–376
Cibulka, Izajáš (vor 1550–1582), Priester der Brüderunität 64
Comenius (Komenský), Johann Amos (Jan A.) (1592–1670), Bischof der Brüderunität 38, 55
Cornelius 327
Chrt von Ertín (Ch. z Ertína), Bohuslav († um 1534), böhmischer Adeliger 361

Císařová-Kolářová, Anna (1887–1963) 203
Cyprian von Karthago 123, 524
Cyrill, Jan (1570–1632), Bischof der Brüderunität 37

D
Damasus (um 305–384) 482, 484
Dan. → Daniel, Mitglied der Brüderunität
Daniel 536
Daniel (*Dan.*), Mitglied der Brüderunität 258
David 460, 521
Diagoras 488
Dikastus, Jiří (um 1560–1630), utraquistischer Administrator des Erzbistums Prag 37
Dionysius Areopagita (Pseudonym) 534–536, 540
Dohna (z Donína), Friedrich (Bedřich) von († 1547), böhmischer Adeliger 439, 444
Domousický von Harasow (D. z Harasova), Heinrich († nach 1540), böhmischer Adeliger 445
Dráb, Jan aus Klattau, Mitglied der Brüderunität 435f., 438–440
Dubčanský von Zdenín (D. ze Zdenína), Johann (Jan) († 1543), mährischer Adeliger 321

E
El. → Eliáš, Mitglied der Brüderunität
Eli 515
Eli. → Eliáš aus Křenovice
Elia 88, 97, 103, 127, 522, 537
Eliáš (*El.*), Mitglied der Brüderunität 248, 254f.
Eliáš aus Křenovice (*Eli.*, E. z Křenovic, Chřenovský) († 1503), Priester der Brüderunität 83, 186, 278, 284, 329–331, 341f., 401–403
Elisa 333, 537
Eneáš, Jan (1537–1594), Bischof der Brüderunität 52
Ephraim 271
Epikur 488
Erasmus von Rotterdam, Desiderius (um 1466–1536) 57, 61, 486
Eva 102, 477

F
Fi. → Filip, Anhänger der Brüderunität
Ferdinand I. (1503–1564), König von Böhmen und Ungarn, römisch-deutscher Kaiser 31, 46, 50f., 300, 309, 430f., 433, 435f., 439f., 444f., 447f., 457, 460–463, 466f., 526
Ferdinand II. (1578–1637), König von Böhmen und Ungarn, römisch-deutscher Kaiser 37
Ferdinand II. von Aragon (1452–1516), König von Sizilien, Kastilien, León und Aragon 526
Filip, Anhänger der Brüderunität 213
Filip aus Leitomischl, Seifensieder, Mitglied der Brüderunität 357, 361, 372, 385–387
Filipec, Jan (1431–1509) 387
FitzRalph, Richard (um 1300–1360), Bischof von Armagh 120
Flacius, Matthias, genannt Illyricus (1520–1575) 39, 44
Flekař, Jakub → Jakub (J. Flekař), Flickschuster aus Klattau
Friedrich I. (1596–1632), König von Böhmen („Winterkönig"), als F. V. Kurfürst von der Pfalz 32, 37
Friedrich III. (1415–1493), römisch-deutscher Kaiser 359
Friedrich V., Kurfürst von der Pfalz → Friedrich I., König von Böhmen

G
Gelasius I., Papst 505, 523
Georg von Podiebrad (Jiří z Poděbrad) (1420–1471), König von Böhmen 34, 82, 87, 90, 93, 97, 133, 170, 181, 188, 192f., 209, 213, 249f., 252f., 269f., 290, 377, 400, 439, 471, 497, 548, 550
Gersdorf (z Gersdorfu), Georg (Jiří) von († 1558), böhmischer Adeliger 458f.
Gindely, Antonín (1829–1892) 40, 250, 325
Goll, Jaroslav (1846–1929) 82f., 168, 179, 183, 188, 250, 268, 341, 470
Gotthard von Hildesheim, Heiliger 151
Gratian (12. Jahrhundert), Kompilator des *Decretum Gratiani* 88, 505, 523f., 536, 539
Gregor der Große 123, 505, 508, 523, 539, 541
Gregor von Nazianz 505
Gregor von Nyssa 540
Guillaume d'Auvergne (um 1180–1249) 328

H
Halar, Augustin, Anhänger der Brüderunität 199
Hanna 494
Hans (*Hanus*), Mitglied der Brüderunität 320

Hassenstein von Lobkowitz, Bohuslaus (1461–1510), böhmischer Adeliger und Humanist 379

Havel († 1507/08), Magister, Schulmeister der Brüderunität 329–332

Havránek, Ambrož aus Skutsch (A. ze Skutče) († 1520), Priester der Brüderunität 252, 278, 399

Heinrich VII. (1278/79–1313), römisch-deutscher Kaiser 533

Helena, Mutter Kaiser Konstantins des Großen 538

Henoch 103

Herkules 148

Hieronymus 123, 482, 484, 487, 493f., 508f., 523, 540

Hilarius aus Leitmeritz (H. Litoměřický) (um 1430–1468), katholischer Administrator des Erzbistums Prag 120, 548–550

Hiob 537

Hiskia 538

Höltzel, Hieronymus († um 1532), Drucker 425

Horn, Johannes → Roh, Jan

Hrejsa, Ferdinand (1867–1953) 199, 268

Hubmaier, Balthasar (1485–1528), täuferischer Theologe 300

Hus, Jan (um 1370–1415), böhmischer Reformator 29, 57, 61, 88, 115, 120, 377, 407f., 414, 450, 452, 454, 457, 462, 472, 483, 521, 533f.

Húska, Martin (Martínek) oder Loquis († 1421), taboritischer Priester 128

Hut, Hans (1490–1527), täuferischer Prediger 301

I
Innozenz I., Papst 524

Innozenz III., Papst 526, 533

Institoris (Kramer), Heinrich (um 1430 – um 1505), Dominikaner, Inquisitor 468, 480f., 504, 526

Isaak 537

Isvalies (Isuali), Pietro († 1511), Kardinal 343, 452f.

Izajáš († 1526), Priester der Brüderunität 330–332

Izrael, Jiří († 1588), Bischof der Brüderunität 307

J
J., Priester der Brüderunität 215

J., Priester der Brüderunität in Mähren 225, 238f., 244f.

J. K., Mitglied der Brüderunität 172

Jablonski, Daniel Ernst (1660–1741), Hofprediger in Berlin, Bischof der Brüderunität 55

Jakob 537

Jakobus der Gerechte 511

Jakoubek aus Mies (J. ze Stříbra, *Jacobellus*) (um 1372–1429), böhmischer Reformator 407, 481f., 484

Jakub, Magister, Arzt 58, 93f., 96, 98

Jakub, Müller, Mitglied der Brüderunität → Kubík aus Štěkeň

Jakub aus Patzau (J. z Pacova, Pacovský) († 1505), Magister, utraquistischer Priester, Rektor der Prager Universität 350, 373

Jakub aus Turnau (J. z Turnova, Turnovský), Mitglied der Brüderunität 357, 361

Jakub (J. Flekař), Flickschuster aus Klattau, Mitglied der Brüderunität 435f.

Jan aus Votice, genannt Pleskač, Mitglied der Brüderunität 418

Jan, Mitglied der Brüderunität 225

Jan, Priester der Brüderunität 238f.

Jan, Priester der Brüderunität in Turnau 126

Jan aus Schlan, Schmied, Anhänger der Brüderunität 241f.

Jan, utraquistischer Priester in Běleč 268–270

Jan, utraquistischer Priester in Jung-Bunzlau 362

Jan, utraquistischer Priester in Klattau 465

Jan, utraquistischer Priester in Leipnik 286f.

Jan, utraquistischer Priester in Pilgram 478

Jan, utraquistischer Priester in Senftenberg 259–262

Jan, Wagner, Anhänger der Brüderunität 180

Jan aus Luditz, utraquistischer Priester 350

Jan aus Teplitz → Jan aus Tepl

Jan aus Tepl, genannt „Ležka" (Lügner) 468, 470–478

Jan aus Vitanovice, Anhänger der Brüderunität 178–182

Jan aus Wodňan (Johannes Aquensis, Jan Bosák Vodňanský) (um 1460 – nach 1534), Franziskaner und Gegner der Brüderunität 126, 499–501, 514, 526

Jan Berka → Berka, Jan

Jan Dráb → Dráb, Jan
Jan Synek → Synek, Jan
Jan Táborský → Táborský, Jan
Jan Zborník → Poustevník, Jan
Janek, Mitglied der Brüderunität 267
Janek („der alte Janek"), Mitglied der Brüderunität 191
Janek Kop → Kop, Janek
Janovský von Janowitz (J. z Janovic), Hermann (Heřman) († 1535), böhmischen Adeliger 429, 441
Janovský von Janowitz (J. z Janovic), Smil († nach 1567), böhmischer Adeliger 429, 440–445, 447f.
Janovský von Janowitz (J. z Janovic), Ulrich (Oldřich) († nach 1564), böhmischer Adeliger 429, 440–445, 447f.
Janovský von Janowitz (J. z Janovic), Wilhelm (Vilém) († 1562), böhmischer Adeliger 429
Janowitz (z Janovic), Agnes von, böhmische Adelige, Gemahlin von Johann dem Jüngeren Špetle von Pruditz und Janowitz 292
Jaroš aus Jung-Bunzlau, Mitglied der Brüderunität 471, 478
Jeremia 102
Jeroným, Gegner der Brüderunität 168–170
Jeroným aus Prag (J. Pražský) (um 1379–1416), böhmischer Reformator 88, 377, 407, 452, 454, 472
Jestřebský, Jan → Poustevník, Jan
Jesus Sirach 539
Jetřich, Anhänger der Brüderunität 262, 264
Ji. → Jíra (Jiří)
Jíra (Jiří), Priester der Brüderunität 183, 185, 222
Jíra aus Chropin (Chropiňský) († 1553), Priester der Brüderunität 183
Jireček, Josef (1825–1888) 357
Jiřík aus Dolní Ročov, Müller, Mitglied der Brüderunität 417
Jiřík aus Železnice, Müller, Mitglied der Brüderunität 417f.
Jiřík aus Wolin, Mitglied der Brüderunität 424–428
Jiřík Bezkost († 1537), Priester der Brüderunität 315
Johann († 1539), Sohn von König Ferdinand I. und Anna Jagiello 466

Johann IV. von Bucca, genannt der Eiserne (Železný) († 1430), Bischof von Leitomischl 549
Johann Thurzó (1466–1520), Bischof von Breslau 402
Johannes, Apostel 112, 119, 148, 449, 471
Johannes aus Lyon, Waldenser 526
Johannes Chrysostomus 484, 523f.
Johannes Damascenus 536
Johannes der Täufer 102, 128
Josef, Ehemann der Maria 460
Josef von Arimathäa 334
Josephus, Flavius 511
Josia 538
Josua 515
Juda, Stammvater 271, 538
Judas Iskariot 516, 535
Judas Makkabäus 494, 540
Jungmann, Josef (1773–1847) 40

K
K., Mitglied der Brüderunität 170
K. M. → Martin, (utraquistischer) Priester
Käsenbrot, Augustin → Augustinus Moravus Olomucensis
Kain 396
Kaiphas 517
Kamenický, Adam († nach 1505), böhmischer Adeliger 362, 372f.
Kapra, Kürschner aus Leitomischl, Mitglied der Brüderunität 357, 361
Karl III. (1345–1386), König von Neapel und Ungarn 548
Karl IV. (1316–1378), König von Böhmen und römisch-deutscher Kaiser 34, 533
Karl V. (1500–1558), römisch-deutscher Kaiser 309, 431
Kasal, Jan aus Reichenau an der Kněžna, Mitglied der Brüderunität 357, 361
Kastulus, Heiliger 151
Katharina, Heilige 539
Katruše, Mitglied der Brüderunität 218
Kaunitz (z Kounic), mährische Adelsfamilie 301
Kavka von Říčany (K. z Říčan), Nikolaus (Mikuláš) († nach 1518), böhmischer Adeliger 114–116, 120–123
Klenovský, Gabriel († 1563), böhmischer Adeliger 227, 443, 463

Klenovský, Jan (Clenovius) (um 1430–1498), Mitglied der Brüderunität 104, 183, 209, 227, 229, 273, 294f., 326, 328f.

Klenovský von Ptení (K. ze Ptení), Pavel († vor 1529), aus Leitomischl 227

Konečný, Matouš (1569–1622), Bischof der Brüderunität 50

Konstantin I. der Große 33, 83, 96f., 397, 504, 506, 509, 511, 538

Kop, Janek aus Tabor, Anhänger der Brüderunität 213f.

Koranda der Jüngere, Václav (1424–1519), utraquistischer Administrator des Erzbistums Prag 356, 448f.

Korytanský, Jan († 1582), Priester der Brüderunität 64

Kostka von Postupitz (Kostkové z Postupic), böhmische Adelsfamilie 188, 361f., 378

Kostka von Postupitz (K. z Postupic), Bohuš II. († 1505), böhmischer Adliger 299, 334, 343, 347, 354, 357, 361, 363, 371–374, 385, 404

Kostka von Postupitz (K. z Postupic), Johann (Jan) I. († 1468), böhmischer Adeliger 297, 299

Kostka von Postupitz (K. z Postupic), Johann (Jan) II. († 1509), böhmischer Adeliger 227, 361f., 371–374, 376, 385f.

Kostka von Postupitz (K. z Postupic), Zdenko (Zdeněk) III. († 1468), böhmischer Adeliger 252

Kostka von Postupitz (K. z Postupic), Zdenko (Zdeněk) IV. († 1510), böhmischer Adeliger 378

Krabice von Weitmühl (K. z Weitmile, *Weytminar*), Johann (Jan) († nach 1514), böhmischer Adeliger 417f.

Krajíř von Krajek (Krajířové z Krajku), böhmische Adelsfamilie 131, 428, 464, 471

Krajíř von Krajek (Krajířová z Krajku), Johanna (Johanka) († 1531), Gemahlin von Johann dem Jüngeren Tobitschau von Cimburg 99, 208, 326, 328f., 426, 428

Krajíř von Krajek (K. z Krajku), Konrad (Kunrát) († 1542), böhmischer Adeliger 426, 428–448, 464f.

Krajíř von Krajek (K. z Krajku), Wolf der Ältere († 1554), böhmischer Adeliger 445

Králová aus Brüx, Mitglied der Brüderunität 471

Krasonický, Vavřinec, genannt Lorek (um 1460–1532), Priester der Brüderunität 45, 130f., 141f., 146, 199, 287, 297, 301, 318–322, 329, 344, 347, 349, 357f., 361–363, 374, 376, 378, 384, 386f., 399, 417, 449, 469, 482, 511f., 514, 527

Krejčí, Daniel, Mitglied der Brüderunität 258

Křinecký von Ronow (K. z Ronova), Johann der Jüngere (Jan mladší) († nach 1547), böhmischer Adeliger 444, 463

Křinecký von Ronow (K. z Ronova), Wilhelm (Vilém) († 1568), böhmischer Adeliger 463

Kroměřížský, Mikuláš → Bystřice von Vojnice auf Kremsier, Mikuláš

Ku., Mitglied der Brüderunität 197f.

Kubík aus Štěken (K. ze Štěkně, Müller Jakub), Anhänger der „Kleinen Partei" 231

L

Ladislaus (1376–1414), König von Neapel 548f.

Ladislaus Postumus (1440–1457), König von Böhmen und Ungarn 377, 423, 453

Laktanz 494

Łasicki (Lasitius), Jan (1534–1605) 39, 44, 46, 48

Leo III., byzantinische Kaiser 538

Leo der Große, Papst 501, 508

Leonhard von Limoges, Heiliger 151

Leskowetz (z Leskovce), Albrecht von († 1507), böhmischer Adeliger 347, 349, 355

Lev von Rosental (L. z Rožmitálu), Zdeniek (Zdeněk) (1470–1535), böhmischer Adeliger 378, 392, 394, 417, 422, 428, 497

Ležka → Jan aus Tepl

Libák von Radovesice (z Radovesic), Matěj († nach 1513), böhmischer Adeliger 363

Liberius, Papst 482

Liblitz (z Liblic), Johanna (Johanka) von (1438–1515), Gemahlin von Wilhelm dem Jüngeren von Pernstein 221

Libštejnský von Kolovrat (L. z K.), Albrecht II. (1463–1510), böhmischer Adeliger 347, 378, 388, 417

Lidmila, böhmische Adelige 542–544, 546f.

Liechtenstein (z Lichtenštejna), Johann (Hans) von (1500–1552), mährischer Adeliger 300

Liechtenstein (z Lichtenštejna), Leonhard von (1482–1534), mährischer Adeliger 300f.
Lilienstayn, Jakob, Dominikaner 527–529
Lucius II., Papst 523
Ludwig II. (1506–1526), König von Böhmen und Ungarn 424, 437
Lukáš aus Prag (L. Pražský) (um 1460–1528), Bischof der Brüderunität 34, 45, 82f., 85, 99f., 103, 111, 114–116, 120–124, 126, 129–131, 136f., 151, 153, 155, 179, 213, 215, 222, 240, 263, 266, 274, 278, 280f., 283, 288, 292–296, 301–304, 310, 314–316, 318–323, 325–332, 336f., 344–346, 355, 357f., 361–364, 367, 370, 379f., 382–385, 387, 389–392, 395, 398, 400, 403f., 417, 421, 425f., 429, 479, 499–511, 514–524, 526f.
Lupáč, Martin († 1468), utraquistischer Priester 448–450
Luther, Martin (1483–1546) 29, 35, 57, 61, 65, 124, 320, 429, 542, 546

M
M., Mitglied der Brüderunität 170, 224
M., Priester der Brüderunität 183–185, 222
Mach aus Jung-Bunzlau, Mitglied der Brüderunität 266f.
Magdalena aus Nachod, Mitglied der Brüderunität 293f., 315f.
Malina, Václav, utraquistischer Priester in Leitomischl 475
Manasse 271
Maria, Mutter Jesu 99f., 102–104, 126, 150, 190, 328, 459f., 476f., 510, 519, 537, 539
Martin († nach 1508), Priester der Brüderunität 399
Martin († vor 1476), Priester der Brüderunität in Vinařice 477
Martin, (utraquistischer) Priester (vgl. auch Martin aus Krčín) 182, 210f.
Martin aus Chrudim, utraquistischer Priester in Prag 350
Martin aus Krčín (M. z Krčína), Priester, Anhänger der frühen Brüder 211, 225
Martin aus Počátky († 1504), Magister, utraquistischer Priester in Prag 358f., 362
Martin aus Wlasim († 1519), Magister, utraquistischer Priester in Prag 350, 358f., 363, 373

Martin von Tours 537
Martin V. (1368–1431), Papst 29
Masaryk, Tomáš G. (1850–1937) 40
Mat. (Matěj oder Matouš), Mitglied der Brüderunität 222f.
Matěj, Magister der Prager Universität 478
Matěj, Priester der Brüderunität in Křižanov 313f.
Matěj aus Janov (M. z Janova, *Matěj Pařižský*) (1350/55–1393) 407, 533
Matěj aus Kunvald (M. Kunvaldský) (1442–1500), Bischof der Brüderunität 42, 45, 82f., 92, 170, 178, 183, 188, 194, 196, 232, 273, 278, 297, 386
Matějek aus Ungarisch Brod, Mitglied der Brüderunität 186
Matějíček, utraquistischer Priester, Dekan in Saaz 258
Matouš, Mitglied der Brüderunität 188f.
Matouš aus Klattau, Mitglied der Brüderunität 393, 395
Matouš, Priester der Brüderunität in Datschitz 301, 303
Matouš aus Chotěboř, Schuster, Mitglied der Brüderunität 417f.
Matouš aus Landskron, Weber, Anhänger der „Kleinen Partei" 188f.
Matthias → Mach
Matthias (I.) Corvinus (Hunyadi Mátyás, 1443–1490), König von Ungarn und Böhmen 90, 97, 193, 253, 269f., 341, 400
Maximilian II. (1527–1576), König von Böhmen und Ungarn, römisch-deutscher Kaiser 466
Melanchthon, Philipp (1497–1560) 57, 61, 124
Melchisedek 511, 531
Menšík, Jan aus Heřmanův Městec, Weber, Mitglied der Brüderunität 417
Meziříčský von Lomnitz (Meziříčský z Lomnice), Johann (Jan) (um 1455–1515) 402
Michal aus Neustadtl (M. ze Stráže), († 1512), Magister, Rektor der Prager Universität 526
Michal aus Senftenberg (M. Žamberský) († 1501), utraquistischer Priester, dann Priester der Brüderunität 82–85, 91f., 104, 260, 477, 532
Michal Polák → Polák, Michal
Mikuláš, utraquistischer Priester in Prag 358

Mikuláš aus Bydžov, Weber, Mitglied der Brüderunitat 417
Mikuláš aus dem Jung-Bunzlauer Kreis, Mitglied der Brüderunität 212
Mikuláš aus Nachod, Mitglied der Brüderunität 292–294, 314–316
Mikuláš aus Pilgram (M. z Pelhřimova, *Biskupec*) (um 1385 – um 1459), taboritischer Bischof 133, 147, 528
Mikuláš aus Schlan → Slánský, Mikuláš
Mikuláš aus Vlásenice (M. z Vlásenice) (1421–1495) 182
Mikuláš Bakalář († vor 1520), Drucker in Pilsen 499, 501
Mikuláš Pekař → Pistor, Mikuláš
Mikuláš Pistor → Pistor, Mikuláš
Mikuláš Zacheus, utraquistischer Priester 448
Mohammed 327, 535f., 544
Moravus Olomucensis, Augustinus → Augustinus Moravus Olomucensis
Mose 86, 92, 103, 148, 155, 327, 356, 396–398, 408, 491, 506, 515, 537
Müller, Joseph Theodor (1854–1946) 40, 46, 79, 83, 100, 111, 141, 168, 250, 274, 295, 301, 329, 341, 355, 357, 414f., 527
Müntzer, Thomas (1489–1525) 301

N
Naeman 333
Neptun 149
Neuhaus (z Hradce), Ulrich (Oldřich) IV. von († nach 1383), böhmischer Adeliger 549
Nikodemus 334
Nikolaus V., Papst 449
Nikolaus von Myra 149, 151
Nikolaus von Moravan → Bystřice von Vojnice auf Kremsier, Mikuláš
Nosek, Pavel aus Bilin, Mitglied der Brüderunität 470f.

O
O. P., Mitglied der Brüderunität 170
Olivetský, Pavel († 1534), Drucker 500
Origenes 482, 484, 491
Orlík, Vavřinec (1520–1589), Priester der Brüderunität 49, 54, 56–62, 64–66, 82, 104f., 151, 160, 327, 348, 354f., 360, 382, 401, 414, 428, 449, 455, 495, 514, 543, 548

Osel, Jan († 1537), Abt des Prager Slawenklosters 463
Ostrovice, Anna von († nach 1508), böhmische Adelige 203
Otický von Otice (O. z Otic), Burjan von († vor 1554), böhmischer Adeliger 417
Ottheinrich von der Pfalz (1502–1559), Pfalzgraf 293

P
Pacovský, Jakub → Jakub aus Patzau
Palacký, František (1798–1876) 40, 178f.
Pardus von Horka und Vratkov, Jan († 1468), böhmischer Adeliger 252
Pardus von Horka, Wilhelm († 1490), böhmischer Adeliger 252
Páris aus Ungarisch Brod, Mitglied der Brüderunität 186
Paschasius Radbertus 523
Pašek von Wrat (P. z Vratu), Jan (1470–1533), Bürgermeister von Prag 362f., 375
Paul II. (Pietro Barbo) (1417–1471), Papst 550
Paul III. (Alessandro Farnese) (1468–1549), Papst 462
Paulus 92, 108f., 120, 139, 145, 149f., 161, 173, 201, 212, 235, 237f., 259, 282, 295, 339f., 460, 473, 482, 484, 493, 504, 516, 520, 530, 534, 537, 540
Pavel, utraquistischer Priester, Dekan in Klattau 465
Pavel, utraquistischer Priester in Chlistov 465
Pavel aus Leitomischl, Mitglied der Brüderunität 227
Pavel aus Nezdenice, Mitglied der Brüderunität 186
Pavel aus Saaz (P. ze Žatce) (um 1450–1517), utraquistischer Administrator des Erzbistums Prag 344, 349–352, 363–370, 392, 395, 402f., 418, 421, 495f.
Payne, Peter (um 1385–1456), hussitischer Theologe 341, 449
Pekař, Mikuláš → Pistor, Mikuláš
Pernstein (z Pernštejna), mährische Adelsfamilie 190, 313
Pernstein (z Pernštejna), Johann (Jan) IV. von (1487–1548), mährischer Adeliger 289, 321
Pernstein (z Pernštejna), Johann (Jan) II. von (um 1406–1475), mährischer Adeliger 191f.

Pernstein (z Pernštejna), Siegmund (Zikmund) von († vor 1475), mährischer Adeliger 191

Pernstein (z Pernštejna), Wilhelm der Jüngere (Vilém mladší) von (um 1438–1521), mährischer Adeliger 164, 343, 347, 357f., 361, 363, 373, 375, 378, 404, 426f.

Petr aus Lenešice, Mitglied der Brüderunität 186

Petr aus Zásadí († nach 1544), utraquistischer Priester 542f., 545

Petrus 105, 150, 449f., 490f., 500, 504f., 520, 529, 539

Petrus Lombardus 135, 536, 540

Petrus Waldes → Waldes von Lyon

Piccolomini, Enea Silvio → Pius II.

Písecký, Václav (1482–1511), Humanist 526

Pistor, Mikuláš, utraquistischer Priester in Königgrätz 134, 478

Pius II. (Enea Silvio Piccolomini) (1405–1464), Papst 448, 490

Planknar von Kynšperk (P. z Kynšperka), Wolfhart († 1539), böhmischer Adeliger 428f., 431–434, 436, 438f., 465

Platon 133, 510

Pleskač, Jan → Jan Pleskač

Plitt, Johannes Renatus (1778–1841) 55

Podiebrad (z Poděbrad), böhmische Adelsfamilie 188

Podiebrad (z Poděbrad), Boček IV. von (1442–1496) 188f.

Podiebrad (z Poděbrad), Georg (Jiří) von → Georg von Podiebrad (Jiří z Poděbrad)

Polák, Michal (1436–1480), utraquistischer Priester und Märtyrer 452–454

Polívka, Ondřej aus Kuttenberg († 1511), Märtyrer 131, 134, 343

Poustevník (Zborník, Jestřebský, Turnovský), Jan (1471–1543), Priester der Brüderunität 66, 428–430, 440, 442–448, 458f., 464–467

Proklos 494

Prokop aus Neuhaus (P. z Jindřichova Hradce) († 1507), Priester der Brüderunität 82, 141, 146f., 149, 183, 185, 278, 284, 314, 326–328, 395

Prostibořský von Prostibor (P. z Prostiboře), Joachim (Jáchym) († nach 1569), böhmischer Adeliger, Mitglied der Brüderunität 53

Puklmainhart (Meinhard), Wetterheiliger 151

Purkyně, Jan Evangelista (1787–1869) 55

Pythagoras 488

R, Ř

Rabanus Maurus 121f.

Rakovnický von Javořice (R. z Javořice), Tomáš († 1556), Magister, Rektor der Prager Universität 463

Ramaisl, František (1909–1989) 59

Ramminger, Melchior († nach 1539), Drucker 501

Řehoř, genannt Krajčí („Schneider") (um 1420–1474), Mitglied der Brüderunität 32, 43, 82–84, 91, 94, 104, 126, 163, 166, 168, 178–182, 186, 189, 193f., 196, 199, 202, 225, 231, 233, 250f., 259, 261, 268f., 271, 297, 512

Řehoř aus Großmeseritsch, Messerschmied 186

Reiser, Friedrich († 1458), waldensischer Bischof 186

Rendl von Oušava (R. z Oušavy), Albrecht († 1522), böhmischer Adeliger 363, 418

Řezník, Václav († nach 1552), utraquistischer Priester, Dekan in Kuttenberg 542f., 545

Roh, Jan († 1547), Bischof der Brüderunität 301, 307, 320, 437

Rokycana, Jan (vor 1397–1471), hussitischer Prediger, utraquistischer Administrator des Erzbistums Prag 120, 133, 147, 168, 170f., 179–181, 249f., 252–254, 259, 261f., 341, 408, 415f., 448–450, 471, 475

Rosenberg (z Rožmberka), böhmische Adelsfamilie 424, 455

Rosenberg (z Rožmberka), Heinrich (Jindřich) III. (1361–1412), böhmischer Adeliger 549

Rosenberg (z Rožmberka), Johann (Jan) III. von (1484–1532), böhmischer Adeliger 424, 426–428

Rosenberg (z Rožmberka), Peter (Petr) IV. von (1462–1523), böhmischer Adeliger 347, 424, 426–428

Rosenberg (z Rožmberka), Peter Wok (Petr Vok) von (1539–1611), böhmischer Adeliger 470

Rosental (z Rožmitálu), Johanna (Johana) von († 1475), Witwe Georgs von Podiebrad 181, 192–194, 290

Rudolf II. (1552–1612), König von Böhmen und Ungarn, römisch-deutscher Kaiser 31, 35, 388
Rudolf von Rüdesheim (1402–1482), Bischof von Lavant und Breslau 550

S, Š

Š., Mitglied der Brüderunität 204
Ša., Mitglied der Brüderunität 197f.
Sabellius 482
Salomo 148, 538f.
Samuel 102
Šárovec, böhmischer Adeliger 477
Saul 521
Sautor aus Brandeis, Mitglied der Brüderunität 323, 325f.
Schellenberg (z Šelmberka), Johann (Jan) von († 1507/08), böhmischer Adeliger 343, 347, 357f., 361, 363, 373, 375, 404, 426
Schellenberg (z Šelmberka), Veronika von, Gemahlin von Konrad Krajíř von Krajek 426
Schleinitz (ze Šlejnic), Ernst (Arnošt) von (1482–1548), katholischer Administrator des Erzbistums Prag 467
Schweinitz, Ludwig Christian Friedrich von (1778–1859) 59
Schwihau von Riesenberg (Švihovský z Rýzmberka), Půta († 1504), böhmischer Adeliger 377
Schwihau von Riesenberg und Skála (Švihovský z Rýzmberka a Skály), Břeněk († nach 1403), böhmischer Adeliger 549
Seneca (Lucius Annaeus Seneca) 471
Sigismund von Luxemburg (1368–1437), König von Böhmen und Ungarn, römisch-deutscher Kaiser 377, 548f.
Silvester I., Papst 83, 96f., 504, 506, 532
Šimon, Bauer aus Lenešice, Mitglied der Brüderunität 417
Simon Fidati aus Cascia (1285–1348) 120
Sionský, Mach (Matěj) (um 1500–1551), Bischof der Brüderunität 45, 48, 53
Škoda, Martin († 1532), Bischof der Brüderunität 283f., 318–321
Slánský, Mikuláš (M. aus Schlan) († 1542), Priester der Brüderunität 46, 65, 242, 254, 314, 341

Šlechta von Všehrd (Š. ze V.), Johannes (Jan) (1466–1522), böhmischer Adeliger und Humanist 486f.
Špetle von Pruditz und Janowitz (Š. z Prudic a Janovic), Johann der Jüngere (Jan mladší) († 1532), böhmischer Adeliger 292f., 361, 371f.
Stanislaus Thurzó (1470–1540), Bischof von Olmütz 387, 400, 524
Štefan, Ondřej (1528–1577), Bischof der Brüderunität 52
Štěpán aus Dolní Ročov, Kaltschmied, Mitglied der Brüderunität 417
Štěpán, utraquistischer Priester in Kremsier 166, 187
Stephanus, Märtyrer 201, 537
Štěrba aus Lenešice, Schuster 417
Štěříková, Edita 53, 61
Sternberg (ze Šternberka), Albrecht von († 1520), böhmischer Adeliger 376, 378, 469
Strochovský, Vít, Bürger in Klattau 435
Strynický, Václav († 1555), Priester der Brüderunität 325
Sulek aus Poutnov (Pseudonym) 514f., 522f.
Susanna 472, 478
Svoch, Hofnarr König Wladislaws II. von Böhmen und Ungarn 399f.
Svojanovský von Boskowitz (z Boskovic), Jan († um 1528), mährischer Adeliger 417
Synek, Jan († 1502), Priester der Brüderunität 220f.

T

T., Mitglied der Brüderunität 171f.
T., Mitglied/Priester der Brüderunität 225, 238f., 244f., 267
T. aus Prag, Mitglied der Brüderunität 168
Táborský, genannt Vilémek, Jan († 1495), Priester der Brüderunität 45, 104f., 109, 179
Tenderyáš aus Janowitz an der Angel, Mitglied der Brüderunität 393, 395, 418
Textor, Urban, genannt Mníšek (1491–1558), Hofkaplan von König Ferdinand I., Bischof von Laibach 467
Thomas von Aquin 408, 539f.
Thurzó, Johann → Johann Thurzó
Thurzó, Stanislaus → Stanislaus Thurzó
Timotheus 482

Tobiáš, Gegner der Brüderunität 168, 170

Tobitschau von Cimburg (Tovačovský z Cimburka), Johann der Jüngere (Jan mladší) von (um 1440–1483), mährischer und böhmischer Adeliger 471, 476

Tomáš, genannt Quasi (aus Polen), utraquistischer Priester 478

Tomáš, Mitglied der Brüderunität 225, 238

Tomáš, Schneider, Mitglied der Brüderunität 240

Tomáš K., Mitglied der Brüderunität 267

Tomek aus Dolní Ročov, Schuster, Mitglied der Brüderunität 476

Topolský, Mitglied der Brüderunität 247

Trčka von Leipa auf Lipnitz (T. z Lípy na Lipnici), Burian II. († 1522), böhmischer Adeliger 372f., 395f., 418

Trčka von Leipa auf Lichtenburg (T. z Lípy na Lichnici), Nikolaus (Mikuláš) II. († 1516), böhmischer Adeliger 344, 352f., 358, 362f., 372–376, 417

Tůma aus Přelauč (T. Přeloučský) (um 1435–1518), Bischof der Brüderunität 83, 179, 278, 345, 376, 378, 398, 401, 468f., 527

Tůma der Deutsche (T. Němec) aus Landskron († 1522), Priester der Brüderunität 240

U

Unhošťský, Václav († nach 1539), utraquistischer Administrator des Erzbistums Prag 463

Urban, Wetterheiliger 151

Urban IV., Papst 132

V

Václav, Amtmann des Johann Krabice von Weitmühl 417f.

Václav, Mitglied der Brüderunität 186

Václav, Messerschmied, Mitglied der Brüderunität 189f.

Václav, utraquistischer Priester, Dekan in Jung-Bunzlau 471f.

Václav, utraquistischer Priester in Jung-Bunzlau 199

Václav, utraquistischer Priester in Wodňan 465

Václav, Priester der Brüderunität 220f.

Václav, Priester der Brüderunität in Křižanov 314

Václav aus Reichenau an der Kněžna, Schreiber, Mitglied der Brüderunität 357, 361

Václav aus Beraun († 1520), Priester der Brüderunität 220

Václav Malina → Malina, Václav

Václav Unhošťský → Unhošťský, Václav

Valla, Lorenzo (1406–1457), Humanist 495

Velenský von Mnichov (V. z Mnichova), Ulrich (Oldřich) († nach 1531), böhmischer Adeliger und Drucker 449

Veselský, Jan, Priester der Brüderunität 399

Viktorín aus Horní Bobrová, Mitglied der Brüderunität 190–192

Viktorín aus Pardubitz, Mitglied der Brüderunität 357, 361

Vít, utraquistischer Priester in Taus 465

Vít aus Krupá († 1496), utraquistischer Priester, Dekan in Königgrätz 131, 199, 468–478, 514

Vít Strochovský → Strochovský, Vít

Vítek aus Podiebrad, Mitglied der Brüderunität 471

Volf, Jan († 1548), Priester der Brüderunität 289

W

W. K., Mitglied der Brüderunität 212

W. R., Mitglied der Brüderunität 169

Waldstein (z Valdštejna, Herr „Špitalský"), Georg (Jiří) von, böhmischer Adeliger 417

Waldstein (z Valdštejna), Heinrich (Jindřich) Šťastný von († 1537), böhmischer Adeliger 361, 363

Waldes von Lyon (Petrus W.) 526, 533

Wartenberg (z Vartemberka), Johann (Jan) von (1480–1543), böhmischer Adeliger 440f.

Węgierski (Vengerscius, Regenvolscius), Andrzej (Andreas) (1600–1649), Priester der Brüderunität 470

Weiße, Michael († 1534), Priester der Brüderunität 115, 320–323

Wel., Mitglied der Brüderunität 241

Wenzel, böhmischer Fürst und Landespatron 150

Wenzel IV. (1361–1419), König von Böhmen, römisch-deutscher König 260, 450, 548

Weytminar → Krabice von Weitmühl, Johann

Willenberg, Johann (Jan) (1571–1613) 99

Wladislaw II. (IV.) (1456–1516), König von Böhmen und Ungarn 34, 192, 318–320, 343–347, 349f., 352, 354, 356, 360f., 363,

365f., 368, 377–381, 387, 400, 404f., 414, 421f., 437, 452, 455f., 471, 479, 486, 497, 500, 510
Wolfgang von Regensburg, Heiliger 151
Wyclif, John (um 1320/1330–1384) 115, 120, 122, 377, 449f., 504f., 533

Z, Ž

Zacheus, Mikuláš → Mikuláš Zacheus
Zajíc von Hasenburg auf Budin und Libochowitz (Zajíc z Házmburka na Budyni a Libochovicích), Johann (Jan) (1420–1495), böhmischer Adeliger 189
Zajíc von Hasenburg (Z. z Házmburka), Zbynko (Zbyněk) → Zbynko (Zbyněk) von Zajíc von Hasenburg (Z. z Házmburka)
Záruba von Hustířany (Zárubová z Hustířan), Johanka, Tochter von Václav Záruba von Hustířany 335
Záruba von Hustířany (Z. z Hustířan), Václav, Hauptmann aus Leitomischl, böhmischer Adeliger 334f., 361, 371f.
Záruba von Hustířany (Z. z Hustířan), Zdeněk, Sohn von Václav Záruba von Hustířany 335
Zborník, Jan → Poustevník, Jan
Zbynko (Zbyněk) Zajíc von Hasenburg (Z. z Házmburka) (1376–1411), Erzbischof von Prag 377, 449f.

Zeising (Čížek), Johann (Jan) († 1528) 115, 319–323
Žerotín (ze Žerotína), mährische Adelsfamilie 524, 526
Žerotín (ze Žerotína), Johann der Ältere (Jan starší) von († um 1500), mährischer Adeliger 524
Žerotín (ze Žerotína), Johann der Jüngere (Jan mladší) von († um 1532), mährischer Adeliger 524, 526, 528–531, 534, 542
Ziegler, Jakob (um 1470–1549), Humanist und Theologe 379f., 480f., 487, 510, 526, 528, 542
Zinzendorf, Nikolaus Ludwig von (1700–1760) 38
Žižka von Trocnov (Ž. z Trocnova), Jan (um 1360–1424), hussitischer Heerführer 179, 454, 533, 538
Zmrzlík von Schweißing (Zmrzlíková ze Svojšína), Crescentia (Krescencie), böhmische Adelige, Anhängerin der Brüderunität 208
Zwingli, Ulrich 115, 321
Zwiřetický von Wartenberg (Zvířetičtí z Vartemberka), böhmische Adelsfamilie 362
Zwiřetický von Wartenberg auf Neubydžow (Zvířetický z Vartemberka na Novém Bydžově), Peter (Petr) († 1505), böhmischer Adeliger 361–363, 366, 373f., 376

Ortsregister

Bei den Ortsnamen wird der historischen deutschen Namensform bei größeren, dem heutigen Leser vertrauten Ortschaften und Städten der Vorzug vor der tschechischen gegeben, die jeweils in Klammern zu finden ist. Kleinere Ortschaften und Dörfer, die in Spätmittelalter und Früher Neuzeit in der Regel einen tschechischen Namen trugen, werden ausschließlich unter diesem genannt, auch wenn für sie seit der Mitte des 17. Jahrhunderts zum Teil deutsche Namensformen üblich wurden. Generell richtet sich die Schreibweise der Orte in den böhmischen Ländern nach Bahlcke/Eberhard/Polívka (Hg.): Böhmen und Mähren [1998], beziehungsweise nach Sturm: Ortslexikon [²1995], die aller übrigen geographischen Bezeichnungen im östlichen Mitteleuropa nach Meynen (Hg.): Wörterbuch [1966].

A
Augsburg 501
Auscha (tsch. Úštěk) 330
Austerlitz (tsch. Slavkov u Brna) 301

B
B. 219
Babel, Babylon 250, 254, 276, 407, 490, 492, 504
Basel 50, 496
Bautzen (obersorb. Budyšin) 448
Běleč 268–270
Benatek (tsch. Benátky nad Jizerou) 179, 439
Benátky nad Jizerou → Benatek
Beneschau (tsch. Benešov) 187, 192f., 290
Benešov → Beneschau
Bethlehem 286
Bethlehem, Pennsylvania 40
Bilin (tsch. Bílina) 470
Bílina → Bilin
Blažim → Ploscha
Böhmisch Krumau (tsch. Český Krumlov) 424, 426
Bologna 524, 526, 548
Bor → Haid
Brandeis an der Adler (tsch. Brandýs nad Orlicí) 124, 189, 232, 239, 278, 297, 314, 319, 326f., 329, 386, 429
Brandeis an der Elbe (tsch. Brandýs nad Labem) 239, 325, 329, 427, 432
Brandýs nad Labem → Brandeis an der Elbe
Brandýs nad Orlicí → Brandeis an der Adler
Bratislava → Preßburg
Breslau (poln. Wrocław) 55, 320, 402, 479
Brno → Brünn

Brünn (tsch. Brno) 189f., 321, 453, 479, 529
Brüx (tsch. Most) 471, 548, 550
Buda → Ofen
Budyšin → Bautzen
Bydžov → Neubydžow

C, Č
Čerekvice (nicht identifizierte Ortschaft) 522
Český Krumlov → Krumau
Ch. 237
Cheb → Eger
Chelčice, bei Wodňan 178f., 181f., 211, 432
Chlístov (Chlistau) 465
Choceň → Chotzen
Chotěboř 417
Chotzen (tsch. Choceň) 189f.
Chožov, bei Laun 478
Chropin (tsch. Chropyně) 183
Chropyně → Chropin
Chrudim 134, 199, 201f., 350

D
Dačice → Datschitz
Datschitz (tsch. Dačice) 301, 303
Deutsch Brod (tsch. Německý Brod, später Havlíčkův Brod) 473
Dolní Ročov 417, 476f.
Domažlice → Taus
Dresden 479
Drosendorf 430f.

E
Eger (tsch. Cheb) 496
Eibenschütz (tsch. Ivančice) 36, 39, 44, 46–52, 54, 56–61, 64f., 303, 348

F
Fulnek 524

G
Glatz (poln. Kłodzko) 104, 240
Goldberg (poln. Złotoryja) 50
Großmeseritsch (tsch. Velké Meziříčí) 166f., 313, 402, 497
Großwardein (rum. Oradea) 387

H
H. 171
Haid (tsch. Bor), bei Tachau 274–276, 343, 415f., 424, 427
Havlíčkův Brod → Deutsch Brod
Heřmanův Městec (Hermannstädtel) 134, 417
Herrnhut 38, 40, 49, 55f., 59
Hohenmauth (tsch. Vysoké Mýto) 400
Hor. 246
Horažďovice 246, 428
Horní Bobrová (Bobrau) 190f.
Hradec Králové → Königgrätz

I
Iglau (tsch. Jihlava) 30, 456
Istanbul → Konstantinopel
Ivančice → Eibenschütz

J
Janovice nad Úhlavou → Janowitz an der Angel
Janowitz an der Angel (tsch. Janovice nad Úhlavou) 332, 393, 395, 418, 429, 435f., 443
Jerusalem 163, 185, 187, 505f., 511, 519, 524, 531
Jestřebí (Habstein) 429
Jičín → Jitschin
Jihlava → Iglau
Jistebnice → Jistebnitz
Jistebnitz (tsch. Jistebnice) 457
Jitschin (tsch. Jičín) 417
Jung-Bunzlau (tsch. Mladá Boleslav) 42, 44, 48–50, 52–54, 65, 94, 115f., 124, 130, 132, 134, 156, 199, 212, 214f., 228, 266, 280, 294f., 300–303, 307, 309, 314, 316, 321, 323, 325f., 329, 344, 357, 361–365, 367, 369f., 382–384, 426, 428–431, 434–438, 440, 442, 447, 464f., 468, 471f., 475–478

K
Kaaden (tsch. Kadaň) 474, 549
Kadaň → Kaaden
Karlstein (tsch. Karlštejn) 452
Karlštejn → Karlstein
Karmel (Sitz der Brüderunität in Jung-Bunzlau) 99, 309
Kaurim (tsch. Kouřim) 329
Klášter → Dolní Ročov
Klášter Hradiště nad Jizerou, bei Münchengrätz 54
Klatovy → Klattau
Klattau (tsch. Klatovy) 166, 393, 395, 418, 429f., 435–439, 448, 465
Kłodzko → Glatz
Ko. 249
Königsberg (tsch. Královec) 50
Kol. → Kolin
Kolin (tsch. Kolín) 219
Kolín → Kolin
Königgrätz (tsch. Hradec Králové) 134, 199, 468, 470–472, 477f.
Konstantinopel 505
Konstanz 377, 414, 472
Korinth 518
Košátky 179
Kouřim → Kaurim
Krakau (poln. Kraków) 479
Kraków → Krakau
Kralice nad Oslavou → Kralitz
Kralitz (tsch. Kralice nad Oslavou) 36
Královec → Königsberg
Kremsier (tsch. Kroměříž) 166, 187, 400, 529
Křižanov (Krizanau) 313f.
Kroměříž → Kremsier
Krumau → Böhmisch Krumau
Kunvald, bei Senftenberg 32, 40, 83, 188, 251, 260, 297
Kutná Hora → Kuttenberg
Kuttenberg (tsch. Kutná Hora) 131, 134, 220f., 246, 312, 343, 354, 474, 542, 545

L
Landskron (tsch. Lanškroun) 142, 188, 240, 321
Lanškroun → Landskron
Laodicea 515
Laun (tsch. Louny) 186, 233, 235, 478
Leipnik (tsch. Lipník nad Bečvou) 286f.

Leitmeritz (tsch. Litoměřice) 223, 227, 330, 542, 545
Leitomischl (tsch. Litomyšl) 42, 44–46, 48, 53, 104f., 131, 153, 156, 188f., 223, 227, 229, 297, 299, 301f., 307f., 313f., 318–320, 322f., 328, 332–334, 344, 361, 371f., 374, 378, 381, 385f., 399, 456, 475, 479, 482, 487f., 494, 500, 512, 514, 549
Lenešice 186, 233, 235, 254, 417
Leszno → Lissa
Lhotka, bei Reichenau an der Kněžna 33, 105, 158, 254, 406
Lipník nad Bečvou → Leipnik
Lissa (poln. Leszno) 36, 39f., 48, 50, 54f., 59, 64
Litice → Lititz
Lititz (tsch. Litice) 260
Litoměřice → Leitmeritz
Litomyšl → Leitomischl
Litovel → Littau
Littau (tsch. Litovel) 524
Louny → Laun
Luditz (tsch. Žlutice) 350

M
Mährisch Trübau (tsch. Moravská Třebová) 485
Mantova → Mantua
Mantua (ital. Mantova) 462f.
Mikulov → Nikolsburg
Mladá Boleslav → Jung-Bunzlau
Mohács 289
Moravská Třebová → Mährisch Trübau
Most → Brüx

N
Nachod (tsch. Náchod) 292–294, 314–316, 371
Náchod → Nachod
Naser (tsch. Nežárka) 179
Neu Bistritz (tsch. Nová Bystřice) 444f.
Neubydžow (tsch. Nový Bydžov) 361, 417
Neustadt an der Mettau (tsch. Nové Město nad Metují) 325f., 401
Nežárka → Naser
Nezdenice 184, 186
Nikolsburg (tsch. Mikulov) 300f.
Nizäa 481
Nová Bystřice → Neu Bistritz
Nové Město nad Metují → Neustadt an der Mettau

Nový Bydžov → Neubydžow
Nürnberg 425f., 485, 526f.

O
Ofen (ung. Buda) 343f., 346f., 349, 352–354, 360, 362, 367, 373, 378, 380f., 422, 453f., 479, 483, 485f.
Olmütz (tsch. Olomouc) 187, 298, 387f., 400, 456, 479f., 483, 485–487, 490, 524
Olomouc → Olmütz
Oradea → Großwardein

P
P. 171
Padova → Padua
Padua (ital. Padova) 479, 548
Pardubice → Pardubitz
Pardubitz (tsch. Pardubice) 191, 357, 361
Pelhřimov → Pilgram
Perugia 524
Pilgram (tsch. Pelhřimov) 478
Pilsen (tsch. Plzeň) 347, 357, 454, 499, 548, 550
Ploscha (tsch. Blažim) 471
Plzeň → Pilsen
Poděbrady → Podiebrad
Podiebrad (tsch. Poděbrady) 471
Poříčí → Prag
Posen (poln. Poznań) 49
Poznań → Posen
Pra. 241
Prácheň → Prachin
Prachin (tsch. Prácheň) 236
Prag (tsch. Praha) 29, 31f., 34, 36f., 40f., 44, 49f., 56, 59, 131, 133f., 147, 168–170, 189f., 192, 213, 227, 241, 249, 252–254, 259, 261f., 276, 337, 341, 343f., 346, 349–351, 353, 355–367, 369–376, 378–380, 382, 384–396, 401, 405, 413, 415–422, 424, 430, 433, 439, 441–445, 448–450, 452–455, 458, 464, 471, 478, 486, 495–497, 499, 543, 547f., 550
Praha → Prag
Pře. → Prerau
Prerau (tsch. Přerov) 48–51, 221, 278, 283, 289, 316, 319, 398, 401, 482, 494, 526, 531
Přerov → Prerau
Preßburg (slow. Bratislava) 548

Proßnitz (tsch. Prostějov) 48, 184f., 209, 254, 329, 401, 479–483, 485, 487, 494, 526, 531
Prostějov → Proßnitz

R
Reggio 343, 452f.
Reichenau an der Kněžna (tsch. Rychnov nad Kněžnou) 33, 82, 105, 156, 158, 174, 188, 251, 254, 259, 273f., 278, 316, 329, 342, 357, 361, 401, 406
Richenburg (tsch. Rychmburk), bei Skutsch 252
Rom (ital. Roma) 30f., 33, 97, 104f., 122, 448–452, 500, 504f., 532
Roma → Rom
Rostok (tsch. Roztoky), bei Prag 363
Roztoky → Rostok
Rychmburk → Richenburg
Rychnov nad Kněžnou → Reichenau an der Kněžna

S, Š
Saaz (tsch. Žatec) 186, 188, 236, 258, 329, 448f.
Sagan (poln. Żagań) 320
Sandomierz → Sandomir
Sandomir (poln. Sandomierz) 36
Santiago de Compostella 122
Schlan (tsch. Slaný) 241f.
Senftenberg (tsch. Žamberk) 42, 44, 83, 188f., 249–251, 259f.
Skuteč → Skutsch
Skutsch (tsch. Skuteč) 252
Slaný → Schlan
Slavkov → Austerlitz
Smilovice 220f.
Solnice → Solnitz
Solnitz (tsch. Solnice) 294
Štěkeň, bei Strakonitz 115, 232
Strakonice → Strakonitz
Strakonitz (tsch. Strakonice) 115, 232, 424, 426f.
Straßnitz (tsch. Strážnice) 526
Strážnice → Straßnitz
Strenice, bei Jung-Bunzlau 325

T
Tabor (tsch. Tábor) 213
Tábor → Tabor
Tachau (tsch. Tachov) 274–276, 343, 415f., 424, 427

Tachov → Tachau
Taus (tsch. Domažlice) 332, 429f., 437f., 465
Tepl (Teplá) 468, 472, 478
Teplá → Tepl
Teplice → Teplitz
Teplitz (tsch. Teplice) 178, 181, 250f.
Tře. 272
Třebíč → Trebitsch
Trebitsch (tsch. Třebíč) 401
Turnau (tsch. Turnov) 126, 294, 357, 361, 429
Turnov → Turnau

U
Uherský Brod → Ungarisch Brod
Ungarisch Brod (tsch. Uherský Brod) 183f., 186
Ur 148
Úštěk → Auscha
Ústí nad Orlicí → Wildenschwert

V
Velké Meziříčí → Großmeseritsch
Vilémov 477
Vinařice, bei Jung-Bunzlau 212, 214, 475, 477
Vitanovice (Slapsko-Vitanovice) 178, 181
Vodňany → Wodňan
Vysoké Mýto → Hohenmauth

W
Wien 300, 435, 444–447
Wildenschwert (tsch. Ústí nad Orlicí) 134, 324, 330
Wittenberg 46, 50, 124
Wodňan (tsch. Vodňany) 115, 232, 429–434, 465
Wrocław → Breslau

Z, Ž
Ž. 248
Żagań → Sagan
Žamberk → Senftenberg
Žatec → Saaz
Zbečno (Sbetschno) 268
Zbrašín 477
Železnice (Eisenstadtel) 417f.
Zion 531
Złotoryja → Goldberg
Žlutice → Luditz
Zürich 321

Register der Bibelstellen

Das Register der Bibelstellen verzeichnet die Angaben von Bibelstellen in den Regesten Nr. 98–328 und in den Bildunterschriften. Die in runden Klammern in den Text der Inhaltsangaben gestellten Bibelstellenangaben weisen nicht sämtliche in den Originaltexten enthaltenen biblischen Zitate und Anspielungen nach, sondern vor allem diejenigen Bibelstellen, die im Quellentext ausgelegt werden, die einem Argument zugrunde liegen oder aus denen ein auffälliger sprachlicher Ausdruck des Quellentextes abgeleitet ist. Die Verszahlen sind stets, die Kapitelangaben in den meisten Fällen ergänzt.

Gen 1,27	538		Ri 5,31	197
Gen 3,15	396		Ri 15,4	533
Gen 3,19	113, 493			
Gen 6,1–4	396		1 Sam 2	515
Gen 7,2	488		1 Sam 2,6	494
Gen 15,6	86			
Gen 26,5	536		1 Kön 5,15–6,38	491
Gen 26,24	536		1 Kön 11,5–8	148
			1 Kön 18,1	537
Ex 7,1	148		1 Kön 19,18	88, 97, 334
Ex 12	129, 525, 535			
Ex 12,8	129		2 Kön 5,18	333
Ex 12,11	129		2 Kön 13,21	537
Ex 12,48	535		2 Kön 18,4	538
Ex 16,4	412			
Ex 16,20	413		Est	194
Ex 16,33	413		Est 14,16 Vg	296
Ex 20,3	328			
Ex 20,3–5	122		Hiob 14,13	539f.
Ex 20,4	538			
Ex 20,4–5	492		Ps 48,16	494
Ex 21,24	540		Ps 49	491
Ex 22,8	148		Ps 69,29	151
Ex 22,27	493		Ps 82,6	148
Ex 25,18–22	538		Ps 95,10	483
Ex 32	515		Ps 142,8	536
Ex 32,7–14	537		Ps 150,1	492, 510, 537
Ex 32,13	536			
			Spr 17,3	196, 225, 229, 375
Num 18,20	493			
Num 20,12	515		Jes 3,4	356f.
Num 21,6–9	538		Jes 3,16	113, 296
Num 22–24	517, 547		Jes 5,20	522
			Jes 9,21	271
Dtn 4,2	520		Jes 10,15	151
Dtn 13,6	490		Jes 11,1	460
Dtn 17,8–12	490		Jes 29,13	96, 121, 140, 144, 277,

	484, 491, 495, 520, 528, 530, 542, 544	Mt 2,13	282
		Mt 3,17	396
Jes 42,8	149	Mt 4,1–11	530
Jes 48,20	250	Mt 4,10	149
		Mt 5,3	493
Jer 7,18	148, 150	Mt 5,3–10	109f.
Jer 51,6	250	Mt 5,10–12	236–238
Jer 51,45	250	Mt 5,13	522
		Mt 5,13–14	539
Dan 3,35 Vg	536	Mt 5,19	418
Dan 9,27	478, 505, 518	Mt 5,38	540
Dan 13 Vg	472	Mt 5,44	234
		Mt 6,11	412
Hos 4,6	517	Mt 6,12	505
		Mt 6,20	113, 174
Am 8,11	121	Mt 7,1	299
		Mt 7,5	446
Hab 2,4	143	Mt 7,12	108
Zef 1,8	296	Mt 7,13	180
		Mt 7,14	93, 95, 104, 114, 143, 158, 165f., 175f., 180, 189, 214, 217, 234–236, 238, 241f., 244–246, 249f., 253, 261, 266, 269–272, 304, 315, 397, 506, 545
Sach 3,4	515		
Sach 13,8–9	271		
Weish 5,4–5	201, 220		
Weish 13	538		
		Mt 7,15	333, 476, 502, 529, 543, 545
Tob 12,12	536		
		Mt 7,16	489
Sir 2,1	145	Mt 7,20	521
Sir 2,1–5	142, 145	Mt 7,21	143
Sir 2,2	145	Mt 7,22–23	508
Sir 2,2–3	145	Mt 7,26	398, 533
Sir 2,4	146	Mt 8,1–13	546
Sir 2,5	146, 196, 233–236, 238, 253, 257, 271	Mt 9,37	309f.
		Mt 9,38	196
Sir 11,4	296	Mt 10,16	134, 336
Sir 38,24	539	Mt 10,19	233, 392
Sir 44,13–15	492	Mt 10,26–27	253
		Mt 10,28	336, 340
2 Makk 2,43–45	510	Mt 10,35	204
2 Makk 12,40	540	Mt 10,40	492
2 Makk 12,43–46	494	Mt 11,12	106
2 Makk 12,46	540	Mt 11,14	128
2 Makk 15,14	493f., 536	Mt 11,27	489
		Mt 11,30	272
3 Esr 3,10–12	377	Mt 12,32	546
3 Esr 3,12	437, 489, 529	Mt 13,3–45	533
		Mt 13,29–30	398

Mt 13,30	436, 505, 545	Mt 24,24	87, 192, 202, 250, 533, 537, 545
Mt 13,43	197		
Mt 13,47	531	Mt 24,26–27	253
Mt 13,47–50	398, 488	Mt 24,28	89
Mt 14,13–21	119	Mt 24,32	250
Mt 15,9	96, 121, 140, 144, 277, 484, 491, 495, 520, 528, 530, 542, 544	Mt 24,45	217, 232
		Mt 24,45–52	516
		Mt 25,1–12	505
Mt 15,13	173	Mt 25,14–15	127
Mt 15,14	109, 173	Mt 25,34–35	228
Mt 15,21–28	132	Mt 25,40	472
Mt 15,25	132	Mt 26,26	535
Mt 15,32–39	119	Mt 26,26–28	114, 135
Mt 16,6	545	Mt 26,26–29	119, 133, 137, 534
Mt 16,12	528	Mt 26,27	490
Mt 16,18	504, 506, 541	Mt 26,41	290
Mt 16,19	508	Mt 26,69–75	520
Mt 16,24	110, 441, 492	Mt 27,26	417
Mt 18,15	487, 490	Mt 27,52	103
Mt 18,15–18	163	Mt 27,53	505
Mt 18,18	510	Mt 28,19	491
Mt 18,20	121, 260, 311	Mt 28,20	121, 134, 535
Mt 18,34	539		
Mt 19,21	164	Mk 6,30–44	119
Mt 19,29	201, 203f.	Mk 8,1–10	119
Mt 20,1	387	Mk 13	290
Mt 20,16	98	Mk 14,22–25	119, 133, 137, 534
Mt 20,25–26	493	Mk 16,15–16	90, 518
Mt 21,12	356	Mk 16,16	140
Mt 21,12–13	533		
Mt 21,13	519	Lk 1,17	128
Mt 21,43	84	Lk 1,31–35	460
Mt 22,1–14	505	Lk 1,38	102
Mt 22,14	506	Lk 3,4–5	272
Mt 22,21	431	Lk 6,12	310
Mt 23,2	506	Lk 6,22	233
Mt 23,2–3	408, 517	Lk 6,40	360
Mt 23,3	334, 493, 522	Lk 9,10–17	119
Mt 23,15	543	Lk 10,7	493
Mt 24	290	Lk 10,38	379
Mt 24,7	311, 333	Lk 11,52	517
Mt 24,9	275	Lk 12,32	93, 95, 269
Mt 24,12	276, 308	Lk 12,42–46	516
Mt 24,13	290	Lk 12,52	397
Mt 24,15	478, 505, 518	Lk 16,26	539
Mt 24,23	121	Lk 17,10	489
Mt 24,23–24	253	Lk 17,14	517
Mt 24,23–26	510	Lk 18,9–14	489

Lk 21	290	Joh 13,1–17	140, 477
Lk 22,15	535	Joh 14,6	489
Lk 22,15–20	119, 133, 137, 534	Joh 14,9–10	460
Lk 22,32	488, 504	Joh 14,13	494
Lk 22,35–36	493	Joh 14,16	510
Lk 23,43	134, 518	Joh 14,23	109
		Joh 14,23–31	109
Joh 1,10	112	Joh 14,28	149
Joh 1,12–13	116	Joh 15,2	330
Joh 1,14	460	Joh 15,5	489
Joh 1,18	459	Joh 16,2	275, 360
Joh 1,21	128	Joh 16,12	491
Joh 3,1–2	334	Joh 16,12–13	508, 530
Joh 3,3	275, 339	Joh 16,13	491
Joh 3,5	116	Joh 16,33	275
Joh 3,5–6	143	Joh 17,3	153, 216, 223, 239, 249, 253
Joh 3,8–9	477		
Joh 3,14–15	538	Joh 17,9	112
Joh 3,16	112	Joh 17,17	310
Joh 3,18	328	Joh 18,37	377
Joh 3,19	547	Joh 19,23	489
Joh 4,14	334f.	Joh 19,30	491
Joh 4,23	151	Joh 19,38	334
Joh 5,23	122	Joh 20,22–23	504, 541
Joh 6	135, 411, 519	Joh 21,15–17	504
Joh 6,1–13	119	Joh 21,17	490
Joh 6,22–65	119f., 135		
Joh 6,26–65	534	Apg 2,42	139
Joh 6,27	207	Apg 2,42–47	185
Joh 6,32	519	Apg 2,44–45	161, 163
Joh 6,44	120, 489	Apg 2,45	475
Joh 6,49	535	Apg 2,46	139
Joh 6,51	117, 412, 509, 535	Apg 4,12	494
Joh 6,52	535	Apg 4,32–35	185
Joh 6,53	116	Apg 5,1–11	490
Joh 6,55	120	Apg 8,20	505
Joh 6,58	535	Apg 8,37	134
Joh 6,60	534	Apg 10	327
Joh 6,60–66	522	Apg 10,38	521
Joh 6,66	534	Apg 10,9–15	491
Joh 7,1	282	Apg 13,3	310
Joh 8,32	201	Apg 13,8–11	490
Joh 10,8–9	91	Apg 14,5–6	390
Joh 10,1	532	Apg 14,13–18	150
Joh 10,12	282	Apg 15,23–29	484
Joh 10,30	110	Apg 15,29	92, 482
Joh 10,34	148	Apg 16,3	482
Joh 11,51	517	Apg 19,12	537

Apg 20,28	493	1 Kor 7,29–30	109
Apg 20,30	322	1 Kor 8,2	107
Apg 20,33–35	164	1 Kor 9,7	493
Apg 21,25	482	1 Kor 9,13	493
Apg 21,26	482	1 Kor 9,22	150
Apg 27	537	1 Kor 9,25	203
Apg 27,23–24	493f.	1 Kor 10,2	410
		1 Kor 10,3–4	535
Röm 1,3	460	1 Kor 10,13	277, 356
Röm 1,7	158, 289, 291, 308f., 311, 333	1 Kor 10,14–22	119, 133, 137
		1 Kor 10,16	126, 135, 139, 490, 535
Röm 1,17	143	1 Kor 10,16–17	126, 135, 490
Röm 1,25	113, 148, 484, 536	1 Kor 10,25	92
Röm 2,24	488	1 Kor 11,17–30	518
Röm 4,3	86	1 Kor 11,19	488
Röm 6	410	1 Kor 11,23–25	114, 126, 135, 460
Röm 6,2	113, 209	1 Kor 11,23–26	534
Röm 6,3	410	1 Kor 11,23–29	119
Röm 6,4	209	1 Kor 11,24–25	92, 136, 322, 473, 516
Röm 8,18	275	1 Kor 11,26	138
Röm 8,31	110	1 Kor 11,27	118, 127, 522, 535
Röm 8,34	494	1 Kor 11,27–28	139
Röm 8,36	174	1 Kor 11,29	119, 134f., 139, 411, 509, 519
Röm 9,5	460		
Röm 10,4	491	1 Kor 12,5	229
Röm 10,17	87, 117, 133, 518, 532, 539	1 Kor 12,7–10	516, 520
		1 Kor 12,12	229
Röm 11,4	88, 97, 334	1 Kor 12,13	135, 164
Röm 12,1	142, 144, 389, 412	1 Kor 12,26	164
Röm 12,2	233	1 Kor 12,27	135
Röm 12,5	135	1 Kor 12,31	516
Röm 12,6–8	163	1 Kor 13	516
Röm 12,17	146	1 Kor 13,2	100
Röm 13,1	493, 519	1 Kor 13,13	86–89, 154, 158, 160, 184, 197, 204, 208, 215, 217, 222, 226, 234–236, 238, 243, 247, 250, 266, 273, 279, 285f., 290, 304, 332, 342, 396, 493, 502, 512, 516f., 535, 541
Röm 13,11–12	276		
Röm 14,17	545		
Röm 14,23	133, 394		
1 Kor 1,11–13	519		
1 Kor 3,4–8	519		
1 Kor 3,11	530	1 Kor 14,40	332
1 Kor 3,12–15	540	1 Kor 15,58	207
1 Kor 3,16	491	1 Kor 16,23	247
1 Kor 4,15	150		
1 Kor 5,6	493	2 Kor 1,3	336
1 Kor 5,7	525	2 Kor 3,2	539
1 Kor 5,13	211	2 Kor 3,5	489
1 Kor 7,20	161	2 Kor 3,6	136

2 Kor 3,18	123	Kol 2,16	484
2 Kor 6,1	489	Kol 2,17	87
2 Kor 6,4–5	235, 237f.	Kol 2,20	113
2 Kor 6,14	113, 261	Kol 3,5	149
2 Kor 6,14–17	271	Kol 3,18–4,1	159
2 Kor 6,17	250	Kol 4,5	173
2 Kor 8,7–15	259		
2 Kor 10,5	100	1 Thess 5,22	176
2 Kor 11,32–33	282		
		2 Thess 2,3–4	87
Gal 1,12	530	2 Thess 2,7	489
Gal 2,12–13	491	2 Thess 2,8	334
Gal 5,6	117, 338, 503	2 Thess 2,9	192
Gal 5,13	308	2 Thess 3,6	332
Gal 5,17	112		
Gal 5,22	489	1 Tim 2,5	494
Gal 5,24	208	1 Tim 2,8–15	159
Gal 6,1	490	1 Tim 3,2	493
Gal 6,10	230	1 Tim 3,15–16	260
		1 Tim 5,5	339
Eph 2,8	338, 503	1 Tim 5,19	493
Eph 2,19	217		
Eph 2,20	530	2 Tim 2,12	233
Eph 3,9	150	2 Tim 3,12	275, 394
Eph 4,3	234	2 Tim 4,3	509
Eph 4,14	191, 226, 271		
Eph 5,21–6,9	159	Tit 1,5	493
Eph 5,26–27	241	Tit 2,1–10	159
Eph 5,27	290	Tit 3,1	493
Eph 5,29–30	135	Tit 3,5	489
Eph 6,7	255	Tit 3,10	545
Eph 6,11–17	203		
Eph 6,13–17	145	1 Petr 1,3	163
		1 Petr 1,7	196, 225, 229, 233–236, 238, 253, 258, 271, 375
Phil 1,1	493		
Phil 1,15–18	518	1 Petr 1,22	163
Phil 1,29	275	1 Petr 1,23	95, 340
Phil 2,7–8	101	1 Petr 2,5	412
Phil 2,10	494	1 Petr 2,9	406, 531
Phil 3,19	149	1 Petr 2,13–3,7	159
Phil 3,20	242	1 Petr 2,18	506
Phil 4,7	247	1 Petr 2,25	334
Phil 4,13	489	1 Petr 3,3	113, 296
		1 Petr 3,9	146
Kol 1,15	492	1 Petr 3,15	96, 370, 547
Kol 2,3	203	1 Petr 3,20–21	410
Kol 2,9	460	1 Petr 3,21	154
Kol 2,12	209	1 Petr 4,13	214

1 Petr 4,17	390	Hebr 10,1	87, 491
1 Petr 5,6	340	Hebr 11,1	101, 117
1 Petr 5,7	174	Hebr 11,13	342
		Hebr 12,1	275, 386
2 Petr 1,2	104f.	Hebr 12,14	529
2 Petr 1,2–10	104f.	Hebr 13,7	295
2 Petr 1,3	105		
2 Petr 1,4	106	Jak 1,12	201, 233, 386
2 Petr 1,5	106	Jak 1,22	418
2 Petr 1,5–6	107	Jak 2,5	493
2 Petr 1,5–7	106	Jak 2,17	100, 489, 503
2 Petr 1,6	107	Jak 5,17–18	537
2 Petr 1,6–7	107		
2 Petr 1,7	108	Jud 6–7	277
2 Petr 1,8	108		
2 Petr 1,9	108	Offb 1,6	531
2 Petr 1,10	109	Offb 3,14–17	516
2 Petr 2,1–3	488	Offb 5,10	531
2 Petr 2,15–16	517	Offb 5,12	525
		Offb 9,20	148
1 Joh 1,1–14	415	Offb 10,6	539
1 Joh 1,7	510	Offb 12,15–16	425
1 Joh 1,8–10	511	Offb 13,1	450
1 Joh 2,4–5	108	Offb 13,4	148
1 Joh 2,15	113	Offb 13,13–14	192, 533, 537
1 Joh 2,16	111–114, 296	Offb 14,13	150
1 Joh 4,1	471	Offb 14,9	148
1 Joh 4,3	411	Offb 16,10	507
1 Joh 5,4	198	Offb 17	506
1 Joh 5,7–8	102	Offb 17,1–6	449
		Offb 17,4	450
2 Joh 11	333	Offb 17,6	254, 276, 490
		Offb 18,4	250
Hebr 4,15	334	Offb 18,7	504
Hebr 4,15–16	537	Offb 19,20	148
Hebr 5,6	531	Offb 20,15	151
Hebr 5,7	146	Offb 21,1	290
Hebr 6,6	522	Offb 21,7	198
Hebr 7,19	491	Offb 21,18	187, 242, 340
Hebr 9,4	413	Offb 21,27	539